营运资金管理发展报告系列丛书

总编　王竹泉　权锡鉴

顾问　刘玉廷　周守华　罗　飞

ANNUAL REPORT ON THE DEVELOPMENT OF WORKING CAPITAL MANAGEMENT

营运资金管理发展报告2013

主　　编　王竹泉　孙　莹　孙建强

副 主 编　王秀华　张先敏　王贞洁　高　芳

杜　媛　杜　瑞

中国财政经济出版社

图书在版编目（CIP）数据

营运资金管理发展报告．2013/王竹泉，孙莹，孙建强主编．—北京：中国财政经济出版社，2013．11
ISBN 978－7－5095－4907－0

Ⅰ．①营…　Ⅱ．①王…②孙…③孙…　Ⅲ．①上市公司－资金管理－研究报告－中国－2013
Ⅳ．①F279．246

中国版本图书馆 CIP 数据核字（2013）第 261260 号

责任编辑：樊清玉、张若丹等　　　　封面设计：耕　者
版式设计：康普宝蓝

中国财政经济出版社 出版
URL：http：//ckfz．cfeph．cn
E－mail：ckfz@ cfeph．cn

社址：北京市海淀区阜成路甲 28 号　邮政编码：100142
发行处电话：88190406　财经书店电话：64033436
北京富生印刷厂印刷　各地新华书店经销
1230×880 毫米　16 开　47．25 印张　1 450 000 字
2013 年 11 月第 1 版　2013 年 11 月北京第 1 次印刷
定价：150．00 元
ISBN 978－7－5095－4907－0/F·3976
（图书出现印装问题，本社负责调换）
本社质量投诉电话：010－88190744
反盗版举报热线：88190492、88190446

财政部企业司司长、中国会计学会副会长

博士研究生导师刘玉廷教授题词

紧密结合企业管理实践，政、产、学、研通力合作，使《营运资金管理发展报告系列丛书》成为营运资金管理的思想库、文献库、数据库和案例库，推动营运资金管理理论研究和管理实践的不断提升。

刘玉廷

题 词

中国企业营运资金管理研究中心是中国会计学会与各有关方面组建的、产学研相结合的研究机构，也是财政部全国会计领军人才培养工程合作研究基地。研究中心自成立以来，在中心主任王竹泉教授的带领下，在营运资金管理理论创新、实践调查、数据库和案例库开发等方面取得了丰硕成果，引领了我国营运资金管理理论和实践的方向。《营运资金管理发展报告系列丛书》是研究中心研究成果的综合结晶，是该领域研究集大成之作，也是实现学术研究"顶天"、"立地"的成功范例。

周守华

中国会计学会常务副秘书长

《会计研究》主编、教授、博士生导师

经济全球化不仅赋予了渠道管理和供应链管理更大的创新空间，而且也加快了"基于渠道管理的营运资金管理理论"取代传统营运资金管理理论的步伐。与之同时，营运资金管理对企业生存和发展的重要作用也更为凸现，营运资金信息不仅成为企业财务管理的热点需求，而且也成为渠道管理、供应链管理共同关注的焦点。《营运资金管理发展报告系列丛书》以"基于渠道管理的营运资金管理理论"和"基于渠道管理的营运资金管理绩效评价体系"为理论内核，集理论研究、实践调查、案例分析、数据和案例库于一体，对于推动营运资金管理理论和实践的创新发展将产生深远的影响。

罗 飞

教育部高等学校工商管理类学科、专业教学指导委员会委员

中南财经政法大学会计学教授、博士生导师

中国海洋大学“985 工程”

海洋发展人文社会科学研究基地建设经费资助

总　序

营运资金管理是企业财务管理的重要内容，良好的营运资金管理是企业得以生存和发展的基础。在经济全球化的时代背景下，企业的营运资金管理面临着前所未有的机遇和挑战，而金融危机的发生更加凸现了营运资金管理的重要地位，营运资金管理受到了空前的关注。据莱瑞·吉特曼和查尔斯·马克斯维尔两位学者对美国一千家大型企业财务经理的调查表明，财务经理在营运资金管理上所花费的时间几乎占了1/3。与此同时，营运资金管理也越来越受到理论界的关注。通过EBSCOhost数据库（Business Source Premier）的检索，标题中包含“营运资金（WORKING CAPITAL）”的文献数量在自20世纪90年代以来呈几何级数增长。通过中国知网的中国学术文献网络出版总库的检索，2006－2010年发表的标题中包含“营运资金或营运资本”的文献数量比之前15年发表总量的两倍还要多。由此可见，不论是在国内还是在国外，对营运资金管理的研究均呈现出巨幅增长的态势。

本研究团队长期致力于企业营运资金管理的研究，开创性地将渠道管理理论引入到营运资金管理的研究中，倡导“将企业营运资金管理的重心转移到渠道控制上”的新理念，提出了“基于渠道管理的营运资金管理理论”。该理论“以营运资金重新分类为切入点，在将营运资金分为经营活动营运资金和理财活动营运资金的同时，进一步将经营活动营运资金按照其与供应链或渠道的关系分为营销渠道的营运资金、生产或内部经营渠道的营运资金和采购渠道的营运资金，这种分类不仅将各个营运资金项目涵盖在内，而且可以清晰地反映出营运资金在渠道上的分布状况。在国家自然科学基金“基于渠道关系管理的营运资金管理理论研究与中国上市公司营运资金管理数据平台建设”（项目编号：70772024）和教育部新世纪人才计划的支持下，研究团队研究设计了全新的“基于渠道管理的营运资金管理绩效评价体系”，并运用该评价体系持续开展中国上市公司营运资金管理的调查。该项研究同时得到了中国会计学会的关注和支持，从2007年起，研究团队与中国会计学会合作按年度发布“中国上市公司营运资金管理调查”和“中国上市公司营运资金管理绩效排行榜”，研发“中国上市公司营运资金管理数据库”和“中国上市公司营运资金管理案例库”，填补了我国在营运资金管理专项数据库方面的空白。2009年，在前期合作的基础上，研究团队和中国会计学会合作设立了“中国企业营运资金管理研究中心”，作为财政部全国会计领军人才培养工程的开放式合作研究基地，吸收了一批企业类、学术类领军人才参与，在推动企业营运资金管理理论和实践创新方面发挥了核心作用。

《营运资金管理发展报告系列丛书》旨在系统考察国内外营运资金管理研究的进展和研究成果，客观描绘营运资金管理实践的发展进程和基本特征，全面收集营运资金管理的文献资料和信息数据，进而深入探究营运资金管理发展趋势和发展规律。这不仅对进一步推进营运资金管理的理论研究具有重要的意义，而且对不断提升营运资金管理实践的水平无疑也具有深远的影响。该系列丛书每年出版一部，年度发展报告分为理论发展与经济形势篇、行业调查篇、地区调查与专题调查篇和数据信息与文献索引篇四部分（其中“数据信息与文献索引”篇将集中以附录的形式体现），以全面展现营运资金管理在理论研究、实践应用和信息资料三个层面的发展状况。国家自然科学基金委员会、教育部、中国会计学会、中国海洋大学等方面的支持为持续编撰《营运资金管理发展报告系列丛书》提供了重要条件，中国企业营运资金管理研究中心在长期研究中建立的理论框架和调查体系以及在该领域积累的丰富研究资料和研究成果为高效率编撰《营运资金管理发展报告系列丛书》提供了有力支撑，以中国海洋大学管理学院、中国企业营运资金管理研究中心为主体的编撰团队的敬业奉献和通力合作为高质量编撰《营运资金管理发展报告系列丛书》提供了可靠保证。

《营运资金管理发展报告系列丛书》可能的创新有三个方面：(1) 具有原创性理论的支撑。本系列丛书的核心理论成果和调查体系均是基于中国企业营运资金管理研究中心首创的"基于渠道管理的营运资金管理"理论和"基于渠道管理的营运资金管理绩效评价体系"而研究设计完成的，从而在内容和数据方面有别于国内外同类研究和调查。(2) 丰富的调查体系和调查成果。本发展报告系列丛书对营运资金管理实践的调查分为行业调查、地区调查和专题调查三个层面，所采用的调查指标则不仅包括传统的基于要素的营运资金管理绩效评价指标，还包括中国企业营运资金管理研究中心创立的基于渠道管理的营运资金管理绩效评价指标。从调查成果来看，不仅包括行业调查报告、地区调查报告和专题调查报告，而且形成了具有自主知识产权的"中国上市公司营运资金管理数据库"、"中国上市公司营运资金管理绩效排行榜"，并辅以国内外营运资金管理研究的文献索引数据库，堪称营运资金管理领域的思想库、文献库和信息库。(3) 集体智慧和团队合作的结晶。本发展报告系列丛书的编撰不仅有专兼职研究人员与学生的参与，而且还将邀请国内著名专家学者和业界专家参与，以充分汇聚营运资金管理领域著名专家学者的思想智慧，共同分享营运资金管理业界精英的成功经验。

随着营运资金管理对企业在全球化竞争中取胜的决定性作用的日益突出，《营运资金管理发展报告系列丛书》的应用前景必将越来越广阔。期待《营运资金管理发展报告系列丛书》不仅成为营运资金管理研究的"思想库"、"文献库"和"信息库"，而且成为国内外营运资金管理实践者的良师益友。

王竹泉　权锡鉴
2011 年 8 月于青岛

序

中国企业营运资金管理研究中心为全面展现国内外营运资金管理在理论研究、实践应用和信息资料三个层面的发展状况，真正发挥营运资金管理研究的“思想库”、“文献库”、“信息库”和“案例库”的作用，特研究制订了编撰《营运资金管理发展报告系列丛书》的规划，并于2011年10月出版发布了首部营运资金管理发展报告—《营运资金管理发展报告2011》。2012年1月和11月又公开出版发布了《营运资金管理发展报告2008－2010》和《营运资金管理发展报告2012》。《营运资金管理发展报告2013》是按该项规划编撰出版的第四部营运资金管理发展报告。《营运资金管理发展报告2013》是中国企业营运资金管理研究中心集体智慧和特邀专家团队通力合作的结晶，100多位专兼职研究人员、国内著名专家学者和业界专家、教师、研究生（博士、硕士）及部分本科生历时6个多月时间完成。特邀学者和专家李心合（南京大学会计与财务研究院副院长、教授、博导)、张金昌（中国社会科学院工业经济研究所研究员、中国社会科学院研究生院教授，中国企业管理研究会财务管理专业委员会主任)、彭家钧（海尔大学副校长)、王竹泉（中国海洋大学管理学院副院长兼会计学系主任、中国企业营运资金管理研究中心主任、教授、博导)、罗福凯（中国海洋大学管理学院财务管理研究所所长、中国企业营运资金管理研究中心副主任、教授、博导）等提供了专家视点和精选案例。《营运资金管理发展报告2013》分为理论发展与经济形势篇、行业调查篇、地区调查与专题调查篇和数据信息与文献索引篇四部分（其中“数据信息与文献索引”篇将集中以附录的形式体现)。全书由王竹泉、孙莹、孙建强主编，王秀华、张先敏、王贞洁、高芳、杜媛、杜瑞为副主编，共同组织编撰团队合作完成。各章的内容及分工详细情况如下表：

章次	分章标题	执笔人
第一章	导论	王竹泉
第二章	专家视点与精选案例	特邀专家组
第三章	2012年国内营运资金管理研究进展	倪玥、于海燕、徐文玉、马鑫、高芳
第四章	2012年国外营运资金管理研究进展	修小圆、张旭、吴韶华、李克娜、高芳
第五章	2012年中国经济形势与地区经济环境	纪建悦
第六章	2012年中国上市公司分行业营运资金管理调查总体分析	王竹泉、王秀华、张先敏、孙莹
第七章	2012年农、林、牧、渔业上市公司营运资金管理调查	王秀华、李文妍、李勃、孙晓婷
第八章	2012年采矿业上市公司营运资金管理调查	王秀华、修小圆、杨彦、任洁、刘姝婷
第九章	2012年食品、饮料业上市公司营运资金管理调查	王秀华、牟宗鹏、贾晶
第十章	2012年纺织、服装、皮毛业上市公司营运资金管理调查	王秀华、隋国婷、李田莉、王璇、吴凡
第十一章	2012年木材、家具业上市公司营运资金管理调查	孙莹、倪玥、王苏、任广迪
第十二章	2012年造纸、印刷业上市公司营运资金管理调查	孙莹、隋国婷、李田莉、吴凡、王璇
第十三章	2012年石油、化学、塑料、塑胶业上市公司营运资金管理调查	孙莹、李文妍、李勃、孙晓婷

续表

章次	分章标题	执笔人
第十四章	2012 年医药制造业上市公司营运资金管理调查	张先敏、刘青鸾、杨雪、王晓东、郑远
第十五章	2012 年金属、非金属业上市公司营运资金管理调查	孙莹、刘青鸾、郑远、杨雪、王晓东
第十六章	2012 年机械、设备、仪表业上市公司营运资金管理调查	孙莹、倪玥、王苏、任广迪
第十七章	2012 年计算机、通信和其他电子设备制造业上市公司营运资金管理调查	赵尔军、孙兰兰、王长江、宋晶
第十八章	2012 年其他制造业上市公司营运资金管理调查	柳艺、张凯强、刘璐、张先敏
第十九章	2012 年电力、热力、燃气及水生产和供应业上市公司营运资金管理调查	牟宗鹏、张先敏、李秋平
第二十章	2012 年建筑业上市公司营运资金管理调查	柳艺、张先敏、刘璐、张凯强
第二十一章	2012 年批发和零售业上市公司营运资金管理调查	张先敏、赵欣、于博、刘俊杰
第二十二章	2012 年交通运输、仓储和邮政业上市公司营运资金管理调查	温琳、王苑琢、周丽娟、翟士运、韩玉娇
第二十三章	2012 年信息传输、软件和信息技术服务业上市公司营运资金管理调查	王苑琢、周丽娟、翟士运、韩玉娇
第二十四章	2012 年房地产业上市公司营运资金管理调查	修小圆、刘姝婷、任洁、杨彦
第二十五章	2012 年社会服务业上市公司营运资金管理调查	赵欣、于博、刘俊杰
第二十六章	2012 年传播与文化产业上市公司营运资金管理调查	席龙胜、徐文玉、马鑫
第二十七章	2012 年综合类上市公司营运资金管理调查	孙莹、孙兰兰、王长江、宋晶
第二十八章	2012 年中国上市公司分地区营运资金管理调查总体分析	孙建强、姜卫、赵金梅、赵培沛，李甜
第二十九章	2012 年东部地区上市公司营运资金管理调查	王贞洁、巩丽、孙世杰、侯彧烜、王健
第三十章	2012 年中部地区上市公司营运资金管理调查	杜媛、巩丽、张世杰、侯彧烜、王健
第三十一章	2012 年西部地区上市公司营运资金管理调查	杜瑞、姜卫、赵金梅、赵培沛、李甜
第三十二章	2012 年外向型上市公司营运资金管理调查	王贞洁、闫丽丽、马莎莎、赵金梅、盛鹏
第三十三章	2012 年战略性新兴产业上市公司营运资金管理调查	杜媛、闫丽丽、盛鹏、马莎莎、赵金梅
第三十四章	2012 年民营上市公司营运资金管理调查	杜瑞、吴韶华、张旭、于海燕
附录 1 - 1	2012 年中国上市公司营运资金管理绩效排行榜（按渠道）	中国企业营运资金管理研究中心
附录 1 - 2	2012 年中国上市公司营运资金管理绩效排行榜（按要素）	中国企业营运资金管理研究中心
附录 1 - 3	2012 年中国上市公司分地区营运资金管理绩效排行榜（按渠道）	中国企业营运资金管理研究中心
附录 1 - 4	2012 年中国上市公司分地区营运资金管理绩效排行榜（按要素）	中国企业营运资金管理研究中心
附录 2 - 1	2012 年中国企业营运资金管理研究中心文献索引	中国企业营运资金管理研究中心
附录 2 - 2	2012 年国内营运资金管理研究文献索引	中国企业营运资金管理研究中心
附录 3	2012 年国外营运资金管理文献索引	中国企业营运资金管理研究中心
附录 4	2012 年中国上市公司营运资金管理数据库	中国企业营运资金管理研究中心

“营运资金管理发展报告 2013”的编辑出版得到了中国海洋大学“985”工程海洋发展人文社会科学研究基地建设经费和国家自然科学基金“利益相关者视角的营运资金管理研究与中国上市公司营运资金管理数据平台扩充建设（71372111）”、国家自然科学基金“利益相关者集体选择视角的企业价值管理研究（71172099）”的资助，在此向长期以来给予中国企业营运资金管理研究中心关心和支持的中国会计学会、中国海洋大学和国家自然科学基金委管理科学部等部门表示衷心的感谢。同时，对财政部企业司、山东省财政厅、青岛市财政局、青岛市国资委、中国石油天然气集团公司、大唐电信科技产业集团、中国煤炭科工集团、海尔集团、青岛银行等政府部门和著名企业的指导和合作表示衷心的感谢。感谢中国财政经济出版社会计分社樊清玉责任编辑等编辑团队为本书出版所付出的辛勤工作。

由于该发展报告内容体系庞大，涉及的数据、资料繁多，分析计算工作量巨大，因此，在编撰过程中难免出现错漏或偏颇之处，恳请读者给予批评指正。

王竹泉　孙莹　孙建强

2013 年 9 月于青岛

目 录

第一篇　理论发展与经济形势

第一章 导 论①

【摘要】 不论是理论研究还是管理实践，营运资金管理都日益受到关注。为了系统考察营运资金管理的理论和实践的进展，客观描绘其发展进程和阶段成果，深入探究其发展趋势和发展规律，本研究团队在前期研究积累的基础上，制订了编撰《营运资金管理发展报告》系列丛书的规划，期望通过政产学研协同创新，将《营运资金管理发展报告》系列丛书打造成营运资金管理领域的"思想库"、"文献库"、"信息库"和"案例库"。目前，《营运资金管理发展报告》系列丛书已正式出版《营运资金管理发展报告2008～2010》、《营运资金管理发展报告2011》、《营运资金管理发展报告2012》三部发展报告。《营运资金管理发展报告2013》分为理论发展与经济形势篇、行业调查篇、地区调查与专题调查篇和数据信息与文献索引篇四部分（其中"数据信息与文献索引"篇集中以附录的形式体现），旨在全面展现2012年度营运资金管理在理论研究、实践应用和信息资料三个层面的发展状况。本项研究可能的创新与特色主要体现在以下三个方面：（1）原创性理论的支持；（2）丰富的调查体系和调查成果；（3）集体智慧和团队合作的结晶。

一、研究意义

营运资金管理是企业财务管理的重要内容。据莱瑞·吉特曼和查尔斯·马克斯维尔两位学者对美国一千家大型企业财务经理的调查表明，财务经理在营运资金管理上所花费的时间几乎占了1/3。随着世界经济一体化的进一步加强，全球经济体之间的联系、趋同、一体化日益成为一个总趋势和大态势。与此同时，世界格局在联系、趋同和一体化的过程中伴随着大变革、大调整、大分工、大发展的机遇，不同经济体之间的力量对比出现了此消彼长的变化（王军，2009）。在全球视野中整合优化产业链，已成为各国企业的普遍选择。因此，营运资金管理如何满足企业优化整合产业链的需要上升为营运资金管理研究的热点问题。与此同时，业务、财务一体化的理念得到不断拓展，如何通过产业链的优化整合解决营运资金管理的难题开始受到营运资金管理研究者的关注，这些都为营运资金管理理论的创新和发展注入了生机和活力。

通过EBSCOhost数据库（Business Source Premier）的检索，标题中包含"营运资金（WORKING CAPITAL）"的文献数量在20世纪70年代达到高潮后开始回落，但自20世纪90年代以来又开始呈几何级数增长，如图1-1所示。

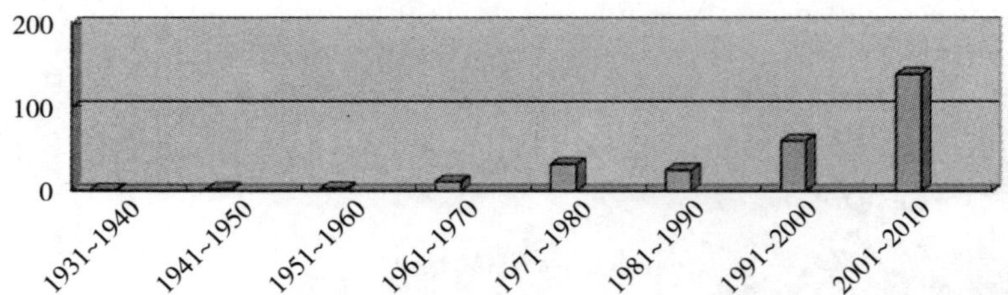

图1-1 EBSCOhost数据库检索标题中包含"WCRKING CAPITAL"的文献数量

我国从1993年开始实行与国际惯例接轨的会计制度后才正式引入"营运资金"概念，1993年以前关于营运资金的研究寥寥无几。1993年以后关于营运资金的研究显著增多，2007年以来则更是呈现

① 国家自然科学基金"利益相关者视角的营运资金管理研究与中国上市公司营运资金管理数据平台扩充建设（71372111）"和国家自然科学基金"利益相关者集体选择视角的企业价值管理研究（71172099）"的阶段性成果。感谢中国海洋大学、中国会计学会、国家自然科学基金委员会对营运资金管理研究的支持。

出空前的增长。通过中国知网的中国学术文献网络出版总库的检索，近五年标题中包含“营运资金或营运资本”的文献数量是之前15年发表总量的两倍左右，如图1－2所示。

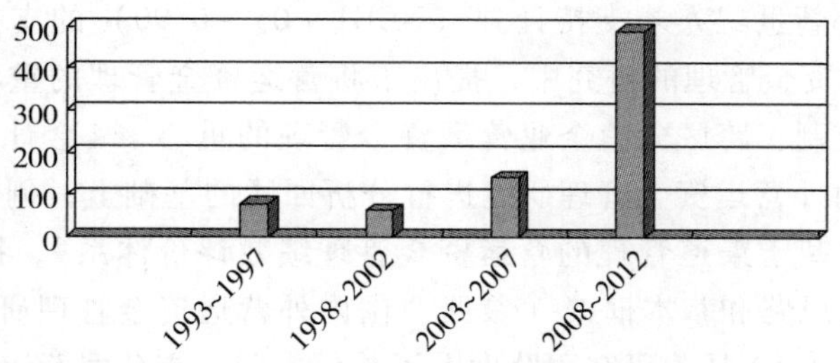

图1－2　中国知网检索标题数中包含“营运资金或营运资本”的文献数量

由此可见，不论是在国内还是在国外，对营运资金管理的研究均呈现出巨幅增长的态势。特别值得关注的是，自金融危机以来，营运资金管理受到了业界权威机构的普遍关注。国际四大会计事务所之一的安永（Ernst & Young，2008）发布“当务之急：流动资金和营运资金管理”之后，陆续发布了“石油和天然气业营运资金方面的挑战”、“1.1万亿美元的营运资金被占压”等一系列专题研究报告。2010年12月，CFO杂志和供应链金融平台公司Prime Revenue联合发布了题为“通过供应链金融加强供应商关系”的调查报告，研究了如何利用供应链金融计划来加强供应商关系和提高营运资金管理效率。

不论是管理实践对营运资金管理的日益重视，还是理论研究表现出的对营运资金管理的空前关注，都意味着对营运资金管理文献、数据和实践案例的需求将与日俱增。系统考察营运资金管理的理论和实践的进展，客观描绘其发展进程和阶段成果，深入探究其发展趋势和发展规律，不仅对进一步推进营运资金管理的理论研究具有重要的意义，而且对不断提升营运资金管理实践的水平无疑也具有深远的影响，这正是中国企业营运资金管理研究中心策划编撰“营运资金管理发展报告”的初衷所在。《营运资金管理发展报告2011》（208万字）、《营运资金管理发展报告2008～2010》（120万字）和《营运资金管理发展报告2012》（210万字）、已分别于2011年10月、2012月1月和2012月11月出版。与此同时，中国企业营运资金管理研究中心还开发完成了首个与社会共享的“中国上市公司营运资金管理数据库（http：//bwcmdatabase. ouc. edu. cn）”，并每年组织全国性的“营运资金管理论坛”，推动了我国营运资金管理理论研究和实践的发展，引起了广泛的社会反响。《中国会计报》、《中国证券报》、《中国教育报》、《上海证券报》、《证券时报》、《证券投资周刊》、《财务与会计》、《会计之友》等十余家报刊和科学网、人民网、新华网、中国网、中国日报网、中国新闻网、中国教育新闻网、中国证券网、和讯网、腾讯网、中国会计学会网站等几十家网络重要媒体对《营运资金管理发展报告系列丛书》的出版、营运资金管理论坛的举办、中国上市公司营运资金管理数据库的开通等进行了专题报道。随着营运资金管理对企业在全球化竞争中取胜的决定性作用的日益突出，《营运资金管理发展报告系列丛书》的应用前景也必将越来越广阔。期待《营运资金管理发展报告系列丛书》不仅成为营运资金管理研究的“思想库”、“文献库”、“信息库”和“案例库”，而且成为国内外营运资金管理实践者的良师益友。

二、前期研究基础和积累

中国企业营运资金管理研究中心研究团队长期致力于企业营运资金管理的研究。负责人王竹泉教授在国内最早提出将营运资金管理研究与渠道关系管理、供应链管理和客户关系管理等的研究结合起来，并倡导将营运资金管理的重心转移到渠道关系管理上来。2001年发表在《经济管理》杂志上的“跨地区经营企业如何进行商流规划”一文，从营销渠道规划和中间商选择两个方面探讨了跨地区经营企业营运资金管理创新的途径；2003年出版的专著《跨地区经营企业会计问题研究》则从跨地区经营企业的商流、物流与现金流规划、资金预算管理等方面对跨地区经营企业的营运资金管理进行了探索性的研究；其与海尔集团资金流本部合作的“跨地区经营企业财务管理专题研究”，理论与实践相结合，针对跨地区经营企业财务管理的难题提出解决对策，相关研究成果以“跨区分销与理财”系列论文的形式在《会计之友》杂志 2004 年第 1 期到第 12 期连续刊载。

2005 年以来，在教育部新世纪人才支持计划（NCET－05－0590）的支持下，研究团队开创性地将渠道管理理论引入到营运资金管理的研究中，提出了将营运资金管理的重心转移到渠道关系管理上的理念（参见“分销渠道控制：跨区分销企业营运资金管理的重心，《会计研究》，2005 年第 6 期）。2007 年，研究团队在对国内外营运资金管理研究进行分析回顾的基础上，创新性地提出了基于渠道管理的营运资金分类方法和“基于渠道管理的营运资金管理绩效评价体系”，提出了“基于渠道管理的营运资金管理理论”的研究思路和基本框架（参见“国内外营运资金管理研究的回顾与展望，《会计研究》2007 第 2 期）。2007 年 12 月，研究团队发布了首份中国上市公司营运资金管理调查报告（中国上市公司营运资金管理调查：1997～2006，《会计研究》2007 年第 12 期），并发布了首份“中国上市公司营运资金管理绩效排行榜”（2006 年度中国上市公司营运资金管理排行榜）。

2009 年 8 月，以前期形成的营运资金管理研究优势为依托，中国海洋大学与中国会计学会合作设立了中国企业营运资金管理研究中心，吸引了一大批理论和实务界的会计领军人才参与，并作为财政部全国会计领军人才的合作研究基地。研究中心持续开展中国上市公司营运资金管理调查，每年在《会计研究》发布“中国上市公司营运资金管理调查”和“中国上市公司营运资金管理绩效排行榜”，先后发布了“中国上市公司营运资金管理调查：2007～2008”（《会计研究》2009 年第 9 期）、“中国上市公司营运资金管理调查：2009”（《会计研究》2010 年第 9 期）、“中国上市公司营运资金管理调查：2010”（《会计研究》2011 年第 12 期）、“中国上市公司营运资金管理调查：2011”（《会计研究》2012 年第 12 期）等研究报告和论文。自 2011 年起，研究中心开始持续编撰《营运资金管理发展报告》，目前已公开出版《营运资金管理发展报告 2011》（中国财政经济出版社，2011 年 10 月）、《营运资金管理发展报告 2008～2010》（中国财政经济出版社，2012 年 1 月）和《营运资金管理发展报告 2012》（中国财政经济出版社，2012 年 11 月）。《营运资金管理发展报告系列丛书》被学界和业界誉为“营运资金管理的思想库、文献库和信息库”，在该领域处于国内领先水平，推动了我国营运资金管理理论研究和实践的发展，引起了广泛的社会反响。据中国知网统计，在国内营运资金管理领域被引率最高的 10 篇论文中，本研究团队的论文占了 6 篇，相关研究成果总被引次数已超过 1000 次，在该领域中遥遥领先。研究团队完成的国家自然科学基金项目“基于渠道关系管理的营运资金管理理论与中国上市公司营运资金管理数据平台建设”（70772024）2013 年 1 月在国家自然科学基金结题项目绩效评估中获得“优秀”，所开发的“中国上市公司营运资金管理数据库”，填补我国在营运资金管理专项数据库方面的空白，目前已涵盖 1997 年以来除金融类外全部上市公司营运资金管理数据，该数据库自 2011 年 11 月 18 日正式开通共享网络版以来，已有 3000 多人次访问，较好地发挥了服务社会的功能。

为了充分汇聚营运资金管理领域著名专家学者的集体智慧，自 2012 年起，《营运资金管理发展报告系列丛书》专设了“营运资金管理专家视点”专栏，以展示国内外财务与会计界的著名专家学者对营运资金管理研究的最新思想、前沿理念和核心成果，从而汇聚该领域研究的优势力量共同将《营运资金管理发展报告系列丛书》打造成营运资金管理领域的“思想库”、“文献库”、“信息库”和“案例库”。南京大学会计与财务研究院副院长李心合教授、浙江大学财务与会计研究所所长姚铮教授、对外经贸大学国际商学院院长汤谷良教授、中国企业管理研究会财务管理专业委员会主任、中国社会科学院工业经济研究所张金昌研究员、南京理工大学经济管理学院副院长温素彬教授、大唐电信科技产业集团高永岗总会计师等均为“营运资金管理专家视点”栏目撰文，开启了营运资金管理领域著名专家学者协同创新的新纪元。

2012 年 12 月，中国企业营运资金管理研究中心实现由财政部企业司、中国会计学会、中国海洋大学、青岛市财政局、山东省会计学会、青岛市国资委、大唐电信科技产业集团公司、青岛银行、中国煤炭科工集团等九家单位共建，成为政、产、学、研协同创新中心。各共建单位以共同主办“营运资金管理高峰论坛”为纽带，旨在将“营运资金管理高峰论坛”建设成一个最具权威性和影响力的国内外营运资金管理理论和实践交流互动的高端平台，并以此带动《营运资金管理发展报告系列丛书》、"营运资金管理数据库"、"营运资金管理案例库" 等的建设，从而把中国企业营运资金管理研究中心建设成在国内外具有广泛影响的信息中心和权威智库，不断推动我国企业营运资金管理理论和实践的发展。

三、内容框架

整个发展报告分为理论发展与经济形势篇、行业调查篇、地区调查与专题调查篇和数据信息与文献索引篇四部分（其中"数据信息与文献索引"篇集中以附录的形式体现），全面展现营运资金管理在理论研究、实践应用和信息资料三个层面的发展状况。主要内容如下：

第一篇　理论发展与经济形势

第一章　导论

第二章　专家视点与精选案例

第三章　2012 年国内营运资金管理研究进展

第四章　2012 年国外营运资金管理研究进展

第五章　2012 年中国经济形势与地区经济环境

第二篇　行业调查

第六章　2012 年中国上市公司分行业营运资金管理调查总体分析

第七章　2012 年农、林、牧、渔业上市公司营运资金管理调查

第八章　2012 年采矿业上市公司营运资金管理调查

第九章　2012 年食品、饮料业上市公司营运资金管理调查

第十章　2012 年纺织、服装、皮毛业上市公司营运资金管理调查

第十一章　2012 年木材、家具业上市公司营运资金管理调查

第十二章　2012 年造纸、印刷业上市公司营运资金管理调查

第十三章　2012 年石油、化学、塑料、塑胶业上市公司营运资金管理调查

第十四章　2012 年医药制造业上市公司营运资金管理调查

第十五章　2012 年金属、非金属业上市公司营运资金管理调查

第十六章　2012 年机械、设备、仪表业上市公司营运资金管理调查

第十七章　2012 年计算机、通信和其他电子设备制造业上市公司营运资金管理调查

第十八章　2012 年其他制造业上市公司营运资金管理调查

第十九章　2012 年电力、热力、燃气及水生产和供应业上市公司营运资金管理调查

第二十章　2012 年建筑业上市公司营运资金管理调查

第二十一章　2012 年批发和零售业上市公司营运资金管理调查

第二十二章　2012 年交通运输、仓储和邮政业上市公司营运资金管理调查

第二十三章　2012 年信息传输、软件和信息技术服务业上市公司营运资金管理调查

第二十四章　2012 年房地产业上市公司营运资金管理调查

第二十五章　2012 年社会服务业上市公司营运资金管理调查

第二十六章　2012 年传播与文化产业上市公司营运资金管理调查

第二十七章　2012 年综合类上市公司营运资金管理调查

第三篇　地区调查与专题调查

第二十八章　2012 年中国上市公司分地区营运资金管理调查总体分析

第二十九章　2012 年东部地区上市公司营运资金管理调查

第三十章　2012 年中部地区上市公司营运资金管理调查

第三十一章　2012 年西部地区上市公司营运资金管理调查

第三十二章　2012 年外向型上市公司营运资金管理调查

第三十三章　2012 年战略性新兴产业上市公司营运资金管理调查
第三十四章　2012 年民营上市公司营运资金管理调查

第四篇　数据信息与文献索引篇

附录 1－1　2012 年中国上市公司营运资金管理绩效排行榜（按渠道）
附录 1－2　2012 年中国上市公司营运资金管理绩效排行榜（按要素）
附录 1－3　2012 年度中国上市公司分地区营运资金管理绩效排行榜（按渠道）
附录 1－4　2012 年度中国上市公司分地区营运资金管理绩效排行榜（按要素）
附录 2－1　2012 年中国企业营运资金管理研究中心文献索引
附录 2－2　2012 年国内营运资金管理研究文献索引（除中国企业营运资金管理研究中心文献外）
附录 3　2012 年国外营运资金管理文献索引
附录 4　2011 年中国上市公司营运资金指标数据库

四、可能的创新与特色

本项研究可能的创新与特色主要体现在以下三个方面：

1. 原创性理论的支撑

本项目的核心理论成果和调查体系均是基于中国企业营运资金管理研究中心首创的“基于渠道管理的营运资金管理理论”和“基于渠道管理的营运资金管理绩效评价体系”而研究设计完成的，从而在内容和数据方面有别于国内外同类研究和调查。特别是从营运资金管理实践调查所运用的指标体系来看，已有的专项调查及财务数据库中与营运资金相关的指标通常只有传统的营运资金各要素的周转率、周转期指标。以 CSMAR 中国上市公司财务分析指标数据库为例，其中与营运资金管理相关的指标只有：营运资金、营运资金比率、营运资金对总资产比率、速动比率、流动比率、应收账款周转率、应收账款周转期、存货周转率、存货周转期、应付账款周转率、营运资金周转率、流动资产周转率、营业周期等，Standard & Poor's 的 The COMPUSTAT Global Research Database 也大致如此。REL 咨询公司和 CFO 杂志的营运资金调查（The Working Capital Survey）采用的指标则主要是应收账款周转期（DSO）、存货周转期（DIO）、应付账款周转期（DPO）和营运资金周转期（DWC）或现金周转期（CCC），根本没有经营活动营运资金、理财活动营运资金、采购渠道营运资金、营销渠道营运资金、生产渠道营运资金、采购渠道营运资金周转期、营销渠道营运资金周转期、生产渠道营运资金周转期、经营活动营运资金周转期（按渠道）、理财活动营运资金周转期等基于渠道管理的营运资金管理绩效评价指标。本项目同时采用基于要素的营运资金管理绩效评价体系和原创性的“基于渠道管理的营运资金管理绩效评价体系”进行调查，因此，调查体系及形成的“中国上市公司营运资金管理绩效排行榜”、“中国上市公司营运资金管理数据库”等均具有自主知识产权。

2. 丰富的调查体系和调查成果

本项目对营运资金管理实践的调查分为行业调查、地区调查和专题调查三个层面，每个层面的调查则包括营运资金的总量及其分布、营运资金管理绩效水平、营运资金管理绩效变动趋势、营运资金管理典型案例等内容，所采用的调查指标则不仅包括传统的基于要素的营运资金管理绩效评价指标，还包括本研究团队创立的基于渠道管理的营运资金管理绩效评价指标。从调查分析的成果来看，不仅包括行业调查报告、地区调查报告和专题调查报告，而且形成了具有自主知识产权的“中国上市公司营运资金管理数据库”、“中国上市公司营运资金管理绩效排行榜”和“中国上市公司营运资金管理案例库”，并辅以国内外营运资金管理研究的文献索引数据库，堪称营运资金管理领域的思想库和信息库。

3. 集体智慧和团队合作的结晶

本项目成果是集体智慧和团队合作的结晶。在长期的研究中，本项目已形成了规模庞大、分工明确的研究团队。本年度发展报告的编撰不仅吸引了 100 多位专兼职研究人员和学生的参与，而且还邀请了国内著名专家学者和业界专家参与，专门设置了“专家视点和精选案例”一章，以充分汇聚营运资金管理领域著名专家学者的思想智慧，共同分享营运资金管理业界精英的成功经验，旨在将《营运资金管理发展报告系列丛书》打造成营运资金管理领域的“思想库”、“文献库”、“信息库”和“案例库”。

主要参考文献

1. Erik Hofmann, Herbert Kotzab, A SUPPLY CHAIN – ORIENTED APPROACH OF WORKING CAPITAL MANAGEMENT, JOURNAL OF BUSINESS LOGISTICS, Vol. 31, No. 2, 2010, Pp. 305 – 330.

2. RuthBanomyong, Measuring the Cash Conversion Cycle in an International Supply Chain, Annual Logistics Research Network (LRN) Conference Proceedings 2005, Plymouth, UK, 7 – 9 September 2005, ISBN 1 – 904564 – 13 – 5, Pp. 29 – 34.

3. Kesseven Padachi, Trends in Working Capital Management and its Impact on Firms' Performance: An Analysis of Mauritian Small Manufacturing Firms, International Review of Business Research Papers, Vo. 2 No. 2. October 2006, Pp. 45 – 58.

4. Andrew Harris, Working Capital Management: Difficult, but Rewarding, Financial Executive, 2005.

5. Kenneth P. Nunn, Jr. The Strategic Determinants of Working Capital: A Product – line Perspective, The Journal of Financial Research, 1981.

6. Randy Myers, Cash Crop: The 2000 Working Capital Survey, CFO Magazine, 2000.

7. Ronald Fink, Forget the Float? The 2001 Working Capital Survey, CFO Magazine, 2001.

8. Tim Reason, We Can Work It Out: The 2002 Working Capital Survey, CFO Magazine, 2002.

9. Tim Reason, Barely Working: The 2003 Working Capital Survey, CFO Magazine, 2003.

10. Tim Reason, Off the Shelf: The 2004 Working Capital Survey, CFO Magazine, 2004.

11. Tim Reason, Capital Ideas: The 2005 Working Capital Survey, CFO Magazine, 2005.

12. Randy Myers, How Low Can It Go? The 2006 Working Capital Survey, CFO Magazine, 2006.

13. Randy Myers, Growing Problems: The 2007 Working Capital Survey, CFO Magazine, 2007.

14. Randy Myers, No Time to Lose: The 2008 Working Capital Scorecard, CFO Magazine, 2008.

15. Randy Myers, Cleaner (Balance) Sheets: The 2009 Working Capital Scorecard, CFO Magazine, 2009.

16. David M. Katz, Working It Out: The 2010 Working Capital Scorecard, CFO Magazine, 2010.

17. David M. Katz, Easing the Squeeze: The 2011 Working Capital Scorecard, CFO Magazine, 2011.

18. Russ Banham, Too Much of a Good Thing: The 2012 CFO/REL Working Capital Scorecard, CFO Magazine, 2012.

19. Ernst & Young, All tied up, Working capital management report 2010, 2010.

20. David M. Mathuva, The Influence of Working Capital Management Components on Corporate Profitability, Research Journal of Business Management, 2010, 4 (1): 1 ~11.

21. 王军：“抢抓机遇、创新思维，开创新时期会计学会工作新局面”，《会计研究》，2009 年第 11 期，第 3 ~ 8 页。

22. 干胜道、杨鹏：“我国企业营运资金管理认识的误区”，《财会学习》，2010 年第 9 期，第 18 ~ 19 页。

23. 王竹泉、马广林：“分销渠道控制：跨区分销企业营运资金管理的重心”，《会计研究》，2005 年第 6 期，第 28 ~ 33 页。

24. 王竹泉、逄咏梅、孙建强：“国内外营运资金管理研究的回顾与展望”，《会计研究》，2007 年第 2 期，第 85 ~ 90 页。

25. 王竹泉、刘文静、高芳：“中国上市公司营运资金管理调查：1997 ~ 2006”，《会计研究》，

2007 年第 12 期，第 69 ~ 75 页。

26. 王竹泉、刘文静、王兴河、张欣怡、杨丽霏：“中国上市公司营运资金管理调查：2007 ~ 2008”，《会计研究》，2009 年第 9 期，第 51 ~ 57 页。

27. 中国海洋大学企业营运资金管理研究课题组：“中国上市公司营运资金管理调查：2009”，《会计研究》，2010 年第 9 期，第 30 ~ 42 页。

28. 王竹泉、高芳：“基于业务流程管理的价值增值报告模式研究”，《会计研究》，2004 年第 9 期，第 47 ~ 51 页。

29. 王竹泉：“企业营运资金管理该向何处去？”，《财务与会计》，2011 年第 2 期，卷首。

30. 王竹泉、孙莹：“营运资金概念重构与分类研究——由 IASB/FASB 联合概念框架引发的思考”，《中国会计研究与教育》，2010 年第四卷第一辑，第 1 ~ 12 页。

31. 王竹泉、徐金泉：“渠道融合、协同与营运资金管理绩效提升——基于农林牧渔业供应链运作的多案例研究”，《财会月刊》，2010 第 12 期，第 3 ~ 5 页。

32. 王竹泉、孙建强等：《营运资金管理发展报告 2011》，中国财政经济出版社 2011 年版。

33. 王竹泉、刘文静、孙莹、罗福凯等：《营运资金管理发展报告 2008 ~ 2010》，中国财政经济出版社 2012 年版。

34. 王竹泉、孙莹、王秀华、孙建强、王贞洁等：“中国上市公司营运资金管理调查：2010”，《会计研究》，2011 年第 12 期，第 59 ~ 72 页。

35. 王竹泉、孙莹、祝兵：“全球化企业营运资金管理模式探析——以海尔集团为例”，《中国科技论坛》，2011 年第 8 期，第 56 ~ 61 页。

36. 王竹泉、王秀华：“业务流程与经营性营运资金管理绩效：影响机理与案例”，《财会通讯（综合）》，2012 年第 3 期（下），第 3 ~ 7 页。

37. 王竹泉、孙莹、孙建强等：《营运资金管理发展报告 2012》，中国财政经济出版社 2012 年版。

38. 王竹泉：“重新认识企业营业活动与营运资金”，《财务与会计》，2013 年第 4 期，卷首。

39. 王竹泉、孙莹、王秀华、王贞洁、孙建强等：“中国上市公司营运资金管理调查：2011”，《会计研究》，2012 年第 12 期，第 28 ~ 37 页。

40. 王竹泉、王苑琢：“营运资金管理之变革时代”，《中国会计报》，2013 年 8 月 23 日。

第二章　专家视点与精选案例

专家视点之一：

营运资金管理研究的发展趋势与前沿问题[①]

（王竹泉 王苑琢　中国海洋大学管理学院　中国企业营运资金管理研究中心）

一、引言

营运资金管理是企业财务管理的重要内容。据莱瑞·吉特曼和查尔斯·马克斯维尔两位学者对美国一千家大型企业财务经理的调查表明，财务经理在营运资金管理上所花费的时间几乎占了1/3。日趋激烈的全球化竞争和变幻莫测的经济环境更提升了营运资金管理的重要性，并使理论界对营运资金管理研究的关注日益增强。通过EBSCOhost数据库（Business Source Premier）的检索，标题中包含“营运资金（WORKING CAPITAL）”的文献数量在20世纪70年代达到高潮后开始回落，但自20世纪90年代以来又开始呈几何级数增长。我国从1993年开始实行与国际惯例接轨的会计制度后才正式引入“营运资金”概念，1993年以前关于营运资金的研究寥寥无几。1993年以后关于营运资金的研究显著增多，2007年以来则更是呈现出空前的增长。通过中国知网的中国学术文献网络出版总库的检索，近五年标题中包含“营运资金或营运资本”的文献数量是之前15年发表总量的两倍左右。由此可见，不论是在国内还是在国外，对营运资金管理的研究均呈现出显著增加的态势。在这种背景下，对近年来国内外营运资金管理研究状况进行全面评估，对其发展趋势和前沿领域进行分析预测，对于营运资金管理研究的深化和拓展无疑十分必要。

二、营运资金管理研究现状评估

20世纪70年代以前，营运资金管理研究的主要内容是如何对应收账款、存货等流动资产进行优化，营运资金管理绩效评价也主要衡量企业各项流动资产的周转效率，常用指标有：存货周转率（或周转期）、应收账款周转率（或周转期）等。在研究方法上，主要是最佳现金持有量模型、经济订货批量模型等单纯的数学方法。20世纪80年代开始，营运资金管理研究的内容不仅包括流动资产管理，而且拓展到了信用评级、短期融资、消费者信贷等内容。与之相对应，在营运资金管理绩效评价指标上开始采用现金周期（现金周期=应收账款周转期+存货周转期-应付账款周转期）指标（Richard V. D.，E. J. Laughlin，1980）和加权现金周期（James A. Gentry，R. Vaidyanathan，Hei Wai Lee，1990）。自1997年始，美国REL咨询公司和CFO杂志开始采用营运资金周转期（DWC，Days of Working Capital）和变现效率（CCE，Cash Conversion Efficiency）两个指标对美国最大的1000家企业的营运资金进行调查，并每年发布排行榜。2003年后，该调查改用营运资金周转期作为排行的唯一指标。由于营运资金作为一个财务概念是1993年我国实行与国际惯例接轨的会计制度以后才正式引入的，因此，我国真正对营运资金管理的研究是从20世纪90年代后才开始的。早期的研究基本是借鉴国外的理论和方法，因此，在研究内容和研究方法上与国外的研究没有明显的差异。总体而言，在20世纪90年代中期以前，营运资金管理领域的研究内容和研究方法没有发生显著的变化。从研究的重心来看，这期间的研究以营运资金管理的结果为重心，而甚少涉及营运资金的影响因素、影响机理的研究。

自20世纪90年代中期以来，营运资金管理研究不论是在研究内容、研究方法还是研究重心方面

① 国家自然科学基金项目（71172099）、中国海洋大学重大培育项目（201362001）和山东省重大财经专项研究课题（山东省重点国有企业财务风险评估研究）的阶段性成果。本文在中国会计学会财务成本分会上作大会主题报告，并在中国会计学会2013年学术年会上报告。

都发生了明显的变化。越来越多的研究者从纯财务的研究领域中转移出来，营运资金管理研究开始逐渐呈现业务、财务一体化的趋势，研究重心也开始向影响因素特别是能够战略性提升影响营运资金管理绩效的供应链、渠道关系管理和信息技术等业务因素及其影响机理研究倾斜。1999 年，王竹泉从营销渠道规划和中间商选择两个方面探讨了跨地区经营企业营运资金管理创新的途径，并从跨地区经营企业的商流、物流与现金流规划、资金预算管理等方面对跨地区经营企业的营运资金管理进行了探索性研究。2000 年，DELL 提出提炼其基于网络的供应链结构，以达到降低存货，节约现金等目的。2002 年美国 REL 咨询公司和 CFO 杂志发布的调查报告以“不要让供应链断裂”为标题指出与客户和供应商关系管理对营运资金管理的重要性。2005 年的调查报告提出了构建“供应商、企业、客户”之间无伤痕链接的新思路。2005 年以来，王竹泉等将供应链管理、渠道关系管理和客户关系管理等现代管理的理念和方法引入营运资金管理研究中，以营运资金重新分类为切入点，在将营运资金分为经营活动营运资金和理财活动营运资金的同时，进一步将经营活动营运资金按照其与供应链或渠道的关系分为营销渠道的营运资金、生产或内部经营渠道的营运资金和采购渠道的营运资金，以清晰地反映出营运资金在渠道上的分布状况。在此基础上，研究设计了全新的“基于渠道管理的营运资金管理绩效评价体系”，开辟了“基于渠道管理的营运资金管理研究”新领域，引导企业将营运资金管理的重心转向渠道关系和供应链管理。自 2007 年以来，王竹泉及其研究团队持续开展“中国上市公司营运资金管理调查”并发布“中国上市公司营运资金管理绩效排行榜”，还于 2009 年组建设立了“中国企业营运资金管理研究中心”，连续举办“营运资金管理高峰论坛”，连续编撰出版《营运资金管理发展报告系列丛书》，并开发建设了“中国上市公司营运资金管理数据库（http：//bwcmdatabase.ouc. edu. cn）”，进一步丰富和拓展了营运资金管理研究的内容体系，有力地推动了营运资金管理研究的发展。2010 年 12 月，CFO 杂志和供应链金融平台公司 Prime Revenue 联合发布了题为“通过供应链金融加强供应商关系”的调查报告，研究了如何利用供应链金融计划来加强供应商关系和提高营运资金管理效率。Erik Hofmann 和 Herbert Kotzab（2010）在“营运资金管理的供应链导向研究方法”一文中也指出基于供应链视角的物流和资金流管理是有效管理企业营运资金的强有力的手段。

三、营运资金管理研究发展趋势分析

由上可见，营运资金管理研究目前已经步入了一个变革的时代。由于这种变革才刚刚开始，而影响变革的因素又有诸多方面，因此，这种变革的方向和趋势究竟将如何并非一目了然，有必要对此展开深入的分析。

首先，在营运资金管理研究呈现业务、财务一体化趋势的同时，企业的营业观念和财务理念也发生了明显的变化。我们习惯于将企业的经济活动分为经营活动和理财活动，企业的营业活动仅指企业的供、产、销等基本经营活动，而并未将投资活动涵盖在内。投资活动与筹资活动一起被称为理财活动。很显然，这种对营业活动的理解体现的是一种狭义的营业观念，相应的营运资金所关注的主要是经营活动中所使用的流动资金。事实上，经营活动是企业运用资金创造价值的一种活动，而投资活动同样也是企业运用资金创造价值的一种活动，两者都是运用资金的活动，而且其目的也是相同的，所不同的只是直接运用资金的主体不同。经营活动是企业直接运用资金创造价值，而投资活动则是企业将资金的直接使用权转移给被投资企业，通过分享被投资企业直接创造的价值以间接创造价值。有基于此，我们应拓宽营业活动的范畴，将营业活动界定为企业运用资金创造价值的各种活动，包括经营活动和投资活动两大类。与此相对应，企业的全部经济活动应划分为营业活动和筹资活动两大类，前者是企业运用资金的活动，而后者则是企业为营业活动提供资金保障的活动。这种拓展的营业观念无疑将影响业务与财务的关系，并赋予营运资金以新的内涵。在拓展的营业观念下，企业的营运资金在经营活动和投资活动之间如何配置，完全取决于哪类活动的配置效率更高，即在同样的资金投入前提下哪类活动能够创造更多的价值。而企业的筹资活动也不再是仅仅考虑为经营活动提供融资支持，而且也要将投资活动的融资需求统筹考虑在内。营运资金既不应是全部经济活动中流动资产与流动负债的差额，也不应仅是经营活动中流动资产与流动负债的差额，而应该是营业活动中流动资产与流动负

债的差额。这种变化显然将会对未来营运资金管理的研究范围和研究内容产生重大的影响。

其次，虽然我们现在已开始将研究的重心转向供应链、渠道关系和信息技术等影响营运资金管理绩效的战略性因素及其影响机理，但不仅在这一方向下的深入研究有待加强，而且这种变革尚不足以涵盖对营运资金管理绩效具有战略性影响的所有因素。与供应商关系、客户关系一样，良好的股东关系、银企关系、政企关系同样对营运资金管理的绩效具有战略性、根本性的影响，特别是在企业营业活动出现危机的时候更是如此。因此，有必要对营运资金管理研究的重心重新进行科学的定位。笔者认为，从利益相关者视角来审视在拓展的营业活动基础上的营运资金管理不仅对开拓营运资金管理的研究视野、进一步创新和发展营运资金管理理论具有重要的理论意义，更对提升营运资金管理的整体水平具有科学的指导意义。

最后，企业运营所处的环境越来越变幻莫测，经营活动、投资活动和筹资活动中的不确定性和风险程度在不断提高，对风险的关注必将对营运资金管理的研究产生重要的影响。从金融危机后安永(Ernst & Young)、KPMG 等权威机构陆续发布“当务之急：流动资金和营运资金管理”、“石油和天然气业营运资金方面的挑战”、“1.1 万亿美元的营运资金被占压”等系列专题研究报告就可以看出这一点。不仅如此，在营运资金管理研究中加强对风险的关注还有助于进一步深化和完善已有的财务风险观念和评估体系。事实上，所有的财务失败最终都体现为因资金链断裂导致企业的营业活动难以为继。如前所述，营业活动包括经营活动和投资活动，营运资金是营业活动中流动资产、流动负债之间的差额，而企业的筹资活动则要为企业营业活动的正常开展提供资金保障。与新的营运资金概念相对应，筹资活动可通过筹资性流动负债、长期负债和自有资金（所有者权益）三种方式来筹措资金以满足营业活动对营运资金的需求。如果筹资活动通过上述三种方式难以筹措足够的资金来满足营业活动对营运资金的需求，则企业的资金链就会吃紧甚至断裂，企业正常的营业活动难以为继，企业难以继续生存，这才是财务风险的本质内涵。但是，已有的财务风险及其评估研究均将财务风险狭义地理解为企业的偿债能力，导致我们均将目光聚焦于货币资金，而货币资金并不是企业开展营业活动需求的唯一资源，偿还债务的能力更不是决定企业能否生存下去的全部，真正决定企业能否生存下去的关键就是企业筹资活动对企业营业活动营运资金需求的保障能力。营业活动营运资金需求保障能力有助于我们综合考察企业融通各种资源保障企业营业活动营运资金需求的能力，只要这种综合资金需求保障能力依然存在，则企业的营业活动就可以正常开展，企业就可以通过以非现金资产偿债、债务延期、债转股等债务重组等方式化解债务危机的同时又不损及企业的生存和发展能力，这可能也是许多被评定为财务风险极大或企业信用水平较低甚至陷入偿债危机的企业为什么还能够继续生存的重要原因。因此，基于营运资金对财务风险进行重新界定是未来深化财务风险及其评估研究的科学路径，应将企业财务风险的核心内涵界定为企业筹资活动保障营业活动营运资金需求能力的不确定性，并以此为基础构建新型的财务风险评估模型，以弥补以偿债能力为核心的财务风险评估体系的固有缺陷。

四、营运资金管理研究的前沿问题

基于上述对营运资金管理研究发展趋势的分析，笔者进一步尝试对这种趋势下营运资金管理研究的前沿问题进行梳理，以期对加快推进营运资金管理研究有所借鉴。

1. 利益相关者视角的营运资金管理研究

企业的利益相关者划分为内部利益相关者（或企业的所有者）以及外部利益相关者两部分。内部利益相关者或所有者即是参与企业契约集体选择的哪些利益相关者，他们的集体选择决定了企业的所有权归属，企业的目标是实现这些内部利益相关者共同利益的最大化。但是，企业要实现内部利益相关者共同利益最大化的目标，必须开展营业活动。从利益相关者视角来看，企业营业活动的边界是由企业与企业外部利益相关者之间签订的交易契约决定的，涵盖了一切与实现内部利益相关者共同利益最大化有关的活动（王竹泉、杜媛，2012）。而所有这些活动的开展都需要运用营运资金，也需要筹措相应的营运资金，因此，营运资金管理是衔接企业目标和营业活动的纽带，而上述关于利益相关者的分析则有助于从利益相关者视角考察分析企业目标、营运资金和营业活动三者之间的互动关系，并以此为切入点开展利益相关者视角的营运资金管理研究。

利益相关者视角的营运资金管理应在企业目标、营运资金管理与营业活动之间关系的分析基础上，从营运资金概念重新界定和分类切入，沿着内部利益相关者——营运资金管理责权关系——营运资金管理目标分类——营运资金管理绩效评价和外部利益相关者——营运资金管理边界约束——营运资金需求动因分析——营运资金融资结构效应两条主线，分别分析营运资金管理的主观特征和营运资金管理的客观特征，并进一步研究协调营运资金管理主观特征和营运资金管理客观特征的营运资金管理策略类型及其各自的作用机理，从而构建起"以营运资金管理责权关系、营运资金管理目标分类、营运资金管理绩效评价、营运资金需求动因分析、营运资金融资结构效应、营运资金管理策略分类及其作用机理和营运资金管理边界约束等为主要内容"的营运资金管理基础理论新框架。

2. 营运资金需求预测与营运资金管理绩效评价体系研究

目前对营运资金需求的预测和分析要么是在分项预测存货、应收账款、应付账款等要素资金的需求基础上汇总确定营运资金需求，缺乏对影响营运资金整体的战略性因素的考虑，要么是笼统地将营运资金与销售收入等规模指标相联系，分析预测企业营运资金的整体需求，缺乏对影响营运资金需求的因素及其影响机理的深入分析。进一步的研究应在"营运资金"概念重新界定的基础上，从利益相关者视角并分别战略性和战术性两个层面分析影响营运资金需求的因素及其影响机理，其中战略性因素主要是指企业与外部利益相关者之间的交易结构或商业模式以及企业内部利益相关者所采用的营运资金体制，如供应链与渠道关系管理、银企关系和供应链金融以及资金集中管理等因素，而战术性因素则是在既定的交易结构、商业模式和管理体制下影响营运资金需求的具体因素，包括流程和作业效率、信息化水平、奖惩机制等。

除此之外，目前对营运资金管理绩效的评价要么是以存货、应收账款、应付账款等经营活动中部分营运资金要素项目的周转绩效为主体，要么是以流动资产、流动负债差额构成的整体营运资金周转绩效为主体。前者不仅缺乏对投资活动营运资金管理绩效的考察，而且其对经营活动营运资金管理绩效的考察也不够全面，也没有很好地体现出业务、财务一体化的管理理念。后者则混淆了资金运用和资金筹措的界限，不利于清晰地分辨企业营运资金运用和筹措各自的绩效。进一步研究应在"营运资金"概念重新界定的基础上，进一步将营运资金区分为经营活动营运资金和投资活动营运资金，在补充和完善投资活动营运资金管理绩效评价的同时，进一步深化和完善经营活动营运资金管理绩效的绩效评价，以更好地体现业务、财务一体化的营运资金管理理念。与此同时，从营运资金需求保障能力、财务风险和筹资成本等方面构建营运资金筹资绩效的评价指标体系，从而引导企业关注那些对营业资金管理绩效具有战略性决定作用的因素，如供应链与渠道关系管理、银企关系和供应链金融等。

3. 基于营运资金需求保障能力的财务风险评估研究

2012 年 10 月 24 日，国际著名评级机构标准普尔发布《中国 100 大企业》报告指出，随着中国经济增长放缓，中国 67.2% 的大企业面临显著财务风险。相比之下，中国本土的信用评级机构，对这些大企业的信用评价几乎均为风险极低的高信用等级，这说明财务风险评估仍是一个极具争议的问题。如前所述，所有的财务失败最终都体现为因资金链断裂导致企业的营业活动难以为继。财务风险的核心内涵是筹资活动保障营业活动营运资金需求的能力。但是，传统的财务风险理论多以流动比率、速动比率、资产负债率以及财务杠杆等指标对财务风险进行衡量，未能揭示出财务风险的本质内涵。包括标准普尔在内的财务风险评估也多是从偿债能力的角度对企业的财务风险进行评估，而没有综合考虑企业的其他利益相关者对营业活动营运资金需求保障能力的影响。因此，构建以营业活动营运资金需求保障能力评估为核心的财务风险评估理念，并从利益相关者视角对这一理念进行深化、细化，从而开发出利益相关者视角并基于营运资金需求保障能力的财务风险评估模型将成为进一步研究的前沿课题。

如果将企业财务风险评估定位于企业筹资活动对营业活动营运资金需求的保障能力，则企业财务风险评估可以从保障数量和保障质量两个方面加以考察。

“保障数量”即考察企业各种筹资渠道可以融通的营运资金数量是否能够满足营业活动对营运资金数量的需求。其中：营业活动营运资金需求量并非直接以企业该时点的财务报表上的流动资产与营业性流动负债之间的差异来确定，而应当剔除营业活动流动负债中已超期的部分（如已逾期的应付账款、欠付的工资奖金、欠交的税金等），从而避免由于营业活动营运资金需求被低估导致企业财务风险水平被低估；

“保障质量”则是考察企业筹措营业活动营运资金所依托的资金筹措方式的质量。如果将营运资金界定为流动资产与营业性流动负债之间的差额，而将流动资产减全部流动负债的差额称之为“营运资本”，则：

营运资金 = 流动资产 - 营业性流动负债 = 营运资本 + 筹资性流动负债

营运资本 = 流动资产 - 流动负债 = 长期负债 + 所有者权益 - 非流动资产

由上可见，营运资金在数量上等于筹资性流动负债与营运资本之和，说明企业营运资金需求是通过筹资性流动负债和营运资本两种方式共同筹措的。前者代表了由短期借款、应付股利、应付利息等短期资本来源筹措的营运资金，而后者则代表企业使用长期资本（即长期负债和所有者权益）筹措的营运资金。因此，营运资本占营运资金比例的高低可以反映企业营运资金融资策略的激进或稳健程度。显然，在同等的数量保障程度下，如果更多的营运资金是通过营运资本（即长期资本来源的方式）筹措的企业，其财务风险要比更多的营运资金是通过筹资性流动负债方式筹措的企业要低，因为短期金融性负债比长期资本来源对企业营业活动营运资金需求的保障能力的持久性要差。

除此之外，从供应链上来看，企业经营活动的营运资金可以划分为企业经营活动自身占用的营运资金（主要是存货）、被供应商占用或占用供应商的营运资金（即预付账款减应付账款、应付票据后的余额）、被客户占用或占用客户的营运资金（即应收账款、应收票据减预收账款后的余额）三部分。显然，在企业经营活动自身占用营运资金（主要是存货）水平一定的情况下，与供应商、客户关系的不同将导致企业经营活动整体占用的营运资金水平产生较大的差异。通过分别企业经营活动自身占用的营运资金（主要是存货）水平、被供应商占用或占用供应商的营运资金水平、被客户占用或占用客户的营运资金水平的变化，就可以分别考察企业业务流程管理、供应商关系管理和客户关系管理对企业经营活动营运资金整体占用水平的影响，并借以衡量企业业务流程管理、供应链管理导致的财务风险。

4. 营运资金管理策略分类及其作用机理

营运资金管理研究的最终目的是为企业科学实施有效的营运资金管理策略提供指导。传统营运资金管理理论中主要是从营运资金的投放和融通两方面对营运资金管理策略进行研究。营运资金投放策略主要是确定营运资金占用水平与营业收入之间的比例关系，选择较低比例的策略被称之为“紧缩的营运资金投资战略（低流动性、高风险性）”，而选择较高比例的策略则被称之为“宽松的营运资金管理投资战略（高流动性、低风险性）”，在两者之间的权衡取决于企业对风险和收益的权衡。营运资金融资策略主要是确定波动性营运资金占用与短期资金来源的关系，相应的融资策略分为保守型、适中型和激进型三种。适中型是永久性营运资金占用和固定资产以长期融资方式来融通解决，波动性营运资金占用则用短期来源资金融通解决。保守型则是长期融资支持固定资产、永久性营运资金占用和部分波动型营运资金占用，短期融资仅用于融通剩余的波动性营运资金占用。显然这是一种风险与收益均较低的融资策略，激进型的融资策略正好相反。

在利益相关者视角的营运资金管理中如何对营运资金管理策略进行分类？如何评价各类营运资金管理策略的绩效以便在这些策略中作出选择？这是利益相关者视角的营运资金管理必须回答的问题。进一步研究应将营运资金管理策略视为协调营运资金管理主观特征和营运资金管理客观特征的机制，并将营运资金管理策略划分为以内部利益相关者为主导的内源性策略（如资金共享策略、企业重组和战略转型策略等）和以外部利益相关者为主导的外延式策略（如供应商管理库存策略、银企联盟策略等）。在对各种策略的作用机理进行分析时，将主要从信息共享和资源共享两方面剖析各类利益相关者视角的营运资金管理策略的作用机理。其中：信息共享主要通过降低需求的不确定性从而减少过早、过多的营运资金占用，通过减少业务流程各作业环节之间的不必要的等待时间并实现业务流程的并行化运作从而对营运资金周转时间产生影响；资源共享则主要是通过共享安全库存及共享标准化资源从而对营运资金占用量产生影响，通过信用资源共享和信用增级效应提高联盟企业的整体信用水平，增强企业的营运资金筹措能力。当然，企业在各种策略之间的选择和权衡仍然以风险和收益的权衡比较作为标准。

5. 营运资金管理调查体系和营运资金管理数据平台扩充研究

国外营运资金管理研究的数据主要依赖于 REL 咨询公司和 CFO 杂志发布的对美国最大的 1000 家企业进行的营运资金调查，其核心指标只是 DSO、DIO、DPO 及 CCC 或 DWC 等传统指标。至于 Compustat Research Insight 等全球企业财务资料库中，也都是传统的基于要素的营运资金管理绩效指标，尚没有与渠道管理和供应链管理相结合的营运资金管理绩效评价指标。以中国企业营运资金管理研究中心为代表的我国营运资金管理研究虽然在营运资金管理调查和营运资金管理数据库开发方面形成了一定的比较优势，已成功开发涵盖 1997 年以来除金融类上市公司外全部上市公司营运资金管理数据的“中国上市公司营运资金管理数据库（http：//bwcmdatabase. ouc. edu. cn）”，但是其也仅是在经营活动范围内开拓了营运资金的分渠道数据和相应的基于渠道的营运资金管理绩效评价指标，尚没有在拓展的营业观念基础上界定营运资金并对之进行科学分类和评价，也没有开发与利益相关者结合的营运资金管理数据信息，这显然不利于营运资金管理研究视角的开拓和营运资金管理理论的创新发展，更无法为企业利益相关者视角和拓展营业理念下的营运资金管理提供数据支持。

进一步研究应在前期创立的“基于渠道管理的营运资金管理理论”和“基于渠道管理的营运资金管理绩效评价体系”基础上，以利益相关者视角的营运资金管理理论和方法为指导，继续开展对中国上市公司营运资金管理的调查，调查分析内容中除补充利益相关者视角的营运资金占用分析、营运资金管理绩效水平及趋势分析和营运资金财务风险分析等内容外，主要增加供应商关系、客户关系、银企关系、股东关系、资金共享、信息共享等专项调查内容，在扩充营运资金管理数据支持平台建设的同时，对“基于渠道管理的营运资金管理理论”和“利益相关者视角的营运资金管理理论和方法”的科学性和适用性进行实证检验。

主要参考文献

1. Andrew Harris, Working Capital Management: Difficult, but Rewarding, Financial Executive, 2005

2. David M. Mathuva. The Influence of Working Capital Management Components on Corporate Profitability [J]. Research Journal of Business Management, 2010, 4 (1): 1 – 11

3. David M. Katz , Easing the Squeeze: The 2011 Working Capital Scorecard, CFO Magazine, 2011

4. David M. Katz, Working It Out: The 2010 Working Capital Scorecard, CFO Magazine, 2010

5. Erik Hofmann, Herbert Kotzab, A Supply Chain – oriented Approach of Working Capital Management, Journal of Business Logistics, Vol. 31, No. 2, 2010, Pp. 305 – 330

6. Ernst & Young , All tied up, Working capital management report 2010, 2010

7. Matthew V. Fung, The Potential Contributions of Behavioral Finance to Post Keynesian and Institutionalist Finance Theories [J]. Journal of Post Keynesian Economics / Summer. 2011, 33 (4): 555 – 573.

8. Randy Myers, Growing Problems: The 2007 Working Capital Survey, CFO Magazine, 2007

9. Ronald Fink, Forget the Float? The 2001 Working Capital Survey, CFO Magazine, 2001

10. Tim Reason, Capital Ideas: The 2005 Working Capital Survey, CFO Magazine, 2005

11. 毛付根：“论营运资金管理的基本原理”，《会计研究》，1995 年第 1 期。

12. 王竹泉：《跨地区经营企业会计问题研究》，经济管理出版社 2003 年版。

13. 王竹泉：“跨地区经营企业如何进行商流规划”，《经济管理》，2001 年第 11 期。

14. 王竹泉、杜媛："利益相关者视角的企业形成逻辑与企业边界分析"，《中国工业经济》，2012年第3期。

15. 王竹泉、刘文静、高芳："中国上市公司营运资金管理调查：1997～2006"，《会计研究》2007第12期。

16. 王竹泉、刘文静、孙莹、罗福凯等：《营运资金管理发展报告2008～2010》，中国财政经济出版社2012年版。

17. 王竹泉、刘文静、王兴河、张欣怡、杨丽霏："中国上市公司营运资金管理调查：2007～2008"，《会计研究》，2009年第9期。

18. 王竹泉、马广林："分销渠道控制：跨区分销企业营运资金管理的重心"，《会计研究》，2005年第6期。

19. 王竹泉、逄咏梅、孙建强："国内外营运资金管理研究的回顾与展望"，《会计研究》，2007年第2期。

20. 王竹泉、盛中华："打造跨区分销企业的定单价值链流程"，《会计之友》，2004年第4期。

21. 王竹泉、盛中华："构筑跨区分销的财务管理平台"，《会计之友》，2004年第1期。

22. 王竹泉、盛中华："跨区分销企业的现金流规划"，《会计之友》，2004年第5期。

23. 王竹泉、孙建强等：《营运资金管理发展报告2011》，中国财政经济出版社2011年版。

24. 王竹泉、孙莹："营运资金概念重构与分类研究——由IASB/FASB联合概念框架引发的思考"，《中国会计研究与教育》，2010年第四卷第一辑。

25. 王竹泉、孙莹、孙建强等：《营运资金管理发展报告2012》，中国财政经济出版社2012年版。

26. 王竹泉、孙莹、王秀华、王贞洁、孙建强等："中国上市公司营运资金管理调查：2011"，《会计研究》，2012年第12期。

27. 王竹泉、孙莹、王秀华、孙建强、王贞洁等："中国上市公司营运资金管理调查：2010"，《会计研究》，2011年第12期。

28. 王竹泉等："应收账款分析评价方法和指标体系"，《经济管理》，2000年第4期。

29. 中国海洋大学企业营运资金管理研究课题组："中国上市公司营运资金管理调查：2009"，《会计研究》2010年第9期。

30. 王竹泉："重新认识企业营业活动与营运资金"，《财务与会计》，2013年第4期，卷首。

专家视点之二：

经济衰退时期的公司营运资金管理

（李心合　南京大学会计与财务研究院副院长、教授、博导）

已经保持高增长30多年的中国经济，近年开始经受衰退之苦。2007年GDP增长14.2%，2010年为10.3%，2011年9.2%，2012年7.8%，2013年又进一步减速，一季度7.7%，二季度7.5%，上半年7.6%。对经济具有较强预测预警作用的PMI（采购经理指数）显示的情况不容乐观，5～7月份汇丰PMI连续低于50%，且持续下降，分别为49.2%、48.3%和47.7%，显示制造业呈现衰退状态。尽管8月份PMI止跌反弹（官方51.0%、汇丰50.1%），但制约经济复苏的深层次问题（如产能过剩、地方债务等）依然没有缓解，经济回暖的力度和可持续性或将有限，轻言走出衰退仍为时尚早。关于中国经济未来前景，国内外持悲观态度甚至"唱衰"的声音频现。美国《新闻周刊》甚至发表评论称，中国经济比美国更危险，将进入衰退的10年。宏观经济衰退对正统的营运资金管理理论提出挑战。面对经济衰退，营运资金管理理论、规则和策略都需要调整和扩充。

营运资金在范围上涉及现金、应收账款、存货等流动资产和流动负债。关于营运资金的管理，主流的公司财务学有系统的理论和规则，如最佳现金持有量、保险储备或合理存货量、最优信用政策或最佳应收账款保有量等等。经济衰退和危机显然会冲击这些规则。首先，经济衰退和危机引发的公司营业萎缩、存货积压、应收款挂账增多、投资收益减少和通胀加剧等，直接影响公司的现金流量，现金流的压力会让多数公司真正体会到“现金为王”的现实意义，即使是那些现金流丰裕的公司，也会因为经济衰退、投资机会少等原因而突破“最佳现金持有量”的概念限制。如同 CFO 们所感受到的，在“钱荒季”，手中有钱心中不慌或手里有钱遇跌不慌。在这个特殊时期，谨慎的投资政策让一些公司大量持有现金。其次，危机期间的普遍现象是，公司库存和应收账款挂账增加，这也是危机期间许多公司出现现金流断裂的重要经营原因。面对普遍的营业萎缩和营运资金“沉淀”趋势的增强，通行的最佳采购模型、合理库存模型和信用政策模型等，多少都会失灵。对于那些致力于追求“零库存”、“零应收账款”、“零营运资本（力求存货和应收账款为零）”的公司来说，衰退和危机状态下这些目标的实现将会是十分艰难甚至是不可能的事。在衰退和危机时期，保持足够多的现金存量、努力压缩应收账款和存货、控制流动负债，应该是公司营运资本管理的主要目标和内容。

在营运资金管理理论中，“策略”是一个国内外财务学教科书都关注的概念。一般介绍，营运资金管理策略有三种，即激进策略、稳健策略和中庸策略。营运资金策略设置的基础是流动负债和流动资产的细化分类，其中流动负债分为经营性流动负债（或称自发性流动负债）和金融性流动负债（或称非自发性流动负债），流动资产按照实质与形式的关系分为真正具有流动性的流动资产（或称暂时性流动资产）和实质上已经被长期化的流动资产（或称长期性流动资产或永久性流动资产），策略的划分实际上是依据金融性流动负债与暂时性流动资产的数量对应关系。激进策略的对应关系是：金融性流动负债 > 暂时性流动资产。稳健策略的对应关系是：金融性流动负债 < 暂时性流动资产。尽管财务学教科书很少把营运资金管理策略选择与经济周期联系在一起，然而实际上，不同经济运行状态下的策略选择应该是有差别的。考虑到金融性负债（包括金融性流动负债和金融性长期负债）的风险远远大于经营性负债，考虑到不同经济运行周期阶段上的财务压力、债务容限和目标函数设置上的重大差别，以及由于经济衰退和危机而导致的应收账款和存货等“暂时性流动资产”增加等因素，把激进的策略运用于衰退和危机时期显然是不合时宜的，同样地，复苏和繁荣时期应用稳健策略也显然是非常保守的。其次，就策略激进或保守的“程度”而言，也是可以结合经济周期进行深入研究的。营运资金中直接决定管理策略的金融性流动负债和流动性流动资产的数量关系会随经济周期阶段的转换而发生增减变化，由此决定策略激进程度会伴随经济增长速度的加快而上升，策略保守的程度会随着经济衰退幅度的增大而增大，如表 2－1。

表 2－1　经济周期阶段上营运资金变化的可能性

	复苏阶段	繁荣阶段	衰退阶段	危机阶段
经营性流动负债（a）	不确定	不确定	可能增加	可能增加
金融性流动负债（A）	可能增加	可能增加	可能不变或减少	可能不变或减少
流动性流动资产（b）	可能减少	可能减少	可能增加	可能增加
长期性流动资产（B）	可能增加	可能增加	可能不变或减少	可能不变或减少
营运资金策略指数（A/b）	可能上升	可能上升	可能下降	可能下降

投资的策略也会随经济衰退的出现而变化，这也是主流的公司财务学所忽视的一个问题。但是，2004 年美林公司推出并经实证检验正确的“投资时钟理论”，向世人展示了经济衰退状态与经济繁荣状态投资策略的显著差别，同时也告诉世人在投资理论的研究中经济周期分析是重要的。投资时钟模型根据相对变化趋势的经济增长方向和通货膨胀的方向，将经济周期分成四个阶段，并依次分析其投资策略。采用美国从 1973 年 4 月到 2004 年 7 月 375 个月份的相关数据进行检验，确认随着“萧条—复苏—繁荣—衰退”的周期性转动，债券、股票、商品和现金依次获得超额收益，并成为各个周期阶段投资策略选择（见表 2－2）。美林投资时钟模型提供了一种非常实用的理解和分析公司投资策略与宏观经济周期关联性的方法，同时也填补了主流财务学在这方面的缺失。

表 2－2　　美林投资时钟模型

	衰退阶段	复苏阶段	繁荣阶段	滞涨阶段
经济运行特征	GDP 增长放缓，通胀率处于低谷，企业盈利微弱，央行降息	GDP 增长加速，通胀率下降，公司盈利上升，宽松信贷政策	GDP 增长过热，通胀抬头，央行加息	GDP 增长率处于低谷，通胀继续上升，股票表现非常糟糕
投资收益率顺序	债券 > 现金 > 股票 > 大宗商品	股票 > 债券 > 现金 > 大宗商品	大宗商品 > 股票 > 现金/债券	大宗商品 > 现金/债券 > 股票
最佳投资	债券	股票	大宗商品	现金
年均收益率	9.8%	19.9%	19.7%	—

专家视点之三：

银监会流动资金需求量测算公式的问题与解决办法

（张金昌　　中国社会科学院工业经济研究所）

银监会 2010 年 1 号令《流动资金贷款管理暂行办法》提供了流动资金贷款需求量的参考计算公式。该公式已经被许多银行采用，用来测算并核定企业的流动资金贷款，本文就这个公式的优缺点做一简单的分析，并结合笔者过去曾经提出过的方法展开讨论，以期读者斧正。

一、银监会推荐公式的优点和存在的问题

银监会建议的流动资金需求量参考计算公式使用上年度销售收入、预计下年度销售收入增长率、上年度销售利润率和营运资金周转次数四个指标计算来计算流动资金需求量。销售收入乘以（1－销售利润率）得出的数值事实上是计算销售利润时的成本费用合计；营运资金周转次数事实上是现金周转次数。考虑预计销售收入增长率和上述两个因素之后得出的流动资金需求量事实上是预计的一个现金周转期的成本费用支出合计金额。银监会参考公式建议在估计流动资金借款额度时，扣除借款人自有资金、现有流动资金贷款以及其他融资。有关具体计算公式如下：

公式 1：营运资金量＝上年度销售收入×（1＋预计销售收入年增长率）×（1－上年度销售利润率）/营运资金周转次数

公式 2：营运资金周转次数＝360/（存货周转天数＋应收账款周转天数－应付账款周转天数＋预付账款周转天数－预收账款周转天数）

公式 3：新增流动资金贷款额度＝营运资金量－借款人自有资金－现有流动资金贷款－其他渠道提供的营运资金

该计算方法的优点是：（1）将一个现金周转期期间企业的成本费用支出合计作为流动资金需求量，揭示了在上年成本费用支出水平（盈利水平）和预计销售收入增长率条件下企业成本费用支出对现金的需求量；（2）在计算这个资金需求量时，考虑了采购、生产和销售环节资金周转快慢的影响。

该计算方法存在的问题是：（1）将成本费用支出的需求等价于流动资金的需求，则存在以下问题：一是成本费用金额的计算（即公式中销售利润率的计算），受利润核算和计量办法的影响较大，核算利润时的成本费用是一个会计概念，并不是一个实际的资金支出量的概念，因此受收入确认、成本费用匹配等影响利润的各个因素的影响较大；二是对于那些电信、电力等折旧额占成本费用很大比例的企业，会高估其流动资金的需求量，因为这部分成本费用并不需要流动资金；三是成本费用支出高于销售收入，即销售利润率为负数时，用该公式计算得出的营运资金需求量没有意义。（2）用营运资金周转次数和成本费用合计数折算营运资金需求量，在收入、成本与资金占用和资金来源变化不同步时，存在计算结果扭曲问题。营运资金周转次数的计算是基于经营活动主要资金占用项目如存货、应收账款和来源项目如应付账款等的周转次数的计算，而这些项目的周转次数的计算，仍然受销售收

入、销售成本的确认和计算的影响。当收入成本项目和资金来源与占用项目的变化不一致、不协调时，即当收入成本项目的变化和资金占用和来源项目的变化出现脱节，不能相互匹配时，其计算结果会与企业的实际资金需求相反。

例如在应收账款余额本来就很高而当年收入并不高（例如应收账款不是由当期收入形成，而是由上期收入形成；较大的存货余额不是由于销售不畅形成的而是原材料涨价企业进行物资储备形成的）的情况下，资金需求量就会被高估。这里的根本问题是，收入成本项目是一个当期增量指标，而存货、应收账款、应付账款等是一个时点累计余额指标。当期间数和时点数出现不匹配、不同步、不同增同减的情况，均会出现计算所得到流动资金需求量和实际企业的流动资金需求量不一致，甚至得出的结论完全相反。而在现实生活中，两者不同步的情况常常多于两者同步的情况，或者说本期占比（周转次数在本质上是二个项目之比）大于或者小于上期占比的情况远远多于本期占比等于上期占比的情况。

二、笔者提出的流动资金需求计算方法

笔者在《最新财务分析指南》（经济管理出版社 1995 年版）、《财务分析与决策》（经济科学出版社 2002 年版）、《财务分析学教程》（北京大学出版社 2010 年版）等书中，均给出了流动资金需求（营运资金需求）的计算公式，其基本原理是：首先计算企业静态的、存量的流动资金需求，其次计算动态的、增量的流动资金需求，然后再结合企业投融资情况和盈利情况，计算企业对银行贷款的资金需求。

1. 计算静态的、存量的流动资金需求

公式 1：营运资金需求 = 经营性资产 - 经营性负债

其中：经营性资产 - 流动资产 - 货币性资产，经营性负债 = 流动负债 - 货币性负债

从公式可以看出，这些科目均是存量科目、余额科目，是企业资产负债表反映的某个时点企业经营资金占和经营资金来源的差额，揭示在当前财务状况和经营成果情况下，满足企业经营活动资金占用所需要的流动资金数量。其中，经营资金占用（经营性资产）是流动资产合计扣除货币资金、交易性金融资产、应收票据三项可以变成现金的资产。经营性资金来源（经营性负债）是流动负债合计扣除短期借款、交易性金融负债、应付票据等刚性现金负债。两者的差额就是资产负债表反映的某个时点企业对流动资金的需求数量。

银监会推荐的公式没有考虑存量资金的需求，但银监会推荐公式在通过计算当期成本费用额计算当期增量资金需求时，通过周转速度快慢，考虑了经营性资金占用和资金来源的项目余额变化（用收入或成本折算的存量变化）对当期增量资金需求的影响，如果将银监会推荐的公式中的考虑因素按照笔者计算存量资金需求的方法考虑，计算公式应该是：

营运资金需求 = 存货 + 应收账款 + 预付账款 - 应付账款 - 预收账款

这一公式与笔者提出的公式的差异是，笔者公式中考虑了其他应收款、其他应付款、应付职工薪酬、应付税金等科目对资金需求的影响。

2. 计算增量的流动资金需求量

增量资金需求量指的是随着企业经营业务的开展，即企业取得收入和支付成本费用的活动，新增加的营运资金需求需求量。从期初和期末静态时点营运资金需求数量计算结果的变化比较，可以看出新增流动资金需求的数量。

如果过去和未来流动资金需求量的变化和销售收入的变化同步，则可以通过预测销售收入增长率的办法，预测流动资金需求数量的增量需求，即：

公式 2 ：新增营运资金需求 = 新增加销售收入 × 上期营运资金需求/上期销售收入

即按照营运资金需求占上期销售收入之比或者直接在上期营运资金需求基础上乘以预计销售收入增长率的方法计算得出。但如果销售收入和营运资金需求两者的变化不同步，上述计算方法很难恰当考虑引起流动资金需求量静态变化科目不同方向变化的影响。因此，增量流动资金需求量的预测和估计，建议还是按照各个经营资金占用项目和经营资金来源项目的变化进行动态预测和估计。即按照以

下公式估计：

公式3：新增营运资金需求＝新增加存货＋新增应收账款＋新增预付账款－新增应付账款－新增预收账款＋新增其他经营性资金占用－新增其他经营性资金来源

对新增营运资金需求按照以上项目逐项预测的主要原因是，这些项目的变化方向和变化幅度常常是不一致的，仅仅以销售收入增长率预测会“差之毫厘，谬之千里”。例如，在销售收入大幅度增长率的情况下，正常情况是企业产品紧俏，存货下降、应收账款下降、预付账款下降（因为企业实力增强，收入呈增长趋势，供应商对企业更有信心，可能会降低或取消预付款购买原材料的办法）。同样在原材料价格上升的时候，企业可能会降低存货数量、增加应付账款，等等。因此，比较科学的办法是动态的监控、分项目的计算。

3. 企业流动资金贷款需求

企业是否需要流动资金贷款，一要看企业经营活动是否需要资金，即经营活动资金占用减去经营活动资金来源是否大于0，大于0表示企业缺少流动资金、需要流动资金，小于0表示企业不缺少、不需要流动资金。

在企业缺少流动资金、需要流动资金的情况下，企业是否应该从银行贷款，还要看企业投资、融资活动和创造利润活动能够给经营活动提供多少流动资金，即下面公式计算的企业营运资本是否大于0，如果大于0，则投融资活动向企业提高流动资金，小于0表示不提供，不但不提供，还占用企业流动资金。

公式4　营运资本＝所有者权益合计＋非流动负债合计－非流动资产合计

静态来看，企业需要向银行贷款的资金，即企业的流动资金缺口，按照如下公式计算：

公式5：流动资金缺口＝营运资本—营运资金需求

在计算出企业目前时点财务状况（资产负债情况）下企业对流动资金的静态需求量之后，再考虑未来的资金需求量和盈利补给现金的能力，就可以计算出企业流动资金贷款的总需求额度，即：

公式6：流动资金需求量＝流动资金缺口＋新增营运资金需求－新增现金利润

三、两种方法的讨论、比较

银监会推荐的流动资金需求量的参考计算公式存在两个严重的问题：一是把成本费用支出金额等同于流动资金的需求金额，只是计算了一个现金周转期（除以营运资金周转次数）的成本费用支出金额；二是在企业经营环节资金占用和资金来源余额和成本费用支出不匹配、资金占用和资金来源变化与收入成本变化不同步的情况下，均会出现问题，在不匹配情况下计算的流动资金需求量无意义。例如当一个企业收入很少或为0的情况下，计算的资金需求量是为0，但实际上企业是有流动资金需求的，特别是在企业初创期、成长期或者转型期，收入成本和资金占用和来源项目余额均存在不匹配、变化不同步问题。

银监会建议的“新增流动资金贷款额度”的计算公式中，存在以下问题：（1）对借款人自有资金没有给出明确的计算公式；（2）将以成本费用金额折算得出的企业流动资金需求量直接作为新增流动资金贷款额度计算的基础，恐怕不妥。

笔者给出的方法，即考虑了企业现状，又考虑了企业的变化，同时在考虑流动资金需求量（资金缺口计算）时还考虑投融资活动对企业流动资金需求的影响。比较来看，笔者的方法在以下几个方面优于银监会的方法：

（1）在流动资金需求量的计算中，通过营运资本指标考虑了投融资活动的影响，而银监会建议方法只是笼统的提出考虑借款人自有资金，具体如何考虑没有明确；

（2）计算静态流动资金需求时，考虑了其他应收款、其他应付款、应付职工薪酬等非主要项目资金占用或来源对资金需求的影响，这些项目的资金占用或来源，在企业已经形成了，不考虑其影响是不正确的。

（3）将静态的、现时的财务报表反映的流动资金需求量和未来新增加的流动资金需求量分开考虑，一方面在考虑存量需求的同时又考虑了增量，另一方面也不存在收入成本与资金余额变化不匹配、不同步对计算结果的扭曲的问题。

（4）更为重要的是，在考虑增量流动资金需求时，银监会建议的方法只以预测的销售收入增长率来乘以成本费用金额的方法来简单计算，这在资金占用和来源项目之间变化不同步的情况下，会与实际情况差距较大。笔者使用营运资金需求与销售收入增长率相乘，由于营运资金需求指标是资金占用和资金来源项目相互平衡之后的结果，其计算结果之中本身就已经包含了资金占用和资金来源项目之间的相互抵消影响关系，因此要比银监会公式更加合理一些。另外，笔者建议在增量预测时，分项目进行预测，进行各个项目对流动资金需求影响的动态变化跟踪，可能更合理一些。

（5）笔者的方法能够进行月度、季度资金需求及其变动情况的分析和监控，而银监会的计算公式只能计算年度变化。在当前和未来经济环境下，企业资金状况、收入成本状况因为价格的变化而在月度和季度之间波动较大，不能扩展到月度和季度来进行流动资金需求的测算和贷后监控，是不能及时、有效地发现和采取措施降低信贷风险的。

（6）如果我们把笔者提供的上面各个计算公式结合起来，放在一个计算公式内，就可以得到一个既考虑静态的、时点的、存量的，又考虑变化的、增量的；即考虑资产负债余额变化影响的，又考虑当期收入成本影响的；即考虑经营环节科目变化对流动资金需求影响的，又考虑长期投融资环节科目变化对流动资金需求影响的，一个可以全面监控流动资金需求变化的计算公式。

专家视点之四：

营运资本存量与技术资产的配置问题

（罗福凯 中国海洋大学管理学院 中国企业营运资金管理研究中心）

一、引言

科学技术的迅猛发展和生产方式的转变，使得企业财务活动方式也发生重大变化。历史上，人们从公司财务配置生产要素视角出发，将生产方式按照历史演进过程归结为作坊工场、福特主义和温特尔主义等生产方式。不同生产方式下的营运资本存量存在重要差别。在作坊工场里，现金和生产工具是核心生产要素；在大机器工业的福特生产方式里，资本雇佣劳动成为生产主流，因此机器和人力是核心要素；而温特尔主义生产方式下的营运资本，则趋近于零甚至出现负数。所以，我们认为，科学技术发展水平、生产方式的改进程度与企业营运资本占有水平之间，存在内在联系。对此，笔者曾在《论营运资本的性质和特征》（2012）、《简论营运资本的物质承担者及其属性演进》（2012）两篇基础研究论文讨论过，并提出研究营运资本必须联系企业技术进步和研发强度与速度的见解。营运资本管理与企业技术资产占有量及其配置比例密切相关，营运资本存量多少将在一定程度上制约着企业经营战略和商业模式的选择。本文则是在这两篇文章的基础上，再进一步做一些新的解释。

二、当企业出现技术资产时，营运资本存量的变化

在企业出现技术资产之前，企业资产主要是流动资产和固定资产，由专利和非专利技术、商标权、著作权、土地使用权、特许权等构成的无形资产，则是次要资产。人们使用流动资产与流动负债的差额衡量企业的偿债能力，除了净营运资本越多，其偿还到期债务的能力越强以外，还因为企业现金流量预测上的不准确性和时间上的非同步性，使净营运资本成为企业经营活动不可或缺的组成部分。由于每项流动资产和流动负债的流动性程度不同，企业易于事先知道债务何时发生、何时到期与何时偿付，因而容易预测现金流出量，而资产转化为现金流入的预测就比较困难。现金流入和流出量之间的差异及其适应程度，制约着企业保持适量的净营运资本水平。

重要的是，企业固定资产具有不可逆性，其调整成本很高；而流动资产具有可逆性，其调整成本很低。因此，营运资本可以无摩擦地进行调整，使得企业投资能力的下降最终将被营运资本存量的下降所吸收。熨平流动资产与固定资产之间数量配置的要求。营运资本兼有短期资本或可变资本和自愿性出售资产所获资本的特点，并且是企业总资本中占有必要比重而具有灵活性强的一种资本。它为企

业提供了潜在流动性以抵消外生冲击对其总投资水平的影响。在公司财务上，营运资本属于投资管理内容，它是流动资产价值管理版块。但营运资本与筹资管理直接相连。当筹资约束存在时，营运资本存量对企业投资决策具有重要制约作用。因为此时，营运资本预期会吸收很大比例的不利现金流量冲击对企业固定资产投资的影响。营运资本存量多少，引发固定资产投资对现金流量的过度敏感性与融资约束程度之间关系的不同。相对不受融资约束的企业，面临融资紧约束企业的固定资产投资对营运资本存量的变化更加敏感。如果仅考虑投资而不联系筹资决策，那么，传统财务决策因忽略营运资本平滑固定投资行为，企业可能低估现金流量波动对固定资产投资总量的影响。

但是，当技术、偏好和资源初试禀赋，以及信息完全和信息对称等经济学假设放松之后，技术开始成为相对独立的生产要素和资产。标准经济学范式的核心思想是市场均衡由供求相等所决定，价格制度使每种生产要素得到应有合理报酬，供求波动在非约束条件下有效配置资源，竞争将实现资源最优配置和社会福利最大化。而斯蒂格勒、斯蒂格利茨等经济学家将信息不对称引入经济学，使得技术、偏好和资源初试禀赋以及信息成为可变量时，现行标准经济学范式被竞争经济学范式所取代。于是，技术、信息和知识成为企业生产经营的必要资产，同时，技术、信息和知识也被企业不断地生产出来，并作为商品被社会成员所消费。此时，技术资产、知识资产、信息资产、流动资产、固定资产的同时存在，营运资本就不再仅仅是流动资产和固定资产的熨平器，也不仅仅是固定资产投资与融资约束之间矛盾的平滑器。营运资本将扮演新的角色而发挥新的作用。

在信息技术普遍应用环境下，营运资本与人力资本、机器资本、技术、信息和知识资本，共同处于企业要素资本配置结构之中。各种资本的数额此消彼长。营运资本的流动性强、现金程度高，作为企业的货币性资本，它是企业的必要资本方式之一。原来，货币资本主要满足原材料和机器设备的投资需要。由于原材料买价、固定资产折旧与员工薪酬等均已计入产品成本，并随产品出售而收回，而技术研发、技术测试、新产品实验、样品生产和投入生产等环节，均需投入人力、物力和财力，其中的人力和物力在原生产方式里已有安排，于是，货币资本的持续投入是技术研发和新产品诞生的必要需求。在技术研发和新产品研制过程里，要防止技术外漏和技术溢出，也需要部分货币支出。当企业的技术资产增长后，货币资本的占有额就会下降，营运资本存量就会相应减少。企业进行直接技术研究与开发（R&D），需增加较多货币投入和制度与管理创新，困难较大，时间较长，但可获得自主技术和前沿核心技术。如果引进国外技术（间接吸收和利用），也需要支付货币资本，虽然其成本较低、效果较快，但得不到核心技术和关键技术。Lucas（1988）、OECD（2005）、Chow、Gregory（2008）在研究技术外溢时，曾假设技术以设备为载体，研究实验设备和零部件对企业成长的影响；后又假设以劳动者为载体研究人力资本对经济增长的影响。这两种联系技术和货币资本的方式，均使货币资本转化为技术资本，货币资本存量及其配置比重显著降低。

与此同时，技术资产的产生、维护和创造价值，还需要知识资产与之相结合。这就需要企业支出一定量的货币资本用于经营理念、价值取向、制度建设和企业文化等知识资产的增加、建设和维护。企业的信仰、理念、意志和道德价值取向等知识资产的增加，是企业技术资产形成（自主研发和购买引进）及其创造价值效率的基础。技术与知识的关系，如同毛与皮的关系，皮之不存，毛将焉附？所以，当企业出现技术资产时，营运资本主要配置人力资产、技术资产、知识资产和机器资产的正常运行，而不仅是流动资产与固定资产熨平和投资筹资的平滑作用。营运资本的作用不再限于投资、筹资和衡量偿债能力，而是延伸到企业的技术资产和知识资产的价值发现、价值维护和价值创造。于是，营运资本存量将减少，但扮演的角色增加了。

从营运资本周转时间小于一年的特点看，企业的小部分人力资产、大部分信息资产具有营运资本特征，它是完成一件或一个生产单位的产品生产所必需垫支的资本，是企业维持日常经营的会计年度资本，主要由现金、应收账款和短期证券等货币资本、少量存货等实物资本，以及与货币资本同时存在的短期要素资本构成。这是营运资本的基本性质。由于生产过程的科学技术化、自动化和虚拟化，企业很多资产开始成为流动性资产，如虚拟技术研发、产品设计垫支和样品、订单开发和网络信息，以及短期人力资产聘用等，都变成流动资产，而固定资产数额则相对稳定和下降。相应地，技术资产、信息资产和知识资产大幅度增加，人力资产和机器设备及存货等实物资产显著减少，存货趋近于零。货币资本主要来自营运资本，其指标可以是营运资本现金流量评估系数。营运资本的产生，源于企业日常经营活动对货币资本的需求。货币资本的产生，源于企业各种生产要素的需求和投入。科学技术快速发展和企业技术资产的日益增加，对营运资本存量产生重要影响。营运资本实物载体实际由部分实物资产、部分货币资产，客户资产和信息资产，以及部分短期人力资产等项目构成。

三、结论

简短的讨论和分析表明，一方面，研究营运资本离不开企业的技术进步和生产方式的转变。另一方面，企业营运资本的管理，离不开企业对新兴资产出现的关注。尤其技术资产、知识资产和信息资产的增加，将降低营运资本在企业资本总量里的配置比重。在这里，标准经济学范式被引入信息、知识和技术的竞争经济学范式取代后，平台经济开始取代规模经济，模块化组织开始取代事业部制组织，营运资本开始出现产业链结算资本和网络平台共享资本的新形态。此时，财务机构与企业其他经营机构的界限开始减弱。相应地，企业营运资本的角色和作用也发生了重要变化。

专家视点之五：

采购渠道营运资金的制度影响框架构建

（杜媛　中国海洋大学管理学院　中国企业营运资金管理研究中心）

【摘要】本文在分渠道营运资金管理的基础上，对影响营运资金的区域因素展开研究，旨在从制度视角分析区域影响企业采购渠道营运资金的内在机制。借鉴新制度经济学家的研究成果，本文分类研究、发现了影响我国企业采购渠道营运资金管理的各种具体的正式、非正式制度，并建立了采购渠道营运资金的制度影响框架。

【关键词】采购渠道营运资金；区域；正式制度；非正式制度

营运资金管理是企业理财的重要内容之一，王竹泉、逄咏梅、孙建强（2007）为了反映营运资金在渠道上的分布状态，将营运资金重新分类为经营活动营运资金和理财活动营运资金，经营活动的营业资金管理的首要目标是追求周转效率从而提高盈利能力；后者则主要是在保证企业经营活动营运资金需要的前提下具有足够的流动性和偿债能力。然后进一步将经营活动营运资金按照其与供应链或渠道的关系分为营销渠道的营运资金、生产渠道的营运资金和采购渠道的营运资金（王竹泉等，2009）。分渠道研究已成为营运资金管理研究的新课题和新方向。[①] 这时值得关注的首要问题就是如何提高各渠道营运资金管理效率？其影响因素是什么。该研究已发现行业、区域、通货膨胀、企业的外向经营性等会影响营运资金管理。其实区域的作用主要体现在区域中建立起的制度框架。从新制度经济学角度来看，企业并不生存于真空中，其所在的制度环境作为外生于企业的变量，通过限定利益相关个体的选择集合内生了企业目标、引导着企业行为。要研究企业内部的任何财务活动，都必须首先明确对之发生作用的制度框架，并发掘制度的作用机制。本文针即以此为切入点，以采购渠道营运资金为对象，从制度视角分析区域影响营运资金管理的内在机制。其意义在于，当制度这一外生变量发生变化或预期将改变时，营运资金各项目将随之变化，于是管理策略也需相应改变。

一、国内外营运资金影响因素研究回顾

国外关于营运资金管理的理论研究始于 20 世纪 30 年代。其研究内容包括分别从营运资金各项目和将营运资金作为一个整体的研究两方面展开。相关研究拓展至信用评级、短期融资、消费者信贷等内容。90 年代后的研究则转向以供应链的优化和管理为重心的营运资金管理研究。关于营运资金的绩效评价，包括营运资金周转率、周转期指标、变现效率指标。国内的研究主要跟随国外研究的思路，

---

① 该研究及其后续研究（2007、2008、2009）分别以营运资金的各种影响因素为标准，分类统计各类营运资金的周转期、管理绩效，逐年形成《中国上市公司营运资金管理绩效排行榜》。

探讨营运资金管理的原理、研究方法上的不足等，王竹泉、马广林（2005）提出了“将跨地区经营企业营运资金管理的重心转移到渠道控制上”的理念。根据王竹泉等（2007）的研究，采购渠道营运资金主要涉及企业与其上游供应商之间的资金往来，以及采购后作为材料的材料存货数量管理。可以用周转期评价营运资金管理的效果。

采购渠道营运资金周转期 = 采购渠道营运资金 ÷（全年材料消耗总额/360）

=（材料存货 + 预付账款—应付账款、应付票据）÷（全年材料消耗总额/360）

国内外营运资金管理的实证研究则主要倾向于研究营运资金管理对企业绩效的影响和营运资金管理的影响因素。已有研究发现，企业在考虑营运资金投放数量时受行业、规模、利率等因素的影响，以及管理者对风险的态度、企业的偿债能力等影响。分渠道营运资金管理的影响因素包括行业、区域、通货膨胀、企业的外向经营性。

本文在王竹泉等研究的基础上，以采购渠道营运资金为研究对象，进一步分析区域影响营运资金的制度因素及其影响机制。

二、区域影响营运资金管理的机制：制度

在财务管理理论环境起点论框架下，企业是其生存环境的产物，理财环境对财务管理假设、财务管理目标、财务管理方法、财务管理内容具有决定性作用。

从制度经济学的角度看，企业所在区域的性质是由相关制度界定的，“制度提供了人类相互影响的框架，它们建立了一个社会，或确切地说是一种经济秩序的合作与竞争关系。”这里的制度被定义为“一系列被制定出来的规则、守法秩序和行为道德、伦理规范。”（诺思，1944）企业在进行一切财务活动、经济行为时都将受特定制度的约束和激励。采购渠道营运资金管理的目标是在保证企业流动性和盈利性的基础上提高资金营运能力，作为追求利润、控制风险的一项经济行为，也必将受到所在区域中制度的影响。制度是外生于企业的变量，当制度本身发生变化时，营运资金管理策略将必然随之改变。

根据诺斯、舒尔茨、青木昌言、柯武刚、史漫飞等制度经济学家的研究，制度可以分为正式的和非正式的。前者指正式颁布的法规，包括宪法、法令、产权等，后者则由社会自发形成的，包括道德的约束、禁忌、习惯、传统和行为准则等（诺思，1944）。本文将从正式、非正式制度角度探讨影响我国企业采购渠道营运资金管理的各种具体制度。

三、正式制度的影响

如前所述，正式制度是一种可观察到的、人们主动制定并要求必须遵守的行为准则或规范，是对人们行为的显性约束。它通过正式规定人们行为的权利与义务，进而影响与决策有关的预期。参照对正式制度的定义，影响企业采购渠道营运资金管理的正式制度主要有法律制度、经济制度、政治制度、企业自行制定的各种合同制度等。

（一）法律制度

影响企业采购渠道营运资金管理的法律制度主要有经济法、会计法。

1. 经济法律制度

经济法规定了各类企业作为独立经济主体的权利义务，并协助将有限经济利益和稀缺经济资源进行合理地分配。这些法律成为企业间交易所遵循的原则和底线。能够直接影响采购渠道营运资金管理的经济法有《上市公司关联交易实施指引》、《企业破产法》、《合同法》、《外汇管理条例》、《票据法》、《反不正当竞争法》、《反垄断法》、《物权法》等。

《上市公司关联交易实施指引》中关于“购买原材料、燃料、动力”条文将直接影响公司材料存货数量；“在关联人的财务公司存贷款”规定将影响上市公司的现金余额、现金管理能力，以及交易款项的支付，即应付账款、应付票据、预付账款。《企业破产法》使企业不得不关注自己的各种长短期债务，供应商也会因企业不及时偿付应付账款而起诉企业破产，即增加了应付账款的财务风险。《合同法》规定了如何达成企业间买卖所形成的债权债务关系以及相应的资金利用。应付账款在经济实质上是归于卖方所有，但买方仍可以在一定范围内占用并利用应付款。合同法规定了这一范围。当合同

法变更，应付账款的法律权益归属、偿付将变化，相应的营运资金管理对策、方法也将随之改变。《外汇管理条例》中明确规定可以用外汇付款的资金项目，对相应外汇款项支付的制度规定以及外汇汇率的变化也就必然影响交易货款的结算，影响应付、预付款的金额。票据的使用使得买方可利用资金在途（或形成"未达账项"）的时间。但这一时间的长短及利用也会由与支付结算和票据相关的法律制度予以规定，如《票据法》、《票据管理实施办法》等。《反不正当竞争法》涉及回扣、折扣、佣金、附赠几种商业作法的规定。这些行为的作出和接受都会影响应收应付款的数额。而对应收账款或其他财产权利（如银行票据、债券、提货单、股权、基金、专利权、著作权、商标权）质押，可对营运资金贷款。《物权法》界定了质押双方的权利义务，也将影响企业营运资金数额。

可以看出，上述法律制度对采购渠道营运资金的影响机制十分明显，制度改变也将直接影响采购渠道的营运资金数量及其管理策略。

2. 会计法律制度

企业的任何经济活动都必须依法进行会计记录，《会计法》及相关会计制度规定了每一会计科目的记录方法与要求。作为一种契约，会计法律制度也是一种无法详细规定一切未来事项的不完全契约，会计记录是在会计法律规定下借助会计职业判断完成的。因此任一渠道的营运资金管理都将受会计法律制度的影响，包括会计法、会计制度、会计准则、企业财务会计报告条例、会计基础工作规范、会计档案管理办法等。就采购渠道营运资金而言，材料存货价值的确定随期末存货计价方法以及存货跌价准备计提数额的不同而不同，而这些正是由会计制度规定。预付账款与应收账款类似，会计制度同样也规定应计提相应的坏账准备，以及计提的方法与比例。因而采购渠道的营运资金数量将随会计制度和会计判断的变化而变化。

（二）经济制度与政治制度

经济制度是政治制度的基础，政治制度是经济制度的上层建筑，并将必然影响经济制度。

根据宪法，我国的政治制度是人民代表大会制度，即由国家及其行权人政府代表全国人民享有法定最高权利。这一政策层面上的制度安排，可具体化为组织层面上的社会主义市场经济制度。其特征是在认可"公有产权神圣不可侵犯"的前提下承认私有产权的合法存在，它意味着公有产权高于私有产权。这些上层制度会间接、直接地影响下层操作层上的制度安排。

具体而言，社会主义市场经济下的企业在市场上有自由的定价权和买卖权，但作为公有产权代表的国家或政府则拥有高于私有产权的价格控制权。政府从至少两种途径影响商品价格。一是通过市场经济制度进行间接调控，二是直接对商品价格进行行政干预。第一条途径即政府通过制定法律制度将市场经济法制化，借助市场无形的手建立价格机制，使得商品交易价格由市场供求关系、公平竞争内生产生。第二条途径是当市场失灵、价格机制不能引导资源有效配置时，政府将伸出有形的手直接管控，其措施包括：（1）每年根据国计民生需要发展的经济领域、方向，制定有倾向性的产业政策、经济政策，引导整个市场的发展方向和重点。（2）当市场内生的某种商品价格超过政府的可控范围而不能自我良性发展、或危害到社会公共利益时，政府将代表全国人民的利益进行价格管制。例如，在2008年初，对于不断上涨的物价，1月15日，经国务院批准，国家发展改革委员会颁布了《关于对部分重要商品及服务实行临时价格干预措施的实施办法》，对达到一定规模的生产经营企业实行提价申报，对达到一定规模的批发、零售企业实行调价备案，共干预12家生产方便面、食用植物油和乳品企业。

当价格受到人为影响，市场的供求关系将被动改变，市场对该种商品的需求量、供给量都会发生变化，个体企业对该商品的需求量也将随之改变，体现于营运资金中的企业全年材料消耗总额。

经济制度对于采购渠道营运资金的作用机制也就在于直接、间接地影响商品价格、购置数量。它们自然将影响企业应付账款、应付票据的数额，当价格不能完全由市场内生时，相关经济制度也将成为采购渠道营运资金的制度因素。

（三）交易合同制度

作为法制经济的市场经济事实上就是一种契约经济或合同经济。企业的各种经济活动，主要是通过合同这一正式制度进行。它涉及企业与各类利益相关者的利益往来，包括用工合同、借款合同、采购合同、销售合同、工程合同、广告合同等。许多合同的签订都与营运资金挂钩，如采购渠道中形成的应付、预付款占总交易金额的比例，均由双方的合同明确规定。因此，采购渠道营运资金各项目的影响也将因所签订的各种合同而异，可通过改变合同来调节营运资金数量。

四、非正式制度的影响

根据制度经济学，非正式制度的概念很广，诺斯将其定义为“人们在长期的社会生活中逐步形成的习惯习俗、伦理道德、文化传统、价值观念及意识形态等对人们行为产生非正式约束的规则，是那些对人的行为的不成文限制，是与法律等正式制度相对的概念”（诺思，1944）。其中，意识形态处于核心地位，它们可以综合体现为文化或价值观。企业的采购渠道营运资金管理将从上述角度受到企业所在国家非正式制度的影响。

对文化研究深有造诣且广为学界所认可的学者是霍夫斯特德，他用五个维度衡量不同文化的差异和价值取向。①

落脚于采购渠道营运资金管理，非正式制度的作用可从这些方面来解释。（1）权距较大的企业更愿意接受上级的决策，上级管理者的知识、价值观等将影响整个企业对营运资金管理的效果，包括材料采购的数量、收账政策的制定、付款的策略等。（2）对不确定性的反应程度即对风险的承受能力，对风险承受能力较小的管理者会持有较多材料存货。（3）集体主义价值观较强的管理者更倾向于维护供应链整体的利益，重视与上下游企业长远关系的发展。（4）男性度较强的社会中，人比较自信武断，崇尚金钱与物质。相应地营运资金管理决策一般会由高层作出，更多以追求个体利益最大化为目标，女性度较强的社会则注重和谐和中庸，如中国，更愿意接受满意的利润和进行适度的收付款管理。（5）有长期导向价值观的社会群体面向未来，营运资金管理中也会着眼于信誉、供应链的建立、供应商长期合作关系的维护；短期导向观则重视当前的利润，急功近利，容易为追求短期利润而不断地选择低价供货商，产品质量不易保障。

另外，营运资金管理还与社会成员对既有伦理道德、文化的重视程度相关，即上述非正式制度的执行效率。有道德的企业及其管理者以社会道德标准为其处世、经商的底线，他们会及时偿付、尽量不拖欠供应商货款，反之则会经常拖欠或恶意使用低成本的供应商货款。

五、影响我国企业采购渠道营运资金的制度框架建立

综上，区域对采购渠道营运资金的影响可体现于区域中的制度框架，如图 2－1。

主要参考文献

1. Daniel K. D. , and S. Titman. Evidence on the Characteristics of Cross – Sectional Variation in Common Stock Returns. Journal of Finance, 1997（52）.

2. 王竹泉、逄咏梅、孙建强：“国内外营运资金管理研究的回顾与展望”，《会计研究》，2007 年第 2 期。

3. 王竹泉、刘文静、王兴河、张欣怡、杨丽霏：“中国上市公司营运资金管理调查及中国上市公司营运资金管理绩效排行榜：2009”，《会计研究》，2010 年第 9 期。

4. 王竹泉、马广林：“分销渠道控制：跨区分销企业营运资金管理的中心”，《会计研究》，2005 年第 6 期。

5. 王竹泉、刘文静、高芳：“中国上市公司营运资金管理调查：1997～2006”，《会计研究》，2007

① 包括：（1）权力距离，以表示人们对机构组织权力分配的接受程度；（2）对不确定性因素反应的强弱度，以表示人们对不确定因素感觉不安的程度；（3）个人主义与集体主义，表示人们在社会中的个人与群体的关系度；（4）男性度与女性度，表示人们在社会中的男性特点或女性特点的差异度；（5）长期取向与短期取向，以反映人们对长远利益和近期利益的价值观。参见吉尔特·霍夫斯坦德：《跨越合作的障碍——多元文化与管理》，中国科学出版社 1996 年版。

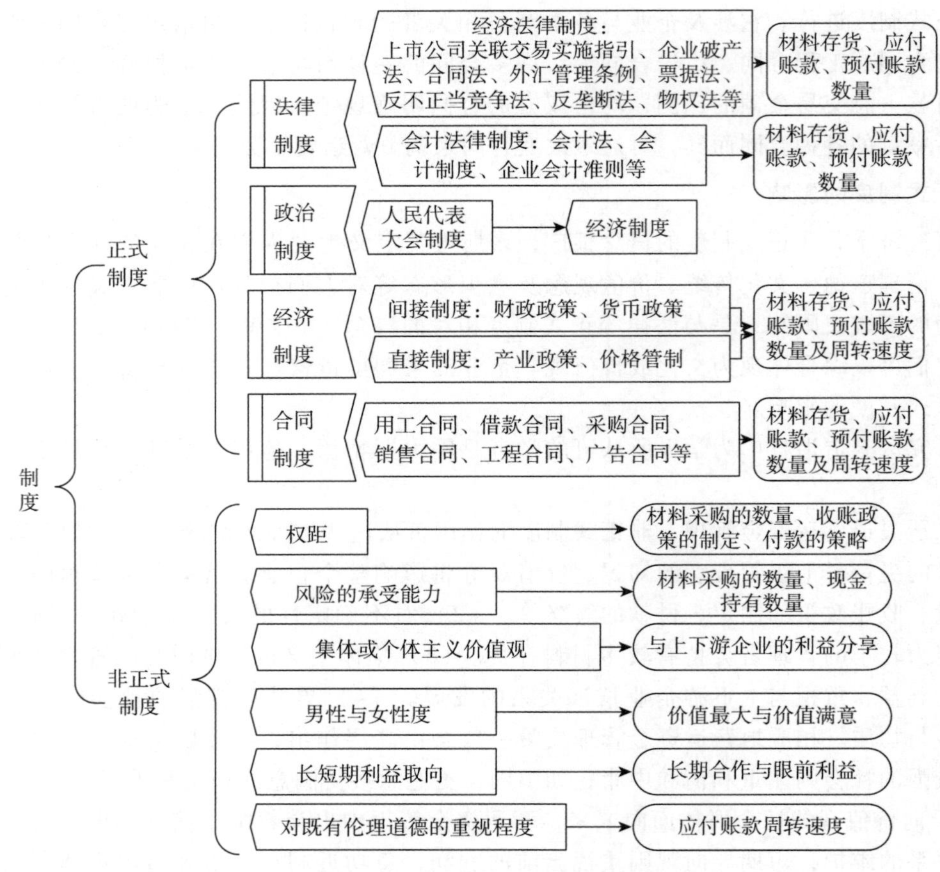

图 2－1 影响我国企业采购渠道营运资金的制度框架

年第 12 期。

6. 道格拉斯·C. 诺思：《经济史中的结构与变迁》，上海人民出版社 1944 年版。

7. 财政部会计资格评估中心编：《经济法》，中国财经出版社 2009 年版。

8. 袁贵仁：《价值观的理论与实践》，北京师范大学出版社 2009 年版。

9. 吉尔特·霍夫斯坦德：《跨越合作的障碍——多元文化与管理》，中国科学出版社 1996 年版。

注：本文全文发表在《商业会计》2013 年第 1 期。

专家视点之六：

基于精敏供应链的营运资金需求预测研究

（张先敏　王竹泉　中国海洋大学管理学院　中国企业营运资金管理研究中心）

【摘要】 营运资金需求预测在企业财务管理中起着非常重要的作用，传统的营运资金需求预测方法忽视了营运资金各构成项目与销售收入的关系。本文在重新界定营运资金概念的基础上，分析企业战略对销售收入及存货需求的影响以及营运资金各构成项目与企业销售收入的关系，构建基于精敏供应链的营运资金需求预测模型。

【关键词】 精敏供应链；营运资金；需求预测

现有的营运资金需求预测模型往往采用销售百分比法对营运资金整体需求进行预测，忽视了营运资金各构成项目与销售收入的关系。而供应链管理是提升企业竞争力的有效手段和方式，实现供应链的“精益”和“敏捷”是企业在激烈的市场竞争中立于不败之地的必备条件。因此，本文拟构建基于精敏供应链的营运资金需求预测模型，以期为营运资金需求预测提供一些参考。

一、营运资金概念界定

学术界对于营运资金的概念和范畴尚未形成统一认识，通常将流动资产（营运资金总额）或流动资产减流动负债的差额（营运资金净额）作为营运资金。笔者认为，营运资金应当是企业日常运营过程中占用的资金，理应与企业的经济活动相联系。企业的经济活动通常划分为经营活动、投资活动和筹资活动三大类。其中经营活动是将资金用于产品经营的过程，投资活动是将资金用于资本运营的过程，筹资活动则是资金筹集的过程。无论是将资金用于产品经营，还是用于资本运营，都是资金的使用过程，都属于企业营运的范畴。FASB 与 IASB 联合概念框架将企业的营业活动界定为经营活动和投资活动构成的整体，而将筹资活动单独划为一类。因此，将营运资金界定为企业营业活动（包括经营活动和投资活动）过程中的资金占用比较合理。本文将营运资金界定为企业营业活动过程中的流动资产减流动负债的差额，其计算公式为：

营运资金 = 营业活动中的流动资产 - 营业活动中的流动负债

在企业的流动资产中，除货币资金外的其他项目大都是营业活动过程中占用的资金。在流动负债当中，除交易性金融负债、应付股利、应付利息、一年内到期的长期负债等是筹资活动产生的负债外，其他项目大都属于营业活动中的流动负债。企业的货币资金无论是通过营业活动，还是通过筹资活动获得，一旦其留存于企业当中，考虑的应当是其用途，因此，如果不考虑用于偿还到期债务和支付现金股利等的货币资金，上述公式可转换成如下形式：

营运资金 = 经营活动营运资金 + 投资活动营运资金 = 流动资产 - 流动负债 + 筹资活动中的流动负债（包括交易性金融负债、应付股利、应付利息等） = 流动资产 - 应付款项（含应付账款、应付票据、预付账款和其他应付款） - 应付职工薪酬 - 应缴税费 - 其他流动负债

二、精敏供应链战略的概念及特点

（一）精益供应链与敏捷供应链

精益供应链（Lean Supply Chain，LSC）和敏捷供应链（Agile Supply Chain，ASC）是两种不同的供应链战略。LSC 源于日本丰田的精益思维，强调通过消除生产经营过程中的各种浪费（包括有形浪费和无形浪费，如无用的等待时间、返工、不产生价值增值的工作等）来降低成本，其竞争优势在于“低成本”。与 LSC 不一样，ASC 强调的是在瞬息万变的市场竞争中保持更快的反应速度，通过更快的速度和更高的柔性来赢得市场。实际上，“精益”与“敏捷”并无绝对的区别，两者都强调快速反应、高质量、低成本和高服务水平，只是侧重点不同。精益供应链和敏捷供应链的差别如表 2 - 3 所示。

表 2 - 3　　精益供应链与敏捷供应链比较

项　目	精益供应链	敏捷供应链
典型产品	商品	时髦产品
市场需求	稳定	不稳定
产品多样性	低	高
产品生命周期	长	短
边际利润	低	高
采购政策	采购商品	分配能力
质量	市场合格标准	市场合格标准
成本	市场赢取标准	市场合格标准
服务水平	市场合格标准	市场赢取标准

资料来源：Ashish Agarwal et al. 2006

一般来说，精益供应链降低成本的主要方式是大批量生产，即通过持有保护性存货（protective inventory，PI）的方式降低成本；敏捷供应链提高反应速度的主要方式是投资相应的设备和能力，即通过持有保护性能力（protective capacity，PC）的方式来提高反应速度和柔性。

（二）精敏供应链

精敏供应链（Leagile Supply Chain）产生于 LSC 和 ASC 之后，是这两者的集成。精敏供应链由

Naylor et al. 在 1999 年首先提出，Naylor et al. 在分析精益供应链和敏捷供应链特征的基础上，根据存货解耦点位置的不同，开拓性地提出了融合精益和敏捷双重特征的供应链战略。根据存货解耦点的不同，可将企业的供应链战略分为按单采购、按单生产、按单组装、按库存生产和按库存运输五种。在解耦点的上游，企业可采用精益战略，通过大规模生产或大批量采购的方式来降低成本；在解耦点的下游，企业可采用敏捷战略，通过持有保护性能力 PC 来提高反应速度和柔性。

Naylor et al. 精敏供应链的提出引发了学术界的大量相关研究，R. Stratton et al.（2003）在发明问题解决理论和约束理论的基础上，指出精益供应链和敏捷供应链可以从四个维度进行整合：区分空间、区分整体与部分、区分时间和区分条件。其中；“区分空间”是指根据产品或服务类型制定相应的供应链战略，即对功能型产品采用精益供应链，对创新型产品采用敏捷供应链；“区分整体与部分”是指通过延迟策略使供应链的上游保持精益（同 Naylor et al. 的整合方式），下游保持敏捷，“区分时间”是指先通过批量生产的方式生产需求确定的产品，后通过投资保护性能力 PC 的方式生产需求不确定的产品；“区分条件”则是上述区分方式的组合，如使用延迟策略的同时，先生产部件需求量确定的零部件，后生产部件需求量不确定的零部件等。

三、基于精敏供应链的营运资金需求预测

精益供应链和敏捷供应链的侧重点各不相同，但对单个企业而言，降低成本和提高反应速度同样重要，亦即应努力同时实现精益和敏捷。虽然 Naylor et al. 等人提出的精敏供应链针对的是由多个成员企业构成的供应链整体，但这种战略导向及其整合同样适用于单个企业，即根据企业自身的产品特征、生产能力、直接市场需求等进行供应链战略的匹配和生产安排的选择，以实现降低成本和提高反应速度的双重目标。在精敏供应链战略导向下，使用单一的销售收入增长率来预测营运资金需求可能会产生较大偏差。理想的做法是区分采用精益战略和敏捷战略的产品或市场，分别预测相应的销售收入，并根据不同销售收入的实现特征来预测营运资金的需求量。

假设采用精益战略的产品或服务的销售收入为 Rl，采用敏捷战略的产品或服务的销售收入为 Ra，即企业总销售收入为（Rl + Ra）。虽然与敏捷战略对应的产品或服务的需求是不稳定的，但通常来说会在一定范围内波动，即 Ra 中有一部分收入相对比较确定且需通过持有保护性存货 PI 的方式来满足市场需求，假设记为 Ras，另外一部分不确定性程度相对较大且需要通过持有保护性能力 PC 来满足的需求量，假设记为 Rau（Ras + Rau = Ra）。

由于精益战略是通过大批量生产方式，即持有存货来降低成本的，因此，基于精益战略的销售收入 Rl 和敏捷战略中通过持有保护性存货 PI 来实现的销售收入 Ras 与企业的存货水平存在正相关关系，通过持有保护性能力 PC 实现的销售收入 Rau 则不会对预期存货水平产生影响。同时，Rl、Ras 和 Rau 都会对除存货外的其他经营性流动资产和流动负债需求量产生影响。另外，企业的短期投资决策往往是管理层根据资金盈余状况、风险偏好和外部投资机会等因素综合考量的结果，与预期销售收入并无直接关系。到期的借款本金、借款利息和应支付的现金股利往往通过货币资金予以支付。综上所述，预期营运资金需求量的计算公式为：

$$营运资金需求量 = 存货 \times \frac{R_{ln} + R_{asn}}{R_{l(n-1)} + R_{as(n-1)}} + （货币资金 + 应收款项 - 应付款项 - 应付职工薪酬 - 应交税费）\times \frac{R_{ln} + R_{an}}{R_{l\ (n-1)} + R_{a\ (n-1)}} - 到期借款和股利 + 投资活动营运资金需求量$$

其中，Rl（n－1）、Ra（n－1）、Ras（n－1）、Rln、Ran 和 Rasn 分别表示基期基于精益战略的销售收入、基期基于敏捷战略的销售收入、基期基于敏捷战略且通过持有保护性存货的方式满足的销售收入、预测期基于精益战略的销售收入、预测期基于敏捷战略的销售收入和预测期基于敏捷战略且通过持有保护性存货的方式满足的销售收入。应收款项包括应收账款、应收票据、预付账款和其他应收款；应付款项包括应付账款、应付票据、预收账款和其他应付款。上式中的存货、货币资金、应收款项、应付款项、应付职工薪酬和应交税费都是基期余额。需要说明的是，现实中不少企业的其他应收款和其他应付款中存在大量与销售收入并无直接关系的往来款项，在进行营运资金需求量预测时需要剔除这部分相关性不大的款项。

上述营运资金需求量预测模型可以实现经营活动营运资金安排和投资活动营运资金安排的互动。企业可以先计算出除投资活动营运资金需求量以外的部分，再根据企业营运资金盈缺量、筹措资金的能力和外部融资机会等作出相应决策。如果企业有较好的短期投资机会，但内部资金不充裕且又难以从外部筹措资金时，可暂缓甚至撤销某类产品或服务的生产经营，将资金优先投资于盈利机会较高的投资活动。如果预期投资盈利不高或投资前景不景气，而相关产品或服务的投产又需要营运资金，但内部资金不充裕或外部筹措资金难以满足需求时，则可考虑收回已经对外投资的营运资金，将其用于产品或服务的生产经营。因此，上述营运资金预测模型不仅考虑了企业战略对销售收入及存货需求的影响，而且考虑了营运资金构成项目与企业销售收入的关系。更重要的是，该预测模型可以实现经营活动营运资金与投资活动营运资金安排的良性互动。

主要参考文献

1. 王竹泉、逄咏梅、孙建强：“国内外营运资金管理研究的回顾与展望”，《会计研究》，2007 年第 2 期。

2. Ashish Agarwal, Ravi Shankar, M. K. Tiwari. 2006. Modeling the metrics of lean, agile and leagile supply chain: An ANP - based approach. European Journal of Operational Research.

3. Ram Narasimhan, Morgan Swink, Soo Wook Kim. 2006. Disentangling leanness and agility: An empirical investigation. Journal of Operations Management.

注：本文全文发表在《财务与会计》（理财版）2013 年第 3 期。

专家视点之七：

“产业 + 金融”的营运资金管理模式研究

（封威威 于森林　中国海洋大学管理学院 中国企业营运资金管理研究中心）

【摘要】 现代市场竞争是供应链之间的竞争，企业应建立“产业 + 金融”的营运资金管理模式，通过优化供应链运营模式，提高企业经营活动营运资金管理绩效，为理财活动积累资金，利用理财活动营运资金为供应链上下游提供金融服务，支撑相应的供应链运营模式，带动企业产业发展，提高经营活动营运资金管理绩效，使产业金融、经营理财相互促进，共同提高经营活动和理财活动营运资金管理绩效。

【关键词】 营运资金管理；“产业 + 金融”；供应链；供应链金融

一、营运资金管理的研究现状

20 世纪 70 年代中期开始，世界经济发生重大变化，卖方主导市场开始向买方市场转化，竞争环境的根本性的变化使市场竞争不再是单个企业之间的竞争，而成为供应链之间的竞争，信息技术的快速发展使得面向供应链的管理成为可能，供应链管理受到学术界和实务界的广泛关注。在此经济背景之下，营运资金管理作为企业财务管理的重要内容，20 世纪 90 年代开始明显地转向以供应链的优化和管理为重心。DELL 于 2000 年提出基于网络的供应链结构，可降低存货，节约现金，为企业带来利息收益以及再投资为股东创利，自 2001 年起，REL 咨询公司和 CFO 杂志一直倡导将供应链企业关系作为营运资金管理的重点，在 2001 年发布的调查报告中，他们强调在经济低迷时期客户和供应商的配合对于营运资金周转的重要性，2002 年度的调查报告更是以“不要让供应链断裂”为标题指出客户与供应商关系管理的重要性，2005 年的报告又指出压榨供应商不利于行业发展，并提出构建“供应商、企业、客户”之间无伤痕链接的新思路。

我国对营运资金管理的研究是从 20 世纪 90 年代开始的，并且很长一段时间内大多数研究仅是对某个营运资金项目的孤立研究，缺乏系统性。王竹泉，马广林（2005）提出“将企业营运资金管理的重心转移到渠道控制上”的新思路，并倡导将营运资金管理研究与供应链管理等结合起来；王竹泉，逄咏梅，孙建强（2007）进一步将营运资金分为经营活动的营运资金和理财活动的营运资金，并将经营活动营运资金按照其与供应链的关系分为为营销渠道的营运资金、生产渠道的营运资金和采购渠道的营运资金，并在此基础上建立了新的营运资金管理绩效评价体系。随后的研究大多集中于对经营活动营运资金管理方法的探讨，对理财活动的营运资金管理关注较少，而产业运营与资本运营是企业发展的两大驱动力，只有同时提高经营活动和理财活动的营运资金管理绩效才能促进企业长久发展。在此基础之上，本文结合供应链管理以及供应链金融的思想提出了“产业 + 金融”的营运资金管理模式，使企业经营理财协同发展，提升企业竞争力。

二、“产业 + 金融”的营运资金管理模式

“产业 + 金融”的营运资金管理模式，即核心企业通过优化供应链运营模式，提高企业经营活动营运资金管理绩效，为理财活动积累资金，并利用理财活动营运资金为上下游企业和消费者提供金融服务，以带动企业经营、加速资金周转的管理模式。这种管理模式具有以下特点：一是营运资金管理面向供应链，集中于供应链运营模式的优化和面向供应链的金融服务提高营运资金管理绩效；二是营运资金的管理是经营活动营运资金管理和理财活动营运资金管理相互促进所构成的。产业与金融、经营与理财的有机结合、相互促进是“产业 + 金融”营运资金管理模式的核心思想，通过优化供应链运营模式，从根本上提高经营活动营运资金管理绩效，节省经营活动营运资金，为理财活动提供基础，通过面向供应链的资本运营保障并促进产业运营，将企业的产业运营与资本运营融为一体，相互促进，共同提高企业的竞争力，进而提高企业营运资金管理绩效。

“产业 + 金融”模式下的营运资金管理主要集中于两方面的管理，一是如何优化供应链运营模式，提高企业经营活动营运资金管理绩效，为企业的理财活动提供资金基础；二是如何利用理财活动营运资金为供应链上下游提供金融服务，促进企业经营。

三、优化供应链，提高经营活动营运资金管理绩效

供应链是围绕核心企业，通过对信息流、物流、资金流的控制，从采购原材料开始制成中间产品以及最终产品，最后由销售网络把产品送到消费者手中的将供应商、制造商、分销商、零售商，直到最终用户连成一个整体的功能网链结构。供应链管理是建立在节点企业之间相互协同配合的基础之上从而保证供应链上物流、信息流以及资金流的高效运转，提高供应链整体竞争力。企业之间充分运用信息技术，建立信息共享平台是供应链高效运营的基础。营运资金以供应链运营模式为载体在供应链上流转，运营模式是否高效对企业经营活动营运资金的管理绩效起着决定性作用，因而，企业应当致力于优化供应链运营模式，从根本上带动经营活动营运资金管理，为理财活动沉淀资金。

（一）客户需求拉动供应链经营

在买方市场中，满足客户需求是企业生存的前提，只有准确地把握企业的需求，将客户需求作为供应链运营的原动力，企业研发、采购、生产、配送、营销等一系列生产活动的起点，才能快速有效地满足客户需求，提升企业产品竞争力，全面带动供应链的运营效率，减少采购渠道、生产渠道、营销渠道存货所占用的营运资金，从根本上提高企业经营活动营运资金管理绩效。

（二）整合供应链上游

上游供应商只有为企业准时提供合格的原材料才能保证企业的生产经营，因而，整合上游供应链，与上游供应商建立稳定的战略合作伙伴关系对企业经营活动营运资金管理非常重要。在营运资金管理中，加大供应商参与，整合供应链上游是“产业 + 金融”模式下提高经营活动营运资金管理绩效的重要理念。供应商管理库存（VMI）可以有效地利用企业合作提高企业采购渠道营运资金管理绩效。供应商管理库存是以供应商为中心，以双方最低成本为目标，在一个共同的框架协议下把下游企业的库存决策权代理给上游供应商，由供应商行使库存决策的权利，并通过对该框架协议经常性地监督和修改以实现持续改进。供应商通过信息共享系统收集分销中心、仓库和 POS 数据等信息，随时掌握需求信息，保证原材料供应，从而降低核心企业采购渠道对营运资金的占用，提高经营活动营运资金管理

绩效。

（三）控制分销渠道

买方市场中，分销渠道不仅仅是完成销售的一个组成部分，还承担对消费需求进行预测、品牌推广等重要功能。因此，在以客户需求为导向的营运资金管理模式中，有效控制分销渠道至关重要。在分销渠道的建设中，要控制对分销渠道成员的选择，选择资金较为雄厚、资信较好的分销商对于企业品牌推广、提高营销渠道营运资金管理绩效非常重要。另外，加大直销渠道的建设可以直接、快速、准确地获取消费者的需求信息，减小“牛鞭效应”的不利影响，更加迅速地满足消费者需求，提高企业竞争力，进而带动企业营运资金管理。

四、运用供应链金融，支持促进产业发展

供应链是由上游企业、核心企业以及下游企业连成的整体，而在这一整体中，竞争力较强、规模较大的核心企业占据强势地位，其偿债能力、资信等优势使核心企业具有很强的融资能力，而上下游中小企业却受到融资渠道与条件的限制难以获得银行贷款。供应链金融是为了解决供应链中的资金不均衡状况而产生的，它是银行围绕核心企业，管理上下游中小企业的资金流和物流，变把握单个企业的不可控风险为供应链企业整体的可控风险，通过立体获取各类信息，将风险控制在最低的金融服务。目前，供应链金融服务主要有应收账款融资、存货融资以及仓单质押融资。本文结合供应链金融的思想，提出企业对理财活动营运资金进行集约化管理，建立财务公司等金融机构，为上下游中小企业提供适用的金融服务，从而支持供应链运营模式，带动供应链发展，最终促进企业的营运资金管理绩效的提高。

（一）资金集中管理，为供应链金融提供基础

企业通过优化供应链运营模式提高了经营活动营运资金管理绩效，为理财活动提供了资金来源。资金的集约化经营管理是大企业避免陷入“高存款、高贷款、高财务成本”怪圈的有效方式。首先，可以最大程度上减少闲置资金的同时降低企业的外部融资规模，进而提高企业的理财活动营运资金管理绩效；其次，可以利用规模经济，提高存款的协议利率，应收利息的增加同样也会提高企业的理财活动营运资金管理绩效；另外，资金的集中管理可以为企业的经营活动发展扩大提供资金支持，同时也是企业运用供应链金融提高理财活动营运资金管理绩效，带动经营活动发展的基础。

（二）面向供应链提供金融支持，拉动经营活动营运资金管理

1. 为上游企业提供供应链金融服务，保证供应链的运转

在供应链的运营中，“供应商管理库存”以及赊购方式可以有效地降低企业采购渠道营运资金占用，而这两种方式必然导致上游企业在存货和应收账款中占用大量的营运资金，“存货 + 应收账款”使上游企业面临非常大的资金压力，而上游企业大多是中小企业，由于融资条件的限制，很难从银行获得贷款，这种资金困境可能导致上游企业无法按时提供生产所需材料，并使得“供应商管理库存”的供应链运营模式无法正常运行，影响企业的经营活动。因而，为上游企业提供金融服务是产业运营的保障。

目前，企业为上游企业提供的供应链金融服务主要存在两种形式，一是应收账款的贴现业务，即为上游企业与本企业交易所产生的往来款项贴现；二是存货融资，即上游企业以存货为质押存入第三方物流开设的融通仓中经过融通仓的价值评估获得企业财务公司贷款的方式。两种方式下上游企业都可以在短时间内获得营运资金。因而，核心企业通过理财活动营运资金不仅解决了上游供应商的融资难题，也为“供应商管理库存”和赊销的商业模式提供了资金保障，真正做到“双赢”，产业和金融、经营和理财相互促进。

2. 为下游企业提供供应链金融服务，拉动企业销售

在“现金为王”的时代，核心企业在经营活动中为了控制资金风险，提高企业的经营活动现金流，不会大量地赊销，甚至可能要求下游分销商采用预付的方式进行销售，而供应链中下游中小企业的营运资金短缺可能成为企业扩大销售的瓶颈。

在这种状况下，企业利用理财活动营运资金为分销商提供资金支持成为解决问题的有效方式，目前针对下游企业的供应链金融服务主要形式是仓单质押融资，即金融企业、下游企业以及第三方物流企业签订合作协议，以物流企业签发的下游企业自有或第三方持有的存货仓单作为质押物向下游企业办理贷款的金融服务。通过这项理财活动，下游企业可以及时获得流动资金，不仅可以缩短核心企业销售环节的结算周期，节省营销渠道营运资金占用，也可以提高分销商的购买力，带动企业销售，促进企业长远发展。

3. 为消费者提供信贷支持，拓宽终端销售渠道

客户导向的直销模式是企业提高经营活动营运资金绩效的有效方式。在终端销售市场的拓宽中，特别是对于价值较高的耐用品，消费者的购买能力成为销售的瓶颈，因而，在掌握足够的客户信息的基础上，为其提供分期付款，融资租赁等信贷支持可以提高消费者的购买力以此扩大企业终端销售市场，真正做到金融拉动产业，理财促进经营，在发展中提高企业营运资金管理绩效。

五、结论与启示

在买方市场下，市场之间的竞争不再是企业之间的竞争，而是供应链之间的竞争，保证供应链物流、信息流、资金流的高效运营可以从根本上提高企业营运资金管理绩效。另外，企业营运资金由经营活动营运资金和理财活动营运资金共同构成的，两者的管理绩效共同决定企业营运资金管理绩效。在“产业 + 金融”的营运资金管理模式下，企业的营运资金管理在以客户需求为导向的前提下，通过与上游企业的战略合作，整合控制分销渠道，打造完整高效的“供 - 产 - 销”模式，提高企业经营活动营运资金管理绩效，为企业节省资金占用；同时，企业将经营过程中积累的资金集中管理，利用理财活动营运资金为上下游提供金融服务，带动企业经营，使产业金融相互促进，同时提高企业经营活动和理财活动的营运资金管理绩效。

主要参考文献

1. Ronald Fink. Forget the Float, 2001. The 2001 Working capital Survey, CFO Magazine.

2. Tim Reason. 2002. We Can Work It Out: The 2002 Working capital Survey, CFO Magazine.

3. Tim Reason. 2005. Capital Ideas The 2005 Working capital Survey, CFO Magazine.

4. 王竹泉、马广林：“分销渠道控制：跨区分销企业营运资金管理的重心”，《会计研究》，2005年第6期。

5. 王竹泉、逄咏梅、孙建强：“国内外营运资金管理研究的回顾与展望”，《会计研究》，2007年第2期。

6. 王竹泉、刘文静、高芳：“中国上市公司营运资金管理调查：1997 ~ 2006”，《会计研究》，2007年第12期。

7. 胡跃飞、黄少卿：“供应链金融：背景、创新与概念界定”，《金融研究》，2009年第8期。

8. 刘丽文：“供应链管理思想及其理论和方法的发展过程”，《管理科学学报》，2003年第2期。

9. 沈厚才、陶青、陈煜波：“供应链管理理论与方法”，《中国管理科学》，2000年第1期。

注：本文全文发表在《财会研究》2012年第3期。

精选案例之一：

海尔集团营运资金管理体系的构建与运行

（彭家钧 海尔电器上市公司财务总监　王竹泉　中国海洋大学管理学院教授、博导）

【摘要】 海尔集团的营运资金管理体系是一个包括从营运资金战略、目标、执行、业绩评价和激励整合的管理控制体系。海尔通过推进需求链管理、渠道与客户关系管理、资金集约管理、供应链融资以及国际营运资金管理等方面的创新，同时对组织和流程、商业模式、机制等方面进行变革以提供一个有利于营运资金效率提升的平台支持，构建了一个全面整合的营运资金管理体系。

【关键词】海尔；营运资金；管理体系

一、海尔集团营运资金管理体系的构建

（一）营运资金管理目标：零营运资本

海尔对营运资金管理提出了“零营运资本”的目标，即在满足企业对流动资产基本需求的前提下，通过对流动资产尤其是应收账款和存货等占用的管理和控制，使营运资金趋于最小。

1998 年，海尔就在中国市场率先实行“现款现货”政策。2008 年 7 月，海尔在“现款现货”政策的基础上，又提出防止“两多两少”策略：防止库存多、应收多、利润少、现金少。具体措施就是探索“零库存下的即需即供”，取消仓库，推进按订单生产，避免库存。

（二）从供应链管理向需求链管理的转变：零库存下的即需即供

供应链管理与需求链管理的区别在于：首先，两者的导向和重心不同。传统的供应链管理是以保证生产和供应为重心，以效率和成本降低为导向；需求链管理则是以顾客需求为中心，以市场为导向，强调对顾客的个性化服务，强调与顾客的交流以及顾客的满意度。其次，供应链管理是推式管理，而需求链管理是拉式管理。海尔提出，创造用户需求、满足用户需求，按市场订单生产，实现需求链管理。具体做法是：

1. 从按库存生产转变为按订单生产

在传统商业模式下，由于不知道市场和用户在哪里，企业是按库存生产的，由此产生了较多的应收账款和库存，导致折价损失。针对此问题，海尔提出了零库存下的即需即供模式。从客户角度来讲，就是第一时间满足客户的需求，不断货、不压货。从企业角度来看，就是按订单生产。海尔和大部分其他企业的不同就在于，海尔是先有订单后生产，将商品销售到终端用户手里。

2. 从以企业为中心转变为以用户为中心

传统模式下的供应链管理更多是以企业和生产为中心，由企业驱动渠道和供应商。在这种模式下，渠道将库存压力施加给企业，企业进而将库存压力传导给供应商，带来整个供应链上对营运资金管理的博弈和无序管理。海尔推行的零库存下的即需即供策略，以市场和客户为中心，通过提供用户满意的产品和解决方案，引导渠道对于商品的快速流通，进而引导供应商对相关原材料按订单有序生产和供货。

3. 从大规模制造转变为大规模定制

新经济时代，顾客需求日益多样化和个性化，如何根据顾客需求变化迅速作出响应，已经成为企业赢得竞争的关键因素。面对众多的个性化订单，如何实现低成本和即需即供？海尔的解决方案是从大规模制造向大规模定制转变。海尔对于大规模定制的理解是：低成本提供用户所需的个性化产品，高质量地帮助用户找到它。为此，海尔推进了模块化策略来实现大规模定制。

4. 从模块化设计到模块化组织

模块化是大规模定制的重要基础。模块化的演进遵循“技术模块化→产品模块化→产业模块化→组织模块化”的发展道路。模块化的产品设计思想和方法直接促进了模块化组织的产生。在产品模块化设计与生产方面，海尔整合供应商参与前端设计，通过设计基本模块与可变模块实现组合变换成多种型号，从而实现对内模块化、标准化，对外个性化、多样化。在组织模块化方面，海尔将市场开发、产品开发与制造等流程和组织进行模块化整合，推进业务流程再造，提升了组织响应速度。

5. 供应商管理库存与供应链前端建设

海尔在推进供应商管理库存（VMI）方面进行了实践和探索，VMI 是以实际或预测的消费需求和库存量作为市场需求预测和库存补货的解决方法，供货商可以根据市场变化和消费需求作出更有效、更快速的反应。供应商通过采用海尔 VMI 模式，可以省去原来需要的装卸、仓储等操作程序，同时降低库存的占用。海尔供应链管理优化的另一方面体现在推进供应链前端建设，实现产业集群。目前，海尔工业园区周围聚集了大量供应商，实现了信息共享、“线到线”供货，减少了供应商库存。

（三）渠道与客户关系管理创新：零距离下的虚实网结合

1. 从推式营销向拉式营销转变

通过以客户为中心的战略与管理，海尔在全国县、镇、村建立专卖店和用户社交网络，充分了解、满足用户需求，从传统的“等客上门”推销产品模式转变为提供满足用户个性化需求的产品和解决方案的营销模式。

2. 从传统营销向虚实网融合的营销转变

海尔通过零距离下的虚实网结合，与渠道和用户实现一种双赢的关系。“虚网”指互联网，通过网络社区快捷了解和满足用户需求，形成用户黏度；“实网”指营销网、物流网、服务网，通过实网第一时间提供用户满意的产品和服务。

同时，通过全国物流网络的建设，加快了对渠道的物流配送速度。渠道可以由原来的少次多量的定货模式转变为多次少量的下单模式，加快渠道的存货周转效率，从而降低渠道的营运资金占用。

（四）财务公司：集约化的营运资金管理与供应链融资创新

1. 集约化的营运资金管理

如果说商业模式创新和需求链管理优化对营运资金的流量加快和增量提升有重要贡献，那么，如何对营运资金存量和结构进行合理配置以降低资金成本，则对资金的集约化管理提出了需求。

海尔早在 1999 年就将原来的财务部门从各单位分离出来，整合成立当时的“资金流推进本部”，设立按流程进行横向资金管理的部门，对集团资金和财务资源进行统一配置和管理，推进集约化的财务管理。2002 年，海尔设立了财务公司，进一步推进集约化金融服务。针对资金沉淀、闲置、配置不均衡和融资需求不对称等问题，财务公司根据集团发展的需要集中、统一管理集团下属 500 多个公司的资金，通过有偿调剂集团内部企业资金余缺，优化配置集团资金资源，激活了集团内部的闲置和沉淀资金，满足了成员单位的内部融资需求，实现了集团对外流动资金的“零”贷款，节约了大量资金成本。在资金账户的管理上，海尔财务公司提出“一个账户”的资金集中管控模式，未获集团批准不得擅自在财务公司外开立新账户。

2. 供应链金融延伸：以供应链为纽带的全流程营运资金管理与融资

供应链金融是金融机构站在供应链全局的高度，为协调供应链资金流，降低供应链整体财务成本而提供的系统性金融解决方案。根据核心客户性质以及在供应链上所处的位置，主要分为保理融资、预付款融资及存货质押三种模式。

为支持产业的发展，海尔财务公司以“供产销”的供应链为纽带，开展对供应商、经销商的营运资金管理和金融服务。海尔供应商中有许多为中小型企业，伴随企业的成长，这些供应商面临着营运资金短缺的问题，但由于其规模小又导致从银行融资难度大。为解决此问题，海尔财务公司以对供应商的应付账款做质押为供应商提供融资，同时推出“买方信贷衍生产品”业务模式，解决供应商的营运资金融资问题，使产业链的上下游合作商在营运资金管理方面实现资源互补和共赢。

（五）国际营运资金管理创新

国际营运资金管理主要包含以下几个领域：国际应收款和信用管理、国际现金管理、国际汇兑风险管理等。

国际应收款管理对大多数出口企业来说是一个长期面临的问题，海尔从统一结算政策、大客户直销、应收保理和出口信用保险等方面进行整体解决。

在结算政策方面，海尔首先统一了全集团各成员单位在全球的客户结算政策和商务政策。海尔规定，海外原则上首选风险较小的即期付款信用证等结算方式，同时，统一设定有资质的全球即期付款信用证网络银行，防范不确定风险。

在海外营销与客户管理模式创新方面，海尔推进海外大客户战略和直销直发模式，减少与规模小的客户和信用评价不合标准的客户之间的业务。提升对客户直销模式的比重，通过对客户直接发货，缩短供应链环节和库存，加速回款。

在金融工具创新方面，海尔推行了应收保理与出口信用保险组合的金融工具创新，整合中国信用保险公司、跨国银行等资源，创新了应收保理模式。通过将保险公司和银行融合到一起，中国信用保险公司为海尔海外公司当地客户创新设计了信用保险产品，保险公司授信银行买断海尔在海外的应收账款，这样海尔可以实现提前收汇，考虑人民币升值带来的汇率差，提前回款的成本是非常低的。

为有效管理海外公司的营运资金，海尔在全球海外公司实施“收支两条线”管理，从而实现了营运资金的有效控制，加快了资金周转。

二、海尔营运资金管理体系创新的启示

（一）整合的、全面的、侧重营运改善的营运资金管理系统

可以看出，海尔不是简单地对营运资金的某个项目进行孤立管理，而是从战略创新、商业模式转型、流程再造、组织变革、机制创新等方面进行综合设计，对需求链管理、分销渠道与客户关系管理、资金集约管理等进行全面优化，从而从根源和动因上减少影响营运资金效率的因素和不增值环节。海尔营运资金管理系统具有整合性与全面性。同时，海尔的营运资金管理侧重“营运”效率的提升来实现“资金”效率的提速和增值。“营运”改善是因，“资金”提效是果。

（二）营运资金管理边界的打破

从海尔营运资金管理的实践来看，海尔在营运资金管理方面打破了以下边界：

1. 打破企业内部的水平边界

海尔推进业务流程再造，推进从订单创造、订单获取到订单执行的产供销全流程快速响应，从而降低营运资金占用。

2. 打破企业内部的垂直边界

海尔将传统的“正三角”科层制组织转化为“倒三角”的扁平化组织结构。一线员工直接面对客户为客户创造价值，同时对库存和应收账款负责。

3. 打破地理边界

随着全球化的拓展，海尔的营运资金管理由国内延伸到全球。

4. 打破企业的外部边界

海尔通过对供应链和金融资源等进行整合，与客户、供应商、金融机构等外部利益相关者共同进行营运资金管理。

海尔的营运资金管理体系打破企业边界，在开放共享的平台上进行内外部资源整合，是跨组织、跨流程、跨利益相关者的营运资金管理体系。

（三）供应链融资与产融结合的金融服务创新

国际经验表明，在大企业成长过程中，产业资本与金融资本的融合是一条重要规律。国际型大企业大都具有金融功能，财务公司在为本集团和产业链提供营运资金管理和金融服务、促进产业发展方面起着重要作用，是银行等外部金融机构无法替代的。海尔财务公司的金融支持不再是服务于单一企业营运资金管理的模式，而是以产业链体系整体营运资金管理支持为目标，构建产业链营运资金管理多赢模式。在供应链营运资金管理延伸方面，海尔财务公司的做法提供了有益的启示，即：产融结合与供应链融资提升了营运资金管理的内涵与外延。

（四）权变理论的体现

海尔从1998年的“现款现货”政策到2008年的“取消仓库”政策，从业务流程再造到“零库存下的即需即供”，从国内营运资金管理到全球营运资金管理，从单个企业的营运资金管理到整个供应链的营运资金管理等，体现了海尔根据不同的战略发展阶段、不同的市场环境采取不同的营运资金管理策略，这些都是权变理论的体现，即：海尔的营运资金管理体系随外部环境与内部环境的变化不断权变和演进。

（五）机制设计理论的应用

许多公司都会根据销售人员实现的销量或销售额给他们支付报酬。这种做法存在诸多弊端，销售人员会不惜一切代价向客户赊销、降价，给予更多优惠条款，并大量持有库存。而海尔通过推进“人单合一”的自主经营体管理机制，销售人员对销量、库存、应收等各项指标负责，库存、应收账款按资金成本计入销售人员的损失。这样，员工像企业家一样主动关心和规避库存、应收账款。这种机制的制度效应很明显，对员工的激励效应与约束效应得到有效平衡与提升。海尔不断进行机制创新实现“激励相容”，将营运资金管理和优化转化成为每个员工自觉主动的日常行为。

主要参考文献

1. 杜胜利：“国际财务公司的发展趋势与海尔财务公司的发展模式”，《会计研究》，2005 年第 5 期。

2. 毛付根：“论营运资金管理的基本原理”，《会计研究》，1995 年第 1 期。

3. 芮明杰，张琰：“模块化组织理论研究综述”，《当代财经》，2008 年第 3 期。

4. 汤谷良、穆林娟、彭家钧：“SBU：战略执行与管理控制系统在中国的实践与创新——基于海尔集团 SBU 制度的描述性案例研究”，《会计研究》，2010 年第 5 期。

5. 张睛、王勇：“需求链管理：基于市场导向的 SCM”，《商业研究》，2007 年第 7 期。

注：本文全文发表在《财务与会计》2012 年第 3 期。

精选案例之二：

青岛啤酒基于渠道管理的营运资金管理模式

（孙莹　朱莹　中国海洋大学管理学院　中国企业营运资金管理研究中心）

青岛啤酒股份有限公司（简称青岛啤酒）始建于 1903 年，经营范围为啤酒制造、销售以及与之相关的业务。2011 年青岛啤酒实现销售收入 231.58 亿元、净利润 17.38 亿元，是中国啤酒行业品牌溢价能力、盈利能力较强的公司，也是食品、饮料行业中具有代表性的企业。

营运资金管理效率是衡量企业管理水平的重要标志。根据“中国企业营运资金管理研究中心”发布的中国上市公司营运资金管理绩效排行榜，2010 年，青岛啤酒经营活动营运资金周转期（按渠道）为 -46.6 天，管理绩效远远优于行业平均水平（-21.21 天），在食品、饮料行业内位居首位；2011 年，青岛啤酒经营活动营运资金周转期（按渠道）为 -50 天，在行业内排第 4 名，持续处于行业领先水平。良好的营运资金管理绩效得益于青岛啤酒建立了基于渠道管理的营运资金管理模式。

一、渠道视角下的营运资金管理绩效分析

基于渠道管理的营运资金管理体系（王竹泉等，2007）即突破传统的营运资金管理方法，将营运资金管理与渠道关系管理有机结合在一起。食品、饮料行业和消费市场的特殊性决定了其营运资金管理的特点：利润率相对不高，原料成本变化对其售价、销量以及盈利影响较大。良好的渠道管理可以降低采购成本、提高货物质量和减少存货占用资金，因此渠道管理对食品、饮料行业至关重要：采购渠道管理决定材料成本和存货占用资金的大小，生产渠道管理决定食品饮料的质量和安全，营销渠道管理决定销售订单的多寡和货款的收回速度。

资料显示，2009 年至 2011 年，青岛啤酒经营活动营运资金管理绩效呈现出良好的发展趋势，经营活动营运资金周转期逐年下降，尤其是营销渠道和生产渠道营运资金管理水平比较先进，管理绩效比较明显。

1. 营销渠道营运资金管理绩效分析

营销是与客户联系最密切的一个环节。2009 年至 2011 年青岛啤酒营销渠道营运资金周转期分别为 -2.32 天、-7.49 天和 -7 天，连续三年优于行业平均水平，且三年均位列业内前 15 名。食品、饮料行业的营销渠道营运资金由成品存货、应收账款、应收票据、预收账款和应缴税费等项目组成，因此，减少营销渠道积压的资金、加快销售订单处理、及时催收货款才能提高营销渠道营运资金管理水平。青岛啤酒产成品存货占存货总额的比例较低，2009 年与 2010 年均在 15% 以下，说明处理订单和发货

比较及时。2009 年至 2011 年青岛啤酒应收账款周转期分别为 6.94 天、6.39 天和 6 天，应收账款管理绩效优于行业平均水平，表明货款催收及时、销售资金回笼较快。

2. 生产渠道营运资金管理绩效分析

青岛啤酒 2009 年至 2011 年生产渠道营运资金周转期分别为 -32.92 天、-44.03 天和 -46 天，在整个食品、饮料行业内处于领先水平。生产渠道管理方面具有很大的优势。生产渠道营运资金由在产品存货、其他应收款、应付职工薪酬和其他应付款等项目组成。青岛啤酒在产品存货包括在产品、委托加工物资和部分低值易耗品。青岛啤酒在产品和委托加工物资在存货中占的比例很低，其生产工艺流程的先进性及较好的内部质量管理是其生产渠道营运资金管理绩效制胜的关键。

二、青岛啤酒营运资金管理模式的具体做法

青岛啤酒在营运资金管理方面的主要做法如下：

1. 资金集中管理与分散管理相结合

青岛啤酒在营运资金管理方面主要采取“集中管理与分散管理相结合”的模式。在母公司实行集中资金、收支两条线管理，在此基础上，对各级子公司的重大投融资项目实行集中管控，如集中管理子公司的投资、融资、委托贷款、担保、分红和保险等业务，而对子公司零星的日常资金则采用分散管理的方式。此举使得销售分公司的销售货款得到及时回笼和集中管控，远程归集了子公司资金，进一步加快了公司资金的周转速度，防止资金体外循环，降低了资金管理风险。

2. 完善营销渠道管理模式

在营销理念上，青岛啤酒以顾客为导向，提出“顾客价值导向”为中心的经营模式，不断探索获得消费者忠诚的方法和渠道。销售渠道的营运资金主要集中在应收账款和产成品存货上，通过加强客户忠诚度培养，减少了营销渠道营运资金的占用。在营销模式上，青岛啤酒倡导“三位一体”，即将产品销售、品牌传播、消费者体验三种竞争手段结合运用，三个组成部分相互支持、相互促进，并且逐步调整经营战略。青岛啤酒从单纯追求盈利能力到推进“双轮驱动”（品牌升级 + 销售扩张）的战略，提升了品牌竞争力。

3. 建立在线收单系统

青岛啤酒充分利用现代互联网等信息技术，建立了在线收单系统以实现瞬时收款。开发出在线收单系统，实现区域资金集中管理，降低了收款结算费用，公司的发货时间也由原来的半天至一天时间缩短为 10 分钟。另一方面，建立了工厂瓶箱在线收款系统，实现瓶箱资产、资金统一管理，工厂瓶箱资产收款由过去次月结算缩短为实时到账，加快了营运资金周转。

4. 控制对外担保和严禁赊销

青岛啤酒强化对流动资产效率的管理。自 1998 年以来，青岛啤酒严控对外担保，至今除对控股子公司的担保外，公司实际对外担保为零，降低了公司的经营风险。近十年来，青岛啤酒一直采取严禁赊销的原则，对应收账款进行全方位控制，并将其纳入年度绩效考核，公司应收账款逐年下降，2006 年至 2011 年应收账款与收入占比由 1.0% 降至 0.38%，有效防范了信用风险，确保了资产安全。为提高流动资产使用效率，公司设置了相关管理指标，并纳入公司经营绩效考核体系，加强对流动资产的监控力度，减少资金占用，提高周转效率。

5. 成立财务公司

青岛啤酒成立的财务公司是以结算、融资、资金运作三大管理中心为基础的金融服务体系，它的任务是通过专业化资金与金融平台的建设，承担公司货币资金类管理任务，主要目的是控制金融风险，加强投融资管理，为企业主体服务。基本职能是进行筹融资管理、资金运营管理、资金计划实施、金融政策研究等。最终目的是建立完善的内部金融服务体系。青岛啤酒通过建立财务公司，集中公司资金，实行计划管理，打造公司资金供应链和金融服务链，并通过资金的调度和合理安排，支持公司主业，最终扩大啤酒市场规模。

青岛啤酒在营运资金管理方面的做法，为其他企业提供了可供借鉴的营运资金管理模式。但相对于营销渠道和生产渠道，青岛啤酒在采购渠道管理方面管理相对薄弱，原材料和包装物占用的金额过高，应付账款周期较短，说明库存管理以及与供应商关系管理方面可能存在问题，影响了青岛啤酒整体营运资金管理绩效，是其营运资金管理绩效进一步提升的着眼点。建议青岛啤酒加强采购渠道管理，合理确定采购成本和改善存货管理水平，建立适时采购制度，使库存保持适当水平；同时合理使用商业信用，通过延长付款期限或享受现金折扣延缓和减少现金流出等，强化结算性负债调节，逐步降低预付账款的数量，延迟应付账款和应付票据的支付，并将其控制在企业信用可以支撑的范围内。

注：本文全文发表在《财务与会计》2013 年第 6 期。

精选案例之三：

供应链核心企业营运资金管理绩效的情境研究
——扩展性公司与协调性公司的对比案例

（王秀华 青岛农业大学经济与管理学院　王竹泉　秦书亚　中国海洋大学管理学院）

【摘要】 文章采用案例研究的方法，以扩展公司和协调性公司样本 2005 ~ 2011 七年数据为基础，分析不同情境下采用不同供应链管理策略的供应链核心企业营运资金管理绩效的变化。研究发现，供应链核心企业营运资金管理绩效受情境变化的影响；宏观经济环境变化对扩展性公司营运资金管理绩效的影响主要在于结算环节；而对协调性公司营运资金管理绩效的影响还包括存货管理环节；企业应采用三级营运资金管理体系以抵御情境变化带来的风险。

【关键词】 营运资金管理；供应链核心企业；扩展性公司；协调性公司

一、引言

由美国次贷危机引发的全球性金融危机的影响似乎一直在持续，美、日主权信用降级、欧洲主权债务危机的影响越来越大，营运资金管理的重要性凸显。而在信贷紧缩的大环境下，利用供应链管理创造营运资金成为一种必然。对全加拿大的供应链经理的一份调查显示，超过 80% 的人认为供应链和制造性部门对其公司营运资金管理赋有非常高的责任。全球金融杂志 2009 年 9 月将供应链融资领域的专家集中在一起讨论如何在供应链融资这一快速发展领域为企业和银行建立关联的问题时，提及最多的词汇是营运资金优化和供应链融资。然而，供应链管理却并不总是成功的，尤其是在金融危机环境下，供应链瓦解的风险大幅度提高。根据 Aberdeen Group 所属的分析公司围绕来自北美、欧洲、亚洲、拉丁美洲工业品和消费品制造商的调查报告指出，在 2008 年，58% 的公司遭受了供应链瓦解带来的财务损失。

供应链管理既可以帮助企业创造营运资金，又需要营运资金的支持。经济繁荣时期，加强供应链管理可以优化供应链企业营运资金管理绩效，但是在经济萧条，尤其是整个市场流动性不足时，供应链企业营运资金短缺会传递给其他企业甚至直接导致整个供应链流动性不足，影响供应链的存续。然而我们必须注意到，并不是所有的供应链在金融风暴中都遭遇了瓦解，相反，一部分供应链在帮助企业度过流动性不足的危机中发挥了重要的作用，而另一部分供应链却成了威胁企业生存安全的帮凶。企业在不同的宏观环境中应该如何作为才能够确保其从供应链上获得资金支持，这种支持是如何表现的呢？

本文以 2008 年金融危机为背景，选择供应链上具有较强话语权的供应链核心企业，研究其不同的行为态度对其营运资金管理绩效的影响，以为企业在不同的情境中，尤其是金融危机情境中进行更好的供应链管理提供参考。本文采用案例研究方法，选取了两类典型的供应链核心企业作为案例，通过案例对比分析发现，与供应链节点企业具有良好关系的扩展性供应链核心企业受宏观环境的影响主要表现在资金结算领域；而与供应链节点企业只有简单交易的协调性核心企业受宏观环境的影响主要表现在存货管理领域。企业应该根据自身情况灵活选择不同的供应链管理模式。

二、文献回顾

从供应链角度对存货管理进行思考的文献汗牛充栋，自 1985 年 Jones 和 Riley 发表“借助供应链管理存货来创造竞争优势”之后，探讨供应链关系对存货管理的影响的论文层出不穷。研究一方面集中在现实中如何通过供应链上下游关系降低库存管理成本，先后产生了供应链管理库存（VMI）、联合库存管理（JMI）、多级库存管理以及协同式库存管理（CPER）等先进的存货管理思想和管理方法，并促进存货管理理论发展到供应链管理阶段。另一方面的研究则集中在供应链上下游买卖契约如何设计才能对买卖双方进行充分的激励，使得供应链合作更有效率。但在2000年以前，无论是从营运资金管理理论发展来看，还是从供应链管理理论发展来看，将供应链与企业整体营运资金进行关联的研究依然十分稀少，营运资金管理被视为财务部门单独的职责。

2000年后，美国经济陷入持续低迷，营运资金在企业生存和发展中的重要性逐渐凸显，使得一些理论界和实务界的学者将供应链和营运资金管理效率联系起来。自1997年开始，美国REL咨询公司和CFO杂志联合对美国最大的1000家企业开展持续的营运资金管理调查，并发布调查报告和营运资金管理绩效排行榜，以敦促公司重视营运资金管理。2001年，调查结果显示经济低迷时企业压缩营运资金周转期（DWC）的能力需要客户和债权人（供应商）的配合，否则可能出现负面影响，进而倡导将供应链关系作为营运资金管理的重点。2002年发布的调查报告更是以“不要让供应链断裂”为题指出客户与供应商关系管理对提升营运资金管理绩效的重要性；2005年发布的调查报告开始转向营运资金管理绩效评价指标，指出通过压榨供应商而实现的DPO指标的上升往往会导致供应商提高价格以抵补货物的融资成本，最终可能导致营运资金整体水平的提高，这种连锁反应最终会使初级产品生产者受挫，进而对传统营运资金绩效指标在供应链视角上评价可能产生的问题进行了探讨。

此后，营运资金管理的视角开始转向企业内部财务业务一体化并逐渐扩展到整个供应链。Peter等（2002）以钢铁行业为例对供应链的国际物流系统进行的研究表明供应链各因素间的优化平衡可以提高营运资金的利用效果。王竹泉等（2005）倡导跨区分销企业将营运资金管理重心由单纯的财务视角转为财务业务结合的视角上来，提倡通过业务流程的优化来实现营运资金管理的高绩效。Wadhwa等（2006）对供应链上的横向或水平合作（Horizontal Collaboration）方式对营运资金的影响进行了详细的研究，研究结果表明横向合作可以使制造商和零售商都获得节约营运资金的好处，而该营运资金的节约是由供应链条件下持有存货成本的降低以及订货期的缩短所导致的。Peter（2006）定性地分析了供应链融资对供应链企业产生的影响，指出供应链融资可以通过降低应收账款周转天数、减小应收账款的风险、低成本融资、美化财务报表、有利于企业控制现金流、帮助企业降低存货采购价格等方式来提升营运资金管理绩效。

一旦理念发展转变后，接下来的问题就是如何从供应链视角评价企业营运资金管理效果。正如2005年REL和CFO营运资金管理调查报告指出的，传统基于要素的营运资金管理绩效指标与供应链视角存在很大的冲突：一方面，各要素管理绩效指标之间存在内在的相关性，如企业为降低应收账款周转期可能会采用紧缩的信用政策，而这种政策将会降低销售，销售的下降随即表现在存货积压，导致存货管理绩效下降，因而，一个要素绩效的提升是以另一个要素绩效下降为代价的；另一方面，站在企业内部提升各要素营运资金管理绩效必然意味着压榨供应商或分销商，不利于整个供应链的和谐管理。实践的需求必然催生理论的发展。王竹泉等（2007）提出从营运资金在各渠道上分布为标准对现有的营运资金管理绩效评价指标进行改进，提出采用采购渠道营运资金周转期（关注企业与供应商的关系）、生产渠道营运资金周转期（关注企业内部业务流程）、营销渠道营运资金周转期[①]（关注企业与分销商的关系）来评价不同供应链管理态度下的营运资金管理效果，在一定程度上弥补了理论的不足，为研究供应链核心企业对待上下游利益相关者态度对营运资金管理绩效产生影响提供了良好的条件。

那么，果真如美国REL公司和CFO杂志在2005年调查报告中指出的，企业对上下游的压榨最终都会导致营运资金管理绩效的下降吗？如果事实确实如此，绩效下降的影响路径是怎样的？和谐供应

① 根据王竹泉（2007），采购渠道营运资金周转期 = 360 × 采购渠道营运资金净额/营业收入；生产渠道营运资金周转期 = 36 × 生产渠道营运资金净额/营业收入；营销渠道营运资金周转期 = 360 × 营销渠道营运资金周转期/营业收入，三者之和为经营活动营运资金周转期；其余营运资金项目划入理财活动，并以同样方式计算理财活动营运资金周转期。

链管理理念又是通过何种途径提升营运资金管理绩效的？侵略性供应链管理与和谐供应链管理对营运资金管理绩效的影响途径在不同的情境中是相同的吗？对于这些问题，现有研究尚未给出满意的答案，而这正是本文的研究目的。

三、研究方案设计

为了更好地考察供应链核心企业对上下游利益相关者不同管理行为与企业营运资金管理绩效之间的关系及作用路径，本文将选择两个执行不同的利益相关者战略的供应链核心企业，以采购渠道营运资金周转期及其分解的要素周转期评价其与上游供应商之间战略的经济后果，以营销渠道营运资金周转期及其分解的要素周转期评价其与下游分销商之间战略的经济后果。对不同情境下不同战略产生的经济后果进行对比，以便对和谐供应链管理将提升营运资金管理绩效这一假说进行检验。

本文所称情境则主要指宏观经济环境。鉴于由美国次贷危机引发的全球性金融危机发生于2007年下半年，体现在样本公司2007年的数据中，而2009年之后国际经济开始缓慢复苏，因而本文选择2007年和2009年作为宏观经济环境变化的分水岭，将2005～2007年作为宏观环境良好的情境，2007～2009年作为宏观环境恶化的情境，2010～2011年作为宏观环境恢复良好的情境①，从而使得每一种情境均涵盖3年的时间段，以便比较。

在供应链管理态度差异的确定方面，Peter Edwards等（2001）指出，进行供应链管理的供应链核心企业有两类：扩展性公司和协调性公司②。扩展性公司（extended enterprise）是指在全球范围内构建供应链网络并且对供应链中其他企业采取合作性战略为主的核心企业。扩展性公司形成的供应链中企业高度合作，突破传统的公司的界限在全球范围内寻找公司进行无缝隙合作，信息在交易伙伴中时时传递并且项目收益在交易伙伴中进行分享。这类企业供应链管理的目标在于通过提高整条供应链的市场竞争能力来实现自身长期价值的最大化。协调性公司（coordinated enterprise）是指供应链范围较小并且对供应链中其他企业采取强制性战略为主的核心企业。这类公司与顾客和供应商进行协调性经营并且有选择的与特定产品的特定交易伙伴进行合作，企业之间存在信息交流但信息交流有限并且不实时。在某些重要产品领域他们可能和其他企业结成战略伙伴关系，采取合作性利益相关者管理战略，但这种战略在企业的整体战略中所占比重较小，鉴于其在供应链中的地位，其对大多数企业采取的是强制性战略。这类企业的目标在于提高内部经营水平并最大化组织自身的价值。因此，本文将选择扩展性公司作为和谐供应链管理的代表，而将协调性公司作为侵略性供应链管理的代表，通过对比两类公司在上述三个时间阶段不同利益相关者管理的效果来提炼不同情境下供应链管理态度对营运资金管理绩效的影响效果以及影响路径。

（一）样本选取

根据扩展性公司与协调性公司的区别，典型的扩展性公司其全球范围供应链构建程度较高，对供应链其他企业以合作性利益相关者战略为主，同时能够与供应链企业进行充分的信息共享，而典型的协调性公司表现正好相反。根据上述三个筛选条件，本文选择德国西门子股份公司作为扩展性公司的代表，选择青岛海尔集团股份有限公司作为协调性公司的代表。

总部位于柏林和慕尼黑的西门子公司是世界上最大的电子和电气工程公司之一，西门子的供应链管理被认为是业内基于供应链运营参考模型（SCOR）的最佳实践之一。在供应链管理中更加侧重于同供应链其他企业建立战略联盟，西门子公司信奉“你们的成功即是我们的成功 我们的成功也是你们的成功”，足以显示其对供应链其他企业采用合作性的利益相关者战略。2005年，瑞士德迅集团（K&N）与德国西门子集团联合宣布，在欧美之间的供应链管理运作上采用无线射频识别（RFID）系统，成为

① 虽然美国次贷危机从2006年春季就开始显现，但其真正成为影响全球的金融风暴却是在2007年8月，由于实证分析所用指标中相关资产的计算均使用期初期末平均数，该事件对样本公司的影响均体现在2007年各指标中，所以本文选择2007年作为经济环境发生重大变化的分水岭，该分水岭仅为分析方便，并不否认经济环境变化的渐进性。

② Peter Edwards等（2001）将供应链核心企业划分为三种类型：扩展性公司、协调性公司和合作性公司，但合作性公司是指不进行供应链管理的公司，因而本文将其排除在研究范围之外。

在欧美物流链上首次使用该系统的企业之一，使得西门子公司与供应链其他企业之间开放式信息共享系统有了新的技术保障。因此，西门子公司可以作为扩展性公司的典型代表。从营运资金角度看，西门子公司2011年实现营业收入735.15亿马克，营运资金净额为92.53亿马克，营运资金周转期为128.76天，其中，经营活动营运资金周转期为63.40天。

海尔集团股份有限公司是2009年中国家电市场品牌认知度最高的公司，以其著名的“市场链”流程再造和“信息化”流程再造闻名于业界，并以此为基础成为中国企业供应链管理的先行者。海尔集团2009年年度报告披露公司前五名供应商采购金额占采购总额的比例已达61.5%，而前五名顾客销售收入占当年营业收入的比例也达到29.45%，充分说明了海尔集团供应链管理成效。同时，年报还披露，海尔集团出口产品主要利用海尔集团下属的海尔集团电器产业有限公司、海尔集团（大连）电器产品有限公司提供的平台销售，并支付相关费用。而零部件采购也主要委托青岛海尔零部件采购有限公司、青岛海尔国际贸易有限公司进行采购和配送，这几家公司名称并未出现在当年年报的合并范围之内，由此可见海尔集团虽然有部分国际采购与销售业务（2008年、2009年海外销售额占总销售额的比重分别为16.87%和11.46%），其供应链管理以公司一体化股权控制为主，正在积极构建全球供应链，是协调性公司的典型代表。2011年，海尔集团实现营业收入736.63亿人民币，营运资金净额为54.01亿元，营运资金周转期为27.60天，其中，经营活动营运资金周转期为-22.72天。

（二）数据来源

本文选择西门子公司和海尔集团公司2005年~2011年共7年的数据进行对比分析，以确保宏观环境良好情境、宏观环境恶化情境以及宏观环境恢复各涵盖3年的数据区间。所用数据均来自两公司官方网站披露的年度报告，并手工摘录、计算。所用分析工具为EXCEL软件。

（三）指标定义

本研究所用指标定义如下：

采购渠道营运资金周转期=（材料存货+预付账款-应付账款、应付票据）÷（营业收入/360）

材料周转期=原材料存货/（营业收入/360）

应付账款周转期=应付账款/（营业收入/360）

营销渠道营运资金周转期=（成品存货+应收账款、应收票据-预收账款-应交税费）÷（营业收入/360）

应收账款周转期=应收账款/（营业收入/360）

产成品周转期=产成品存货/（营业收入/360）

其中，应收账款、存货等项目均为扣除坏账准备或跌价准备前的金额。为了统一计算口径并尽量减少企业内部成本管理及技术水平的影响，本文在计算材料周转期和产成品周转期指标时，统一采用营业收入指标。

四、案例对比分析

西门子公司与海尔集团各项营运资金管理绩效指标对比见表2-4。

表2-4 西门子公司与海尔集团营运资金管理绩效对比表（2005~2011）

指标	公司	2005	2006	2007	2008	2009	2010	2011
采购渠道营运资金周转期	海尔	1.80	-11.77	-20.83	-19.74	-36.48	-47.31	-59.50
	西门子	-78.64	-65.20	-26.33	-25.38	-24.00	-22.63	-30.56
采购存货周转期	海尔	9.51	10.04	15.92	18.40	13.60	4.66	6.35
	西门子	14.18	12.96	15.47	14.76	14.63	14.03	7.53
应付账款周转期	海尔	7.06	19.04	27.43	23.57	26.04	53.93	69.97
	西门子	92.82	78.16	41.80	40.14	38.64	36.66	38.09

续表

指标	公司	2005	2006	2007	2008	2009	2010	2011
营销渠道营运资金周转期	海尔	49.59	48.60	43.96	42.57	46.15	50.18	55.35
	西门子	95.35	81.76	84.11	80.55	80.65	76.03	71.90
营销存货周转期	海尔	9.51	10.04	15.92	18.40	13.60	12.03	17.78
	西门子	13.06	10.80	12.68	12.55	13.57	13.77	7.02
应收账款周转期	海尔	22.25	21.80	14.20	8.13	10.91	51.05	51.51
	西门子	82.29	70.96	78.56	75.22	73.38	69.70	74.31
外部供应链管理绩效	海尔	51.39	36.83	23.13	22.83	9.67	2.87	-4.15
	西门子	16.70	16.56	57.78	55.17	56.64	53.40	41.34

（一）西门子公司、海尔集团采购渠道营运资金管理绩效分析

三个不同情境阶段采购渠道各指标平均值及比较差异见表 2-5。

表 2-5　西门子与海尔不同情境中采购渠道营运资金周转期平均值及差异表

指标	阶段一（2005~2007）			阶段二（2007~2009）			阶段三（2009~2011）		
	海尔	西门子	差异	海尔	西门子	差异	海尔	西门子	差异
采购渠道营运资金周转期	-10.26	-56.72	-46.46	-25.68	-25.24	0.44	-47.76	-25.73	22.03
采购存货周转期	11.82	14.20	2.38	15.97	14.95	-1.02	8.20	12.06	3.86
应付账款周转期	17.84	70.93	53.09	25.68	40.19	14.51	49.98	37.80	-12.18

从表 2-5 可以看出，在宏观环境良好的情境中，作为协调性公司的海尔集团采购渠道营运资金周转期远远长于作为扩展性公司的西门子公司，两者相差近 50 天。然而，随着宏观环境的不断恶化，金融危机情境下，西门子公司采购渠道营运资金周转期不断延长，最终与海尔集团基本持平。从采购渠道营运资金周转期的分解指标看，尽管宏观环境不断恶化，但作为扩展性公司代表的西门子公司采购存货周转期变化不大，依然维持在 14 天左右，绩效下降的主要原因在于应付账款周转期缩短 30.74 天，绩效降幅高达 43.33%，而与之相对的是，作为协调性公司代表的海尔集团采购存货周转期则明显延长，延长 4 天多，绩效降幅达 35.08%，应付账款周转期则延长了近 8 天，绩效增幅为 43.94%。可见，在宏观环境恶化时，采用合作性利益相关者战略的扩展性公司不仅没有延期支付款项，反而可能为了帮助供应链上其他企业渡过难关而应邀提前付款，而这种扶持带来的回报则为存货管理绩效的稳定甚至提升；而采用侵略性利益相关者战略为主的协调性公司则可能会为了自身资金需求拖延付款，其代价则为存货管理绩效的下降。

危机过后，进入宏观环境复苏的第三个阶段，海尔集团采购渠道营运资金周转期进一步缩短，原因在于应付账款周转期的进一步延长和存货周转期的大幅度缩短；而西门子公司采购渠道营运资金周转期则继续保持相对稳定，存货管理绩效继续提升的同时，应付账款周转期依然在缩短。可见，当经济不断复苏时，供应链上其他企业资金紧张状况得到一定程度的缓解，一方面有能力改善存货管理水平，另一方面有进一步为核心企业提供资金便利的空间，此时，采用侵略性利益相关者战略的协调性公司可能进一步侵占供应链企业的利益，而采用合作性利益相关者战略的扩展性公司则可能继续扶持供应链企业的发展。

从各指标变动趋势图上（见图 2-2）可以更加清晰的看到两类公司在情境变化时营运资金管理绩效变化的关键点，情境变化越剧烈，曲线的拐点就越清晰。从图中可以看出，西门子公司存货管理绩效不论情境如何变化，均呈稳中有升的趋势，但应付账款管理绩效在 2007 年之前持续下降后保持平稳下降趋势，这使得西门子公司采购渠道营运资金管理绩效经历了 2005~2007 的持续下降后维持相对稳定；海尔集团存货管理绩效在三个情境阶段呈明显的波动趋势，而应付账款周转期则持续延长，从而造就了海尔集团采购渠道营运资金管理绩效持续改善的态势。

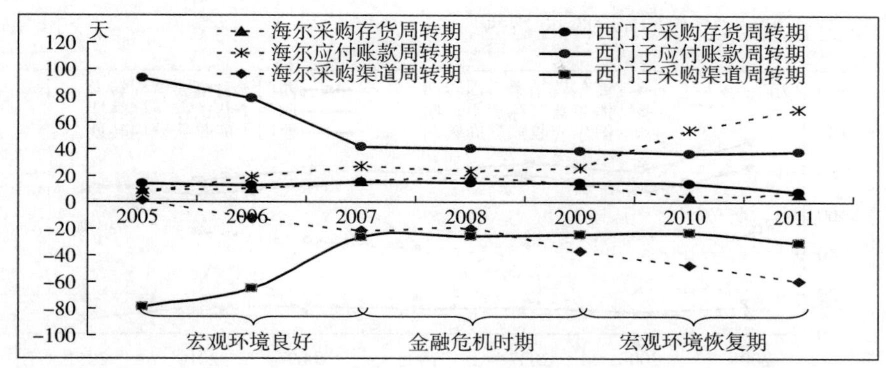

图 2－2　西门子与海尔采购渠道各指标变化趋势对比图

（二）西门子公司、海尔集团营销渠道营运资金管理绩效分析

三个不同情境阶段营销渠道各指标平均值及比较差异见表 2－6。

表 2－6　　西门子与海尔不同情境中营销渠道营运资金周转期平均值及差异表

指标	阶段一（2005～2007）			阶段二（2007～2009）			阶段三（2009～2011）		
	海尔	西门子	差异	海尔	西门子	差异	海尔	西门子	差异
营销渠道营运资金周转期	47.38	87.07	39.69	44.23	81.77	37.54	50.56	76.19	25.63
营销存货周转期	11.82	12.18	0.36	15.97	12.93	－3.03	14.47	11.45	－3.01
应收账款周转期	19.42	77.27	57.85	11.08	75.72	64.64	37.82	72.46	34.64

从表 2－6 可以看出，在宏观环境良好的情境中，作为协调性公司的海尔集团营销渠道营运资金周转期大大短于西门子公司，相差近 40 天。造成这一差异的原因在于西门子公司应收账款周转期长达 77.27 天，较海尔集团长近 60 天。随着宏观环境的逐渐恶化，进入金融危机时期，海尔集团营销存货管理绩效下降，周转期延长 4 天多，但应收账款期却缩短 8 天多，从而使得整个营销渠道营运资金周转期反而缩短了 3 天，营销渠道营运资金管理绩效有所提高；西门子公司营销存货周转期基本稳定，变化率仅为 6.2%，应收账款管理绩效稳中略有上升，周转期缩短 1 天多，变化率仅为 2%，从而使得整个营销渠道营运资金管理效率在危机时期出现小幅提升，周转期缩短 5.3 天。可见，采用合作性利益相关者战略的扩展性公司在危机发生后存货管理水平依然保持稳定，但采用侵略性利益相关者战略的协调性公司其为了缓解资金需求而在很大程度上牺牲了存货管理效率。

当经济慢慢恢复时，作为协调性公司代表的海尔集团开始逐渐放松信用政策，应收账款周转期由 11.08 天大幅度延长至 37.82 天，延长了 26.74 天，绩效降低幅度达 241.32%，而存货管理绩效则略有提升，营销存货周转期缩短了 1 天半，从而整个营销渠道营运资金周转期出现了较大幅度的下降，降幅 14.32%；反观西门子集团，其应收账款管理绩效继续提升，周转期缩短 3 天多，而存货管理绩效同样提升，周转期缩短 1 天多，从而使得整个营销渠道营运资金周转期持续缩短，缩短近 6 天。可见，供应链核心企业采用不同的利益相关者管理策略将带来截然不同的管理效果，自然会对企业价值产生不同的影响。

从营销渠道各指标变化趋势上看，见图 2－3，作为扩展性公司代表的西门子公司应收账款周转期出现了一定程度的波动，在宏观环境良好或复苏的 2006 年和 2010 年曾出现了两个较低点，但危机时期周转期反而相对较高，出现了供应链核心企业与供应链上其他企业共度难关的迹象，正是由于其对供应链上其他企业的态度，使得西门子公司在各个情境下营销渠道存货周转期曲线均趋于平稳，并未因宏观环境的巨变出现较大幅度的波动，从而使得整个营销渠道营运资金管理绩效出现了稳中有升的变化趋势。而作为协调性公司代表的海尔集团无论是应收账款还是存货周转期曲线均出现了较大幅度的波动，应收账款周转期在宏观环境良好及复苏时期较长，而在金融危机时期则较短，表明其作为供应链核心企业，有在危机情境中通过压缩应收账款来缓解资金紧张状况的可能，其对供应链其他企业的态度将决定了其存货管理绩效在宏观环境良好或复苏情境中较高而在危机时期较差，最终使得其整个营销渠道营运资金管理绩效呈稳中有降的趋势。

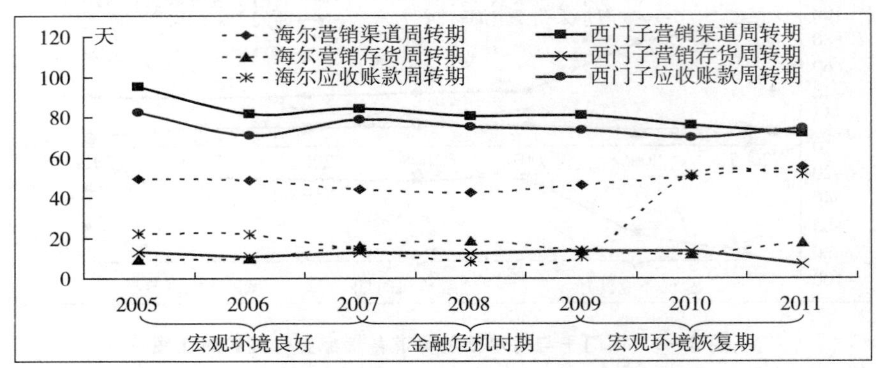

图 2－3　西门子与海尔营销渠道各指标变化趋势对比图

五、研究结论与启示

第一，扩展性公司营运资金管理的关键在于资金结算环节。案例研究表明，采用合作性利益相关者战略的西门子公司存货管理绩效相对稳定，受宏观环境变化的影响较小，但应收账款及应付账款管理绩效则出现了一定程度的波动。产生这一现象的主要原因在于金融危机时期，每个企业都会出现资金短缺的现象，尤其是宏观紧缩使得企业外部融资难度增大，供应链融资成为企业缓解融资需求的最佳途径，整条供应链能否共同度过危机主要在于供应链上的核心企业能否为其他弱势企业提供一定程度的资金支持。采用合作性利益相关者战略的扩展性公司致力于通过提升整条供应链竞争力来实现自身企业价值的持续提升，因而会在力所能及的前提下帮助供应链上的弱势企业，此时弱势企业也将会通过稳定甚至提高存货管理水平的方式回馈供应链核心企业，从而使得整条供应链更容易度过难关。因此，扩展性公司利益相关者战略对企业营运资金管理绩效的影响路径是通过牺牲结算资金管理绩效或延缓提高结算资金管理绩效的方式来实现自身存货管理水平的稳定，从而使得资金结算环节成为扩展性公司营运资金管理的关键。

第二，协调性公司营运资金管理的关键在于存货管理。案例研究表明，采用侵略性利益相关者战略的海尔集团存货和结算资金管理绩效受宏观环境影响均较大。当宏观环境由良好转变为危机时，协调性公司多采用延期支付应付账款，提前收回应收账款的方式来缓解自身资金紧张状况，这加剧了供应链上弱势企业的资金紧张状况，加速其经营状况的恶化，一方面使得这些弱势企业更难于度过金融危机这一难关，很容易造成整条供应链的断裂；另一方面，供应链上的弱势企业无论是从主观意愿还是从客观能力方面都无法满足与供应链核心企业联合管理存货从而提升存货管理绩效的目的，最终必然造成供应链核心企业存货管理绩效的大幅度波动，而存货管理绩效的波动相比结算资金管理绩效的波动更加被动、更难于管理，因而成为协调性公司存货管理的难点和瓶颈。

第三，在应对宏观情境变化方面，扩展性公司比协调性公司更具有优势。扩展性公司通过主动控制结算资金周转期的方式，稳定了存货管理绩效，从而将采购渠道和营销渠道整体营运资金管理绩效控制在可接受的范围内，有利于其对企业价值进行有效管理；此外，扩展性公司在面对不利的宏观情境时对供应链上的弱势企业进行主动“照顾”从而使得整个供应链不同节点之间结成了互惠互利的关系，更有利于整条供应链的生存及竞争力的提升，有利于应对不力的宏观情境。而协调性公司其对待供应链上其他企业的方式不利于整个供应链的持久和稳定，另外，从协调性公司本身来说，由于其主动选择占用供应链其他企业资金的方式缓解自身资金紧张状况，降低了供应链其他企业与其共同进行存货管理的积极性，但其存货管理水平下降的程度则没办法完全控制，从而使得采购渠道和营销渠道营运资金管理绩效的可控性下降，增加了危机时期企业营运资金管理的难度和压力，不利于更好的应对宏观情境变化。

第四，企业应该建立三级营运资金管理体系，以便应对情境的不利变化。营运资金是企业的血液，具有良好盈利性及广阔发展前景的企业因资金链断裂而破产已不再是新鲜事物。营运资金管理早已从企业自身孤立管理阶段发展到具有贸易关系的企业之间联合管理的阶段，但仅仅在狭义供应链上进行管理也已无法满足要求。从上述案例上可以看出，作为扩展性公司的西门子集团在危机时期通过部分牺牲结算资金管理的方式谋求整体营运资金管理的高绩效，不可否认，这需要供应链核心企业具有极强的资金实力，也有赖于危机时期的短暂，但倘若危机迟迟没有过去，或许供应链核心企业也没有足够的财力支撑其合作性利益相关者战略。但如果供应链核心企业能够有第三条途径来加强其结算资金管理，则合作性利益相关者战略就可以跳出企业自身实力而长期实施下去。本文认为，三级营运资金管理体系包括企业独立营运资金管理、供应链营运资金管理、第三方营运资金管理，三者互为补充，互相支撑，共同构成企业完整的营运资金管理体系。企业独立营运资金管理主要是指可以依靠企业自身力量所进行的营运资金优化和控制管理，包括企业资金预算管理、最佳营运资金持有量的管理等；供应链营运资金管理是指存在实际贸易关系的企业之间合作进行的营运资金管理，包括买卖双方联合确定的存货管理模式、资金结算方式等；第三方营运资金管理是指企业或供应链与不存在实际贸易关系的第三方合作所进行的营运资金管理，第三方可能是银行、保险公司、保理公司、典当公司、收账公司等金融机构或非金融机构。企业必须在时时提升自身营运资金管理水平的基础上，在不同的情境中重点借助不同层级的营运资金管理的有效配合来实现加强营运资金管理、提升企业价值的目的。见图 2－4。

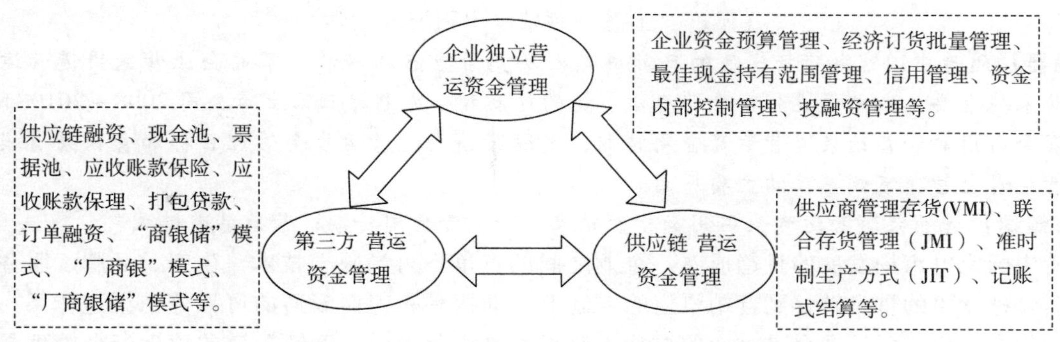

图 2－4　企业三级营运资金管理体系示意图

最后，本研究尚存在许多不足之处有待改进。首先，本文所选样本分布在两个不同的国家，因而，研究结果可能会受不同国家市场健全程度、经济政策、经济文化等因素的影响。例如，前文研究表明西门子营销渠道营运资金管理绩效始终较差，这或许会受到欧洲交易习惯的影响。第二，西门子集团的数据中，包含了西门子集团开展租赁业务的部分数据，未能充分剔除非相关业务对各渠道营运资金管理绩效的影响，这可能在一定程度上影响研究结论。第三，个案对比分析可能会更多的受两个公司特有风险的影响，研究结论的普适性可能会有一定的限制，未来将采用大样本分析来进一步证明佐证本文的观点。第四，本研究的时间窗口较为狭窄，可能在一定程度上影响研究结论。

主要参考文献

1. Jim Kilpatrick. 2008. Supply chain，Canadian Transportation & Logistics（11）：50，52.

2. Ronald Fink. 2001. Forget the Float? The 2001 Working Capital Survey，CFO Magazine.

3. Tim Reason. 2002. We Can Work It Out：The 2002 Working Capital Survey，CFO Magazine.

4. Tim Reason. 2005. Capital Ideas：The 2005 Working Capital Survey，　CFO Magazine.

5. Peter W. Robertson，Peter R. Gibson and John T. Flanagan. 2002. Strategic Supply Chain Development by Iintegration of key Global Logistical Process Linkages ，International Journal of Production Research，40（16）：4021－4040.

6. 王竹泉、马广林：“分销渠道控制：跨区分销企业营运资金管理的重心”，《会计研究》，2005

年第 6 期。

7. S. Wadhwa, A. Kanda, K. S. Bhoon, Bibhushan. 2006. Impact of Supply Chain Collaboration on Customer Service Level and Working Capital, Global Institute of Flexible Systems Management, 7 (1&2).

8. Peter Lugli. 2006. Spotlight Shifts to Money in the Supply Chain, Financial Executive, 11: 54 ~55.

9. 王竹泉、逄咏梅、孙建强：国内外营运资金管理研究的回顾与展望，《会计研究》，2007 年第 2 期。

10. Peter Edwards, Melvyn Peters and Graham Sharman. 2001. The Effectiveness of Information Systems in Supporting the Extended Supply chain, Journal of Business Logistics, 22 (1).

11. 陶晓红："供应商联盟：你们的成功即是我们的成功 我们的成功也是你们的成功——西门子的供应商管理战略"，《价值工程》，2000 年第 3 期。

12. David Blanchard. 2009. Top Nine Supply Chain Challenges for, Industry Week/IW. 2009. 2.

本文全文发表在《财会月刊》2013 年第 4 期。

精选案例之四：

营销渠道营运资金管理绩效对比分析
——以青岛海尔、格力电器和美的电器为例

（温琳　王慧　薛婧　中国海洋大学）

【摘要】 随着中国家电市场发展的日趋成熟以及竞争重点的转移，家电企业营销渠道营运资金管理变得越来越重要。本文通过分析青岛海尔、美的电器和格力电器三家上市公司 2008 ~ 2010 年营销渠道营运资金占用额和营销渠道营运资金周转期，发现营销渠道营运资金管理目标和营销渠道模式是营销渠道营运资金管理绩效差异的主要原因。

【关键词】 营销渠道营运资金占用额；营销渠道营运资金周转期；营销渠道模式

随着中国家电市场发展的日趋成熟，企业之间的竞争不再局限于技术、生产、品牌、服务之间的竞争，而是把竞争的重点转移到营销渠道的控制上，谁拥有完善而畅通的可控分销渠道体系，谁就拥有竞争中的主动权。营运资金是企业的血液，对于家电企业来说，营销渠道的营运资金管理是重中之重。因此本文以青岛海尔、美的电器和格力电器三家上市公司为例，通过分析其披露的 2008 ~ 2010 年年度报告数据（年度报告均从巨潮资讯网上下载）以及中国企业营运资金管理研究中心数据，对三者的营销渠道营运资金管理绩效进行对比分析。

一、营销渠道营运资金管理绩效评价指标

对于营运资金管理绩效评价主要有两种思路：一种是传统意义上的按要素分析，即分析存货周转期、应收账款周转期、应付账款周转期以及由三者决定的现金周转期，这种分析方法简单明了，但是也将预付账款、预收账款、应付职工薪酬、应交税费、其他应收款、其他应付款等其他营运资金项目排除在外，不能完整地评价企业营运资金管理绩效水平。另一种是王竹泉教授（2007）提出的按渠道分析，即将营运资金分为经营活动营运资金和理财活动营运资金，并进一步将经营活动营运资金按照其与供应链或渠道的关系分为营销渠道营运资金、生产渠道营运资金和采购渠道营运资金。这种分析方法涵盖了营运资金的所有项目，可以全面评价企业的营运资金管理绩效，而且该方法有利于企业快速找到渠道管理中存在的问题。因此我们采用后一种分析思路。

我们采用两项评价指标来衡量营销渠道营运资金管理绩效：一是营销渠道营运资金占用额，二是营销渠道营运资金周转期。公式如下：

营销渠道营运资金占用额 = 成品存货 + 应收账款、应收票据 - 预收账款 - 应交税费。

营销渠道营运资金周转期 = 营销渠道营运资金占用额 ÷（营业收入/360）

=（成品存货 + 应收账款、应收票据 - 预收账款 - 应交税费）÷（营业收入 /360）

对于营销渠道营运资金周转期，我们进一步将其分解为成品存货周转期、应收账款周转期、预收

账款周转期和应交税费周转期，计算公式如下：

成品存货周转期 = 成品存货 ÷ （营业收入 /360）

应收账款周转期 = （应收账款 + 应收票据） ÷ （营业收入 /360）

预收账款周转期 = 预收账款 ÷ （营业收入 /360）

应交税费周转期 = 应交税费 ÷ （营业收入 /360）

其中营业收入为利润表中的“营业收入”项目；成品存货、应收账款、应收票据、预收账款、应交税费项目均为资产负债表中期初和期末余额的平均数；成品存货来源于财务报表附注，包括库存商品、产成品、开发产品、委托代销商品等项目。

二、营销渠道营运资金占用额对比分析

我们通过计算得到三家公司营销渠道营运资金占用额如下：青岛海尔 2008 ~ 2010 年营销渠道营运资金占用额分别为 36.32 亿元、42.80 亿元、84.45 亿元；美的电器 2008 ~ 2010 年营销渠道营运资金占用额分别为 81.99 亿元、110.75 亿元、141.47 亿元；格力电器 2008 ~ 2010 年营销渠道营运资金占用额分别为 108.91 亿元、81.75 亿元、110.48 亿元。

从横向来看，2010 年青岛海尔营销渠道营运资金占用额最少，其中应收账款、应收票据、成品存货、预收账款、应交税费分别为 21.71 亿元、64.21 亿元、20.25 亿元、15.91 亿元、5.81 亿元，应收票据所占比重高达 76.03%。美的电器营销渠道营运资金占用额最多，其中应收账款、应收票据、成品存货、预收账款、应交税费分别为 49.36 亿元、46.60 亿元、58.35 亿元、14.00 亿元、－1.17 亿元，41% 的营销渠道营运资金被成品存货所占用。格力电器营销渠道营运资金占用额居中，其中应收账款、应收票据、成品存货、预收账款、应交税费分别为 11.54 亿元、164.46 亿元、48.81 亿元、104.39 亿元、9.95 亿元，应收票据和预收账款都超过了 100 亿元，两者相抵后有将近 60 亿元的资金沉淀在应收款项上。

从纵向来看，青岛海尔、美的电器的营销渠道营运资金占用额逐年递增，而格力电器 2009 年下降到 81.75 亿元后，2010 年又增长了 28.73 亿元，波动较大。进一步分析我们发现，青岛海尔近三年应收票据增长金额最大，2009 年比 2008 年增加 9.15 亿元，2010 年比 2009 年增加 34.13 亿元，增幅高达 113.43%；成品存货增长金额最小，2010 年比 2008 年存货增长 4.71 亿元，青岛海尔的存货管理绩效较好。美的电器也是应收票据增长金额较大，2010 年较 2008 年增长了 28.74 亿元，尤其 2009 年较 2008 年的增长幅度高达 118.60%；值得关注的是其存货项目 2010 年较 2009 年增长了 17.56 亿元，增长幅度达到 43.06%。格力电器应收票据和预收账款逐年增加，三年间应收票据增长 61.02 亿元，预收账款增长 52.18 亿元；应收账款金额基本稳定，而成品存货占用的营运资金呈下降趋势。

三、营销渠道营运资金周转期对比分析

我们通过计算得到三家公司营销渠道营运资金周转期如下：青岛海尔 2008 ~ 2010 年营销渠道营运资金周转期分别为 43、47、50 天；美的电器 2008 ~ 2010 年营销渠道营运资金周转期分别为 65、84、68 天；格力电器 2008 ~ 2010 年营销渠道营运资金周转期分别为 93、69、66 天。

从横向来看，2010 年青岛海尔营销渠道营运资金管理绩效最好，美的电器管理绩效最差，格力电器管理绩效居中。进一步分析我们发现，青岛海尔、美的电器和格力电器的成品存货周转期分别为 12、28 和 29 天，青岛海尔在成品存货管理上明显优于其他两个企业；应收账款周转期分别为 51、46 和 105 天，格力电器的应收账款周转期是其他两个企业的两倍左右，管理绩效的差距非常大；预收账款周转期分别为 9、7 和 62 天，格力电器占用下游企业资金较多。

从纵向来看，青岛海尔的营销渠道营运资金管理绩效持续下降，营销渠道营运资金周转期 2010 比 2009 年延长 3 天，2009 年比 2008 年延长 4 天，但整体变化幅度不大；进一步分析发现，虽然成品存货周转期逐年缩短，但是应收账款周转期逐年延长、预收账款周转期逐年缩短造成了营销渠道营运资金整体管理绩效持续下降。美的电器的营销渠道营运资金管理绩效 2009 年较 2008 年有较大幅度的下降，周转期延长了 19 天，2010 年周转期虽然有所缩短，但较 2008 年仍然多 3 天，营运资金管理绩效

波动较大；进一步分析发现，其预收账款周转期、应交税费周转期近三年基本稳定，存货周转期逐年缩短，导致 2009 年营销渠道营运资金管理绩效大幅下降的主要原因是应收账款周转期在 2009 年达到 62 天，比 2008 年和 2010 年分别延长了 25 天和 16 天。格力电器的营销渠道营运资金管理绩效持续改进，2009 年周转期较 2008 年缩短 24 天，改善幅度高达 25.68%，主要得益于成品存货周转期缩短了 18 天和预收账款周转期延长了 18 天；2010 年在 2009 年的基础上又缩短了 3 天，主要得益于应收账款周转期缩短 4 天，而其他项目周转期基本保持不变。

四、营销渠道营运资金管理绩效差异的主要原因

（一）营销渠道营运资金管理目标

企业营销渠道营运资金管理绩效的好坏首先受企业营运资金管理目标影响。无论从营销渠道营运资金占用额，还是从营销渠道营运资金周转期来看，青岛海尔的营销渠道营运资金管理绩效均好于美的电器和格力电器，这主要得益于青岛海尔提出了“零营运资本”目标，即在满足企业对流动资产基本需求的前提下，尽量使营运资金趋于最小的管理模式。在此基础上，其又进一步提出“负营运资本”目标，即追求现金周转期小于零。由于现金周转期 = 应收账款周转期 + 存货周转期 - 应付账款周转期，所以其将“负营运资本”的目标又进一步分解为应收账款周转期为零目标、存货周转期为零目标以及应付账款周转期按契约约定目标。

在“负营运资本”目标的引导下，青岛海尔一方面采取了“现款现货”的应收账款管理政策，另外一方面不断消灭库存，探索出了“零库存下的即需即供”管理模式（彭家钧，2010）。该管理模式有两层含义：一是“零库存”，青岛海尔实行按单销售、按单生产、按单采购，消灭营销渠道、生产渠道、采购渠道的存货资金占用；二是“即需即供”，第一时间满足客户的需求，不断货、不压货，从而减少客户资金占用。“零库存下的即需即供”管理模式大大降低了营销渠道应收账款和成品存货的资金占用。

因此，企业要想提升营销渠道营运资金管理绩效必须树立正确的营销渠道营运资金管理目标。青岛海尔的“负营运资本”目标值得同行业其他企业借鉴，但是这个目标是针对整个营运资金管理提出的，虽然其也提出应收账款周转期为零目标、存货周转期为零目标，但是仍旧是按照要素来确定的，并没有明确营销渠道营运资金的管理目标。我们认为企业应该追求“负营销渠道营运资金”管理目标，即追求“成品存货 + 应收账款、应收票据 - 预收账款 - 应交税费 < 0”的目标。在该目标的引导下，企业应该用速度消灭空间，充分利用供应链下游的资金，不断探索能够实现该目标的营销渠道营运资金管理方法。

（二）营销渠道模式

营运资金管理和企业业务流程是紧密结合的，营销渠道营运资金管理绩效同企业在营销渠道模式上的选择息息相关。

1. 以零售商为主导的“点对点营销”模式——青岛海尔

青岛海尔采取以零售商为主导的“点对点营销”模式。其日日顺商业流通模式定位于互联网时代虚实融合的第一通路商，目前已经初步形成以日日顺电器以家电销售为主的加盟店渠道，日日顺 e 家以 3C 产品销售为主的加盟店渠道以及“商品目录册 + 网上商城 + 遍布各地的仓储式实体店”三位一体的渠道平台以及遍布全国、深入村户的物流网络。这种“点对点营销”模式可以使企业对市场的变化和需求作出迅速准确的反映，根据市场的需求进行生产，降低营销渠道的存货水平。此外，海尔对这些终端店面直接供货，减少了中间环节，也可以降低沉淀在营销渠道的营运资金。

2. 以厂商股份合作为主导的营销模式——格力电器

格力电器采取以厂商股份合作为主导的营销模式，其在各区域股份销售公司中通过增持股份由参股转变为控股。与国美决裂后，格力开始全面自建渠道，与各省市的大经销商联合出资成立股份制区域销售公司，由销售公司负责市场的开发和维护，形成以专卖店为主要终端的销售体系，增设代理商，拓展了电子商务网上直销、格力 5A 专卖店、精品店、社区店等渠道。这种营销模式的转变以及营销渠道的拓宽，使得格力电器近三年营销渠道营运资金管理绩效逐年提升。

3. 以自营店为主导的营销模式——美的电器

美的电器采取以自营店为主导的营销模式，其自建营销渠道的行动始于2005年底，致力于在全国一、二线城市布置自己的自营店。但是事业部制产生的利益分割与争夺，在集团层面出现了严重的内耗。2009年美的电器营销渠道营运资金管理绩效大幅下降，因此其提出新的战略目标：深化营销变革，优化营销渠道，推动营销体系整合，巩固提升行业竞争地位。2010年除了在传统的一、二线城市布局外，三、四线城市网点布局也得到了较快发展。在渠道管理上，美的电器也逐步采取了分权的扁平化模式，由公司直接管理到县级经销商，并将全国的销售分公司转变为股份制经营主体。这种营销渠道模式的转变，带来了美的电器2010年营销渠道营运资金管理绩效的明显好转。

三家企业在营销渠道模式的选择上侧重点各不相同，从营销渠道营运资金管理绩效来看，青岛海尔的以零售商为主导的“点对点营销”模式较优。但无论选择哪种模式其目的都是为了减少流通环节，使渠道尽量扁平化，从而降低营销渠道营运资金的占用，加速营销渠道营运资金的周转，最终增强企业的竞争力，从而提升企业价值。

主要参考文献

1. 王竹泉、逄咏梅、孙建强：“国内外营运资金管理研究的回顾与展望”，《会计研究》，2007年第2期。

2. 彭家钧：“营运资金管理在中国的实践与创新——基于海尔集团营运资金管理的案例研究”，《中国会计学会2010年学术年会营运资金管理论坛论文集》，2010年。

注：本文全文发表在《财会通讯》2012年第12期（总第583期）。

第三章 2012 年国内营运资金管理研究进展①

【摘要】2012 年，营运资金管理研究备受瞩目，研究文献主要集中在营运资金基本概念、营运资金需求量影响因素分析及预测、营运资金管理模式与方法、营运资金管理与企业绩效、宏观经济环境下的营运资金管理、中小企业的营运资金管理等方面。研究观点打破企业的界限，从单一要素研究转向与供应链结合，从整体研究营运资金管理，从供应链视角进行营运资金管理研究以逐渐占据主导地位，但是营运资金管理理论体系尚需进一步完善，实证研究与现状研究仍需进一步深入，理论研究与实务研究结合才能真正落地。

一、2012 年营运资金管理文献简介

企业资金链永续不断是其生存发展的根本保证，而营运资金管理作为企业财务管理中至关重要的一环，决定了企业资金运营的效率与成果。2012 年，营运资金管理仍然备受瞩目，以“营运资金”或“营运资本”为关键词进行检索分别可得 411 篇和 72 篇文献，以“营运资金”或“营运资本”为标题进行检索分别可得 120 篇和 26 篇文献。本文以“营运资金”或“营运资本”为标题的 146 篇文献以及 2012 年营运资金管理论坛中收录的 19 篇文献为基础进行进一步分析。从研究内容上看，2012 年研究文献主要集中在营运资金基本概念研究、营运资金需求量影响因素分析及预测、营运资金管理模式与方法、营运资金管理与企业绩效、宏观经济环境下的营运资金管理、中小企业的营运资金管理等方面，以下就各方面分别进行阐述。

二、2012 年国内营运资金研究述评

（一）营运资金基本概念研究进展

王竹泉、孙莹（2010）从企业经营管理的实质出发，由联合概念公告中的被扩展的营业概念入手，将营运资金界定为企业正常营业运行过程中用于日常周转的所有资金，从数量上等于总资产与营业性负债之差，引发了营运资金概念研究的又一次革命。孙莹（2011）在其博士论文中提出，营运资金的管理单纯从流动性角度来考虑，是营运资金管理效率低下的根源，拓展了的营运资金概念，不再强调流动性与非流动性，而是更加强调营运资金的来源与配置，将营运资金划分为经营活动营运资金和投资活动营运资金。

在此基础上，田世泰、于倩南（2012）详细阐述了从流动性角度划分资产负债项目可能造成的资产负债分类缺乏同质性，流动性类别在不同期间的非一贯性，提出改变营运资金定义的必要性。

王竹泉在 2012 年营运资金管理论坛上发表文章，从资金需求和供给角度出发，立足于拓展的营业活动概念，将企业全部经济活动划分为营业活动和筹资活动两大类，营业活动包括经营活动和投资活动两大部分，筹资活动不仅要为经营活动融通资金，也要为投资活动融通资金，而企业资金运用要么投入经营活动，要么投入投资活动。在此基础上，对营运资金概念进行重构，认为营运资金应该是营业活动中流动资产、流动负债之间的差额，将营运资金界定为流动资产与营业活动流动负债的差额。

即：营运资金 = 流动资产 - 营业活动流动负债

= 流动资产 - 流动负债 + 短期金融性负债

拓展了的营业活动概念已经逐渐被理论界接受，在此基础上的分类更加强调资金的来源及运用，

① 国家自然科学基金“利益相关者视角的营运资金管理研究与中国上市公司营运资金管理数据平台扩充建设（71372111）”和国家自然科学基金“利益相关者集体选择视角的企业价值管理研究（71172099）”的阶段性成果。感谢中国海洋大学、中国会计学会、国家自然科学基金委员会对营运资金管理研究的支持。

以及资金配置和来源的结构分析，更加接近经济实质，为企业把握资金来源及去向，优化资金配置提供了有力的工具。

在营运资金计量方面，田世泰、于倩南（2012）认为，我国会计现有的多维计量属性混合使用是基于一个共同的原则，即资产只能低估或平估，不能高估，而负债不能低估。而营运资金是流动资产与流动负债差值，在这个原则作用下营运资金价值被低估，导致企业继续增加短期资金，减少长期投资，影响企业长期发展。而采用名义货币计量单位导致不同时期不同时点的会计信息缺乏相关性和可比性，影响营运资金分析结果的可靠性，导致管理的困难。

由营运资金管理的基础概念研究可以看出，营运资金研究正向着不断贴近经济实质的方向发展，从单一要素分析发展为关注资金来源和配置的整体平衡。

（二）营运资金需求量影响因素分析及预测研究进展

从理论上分析，任何企业都会存在一个最优营运资金占用量水平使企业价值最大化，而企业最优营运资金占用量的确定离不开企业对营运资金管理的影响因素的认知。

营运资金是企业循环的血液，营运资金管理是企业财务管理的重要组成部分。其系统的复杂性和联系的普遍性也决定了营运资金管理的影响因素必然是众多的，而影响因素的系统研究有利于我们从众多的影响因素中找出重要的甚至是具有决定性影响的几个因素。

汪伟、赵冬雨（2012）结合分渠道营运资金管理的理论，从理论层面分析通货膨胀对各渠道营运资金需要量的影响，对企业营运资金投资决策和营运资金预算管理作了进一步研究。

刘晓娜（2012）以 J 银行为背景运用逆向思维，从反向角度确定了测算涵盖的信贷品种范围，并以管理资产负债表为视角，对营运资金项目进行了统一考虑，且对营运资金项目按照供产销循环进行分类并确定差异化的周转额。最后本文以 M 公司为例对改进后的测算办法进行应用演示，增强了测算办法在贷款实践中的可操作性。

蔡佳茹（2012）从对影响营运资金短缺风险因素的分析入手，以零售业上市公司为例，探索了营运资金短缺风险预警模型的建立思路与方法，并尝试性的建立起以多元综合预测模型为核心的营运资金短缺风险预警模型。

吕素萍（2012）以批发、零售贸易业上市公司为例进行了实证分析，对采购渠道营运资金管理绩效影响因素进行了研究。从供应链的角度出发，基于渠道管理理论分析了企业内、外部重要影响因素。

李光明（2012）结合评估实务中常见的营运资金预测指标对营运资金的预测方法及调整因素进行研究探讨。

综上所述，现有文献分别从不同角度对营运资金的需求量影响因素做了详细阐述，并在此基础上对营运资金的需求量作出预测，为企业制定营运资金管理政策、选择营运资金管理策略、确定营运资金需要量提供依据。

（三）营运资金管理模式与方法研究进展

随着供应链管理的理念被广泛接受，供应链整体营运资金管理也将受到更多的关注。开展供应链营运资金绩效评价的最终目的在于提高供应链的运作效率。完整的供应链营运资金管理绩效评价应当包括两个层级，即供应链单元企业营运资金管理绩效评价和供应链综合营运资金管理绩效评价，以全面和综合评价整个供应链的营运资金管理绩效。

朱丹（2012）以 2008 ~ 2010 年间沪深两市 A 股制造业上市公司作为研究样本，从客户集中度、关系稳定性和关系对称性这三个维度来衡量供应链下游关系，采用基于渠道管理的营运资金管理绩效评价体系，对供应链下游关系与营运资金管理绩效的关系进行了实证研究。来说明供应链下游关系对企业营运资金管理绩效的影响具有两面性。

赖蓉（2012）从渠道管理的视角提出科学的营运资金管理是企业生存、发展的必要前提条件。随着各销售公司对渠道管理、供应链管理和客户关系管理的重视程度不断提高，企业的营运资金管理也得到了显著改善，传统的企业营运资金管理模式已经不能满足现代企业的发展要求。

理论与实证均表明，我们需要加深对营运资金管理内涵的理解，结合现代企业管理的方式和理念，从不同的角度来完善企业营运资金管理。

鉴于此，李心合（2012）提出营运资金管理重心的转移需要构造基于供应链的运营模式，而供应链运营模式的设计又需要避免多重风险，尤其要防范导致全产业链陷入崩溃的多米诺骨牌风险。

丁淑芹、刘成立（2012）进一步以供应链中的物流、资金流、信息流为线，分析了基于供应链的营运资金管理目标以及物流、资金流与信息流上的营运资金管理策略，为营运资金的管理提供了新的视角。

许树刚（2012）则将价值链（行业价值链）理论与基于渠道的营运资金管理理论相结合，分析整条价值链上各个企业的营运资金管理情况，使得企业的营运资金管理更具整体性。

而秦书亚（2012）突破传统供应链联盟的概念，对新视角下的营运资金管理进行了更为深入系统的探讨，发展并完善了营运资金管理理论；基于供应链联盟的营运资金管理创新模式，真正落实到管理实践层面，具有重要的实践指导意义。

封威威和于森林（2012）在论文中提出现代市场竞争是供应链之间的竞争，企业应建立"产业+金融"的营运资金管理模式，通过优化供应链运营模式，提高企业经营活动营运资金管理绩效，为理财活动积累资金，利用理财活动营运资金为供应链上下游提供金融服务，支撑相应的供应链运营模式，带动企业产业发展，提高经营活动营运资金管理绩效，使产业金融、经营理财相互促进，共同提高经营活动和理财活动营运资金管理绩效。

左伟令（2012）利用2006到2009年家电类上市公司营运资金管理评价相关指标数据，采用主成分分析方法建立基于供应链的营运资金管理指标评价模型。最后，从纵向、横向两个方面对基于供应链的营运资金管理模型进行验证，并从采购环节、生产环节、销售环节、理财环节四个方面对我国企业营运资金管理提出相关建议。

张先敏（2012）设计了基于渠道管理的营运资金流动性指标和盈利性指标，对营运资金的流动性和盈利性进行评价。

随着供应链理论、渠道关系理论的不断发展，现代企业规模的不断扩张，越来越多的学者们逐步认识到供应链理论对营运资金管理的重要意义，基于供应链的营运资金管理的研究也就逐步突显其对企业营运资金管理的重要性。供应链与营运资金的进一步结合，使得营运资金的目标，营运资金的各种指标都将融入供应链的管理策略当中。在供应链理论的基础上，概括出新的营运资金管理指标框架，把传统的营运资金管理与新的营运资金指标相结合。

（四）营运资金管理与企业绩效研究进展

营运资金管理是指对企业流动资产及流动负债的管理，适当比例的营运资金是一个企业维持正常运转所必须要拥有的，营运资金是财务管理工作的重要组成部分，而经营绩效又表现为运营管理的成果。运营资金管理和公司经营绩效两者之间既有联系又有着区别，两者都是企业管理的重要组成部分，是推动企业管理绩效提高的两大关键要素，运营资金管理属于企业运营管理的一个重要部分，运营资金管理效率的提升，能够极大地增加资金的利用效率，增加企业流动资金盈利能力，为企业经营绩效的提高提供正能量。

营运资金管理是企业财务管理的重要内容，营运资金的管理水平决定了企业业务流程的运行效率，较高的业务流程运行效率能够促进企业绩效的提高，直接影响着企业的获利能力和经营效率。因此，营运资金的管理成为企业流程管理的中心和取得竞争优势的关键。对此问题，国内的诸多学者进行了理论及实证性的研究，在理论方面：童艳华（2012）将价值链理论与营运资金管理理论结合，提出价值链导向下的营运资金管理目标整合与管理优化，其总体目标是实现企业价值的最大化。要保持适当的偿债能力并提高营运资金的盈利能力。在控制流动性风险和偿债风险的前提下，尽可能降低营运资金的成本，提高营运资金的增值能力。

在实证研究方面，诸多学者进行了大量的研究。王竹泉，王秀华（2012）从冗余资源视角确认了两类营运资金（经营活动营运资金和理财活动营运资金）对企业价值影响机理的差异性，选取2007～

2010年制造业上市公司为样本对此进行检验。研究表明，在经济繁荣时期经营状况较差的企业以及经济危机时期经营状况较好的企业的经营活动营运资金周转期与企业价值显著负相关；经济繁荣和经济危机时期，经营状况较差的企业的理财活动营运资金周转期与企业价值正相关；经济危机时期，经营状况较好的企业的理财活动营运资金周转期与企业价值负相关。

孙磊（2012）以沪深证券交易所2006～2010年共五年A股上市电力公司为研究样本，运用现金流量周期模型（CCC）对电力行业营运资金管理的效率进行实证分析，验证营运资金管理效率对企业绩效产生的影响。结果表明，电力公司营运资金管理效率对企业绩效有显著的影响，良好的营运资金管理可以促进企业绩效的大幅提升，可以提高企业的活力能力和经营效率。

田彩英（2012）选取了2000～2009年共64家房地产上市公司为样本，对房地产业上市公司的营运资金政策（保守，激进和匹配）进行了实证分析，研究了营运资金管理政策与企业的盈利能力、企业获取现金的能力、企业资产的流动性及企业的成长速度、企业规模变化之间的关系。研究结果表明房地产行业企业的盈利能力和成长性与其营运资金政策呈正比例变动关系，房地产企业将部分盈利投入到企业当中，以满足流动资金的不足。

石意如（2012）以首批创业板28家上市企业2008～2010年营运资金管理相关数据为样本，实证研究营运资金管理政策对处于成长期企业绩效的影响。实证研究结果证明成长期企业营运资金管理与企业绩效存在相关性是：流动资产比例与企业绩效显著负相关，流动负债比例与企业绩效弱正相关；营运资金周转期与企业绩效负相关；企业短期偿债能力与企业绩效负相关，为成长期企业的营运资金管理提供了参考依据。

童建元（2012）选定2009年～2011年40家农业上市公司的三年年报数据，共120个样本，研究营运资金管理对企业财务绩效的影响，选取净资产收益率作为因变量，即代表企业的获利能力和经营效率。研究表明流动资产占总资产比例与净资产收益率负相关，流动负债占总负债比例与净资产收益率正相关，但均不显著；存货周转率、应收账款周转率与净资产收益率成正相关关系，应付账款周转率与净资产收益率显著负相关。建议农业企业保持合理的流动资产规模，保持合理的流动负债规模，提高营运资金周转效率。

张秀英（2012）通过对30家房地产上市公司的样本数据进行实证研究，重点说明现金周期，应收账款周转期，应付账款周转期以及存货周期对企业绩效的影响。实证研究结果表明：我国上市公司的营运资金管理与总资产收益率负相关，与其托宾Q值微弱负相关。应收账款周转期与总资产收益率呈负相关关系。存货周转期与总资产收益率均呈现正相关关系，应付账款周转期与总资产收益率呈微弱正相关关系。并建议房地产上市公司控制现金持有量，加快资金周转速度，加强资金的监督和检查。

张伟（2012）以A股2007～2011年高新技术上市公司作为研究样本，研究了其营运资金管理对绩效的影响，分析表明高新技术上市公司的营运资金管理效率对绩效的影响并不显著。但并不意味着企业现金、应收账款及存货三者的管理工作对绩效的提高是低效率的，反之，说明了相关问题的研究存在特殊性。

综上所述，对于营运资金管理绩效与企业绩效的关系研究较为全面，实证研究成果丰硕，考虑了不同发展时期、不同性质的企业，囊括了单一要素分析、财务指标分析、按渠道分析等多个方面，为全面营运资金管理绩效与企业绩效关系提供了有力依据。

（五）宏观经济环境下的营运资金管理研究进展

2012年是中国经济从“次萧条”到“复苏重现”的一年。前3季度，中国宏观经济不仅延续了2011年逐季回落的趋势，而且在多重因素的持续作用下呈现出持续探底的态势。一方面，全球经济的超预期恶化以及房地产调控政策的持续使中国经济增长的两大传统动力源——出口和房地产陷入持续低迷的状态，另一方面，“民间融资困局”的持续发酵、投融资平台的进一步整顿、需求下滑与成本上扬双重力量挤压下企业绩效的持续下滑以及由此产生的“去库存”与“去产能”等内生性因素使“稳增长”的一揽子政策措施并没有产生立竿见影的效果，2012年前3季度出现了超预期的持续回落，经济步入“次萧条”状态。

但在消费持续逆势上扬、基础建设投资大幅增长、房地产政策微调带来的“刚需”释放、货币政策和财政政策的持续放松以及全球市场情绪稳定带来的外需稳定等因素的作用下，中国宏观经济开始在 2012 年 9 月出现“触底反弹”，并在十八大政治换届效应、存货周期逆转、消费持续增长、外需小幅回升、投资持续加码等因素的作用下，重返复苏的轨道

赖蓉（2012）认为，在全球经济不景气的宏观背景下，众多企业都面临着融资成本升高，投资规模缩小，扩展速度减慢等困难，鉴于此，广大销售公司更应该立足控制成本、节约资金的前提，缓解资金紧张的局面。在这种情况下，企业要力图将对营运资金的管理重心转移到渠道控制上来，这样不仅能够协助销售公司顺利实现上下游客户之间的有效沟通，还能将公司的关注点从自身拓展到整个发展环境中。

吕素萍（2012）从渠道管理的角度，通过实证性研究，证实批发、零售贸易企业的采购商品管理水平、供应商的信用期管理水平及采购人员的素质对采购渠道营运资金管理绩效产生的呈负相关关系。韩宁从渠道与过程的视角理清了企业营运资金管理绩效的内在决定机制，设计出了一套集财务分析与业务分析、静态分析与动态分析、模式分析与流程分析、渠道分析与要素分析于一体的营运资金管理诊断模式。

王秀华、王竹泉、秦书亚（2012）等人采用案例研究的方法，以扩展性公司和协调性公司的数据为样本，分析不同情境下采用不同供应链管理策略的供应链核心企业营运资金管理绩效的变化。研究提出宏观经济环境变化对扩展性公司营运资金管理绩效的影响主要表现在结算环节，而对协调性公司营运资金管理绩效的影响主要表现在存货管理环节，在应对宏观情境变化方面，扩展性公司比协调性公司更具有优势，并提出企业应采用三级营运资金管理体系，以抵御情境变化带来的风险。

吴娜（2012）从管理资产负债表的视角出发，对我国上市公司行业按照宏观因素的影响进行了新的划分的基础，使用管理资产负债表视角下的指标，将宏观因素、纳入到营运资本管理模型的构建中，研究宏观因素如何影响我国上市公司各个不同行业的营运资本管理。

秦书亚和李小娜（2012）提出将营运资金管理重心转移到供应链优化上来，实施客户导向、提高供应商参与程度、由供应链拓展到供应链网络的面向供应链的营运资金管理新方法。王秀华、郭晓莎、丁淑琴也从供应链的角度提出优化企业的营运资金管理。

刘博（2012）认为宏观经济环境对房地产行业营运资金的影响具有方向性又有交叉性，而宏观调控政策对房地产行业营运资金也有时滞性影响，并按照要素和渠道对房地产业融资渠道和方法、销售收入和存货的结构数量等营运资金项目进行案例分析。

王立波、谭晓丽（2012）在《论企业营运资金的管理》一文中探讨了不同时期企业营运资金的财务政策，并提出了提高企业营运资金管理水平的对策和建议，如采用先进管理方法提高存货管理科学性；增强现金流量管理意识；树立信用观念提高企业信用程度；提高管理人员素质，增强营运资金管理能力以促进企业可持续发展。

从国内研究文献看，宏观经济环境下营运资金管理方面的研究主要集中在几个方面：首先在研究内容上，营运资金管理研究内容更注重与企业业务流程相结合；其次在绩效评价方法上，更为科学合理地基于渠道管理；再次在管理方法上，实践性地以客户关系管理、供应链管理为重心。从研究方向来看，更多地注重渠道管理、业务流程管理、供应链管理理论的引入，也更关注企业面临的具体的实际的需求，使营运资金管理更具科学性、系统性和可操作性。但是，目前的研究仍没有将营运资金管理同普遍意义上的企业运营结合起来。虽然许多学者对企业的营运资金管理开展了广泛的案例研究，但他们的研究大都选择资产规模大，盈利水平高，成长速度快且具有雄厚实力来建立营运资金管理体系的大集团作为研究样本，却较少关注宏观经济环境下营运资金管理理论在一般企业的运用。

总体来看，我国对营运资金管理的研究已经不是孤立地考察单项的营运资金项目，而是引入渠道管理、供应链管理理论，以及进行大量的案例研究。然而，企业面临的越来越复杂的外部宏观经济环

境，即便关于营运资金管理理论的研究有所增加，仍然不能够对企业的营运资金管理提供较强的指导，加强营运资金管理的研究显得尤为迫切。

（六）中小企业的营运资金管理研究进展

改革开放以来，中小企业取得了飞速的发展。2012 年，我国中小企业已经达到 5651 万户，占全国企业总数的 99% 以上，提供了 75% 的城镇就业机会，实现工业总产值占全国的 60% 以上，对我国经济增长和社会发展起着举足轻重的作用。然而，我国中小企业的营运资金管理还处于比较混乱的阶段，受宏观经济环境变化和体制的影响，融资难，资金结构不合理，中小企业在加强财务管理方面遇到了一定的阻力。另一方面，政策的“歧视”使中小企业和大型企业不能公平竞争，导致营运资金管理的作用不能在中小企业得到充分发挥。

但据统计，我国中小企业的平均寿命只有 3 ~ 5 年，其中一个非常重要的原因就是在于中小企业的营运资金的贫乏和资金管理随意性，资金运营不畅导致。现金流量贯穿于整个营运资金管理的始终，营运资金管理实际上就是以经营活动现金流量控制为核心的一系列管理活动的总称，具体包括货币资金管理、存货管理、短期负债管理、短期投资管理、应收应付款管理等。中小企业由于规模小，抗风险能力弱，做好资金管理，确保顺畅的资金链对企业的生存、运营更为关键。

龚文（2012）用实证法对中小企业营运资金管理和企业的价值进行了相关性研究，得出了我国中小企业营运资本管理政策的激进度与总资产营业利润率和总资产现金回收率存在显著的相关性、中小上市企业的营运资本管理效率与总资产营业利润率和总资产现金回收率均显著负相关、中小企业的营运资本管理政策和效率与企业的市场价值无关、现金周转期各组成部分与总资产营业利润率显著相关、中小企业不同行业的营运资本投资政策和融资政策存在差异，整体来看以中庸型和稳健型为主、我国中小企业营运资本管理效率总体水平不高，而且各行业企业间存在显著差异等结论。

罗文波（2012）从中小企业融资困难，渠道窄、营运资金运营效率低，营运资金各项目的管理水平不高及营运资金的风险居高不下等角度分析营运资金管理问题的成因。借鉴国外中小企业营运资金管理经验，并结合我国中小企业营运资金管理的现状从优化中小企业外部融资环境，优化中小企业资金结构，提高中小企业管理人员的营运资金管理能力，强化中小企业营运资金风险管理体系四个方面提出了完善我国中小企业营运资金管理的对策。

刘静娟（2012）提出了我国现阶段中小企业营运资金管理存在的内部管理结构不健全，流动资金短缺、应收账款的周转速度缓慢、存货大量积压、浪费等问题。并提出要做好现金流规划，编制现金预算，加强现金管理，科学管理存货和制定应收账款政策等完善中小企业营运资金管理的措施。郭少洪也提出了我国中小企业营运资金管理存在的融资难，融资结构不合理，资金投资不科学等问题，强调要拓宽融资渠道，制定科学的资金运营战略和战术规划，掌握存货资产流转。

李冬梅（2012）从中小企业日常营运资金的管理入手，结合内控制度深入分析中小企业面临的内部资金风险、内部存货风险、外部往来业务中存在的资金风险和资本结构不合理导致的资金风险，并基于存在的资金风险提出了加强内部资金业务流程的监控、加强存货管理，加快周转速度、加强往来单位信用管理和协作和加强往来单位信用管理和协作的防范措施。

岳鑫（2012）认为在制度管理和公司治理史上，阻碍企业进一步发展壮大的根本原因之一是以企业营运资金管理水平的落后最为突出，从国内中小建筑企业营运资金管理的突出问题与矛盾入手，强调加强流动资产中的货币资金管理、应收账款管理、存货管理和流动负债中的应付账款管理；徐焰在分析我国中小企业营运资金普遍存在的内部控制形式化、资金使用效率低、管理意识薄弱等问题上提出了是企业营运资金效用最大化的建议。

华晶（2012）强调了在中小企业营运资金管理中风险控制的重要性，并以此为导向通过案例研究设计了资金管理的框架，提出了中小企业货币风险，营运资金筹集风险，存货管理风险和销售收款风险的控制措施。

总体看来，2012 年学者们对中小企业营运资金管理的研究主要集中在研究营运资金管理存在的问题，问题的成因以及相应的对策上，随着经济发展，中国企业营运资金管理的案例研究也增多，大多定性地研究不同行业实施营运资金管理，有的文章分析了影响企业营运资金的因素和解决措施，但是集中在以流动资产为分析对象，没有对不动因子的影响程度进行深入研究。在诸多的研究中，少有结合我国中小企业特点研究中国特色的营运资金管理模式，对企业营运资金管理系统性研究有待加强。同时，学者们无不呼吁国家和社会积极地创造条件改善中小企业的生存环境，给予政策上的扶持和帮助，但这些措施似乎并没有起到很大的作用，因此，在不断变化的经济环境中，中小企业如何摆脱资金困境，提高营运资本管理效率，健康稳定长久的发展是待解决的问题，也是值得学者们研究分析的重要方向。

三、2012 年国内营运资金管理研究总评

从 2012 年国内营运资金相关研究看，国内关于营运资金管理的研究表现出以下特点：

第一，营运资金管理理论体系研究进一步完善。从理论研究上看，由营运资金基本概念、营运资金需求量影响因素分析及预测研究，到营运资金管理模式与方法、绩效评价研究，最终深入到宏观经济环境下的营运资金管理、中小企业的营运资金管理研究，层层递进，与企业经营管理紧密结合，涵盖了宏观微观、整体局部等多重视角，兼顾了当前经济环境和社会关注热点。

第二，营运资金管理理论研究相对较为零散。虽然在营运资金管理的各个方面均有深入研究，但是各方面间联系不紧密，各方面研究的理论基础不尽相同，导致理论研究尚未形成成形的理论体系，需要进一步深化探讨。

第三，营运资金管理实证研究较为薄弱。现有研究多集中于理论研究，实证研究文章较少，且多集中于营运资金与企业绩效研究方面，无论是营运资金原有理论体系，还是营运资金创新理论均缺乏有力证据支持，对于其理论适用性和可行性仍需进一步研究。

第四，营运资金管理理论研究与实务研究结合不够紧密。现有理论研究已经从单一要素的研究拓展到与供应链结合，从渠道视角进行研究，而现有的实务研究多数仍然停留于对单一要素的研究，缺乏整体、系统的研究，且对实务中关注的重点领域的理论研究尚不充足，没有充分考虑我国经济环境和企业特性。

第五，营运资金管理现状调查仍需进一步深入。虽然中国企业营运资金管理研究中心近年来持续发布营运资金管理调查报告，但是对于营运资金现状调查仍然集中在企业财务数据分析层面，少有深入企业进行管理模式和方法的现状调查，理论研究只有与现状调查紧密结合才能切实解决问题，促进理论研究发展，更好的指导实务。因此，对于管理模式和方法的调查仍需加强。

主要参考文献

1. 王竹泉，孙莹：“营运资金概念重构与分类研究 - 由 IASB/FASB 联合概念框架引发的思考”，《中国会计学会 2010 年学术年会营运资金管理论坛论文集》，2010 年。

2. 孙莹：“营运资金概念重构与绩效评价”，《“营运资金管理论坛：2011”论文集》，2011 年。

3. 孙莹：“营运资金概念重构与管理创新”，中国海洋大学博士论文，2011 年。

4. 田世泰，于倩南：“关于营运资金基本问题的研究”，《中国管理信息化》，2012 年第 11 期。

5. 王竹泉等：“营运资金概念重构与研究展望”，《2012 营运资金管理高峰论坛论文集》，2012 年。

6. 李光明：“关于营运资金预测方法的研究”，《中国资产评估》，2012 年第 4 期。

7. 汪伟，赵冬雨：“通货膨胀对分渠道营运资金需求量的影响及理论分析”，《财务管理》，2012 年第 5 期。

8. 刘晓娜：《交通银行对企业流动资金贷款需求测算的研究》，湖南大学大学硕士学位论文，2012 年。

9. 蔡佳茹：《营运资金短缺风险的预警模型研究》，中国海洋大学硕士学位论文，2012 年。

10. 封威威，于森林：“‘产业 + 金融’的营运资金管理研究”，《财会研究》，2012 第 3 期。

11. 赖蓉："从渠道管理的视角加强企业营运资金管理"，《企业研究》，2012 年第 24 期。

12. 左伟令：《供应链下游关系与营运资金管理绩效》，燕山大学硕士学位论文，2012 年。

13. 丁淑芹、刘成立："基于供应链的营运资金管理新解"，《财务与会计》，2012 第 10 期。

14. 秦书亚：《基于供应链联盟的营运资金管理创新研究》，中国海洋大学硕士学位论文，2012 年。

15. 张先敏："基于渠道管理的营运资金管理绩效评价体系设"，《财会月刊》，2012 年第 5 期。

16. 李心合："嵌入供应链的营运资金管理"，《会计之友》，2012 年第 12 期。

17. 童艳华："价值链导向的企业营运资金管理目标整合与管理优化"，《财会通讯》，2012 年第 7 期。

18. 王秀华，王竹泉："营运资金与企业价值的情景研究——项基于资源冗余视角的经验性证据"，《山西财经大学学报》，2012 年第 6 期。

19. 孙磊："电力行业营运资金管理效率对企业绩效的影响"，《财会月刊》，2012 年第 1 期。

20. 田彩英："关于房地产业上市公司营运资金政策的实证分析"，《财会月刊》，2012 年第 3 期。

21. 石意如："营运资金政策对成长期企业绩效的影响——基于首批创业板上市企业数据"，《财会月刊》，2012 年第 4 期。

22. 童建元："营运资金管理对企业财务绩效的影响研究——来自农业上市公司的经验证据"，《国际商务财会》，2012 年第 10 期。

23. 张秀英："房地产上市公司营运资金管理与企业绩效关系研究——基于 30 家 A 股房地产上市公司最新数据的实证研究"，《财经界》，2012 年版。

24. 张伟："高新技术企业营运资金管理对绩效影响的实证研究"，《商业会计》，2012 年第 11 期。

25. 吕素萍：《采购渠道营运资金管理绩效影响因素研究》，中国海洋大学硕士论文，2012 年。

26. 韩宁：《企业营运资金管理诊断研究——渠道与过程视角》，中国海洋大学硕士论文，2012 年。

27. 刘博：《宏观政策对房地产业营运资金影响分析》，中国海洋大学硕士论文，2012 年。

28. 王竹泉，孙莹，王秀华，孙建强，王贞洁："中国上市公司营运资金管理调查：2011"，《会计研究》，2012 年第 11 期。

29. 王秀华，王竹泉，秦书亚："供应链核心企业营运资金管理绩效的情境研究"，《财会月刊》，2012 年第 4 期。

30. 李聪聪："国内外营运资金管理研究综述"，《中国海洋大学学报》（社会科学版），2012 年第 9 期。

31. 秦书亚，李小娜："面向供应链营运资金管理方法创新"，《中国海洋大学学报》（社会科学版），2012 年第 8 期。

32. 龚文：《我国中小企业营运资本管理和企业价值的相关性研究》，硕士论文，2012 年。

33. 罗文波：《我国中小企业营运资金管理的问题探讨》，江西财经大学出版社 2012 年版。

34. 岳鑫："中小民营建筑企业营运资金管理"，《企业研究》，2012 年第 6 期。

35. 华晶：《基于风险导向的中小制造企业营运资金管理研究》，大连海事大学硕士论文，2012 年。

36. 徐焰："浅析我国中小企业营运资金存在的问题及对策"，《企业论坛》，2012 年第 6 期。

37. 王立波，谭晓丽："论企业营运资金的管理"，《现代企业信息》，2012 年第 12 期。

38. 李冬梅："中小企业营运资金风险的日常管理"，《财会月刊》，2012 年第 2 期。

39. 刘静娟："我国中小企业营运资金管理研究"，《现代商业》，2012 年第 26 期。

40. 赖蓉："从渠道管理的视角加强企业营运资金管理"，《企业研究》，2012 年第 24 期。

41. 周愈博："营运资金管理协同与创新"，《财务与会计》，2012 年第 1 期。

42. 吴娜："宏观经济变量冲击下的营运资本管理行业差异研究"，《天津财经大学学报》，2012 年第 12 期。

第四章 2012 年国外营运资金管理研究进展[①]

【摘要】 从 2012 年营运资金管理外文文献的研究情况来看，仍然以实证研究居多，多以发展中国家资本市场为研究对象，研究营运资金整体、各要素以及不同营运资金政策与企业获利能力的影响，研究表明，营运资金管理效率与盈利能力及企业价值呈负相关关系，但受研究样本及市场环境影响，也有相反的实证结果出现；就营运资金管理政策而言，营运资金投资策略和营运资金筹资策略反向平衡会提高企业获利能力，激进的营运资金投资策略在实践中效果积极。另外，相关性实证检验对营运资金需求量影响因素的分析也有一定的借鉴，营运资金需求量影响因素主要包括销售增长情况、经营活动现金流量、负债率、盈利水平、公司规模、外部经济环境等。

此外，结合宏观经济环境、新兴技术及热点管理领域的研究也较多，政府及非盈利组织也对营运资金管理有所关注。宏观经济环境是经济活动不可忽视的重要力量，营运资金管理与经济环境紧密相连，严峻的经济环境会迫使公司改变原有的营运资金管理政策，持有更多或更少的净营运资本；随着世界经济一体化，供应链领域的跨国营运资金管理研究具有广阔的前景。而新兴技术的发展，电子货币的盛行，对营运资金管理绩效也产生了可观的影响，研究表明，使用电子货币会提高存货周转率。政府及非盈利组织是营运资金管理研究的新领域。随着公民对政府绩效的关注越来越高，为提高效益政府及非盈利组织必须向竞争中的企业学习。营运资金管理作为企业生存和发展的重要支撑力量，已得到美国政府部门的关注，美国政府部门中逐渐开始设立营运资金基金，以经济效率的方式促进政府机构的运营，企业营运资金管理的经验可为政府及非盈利组织管理提供诸多借鉴。

一、营运资金管理效率与获利能力、企业价值相关性的实证研究

从理论上讲，加强营运资金管理可以提高企业经营效率、增强企业获利能力、增加企业价值，诸多学者以一个国家证券市场上全部或部分行业上市公司数据为样本，使用多种回归和相关性分析方法，对此开展实证研究。参阅关于营运资金管理对企业获利能力及企业价值影响的外文文献，研究地区多集中于亚洲、非洲等发展中国家市场，少量研究针对欧洲、北美等发达国家市场。

西亚地区的研究多集中于土耳其、伊朗等国家。Gamze Vural 等以伊斯坦布尔股票交易市场（ISE）75 家制造企业二手数据为样本，发现缩短应收账款回收期和现金周转期可以提高以经营毛利衡量的盈利能力；另外，Hafize Meder Cakir 等同样以 ISE 的 122 家上市企业为样本，得出结论：流动比率、财务杠杆与企业获利能力呈负相关关系，速动比率、存货周转率以及总资产周转率与企业获利能力呈正相关关系。另外，营运资金要素与权益报酬率、企业市场价值没有明显的关系。这些结论与伊朗学者 Abbasali Pouraghajan 对德黑兰证券交易所上市公司的研究结论基本一致。

南亚地区的研究多集中于印度、孟加拉国、巴基斯坦等，多针对某一特定行业进行研究。Bhaskar Bagchi 等对印度快消行业进行研究，发现固定效应估计下资产负债率、应收账款周转次数、应付账款周转次数、存货周转次数与总资产报酬率是负相关的关系，另外现金周转期、资产负债率和应付账款周转次数与投资报酬率也是负相关的关系。Amalendu Bhunia 以印度私有中小钢铁企业为样本进行实证研究，多种相关性测试表明营运资金管理和获利能力的相关程度很低。Chisti Khalid Ashraf 选取 BSE 上市的 16 家印度公司的五年数据，包括不同行业，研究发现营运资金管理方式对公司获利能力有显著影响，净经营利润和应收账款平均回收期、存货周转天数、应付账款平均付款期以及现金周转期有显著

① 国家自然科学基金“利益相关者视角的营运资金管理研究与中国上市公司营运资金管理数据平台扩充建设（71372111）”和国家自然科学基金“利益相关者集体选择视角的企业价值管理研究（71172099）”的阶段性成果。感谢中国海洋大学、中国会计学会、国家自然科学基金委员会对营运资金管理研究的支持。

的负相关关系。Harsh Vineet Kaur 和 Sukhdev Singh 分析了 BSE19 个行业 164 家制造企业营运资金业绩，基于使用现金周转效率、经营周期天数、营运资金天数的标准化值计算出来的营运资金分数，并进一步测试营运资金分数与以流动资产收益率和总资产收益率衡量的企业获利能力，揭示了有效的营运资金管理可以显著提高企业获利能力。

孟加拉国学者 Sayeda Tahmina Quayyum 选取达卡证券交易所上市制造业企业，研究在盈利能力和营运资金管理之间是否存在显著的统计关系。研究结果清楚地显示了除了食品行业，企业所有选取的行业盈利能力指数和不同的营运资金组成要素都存在明显的关系，同时研究也表明这种相关程度随着行业的变化而变化。

Malik Muhammad 研究了巴基斯坦纺织企业营运资金管理效率。通过相关性和回归分析，发现现金、应收账款和存货的管理对获利能力作出积极贡献，及时回收应收账款与高获利能力相联系，另外经理们可以通过减少向顾客授信来提高获利能力，最佳营运资金管理通过平衡盈利性和流动性来获得。Muhammad Usman 等人随机选取消费品、化工和建筑材料三个行业的企业为样本，研究营运资金管理对巴基斯坦企业业绩的影响，发现应收账款平均回收期、存货周转期以及现金周转期和企业业绩有很强的负相关关系，而流动比率和经营利润存在正相关的关系。流动比率与企业获利能力的实证研究结论与伊斯坦布尔市场并不一致，不同国家不同行业有其本身的特殊规律，不可一概而论。

东南亚地区的研究比较中规中矩。Melita Charitou 对印度尼西亚各行业企业数据进行研究，发现加强对经营周期和现金周转期的管理可以提升企业的获利能力，而用资产负债率衡量的企业风险与企业获利能力呈负相关的关系。新加坡学者 Ebrahim Mansoori 发现管理者可以通过提高营运资金管理效率来提升盈利性；另外，管理者可以通过缩短应收账款周转期和存货周转期来提高企业盈利能力；这个分析可以适用于整个样本的不同经济部门。

非洲地区的相关研究集中于尼日利亚。Yusuf Aminu 等人所做的是规范研究，将现金管理水平、存货管理水平、应收账款管理和应付账款四个维度（变量）作为衡量营运资金管理和企业盈利能力的标准，构建了一套理论分析框架。OWOLABI，Sunday Ajao 研究了尼日利亚的制造企业，结果表明，每一个营运资金要素都在不同程度上影响着企业的获利能力，但是当组合起来看时，这些因素对获利能力的影响就不那么显著了；因此作者给企业的建议是：对日常运营作出充分的计划和控制、决策时充分考虑财务管理原则、在复杂的商业领域引进专家的意见等。Sunday. E. Ogundipe 等人选取尼日利亚 54 家非金融上市企业为样本，结果表明现金周转期和企业市场价值、财务业绩存在显著的负相关关系，资产负债率和企业价值呈正相关关系，而和企业获利能力呈负相关关系。Adediran A. Samson 对尼日利亚中小企业的研究也表明缩短现金周转期可以显著提高企业获利能力。

另外还有对中国企业的研究。Zhen Song 等以中国深市和沪市制造企业为样本，从周转能力和流动性两个方面分析营运资金对制造业工程产品市场竞争业绩的影响。他们认为营运资金对竞争业绩的影响可能不是线性的，因此采用了神经网络模型进行研究。研究发现企业营运资金周转能力对产品市场竞争业绩有积极的影响，而企业营运资金流动性与市场竞争业绩呈现负相关的关系。

最后是针对北美、欧洲等发达地区所做的研究。Rauscher S 以美国发行债券的非盈利性医院为研究对象，发现医院对营运资金管理的水平确实会影响获利能力，减少大量应收账款和应付账款的努力会成为一项有利可图的投资，它可能会减少与营运资金管理有关的成本，并提高组织的获利能力。Sonia Banos - Caballero 等人对西班牙中小企业的研究发现在营运资金水平和企业盈利能力之间存在一个非单调关系，表明中小企业存在一个最优营运资金水平来使企业盈利能力最大化，当企业营运资金偏离最佳水平时，企业盈利能力下降。Iluta Arbidane 等人研究拉脱维亚企业营运资金管理要素和企业盈利能力的关系，发现加快营运资金要素的周转可以提高企业获利能力；总资产报酬率和应收账款回收期有明显的负相关关系，经营盈利总额和应收账款回收期关系不明显；获利能力和存货周转期有正相关关系；现金周转期、应付账款付款期和权益报酬率有负相关关系但是相关系数很小。

实证检验样本以发展中国家资本市场为主，发达国家研究表现出对非盈利组织和中小企业领域的关注。营运资金管理效率多以现金、存货、应收账款、应付账款的周转期来衡量，获利能力多以资产报酬率、投资报酬率、权益报酬率等指标衡量，营运资金管理效率与盈利能力及企业价值的负相关关系得到大部分研究的证实，提高营运资金管理效率可以提升盈利性，但也有相反的研究结论出现，可能与研究样本、市场环境等因素相关；另外有几处结论值得关注，如营运资金对竞争业绩的非线性影响，中小企业存在一个最优的营运资金管理水平，各要素对企业整体的影响程度存在差异等。

二、营运资金管理政策研究

世界各国学者们对营运资金管理政策的研究主要有：营运资金管理政策对企业获利能力的影响、企业选取特定营运资金管理政策的影响因素、营运资金投融资政策的关系以及某一国家某一行业中企业营运资金管理政策的运用状况。研究表明，营运资金投资策略和营运资金筹资策略反向平衡会提高企业获利能力，激进的营运资金投资策略在实践中效果积极。

Tamer Bahjat Sabri 等关注营运资金管理政策对约旦工业企业获利能力的影响。研究发现，缩短现金周转期可以使企业需要较少的现金储备，由此采用激进的营运资金管理政策可以提高企业的获利能力。Thair A. Kaddumi 等的研究在现金周转期上也得出相似的结论；但不同的是，后者认为延长应付账款付款期可以提高企业盈利能力，企业应在营运资金管理上使用保守的投资政策和不太激进的筹资政策。Mona Al－Mwalla 关于营运资金管理政策的研究结论与 Thair A. Kaddumi 基本一致。而伊朗学者 Taghizadeh Khanqah Vahid 等人以德黑兰证券交易所上市企业为样本研究营运资金管理策略对企业盈利能力和价值的影响，结果发现采用激进的投资策略对提高企业获利能力起到积极作用，而筹资策略相反，企业应采用保守的筹资策略来提高企业获利能力。

Zhao Bei 等以斯里兰卡科伦坡证券交易所上市的 155 家公司为样本，选取大部分公司所广泛采用的三种营运资金政策，发现有限的资源成为公司在营运资金管理上有所取舍的限定因素，它迫使公司在自己的薄弱环节加大投资并成为本公司营运资金管理政策的重点。不同的营运资金政策实践对企业的流动性、经营效率、获利能力以及产能利用率都有不同的影响。

Md. Nazrul Islam 和 Shamem Ara Mili 选取了五家孟加拉国上市公司五年的数据，以此来检验营运资金投资和筹资实践的相关关系。研究发现，针对某一特定的营运资金筹资策略，制药企业对待营运资金投资几乎采用同样的投资政策；另外发现虽然这五家制药公司在营运资金投资和筹资策略上有显著的不同，但是在激进的营运资金投资策略和保守的营运资金筹资策略之间存在一种相关关系，也就是相对激进的营运资金投资策略就会以相对保守的营运资金筹资策略来平衡，反之亦然。

Swati Modi 随机选取了 6 家印度汽车制造企业，发现几乎所有企业以负营运资金运营并采用激进的方法管理营运资金，只有两家在管理方法上偏于保守并试图在流动性和获利能力方面获取平衡。

Yusuf 等对尼日利亚制造企业进行研究，发现采用激进的流动资产投资策略，ROA 水平较高并且风险较小；采用激进的流动负债筹资策略时，ROA 水平较低且风险较大；同时激进的流动资产和负债政策都会导致较低的 ROE 水平。研究建议企业总资产应当保持适当的流动资产水平，这样权益报酬率免遭负面影响，并且总资产报酬率也不会被降低；另外那些应及时偿还的短期负债不应该被拖延。

三、营运资金需求量影响因素分析

Ebrahim Manoori Datin Dr Joriah Muhammad 在研究中指出，没有充裕的营运资金，公司无法进行日常的生产经营，由于营运资金持有水平影响到公司的流动性和盈利能力，因此成为营运资金管理的重要组成部分。对于有能力的经理人而言，了解影响营运资金管理的因素必然成为提高营运资金使用效率的途径。参阅 2012 年度外文文献相关分析，营运资金需求量影响因素主要包括销售增长情况、经营活动现金流量、负债率、盈利水平、公司规模、外部经济环境等。

1. 销售增长情况

Ebrahim Manoori 和 Datin Dr Joriah Muhammad 指出，企业的成长机会对营运资金的影响体现在信用交易授权或者存货的投资方面。对企业而言，未来的成长机会会增加存货的投资，研究以销售的增长作为企业增长机会的衡量指标，验证了企业的成长机会与营运资金需求量的正向相关关系。

2. 经营活动现金流量

Suleiman M. Abbadi & Rasha T. Abbadi 以巴勒斯坦的 11 家企业作为实证研究的样本。发现营运资金和经营现金流之间存在着正向相关关系，研究指出这意味着巴勒斯坦的企业有足够的经营现金流投资营运资金。经营现金流量充足，营运资金规模随之提升。

Ebrahim Manoori 和 Datin Dr Joriah Muhammad 运用优序融资理论的观点解释了两者预期存在的相关关系，由于内部融资成本较低，相比其他外部融资方式，企业更倾向于内部融资。因此，营运资金需求量必然对现金流十分敏感，拥有充裕现金流的企业往往持有更多的流动资产，研究以新加坡的企业为例，实证检验了这一预期假设。

3. 负债率

Asmawi Noor Saarani Faridah Shahadan 实证结果证明了负债水平和营运资金需求量之间的负向相关关系，这一结论与 Myers 提出的优序融资理论不谋而合，即相比发行股票、债券、借款等外部融资，企业更倾向于内部融资方式。企业的高负债水平意味着企业只有较少的内部资本可用于经营活动，管理层会避免增加营运资金持有量，防止企业产生更多的外部借款或者发行股票。Ebrahim Manoori 和 Datin Dr Joriah Muhammad 从代理成本的角度进行了解释，随着公司负债率的提高，债权人和股东之间由于信息不对称所引发的代理成本会上升，外部融资成本也会随之增加。因此，更多拥有负债的企业不得不降低营运资金的持有量，因为对于负债率越高的企业，代理成本的存在会将融资成本进一步推高而使得企业无法承受。

4. 盈利水平

Ebrahim Manoori Datin Dr Joriah Muhammad 实证研究结果指出盈利能力水平高的企业会有更长的现金周转期，这是因为企业会为他的客户提供更多的信用政策，进行更多的信用交易。这一研究结果与 E. Archavli , K. Siriopoulos , S. Arvanitis 的实证检验结果出现不一致，E. Archavli , K. Siriopoulos , S. Arvanitis 指出现金周转期与盈利能力呈反向关系，表明企业会通过缩短现金周转天数来为股东们创造更大的价值。

Sonia Banos - Caballero 等将西班牙中小企业作为研究对象，采用了 2002 ~ 2007 年的数据进行实证检验，检验结果表明营运资金持有量和企业的盈利水平是呈现倒 U 型的关系，这种关系意味着高水平或者低水平的营运资金持有量都会对应着比较低的企业盈利能力，当企业的营运资金水平较低时，随着营运资金的增加，企业的盈利水平上升，达到最高值，而当继续增加营运资金持有量时，盈利能力开始下降。

5. 公司规模

前述的许多研究已经论证了企业的规模与营运资金管理的相关关系，然而，Asmawi Noor Saarani Faridah Shahadan 发现，已有的研究中均是将大型企业列为实证研究对象，忽视了这样一个事实，即在实际的生产运营中，有效的营运资金管理对于任何类型和任何规模的企业都有重大意义，对于提高股东价值都有重要影响。鉴于此，研究以马来西亚的 50 家企业（包括中小型企业）作为样本，采用 PLS - SEM 的实证方法验证了公司规模和营运资金管理水平的正向相关关系。

Suleiman M. Abbadi & Rasha T. Abbadi 对于公司规模对营运资金会产生负作用的研究结论作出解释，大公司持有较少的营运资金或许归因于对供应商较强的议价能力会延长应付账款周转期。Ebrahim Manoori Datin Dr Joriah Muhammad 也支持这一结论，指出这可能是因为大企业能更容易在资本市场上融资，即使保持一个较低的营运资金持有量，也能在短期内尽快的融资以满足短期需求。

6. 外部经济环境

Ebrahim Manoori Datin Dr Joriah Muhammad 认为在经济繁荣时期，企业会加大对营运资金的投资力度。Rakesh Duggal, Southeastern , Michael C. Budden 研究了 500 强企业（不包括财务公司）后发现，由于受全球金融危机的影响，相比 2007 年，企业在 2010 年留存了更多的现金和短期的投资，这一研究结果表明经济的衰退改变了有效边界。

而 Suleiman M. Abbadi ，Rasha T. Abbadi 则认为外部的经济状况与营运资金的持有量是没有任何关系的。公司不会因为经济形势见好而加大投资，亦不会因经济衰退而减少投资。

营运资金需求量影响因素的研究与营运资金盈利性相关检验存在交叉，影响因素必与营运资金存在一定的相关关系。营运资金需求受外部环境和内部因素的影响，内部因素又包括规模因素、负债水平、盈利能力、现金流量因素等，分析营运资金需求量的影响因素有利于有针对性地提升营运资金管理水平。

四、营运资金管理与供应链管理

Heimo Losbichler and Farzad Mahmoodi 在“为什么营运资金管理对你很重要”一文中针对供应链管理经理指出财务方面的营运资金管理的重要性，营运资金管理是供应链经理改善企业现金流量和盈利情况最有力和最容易理解的驱动因素，供应链经理视野应跨越组织边界，与供应链合作伙伴紧密相拥。

Calvin Blount 在“扁平世界中的营运资金融资问题”一文中指出，全球化的发展带来了更加复杂的供应链管理问题，扁平化的世界经济使供应商和客户距离更远，一定程度上加剧了营运资本越境管理的难度，尤其是在供应链中处于劣势的中小企业，承担着存货长时间货运的管理成本，且营运资本融资困难。对此，作者提出了银行与有经验的金融机构合作的建议，双方利用各自的资金优势及对营运资金全球管理的知识优势，为中小企业在全球化国际贸易环境中提供竞争性的解决方案，进行供应链管理，解决营运资本融资问题，双方也可从此市场中获利。

Patricia Moore 在“控制现金流周转期”一文中，指出营运资金不足及现金流管理是许多新西兰公司面临的严峻问题，尤其是中小企业。文中列示了许多专业金融服务公司经理人员的建议，包括进行应收账款保理、贴现，将应收账款管理外包等，并指出应收账款金融服务保密性好对企业管理颇有好处、保理业务不适合边际利润很小的公司。应收账款贴现在新西兰及澳大利亚业务增长量非常快，是控制现金周转期的有利选择，并提出了其他的几点建议，如尽早开发票，趁客户兴奋感犹存，早开发票早清算；提供多种付款选择，为现金流多增渠道；将应收账款管理外包，节省时间去增加创造价值增加现金流等。

Lotta Lind 等在“汽车业营运资金管理：财务价值链分析”一文中，鉴于金融危机背景下汽车业成本攀升、竞争加剧、盈利困难，选取 2006 ~ 2008 年汽车业数据，通过周转绩效测算营运资金管理水平，进行财务价值链分析。研究结果显示，汽车工业价值链平均现金周转期为 67 天。根据调查，存货周转期是营运资金周转期的主要影响因素；另外，虽然调查期间汽车业价值链的现金周转期保持稳定，但其组成部分变化显著，应收账款和应付账款周转期变化显著，两者作用相互抵消，因而现金周转期主要受存货周转期的影响；调查期间应收账款周转期连续缩短，表明企业关注应收账款管理，及时从客户处回收资金。在金融危机背景下，以价值链合作伙伴利益为代价降低营运资金占用并非明智之举，因为价值链之间的竞争比企业之间的竞争更为激烈；文章认为通过财务价值链分析研究营运资金管理是一个可行有效的出发点。

营运资金管理与供应链相结合已得到学术界和实务界的广泛认可。世界越来越小，供应链范畴逐渐变广，跨越组织边界的营运资金管理是经营效率和盈利能力的有效驱动。

五、宏观经济环境对营运资金管理的影响

国外学者对宏观经济下的营运资金管理的影响主要是对国家宏观政策和经济危机下营运资金管理的研究，比如研究较紧的宏观政策下，能否用营运资金来缓解企业经济压力，Kyojik（Roy）Song 和 Youngjoo Lee 的《长期金融危机的影响：来自东亚公司的现金持有量》调查了 8 个东亚国家的企业在长期亚洲金融危机下（1990 ~ 2006）的现金持有量，通过调查他们在危机前后的现金持有量来研究亚洲金融危机如何影响亚洲公司的长期流动性管理政策，研究表明他们的平均现金比率在 1990 年代早期保持稳定，然后在 1997 ~ 1998 年的危机后突然增加的，经济危机系统改变了企业的现金持有量政策并且具有一个长期的效应，亚洲公司会采用更加保守的投资政策来应对宏观经济的冲击，资金约束企业应该对现金流风险更为敏感。Rakesh Duggal，Michael C. Budden 在《大萧条下的企业营运资金管理研究》一文中，以非金融类标准普尔 500 公司为样本来研究经济危机下的营运资金管理实践，虽然多国研究表明，现金周转期或净营运资本与公司盈利能力呈负相关关系，但严峻的经济环境会迫使公司改变原有的营运资金管理政策，持有更多或更少的净营运资本；研究发现，与 2007 年相比，企业在 2010 年会持有更多的净营运资本，现金周转期显著改变，表明经济衰退改变了有效边界。由于标准普尔 500 多为跨国公司，在世界范围内周转资金，由此推定其他国家的公司在经济危机背景下也修订了营运资金管理政策。

六、新兴技术、政府及非盈利组织领域与营运资金管理

Yen - Sen Ni 等人在"执行 B2B 电子货币 C 计划会使营运资金管理获益吗?"一文中，调查了财务特征和执行电子商务电子货币计划的关系，使用电子货币是否会影响企业的价值和营运资金管理。以富邦台湾科技指数股票基金相关股票为样本，发现出现现金流问题的企业会倚重电子货币，因为现金流和使用电子货币之间存在负相关的关系；使用电子货币会提高存货周转率。新兴技术背景下，互联网对企业营运资金管理带来了新的机遇和挑战。

美国政府也在推进政府机构财务管理水平的提升，注重面向市场和提高效率，诸多政府部门均设立了营运资金基金，如美国国家航空和宇航航行局、美国地质勘探局等，2012 年美国疾控预防中心也经授权于 2014 年设立营运资金基金。美国政府问责办公室网站于 2012 年 1 月披露了司法部门的营运资金基金报告，题为"营运资金基金坚持一些关键运营原则可以更好地衡量绩效和与客户沟通"，文中对改善营运资金基金管理效率提出了三点建议：第一，提供与共享服务客户的双边实质性交流机会。如开发工具，为客户对营运资金基金价格和服务的关心提供交流平台；对特殊商业领域组织分组交流讨论；重组每年的 CAB 会议以提供更深度的双边交流；进行客户关于特定话题的满意度调查及对服务改变的潜在预期；或多者组合。第二，确保信息传达到有效的员工，尤其是财务和项目员工，增强财务员工和项目员工的互动交流，使相关信息准确、沟通顺畅。第三，设计绩效评价体系使项目以有效率和效果的方式开展，体系的设计应支持司法部门的目标。营运资金基金是一个周转基金，它将政府部门视同一个企业运营周转，美国政府对营运资金基金的关注，反映出营运资金管理的重要性，及这一研究领域的延伸和拓展。

七、2012 年国外营运资金管理研究述评

从 2012 年营运资金管理外文文献的研究情况来看，研究仍然以实证性文章居多，多以发展中国家资本市场为研究对象，研究营运资金整体、各要素以及不同营运资金政策与企业获利能力的影响，相关性分析对营运资金需求量影响因素的分析亦有一定的借鉴。另外，结合宏观经济环境、新兴技术及热点管理领域的研究也较多，政府及非盈利组织也对营运资金管理有所关注。具体来看，2012 年国外研究情况呈现以下特点：

1. 营运资金管理与获利能力相关性检验居多，样本以发展中国家资本市场为主。

以发展中国家资本市场为样本的实证研究表明，营运资金管理效率与盈利能力及企业价值呈负相关关系，营运资金对竞争业绩存在非线性影响，中小企业存在一个最优的营运资金管理水平，各要素对企业整体的影响程度存在差异等。营运资金管理效率多以现金、存货、应收账款、应付账款的周转期来衡量，获利能力多以资产报酬率、投资报酬率、权益报酬率等指标衡量。在发达国家研究中，表现出对非盈利组织和中小企业领域的关注。但也有研究结论出现相反的情况，可能与研究样本、市场环境等因素相关。

2. 跨国界供应链领域营运资金管理研究具有广阔前景。

营运资金管理与供应链相结合已得到学术界和实务界的广泛认可。世界是平的，信息技术与通信网络已将世界紧密地联系在一起，为获得竞争优势，企业在世界范围内配置资源，供应链范畴越来越广，而跨组织、跨国界的营运资金管理重要性增强，而难度亦随之提升。跨越组织边界的营运资金管理是经营效率和盈利能力的有效驱动。跨国界供应链领域营运资金管理具有研究的价值性。

3. 营运资金管理与经济环境及技术环境紧密相连。

宏观经济环境是经济活动不可忽视的力量，经济衰退和经济兴盛对企业营运资金管理会产生明显的影响，营运资金管理政策会发生明显变化。严峻的经济环境会迫使公司改变原有的营运资金管理政策，持有更多或更少的净营运资本。而新兴技术的发展，电子货币的盛行，对营运资金管理绩效也产生了可观的影响。研究表明，使用电子货币会提高存货周转率。

4. 政府及非盈利组织是营运资金管理研究的新领域。

随着公民对政府绩效的关注越来越高，政府及非盈利组织提高效益必须向竞争中的企业学习。营运资金管理作为企业生存和发展的重要支撑力量，已得到美国政府部门的关注，并在政府部门中设立营运资金基金，以经济效率的方式促进政府机构的运营。企业中营运资金管理的经验可为政府及非盈利组织管理提供诸多帮助，营运资金管理将成为政治生活的润滑剂和驱动力。

主要参考文献

1. Gamze VURAL, Ahmet Gökhan SÖKMEN, Emin Hüseyin ÇETENAK, 2012, Affects of Working Capital Management on Firm's Performance: Evidence from Turkey, International Journal of Economics and Financial Issues, Vol. 2, No. 4, 488 - 495.

2. Hafize MEDER ÇAKIR, 2012, Analyzing Effects of Working Capital Component on Profitability and Valuation at Manufacturing Firm in ISE for 2000 - 2009 Period, Journal of Accounting & Finance. Jan, Issue 53, 69 - 86.

3. Abbasali Pouraghajan, Milad Emamgholipourarchi, 2012, Impact of Working Capital Management on Profitability and Market Evaluation: Evidence from Tehran Stock Exchange, International Journal of Business and Social Science, May Vol. 3 No. 10, 311 - 318.

4. Bhaskar Bagchi, Jayanta Chakrabarti, Piyal Basu Roy, 2012, Influence of Working Capital Management on Profitability: A Study on Indian FMCG Companies, International Journal of Business and Management, Vol. 7, No. 22, 1 - 10.

5. Dr. Amalendu Bhunia, Mr. Amit Das, 2012, Affiliation between Working Capital Management and Profitability, Interdisciplinary Journal of Contemporaty Research in Busness, VOL 3, NO 9, 957 - 968.

6. Chisti Khalid Ashraf, 2012, The Relationship between Working Capital Efficiency and Profitability, Advances In Management, Vol. 5 (12) Dec, 60 - 74.

7. Harsh Vineet Kaur, Sukhdev Singh, 2012, Managing Efficiency and Profitability Through Working Capital: an Empirical Analysis of BSE 200 Companies, Asian Journal of Business Management, Vol. 5 (12) Dec, 197 - 207.

8. Sayeda Tahmina Quayyum, 2012, Relationship between Working Capital Management and Profitability in Context of Manufacturing Industries in Bangladesh, International Journal of Business and Management, Vol. 7, No. 1, 58 - 69.

9. Malik Muhammad, Waseem Ullah Jan, Kifayat Ullah, 2012, Working Capital Management and Profitability An Analysis of Firms of Textile Industry of Pakistan, Volume 165 VI Number 2, 156 - 165.

10. Muhammad Usman, Hassan Mujtaba Nawaz Saleem , Tariq Aziz, 2012, Impact of Working Capital Management on Pakistani Firm'S Performance, Vol. 22, 289 - 302.

11. Melita Charitou, Petros Lois, Halim Budi Santoso, 2012, The Relationship Between Working Capital Management And Firm's Profitability: An Empirical Investigation For An Emerging Asian Country, International Business& Economics Research Journal, Volume 11, Number 8, 839 - 848.

12. Ebrahim Mansooriess, 2012, The Effect of Working Capital Management on Firm's Profitability : Evidence from Singapore, VOL 4, NO 5, 472 - 486.

13. Yusuf Aminu, Nasruddin Zainudin, 2012, An Analysis of Proposed Framework on Impact of Working Capital Management on the Profitability of Selected Manufacturing Companies Listed on the Nigerian Stock Exchange, Journal of Economics and Behavioral Studies, Vol. 4, No. 12, 730 – 736.

14. Owolabi, Sunday Ajao, 2012, Economics and Finance Review, Vol. 2 (6), 55 – 67.

15. Sunday. E. Ogundipe, Abiola Idowu, Lawrencia. O. Ogundipe, 2012, Working Capital Management, Firms'Performance andMarket Valuation in Nigeria, World Academy of Science, Engineering and Technology, Vol. 61, 1196 – 1200.

16. Adediran A. Samson, Josiah Mary, Bosun – Fakunle Yemisi, Imuzeze Obehi Erekpitan, 2012, Research Journal of Businiss Management, 6 (2), 61 – 69.

17. Zhen Song, Duan Liu, Shou Chen, 2012, A Decision Engineering Method to Identify the Competitive Effects of Working Capital: A Neural Network Model, Systems Engineering Procedia, Vol. 5, 326 – 333.

18. Rauscher S, Wheeler JR, 2012, The importance of working capital management for hospital profitability: evidence from bond – issuing, not – for – profit U. S. hospitals, Health Care Management Review, Vol. 37 (4), 339 – 346.

19. Sonia Banos – Caballero , Pedro J. Garc'a – Teruel , Pedro Mart'nez – Solano, 2012, How does working capital management affect the profitability of Spanish SMEs?, Small Bus Econ, Vol. 39, 517 – 529.

20. Iluta Arbidane, Svetlana Ignatjeva, 2012, The Relationship between Working Capital Management and Profitability: a Latvian Case, www. ssrn. com/abstract = 2128447.

21. Tamer Bahjat Sabri, 2012, Different Working Capital Polices and the Profitability of a Firm, Intemational Joumal of Business and Management, Vol. 7, No. 15, 50 – 60.

22. Dr. Thair A. Kaddumi, 2012, Profitability and Working Capital Management The Jordanian Case, Intemational Joumal of Economics and Finance, Vol. 4, No. 4, 217 – 226.

23. Mona Al – Mwalla, The Impact of Working Capital Management Policies on Firm's Profitability and Value: The Case of Jordan, International Research Journal of Finance and Economics, Issue 85 , 148 – 153.

24. Taghizadeh Khanqah Vahid, 2012, The Impact of Working Capital Management Policies on Firm's Profitability and Value: Evidence from Iranian Companies, International Research Journal of Finance and Economics, Issue 88 , 156 – 162.

25. Zhao Bei and W. P Wijewardana, 2012, Working capital policy practice: Evidence from SriLankan companies, Procedia – Social and Behavioral Sciences, 40, 695 – 700.

26. Md. Nazrul Islam, Shamem Ara Mili, 2012, Working Capital Investment and Financing Policies of Selected Pharmaceutical Companies in Bangladesh, Research Journal of Finance and Accounting, Vol 3, No 4, 1 – 7.

27. Swati Modi, 2012, A Study on the Adequacy and Efficacy of Working Capital in Automobile Industry in India, The IUP Journal of Accounting Research & Audit Practices, Vol. XI, No. 2, 70 – 90.

28. Yusuf, Babatunde, Idowu, Khadijah, 2012, An Investigation of the Effect of Aggressive Working Capital Technique on the Performance of Manufacturing Firms in Nigeria, International Research Journal of Finance & Economics, Issue 96, 90 – 100.

29. Ebrahim Manoori, Datin Dr Joriah Muhammad, 2012, Determinants of working capital management: Case of Singapore firms. Research Journal of Finance and AccountingVol 3, No. 11.

30. Suleiman M. Abbadi , Rasha T. Abbadi, 2012, The Determinants of Working Capital Requirements in Palestinian Industrial Corporations, International Journal of Economics and Finance; Vol. 5, No. 1.

31. Asmawi Noor Saarani, Faridah Shahadan, 2012, Analyzing the Validity of Working Capital Determinant Factors of Enterprise 50 (E50) Firms in Malaysia using Partial Least Square Structural Equation Modeling,

Prosiding Persidangan Kebangsaan Ekonomi Malaysia Ke VII 2012.

32. E. Archavli , K. Siriopoulos , S. Arvanitis, 2012, Determinants of working capital management, MSc Accounting and Auditing, 2012.

33. Rakesh Duggal, Southeastern , Michael C. Budden, 2012, The Effects Of The Great Recession On Corporate Working Capital Management Practices. International Business & Economics Research Journal – July 2012 Volume 11, Number 7.

34. Hemio Losbichler and Farzad Mahmoodi, 2012, Why Working Capital Should Matter To You, Supply Chain Management Review, Novermber, 26 – 33.

35. Calvin Blount, 2012, Working Capital Financing In A Flattering World, The Secured Lender, December, 21 – 22.

36. Patricia Moore, 2012, Controlling The Cashflow Cycle, NZBusiness. co. nz, November, 27 – 31.

37. Lotta Lind, MiiaPirttil , SariViskari, FlorianSchupp, Timo Karri, 2012, Working capital management in the automotive industry: Financial value chain analysis, Journal of Purchasing & Supply Management 18, 92 – 100.

38. Kyojik (Roy) Song and Youngjoo Lee, 2012, Long – Term Effects of a Financial Crisis: Evidence from Cash Holdings of East Asian Firms, Journal of Financial and Quantitative Analysis, June, Vol. 47, No. 3, 617 – 641.

39. Rakesh Duggal, Michael C. Budden, 2012, The Effects Of The Great Recession On Corporate Working Capital Management Practices, International Business & Economics Research Journal, Volume 11, Number 7, 753 – 756.

40. Yen – Sen Ni, Pao – Yu Huang, Yu – Kun Tung, 2012, Does Implementing A B2b Electronic Moneyc Plan BenefitWorking Capital Management?, International Journal of Electronic Business Management, Vol. 10, No. 2, pp. 122 – 139.

41. U. S. Government Accountability Office, 2012, Department of Justice, Working Capital Fund Adheres to Some Key Operating Principles but Could Better Measure Performance and Communicate with Customers, January, GAO – 12 – 289.

第五章　2012 年中国经济形势与地区经济环境[①]

【摘要】2012 年，面对复杂严峻的国际经济形势和国内改革发展稳定的繁重任务，中国经济增长虽然有所回落，但是经济运行缓中企稳，经济社会发展稳中有进。农业生产和城乡居民收入稳定增长，物价水平涨幅降至较低，固定资产投资和企业利润也持续增长，工业生产和市场销售也是稳中有升，虽然在经济运行中也出现了进出口和房地产开发大幅回落的现象，但是总体看中国经济运行良好。针对进出口和房地产的回落，中国政府也采取了相应的政策进行调控。2012 年中国各地区政府部门积极贯彻和落实国家出台的宏观经济政策，积极调整产业结构，各地区经济得到了持续平稳发展，工业生产和企业利润增长稳健，居民收入持续增长。但是由于受国内外的环境的影响，我国地区经济在运行中也出现一些急需解决的问题，需要政府各部门的高度重视。

一、2012 年中国经济形势分析

2012 年，我国经济继续保持缓中企稳。据国家统计局测算，2012 年国内生产总值 519322 亿元，按可比价格计算，比 2011 年增长 7.8%，增速降低 1.4 个百分点。分产业看，第一产业增加值 52377 亿元，增长 4.5%；第二产业增加值 235319 亿元，增长 8.1%；第三产业增加值 231626 亿元，增长 8.1%。第一产业增加值占国内生产总值的比重为 10.1%，第二产业增加值比重为 45.3%，第三产业增加值比重为 44.6%。分季度看，一季度同比增长 8.1%，二季度同比增长 7.6%，三季度同比增长 7.4%，四季度同比增长 7.9%。总体来看，2012 年，虽然经济增长速度前三个季度逐渐回落，但是四季度有所反弹，增长速度有所回升，总体上还是保持了平稳较快的增长。

2012 年，受国际金融危机长期创伤和欧美债务危机短期冲击的双重影响，全球经济形势纷繁复杂，欧洲、美国和日本等发达国家的经济受挫，我国经济虽然增速回落，但是能够取得上述成绩实属不易。国际经济形势复杂多变，发达国家的低增长和不确定因素通过贸易和金融这两个渠道，对我国经济造成了一定的影响。这种国际背景下，我国经济的发展面临不少困难和挑战：经济下行压力；经济结构需要调整；全球经济形势导致外需回落；国内要素成本明显上升；物价水平仍需要调控；房地产调控需进一步优化；就业总量压力与结构性矛盾并存；部分行业产能过剩凸显；能源消费总量增长过快。由于 2012 年经济走势尤其是外围环境充满不确定性，2012 年的国家宏观调控向“保增长、调结构、防通胀”的方向转变。2012 年的通胀压力有所减轻，物价调控淡出首位，国家对房地产调控仍不放松，房地产税改革试点和相关配套制度逐步完善和实施。

从总体上来看，2012 年中国经济实现了平稳较快发展，农业生产和城乡居民收入稳定增长，工业生产和市场销售增长平稳，固定资产投资保持较快增长，即使在外贸增速有所回落的情况下，我国就业形势总体稳定，经济运行总体情况基本达到宏观调控的目标。

（一）农业生产稳定增长，粮食连续九年增产

全年粮食产量 58957 万吨，比上年增加 1836 万吨，增产 3.2%，连续九年增产。其中，夏粮产量 12995 万吨，增长 2.8%，夏粮主产区继续保持了稳产增产。在 17 个夏粮主产省中，位列前 5 位的河南、山东、河北、安徽、江苏合计生产夏粮 9064 万吨，比上年增产 199 万吨。甘肃、宁夏、新疆三省（区）生产夏粮 967 多万吨，比上年稍增 20 万多吨左右。同时，夏粮播种面积继续稳步提高，调查结果显示，2012 年全国夏粮播种面积 27576 千公顷，比上年扩大 18 千公顷，增长近 0.1%。另外，早稻

---

① 国家自然科学基金“利益相关者视角的营运资金管理研究与中国上市公司营运资金管理数据平台扩充建设（71372111）”和国家自然科学基金“利益相关者集体选择视角的企业价值管理研究（71172099）”的阶段性成果。感谢中国海洋大学、中国会计学会、国家自然科学基金委员会对营运资金管理研究的支持。

产量 3329 万吨，增产 1.6%；秋粮产量 42633 万吨，增产 3.5%；油料产量 3476 万吨，增产 5.1%；糖料产量 13493 万吨，增产 7.8%。全年猪牛羊禽肉类产量 8221 万吨，比上年增长 5.4%，其中，猪肉产量 5335 万吨，增长率 5.6%。生猪存栏 47492 万头，比上年增长 1.6%；生猪出栏 69628 万头，比上年增长 5.2%。全年禽蛋产量 2861 万吨，比上年增长 1.8%；牛奶 3744 万吨，增长 2.3%。

（二）工业生产缓中趋稳，企业利润继续增加

全年全国规模以上工业增加值按可比价格计算比上年增长 10.0%，增速比上年降低 3.9 个百分点。其中，石油和天然气开采业、石油加工炼焦及核燃料加工业、化学原料及化学制品制造业的规模以上工业增加值同比增速分别为 3.2%、6.3% 和 11.7%。分季度看，一季度同比增长 11.6%，二季度同比增长 9.5%，三季度 9.1%，四季度 10.0%。分登记注册类型看，国有及国有控股企业增加值比上年增长 6.4%，集体企业增长 7.1%，股份制企业增长 11.8%，外商及港澳台商投资企业增长 6.3%。分轻重工业看，重工业增加值比上年增长 9.9%，轻工业增长 10.1%，分别比上年回落 4.4 和 2.9 个百分点。分行业看，41 个工业大类行业增加值全部实现比上年增长。工业增长的区域差异较大，东部地区增加值比上年增长 8.8%，中部地区增长 11.3%，西部地区增长 12.6%。分产品看，全年 471 种产品中有 345 种产品比上年增长。其中，发电量增长 4.7%，钢材增长 7.7%，水泥增长 7.4%，十种有色金属增长 9.3%，焦炭增长 5.2%，硫酸（折 100%）增长 4.8%，汽车增长 6.3%，其中轿车增长 8.3%。全年规模以上工业企业产销率达到 98.0%，比上年下降 0.5 个百分点。规模以上工业企业实现出口交货值 106759 亿元，比上年增长 7.1%。

2012 年，全国规模以上工业企业实现利润 55578 亿元，同比增长 5.3%。其中，国有及国有控股企业实现利润 14163 亿元，同比下降 5.1%；集体企业实现利润 819 亿元，同比增长 7.5%；股份制企业实现利润 32867 亿元，同比增长 7.2%；外商及港澳台商投资企业实现利润 12688 亿元，同比下降 4.1%；私营企业实现利润 18172 亿元，同比增长 20%。

（三）固定资产投资较快增长

全年全社会固定资产投资（不含农户）364835 亿元，比上年名义增长 20.6%，增速比上年回落 3.4 个百分点，扣除价格因素，实际增长 19.3%，增速比 2011 年提高 2.2 个百分点，持续保持平稳较快增长。其中，国有及国有控股投资 123694 亿元，增长 14.7%；民间投资 223982 亿元，增长 24.8%，占全部投资的比重为 61.4%。分地区看，东部地区投资比上年增长 17.8%，中部地区增长 25.8%，西部地区增长 24.2%。分产业看，第一产业投资 9004 亿元，比上年增长 32.2%；第二产业投资 158672 亿元，增长 20.2%；第三产业投资 197159 亿元，增长 20.6%。在第二产业投资中，工业投资 154636 亿元，比上年增长 20.0%；其中，采矿业投资 13129 元，增长 11.8%；制造业投资 124971 亿元，增长 22.0%；电力、燃气及水的生产和供应业投资 16536 亿元，增长 12.8%。全年基础设施（不包括电力、燃气及水的生产与供应）投资 58391 亿元，比上年增长 13.3%，增速比上年回落 7.4 个百分点。从到位资金情况看，全年到位资金 399440 亿元，比上年增长 18.6%。其中，国家预算内资金增长 29.7%，国内贷款增长 8.4%，自筹资金增长 21.7%，利用外资下降 10.9%，其他资金增长 13.7%。全年新开工项目计划总投资 309083 亿元，比上年增长 28.6%；新开工项目 356296 个，比上年增加 28948 个。

（四）房地产开发呈回落态势，商品房销售增速回落

全年全国房地产开发投资 71804 亿元，比上年名义增长 16.2%，扣除价格因素实际增长 14.9%，增速比上年回落 11.9 个百分点；其中住宅投资增长 11.4%，比上年回落 18.9 个百分点。房屋新开工面积 177334 万平方米，比上年下降 7.3%；其中住宅新开工面积下降 11.2%。全国商品房销售面积 111304 万平方米，增长 1.8%，增速比上年回落 2.6 个百分点；其中住宅销售面积增长 2.0%，比上年回落 1.4 个百分点。全国商品房销售额 64456 亿元，增长 10.0%，增速比上年回落 1.1 个百分点；其中住宅销售额增长 10.9%，加快 1.7 个百分点。全年房地产开发企业土地购置面积 35667 万平方米，比上年下降 19.5%。全国商品房待售面积 36460 万平方米，增长 27.0%，增速比上年回落 6.1 个百分点。全年房地产开发企业本年到位资金 96538 亿元，比上年增长 12.7%，增速比上年回落 4.8 个百分点。其中，国内贷款增长13.2%，自筹资金增长11.7%，利用外资下降48.8%，其他资金增长14.7%。

2012年，政府继续对房地产市场的调控政策进行优化和提升，使得房地产市场呈明显下滑趋势。2012年全国房地产呈现“先跌后涨”的走势，商品房销售面积比2011年增长1.8%，其中，住宅销售面积增长2%，成功实现反转，由正转负。其中，四季度当季实现销售面积4.3亿平方米，增长10.9%。受此影响，房地产开发投资的增速也明显降低，全年实际增长14.9%，增速比2011年降低11.9个百分点。

（五）市场销售稳中有升

全年社会消费品零售总额207167亿元，比上年名义增长14.3%，增速比上年回落2.8个百分点（扣除价格因素实际增长12.1%）。其中，限额以上企业（单位）消费品零售额101129亿元，比上年增长14.6%。按经营单位所在地分，城镇消费品零售额179318亿元，比上年增长14.3%；乡村消费品零售额27849亿元，增长14.5%。按消费形态分，餐饮收入23283亿元，比上年增长13.6%；商品零售183884亿元，增长14.4%。在商品零售中，限额以上企业（单位）商品零售额93330亿元，增长14.8%。其中，汽车类增长7.3%，增速比2011年回落7.3个百分点；家具类增长27.0%，回落5.8个百分点；家用电器和音像器材类增长7.2%，回落14.4个百分点。

（六）进出口增速大幅回落，外贸顺差扩大

全年进出口总额38667.6亿美元，比上年增长6.2%，增速比上年回落16.3个百分点；出口20489.3亿美元，增长7.9%，增速比2011年回落12.4个百分点，出口增速下降主要是受外部经济环境疲软的影响，同时劳动力成本和生产要素价格的大幅上升以及人民币升值也是其原因；进口18178.3亿美元，增长4.3%，增速比2011年回落20.6个百分点。进出口相抵，顺差2311亿美元，比2011年增加760亿美元。贸易方式继续改善，进出口总额中，一般贸易进出口20098.3亿美元，比上年增长4.4%，占进出口总额的51.98%；加工贸易进出口13439.5亿美元，增长3.0%。出口额中，一般贸易出口9880.1亿美元，增长7.7%；加工贸易出口8267.8亿美元，增长3.3%。进口额中，一般贸易进口10218.2亿美元，增长1.4%；加工贸易进口4811.7亿美元，增长2.4%。

（七）货币供应量平稳增长，新增贷款有所增加

2012年末广义货币（M2）97.42万亿元，比上年末增长13.8%，增速比上年末加快0.2个百分点；狭义货币（M1）30.87万亿元，增长6.5%，回落1.4个百分点；流通中现金（M0）5.47万亿元，增长7.7%，回落6.1个百分点。全年金融机构人民币各项贷款余额62.99万亿元，新增人民币各项贷款8.20万亿元，比上年多增7320亿元。人民币各项存款余额91.74万亿元，新增人民币存款10.81万亿元，比上年多增1.17万亿元。

（八）市场物价涨幅降至较低水平

全年居民消费价格比上年上涨2.6%，上涨幅度比上年回落2.8个百分点。其中，城市上涨2.7%，农村上涨2.5%。分类别看，食品上涨4.8%，烟酒及用品上涨2.9%，衣着上涨3.1%，家庭设备用品及维修服务上涨1.9%，医疗保健和个人用品上涨2.0%，交通和通信下降0.1%，娱乐教育文化用品及服务上涨0.5%，居住上涨2.1%。在食品价格中，粮食价格上涨4.0%，油脂价格上涨5.1%，肉禽及其制品价格上涨2.1%，鲜菜价格上涨15.9%，鲜果价格下降1.2%。

（九）城乡居民收入稳定增长，农民工数量和收入都增加

全年城镇居民人均总收入26959元。其中，城镇居民人均可支配收入24565元，比上年名义增长12.6%，扣除价格因素，实际增9.6%，增速比上年加快1.2个百分点。在城镇居民人均总收入中，工资性收入比上年名义增长12.5%，转移性收入增长11.6%，经营净收入增长15.3%，财产性收入增长8.9%。农村居民人均纯收入7917元，比上年名义增长13.5%，扣除价格因素，实际增长10.7%，比上年回落0.7个百分点。其中，工资性收入比上年名义增长16.3%，家庭经营收入增长9.7%，财产性收入增长9.0%，转移性收入增长21.9%。全年农民工总量26261万人，比上年增加983万人，增长 3.9%；其中本地农民工 9925 万人，增长 5.4%；外出农民工 16336 万人，增长 3.0%。年末外出农民工月均收入 2290 元，比上年增长 11.8%。

（十）就业人口再创新高

2012 年年末全国就业人口为 76704 万人，比上年末增加 284 万人；其中城镇就业人口 37102 万人，比上年末增加 1188 万人。2011 年全国农民工总量为 26261 万人，比上年增加 983 万人，其中外出农民工数量为 16336 万人。全年城镇新增就业人员 1266 万人，为 9 年来最高，有 552 万城镇失业人员实现了再就业，就业困难人员就业 182 万人。年末城镇登记失业人数为 917 万人，城镇登记失业率为 4.1%，与 2011 年持平。

2011 年我国主要经济指标统计见表 5－1。

表 5－1　　2011 年主要经济指标统计表

指标	绝对量	同比增长（%）
国内生产总值（亿元）	519322	7.8
第一产业	52377	4.5
第二产业	235319	8.1
第三产业	231626	8.1
全国粮食产量（万吨）	57121	4.5
规模以上工业增加值		10.0
规模以上工业企业利润（亿元）	55578	5.3
全社会固定资产投资（亿元）	364835	19.3
国有及国有控股投资	123694	14.7
民间投资	223982	24.8
全国房地产开发投资	71804	14.9
社会消费品零售总额（亿元）	207167	12.1
进出口（亿美元）	38667.6	6.2
出口（亿美元）	20489.3	7.9
进口（亿美元）	18178.3	4.3
居民消费价格		2.6
农村居民人均纯收入（元）	7917	10.7
城镇居民人均可支配收入（元）	24565	9.6
全国就业人口（万人）	76704	

二、2012 年中国地区经济环境分析

2012 年，面临复杂困难的国内外经济形势，各地区认真贯彻落实国家的各项宏观调控政策，各地区经济整体运行良好，可支配收入继续保持增长，工业生产和企业利润增长稳健，区域政策频繁出台，协调地区之间的经济发展。但是，由于国际和国内环境以及自身内部的体制机制等方面的影响，我国地区经济还存在着一些困难和问题急需解决。

（一）2012 年各地区经济运行总体良好

1. 中西部地区保持经济较快增长，呈现“东慢西快”态势

从增长速度来看，2012 年西部地区的贵州以 19.3% 的增长率领跑全国，云南、陕西分别以 15.9%、15.5% 的增速位列二、三位，西藏、重庆、四川、新疆、青海、甘肃、内蒙古、广西等西部省区市经济增长率均在 11% 以上。东部省市中，上海经济增速仅为 4.72%，列全国倒数第一，经济大省浙江、广东分别以 7.08% 和 7.25% 列倒数第二、第三位。北京、江苏也仅以 9.53% 和 10.08% 的增速名列倒数第七、第八位。湖北、湖南、安徽、河南、江西等中部省份表现较为突出，前 3 个省份的

增速均在12%以上。不过，正处于转型期的煤炭大省山西经济表现不佳，增长率仅为7.79%。

2. 城镇居民人均可支配收入继续增长，“东高西低”的格局未变

2012年全年城镇居民人均可支配收入26959元，比上年名义增长12.6%，扣除价格因素，实际增长9.6%，增速同比提高1.2个百分点；城镇居民人均可支配收入中位数为21986元，同比名义增长15.0%。据统计，上海、北京、浙江、广东、江苏、天津、福建等7省市人均可支配收入超过了全国平均水平。全国城镇居民人均可支配收入超过2万元的省份有23个，相比2011年的11个已经多出12个省。上海、北京、浙江三个省份仍然排在前三位，上海人均支配收入已经超过了4万元。西部地区的城镇居民人均可支配收入偏低，十二个省份中有七个省份位于城镇居民人均可支配收入的后10位。

3. 中部和西部地区固定资产投资增速较快，东部地区占比较高

2012年全社会固定资产投资364835亿元，比上年名义增长20.6%，比上年回落3.4个百分点，扣除价格因素，实际增长19.3%。其中，国有及国有控股投资123694亿元，增长14.7%；民间投资223982亿元，增长24.8%，占全部投资的比重为61.4%。东部地区投资169939亿元，同比增长17.8%；中部地区投资103713亿元，增长25.8%；西部地区投资86150亿元，增长24.2%。从权重上来看，东中西部地区投资分别为47.23%，28.83%，23.94%，说明东部地区占比比中西部都高。

4. 各地区企业利润增长稳健，西部地区增幅较大

2012年，在东部地区11个省份中，有8个省份规模以上工业企业利润同比增长，增速较快的天津、山东分别增长11.7%和10.9%。这8个省份中，与上年同期相比，7个省份增速减缓，河北、天津分别减缓29.6和27.8个百分点；广东持平。3个省份同比下降，海南、浙江分别下降6.5%和6.1%，上年同期为增长4.3%和9.9%；上海同比下降2.8%，降幅同比扩大1.5个百分点。

在西部地区12个省份中，8个省份规模以上工业企业利润同比增长，增速较快的贵州、四川分别增长47.4%和22.7%。这8个省份中，与上年同期相比，贵州增速加快21.2个百分点；7个省份增速减缓，内蒙古、陕西分别减缓46.8和45.3个百分点。4个省份同比下降，青海、宁夏分别由上年同期增长29%和13.2%转为下降26.5%和22.3%。

在中部地区8个省份中，6个省份规模以上工业企业利润同比增长，增速较快的江西、安徽分别增长16.4%和11.3%。这6个省份增速同比均减缓，安徽、吉林分别减缓41.2和36.4个百分点。山西、黑龙江同比分别下降30%和3.4%，上年同期为增长40.4%和23.4%。

5. 中西部地区出口增速明显高于东部地区

2012年全年货物进出口总额38667.6亿美元，增长6.2%，其中，出口20489.3亿美元，增长7.9%，进口18178.3亿美元，增长4.3%，贸易顺差2311亿美元。广东、江苏等7个省市对外贸易合计占8成。2012年，广东外贸进出口总值继续列为全国第一，为9838.2亿美元，增长7.7%，占我国外贸总值的25.4%。同期，江苏和北京进出口总值分别为5480.9亿美元和4079.2亿美元，分别增长1.6%和4.7%；上海4365.4亿美元，下降0.2%。此外，浙江、山东和福建进出口总值分别为3122.3亿、2455.4亿和1559.3亿美元，分别增长0.9%、4.1%和8.6%。上述7个省市进出口总值合计占我国对外贸易总值的79.9%。从出口方面来看，2012年中西部地区出口保持快速增长，分别增长21.8%和32.5%。其中，重庆、安徽、河南和四川等中西部省市的出口增速分别为94.5%、56.6%、54.3%和32.5%。东部地区出口增长5%。其中广东、江苏、浙江、山东出口分别增长7.9%、5.1%、3.8%和2.4%。

6. 区域振兴规划频繁出台，促进地方经济发展

2012年初，国务院批复实施了《西部大开发十二五规划》和《东北振兴十二五规划》，进一步推进了西部大开发和东北振兴的步伐，为其明确了主要方向和重点任务。

2012年2月8日，“十二五”期间呼包银、兰西格、天山北坡以及陕甘宁等经济区将会陆续布局西部。此外，国家发改委还表示，“十二五”期间将推动黔中、滇中、藏中南、宁夏沿黄等经济区加快发展。

2012 年 3 月，国务院批复实施《陕甘宁革命老区振兴规划（2012—2020 年）》，这是我国第一部专门对革命老区在经济、社会等方面的可持续协调发展规划。对振兴革命老区建设具有重大的历史和现实意义。

2012 年 6 月 28 日，国务院印发了《关于支持赣南等原中央苏区振兴发展的若干意见》。根据该《意见》，赣南要加快现代综合交通体系和快速通道建设，建成连接东南沿海与中西部地区的区域性综合交通枢纽和物流商贸中心；到 2015 年该区域基础设施建设取得重大进展，城镇化率大幅提升。

2012 年 8 月份，国家又出台了《关于大力实施促进中部地区崛起战略的若干意见》。国家将继续加大中央财政转移支付力度，用于支持粮食主产区提高财政保障能力、中部地区改善民生和促进基本公共服务均等化。

此外，国务院和国家发展改革委还陆续批复实施了《皖江城市带承接产业转移示范区建设规划》、广西桂东承接产业转移示范区、重庆沿江承接产业转移示范区、湖北省荆州承接产业转移示范区、湖南省湘南承接产业转移示范区、宁夏银川承接产业转移（生态纺织）示范区等以承接产业转移为主要内容的规划或示范区建设，对产业转移起到了规范作用，并引导和促进区域的经济发展。

7. 中部地区吸收外资快速增长，与东盟经济合作不断发展

2012 年，全国新批设立外商投资企业 24925 家，同比下降 10.1%；实际使用外资金额 1117.2 亿美元，同比下降 3.7 个百分点。其中，亚洲十国/地区（香港、澳门、台湾地区、日本、菲律宾、泰国、马来西亚、新加坡、印尼、韩国）对华投资实际投入外资金额 957.4 亿美元，同比下降 4.8%。美国对华投资实际投入外资金额 31.3 亿美元，同比下降 4.5%。欧盟 27 国对华投资实际投入外资金额 61.1 亿美元，同比下降 3.8%。

1～12 月，中部地区实际使用外资 92.9 亿美元，同比增长 18.5%，占全国总额的 8.3%。东部地区实际使用外资 925.1 亿美元，同比下降 4.2%，占全国总额的 82.8%。西部地区实际使用外资 99.2 亿美元，同比下降 14.3%，占全国总额的 8.9%。

2012 年，东盟为我国第三大贸易伙伴。与东盟双边贸易总值为 4000.9 亿美元，增长 10.2%，占我国外贸总值的 10.3%。其中，我国对东盟出口 2042.7 亿美元，增长 20.1%，为我国对前十大贸易伙伴当中出口增速最快的一个方面。从东盟进口 1958.2 亿美元，增长 1.5%；对东盟贸易顺差 84.5 亿美元，上一年，也就是 2011 年为逆差 228.4 亿美元，双方经济合作不断发展，促进了东亚地区的经济增长。

（二）地区经济运行中存在的问题

1. 制造业景气不佳，沿海加工制造业企业逐渐向中西部转移

受国际金融危机和主权债务危机的大环境的影响，以及贸易保护主义加剧，导致我国经济发展中的外需乏力，制造业企业受到一定的创伤。再加上遭遇土地、劳动力等生产要素成本的升高，一些沿海制造业企业的竞争优势逐渐丧失，以及过度重复建设导致的产能过剩，给制造业企业带来了不小的压力。据官方公布的制造业 PMI 的分项数据表明，2012 年原材料库存指数连续 12 个月低于 50% 的临界线，5 月和 8 月份达到最低位 45.1%，虽然 12 月份升至 47.3%，仍未突破 50% 的荣枯线。于是，一些沿海加工型制造业企业向中西部地区转移，进而协调各区域经济发展，保证我国经济的长期可持续发展。

2. 区域之间缺乏有效的合作机制，区域政策差别化不够

我国区域经济发展过程中存在着缺乏有效的合作机制，导致了地区之间的利益难以协调，缺乏统一的市场体系，使得商品和生产要素在区域之间难以有效地自由流动，降低了资源配置的有效性。目前我国区域政策制定的基本空间单元过大，大都是在重复或者是强调全国的优惠政策，真正有差别的政策种类比较少。对于不同区域应该根据区域的自身特点设定相应的扶持政策，这样才能促进要素的合理配置，推动区域间的经济和社会协调和可持续发展。

3. 东北地区产业结构相对单一，中心城市辐射作用较弱

东北地区是我国传统的老工业基地，由于历史原因，东北城市产业结构比重失衡，重工业比重过大，第三产业比重过低，服务业总量不足，结构性矛盾突出，服务业主要集中在传统的劳动密集型部门，而电子信息传输等高科技行业发展不足。东北地区城市之间的经济关联度较弱，中心城市对周边地区经济的带动和辐射作用较弱，尚未形成一个比较完整的城市发展体系，导致区域间经济要素的聚集和合理配置受到了阻碍，制约了城市辐射作用的发挥和城市建设质量的提高。

4. 中西部地区经济以粗放型为主，可持续性较差

虽然中西部地区的经济保持高速增长，但是总体上还是以粗放型为主，可持续性较差。其主要表现在：中西部地区单位 GDP 能耗水平明显高于东部地区；劳动力供给面临压力。劳动力成本的上升对依靠低成本优势的西部地区经济增长造成更大压力。中西部地区应该科学规划和转变经济增长方式，提高中西部地区经济发展的可持续性。

5. 东部地区经济转型任务更加迫切

东部沿海地区历来是我国经济发展的“火车头”，起着非常重要的作用。然而当今世界经济形势错综复杂，各种不确定性因素不断增加，国际金融危机和主权债务危机的恶化和影响的延续和发展以及东部沿海地区自身传统的经济增长模式已不可持续。从产业看，东部地区产业总体仍处在国际价值分工链的中低端，制造业核心竞争力仍不够强，产业附加值较低，高端服务业发展滞后。同时，由于各种成本的上升，经济增长的低成本优势已经消失。这些因素都促使东部地区进行经济转型，才能在新的更高水平实现经济平稳增长。

6. 西部地区经济发展科学性较差

2012 年西部地区国内生产总值增长速度高于中东部地区，但是这种增长是有条件的。西部地区过度依靠国家西部大开发政策中国家给予的优惠政策和方针。如果这种增长始终仅依靠政策支持的话，未来没有了这些政策，其增长必定会受到影响。西部地区应该科学规划产业发展，经济增长不能以过度牺牲资源和环境为代价，严厉制止环境污染和资源浪费问题的发生，科学引导西部地区经济的可持续发展内在机制。

三、宏观经济环境对各行业收入影响分析

2012 年国际经济环境仍然复杂严峻，受欧债危机和发达国家经济下滑的影响，中国的经济也面临下行压力。本部分通过使用收入规模特征值来衡量我国各行业受宏观经济环境影响的程度。其影响程度分为三类：有利影响、影响甚微和不利影响。其中，有利影响的判断标准为扣除规模增长和通货膨胀因素后行业收入规模增长超过 10%；不利影响的判断标准为扣除规模增长和通货膨胀因素后行业收入规模缩减超过 10%；扣除规模增长因素和通货膨胀因素后收入规模变动率在［-10%，10%］区间内则为宏观环境对该行业影响甚微。判断标准的上下限的计算公式为：

判断标准下限的计算公式：（1-10%）×（1+数量规模增幅）×（1+通货膨胀率）-1

判断标准上限的计算公式：（1+10%）×（1+数量规模增幅）×（1+通货膨胀率）-1

根据上述公式，将中国上市公司所属的 21 个行业的受宏观环境影响的情况进行计算，其结果见表 5-2。

从表 5-2 中可以看出，21 个行业中金属、非金属业和其他制造业 2 个行业受宏观经济环境的影响比较大，表现为不利影响；建筑业，交通运输、仓储和邮政业，房地产业，社会服务业和传播与文化产业这 5 各行业的收入规模增长超过了 10%，表明宏观经济环境对其产生了有利影响；而其余的 14 个行业的收入变动率处在标准上下限区间，宏观经济环境对其影响甚微。

表 5-2　　各行业受宏观经济环境影响状况分析表

行业	数量规模增幅	判断标准①	2011 收入（亿元）	2012 收入（亿元）	收入变动率	分析结论
农、林、牧、渔业	-2.50%	[-9.97%，10.04%]	694.25	636.68	-8.29%	影响甚微
采矿业	7.27%	[-0.95%，21.06%]	54482.4	60762.2	11.53%	影响甚微
食品、饮料业	5.95%	[-2.17%，19.58%]	4342.15	5038.79	16.04%	影响甚微
纺织、服装、皮毛业	9.86%	[1.44%，23.99%]	1598.84	1893.18	18.41%	影响甚微
木材、家具业	16.67%	[7.73%，31.67%]	224.98	262.3	16.59%	影响甚微
造纸、印刷业	13.51%	[4.82%，28.11%]	901.75	1011.59	12.18%	影响甚微
石油、化学、塑料、塑胶业	1.21%	[-6.54%，14.23%]	8050.91	7568.43	-5.99%	影响甚微
计算机、通信和其他电子设备制造业	49.62%	[38.16，68.86%]	3366.03	5371.27	59.57%	影响甚微
金属、非金属业	1.09%	[-6.65%，14.09%]	31961.57	23155.69	-27.55%	不利影响
机械、设备、仪表业	9.93%	[1.51%，24.07%]	23243.25	25338.3	9.01%	影响甚微
医药制造业	0.74%	[-6.98%，13.70%]	3106.27	3511.81	13.06%	影响甚微
其他制造业	-23.08%	[-28.97，-13.19%]	1041.17	613.51	-41.07%	不利影响
电力、热力、燃气及水的生产供应业	7.14%	[-1.07%，20.92%]	5908.07	6604.29	11.78%	影响甚微
建筑业	7.69%	[-0.56%，21.54%]	21060.57	26706.9	26.81%	有利影响
交通运输、仓储和邮政业	4.29%	[-3.70%，17.70%]	5695.69	7677.48	34.79%	有利影响
信息传输、软件和信息技术服务业	-20.59%	[-26.67，-10.38%]	5276	4557.44	-13.62%	影响甚微
批发零售贸易业	9.17%	[0.81%，23.21%]	13223.3	15474.29	17.02%	影响甚微
房地产业	4.13%	[-3.85%，17.52%]	1172.35	5513.33	370.28%	有利影响
社会服务业	17.86%	[8.83%，33.02%]	1030.75	1421.52	37.91%	有利影响
传播与文化产业	-13.33%	[-19.97%，-2.18%]	548.66	620.48	13.09%	有利影响
综合类	-18.60%	[-24.84%，-8.13%]	1280.26	1175.58	-8.18%	影响甚微

主要参考文献

1. 匿名："2012 年国内生产总值（GDP）初步核算情况"，国家统计局网站，2013 年 1 月 19 日。

2. 陈文玲："2012～2013 年国际经济形势研究总报告"，《国际经济形势分析与展望》（2012～2013），2013 年 1 月 1 日。

3. 李雪松："2012 年经济形势分析及 2013 年国民经济主要指标预测"，《中国品牌与防伪》，2013 年第 1 期。

4. 余根钱："经济运行见底企稳 物价涨幅降至低位——2012 年中国经济运行监测报告"，《调研世界》，2013 年第 3 期。

5. 匿名："中国 2012 全年 GDP 增长 7.8% 创 13 年内最低水平 但已实现触底"，华尔街见闻网站，2013 年 1 月 18 日。

6. 高国力、汪阳红等："当前我国地区经济运行和规划实施的态势及对策分析"，《中国经贸导刊》（地区经济），2012 年 5 月下

7. 匿名："2012 年度各省市 GDP 增长率排名：贵州居首 上海垫底"，和讯网，2013 年 2 月 20 日。

8. 匿名："2012 年我国各地区工业企业实现利润情况"，中商情报网站，2013 年 2 月 1 日。

9. 匿名："海关总署就 2012 年进出口情况举行发布会（实录）"，新浪财经网站，2013 年 1 月 10 日。

① 根据国家官方公布的统计数据显示，2012 年平均通胀率为 2.6%。

10. 匿名："2012～2013 年中部地区经济形势分析与展望" 安徽信息网，2013 年 1 月 5 日。

11. 匿名："吸收外资情况：2012 年全国新批设立外商投资企业 24925 家"，老钱庄网站，2013 年 1 月 17 日。

12. 匿名："景气指数：制造业采购经理指数"，中国宏观经济数据，新浪财经网站。

13. 胡少维："2012 年区域经济发展形势分析与 2013 年预测"，《金融与经济》，2013 年第 1 期。

14. "城市区域协调发展研究" 课题组："我国东部地区城市经济发展报告"，《调研世界》，2012 年第 1 期。

15. 刘刚，刘慧："我国东中西部地区经济发展格局比较分析"，《调研世界》，2012 年第 8 期。

16. 中华人民共和国统计局网站：http：//www. stats. gov. cn/。

第二篇 行业调查

第六章　2012 年中国上市公司分行业营运资金管理调查总体分析[①]

【摘要】本章分别以2012 年 2296 家上市公司作为研究对象，主要进行了 2012 年各行业上市公司营运资金管理配置与来源分析和2008 ~2012 年各行业上市公司营运资金管理绩效分析，从渠道和要素两个视角对中国各行业上市公司 2011 年营运资金管理状况进行了全面调查和透视。

对2012 年中国上市公司营运资金配置与来源研究显示：(1) 大部分行业营运资金占用增加，少部分行业营运资本增加；(2) 上市公司营运资金配置以投资活动为主，正在向经营活动倾斜。2012 年上市公司经营活动营运资金配置占比约为 1/3，绝大部分营运资金配置在投资活动领域；(3) 从经营活动内部看，资金有从采购渠道向生产渠道和营销渠道转移倾向；(4) 短期性负债筹资比例高，营运资金筹资风险有增加趋势。2012 年短期金融性负债占比超过 100% 的公司有 327 家，占比 14.24%，比重较高，表明有更多的公司加入高风险营运资金管理行列。2012 年中国上市公司营运资金管理绩效研究显示：(1) 中国上市公司营运资金管理绩效继续恶化。13 个行业的经营活动营运资金管理绩效（按渠道）下降，15 个行业的经营活动营运资金管理绩效（按要素）下降；(2) 应收账款和存货管理绩效恶化较为普遍；(3) 营销渠道仍是营运资金管理的重点；(4) 采购渠道营运资金管理绩效的改善缘于应付账款付款期的延长；(5) 中国上市公司要素管理水平较为稳定，渠道管理水平有待提高。

一、行业调查体系

（一）分析内容

2012 年营运资金发展报告的行业调查篇分为：2012 年中国上市公司分行业营运资金管理调查总体分析和各行业上市公司营运资金管理调查两个部分。

针对各行业上市公司营运资金管理调查主要进行了 2012 年各行业上市公司营运资金管理配置与来源分析和 2008 ~2012 年各行业上市公司营运资金管理绩效分析。其中 2012 年各行业上市公司营运资金管理配置与来源分析分为营运资金管理配置及营运资金来源与财务风险分析两部分进行：营运资金配置分析分别从要素视角和渠道视角从行业层面和企业层面具体分析了 2012 年各行业营运资金占用情况（经营活动营运资金占用和投资活动营运资金占用[②]）；营运资金来源与财务风险分析以短期金融性负债占比[③]和营运资本占比[④]为主要指标，依此从行业层面和企业层面分析企业财务风险大小；各行业上市公司营运资金管理绩效分析主要从要素视角和渠道视角分析了 2008 ~2012 年营运资金管理绩效的变化趋势。

在对 2011 ~2012 年企业层面营运资金配置结构进行分析时，为了更好地说明上市公司营运资金配置变化情况及变动幅度的变化情况，本文将营运资金配置变化率划分为如下七个区间：降低显著（变化率≤ -50%）、降低较大（ -50% <变化率≤ -30%）、有所降低（ -30% <变化率≤ -10%）、基本稳定（ -10% <变化率 <10%）、有所增加（10% ≤变化率 <30%）、增加较大（30% ≤变化率 <

① 国家自然科学基金"利益相关者视角的营运资金管理研究与中国上市公司营运资金管理数据平台扩充建设（71372111）"和国家自然科学基金"利益相关者集体选择视角的企业价值管理研究（71172099）"的阶段性成果。感谢中国海洋大学、中国会计学会、国家自然科学基金委员会对营运资金管理研究的支持。

② 投资活动营运资金包括货币资金、交易性金融资产、应收利息、应收股利、一年内到期的非流动资产。

③ 短期金融性负债占比 = 短期金融性负债/营运资金，短期金融性负债包括：短期借款、交易性金融负债、一年内到期的非流动负债、应付利息、应付股利。

④ 营运资本占比 = 营运资本/营运资金，营运资本 = 流动资产 - 流动负债，营运资金 = 营运资本 + 短期金融性负债。

50%）以及增加显著（变化率≥50%）；在对 2011～2012 年企业层面营运资金管理绩效变动进行分析时，为了更好地说明上市公司营运资金管理绩效的变化情况，本文将周转天数变化率划分为如下七个区间：改善显著（变化率≤－50%）、改善较大（－50%＜变化率≤－30%）、有所改善（－30%＜变化率≤－10%）、基本稳定（－10%＜变化率＜10%）、有所降低（10%≤变化率＜30%）、降低较大（30%≤变化率＜50%）以及降低显著（变化率≥50%）。下文不再赘述。

（二）指标的选取

选取按渠道分类的经营活动营运资金周转期（包括营销渠道营运资金周转期、生产渠道营运资金周转期和采购渠道营运资金周转期）、投资活动营运资金周转期、营运资金周转期以及按要素分类的经营活动营运资金周转期（包括存货周转期、应收账款周转期和应付账款周转期）作为评价企业营运资金管理绩效的指标。具体指标计算公式如下：

经营活动营运资金周转期（按渠道）＝经营活动营运资金总额（按渠道）÷（营业收入/360）

＝（营销渠道营运资金＋生产渠道营运资金＋采购渠道营运资金）÷（营业收入/360）

营销渠道营运资金周转期＝营销渠道营运资金÷（营业收入/360）

＝（成品存货＋应收账款、应收票据－预收账款－应交税费等）÷（营业收入/360）

生产渠道营运资金周转期＝生产渠道营运资金÷（营业收入/360）

＝（在产品存货＋其他应收款－应付职工薪酬－其他应付款[①]等）÷（营业收入/360）

采购渠道营运资金周转期＝采购渠道营运资金÷（营业收入/360）

＝（材料存货＋预付账款－应付账款、应付票据等）÷（营业收入/360）

经营活动营运资金周转期（按要素）＝存货周转期＋应收账款周转期－应付账款周转期

存货周转期＝存货÷（营业收入/360）

应收账款周转期＝（应收账款＋应收票据）÷（营业收入/360）

应付账款周转期＝（应付账款＋应付票据）÷（营业收入/360）

其中，公式中的营业收入为上市公司年度利润表中的“营业收入”项目金额，货币资金、应收票据、应收账款、预付账款、其他应收款、存货、短期借款、预收账款、应付票据、应付账款、应交税费、应付职工薪酬、其他应付款等项目均为资产负债表中期初和期末余额的平均数。本次报告中应收账款、其他应收款、存货均按照扣除跌价准备前的账面余额计算并发布排行榜，但在进行年度比较时，为统一计算口径，均按剔除跌价准备后的净额计算。

划分到采购渠道的材料存货包括原材料、物资采购、外购商品、包装物等项目，生产渠道的在产品存货包括在产品、自制半成品、周转材料、消耗性生物资产、委托加工物资、开发成本等项目，营销渠道的成品存货包括库存商品、产成品、开发产品、委托代销商品等项目。其中，低值易耗品和备品备件由于可能存在在库和在用两种不同的渠道分布情况，所以将这两个项目的 1/2 划分在采购渠道，1/2 划分在生产渠道。各行业的营运资金平均周转期＝$\sum$行业内各企业的营运资金÷（$\sum$行业内各企业营业收入/360）。

二、调查数据获取与整理

本文以深市和沪市 2012 年所有 A 股上市公司为研究对象。所有数据均来自于上市公司年度报告（年度报告均从巨潮资讯网上下载）以及中国上市公司营运资金管理数据库（http：//bwcmdatabase.ouc.edu.cn）。

样本的选取主要遵循以下几个原则：（1）数据完备，相关参数可以计算；（2）剔除金融类公司；

① 其他应收款、其他应付款按照重要性标准（占总资产 10%）参考报表附注披露的详细信息进行了适当调整。

(3) 剔除数据异常①的公司。基于上述原则，2012 年最终样本总量为 2296 家，并以中国证监会 2012 年修订的《上市公司行业分类指引》为基础②，结合企业实际主营业务进行调整，调整后具体行业分布情况如表 6-1 所示。

表 6-1　2012 年调查样本在行业间的分布情况

代码	农、林、牧、渔业	采矿业	食品、饮料业	纺织、服装、皮毛业	木材、家具业	造纸、印刷业	石油、化学、塑料、塑胶业
样本量	39	59	89	78	14	42	250
代码	医药制造业	金属、非金属业	机械、设备、仪表业	计算机、通信和其他电子设备制造业	其他制造业	电力、热力、燃气及水生产和供应业	建筑业
样本量	136	186	464	196	20	75	56
代码	批发、零售业	交通运输、仓储和邮政业	信息传输、软件和信息技术服务业	房地产业	社会服务业	传播与文化产业	综合类
样本量	131	73	135	126	66	26	35

三、2012 年分行业上市公司营运资金配置与来源分析

(一) 分行业上市公司营运资金配置分析

1. 分行业上市公司营运资金总体配置结构与占用水平分析

(1) 行业层面

2011~2012 年上市公司营运资本、营运资金行业总体配置情况见表 6-2。2011~2012 年上市公司营运资本、营运资金行业平均占用情况见表 6-3。

从表 6-1 可以看出，2012 年上市公司总体营运资本期末总额为 16903.26 亿元，比 2011 年减少 1238.65 亿元，降幅为 6.83%。而从各个行业来看，营运资本总额增加的行业有食品饮料业、造纸印刷业、计算机、通信和其他电子设备制造业、机械设备仪表业、其他制造业、建筑业以及房地产业等 7 个行业，其中增幅最高的为其他制造业，增幅为 584.74%；降幅最大的为信息传输、软件和信息技术服务业，降幅为 444.23%。

2012 年上市公司总体营运资金期末总额为 52587.88 亿元，比 2011 年增加 1418.73 亿元，增幅为 2.77%。从各个行业来看，营运资金总额增加的行业有食品饮料业、木材家具业、造纸印刷业、石化塑胶业、计算机、通信和其他电子设备制造业、机械设备仪表业、医药制造业、其他制造业、建筑业、交通运输、仓储和邮政业、批发零售业、房地产业、传播文化业以及综合类等共 14 个行业，占总行业的 2/3。其中，营运资金占用额增幅最大的为计算机、通信和其他电子设备制造业，增幅 25.80%，降幅最大的也为信息技术，降幅达 103.04%。

① 异常数据剔除标准为采购渠道营运资金周转期或生产渠道营运资金周转期或营销渠道营运资金周转期或应付账款周转期超过行业平均营业周期的 1.5 倍与 365 天中较高者。即当行业平均营业周期的 1.5 倍大于 365 天时，上述四项周转期指标中有任意一项指标超过行业平均营业周期的 1.5 倍则剔除该样本；当行业平均营业周期的 1.5 倍小于 365 天时，上述四项周转期指标中有任意一项指标超过 365 天，则剔除该样本。

② 2012 年公布的《上市公司行业分类指引》分为 19 个行业，包括：农林牧渔业、采矿业、制造业、电力热力生产和供应业、建筑业、批发和零售业、交通运输仓储和邮政业、住宿和餐饮业、信息传输软件和信息技术服务业、金融业、房地产业、租赁和商务服务业、科学研究和技术服务业、水利环境和公共设施管理业、居民服务修理和其他服务业、教育、卫生和社会工作、文化体育和娱乐业、综合。为了便于与以前年度行业数据对比，我们结合旧行业标准对新行业分类标准进行了合并调整。

表 6－2　　**2011～2012 年上市公司各行业营运资金总体水平配置分析**　　单位：亿元

行业	样本量		营运资本期末占用		营运资金期末占用		经营活动营运资金期末占用		经营活动营运资金占用水平		投资活动营运资金期末占用	
	2011	2012	2011	2012	2011	2012	2011	2012	2011	2012	2011	2012
农林牧渔业	44	39	230. 33	203. 32	503. 15	415. 47	271. 07	225. 18	38. 42%	35. 37%	232. 08	190. 30
采矿业	54	59	－1688. 53	－2356. 43	1759. 98	1622. 83	－1491. 50	－1177. 99	－2. 74%	－1. 94%	3251. 48	2800. 82
食品饮料业	89	89	849. 29	1010. 88	1350. 81	1613. 60	182. 58	209. 51	4. 17%	4. 16%	1168. 23	1404. 09
纺织、服装、皮毛	75	78	672. 25	542. 48	1160. 34	1032. 12	757. 08	542. 34	44. 15%	28. 65%	403. 26	489. 79
木材家具业	12	14	90. 84	81. 74	157. 09	166. 08	75. 42	77. 81	33. 52%	29. 66%	81. 67	88. 27
造纸印刷业	42	42	63. 49	93. 02	495. 70	545. 83	232. 89	308. 94	24. 91%	30. 54%	262. 81	236. 89
石化塑胶业	248	250	474. 84	105. 33	2351. 71	2408. 01	1046. 73	1069. 42	12. 99%	12. 28%	1304. 98	1338. 59
计算机、通信和其他电子设备制造业	138	196	1357. 72	1822. 40	2159. 00	2716. 01	784. 53	1077. 93	23. 03%	20. 07%	1374. 47	1638. 09
金属非金属业	186	186	－1105. 75	－1716. 23	5904. 13	4762. 41	2951. 39	2054. 30	9. 23%	8. 87%	2952. 74	2708. 11
机械设备仪表业	428	465	6563. 46	6738. 86	9493. 05	10276. 03	2597. 11	2795. 33	10. 88%	11. 03%	6895. 94	7480. 70
医药制造业	142	136	1431. 88	1566. 69	2002. 58	2031. 22	821. 94	817. 44	26. 06%	23. 28%	1180. 63	1213. 77
其他制造业	26	20	18. 28	125. 17	246. 01	257. 40	126. 33	159. 34	12. 19%	25. 97%	119. 67	98. 06
电力、煤气及水的生产供应业	71	75	－2801. 94	－2983. 39	876. 71	251. 69	－55. 86	－709. 71	－0. 93%	－10. 75%	932. 57	961. 40
建筑业	48	56	3892. 02	4314. 51	7298. 48	8132. 08	2567. 13	2324. 03	10. 19%	8. 70%	4731. 35	5808. 05
交通运输、仓储和邮政业	74	73	－447. 91	－619. 32	1151. 86	1374. 70	－653. 52	－689. 38	－11. 34%	－8. 98%	1805. 38	2064. 08
信息传输、软件和信息技术服务业	174	135	－261. 08	－1420. 87	852. 64	－25. 93	－539. 54	－1175. 79	－10. 32%	－25. 80%	1392. 17	1149. 86
批发零售业	123	131	864. 67	795. 98	2148. 32	2315. 91	157. 57	123. 87	1. 19%	0. 80%	1990. 74	2192. 04
房地产业	124	125	6530. 63	7568. 81	8910. 66	10398. 04	6690. 67	7251. 52	162. 44%	131. 56%	2220. 00	3146. 52
社会服务业	70	67	583. 38	394. 79	938. 93	756. 03	102. 46	138. 64	5. 21%	11. 32%	836. 47	617. 39
传播文化业	31	26	360. 62	355. 63	396. 56	406. 05	20. 08	32. 38	3. 72%	5. 22%	376. 47	373. 67
综合类	55	35	463. 43	279. 88	1011. 45	1132. 29	520. 41	354. 38	38. 05%	30. 15%	491. 04	777. 91
总计	2254	2297	18141. 91	16903. 26	51169. 15	52587. 88	17164. 97	15809. 49	8. 70%	7. 68%	34004. 18	36778. 39

2012 年上市公司总体经营活动营运资金占用额为 15809.490 亿元，比 2011 年减少 1355.48 亿元，降幅为 7.90%。从各个行业来看，经营活动营运资金占用额增加的行业有采矿业、食品饮料业、木材家具业、造纸印刷业、石化塑胶业、计算机、通信和其他电子设备制造业、机械设备仪表业、其他制造业、房地产业、社会服务业以及传播文化业等 11 个行业，占行业总体的 52.38%，超过一半。其中，传播文化业经营活动营运资金占用额增幅最大，为 61.25%，而电力、煤气及水的生产供应业降幅最大，高达 1170.52%。与此同时，经营活动营运资金利用效率有明显降低的行业包括农林牧渔业、食品饮料业、纺织服装皮毛、木材家具业、石化塑胶业、金属非金属业、计算机、通信和其他电子设备制造业、医药制造业、电力煤气及水的生产供应业、建筑业、批发零售业、房地产业以及综合类等 13 个行业。经营活动营运资金利用效率下降，导致上市公司整体经营活动营运资金利用效率下降 1.02 个百分点。其中，其他制造业经营活动营运资金利用效率下降最大，降幅达 1055.91%，而社会服务业经营活动营运资金利用效率上升幅度最大，为 117.27%。

2012 年投资活动营运资金总体占用为 36778.39 亿元，比 2011 年增加 2774.21 亿元，增幅为 8.16%。从各个行业来看，投资活动营运资金占用额增加的行业有食品饮料业、纺织服装皮毛业、木材家具业、石化塑胶业、计算机、通信和其他电子设备制造业、机械设备仪表业、医药制造业、电力煤气及水的生产供应业、建筑业、交通运输、仓储和邮政业、批发零售业、房地产业以及综合类等 13 个行业，占行业总体的 61.90%。其中，综合类增幅最大，达 58.42%，而社会服务业降幅最大，达 26.19%。

从营运资金配置结构上看，2012 年上市公司整体经营活动营运资金占比为 30.06%，比 2011 年的 33.55% 下降了 3.48 个百分点，由此可见，我国上市公司大部分营运资金均占用在投资领域，仅有 1/3 左右的资金配置在经营活动营运资金上。而从各个行业看，只有农林牧渔业、纺织服装皮毛业、其他制造业、房地产业以及综合类等五个行业营运资金配置以经营活动配置为主，有食品饮料业、纺织服装皮毛业、木材家具业、石化塑胶业、金属非金属业、机械设备仪表业、医药制造业、电力煤气及水的生产供应业、建筑业、批发零售业、房地产业、综合类等 12 个行业经营活动营运资金配置比重正在下降。

从表 6-3 可以看出，2012 年中国上市公司平均营运资本占用额为 7.36 亿元，比 2011 年下降 0.69 亿元，降幅为 8.57%。从各行业情况看，食品饮料业、造纸印刷业、医药制造业、其他制造业、房地产业以及传播文化业等六个行业平均营运资本增加，其余行业平均营运资本均有不同程度的下降。其中，其他制造业平均营运资本增幅最大，高达 794.29%，而信息传输、软件和信息技术服务业平均营运资本降幅最大，高达 601.33%，可见，不同行业平均营运资本变化差异显著。

2012 年中国上市公司平均营运资金占用额为 22.89 亿元，较 2011 年增加 0.19 亿元，增幅为 0.84%。从各行业情况看，食品饮料业、造纸印刷业、石化塑胶业、医药制造业、其他制造业、交通运输、仓储和邮政业、批发零售业、房地产业、传播文化业以及综合类等 10 个行业平均营运资金有所增加，而其余行业平均营运资金均有不同程度的下降，其中增幅最大的行业是综合类，增幅高达 75.91%，而降幅最大的行业是信息传输、软件和信息技术服务业，降幅高达 103.88%。

从营运资金配置上看，2012 年中国上市公司配置在经营活动上的营运资金平均为 6.88 亿元，比 2011 年降低 0.74 亿元，降幅为 9.71%；配置在投资活动上的营运资金平均为 16.01 亿元，比 2011 年增加 0.92 亿元，增幅为 6.10%。从各行业情况看，采矿业、食品饮料业、造纸印刷业、石化塑胶业、医药制造业、其他制造业、房地产业、社会服务业、传播文化业以及综合类等 10 个行业经营活动营运资金平均占用额在增加，其余 11 个行业经营活动营运资金平均占用额减少，其中，文化传播业增幅最大，高达 92.31%，电力煤气及水的生产供应业降幅最大，高达 1097.47%。食品饮料业、纺织服装皮毛石化、塑胶业、医药制造业、其他制造业、建筑业、交通运输、仓储和邮政业、信息传输、软件和信息技术服务业、批发零售业、房地产业、传播文化业以及综合类等 12 个行业投资活动营运资金平均占用额增加，其余 9 个行业投资活动营运资金平均占用额减少。其中，综合类增幅最大，高达 148.94%，而社会服务业降幅最大，为 23.60%。

表 6-3　　2011~2012 年上市公司各行业营运资金平均水平配置分析　　单位：亿元

行业	样本量		营运资本期末占用		营运资金期末占用		经营活动营运资金期末占用		经营活动营运资金占用水平		投资活动营运资金期末占用	
	2011	2012	2011	2012	2011	2012	2011	2012	2011	2012	2011	2012
农林牧渔	44	39	5.23	5.21	11.44	10.65	6.16	5.77	38.42%	35.37%	5.27	4.88
采矿业	54	59	-31.27	-39.94	32.59	27.51	-27.62	-19.97	-2.74%	-1.97%	60.21	47.47
食品饮料业	89	89	9.54	11.36	15.18	18.13	2.05	2.35	4.17%	4.16%	13.13	15.78
纺织、服装、皮毛	75	78	8.96	6.95	15.47	13.23	10.09	6.95	44.15%	28.65%	5.38	6.28
木材家具业	12	14	7.57	5.84	13.09	11.86	6.28	5.56	33.52%	29.66%	6.81	6.30
造纸印刷业	42	42	1.51	2.21	11.80	13.00	5.54	7.36	24.91%	30.54%	6.26	5.64
石化塑胶业	248	250	1.91	0.42	9.48	9.63	4.22	4.28	12.99%	12.28%	5.26	5.35
计算机、通信和其他电子设备制造业	138	196	9.84	9.30	15.64	13.86	5.69	5.50	23.03%	20.07%	9.96	8.36
金属非金属业	186	186	-5.94	-9.23	31.74	25.60	15.87	11.04	9.23%	8.87%	15.87	14.56
机械设备仪表业	428	465	15.34	14.49	22.18	22.10	6.07	6.01	10.88%	11.03%	16.11	16.09
医药制造业	142	136	10.08	11.52	14.10	14.94	5.79	6.01	26.06%	23.28%	8.31	8.92
其他制造业	26	20	0.70	6.26	9.46	12.87	4.86	7.97	12.19%	25.97%	4.60	4.90
电力、煤气及水的生产供应业	71	75	-39.46	-39.78	12.35	3.36	-0.79	-9.46	-0.93%	-10.75%	13.13	12.82
建筑业	48	56	81.08	77.04	152.05	145.22	53.48	41.50	10.19%	8.70%	98.57	103.72
交通运输、仓储和邮政业	74	73	-6.05	-8.48	15.57	18.83	-8.83	-9.44	-11.34%	-8.98%	24.40	28.28
信息传输、软件和信息技术服务业	174	135	-1.50	-10.52	4.90	-0.19	-3.10	-8.71	-10.32%	-25.80%	8.00	8.52
批发零售业	123	131	7.03	6.08	17.47	17.68	1.28	0.95	1.19%	0.80%	16.18	16.73
房地产业	124	125	52.67	60.55	71.86	83.18	53.96	58.01	162.44%	131.54%	17.90	25.17
社会服务业	70	67	8.33	5.89	13.41	11.28	1.46	2.07	5.21%	10.56%	11.95	9.21
传播文化业	31	26	11.63	13.68	12.79	15.62	0.65	1.25	3.72%	5.22%	12.14	14.37
综合类	55	35	8.43	8.00	18.39	32.35	9.46	10.13	38.05%	30.15%	8.93	22.23
总计	2254	2297	8.05	7.36	22.70	22.89	7.62	6.88	8.70%	9.34%	15.09	16.01

从营运资金配置结构上看，2012 年中国上市公司经营活动营运资金占比为 30.06%，比 2011 年下降 3.51 个百分点。从各行业情况看，农林牧渔业、采矿业、造纸印刷业、计算机、通信和其他电子设备制造业、其他制造业、社会服务业以及传播文化业等 7 个行业经营活动营运资金占比增加，表明这些行业营运资金配置向经营活动倾斜，其余 14 个行业营运资金配置主要向投资活动倾斜。其中，经营活动营运资金占比增加最多的是信息传输、软件和信息技术服务业，增加 4647.48 个百分点，而电力煤气及水的生产供应业经营活动营运资金占比减少最多，降低 275.15 个百分点。可见，大部分公司营运资金配置向投资活动倾斜。

（2）企业层面

跟据代码相同原则对 2011 和 2012 年上市公司进行匹配后得到可比上市公司 2077 家。2011 ~ 2012 年中国上市公司营运资本、营运资金、经营活动营运资金以及投资活动营运资金配置变化情况见表 6 - 4和图 6 - 1。

表 6 - 4　　2011 ~ 2012 年中国上市公司营运资金配置变化情况及变动幅度统计表

项目		营运资本	营运资金	经营活动营运资金	投资活动营运资金
资金占用量绝对变化统计	降低	1148	1053	881	1101
	降低比例	55.27%	50.70%	42.42%	53.01%
	增加	929	1024	1196	976
	增加比例	44.73%	49.30%	57.58%	46.99%
资金占用量变化幅度统计	降低显著	277	226	444	317
	占比	13.34%	10.88%	21.38%	15.26%
	降低较大	133	126	212	136
	占比	6.40%	6.07%	10.21%	6.55%
	有所降低	256	360	328	287
	占比	12.33%	17.33%	15.79%	13.82%
	基本稳定	597	716	458	490
	占比	28.74%	34.47%	22.05%	23.59%
	有所增加	327	395	240	464
	占比	15.74%	19.02%	11.56%	22.34%
	增加较大	157	122	137	241
	占比	7.56%	5.87%	6.60%	11.60%
	增加显著	330	132	258	142
	占比	15.89%	6.36%	12.42%	6.84%
可比样本总数		2077			

注：上表中除了百分比之外的数字单位为：家

从表 6 - 4 可以看出，2012 年中国上市公司营运资本降低企业数量达 55.27%，超过一半。而从营运资本变动幅度上看，见图 6 - 1，增加显著和降低显著上市公司数量均高于正常水平，使得营运资本变动幅度曲线偏离正态分布，呈“W”型。这表明上市公司营运资本管理水平不成熟、不稳定，部分上市公司波动幅度过大。

2012 年中国上市公司营运资金增加企业数量过半，表明大部分上市公司营运资金在 2012 年有所增加。从上市公司营运资金变动幅度上看，营运资金管理绩效改善上市公司数量明显高于正常水平，整条曲线同样偏离正态分布，但偏离程度较营运资本偏离程度要低，这表明上市公司对营运资金的管理水平较营运资本管理水平略显稳定。

从营运资金配置内容上看，近 2/3 的上市公司增加经营活动营运资金的配置，而与之相对比的是一半以上的上市公司正在减少投资活动中的营运资金配置。从营运资金配置变化幅度上看，经营活动营运资金呈明显的"W"型，绩效降低显著和绩效改善显著的上市公司数量均畸高，致使整条曲线偏离正态分布；而投资活动营运资金除改善显著上市公司高于正常水平外，其余各变化幅度基本服从正态分布，表明除一小部分上市公司大幅度降低投资活动营运资金的配置外，其余上市公司对投资活动的看法变化情况基本正常。由此可见，上市公司营运资金占用普遍增加，且大部分公司倾向于更多的配置经营活动营运资金。

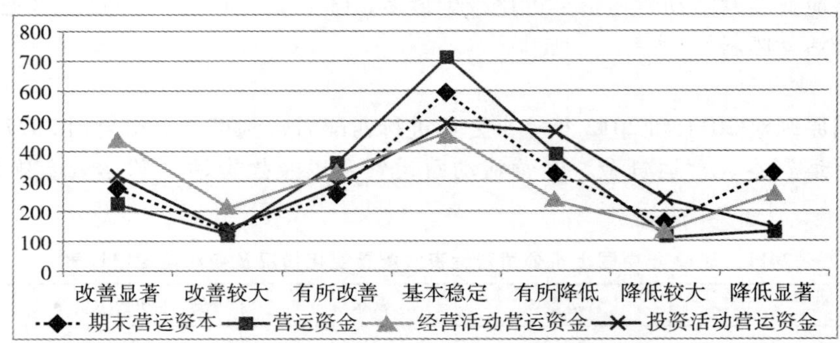

图 6-1　2011~2012 年上市公司营运资本及营运资金配置变化幅度图

2. 分行业上市公司分渠道的经营活动营运资金配置分析

（1）行业层面

2011~2012 年上市公司各行业各渠道营运资金总额配置情况见表 6-5，2011~2012 年上市公司各行业各渠道营运资金平均额见表 6-6。

表 6-5　　2011~2012 年中国上市公司各行业各渠道营运资金配置表　　单位：亿元

行业	采购渠道营运资金		生产渠道营运资金		营销渠道营运资金		经营活动营运资金	
	2011	2012	2011	2012	2011	2012	2011	2012
农林牧渔	26.57	29.51	79.39	67.59	165.11	128.07	271.07	225.18
采矿业	-2378.24	-3460.55	-792.53	-702.98	1679.27	2985.54	-1491.50	-1177.99
食品饮料业	87.84	53.40	26.30	73.68	68.44	82.42	182.58	209.51
纺织、服装、皮毛	112.23	-2.51	295.92	68.04	348.92	476.81	757.08	542.34
木材家具业	-4.99	-11.94	15.61	14.90	64.80	74.85	75.42	77.81
造纸印刷业	-37.99	-71.24	-15.57	51.66	286.45	328.52	232.89	308.94
石化塑胶业	-192.50	-362.21	-7.31	-46.12	1246.54	1477.75	1046.73	1069.42
计算机、通信和其他电子设备制造业	-451.80	-800.29	-42.43	-61.73	1278.77	1939.95	784.53	1077.93
金属非金属业	-698.16	-1070.01	1255.96	760.06	2393.60	2364.25	2951.39	2054.30
机械设备仪表业	-3793.41	-4534.01	1111.70	996.84	5278.82	6332.50	2597.11	2795.33
医药制造业	-213.90	-268.26	43.19	4.68	992.66	1081.02	821.94	817.44
其他制造业	-150.26	-8.67	12.67	34.77	263.92	133.24	126.33	159.34
电力、煤气及水的生产供应业	-443.21	-531.67	-228.42	-211.16	615.77	33.12	-55.86	-709.71
建筑业	-5535.34	-6417.57	3726.51	8030.87	4375.96	710.73	2567.13	2324.03
交通运输、仓储和邮政业	-601.68	-840.44	-217.96	-225.16	166.12	376.22	-653.52	-689.38
信息传输、软件和信息技术服务业	-1213.66	-1599.86	-17.76	32.19	691.88	391.88	-539.54	-1175.79
批发零售业	-1206.62	-1472.02	489.50	491.09	874.69	1104.80	157.57	123.87
房地产业	446.96	-738.20	9232.41	11273.70	-2988.70	-3283.98	6690.67	7251.52
社会服务业	-143.70	-120.19	288.54	221.85	-42.39	36.98	102.46	138.64
传播文化业	-72.06	-86.53	-5.28	-1.79	97.42	120.70	20.08	32.38
综合类	-92.80	-58.88	617.40	355.33	-4.20	57.93	520.41	354.38
总计	-16556.72	-22372.14	15867.86	21228.31	17853.84	16953.32	17164.97	15809.49

从表6-5可以看出，2012年中国上市公司配置在采购渠道上的营运资金总额为-22372.14亿元，与2011年相比减少5815.42亿元，降幅为35.12%，配置在生产渠道的营运资金总额为21228.31亿元，与2011年相比增加5360.45亿元，增幅为33.78%，配置在营销渠道上的营运资金总额为16953.32亿元，比2011年减少900.52亿元，降幅为5.04%。可见，从上市公司总体上看，上市公司营运资金配置有从采购渠道和营销渠道向生产渠道转移的倾向。

从各行业情况看，2012年中国上市公司采购渠道营运资金增加的行业只有农林牧渔业、其他制造业、社会服务业以及综合类四个行业。其中，增幅最大的是其他制造业，增幅达94.23%；降幅最大的行业是房地产业，降幅达265.16%。可见绝大部分行业采购渠道营运资金均在减少。2012年中国上市公司生产渠道营运资金增加的行业有采矿业、食品饮料业、造纸印刷业、其他制造业、电力煤气及水的生产供应业、建筑业、信息传输、软件和信息技术服务业、批发零售业、房地产业以及传播文化业等10个行业，其余行业生产渠道营运资金均有不同程度的减少。其中，资金增幅最大的行业是造纸印刷业，增幅达431.79%，资金降幅最大的行业是石化塑胶业，降幅为530.92%。可见，2012年中国上市公司大部分行业生产渠道营运资金并未增加，整体生产渠道营运资金的增加是少数行业带动的结果。2012年中国上市公司营销渠道营运资金增加的有采矿业、食品饮料业、纺织服装皮毛、木材家具业、造纸印刷业、石化塑胶业、计算机、通信和其他电子设备制造业、机械设备仪表业、医药制造业、交通运输、仓储和邮政业、批发零售业、社会服务业、传播文化业以及综合类等共12个行业，其中，综合类增幅最大，为1479.29%，而降幅最大的行业是电力煤气及水的生产供应业，降幅为94.62%。可见，中国上市公司营销渠道营运资金总额下降也是少数行业拉动的结果。

表6-6 **2011-2012年中国上市公司各行业各渠道平均营运资金配置情况表** 单位：亿元

行业	采购渠道营运资金		生产渠道营运资金		营销渠道营运资金		经营活动营运资金	
	2011	2012	2011	2012	2011	2012	2011	2012
农林牧渔	0.60	0.76	1.80	1.73	3.75	3.28	6.16	5.77
采矿业	-44.04	-58.65	-14.68	-11.91	31.10	50.60	-27.62	-19.97
食品饮料业	0.99	0.60	0.30	0.83	0.77	0.93	2.05	2.35
纺织、服装、皮毛	1.50	-0.03	3.95	0.87	4.65	6.11	10.09	6.95
木材家具业	-0.42	-0.85	1.30	1.06	5.40	5.35	6.28	5.56
造纸印刷业	-0.90	-1.70	-0.37	1.23	6.82	7.82	5.54	7.36
石化塑胶业	-0.78	-1.45	-0.03	-0.18	5.03	5.91	4.22	4.28
计算机、通信和其他电子设备制造业	-3.27	-4.08	-0.31	-0.31	9.27	9.90	5.69	5.50
金属非金属业	-3.75	-5.75	6.75	4.09	12.87	12.71	15.87	11.04
机械设备仪表业	-8.86	-9.75	2.60	2.14	12.33	13.62	6.07	6.01
医药制造业	-1.51	-1.97	0.30	0.03	6.99	7.95	5.79	6.01
其他制造业	-5.78	-0.43	0.49	1.74	10.15	6.66	4.86	7.97
电力、煤气及水的生产供应业	-6.24	-7.09	-3.22	-2.82	8.67	0.44	-0.79	-9.46
建筑业	-115.32	-114.60	77.64	143.41	91.17	12.69	53.48	41.50
交通运输、仓储和邮政业	-8.13	-11.51	-2.95	-3.08	2.24	5.15	-8.83	-9.44
信息传输、软件和信息技术服务业	-6.98	-11.85	-0.10	0.24	3.98	2.90	-3.10	-8.71
批发零售业	-9.81	-11.24	3.98	3.75	7.11	8.43	1.28	0.95
房地产业	3.60	-5.91	74.45	90.19	-24.10	-26.27	53.96	58.01
社会服务业	-2.05	-1.79	4.12	3.31	-0.61	0.55	1.46	2.07
传播文化业	-2.32	-3.33	-0.17	-0.07	3.14	4.64	0.65	1.25
综合类	-1.69	-1.68	11.23	10.15	-0.08	1.66	9.46	10.13
总计	-7.35	-9.74	7.04	9.24	7.92	7.38	7.62	6.88

从表 6－6 可以看出，2012 年平均每家上市公司配置在采购渠道上的营运资金为－9.74 亿元，与 2011 年相比减少 2.39 亿元，降幅为 32.52%，平均每家公司配置在生产渠道的营运资金总额为 9.24 亿元，与 2011 年相比增加 2.20 亿元，增幅为 31.25%，平均每家公司配置在营销渠道上的营运资金总额为 7.38 亿元，比 2011 年减少 0.54 亿元，降幅为 6.82%。可见，从上市公司营运资金平均占用水平上看，资金配置倾向与总体资金配置倾向基本吻合，均有从采购渠道和营销渠道向生产渠道转移的倾向。

从各行业情况看，2012 年中国上市公司采购渠道营运资金平均水平增加的行业只有农林牧渔业、其他制造业、建筑业、社会服务业以及综合类 5 个行业，其中，资金增幅最大的行业是其他制造业，增幅为 92.56%，而降幅最大的行业是房地产业，降幅达 264.17%。可见绝大部分行业采购渠道营运资金均在减少。2012 年中国上市公司生产渠道营运资金平均水平增加的行业有采矿业、食品饮料业、造纸印刷业、其他制造业、电力煤气及水的生产供应业、建筑业、信息传输、软件和信息技术服务业、房地产业以及传播文化业等 9 个行业，其余行业生产渠道营运资金平均水平有不同程度的减少。其中，资金增幅最大的行业是造纸印刷业，增幅达 432.43%，资金降幅最大的行业是石化塑胶业，降幅为 500.00%。可见，2012 年中国上市公司大部分行业生产渠道营运资金平均水平均有降低趋势。2012 年中国上市公司营销渠道营运资金平均水平增加的有采矿业、食品饮料业、纺织服装皮毛、造纸印刷业、石化塑胶业、计算机、通信和其他电子设备制造业、机械设备仪表业、医药制造业、交通运输、仓储和邮政业、批发零售业、社会服务业、传播文化业以及综合类等共 13 个行业，其中，综合类增幅最大，为 2175.00%，而降幅最大的行业是电力煤气及水的生产供应业，降幅为 94.93%。可见，大部分行业营销渠道平均营运资金在增加。

（2）企业层面

2011－2012 年中国上市公司经营活动各渠道营运资金的配置变化情况及变动幅度见表 6－7。

表 6－7　2011－2012 年中国上市公司经营活动营运资金的渠道配置变化情况及变动幅度表

项目		采购渠道营运资金	生产渠道营运资金	营销渠道营运资金	经营活动营运资金
资金占用量绝对变化统计	降低	1370	1001	714	881
	降低比例	65.96%	48.19%	34.38%	42.42%
	增加	707	1076	1363	1196
	增加比例	34.04%	51.81%	65.62%	57.58%
资金占用量变化幅度统计	降低显著	317	532	510	444
	占比	15.26%	25.61%	24.55%	21.38%
	降低较大	96	171	235	212
	占比	4.62%	8.23%	11.31%	10.21%
	有所降低	152	237	431	328
	占比	7.32%	11.41%	20.75%	15.79%
	基本稳定	274	289	418	458
	占比	13.19%	13.91%	20.13%	22.05%
	有所增加	230	225	209	240
	占比	11.07%	10.83%	10.06%	11.56%
	增加较大	194	133	83	137
	占比	9.34%	6.40%	4.00%	6.60%
	增加显著	814	490	191	258
	占比	39.19%	23.59%	9.20%	12.42%
可比样本总数		2077			

注：上表中除了百分比之外的数字单位为：家

从表6－7可以看出，2012年约65.96%的上市公司采购渠道营运资金在降低，仅有1/3的上市公司垫支在采购渠道的营运资金在增加；2012年生产渠道营运资金增加的上市公司占绝大多数，接近2/3的上市公司营销渠道占用资金在增加，可见，2012年生产渠道和营销渠道垫支营运资金增加的上市公司占多数。

从三大渠道营运资金变动幅度上看，见图6－2。在经营活动营运资金变动幅度曲线呈“W”型的情况下，采购渠道、生产渠道和营销渠道营运资金的变动幅度也均呈现明显的“W”型，即三个渠道营运资金增加显著的上市公司与降低显著的上市公司均高于正常水平，使得三条曲线偏离正态分布，表明我国上市公司在渠道上对营运资金进行整体管理的水平还十分不成熟、不稳定。

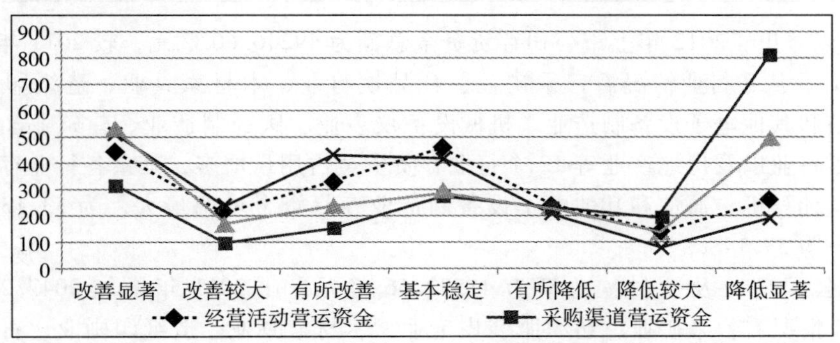

图6－2 2011～2012年农林牧渔业各渠道营运资金占用变化幅度图

3. 分行业上市公司分要素的经营活动营运资金配置分析

（1）行业层面

2011～2012年上市公司各行业各要素营运资金总额配置情况见表6－8，2011～2012年上市公司各行业各要素营运资金平均额见表6－8。

表6－8 2011～2012年中国上市公司各行业各要素营运资金配置表 单位：亿元

行业	存货		应收及预付款项		应付及预收款项		经营活动营运资金	
	2011	2012	2011	2012	2011	2012	2011	2012
农林牧渔	344.37	272.13	156.42	137.07	229.72	184.02	271.07	225.18
采矿业	4565.66	5100.36	4210.83	4895.23	10267.99	11173.59	－1491.50	－1177.99
食品饮料业	772.85	912.99	471.72	458.75	1061.98	1162.23	182.58	209.51
纺织、服装、皮毛	656.58	485.72	481.09	510.22	380.60	453.60	757.08	542.34
木材家具业	73.88	81.97	60.60	71.03	59.06	75.18	75.42	77.81
造纸印刷业	253.95	259.42	309.87	351.62	330.93	302.10	232.89	308.94
石化塑胶业	1173.54	1290.17	1689.10	1936.59	1815.92	2157.33	1046.73	1069.42
计算机、通信和其他电子设备制造业	640.94	981.47	1260.84	1850.73	1117.24	1754.27	784.53	1077.93
金属非金属业	5737.89	4326.24	4421.49	3589.03	7207.99	5860.96	2951.39	2054.30
机械设备仪表业	5090.73	5376.03	8433.88	9482.97	10925.28	12061.76	2597.11	2795.33
医药制造业	647.41	663.72	1022.28	1099.29	847.74	945.53	821.94	817.44
其他制造业	240.59	193.22	197.61	86.29	311.86	120.17	126.33	159.34
电力、煤气及水的生产供应业	498.13	444.09	1252.30	1221.87	1806.29	2375.68	－55.86	－709.71
建筑业	7822.04	10174.75	8832.11	8687.14	14087.03	16537.86	2567.13	2324.03
交通运输、仓储和邮政业	295.18	320.95	902.24	1127.77	1850.94	2138.10	－653.52	－689.38
信息传输、软件和信息技术服务业	596.81	479.86	1241.32	1099.59	2377.67	2755.25	－539.54	－1175.79
批发零售业	2025.47	2217.48	1537.96	1776.60	3405.86	3870.21	157.57	123.87

续表

行业	存货		应收及预付款项		应付及预收款项		经营活动营运资金	
	2011	2012	2011	2012	2011	2012	2011	2012
房地产业	12101.01	14530.86	1914.60	2274.61	7324.94	9553.95	6690.67	7251.52
社会服务业	581.92	488.21	513.75	319.55	993.21	663.55	102.46	138.64
传播文化业	109.30	106.21	149.49	196.84	238.71	270.67	20.08	32.38
综合类	888.58	540.75	465.82	399.78	833.99	586.15	520.41	354.38
总计	45116.82	49246.60	39525.32	41572.56	67474.95	75002.17	17164.97	15809.49

从表 6－8 可以看出，2012 年上市公司存货资金总额为 49246.60 亿元，较 2011 年增加 4129.78 亿元，增幅为 9.15%。从各行业情况看，采矿业、食品饮料业、木材家具业、造纸印刷业、石化塑胶业、计算机、通信和其他电子设备制造业、机械设备仪表业、医药制造业、建筑业、交通运输、仓储和邮政业、批发零售业以及房地产业等 12 个行业存货资金占用量增多，其余各行业存货资金有不同程度的减少。其中，计算机、通信和其他电子设备制造业存货资金增幅最大，为 53.13%，而综合类存货资金降幅最大，为 39.14%。

2012 年上市公司应收及预付款总额为 41572.56 亿元，比 2011 年增加 2047.24 亿元，增幅为 5.18%。从各行业情况看，采矿业、纺织服装皮毛业、木材家具业、造纸印刷业、石化塑胶业、计算机、通信和其他电子设备制造业、机械设备仪表业、医药制造业、交通运输、仓储和邮政业、批发零售业、房地产业以及传播文化业等 12 个行业应收及预付款项在增加。其余各行业应收及预付款项有不同程度的减少。其中，计算机、通信和其他电子设备制造业增幅最大，为 46.79%，而其他制造业降幅最大，为 56.33%。

2012 年上市公司应付及预收款项总额为 75002.17 亿元，比 2011 年增加 7525.22 亿元，增幅为 11.16%。从各行业情况看，采矿业、食品饮料业、纺织服装皮毛业、木材家具业、石化塑胶业、计算机、通信和其他电子设备制造业、机械设备仪表业、医药制造业、电力煤气及水的生产供应业、建筑业、交通运输、仓储和邮政业、信息传输、软件和信息技术服务业、批发零售业、房地产业以及传播文化业等 15 个行业应付及预收款项在增加，其余各行业应付及预收款项有所下降。其中，计算机、通信和其他电子设备制造业增幅最大，为 57.02%，而其他制造业降幅最大，为 61.47%。

表 6－9　2011～2012 年中国上市公司各行业各要素平均营运资金配置表　单位：亿元

行业	存货		应收及预付款项		应付及预收款项		经营活动营运资金	
	2011	2012	2011	2012	2011	2012	2011	2012
农林牧渔	7.83	6.98	3.56	3.51	5.22	4.72	6.16	5.77
采矿业	84.55	86.45	77.98	82.97	190.15	189.38	-27.62	-19.97
食品饮料业	8.68	10.26	5.30	5.15	11.93	13.06	2.05	2.35
纺织、服装、皮毛	8.75	6.23	6.41	6.54	5.07	5.82	10.09	6.95
木材家具业	6.16	5.85	5.05	5.07	4.92	5.37	6.28	5.56
造纸印刷业	6.05	6.18	7.38	8.37	7.88	7.19	5.54	7.36
石化塑胶业	4.73	5.16	6.81	7.75	7.32	8.63	4.22	4.28
计算机、通信和其他电子设备制造业	4.64	5.01	9.14	9.44	8.10	8.95	5.69	5.50
金属非金属业	30.85	23.26	23.77	19.30	38.75	31.51	15.87	11.04
机械设备仪表业	11.89	11.56	19.71	20.39	25.53	25.94	6.07	6.01
医药制造业	4.56	4.88	7.20	8.08	5.97	6.95	5.79	6.01
其他制造业	9.25	9.66	7.60	4.31	11.99	6.01	4.86	7.97
电力、煤气及水的生产供应业	7.02	5.92	17.64	16.29	25.44	31.68	-0.79	-9.46

续表

行业	存货		应收及预付款项		应付及预收款项		经营活动营运资金	
	2011	2012	2011	2012	2011	2012	2011	2012
建筑业	162.96	181.69	184.00	155.13	293.48	295.32	53.48	41.50
交通运输、仓储和邮政业	3.99	4.40	12.19	15.45	25.01	29.29	-8.83	-9.44
信息传输、软件和信息技术服务业	3.43	3.55	7.13	8.15	13.66	20.41	-3.10	-8.71
批发零售业	16.47	16.93	12.50	13.56	27.69	29.54	1.28	0.95
房地产业	97.59	116.25	15.44	18.20	59.07	76.43	53.96	58.01
社会服务业	8.31	7.29	7.34	4.77	14.19	9.90	1.46	2.07
传播文化业	3.53	4.09	4.82	7.57	7.70	10.41	0.65	1.25
综合类	16.16	15.45	8.47	11.42	15.16	16.75	9.46	10.13
总计	20.02	21.44	17.54	18.10	29.94	32.65	7.62	6.88

从表 6-9 可以看出，2012 年平均每家上市公司占用存货资金约为 21.44 亿元，较 2011 年增加 1.42 亿元，增幅为 7.09%。从各行业情况看，采矿业、食品饮料业、造纸印刷业、石化塑胶业、计算机、通信和其他电子设备制造业、医药制造业、其他制造业、建筑业、交通运输、仓储和邮政业、信息传输、软件和信息技术服务业、批发零售业以及传播文化业等 12 个行业平均存货资金在增加，其余各行业平均每家上市公司占用的存货资金都有不同程度的减少。其中，房地产业增幅最大，为 19.12%，而纺织服装皮毛业降幅最大，为 28.80%。

2012 年平均每家上市公司占用应收及预付款资金为 18.10 亿元，较 2011 年增加 0.56 亿元，增幅 3.19%。从各行业情况看，采矿业、纺织服装皮毛业、木材家具业、造纸印刷业、石化塑胶业、计算机、通信和其他电子设备制造业、机械设备仪表业、医药制造业、交通运输、仓储和邮政业、信息传输、软件和信息技术服务业、批发零售业、房地产业、传播文化业以及综合类等 14 个行业应收及预付款项资本占用量增加，其余各行业均有不同程度减少。其中，传播文化业增幅最大，为 57.05%，而其他制造业降幅最大，为 43.29%。

2012 年平均每家上市公司应付及预收款项资金为 32.65 亿元，较 2011 年增加 2.71 亿元，增幅为 9.05%。从各行业情况看，食品饮料业、纺织服装皮毛业、木材家具业、石化塑胶业、计算机、通信和其他电子设备制造业、机械设备仪表业、医药制造业、电力煤气及水的生产供应业、建筑业、交通运输、仓储和邮政业、信息传输、软件和信息技术服务业、批发零售业、房地产业、传播文化业以及综合类等 15 个行业应付款项有所增加，其余各行业应付款项资金有不同程度减少。其中，信息传输、软件和信息技术服务业增幅最大，为 49.41%，而其他制造业降幅最大，为 49.87%。这表明 2012 年经济环境的变化导致绝大多数行业又有通过应付款融资的可能。

将三大要素结合起来，我们可以发现 2012 年中国上市公司经营活动营运资金平均水平的下降主要是由于应付款项的增加引起的。

（2）企业层面

2011~2012 年中国上市公司经营活动各要素营运资金的配置变化情况及变动幅度见表 6-10。

表 6-10　　2011~2012 年中国上市公司经营活动营运资金的要素配置变化情况及变动幅度表

项目		存货	应收及预付款项	应付及预收款项	经营活动营运资金
资金占用量绝对变化统计	降低	731	705	1394	881
	降低比例	35.19%	33.94%	67.12%	42.42%
	增加	1346	1372	683	1196
	增加比例	64.81%	66.06%	32.88%	57.58%

续表

项目		存货	应收及预付款项	应付及预收款项	经营活动营运资金
资金占用量变化幅度统计	降低显著	266	358	44	444
	占比	12.81%	17.24%	2.12%	21.38%
	降低较大	212	258	96	212
	占比	10.21%	12.42%	4.62%	10.21%
	有所降低	488	481	267	328
	占比	23.50%	23.16%	12.86%	15.79%
	基本稳定	666	543	573	458
	占比	32.07%	26.14%	27.59%	22.05%
	有所增加	322	290	430	240
	占比	15.50%	13.96%	20.70%	11.56%
	增加较大	67	97	273	137
	占比	3.23%	4.67%	13.14%	6.60%
	增加显著	56	50	394	258
	占比	2.70%	2.41%	18.97%	12.42%
可比样本总数		2077			

注：上表中除了百分比之外的数字单位为：家

从表 6－10 可以看出，2012 年上市公司存货、应收及预付款、应付及预收款增加的上市公司均占多数，从而导致经营活动营运资金增加企业数量最多。

从三大要素营运资金变动幅度上看，与往年各要素变动幅度曲线服从正态分布不同的是，2012 年三大要素都在一定程度上偏离了正态分布。从存货变动幅度曲线上看，改善显著上市公司数量高于正常水平，使得整条曲线略偏离正态分布；从应收及预付款变动幅度曲线上看，同样是改善显著上市公司畸高导致整条曲线偏离正态分布，但偏离程度较存货要大；从应付及预收款变动幅度曲线上看，由于降低显著上市公司数量高于正常水平导致整条曲线偏离正态分布。可见，2012 年大多数上市公司重点加强了存货、应收及预付款管理，从而出现了高比例的显著改善。见图 6－3。

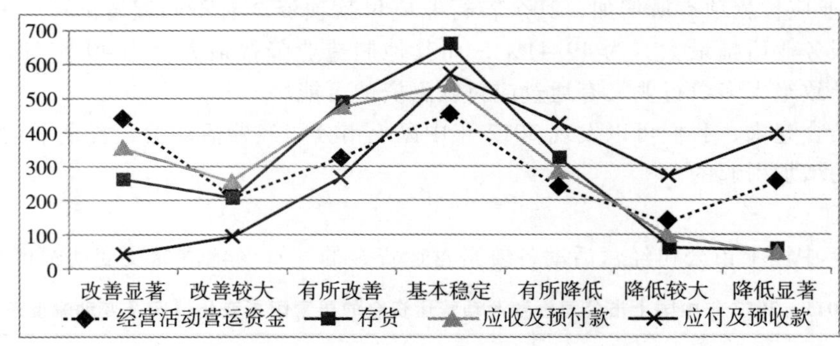

图 6－3　2011～2012 年上市公司各要素营运资金变动幅度图

（二）分行业上市公司营运资金来源与财务风险分析

2011～2012 年中国上市公司营运资金来源情况见表 6－11。2011～2012 年中国上市公司企业层面营运资金来源统计情况见表 6－12。

表6-11　　2011~2012年上市公司营运资金来源状况

行业	短期金融性负债占比		营运资本占比	
	2011年末	2012年末	2011年末	2012年末
农林牧渔	54.22%	51.06%	45.78%	48.94%
采矿业	195.94%	245.20%	-95.94%	-145.20%
食品饮料业	37.13%	37.35%	62.87%	62.65%
纺织、服装、皮毛	42.06%	47.44%	57.94%	52.56%
木材家具业	42.17%	50.78%	57.83%	49.22%
造纸印刷业	87.19%	82.96%	12.81%	17.04%
石化塑胶业	79.81%	95.63%	20.19%	4.37%
计算机、通信和其他电子设备制造业	37.12%	32.90%	62.88%	67.10%
金属非金属业	118.73%	136.04%	-18.73%	-36.04%
机械设备仪表业	30.93%	34.44%	69.07%	65.56%
医药制造业	28.50%	22.87%	71.50%	77.13%
其他制造业	1777.99%	51.37%	-1677.99%	48.63%
电力、煤气及水的生产供应业	419.60%	1285.34%	-319.60%	-1185.34%
建筑业	46.67%	46.94%	53.33%	53.06%
交通运输、仓储和邮政业	138.97%	145.05%	-38.97%	-45.05%
信息传输、软件和信息技术服务业	130.62%	-5379.61%	-30.62%	5479.61%
批发零售业	59.75%	65.63%	40.25%	34.37%
房地产业	26.71%	27.21%	73.29%	72.79%
社会服务业	38.42%	48.52%	61.58%	51.48%
传播文化业	9.06%	12.42%	90.94%	87.58%
综合类	54.18%	75.28%	45.82%	24.72%
总计	66.37%	67.87%	33.63%	32.13%

从表6-11可以看出，2011~2012年中国上市公司营运资金的来源以短期金融性负债为主，表现为短期金融性负债占比均超过50%，这是一种高风险的融资方式，即企业用较高比例的短期金融性负债，如短期借款、交易性金融负债等满足流动资金的需要。2012年短期金融性负债占比与2011年相比上升了1.5个百分点，风险水平逐渐提高。由于该指标并未超过1，因而风险依然处于适度的范围内。从各行业情况看，采矿业、金属非金属、电力煤气及水的生产供应业以及交通运输、仓储和邮政业等4个行业短期金融性负债占比超过1，因而风险畸高；信息传输、软件和信息技术服务业得短期金融性负债占比为负，几乎无风险；其余各行业风险水平处于适度区间。2012年农林牧渔业、造纸印刷业、计算机、通信和其他电子设备制造业、医药制造业、其他制造业以及信息传输、软件和信息技术服务业等6个行业短期金融性负债占比下降，表明这六个行业的风险水平进一步下降。

营运资本占比指标的分析与此恰好相反，详见表6-11。

表6-12　　2011~2012年上市公司营运资金来源统计表　　单位：家

比例	2011年末短期金融性负债占比	2011年末营运资本占比	2012年末短期金融性负债占比	2012年末营运资本占比
≤0	444	313	450	326
0~20%	620	110	658	114
20%~40%	354	163	336	178
40%~60%	250	249	235	235
60%~80%	162	353	178	337
80%~100%	110	958	113	991
>100%	314	108	327	116
企业数量	2254		2297	

从表 6 - 12 可以看出，2012 年中国上市公司短期金融性负债占比≤0 的公司有 450 家，占比 19.59%，比 2011 年增加 6 家，增幅为 1.35%。这表明在该行业，有 450 家公司的营运资金不仅不需要单独筹集，反而有可能给公司的长期资金需求提供足够的资金，则该种营运资金的融资方式几乎无风险；2012 年短期金融性负债占比介于 0 ~ 20% 之间的公司有 658 家，占比 28.83%，比 2011 年增加 38 家，增幅为 6.13%，这些公司利用短期金融性负债满足约 1/5 的营运资金需求，财务风险较低，处于财务风险适度的状态；2012 年短期金融性负债占比介于 20% ~ 40% 之间的公司合计有 336 家，比 2011 年减少 18 家，降幅为 14.63%，这些公司利用短期性金融负债来满足接近 40% 的营运资金需求，风险依然不高；2012 年短期金融性负债占比介于 40% ~ 60% 之间的公司有 235 家，较 2011 年减少 15 家，降幅为 6.00%，营运资金筹资风险略高；2012 年短期金融性负债占比介于 60% ~ 80% 之间的公司有 178 家，较 2011 年增加 16 家，增幅为 9.88%，表明部分上市公司营运资金筹资风险正在不断提高；2012 年短期金融性负债占比超过 100% 的公司有 327 家，占比 14.24%，比重较高，这些公司营运资金筹资风险畸高，这一数量较 2011 年增加 13 家，增幅为 4.14%，表明有更多的公司加入高风险营运资金管理行列。可见，2012 年大部分上市公司流动资金来源向短期金融性负债倾斜，风险水平逐渐提高，这表明我国上市公司正在由稳健的营运资金融资政策向冒险型营运资金融资政策转变，值得注意。

四、分行业上市公司营运资金管理绩效分析

（一）分行业上市公司营运资金管理绩效分析

2012 年中国上市公司分行业营运资金管理绩效见表 6 - 13 和表 6 - 14。

表 6－13 2008～2012 年营运资金周转期（按渠道）指标

行业		采购渠道					生产渠道					营销渠道					经营活动营运资金周转期				
		2012 年	2011 年	2010 年	2009 年	2008 年	2012 年	2011 年	2010 年	2009 年	2008 年	2012 年	2011 年	2010 年	2009 年	2008 年	2012 年	2011 年	2010 年	2009 年	2008 年
农林牧渔业		13	23	57	35	27	33	29	31	19	4	76	86	71	78	78	123	139	159	132	109
采矿业		-17	-15	-16	-15	-11	-4	-5	-5	-6	-6	14	9	10	13	11	-8	-11	-11	-7	-6
制造业	食品饮料	5	7	3	7	7	5	3	6	7	7	5	4	10	11	13	15	14	23	21	27
	纺织服装	6	17	6	12	9	12	19	59	62	42	83	64	37	51	43	101	99	105	119	97
	木材家具	-14	-6	12	-3	-5	20	22	21	46	34	101	93	87	115	94	107	110	103	173	126
	造纸印刷	-23	-12	-14	-12	-12	14	-5	4	-2	11	111	105	88	90	66	103	88	80	74	64
	石化塑胶	-12	-10	-10	-5	-10	-1	0	3	1	-3	56	49	45	55	42	43	40	38	46	33
	电子	-48	-41	-52	-48	-42	-5	-4	-2	1	8	121	114	107	114	108	68	69	63	64	68
	金属非金属	-13	-3	-9	-4	-5	13	13	9	11	7	36	28	25	29	19	36	39	29	31	23
	机械设备	-61	-54	-47	-37	-50	15	14	12	17	14	81	64	57	57	52	34	24	19	27	29
	医药生物	-24	-22	-36	-36	-25	0	2	4	4	5	103	100	93	95	89	79	80	72	63	58
	其他制造业	-2	-39	-5	2	-14	14	5	45	56	68	82	82	-2	-19	43	93	48	30	32	114
电力煤气及水的生产供应业		-26	-26	-30	-21	-15	-14	-15	-20	-14	-11	13	39	37	40	34	-27	-2	-13	4	9
建筑业		-79	-71	-56	-54	-50	97	48	38	51	22	10	33	23	23	14	28	9	4	19	-13
交通运输及仓储业		-39	-32	-38	-49	-34	-12	-14	-12	-22	-31	15	11	13	15	11	-35	-35	-37	-56	-54
信息传输、软件和信息技术服务业		-120	-83	-100	-103	-73	1	-1	-2	13	7	27	46	56	48	31	-91	-38	-46	-42	-34
批发零售贸易		-32	-30	-29	-29	-24	11	9	10	10	3	24	22	17	15	12	3	1	-2	-4	-8
房地产业		-33	-15	67	58	71	685	706	561	560	483	-200	-155	-182	-107	-60	451	536	447	511	494
社会服务业		-29	-14	-26	-10	-16	57	6	42	39	4	15	26	-11	-23	14	44	18	5	6	2
传播与文化产业		-49	-45	-45	-59	-62	-3	-4	-5	25	-5	58	50	34	19	-2	6	1	-16	-16	-69
综合类		-15	-9	-12	-9	-17	96	76	118	137	39	8	11	11	-6	31	89	78	117	122	53
上市公司平均		-35	-26	-27	-27	-18	34	24	21	25	12	27	26	24	27	23	26	23	18	24	17

注：采购渠道营运资金周转期＋生产渠道营运资金周转期＋营销渠道营运资金周转期＝经营活动营运资金周转期，经营活动营运资金周转期＋理财活动营运资金周转期＝营运资金周转期。由于采用四舍五入的方式将周转期指标调为整数，故可能存在计算尾差。

表 6-14　　**2008~2012 年营运资金周转期（按要素）指标**

行业		存货周转期					应收账款周转期					应付账款周转期					经营活动营运资金周转期（按要素）				
		2012 年	2011 年	2010 年	2009 年	2008 年	2012 年	2011 年	2010 年	2009 年	2008 年	2012 年	2011 年	2010 年	2009 年	2008 年	2012 年	2011 年	2010 年	2009 年	2008 年
农林牧渔业		150	148	163	136	145	36	28	32	38	37	31	26	29	31	34	155	150	166	143	149
采矿业		29	26	28	33	28	17	15	14	13	10	35	32	34	37	29	11	10	8	10	8
制造业	食品饮料	62	55	66	67	75	18	18	21	19	18	25	23	27	31	32	54	50	60	56	61
	纺织服装	91	85	137	155	134	48	42	40	46	40	47	38	44	51	51	92	90	133	151	123
	木材家具	112	108	101	134	123	60	56	56	77	64	69	61	65	60	65	102	103	92	152	121
	造纸印刷	93	79	70	87	94	85	81	75	70	60	74	74	61	77	72	104	86	85	80	83
	石化塑胶	51	48	53	61	50	48	41	40	43	35	55	48	51	59	44	45	40	42	46	40
	电子	60	61	62	71	79	97	91	85	87	74	75	72	70	80	74	82	81	78	77	79
	金属非金属	68	63	62	77	54	37	30	27	31	23	53	45	48	59	41	52	48	41	48	36
	机械设备	76	70	64	68	73	98	83	72	74	62	98	91	84	88	77	76	63	53	53	57
	医药生物	64	63	59	59	59	78	78	75	75	67	52	50	52	60	60	90	91	82	74	66
	其他制造业	105	76	107	118	118	31	50	87	82	39	34	67	73	70	41	102	59	122	130	116
电力煤气及水的生产供应业		24	24	21	36	31	43	40	39	46	44	53	55	58	58	50	14	9	2	24	25
建筑业		126	95	76	74	66	67	59	52	79	59	113	104	88	90	86	80	50	41	63	38
交通运输及仓储业		15	15	16	14	9	25	25	24	28	22	55	51	56	66	49	-15	-11	-15	-24	-17
信息传输、软件和信息技术服务业		36	39	40	50	41	56	61	65	64	45	136	102	117	122	90	-44	-2	-13	-9	-4
批发零售贸易		49	46	45	48	39	16	14	12	11	10	49	47	46	48	43	16	13	11	11	6
房地产业		872	914	769	783	732	15	12	13	15	14	101	75	75	86	80	786	851	708	712	666
社会服务业		119	37	89	96	61	43	40	46	37	31	57	40	65	56	47	105	36	70	77	45
传播与文化产业		60	65	57	74	75	45	40	39	44	27	82	75	65	84	92	23	31	31	35	9
综合类		154	136	179	206	117	30	30	33	34	33	54	54	57	61	18	130	112	155	180	132
上市公司平均		81	72	68	76	61	43	38	36	41	29	64	57	58	63	49	61	52	46	53	41

注：经营活动营运资金周转期（按要素）=存货周转期+应收账款周转期-应付账款周转期。由于采用四舍五入的方式将周转期指标调为整数，故可能存在计算尾差。

1. 2012 年中国上市公司分行业营运资金管理绩效总体评价

2012 年中国上市公司营运资金周转期、经营活动营运资金周转期（按渠道）和经营活动营运资金周转期（按要素）分别见表 6 - 13 和表 6 - 14。企业层面按照代码相同的原则进行匹配，2011 ~ 2012 年共获得可比样本 2077 个。企业层面营运资金周转绩效与经营活动营运资金周转变化情况统计见表6 - 15。

表 6 - 15　　2011 ~ 2012 中国上市公司经营活动营运资金周转绩效变化统计表

项目		经营活动营运资金周转期（按渠道）	经营活动营运资金周转期（按要素）
周转绩效变化统计	改善	772	699
	占比	37.17%	33.65%
	降低	1305	1378
	占比	62.83%	66.35%
绩效变化幅度统计	改善显著	238	133
	占比	11.46%	6.40%
	改善较大	104	94
	占比	5.01%	4.53%
	有所改善	244	230
	占比	11.75%	11.07%
	基本稳定	397	524
	占比	19.11%	25.23%
	有所降低	399	477
	占比	19.21%	22.97%
	降低较大	236	268
	占比	11.36%	12.90%
	降低显著	459	351
	占比	22.10%	16.90%
可比样本总数		2077	

（1）经营活动营运资金周转期（按渠道）

2012 年，中国上市公司经营活动营运资金周转期（按渠道）为 26 天，比上年延长 3 天，经营活动营运资金整体管理绩效有所下降。从行业层面看，21 个行业中，8 个行业经营活动营运资金管理绩效（按渠道）上升，13 个行业下降。具体变动幅度见表 6 - 9。其中有所改善和改善显著的行业只有农林牧渔业、房地产业、电力煤气及水的生产供应业和信息传输、软件和信息技术服务业，而降低显著、降低较大和有所降低的行业有 9 个，这表明中国绝大部分行业渠道视角的经营活动营运资金管理绩效正在恶化。各行业绩效变动幅度详见表 6 - 16。

表 6 - 16　　上市公司各行业经营活动营运资金周转期（按渠道）变动幅度分布

变动程度描述	数量	行业
降低显著	5	其他制造业、建筑业、批发零售贸易业、社会服务业、传播与文化产业
降低较大	1	机械设备业
有所降低	3	采矿业、造纸印刷业、综合类
基本稳定	8	食品饮料业、纺织服装业、木材家具业、石化塑胶业、计算机、通信和其他电子设备制造业、金属非金属业、医药制造业、交通运输及仓储业
有所改善	2	农林牧渔业、房地产业
改善较大	0	
改善显著	2	电力煤气及水的生产供应业、信息传输、软件和信息技术服务业

从企业层面看，见表 6 - 16，约有 62.83% 的公司经营活动营运资金（按渠道）管理绩效下降，而从绩效变动幅度分布上看，整条曲线呈明显的“W”型，见图 6 - 4，偏离正态分布，有超过 1/5 的上

市公司经营活动营运资金管理绩效恶化显著。

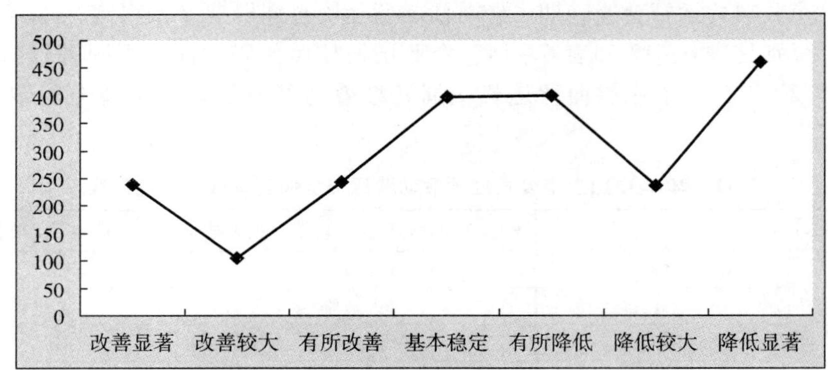

图 6－4 中国上市公司经营活动营运资金周转期（按渠道）变动幅度分布图

（2）经营活动营运资金周转期（按要素）

2012 年，中国上市公司经营活动营运资金周转期（按要素）为 61 天，比上年延长 9 天，经营活动营运资金整体管理绩效有所下降。

从行业层面看，21 个行业中，只有木材家具、医药生物、交通运输及仓储业、信息传输、软件和信息技术服务业、房地产业和传播与文化产业 6 个行业经营活动营运资金管理绩效改善，其余 15 个行业经营活动营运资金管理绩效下降，这表明经营活动营运资金管理绩效恶化行业覆盖面广。各行业经营活动营运资金周转绩效（按要素）变动幅度分布情况见表 6－17。

表 6－17 上市公司各行业经营活动营运资金周转绩效（按要素）变动幅度分布

变动程度描述	数量	行业
降低显著	4	其他制造业、电力煤气及水的生产供应业、建筑业、社会服务业
降低较大	0	
有所降低	6	采矿业、造纸印刷业、石化塑胶业、机械设备业、批发零售贸易业、综合类
基本稳定	8	农林牧渔业、食品饮料业、纺织服装业、木材家具业、计算机、通信和其他电子设备制造业、金属非金属业、医药制造业、房地产业、
有所改善	1	传播与文化产业
改善较大	1	交通运输及仓储业
改善显著	1	信息传输、软件和信息技术服务业

从企业层面看，见表 6－15，约有 66.35% 的公司经营活动营运资金（按要素）管理绩效下降，而从绩效变动幅度分布上看，整条曲线也呈明显的“W”型，见图 6－5，偏离正态分布。可见，从要素视角看，中国上市公司经营活动营运资金管理绩效恶化情况也较为普遍。

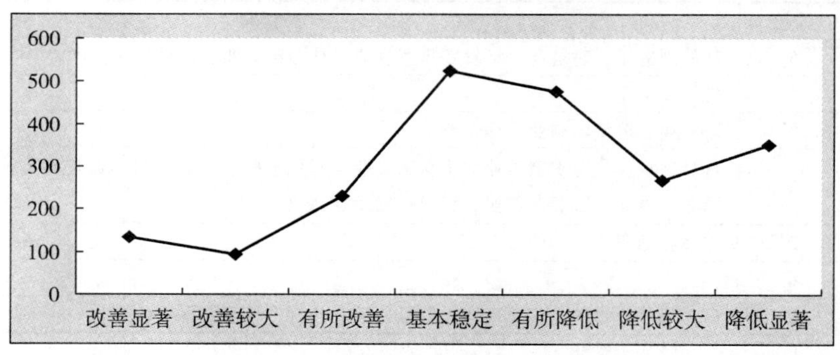

图 6－5 中国上市公司经营活动营运资金周转期（按要素）变动幅度分布图

2. 2012 年中国上市公司分渠道营运资金管理绩效评价

2012 年中国上市公司各渠道营运资金周转期分别见表 6－12。企业层面各渠道营运资金周转变化情况统计见表 6－18。

表 6－18　　2011～2012 中国上市公司各渠道营运资金周转绩效变化统计表

项目		采购渠道营运资金周转期	生产渠道营运资金周转期	营销渠道营运资金周转期
周转绩效变化统计	改善	1292	941	592
	占比	62.21%	45.31%	28.50%
	降低	785	1136	1485
	占比	37.79%	54.69%	71.50%
绩效变化幅度统计	改善显著	613	395	165
	占比	29.51%	19.02%	7.94%
	改善较大	185	147	70
	占比	8.91%	7.08%	3.37%
	有所改善	304	218	175
	占比	14.64%	10.50%	8.43%
	基本稳定	350	346	445
	占比	16.85%	16.66%	21.43%
	有所降低	223	285	487
	占比	10.74%	13.72%	23.45%
	降低较大	114	188	276
	占比	5.49%	9.05%	13.29%
	降低显著	288	498	459
	占比	13.87%	23.98%	22.10%
可比样本总数		2077		

（1）采购渠道营运资金周转期

2012 年，中国上市公司采购渠道营运资金周转期为－35 天，比上年缩短 9 天，采购渠道营运资金管理绩效有所提升。从行业层面看，21 个行业中，除其他制造业采购渠道营运资金管理绩效显著降低、电力煤气及水的生产供应业采购渠道营运资金管理绩效不变外，其他 19 个行业采购渠道营运资金管理绩效提升，可见，绝大部分行业采购渠道营运资金管理绩效上升，最终导致上市公司采购渠道营运资金管理绩效上升。各行业绩效变动幅度详见表 6－19。

表 6－19　　上市公司各行业采购渠道营运资金周转期变动幅度分布

变动程度描述	数量	行业
降低显著	1	其他制造业
降低较大	0	
有所降低	0	
基本稳定	4	医药制造业、电力煤气及水的生产供应业、批发零售贸易业、传播与文化产业
有所改善	7	采矿业、食品饮料业、石化塑胶业、计算机、通信和其他电子设备制造业、机械设备业、建筑业、交通运输及仓储业
改善较大	2	农林牧渔业、信息传输、软件和信息技术服务业
改善显著	7	纺织服装业、木材家具业、造纸印刷业、金属非金属业、房地产业、社会服务业、综合类

从企业层面看，见表 6－18，约有 62.21% 的公司采购渠道营运资金管理绩效上升，从绩效变动幅度上看，采购渠道营运资金周转期变动幅度分布呈明显的右偏型“W”，见图 6－6，采购渠道营运资

金管理绩效降改善的企业明显多于绩效降低的企业。虽然大部分行业和企业采购渠道营运资金管理绩效提升，但结合按要素的营运资金管理绩效分析，发现这种改善并不是来自于上游供应链的优化，而是下游货款回收速度降低，使得企业不得不延期支付供应商货款，进而导致采购渠道营运资金管理绩效提升。

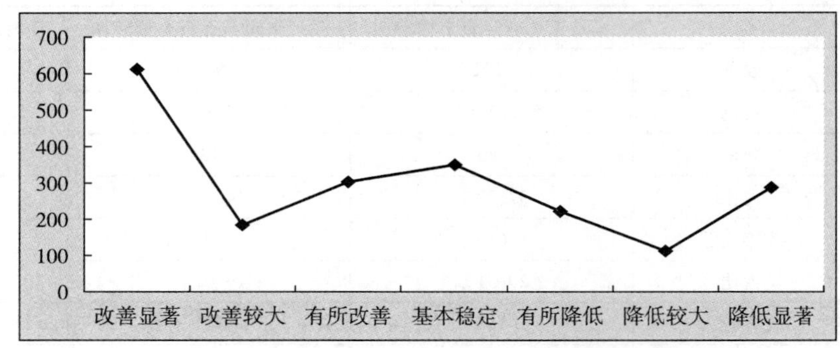

图 6－6　中国上市公司采购渠道营运资金周转期变动幅度分布图

（2）生产渠道营运资金周转期

2012 年，中国上市公司生产渠道营运资金周转期为 34 天，比上年延长 10 天，生产渠道营运资金管理绩效有所下降。从行业层面看，21 个行业中，纺织服装业、木材家具业、石化塑胶业、计算机、通信和其他电子设备制造业、医药制造业和房地产业 6 个行业生产渠道营运资金管理绩效改善，剩余 15 个行业生产渠道营运资金管理绩效降低，具体见表 6－20。从绩效变动幅度上看，生产渠道营运资金管理绩效降低显著和有所降低的行业最多。可见，大部分行业生产渠道营运资金管理绩效下降，使得中国上市公司平均生产渠道营运资金管理绩效下降。

表 6－20　　上市公司各行业生产渠道营运资金周转期变动幅度分布

变动程度描述	数量	行业
降低显著	6	食品饮料业、造纸印刷业、其他制造业、建筑业、信息传输、软件和信息技术服务业、社会服务业
降低较大	0	
有所降低	6	农林牧渔业、采矿业、交通运输及仓储业、批发零售贸易业、传播与文化产业、综合类
基本稳定	5	木材家具业、金属非金属业、机械设备业、电力煤气及水的生产供应业、房地产业
有所改善	1	计算机、通信和其他电子设备制造业
改善较大	1	纺织服装业
改善显著	2	石化塑胶业、医药制造业

从企业层面看，见表 6－18，约有 54.69% 的上市公司生产渠道营运资金管理绩效下降，而从绩效变动幅度上看，生产渠道营运资金周转期变动幅度分布呈明显的“W”型，见图 6－7，绩效改善显著和绩效降低显著的公司数量超过正常水平，整条曲线偏离正态分布，且有 23.98% 的上市公司生产渠道营运资金管理绩效降幅超过 50%，恶化显著，表明近 1/4 的上市公司需要加强生产环节营运资金管理，以防生产渠道营运资金管理绩效继续大幅度恶化。

可见，无论从行业层面、企业层面，还是从中国上市公司整体来看，中国上市公司生产渠道营运资金管理绩效下降显著，中国上市公司亟需加强生产渠道营运资金管理，从根本上提升营运资金管理绩效。

（3）营销渠道营运资金周转期

2012 年，中国上市公司营销渠道营运资金周转期为 27 天，比上年延长 1 天，营销渠道营运资金管理绩效有所下降。从行业层面看，21 个行业中，电力煤气及水的生产供应业、建筑业、信息传输、软

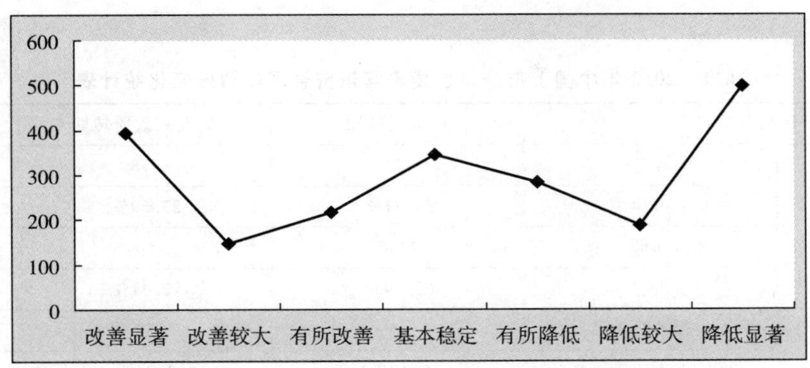

图 6-7 中国上市公司生产渠道营运资金周转期变动幅度分布图

件和信息技术服务业、社会服务业、农林牧渔业、房地产业和综合类 7 个行业营销渠道营运资金管理绩效改善，其他制造业营销渠道营运资金管理绩效不变，其他 13 个行业营销渠道营运资金管理绩效出现不同程度的下降，具体见表 6-21。可见，对于绝大多数行业来说，营销渠道营运资金管理绩效提升难依然是其营运资金管理的瓶颈。从绩效变动幅度上看，营销渠道营运资金管理绩效基本稳定和有所降低的行业数量最多，绝大部分绩效降低的行业降低程度均较小，只有采矿业和交通运输及仓储业降低幅度较大。

表 6-21　　上市公司各行业营销渠道营运资金周转期变动幅度分布

变动程度描述	数量	行业
降低显著	1	采矿业
降低较大	1	交通运输及仓储业
有所降低	6	食品饮料业、纺织服装业、石化塑胶业、金属非金属业、机械设备业、传播与文化产业
基本稳定	6	木材家具业、造纸印刷业、计算机、通信和其他电子设备制造业、医药制造业、其他制造业、批发零售贸易业
有所改善	3	农林牧渔业、房地产业、综合类
改善较大	2	信息传输、软件和信息技术服务业、社会服务业
改善显著	2	电力煤气及水的生产供应业、建筑业

从企业层面看，见表 6-18，约有 71.50% 的上市公司营销渠道营运资金管理绩效下降，而从绩效变动幅度上看，处于有所降低、降低显著和基本稳定三个区间的上市公司数量最多，分别约占全部上市公司的 1/4，其次是降低较大区间，呈“W”型，见图 6-8。大部分上市公司营销渠道营运资金管理绩效处于降低状态，证明中国上市公司营销渠道营运资金改善难题的普遍性。

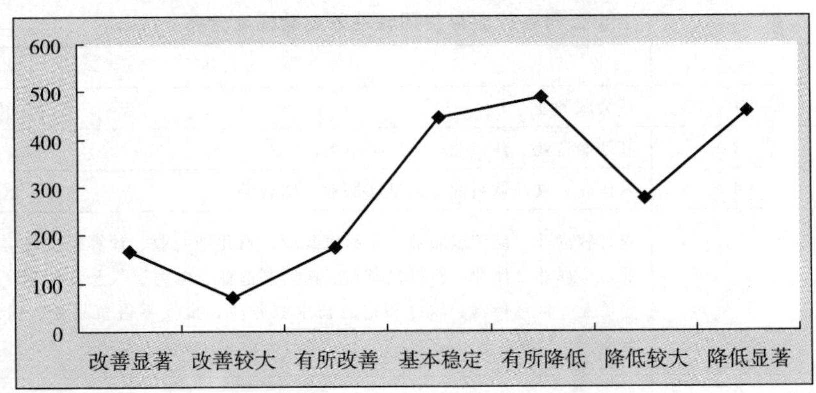

图 6-8 中国上市公司营销渠道营运资金周转期变动幅度分布图

3. 2012 年中国上市公司分要素营运资金管理绩效评价

2012 年中国上市公司各要素营运资金周转期见表 6-6。企业层面各要素营运资金周转绩效变化情况统计见表 6－22。

表 6－22　　2011～2012 年中国上市公司各要素营运资金周转绩效变化统计表

项目		存货周转期	应收账款周转期	应付账款周转期
周转绩效变化统计	改善	721	573	1350
	占比	34.71%	27.59%	65.00%
	降低	1356	1504	727
	占比	65.29%	72.41%	35.00%
绩效变化幅度统计	改善显著	45	57	262
	占比	2.17%	2.74%	12.61%
	改善较大	61	54	232
	占比	2.94%	2.60%	11.17%
	有所改善	266	203	498
	占比	12.81%	9.77%	23.98%
	基本稳定	753	584	665
	占比	36.25%	28.12%	32.02%
	有所降低	494	578	292
	占比	23.78%	27.83%	14.06%
	降低较大	251	311	89
	占比	12.08%	14.97%	4.29%
	降低显著	207	290	39
	占比	9.97%	13.96%	1.88%
可比样本总数		2077		

（1）存货周转期

2012 年，中国上市公司存货周转期为 81 天，比上年延长 9 天，管理绩效有所下降，降幅为 12.50%。从行业层面看，21 个行业中，除计算机、通信和其他电子设备制造业、信息传输、软件和信息技术服务业、房地产业和传播与文化产业存货周转绩效略有改善外（改善幅度小于 10%），其他 17 个行业存货周转绩效都下降，其中社会服务业降低显著，具体见表 6－23。从绩效变动幅度上看，14 个行业处于基本稳定区间内，占比 66.67%，比例最高，其次是处于绩效有所降低的行业数量（4 个），可见，绝大部分行业存货管理水平较为稳定，绩效变动幅度不大。

表 6－23　　上市公司各行业存货周转绩效变动幅度分布

变动程度描述	数量	行业
降低显著	1	社会服务业
降低较大	2	其他制造业、建筑业
有所降低	4	采矿业、食品饮料业、造纸印刷业、综合类
基本稳定	14	农林牧渔业、纺织服装业、木材家具业、石化塑胶业、计算机、通信和其他电子设备制造业、金属非金属业、机械设备业、医药制造业、电力煤气及水的生产供应业、交通运输及仓储业、信息传输、软件和信息技术服务业、批发零售贸易业、房地产业、传播与文化产业
有所改善	0	
改善较大	0	
改善显著	0	

从企业层面看，见表 6 - 22，约有 65.29% 的公司存货管理绩效下降，超过 3/5，而从绩效变动幅度上看，存货周转期变动幅度分布呈正态分布，见图 6 - 9，表明中国上市公司存货管理水平较为成熟和稳定。

可见，无论是从行业层面看，还是企业层面看，中国上市公司存货管理绩效均较为稳定；尽管超过 80% 的行业存货管理绩效有所降低，但大部分处于基本稳定的区间内，且从企业层面看，存货管理绩效基本稳定的公司数量最多，占比 36.25%。

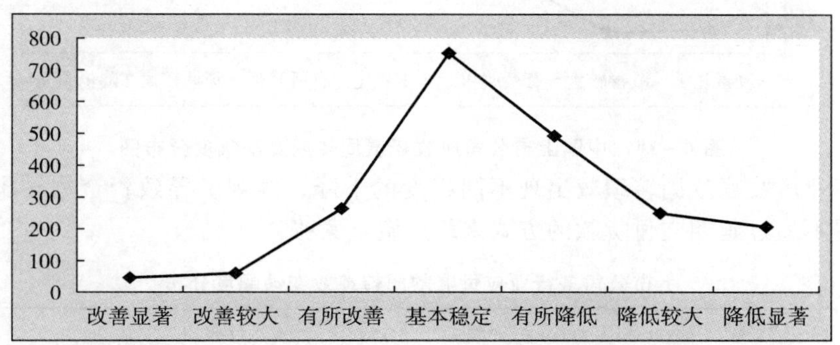

图 6 - 9　中国上市公司存货周转期变动幅度分布图

（2）应收账款周转期

2012 年，中国上市公司应收账款周转期为 43 天，比上年延长 5 天，管理绩效有所下降，降幅为 13.16%。从行业层面看，21 个行业中，除其他制造业和信息传输、软件和信息技术服务业外，其他 19 个行业应收账款周转绩效均出现不同程度的下降，其中 10 个行业处于有所降低的区间，9 个行业处于基本稳定的区间，具体见表 6 - 24。可见，大部分行业应收账款管理绩效在下降。

表 6 - 24　上市公司各行业应收账款周转绩效变动幅度分布

变动程度描述	数量	行业
降低显著	0	
降低较大	0	
有所降低	10	农林牧渔业、采矿业、纺织服装业、石化塑胶业、金属非金属业、机械设备业、建筑业、批发零售贸易业、房地产业、传播与文化产业
基本稳定	10	食品饮料业、木材家具业、造纸印刷业、计算机、通信和其他电子设备制造业、医药制造业、电力煤气及水的生产供应业、交通运输及仓储业、信息传输、软件和信息技术服务业、社会服务业、综合类
有所改善	0	
改善较大	1	其他制造业
改善显著	0	

从企业层面看，见表 6 - 22，约有 72.41% 的公司应收账款管理绩效下降，而从绩效变动幅度上看，应收账款周转期变动幅度呈左低右高的正态分布，见图 6 - 10，表明中国上市公司应收账款管理水平较为成熟和稳定，但大部分上市公司应收账款管理绩效出现小幅下降，需引起重视。

可见，无论是从行业层面看，还是企业层面看，大部分中国上市公司应收账款管理绩效均有所恶化，但恶化幅度不大。

（3）应付账款周转期

2012 年，中国上市公司应付账款周转期为 64 天，比上年延长 7 天，管理绩效有所改善。从行业层面看，21 个行业中，其他制造业应付账款周转绩效降低较大，电力煤气及水的生产供应业有小幅降低（周转期变化率为 -3.64%），其他 19 个行业都保持不变或有不同程度的改善，具体见表 6 - 25。这可

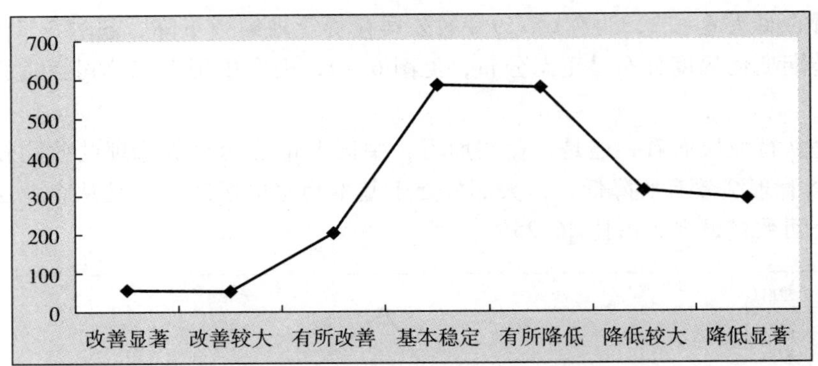

图 6－10　中国上市公司应收账款周转期变动幅度分布图

能是因为大部分行业应收账款周转绩效出现不同程度的下降，客观上导致资金周转出现不同程度的紧张，使得企业不得不通过延期支付货款的方式来缓解资金紧张。

表 6－25　　上市公司各行业应付账款周转绩效变动幅度分布

变动程度描述	数量	行业
降低显著	0	
降低较大	1	其他制造业
有所降低	0	
基本稳定	12	采矿业、食品饮料业、造纸印刷业、计算机、通信和其他电子设备制造业、机械设备业、医药制造业、电力煤气及水的生产供应业、建筑业、交通运输及仓储业、批发零售贸易业、传播与文化产业、综合类
有所改善	5	农林牧渔业、纺织服装业、木材家具业、石化塑胶业、金属非金属业
改善较大	3	信息传输、软件和信息技术服务业、房地产业、社会服务业
改善显著	0	

从企业层面看，见表 6－22，约有 65.00% 的公司应付账款管理绩效上升，而从绩效变动幅度上看，应付账款周转绩效变动幅度呈左高右低的正态分布，见图 6－11，表明中国上市公司应付账款管理水平波动也较为正常，符合基本规律。

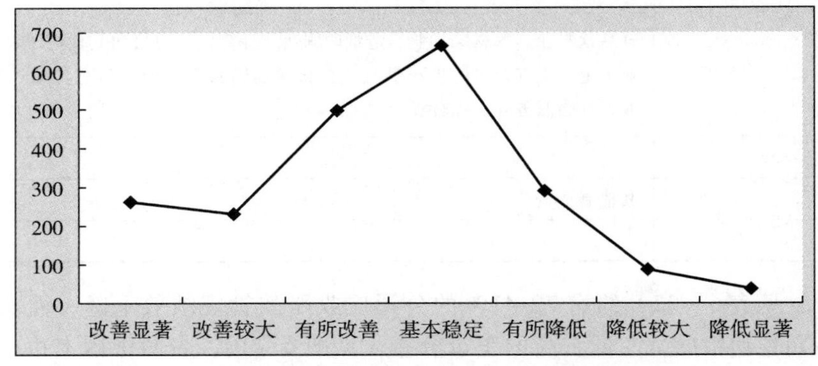

图 6－11　中国上市公司应付账款周转期变动幅度分布图

可见，从行业层面看，中国绝大部分行业应付账款管理绩效均处于改善状态，而从企业层面看，大部分上市公司应付账款管理绩效正在改善。但这种改善并不是整个供应链资金周转状况的改善，而是货款回收速度变慢而不得不延期支付供应商款项所致。

（二）分行业上市公司营运资金管理绩效趋势分析

1. 2012 年中国上市公司分行业营运资金管理绩效变化趋势总体分析

按照代码相同的原则对 2008 ~2012 年的上市公司进行匹配，获得可比样本 1330 个。2008 ~2012 年中国上市公司分行业经营活动营运资金管理绩效评价结果分别见表 6 -13 和表 6 -14。

表 6 -26　　2008 ~2012 年中国上市公司经营活动营运资金管理绩效变动趋势数量统计

趋势描述	经营活动营运资金周转期（按渠道）		经营活动营运资金周转期（按要素）	
	数量	占比	数量	占比
持续上升	46	3.46%	50	3.76%
总体上升	321	24.14%	242	18.20%
基本稳定	121	9.10%	192	14.44%
总体下降	479	36.02%	473	35.56%
持续下降	132	9.92%	125	9.40%
剧烈波动	5	0.38%	2	0.15%
其他	226	16.99%	246	18.50%
可比样本	1330	100.00%	1330	100.00%

（1）经营活动营运资金周转期（按渠道）变化趋势分析

2008 ~2012 年中国上市公司经营活动营运资金周转期（按渠道）分别为 17、24、18、23 和 26 天，尽管绩效波动幅度不大，但波动却较为频繁，2009 年和 2012 年表现为波峰，而 2008 年和 2010 年则为波谷，绩效呈总体下降趋势，详见图 6 -12。在 21 个行业中，4 个行业呈基本稳定趋势，表明这些行业经营活动营运资金（按渠道）管理水平较为平稳；呈总体下降趋势的行业数量最多，共 8 个行业，占比超过 1/3；另有造纸印刷业和批发零售贸易业两个行业经营活动营运资金（按渠道）管理绩效呈持续下降趋势，需要引起注意，详见表 6 -27。

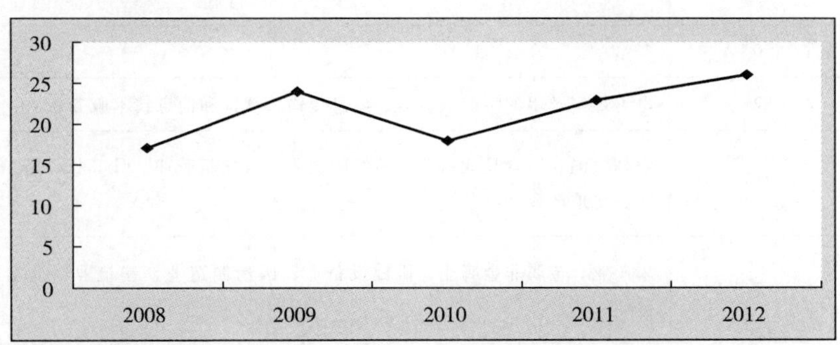

图 6 -12　上市公司经营活动营运资金周转期（按渠道）变化趋势图

表 6 -27　　2008 ~2012 上市公司各行业经营活动营运资金周转绩效（按渠道）变动趋势统计表

趋势名称	数量	行业
持续上升	0	
总体上升	4	采矿业、食品饮料业、电力煤气及水的生产供应业、信息传输、软件和信息技术服务业
基本稳定	4	农林牧渔业、纺织服装业、计算机、通信和其他电子设备制造业、房地产业
总体下降	8	石化塑胶业、金属非金属、医药制造业、建筑业、交通运输及仓储业、社会服务业、传播与文化产业、综合类
持续下降	2	造纸印刷业、批发零售贸易业
剧烈波动	0	
其他	3	木材家具业、机械设备业、其他制造业

从企业层面上看，在 1330 家可比上市公司中，5 年来约 45.94% 的上市公司经营活动营运资金管理绩效（按渠道）呈各种下降趋势，其中，总体下降趋势的公司有 479 家，占比 36.02%，比例最高；

约 27.60% 的上市公司呈各种上升趋势，其中，呈总体上升趋势的公司数量最多，为 321 家，占比 24.14%；另有 16.99% 的上市公司经营活动营运资金管理绩效（按渠道）无明显变动趋势；其余各趋势上市公司数量均不足 10%，详见表 6－26。

（2）经营活动营运资金周转期（按要素）变化趋势分析

2008～2012 年中国上市公司经营活动营运资金周转期（按要素）分别为 41、53、46、52 和 61 天，绩效呈总体下降趋势，详见图 6－13。在 21 个行业中，7 个行业呈总体下降趋势，表明这些行业营运资金管理绩效有待改善；6 个行业呈基本稳定趋势，表明这些行业经营活动营运资金（按要素）管理水平在 5 年来变动幅度较小，管理水平相对稳定；呈总体上升趋势的行业数量为 2 个，另有 6 个行业无明显变动趋势，详见表 6－28。

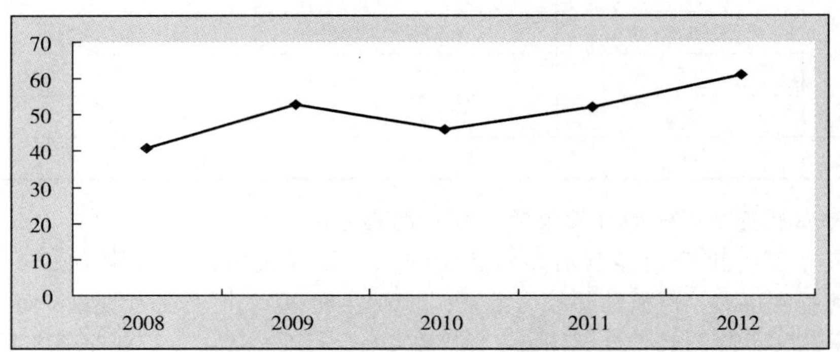

图 6－13　上市公司经营活动营运资金周转期（按要素）变化趋势图

表 6－28　2008～2012 上市公司各行业经营活动营运资金周转绩效（按要素）变动趋势统计表

趋势名称	数量	行业
持续上升	0	
总体上升	2	电力煤气及水的生产供应业、信息传输、软件和信息技术服务业
基本稳定	6	农林牧渔业、食品饮料业、造纸印刷业、石化塑胶业、计算机、通信和其他电子设备制造业、房地产业
总体下降	7	采矿业、金属非金属业、机械设备业、医药制造业、建筑业、批发零售贸易业、社会服务业
持续下降	0	
剧烈波动	0	
其他	6	纺织服装业、木材家具业、其他制造业、交通运输及仓储业、传播与文化产业、综合类

从企业层面上看，在 1330 家可比上市公司中，5 年来约 44.96% 的上市公司经营活动营运资金管理绩效（按要素）呈各种下降趋势，其中，总体下降趋势的公司最多，有 473 家，占比 35.56%；约 21.96% 的上市公司呈各种上升趋势，其中，呈总体上升趋势的公司数量最多，为 242 家，占比 18.20%；另有约 1/5 的上市公司经营活动营运资金管理绩效（按要素）无明显变动趋势，可预测性低，详见表 6－26。

2. 2012 年中国上市公司分渠道营运资金管理绩效变化趋势分析

2008～2012 年中国上市公司各渠道营运资金管理绩效评价指标分别见表 6－13。2008～2012 年中国上市公司各渠道营运资金管理绩效变化趋势统计见表 6－29。

表 6－29　2008～2012 年中国上市公司各渠道营运资金管理绩效变动趋势数量统计表

趋势描述	采购渠道营运资金周转期		生产渠道营运资金周转期		营销渠道营运资金周转期	
	数量	占比	数量	占比	数量	占比
持续上升	138	10.38%	65	4.89%	45	3.38%
总体上升	504	37.89%	364	27.37%	245	18.42%
基本稳定	108	8.12%	67	5.04%	171	12.86%
总体下降	307	23.08%	481	36.17%	487	36.62%
持续下降	63	4.74%	115	8.65%	155	11.65%
剧烈波动	3	0.23%	9	0.68%	2	0.15%
其他	207	15.56%	229	17.22%	225	16.92%
可比样本	1330	100.00%	1330	100.00%	1330	100.00%

（1）采购渠道营运资金周转期变化趋势分析

2008～2012 年中国上市公司采购渠道营运资金周转期分别为－28、－27、－27、－26 和－35 天，绩效整体呈阶梯性上升趋势，详见图 6－14。在 21 个行业中，采购渠道营运资金管理绩效呈总体上升趋势的行业数量最多，共 11 个；其次是无明显变动规律的行业数量，共 5 个，无持续下降和波动剧烈趋势的行业存在，详见表 6－30。

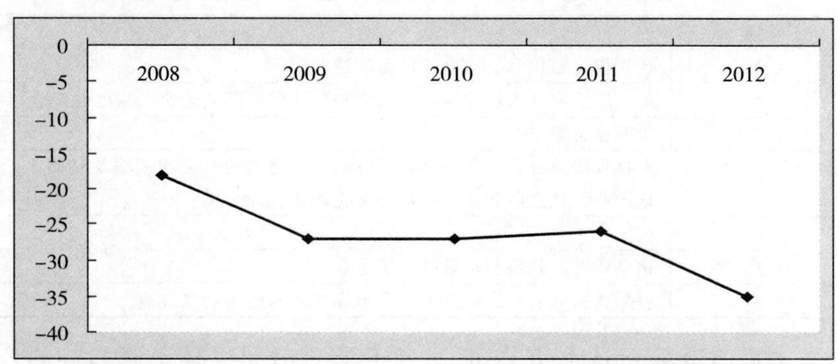

图 6－14　上市公司采购渠道营运资金周转期变化趋势图

表 6－30　2008～2012 上市公司各行业采购渠道营运资金周转绩效变动趋势统计表

趋势名称	数量	行业
持续上升	1	建筑业
总体上升	11	农林牧渔业、采矿业、纺织服装业、木材家具业、造纸印刷业、金属非金属业、电力煤气及水的生产供应业、信息传输、软件和信息技术服务业、批发零售贸易业、房地产业、社会服务业
基本稳定	3	计算机、通信和其他电子设备制造业、机械设备业、传播与文化产业
总体下降	1	其他制造业
持续下降	0	
剧烈波动	0	
其他	5	食品饮料业、石化塑胶业、医药制造业、交通运输及仓储业、综合类

从企业层面上看，在 1330 家可比上市公司中，5 年来约 48.27% 的上市公司营运资金管理绩效呈各种上升趋势，远高于呈下降趋势公司的比例。在上升趋势中，总体上升趋势公司数量占比最高，为 37.89%；同样，下降趋势中，总体下降趋势上市公司数量最多，占比 23.08%；另有 15.56% 的上市公司采购渠道营运资金管理绩效无明显变动趋势，详见表 6－29。

无论从上市公司总体来看，还是从企业层面或行业层面看，采购渠道营运资金管理绩效总体上呈上升趋势，结合按要素的分析，这种改善主要是延期支付应付账款所致。

（2）生产渠道营运资金周转期变化趋势分析

2008~2012 年中国上市公司生产渠道营运资金周转期分别为 12、25、21、24 和 34 天，绩效整体呈总体下降趋势，在经历了 2009 年绩效大幅度下降后，2010 年绩效有所回升，但仍未达到 2008 年的水平，2010 年至 2012 年呈逐年上升趋势，详见图 6-15。在 21 个行业中，绩效呈总体下降趋势的行业最多，有 10 个，其次是总体上升的行业，共 5 个，详见表 6-31。这表明中国上市公司对生产渠道营运资金的运用和管理正处于调整时期，稳定性差。

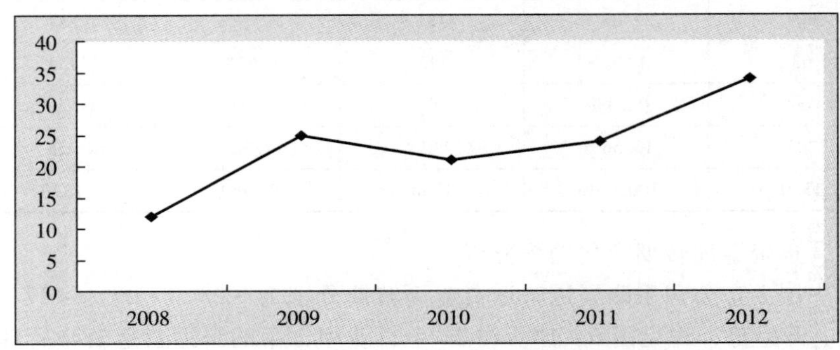

图 6-15　上市公司生产渠道营运资金周转期变化趋势图

表 6-31　　2008~2012 上市公司各行业生产渠道营运资金周转绩效变动趋势统计表

趋势名称	数量	行业
持续上升	1	计算机、通信和其他电子设备制造业
总体上升	5	纺织服装业、木材家具业、石化塑胶业、医药制造业、其他制造业
基本稳定	1	机械设备业
总体下降	10	农林牧渔业、采矿业、金属非金属业、建筑业、交通运输及仓储业、批发零售贸易业、房地产业、社会服务业、传播与文化产业、综合类
持续下降	0	
剧烈波动	1	信息传输、软件和信息技术服务业
其他	3	食品饮料业、造纸印刷业、电力煤气及水的生产供应业

从企业层面上看，在 1330 家可比上市公司中，5 年来绩效呈总体下降趋势的公司数量最多，共 481 家，占比 36.17%，其次是呈总体上升趋势的公司 364 家，占比 27.37%。绩效呈各种下降趋势的公司合计占比 44.82%，超过绩效呈各种上升趋势的公司总占比。可见，对于生产渠道营运资金管理，绩效下降的公司较多；另有 17.22% 的上市公司生产渠道营运资金管理绩效无明显变动趋势，详见表6-29。

（3）营销渠道营运资金周转期变化趋势分析

2008~2012 年中国上市公司营销渠道营运资金周转期分别为 23、27、24、26 和 27 天，绩效呈总体下降趋势，详见图 6-16。在 21 个行业中，绩效呈总体下降趋势的行业最多，为 7 个；其次是绩效呈总体上升和基本稳定的行业数量，均为 4 个，详见表 6-32。

表 6-32　　2008~2012 年上市公司各行业营销渠道营运资金周转绩效变动趋势统计表

趋势名称	数量	行业
持续上升	0	
总体上升	4	食品饮料业、电力煤气及水的生产供应业、房地产业、综合类
基本稳定	4	农林牧渔业、木材家具业、计算机、通信和其他电子设备制造业、医药制造业
总体下降	7	纺织服装业、造纸印刷业、石化塑胶业、金属非金属业、机械设备业、其他制造业、交通运输及仓储业
持续下降	2	批发零售贸易业、传播与文化产业
剧烈波动	0	
其他	4	采矿业、建筑业、信息传输、软件和信息技术服务业、社会服务业

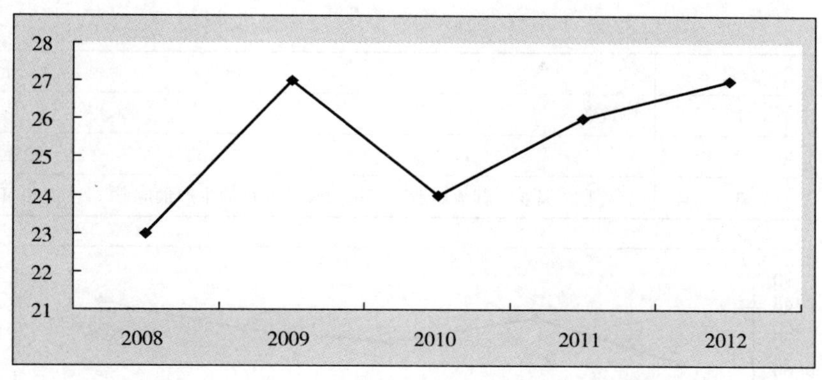

图 6－16　上市公司营销渠道营运资金周转期变化趋势图

从企业层面上看，在 1330 家可比上市公司中，5 年来约 48.27% 的上市公司营销渠道营运资金管理绩效呈各种下降趋势，其中，呈总体下降趋势的 487 家，占比 36.62%，持续下降的 155 家，占比 11.65%；约 21.80% 的上市公司营销渠道营运资金管理绩效呈各种上升趋势，其中，总体上升趋势 245 家，占比 18.42%，呈持续上升趋势仅有 45 家，占比 3.38%；另有 16.92% 的上市公司营销渠道营运资金管理绩效呈基本稳定趋势，详见表 6－29。

3. 2012 年中国上市公司分要素营运资金管理绩效变化趋势分析

2008～2012 年中国上市公司各要素营运资金管理绩效评价指标分别见表 6－6。2008～2012 年中国上市公司各要素营运资金管理绩效变化趋势统计见表 6－33。

表 6－33　2008～2012 年中国上市公司各要素营运资金管理绩效变动趋势数量统计表

趋势描述	存货周转期		应收账款周转期		应付账款周转期	
	数量	占比	数量	占比	数量	占比
持续上升	62	4.66%	29	2.18%	118	8.87%
总体上升	181	13.61%	186	13.98%	365	27.44%
基本稳定	361	27.14%	232	17.44%	304	22.86%
总体下降	378	28.42%	485	36.47%	209	15.71%
持续下降	88	6.62%	166	12.48%	48	3.61%
剧烈波动	2	0.15%	0	0.00%	3	0.23%
其他	258	19.40%	232	17.44%	283	21.28%
可比样本	1330	100.00%	1330	100.00%	1330	100.00%

（1）存货周转期变化趋势分析

2008～2012 年中国上市公司存货周转期分别为 61、76、68、72 和 81 天，绩效尽管有所波动，波动幅度较小，整体上呈下降趋势，详见图 6－17。在 21 个行业中，绩效呈基本稳定的行业最多，共 12 个，超过一半，表明我国大部分行业上市公司存货管理水平相对较为稳定；其余各趋势行业数量较少，详见表 6－34。

表 6－34　2008～2012 年上市公司各行业存货周转绩效变动趋势统计表

趋势名称	数量	行业
持续上升	1	计算机、通信和其他电子设备制造业
总体上升	1	纺织服装业
基本稳定	12	农林牧渔业、采矿业、食品饮料业、木材家具业、造纸印刷业、石化塑胶业、机械设备业、医药制造业、信息传输、软件和信息技术服务业、批发零售贸易业、房地产业、传播与文化产业
总体下降	3	交通运输及仓储业、社会服务业、综合类

续表

趋势名称	数量	行业
持续下降	1	建筑业
剧烈波动	0	
其他	3	金属非金属业、其他制造业、电力煤气及水的生产供应业

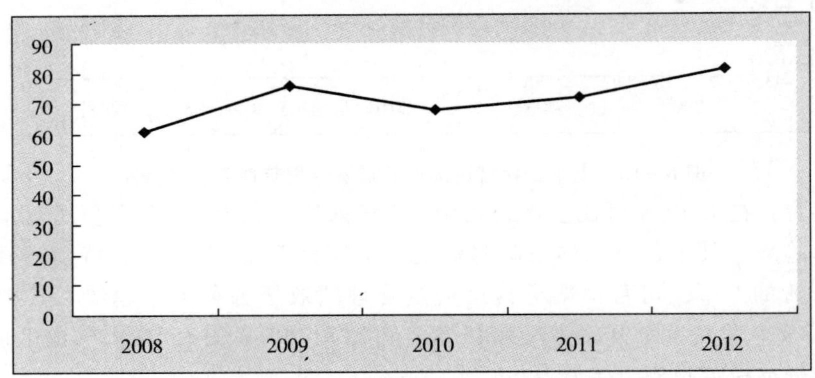

图 6-17 上市公司存货周转期变化趋势图

从企业层面上看，在 1330 家可比上市公司中，5 年来存货管理绩效呈各种下降趋势的公司数量较多，有 466 家，占比 35.04%，其中呈总体下降趋势的上市公司有 378 家，占比 28.42%；绩效呈各种上升趋势的上市公司数量较少，只有 243 家，占比 18.27%；呈基本稳定趋势的上市公司相对较多，有 361 家，占比 27.14%；另有 285 家，超过 1/5 的上市公司存货管理绩效无明显变动趋势，详见表6-33。

（2）应收账款周转期变化趋势分析

2008～2012 年中国上市公司应收账款周转期分别为 29、41、36、38 和 43 天，绩效略有波动，但波动幅度较小，整体上呈下降趋势，详见图 6-18。在 21 个行业中，绩效呈基本稳定趋势的行业最多，共 9 个，说明我国较多行业应收账款管理水平较为成熟和稳定；呈各种下降趋势的行业数量共 9 个，无明显变动趋势的行业数量 3 个，没有呈上升趋势的行业，详见表 6-35。

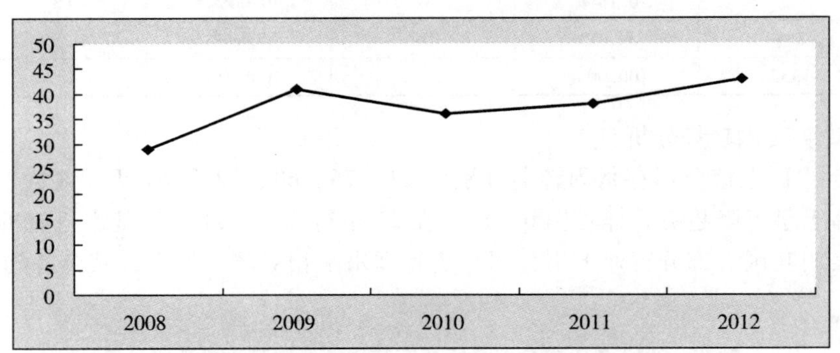

图 6-18 上市公司应收账款周转期变化趋势图

表 6-35 2008～2012 年上市公司各行业应收账款周转绩效变动趋势统计表

趋势名称	数量	行业
持续上升	0	
总体上升	0	
基本稳定	9	农林牧渔业、食品饮料业、纺织服装业、木材家具业、医药制造业、电力煤气及水的生产供应业、交通运输及仓储业、房地产业、综合类

续表

趋势名称	数量	行业
总体下降	6	石化塑胶业、计算机、通信和其他电子设备制造业、金属非金属业、机械设备业、社会服务业、传播与文化产业
持续下降	3	采矿业、造纸印刷业、批发零售贸易业
剧烈波动	0	
其他	3	其他制造业、建筑业、信息传输、软件和信息技术服务业

从企业层面上看，在1330家可比上市公司中，5年来约有16.18%的上市公司应收账款管理绩效呈各种上升趋势；约有48.95%的上市公司应收账款管理绩效呈各种下降趋势，其中，呈总体下降趋势的公司数量最多，485家，占比36.47%；232家上市公司应收账款管理绩效基本稳定，占比17.44%；另有17.44%的上市公司应收账款管理绩效无明显变动趋势，详见表6-33。

（3）应付账款周转期变化趋势分析

2008~2012年中国上市公司应付账款周转期分别为49、63、58、57和64天，整体上呈上升趋势，详见图6-19。在21个行业中，绩效呈基本稳定的行业是主体，共12个，占比57.14%；无明显变动趋势的行业数量7个，其余各趋势行业数量较少，详见表6-36。

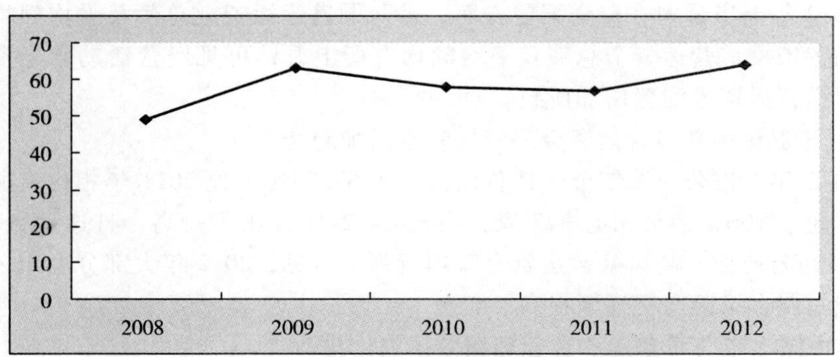

图6-19　上市公司应付账款周转期变化趋势图

表6-36　2008~2012年上市公司各行业应付账款周转绩效变动趋势统计表

趋势名称	数量	行业
持续上升	0	
总体上升	2	建筑业、信息传输、软件和信息技术服务业
基本稳定	12	农林牧渔业、采矿业、食品饮料业、纺织服装业、木材家具业、造纸印刷业、计算机、通信和其他电子设备制造业、机械设备业、医药制造业、电力煤气及水的生产供应业、批发零售贸易业、传播与文化产业
总体下降	0	
持续下降	0	
剧烈波动	0	
其他	7	石化塑胶业、金属非金属业、其他制造业、交通运输及仓储业、房地产业、社会服务业、综合类

从企业层面上看，在1330家可比上市公司中，5年来约有36.31%的上市公司应付账款管理绩效呈各种上升趋势，其中，呈总体上升趋势的公司数量最多，共365家，占比27.44%；约有19.32%的上市公司应付账款管理绩效呈各种下降趋势，其中，呈总体下降趋势的公司数量较多，209家，占比15.71%；304家上市公司应付账款管理绩效基本稳定，占比22.86%；另有21.28%的上市公司应付账款管理绩效无明显变动趋势，详见表6-33。

五、2012 年中国上市公司营运资金管理绩效排行榜

本部分分别按"经营活动营运资金周转期（按要素）"和"经营活动营运资金周转期（按渠道）"进行排名，分行业考察中国上市公司营运资金管理绩效。在对上市公司营运资金管理绩效进行排名时，剔除了财务数据异常的公司。详见附录一。

六、研究结论

（一）2012 年中国上市公司营运资金配置与来源研究结论

1. 大部分行业营运资金占用增加，少部分行业营运资本增加

调查表明，2012 年无论是营运资金总额，还是每家上市公司占用的营运资金平均余额均有所增加，且多数行业营运资金总额及平均余额增加；而营运资本增加的行业则不足 10 个，虽然营运资金总额略有增加，但营运资金平均余额则正在下降。

2. 上市公司营运资金配置以投资活动为主，正在向经营活动倾斜

调查表明，2012 年上市公司经营活动营运资金配置占比约为 1/3，绝大部分营运资金配置在投资活动领域。但从 2011 年和 2012 年两年上市公司配比上看，约 2/3 的上市公司正在不断增加经营活动营运资金的配置，表明大部分公司注意到了经营活动的重要性，资金配置正在向经营活动倾斜。

3. 从经营活动内部看，资金有从采购渠道向生产渠道和营销渠道转移倾向

调查表明，2012 年上市公司在资金配置方面，采购渠道营运资金总额及平均额均有一定程度的下降，而生产渠道和营销渠道营运资金总额及平均额均有所上升，可见经营活动营运资金的增加主要是生产渠道和营销渠道营运资金配置增加所致。

4. 短期性负债筹资比例高，营运资金筹资风险有增加趋势

调查表明，2012 年上市公司短期金融性负债占比为 67.87%，比 2011 年相比有所上升，2012 年短期金融性负债占比超过 100% 的公司有 327 家，占比 14.24%，比重较高，且这一数量较 2011 年增加 13 家，表明有更多的公司加入高风险营运资金管理行列。可见，2012 年大部分上市公司流动资金来源向短期金融性负债倾斜，风险水平逐渐提高。

（二）2012 年中国上市公司营运资金管理绩效研究结论

1. 中国上市公司营运资金管理绩效继续恶化

从上市公司整体看，基于渠道和基于要素的经营活动营运资金周转绩效较上年的下降幅度分别为 13.04% 和 17.08%，降幅较大。从行业层面来看，13 个行业的经营活动营运资金管理绩效（按渠道）下降，15 个行业的经营活动营运资金管理绩效（按要素）下降。从企业层面来看，经营活动营运资金管理绩效（按渠道）和经营活动营运资金管理绩效（按要素）下降的企业占比分别为 62.83% 和 66.35%。这表明宏观经济环境对中国上市公司营运资金管理绩效的不利影响继续存在，中国上市公司营运资金管理绩效恶化较为普遍。

2. 应收账款和存货管理绩效恶化较为普遍

从上市公司整体看，存货和应收账款周转绩效较上年的下降幅度分别为 12.50% 和 13.16%；从行业层面看，大部分行业（17 个行业存货管理绩效降低，10 个行业应收账款管理绩效降低）存货和应收账款管理绩效降低；从企业层面来看，存货管理绩效和应收账款管理绩效下降的企业占比分别为 65.29% 和 72.41%，均高于 65%。从趋势分析来看，存货和应收账款周转绩效均呈总体下降趋势，且呈各种下降趋势的企业数量较多，表明中国上市公司应收账款和存货管理绩效恶化较为普遍。

3. 营销渠道仍是营运资金管理的重点

从五年变动趋势来看，中国上市公司整体营销渠道营运资金管理绩效除在后金融危机时代（2009～2010 年）有所改善外，从 2010 年开始逐年延长；从年度对比来看，71.50% 的企业营销渠道营运资金管理绩效下降，13 个行业营销渠道营运资金管理绩效下降（占比 61.90%），表明营销渠道仍是基于渠道管理的营运资金管理的重点。

4. 采购渠道营运资金管理绩效的改善缘于应付账款付款期的延长

从五年变动趋势来看，采购渠道营运资金管理绩效呈上升趋势；从年度对比分析来看，62.21%的企业采购渠道营运资金管理绩效改善，19个行业采购渠道营运资金管理绩效提升，表明中国上市公司采购渠道营运资金管理绩效普遍改善。结合对应付账款周转绩效的分析，发现应付账款周转绩效呈总体上升趋势，65.00%的企业应付账款周转绩效改善，19个行业应付账款周转期延长，且这19个行业的采购渠道营运资金管理绩效也呈各种改善趋势。由此可见，中国上市公司采购渠道营运资金管理绩效的改善缘于应付账款周转期的延长。

5. 中国上市公司要素管理水平较为稳定，渠道管理水平有待提高

从年度对比分析来看，企业层面采购渠道、生产渠道和营销渠道营运资金管理绩效表动幅度均呈"W"或类"W"分布，波动性较大；与此相反，企业层面存货、应收账款和应付账款管理绩效变动幅度均呈正态分布，波动较为平稳。从五年趋势分析来看，基于要素的营运资金管理绩效波动程度普遍小于基于渠道的营运资金管理绩效波动程度。由此可见，中国上市公司基于要素的营运资金管理水平较为成熟和稳定，而基于渠道的营运资金管理水平波动较大，有待进一步加强和提高。

主要参考文献

1. 王竹泉、刘文静、高芳："中国上市公司营运资金管理调查：1997～2006"，《会计研究》，2007年第12期。

2. 王竹泉、刘文静、王兴河、张欣怡、杨丽霏："中国上市公司营运资金管理调查：2007～2008"，《会计研究》，2009年第9期。

3. 中国海洋大学企业营运资金管理研究课题组、王竹泉："中国上市公司营运资金管理调查：2009"，《会计研究》，2010年第9期。

4. 中国海洋大学企业营运资金管理研究课题组、王竹泉："中国上市公司营运资金管理调查：2010"，《会计研究》，2011年第12期。

4. 中国海洋大学企业营运资金管理研究课题组、王竹泉："中国上市公司营运资金管理调查：2011"，《会计研究》，2012年第12期。

第七章 2012年农、林、牧、渔行业上市公司营运资金管理调查①

【摘要】2012年农、林、牧、渔业经营环境基本稳定，政策支持更加全面和系统，但受价格波动、出口优势减弱等因素的影响，企业在存货管理销售方面仍面临较大的压力。本报告分别以2012年39家上市公司、2011年40家上市公司和2011~2012年35家可比上市公司为样本作为研究对象，从渠道和要素两个视角对农、林、牧、渔业上市公司2012年营运资金管理状况进行了全面调查和透视。

资金占用调查表明：2012年农、林、牧、渔业营运资金占用量有所减少，营运资金配置以经营活动为主，且配置比重相比2011年有所上升；各渠道营运资金占用额也均有一定程度的减少，其中营销渠道资金占用量最大，但有压缩的趋势；存货资金和应收及预付账款占用量下降是2012年经营活动营运资金占用量下降的主要原因；大部分企业营运资金持有量缺乏稳定性；同时，行业内营运资金来源以短期金融性负债为主，风险较高。

资金管理绩效调查表明：2012年农、林、牧、渔业营运资金管理绩效（按渠道）整体上不断改善，其中，采购渠道营运资金管理绩效改善明显，营销渠道营运资金管理水平则略有提高，但生产渠道营运资金管理绩效有所降低。从要素视角看，存货和应收账款管理绩效降低，应付账款周转期的延长减缓了营运资金管理绩效（按要素）的降低幅度。

根据上述调查结果，本报告发布了农林牧渔行业营运资金管理绩效排行榜，提出了优化生产流程、培育营销渠道、通过财务业务一体化和供应链合作提高管理的灵活性和抵御风险能力等对策建议，以期为农林牧渔行业提升营运资金管理水平提供参考。

一、农、林、牧、渔行业营运资金管理特点

1. 营运资金波动性强

企业营运资金占用量与产供销活动密切相关。农、林、牧、渔业生产经营具有十分明显的季节性特点，这不仅是由于农、林、牧、渔业的上游在很大程度上具有季节性特征，也由于农、林、牧、渔业的原材料多属于生鲜物资，存在保管难、保鲜成本高等特征，因而该行业营运资金占用明显按季节周期性波动，表现在集中采购、集中生产和集中存储对营运资金巨大的需求，而采购和生产的淡季需求量则明显降低。此外，农、林、牧、渔业的上游受气候等因素影响较大，丰收年度农、林、牧、渔业的采购和生产量大；受灾年度该行业的采购量及生产量都会大大降低，营运资金年度间的波动性也较强。因而，农、林、牧、渔业营运资金管理绩效也会受此影响具有较强的波动性。

2. 现金调度难度大

农、林、牧、渔业的特殊性致使其对现金有较强的依赖性。首先，采购环节的现金需求量大。农、林、牧、渔业直接与农户、养殖户等散养户接触。散养户具有极强的现金结算偏好，致使企业采购原材料需要大量的现金。其次，集中采购多。农、林、牧、渔业面对的原材料具有典型的季节性特点，大多在相对固定的时间集中销售，这导致了农、林、牧、渔业较多地面对农、林、牧、渔等鲜活产品的大批量采购，资金需求集中。第三，农、林、牧、渔业产品现销难度大。以企业为主要客户的农、林、牧、渔企业在商业信用高度发达、竞争异常激烈的今天，大部分都需要为对方企业提供或多或少的商业信用，很难实现现款现货。上述原因的叠加造成了农、林、牧、渔业需要在短期内调度大量现

① 国家自然科学基金“利益相关者视角的营运资金管理研究与中国上市公司营运资金管理数据平台扩充建设（71372111）”和国家自然科学基金“利益相关者集体选择视角的企业价值管理研究（71172099）”的阶段性成果。感谢中国海洋大学、中国会计学会、国家自然科学基金委员会对营运资金管理研究的支持。

金，现金需求不平衡，亟需创新采购和销售的结算方式。

3. 原材料采购管理极其重要

首先，动植物产品具有较强的地域性特点，而且供应商大多为散养户，这使得企业在采购原材料时必须要同众多的农户进行一对一的谈判，交易成本相对较高。行业内激烈的竞争更加剧了企业原材料采购的困难，增加采购成本。自建养殖基地以及利用农产品交易网可在一定程度上降低交易成本，但如何对养殖基地进行管理依然十分重要。其次，动植物等鲜活产品生产受自然环境的影响较大，产量极为不稳定，这使得农、林、牧、渔业企业原材料价格起伏较大，采购成本和采购品质的控制难度较高。第三，原材料供应量受到限制。农、林、牧、渔等鲜活农产品的生产受土地、牧场以及海洋资源的限制，无法在短期大幅度提升产量，反而容易由于牧场沙漠化、农村城镇化等因素的影响而大幅度减少，这使得原材料采购成为制约企业规模扩大的一个瓶颈。因而，农、林、牧、渔业企业原材料采购管理十分重要，它直接影响到最终产品的市场竞争力、企业的盈利空间以及企业规模的扩张。

4. 预付账款比重高

农林牧渔业原材料采购管理难度较大激发了企业采购渠道创新的动力。众多企业为了确保原材料的充足往往进行一定程度的管理创新，如采取建立养殖基地以及利用农产品交易网等措施加强采购管理，可以大大降低采购过程中与养殖户或农户的交易成本，但采购资金需求量大且集中的问题依然没有很好的解决途径，大部分养殖基地都需要企业提前预付一定的款项解决养殖户前期投入资金短缺的问题，这使得农林牧渔业营运资金管理中预付账款的比重较其他行业高，预付账款的管理也是农林牧渔业营运资金管理的重要内容。

5. 材料、产品储运成本高

农、林、牧、渔业的原材料或产品大多为鲜活农产品，这类农产品的储存、保养需要极高的技术条件才能够维持其应有品质。材料或产品从运输到储存的一系列环节可能都需要采用特殊的技术处理或保管措施，以防止鲜活产品腐烂、变质、损耗等，这要求农、林、牧、渔业投放大量的资金建设冷库、保鲜室、杀菌室等仓库，采用空运等高成本运输方式，储运成本大。

6. 产成品管理、创新任务重

农、林、牧、渔业产品的保质期相对较短，产品一旦生产出来，就面临着巨大的销售压力。而原材料采购的季节性以及周期性因素使得产品大批量集中生产，加剧了产品储存和销售的压力。大部分企业为此都广开销路，纷纷拓展外地甚至国外市场。但对于农、林、牧、渔产品的出口，绿色壁垒往往成为我国农产品出口的障碍。因此，农、林、牧、渔业产成品管理是影响企业竞争优势的重要方面，如何能够确保产品保管质量、确保产品符合世界质量标准、创新产品品种以及加速产成品周转速度等都成为农林牧渔业产成品管理的重要内容。

7. 应交税费低

根据国务院 2008 年 11 月 5 日修订的《中华人民共和国增值税暂行条例》的规定：农产品（含种植业、养殖业、林业、牧业、水产业生产的各种植物、动物的初级产品）实行 13% 的轻税率；根据 2008 年 1 月 1 日实施的《中华人民共和国所得税法》的规定，对于企业从事蔬菜、谷物、薯类、油料、豆类、棉花、麻类、糖料、水果、坚果的种植，农作物新品种的选育，中药材的种植，牲畜、家禽的饲养，林产品的采集，灌溉、农产品初加工、兽医、农技推广、农机作业和维修等农、林、牧、渔服务业项目，远洋捕捞等项目的经营所得，免征企业所得税；对于企业从事花卉、茶以及其他饮料作物和香料作物的种植，海水养殖、内陆养殖等项目的经营所得，减半征收所得税。可见，农、林、牧、渔业整体上处于税收优惠政策范围内，税收负担较轻，相应的，应交税费项目的比重也较小。

二、2012 年农、林、牧、渔业经营环境及对营运资金管理的影响

1. 国内经济稳定促使行业发展稳中有增

2012 年全年国内生产总值 519322 亿元，按可比价格计算，比上年增长 7.8%。其中第一产业增加值 52377 亿元，比上年增长 4.5%；第一产业投资 9004 亿元，比上年增长 32.2%。农业生产稳定增长，

各类农产品产量都有上升，其中粮食产量增长 3.2%，棉花产量增长 3.8%，生猪出栏量增长 5.2%，猪牛羊禽肉、禽蛋、牛奶产量分别增长 5.4%、1.8%和 2.3%，全国水产品总产量达到 5906 万吨，同比增长 5.4%。。可见，2012 年农林牧渔业总体呈现稳定发展的态势，这为该行业上市公司提升管理水平和营运能力提供了良好的经济环境。

2. 价格波动对存货管理仍有影响

农产品价格受包括生产周期、产量、季节、政策甚至自然灾害和突发事件等多种因素的影响，其波动性一向较大。2012 年国际农产品价格剧烈波动，国内市场供应充足、价格稳中偏弱，其中粮食涨幅趋缓，棉糖震荡下行，猪肉总体低迷，牛羊肉持续上涨，果蔬季节性波动。据农业部监测，2012 年 11 月全国农产品批发市场价格指数为 185.0，环比下降 1.6%，比年初下降 13.7%，前 11 个月平均比上年同期高 7.5%。价格波动必然会影响行业内上市公司对存货的管理，企业能否根据市场价格和需求波动合理安排企业的采购、生产和销售会对营运资金管理绩效产生直接影响。此外，对于本行业的上市公司，也可以考虑利用金融工具降低价格波动给经营活动带来的风险。但从实际情况来看，2012 年该行业上市公司在投资活动中占用的营运资金比例不高并有所下降，一方面是由于 2012 年农产品价格波动相比 2011 年有所减缓，但另一方面也说明该行业上市公司对利用金融工具加强存货管理的观念不强。

3. 进出口情况影响导致资金周转难

在 2012 年 40 家上市公司中有 14 家企业有出口或外销收入，行业平均出口外销收入占总收入的 12%，可见出口外销对该行业上市公司的销售情况有较大影响。但是就 2012 年实际情况来看，行业整体呈现进口冲击明显增强、出口优势减弱的态势。全年农产品出口 632.9 亿美元，同比增 4.2%；进口 1124.8 亿美元，同比增 18.6%。贸易逆差为 491.9 亿美元，同比扩大 44.2%。2012 年我国主要农产品进口大幅增加，且出现由非粮食产品向粮食产品延伸、由种植业向畜牧业延伸的趋势，棉花和食糖等大量进口对国内市场冲击较大。究其原因既包括国际市场需求萎缩，国内需求刚性增长等市场因素，也包括我国农产品生产成本高、缺乏市场竞争力和国内食品安全问题严重等企业自身的因素。而出口减弱又反过来影响了国内企业的销售，导致行业整体营业收入增速同比大幅下滑，进而很可能引发企业的资金周转问题。

4. 政策支持有利于企业提高营运资金管理绩效

作为国家重点扶持的战略型产业，2012 年国家政策对该行业营运资金管理的影响也不容忽视：首先，农业投入和补贴力度进一步加强，按照增加总量、扩大范围、完善机制的原则，为企业资金周转注入了活力。其次，统筹规划全国农产品流通设施布局，加快完善覆盖城乡的农产品流通网络，鼓励有条件的地方通过投资入股、产权置换、公建配套、回购回租等方式，建设一批非营利性农产品批发、零售市场；支持拥有全国性经营网络的供销合作社和邮政物流、粮食流通、大型商贸企业等参与农产品批发市场、仓储物流体系的建设经营，为企业提供了更多的销售平台和渠道。第三，充分利用现代信息技术手段，发展农产品电子商务等现代交易方式，大力发展订单农业，推进生产者与批发市场、农贸市场、超市、宾馆饭店、学校和企业食堂等直接对接，支持生产基地、农民专业合作社在城市社区增加直供直销网点，为企业形成稳定的农产品供求关系提供了支持，有助于企业提升营运资金管理绩效。

三、2012 年农、林、牧、渔业上市公司营运资金配置与来源分析

（一）农、林、牧、渔业上市公司营运资金配置分析

1. 农、林、牧、渔业上市公司营运资金总体配置结构与占用水平分析

（1）行业层面

2011～2012 年农、林、牧、渔业营运资本、营运资金及营运资金配置情况见表 7－1。

表 7－1　　2011～2012 年农、林、牧、渔业营运资金配置分析　　单位：亿元

项目	营运资本期末占用		营运资金期末占用		经营活动营运资金期末占用		经营活动营运资金占用水平		投资活动营运资金期末占用	
	2011	2012	2011	2012	2011	2012	2011	2012	2011	2012
行业总体	227.42	203.32	489.59	415.47	261.99	225.18	53.51%	54.20%	227.60	190.30
行业平均	5.69	5.21	12.24	10.65	6.55	5.77	53.51%	54.20%	5.69	4.88
最大值	39.89	35.38	55.96	55.32	38.50	40.12	99.04%	97.68%	29.49	15.87
最小值	－5.36	－3.79	1.17	0.84	－1.52	－0.53	－35.95%	－12.63%	0.02	0.04
样本数量	40	39	40	39	40	39	40	39	40	39

从表 7－1 可以看出，2012 年农林牧渔业总体营运资本以及行业平均营运资本占用额均有所下降，降幅分别为 10.60% 和 8.44%；总体营运资金以及行业平均营运资金占用额也分别下降 15.14% 和 12.99%，这表明农林牧渔业正在对营运资本和营运资金占用额进行控制且卓有成效。

从营运资金配置结构上看，2012 年行业总体和平均经营活动营运资金配置比重由上年的 53.51% 上升到 2012 年 54.20%，这表明农林牧渔业在 2012 年资金配置向经营活动略微倾斜，在营运资金中经营活动占用的主体地位更加明显。

（1）企业层面

2011～2012 年农、林、牧、渔业上市公司营运资本、营运资金及营运资金配置变化情况及变动幅度见表 7－2。

表 7－2　　2011～2012 年农、林、牧、渔业上市公司营运资金配置变化情况及变动幅度统计表

项目		营运资本	营运资金	经营活动营运资金	投资活动营运资金
资金占用量绝对变化统计	降低	16	17	15	16
	降低比例	45.71%	48.57%	42.86%	45.71%
	增加	19	18	20	19
	增加比例	54.29%	51.43%	57.14%	54.29%
资金占用量变化幅度统计	降低显著	5	1	4	6
	占比	14.29%	2.86%	11.43%	17.14%
	降低较大	2	1	2	1
	占比	5.71%	2.86%	5.71%	2.86%
	有所降低	7	10	7	7
	占比	20.00%	28.57%	20.00%	20.00%
	基本稳定	6	12	4	4
	占比	17.14%	34.29%	11.43%	11.43%
	有所增加	6	7	8	6
	占比	17.14%	20.00%	22.86%	17.14%
	增加较大	1	0	5	2
	占比	2.86%	0.00%	14.29%	5.71%
	增加显著	8	4	5	9
	占比	22.86%	11.43%	14.29%	25.71%
可比样本总数		35			

注：上表中除了百分比之外的数字单位为：家

从表 7－2 可以看出，营运资本与营运资金增加的上市公司数量均超过一半。营运资本增加的上市公司中，增加显著的上市公司数量最多，占比达到 22.86%，剩余的公司营运资本增加幅度不大；营

运资本降低的上市公司中，降幅显著的仅占 14.29%，有所降低的上市公司数量最多，占比达到 20%。在农林牧渔业所有上市公司中，2012 年营运资本超过平均水平的上市公司有 15 家，占比 38.46%，而营运资本低于平均水平的上市公司有 24 家，占比为 61.54%。而从营运资金角度看，营运资金增加的上市公司中，有所增加的上市公司数量最多，占比达到 20%，11.43% 的上市公司营运资金增加显著；营运资金降低的上市公司中，有所降低的占 20%，仅有 11.43% 的上市公司营运资金降低显著。同样，2012 年营运资金超过平均水平的上市公司有 15 家，占比为 38.46%。可见，农林牧渔业大部分上市公司营运资本占用水平较低，整个行业营运资本占用水平是由少数公司拉动的。

而从营运资金配置内容上看，尽管整个行业营运资金和平均营运资金水平都有下降的趋势，但营运资金、经营活动营运资金和投资活动营运资金增加的上市公司占比都超过 50%，其中经营活动营运资金占用额增加的上市公司数量最多，达到 20 家，占比 57.14%。

从资金配置变动幅度上看，详见图 7-1，无论是经营活动还是投资活动营运资金配置，均偏离正态分布，降低显著与增加显著的公司数量都较大，但投资活动营运资金配置降低显著与增加显著的上市公司数量都较经营活动资金配置相应的公司数量多，这表明投资活动资金配置变化更为剧烈。经营活动营运资金配置变化有所降低和有所增加的公司数量较之投资活动资金的更多，这表明尽管绝大多数经营活动营运资金配置发生了变化，但变化幅度均较小。

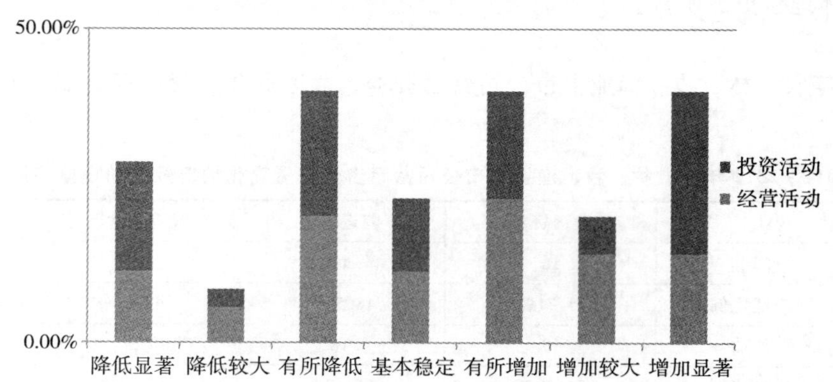

图 7-1　2011~2012 年农林牧渔业营运资金配置结构变动幅度图

2. 农、林、牧、渔业上市公司分渠道的经营活动营运资金配置分析

（1）行业层面

2011~2012 年农、林、牧、渔业经营活动各渠道营运资金配置情况见表 7-3。

表 7-3　2011~2012 年农、林、牧、渔业经营活动营运资金的渠道配置分析　单位：亿元

项目	采购渠道营运资金		生产渠道营运资金		营销渠道营运资金		经营活动营运资金	
	2011	2012	2011	2012	2011	2012	2011	2012
行业总体	31.12	29.51	71.27	67.59	159.61	128.07	261.99	225.18
行业平均	0.78	0.76	1.78	1.73	3.99	3.28	6.55	5.77
最大值	9.43	13.09	34.72	20.16	37.10	31.32	38.50	40.12
最小值	-1.12	-2.03	-10.02	-4.85	-5.64	-5.67	-1.52	-0.53
样本数量	40	39	40	39	40	39	40	39

从表 7-3 可以看出，无论是行业总体还是行业平均水平，各渠道营运资金以及经营活动营运资金总量的占用与 2011 年相比均有不同程度的下降。从行业总体看，营销渠道营运资金占用额降低幅度最大，达到 19.76%，采购渠道与生产渠道营运资金占用额降幅基本持平，分别为 5.17% 和 5.16%；从行业平均水平看，同样是营销渠道营运资金占用额降幅最大，达到 17.79%，采购渠道与生产渠道营运资金占用额的降幅也较为接近，分别为 2.56% 和 2.81%，生产渠道降幅略大。

从资金配置结构上看，农林牧渔业营销渠道营运资金占用资金最多，而采购渠道营运资金占用最少。从图 7－2 可以看出，对于行业总体营运资金，2012 年采购渠道营运资金配置结构为 13. 11%，比 2011 年增加 1. 23 个百分点；生产渠道营运资金配置结构为 30. 02%，比 2011 年增加 2. 81 个百分点；营销渠道营运资金配置结构为 56. 87%，比上年下降 4. 05 个百分点。从图 7－3 可以看出，行业平均营运资金配置结构及其变化与行业总体营运资金基本相似。这表明农林牧渔业已经充分认识到营销渠道对营运资金的占用压力，正在采取措施努力压缩。

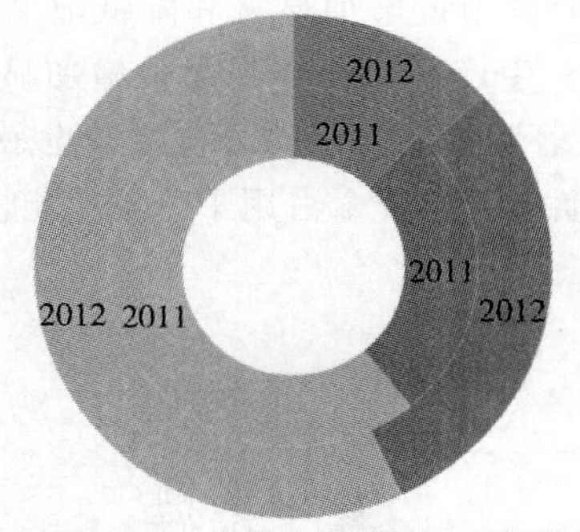

图 7－2　行业总体营运资金配置结构图

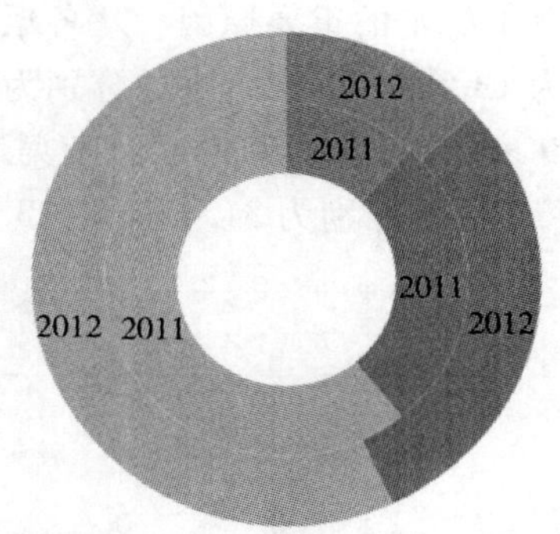

图 7－3　行业平均营运资金配置结构图

（2）企业层面

2011～2012 年农、林、牧、渔业经营活动各渠道营运资金的配置变化情况及变动幅度见表 7－4。

表 7－4　农、林、牧、渔业 2011～2012 年经营活动营运资金的渠道配置变化情况及变动幅度表

项目		采购渠道营运资金	生产渠道营运资金	营销渠道营运资金	经营活动营运资金
资金占用量绝对变化统计	降低	18	12	14	15
	降低比例	51. 43%	34. 29%	40. 00%	42. 86%
	增加	17	23	21	20
	增加比例	48. 57%	65. 71%	60. 00%	57. 14%
资金占用量变化幅度统计	降低显著	10	5	10	4
	占比	28. 57%	14. 29%	28. 57%	11. 43%
	降低较大	5	2	1	2
	占比	14. 29%	5. 71%	2. 86%	5. 71%
	有所降低	3	5	3	7
	占比	8. 57%	14. 29%	8. 57%	20. 00%
	基本稳定	1	4	2	4
	占比	2. 86%	11. 43%	5. 71%	11. 43%
	有所增加	0	7	3	8
	占比	0. 00%	20. 00%	8. 57%	22. 86%
	增加较大	3	3	5	5
	占比	8. 57%	8. 57%	14. 29%	14. 29%
	增加显著	13	9	11	5
	占比	37. 14%	25. 71%	31. 43%	14. 29%
可比样本总数		35			

注：上表中除了百分比之外的数字单位为：家

从表 7－4 可以看出，采购渠道营运资金占用量降低的企业数量略高于资金占用量增加的企业数量；生产渠道营运资金降低企业数量远远低于资金占用量增加的企业数量，资金占用量增加企业占比高达 65.71%；营销渠道营运资金占用量降低企业数量也大大低于资金占用量增加企业数量，资金占用量增加企业占比达 60%，这一趋势与经营活动营运资金占用量变化趋势基本一致。

从各渠道资金占用变化幅度上看，相见图 7－4，三个渠道营运资金占用量的变化均偏离正态分布，采购渠道和营销渠道营运资金占用基本呈 U 型，变化幅度显著的企业数量较高。这也是导致经营活动营运资金不稳定的重要原因。从各渠道看，采购渠道资金占用量增加显著和降低显著的公司数量最高，分别为 13 家和 11 家，占比分别为 37.14% 和 28.57%；生产渠道资金占用量增加显著的公司数量最高，为 9 家，占比 25.71%；营销渠道资金占用量增加显著和降低显著的公司数量也最多，分别为 11 家和 10 家，占比分别为 31.43% 和 28.57%。表明农林牧渔业营运资金占用十分不稳定。

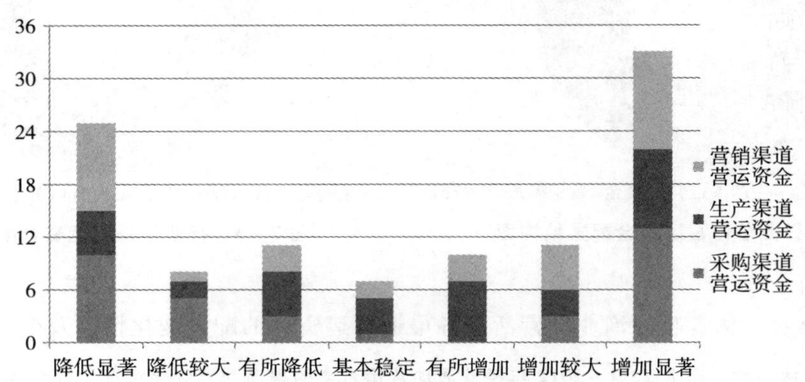

图 7－4　2011～2012 年农林牧渔业各渠道营运资金占用变化幅度图

3. 农、林、牧、渔业上市公司分要素的经营活动营运资金配置分析

（1）行业层面

2011～2012 年农、林、牧、渔业经营活动各要素营运资金的配置情况见表 7－5。

表 7－5　2011～2012 年农、林、牧、渔业经营活动营运资金的要素配置分析　单位：亿元

项目	存货		应收及预付款项		应付及预收款项		经营活动营运资金	
	2011	2012	2011	2012	2011	2012	2011	2012
行业总体	313.40	272.13	147.93	137.07	199.34	184.02	261.99	225.18
行业平均	7.84	6.98	3.70	3.51	4.98	4.72	6.55	5.77
最大值	58.61	50.54	34.11	33.54	58.98	43.96	38.50	40.12
最小值	0.16	0.31	0.22	0.16	0.01	0.06	-1.52	-0.53
样本数量	40	39	40	39	40	39	40	39

从表 7－5 可以看出，无论是从行业总体，还是从行业平均水平看，2012 年经营活动各要素营运资金占用水平均呈下降趋势。

从行业总体上看，详见图 7－5，2012 年行业总体存货资金占用量比 2011 年下降 13.17%，行业总体应收及预付款项占用量比 2011 年下降 7.34%，行业总体应付及预收款项占用量比 2011 年下降 7.69%，可见，2012 年经营活动营运资金总体占用水平的下降是由于存货、应收及预付款项占用量的下降导致的。

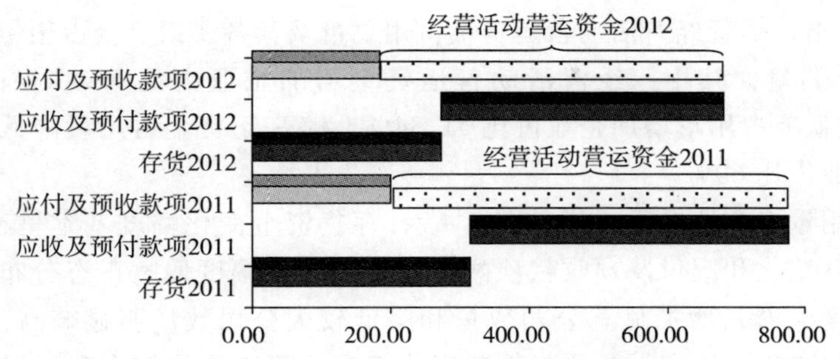

图 7-5　2011~2012 年经营活动各要素行业总体资金配置图

从行业平均水平看，详见图 7-6，2012 年行业平均存货资金占用量比 2011 年下降 10.97%，行业平均应收及预付款项占用量比 2011 年下降 5.14%，行业平均应付及预收款项占用量比 2011 年下降 5.22%，研究结论与行业总体情况类似，即存货资金和应收及预付账款占用量下降是 2012 年经营活动营运资金占用量下降的主要原因。

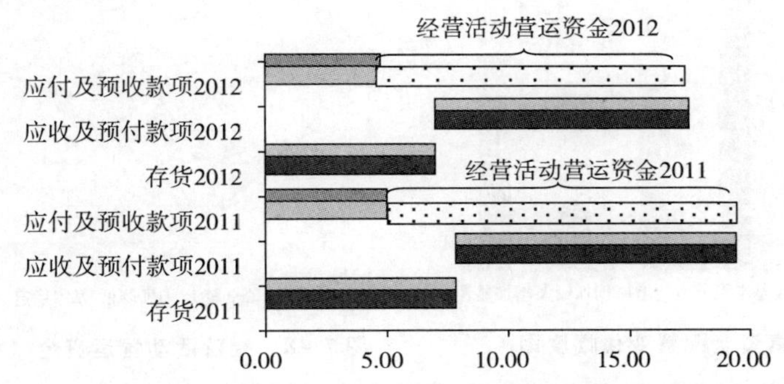

图 7-6　2011~2012 年经营活动各要素行业平均营运资金配置图

（2）企业层面

2011~2012 年农、林、牧、渔业经营活动各要素营运资金的配置变化情况及变动幅度见表 7-6。

表 7-6　农、林、牧、渔业 2011~2012 年经营活动营运资金的要素配置变化情况及变动幅度表

项目		存货	应收及预付款项	应付及预收款项	经营活动营运资金
资金占用量绝对变化统计	降低	6	17	14	15
	降低比例	17.14%	48.57%	40.00%	42.86%
	增加	29	18	21	20
	增加比例	82.86%	51.43%	60.00%	57.14%
资金占用量变化幅度统计	降低显著	1	2	3	4
	占比	2.86%	5.71%	8.57%	11.43%
	降低较大	1	7	4	2
	占比	2.86%	20.00%	11.43%	5.71%
	有所降低	2	5	6	6
	占比	5.71%	14.29%	17.14%	17.14%
	基本稳定	12	8	2	5
	占比	34.29%	22.86%	5.71%	14.29%
	有所增加	10	6	5	6
	占比	28.57%	17.14%	14.29%	17.14%
	增加较大	4	1	9	6
	占比	11.43%	2.86%	25.71%	17.14%
	增加显著	5	6	6	6
	占比	14.29%	17.14%	17.14%	17.14%
可比样本总数		35			

注：上表中除了百分比之外的数字单位为：家

从表 7－6 可以看出，尽管经营活动营运资金占用总量及其各要素资金占用量增加企业数量均超过资金占用量减少企业数量，其中，经营活动营运资金增加企业占比 57.14%；存货增加企业占比 82.86%；应收及预收款项占用量增加企业占比 51.34%，略高于资金占用量降低企业数量；应收及预付款项占用量增加企业占比 60%。

从各要素资金占用量变化情况看，详见图 7－7，存货资金变化幅度基本呈正态分布，较为正常，而应收及预付款项资金变化和应付及预收款项两类资金的变化幅度偏离正态分布，十分不稳定。从应收及预付款项变化幅度上看，增加显著公司数量和降低较大公司数量明显畸高，分别为 6 家和 7 家，占比分别为 17.14% 和 20%；从应付及预收款项变化幅度上看，增加较大和增加显著公司数量高于正常水平，分别为 9 家和 6 家，占比分别为 25.71% 和 17.14%。而从经营活动营运资金变化幅度上看，整条曲线同样偏离正态分布，除了基本稳定企业数量较少外，增加较大、增加显著和降低显著企业数量也明显高于正常水平，这主要是农林牧渔业在结算环节营运资金管理水平不稳定导致的。

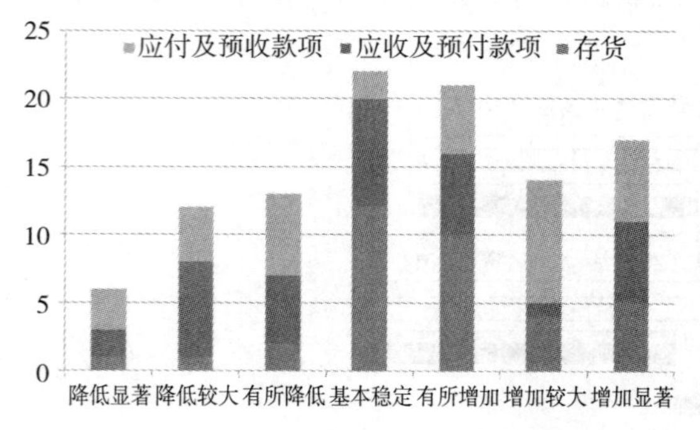

图 7－7　各要素资金配置变化幅度图

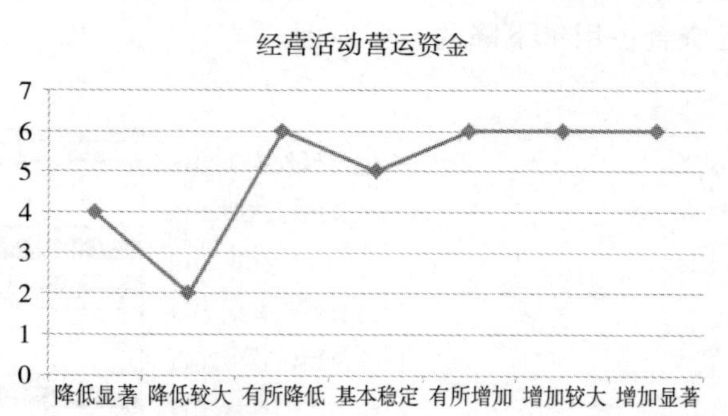

图 7－8　经营活动营运资金（按要素）变化幅度图

（二）农、林、牧、渔业上市公司营运资金来源与财务风险分析

2011～2012 年农、林、牧、渔业营运资金来源情况见表 7－7。2011～2012 年农、林、牧、渔业企业层面营运资金来源统计情况见表 7－8。

表 7－7　2011～2012 年农、林、牧、渔业营运资金来源状况

项目	短期金融性负债占比		营运资本占比	
	2011 年末	2012 年末	2011 年末	2012 年末
行业平均	0.54	0.51	0.46	0.49
最大值	2.27	1.54	1.00	1.00
最小值	—	—	－1.27	－0.54
样本数量	40	39	40	39

从表 7－7 可以看出，2011～2012 年农林牧渔业营运资金的来源以短期金融性负债为主，表现为短期金融性负债占比均超过 50%，这是一种高风险的融资方式，即企业用较高比例的短期金融性负债，如短期借款、交易性金融负债等满足流动资金的需要。2012 年短期金融性负债占比略有降低，这或许是农林牧渔业已经认识到这种融资方式的高风险性从而进行人为控制的结果，但总体来说，该行业的短期金融性负债占比并未达到 1，从而依然处于适度的范围内。但从整个行业营运资金来源看，2012 年农林牧渔业短期金融性负债占比最高的公司高达 154%，其不仅用短期金融性负债来满足全部营运资金的需求，还用来满足部分长期资金需求，属于典型的“短借长投”，虽然这一数据较 2011 年明显下降，但依然处于风险畸高状态，而行业内该指标最低的公司为 0，这表明该公司采用长期的营运资本来满足流动资金需要，属于保守的融资方式，风险较低。可见，农林牧渔业上市公司营运资金来源的企业间差异较大。

营运资本占比指标的分析与此恰好相反，详见表 7－7。

表7-8 2011~2012年农、林、牧、渔业营运资金来源统计表 单位：家

比例	2011年末短期金融性负债占比	2011年末营运资本占比	2012年末短期金融性负债占比	2012年末营运资本占比
≤0	4	5	1	6
0~20%	10	5	9	4
20%~40%	10	5	7	5
40%~60%	1	1	7	7
60%~80%	5	10	5	7
80%~100%	5	14	4	10
>100%	5	0	6	0
企业数量	40		39	

从表7-8可以看出，农林牧渔业在2012年短期金融性负债占比≤0的公司仅有1家，占比2.56%，比2011年减少3家，降幅高达75%。这表明在该行业，只有1家公司的营运资金不仅不需要单独筹集，反而有可能给公司的长期资金需求提供足够的资金，则该种营运资金的融资方式几乎无风险；2012年短期金融性负债占比介于0~40%之间的公司合计有16家，占比41.03%，比2011年减少4家，降幅为20%，这些公司利用短期金融性负债满足约一半的营运资金需求，财务风险较低，处于财务风险适度的状态；2012年短期金融性负债占比介于40%~100%之间的公司合计有16家，比2011年增加5家，增幅达45.45%，这些公司较多的利用短期性金融负债来满足营运资金需求，风险较高；2012年短期金融性负债占比超过100%的公司有6家，较2011年增加1家，增幅为20%，风险畸高。可见，2012年农林牧渔业大部分上市公司流动资金来源向短期金融性负债倾斜，风险水平逐渐提高，这表明农林牧渔业正在由稳健的营运资金融资政策向冒险型营运资金融资政策转变，值得注意。

四、农、林、牧、渔业上市公司营运资金管理绩效分析

（一）农、林、牧、渔业上市公司分渠道的营运资金管理绩效分析

2011~2012年农林牧渔业各渠道营运资金周转其见表7-9。

表7-9 2011~2012年农、林、牧、渔业各渠道营运资金周转期 单元：天

项目	采购渠道营运资金周转期		生产渠道营运资金周转期		营销渠道营运资金周转期		经营活动营运资金周转期（按渠道）	
	2011	2012	2011	2012	2011	2012	2011	2012
农业类	-4	15	53	-13	151	96	200	98
林业类	46	33	171	350	77	82	295	464
牧业类	24	25	28	31	23	12	75	67
渔业类	27	-1	0	264	105	35	131	299
服务类	-9	-10	177	-2	50	138	218	125
行业整体	23	13	29	33	86	76	139	123

从经营活动营运资金周转期（按渠道）来看，2012年农、林、牧、渔业经营活动营运资金管理绩效与2011年相比有所改善，行业整体经营活动营运资金周转期为123天，同比缩减了16天，绩效改善幅度为11.51%。从细分行业来看，绩效得到改善的是农业、牧业和服务业，其中改善幅度最大的是农业，周转期降幅达到51.00%，其次为牧业和服务业，改善幅度分别为10.67%和42.66%；绩效出现下滑的为渔业和林业，其中渔业绩效同比下降十分显著，周转期同比增幅高达128.24%，林业绩效也下降显著，周转期同比增幅为57.29%。

从采购渠道营运资金周转期来看，2012年农、林、牧、渔业采购渠道营运资金管理绩效与2011年

相比改善较大，行业整体采购渠道营运资金周转期为 13 天，同比缩减了 10 天，降幅达到 43.48%。从细分行业角度看，林业、渔业和服务业绩效与 2011 年相比得到改善，其中渔业绩效改善显著，周转期下降幅度最大，同比缩减了 28 天，降幅达到 103.70%，林业和服务业绩效有所改善，周转期同比缩减了 13 天和 1 天，降幅分别为 28.26% 和 11.11%；农业采购渠道营运资金管理绩效与 2011 年相比降低显著，周转期同比增加了 19 天，增幅高达 475.00%；牧业采购渠道营运资金管理绩效与 2011 年相比基本稳定，周转期同比仅增加了 1 天，增幅仅为 4.17%。

从生产渠道营运资金周转期来看，2012 年农、林、牧、渔业生产渠道营运资金管理绩效与 2011 年相比有所降低，行业整体生产渠道营运资金周转期为 33 天，同比增加了 4 天，增幅为 13.79%，是经营活动三个渠道中唯一一个营运资金管理绩效降低的渠道。从细分行业看，2012 年农业、服务业绩效与 2011 年相比得到改善，且改善显著，周转期降幅分别高达 124.53% 和 101.13%；林业、牧业和渔业绩效与 2011 年相比出现下滑，其中林业和渔业绩效下降显著，周转期与去年相比分别增加了 179 和 264 天，牧业绩效有所下降，周转期增幅为 10.71%。

从营销渠道营运资金周转期来看，2012 年农、林、牧、渔业营销渠道营运资金管理绩效与 2011 年相比有所改善，行业整体营销渠道营运资金周转期为 76 天，同比缩减了 10 天，降幅达到 11.63%。从细分行业来看，农业、牧业和渔业营销渠道营运资金管理绩效与 2011 年相比得到改善，其中改善最大的为渔业，周转期同比缩减了 70 天，降幅达到 66.67%，其次为农业和牧业，周转期同比降幅分别为 36.42% 和 47.83%；服务业营销渠道营运资金管理绩效与 2011 年相比下降显著，周转期同比增幅高达 176.00%；林业营销渠道营运资金管理绩效与 2011 年相比基本稳定，周转期同比增幅仅为 6.49%。

2011～2012 年农、林、牧、渔业企业层面各渠道营运资金管理绩效变化情况如表 7－10 所示。

表 7－10　　2011～2012 年农、林、牧、渔业各渠道营运资金管理绩效变化统计表

项目		采购渠道营运资金周转期	生产渠道营运资金周转期	营销渠道营运资金周转期	经营活动营运资金周转期（按渠道）
周转期变化统计	改善	24	13	11	13
	改善比例	68.57%	37.14%	31.43%	37.14%
	降低	11	22	24	22
	降低比例	31.43%	62.86%	68.57%	62.86%
周转期变化幅度统计	改善显著	13	2	4	3
	改善较大	3	2	3	1
	有所改善	4	6	1	6
	基本稳定	5	6	8	10
	有所降低	1	4	6	8
	降低较大	2	5	3	2
	降低显著	7	10	10	5
可比样本总数		35			

从经营活动营运资金周转期（按渠道）变动情况来看，与 2011 年相比，2012 年大多数企业经营活动营运资金管理绩效并没有得到改善，且整体绩效变化不符合标准正态分布，存在一定的不稳定性。从表中可以看出，35 家可比上市公司中，多达 22 家企业 2012 年经营活动营运资金管理绩效与 2011 年相比出现下滑，占总数的 62.86%，其中降低显著的有 5 家，降低较大的有 2 家，8 家企业有所降低，其余 7 家企业基本保持稳定。

从采购渠道营运资金周转期变化情况来看，35 家可比上市公司中，24 家企业采购渠道营运资金管理绩效得到改善，且其中有 13 家企业改善显著，这说明总体来看，与 2011 年相比，2012 年上市公司在采购渠道营运资金管理方面的力度加大，且成效显著；但同时值得注意的是，在 11 家采购渠道营运资金管理绩效下降的企业中，有 7 家企业下降显著，这表明 2012 年上市公司在采购渠道营运资金管理方面存在较大的不稳定性。

从生产渠道营运资金周转期变化情况来看，35 家可比上市公司中，22 家企业生产渠道营运资金管理绩效出现下滑，其中下降显著的企业多达 10 家，而且在 13 家绩效改善的企业当中，仅有 2 家企业改善显著，其余企业改善幅度并不十分明显，这表明总体来看，与 2011 相比，2012 年上市公司在生产渠道营运资金管理方面存在一些问题，还有很大的改善空间。

从营销渠道营运资金周转期变化情况来看，35 家可比上市公司中，24 家企业营销渠道营运资金管理绩效出现下降，其中 10 家企业下降显著，3 家企业下降较大，而 11 家绩效改善的企业的整体分布相对比较均匀，这表明总体来看，多数公司营销渠道营运资金管理绩效出现下滑，且绩效变化存在较大的不稳定性，仅少数企业绩效得到改善。

总之，从企业层面看，大部分企业三大渠道营运资金管理绩效均有较大程度的下降，该行业各渠道资金管理绩效的上升是由少部分企业拉动所致。

2008 ~ 2012 年农、林、牧、渔业营运资金各渠道周转期的行业平均情况如表 7 - 11 所示。

表 7 - 11　2008 ~ 2012 年农、林、牧、渔业营运资金周转期　单位：天

项目	2008	2009	2010	2011	2012
经营活动营运资金周转期（按渠道）	109	132	159	139	123
采购渠道营运资金周转期	27	35	57	23	13
生产渠道营运资金周转期	4	19	31	29	33
营销渠道营运资金周转期	78	78	71	86	76

从上表中可看出，农、林、牧、渔业经营活动营运资金管理绩效在 5 年的时间内呈现先下降后上升的趋势，2010 年成经营活动营运资金管理绩效变化的拐点。这表明近三年农、林、牧、渔业经营活动营运资金管理水平正在不断提高。从各渠道来看，采购渠道营运资金管理绩效与经营活动营运资金管理绩效的变化趋势基本一致，这是农、林、牧、渔业经营活动营运资金管理水平得以提升的主要动因；生产渠道营运资金管理水平则不容乐观，周转期从 2008 年的 4 天提高至 2010 年的 31 天，之后两年在震荡中继续上扬，2012 年达到 33 天，这表明生产渠道营运资金管理水平近年来一直没有得到有效改善；营销渠道营运资金管理水平则在震荡中略有提升，周转期从 2008 年的 78 天降至 2010 年的 71 天，2011 年又升至 86 天，2012 年又降至 76 天，绩效虽有小幅改善，但整体水平还有待于进一步提高。

（二）农、林、牧、渔业上市公司分要素的营运资金管理绩效分析

2011 ~ 2012 年农、林、牧、渔业及其细分行业各要素周转期的平均值如表 7 - 12 所示。

表 7 - 12　2011 ~ 2012 年农、林、牧、渔业各要素周转期　单位：天

项目	存货周转期		应收账款周转期		应付账款周转期		经营活动营运资金周转期（按要素）	
	2011	2012	2011	2012	2011	2012	2011	2012
农业类	130	130	87	37	29	27	188	140
林业类	282	449	41	60	18	30	305	479
牧业类	82	104	19	20	24	32	77	92
渔业类	144	361	28	12	25	55	148	318
服务类	237	144	24	29	42	28	218	145
行业整体	148	150	28	36	26	31	150	155

与 2011 年相比，2012 年该行业整体的经营活动营运资金周转期（按要素）延长了 5 天，增加了 3.33%，管理绩效略有下降。在各细分行业中，林业和渔业的行业平均经营活动营运资金周转期（按

要素）分别延长了174天和170天，增长幅度分别高达57.05%和114.86%，是导致行业整体管理绩效下降的主要原因。而农业和服务类的行业平均值分别缩短48天和73天，分别降低25.53%和33.49%，起到了平抑行业整体涨幅的作用。此外，牧业类的行业平均经营活动营运资金管理绩效（按要素）也有所下降，降幅为19.48%。从行业整体经营活动营运资金周转期（按要素）的内部结构来看，存货周转期构成其主要部分，由于2012年存货和应收账款周转期延长的幅度大于应付账款延长的幅度，最终导致行业整体的经营活动营运资金周转期（按要素）小幅度延长。

从存货管理绩效来看，2012年农林牧渔业整体的存货周转期平均为150天，与2011年相比延长了2天，基本趋于稳定。从细分行业角度看，农业、牧业服务业存货周转期低于行业平均水平，其中牧业的周转期最短为104天。林业和渔业的存货周转期则大大高于行业平均水平，即农业和服务业的存货管理绩效低于行业平均水平。与2011年相比，2012年农林牧渔业细分行业中，仅有服务类存货周转期有所缩短，农业周转期与去年持平，其余行业周转期都有所增加，其中延长最大的为渔业，延长率达150.69%。

从应收账款管理绩效来看，2012年农林牧渔业整体的应收账款周转期平均为36天，与2011年相比延长了8天。从细分行业角度看，牧业、渔业和服务业的应收账款周转期低于行业平均水平，农业和林业应收账款周转期则高于行业平均水平，其中林业应收账款周转期最高，是行业平均水平的1.67倍。与2011年相比，2012年各细分行业中，只有农业和渔业的应收账款管理绩效有所改善，周转期缩短了50天和16天；牧业的应收账款周转期基本与去年持平，即管理绩效基本没变；渔业的应收账款周转期上升最多，延长率达到57.14%。

从应付账款管理绩效来看，2012年，农林牧渔业整体的应付账款周转期平均为31天，与2011年相比延长了5天，表明2012年整个行业的应付账款管理水平略有改善，但变化幅度不大。从细分行业角度来看，牧业和渔业应付账款管理绩效均高于行业平均水平，其中渔业周转天数最长。纵向来看，农林牧渔业的各个细分行业除服务类之外2012年应付账款周转期均高于2011年，能够更加有效地利用应付账款提高资金利用能力。

2011～2012年农、林、牧、渔业内各上市公司经营活动营运资金各要素管理绩效的变化情况见表7－13。

表7－13　　2011～2012年农、林、牧、渔业经营活动营运资金各要素管理绩效变化统计表

项目		存货周转期	应收账款周转期	应付账款周转期	经营活动营运资金周转期（按要素）
周转期变化统计	改善	12	11	24	13
	改善比例	34.29%	31.43%	68.57%	37.14%
	降低	23	24	11	22
	降低比例	65.71%	68.57%	31.43%	62.86%
周转期变化幅度统计	改善显著	1	1	8	1
	改善较大	0	1	6	1
	有所改善	6	7	8	8
	基本稳定	8	9	7	8
	有所降低	10	6	3	5
	降低较大	3	5	2	8
	降低显著	7	6	1	4
可比样本总数		35			

注：上表中除了百分比之外的数字单位为：家

2012年农、林、牧、渔业中多数上市公司的经营活动营运资金管理绩效（按要素）有所下降，占可比样本总量的62.86%，直接导致行业平均经营活动营运资金周转期（按要素）的延长。在各变动趋势中有所改善、基本稳定和降低较大的上市公司数量最多，均为 8 家，分别占到样本总量的 22.86%。此外有所降低和降低显著的企业分别有 14.29% 和 11.43%。

从存货周转期管理绩效变化来看，与 2011 年相比，2012 年农林牧渔业存货管理绩效改善的上市公司有 12 家，占到可比样本的 34.29%。从存货周转期变化幅度来看，有所降低的公司数量最多，为 10 家，占可比样本的 28.57%。其次，基本稳定和降低显著的公司数量也较多，分别为 8 家和 7 家。这表明，2012 年农林牧渔业存货管理绩效下降的公司占据绝大多数比例。

从应收账款管理绩效变化来看，与 2011 年相比，2012 年农林牧渔业应收账款管理绩效改善的上市公司有 11 家，占到可比样本的 31.43%。从应收账款周转期变化幅度来看，基本稳定的公司数量最多，为 9 家，占可比样本的 25.71%。其次，在降低层面总共有 17 家企业，而改善显著和改善较大层面总共只有两家企业。这表明，2012 年农林牧渔业应收账款管理绩效稍显恶化。

从应付账款管理绩效变化来看，与 2011 年相比，2012 年农林牧渔业应付账款管理绩效改善的公司有 24 家，占到可比样本的 68.57%。从应付账款周转期变化幅度来看，有所改善和改善显著的公司数量最多，均为 8 家，共占可比样本的 45.71%。其次，基本稳定和改善较大的公司数量也较多，分别为 7 家和 6 家，占到可比样本的 37.14%。这表明 2012 年农林牧渔业绝大部分公司应付账款管理绩效有所提升。

2008 ~ 2012 年农、林、牧、渔业各要素周转期的行业平均值如表 7 - 14 所示。

表 7 - 14　　2008 ~ 2012 年农、林、牧、渔业各要素周转期　　单位：天

项目	2008	2009	2010	2011	2012
现金周转期	148	143	166	150	155
存货周转期	145	136	163	148	150
应收账款周转期	37	38	32	28	36
应付账款周转期	34	31	29	26	31

纵观近五年农林牧渔行业各要素营运资金周转期的变化，从现金周转期来看，变动浮动较大，起起伏伏，在 2010 年达到最高值 166 天，2011 年有所下降，但在 2012 年又有所回转。说明该行业在现金周转方面存在不稳定的情况。存货周转期近五年呈 W 型变动，同样在 2009 年达到最高值。可以看出存货周转期对现金周转期有重大影响。应收账款周转期在 28—38 天之间变动，自 2009 年以后周转期逐年缩短，但是在 2012 年又有所延长。说明该行业的应收账款管理受市场大环境影响较大。应付账款周转期在 2008 ~ 2011 年由 34 天缩短到 26 天，但在 2012 年又恢复到 2009 年的水平，达到 31 天。

五、2012 年农、林、牧、渔业上市公司营运资金管理绩效排行榜

本部分分别按“经营活动营运资金周转期（按要素）”和“经营活动营运资金周转期（按渠道）”进行排名，考察农、林、牧、渔业上市公司营运资金管理绩效。在对上市公司营运资金管理绩效进行排名时，剔除了财务数据异常的公司，详见附录一。

六、2012 年农、林、牧、渔业上市公司营运资金管理的典型案例分析

（一）登海种业

1. 基本情况

山东登海种业股份有限公司（股票简称：登海种业，股票代码：002041）是一家典型的主要从事杂交玉米、蔬菜以及花卉等农作物种子销售的农业类上市公司。公司是国家高新技术企业、国家创新型企业，拥有国家玉米工程技术研究中心（山东）、国家玉米新品种技术研究推广中心和国家认定企业技术中心、山东省泰山学者岗位、山东省玉米育种与栽培技术企业重点实验室、玉米产业技术创新战略联盟等多个具有行业影响力的技术创新平台，先后获得国家星火一等奖、国家科技进步一等奖、山东省科技进步一等奖等 25 项国家及省部级奖励，在海南省建有稳定的育种基地，具有较强的技术开发和创新能力；截至 2012 年 12 月底，共申请品种权 132 项，获得品种权 82 项；申请专利 17 项，获得

专利17项，其中发明专利9项，并与国内一些高校及相关跨国公司建立合作关系，不断进行技术储备与创新，保证了公司技术水平在同行业的领先性。公司是国家最早实施育繁推一体化的试点企业，现已形成稳定发展的产业模式，符合国家产业发展支持政策的要求。目前，在新疆、甘肃、宁夏建立了比较稳定的种子生产加工基地，拥有8条现代化的以鲜果穗烘干为特点的种子加工系统。“登海”商标被国家工商总局认定为“中国驰名商标”。

2. 营运资金管理绩效数据分析

登海种业2008～2012年各渠道营运资金周转期见表7－15。

表7－15　2008～2012年山东登海种业股份有限公司各渠道营运资金周转期　单位：天

项目	2008	2009	2010	2011	2012	2012行业
经营活动营运资金（按渠道）周转期	55（10）	－78（2）	－99（1）	－8（1）	6（2）	123
采购渠道营运资金周转期	25（20）	23（16）	18（21）	22（22）	14（23）	13
生产渠道营运资金周转期	－31（13）	－20（10）	－36（3）	－59（4）	－55（2）	33
营销渠道营运资金周转期	62（15）	－81（1）	－81（1）	30（14）	47（16）	76
样本企业总数	35	35	39	40	39	

注：括号内数字为上市公司该指标当年在行业的排名。

从上表中我们可以明显看出，登海种业在生产渠道营运资金管理方面有着比较突出的表现，绩效水平不断提升，其次是营销渠道，而在采购渠道的表现则相对一般。具体而言，从横向看，登海种业近年来生产渠道营运资金管理绩效一直名列前茅，排名逐步靠前，2012年升至第2位，且周转期远远低于行业平均水平（如上表所示，2012年行业整体周转期为33天，而登海种业为－55天）；从纵向看，登海种业几乎每年在生产渠道的营运资金管理绩效都优于其他渠道。以上信息表明，登海种业在生产渠道的营运资金周转情况较好，周转速度较快，堪称该行业生产渠道营运资金管理的模范企业。

2008～2012年山东登海种业股份有限公司各要素周转期见表7－16。

表7－16　2008～2012年山东登海种业股份有限公司各要素周转期　单位：天

项目	2008	2009	2010	2011	2012	2012行业
现金周转期	42（5）	131（11）	140（18）	262（33）	177（19）	155
存货周转期	65（8）	120（10）	149（21）	409（38）	203（22）	150
应收账款周转期	9（3）	52（26）	27（20）	3（2）	13（10）	36
应付账款周转期	32（15）	41（9）	36（9）	150（1）	39（17）	31
样本企业总数	35	35	39	40	39	39

注：括号内数字为上市公司该指标当年在行业的排名。

从上表我们可以看出，登海种业的应收账款管理水平明显优于其他各要素，其次为应付账款，而存货的管理在2011年之前问题愈发严重，虽在2012年问题有所缓解，但还有待于进一步改善。从横向看，近几年来，登海种业应收账款管理绩效基本维持在行业前列，周转期明显低于行业平均水平（如上表所示，2012年行业平均应收账款周转期为36天，而登海种业仅为13天）；应付账款管理绩效近几年持续提升，但在2012年有所下降，且2012年周转期高于行业平均水平，应当引起公司管理层的重视；存货的管理近几年一直存在问题，还有很大的改善空间；从纵向看，近两年应收账款管理相对其他要素的管理而言一直占有较大的优势，且处于行业前列，但存货的管理存在较大问题，需要认真反思并加以改善。

3. 营运资金管理特色总结

从以上分析可以看出，与同行业相比，山东登海种业股份有限公司在生产渠道营运资金管理方面有着比较突出的表现，绩效水平一直名列同行业前茅。这主要是由于公司近年来始终坚持以“不断实现杂交玉米高产攻关、高产品种选育新突破”和“提升登海种业产业化水平”为目标，坚持科研创新，立足内部管理，充分挖掘生产经营潜力，从而促进了生产渠道营运资金管理效率的不断提高，并始终处于行业领先水平。

具体而言，一方面，公司始终坚持科研创新，促进和提升公司核心竞争力。围绕“自主创新，建设创新型登海种业”这一中心任务，整合优化现有科研资源，加大科研投入，不断增强科研创新能力，积极争取科研项目，加强科技人才与国内外的学术交流与合作，为生产效率的提高奠定了良好的基础，是保证生产渠道营运资金管理水平不断提高的潜在引擎。另一方面，公司不断完善项目建设，促进产业规模升级（如不断增加投入，完善伊犁分公司加工厂扩建项目建设，确保 2013 年 8 月末竣工交付使用等），以满足生产基地种子果穗烘干和按粒包装的加工需要，提高种子加工的数量和质量，同时，公司抓住种业发展机遇，推进公司规模化发展，按照中央一号文件精神要求，积极探索跨单位、跨地区的具有创新能力的企业等经济实体的合作方式，增强母、子公司协调发展的能力，加快公司规模化发展的步伐，规模效应进一步提高了生产渠道营运资金管理效率。

（二）中福实业

1. 基本情况

本公司于 1996 年 3 月在深圳证券交易所上市，2000 年 4 月上海福建神龙企业集团有限公司（原名福建省神龙企业集团有限公司）通过收购股权成为本公司的控股股东，本公司主营业务为：食品、饮料的生产、加工、销售等。2008 年 1 月本公司完成重大资产重组，公司主营业务发生彻底变更，2008 年 1 月开始公司主营业务转变为：造林营林、林产品加工与销售、典当业务等。2012 年，公司全年实现营业收入 72728. 51 万元，同比增长 5. 62%；全年实现归属于上市公司母公司所有者净利润 1200. 96 万元，同比增长 18. 99%。

2. 营运资金管理绩效数据分析

2008 ~2012 年中福实业各渠道营运资金管理绩效见表 7 – 17。

表 7 – 17　　2008 ~ 2012 年中福实业各渠道营运资金管理绩效　　单位：天

指标	采购渠道营运资金周转期	生产渠道营运资金周转期	销售渠道营运资金周转期	经营活动营运资金周转期（按渠道）
2008 年	20（17）	243（30）	66（18）	329（29）
2009 年	59（27）	658（35）	72（16）	789（35）
2010 年	66（32）	439（38）	83（29）	588（39）
2011 年	45（32）	337（38）	112（30）	493（39）
2012 年	52（36）	295（34）	109（28）	455（37）
2012 年林业	33	350	82	464
2012 年行业	13	33	76	123

注：括号内数字为上市公司该指标当年在行业内排名

通过对中福实业 2008 ~2012 年间各渠道营运资金周转绩效相关数据进行分析可以看到，作为国内农业重点龙头企业，中福实业在各个渠道的营运资金管理比较均衡，2012 年除生产渠道外各个渠道的周转期都高于林业平均水平，排名靠后，由此可见该企业在营运资金方面较同业相比有所欠缺。

纵向来看，2008 ~2012 年间中福实业采购渠道的营运资金周转期基本呈现逐年攀升的态势，2012 年周转天数达到 52 天，在行业内排名 36 位。生产渠道的营运资金周转期在 2009 年达到新高之后以后年度逐年降低，在 2012 年降至 243 天，行业排名 34 位。销售渠道的营运资金周转期五年内增长迅速，2012 年较 2008 年增长 65. 15%。由于生产渠道管理绩效的有所改善，导致整个经营活动营运资金周转期较 2011 年有所缩短，但仍然高于行业平均水平，说明该公司在各渠道营运资金管理方面任重而道远。

2008 ~2012 年中福实业各要素管理绩效见表 7 – 18。

表 7-18　　2008~2012 年中福实业各要素管理绩效　　单位：天

指标	存货周转期	应收账款周转期	应付账款周转期	现金周转期
2008 年	370（34）	28（19）	2（36）	395（31）
2009 年	606（35）	61（28）	4（36）	663（35）
2010 年	433（37）	69（35）	3（39）	498（38）
2011 年	364（37）	75（37）	7（38）	432（39）
2012 年	349（33）	75（34）	10（36）	414（35）
2012 年林业	449	60	30	479
2012 年行业	150	36	31	155

注：括号内数字为上市公司该指标当年在行业内排名

从要素角度来看，2012 年存货的管理绩效有了一定改善。与 2011 年相比，存货周转期缩短了 15 天；应收账款周转期与去年持平，但是行业排名稍微靠前；现金周转期缩短了 18 天，主要原因在于存货管理绩效的改善。而应付账款的管理绩效也有一定改善，周转期与去年相比延长了 3 天。

在行业内比较，2012 年中福实业存货和现金的周转情况较好，低于行业周转期，但是其他营运资金要素周转状况则不容乐观，距行业先进水平仍有一定差距，有改善和提高的空间。

3. 营运资金管理特色总结

2012 年面对复杂的经济形势，该公司遵循“稳、改、收”的基本经营方针，通过强化管理、整合内部资源、调整产品结构、研发新品及处置不良资产等多种途径应对限伐政策带来的负面影响，调整并稳固原有林木主业，扭转了木业企业 2011 年全面亏损的局面，保持了公司经营稳定发展。但由于企业所属细分行业的特点和自身的管理问题，该上市公司营运资金管理绩效在行业内排名比较落后。经过调查发现企业在 2012 年的管理中存在以下问题：

（1）投资项目无法实施，闲置资金大幅上升

2012 年公司受福建省限伐政策及严控低产林改造规定的影响，“明溪县恒丰林业有限责任公司 10 万亩低质低产林改造项目”和“福建省龙岩山田林业有限公司 10 万亩工业原料林基地建设项目”均无法实施，原拟投于上述两项目共计 25781.7 万元的募集资金均存于公司募集资金专户中。

由于企业投资项目受到政策影响，企业原计划用于投资项目的资金便沉淀了下来，其中 1 亿元用于补充流动资金。这一举措虽然可以降低企业的资金周转风险，但同时也降低了企业现金的管理绩效。

（2）天气原因致使生产线停产检修

据中福实业收到控股子公司福建省建瓯福人木业有限公司关于车间停机检修的报告显示，2012 年 6 月，由于受到上半年持续降雨天气影响，福人木业所在的南平地区纤维板生产木质原料供应严重不足，且收购价格较漳州、龙岩地区高出很多。鉴于此，福人木业决定从 6 月初开始对其年产 10 万立方米的中纤板生产线进行技改和设备检修，预计停机时间为 2 个月。福人木业本次停机预计减少其营业收入约 3300 万元，停产费用约 300 万元，大大影响了企业的盈利能力。

由以上两点可以看出，中福实业是农林牧渔业中一家非常典型的上市公司：企业受政策和天气状况等外部因素的影响大，相应的经营风险也较高，但企业自身却缺乏对这些因素的预测能力和风险防范意识。因此，建议该上市公司分析自身的风险点，建立有效的风险防范机制，从而降低外部因素对企业营运能力的影响。

七、2012 年农、林、牧、渔业上市公司营运资金管理调查的结论与建议

（一）调查结论

1. 行业总体和行业平均营运资金占用额有所下降，营运资金配置向经营活动倾斜

调查表明，2012 年经营活动营运资金和行业平均营运资金占用额降幅分别为 14.05% 和 11.91%，投资活动营运资金行业总体占用额和行业平均占用额降幅分别为 16.39% 和 14.24%。可见该行业企业的经营活动营运资金和投资活动营运资金占用额均有所压缩，导致营运资金占用额有所下降。

调查表明，2012 年农林牧渔业行业总体及平均经营活动营运资金配置比重由上年的 53.51% 上升到 2012 年的 54.20%，这表明该行业企业营运资金配置正在向经营活动倾斜。

2. 营销渠道营运资金占用量最大，但近年有所压缩

调查表明，2012 年营销渠道营运资金占比最高，达 56.87%，比上年下降 4.05 个百分点，而采购和生产渠道营运资金占比分别为 13.11% 和 30.02%，与上年相比分别上升 1.23 和 2.81 个百分点，可见，该行业营运资金占用额的下降主要是由于营销渠道营运资金占用下降导致的，但营销渠道营运资金依然占经营活动营运资金的绝大部分。

3. 营运资金来源以短期金融性负债为主，营运资金风险较高

调查表明，尽管 2012 年农林牧渔业短期金融性负债占比为 51%，较 2011 年下降 3 个百分点，但依然属于稳健偏高风险的融资方式。从企业情况看，仅有 1 家公司营运资金未采用短期金融性负债方式融资，几乎无风险；大部分上市公司流动资金来源向短期金融性负债倾斜，风险水平逐渐提高，这表明农林牧渔业正在由稳健的营运资金融资政策向冒险型营运资金融资政策转变。

4. 经营活动营运资金管理绩效（按渠道）整体上不断改善

从整体看，2012 年农、林、牧、渔业经营活动营运资金管理绩效与 2011 年相比有所改善，这主要得益于采购渠道营运资金管理绩效的改善，而营销渠道营运资金管理绩效改善水平相对有限，生产渠道营运资金管理绩效则有所降低。从趋势来看，农、林、牧、渔业经营活动营运资金管理绩效从 2010 年开始不断提升，其中采购渠道营运资金管理水平得到显著改善，生产渠道营运资金管理水平则不容乐观，而营销渠道营运资金管理水平则在震荡中略有提升，管理水平仍有待提高。

5. 企业间资金占用水平及经营活动营运资金管理绩效（按渠道）存在一定的不稳定性

调查表明，企业间经营活动和投资活动营运资金配置的变化幅度均偏离正态分布，降低显著与增加显著的公司数量都较大，投资活动尤甚，这表明投资活动资金配置变化更为剧烈。经营活动三个渠道营运资金占用量的变化均偏离正态分布，采购渠道和营销渠道营运资金变化幅度显著的企业数量较高。各要素中，除存货变化幅度基本呈正态分布外，应收及预付款项资金变化和应付及预收款项两类资金的变化幅度偏离正态分布，十分不稳定。

同时，2012 年大多数企业经营活动营运资金管理绩效并没有实现改善，且整体绩效变化不符合标准正态分布，存在一定的不稳定性，其中大部分企业在采购渠道营运资金管理方面的力度加大，成效显著，但具有一定的不稳定性；大部分企业生产渠道营运资金管理存在一些问题，还有很大的改善空间；多数公司营销渠道营运资金管理绩效出现下滑，且绩效变化存在较大的不稳定性，仅少数企业绩效得到改善。

6. 存货和应收款项资金占用额降低而周转效率下降

调查表明，2012 年行业总体及行业平均存货资金占用量比 2011 年分别下降 13.17% 和 10.97%，行业总体及平均应收及预付款项占用量比 2011 年分别下降 7.34% 和 5.22%，因而，营销活动营运资金及经营活动营运资金总体占用水平的下降是由于存货、应收及预付款项占用量的下降导致的。虽然存货和应收预付款项的资金占用绝对额减少，但是存货和应收账款周转天数却有所增加。调查显示，2012 年农林牧渔业经营活动（按要素）管理绩效有所下降。存货周转期同比延长了 2 天，其中林业和渔业的存货周转期延长是主要原因。应收账款周转期同比延长了 8 天，管理绩效降低幅度为 28.57%，其中林业和服务业的应收账款周转期延长是主要原因。

（二）对策建议

1. 优化生产流程，挖掘生产潜力，改善生产渠道营运资金管理水平

一方面，企业应当不断优化当前的产品生产流程，充分挖掘生产能力和潜力，努力实现现有生产流程最优化与生产能力最大化；另一方面，企业应当树立积极的学习意识，通过各种方式（如到行业先进企业参观访问学习、聘请相关专家莅临指导、与著名高校及科研院所合作等）进行生产流程和模式的创新，从而从根本上改善生产渠道营运资金管理水平。

2. 相互学习，携手共进，提高行业整体的稳定性

调查显示，该行业内各企业间资金占用和经营活动营运资金管理绩效（按渠道）的变动趋势存在不稳定性。因此，希望采购渠道营运资金管理水平较低的企业积极向同行业先进企业虚心学习，相互交流经验，携手共进，实现行业整体采购渠道营运资金管理水平的全面提升。

3. 积极培育营销渠道，完善供应链管理，继续提高营销渠道营运资金管理水平

调查表明，该行业营销渠道营运资金管理绩效改善水平有所提高，但程度有限，且存在一定的不稳定性。因此，相关企业应当不断重视营销渠道的培育，积极发展可靠的分销商或代理商，通过高效的供应链管理和内部营销流程的不断优化带动整个营销渠道营运资金管理水平的提高。

4. 加强在存货和应收账款层面营运资金的管理

存货和应收账款的资金占用额减少，但周转绩效反而降低，说明企业在宏观环境不佳，经营能力下降的时候不能有效地主动改变存货和应收账款的管理策略，适应变化。企业在经营出现问题的时候应当及时调整管理方法，对于存货和应收账款的管理不能单纯地听之任之。同时，也应当注意到，在经营风险不断加大的环境下，企业更应该注重分渠道的营运资金管理，将各要素分散到渠道中，与业务管理融合起来，从而提高营运资金管理的灵活性。更应当重视供应链的管理，通过加强合作提高抵御风险的能力。

主要参考文献

1. 中共中央国务院："关于加快推进农业科技创新持续增强农产品供给保障能力的若干意见"，新华网：http：//news. xinhuanet. com/politics/2012 - 02/01/c_ 111478116. htm。

2. "2012 年农产品价格波动大 国内市场供应总体充足"，《农民日报》，2013 年 1 月 15 日。

3. 李艳君："2012 年中国农产品贸易形势分析与展望"，http：//www. sinosure. com. cn/sinosure/xwzx/rdzt/ckyj/ckdt/xyzt/ncpxy/157351. html。

4. 登海种业年报，中福实业年报，中国行业研究网，统计局网站等。

第八章　2012 年采矿业上市公司营运资金管理调查①

【摘要】“十二五”规划中，采矿业被列为积极增长类行业；矿产资源是重要的资源性产品，我国约 90% 的能源和 80% 的工业原料都来自于矿产资源。城市化进程带来的采矿业发展契机以及全球经济增速放缓带来的发展挑战，使资金量极大的基础资源行业营运资金管理受到关注。本报告分别以 2012 年 59 家上市公司，2011～2012 年 49 家可比上市公司，以及 2008～2012 年 31 家可比上市公司为调查样本，从要素和渠道两个视角对采矿业上市公司 2012 年营运资金管理状况以及发展趋势进行了全面调查和透视，并从营运资金的来源构成角度，分析采矿业营运资金管理的财务风险水平。

调查表明，2012 年在行业平均规模略增的情况下，营运资金占用降低，从绝对值层面来看，采矿业经营绩效改善；2012 年经营活动营运资金占用为负值，投资活动营运资金占用较多，主要原因为货币资金比例较高；短期金融性负债占比较高，主要原因为短期借款比例较高；营销渠道营运资金在经营活动营运资金中占据绝对重要地位，渠道视角 2012 年营运资金周转绩效变差；存货和应付账款周转期五年趋势近似一致，应收账款周转期五年一直恶化，要素视角 2012 年营运资金周转绩效变差；各渠道周转期企业数量分布呈 W 形分布，各要素周转期则集中于基本稳定左右的区间，2012 年渠道视角企业表现波动较大，要素视角企业表现整体较为稳定。

根据上述调查结果，本报告发布了采掘业上市公司 2012 年营运资金管理绩效排行榜，精选上市公司进行了案例分析，并提出了加强银企关系管理，银行是采矿业利益相关者关系管理的重点；提高营销渠道管理水平，借此改善应收账款营运资金管理绩效；借助渠道优势，加强生产管理，继续稳定经营活动营运资金管理水平，提高投资活动营运资金管理绩效等对策建议，以期为采掘业提升营运资金管理水平提供有益参考。

一、采矿业营运资金管理特点

矿产资源是重要的资源性产品，我国约 90% 的能源和 80% 的工业原料都来自于矿产资源。随着我国城市化进程的推进，矿产资源的需求随之提升，同时我国出台的建立重要矿产资源储备体系等政策也将有效地促进采矿业的发展。采矿业具有高度的资源依赖性、资源开发活动的高风险性、生产准备周期的长跨度性、技术密集性和资本密集性并存、生产过程的高危性等特点，其营运资金管理特点归纳如下：

1. 集约化程度提高，资金需求量大

采矿业是资金密集型行业，强调规模经济及一体化经营。企业的规模不仅在很大程度上决定了生产成本，还决定其在国际市场上的话语权，以及在原料与成品市场上是否处于优势地位。因而，无论是为现在还是为将来考虑，中国采矿业都需提高行业集中度。随着我国采矿业第二轮对重要矿种的整合进入收官阶段，经过近 6 年的整合，我国矿产开发集约化程度提高，矿产资源的集中度进一步提高，定价能力不断增强。“十二五”期间我国计划对矿产资源实施节约优先战略，同时受全国矿产资源整合、矿业企业兼并重组的影响，采矿业的小企业数量不断减少，大企业的数量有所增加，以适应绿色、环保、高效的矿产资源发展要求。2012 年采矿业发生了频繁的并购活动，如大同煤矿集团控股张泽电力、山西煤炭运销集团整合山西焦炭集团、陕煤化集团重组陕西钢铁集团等。我国采矿业未来发展方向也将以整合为主、新建为辅，鼓励大型采矿企业加快整合重组，在整合重组过程中会有较大的资金

① 国家自然科学基金“利益相关者视角的营运资金管理研究与中国上市公司营运资金管理数据平台扩充建设（71372111）”和国家自然科学基金“利益相关者集体选择视角的企业价值管理研究（71172099）”的阶段性成果。感谢中国海洋大学、中国会计学会、国家自然科学基金委员会对营运资金管理研究的支持。

需求，动辄需投资几亿元、十几亿元。采矿业营运资金管理具有资本密集性的特点。

2. 信贷政策倾斜，融资来源稳定

2012 年，各大银行根据“十二五”规划的要求，均把采矿业列为积极增长类行业，将大型采矿企业作为银行授信方向，加大营销及有效信贷投放，提高市场份额，使年信贷增幅超过全行平均水平和同业平均水平。2012 年底行业信贷余额占境内机构公司比重高于 2011 年底水平。银行成为了大型采矿企业实现并购的稳定资金来源，缓解了采矿业融资难的问题。2012 年，虽然采矿业的利息支出实现较快的同比增长，但其占销售收入比重较小，采矿行业利息支付压力较小。银行信贷政策的扶持为营运资金的来源和管理提供了有力保障，并降低了采矿业的融资难度、融资成本，从源头上有效控制了财务风险。

3. 地区性资源分布制约采购渠道营运资金管理水平

采矿业多是对自然资源的简单加工，因而与工业类上市公司相比，需要的外部采购原材料较少。矿产资源地质依赖性强，分布不均。从分布区域来看，华北和西北资源丰富，其次是西南、华东、中南和东北。华北、西北矿产储量大、种类齐全、质量普遍较好，东、南部不仅资源少，而且开采条件复杂，综合利用价值不高，而中西部相对集中，与经济发达程度呈逆向分布的特点。这种逆向分布特点，使得矿产生产位远离资源使用量较大的市场，在采购过程需要投入大量的运输成本，同时还承担着运输过程中存在的各种风险。因此，运输成本以及运输过程中存在的各种风险成为制约采矿业快速发展的重要因素。

4. 安全、效率生产是生产渠道营运资金管理的重要内容

受传统工业经济发展理念的制约，我国采矿业急功近利的掠夺式开采方式，采富弃贫、采主弃副，导致资源的极大浪费。据统计，我国煤炭资源回收率平均不到 40%，远低于世界发达国家 50% 的水平。对于煤炭开采中排出的“三废”即煤层气、矸石、矿井水，利用重视程度也很低。据统计，全国瓦斯排放量抽放率仅为 20%；矿井排水净化利用率约为 40%；煤矸石地面堆积约 45 亿吨，并且每年仍以 3.5 亿吨左右的速度增加。[①] 资源利用方式粗放、生态环境破坏严重，开采技术落后，管理水平有限，严重破坏了矿采资源的整体可采性，增加了矿产资源的开采成本，导致了安全事故的多发。另外，根据财政部和国家安全生产监督管理总局的规定，采矿业每月必须将一定数额的货币资金存入指定账户，作为安全生产基金，在日常生产经营过程中根据要求列支。开采效率及安全问题制约着生产渠道营运资金管理水平，是生产渠道营运资金管理的重要内容。

二、2012 年采矿业经营环境及对营运资金管理的影响

（一）2012 年采矿业经营环境

1. 国际环境

从国际环境看，这次国际金融危机持续时间之长、情况之复杂，历史罕见。当前，世界经济复苏艰难曲折，继续下行的压力加大，各类风险因素进一步增多。从国内情况看，经济发展中不平衡、不协调、不可持续的问题仍很突出，内需增长存在下行压力，企业成本上升压力较大、经营风险上升、融资困难。因此，受世界经济低迷和“欧债危机”的影响，欧洲等主要发达经济体煤炭需求大幅下降，加之美国大力发展页岩气，鼓励使用煤炭替代能源等多重因素影响，国际煤炭需求大幅下降，市场供大于求趋势明显，国际煤价还将持续下滑。2012 年经济形势复杂严峻，采矿业经营环境仍不容乐观。

2. 国内环境

2012 年我国采矿业增长出现下降趋势。自 2011 年来，新兴经济体经济增长速度明显放缓，采矿业产品需求受到抑制，使采矿业高速增长的局面发生转变。能源基础工业调整力度加大，采矿业投资增长开始平稳回落。分行业看，2012 年，煤炭开采业和洗选业投资 5，286 亿元，同比增长 7.9%；黑色

① 数据来源：《2011～2012 年中国采矿业年度研究报告》，道客巴巴文库，http：//www.doc88.com/p-809819183329.html。

金属矿采选业投资 1529 亿元，同比增长 23.7%；有色金属矿采矿业投资 1477 亿元，同比增长 19%。[①] 大量的投资项目不断上马，如神华集团投资湖北煤电能源项目、神华投资宁夏煤化工项目、兖矿投资煤机制造基地等。“十二五”时期，我国工业化、城镇化不断深入，保障性安居工程、水利设施、交通设施等大规模建设将拉动钢铁和有色金属产品的消费。同时，我国加快转变发展方式，推动工业转型升级，培育发展战略性新兴产业，材料减量化和代等因素将对钢材和有色金属消费量和消费结构产生重大影响。但总体而言，钢材和有色金属产品产量仍将增加，因而对矿产品的需求也仍将增加，“十二五”期间采矿业仍将保持较快的发展速度。具体的国内环境如下：

（1）GDP 增速连续回落，经济底部已不远

2012 年国内生产总值 519322 亿元，按可比价格计算，同比增长 7.8%。其中，一季度增长 8.1%，二季度增长 7.6%，三季度增长 7.4%，四季度增长 7.9%。[②] 国内生产总值增速回落，国际货币基金组织（IMF）也下调了对中国未来经济增长的预期。“稳增长”的实现对采矿业的健康稳定发展起到了关键性的作用，利于行业资源内部整合和结构调整，防止资源的过度开采。

（2）中国人民银行两次下调基准利率及存款准备金率

货币政策方面，央行连续两次降息，公开市场操作上通过连续大额逆回购的方式向市场紧急输血；而财政政策方面，加大对出口、基建和保障房等领域的信贷支持，发改委投资项目审批加快，均有效地刺激了信贷需求。M1/M2 指标小幅回升，虽然市场资金定期化程度依然较高，但经济主体流动性偏好有所上升。采矿业企业的融资难，融资成本高等问题得到了有效缓解。

（3）固定资产投资保持较快增长，投资结构继续改善

2012 年全年固定资产投资（不含农户）364835 亿元，比上年名义增长 20.6%（扣除价格因素实际增长 19.3%），增速比上年回落 3.4 个百分点。其中，国有及国有控股投资 123694 亿元，增长 14.7%；民间投资 223982 亿元，增长 24.8%，占全部投资的比重为 61.4%。分产业看，第一产业投资 9004 亿元，比上年增长 32.2%；第二产业投资 158672 亿元，增长 20.2%；第三产业投资 197159 亿元，增长 20.6%。在第二产业投资中，工业投资 154636 亿元，比上年增长 20.0%；其中，采矿业投资 13129 亿元，增长 11.8%；制造业投资 124971 亿元，增长 22.0%；电力、热力、燃气及水的生产和供应业投资 16536 亿元，增长 12.8%。[③] 良好的固定资产投资环境及健康的投资结构有利于采矿业的可持续发展。

（4）保障性安居工程建设等政策促进采矿业发展

2012 年，全国财政在统筹兼顾的基础上集中财力保障和改善民生，其中就包括扎实推进保障性安居工程建设，在做好未完工项目建设的同时，新开工建设 700 万套以上，缓解城镇低收入群众、新就业职工、农民工住房困难问题，稳定增长的财政收入和支出为采矿行业的发展提供了良好的政策环境。保障性安居工程建设等政策必将带动上游钢铁和有色金属产品的需求，给采矿行业发展带来利好。与此同时，国家还应加快推动市场主体建设，建设矿业的市场主体，统一实行企业制度。建立面向全球的矿产风险勘查资本市场，加快推进矿产勘查单位的企业化改革，制定不同企业的资质条件，促进采矿业的发展。

（5）铁矿锡矿等六类矿资源税税率上调

2012 年 2 月份，财政部、国税总局下发《关于调整锡矿石等资源税适用税率标准的通知》，全面上调铁矿、锡矿、钼矿、菱镁矿、滑石和硼矿的税率。铁矿石原先按规定税率的 60% 征收，此次调整后，今后则按规定税率的 80% 征收，增加了采矿业企业在原材料采购环节成本，增加了企业的财务风险。

---

① 数据来源：“2012 年全年采矿业分行业投资情况”，中国矿业网，http：//www.chinamining.org.cn/。

② 数据来源：《中华人民共和国 2012 年国民经济和社会发展统计公报》，中国统计出版社 2012 年版。

③ 数据来源：“各行业固定资产投资（不含农户）情况（2012 年 1～12 月）”，中华人民共和国国家统计局网站，http：//www.stats.gov.cn/tjsj/jdsj/t20130128_402870436.htm。

(6) 国家能源局：鼓励和引导民间资本进一步扩大能源领域投资

2012 年 6 月，国家能源局发布《关于鼓励和引导民间资本进一步扩大能源领域投资的实施意见》。意见指出，鼓励民间资本参与能源项目建设和运营，发展煤炭加工转化和炼油产业，参与石油和天然气管网建设，参与电力建设，在新能源领域发挥更大作用；保障民间资本公平获得资源开发权利。鼓励符合条件的民营企业，依法合规地成为大型煤炭矿区开发主体以及煤层气、页岩气、油页岩等非常规油气开发主体。水电、风电等特许开发权的配置，不得设定限制民间资本进入的歧视性条件。此项意见拓宽了矿产企业的融资渠道，为采矿业营造了更为健康合理的竞争环境。

（二）2012 年采矿业经营环境对营运资金管理的影响

1. 宽松的货币政策缓解采矿业筹资压力

从国际市场情况看，为推动市场融资和经济复苏，美国将在未来较长的一段时间内维持现阶段的低利率水平，欧债危机也促使欧洲维持相对宽松的货币政策。货币政策有针对性的适度微调，将使后期市场流动性有所好转，也有利于采矿业的平稳发展。在我国，受货币政策影响鲜明的采矿业筹资成本也相应降低，有机会选择更加合理的筹资渠道筹集资金，投入生产运营，从源头上降低生产成本，控制营运资金的使用成本，利于及时回笼资金。

2. 对采购渠道营运资金的影响

矿产资源税上调导致产品总成本的提高。锡矿目前广泛应用于电子、石油化工、冶金、机械、能源、轻工、环境保护、农业等领域，钼矿则主要应用于钢铁、电子、化肥等领域，菱镁矿、滑石和硼矿等，目前也都应用于化工、医药和造纸领域。此次调整税率更加体现了资源产品的价值，也将会对相关行业成本造成一定影响；增加了采矿业采购渠道所付出的采购原材料成本，导致产品总成本的上升。

3. 对生产渠道营运资金的影响

2012 年国家对能源政策进行了调整，尤其是对企业节能减排提出了要求。国家要求高产耗煤行业要完成碳排量指标，耗煤企业需要通过技术改造降低排放，而技术改造之后，这些企业的耗煤量相应减少，这些都会对煤炭的需求造成影响。近年来，国内外地下采矿技术发展很快，很多采矿新技术、新工艺、新材料和新设备在地下矿山得到了应用。国内部分矿山采用先进的采矿工艺技术和装备，已步入世界先进水平的行列。国内外地下金属矿山采矿工艺技术和设备不断发展，各种采矿方法的比重和回采工艺、技术装备有了很大的变化，均沿着高效率、高回采率和机械化的方向发展，采场生产能力和劳动生产率有了较大的提高，损失、贫化指标大幅度降低。技术改造的不断推进需要大量的人力、物力及财力的投入，营运资金的运用也向技术改造方面倾斜，对生产周期和开采效率产生重要影响，进而影响生产渠道营运资金的绩效水平；另外，技术改造的投资收益无法准确估计，一定程度上也加大了采矿企业的财务风险。

4. 对销售渠道营运资金的影响

物流企业大宗商品仓储土地税减半有利于降低矿产品物流成本，降低矿产品在销售过程中产生的仓储费用，进而对促进整个采矿行业的发展有积极意义。矿产品销售与货款回收的压力进一步明显加大，企业现金流量大量减少。与此同时，煤炭企业成本继续刚性增长，煤炭企业效益明显下滑，受销售不旺、价格下滑、货款回收不畅等影响，煤炭企业经营出现困难，而价格的变化也对销售渠道营运资金有着重要的影响。上游基础性能源，受经济周期影响较大，每次宏观经济的调整都会引起能源消费的剧烈波动，进而影响价格的起涨回落，宏观经济景气是支撑采矿业高景气的基础，价格的波动也决定着采矿业的高财务风险。

三、2012 年采矿业行业上市公司营运资金配置与来源分析

（一）采矿业行业上市公司营运资金配置分析

1. 采矿业行业上市公司营运资金总体配置结构与占用水平分析

(1) 行业层面

采矿业行业层面的分析，是从采矿业行业营运资本与营运资金的配置情况、经营活动营运资金和

投资活动营运资金的配置情况以及年度变化情况进行分析，透视采矿业上市公司2012年营运资金的管理现状。2011～2012年采矿业营运资金配置情况如表8－1所示。

表8－1 2011～2012年采矿业行业营运资金配置分析 单位：百万

项目	营运资本期末占用		营运资金期末占用		经营活动营运资金期末占用		经营活动营运资金占用水平		投资活动营运资金期末占用	
	2011	2012	2011	2012	2011	2012	2011	2012	2011	2012
行业总体	－171134.97	－235642.54	170349.16	162282.54	－153696.34	－117799.44	790.51%	786.66%	324045.50	280081.98
行业平均	－3111.54	－3993.94	3097.26	2750.55	－2794.48	－1996.60	14.37%	13.33%	5891.74	4747.15
最大值	27874.77	15990.97	41007.00	38362.00	6361.45	6804.49	153.38%	126.79%	69993.00	62400.00
最小值	－170248.00	－152921.00	－32550.00	－59488.00	－96849.00	－70352.00	－38.50%	－41.59%	47.69	28.35
样本数量	55	59	55	59	55	59	55	59	55	59

从整体来看，2012年营运资金占用整体下降。其中营运资本行业平均值下降28.36%，为－39.94亿元；营运资金下降了11.19%，为27.51亿元；经营活动营运资金占营业收入的比重略有下降，变化不大。值得关注的是，采矿业营运资本期末占用为负值，而营运资金期末占用为正值，且差异较大，反映了短期金融性负债在营运资金中的重要比例，在营运资金来源及财务风险分析中做进一步分析。

从营运资金配置结构来看，2012年经营活动营运资金期末占比由－90.22%提高至－72.59%，但仍为负值，投资活动营运资金期末占比由190.22%下降至172.59%，下降17.64%。这表明采矿业在投资活动表现活跃，经营活动营运资金成为投资活动营运资金的供给方。

（2）企业层面

从企业层面分析采矿业上市公司营运资金配置变化情况及变动幅度统计如表8－2所示。

表8－2 2011～2012年采矿业行业上市公司营运资金配置变化情况及变动幅度统计表

项目		营运资本	营运资金	经营活动营运资金	投资活动营运资金
资金占用量绝对变化统计	降低	28	26	22	32
	降低比例	57.14%	53.06%	44.90%	65.31%
	增加	21	23	27	17
	增加比例	42.86%	46.94%	55.10%	34.69%
资金占用量变化幅度统计	降低显著	15	5	7	6
	占比	30.61%	10.20%	14.29%	12.24%
	降低较大	2	4	5	5
	占比	4.08%	8.16%	10.20%	10.20%
	有所降低	6	11	6	17
	占比	12.24%	22.45%	12.24%	34.69%
	基本稳定	7	7	7	7
	占比	14.29%	14.29%	14.29%	14.29%
	有所增加	4	4	4	5
	占比	8.16%	8.16%	8.16%	10.20%
	增加较大	2	3	6	1
	占比	4.08%	6.12%	12.24%	2.04%
	增加显著	13	15	14	8
	占比	26.53%	30.61%	28.57%	16.33%
可比样本总数		49			

注：上表中除了百分比之外的数字单位为：家

从绝对变化量来看，除经营活动营运资金外，2012 年均有过半企业资金占用量降低，尤其是投资活动的营运资金，降低比例近三分之二；而经营活动营运资金占用为负值，虽然增加但仍小于零。2012 年采矿业行业平均总资产及营业收入均有小幅提升，在规模略增的情况下资金占用减少，表现出较好的行业态势，营运资金利用效率有所提高。

从变化幅度统计来看，营运资本“降低显著”和“增加显著”的企业数量过半，行业内波动性较大；营运资金变动幅度企业分布呈左倾的 W 形，增加显著企业数量最多，达到 30.61%；经营活动营运资金变动幅度分布与营运资金变动分布状况近似一致，而投资活动则表现为中间稳定区域的集聚，在“有所降低”区间达到高峰。这表明经营活动营运资金在采矿业营运资金中的重要作用，采矿业业务扩展，在投资领域亦有活跃表现，行业内投资活动资金变动表现偏于稳定。

2. 采矿业行业上市公司分渠道的经营活动营运资金配置分析

（1）行业层面

从采购、生产、营销三渠道分析采矿行业上市公司经营活动营运资金的配置情况，如下表 8 - 3 所示。

表 8 - 3　　2011 ~ 2012 年采矿业行业经营活动营运资金的渠道配置分析　　单位：百万

项目	采购渠道营运资金		生产渠道营运资金		营销渠道营运资金		经营活动营运资金	
	2011	2012	2011	2012	2011	2012	2011	2012
行业总体	-242240.78	-346054.78	-78464.80	-70298.45	167005.04	298553.78	-153696.34	-117799.44
行业平均	-4404.38	-5865.34	-1426.63	-1191.50	3036.46	5060.23	-2794.48	-1996.60
最大值	2848.51	2268.84	522.59	5228.00	54075.00	113558.00	6361.45	6804.49
最小值	-134167.00	-170413.00	-33207.50	-30570.00	-369.61	-742.63	-96849.00	-70352.00
样本数量	55	59	55	59	55	59	55	59

从整体来看，2012 年经营活动营运资金期末平均占用增长 28.55%，其中生产渠道增长 16.48%，营销渠道增长 66.65%，另外，采购渠道营运资金占用连续为负值，2012 年下降 33.17%，这与采矿业较前端的基础资源行业特点相匹配，几乎很少占用营运资金，是资金的提供方。采矿业只有营销渠道营运资金占用为正值。2012 年营运资金占用虽增长，但负值绝对值较大，居于较好的资金占用水平。

从各渠道的配置比例进一步分析，2012 年采购渠道营运资金期末平均占用比例提高，由 157.61% 增长至 293.77%，增幅达 136.16%，主要原因为经营活动营运资金负值总额提升，分母绝对值变小；与此同时，营销渠道营运资金期末平均占用比例由 -108.66% 下降至 -253.44%，降幅 144.78%，2012 年营销渠道占用进一步增加、采购渠道占用进一步下降，与能源政策及技术对采购渠道的影响相关，新兴经济体增速放缓对营销渠道的影响相关。另外，生产渠道营运资金期末平均占用比例变化不大，小幅上升 8.62 个百分点，采矿业生产渠道经营情况比较稳定。

（2）企业层面

从企业层面分析采矿业行业经营活动营运资金在采购、生产、营销三渠道的配置情况如表 8 - 4 所示。

表 8 - 4　　采矿业行业 2011 ~ 2012 年经营活动营运资金的渠道配置变化情况及变动幅度表

项目		采购渠道营运资金	生产渠道营运资金	营销渠道营运资金	经营活动营运资金
资金占用量绝对变化统计	降低	20	22	14	22
	降低比例	40.82%	44.90%	28.57%	44.90%
	增加	29	27	35	27
	增加比例	59.18%	55.10%	71.43%	55.10%

续表

项目		采购渠道营运资金	生产渠道营运资金	营销渠道营运资金	经营活动营运资金
资金占用量变化幅度统计	降低显著	9	8	5	7
	占比	18.37%	16.33%	10.20%	14.29%
	降低较大	4	6	2	5
	占比	8.16%	12.24%	4.08%	10.20%
	有所降低	4	3	4	6
	占比	8.16%	6.12%	8.16%	12.24%
	基本稳定	5	11	4	7
	占比	10.20%	22.45%	8.16%	14.29%
	有所增加	9	5	7	4
	占比	18.37%	10.20%	14.29%	8.16%
	增加较大	2	2	8	6
	占比	4.08%	4.08%	16.33%	12.24%
	增加显著	16	14	19	14
	占比	32.65%	28.57%	38.78%	28.57%
可比样本总数		49			

注：上表中除了百分比之外的数字单位为：家

从绝对变化量来看，采购渠道和生产渠道营运资金占用企业变化数量与经营活动营运资金占用企业变化数量近似一致，生产渠道并表现出完全一致的比例。超过七成采矿业企业营销渠道营运资金占用增加，2012 年采矿业营业收入较上年增长 4%，营业成本增长 7%，毛利率下降 3 个百分点，受世界经济下行影响，销售情况有所下降。

从变化幅度统计来看，生产渠道营运资金变化幅度分布呈 W 形，基本稳定、变化显著的企业数量较多，表明采矿业正处于整合调整之中，集约化程度较高的企业较为稳定，而部分企业处于急速调整之中；营销渠道营运资金变化幅度呈上升斜线，表明营销渠道占用增加的企业数量较多，且增加幅度越大企业数量越多，营销渠道行业整体资金占用压力增大且波幅较大；采购渠道和经营活动营运资金变化幅度分布表现近似，均呈左倾 W 形，增加显著的企业数量作用明显；“增加显著”的企业数量占比均最高，表明行业内差异较大，采矿业正处于整合调整之中。

3. 采矿业行业上市公司分要素的经营活动营运资金配置分析

（1）行业层面

从行业层面分析采矿业在存货、应收项目、应付项目三要素之间的配置情况，分析采矿业经营活动营运资金的管理情况。

表 8－5　2011～2012 年采矿业行业经营活动营运资金的要素配置分析　单位：百万

项目	存货		应收及预付款项		应付及预收款项		经营活动营运资金	
	2011	2012	2011	2012	2011	2012	2011	2012
行业总体	456574.24	510036.28	415909.07	489522.98	1026179.65	1117358.70	－153696.34	－117799.44
行业平均	8301.35	8644.68	7561.98	8297.00	18657.81	18938.28	－2794.48	－1996.60
最大值	204799.00	218753.00	142378.00	157112.00	422340.00	423501.00	6361.45	6804.49
最小值	—	15.21	16.41	29.12	8.33	32.72	－96849.00	－70352.00
样本数量	121	126	121	126	121	126	121	126

从整体来看，2012 年较 2011 年，经营活动营运资金各要素占用均增加，存货行业平均增长 4.14%，应收及预付款项增长 9.72%，应付及预收款项增长 1.50%，进而经营活动营运资金增长

28.55%。经营活动营运资金为负值，主要原因为应付及预收款项的占用额远远大于存货和应收项目的占用额。采矿业主要是对自然资源的简单加工，采矿企业与辅助材料供应商具有较好的合作关系，应付账款普通较高。

从各要素的配置比例来看，存货和应收及预付账款之间的配置比例小幅变化1%，2011 年存货、应收、应付的配置比例为1：0.91：2.2，2012 年三者的配置比例变化为1：0.96：2.19，变化不大。

（2）企业层面

从企业层面分析采矿业经营活动营运资金在存货、应收项目、应付项目三要素的配置情况如表8－6所示。

表8－6　　采矿业行业2011～2012 年经营活动营运资金的要素配置变化情况及变动幅度表

项目		存货	应收及预付款项	应付及预收款项	经营活动营运资金
资金占用量绝对变化统计	降低	14	10	15	22
	降低比例	28.57%	20.41%	30.61%	44.90%
	增加	34	39	34	27
	增加比例	69.39%	79.59%	69.39%	55.10%
资金占用量变化幅度统计	降低显著	1	0	3	7
	占比	2.04%	0.00%	6.12%	14.29%
	降低较大	0	1	3	5
	占比	0.00%	2.04%	6.12%	10.20%
	有所降低	11	8	6	6
	占比	22.45%	16.33%	12.24%	12.24%
	基本稳定	8	7	14	7
	占比	16.33%	14.29%	28.57%	14.29%
	有所增加	15	14	9	4
	占比	30.61%	28.57%	18.37%	8.16%
	增加较大	4	6	9	6
	占比	8.16%	12.24%	18.37%	12.24%
	增加显著	10	13	5	14
	占比	20.41%	26.53%	10.20%	28.57%
可比样本总数		49			

注：上表中除了百分比之外的数字单位为：家

从绝对变化量来看，2012 年较2011 年，大部分企业各要素资金占用量增加，其中应收及预付款项增加企业数目最多，约占80%，经过存货及应收项目的加项作用和应付款项的减项作用，经营活动营运资金增加和降低企业数目拉近，增加企业略多，这与按渠道的分析结果是一致的。

从变化幅度统计来看，企业存货的变化主要集中在30%以内的区间，合计近70%，表明采矿业企业存货管理较为稳定，但也有20%的企业管理水平不稳定，增加显著，超过50%；应收款项及应付款项的企业分布区间与存货近似，应付款项的分布更为趋稳，基本稳定区间的企业数目近30%，三者综合作用正负抵消，经营活动营运资金变化区间企业分布比较分散。

（二）采矿业上市公司营运资金来源与财务风险分析

根据本中心对“营运资金”概念的重新定义，营运资金等于流动资产减去营业性流动负债（流动负债减短期金融性负债），其差额才是企业真正需要从外部融通的资金。因而，营运资金可以划分为来源于长期负债、低财务风险的“营运资本”和来源于短期负债、高财务风险的“短期金融性负债”两部分。对采矿业行业营运资金来源进行分析，可以初探采矿业企业的财务风险情况。2011～2012 年采矿业营运资金来源状况如表8－7 所示。

从行业平均来看，采矿业 2012 年短期金融性负债占比提高，上升 44.75 个百分点，营运资本占比持续为负值，短期金融性负债较高主要原因为短期借款金额较大，拉高了营运资金短期融资的比例，单从短期金融性负债占比进行分析，采矿业财务风险较高，短期偿债压力较大。

从最大值最小值来看，2012 年较 2011 年，短期金融性负债占比最大值最小值均大幅缩小，营运资本占比反之。短期金融性负债占比为负值，主要原因为分母营运资金为负值，采矿企业本身经营活动不需要融通资金，而是资金的提供方；短期金融性负债多为银行借款，而投资活动营运资金主要集中在货币资金，采矿行业普遍保持着较高的现金持有量和较高的短期借款量。由于资源稀缺性及工业基础性资源供给方，采矿业具有较好的银行信用评价，短期借款到期偿付能力较高，据统计，2012 年，采矿业 59 家样本公司中，有 41 家公司"货币资金"大于"短期借款"，虽然采矿业持有较高的货币资金和短期借款，但偿债能力具有较好的保障。货币资金同属于经营活动和投资活动，在本中心的定义中，将货币资金作为资金投资形式的一种补充，划分为投资活动，因而拉高了采矿业投资活动营运资金的占比和短期金融性负债的占比。因此，采矿业短期金融性负债占比较高，营业资本占比为负值，虽然经营活动营运资金占用较小，但短期借款带来的短期偿还压力，采矿业财务风险仍然较高。

表 8-7　　2011~2012 年采矿业行业营运资金来源状况

项目	短期金融性负债占比		营运资本占比	
	2011 年末	2012 年末	2011 年末	2012 年末
行业平均	200.46%	245.21%	-100.46%	-145.21%
最大值	2020.03%	732.56%	577.36%	9135.07%
最小值	-477.36%	-9035.07%	-1920.03%	-632.56%
样本数量	55	59	55	59

2012 年较 2011 年，短期金融性负债占比呈下沉趋向，即占比在 0~40% 的企业数量显著提高，表明 2012 年采矿业企业财务风险降低的企业数量较多；与行业平均值相比，显然部分企业极高的短期金融性负债占比拉高了平均值，2011 年约 78% 的企业短期金融性负债小于 1，2012 年约 83% 的企业短期金融性负债小于 1。

表 8-8　　2011~2012 年采矿业行业营运资金来源统计表　　单位：家

比例	2011 年末短期金融性负债占比	2011 年末营运资本占比	2012 年末短期金融性负债占比	2012 年末营运资本占比
≤0	8	12	12	10
0~20%	15	2	12	4
20%~40%	4	4	8	6
40%~60%	10	10	7	7
60%~80%	4	4	6	8
80%~100%	2	15	4	12
>100%	12	8	10	12
企业数量	55		59	

四、采矿业上市公司营运资金管理绩效分析

（一）采矿业上市公司分渠道的营运资金管理绩效分析

从采购、生产、营销三渠道分析采矿业上市公司经营活动营运资金的管理绩效，将采矿业细分为石油和天然气开采业、煤炭开采和洗选业、有色金属矿采选业、黑色金属矿采选业、开采辅助活动和其他采矿业六个细分行业，2012 年细分行业样本数目依次分别为 6 家、26 家、15 家、6 家、5 家、1 家，合计 59 家。由于 2012 年新的行业分类标准的出台，对之前的采掘业进行了一定的整合形成了新

的采矿业，因此行业细分较 2011 年也有了较大的变化，按 2012 年行业细分，2011 年各细分行业样本数目为 6 家、27 家、12 家、2 家、6 家、2 家，合计 55 家。2011～2012 年采矿业各渠道营运资金周转期如表 8－9 所示。

表 8－9　　2011～2012 年采矿业各渠道营运资金周转期　　单元：天

项目	采购渠道营运资金周转期		生产渠道营运资金周转期		营销渠道营运资金周转期		经营活动营运资金周转期（按渠道）	
	2011	2012	2011	2012	2011	2012	2011	2012
石油和天然气开采业	－15. 18	－17. 15	－2. 87	－2. 11	6. 23	10. 04	－11. 82	－9. 22
煤炭开采和洗选业	－21. 96	－25. 33	－19. 16	－20. 70	21. 49	33. 72	－19. 63	－12. 31
有色金属矿采选业	13. 38	13. 07	1. 48	6. 08	13. 30	19. 17	28. 16	38. 32
黑色金属矿采选业	10. 77	－26. 26	－4. 09	－42. 41	120. 53	46. 75	127. 21	－21. 92
开采辅助活动	－4. 62	－51. 63	20. 12	23. 18	148. 79	135. 24	164. 29	106. 79
其他采矿业	－17. 39	－31. 04	－11. 44	－10. 69	68. 48	70. 43	39. 65	28. 7
行业整体	－15. 2	－17. 31	－4. 91	－4. 46	8. 83	13. 89	－11. 29	－7. 88

从经营活动营运资金周转绩效整体来看，2012 年采矿行业经营活动营运资金周转期（按渠道）平均为－7. 88 天，较 2011 年周转期延长 30. 20%，管理绩效变差。在各细分行业中，黑色金属矿采选业周转绩效最高，为－21. 92 天；开采辅助活动业周转期最长，为 106. 79 天，细分行业内差距较大，这与我国矿产资源分布不均，且有与经济发达程度呈逆向分布的特点密切相关，以及开采辅助活动业务类型的行业差异相关。与 2011 年相比，整体绩效稳定，但细分行业波动较大。其中，黑色金属矿采选业周转绩效变化幅度较大，主要原因是营销渠道周转期 2012 年大幅下降 61. 21%；有色金属矿采选业有所下降、开采辅助活动有所改善。

从各渠道来看，营销渠道营运资金周转期绩效变化幅度最大，下降 57. 30%，采购渠道营运资金周转期变化次之，绩效改善幅度为 13. 88%，生产渠道营运资金周转绩效小幅变化 9. 17%，这与生产渠道在这一基础行业中的稳健地位表现一致；营销渠道因规模优势对经营活动整体作用最大，整体绩效下降。从各细分行业来看，黑色金属矿业在采购渠道和生产渠道变动比较显著，均有显著提升，可见黑色金属矿业的运输成本以及运输、生产过程中存在的各种财务风险有所降低；有色金属矿采选业在生产渠道和营销渠道变动显著，绩效显著下降，这与销售过程中营运资金占用量大，造成一定程度的坏账风险不无关系。

从企业层面分析采矿业各渠道营运资金管理绩效变化情况如表 8－10 所示。

表 8－10　　2011～2012 年采矿业各渠道营运资金管理绩效变化统计表

项目		采购渠道营运资金周转期	生产渠道营运资金周转期	营销渠道营运资金周转期	经营活动营运资金周转期（按渠道）
周转期变化统计	改善	19	27	15	24
	改善比例	38. 78%	55. 10%	30. 61%	48. 98%
	降低	30	22	34	25
	降低比例	61. 22%	44. 90%	69. 39%	51. 02%
周转期变化幅度统计	改善显著	10	9	6	10
	改善较大	3	4	3	5
	有所改善	2	11	4	4
	基本稳定	10	6	8	7
	有所降低	6	5	7	4
	降低较大	7	3	9	5
	降低显著	11	11	12	14
可比样本总数		49			

注：上表中除了百分比之外的数字单位为：家

从企业周转期的绝对变化来看，采矿业经营活动营运资金周转期延长和缩短的企业数量持平；生产渠道的营运资金周转期改善状况相对较好，改善比例为 55.10%；而营销渠道的营运资金周转期改善状况则相对落后，得到改善企业的只有 15 家，为 30.61%，采购渠道和营销渠道周转期企业变化比例近似。

从企业的变化区间来看，采矿业经营活动营运资金周转期企业变化呈 W 形，即改善显著和降低显著的企业数量较多，变化率超过 50% 的企业数量占比 48.98%，表明采矿业 2012 年企业经营活动周转绩效变化较大。采购渠道与经营活动企业分布区间近似，呈 W 形；生产渠道企业变化幅度分布分散；营销渠道企业分布区间趋势在降低方向逐次上升，企业降低幅度偏大，“降低显著”即降低比例超过 50% 的企业在各渠道中均最多，表明采矿业营运资金周转绩效变差幅度较大。

对采矿业 2008 年～2012 年的各渠道营运资金周转期进行分析如表 8－11 所示，五年趋势分析见图 8－1。

表 8－11　　2008～2012 年采矿业营运资金周转期　　单位：天

项目	2008	2009	2010	2011	2012
经营活动营运资金（按渠道）周转期	－8.53	－6.91	－10.81	－11.29	－7.88
采购渠道营运资金周转期	－13.93	－14.80	－15.83	－15.20	－17.31
生产渠道营运资金周转期	－5.56	－5.54	－5.09	－4.91	－4.46
营销渠道营运资金周转期	10.95	13.44	10.11	8.83	13.89

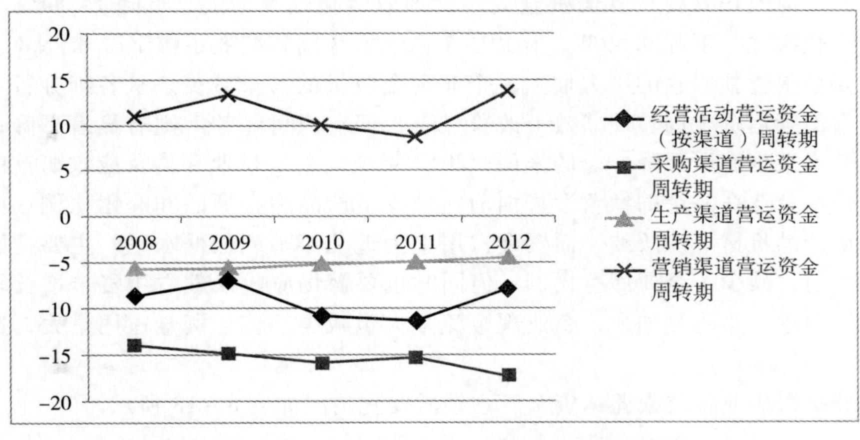

图 8－1　2008～2012 年采矿业营运资金周转期（按渠道）五年趋势图

营销渠道与经营活动营运资金周转期趋势近似一致，表明营销渠道在经营活动营运资金中的重要地位，受经济形势影响明显的营销渠道直接反映至经营活动的总体表现中，受销售不旺、价格下滑、货款回收不畅等影响较大，而价格的变化也对销售渠道营运资金有着重要的影响，决定着采矿业的高财务风险。而生产渠道相对表现平稳，五年内略有起伏，近些年来，国内外地下采矿技术发展很快，很多采矿新技术、新工艺、新材料和新设备在地下矿山得到了应用，而这些新的投入所带来的改善作用存在一定的周期性，需要时间，因此所表现出来的营运资金周转期变化也相对平稳。采购渠道波动较强，在 2009 年和 2012 年处于低谷，由于矿产资源赋存依赖性强，分布不均，且与经济发达程度呈逆向分布的特点，使得矿产生产位远离资源使用量较大的市场，在采购过程需要投入大量的运输成本，同时还承担着运输过程中存在的各种风险。因此，运输成本以及运输过程中存在的各种财务风险成为制约采矿产业快速发展的重要因素。

（二）采矿业上市公司分要素的营运资金管理绩效分析

从存货、应收账款、应付账款三要素分析采矿业上市公司经营活动营运资金的管理绩效。2011～2012 年采矿业各要素营运资金周转期如表 8－12 所示。

表 8-12　　2011~2012 年采矿业各要素周转期　　单位：天

项目	存货周转期		应收账款周转期		应付账款周转期		经营活动营运资金周转期（按要素）	
	2011	2012	2011	2012	2011	2012	2011	2012
石油和天然气开采业	27.17	29.63	11.21	12.50	30.89	33.56	7.49	8.57
煤炭开采和洗选业	19.30	18.37	37.71	44.40	39.76	44.29	17.25	18.48
有色金属矿采选业	36.88	44.63	14.64	18.24	16.37	21.17	35.15	41.7
黑色金属矿采选业	40.52	29.70	136.62	51.12	20.32	50.96	156.82	29.86
开采辅助活动	67.53	53.78	154.68	147.44	63.12	78.63	159.09	122.59
其他采矿业	35.54	32.17	59.11	69.26	50.22	63.68	44.43	37.75
行业整体	26.49	28.66	15.13	17.33	31.71	34.75	9.91	11.24

从经营活动营运资金周转绩效整体来看，2012 年采矿行业经营活动营运资金周转期（按要素）平均为 11.24 天，较 2011 年周转期延长 13.42%，管理绩效变差。在各细分行业中，石油和天然气开采业周转绩效最高，为 8.57 天；开采辅助活动业周转期最长，为 122.59 天，细分行业内差距较大，这与我国矿产资源分布不均，且有与经济发达程度呈逆向分布的特点，以及各细分行业尤其是开采辅助活动不同的业务特点密切相关。与 2011 年相比，整体绩效稳定，但细分行业波动较大。其中，黑色金属矿采选业周转绩效提高 80.96 个百分点，提高幅度相对较大；煤炭开采和洗选业、有色金属矿采选业、石油和天然气开采业有所下降。

从各要素来看，应收账款要素营运资金周转期绩效变化幅度最大，下降 14.54%，应付账款要素营运资金周转期变化次之，下降 9.59%，存货要素营运资金周转绩效小幅下降 8.19%。应收账款营运资金周转期延长要警惕货款回收的压力加大，企业现金流量的大量减少。从各细分行业来看，黑色金属矿业在存货要素的营运资金周转期绩效上改善显著，但在应付账款上则有显著下降；煤炭开采和洗选业在应收账款要素上也有所下降。总的来说，2012 年全国采矿行业存货及应收账款的资金占用率下降，主要是因为采矿企业在复杂的经营形势面前，减少了产品库存商品和赊销比例。而产成品金额增速较快，主要是矿产品价格上涨所致，而资金占用率为近几年来的最低水平，主要是因为采矿企业在复杂的经营形势面前，减少了企业库存比例。但同时也要警惕应收账款占用资金增长较快所带来的风险，货款回收的压力进一步明显加大，企业现金流量大量减少。营运资金占用量大，造成了一定程度的坏账风险。

从企业层面分析采矿业各要素营运资金管理绩效变化情况如表 8-13 所示。

表 8-13　　2011~2012 年采矿业经营活动营运资金各要素管理绩效变化统计表

项目		存货周转期	应收账款周转期	应付账款周转期	经营活动营运资金周转期（按要素）
周转期变化统计	改善	15	15	31	20
	改善比例	30.61%	30.61%	63.27%	40.82%
	降低	34	34	18	29
	降低比例	69.39%	69.39%	36.73%	59.18%
周转期变化幅度统计	改善显著	2	1	6	6
	改善较大	1	3	7	4
	有所改善	7	5	13	6
	基本稳定	14	11	14	8
	有所降低	14	12	7	10
	降低较大	9	7	1	3
	降低显著	2	10	1	12
可比样本总数		49			

注：上表中除了百分比之外的数字单位为：家

从企业周转期的绝对变化来看，采矿业经营活动营运资金周转期延长的企业数量要多于缩短的企业数量；应付账款要素的营运资金周转期改善状况较好，改善比例为 63.27%；而存货要素和应收账款要素的营运资金周转期改善状况则相对落后，且变化比例相同。

从企业的变化区间来看，采矿业经营活动营运资金周转期变化趋于降低。存货和应付账款的经营活动企业分布区间近似，呈倒 U 形；应收账款要素的企业变化幅度分布相对分散。

对采矿业 2008 年 ~2012 年的各要素营运资金周转期进行分析如表 8 - 14 所示，五年趋势分析见图 8 - 2。

表 8 - 14　　2008 ~ 2012 年采矿业各要素周转期　　单位：天

项目	2008	2009	2010	2011	2012
现金周转期	7.76	9.84	8.01	9.91	11.24
存货周转期	26.94	33.16	28.23	26.49	28.66
应收账款周转期	10.27	13.40	14.06	15.13	17.33
应付账款周转期	29.45	36.72	34.28	31.71	34.75

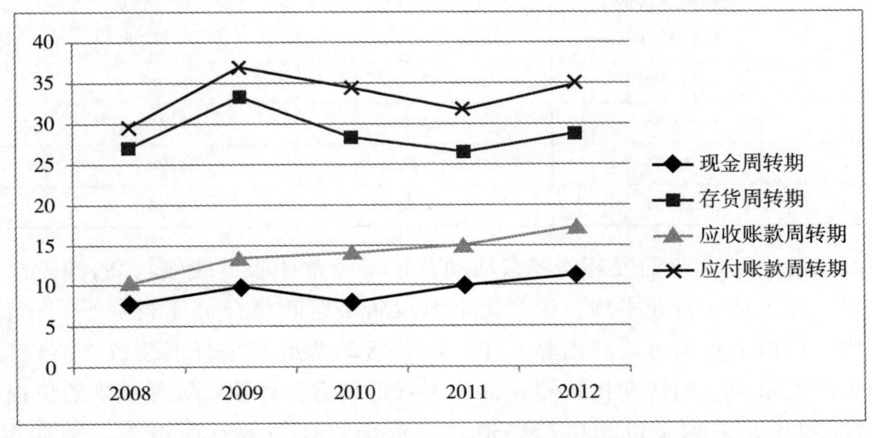

图 8 - 2　2008 ~ 2012 年采矿业营运资金周转期（按要素）五年趋势图

存货、应收账款、应付账款三种要素与经营活动营运资金周转期趋势近似一致，表明这三种要素在经营活动营运资金中的地位差别不大。2012 年全国采矿行业存货及应收账款的资金占用率下降，主要是因为采矿企业在复杂的经营形势面前，减少了产品库存商品和赊销比例。而产成品金额增速较快，主要是矿产品价格上涨所致，而资金占用率为近几年来的最低水平，主要是因为采矿企业在复杂的经营形势面前，减少了企业库存比例。但同时也要警惕应收账款占用资金增长较快所带来的风险，货款回收的压力进一步明显加大，企业现金流量大量减少。营运资金占用量大，造成了一定程度的坏账风险。

五、2012 年采矿业上市公司营运资金管理绩效排行榜

本部分分别按“经营活动营运资金周转期（按要素）”和“经营活动营运资金周转期（按渠道）”进行排名，考察采矿业上市公司营运资金管理绩效。在对上市公司营运资金管理绩效进行排名时，剔除了财务数据异常的公司，详见附录一。

六、2012 年采矿业上市公司营运资金管理的典型案例分析

（一）潞安环能（601699）

1. 公司简介

山西潞安环保能源开发股份有限公司成立于 2001 年 7 月 19 日，系经山西省人民政府以晋政函

[2001] 202 号文件批准，以山西潞安矿业（集团）有限责任公司作为主发起人，联合郑州铁路局、日照港（集团）有限公司、上海宝钢国际经济贸易有限公司、天脊煤化工集团有限公司和山西潞安工程有限公司五家单位共同发起设立的股份有限公司。公司注册地址为山西省长治市高新技术产业开发区城北街 2 号，注册资本为 230108.4 万元人民币，法人代表为李晋平先生。

潞安环能位于山西省东南部上党盆地北缘，所辖煤田属沁水煤田东部边缘中段，总面积约为 1334 平方公里，地质总储量 98.15 亿吨，可采储量 56.65 亿吨。矿区地理位置优越，交通便利。开采煤层的主要煤种为瘦煤、贫瘦煤、贫煤。

公司主营业务包括原煤开采、煤炭洗选、煤焦冶炼；洁净煤技术的开发与利用；煤层气开发；煤炭的综合利用、地质勘探等，资产总额 293 亿元。所属各矿均为行业特级高产高效矿井，综合机械化程度达到 100%，原煤核定生产能力为 1860 万吨。煤炭产品属特低硫、低磷、低灰、高发热量的优质动力煤和炼焦配煤，主要有混煤、洗精煤、喷吹煤、洗混块等 4 大类煤炭产品以及焦炭产品，主要应用于发电、动力、炼焦、钢铁行业。

2. 营运资金周转绩效分析

表 8-15　　潞安环能 2010~2012 年营运资金管理绩效表（按渠道）

指标	采购渠道营运资金周转期	生产渠道营运资金周转期	营销渠道营运资金周转期	经营活动营运资金周转期（按渠道）
2012	-143.99	-33.88	106.99	-70.88
2011	-96.56	-23.91	77.45	-43.02
2010	-78.76	-6.63	61.78	-23.61
2012 年行业	-17.31	-4.46	13.89	-7.88

从各渠道情况来看，2012 年潞安环能经营活动营运资金整体管理绩效较高，其中，采购渠道营运资金周转期非常短，远远低于行业平均；生产渠道营运资金管理绩效高于行业平均；营销渠道管理绩效则低于行业平均。由以上数据可以看出潞安环能经营活动营运资金管理绩效之所以比较高主要是因为其采购渠道和生产渠道资金周转期比较短，抵消了营销渠道管理绩效较低带来的负面作用。

与 2011 年情况相比，采购渠道和生产渠道营运资金管理绩效有所改善，采购渠道周转期缩短 49.12%，生产渠道周转期缩短 41.70%。营销渠道周转期则有所延长，增加了 38.14%。

表 8-16　　潞安环能 2010~2012 年经营活动营运资金管理绩效表（按要素）

指标	存货周转期	应收账款周转期	应付账款周转期	经营活动营运资金周转期（按要素）
2012	13.13	147.09	154.18	6.04
2011	11.95	114.97	106.96	19.96
2010	8.44	93.87	88.02	14.28
2012 年行业	28.66	17.33	34.75	11.24

从要素角度来看，2012 年公司存货和经营活动营运资金周转期（按要素）绩效较高，应收账款管理绩效比较差，应付账款管理周转期最长，两者周转期远超过行业平均水平。与 2011 年情况相比，除经营活动营运资金周转期（按要素）管理绩效提高 69.74% 外，其余各要素管理绩效均有不同程度的下降。其中，存货周转期延长 9.87%，应收账款周转期延长 27.94%，应付账款周转期延长 44.15%。

由此可以看出，采购周转期之所以很短，一方面存货周转期很短，但主要还是由于应付账款周转期很长。企业通过占用供应商资金，缩短了采购渠道营运资金周转期。但是在大量占用上游供应商资金的同时，被客户占用资金的情况也很严重。应收账款周转期过长成为销售渠道周转期过长的主要原因；应付账款周转期过长成为提高采购渠道营运资金周转绩效的主要原因。

3. 建议与总结

（1）加强内部产业链管理，集约高效水平快速提升

2012 年，公司坚持战略制胜，煤焦一体化战略纵深快速延伸，大超前生产管理深入推进，采区工作面布置进一步优化，采掘衔接实现变化条件下的高效接替。矿井自动化、数字化、智能化集约高效生产技术不断“优点集成、优势放大”。与此同时，产能扩增、资源扩张都取得了卓有成效的推进。全年生产原煤 3334 万吨，销售煤炭 2872 万吨。另外，公司不断创新和优化内部经营管理方式，成本控制能力进一步提升，丰富完善以财务为中心、以现金流为核心的经营管控体系，有力促进了降本增效。坚持“三优先、三严控”等一系列成本控制措施，严控非安全、非盈利支出，全年吨煤成本下降 20 元，其他费用下降 10%，确保了成本最优化、效益最大化。尤其是采购、生产渠道的各个环节强化成本控制，实现了成本管理的合理增长和最优控制，这也直接体现为营运资金周转的绩效上。

（2）注重资金周转效率，财务创新管理实现新提升

通过探索完善创新型财务管理新模式，灵活运用金融工具和品种，充分引入银行相互竞争，优化对外结算方式，创新推动“票据池”和电子银行业务，资金周转效率和增值收益进一步增强，有效提升财务创新管理水平。获取银行授信额度达 264 亿元；通过银行业务创新，节约财务费用 1.74 亿元，增加利息收入 323 万元；利用科研税前抵扣政策，收益增加 4509 万元。

（3）营销渠道营运资金周转绩效较低，亟待改善

从该公司营运资金周转特点可以看出，潞安环能一方面应付账款周转期较长，占用供应商资金较多；另一方面应收账款周转期也较长，即被分销方占用资金情况也较为普遍。可见，该公司似乎存在以供应商资金弥补分销方资金占用导致的资金短缺问题。这种方式可能会带来较高的信用风险，即在应付账款到期时偿债压力较大，从长期来看不利于公司树立良好形象；第二，分销商占用的大量资金容易增加坏账成本，一旦出现大额应收账款无法收回的现象，公司现金流断裂的风险也将增加。因此，公司应当同时缩短这两部分的营运资金周转期，使得营运资金的结构更加合理，降低资金管理风险。

（二）山东黄金（600547）

1. 公司简介

山东黄金矿业股份有限公司是经山东省经济体制改革委员会鲁体改企字［2000］第 3 号文批准，于 2000 年 1 月由山东黄金集团有限公司等五单位以发起设立方式设立的股份有限公司。经中国证监会核准，公司于 2003 年 8 月 13 日向社会公开发行 6000 万股 A 种股票，同年 8 月 28 日在上海证券交易所挂牌交易。2006 年 3 月 31 日，公司完成股权分置改革。2007 年 11 月 29 日，公司非公开发行股票获的中国证监会核准。公司注册资本金为 142307.24 万元，总股本为 142307.24 万股。①

公司主要经营范围是黄金地质探矿、开采、选冶，贵金属、有色金属制品、黄金珠宝饰品提纯、加工、生产、销售，黄金矿山专用设备及物资、建筑材料的生产、销售等。主要产品是黄金和白银。2012 年，山东黄金集团黄金产量跃居全国同行业第一，成为世界第一产金国的第一矿产金企业，在福布斯排行榜上位列世界黄金企业第 13 位，在海内外赢得了空前的关注度、辐射面和影响力。近年来，山东黄金集团坚持集团化、市场化的发展方向，积极探索调结构、转方式、促发展的最佳途径，不仅拥有业内最完善的产业链、代表业内先进水平的核心技术、业内最高标准和最大规模的黄金基地。

2012 年，公司以实现股东利益最大化和“争全国第一”为目标，不断加大技改力度和投入，开展劳动竞赛，矿石处理能力大幅度提高，公司矿产金产量达到 26 吨，同比增长 17%；实现营业收入 502 亿元，同比增长 27.44%；实现利润 29.15 亿元，同比增长 8.27%。② 公司朝着“规模化、大型化、数字化、生态化、低碳化”的方向加快产能扩张，围绕“早竣工、早达产、早收益”目标，不断完善奖惩考核办法，在保证工程质量的同时，尽量缩短工程建设周期，推动资源能力向生产能力、创效能力迅速转化。

---

① 数据来源：山东黄金集团有限公司官方网站 http://www.sd-gold.com/index.do。

② 数据来源：山东黄金 2012 年年度报告。

2. 山东黄金营运资金周转绩效分析

表 8－17　　山东黄金 2011～2012 年营运资金管理绩效表（按渠道）

指标	采购渠道营运资金周转期	生产渠道营运资金周转期	营销渠道营运资金周转期	经营活动营运资金周转期（按渠道）
2012	10（46）	－2（39）	－1（7）	6（23）
2011	7（39）	－3（36）	－2（6）	2（21）
2012 年有色金属	13.07	6.08	19.17	38.32
2012 年行业	－17.31	－4.46	13.89	－7.88

注：括号内数字为上市公司该项指标当年在行业内的排名，其余数字单位为天

从渠道视角看，2012 年，在采矿业 59 家上市公司中，山东黄金经营活动营运资金周转绩效位列 23 名，属中上水平，但周转期绝对值比行业均值长将近 14 天。除营销渠道营运资金周转期名列行业前茅外，其他渠道周转绩效处于中等偏下水平。但与上市公司所处的细分行业——有色金属矿采选业相比时，会发现公司各渠道管理绩效均远高于子行业平均水平。

与该上市公司 2011 年各渠道营运资金周转情况相比，各渠道周转期均有一定幅度的增加，其中，采购渠道周转期延长 3 天，增加 42.9%；生产渠道周转期延长 1 天，增加 33.31%；营销渠道周期延长一天，增加 50.0%，经营活动总的周转期缩短 3.11 天，减少 80.43%。各个渠道营运资金的周转期排名也较 2011 年有小幅下跌，尤其是采购渠道营运资金的周转期排名 2012 年下跌了 7 名。

总体来看，2012 年山东黄金各渠道营运资金周转绩效整体稳定，其中营销渠道营运资金周转绩效远高于行业平均，在其拉动下，公司经营活动营运资金周转绩效达到行业中上水平。但在有色金属矿采选业的各上市公司中，山东黄金各渠道周转绩效均远高于该子行业平均水平。

表 8－18　　山东黄金 2011～2012 年经营活动营运资金管理绩效表（按要素）

指标	存货周转期	应收账款周转期	应付账款周转期	经营活动营运资金周转期（按要素）
2012	7（3）	0（1）	9（5）	－1（3）
2011	5（4）	0（2）	6（3）	－1（5）
2012 年有色金属	44.63	18.24	21.17	41.70
2012 年行业	28.66	17.33	34.75	11.24

注：括号内数字为上市公司该项指标当年在行业内的排名，其余单位为天。

从要素视角看，各要素周转绩效均远高于行业平均，尤其是应收账款周转期连续两年为 0，并在 2012 年位于同行业第一名。与 2011 年公司周转情况相比，存货周转期延长了 2 天，增加了 40%，行业排名上升 1 名；应收账款周转期未变动，排名上升 1 名；应付账款周转期延长了 3 天，增加了 50%，排名下降 3 名；经营活动营运资金周转期未变化，排名上升 2 名。总体按要素排名的经营活动营运周转期名列前茅。

将分渠道的营运资金周转情况与各要素营运资金周转情况结合来看，可以发现，营销渠道周转期之所以延长主要是由于存货周转期增加导致的。此外，在生产渠道和营销渠道上，其他应收应付项目由于资金占用额较大，对渠道营运资金周转绩效造成了负面影响。

表 8－19　　山东黄金营销渠道各项目资金占用情况　　单位：元

项目	2012	2011	2012/2011
成品存货	1078782790.09	874767718.60	123%
应收账款	17945239.91	8551344.16	210%
应收票据	13200000.00	4300000.00	307%
预收账款	2219464171.50	1537007776.94	144%
应交税费	130044082.71	507270211.86	25%
营销渠道营运资金	28151796.60	－369605087.45	－7%

从资金占用量上来看（见表 8 – 19），2012 年营销渠道营运资金占用量有所增加，其中影响最大的项目是预收账款和应交税费项目。其中，预收账款增加 44%%，应交税费减少 75%。同时其他本渠道内的流动资产项目也有不同程度的增加或保持基本稳定，其中存货和应收账款的大幅增加是营销渠道营运资金占用的最重要的因素，因此山东黄金应高度重视存货的管理和应收账款的管理，减少库存和坏账发生的可能，降低企业的财务风险。

表 8 – 20　　2011 ~ 2012 年山东黄金融资结构

项目	2012	行业平均值	2011	行业平均值
短期金融性负债债占比	242%	245%	185%	191%
营运资本占比	–142%	–145%	–85%	–91%

营运资金由来源于长期负债、低财务风险的“营运资本”和来源于短期负债、高财务风险的“短期金融性负债”两部分组成，从 2011 年和 2012 年山东黄金的融资结构情况来看，（见表 8 – 20）营运资本占比从 –85% 下降到 –142%，短期性金融负债占比从 185% 上升到 242%。，短期金融性负债的增加便增加了企业的财务风险，而营运资本占比的行业平均值两年分别为 –91% 和 –145%，山东黄金均略微高于行业平均水平。综合而言，由于采矿业是一个存在矿产开采成本巨大，资金需求量大，规模效应等特征的行业。行业特性决定了山东黄金属于激进型的融资结构，但是这样的融资结构会给企业带来巨大的财务风险，影响资金链的稳定。

3. 山东黄金营运资金管理特色及建议

2012 年山东黄金在营运资金管理方面主要有以下特色：

（1）销售终端模式，加快产品流转

山东黄金自进入终端零售市场以来，其在创新经营模式、加大产品研发投入、提高服务水平的同时，开展强势的品牌推广计划，有针对性地对不同区域分阶段投入广告和开展推广活动。山东黄金通过创新产品和服务、创新经营模式，进行信息共享，以及商务合作，达到互利共赢，与此同时进一步扩大山东黄金品牌的知名度和影响力。在这种情况下，公司产品销量将进一步扩大，使得商品流转加快，有利于缩短公司成品库存周转期，从而提高销售渠道营运资金周转绩效。

（2）规模效益突出，不断扩大产能

2012 年，公司继续坚持走技术革新、工艺改造、内部挖潜的路子，创造了良好的规模效益。通过对三山岛、焦家、玲珑、新城等矿山采矿工艺、选矿磨浮系统及竖井提升系统等改造工程，进一步优化了生产作业系统，使作业效率和生产能力大幅提升，全公司生产能力超过 37000 吨/日，相当于新增了一个大型在产黄金矿山。通过不断推进劳动竞赛机制创新，建立严格的指标分解和考核机制，促进了生产指标不断迈上新台阶，相继实现了“首季开门红”、“半年双过半”、“定局三季度”的预期目标。由于市场需求旺盛，公司产能扩大后不会造成商品的积压，反而能够在保持商品库存稳定的情况下，利用高售价和高销量增加营业收入，实现商品的加速周转。

（3）坚定“双零”目标，注重生产环节管理

山东黄金始终把安全生产和环保能力作为矿山企业的第一竞争力，层层落实安全生产责任，不断加大安全生产投入，强力推广安全技术和成果，全面改善一线生产环境；严格安全生产指标奖惩考核，坚持领导下井带班制度和现场安全培训制度，实现了安全环保“双零”目标。“绿色矿山”、“生态矿业”建设成效卓著。目前，三山岛金矿、焦家金矿、新城金矿、沂南金矿、青岛鑫汇公司、金洲公司金青顶矿区等 6 家矿山被授予了“国家级绿色矿山试点单位”，公司及所属三山岛金矿、焦家金矿、新城金矿、金洲公司被评为“第五届绿博会绿色发展企业”；备受瞩目的“山东黄金，生态矿业”形象宣传片登陆央视，公司生态发展成功经验备受赞誉，获《中国环境报》专版报道，被誉为中国生态矿业“标杆企业”。节能减排工作取得新成效，推广应用水源热泵、空压机热能回收等技术，各项指标均超额完成了年度计划。生产效率得到提高，生产环节占用营运资金得到更加有效的控制，一定程度

上降低了企业的财务风险。

2012 年对山东黄金营运资金管理方面的建议：

（1）其他应收款管理不善

山东黄金在营运资金管理方面也存在亟待改善的地方。调查数据显示，山东黄金其他应收款项目资金占用额很大，2012 年情况更加不容乐观。2012 年其他应收账款平均额达到 1 亿多元，是应收账款和应收票据总额近 10 倍。这说明公司内部产业链管理不善，内部控制制度不完善或没有得到有力执行，导致资金在生产渠道沉淀，加大了公司资金使用成本和管理风险。因此，公司应当加强这一次项目的管理，明确生产过程中资金使用范围和额度，应收款项形成后应有及时的催缴政策，保证款项及时收回。

（2）加快技改工程进度，提高发展速度

以“进一步提高井下采、出能力、进一步提高处理能力”为着力点，加快重点技改项目的进度，重点解决好现有各系统能力，特别是提升、通风、充填、运输系统已滞后于生产能力扩张的矛盾，实现矿山高速、良性发展。进一步朝着“规模化、大型化、数字化、生态化、低碳化”的方向加快发展，率先走在行业前列。在整合资源中挖掘潜力，力争人均利润、人均金金属储量、劳动效率、吨矿成本等主要生产经营指标达到全国领先，努力提升营运资金的管理效率，控制企业的高财务风险。

（3）大力推进收购、兼并和重组

在目前宏观环境下，公司存在的风险主要是黄金价格风险，主要受国际市场影响较大。黄金行业作为特殊行业，国家在政策上一是要继续保持减免增值税，二是应出台优惠政策支持大集团收购、兼并和重组一批地方或个体小矿山，有效整合资源，走规模化扩张之路，以降低生产成本，实现规模效益。与此同时企业还应坚持不懈深挖内部潜力，大幅提升产能规模，狠抓资源勘探和并购，使资源储量实现大幅增长，有效拓宽发展空间，加快项目建设步伐，不断提升产能规模。同时应注重调整产业结构，全力打造上下游一体化的产业航母，扩大山东黄金的品牌影响力。紧抓管理创新，建立有效科学的管理机制，更加有效地管理营运资金，控制企业财务风险。

七、2012 年采矿业上市公司营运资金管理调查的结论与建议

（一）调查结论

1. 行业平均规模略增，但营运资金占用降低，行业经营绩效改善

2012 年采矿业行业平均总资产及营业收入均有小幅提升，在规模略增的情况下资金占用减少，除经营活动营运资金外，2012 年均有过半企业资金占用量降低，尤其是投资活动的营运资金，降低比例近 2/3；而经营活动营运资金占用为负值，虽然增加但仍小于零。从资金占用绝对值层面看，行业态势较好。

2. 经营活动营运资金占用为负值，而投资活动营运资金占用较多

采矿业经营活动营运资金 2012 年较 2011 年略有上升，但占用均为负值，平均绝对额约 20 亿元，投资活动营运资金平均约 47 亿元。投资活动营运资金较高的原因为采矿业普遍货币资金较高，货币资金占流动资产比例行业平均为 37.51%，部分企业甚至达到 91.19%，而在本中心的定义中，将同属经营和投资活动但无法绝对划分的货币资金划入投资活动。

短期金融性负债占比 2012 年为 245%，2011 年为 200.46%，相反，营运资本占比 2012 年为 -145%，2011 年为 -100.46%，2012 年有 28.81% 的企业短期金融性负债绝对值大于 100%（短期金融性负债为负值的原因为营运资金为负值），拉高了行业的平均水平，而短期金融性负债较大的主要原因为短期借款比例较高，采矿业短期借款较高，财务风险较大。

3. 营销渠道营运资金周转绩效变差

调查表明，采矿业 2008 ~ 2012 年五年趋势分析，营销渠道营运资金周转期趋势表现与经营活动营运资金周转期几乎一致，有 2009 年和 2012 年两个高点，2009 年到 2011 年呈下降趋势。在经历 2010 年和 2011 年的经济复苏之后，2012 年世界经济下行，宏观经济对基础资源行业影响显著，营销渠道营

运资金周转绩效变差。从营运资金占用也可以看出，营销渠道在经营活动中的重要地位，采购和生产渠道营运资金占用多为负值，而营销渠道营运资金多为正值，且绝对值较大；另外，从各细分行业来看，开采辅助活动经营活动营运资金周转期较大，主要原因也是营销渠道的较大周转期。

4. 要素视角营运资金周转绩效恶化

从五年趋势来看，存货和应付账款周转期趋势表现几乎一致，有 2009 年和 2012 年两个高点，2009 年到 2011 年呈下降趋势，这与渠道视角的分析结果一致；但现金周转期呈现波动上升的趋势，除 2010 年小幅下降，整体五年趋升，应收账款周转期五年一直攀升，表现出经济紧缩情况下客户关系管理一定程度的恶化。2012 年，存货、应收、应付三要素营运资金周转期均延长，应付账款周转期延长对经营活动营运资金周转期产生正的绩效改善作用，但总体 2012 年营运资金周转绩效变差。

5. 各渠道营运资金管理水平不稳定，但各要素营运资金管理水平较稳定

从采购、生产、营销三渠道营运资金周转期企业变化幅度分布来看，降低显著和增加显著的企业数量较多，形成 W 形的两侧高点，基本稳定的企业数量形成另一高点，说明本年度渠道视角企业波动较大；从存货、应收、应付三要素来看，企业数量集中于基本稳定和有所降低的区间，虽然从绝对变化统计看，大部分企业周转绩效降低，但大部分企业的变化幅度处于 -10% 至 30% 的区间，整体表现还是比较稳定。

（二）对策建议

1. 加强银企关系管理，银行是采矿业利益相关者关系管理的重点

采矿业所生产的产品是大宗资源类产品，属于资金密集性行业，另外资源开发活动的高风险性使安全生产基金配置成为必然，采矿业普遍货币资金及短期借款比例较高，银行是采矿企业重要的利益相关者。加强银企关系管理，提高资金使用效率，降低资金借贷成本，对资金量级巨大的采矿业具有格外突出的意义。采矿企业可以建设财务集中管理平台、与银行合作设立灵活理财业务等，提高营运资金整体管理水平。

2. 提高营销渠道管理水平，借此改善应收账款营运资金管理绩效

营销渠道在采矿业经营管理中处于绝对重要的地位，采矿业产品较大的体积及较高的重量提高了存储成本，资源分布与经济发展逆行的规律也使运输成本攀升，营销渠道的管理水平直接关系企业经营活动的周转能力，进而影响盈利能力。针对采矿业应收账款绩效连续恶化的问题，采矿业应加强渠道关系管理，尤其应建立良好的客户关系，改善应收账款营运资金管理绩效，同时利用供应链金融，更好地解决企业的营运资金需求问题。

3. 借助渠道优势，加强生产管理，继续稳定经营活动营运资金管理水平，提高投资活动营运资金管理绩效

在采购渠道和生产渠道的良好表现下，采矿业经营活动营运资金占用为负值，并不占用资金，但投资活动中的货币资金管理不容忽视。良好的渠道管理水平也可使企业保持较低的安全资金储备量；加强安全意识建设，提高安全生产水平，对生产渠道的效率影响深远。采矿业负的营运资金管理效率水平仍有很大的改善区间。

主要参考文献

1. 李玉红："矿业并购中的风险控制"，《中国矿业报》，2012 年 1 月 27 日 第 5 版。
2. 王宏峰："中国或引领矿业并购新浪潮"，《中国矿业报》，2012 年 11 月 15 日 第 4 版。
3. 宋国明："2011/2012 年度全球矿业投资环境调查评价"，《国土资源情报》，2012 年第 6 期。
4. 佚名："2012 年 1—5 月国内采矿业投资 3493 亿元"，《矿山机械》，2012 年第 7 期。
5. 郑明贵："海外矿业投资决策系统要素分析"，《现代矿业》，2012 年第 6 期。
6. 陈新华："矿业权投资的财务风险与防范"，《现代经济信息》，2012 年第 9 期。
7. 龚光明、陈洁："采掘行业财务会计与报告的基本问题研究"，《中国石油大学学报》（社会科

学版)，2010 年第 3 期。

8. 陈洁、龚光明："论采掘活动会计研究的理论基础"，《财会月刊》，2010 年第 9 期。

9. 黄国良、罗旭东："煤炭企业会计信息披露问题研究"，《财会通讯》，2010 年第 6 期。

10. 中国海洋大学企业营运资金管理研究课题组、王竹泉："中国上市公司营运资金管理调查"，《会计研究》，2010 年第 9 期。

11. 崔雯静："房地产上市公司基于渠道的营运资金管理绩效与企业绩效关系的实证研究"，中国海洋大学，2012 年。

12. 孙莹："营运资金：概念重构与绩效评价"，《中国会计学会 2012 年学术年会论文集》，2012 年。

13. 中国矿业网，中国企业网，新浪财经评论，现代物流报，中国贸易金融网，中国行业研究网，中企联合网等。

14. 潞安环能 2012 年年报，山东黄金 2012 年年报等。

第九章 2012 年食品、饮料业上市公司营运资金管理调查①

【摘要】营运资金管理是企业财务管理的重要内容，始于2007年次贷危机的美国金融危机更加凸现了其重要性，营运资金管理研究也受到了前所未有的关注。美国REL咨询公司和CFO杂志自1997年开始采用基于要素的营运资金周转期指标对企业营运资金管理绩效进行调查并发布排行榜。王竹泉等自2007年开始对中国上市公司营运资金管理进行调查并分别发布了“2006年度、2007年度、2008年度、2009年度、2010年度以及2011年度中国上市公司营运资金管理绩效排行榜”，引起了广泛的社会反响。本报告在前期调查研究的基础上，对2012年食品、饮料业的营运资金管理状况进行调查分析。

本报告是分行业报告中的一个行业调查报告。对食品饮料业进行了以下七个方面的分析：食品、饮料业营运资金管理的特点；2012年食品、饮料业面临的经营环境及对上市公司营运资金管理的影响分析；2012年食品、饮料业上市公司营运资金配置及来源分析；食品、饮料业上市公司营运资金管理绩效分析；2012年食品、饮料业上市公司营运资金绩效排行榜；2011年食品、饮料业上市公司营运资金管理的典型案例分析；2012年食品、饮料业上市公司营运资金管理调查的结论与建议。

经过分析得出以下结论：从食品、饮料业营运资金占用趋势上看，无论是营运资本占用总额、营运资金占用、经营活动营运资金还是投资活动营运资金，2012年食品、饮料业营运资金占用水平变化趋势总体呈现上升趋势；食品、饮料业经营活动营运资金管理绩效的行业平均水平整体上维持稳定，周转期有所提高；按渠道进行分析，发现食品、饮料业上市公司营运资金管理绩效下降的主要驱动力在于生产渠道和营销渠道营运资金的管理效率下降，2012年生产渠道和营销渠道的营运资金周转期显著延长；按要素进行分析发现食品、饮料业上市公司三种要素周转期在延长；食品、饮料业上市公司的融资结构具有稳定性，对短期筹资渠道的依赖度都较小。

一、食品、饮料业营运资金管理特点

针对我国食品、饮料行业的经营特点和营运资金周转期的特点，我们认为该行业营运资金管理应重视以下几点：

1. 盈利能力的主要影响因素是原材料成本，加强采购渠道营运资金管理

食品、饮料业的利润率相对不高，原料成本变化对食品、饮料业的售价和销量以及盈利影响很大，从而从渠道视角提高营运资金管理绩效对食品饮料业至关重要。采购过程这一经营活动的主要目的是降低采购成本、提高货物质量和减少存货占用资金，良好的采购渠道管理能够提高资金的利用率和渠道利润。加强生产过程和经营过程的控制活动，能够在第一时间掌握各地经营数据，提高营运资金管理。

2. 渠道管理比较重要

食品、饮料业的渠道窜货现象较为严重，这主要表现在企业的营销渠道上的经营活动。长期的窜货行为对客户、企业本身、经销商会造成较大的伤害，直接影响企业的效益和营运资金管理，而且食品、饮料业面对的客户群体复杂、庞大，分销网络分散，对销售及分销渠道管理提出了很高的要求。加强对销售渠道的控制，总部可以在第一时间掌握各地业务数据，进而通过掌握的资料对其进行控制，并减少渠道当中积压的资金；同时办事处可以利用信息系统掌握实时库存和在途款，加快销售订单的处理，及时催收货款，从而提高营运资金管理。

---

① 国家自然科学基金“利益相关者视角的营运资金管理研究与中国上市公司营运资金管理数据平台扩充建设（71372111）”和国家自然科学基金“利益相关者集体选择视角的企业价值管理研究（71172099）”的阶段性成果。感谢中国海洋大学、中国会计学会、国家自然科学基金委员会对营运资金管理研究的支持。

3. 库存管理要求严格

库存占用了大量资金，严重影响了企业资产的活力，同时也带来了库存管理等一系列问题。由于食品的特点，对物料批号、状态、存放、收发等提出了严格的要求。发货退货频繁也造成库存管理的困难。

二、2012 年食品、饮料业经营环境及对营运资金管理的影响

1. 食品、饮料业发展空间大，要求加强采购渠道以及营销渠道营运资金管理

居民收入增长、人口红利和城市化进程是行业发展的主要驱动因素，未来食品、饮料业将呈现总量继续增长，消费升级推动产品结构升级的发展趋势。从居民收入看，劳动力市场供给充裕程度下降的趋势为居民提升工资性收入提供了大环境，而员工收入增长也促使社会消费的升级与内需的扩大。人口红利继续发挥作用，八九十年代人口潮的人群开始进入工作，他们的消费倾向比上一代人更高，他们的消费观能进一步扩大内需。而且，国家政策层面推动消费比重提升，“十二五”规划提出的增强居民消费能力，改善居民消费预期，促进消费结构升级的措施将会成为食品饮料业持续发展的强大动力。由于行业发展空间大，很多企业进行企业合并或者扩建等方式来扩大企业规模，赢得更多市场份额，这就需要企业更多地投资，从而需要企业更多的资金，在银行等融资方式融资能力有限时，使得企业不得不更多地占用上下游企业的资金，从而企业必须提高采购渠道和营销渠道营运资金管理水平。

2. 产业集中度提高，加强企业营运资金管理

目前，我国食品饮料领域的市场集中度整体水平不高，整合空间非常大，且存在准入门槛较低，市场竞争激烈充分的现状。相比较能源、机械等行业，食品饮料行业的国有资本控制力相对较弱，这些都促使了并购浪潮的发展。2009 年以来，食品饮料并购市场出现了爆发式增长，并购热潮促使了大批中小企业的退出，行业集中度提高。由于存在企业被并购的风险，为了更好的发展以及收购别的企业，企业必须增加营运资金管理水平，提高企业的效益，从而提高企业的核心竞争力，让本企业立于不败之地。

3. 竞争加剧，经营风险加大，必须提高营运资本筹资比重

我国饮料行业产能过剩现象早已出现，国内外巨头仍斥资建新厂、新的生产线等，此举必将出现国内饮料业的竞争局面。另外，虽然并购提高了国内食品饮料行业的市场集中度，有利于国内食品饮料行业整体的发展壮大，但也加剧了企业之间的竞争，减少了一些中小企业的利润，增加了它们的经营风险。原材料和人工成本上升，但为了占领市场和吸引消费者企业提高产品价格的空间有限，企业利润减少，经营风险进一步加大。如果企业过多地依赖上下游企业的资金，则企业的经营风险太大，应该维持在适当水平。应当增加股权筹资的比重，增加本企业营运资金现金流的稳定性。

三、2012 年食品、饮料业上市公司营运资金配置与来源分析

（一）2012 年食品、饮料业上市公司营运资金配置分析

1. 2012 年食品、饮料业上市公司营运资金总体配置结构和占用水平分析

（1）行业层面

2011～2012 年食品、饮料业营运资金占用及配置情况见表 9－1。

表 9－1　　2011～2012 年食品、饮料业营运资金配置分析　　单位：亿元

项目	营运资本期末占用		营运资金期末占用		经营活动营运资金期末占用		经营活动营运资金占用水平		投资活动营运资金期末占用	
	2011	2012	2011	2012	2011	2012	2011	2012	2011	2012
行业总体	843.32	1010.88	1316.69	1613.60	157.73	209.51	0.04	0.04	1158.96	1404.09
行业平均	10.04	11.36	15.67	18.13	1.88	2.35	0.04	0.04	13.80	15.78
最大值	183.59	267.09	183.59	267.09	36.24	43.83	1.50	1.00	218.65	282.83
最小值	-40.30	-51.77	-10.01	-25.82	-53.44	-45.91	-0.26	-0.28	0.03	0.37
样本数量	84	89	84	89	84	89	84	89	84	89

从表9－1可见，2012年食品、饮料业整体营运资金期末占用为1613.60亿元，比上年增加296.91亿元，增幅达22.55%；平均每家营运资金占用为18.13亿元，比上年增加2.46亿元，增幅为16.7%。在行业内部，单家上市公司最大营运资金占用为267.09亿元，而最小营运资金占用则为－25.82亿元，表明食品、饮料业上市公司营运资金占用存在巨大差异。行业整体的营运资本占用总额为1010.88亿元，比上年增加167.56亿元，增幅为19.87%。

从营运资金配置结构看，2012年食品、饮料业的经营活动营运资金期末占用为209.51亿元，而经营活动营运资金占用水平为0.04，经营活动营运资金期末占用较上年增加51.78亿元，增幅为32.83%；而投放在投资活动领域的营运资金为1404.09亿元，较上年增加245.13亿元，增幅为21.15%。2012年经营活动营运资金占比为12.98%，比上年提高了1个百分点。可见，尽管2012年食品、饮料业投放在经营活动上的营运资金比重有所提高，但总体比例依然很低，不足全部营运资金的1/5，营运资金配置依然以投资活动为主。

（2）企业层面

2011－2012年食品、饮料业上市公司营运资金配置变化情况见表9－2。

表9－2　　2011～2012年食品、饮料业上市公司营运资金配置变化情况及变动幅度统计表

项目		营运资本	营运资金	经营活动营运资金	投资活动营运资金
资金占用量绝对变化统计	降低	40	38	36	33
	降低比例	53.33%	50.67%	48.00%	44.00%
	增加	35	37	39	42
	增加比例	46.67%	49.33%	52.00%	56.00%
资金占用量变化幅度统计	降低显著	13	4	15	2
	占比	17.33%	5.33%	20.00%	2.67%
	降低较大	5	3	2	3
	占比	6.67%	4.00%	2.67%	4.00%
	有所降低	13	19	13	19
	占比	17.33%	25.33%	17.33%	25.33%
	基本稳定	16	22	15	21
	占比	21.33%	29.33%	20.00%	28.00%
	有所增加	6	10	8	12
	占比	8.00%	13.33%	10.67%	16.00%
	增加较大	11	9	7	5
	占比	14.67%	12.00%	9.33%	6.67%
	增加显著	11	8	15	13
	占比	14.67%	10.67%	20.00%	17.33%
可比样本总数		75			

注：上表中除了百分比之外的数字单位为：家

由表9－2可以看到，2012年营运资本占用和营运资金占用降低的企业均超过半数，但过半数企业经营活动和投资活动营运资金在增加。从资金变化程度上看，营运资金变化幅度统计基本呈正态分布，比较正常，但营运资本的变化幅度明显呈“W”分布，偏离正态分布，在营运资本占用方面，维持基本稳定的达到21.33%，说明营运资本的占用水平很多企业维持平稳，但增减幅度显著的企业数量明显高于正常水平；经营活动营运资金与投资活动营运资金变化幅度也明显偏离正态分布，变化幅度小的企业数量较低，而变化显著的企业数量畸高。可见，食品、饮料业上市公司营运资金占用情况并不稳定。

2. 食品、饮料业上市公司分渠道的经营活动营运资金配置分析

（1）行业层面

2011～2012 年食品、饮料业营运资金占用及配置情况见表 9－3。

表 9－3　2011～2012 年食品、饮料业经营活动营运资金的渠道配置分析　单位：亿元

项目	采购渠道营运资金		生产渠道营运资金		营销渠道营运资金		经营活动营运资金	
	2011	2012	2011	2012	2011	2012	2011	2012
行业总体	94.73	53.40	23.16	73.68	39.84	82.42	157.73	209.51
行业平均	1.13	0.60	0.28	0.83	0.47	0.93	1.88	2.35
最大值	26.06	47.76	45.53	61.72	34.55	18.59	36.24	43.83
最小值	－18.02	－18.81	－32.82	－35.18	－76.03	－65.65	－53.44	－45.91
样本数量	84	89	84	89	84	89	84	89

2011～2012 年食品、饮料业分渠道经营活动营运资金占用情况见表 9－3。2012 年食品、饮料业经营活动营运资金（按渠道）占用量为 209.51 亿元，比上年增加 51.78 亿元。平均每家上市公司经营活动营运资金（按渠道）占用量为 2.35 亿元，比上年增加 0.48 亿元。

从资金渠道配置上看，2012 年食品、饮料业垫支在采购渠道上的营运资金为 53.40 亿元，同比减少 41.33 亿元，降幅为 43.63%，行业最小值为－18.81 亿元；垫支在生产渠道上的营运资金为 73.68 亿元，同比增加 50.53 亿元，增幅高达 218.18%，行业最小值为－35.18 亿元；垫支在营销渠道上的营运资金为 82.42 亿元，同比增加 42.59 亿元，增幅为 106.90%，行业最小值为－65.65 亿元。可见，2012 年食品、饮料业营运资金增加的主要原因在于企业的生产渠道和下游营销渠道中垫支的营运资金大大增加，远远高于上游采购渠道营运资金的减少。

（2）企业层面

2011～2012 年食品、饮料业经营活动营运资金渠道配置变化情况见表 9－4。

表 9－4　食品、饮料业 2011～2012 年经营活动营运资金的渠道配置变化情况及变动幅度表

项目		采购渠道营运资金	生产渠道营运资金	营销渠道营运资金	经营活动营运资金
资金占用量绝对变化统计	降低	44	35	33	36
	降低比例	58.67%	46.67%	44.00%	48.00%
	增加	31	40	42	39
	增加比例	41.33%	53.33%	56.00%	52.00%
资金占用量变化幅度统计	降低显著	31	22	7	15
	占比	41.33%	29.33%	9.33%	20.00%
	降低较大	2	4	4	2
	占比	2.67%	5.33%	5.33%	2.67%
	有所降低	5	5	14	13
	占比	6.67%	6.67%	18.67%	17.33%
	基本稳定	10	8	10	15
	占比	13.33%	10.67%	13.33%	20.00%
	有所增加	12	6	16	8
	占比	16.00%	8.00%	21.33%	10.67%
	增加较大	5	4	5	7
	占比	6.67%	5.33%	6.67%	9.33%
	增加显著	10	26	19	15
	占比	13.33%	34.67%	25.33%	20.00%
可比样本总数		75			

注：上表中除了百分比之外的数字单位为：家

由表 9 - 4 可以看到，2012 年采购渠道营运资金占用量下降企业约为 2/3，而生产渠道和营销渠道营运资金占用增加企业占绝大多数。从各渠道营运资金占用量变化情况看，各渠道营运资金变化幅度均偏离正态分布，呈明显的“W”型分布，变化显著企业数量均高于正常水平。采购渠道资金占用显著降低的达到 31%，而增加显著的企业也达到 12.33%；生产渠道营运资金占用增加显著和降低显著企业分别占 29.33% 和 34.67%；营销渠道营运资金占用水平增加显著和降低显著的分别占 9.33% 和 25.33%，而三个渠道资金变化基本稳定的企业数量均较低。这表明食品、饮料行业渠道资金占用水平不稳定，这可能是由于企业渠道管理水平不成熟导致的。

3. 食品、饮料业上市公司分要素的经营活动营运资金配置分析

（1）行业层面

2011 ~ 2012 年食品、饮料业经营活动营运资金的要素配置情况见表 9 - 5。

表 9 - 5　　2011 ~ 2012 年食品、饮料业经营活动营运资金的要素配置分析　　单位：亿元

项目	存货		应收及预付款项		应付及预收款项		经营活动营运资金	
	2011	2012	2011	2012	2011	2012	2011	2012
行业总体	737.31	912.99	451.59	458.75	1031.17	1162.23	157.73	209.51
行业平均	8.78	10.26	5.38	5.15	12.28	13.06	1.88	2.35
最大值	71.88	96.67	36.04	42.42	132.34	133.44	36.24	43.83
最小值	0.18	0.22	0.14	0.12	-0.18	-0.52	-53.44	-9.15
样本数量	84	89	84	89	84	89	84	89

从表 9 - 5 可以看出，2012 食品、饮料业经营活动营运资金（按要素）占用量为 209.51 亿元，与上年相比增加了 51.78 亿元，增幅为 32.83。平均每家上市公司经营活动营运资金（按要素）占用量为 2.35 亿元，同比增加 0.48 亿元，增幅达 25.37%。

从具体要素类别上看，无论是行业总体还是行业平均水平，应收及预付款项营运资金占用量维持基本不变，而存货资金和应付及预收款项均出现不利变化，其中存货占用资金有一定幅度的增加，2012 年比上年增加 175.68 亿元，增幅为 23.83%；应付及预收款项占用资金小幅度增加，增加金额达 131.05，增幅为 12.71%。可见，加强存货及应付款管理是改善食品、饮料业营运资金管理的关键。

（2）企业层面

2011 ~ 2012 年食品、饮料业经营活动营运资金要素配置及变化情况见表 9 - 6。

表 9 - 6　　食品、饮料业 2011 ~ 2012 年经营活动营运资金的要素配置变化情况及变动幅度表

项目		存货	应收及预付款项	应付及预收款项	经营活动营运资金
资金占用量绝对变化统计	降低	29	32	25	36
	降低比例	38.67%	42.67%	33.33%	48.00%
	增加	46	43	50	39
	增加比例	61.33%	57.33%	66.67%	52.00%
资金占用量变化幅度统计	降低显著	1	5	3	15
	占比	1.33%	6.67%	4.00%	20.00%
	降低较大	2	5	2	2
	占比	2.67%	6.67%	2.67%	2.67%
	有所降低	12	13	11	13
	占比	16.00%	17.33%	14.67%	17.33%
	基本稳定	21	22	22	15
	占比	28.00%	29.33%	29.33%	20.00%
	有所增加	21	18	16	8

续表

项目		存货	应收及预付款项	应付及预收款项	经营活动营运资金
资金占用量变化幅度统计	占比	28.00%	24.00%	21.33%	10.67%
	增加较大	12	2	8	7
	占比	16.00%	2.67%	10.67%	9.33%
	增加显著	6	10	13	15
	占比	8.00%	13.33%	17.33%	20.00%
可比样本总数		75			

注：上表中除了百分比之外的数字单位为：家

由表 9－6 可以看到，2012 年食品、饮料业经营活动营运资金降低企业达 52%，其主要原因是多数企业存货资金占用和应收账款资金占用增加，以及应付账款资金占用同样也增加，所以整体显现变化趋势不大。而从各要素变化幅度上看，经营活动营运资金占用水平变化幅度呈“U”型分布，完全偏离正态分布，基本稳定企业数量最低，而变化显著企业数量最高，这表明企业对要素营运资金的协同管理极端不成熟；存货变化幅度呈正态分布，应收及应付等结算款项资金占用变化均呈现正态分布。应收账款增加企业中只有 18 家企业为有所增加。

（二）食品、饮料业上市公司营运资金来源与财务风险分析

（1）行业层面

2011～2012 年食品、饮料业营运资金来源情况见表 9－7。

表 9－7　2011～2012 年食品、饮料业营运资金来源状况

项目	短期金融性负债占比		营运资本占比	
	2011 年末	2012 年末	2011 年末	2012 年末
行业平均	35.95%	37.35%	64.05%	62.65%
最大值	355.08%	358.16%	402.71%	407.91%
最小值	－302.71%	－307.91%	－255.08%	－258.16%
样本数量	84	89	84	89

根据表 9－7 可以得出以下结论：2012 年行业平均短期金融负债占比为 37.35%，与去年水平基本持平，营运资本占比为 62.65%，说明企业的财务风险相对较小，主要依赖长期筹资方式筹集营运资金。

（2）企业层面

2011～2012 年食品、饮料业营运资金来源情况见表 9－8。

表 9－8　2011～2012 年食品、饮料业营运资金来源统计表　单位：家

比例	2011 年末短期金融性负债占比	2011 年末营运资本占比	2012 年末短期金融性负债占比	2012 年末营运资本占比
小于 0	1	15	2	18
0～20%	39	5	39	6
20%～40%	7	10	9	6
40%～60%	7	7	9	9
60%～80%	10	7	6	9
80%～100%	5	39	6	39
大于 100%	15	1	18	2
企业数量	84		89	

根据表 9－8 可以看出，2012 年和 2011 年本行业短期金融负债占比维持在 0～20% 的企业均为 39 家，占 56.18%，较上年有所提高。表明食品、饮料业过半数的企业都轻度依赖短期融资渠道，财务风险相对较低。而营运资本占比都处于 80%～100% 的企业两年都为 39 家，说明大部分企业主要依赖长期融资渠道筹集营运资金。

四、食品、饮料行业上市公司营运资金管理绩效分析

（一）食品、饮料行业上市公司分渠道的营运资金管理绩效分析

本部分描述 2012 年的营运资金总的周转期并与 2011 年的周转期进行对比，以反映行业营运资金管理绩效是改善还是恶化，本部分的分析对该行业细化为 4 个子行业，并将会从各个子行业层面以及企业层面进行分析，以期使读者对食品、饮料行业 2012 年营运资金管理状况有全面了解。

（1）行业层面营运资金管理绩效总体分析

2011～2012 年食品、饮料行业营运资金周转期如表 9－9 所示。

表 9－9　　2011～2012 年食品、饮料行业各渠道营运资金周转期　　单元：天

项目	采购渠道营运资金周转期		生产渠道营运资金周转期		营销渠道营运资金周转期		经营活动营运资金周转期（按渠道）	
	2011	2012	2011	2012	2011	2012	2011	2012
酒、饮料和精制茶制造业	3	17	9	20	－8	－17	4	20
农副食品加工业	10	7	－2	5	14	17	22	29
食品制造业	－1	－5	－2	－7	49	42	46	30
烟、饮料和精制茶制造业	12	4	8	6	－30	－26	－10	－16
行业整体	7	5	3	5	4	5	14	15

2012 年，食品、饮料行业采购渠道营运资金周转期（按渠道）平均为 5 天，较 2011 年缩短 2 天，生产渠道与营销渠道营运资金周转期均增加 1－2 天，经营活动营运资金周转期（按渠道）平均为 15 天，与 2011 年基本保持一致。

（2）企业层面分渠道的营运资金管理绩效分析

与营运资金总体分析相似，2011～2012 两年间可比样本为 75 家。本部分将以 2011～2012 年可比样本为研究对象，分析食品、饮料业上市公司 2012 年营运资金管理水平的稳定程度。2011～2012 年食品、饮料业上市公司各渠道周转期变化及变动幅度，如表 9－10 所示。

表 9－10　　2011～2012 年食品、饮料行业各渠道营运资金管理绩效变化统计表

项目		采购渠道营运资金周转期	生产渠道营运资金周转期	营销渠道营运资金周转期	经营活动营运资金周转期（按渠道）
周转期变化统计	改善	56	46	40	44
	改善比例	74.7%	61.3%	53.3%	58.7%
	降低	19	29	35	31
	降低比例	25.3%	38.7%	46.70%	41.3%
周转期变化幅度统计	改善显著	26	18	5	14
	改善较大	6	5	2	5
	有所改善	14	13	13	14
	基本稳定	10	10	20	11
	有所降低	9	4	10	17
	降低较大	1	4	6	2
	降低显著	9	21	19	12
可比样本总数		75			

如表所示，与2011年相比，2012年食品、饮料业采购渠道营运资金管理绩效改善的企业有56家，占到可比样本的74.7%；其中有所改善和基本稳定的企业数最多，是24家。另外管理绩效降低显著和有所降低的企业数量也较多，分别为9家，共占可比样本的24%。生产渠道营运资金管理绩效改善的企业有46家，占到可比样本的61.3%；其中改善显著和有所改善的企业数量较多，分别为18和13家，占生产渠道营运资金周转绩效改善企业的67.3%，但是降低显著在生产渠道中占得企业数最多，达到了21家，占可比样本总数的28%。营销渠道营运资金管理绩效改善的企业有40家，占到可比样本的53.5%；其中有所改善和基本稳定的企业数量最多，分别为13家和20家。

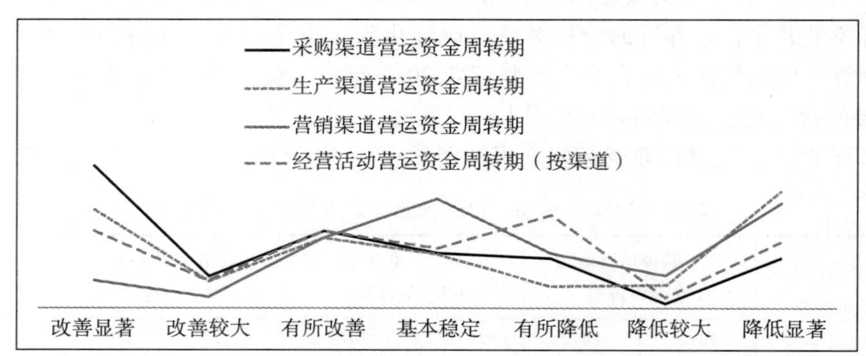

图9－1　2011～2012年各渠道营运资金管理绩效变化趋势图

如图9－1所示，2012年食品、饮料业采购渠道营运资金周转期、生产渠道营运资金周转期和营销渠道营运资金周转期统计图呈现略偏左的W型分布。采购渠道和营销渠道营运资金管理绩效起伏较大，不够稳定。在渠道视角分析中，改善显著的企业数增加也是较为明显的。

2008～2012年食品、饮料行业营运资金管理绩效行业层面分析如表9－11所示。

表9－11　　2008～2012年食品、饮料行业营运资金周转期　　单位：天

项目	2008	2009	2010	2011	2012
经营活动营运资金（按渠道）周转期	27	21	23	14	15
采购渠道营运资金周转期	7	3	7	7	5
生产渠道营运资金周转期	7	7	6	3	5
营销渠道营运资金周转期	13	11	10	4	5

从表9－11可以看出，2008～2012年经营活动营运资金周转期（按渠道）呈现波浪状波动，波峰分别为2008年、2010年和2012年，而2009年和2011年为波谷，如果这种情况持续下去的话可以预期2013年该行业经营活动营运资金周转期又将迎来一个波谷。从各渠道上看，采购渠道营运资金除2009年和2012年稍短外，其余各年均维持在7天左右，这表明采购渠道营运资金周转期受宏观环境影响较大，危机等宏观环境较弱的年份采购渠道营运资金周转期将所有缩短，而相对繁荣的年份采购渠道营运资金周转期将恢复稳定，维持在一周左右，具有明显的逆增长趋势；生产渠道营运资金基本呈下降趋势，而2011年为波谷，绩效最好；营销渠道营运资金周转期也呈总体下降趋势，2011年为波谷，绩效最好，这表明食品饮料行业上下游结算资金占用具有相似的规律性，两者互补，因而资金变化情况基本一致。

（二）食品、饮料行业上市公司分要素的营运资金管理绩效分析

2011～2012年食品、饮料业各要素营运资金管理绩效见表9－12，各要素资金变化情况见表9－13和图9－2。

表9-12　　2011~2012年食品、饮料行业各要素周转期　　单位：天

项目	存货周转期		应收账款周转期		应付账款周转期		经营活动营运资金周转期（按要素）	
	2011	2012	2011	2012	2011	2012	2011	2012
酒、饮料和精制茶制造业	80	99	15	18	30	23	76	94
农副食品加工业	32	42	9	9	14	17	27	34
食品制造业	54	51	36	36	46	47	44	40
烟、饮料和精制茶制造业	85	89	34	30	21	24	97	96
行业整体	55	62	18	18	23	25	50	54

2012年，食品、饮料行业存货周转期平均为62天，较2011年增加7天，增幅为12.73%；应收账款周转期与上年持平；应付账款周转期与2011年相比增加2天，增幅为8.70%。在三者的共同作用下，经营活动营运资金周转期（按要素）与上年相比增加了4天，增幅为8%。食品饮料行业细分为四个行业，在存货周转期中，除食品制造业周转期略低于去年外，其他3个细分行业均相应增加4~10天。4个细分行业应收账款周转期与去年相比变化较小，除了烟、饮料和精制茶制造业比去年减少4天，酒、饮料和精制茶制造业比去年增加3天外，其他均与去年保持一致。应付账款周转期中，除了酒、饮料和精制茶制造业比去年减少7天外，其他3个均相应增加1~3天。通过比较四个细分行业经营活动营运资金周转期，农副食品加工业、食品制造业绩效显著，且低于行业整体水平；酒、饮料和精制茶制造业与烟、饮料和精制茶制造业经营活动营运资金周转期远远长于行业整体水平。

表9-13　　2011~2012年食品、饮料行业经营活动营运资金各要素管理绩效变化统计表

项目		存货周转期	应收账款周转期	应付账款周转期	经营活动营运资金周转期（按要素）
周转期变化统计	改善	53	49	65	55
	改善比例	70.57%	65.3%	86.7%	73.3%
	降低	22	26	10	20
	降低比例	29.33%	34.7%	11.6%	26.7%
周转期变化幅度统计	改善显著	1	4	11	6
	改善较大	1	1	4	5
	有所改善	13	16	18	16
	基本稳定	38	28	32	28
	有所降低	12	12	8	10
	降低较大	3	10	1	5
	降低显著	7	4	1	5
可比样本总数		75			

注：上表中除了百分比之外的数字单位为：家

如表9-13所示，与2012年相比，2011年食品、饮料业存货管理绩效改善的企业有53家，占到可比样本的70.57%，其中基本稳定和有所改善的企业数量最多，为51家，另外还有12家企业存货管理绩效有所降低。这表明2012年食品、饮料业存货管理绩效保持基本稳定的企业占据绝大多数比例，有超过一半以上的企业存货管理绩效有所改善，且除降低显著企业数量偏多外，整体变化幅度基本接近正态分布。应收账款周转绩效改善的企业有49家，占到可比样本的65.3%，其中有所改善和基本稳定的企业数量分别为13和38家，周转期变化幅度除改善显著企业数量略高于正常水平上，基本接近正态分布；应付账款周转期绩效改善的企业最多，占行业近90%，变化幅度曲线除改善显著企业数量

高于正常水平外，基本接近正态分布。可见，食品饮料业企业要素管理水平相对成熟稳定，最终经营活动营运资金周转期（按要素）也基本接近正态分布。具体见图 9 -2。

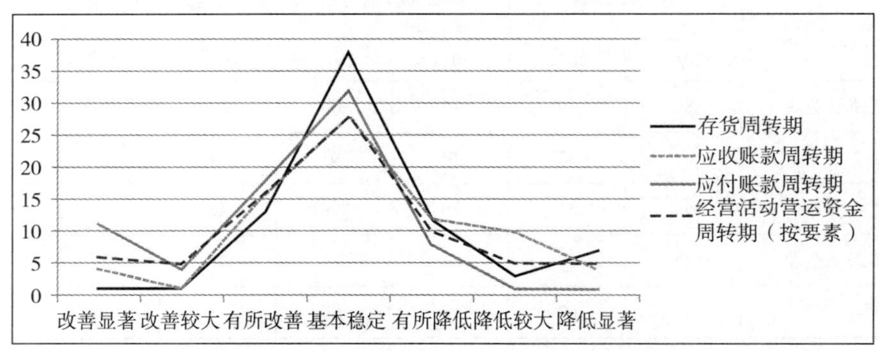

图 9 -2　各要素营运资金管理绩效变化趋势图

2008 ~2012 年食品、饮料业各要素周转期的变化趋势见表 9 -14。

表 9 -14　2008 ~2012 年食品、饮料行业各要素周转期　单位：天

项目	2008	2009	2010	2011	2012
现金周转期	61	55	60	50	54
存货周转期	75	67	66	55	62
应收账款周转期	18	19	21	18	18
应付账款周转期	32	31	27	23	25

2008 ~2012 年食品、饮料业现金周转期呈波浪状变化趋势，其中，2009 年、2011 年为波谷，绩效好，而其余年份为波峰，绩效差。若该趋势可持续下去，预期下年度食品、饮料业现金周转期将有所下降。存货周转期前四年呈持续下降趋势，绩效正在不断改善，但 2012 年存货周转期有所延长，绩效有所下降；应收账款周转期呈先上升再下降趋势，拐点在 2010 年，即 2010 年以前应收账款管理绩效持续下降，但今年有持续改善趋势；应付账款周转期基本呈持续下降趋势，绩效不断恶化，仅有 2012 年绩效略有上升，但变化不大。

五、2012 年食品、饮料行业上市公司营运资金管理绩效排行榜

本部分分别按“经营活动营运资金周转期（按要素）”和“经营活动营运资金周转期（按渠道）”进行排名，考察食品、饮料业上市公司营运资金管理绩效。在对上市公司营运资金管理绩效进行排名时，剔除了财务数据异常的公司，详见附录一。

六、2012 年食品、饮料行业上市公司营运资金管理的典型案例分析——光明乳业

（一）基本运营情况

光明乳业股份有限公司是由上实食品控股有限公司、上海牛奶（集团）有限公司、上海国有资产经营有限公司和 Danone Asia Pte. Ltd. 等发起人在上海光明乳业有限公司基础上，于 2000 11 月 17 日整体变更设立的股份有限公司。从事乳和乳制品的开发、生产和销售，奶牛和公牛饲养、培育，物流配送，营养保健食品开发、生产和销售。公司有乳品研发中心、加工设备以及加工工艺，形成了消毒奶、保鲜奶、酸奶、超高温灭菌奶、奶粉、黄油干酪、果汁饮料等系列产品，是目前国内最大规模的乳制品生产、销售企业之一。光明乳业获得 2005 年企业诚信等级证、农业产业化国家龙头企业、上海市质量金奖、国家企业技术中心成就奖、光明牌灭菌奶获国家产品质量免检证书、光明牌含乳饮料果汁饮料获国家免检产品证书、HACCP 体系认证证书、2004 年上海 100 强企业、上海市著名商标等荣誉。

2012 年，光明乳业营业收入 13775072506 元，比 2011 年增加 16.85 %。营业利润为 355269048

元，比 2011 年增加 77.47%。利润总额是 419077186 元，比去年增加 74.27%。公司近几年的营业收入及利润都一直保持较高的增长率，资产总额也有较大的增长。该公司业绩快速发展主要来自重点产品的快速增长驱动，2012 年公司围绕“聚焦乳业、领先新鲜、做强常温、突破奶粉”的战略，通过聚焦“优倍”，抓住鲜奶发展势头，实现鲜奶销售收入快速增长；通过聚焦“莫斯利安”，推动常温产品的结构升级；通过聚焦“畅优”、“健能”，坚持高端差异化路线，提高酸奶的市场份额，有效提升公司经营业绩。

（二）营运资金周转绩效数据分析

乳制品行业是一个原料指向型，劳动力、技术密集型行业，产业链较长，所以，奶源、技术、价格、产品和服务是乳制品行业竞争的焦点；乳制品具有易变质、易过期的特点，所以该行业的生产、销售周期相对其他行业比较短，而行业的利润要高于制造业的利润。

表 9－15　　光明乳业 2011～2012 年营运资金管理绩效表（按渠道）　　单位：天

指标	采购渠道营运资金周转期	生产渠道营运资金周转期	营销渠道营运资金周转期	经营活动营运资金周转期
2012	－15	－23	40	1
2011	－17	－21	38	1
2012 年行业	5	5	5	15
2011 年行业	7	3	4	14

如表 9－15 所示，光明乳业在采购渠道和生产渠道的营运资金管理绩效都是远远高过行业平均水平的，但排名有所落后。2012 年，光明乳业采购渠道营运资金管理绩效在行业中排名第 22，生产渠道营运资金管理绩效排名第 7。2011 年这两个渠道的营运资金管理绩效在行业中分别排第 11 名和 6 名。但是光明乳业销售渠道的营运资金管理绩效要远远地低于行业平均水平。2012 年光明乳业销售渠道营运资金管理绩效在行业中排名 55，在 2011 年排名 50。2012 年光明乳业由于采购和生产渠道营运资金管理绩效的绝对优势使得其经营活动营运资金（按渠道）管理绩效要好于行业平均水平，2012 年光明乳业经营活动营运资金（按渠道）管理绩效和行业平均水平接近。可见，光明乳业各渠道营运资金管理绩效正在不断下滑，其在行业中的优势正在不断缩小。

表 9－16　　光明乳业 2011～2012 年经营活动营运资金管理绩效表（按要素）　　单位：天

指标	存货周转期	应收账款周转期	应付账款周转期	现金周转期
2012	28	35	33	30
2011	30	35	36	28
2012 年行业	62	18	25	54
2011 年行业	55	18	23	50

如表 9－16 所示，光明乳业的存货周转期要远远短于行业平均水平，应收账款和应付账款要长于行业平均水平。由于存货绩效优势，经营活动营运资金（按要素）周转期要短于行业平均水平。2011 年和 2012 年光明乳业的存货管理绩效和账款管理绩效在行业排名中都处于上游，但应收账款管理绩效处于下游，经营活动营运资金（按要素）周转期在行业中处于中上游水平。可见，光明乳业各要素营运资金管理绩效的优势也不大。

（三）营运资金管理绩效成因分析

企业流程信息化分析，利用 ERP 系统强化企业核心竞争力，是光明乳业长期以来在乳制品行业保持竞争优势的原因之一。在乳业市场，活跃着两类企业，一类是像蒙牛、伊利等企业，生活在大草原上，他们的强势产品是保质期长的超高温杀菌奶；另一类是像光明这样生活在城市边缘的企业，它们的奶源是城市周围的牧场，他们的特色生存空间主要是新鲜奶，即如何在最短的时间内，把从牛身上挤出的奶，经过各种处理后，安全、高质、保鲜地送到消费者手里，因此质量、新鲜度就成为其核心竞争力的体现，而速度和效率则是他们增强核心竞争力的手段。为了强化这个核心竞争力，以提高国际竞争力，光明乳业需要进行全方位的努力：用国际上先进的管理思想来指导业务发展，用信息技术来提高速度和效率。在光明乳业的业务中，要保证乳品的新鲜度，主要有两个关键控制因素：一个是时间，一个是冷藏。其中，时间可控段主要集中在奶挤出后根据生产计划找到相应的生产厂库存（订单采集），以及从自动生产线上加工完的成品奶送到消费者手里（物流配送）这两段过程。而冷藏主要是指在产品运输中保证环境温度在2℃～6℃。显然，相对于冷藏，时间仍然是第一位的。流程信息化，就是希望充分协调业务过程中的各个环节，降低中间转折时间、优化每个环节运作效率。因此，在成本满足的前提下，缩短时间是 ERP 系统最主要的努力核心，也是最重要的考核指标之一。要缩短这两个过程的时间，关键是要以最快的速度统计完订单，做好生产计划，同时根据订单迅速组织物流配送。

但是，我们从分渠道的视角可以看到光明乳业 2012 年营销渠道的营运资金周转期偏长，采购渠道和生产渠道周转期相对较短。从分要素的视角可以看到光明乳业存货周转期相对较短，应付账款周转期拉长，应收账款周转期相对伊利、三元等上市乳制品公司相对较长。与 2011 年相比，光明乳业营运资金管理绩效总体上较为稳定，但优势在逐渐减弱.

2008 年的“三聚氰胺”事件，对光明乳业的销售收入造成了重大影响。2009 年光明乳业的盈利能力已逐渐开始恢复，但未能达到以前的水平。近两年相比 2009 年，情况得到了改善，但是仍不理想，2010 年至 2011 年，营业收入上升了 23.16%，营业成本上升了 25.12%，营业利润减少了 4.04%，净利率更是远低于同行先进者。公司营业收入增长较多，而净利润却没有较大幅度的上升，显示主要是成本上升造成的。另外，在主营业务收入增长，毛利率增长不大的情况下，营业税金及附加、销售费用、管理费用、财务费用，营业外支出也出现不同幅度的增长。企业在市场的份额下降，经营处于保守的状态下，缺乏市场拓展的能力等问题对企业的经营发展造成了不良的影响。

2012 年，接连遭遇食品安全危机的光明乳业市场销售受到一定影响，也使得其全国市场扩张更趋谨慎。第一，使消费者对其品牌信赖度降低，造成客户大量流失、利润水平大幅下滑的局面；第二，不利于光明乳业生鲜奶的发展，生鲜奶市场目前需求量日益增加，行业估算的市场容量突破 140 亿元，然而此次事件将使其生鲜奶产品的发展受限。同时，成本压力增加。光明乳业此前曾表示，目前就乳品行业来说，由 2008 年“三聚氰胺事件”引发的行业性寒流迟迟未走，2012 年乳品行业不仅要面对行业整体增速放缓的压力，还要承受成本持续上涨的压力。2012 年年报显示，光明乳业营业成本为 89.38 亿元，比 2011 年增加了 14%。

光明乳业应加强品质管理，加大品牌维护。乳制品安全卫生营养是消费者最关心的，近年，光明乳业频发质量问题突显出企业在品质管理上存在很大的问题，从大的方面也反映了企业管理的问题，这也让消费者对光明品牌产生了怀疑，所以公司应当切实保证产品质量，重塑消费者对本产品的信心。同时，光明乳业应当加强自身的管理水平，提高自身竞争力。优化经营管理，提高资产的使用效率，以品质优势、服务优势去赢得市场及品牌优势；加强成本管理，费用控制，增强盈利能力；建立科学的管理流程和体制，以为创造良好的产品品质和正确的营销方式提供有力保证；拓宽销售渠道，拓宽市场，提高市场占有率。

七、2012 年食品、饮料行业上市公司营运资金管理调查的结论与建议

（一）调查结论

通过对 2012 年食品、饮料业上市公司营运资金管理状况进行全方位的调查与分析，本报告得出以下研究结论：

1. 2012 年营运资金占用总额增加，经营活动营运资金（按渠道）略有下降。

2012 年食品、饮料业整体营运资金期末占用为 1613.60 亿元，比上年增加 296.91 亿元，增幅达 22.55%；平均每家营运资金占用为 18.13 亿元，比上年增加 2.46 亿元，增幅为 16.7%。从营运资金配置结构看，食品、饮料业经营活动营运资金（按要素）占用额呈现总体上升的趋势，2012 年食品、

饮料业的经营活动营运资金期末占用为 209.51 亿元，而经营活动营运资金占用水平为 0.04，经营活动营运资金期末占用较上年增加 51.78 亿元，增幅为 32.83%；2012 年食品、饮料业经营活动营运资金（按渠道）占用量为 209.51 亿元，比上年增加 51.78 亿元，增幅近 33%。

2. 营运资金融资结构稳定，商业信用依赖度、短期借款依赖度和供应链依赖度都偏小

从融资结构的三个角度进行分析后发现食品、饮料业上市公司的融资结构都比较稳定。从总体上看，虽然能够利用短期借款和从供应链上的上下游企业中为营运资金筹集资金，但行业总体的短期借款依赖度和供应链依赖度是较小的，这对于上市公司来说既有好的一面也是坏的一面，好的一面是面临的财务风险小，对上下游企业的依赖小；坏的一面是企业的杠杆作用会小些，盈利能力差些。

3. 经营活动营运资金管理绩效，渠道视角和要素视角都有所降低，各视角营运资金管理绩效改善企业个数依旧占多数。

从行业层面的总体分析发现，2012 年食品、饮料业经营活动营运资金周转期（按渠道）和（按要素）与 2011 年基本一致，但稍微有所延长，延长天数分别为 1 天和 4 天，增幅分别为 7.14% 和 8%。从企业层面分析发现，经营活动营运资金周转期（按渠道）的变动幅度图呈 W 型，与上年相比，变动幅度较大，公司经营活动营运资金（按渠道）管理绩效中有所降低和降低显著的企业个数明显增加，有所改善和改善显著的企业个数同样有所增加，基本稳定的企业个数减少幅度较大．然而经营活动营运资金周转期（按要素）的变动幅度图呈倒 V 型，基本呈正态分布，绩效基本稳定的公司数量最多。

4. 各渠道营运资金管理绩效管理水平不稳定。

与 2011 年相比，2012 年各渠道营运资金绩效管理水平不一致，总体上看三年间管理绩效保持持续改善的趋势。从行业层面渠道视角分析发现，2012 年采购渠道营运资金周转期平均为 5 天，与 2011 年相比缩短 2 天；2012 年生产渠道和营销渠道营运资金周转期分别为 5 天和 5 天，同比分别延长 2 天和 1 天。从企业层面看，2012 年采购渠道营运资金绩效改善的企业略占多数；营销渠道营运资金管理绩效保持稳定的企业占绝大多数；生产渠道营运资金管理绩效起伏较大，改善显著与降低显著的企业占多数。

5. 行业层面各要素绩效表现不一致；企业层面三种要素的管理绩效基本保持稳定。

从行业层面要素视角分析发现，2012 年存货周转期同比增加 7 天，应收账款周转期不变，应付账款周转期同比增加 2 天，经营活动营运资金管理绩效有所降低；从企业层面分析发现，三种要素的管理绩效保持基本稳定的企业都占多数，三种要素的管理绩效的变动幅度图都近似呈正态分布。

（二）对策建议

2012 年，食品、饮料业采购渠道营运资金管理绩效明显改善，生产和营销渠道营运资金管理绩效略微下降。

1. 进一步巩固渠道建设

上述调查结论表明，食品、饮料业采购渠道营运资金管理绩效有所改善，生产渠道和营销渠道营运资金管理绩效较去年略微下降，但总体上看营运资金管理绩效在三年间持续改善。随着全球经济一体化进程的加快，我国食品饮料市场竞争日趋激烈，并呈现出新的特征：大企业血本争夺市场，低成本竞争日益加剧，企业为了抢占更多的市场份额，加强了渠道的建设。但是，好的趋势还需要保持，还需要进一步巩固。未来食品、饮料业发展的三大核心因素是人、渠道和产品。有合适的人，掌握了渠道，加上合适的产品，成功近在咫尺。因此，进一步巩固渠道建设，尤其是加强分销渠道建设对于食品、饮料业营运资金管理，甚至是对于企业竞争力管理而言迫在眉睫。

2. 注重质量，塑造良好的品牌形象

2012 年，光明乳业应收账款周转期为 35 天，营销渠道营运资金周转期为 40 天，伊利乳业应收账款周转期为 4 天，营销渠道营运资金周转期为 -10 天。可以看出伊利的应收账款周转率远远高于光明乳业，说明伊利在应收账款管理上具有巨大优势。同样，通过调查，我们发现，无论是食品制造业、食品加工业还是饮料制造业，如果企业具有好的产品质量，在市场中有好的声誉和品牌形象，那么其

产品的营销渠道营运资金周转期都很短，并且都是负数。

品牌的塑造非一日之功，需要企业长期的资金投入与维护。这就要求企业加大原料投入和生产及储存等等的投入，这势必又会影响到其他两个渠道的营运资金周转率，但良好的品牌的总体效果是能够加速企业的资金流速的。在激烈的食品饮料行业竞争市场中，只有不断地完善自身的经营管理，不断创新才能开创新的局面。首先，应加强品质管理，加大品牌维护。食品安全卫生营养是消费者最关心的，近年，食品行业频发质量问题突显出企业在品质管理上存在很大的问题，从大的方面也反映了企业管理的问题，所以公司应当切实保证产品质量，重塑消费者对本产品的信心。然后，企业应当加强自身的管理水平，提高自身竞争力。优化经营管理，提高资产的使用效率，以品质优势、服务优势去赢得市场及品牌优势；加强成本管理，费用控制，增强盈利能力；建立科学的管理流程和体制，以为创造良好的产品品质和正确的营销方式提供有力保证；拓宽销售渠道，拓宽市场，提高市场占有率。此外，企业应注重内外环境的变化，积极地作出反应，及时制定应对方案，以抓住机会促成企业的发展。

主要参考文献

1. 王竹泉、马广林：“分销渠道控制：跨区分销企业营运资金管理的重心”，《会计研究》，2005年第6版。

2. 王竹泉、逄咏梅、孙建强：“国内外营运资金管理研究的回顾与展望”，《会计研究》，2007年第2期。

3. 沈厚才、陶青、陈煜波：“供应链管理理论与方法”，《中国管理科学》，2000年第3期。

4. 林晓彤：“光明乳业盈利能力分析”，《科技致富向导》，2012年第20期。

5. 胡仁昱、孙士英 、黄炯：“ERP在光明乳业的实施”，《会计之友》，2008年第8期。

第十章　2012 年纺织、服装、皮毛业上市公司营运资金管理调查[①]

【摘要】我国是世界上最大的纺织服装皮毛出口国，纺织服装业在我国国民经济中占有重要地位，也是我国出口创汇的主要行业之一。该行业具有行业利润集中、原材料在成本中所占比重大、高度外向型以及以中小企业为主等特点。相应地，企业营运资金管理也表现出营运资金占用不平衡、存货管理难、应收账款回收难等营运资金管理特点。在 2012 年，纺织服装业面对国际市场需求疲软、人民币升值压力、原材料价格波动等一系列宏观经济环境变动的情况下，行业压力持续加大。本章对 2012 年纺织、服装、皮毛行业营运资金管理情况进行了调查分析，主要得到以下结论：第一，在营运资金配置及占用水平方面，纺织、服装、皮毛行业投资活动营运资金占用较去年有明显增加，其中，货币资金占用的增加是主要原因。同时，采购渠道营运资金占用大幅减少，营销渠道营运资金占用显著增加；第二，在营运资金的来源及风险分析方面，2012 年长期资本占比与去年相比有所减少，但仍然高于短期金融性负债资金来源的占比。部分企业短期资金占用较大，应该警惕企业财务风险的增加。第三，在营运资金管理绩效方面，采购渠道和生产渠道的营运资金管理绩效都有明显改善，但营销渠道营运资金管理绩效大幅度下降。该行业大部分企业面临的问题是如何改善营销渠道营运资金管理绩效。因此，本报告提出加强对库存商品的管理，提高存货变现速度；实现供应链管理信息化、完善营销网络；有效管理外汇风险，加大应收款回收力度，减少应收账款的资金占用等对策建议。

一、纺织、服装、皮毛行业营运资金管理特点

1. 营运资金占用不平衡

企业营运资金占用量与产业的生产经营特点密切相关。纺织服装行业的生产成本中原材料所占比重很大，约占总成本的 60% ~80%[②]，因此原材料价格变动对纺织服装业影响较大。纺织服装业的原材料有棉花、涤纶以及化学纤维等，其中以棉花为主要原材料。近年来由于棉花产量不稳定致使国内外棉花价格大幅波动，会影响企业采购及生产对营运资金的需求。另外，服装行业生产运营具有明显的季节性，生产所需的面辅料等需要提前采购，因此该行业营运资金占用也会呈现较强的季节性特点，集中采购、生产阶段对营运资金需求较大，而在采购的淡季对营运资金需求就会较低。

2. 存货管理难，存货周转期长

服装的生产工序较多、流程较为复杂，生产周期较长，因此纺织、服装、皮毛行业在生产渠道中，在产品所占用资金量很大。与一般行业相比，纺织、服装、皮毛行业更容易受宏观经济形势的影响。由于缺乏内需和外贸的拉动，加之企业缺乏有效的市场预测信息，纺织服装行业产品自 2011 年下半年开始逐步积累，高库存成为目前纺织服装业面临的一个主要问题。同时，很多纺织、服装企业的业务涉及房地产，由于房地产行业生产周期长，存货占用资金量大，更延长了纺织服装企业的存货周转期。根据 WIND 统计，纺织服装（SW）上市公司 2012 年前三季度存货合计 730.7 亿，同比增长 10.13%[③]。存货周转天数由年初的 171 天增加到 9 月末的 185 天。纺织服装企业存货的积压导致该行业营销渠道营运资金周转期较长，存货管理难度较大。

---

① 国家自然科学基金“利益相关者视角的营运资金管理研究与中国上市公司营运资金管理数据平台扩充建设（71372111）”和国家自然科学基金“利益相关者集体选择视角的企业价值管理研究（71172099）”的阶段性成果。感谢中国海洋大学、中国会计学会、国家自然科学基金委员会对营运资金管理研究的支持。

② “服装企业 好钢要用在刀刃上”，中国服装网。

③ “财经观察：服装高库存背后藏有地产”，腾讯网。

3. 应收账款回收难

我国纺织服装行业属于出口外向型行业，对外依赖性强，受汇率波动的影响大。据海关统计，2012 年我国纺织品服装累计出口 2549.2 亿美元，全年增长 2.8%[①]。通过对 2012 年纺织、服装、皮毛行业上市公司的财务数据进行统计，发现 2012 年我国纺织、服装、皮毛行业上市公司外销收入占其总收入的 20%，有些纺织服装企业外销占比甚至在 90% 以上。外向型行业受国际市场需求状况的影响很大，同时汇率变化也对该行业营运资金管理产生不小影响。防范外汇风险以及资金周转等都要求企业能够尽早收回应收账款，然而，由于我国纺织服装企业大部分为中小企业，受资金和人力限制，很难对外国客户的资信进行详细的调查，导致部分应收账款回收不利，造成了资金的大量占用。

二、2012 年纺织、服装、皮毛行业经营环境及对营运资金管理的影响

1. 融资结构改善，融资成本下降

2012 年，面对通胀已经得到遏制、国内经济增长缓慢的局面，央行两次下调存款准备金率、两次降息，并首次实施不对称降息以支持实体经济。稳中趋松的货币政策使得行业贷款利率下降，纺织服装行业融资成本下降，财务成本压力有所减轻。

纺织服装行业以中小微企业居多，其融资难、融资贵的问题长期存在。商业银行为了缓解中小微企业贷款难的问题，开发了不同信用形式下的多元化融资产品，在尽量减低自身风险的同时保证企业的资金需求，如行业抱团产品联保贷等。新的融资方式的出现改变了该行业营运资金的融资结构及融资风险。

此外，去年 9 月份国务院发布了《关于促进外贸稳定增长的若干意见》，要求扩大融资规模，降低融资成本，支持商业银行扩大对小微企业的贸易融资，增加对符合条件出口企业的贷款。因此，国家的政策支持也对纺织服装行业的融资具有积极的影响，可以有效减轻企业资金流压力。

2. 采购环节，原材料价格波动大

2012 年，在新一轮全球宽松货币政策和世界经济不确定因素增加的叠加影响下，国际大宗商品价格跌宕起伏，在此影响下我国原材料采购价格大幅波动。

在纺织服装行业的产业链上，棉花处于最上游，然后是棉纱线（棉花占成本比例为 65% ~70%）、面料（棉纱线占成本比例约为 60%），最后是服装（面料占成本比例约为 50% ~60%）[②]。因此，棉花是纺织服装行业的重要原材料，其价格的波动对整个行业具有重要影响。2012 年棉花价格波动较大，上半年价格处于下跌状态，下半年持续上升，因此纺织服装企业在采购环节中的资金占用量波动性较大。另外，从总体来看棉花价格仍然处于高位，因而纺织服装企业在采购过程中的资金需求量仍然很大。

3. 生产环节，要素成本上升

2012 年以来，国际棉价持续走低，我国政府为保护棉农的利益，采取保护价收储制和进口棉花配额滑准税制度，推动了国内外价差的持续扩大。内外棉价的持续倒挂，致使我国纺织服装企业承担了较高的原料成本，成本优势逐步弱化，严重削弱了我国纺织行业的国际竞争力。2012 年，虽然纺织行业产量提高，但受困于国内外棉价差，企业亏损额大幅增长，销售利润出现负增长。另外，劳动力成本的持续上涨以及煤电气等要素价格呈刚性上涨态势，推动企业生产成本持续上涨，为纺织服装企业营运资金带来较大压力。

此外，由于纺织行业 2010 ~2011 年连续两年的投资高速增长，纺织行业产能过度扩张，出现严重的供过于求。2012 年以来，受行业产能严重过剩、产品库存较高的影响，纺织企业固定资产投资速度大为放缓，一定程度上减少了行业生产环节的资金占用额。

① “2012 年中国纺织品服装进出口概况”，买购网。

② “广发证券：纺织服装行业 2011 年投资策略”，和讯网。

4. 销售环节，库存压力大

受欧洲债权债务危机等的影响，2012年全球经济复苏缓慢，美国、欧盟、日本等主要国际纺织服装市场需求低迷。2012年前3个季度，美国、欧盟、日本从全球进口纺织品服装的增速分别为-1.11%、-8.05%和0.99%①。我国的纺织服装企业大部分是出口外向型企业，出口依赖性很大。欧盟作为我国最大的纺织服装产品出口市场深陷债务危机的泥潭，给我国纺织服装行业以重大冲击。根据海关总署统计，我国服装出口数量已连续13个月负增长。原材料成本是我国纺织服装出口企业定价的主要考量因素。受原材料价格大幅下跌的影响，2012年纺织服装企业出口产品价格提升乏力。因此，目前我国纺织服装企业普遍存在着外贸接单难度大、库存压力大，产品价格难以提升的现象，从而企业销售业绩普遍不佳。

此外，国际金融危机爆发后贸易保护主义抬头，主要发达国家纷纷通过动用贸易救济或增加技术贸易壁垒等手段限制他国产品进口。2009年以来针对我国的各类贸易摩擦案频发。根据2012年5月份国家质检总局公布的对出口企业的一项抽样调查显示，出口纺织鞋帽在受国外技术贸易措施影响较大行业中排前五位，全年出口贸易直接损失55.41亿美元②。

2012年，内需市场增速有所回落，城镇人均可支配收入水平保持提升态势，但服装终端零售价涨势甚猛，导致消费者购买力低下，消费增速缓慢。终端消费疲软使得经销商春夏库存较高、订货率下降，导致加盟商资金周转较为困难。高库存、订货额增速大幅放缓使得纺织服装企业销售环节营运资金回笼较慢。

三、2012年纺织、服装、皮毛行业上市公司营运资金配置与来源分析

（一）纺织、服装、皮毛行业上市公司营运资金配置分析

1. 纺织、服装、皮毛行业上市公司营运资金总体配置结构与占用水平分析

（1）行业层面

2011~2012年纺织、服装、皮毛行业营运资金配置情况见表10-1。

表10-1　2011~2012年纺织、服装、皮毛行业营运资金配置分析　单位：亿元

项目	营运资本期末占用		营运资金期末占用		经营活动营运资金期末占用		经营活动营运资金占用水平		投资活动营运资金期末占用	
	2011	2012	2011	2012	2011	2012	2011	2012	2011	2012
行业总体	500.12	542.48	876.38	1032.12	526.50	542.34	33%	29%	349.88	489.79
行业平均	7.04	6.95	12.34	13.23	7.42	6.95	33%	29%	4.93	6.28
最大值	98.21	57.20	143.23	92.00	114.18	75.65	223%	134%	29.05	48.38
最小值	-12.04	-8.57	0.39	0.18	-6.61	-2.60	-115%	-16%	0.52	0.20
样本数量	71	78	71	78	71	78	71	78	71	78

从表10-1可以看出，在行业总体营运资本的占用上，2012年营运资本的占用数额比2011年增加了42.36亿元，行业平均值则略有减少。从相对数上来看，2012年营运资本占资产总额的比重为20.86%，比上年末减少了6个百分点，说明从行业整体来看，由长期资本补充的流动资产部分占总资产的比重下降了。在整个行业内，2012年营运资本占用量最少的企业是江苏阳光，为-8.57亿元，营运资本占用量最高的企业是森马服饰，为57.2亿元。可见，行业内不同企业之间，营运资本的占用额差距较大。

从行业总体营运资金的占用来看，2012年营运资金占用额比去年增加了155.74亿元，增幅为17.77%。2012年末营运资金占资产总额的比重为39.7%，相比2011年末的47.49%减少了7.8个百

① “爬坡回暖但动力未足”，《中国纺织报》，2012年12月19日。

② “我国纺织鞋帽出口受技术贸易壁垒损失逾55亿美元”，《中国纺织报》，2012年5月18日。

分点。从行业均值来看，2012 年行业内平均每家企业的营运资金占用额为 13.23 亿元，比上年增加了 0.89 亿元，与 2012 年营运资本平均占用额减少相比，短期金融性负债在其中产生了很大作用。由于短期金融性负债的存在，使得 2012 年行业内营运资金的平均占用额显著增加。营运资金占用额最大的企业是鄂尔多斯，2012 年的营运资金占用额为 92 亿元；营运资金占用额最少的企业是 ST 德棉，2012 年营运资金占用额为 0.18 亿元。

从营运资金占用结构看，2012 年经营活动营运资金占营运资金总额的比重为 52.55%，比 2011 年减少了 7.53 个百分点，说明经营活动营运资金和投资活动营运资金占用的结构发生变化。其中，经营活动营运资金占用量最大的企业依然是鄂尔多斯，2012 年其经营活动营运资金占用量为 75.65 亿元；经营活动营运资金占用量最少的企业是申达股份，2012 年其经营活动营运资金占用量为 -2.60 亿元。在投资活动营运资金占用额方面，2012 年投资活动营运资金占用额相比去年增加了 139.91 亿元，增幅较大，达 40%。这也是导致 2012 年营运资金的占用额显著高于 2011 年的重要原因之一。投资活动的营运资金占用主要包括货币资金、交易性金融资产、应收股利、应收利息等项目，投资活动营运资金占用的增加，说明企业在这些项目上占用的资金较多，有可能存在资金闲置的情况。投资活动营运资金占用额最大的企业是森马服饰，占用量最少的是金宇车城。从 2012 年森马服饰的年报中可以看出，森马的货币资金数额接近 48.33 亿元，为行业内最高水平，比排名第二的企业高出 22.3 亿元。

经营活动营运资金占用水平为期末经营活动营运资金与营运收入之比。从行业总体水平来看，2012 年经营活动营运资金占用水平相比去年有所降低。说明该行业营运资金利用效率有所提高。

（2）企业层面

表 10-2 2011~2012 年纺织、服装、皮毛行业上市公司营运资金配置变化情况及变动幅度统计表

项目		营运资本	营运资金	经营活动营运资金	投资活动营运资金
资金占用量绝对变化统计	降低	38	34	31	35
	降低比例	57.58%	51.52%	46.97%	53.03%
	增加	28	32	35	31
	增加比例	42.42%	48.48%	53.03%	46.97%
资金占用量变化幅度统计	降低显著	10	2	6	5
	占比	15.15%	3.03%	9.09%	7.58%
	降低较大	5	4	5	9
	占比	7.58%	6.06%	7.58%	13.64%
	有所降低	15	17	10	9
	占比	22.73%	25.76%	15.15%	13.64%
	基本稳定	13	23	24	18
	占比	19.70%	34.85%	36.36%	27.27%
	有所增加	7	12	4	9
	占比	10.61%	18.18%	6.06%	13.64%
	增加较大	7	4	7	10
	占比	10.61%	6.06%	10.61%	15.15%
	增加显著	9	4	10	6
	占比	13.64%	6.06%	15.15%	9.09%
可比样本总数		66			

注：上表中除了百分比之外的数字单位为：家

表 10-2 列示了 2011~2012 年纺织、服装、皮毛行业上市公司营运资金配置变化情况及变动幅度，通过对 2011 年和 2012 年的上市公司进行代码匹配，得到两年的可比企业总数为 66 家。从营运资本占用量的变化情况可以看出，57.58% 的企业在营运资本占用量上呈现出下降的趋势。而在营运资本

占用量的变化幅度统计中，呈现有所降低、基本稳定的企业数相对较多。由于大部分企业在营运资本的占用上都呈现出或多或少的降低趋势，使得行业的平均营运资本占用低于上年的水平。

营运资金占用量的变化与营运资本的占用略有不同。首先，在营运资金占用量的绝对变化统计上，营运资金占用呈现降低与增加趋势的企业几乎各占一半。其次，在营运资金占用量变化幅度统计上，呈现出基本稳定和有所降低趋势的企业仍然占了很大比例，尤其是呈现出基本稳定态势的企业数占到了 34.85%。

在营运资金占用量一定的情况下，经营活动营运资金占用与投资活动营运资金占用水平表现出此消彼长的态势。首先，从资金占用量的绝对变化统计上可以看出，经营活动营运资金占用的增加，对应投资活动营运资金占用的减少。表 10－2 显示，经营活动营运资金占用增加的企业数相对较多，也就是说企业更多地选择把钱投放在生产经营活动中，减少闲置资金的占用。但从统计数据上也可以推断出，仍然有相当一部分企业，将资金更多地投放在投资活动上。对于纺织、服装、皮毛行业来说，投资活动的营运资金占用主要是货币资金，其中，2012 年纺织、服装、皮毛行业平均每家企业的货币资金为 6.18 亿元，占当年投资活动营运资金占用的 98%。与 2011 年相比，2012 年平均营运资金占用增加了 1.3 亿元。可见，受宏观经济环境的影响，纺织、服装、皮毛行业存在大量的闲置资金。

2. 纺织、服装、皮毛行业上市公司分渠道的经营活动营运资金配置分析

（1）行业层面

2011～2012 年纺织、服装、皮毛行业上市公司分渠道的经营活动营运资金配置情况如表 10－3 所示。

表 10－3　2011～2012 年纺织、服装、皮毛行业经营活动营运资金的渠道配置分析　单位：亿元

项目	采购渠道营运资金		生产渠道营运资金		营销渠道营运资金		经营活动营运资金	
	2011	2012	2011	2012	2011	2012	2011	2012
行业总体	90.66	－2.51	89.88	68.04	345.97	476.81	526.50	542.34
行业平均	1.28	－0.03	1.27	0.87	4.87	6.11	7.42	6.95
最大值	41.51	14.23	29.27	23.48	43.41	44.76	114.18	75.65
最小值	－4.96	－8.36	－2.11	－2.24	－8.83	－1.09	－6.61	－2.60
样本数量	71	78	71	78	71	78	71	78

从行业层面看，经营活动营运资金占用在总额上有所增加，但由于行业内的企业总数也在增加，所以，行业内平均每家企业的经营活动营运资金占用实际上是减少的。从各个渠道看经营活动营运资金的配置情况，可以发现，营运资金配置变化较大的是采购渠道和营销渠道。各渠道营运资金占用主要表现出以下几个特点。

第一，采购渠道营运资金占用大幅减少。从表 10－3 可以看出，2012 年采购渠道营运资金的各项描述性统计指标均小于 2011 年。采购渠道营运资金占用总额比去年减少 93.17 亿元，平均每家企业在采购渠道上的营运资金占用比去年减少 1.31 亿元，2012 年的行业最大值也远低于去年的水平。通过对数据的进一步分析发现，在采购渠道上，企业占用上游供应商的货款明显增加，仅应付账款一项与上年相比增加了 69.63 亿元，应付票据与上年相比增加了 22.84 亿元，两项合计增加了 92.47 亿元，这也在很大程度上解释了采购渠道营运资金占用大幅度减少的现象。

第二，生产渠道营运资金占用有所减少，降幅相对较小。从总数和相对数上都可以看出，生产渠道营运资金占用在 2012 年均比 2011 年有所降低。从总量上看，2012 年生产渠道营运资金占用减少 21.84 亿元，降幅为 24.3%；从平均数上看，2012 年平均每家企业的生产渠道营运资金占用减少 0.4 亿元，降幅为 31.5%。从生产渠道的各个组成部分来看，2012 年与 2011 年的差异主要表现在开发成本上，2012 年的开发成本比 2011 年减少 31.57 亿元。

第三，营销渠道营运资金占用显著增加。从行业总体来看，2012 年营销渠道营运资金占用总额比

2011 年增加 130.84 亿元，增幅为 37.82%；2012 年平均每家企业在营销渠道上的营运资金占用比去年增加了 1.24 亿元，增幅为 25.46%。从最值来看，行业间的差距仍然较大。从营销渠道营运资金的各组成项目来看，2012 年库存商品总额比去年增加了将近 92.12 亿元，同时应收账款增加了 56.76 亿元。可见，2012 年库存商品和应收账款的增加，使得当年的营销渠道营运资金占用较去年有较大幅度提高。

（2）企业层面

表 10-4 纺织、服装、皮毛行业 2011~2012 年经营活动营运资金的渠道配置变化情况及变动幅度表

项目		采购渠道营运资金	生产渠道营运资金	营销渠道营运资金	经营活动营运资金
资金占用量绝对变化统计	降低	45	36	20	31
	降低比例	68.18%	54.55%	30.30%	46.97%
	增加	21	30	46	35
	增加比例	31.82%	45.45%	69.70%	53.03%
资金占用量变化幅度统计	降低显著	26	22	4	6
	占比	39.39%	33.33%	6.06%	9.09%
	降低较大	7	1	3	5
	占比	10.61%	1.52%	4.55%	7.58%
	有所降低	10	4	6	10
	占比	15.15%	6.06%	9.09%	15.15%
	基本稳定	8	13	14	24
	占比	12.12%	19.70%	21.21%	36.36%
	有所增加	5	9	19	4
	占比	7.58%	13.64%	28.79%	6.06%
	增加较大	2	4	6	7
	占比	3.03%	6.06%	9.09%	10.61%
	增加显著	8	13	14	10
	占比	12.12%	19.70%	21.21%	15.15%
可比样本总数		66			

注：上表中除了百分比之外的数字单位为：家

从两年可比的 66 家企业中，得到纺织、服装、皮毛行业 2011~2012 年经营活动营运资金的渠道配置变化及变动幅度表，如表 10-4。从表 10-4 可以看出，采购渠道营运资金占用量降低的企业数远超过增加的企业数，这与行业层面得到的数据相一致，即 2012 年采购渠道营运资金占用较 2011 年有较大幅度降低。从资金占用量变化幅度统计中可以看出，呈现出降低显著趋势的企业占有很大比重。在所有降低显著的企业中，原材料总额比去年降低了 7.9 亿元，应付账款总额比去年增加了 43.8 亿元，两项合计造成的采购渠道营运资金减少额占整个行业采购渠道营运资金减少额的 55.5%。

在生产渠道营运资金占用上，呈现出降低趋势的企业数略高于增加趋势的企业数。从资金占用量变化统计中可以看出，呈现出降低显著的企业数较多。与行业总体水平的营销渠道营运资金占用大幅上升相一致的是，企业层面的营销渠道营运资金占用呈现增加态势的企业占到了绝大多数。而从具体的资金占用量变化统计中可以看出，仅呈现出有所增加、增加较大、增加显著趋势的企业占比达到 59%，使得整个行业的营销渠道营运资金占用较去年显著增加。

3. 纺织、服装、皮毛行业上市公司分要素的经营活动营运资金配置分析

（1）行业层面

2011~2012 年纺织、服装、皮毛行业上市公司分要素的经营活动营运资金配置情况见表 10-5。

表10－5　2011～2012年纺织、服装、皮毛行业经营活动营运资金的要素配置分析　单位：亿元

项目	存货		应收及预付款项		应付及预收款项		经营活动营运资金	
	2011	2012	2011	2012	2011	2012	2011	2012
行业总体	418.94	485.72	432.94	510.22	325.38	453.60	526.50	542.34
行业平均	5.90	6.23	6.10	6.54	4.58	5.82	7.42	6.95
最大值	44.73	45.34	72.62	74.03	21.70	43.71	114.18	75.65
最小值	0.06	0.38	0.28	0.14	0.03	0.45	－6.61	－2.60
样本数量	71	78	71	78	71	78	71	78

从表10－5可以看出，在行业层面上，经营活动营运资金总额比去年增加了15.84亿元，增幅为3%。其中，存货在2012年增加了66.78亿元，增幅为15.9%，对经营活动营运资金增幅的贡献率为421.59%；应收及预付款项增加了77.28亿元，增幅为17.86%，对经营活动营运资金增幅的贡献率为487.88%；应付及预收款项增加了128.22亿元，增幅为39.4%，对经营活动营运资金增幅的贡献率为－809.47%。

从行业均值来看，平均每家企业的存货占用比去年增加了0.33亿元，增长了5.6%；应收及预付款项比去年略有增加，增长率为7.21%；应付及预收款项较去年有较大幅度增加，增加额为1.24亿元，增幅为27.07%。可见，应付及预收款项的增长幅度大大高于存货和应收及预付款项的增长幅度，在这种情况下，平均每家企业经营活动营运资金占用额较去年减少0.47亿元，降幅为6.33%。

从各要素的具体情况看，存货资金占用的增加主要在于原材料、在产品、库存商品、存货跌价准备等存货主要组成项目的数量的增加。其中，原材料的增长率为10.60%，在产品的增长率为11.72%，库存商品的增长率为64.79%，存货跌价准备的增长率为29.18%。可见，存货占用量较去年显著增加的主要项目是库存商品在绝对数和相对数上的显著增加。对于应收及预付款项占用的增加，从具体项目分析上可以看出，2012年应收账款较去年的增加额远超过预付账款较去年的减少额。对于应付及预收款项占用的显著增加，从前面的分析中可以看出，主要是由于应付账款及应付票据的显著增加所致，说明企业更多地占用上游供应商的资金。

尽管各要素的资金占用在2012年均呈现出增加的趋势，使得经营活动营运资金占用总量较去年有明显提高，但这种资金占用的增加很大程度上是由于企业数量的增加所致，从行业均值来看，经营活动的营运资金占用量较去年有所降低。

（2）企业层面

表10－6　纺织、服装、皮毛行业2011～2012年经营活动营运资金的要素配置变化情况及变动幅度表

项目		存货	应收及预付款项	应付及预收款项	经营活动营运资金
资金占用量绝对变化统计	降低	28	31	30	31
	降低比例	42.42%	46.97%	45.45%	46.97%
	增加	38	35	36	35
	增加比例	57.58%	53.03%	54.55%	53.03%
资金占用量变化幅度统计	降低显著	2	1	1	6
	占比	3.03%	1.52%	1.52%	9.09%
	降低较大	1	3	5	5
	占比	1.52%	4.55%	7.58%	7.58%
	有所降低	15	17	12	10
	占比	22.73%	25.76%	18.18%	15.15%
	基本稳定	23	19	23	24
	占比	34.85%	28.79%	34.85%	36.36%

续表

项目		存货	应收及预付款项	应付及预收款项	经营活动营运资金
资金占用量变化幅度统计	有所增加	14	12	9	4
	占比	21.21%	18.18%	13.64%	6.06%
	增加较大	7	5	11	7
	占比	10.61%	7.58%	16.67%	10.61%
	增加显著	4	9	5	10
	占比	6.06%	13.64%	7.58%	15.15%
可比样本总数		66			

注：上表中除了百分比之外的数字单位为：家

表10-6从企业层面展示了纺织、服装、皮毛行业中企业资金占用量绝对变化情况以及资金占用量的变化幅度统计。从对存货项目的统计中可以看出，存货占用增加的企业数量居多，而存货占用增加的企业在资金占用量变化幅度中多表现为有所增加和增加较大。从所有企业的存货资金占用变化幅度统计中，可以看出有所降低的企业数也占据了一定比例。从总体上来说，存货资金占用量不同变化幅度的企业数分布基本上呈现出倒U型的态势。说明不同企业间存货占用量的变化差距较大。从总量上来说，存货资金占用呈现出增加的趋势。

在应收及预付款项资金占用量的绝对变化上，资金占用增加的企业相对较多。从具体资金占用量变化幅度统计中，可以看出，变化幅度多集中于有所降低、基本稳定、有所增加三个区间内，资金占用的变化幅度比较分散。而位于增加较大与增加显著两个区间的企业数明显多于处于降低较大与降低显著区间的企业数。所以从总量上来看，应收及预付款项的资金占用呈现出增加的趋势。

对于应付及预收款项来说，资金占用量增加的企业依然处于优势地位。而从资金占用量变化幅度统计中，可以看出，尽管位于有所降低区间的企业数较多，但企业资金占用量的变化幅度显著倾向于资金占用的增加，集中表现在有所增加及增加较大两个区间内。

从经营活动营运资金占用的变动情况来看，资金占用增加的企业数占据优势地位。而从资金占用变动幅度统计中，企业经营活动营运资金的变动处于基本稳定以及增加显著区间的企业数相对较多。

（二）纺织、服装、皮毛行业上市公司营运资金来源与财务风险分析

表10-7　　2011~2012年纺织、服装、皮毛行业营运资金来源状况

项目	短期金融性负债占比		营运资本占比	
	2011年末	2012年末	2011年末	2012年末
行业平均	42.93%	47.44%	57.07%	52.56%
最大值	786.50%	2101.05%	100.00%	100.00%
最小值	0.00%	0.00%	-686.50%	-2001.05%
样本数量	71	78	71	78

注：上表中除了百分比之外的数字单位为：家

新的营运资金概念将营运资金定义为短期金融性负债与营运资本之和。短期金融性负债主要包括短期借款、交易性金融负债、应付利息、应付股利和一年内到期的非流动负债。短期金融性负债一般都是在短期内需要偿付的负债项目，其占比越高，企业面临的财务风险相对越大。表10-7列示了2011~2012年纺织、服装、皮毛行业营运资金来源状况。

如表10-7所示，营运资本占比为正值，意味着在行业总体上，流动资产大于流动负债，说明流动资产中的一部分是由长期资本来融通的。同时营运资本的占比大短期金融性负债的占比，长期资本支持的营运资金大于短期资本支持的营运资金，财务风险相对较低。但是从两年的变动情况可以看出，2012年短期金融性负债的占比比2011年增加了4.5个百分点，营运资本的占比相应减少了4.5个百分

点，说明从行业整体来看，短期金融性负债占营运资金的比重在增加，此时，要警惕行业资金风险的增加。

从最值的显示结果来看，2012 年短期金融性负债占比最大的企业是 ST 德棉，相应地，营运资本占比最小的企业也是 ST 德棉。营运资本占比为负值，说明其营运资本为负数，即企业的一部分长期资产是由流动负债来融通资金的，由于长期资产的变现速度慢，不能满足流动负债短期内偿还的要求，此时的财务风险较大。2012 年短期金融性负债占比最小值为 0，此时营运资金等于流动资产与流动负债的差额，企业的流动资产都由经营性流动负债来支持，企业的财务风险相对较小。

表 10－8　　2011～2012 年纺织、服装、皮毛行业营运资金来源统计表

比例	2011 年末短期金融性负债占比	2011 年末营运资本占比	2012 年末短期金融性负债占比	2012 年末营运资本占比
小于 0	0	9	0	10
0～20%	27	7	26	6
20%～40%	14	5	10	13
40%～60%	4	4	1	1
60%～80%	5	14	13	10
80%～100%	7	27	6	26
大于 100%	9	0	10	0
企业数量	66			

通过对 2011 年与 2012 年可比的 66 家企业进行分析，发现纺织、服装、皮毛行业营运资金来源在两年内发生了较大的变化，如表 10－8 所示。从行业整体情况看，营运资本占比大于短期金融性负债占比的企业数占据优势地位，营运资本占比较大意味着企业的财务风险相对较小。从变动趋势上看，2012 年短期金融性负债的占比大于的企业数明显增加，增加数为 8 家。相应地 2012 年营运资本的占比位于小于 40%（包含 40%）的区间内的企业数减少了 8 家。说明尽管从行业整体上看，企业的财务风险相对较小，但进入 2012 年，一些企业的财务风险在增大。

从理论上讲，短期金融性负债和营运资本分别代表了企业资金的短期来源和长期来源。营运资本的占比小于 0，在企业营运资金为正的情况下，说明企业的营运资本为负数，由此得到企业的一部分流动负债用在了长期资产的投资上。所以在 2011 年有 9 家企业的营运资本占比小于 0，企业的财务风险较大。而在 2012 年营运资本占比小于 0 的企业数增加到了 10 家，说明 2012 年一些企业仍然面临较大的财务风险。

四、纺织、服装、皮毛行业上市公司营运资金管理绩效分析

（一）纺织、服装、皮毛行业上市公司分渠道的营运资金管理绩效分析

1. 行业层面分渠道营运资金管理绩效分析

表 10－9　　2011～2012 年纺织、服装、皮毛行业分渠道营运资金周转期　　单位：天

项目	采购渠道营运资金周转期		生产渠道营运资金周转期		营销渠道营运资金周转期		经营活动营运资金周转期（按渠道）	
	2011	2012	2011	2012	2011	2012	2011	2012
纺织业	11	11	8	9	48	68	67	88
纺织服装、服饰业	30	－3	47	16	93	106	170	119
皮革、毛皮、羽毛及其制品和制鞋业	44	4	46	33	130	143	220	180
行业整体	17	6	19	12	62	83	98	101

表 10 - 9 展示了 2011 ~ 2012 年纺织、服装、皮毛行业分渠道营运资金周转期。从行业整体来看，2012 年纺织、服装、皮毛业经营活动营运资金（按渠道）周转期为 101 天，比 2011 年增加 3 天，增幅较小，见表 10 - 9。2012 年经营活动营运资金（按渠道）周转期的最低值为 - 71 天（ST 欣龙），最高值为 423 天（天山纺织），中间值为 94，小于行业平均水平，说明大多数公司经营活动营运资金（按渠道）周转期小于行业平均水平。各渠道的周转期主要表现出以下特点：

第一，采购渠道营运资金周转绩效提高。2012 年采购渠道营运资金周转期为 6 天，比 2011 年减少 11 天，绩效增加显著。其中最高值为 177.19 天（中银绒业），最低值为 - 94.42 天（浪莎股份），中间值为 - 6.54。纺织、服装、皮毛行业采购渠道营运资金周转期小于 0 天的上市公司有 42 家，大于 0 天的上市公司有 36 家。这说明在供应链上存在较普遍的占用供应商资金的情况。各细分行业情况各不相同，皮革、毛皮、羽毛及其制品和制鞋业与行业平均水平最为接近，比 2011 年绩效改善 90.91%，管理绩效进步显著。纺织服装、服饰业由 2011 年的 30 天所短到 2012 年的 - 3 天，管理绩效进步也显著。纺织业周转期与去年持平，管理水平稳定。行业平均和各子行业只有纺织服装、服饰业周转期为负数，说明行业整体不存在占用上游资金的情况。

第二，生产渠道营运资金周转绩效略有提高。2012 年生产渠道营运资金周转期为 12 天，比 2011 年减少 7 天，降低较大。其中最高值为 152.08（金宇车城），最低值为 - 125.24（ST 欣龙），中间值为 4.17 天。2012 年生产渠道营运资金周转期小于 0 天的上市公司有 30 家，大于 0 天的上市公司有 48 家。小于行业平均周转周期 12 天的上市公司有 50 家，大于行业平均周转周期的上市公司有 28 家，说明大部分上市公司生产渠道营运资金周期管理绩效好于行业平均水平。从两年的数据对比看，各子行业的生产渠道营运资金周转绩效都有不同程度的改善。从绝对值来看，纺织业周转期最短，只有 9 天。

第三，营销渠道营运资金周转期明显延长。2012 年营销渠道营运资金周转期为 83 天，比 2011 年增加 21 天，增加较大。其中最高值为 324.42（星期六），最低值为 - 15.59（凯诺科技）。2012 年营销渠道营运资金周转期小于 0 天的上市公司有 2 家，大于 0 天的上市公司有 76 家，小于行业平均水平 83 天的上市公司有 41 家。各子行业绩效均有所下降。其中，纺织业下降幅度最大，周转期延长了 41.67%。但从绝对值来看，皮革、毛皮、羽毛及其制品和制鞋业周转期最长，长达 130 天。纺织业周转期最短，有 68 天。该渠道周转期均为正，且相对较长，说明该渠道占用的短期资产大于短期负债，资金被营销环节的库存和下游企业占用。

从三个渠道营运资金周转期变化可以看出，营销渠道营运资金周转期的较大增长导致 2012 年经营活动营运资金（按渠道）管理绩效比 2011 年下降。行业平均水平和各子行业平均水平中，采购渠道管理绩效均好于生产渠道，而营销渠道管理绩效均为最差。说明该行业营销渠道营运资金管理应成为重点环节。企业应该促进销售，改进销售模式，提高营运资金占用率。采购渠道周转期均为正数，说明企业在采购环节的营运资金管理仍然有提升的空间，可以寻求更好的管理方式。

2. 企业层面分渠道营运资金管理绩效分析

按照代码相同的原则，对 2011 年与 2012 年纺织、服装、皮毛行业上市公司进行匹配后发现，两年内行业可比上市公司样本为 66 家，其经营活动营运资金周转绩效（按渠道）变化统计见表 10 - 10。

表 10 - 10　纺织、服装、皮毛行业上市公司经营活动营运资金各渠道管理绩效变化统计表

项目		采购渠道营运资金周转期	生产渠道营运资金周转期	营销渠道营运资金周转期	经营活动营运资金周转期（按渠道）
周转期变化统计	改善	42	34	14	22
	改善比例	63.64%	51.52%	21.21%	33.33%
	降低	24	32	52	44
	降低比例	36.36%	48.48%	78.79%	66.67%

续表

项目		采购渠道营运资金周转期	生产渠道营运资金周转期	营销渠道营运资金周转期	经营活动营运资金周转期（按渠道）
周转期变化幅度统计	改善显著	22	17	1	5
	改善较大	6	7	3	3
	有所改善	6	6	3	9
	基本稳定	14	10	15	12
	有所降低	6	8	18	16
	降低较大	4	4	7	9
	降低显著	8	14	19	12
可比样本总数		66			

注：上表中除了百分比之外的数字单位为：家

从渠道角度看 2012 年服装、纺织、皮毛行业中只有 22 家上市公司经营活动营运资金管理绩效好于 2011 年，占纺织、服装、皮毛行业可比样本的 33.33%，表明纺织、服装、皮毛行业大多数企业营运资金管理绩效较去年下降。从绩效变动幅度角度看，2012 年改善显著的只有 5 家，占可比样本的 7.58%。而有 12 家上市公司降低显著，占可比样本的 18.18%。总体来看营运资金管理绩效下降的企业较多，营运资金管理水平有待提高。

在采购渠道营运资金周转期方面，从表 10－9 可以看出，2012 年样本公司服装、纺织、皮毛行业有 42 家上市公司采购渠道营运资金周转期较 2011 年有所改善，占样本的 63.64%。采购渠道周转期绩效改善企业数明显多于下降企业数。这其中，改善显著的企业数量最多，为 22 家，占全部的 33.33%，降低较大的上市公司数量最少，占 9.09%。值得注意的是，降低显著的企业占全部的 12.12%，说明行业内上市公司对采购渠道营运资金的管理还不太稳定，企业之间管理水平差距较大。

在生产渠道营运资金周转期方面，从表 10－9 可以看出，2012 年服装、纺织、皮毛行业中有 34 家企业生产渠道营运资金管理绩效比 2011 年有所改善，占到纺织、服装、皮毛行业可比样本的 51.52%，但仍有 32 家企业营运资金管理绩效有所降低，占比 48.48%。生产渠道周转绩效改善企业数大于下降企业数，说明生产渠道营运资金管理水平有所提高。而从生产渠道营运资金管理绩效变动程度分布看，改善显著的企业有 17 家，而降低显著的企业有 14 家，这表明服装、纺织、皮毛行业生产渠道营运资金管理绩效呈改善状态，绩效降低显著的企业数量也应引起注意。

在营销渠道营运资金周转期方面，从表 10－9 可以看出，2012 年服装、纺织、皮毛行业中有 14 家企业营销渠道营运资金管理绩效比 2011 年有所改善，占到纺织、服装、皮毛行业可比样本的 21.21%，但却有 78.79% 的企业营销渠道营运资金管理绩效有所降低，营销渠道周转绩效改善企业数小于下降企业数，说明营销渠道营运资金管理水平有待提高。其中绩效有所降低的企业数量有 18 家，占可比样本数的 27.27%。1 家企业改善显著，3 家企业有所改善，说明在绩效改善的企业中大部分绩效改善幅度很小。但是有 7 家企业降低较大，19 家企业降低显著，占可比样本的 28.79%，说明大部分企业对营销渠道营运资金的管理业绩下降。

3. 行业层面五年趋势分析

表 10－11　2008 年～2012 年纺织、服装、皮毛行业营运资金周转期（按渠道）　单位：天

项目	2008	2009	2010	2011	2012
经营活动营运资金（按渠道）周转期	93	110	101	98	101
采购渠道营运资金周转期	11	6	9	17	6
生产渠道营运资金周转期	43	62	59	19	12
营销渠道营运资金周转期	39	42	33	62	83

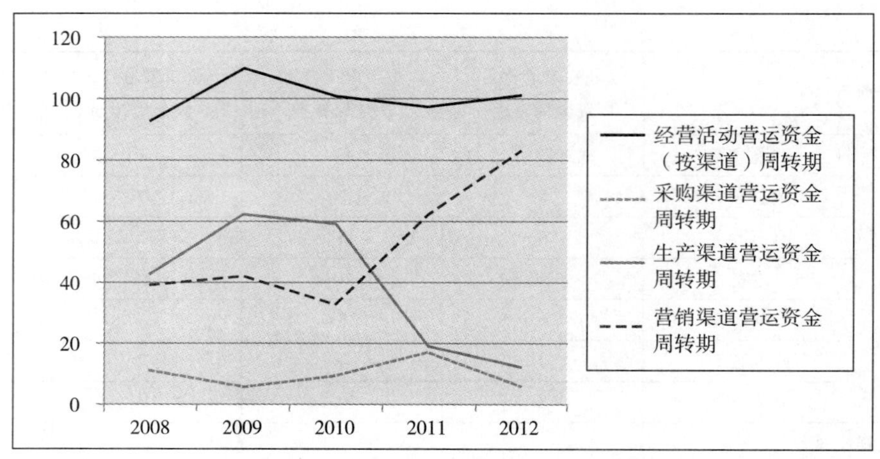

图 10－1　2008～2012 年纺织、服装、皮毛行业各渠道营运资金周转期　　单位：天

表 10－11 和图 10－1 显示了 2008～2012 年纺织、服装、皮毛行业各渠道营运资金周转期的变动情况。表 10－11 显示，总体来看，2008 年至 2012 年经营活动营运资金周转期趋势呈先上升后下降趋势，2009 年是拐点，即经营活动营运资金周转期自 2009 年达到最高点后逐年下降，在 2012 年略有上升，水平与 2010 年基本持平，但依然高于 2008 年水平，这表明该行业经营活动营运资金周转期受金融危机影响逐渐减弱，但尚未恢复到危机前的水平。

从图 10－1 可以看出，采购渠道营运资金周转期从 2008～2012 年呈先下降再上升然后再下降的趋势，其中 2009 年和 2011 年是拐点，即采购渠道营运资金周转期自 2011 年达到最高点后开始下降。2012 年的采购渠道营运资金周转期处于近四年的最低水平，说明 2012 年采购渠道营运资金管理水平较高。生产渠道营运资金周转期自 2009 年呈逐年下降趋势，说明生产渠道营运资金管理绩效改善较高。营销渠道营运资金周转期呈先下降后上升趋势，自 2010 年达到最低点后逐年延长，2012 年营销渠道周转期达到 5 年来的最高点，说明营销渠道营运资金管理水平正逐年下滑。

（二）纺织、服装、皮毛行业上市公司分要素的营运资金管理绩效分析

1. 行业层面分要素营运资金管理绩效分析

表 10－12　2011～2012 年纺织、服装、皮毛行业经营活动营运资金（按要素）周转期　单位：天

项目	存货周转期		应收账款周转期		应付账款周转期		经营活动营运资金周转期（按要素）	
	2011	2012	2011	2012	2011	2012	2011	2012
纺织业	70	84	35	40	39	43	66	81
纺织服装、服饰业	118	98	61	60	35	55	145	102
皮革、毛皮、羽毛及其制品和制鞋业	173	153	70	87	33	59	210	181
行业整体	85	91	42	48	38	47	90	92

表 10－12 显示了 2011～2012 年纺织、服装、皮毛行业分要素的经营活动营运资金管理绩效情况。

如表 10－12 所示，2012 年行业整体经营活动营运资金（按要素）周转期为 92 天，比 2011 年多 2 天，基本稳定。最大值为 409.46（四海股份），最小值为－58.25（贤成矿业），平均值为 92，中位数为 97.83（美邦服饰）。从各细分行业来看，2012 年纺织业经营活动营运资金周转期为 81 天，比 2011 年增加 15 天，有所增加；纺织服装、服饰业则有所下降，减少 43 天；皮革、毛皮、羽毛及其制品和制鞋业也有所减少，减少 29 天。对比三个子行业可以发现只有纺织业周转期变长，管理绩效变差。

从经营活动营运资金各要素来看，2012 年存货周转期比 2011 年存货周转期增加 6 天，增幅较小，最大值为 404.45 天（四海股份），最小值为 11.31 天（申达股份），中位数为 89.02（华芳纺织）。在

各细分行业中，纺织业的存货周转期最短，仅为84天，但比2011年延长20%。纺织服装、服饰业存货周转绩效有所提升，周转期降到98天，绩效提高了16.95%。皮革、毛皮、羽毛及其制品和制鞋业成为行业内平均周转期最长的子行业，长达153天，虽然比2011年缩短11.56%。

应收账款周转期增加6天，增幅较小，最大值为155.63天（华鼎锦纶），最小值为6.73天（华芳纺织），中位数为46.71天（江苏三友）。各细分行业情况差异较大。绩效最优的仍为纺织业，仅40天，但是依然在2011年的基础上还有所延长。皮革、毛皮、羽毛及其制品和制鞋业管理绩效仍为最差，较2011年恶化了24.29%，长达87天，成为行业内平均周转期最长的子行业。

应付账款周转期也增加9天，增幅较小，最大值为216.54天（贤成矿业），最小值为7.05天（上海三毛）。可以发现2012年纺织、服装、皮毛行业存货、应收账款的管理水平有所下降，但是应付账款的管理水平有所改善。该行业所有子行业的应付账款周转期较2011年都有所延长。其中皮革、毛皮、羽毛及其制品和制鞋业周转天数增长最大，延长率达到78.79%，而且是周转期最长的行业。纺织业成为周转期最短的子行业，为43天。纺织服装、服饰业延长了57.14%。

2. 企业层面分要素营运资金管理绩效分析

表10－13　　2012年纺织、服装、皮毛行业经营活动营运资金各要素管理绩效变化统计表

项目		存货周转期	应收账款周转期	应付账款周转期	经营活动营运资金周转期（按要素）
周转期变化统计	改善	24	21	27	18
	改善比例	36.36%	31.82%	40.91%	27.27%
	降低	42	45	39	48
	降低比例	63.64%	68.18%	59.09%	72.73%
周转期变化幅度统计	改善显著	1	1	7	3
	改善较大	0	2	4	4
	有所改善	6	5	14	5
	基本稳定	26	20	23	12
	有所降低	20	16	15	22
	降低较大	10	14	3	12
	降低显著	3	8	0	8
可比样本总数		66			

注：上表中除了百分比之外的数字单位为：家

表10－13显示了2012年纺织、服装、皮毛行业经营活动营运资金各要素管理绩效变化情况。如表10－13所示，2012年纺织、服装、皮毛行业经营活动营运资金周转期（按要素）改善的有18家，占可比样本的27.27%，降低的有48家，占72.73%，这说明纺织、服装、皮毛行业经营活动营运资金（按要素）管理水平2012较2011年下降比较大。周转期变化幅度基本呈正态分布，表明该行业经营活动营运资金管理水平基本正常，而降低的企业数量占比重较大，说明纺织、服装、皮毛行业很多企业的经营活动营运资金（按要素）管理水平需要进一步提高。

从表10－13中可以看出，与2011年相比，纺织、服装、皮毛行业存货周转绩效改善的上市公司仅有24家，占36.36%，绩效降低的企业达到42家，占可比样本的63.64%。这其中，保持基本稳定的最多，达到26家。其次是有所降低的企业，为20家。而改善显著和改善较大的企业一共只有1家。应收账款管理绩效改善的企业只有21家，占总数的31.82%，占用上游企业资金的情况减少。从各企业在各变动区间内的分布来看，基本稳定的企业数量偏多，其次是有所降低的企业，有16家。而改善显著和改善较大的企业一共只有3家，导致整个分布偏离正态分布。2011年应付账款管理绩效改善的企业有27家，占可比总样本的40.91%。显著改善和改善较大的企业共11家，降低较大和降低显著的企业只有3家，差距明显。基本稳定的企业数量最多，为23家。

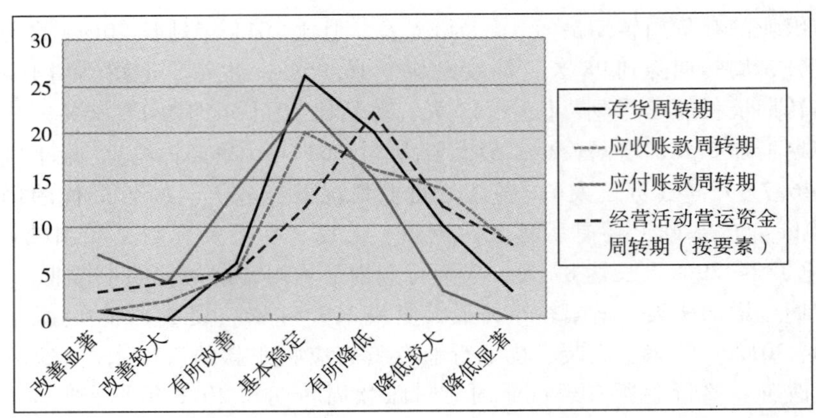

图 10－2　纺织、服装、皮毛行业可比公司各要素管理绩效变化幅度图　　单位：家

从图 10－2 可以看出，各项具体要素指标的变化幅度基本服从正态分布，表明该行业企业对要素管理技术较为成熟、稳定，变化情况符合一般规律，且大部分企业要素管理绩效变动幅度不大。

3. 行业层面五年趋势分析

表 10－14　　2008 年～2012 年纺织、服装、皮毛行业营运资金周转期（按要素）　　单位：天

项目	2008	2009	2010	2011	2012
现金周转期	123	151	133	90	92
存货周转期	134	155	137	85	91
应收账款周转期	40	46	40	42	48
应付账款周转期	51	51	44	38	47

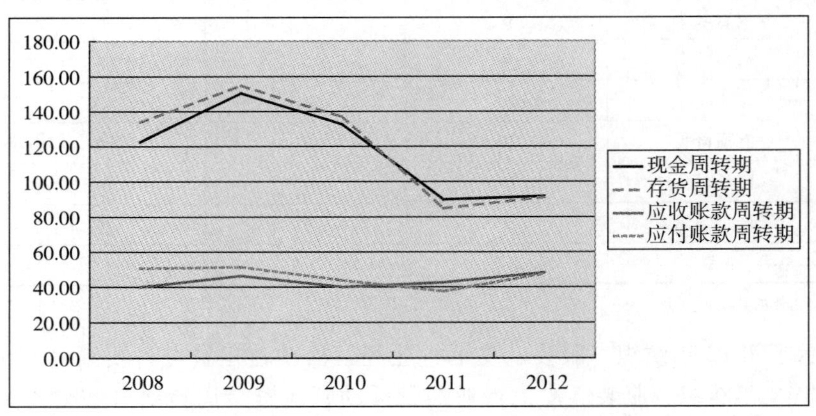

图 10－3　纺织、服装、皮毛行业 2008～2012 年各要素周转期　　单位：天

从上表可以看出现金周转期 2009～2011 呈下降趋势，2012 年略有提高。表明近四年来该行业现金管理水平不断提高。存货周转期在 2009～2011 年变化趋势与现金周转期变化趋势基本一致，表明存货管理水平近四年来也不断提高，且存货管理趋势是现金管理变化趋势的主因。应收账款周转期的变化趋势与应付账款周转期变化趋势基本一致，均为上升再下降再上升的趋势，但应收账款的拐点在 2009 年和 2010 年，即自 2010 年降为最低点后逐年上升，表明应收账款管理水平自 2010 年以来持续下滑；而应付账款的拐点为 2009 年和 2011 年，2012 年有所上升，表明应付账款管理绩效在 2009 年达到最高点后开始逐步下降，直至 2012 年才开始回升。可见，应收账款和应付账款作为两大结算资金大致呈互补趋势，从而进一步证明了现金周转期的发展趋势主要受存货周转期变化趋势的影响，也表明企业的应收应付账款政策往往互相影响。

五、2012 年纺织、服装、皮毛行业上市公司营运资金管理绩效排行榜

本部分分别按“经营活动营运资金周转期（按要素）”和“经营活动营运资金周转期（按渠道）”进行排名，考察纺织、服装、皮毛行业上市公司营运资金管理绩效。在对上市公司营运资金管理绩效进行排名时，剔除了财务数据异常的公司，详见附录一。

六、2012 年纺织、服装、皮毛行业上市公司营运资金管理的典型案例分析—凯诺科技

（一）凯诺科技基本情况简介

凯诺科技股份有限公司位于江苏省江阴市新桥镇，成立于 1997 年，是一家以服装生产为龙头，精毛纺面料为基础，同时涉足自有商务房产租赁服务、服装出口贸易业务的大型企业。注册资本为 6.47 亿元。多年来，公司开发出一批拥有自主知识产权的面料，是国内毛纺业首家通过双高评审的上市公司，被科技部认定为国家火炬计划重点高新技术企业①。同时，公司拥有年产 300 万套西服、800 万件衬衫、600 万米精纺呢绒和 1500 万米面料染整加工的生产能力，是中国最大的高档面料、西服及衬衫生产企业之一②。

凯诺科技 2012 年年报显示，公司 2012 年末的总资产为 2950514699.83 元，2012 年实现营业收入 1368045082.06 元，比上年同期减少 1.93%，实现归属于上市公司股东的净利润 104539755.64 元，比上年同期增长 1.48%。

（二）凯诺科技营运资金周转绩效数据分析

1. 凯诺科技与行业平均水平对比分析

根据中国企业营运资金管理研究中心对凯诺科技 2012 年营运资金管理绩效的调查结果，得到 2012 年凯诺科技及服装纺织行业平均营运资金周转期指标，具体如表 10－15、表 10－16 所示：

表 10－15　2011～2012 年凯诺科技经营活动营运资金各渠道周转期　单位：天

项目	采购渠道营运资金周转期		生产渠道营运资金周转期		营销渠道营运资金周转期		经营活动营运资金周转期（按渠道）	
	2011	2012	2011	2012	2011	2012	2011	2012
行业整体	17	6	19	12	62	83	98	101
凯诺科技	－7	－16	2	－5	3	－16	－3	－37

表 10－16　2011～2012 年凯诺科技经营活动营运资金各要素周转期　单位：天

项目	存货周转期		应收账款周转期		应付账款周转期		经营活动营运资金周转期（按要素）	
	2011	2012	2011	2012	2011	2012	2011	2012
行业整体	85	91	42	48	38	47	90	92
凯诺科技	71	103	50	41	25	33	97	111

由表 10－15 可以看出，凯诺科技 2012 年经营活动营运资金周转期（按渠道）为－37 天，显著低于行业平均水平，在行业内排名第 3，说明凯诺科技经营活动营运资金管理水平很高。进一步分析可以发现，2012 年凯诺科技采购渠道营运资金周转期为－16 天，比行业平均水平低 22 天，生产渠道营运资金周转期、营销渠道营运资金周转期均远低于行业平均水平。这说明凯诺科技经营活动营运资金（按渠道）管理水平之所以很高，是因为各个渠道的营运资金管理水平都高。

由表 10－16 可以看出，凯诺科技经营活动营运资金周转期（按要素）为 111 天，高于行业平均水

① 东方财富网。
② 凯诺科技官网。

平 92 天，这说明凯诺科技经营活动营运资金（按要素）管理水平低于行业水平。其中存货周转期为 103 天，高于行业平均水平 91 天，应收账款周转期 41 天，低于行业平均水平，应付账款周转期 33 天，也低于行业平均水平 47 天。可以看出经营活动营运资金周转期（按要素）高于行业平均水平主要是因为存货周转期过长和应付账款周转期过短。

2. 凯诺科技 2008 ~ 2012 年度营运资金管理绩效变化趋势分析

表 10 - 17　　2008 ~ 2012 年凯诺科技营运资金周转期（按渠道）　　单位：天

项目	2008	2009	2010	2011	2012
经营活动营运资金（按渠道）周转期	52	46	21	-3	-37
采购渠道营运资金周转期	9	8	0	-7	-16
生产渠道营运资金周转期	9	7	4	2	-5
营销渠道营运资金周转期	33	31	17	3	-16

表 10 - 18　　2008 ~ 2012 年凯诺科技营运资金周转期（按要素）　　单位：天

项目	2008	2009	2010	2011	2012
现金周转期	80	88	94	97	111
存货周转期	70	74	65	71	103
应收账款周转期	43	43	53	50	41
应付账款周转期	33	28	25	25	33

2008 ~ 2012 年凯诺科技经营活动营运资金周转期（按渠道、按要素）情况，分别见表 10 - 17 和表 10 - 18。

凯诺科技 2008 ~ 2012 年采购渠道营运资金周转期呈下降趋势，2011 年和 2012 年均为负数，说明凯诺科技在采购环节占用上游企业资金，采购渠道营运资金管理绩效显著提高，这可能是因为企业规模越来越大，具有规模优势，随着行业影响力的提高，在采购方面更具有话语权。生产渠道营运资金周转期也呈下降趋势，这主要是因为公司利用高科技，不断改进生产技术，生产效率得到提高，生产渠道资金占用减少。营销渠道营运资金周转期也呈下降趋势，周转绩效逐步提高，源于公司不断拓展营销渠道，提高营销水平。

如表 10 - 18 所示，凯诺科技 2008 ~ 2011 年的存货周转期没有明显的变化趋势，但是 2012 年存货周转期达到近五年的最高值，这可能是因为服装业整体经济形势严峻，企业存货偏高的原因。应收账款周转期近五年也没有明显的变化趋势，基本在 40 ~ 55 之间波动，管理水平稳定。应付账款周转期在 2008 ~ 2011 年呈下降趋势，但是 2012 年却上升，管理水平提高。

可见，凯诺科技在渠道层面表现出较好的营运资金管理绩效，各渠道的营运资金周转期都优于行业平均水平。但是在要素层面，由于存货周转期在 2012 年增幅较大，使得凯诺科技的现金周转期在 2012 年显著延长。

（三）凯诺科技营运资金管理特色分析

1. 以销定产的经营模式，减少库存

2012 年以来，服装企业库存问题显得尤其突出，服装业深陷库存危机。凯诺科技公司采取“以销定产”的经营模式，按客户订单安排生产，产销衔接较好，因而产品存货较低①。另外，凯诺科技公司旗下的“圣凯诺”品牌服装只做团购业务，因此没有出现库存问题②。凯诺科技公司的目标市场主要集中于国内金融、证券、邮电、水利、公安、检察院、法院、保险等集团消费群体，因而货款的回收及存货的管理能够得到有效的控制，提高营运资金的周转效率，保证了公司盈利能力的稳定性。

① “凯诺科技：面料服装产业链优势促发展”，新浪网。

② 张洁：“凯诺科技 团购模式免受库存困扰”，《中国证券报》，2012 年 12 月 21 日。

2. 深化产业链，降低生产成本

近年来面对毛纺行业原材料上涨和产品下降的不利形势，凯诺科技公司利用其在毛纺领域的优势不断深化服装产业链，形成了从羊毛进厂、条染、纺纱、织造、染整到服装出厂的完整产业链①，由此节省了交易成本，从而推动公司经营业绩增长。公司拥有先进的面料生产技术，利用面料生产的优势，大力发展职业服服装生产，生产的职业服在国内职业服领域处于领先地位。企业明确的市场定位，一方面保证了职业服的面料来源及产品质量；另一方面通过减少面料采购环节降低了生产成本，同时较短的生产周期满足目前“小批量、高品质、快交货”的职业装消费需求。

3. 加大研发投入，提升产品品牌竞争优势

凯诺科技公司是中国服装业唯一通过国家科技部和科院“双高”认证的国家重点高新技术企业，拥有较强的研发优势。2012 年公司共投入研发费用 2199 万元，占营业收入的 1.61%。公司坚持走科技进步的发展道路，不断推进新产品的研发、新工艺的技术创新工作，以高附加值产品，强化了企业的核心竞争力。另外，公司积极引进先进的服装生产设备及流水线，全面提高了产品工艺的高科技含量②。凯诺科技以先进的技术手段作支撑提高了其产品的质量，提升其品牌的竞争力，促进产品销售，加速了营运资金的周转。

2012 年，面对复杂的宏观经济环境和激烈的行业竞争，公司积极实施品牌战略，加大国内市场开拓力度，努力保持公司的平稳发展。公司“圣凯诺”品牌职业装在金融机构、企事业单位及上市公司等消费团体中具有较大的影响力，进一步巩固和拓展了职业装市场份额，有利于提高销售渠道营运资金管理水平。

4. 拓展营销渠道，提高营销水平

2012 年，公司一方面继续调整优化营销区域规划，除职业服的销售针对相对稳定的团购客户群外，积极构建营销网络专营高档品牌的代理；另一方面，公司不断加强营销管理，深化与重点行业、优质客户的紧密合作，增强客户对公司产品和服务的信心。在服装出口业务方面，通过实施大客户战略稳定以国外终端零售商为主的优质客户群，不断加强生产过程控制，强化品质管理，实现从工场到商场的最短、最优供应链组合。良好的客户群体、不断拓宽的销售区域以及面料业务的增长，不仅有助于应收账款的回收，加快了销售渠道营运资金的周转速度，而且扩大了市场，提升了公司的业绩水平。

七、2012 年纺织、服装、皮毛行业上市公司营运资金管理调查的结论与建议

（一）结论

通过对 2012 年纺织、服装、皮毛行业上市公司营运资金管理的分析，主要得到以下结论。

1. 行业总体营运资本占用增加，行业平均营运资本占用减少，企业间差距较大

在行业总体营运资本的占用水平上，2012 年营运资本的占用数额比 2011 年增加了 42.36 亿元，行业平均值则略有减少。说明总体上行业营运资金占用增加的原因是 2012 年企业数的增加，也说明行业内企业间的营运资本占用差距较大。

2. 经营活动、投资活动营运资金占用都有明显增加

从行业总体来看经营活动营运资金占用增加。2012 年经营活动营运资金占用额相比去年增加了 15.84 亿元，但是平均每家企业经营活动营运资金的占用水平相比去年有所降低。

同时经营活动营运资金占用水平的减少说明行业资金利用效率有所提高。在投资活动营运资金占用额方面，2012 年投资活动营运资金占用额相比去年增加了 139.91 亿元，增幅达 40%。这也是导致 2012 年营运资金的占用额显著高于 2011 年的重要原因之一。

① “G 凯诺：服装业务蒸蒸日上”，证券时报网。

② 凯诺科技官网。

3. 采购渠道营运资金大幅减少、营销渠道营运资金占用显著增加

从渠道层面看，采购渠道营运资金占用总额比去年减少 93.17 亿元，平均每家企业在采购渠道上的营运资金占用比去年减少 1.31 亿元。究其原因主要是企业占用上游供应商的货款明显增加。从行业总体来看，2012 年营销渠道营运资金占用总额比 2011 年增加 130.84 亿元。行业平均的营销渠道资金占用比去年增加了 1.24 亿元，增幅较大。库存商品和应收账款的增加，是营销渠道营运资金占用增加的主要原因。

4. 存货占用增加、企业占用上游企业的资金增加

从要素层面看，存货在 2012 年的增幅为 15.9%，应收及预付款项的增幅为 17.86%，应付及预收款项的增幅为 39.4%。从各要素的组成项目来看，存货占用的增加主要是库存商品占用的增加，同时应付账款及应付票据的占用也增加显著。

5. 短期金融性负债占营运资金的比重在增加，资金来源企业间差异较大

2012 年短期金融性负债占比有所增加，长期资本占比有所降低，说明行业整体上面临的财务风险增加。从企业数量上看，2012 年短期金融性负债占比大于 50% 的企业有 30 家，占总数的 38.46%，说明这些企业的营运资金更多地来自短期金融性负债，面临的财务风险相对较大。

6. 在营运资金管理绩效方面，采购渠道和生产渠道营运资金周转期下降，营销渠道营运资金周转期延长

2012 年服装、纺织、皮毛行业可比样本公司中有 42 家上市公司经营活动营运资金（按渠道）管理绩效好于 2011 年，占可比样本的 63.64%，这表明纺织、服装、皮毛行业营运资金管理绩效较去年有所改善。在采购渠道营运资金周转期和生产渠道营运资金周转期都下降的情况下，营销渠道营运资金周转期较 2011 年延长 34.17%，使经营活动营运资金周转期（按渠道）比去年有所增加。

纺织、服装、皮毛行业在 2008 年到 2012 五年的经营活动营运资金周转期（按渠道）分别为 93 天、110 天、101 天、98 天、101 天。从变化趋势来看，除了 2009 年变化相对大些外，其他年份经营活动营运资金周转期（按渠道）变动不大，经营活动营运资金管理绩效呈稳定趋势。调查报告显示，营销渠道营运资金周转期 2008 年到 2012 年分别为 39 天、42 天、33 天、62 天、83 天，可以看出营销环节的营运资金周转效率呈下降趋势。

7. 经营活动营运资金周转期（按要素）变动较小，应付账款周转期显著延长

2012 年经营活动营运资金（按要素）周转期为 92 天，比 2011 年多 2 天，基本稳定。同时，2012 年存货周转期增加 7%，应收账款周转期增加 14.28%，应付账款周转期增幅较大，为 23.68%。2012 年纺织、服装、皮毛行业存货、应收账款的管理水平有所下降，但是应付账款的管理水平有所改善。

（二）建议

面对复杂的宏观经济形势，2012 年纺织、服装、皮毛行业上市公司的营运资金管理绩效较去年略有下降。因此，需要根据现阶段的行业特点，采取必要的措施，提高行业营运资金管理水平。

1. 重视原材料的控制，实现供应链信息化管理

原材料是纺织、服装、皮毛行业经营成本的主要组成部分，产品的生产和销售易受原材料价格波动的影响。因此，为避免原材料价格波动对企业生产造成的不利影响，企业需要做好供应商管理，建立稳定的原材料进货渠道。

供应链中供应商、核心企业以及客户之间的正向协同作用可以降低企业的营运资金周转期，提升营运资金管理绩效。对于纺织、服装、皮毛行业来说，有必要实现供应链的信息化管理。供应链的信息化管理有助于建立各渠道之间的交流联系，实现信息的共享，减少渠道的资金占用，提升各个渠道营运资金管理的效率。通过实现供应链的信息化管理，企业可以实现按单生产，缩减成本和加速货款回收。

2. 采取保理等手段加速应收账款的回收

2012 年行业总体上，应收账款占用增加较大。纺织、服装、皮毛行业作为外向型行业，外贸依存

度较高。因此，企业应重视外汇风险管理。此外，企业可以通过“应收保理”、“包买票据”等方式加速应收账款的回收速度，减少坏账损失。通过建立国际保理业务，出口企业可以获得保理商（银行）的融资支持，降低风险。

3. 完善营销网络、提高库存商品的变现速度

2012年，纺织、服装、皮毛行业总体上存货资金占用，主要是库存商品占用增加。对于纺织服装行业来说，营销网络的建设是关键。完善营销网络不只是提高营销覆盖面，还要对中间商、分销商的信用度、财务状况、综合能力进行全面的分析，选择好的合作伙伴，提高营销网络的质量。同时，由于行业的市场导向性比较强，企业可以采用零售直销的模式，以提高对市场需求的反应速度。

4. 改善营运资金来源结构，降低企业财务风险

尽管国家对小微企业提供了融资优惠，但如果短期金融性负债占比较高，会使企业的偿债压力加大。从前面的分析中可以看出，纺织、服装、皮毛行业短期金融性负债占比有所增加，部分企业的短期金融性负债占比超过营运资本占比，财务风险相对较高。因此需要企业合理优化营运资金融资结构，适度控制短期金融性负债融资比例，将短期金融性负债和营运资本控制在合理的比例范围内，以降低财务风险。

主要参考文献

1. 王竹泉、孙莹等：《营运资金管理发展报告2012》，中国财政经济出版社2012年版。
2. “价值链救赎：中国服装业重生密码”，新浪网。
3. “服装企业 好钢要用在刀刃上”，中国服装网。
4. “财经观察：服装高库存背后藏有地产”，腾讯网。
5. “2012年中国纺织品服装进出口概况”，买购网。
6. “广发证券：纺织服装行业2011年投资策略”，和讯网。
7. 《纺织工业“十二五”发展规划》，中华人民共和国工业和信息化部。
8. “爬坡回暖但动力未足”，《中国纺织报》，2012年12月19日。
9. “我国纺织鞋帽出口受技术贸易壁垒损失逾55亿美元”，《中国纺织报》，2012年5月18日。
10. “中国纺织行业分析报告（2012年3季度）”，中国经济信息网。
11. “2012纺织服装业回顾及2013年行业展望”，百度文库。
12. 王竹泉：“重新认识营业活动和营运资金”，《财务与会计（理财版）》，2013年第4期。
13. “凯诺科技：面料服装产业链优势促发展”，新浪网。
14. 张洁：“凯诺科技 团购模式免受库存困扰”，《中国证券报》，2012年12月21日。
15. “G凯诺：服装业务蒸蒸日上”，证券时报网。
16. 汪伟：“纺织服装行业分渠道营运资金管理绩效分析”，《财会研究》，2012年第9期。
17. 东方财富网、凯诺科技官网（http：//www.sancanal.com）、凯诺科技2012年年报。

第十一章　2012 年木材、家具业上市公司营运资金管理调查①

【摘要】2012 年木材、家具业形势严峻，房市收紧需求缩减，出口又受到欧盟新规和出口退税率降低的不利影响，加上全球木材资源紧张造成的原材料价格上涨，木材、家具业在上下游挤压下艰难求生，对营运资金管理水平提升的需求更加迫切。本报告分别以 2012 年 14 家上市公司、2011 年 12 家上市公司、2011 ~2012 年 11 家可比上市公司和 2008 ~2012 年的行业平均水平作为研究对象，对营运资金的占用金额和来源、各渠道和各要素的营运资金管理绩效等方面对木材、家具业上市公司 2012 年营运资金管理状况进行了全面调查和透视。得出如下结论：营运资金行业总体占用水平上升、行业平均占用水平下降；行业总体经营活动营运资金占用水平上升、行业平均占用水平下降；行业平均营运资金中短期金融负债占比上升、营运资本占比下降；经营活动营运资金管理绩效变化不大，处于基本稳定状态；国际金融危机对营运资金管理绩效的影响有所减少。

一、木材、家具业营运资金管理特点

1. 供应链成本管理效率低下

供应链成本管理（Cost Management in Supply Chain）包括企业在采购、生产、销售过程中为支撑供应链运转所发生的一切物料成本、劳动成本、运输成本、设备成本等。

我国木材家具制造业的主材料木材的产量主要受木材供应影响比较严重，价格波动幅度与木材的供应有很大关系。东南亚、非洲、北美洲以及俄罗斯等地的木材是我国主要进口来源，由于资源减少、国家政策、汇率、运输费用等上涨的因素促使，价格与前两年已不可同日而语。纵观国内木业，国家天然保护工程实施，对林区进行禁伐、限伐后，适合制作家具的木材供应量减少，据了解，吉林、云南、广西等生产木材的大省均表示林业大幅减产。今后国内外的木材供应趋紧局势将更加明显。

家具制造业属于典型的劳动密集型产业，在其投入产出比中，投入的人工成本约占总成本的 40%左右，而家具的销售行业也同样呈现出劳动密集型的特征。产、销两个关键环节都呈现出劳动密集型的特征，使得家具行业的总体对劳动力的依赖程度较大，因此，我国的劳动力市场价格的居高不下，造成了木材家具业成本的节节攀升。

现阶段，家具行业物流成本结构的不合理主要表现在：重复建设造成物流成本增加、不合理库存造成物流成本增加；家具企业都在朝着做大做强的方向发展，多品种、小批次生产成为家具企业为迎合市场的必然选择，这导致了采用规模采购以降低成本的困难；家具市场存在明显淡旺季，给采购、制造、库存、运输带来重重困难，给企业造成很大的资金流通压力。家具行业的物流成本占国内综合行业物流成本的比重较大，是目前家具行业物流面临的重要问题。

2. 营销渠道占用了绝大部分的营运资金

营运资金研究中心的数据表明，家具行业中营销渠道占用了绝大部分的营运资金。木材家具行业的产品特性是其中一个重要原因，家具是一个折旧期限相对较长的产品，而在我国，人们对于家具的审美观的变化却是在不断变化。这两者必然是矛盾的，因此它的销售必然要导致家具的积压，从而占用大量的营运资金。另一方面是我国家具行业的知名品牌较少，无法满足中高层对家居产品的要求，而生产的中低品牌家具因消费市场消费能力有限，而造成供大于求。两者发展极不平衡，销售渠道内

① 国家自然科学基金“利益相关者视角的营运资金管理研究与中国上市公司营运资金管理数据平台扩充建设（71372111）”和国家自然科学基金“利益相关者集体选择视角的企业价值管理研究（71172099）”的阶段性成果。感谢中国海洋大学、中国会计学会、国家自然科学基金委员会对营运资金管理研究的支持。

部营运资金利用不充分。

目前我国的家具流通平台从整体上看还不成熟、不健全，在家具流通领域多为比较原始的直销或租赁商场营销，还没有形成强势的商业资本和品牌。现有的不少大型的知名家具销售卖场都是由一些知名家具生产企业出于市场拓展的需要，以高昂的成本在全国建造起来的，这无疑加大了企业自身的流通成本。这种流通格局显然有悖于国际惯例，对我国家具生产企业的发展牵制很大。以发展的眼光来看，在供过于求的家具市场条件下，如没有流通领域的突破，生产难以进一步发展。

3. 生产渠道营运资金存在很大改进空间

生产渠道营运资金比营销渠道所占用的营运资金要少，不过仍然有很大的改进空间。现在我国的木材家具生产企业在生产木材家具的技术上虽然有了很大的进步，但是与国外相比仍然有很大的不足，劳动力价格上升，企业本身投资较大，产品积压等情况都会造成营运资金的占用。

一些地区和产品的盲目发展，投资增长过快，造成与国民经济和人民生活需求不够协调；产品结构上，高档成品不足，中低档产品过剩，竞争激烈；人才缺乏，管理水平不高，劳动生产率处于较低水平；资源缺乏，土地供给不足，能源紧张；国际反倾销和贸易壁垒问题不容乐观。机械设备利用率比较低，机械设备管理维护使用较落后，使得高额投资引进的机械设备的组合配套生产综合效能低、功能性开发利用差，在一定程度上造成了生产资料的浪费，这些无一不在影响着企业生产渠道的营运资金状况。

4. 行业内营运资金管理水平参差不齐，普遍较低

我国家具行业企业商号、产品商标数不胜数，家具市场品牌繁多，但家具业 80% 以上是中小型企业，行业集中度低，年销售额上亿元的企业寥寥无几，市场占有率达到或超过 1% 的真正意义的家具品牌屈指可数，整个行业处于群龙无首的状态。在出口时，大多数家具企业往往只是接受国外客户的牌子从事定牌加工、来样来料加工赚取中间差价，经济效益不高。由于木材、家具行业的企业规模通常不大，企业的管理水平存在较大差异，对营运资金的管理效率也参差不齐。受规模的限制，营运资金的管理水平与国际先进水平存在较大差异，又因为行业的竞争激烈，企业管理的重点都放在增加销售、提高业绩上，对营运资金的重视程度很低，更别提先进的营运资金管理水平了。

二、2012 年木材、家具业经营环境及对营运资金管理的影响

1. 家具市场萧条，上市企业备受考验

每年第四季度都是家具行业传统销售旺季，但今年的情况却有点反常。即便是龙头企业也难以挨过严冬的考验。由于国内经济增速放缓以及房地产持续调控成为主因，海外市场萎靡以及成本过高成为压垮家具行业利润的“三根稻草”。

2012 年我国 GDP 增幅一季度为 8.1%，二季度为 7.8%，三季度为 7.7%，四季度出现见底微升迹象，全年增幅在 7.7% 左右，虽然 2012 年经济形势出现温和回暖的征兆，但仍然没有扭转经济增速放缓的大趋势，经济的不景气直接导致了木材家具行业市场的缩小和利润的降低。

众所周知，家居市场走势如何，很大程度上取决于上游的楼市行情。2012 年楼市继续调控，十八大会议强调坚持房地产调控不放松，继续抑制投资投机，完善房产税等长效机制，同时对保障房、经济适用住房和普通商品房加大支持力度。2012 年国家的房地产调控政策使得家居需求口径收窄。

2012 年，家具行业的海外市场出现萎缩。一方面由于欧洲出现债务危机，整个市场低迷；另外，今年下调出口退税率至 11% 或 9%，对行业来说可谓是雪上加霜。据家具调查报告显示，对家具企业来说，出口退税率下调了 2%，简单地说就是成本增加了 2%，而很多家具出口的利润空间往往就在 1% 到 2% 之间，利润空间的收窄对这些企业形成致命的打击。①

家具行业的成本上升，一方面是原材料造成的，另一方面销售成本也是一块“大头”，而销售成本高的主要原因就是在卖场租金上。据家具市场调查报告显示，家居卖场租金这两三年平均每年增长

① http://www.chinabgao.com/info/54602.html：家具出口退税率下调。

3%，租金占到运营成本一半左右甚至更多的情况非常普遍，比如 50% 的租金，10% 的运输、配送、安装费，5% 的人员工资和提成，还不包括税收、财务、管理等费用，也就是说，毛利至少得超过 65% 才能保证不亏钱。这么高的毛利对于中小品牌来说，尤其又在经济形势不好的大环境下，几乎是不可能完成的任务。商家最后只能通过涨价把租金摊到商品中，但这样，他们货品的价格只会越来越缺乏竞争力，以至于销量难达预期，而在这样一个经济周期中，这对身处其中的商家来说，似乎又是一个无解的难题。

2. 上游成本上升，导致家具产品涨价

自去年开始，关于全球木材资源紧缺的信号便不断发出，进口木材涨价早已不是新闻。东南亚、非洲、北美洲以及俄罗斯等地的木材是我国主要进口来源，由于资源减少、国家政策、汇率、运输费用等上涨的因素促使，价格与前两年已不可同日而语。

俄罗斯、马来西亚等国相继宣告减少木材出口的政策。马达加斯加地区的黄檀木、乌木等一些珍稀濒危树种正在迅速减少，引起许多国家注意，而这些木材主要被用于制作传统风格的红木家具，在中国高端古典家具市场上流通。纵观国内木业，国家天然保护工程实施，对林区进行禁伐、限伐后，适合制作家具的木材供应量减少，据了解，吉林、云南、广西等生产木材的大省均表示林业大幅减产。今后国内外的木材供应趋紧局势将更加明显。

国内外木材资源收紧导致板材涨价是不可避免的事情。在这种情况下，各路板材齐声涨价就像是一个不得已的“艰难的决定”。国内人造板生产大腕吉林森工露水河板材继今年初的一次涨价后，正在酝酿明年的涨价，据称涨价时机和幅度还在商榷。另外，国内其他板材生产商以及爱格板等进口板材也加入这一潮流。今年由于运输、原材料等的上涨，爱格板材年内三次涨价累计幅度为 9%，超出往年水平不少。

随着上游成本的频频上升，家居行业也开始了悄悄地涨价进行时，板材价格的推高、油漆五金等材料价格的上涨、人工费用的大幅增长，让家具涨价成为趋势。

成本价格的上涨无疑刺激着家具业早已紧绷的神经。近年来，家具行业的原料成本一直在上升，特别是木材。木材是家具制造的主要原料，属于紧缺资源，木材价格上涨，加上工厂的采购及运输成本的日益加大，厂家为了不做赔本生意，不得已提高价格以应对市场变化。

据一些经销商说他们已经接到厂方通知，产品价格将上调 7% ~10% 左右，考虑到消费者的承受力，作为经销商，他们目前只是通过压缩利润自行消化一部分进货压力，明年再考虑对终端零售价作适度调整。进价上涨对经销商造成很大压力，在交流时都觉得现在两难，不涨价，成本提高很多，利润严重压缩，如果在目前市场不景气的时候涨价，老百姓不一定会买这个单。

3. 家居市场的两极分化现象比较普遍，企业纷纷改变定位

2012 年以来，我国家居市场的两极分化现象比较普遍，高端家居市场与低端市场的销量保持了良好势头，而中端市场则表现低迷，不少家具品牌纷纷改变自身定位来适应市场。

家居高端消费中的绝大部分客群都不是第一次刚性消费，受经济大环境影响较小。然而，不可忽视的是，高端市场所占总体市场比例有限，高端客群的品牌意识强烈，品牌培养周期较长，对于卖场或家居品牌的产品研发能力、质量、服务水平、品牌美誉度等均有较高要求。

事实上，活跃于中端市场的客群，收入渠道十分单一，受宏观经济影响较大。而在 2012 年，由于宏观经济增长放缓、下游家居市场份额缩水，以及心理预期下降所带来的观望情绪蔓延，导致不少中档家居消费客群转向中低消费领域。甚至原本定位中高端的家居厂商，为保销量、保增长，实施对下挤压产品、市场渗透延伸策略和促销策略，让坚守中端市场的家居品牌遭遇“两头夹击”。

低端市场，即初次置业装修的普及型家居市场，凭借着庞大的市场份额，成为不少家居品牌度过 2012 年的“救命稻草”。然而，与中高端市场相比，由于产品利润空间受挤压，普及型家居市场中的家具建材品牌，更多仅靠走量取胜。

4. 政府采购家具市场逆势上扬，带来新商机

2012 年，面临欧债危机、出口行情不好，以及国内楼市持续调控，中国家具市场承受着来自国内外市场的双重挤压。在多重因素作用下，整个家具市场表现低迷。然而，政府采购家具市场却逆势上扬。据统计 2012 年，政府采购家具市场采购规模达到近 36 亿元。回顾 2012 年政府采购家具市场，绿色采购、家具以旧换新、学校家具采购、保障房家具采购成为年度关键词。

十八大报告中对生态文明建设进行了重点论述，并提出要加大自然生态系统和环境保护力度，要求增强生态产品的生产能力。通过发挥政府采购宏观调控功能，优先购买对环境负面影响较小的环境标志产品。作为推动绿色采购的重要因素——环境标志产品政府采购清单（以下简称“环保清单”），在传统政府采购基础上纳入“绿色”指标。环保清单是政府采购时选择家具供应商的重要参考，对于清单内企业执行优先采购，在一定程度上体现出入围企业的竞争优势。这对于提升供应商的环保意识有一定的引导意义。

2012 年，在家具销售企业“以旧换新”阵营日渐壮大的时候，政府层面的“家具以旧换新”千呼万唤始出来。以北京市为例，该市家具以旧换新试点活动从 11 月 1 日开始至 11 月 30 日结束。据市商务委公布的数据显示，30 天内以旧换新销售家具 2.5 万件，以旧换新销售金额 1.5 亿元，以旧换新销售额占同类家具总销售额的 26%。这充分证明政府层面推动的家具以旧换新远比企业市场层面的力度更大，而政府采购也为不少家具木材业的企业带来新的商机，帮助他们改善业绩，熬过这个行业的漫漫长冬。[①]

三、2012 年木材、家具业上市公司营运资金配置与来源分析

（一）木材、家具业上市公司营运资金配置分析

1. 木材、家具业上市公司营运资金总体配置结构与占用水平分析

（1）行业层面

表 11-1　　2011~2012 年木材、家具业营运资金配置分析　　单位：亿元

项目	营运资本期末占用		营运资金期末占用		经营活动营运资金期末占用		经营活动营运资金占用水平		投资活动营运资金期末占用	
	2011	2012	2011	2012	2011	2012	2011	2012	2011	2012
行业总体	90.84	81.74	157.09	166.08	75.42	77.81	33.52%	29.66%	81.67	88.27
行业平均	7.57	5.84	13.09	11.86	6.28	5.56	33.52%	29.66%	6.81	6.30
最大值	21.84	18.00	35.11	31.12	19.53	18.77	99.03%	82.02%	15.57	13.49
最小值	-2.46	-1.94	3.20	3.57	-0.31	0.10	-5.90%	0.78%	0.93	0.54
样本数量	12	14	12	14	12	14	12	14	12	14

从营运资金占用来看，随着行业内企业增加，2012 年木材、家具业总体的营运资金期末占用、经营活动营运资金期末占用、投资活动营运资金期末占用均有所增长，而平均占用均下降，表明木材、家具业资金占用情况有所改善，营运资金总体占用增加主要是由企业数量增加造成的。而相对于营运资金期末占用由 157.09 增长为 166.08，增幅 5.72%，营运资本期末占用从 90.84 下降为 81.74，降幅达 10.03%，营运资本和营运资金期末占用呈反方向变动说明 2012 年木材、家具业短期金融性负债显著增加，短期营业活动对长期资金的依赖减小，融资成本减少，但是可能带来企业风险的增大。

2012 年木材、家具业各项占用指标的最大最小值差距仍然明显，但大多呈现最大值减少而最小值增加，从而极差减小的现象，说明行业营运资金占用水平虽然仍存在明显的差异，但是差距已经开始缩小。

从营运资金配置结构看，2011 年经营活动营运资金占用和投资活动营运资金占用分别占营运资金占用总额的 48% 和 52%，而 2012 年两者分别为 47% 和 53%，配置结构变化不大，仍是投资活动和经

① http://finance.sina.com.cn/roll/20130121/215914354515.shtml：2012 年 政府采购家具市场逆势上扬。

营活动营运资金占用相差不大，投资活动占用略高于经营活动占用，说明该行业目前的资金配置没有明显偏重，经营活动与投资活动各占半壁江山。而通过与企业营业收入相比去除规模因素后来看，经营活动营运资金占用水平降低，创造单位营业收入需要占用的经营活动营运资金降低，说明行业营运资金管理绩效的提高。

（2）企业层面

按照代码相同原则进行匹配后，木材、家具业 2011 年 ~2012 年可比样本总数为 11 家，其营运资金占用量变化情况及变动幅度见表 11 -2。

表 11 -2　　2011 ~2012 年木材、家具业上市公司营运资金配置变化情况及变动幅度统计表

项目		营运资本	营运资金	经营活动营运资金	投资活动营运资金
资金占用量绝对变化统计	降低	7	8	6	6
	降低比例	63.64%	72.73%	54.55%	54.55%
	增加	4	3	5	5
	增加比例	36.36%	27.27%	45.45%	45.45%
资金占用量变化幅度统计	降低显著	3	0	1	0
	占比	27.27%	0.00%	9.09%	0.00%
	降低较大	1	1	1	2
	占比	9.09%	9.09%	9.09%	18.18%
	有所降低	1	4	3	3
	占比	9.09%	36.36%	27.27%	27.27%
	基本稳定	4	5	2	2
	占比	36.36%	45.45%	18.18%	18.18%
	有所增加	0	0	1	2
	占比	0.00%	0.00%	9.09%	18.18%
	增加较大	0	0	0	0
	占比	0.00%	0.00%	0.00%	0.00%
	增加显著	2	1	3	2
	占比	18.18%	9.09%	27.27%	18.18%
可比样本总数		11			

注：上表中除了百分比之外的数字单位为：家

从企业角度看，2012 年木材、家具业企业的各项资金占用均为降低的居多，与行业层面数据显示的趋势一致。营运资本、营运资金总体占用降低趋势更明显，而经营活动与投资活动营运资金占用降低企业仅仅略高于增加企业。且多数企业资金占用情况的变化幅度不大，各项营运资金占用变化率在 30% 以内的企业基本在 50% 以上。而经营活动和投资活动营运资金占用变化情况分布相对分散，变化趋势不明显。

其中，有 72.73% 的上市公司营运资金占用量减少。具体到各变动趋势中，基本稳定的上市公司数量最多，占样本总体的 45.45%；有所降低的企业占总体的 36.36%。说明 2012 年行业内上市公司在营运资金占用水平的变动趋势方面比较稳定，总体上看是稳中有降的。

经营性营运资金占用水平降低的公司则占了样本总体的 54.55%。其中有所降低和增加显著的企业数量均占样本总体的 27.27%，基本稳定的占 18.18%。可见样本企业经营性营运资金的占用水平的波动要比营运资金大，其中占用水平降低的企业数量略多，而这些企业又更多地集中在有所降低的区域中。

投资活动营运资金占用水平仍是降低的企业居多，占总体样本的 54.55%。其中有所降低的占 27.27%，降低较大、基本稳定、有所增加和增加显著的企业各占 18.18%，由于占用量降低的企业占比略大，虽然变化幅度不高，仍然使得 2012 年投资活动营运资金的行业平均水平降低。

2012 年营运资本占用量降低的上市公司数量则明显较多，占总体的 63.64%。其中，基本稳定的企业数量最多，占样本总量的 36.36%。降低显著和增加显著的企业次之，分别占 27.27% 和 18.18%，说明营运资本占用量变动趋势有明显差异，但总体上稳中有降。

2. 木材、家具业上市公司分渠道的经营活动营运资金配置分析

（1）行业层面

表 11－3　　2011～2012 年木材、家具业经营活动营运资金的渠道配置分析　　单位：亿元

项目	采购渠道营运资金		生产渠道营运资金		营销渠道营运资金		经营活动营运资金	
	2011	2012	2011	2012	2011	2012	2011	2012
行业总体	-4.99	-11.94	15.61	14.90	64.80	74.85	75.42	77.81
行业平均	-0.42	-0.85	1.30	1.06	5.40	5.35	6.28	5.56
最大值	2.68	4.05	4.48	5.94	23.06	20.99	19.53	18.77
最小值	-6.99	-6.59	-0.78	-1.40	-0.00	0.21	-0.31	0.10
样本数量	12	14	12	14	12	14	12	14

从营运资金占用来看，虽然行业总体的经营活动营运资金占用增加，但是平均占用减少，占用最大值减小，最小值增加，使得极差减小，行业内差异减小。

从营运资金配置结构来看，2012 年木材、家具业采购渠道的营运资金占用量明显下降，降幅为 139.40%，生产渠道营运资金占用量略有下降，降幅 4.51%，营销渠道营运资金的占用量略有上升，增幅为 15.51%。这表明 2011 年木材、家具业经营活动营运资金占用量增加主要是由营销渠道营运资金占用量增加引起的，而采购渠道营运资金的占用量降低，部分抵消了总体增加的程度。而从上表数据可以看出，木材、家具业采购渠道营运资金占用为负值，为企业融通部分资金；营销渠道营运资金占用明显高于生产渠道，该行业营运资金主要被营销渠道占用。

（2）企业层面

表 11－4　　木材、家具业 2011～2012 年经营活动营运资金的渠道配置变化情况及变动幅度表

项目		采购渠道营运资金	生产渠道营运资金	营销渠道营运资金	经营活动营运资金
资金占用量绝对变化统计	降低	7	6	5	6
	降低比例	63.64%	54.55%	45.45%	54.55%
	增加	4	5	6	5
	增加比例	36.36%	45.45%	54.55%	45.45%
资金占用量变化幅度统计	降低显著	4	2	0	1
	占比	36.36%	18.18%	0.00%	9.09%
	降低较大	3	1	0	1
	占比	27.27%	9.09%	0.00%	9.09%
	有所降低	0	2	3	3
	占比	0.00%	18.18%	27.27%	27.27%
	基本稳定	0	1	3	2
	占比	0.00%	9.09%	27.27%	18.18%
	有所增加	1	1	2	1
	占比	9.09%	9.09%	18.18%	9.09%
	增加较大	1	1	0	0
	占比	9.09%	9.09%	0.00%	0.00%
	增加显著	2	3	3	3
	占比	18.18%	27.27%	27.27%	27.27%
可比样本总数		11			

注：上表中除了百分比之外的数字单位为：家

从企业角度看，经营活动营运资金占用降低的企业略高于增加的企业，采购渠道营运资金降低趋势较为明显，生产渠道营运资金略倾向于降低，而营销渠道营运资金略倾向于增加，与行业层面数据趋势相吻合。

采购渠道营运资金变动较剧烈，绝大多数企业采购渠道营运资金占用变化率超过 30%，而营销渠道与之相反，超过 70% 企业的营销渠道营运资金占用变化率未超过 30%，生产渠道营运资金占用变化率分布较平均，无明显变动趋势。说明木材、家具业企业由于木材资源的短缺的影响较为明显，采购渠道营运资金占用极不稳定。而营销渠道营运资金受到行业市场不振的影响，占用量没有明显改善。木材、家具业行业在受到上下游共同挤压的环境下，自身生产渠道的营运资金占用没有明显改善。

3. 木材、家具业上市公司分要素的经营活动营运资金配置分析

（1）行业层面

表 11－5　　2011～2012 年木材、家具业经营活动营运资金的要素配置分析　　单位：亿元

项目	存货		应收及预付款项		应付及预收款项		经营活动营运资金	
	2011	2012	2011	2012	2011	2012	2011	2012
行业总体	73.88	81.97	60.60	71.03	59.06	75.18	75.42	77.81
行业平均	6.16	5.85	5.05	5.07	4.92	5.37	6.28	5.56
最大值	23.88	22.77	18.86	17.69	25.16	22.82	19.53	18.77
最小值	0.54	0.76	0.31	0.72	0.46	0.73	－0.31	0.10
样本数量	12	14	12	14	12	14	12	14

从行业整体来看，2012 年木材、家具业的存货、应收及预付款项、应付及预收款项占用均呈现增加趋势，增幅分别为 10.95%、17.20%、27.29%，而经营活动营运资金占用增幅仅为 3.17%。这表明 2012 年木材、家具业经营活动营运资金占用量增加幅度不高，主要是由于应付及预收款项占用量增加较大，抵消了存货和应收及预付款项增加导致的经营活动营运资金占用量的增加。而从行业平均来看，木材、家具业存货占用略有降低，表明行业总体的存货增加主要是由于行业发展、企业数量增加所引起的。

从表 11－7 数据可以看出，木材、家具业存货占用仅略高于应收及预付款项，应收及预付款项占用水平与应付及预收款项占用水平相当，没有明显的供应链融资优势。2012 年应付及预收款项占用量增幅高于应收及预付款项占用量增幅，行业开始重视对于供应链融资的利用。

（2）企业层面

表 11－6　　木材、家具业 2011～2012 年经营活动营运资金的要素配置变化情况及变动幅度表

项目		存货	应收及预付款项	应付及预收款项	经营活动营运资金
资金占用量绝对变化统计	降低	6	5	4	6
	降低比例	54.55%	45.45%	36.36%	54.55%
	增加	5	6	7	5
	增加比例	45.45%	54.55%	63.64%	45.45%
资金占用量变化幅度统计	降低显著	0	0	0	1
	占比	0.00%	0.00%	0.00%	9.09%
	降低较大	0	2	2	1
	占比	0.00%	18.18%	18.18%	9.09%
	有所降低	2	2	0	3
	占比	18.18%	18.18%	0.00%	27.27%
	基本稳定	5	3	5	2

续表

项目		存货	应收及预付款项	应付及预收款项	经营活动营运资金
资金占用量变化幅度统计	占比	45.45%	27.27%	45.45%	18.18%
	有所增加	1	2	0	1
	占比	9.09%	18.18%	0.00%	9.09%
	增加较大	3	0	1	0
	占比	27.27%	0.00%	9.09%	0.00%
	增加显著	0	2	3	3
	占比	0.00%	18.18%	27.27%	27.27%
可比样本总数		11			

注：上表中除了百分比之外的数字单位为：家

从企业角度看，存货占用的营运资金略倾向于降低，而应收及预付款项占用的营运资金略倾向于增加，应付及预收款项占用的营运资金增加趋势较为明显，与行业层面数据趋势相吻合。存货占用的营运资金变动比较稳定，超过 70% 企业的营销渠道营运资金占用变化率未超过 30%，而应付及预收款项占用的营运资金变化比应收及预付款项占用的营运资金变动大，说明企业在面临严峻的市场环境时，有通过挤占上下游资金来稳定经营活动营运资金占用的趋势。

（二）木材、家具业上市公司营运资金来源与财务风险分析

表 11－7　　2011～2012 年木材、家具业营运资金来源状况

项目	短期金融性负债占比		营运资本占比	
	2011 年末	2012 年末	2011 年末	2012 年末
行业平均	42.17%	50.78%	57.83%	49.22%
最大值	176.78%	135.60%	100.00%	100.00%
最小值	0.00%	0.00%	-76.78%	-35.60%
样本数量	12	14	12	14

从表 11－7 数据可以看出，2011 年木材、家具业营运资金来源自营运资本的多于来源自短期金融性负债的，说明 2011 年该行业偏重于长期资本融资。但是 2012 年木材、家具业短期金融性负债明显增加，来源自营运资本的与来源自短期金融性负债的营运资金已经基本持平，且来源自短期金融性负债的占比略占优势。说明行业开始偏重于短期金融性负债融资，能够降低企业资本成本，但可能导致财务风险提高。

而从上表数据可以看出，木材、家具业营运资金来源差别较大，最大最小值之间的极差均超过 100%，可能导致行业内企业的风险差别较大。

表 11－8　　2011～2012 年木材、家具业行业营运资金来源统计表　　单位：家

比例	2011 年末短期金融性负债占比	2011 年末营运资本占比	2012 年末短期金融性负债占比	2012 年末营运资本占比
小于 0	0	1	0	3
0～20%	5	3	5	2
20%～40%	1	0	0	1
40%～60%	1	1	0	0
60%～80%	0	1	1	0
80%～100%	3	5	2	5
大于 100%	1	0	3	0
企业数量	11			

从企业层面来看，木材、家具业所有企业在2011和2012年均依靠外部融资为企业提供营运资金，营业活动未能结余出资金来替代企业融资。相比2011年，2012年木材、家具业对短期金融性负债融资的依赖程度有所增加，短期金融性负债比例高的企业数量增加，营运资本比例低的企业数量增加，行业整体的营运资金来源开始偏重于短期金融性负债，主要是由于其中部分企业的几乎全部营运资金均来自短期金融性负债，甚至短期金融性负债还支撑了部分长期资产，这些企业拉高了行业整体的短期金融性负债占比。但是，由于短期金融性负债有较高的还款压力，可能导致这部分企业财务风险增加。

四、2012年木材、家具业上市公司营运资金管理绩效分析

（一）木材、家具业上市公司分渠道的营运资金管理绩效分析

1. 行业层面分渠道的营运资金管理绩效分析

2011～2012年木材、家具业各渠道营运资金周转期，如表11－9所示。

表11－9　2011～2012年木材、家具业各渠道营运资金周转期　单位：天

项目	采购渠道营运资金周转期		生产渠道营运资金周转期		营销渠道营运资金周转期		经营活动营运资金周转期（按渠道）	
	2011	2012	2011	2012	2011	2012	2011	2012
行业平均	－6	－14	22	20	87	101	103	107
最大值	92	97	84	118	155	181	288	354
最小值	－62	－152	－15	－33	－4	7	－30	－2
样本数量	12	14	12	14	12	14	12	14

如表11－9所示，2011年与2012年样本数量分别为12家与14家，2012年14家样本企业采购渠道营运资金周转期行业平均值为－14天，同比缩短8天，减幅为133.33%，这表明木材、家具业采购渠道营运资金管理绩效有显著改善。2012年木材、家具业14家上市公司，采购渠道营运资金周转期最大值为97天，与2011年92天相差不大，最小值为－152天，较2011年缩短90天，减幅为145%，这表明木材、家具业部分上市公司采购渠道营运资金管理绩效改善显著。

2012年木材、家具业生产渠道营运资金周转期行业平均值为20天，同比缩减2天，减幅为9.1%，这表明木材、家具业生产渠道营运资金管理绩效有所改善，但改善幅度较小，处于基本稳定的状态。2012年木材、家具业上市公司生产渠道营运资金周转期最大值为118天，同比增加34天，增幅为40.48%，最小值为－33天，同比缩减18天，减幅为120%，这表明2012年木材、家具业较大部分上市公司生产渠道营运资金管理绩效有所改善，行业平均值也有所缩减也说明了这一点。

2012年木材、家具业营销渠道营运资金周转期行业平均值为101天，同比增长14天，增幅为16.1%，这表明2012年木材、家具业营销渠道营运资金管理绩效有所降低。2012年木材、家具业14家样本上市公司中，营销渠道营运资金管理周转期最大值为181天，同比增长26天，增幅为16.77%，最小值为7天，同比增长11天，增幅为275%，这表明2012年木材、家具业绝大部分上市公司营销渠道营运资金管理绩效都有所降低，导致整个行业营销渠道营运资金管理绩效下降。

从整个经营活动营运资金周转期来看，2012年木材、家具业上市公司经营活动营运资金周转期行业平均值为107天，与2011年行业均值相差不大，有很小幅度增长，处于基本稳定状态，这表明从整个经营活动看，木材、家具业上市公司2012年经营活动营运资金管理绩效水平与2011年持平，无明显改善也无明显降低。

2. 企业层面分渠道的营运资金管理绩效分析

2011～2012年木材、家具业企业层面营运资金（按渠道）管理绩效变化统计，如表11－10所示。

表 11－10　　2011～2012 年木材、家具业各渠道营运资金管理绩效变化统计表

项目		采购渠道营运资金周转期	生产渠道营运资金周转期	营销渠道营运资金周转期	经营活动营运资金周转期（按渠道）
周转期变化统计	改善	6	5	2	6
	改善比例	54.55%	45.45%	18.18%	54.55%
	降低	5	6	9	5
	降低比例	45.45%	54.55%	81.82%	45.45%
周转期变化幅度统计	改善显著	4	2	0	1
	改善较大	0	1	0	0
	有所改善	1	0	1	2
	基本稳定	3	2	1	3
	有所降低	0	3	3	1
	降低较大	0	2	4	1
	降低显著	3	1	2	3
可比样本总数		11			

如表 11－10 所示，与 2011 年相比，2012 年木材、家具业上市公司采购渠道营运资金管理绩效有所改善的有 6 家，占该行业可比样本企业的 54.55%，具体来讲，改善显著的有 4 家，有较小改善的有 1 家，基本稳定的有 3 家，这 8 家企业占可比样本企业的 72.73%，这表明 2012 年木材、家具业上市公司采购渠道营运资金管理绩效有较大改善，上述行业层面的数据也证实了这一点。

与 2011 年相比，2012 年木材、家具业上市公司生产渠道营运资金管理绩效改善的企业有 5 家，绩效降低的有 6 家。具体来看，改善显著的有 2 家，改善较大的有 1 家，基本稳定的有 2 家，绩效改善的企业占可比样本企业的 45.45%，有所降低的有 3 家，降低较大的有 2 家，降低显著有 1 家，绩效降低的企业占可比样本企业的 54.55%，绩效改善与降低所占比例相差不大，行业整体绩效变化也不显著，上述行业层面生产渠道营运资金数据也表明了这点。

与 2011 年相比，2012 年木材、家具业上市公司营销渠道营运资金管理绩效有所降低的样本企业有 3 家，降低较大的有 4 家，降低显著的有 2 家，绩效降低的企业总共有 9 家，占可比样本企业的 81.82%，这表明 2012 年木材、家具业上市公司营销渠道营运资金管理绩效显著降低，与上述行业层面数据显示的结论是一致的。

从整个经营活动看，与 2011 年相比，2012 年木材、家具业上市公司营运资金管理绩效改善的样本企业有 6 家，占样本企业的 54.55%，降低的有 5 家，占样本企业的 45.45%，两者比例相差不大，表明经营活动营运资金管理绩效无明显改善也无明显降低。

3. 行业层面分渠道的营运资金管理绩效趋势分析

2008～2012 年木材、家具业行业层面营运资金周转期（按渠道）变动趋势统计结果，如表 11－11 所示。

表 11－11　　2008～2012 年木材、家具业营运资金周转期　　单位：天

项目	2008	2009	2010	2011	2012
经营活动营运资金（按渠道）周转期	125.96	171.99	94.73	103.44	106.66
采购渠道营运资金周转期	－2.81	11.83	－4.89	－5.63	－14.11
生产渠道营运资金周转期	34.72	46.24	20.66	22.27	20.11
营销渠道营运资金周转期	94.05	113.92	78.96	86.80	100.66

如表 11－11 所示，2008～2012 年木材、家具业上市公司采购渠道营运资金周转期除 2009 年外都有小幅度缩减，这表明木材、家具业上市公司采购渠道营运资金管理绩效逐渐改善，从整个行业来看，

木材家具上市公司采购渠道营运资金周转期 2012 年比 2011 年缩减了 8.48 天，减幅为 150.6%，采购渠道营运资金管理绩效得到明显改善。

2010、2011、2012 年木材、家具业上市公司生产渠道营运资金周转期与 2008、2009 年相比有较大幅度的下降，这表明近三年生产渠道营运资金管理绩效得到显著改善，同时，近三年生产渠道营运资金周转期分别为 20.66 天、22.27 天、20.11 天，变化幅度较小，处于基本稳定状态，表明近三年木材、家具业上市公司生产渠道营运资金管理绩效无明显改善也无明显降低。2012 年与 2011 年相比，生产渠道营运资金周转期有小幅下降，表明生产渠道营运资金管理绩效在 2012 年有所改善，但改善幅度较小，处于基本稳定状态。

2010、2011、2012 年木材、家具业上市公司营销渠道营运资金周转期与 2008、2009 年相比有明显的下降，但近三年营销渠道营运资金周转期有明显的上升趋势，这表明虽然 2009 年之后营销渠道营运资金管理绩效有明显改善，但是近三年木材、家具业上市公司营销渠道营运资金管理绩效有下降的趋势，与 2011 年相比，2012 年营销渠道营运资金周转期上升 13.86 天，增幅为 15.97%，这表明 2012 年营销渠道营运资金管理绩效有所降低。

从整个经营活动来看，与 2008、2009 年相比，近三年木材、家具业上市公司经营活动营运资金周转期有所下降，表明近三年的经营活动营运资金管理绩效水平高于 2008、2009 年绩效水平。但近三年的经营活动营运资金管理周期有上升的势头，表明 2010、2011、2012 年木材、家具业上市公司经营活动营运资金管理绩效水平逐渐下降。2009 年采购渠道、生产渠道、营销渠道营运资金管理周转期与其他年份相比都较高，说明 2009 年木材、家具业上市公司营运资金管理绩效水平较低，很大部分原因是金融危机导致资本市场、货币市场效率低下，不能发挥其应用的作用，进而导致了企业营运资金管理绩效水平的下降。

（二）木材、家具业上市公司分要素的营运资金管理绩效分析

1. 行业层面分要素的营运资金管理绩效分析

2011～2012 年木材、家具业各要素周转期，如表 11－12 所示。

表 11－12　　2011～2012 年木材、家具业各要素周转期　　单位：天

项目	存货周转期		应收账款周转期		应付账款周转期		经营活动营运资金周转期（按要素）	
	2011	2012	2011	2012	2011	2012	2011	2012
行业平均	108	112	56	60	61	69	103	102
最大值	216	215	118	125	133	235	201	213
最小值	18	20	11	14	2	26	5	8
样本数量	12	14	12	14	12	14	12	14

如表 11－12 所示，2012 年木材、家具业上市公司存货周转期行业平均值为 112 天，同比增长 4 天，增幅为 3.7%，存货周转期变化较小，处于基本稳定的状态，2012 年行业中存货周转期最大值为 215，最小值为 20，两者与 2011 年的数据都相差无几，这表明 2012 年木材、家具业上市公司存货管理绩效与 2011 年相比无明显变化，既无明显改善也无明显降低。

2012 年木材、家具业上市公司应收账款周转期行业平均值为 60 天，同比增长 4 天，增幅为 7.14%，应收账款周转期增长幅度较小，表明 2012 年木材、家具业上市公司应收账款管理绩效有所降低，但降低幅度较小，处于基本稳定状态。2012 年行业应收账款周转期最大值为 125 天，最小值为 14 天，与 2011 年相比都有所增长，但增长幅度都较小，表明木材、家具业上市公司应收账款管理绩效有所下降，但基本处于稳定状态，这与上述行业平均值所显示的结果是一致的。

2012 年木材、家具业上市公司应付账款周转期行业平均值为 69，同比增长 8 天，增幅为 13.11%，这表明家具业上市公司应付账款管理绩效与 2011 年相比有所改善。2012 年应付账款周转期行业最大值

为 235，最小值为 26，与 2011 年相比都有很大幅度的增长，这也表明 2012 年木材、家具业上市公司应付账款管理绩效有明显改善。

从整个经营活动来看，2012 年木材、家具业上市公司经营活动营运资金周转期行业平均值为 103，同比减少 1 天，减幅为 0.97%，降低幅度较小，这表明 2012 年家具业上市公司整个经营活动的营运资金管理绩效与 2011 年相比基本处于稳定状态，无明显改善也无明显降低。2012 年行业经营活动营运资金周转期最大值为 213 天，最小值为 8 天，与 2011 年相比都有很小幅度的上升，但处于稳定状态，这也表明了 2012 年木材、家具业上市公司经营活动营运资金管理绩效与 2011 年相比处于稳定状态。

2. 企业层面分要素的营运资金管理绩效分析

2011 ~2012 年木材、家具业企业层面营运资金（按要素）管理绩效变化统计，如表 11 -13 所示。

表 11 -13　　2011 ~2012 年木材、家具业经营活动营运资金各要素管理绩效变化统计表

项目		存货周转期	应收账款周转期	应付账款周转期	经营活动营运资金周转期（按要素）
周转期变化统计	改善	4	1	5	5
	改善比例	36.36%	9.09%	45.45%	45.45%
	降低	7	10	6	6
	降低比例	63.64%	90.91%	54.55%	54.55%
周转期变化幅度统计	改善显著	0	0	2	1
	改善较大	0	0	1	0
	有所改善	1	1	2	3
	基本稳定	5	2	3	3
	有所降低	3	4	2	2
	降低较大	2	3	1	0
	降低显著	0	1	0	2
可比样本总数		11			

如表 11 -13 所示，与 2011 年相比，2012 年木材、家具业上市公司存货管理绩效改善的企业有 4 家，占可比样本企业的 36.36%，绩效降低的企业有 7 家，占可比样本企业的 63.64%，具体看存货周转期的变化幅度，11 家样本企业中有 5 家企业的周转期变化处于基本稳定的状态，剩余的 6 家企业中有 5 家企业的存货管理绩效降低，这表明了 2012 年木材、家具业上市公司存货管理绩效与 2011 年相比有小幅下降，这与上述行业层面数据所显示的结果是一致的。

与 2011 年相比，2012 年木材、家具业上市公司应收账款管理绩效改善的企业有 1 家，占可比样本企业的 9.09%，绩效降低的有 10 家，占可比样本企业的 90.91%，具体来看变化幅度统计结果，绩效变化处于基本稳定状态的有 2 家，有所降低的有 4 家，降低较大的有 3 家，降低显著的有 1 家，这表明 2012 年木材、家具业上市公司中绝大部分企业应收账款管理绩效都有所下降，这与上述行业层面数据所显示的结果是一致的。

与 2011 年相比，2012 年木材、家具业上市公司应付账款管理绩效改善的企业有 5 家，占可比样本企业的 45.45%，绩效降低的有 6 家，占可比样本企业的 54.55%，具体来看变动幅度统计结果，除了绩效处于基本稳定状态的 3 家企业外，剩余 8 家企业中绩效改善显著的企业有 2 家，改善较大的有 1 家，有所改善的有 2 家，说明 2012 年木材、家具业上市公司中大部分企业应付账款管理绩效有所改善，这与上述行业层面数据所显示的结果有一致性。

从整个企业经营活动看，与 2011 年相比，2012 年木材、家具业上市公司经营活动营运资金管理绩效改善的企业有 5 家，绩效降低的有 6 家，除了绩效变化处于基本稳定状态的 3 家企业外，经营活动营运资金管理绩效改善的企业有 4 家，绩效降低的企业有 4 家，这表明 2012 年木材、家具业上市公司经营活动营运资金管理绩效改善与降低的企业约各占样本企业总数的一半，这导致了2012年木材、家具业上市公司经营活动营运资金管理绩效与2011年相比无明显改善也无明显降低，这与上述行业层面数据所显示的结果是一致的。

3. 行业层面按要素的营运资金管理绩效趋势分析

2008~2012年木材、家具业行业层面营运资金周转期（按渠道）变动趋势统计结果，如表11-14所示。

表11-14　　2008~2012年木材、家具业各要素周转期　　单位：天

项目	2008	2009	2010	2011	2012
现金周转期	120.82	151.73	91.74	102.65	102.46
存货周转期	122.58	134.50	101.17	108.37	112.09
应收账款周转期	63.68	76.92	55.60	55.59	59.58
应付账款周转期	65.45	59.69	65.03	61.32	69.21

如表11-14所示，与2008、2009年相比，2010、2011、2012年木材、家具业上市公司现金周转期都有下降，这表明在2009年以后木材、家具业上市公司现金管理绩效有所改善，但2011、2012年现金周转期都比2010年现金周转期多了大约11天，增幅约为12%，这表明在近三年木材、家具业上市公司现金管理绩效有下降的趋势，但下降的幅度较小，尤其是2012年与2011年现金周转期相差无几，表明这种管理绩效的下降有明显的改善势头。

2010、2011、2012年木材、家具业上市公司存货周转期与2008、2009年相比有一定幅度的降低，这表明在2009年以后，木材、家具业上市公司存货管理绩效有一定改善，但近三年存货周转期有小幅度上升的趋势，这表明存货管理绩效在近三年有降低的趋势，但降低的幅度很小，处于稳定状态。

2008、2009年木材、家具业应收账款周转期明显高于2010、2011、2012年应收账款周转期，这种结果主要是由金融危机导致的。2009年以后木材、家具业上市公司应收账款周转期基本处于稳定状态，变动幅度很小。这表明在近三年木材、家具业上市公司应收账款管理绩效，没有明显改善也没有明显降低。

从表11-6可看出，木材、家具业上市公司应付账款周转期近五年变动都不大，表明近五年木材、家具业上市公司应付账款管理绩效变动幅度都不大，2011年应付账款周转期为61.32天，2012年为69.21天，同比增长7.89天，增幅为12.87%，这表明2012年木材、家具业上市公司应付账款管理绩效与2011年相比有所改善。这与上述行业层面、企业层面数据所显示的结果都是一致的。

五、2012年木材、家具业上市公司营运资金管理绩效排行榜

本部分分别按"经营活动营运资金周转期（按要素）"和"经营活动营运资金周转期（按渠道）"进行排名，考察木材、家具业上市公司营运资金管理绩效。在对上市公司营运资金管理绩效进行排名时，剔除了财务数据异常的公司，详见附录一。

六、2012年木材、家具业上市公司营运资金管理的典型案例分析——丰林集团

1. 广西丰林木业集团股份有限公司简介

广西丰林木业集团股份有限公司是中国最大的木业企业集团之一，人造板和营林造林是公司的两大业务板块，1996年广西第一张中密度纤维板在这里诞生，目前拥有广西南宁、百色、环江、上思4个人造板工厂共53万立方米/年生产能力和20多万亩自有速生丰产林，总资产逾十亿元。丰林国际有限公司（BVI）、中信集团金石投资有限公司和世界银行国际金融公司（IFC）为丰林的三大股东。

公司主要产品为丰林牌中、高密度纤维板，以林业三剩物和次、小、薪柴为原料，是国家鼓励的资源综合利用项目，广泛用于装饰、装潢和家具、地板、音响制作，为国内众多一流企业提供生产家具、地板、门板的基材，拥有稳定的客户群和较高的市场信誉，2007年在中国国际木业（北京）博览会获得金奖。丰林自主研制的环保阻燃板已用于北京奥运乒乓球馆、北京国家图书馆和其他重要公

共建筑、车辆船舶，是目前国内唯一替代进口的环保阻燃板品牌。丰林胶合板远销欧、美和东南亚。

公司实行规范化的法人治理结构，按照国际惯例实行董事会和管理层授权经营、相互监督的模式，形成了独立董事、董事会、监事会、薪酬委员会、战略委员会等完善的公司治理结构和一整套规则。从 2004 年起丰林在国内同行中率先实行国际质量、环境、职业健康安全、测量管理体系和国家环境标志五大大管理体系一体化运行，2008 年通过 FSC/COC 认证，2009 年通过美国 CARB 认证。丰林 ERP 系统 2006 年底实现了集团总部和各子公司财务、供应、销售的一体化管理。

面对国际金融危机，丰林人努力“做好自己，转危为机，逆势发展”，效果显著。丰林集团将继续沿着国际化、公众化和低碳经济的发展之路，通过国内外资本市场融资，扩大营林规模，拉长林产工业产业链，在中国人造板历史性整合和广西实现林业强区战略中发挥积极作用，努力建设中国第一、国际一流的丰林品牌，把丰林集团建成林、工、贸一体国际化的中国木业龙头企业。[①]

2. 广西丰林木业集团股份有限公司营运资金管理绩效分析

（1）分渠道的营运资金管理绩效分析

2011 ~2012 年丰林木业集团股份有限公司各渠道营运资金周转期及行业平均值，如表 11 – 15 所示。

表 11 – 15　　丰林木业集团 2011 ~ 2012 年营运资金管理绩效表（按渠道）　　单位：天

项目	采购渠道营运资金周转期	生产渠道营运资金周转期	营销渠道营运资金周转期	经营活动营运资金周转期（按渠道）
2011	–1	70	64	133
2012	4	94	88	186
2011 年行业平均	–6	22	87	103
2012 年行业平均	–14	20	101	107

如表 11 – 15 所示，2011、2012 年丰林木业集团股份有限公司采购渠道、生产渠道营运资金周转期都要明显高于 2011、2012 年木材、家具业上市公司采购渠道、生产渠道营运资金周转期的行业平均值，丰林木业集团营销渠道营运资金周转期低于 2011、2012 年的行业平均值，这表明 2011、2012 年丰林木业集团采购渠道、生产渠道营运资金管理绩效低于木材、家具业相应渠道营运资金管理绩效水平，营销渠道营运资金管理绩效高于行业平均水平。从整个经营活动的视角看，2011、2012 年丰林木业集团经营活动营运资金周转期明显高于 2011、2012 年木材、家具业经营活动营运资金周转期行业平均值，这意味着 2011. 2012 年丰林木业集团经营活动营运资金管理绩效都明显低于行业平均水平，在经营活动营运资金管理方面，丰林木业集团并不处于优势地位。同时，仅就 2011 年与 2012 年丰林木业集团各渠道营运资金周转期来看，2012 年营运资金周转期要显著大于 2011 年各渠道营运资金周转期，这表明与 2011 年相比，2012 年丰林木业集团各渠道及经营活动营运资金管理绩效显著降低。针对此项问题，丰林木业集团应加强采购渠道、生产渠道的建设与完善，着重提高采购与生产渠道营运资金管理效率，以此推动整个经营活动营运资金管理绩效水平的提升。

（2）分要素的营运资金管理绩效分析

2011 ~2012 年丰林木业集团股份有限公司各要素营运资金周转期及行业平均值，如表 11 ~16 所示。

① 丰林木业集团股份有限公司，网易财经，http：//money. 163. com/11/0802/13/7AF5EB9M00254NOF. html

表 11-16　　丰林木业集团 2011~2012 年营运资金管理绩效表（按要素）　　单位：天

项目	存货周转期	应收账款周转期	应付账款周转期	经营活动营运资金周转期（按要素）
2011	131	52	44	133
2012	142	72	40	186
2011 年行业平均	108	56	61	103
2012 年行业平均	112	60	69	102

如表 11-16 所示，2011、2012 年丰林木业集团存货周转期明显高于 2011、2012 年木材、家具业上市公司存货周转期的行业平均值，这表明 2011、2012 年丰林木业集团存货管理绩效要显著低于行业水平。丰林木业集团应收账款周转期方面，在 2011 年与行业平均值相差不大，甚至低于行业平均值的情况下，2012 年该企业应收账款周转期要明显高于行业平均值，这意味着在 2012 年丰林木业集团应收账款管理绩效有着明显的下降，这点应引起相关管理者的足够重视，着重加强应收账款的管理。应付账款方面，丰林木业集团 2011、2012 年应付账款周转期明显低于相应年份的行业平均值，锋利木业集团应付账款的利用效率低于行业平均水平。从整个经营活动营运资金管理周转期来看，丰林木业集团经营活动营运资金周转期明显高于相应年份经营活动营运资金周转期的行业平均值，该企业经营活动营运资金管理绩效水平显著低于行业平均水平。针对上述营运资金管理绩效降低的问题，存货管理方面应采取有效措施完善现有的存货管理模式，提高存货管理的绩效水平，应收账款方面应重新审核现有的应收账款、赊销等政策，努力实现销售与货款收付的有效衔接，应付账款方面应在不影响企业信誉的基础上充分利用企业拥有的信用条件，提高应付账款的利用效率。

3. 广西丰林木业集团股份有限公司营运资金占用分析

（1）分渠道的营运资金占用分析

2011~2012 年丰林木业集团股份有限公司各渠道营运资金占用及行业平均值，如表 11-17 所示。

表 11-17　　丰林木业集团 2011~2012 年营运资金占用表（按渠道）　　单位：亿元

项目	采购渠道营运资金	生产渠道营运资金	营销渠道营运资金	经营活动营运资金（按渠道）
2011	-0.04	1.99	2.14	4.09
2012	0.24	2.47	2.04	4.75
2011 年行业平均	-0.42	1.30	5.40	6.28
2012 年行业平均	-0.85	1.06	5.35	5.56

如表 11-17 所示，2011、2012 年丰林木业集团采购渠道、生产渠道营运资金占用高于相应年份木材、家具业上市公司采购渠道、生产渠道营运资金占用行业平均水平。同时，与 2011 年相比，2012 年丰林木业集团采购渠道、生产渠道营运资金占用都有所上升，这表明 2011、2012 年丰林木业集团采购渠道、生产渠道营运资金投入量都高于相应渠道行业平均营运资金投入量，并且与 2011 年相比，2012 年丰林木业集团采购渠道、生产渠道营运资金投入量都有所上升。应付账款方面，2011、2012 年丰林木业集团营销渠道营运资金占用量要明显低于相应年份木材、家具业上市公司营销渠道营运资金占用的行业平均水平。从整个经营活动营运资金占用来看，2011、2012 年丰林木业集团经营活动营运资金占用低于相应年份木材、家具业上市公司经营活动营运资金占用量的行业水平，并且，与 2011 年相比，2012 年丰林木业集团经营活动营运资金占用量有所上升，这表明 2011、2012 年丰林木业集团经营活动营运资金投入量低于木材、家具业经营活动营运资金行业平均投入量，主要原因是丰林木业集团营销渠道营运资金投入量显著低于行业平均水平，同时 2012 年丰林木业集团经营活动营运资金投入量与 2011 年相比有所上升。

（2）分要素的营运资金占用分析

2011~2012 年丰林木业集团股份有限公司各要素营运资金占用及行业平均值，如表 11-18 所示。

表 11－18　　丰林木业集团 2011～2012 年营运资金占用表（按要素）　　单位：亿元

项目	存货占用	应收及预付款项占用	应付及预收款项占用	经营活动营运资金（按渠道）
2011	3.43	1.97	1.31	4.09
2012	3.34	2.14	0.73	4.75
2011 年行业平均	6.16	5.05	4.92	6.28
2012 年行业平均	5.85	5.07	5.37	5.56

如表 11－18 所示，2011、2012 年丰林木业集团存货、应收及预付款项、应付及预收款项占用的营运资金都明显低于木材、家具业上市公司各要素营运资金占用的行业平均值，这表明 2011、2012 年丰林木业集团存货、应收及预付款项、应付及预收款项营运资金的投入量都明显低于行业平均水平。与 2011 年相比，2012 年丰林木业集团存货及应付及预收款项营运资金占用量有所下降，应收及预付款项营运资金占用量有所增长，这说明与 2011 年相比，2012 年丰林木业集团存货及应付及预收款项营运资金投入量有所下降，应收及预付款项营运资金占用量有所上升。

4. 2012 年丰林木业集团营运资金管理问题总结及建议

根据上述按要素的营运资金管理绩效的分析可以看出，2011、2012 年丰林木业集团采购渠道、生产渠道营运资金管理绩效明显低于相应年份木材、家具业上市公司采购渠道、生产渠道营运资金管理绩效的行业平均水平，只有营销渠道营运资金管理的绩效水平高于行业平均水平，同时，与 2011 年相比，2012 年丰林木业集团采购渠道、生产渠道、营销渠道营运资金管理绩效水平都有所下降，各渠道营运资金管理绩效的降低也导致了整个经营活动营运资金管理效率的降低，并且明显高于行业平均水平。

从上述分要素的营运资金管理绩效的分析中可以看出，2011、2012 年丰林木业集团存货、应收及预付款项周转期高于相应年份木材、家具业上市公司存货及应收预付款项周转期的行业平均值，应付及预收款项周转期低于行业平均水平，这表明 2011、2012 年丰林木业集团存货、应收及预付款项、应付及应收款项管理绩效水平都低于行业平均水平，同时与 2011 年相比，2012 年丰林木业集团存货、应收及预付款项、应付及预收款项管理绩效水平都有所下降。

从上述问题中可以看出，丰林木业集团营运资金管理绩效在行业中并不处于优势地位，营运资金管理贯穿于企业业务流程管理的始终，营运资金管理绩效低下可影响整个企业综合竞争力的提升，丰林木业集团应采取有效措施以改善上述问题。

首先，在渠道建设方面，应加强供应链的建设与完善，供应链各环节的营运资金管理涵盖了各渠道的营运资金管理，为提高采购渠道、生产渠道、营销渠道营运资金管理效率，应加强供应链各环节的有效衔接，提高各渠道营运资金的运用效率。

其次，在经营活动各要素方面，丰林木业集团应进一步改善现有的存货管理模式，努力实现精益化管理，使存货的流动与企业生产与营销等环节想适应，提高存货的管理效率。

再者，丰林木业集团应重新审核制定本企业的应收账款信用政策与条件，在不影响本企业销售的基础上，进一步完善企业的信用政策，制定合理的收款条件，使本企业的销售与货款的收付有效衔接，提高应收账款的运作效率。在应付及预收款项方面，应在不影响本企业信誉的基础上，充分利用企业拥有的应付及预收款项，最大限度的发挥应付及预收款项的作用。

七、2012 年木材、家具业上市公司营运资金管理调查的结论与建议

（一）调查结论

通过对 2012 年木材、家具业上市公司营运资金管理状况进行全方位的调查与分析，本报告得出以下研究结论：

1. 木材、家具业上市公司营运资金行业总体占用水平上升、行业平均占用水平下降

2012 年木材、家具业上市公司行业总体营运资金占用为 166.08 亿元，同比增长 8.99，增幅为

5.72%。2012 年木材、家具业上市公司行业平均营运资金占用为 11.86 亿元，同比减少 1.23，减幅为 9.40%。由此可见，2012 年木材、家具业上市公司行业总体营运资金占用水平上升；行业平均营运资金占用水平下降。

2. 木材、家具业上市公司行业总体经营活动营运资金占用水平上升、行业平均占用水平下降

2012 年木材、家具业上市公司行业总体经营活动营运资金占用水平为 77.81 亿元，同比增长 2.39 亿元，增幅为 3.17%，行业平均占用水平为 5.56 亿元，同比减少 0.72 亿元，减幅为 11.46%，这表明与 2011 年相比，2012 年木材、家具业上市公司行业总体经营活动营运资金占用水平上升、行业平均占用水平下降。

3. 木材、家具业上市公司行业平均营运资金中短期金融负债占比上升、营运资本占比下降

2012 年末木材、家具业上市公司行业平均营运资金中短期金融负债占比为 50.78%，同比增长 8.61%，增幅为 20.42%，行业平均营运资金中营运资本占比为 49.22%，同比缩减 8.61%，减幅为 14.89%，这表明与 2011 年相比，2012 年木材、家具业上市公司行业平均营运资金中短期金融负债占比上升，营运资本占比下降。

4. 2012 年木材、家具业上市公司经营活动营运资金管理绩效变化不大，处于基本稳定状态

2012 年木材、家具业上市公司经营活动营运资金（按渠道）周转期为 107 天，同比增长 4 天，增幅为 3.88%，经营活动营运资金（按要素）周转期为 102 天，同比缩减 1 天，减幅为 0.97%，这表明与 2011 年相比，按渠道与按要素这两种途径所得的 2012 年木材、家具业上市公司经营活动营运资金管理绩效变化幅度较小，无明显改善也无明显降低，处于基本稳定状态。

5. 国际金融危机对木材、家具业上市公司营运资金管理绩效的影响有所减少

从对 2008 年～2012 年营运资金管理绩效趋势分析可以看出，2008 年、2009 年金融危机对木材、家具业上市公司营运资金管理绩效影响较为显著。尤其 2009 年各要素与各渠道营运资金周转期要明显高于其他年份，在 2009 年以后，各要素、各渠道营运资金周转期逐渐恢复正常，这表明金融危机影响作用的减弱。

（二）对策建议

1. 协调营运资金管理的各环节，实现营运资金管理绩效水平的协同上升

如上述行业层面分渠道的营运资金管理绩效分析所示，2011 年木材家具业上市公司经营活动营运资金周转期的行业平均值为 12 天，2012 年为 14 天，增幅为 16.67%，这表明与 2011 年相比，2012 年木材家具业上市公司营运资金管理绩效有所下降，同时从营运资金管理绩效趋势分析中也可以看出，近三年木材家具业上市公司经营活动营运资金管理绩效有明显的下降趋势。经营活动的营运资金管理按要素可以分为经营活动的存货、现金、应收账款、应付账款等的管理，按渠道可以分为采购渠道营运资金、生产渠道营运资金、营销渠道营运资金的管理。不管是按那种途径划分的营运资金管理的各环节、各项目之间都不是独立于其他个体而存在的，其都与其余部分有着密切的联系，若要实现木材家具业上市公司经营活动营运资金管理绩效的整体提升，必须协调好各企业营运资金管理各环节、各要素之前的联系，充分利用各要素之间的协同作用，这是提高营运资金管理绩效的快捷途径。

2. 抓住后危机时代的发展良机，提升企业营运资金管理效率，提高企业综合竞争力

从上述数据分析中可以看出，在 2009 以后，木材家具业上市公司经营活动各要素与各渠道营运资金周转期逐渐恢复正常，这表明，国际金融危机对木材、家具业上市公司营运资金管理绩效的影响逐渐减弱，主要由于随着金融危机影响的逐渐退却，其对木材家具业上市公司供应链各环节的影响也逐渐变小，包括对进口木材等原材料价格、国内与国际的运输费用、加工成本主要指人工成本等的影响。因此，为提高各自企业的综合竞争力，相关企业管理层应努力抓住此时机，加强供应链的管理，协调好经营活动营运资金管理各环节、各要素之间的关系，充分发挥协同作用，提升企业经营活动营运资金管理绩效的水平。

主要参考文献

1. 王竹泉、刘文静、王兴河、张欣怡、杨丽霏：“中国上市公司营运资金管理调查：2007 ~ 2008”，《会计研究》，2009 年第 9 期。

2. 中国海洋大学企业营运资金管理研究课题组：“中国上市公司营运资金管理调查：2009”，《会计研究》，2010 年第 9 期。

3. 王竹泉、孙莹、王秀华、孙建强、王贞洁：“中国上市公司营运资金管理调查：2010”，《会计研究》，2011 年第 12 期。

4. 陆薇：“内需拉动显著 2012 年家具行业稳中有进”，《中国工业报》，2013 年 3 月 27 日。

5. 阎建芳：“家具政采市场规模将继续扩大”，《政府采购信息报》，2013 年 3 月 25 日。

6. 肖红丽：“2012 年家具行业累计亏损额大幅增长”，《中国工业报》，2013 年 1 月 16 日。

7. 张一萍：“2012 年我国家具行业运行情况”，《木材工业》，2013 年第 2 期。

8. 朱长岭：“中国家具行业可持续性发展探讨与展望”，《 家具》，2013 年第 1 期。

9. “2012 年 10 月份中国木材价格指数（进口木材部分）变动情况”，《中国建材报》，2013 年 1 月 2 日。

10. 中国报告大厅网站、新浪财经网、网易财经网等。

第十二章　2012 年造纸、印刷业上市公司营运资金管理调查①

【摘要】造纸、印刷业是国民经济的重要基础产业，具有产业关联度强、市场容量大、资金技术密集、规模效益显著的特点，是拉动林业、农业、印刷、包装、机械制造等产业发展的重要力量。造纸、印刷业的经营活动特点决定了其特有的营运资金管理的特点：原材料占用较多、资金需求量较大、营运资金周转速度慢等。2012 年欧债危机反复恶化，全球经济增速明显放缓，不确定性因素很多；在国内，造纸、印刷行业面临着原材料价格上涨、人工成本上涨、通货膨胀压力加大等问题，国际国内的环境形势都对造纸、印刷行业的营运资金管理产生了较大影响。

本报告主要从营运资金配置与来源情况、营运资金管理绩效两大方面，对 2012 年造纸、印刷行业 42 家上市公司营运资金管理的数据进行分析，得到以下结论：首先，造纸、印刷业经营活动营运资金占用较去年增加，其中，生产渠道营运资金的占用增幅较大，应收及预付款项占用的增幅较大；其次，营运资金来源中，短期资本比重仍较高，行业整体上财务风险较大；最后，在营运资金管理绩效方面，生产渠道和营销渠道营运资金周转绩效下降较大。为此，本报告提出以下建议：造纸、印刷业应优化供应链管理，降低企业库存水平；建立客户信用评价机制，减少坏账发生的可能性；优化资金来源结构，降低财务风险；从生产流程入手，采用先进的生产技术，持续优化业务流程，降低生产环节的营运资金占用，提升生产渠道营运资金管理绩效；加强销售渠道建设，提高营销渠道营运资金管理水平。

一、造纸、印刷行业营运资金管理特点

1. 原材料资金占用多

造纸工业作为传统制造业，其原料在成本中所占比例超过 50%②。造纸企业主要的原材料是纸浆，包括木浆、废纸浆和非木浆三大类。其中，在以木浆为主要原材料的企业中，木浆占其生产成本比例约为 65% ~75%，在以废纸为主要原材料的企业中废纸占其生产成本比约 50 ~70%③。由于我国森林资源相对匮乏，国内原料林基地建设迟缓，而非木浆发展受清洁生产新技术开发滞后的限制，加上国内废纸回收率偏低等，造纸纤维原料自给率难以提高，供需矛盾日益加剧，从而使得我国造纸行业原材料对外依存度较高。目前我国纸浆严重依赖进口，对外依存度达到 70%④，致使采购及相关物流成本较高。另外，市场对纸类消费需求的多样化，加之为更好抵御市场风险，企业产品结构日趋多元化，从而加大了造纸企业资金需求。

油墨、纸张和橡皮布是印刷企业的三大耗材，它们的涨价必然会对印刷企业产生较大影响。原油和石化衍化物价格的不断攀升，是导致油墨价格上涨的主要原因。但是即使油价回落，作为油墨生产中的关键原料，化学原料在全球范围内的短缺使得油墨价格仍然会只升不降。受全球经济环境萎靡的影响、网络媒体的冲击，加上原材料价格的飞涨，油墨制造企业收益缩水，不得不将这些成本转嫁给下游企业，从而加大了印刷企业原材料的资金占用。

---

① 国家自然科学基金“利益相关者视角的营运资金管理研究与中国上市公司营运资金管理数据平台扩充建设（71372111）”和国家自然科学基金“利益相关者集体选择视角的企业价值管理研究（71172099）”的阶段性成果。感谢中国海洋大学、中国会计学会、国家自然科学基金委员会对营运资金管理研究的支持。

② “中国轻工联合会副会长、中国造纸协会理事长钱桂敬在第二届中国造纸装备发展论坛的主题报告”，《纸和造纸》，2013 年第 6 期。

③ 赵子强、赵学毅：“人民币升值预期渐增 五大板块有喜有忧”，《证券日报》，2010 年 6 月 12 日。

④ 杨萌：“国内纸浆 70% 依靠进口 受益汇兑收益造纸行业净利有望增 10%”，《证券日报》，2012 年 12 月 4 日。

2. 营运资金需求量大

造纸、印刷行业是资金密集型行业，单位产品收益率较低，规模经济效益十分显著。在资金方面，其万元产值投资额与钢铁、石油化工等行业相当。每万吨纸浆约需投资1.2亿~2.0亿元，每万吨纸及纸板约需投资1.0亿~1.2亿元[①]。国内造纸企业普遍追求大规模、大投入，在不断新增产能的同时，需要有大量的资金投入。因此，资金对于造纸企业的发展意义重大，通过生产经营的自我积累的方式显然不能满足企业迅速扩张的需要，因而上市公司的负债水平不断攀升。另外，造纸、印刷行业属于高污染行业，急需加强节能改造和污染治理，由此加大了行业的环境治理成本，要求投入大量资金进行研发、改进工艺，降低生产过程中废水、废气和废渣等“三废”的排放。造纸、印刷企业除了需要满足正常生产经营以外，还需要承担环境治理的任务，因而营运资金需求量较大。

3. 生产渠道营运资金周转速度较慢

近年来，中高端纸品，尤其是节能环保型纸品的潜在需求市场广阔，造纸企业纷纷加快研发高端产品，造纸业固定投资规模稳步增长。在低碳经济的背景下，造纸企业向低碳企业转型，造纸产业技术向低消耗、低排放、高质量、高效率的方向发展。由此行业企业必然会投入大量的研发费用，推进技术创新以此用于产品研发和设备的更新改造，从而使得行业生产环节中的营运资金占用额增加。而造纸业属于资金投入量大、投资回收期较长的产业，因而其生产渠道营运资金周转期较长。另外，近年来，原材料价格的上涨、劳动力成本以及运输成本的增加，推动了造纸印刷行业生产成本的不断上升。因而，造纸印刷行业生产渠道营运资金周转速度较慢。

二、2012年造纸、印刷行业经营环境及对营运资金管理的影响

1. 全球经济低迷，宏观经济环境不佳

造纸、印刷业的发展与宏观经济发展密不可分，两者具有高度相关性。2012年，全球经济增长明显放缓，发达经济体增长乏力，新兴经济体增速回落，世界经济复苏进程艰难曲折。在这个大背景下，我国宏观经济增速持续放缓，上游成本居高不下、下游行业需求增长缓慢，加上产能过剩使得造纸、印刷行业陷入严重的困难之中。

根据国家统计局统计调查显示，2012年1~12月规模以上造纸生产企业2748家，产成品存货296亿元，同比增长1.42%，亏损企业有354家，占12.88%[②]。在国内外需求低迷的情况下，造纸印刷企业销售增长缓慢，行业库存压力较大。为了消化掉库存过量产品、提高销售业绩，行业企业纷纷降价或者延长下游企业的信用期限，使得应收账款大幅增加，从而影响了营销渠道营运资金周转绩效。

2. 原材料价格总体呈上升趋势

2012年上半年，纸浆等原材料价格保持着上行态势，造纸业成本攀升，企业压力巨大，而劳动力以及运输成本的增加，将直接体现在造纸业成品价格上，价格的提升必然引发销量的下降，盈利空间压缩在所难免。同样，油墨等原料的涨价也给印刷业带来了较大影响。我国的印刷企业以中小型企业为主，流动资金少，成本升高的压力迫使印刷企业不断压缩利润，多数企业处于低谷期。

下半年，随着世界经济复苏陷入停滞，国际浆价进入下行通道，纸张价格无力上涨。国内市场需求不旺，纸张生产放缓，纸浆进口“量价齐跌”。然而由于下游需求低迷，供大于求局面仍未有较大改善，行业盈利能力仍处低位。此外，行业竞争加剧导致纸产品市场价格持续下降，多数纸产品价格降幅大于原材料价格降幅，成本压力难以向下游传导。原料对外依存度过高，是影响造纸、印刷行业利润的重要原因。

3. 人工成本持续升高

今年我国造纸印刷业面临不景气、市场持续疲软的状况。多数纸产品价格降幅大于原材料价格降幅，整个行业供过于求，成本压力难以向下游传导。劳动力的成本明显升高，低工资很难招到人，造

① 陈小平：“中国造纸企业：基于资本运营的战略致胜”，《中国造纸》，2005年第4期。

② “2012年造纸行业经济指标完成情况一览”，中国纸业网。

纸企业经营压力巨大，多数企业开工率不足。在这种情况下，以中小企业为主的我国造纸、印刷行业正面临着一场残酷的洗牌。众多的中小企业举步维艰，生产成本增高导致利润负增长甚至严重亏损，部分企业资金链发生断裂，甚至出现倒闭现象。在某种程度上，人工成本的持续增加迫使造纸、印刷企业进行技术改造，加快产业转型。

4. 通胀压力相对仍然较大

2012 年我国国内市场运行平稳，国民消费继续保持较快增长，物价总水平涨势放缓。根据国家统计局公布的数据显示，2012 年居民消费价格同比上涨 2.6%，涨幅比上年回落 2.8 个百分点①。另外，受 2011 年通胀情况较高的影响，2012 年的一项调查显示，47.4% 的受访居民认为 2012 年通货形势将继续恶化，35.4% 的人已经在缩减开支，38.1% 居民希望政府采取有效手段抑制物价上涨②。居民对未来不乐观的预期，很大程度上影响了居民的消费意愿。2012 年国内外市场需求处于低迷状况，造纸印刷业企业亏损数量和亏损额增加，企业经营业绩受到影响。

此外，2012 年人民币汇率走势剧烈波动，总体来看升值基调不变。人民币目前的状况是对外升值、对内贬值，在双面夹击之下，我国造纸、印刷企业的竞争力被严重削弱。一方面，我国造纸业约有近 80% 的木浆和废纸需要依赖进口③，并且大部分大型纸机依靠进口，人民币升值使得进口原材料和设备成本下降，一定程度上降低了造纸业企业的采购成本，同时产品出口也受到一定影响。另一方面，近年来货币超发现象严重，人民币对内的持续贬值导致居民生活成本的提高，进而带来工资水平的上涨，企业负担有所加大，这将在一定程度上抵消原材料和设备的成本下降。

5. 国家相关产业政策

2011 年《印刷业“十二五”时期发展规划》、《造纸工业发展“十二五”规划》相继发布，提出发展低碳、绿色、循环的造纸工业以及绿色印刷、数字印刷。2012 年 8 月，国务院发布《节能减排“十二五”规划》，对淘汰落后产能和“限小”政策做了重点要求。9 月，工信部公布《2012 年 16 个工业行业淘汰落后产能企业名单（第二批）》，力争在 9 月底将淘汰名单全部关停，于 2012 年年底彻底拆除淘汰，不得向其他地区和周边国家转移。这些政策要求造纸、印刷行业加快技术改造，淘汰落后产能，解决行业转型和污染问题。造纸业的绿色低碳之路以及数字、绿色印刷的发展离不开大量研发费用的投入和设备更新改造，必然需要大量的资金作为支持，从而使得行业生产环节中的营运资金占用额增加。经过技术研发和设备改造后可以提高行业产能利用率，进而提高生产环节资金周转速度。

三、2012 年造纸、印刷行业上市公司营运资金配置与来源分析

（一）造纸、印刷行业上市公司营运资金配置分析

1. 造纸、印刷行业上市公司营运资金总体配置结构与占用水平分析

（1）行业层面

表 12 - 1 显示了 2011 ~ 2012 年造纸、印刷业行业层面营运资金的配置情况。

表 12 - 1　2011 ~ 2012 年造纸、印刷行业营运资金配置分析　单位：亿元

项目	营运资本期末占用		营运资金期末占用		经营活动营运资金期末占用		经营活动营运资金占用水平		投资活动营运资金期末占用	
	2011	2012	2011	2012	2011	2012	2011	2012	2011	2012
行业总体	69.63	93.02	490.46	545.83	241.40	308.94	27%	31%	249.06	236.89
行业平均	1.88	2.21	13.26	13.00	6.52	7.36	27%	31%	6.73	5.64
最大值	14.10	13.29	110.80	137.83	75.50	93.26	54%	67%	35.30	44.56
最小值	-24.67	-32.42	-1.63	-7.71	-4.03	-8.47	-71%	-62%	0.27	0.13
样本数量	37	42	37	42	37	42	37	42	37	42

① 统计局：“2012 年居民消费价格比上年上涨 2.6%”，人民网。

② “2012 年全国两会社会热点系列调查：通胀”，搜狐网。

③ 赵子强、赵学毅：“人民币升值预期渐增 五大板块有喜有忧”，《证券日报》，2010 年 6 月 21 日。

从行业总体情况看，2012 年营运资金期末占用额比 2011 年增加了 55.37 亿元，增幅为 11.29%，其中，经营活动营运资金占用增幅为 27.98%，投资活动营运资金占用额较 2011 年减少了 12.17 亿元，降低幅度为 4.89%，说明企业将资金更多地投入到经营活动当中。同时，经营活动营运资金占用水平较去年增加了 4 个百分点，说明资金的利用效率有所降低。

从营运资金占用结构看，经营活动营运资金和投资活动营运资金占营运资金总额的比重略有变化，其中，2012 年经营活动营运资金占营运资金总额的比重为 56.6%，比 2011 年增加了 7 个百分点，说明经营活动营运资金占用增加，且超过了投资活动的营运资金占用。

从行业均值来看，2012 年每家企业营运资本的占用额较 2011 年增加了 0.33 亿元，增幅为 17.55%；平均每家企业的营运资金占用额较 2011 年减少 0.26 亿元。从营运资金的构成来看，平均每家企业的经营活动营运资金占用额增加 0.84 亿元，增幅为 12.88%；平均每家企业投资活动营运资金占用额减少 1.09 亿元，降幅为 16.2%。从行业总体和行业均值的比较来看，营运资金占用的增加主要是企业数增加的缘故，平均每家企业营运资金占用的减少则主要是由于平均每家企业投资活动营运资金减少。从绝对值和相对值均增加的经营活动营运资金占用来看，2012 年造纸、印刷行业将更多的资金投放到经营活动中。

从最值来看，2012 年营运资本的最大值和最小值均小于 2011 年，且企业间的差距进一步扩大；2012 年营运资本占用量最大的企业是齐峰股份，营运资本占用量最小的企业是太阳纸业。2012 年营运资金占用量最大的企业是晨鸣纸业，营运资金占用量最小的企业是 * ST 美利。其中，经营活动营运资金占用量最大和最小的企业分别为晨鸣纸业和 * ST 美利；投资活动营运资金占用量最大和最小的企业分别为晨鸣纸业和新疆天宏。

（2）企业层面

经匹配，2011 年和 2012 年两年内造纸、印刷行业上市公司的可比样本总数是 36 家，其营运资金配置的变化情况如表 12 - 2 所示。

表 12 - 2 2011 ~ 2012 年造纸、印刷行业上市公司营运资金配置变化情况及变动幅度统计表

项目		营运资本	营运资金	经营活动营运资金	投资活动营运资金
资金占用量绝对变化统计	降低	24	21	13	24
	降低比例	66.67%	58.33%	36.11%	66.67%
	增加	12	15	23	12
	增加比例	33.33%	41.67%	63.89%	33.33%
资金占用量变化幅度统计	降低显著	9	5	6	4
	占比	25.00%	13.89%	16.67%	11.11%
	降低较大	8	2	0	12
	占比	22.22%	5.56%	0.00%	33.33%
	有所降低	3	8	4	6
	占比	8.33%	22.22%	11.11%	16.67%
	基本稳定	6	10	6	5
	占比	16.67%	27.78%	16.67%	13.89%
	有所增加	1	9	7	5
	占比	2.78%	25.00%	19.44%	13.89%
	增加较大	5	1	6	4
	占比	13.89%	2.78%	16.67%	11.11%
	增加显著	4	1	7	0
	占比	11.11%	2.78%	19.44%	0.00%
可比样本总数		36			

注：上表中除了百分比之外的数字单位为：家

从营运资本的占用来看，在资金占用量的绝对变化上，大多数企业在 2012 年营运资本占用较 2011

年有所降低；从资金占用量变化幅度上可以看出，营运资本占用量的变化幅度多集中在两端，位于降低显著、降低较大区间以及增加较大、增加显著区间，而资本占用变化比较温和的企业数相对较少。尽管位于资本占用量降低的企业数相对较多，但是从前面的行业分析中可以看出，整个行业的营运资本占用仍然较上年有所增加，一方面说明造纸、印刷行业的营运资本占用在2012年较上年有较大幅度的变动，另一方面也说明一部分较小比例的资金占用增加的企业决定了整个行业的营运资金变动的增加，进一步说明了企业营运资本占用的变动幅度之大。

从营运资金的占用来看，在资金占用的绝对变化上，大多数企业呈现出资金占用的降低，但是降低的企业数要低于营运资本降低的企业数；从资金占用变化幅度统计上可以看出，2012年营运资金的占用较去年的变化相对温和，变动幅度主要集中于中间的几个区间：有所降低、基本稳定、有所增加。可见短期金融性负债的存在使得企业的资金占用变动幅度发生了较大变化。

总之，通过对造纸、印刷行业从行业层面和企业层面来分析其营运资金配置及变化，除投资活动营运资金占用在2012年较上年有所降低之外，其他环节的营运资金占用较上年都有明显的增加。但从行业均值来看，单位企业的营运资金占用却是减少的。此外，从资金占用的变化情况看，2012年各环节的资金占用都发生了较大程度的变动，因此有必要从具体项目上分析这种变动发生的具体原因。

2. 造纸、印刷行业上市公司分渠道的经营活动营运资金配置分析

（1）行业层面

在行业层面，分渠道看企业经营活动营运资金配置情况，如表12-3所示。

表12-3　2011~2012年造纸、印刷行业经营活动营运资金的渠道配置分析　单位：亿元

项目	采购渠道营运资金		生产渠道营运资金		营销渠道营运资金		经营活动营运资金	
	2011	2012	2011	2012	2011	2012	2011	2012
行业总体	-57.84	-71.24	6.58	51.66	292.66	328.52	241.40	308.94
行业平均	-1.56	-1.70	0.18	1.23	7.91	7.82	6.52	7.36
最大值	2.70	3.52	16.29	26.41	96.07	93.38	75.50	93.26
最小值	-16.43	-13.22	-6.35	-7.10	-1.22	-8.46	-4.03	-8.47
样本数量	37	42	37	42	37	42	37	42

从采购渠道营运资金占用来看，在行业总体水平上，2012年采购渠道营运资金占用较上年减少13.4亿元，降幅为23.17%；2012年生产渠道营运资金占用较上年增加45.08亿元，增幅为685.11%；2012年营销渠道营运资金占用较上年增加35.86亿元，增幅为12.25%。可见，生产渠道和营销渠道营运资金占用的增幅远远超过采购渠道营运资金的降低幅度，导致经营活动营运资金占用较上年增加67.54亿元。

从行业均值的变化情况来看，2012年平均每家企业采购渠道营运资金占用降低0.14亿元，降幅为8.97%；生产渠道营运资金占用增加1.05亿元，较上年增长583.33%；营销渠道营运资金占用降低0.09亿元。从三个渠道的营运资金占用来看，不论从绝对变化还是相对变化上，采购渠道营运资金占用都是降低的，生产渠道营运资金占用都是增加的，营销渠道营运资金占用的增加，很大程度上是由于企业数增加所致，在行业均值水平上有小幅降低。

从各渠道的具体组成项目看营运资金的变动情况，可以发现以下情况。从采购渠道营运资金组成的主要项目来看，采购渠道营运资金的降低源于以下几个项目的变动：2012年原材料占用较上年减少5.78亿元；应付账款较上年减少7.18亿元，两项合计12.97亿元，占采购渠道营运资金降低额的96.79%。从生产渠道的各组成项目来看，在产品较上年增加8.69亿元，其他应收款较上年增加10.78亿元，两项合计，占生产渠道营运资金占用增加额的43.2%。从营销渠道的各组成项目来看，应收账款净值较上年增加了28.49亿元，直接导致2012年营销渠道营运资金占用的增加。

(2) 企业层面

从企业层面看各渠道营运资金占用的变动情况，如表12－4所示。

表12－4 2011～2012年造纸、印刷行业经营活动营运资金的渠道配置变化情况及变动幅度表

项目		采购渠道营运资金	生产渠道营运资金	营销渠道营运资金	经营活动营运资金
资金占用量绝对变化统计	降低	20	21	10	13
	降低比例	55.56%	58.33%	27.78%	36.11%
	增加	16	15	26	23
	增加比例	44.44%	41.67%	72.22%	63.89%
资金占用量变化幅度统计	降低显著	14	10	2	6
	占比	38.89%	27.78%	5.56%	16.67%
	降低较大	3	4	0	0
	占比	8.33%	11.11%	0.00%	0.00%
	有所降低	3	4	3	4
	占比	8.33%	11.11%	8.33%	11.11%
	基本稳定	2	5	10	6
	占比	5.56%	13.89%	27.78%	16.67%
	有所增加	1	1	8	7
	占比	2.78%	2.78%	22.22%	19.44%
	增加较大	4	1	6	6
	占比	11.11%	2.78%	16.67%	16.67%
	增加显著	9	11	7	7
	占比	25.00%	30.56%	19.44%	19.44%
可比样本总数		36			

注：上表中除了百分比之外的数字单位为：家

从采购渠道营运资金占用的变化情况可以看出，资金占用量降低的企业占绝大多数；而从资金占用变化幅度统计中可以看出，企业数最多的两个区间是降低显著和增加显著。这一方面说明行业内企业间的采购渠道资金占用变化差距较大，同时也说明一些企业在近两年内的采购渠道营运资金占用的变动幅度较大。由于总体上位于降低区间的企业数依然较多，所以行业层面显示的采购渠道营运资金占用显著降低。

从生产渠道营运资金占用的变化情况可以看出，资金占用的绝对变化显示，资金占用量降低的企业数仍处于绝对优势地位；从具体的资金占用变化幅度统计看，位于区间两端的企业数依然最多，说明生产渠道的营运资金占用，不管是不同企业间相比还是企业自身相比，变动的差异和变动幅度都较大。尽管生产渠道营运资金降低的企业数较多，但行业整体上生产渠道营运资金占用是增加的。

从营销渠道营运资金占用的变化情况可以看出，营销渠道营运资金增加的企业数较多。相对于采购渠道和生产渠道而言，营销渠道营运资金占用的变动幅度较为集中，也说明了造纸、印刷行业营销渠道营运资金变动总的增加的趋势，只有少数企业表现出降低的趋势。

3. 造纸、印刷行业上市公司分要素的经营活动营运资金配置分析

(1) 行业层面

表12－5从行业层面展示了造纸、印刷行业经营活动营运资金的要素配置情况。

表 12－5　2011～2012 年造纸、印刷行业经营活动营运资金的要素配置分析　单位：亿元

项目	存货		应收及预付款项		应付及预收款项		经营活动营运资金	
	2011	2012	2011	2012	2011	2012	2011	2012
行业总体	226.92	259.42	299.80	351.62	285.32	302.10	241.40	308.94
行业平均	6.13	6.18	8.10	8.37	7.71	7.19	6.52	7.36
最大值	56.43	44.27	84.28	105.11	65.21	56.11	75.50	93.26
最小值	0.36	0.15	0.24	0.18	0.11	0.13	－4.03	－8.47
样本数量	37	42	37	42	37	42	37	42

从存货的变动情况来看，2012 年存货占用较上年增加了 32.5 亿元，增幅为 14.32%；从行业平均水平来看，单位企业的存货占用额较上年有小幅增加；2012 年存货占用最大的企业是晨鸣纸业，存货占用最小的企业是广东甘化。从组成存货的各项目来看，2012 年显著增加的有在产品、开发成本、消耗性生物资产以及库存商品等。

从应收及预付款项的变动情况来看，2012 年应收及预付款项较上年增加了 51.82 亿元，增幅为 17.28%；从行业均值来看，单位企业应收及预付款项的占用增加了 0.27 亿元；应收及预付款项占用最大的企业依然是晨鸣纸业，占用最小的企业是姚记扑克。从应收及预付款项的各组成项目来看，应收账款较上年增加了 28.49 亿元，增幅为 25.03%，应收票据较上年增加了 3.75 亿元。

从应付及预收款项的变动情况来看，2012 年应付及预收款项较上年增加了 16.78 亿元，增幅为 5.88%；然而从行业均值来看，单位企业的应付及预收款项减少了 0.52 亿元；从应付及预收款项的各组成项目来看，预收款项较上年增加了 14.1 亿元，增幅高达 111.83%。

从总体上来看，尽管应付及预收款项的营运资金占用较上年有所增加，但增加的数额及幅度远远小于存货和应收及预付款项增加的数额，导致 2012 年造纸、印刷行业的经营活动营运资金占用增加。

（2）企业层面

从企业层面分析造纸、印刷行业分要素的营运资金配置情况，如表 12－6 所示。

表 12－6　2011～2012 年造纸、印刷行业经营活动营运资金的要素配置变化情况及变动幅度表

项目		存货	应收及预付款项	应付及预收款项	经营活动营运资金
资金占用量绝对变化统计	降低	16	15	16	13
	降低比例	44.44%	41.67%	44.44%	36.11%
	增加	20	21	20	23
	增加比例	55.56%	58.33%	55.56%	63.89%
资金占用量变化幅度统计	降低显著	0	1	1	6
	占比	0.00%	2.78%	2.78%	16.67%
	降低较大	2	3	3	0
	占比	5.56%	8.33%	8.33%	0.00%
	有所降低	4	6	7	4
	占比	11.11%	16.67%	19.44%	11.11%
	基本稳定	12	8	8	6
	占比	33.33%	22.22%	22.22%	16.67%
	有所增加	11	7	7	7
	占比	30.56%	19.44%	19.44%	19.44%
	增加较大	2	7	3	6
	占比	5.56%	19.44%	8.33%	16.67%
	增加显著	5	4	7	7
	占比	13.89%	11.11%	19.44%	19.44%
可比样本总数		36			

注：上表中除了百分比之外的数字单位为：家

从存货的变动情况可以看出，在资金占用量的绝对变化上，大部分企业的存货占用在 2012 年都有所增加；从资金占用量的变化幅度上可以看出，存货占用变化在企业数目上的区间分布基本呈现倒 U 型。存货占用变动幅度集中的区间为基本稳定和有所增加，偏向于增加的一侧，造成行业整体层面存货占用的稳中有升。

从应收及预付款项资金占用的绝对变化可以看出，与 2011 年相比，占用增加的企业占绝大多数；从资金占用量变化幅度上可以看出，应收及预付款项资金占用变动的企业数在各个区间内的分布都比较均匀，同时也说明行业内企业间资金占用的变动情况差异较大。

对于应付及预收款项，资金占用的增加依然占据主导地位；在资金占用的变化幅度统计上，位于增加较大和增加显著区间的企业数共有 10 家，占比较大，说明一部分企业在应付及预收款项占用上的变动幅度较大。

通过对经营活动营运资金占用进行要素分析，可以看出，在企业层面，各要素营运资金占用的变动与整个行业营运资金占用的变动基本一致，处于变动增加区间的企业数占绝大多数。

（二）造纸、印刷行业上市公司营运资金来源与财务风险分析

从营运资金的来源情况可以看出企业所面临的财务风险。如表 12－7 所示，从行业均值看，2012 年短期金融性负债的占比为 82.96%，说明营运资金的来源主要是短期金融性负债，行业的财务风险较大。从两年的比较来看，2012 年短期金融性负债占比比 2011 年减少了 2.8 个百分点，营运资本的占比相应增加了 2.8 个百分点。这说明企业营运资金来源中，短期债务的比重减少，而长期资本的比重增加。

表 12－7　　2011～2012 年造纸、印刷行业营运资金来源状况

项目	短期金融性负债占比		营运资本占比	
	2011 年末	2012 年末	2011 年末	2012 年末
行业平均	85.80%	82.96%	14.20%	17.04%
最大值	185.22%	364.49%	1057.50%	129.90%
最小值	－957.50%	－29.90%	－85.22%	－264.49%
样本数量	37	42	37	42

注：上表中除了百分比之外的数字单位为：家

从最值上可以看出，2012 年短期金融性负债占比的最大值较上年的最大值增加了 179 个百分点，变动幅度较大，而最小值却远比上年的最小值要高，使得 2012 年短期金融性负债占比的最值之间的差距显著缩小。同样，作为营运资金占用的一部分的营运资本占比呈现出相反的变动趋势，但 2012 年营运资本占比之间的差距也明显小于 2011 年。这说明 2012 年造纸、印刷行业企业间的营运资金来源差距缩小，但由于短期金融性负债占比依然较大，造纸、印刷行业所面临的整体财务风险依然较大。

在 2011 年和 2012 年可比的 36 家企业中，造纸、印刷行业营运资金的来源在企业间的变化差异是比较大的，如表 12－8 所示。

表 12－8　　2011～2012 年造纸、印刷行业营运资金来源统计表　　单位：家

比例	2011 年末短期金融性负债占比	2011 年末营运资本占比	2012 年末短期金融性负债占比	2012 年末营运资本占比
<0	1	9	1	9
0～20%	12	2	7	3
20%～40%	6	4	8	2
40%～60%	2	2	6	6
60%～80%	4	6	2	8
80%～100%	2	12	3	7
>100%	9	1	9	1
企业数量	36			

从短期金融性负债占比来看，2011 年和 2012 年各有 1 家企业的短期金融性负债占比小于 0，在短期金融性负债为正数的情况下，说明企业的营运资金占用为负数，即企业的流动资产小于经营性流动负债，企业的经营活动不仅不需要通过金融性负债来融资，还可以为企业业务提供资金支持，即企业占用了供应链上的资金，此时的财务风险比较小。2012 年短期金融性负债占比大于 100% 的企业数与 2011 年持平，这些企业将流动负债运用于长期资产，面临的财务风险非常大，应注意调整营运资金融资策略，减少对短期融资的依赖，降低财务风险。总体来看，2012 年造纸、印刷行业短期金融性负债占比大于 40% 的企业共 20 家，较 2011 年增加了 3 家，这些企业应该注意财务风险的扩大。因此，从营运资金的来源结构分析，造纸、印刷行业部分企业的财务风险较大。

四、造纸、印刷行业上市公司营运资金管理绩效分析

（一）造纸、印刷行业上市公司分渠道营运资金管理绩效分析

1. 行业层面分渠道营运资金管理绩效分析

表 12 - 9 显示了 2011 ~ 2012 年造纸、印刷行业的各渠道营运资金周转情况。

表 12 - 9　　2011 ~ 2012 年造纸、印刷行业各渠道营运资金周转期　　单位：天

项目	采购渠道营运资金周转期		生产渠道营运资金周转期		营销渠道营运资金周转期		经营活动营运资金周转期（按渠道）	
	2011	2012	2011	2012	2011	2012	2011	2012
造纸和纸制品业	-18	-21	2	9	97	120	81	108
印刷和记录媒介复制业	-45	-49	4	71	105	61	63	84
文教、工美、体育和娱乐用品制造业	-31	-22	15	16	82	79	66	73
行业整体	-20	-23	3	14	96	111	79	103

从采购渠道看，2012 年造纸、印刷业整体采购渠道营运资金周转期为 -23 天，比 2011 年的 -20 天缩短了 15%，行业总体绩效稳定。各细分行业情况各不相同，造纸和纸制品业与行业平均水平最为接近，比 2011 年绩效改善 16.67%，而且其周转期是细分行业中最短的。印刷和记录媒介复制业比 2011 年改善 9%，绩效稳定。文教、工美、体育和娱乐用品制造业周转期比上年延长了 29%，是唯一采购渠道周转期延长的子行业，管理绩效退步较大。行业平均和各子行业的周转期均为负数，说明造纸、印刷业存在占用上游企业资金的情况。

生产渠道行业整体的平均营运资金周转期为 14 天，增幅达 366%，管理绩效比上年有明显下降。造纸和纸制品业变化趋势和行业一致，由 2 天升到 9 天，绩效下降明显。印刷和记录媒介复制业周转期是三个子行业中最长的，为 71 天，且较去年增加 17 倍，绩效降低显著。文教、工美、体育和娱乐用品制造业周转期为 16 天，与上年的 15 天基本持平。

营销渠道 2012 年行业平均周转期为 111 天，比上年增加了 15.63%，管理绩效略有降低。各子行业变动情况中，除造纸和纸制品业绩效降低外，其他子行业绩效均有所改善。其中，印刷和记录媒介复制业周转期下降幅度最大，周转期降低了 42%，而且其周转期绝对数是三个子行业中最短的。该渠道周转期均为正，且相对较长，其原因是由于企业先生产、再销售、再收款的管理模式，使得营销渠道短期资产（包括库存商品、应收款项等）远大于短期负债（包括预收账款），最终导致本企业资金被营销环节的库存和下游企业占用。

横向比较各渠道营运资金管理绩效可以发现，行业平均水平和各子行业平均水平中，采购渠道管理绩效均好于生产渠道，而营销渠道管理绩效均为最差。说明该行业营销渠道营运资金管理应成为重点环节。在企业从采购、到生产、再到销售的传统管理模式下，多于市场需求的产品会囤积在销售环节的流动资产中，即便企业在存货、应收账款、应付账款等要素的管理上精益求精，甚至占用供应商的资金，也难以避免营销渠道营运资金周转的低效率。因此，造纸、印刷业应当重塑整个产业的价值

链，通过分渠道管理营运资金的手段提高资金使用效率。

2. 企业层面分渠道营运资金管理绩效分析

按照代码相同的原则，对 2012 年造纸、印刷业上市公司与 2011 年该行业上市公司进行匹配后发现，两年内造纸、印刷业上市公司可比样本为 36 家，其营运资金周转绩效变化统计见表 12－10。

表 12－10　　2011～2012 年造纸、印刷业各渠道营运资金管理绩效变化统计表

项目		采购渠道营运资金周转期	生产渠道营运资金周转期	营销渠道营运资金周转期	经营活动营运资金周转期（按渠道）
周转期变化统计	改善	19	16	8	11
	改善比例	52.78%	44.44%	22.22%	30.56%
	降低	17	20	28	25
	降低比例	47.22%	55.56%	77.78%	69.44%
周转期变化幅度统计	改善显著	8	9	1	4
	改善较大	2	1	1	0
	有所改善	6	4	4	4
	基本稳定	5	4	10	5
	有所降低	6	4	10	9
	降低较大	1	2	6	4
	降低显著	8	12	4	10
可比样本总数		36			

注：上表中除了百分比之外的数字单位为：家

在 36 家可比的样本中，与 2011 年相比采购渠道营运资金管理绩效改善的有 19 家，占 52.78%。绩效降低的上市公司有 17 家，占 47.22%。这其中，改善显著的企业数量和降低显著的企业数量最多，均为 8 家，分别占全部的 22.22%，降低较大的上市公司数量最少。这说明行业内，不同上市公司采购渠道营运资金管理绩效的变动差异较大。

生产渠道绩效改善的企业占总样本的 44.44%，绩效降低的上市公司占 55.56%。这其中，降低显著的企业数量最多，达到 12 家，占总样本的 33.33%。改善显著的企业次之，达到 9 家，占总样本的 25%。有所改善、基本稳定和有所降低的企业数量一样多，均为 4 家。这说明各企业生产渠道营运资金的管理业绩同样不稳定，企业之间管理绩效差别较大。

2012 年造纸、印刷业只有 8 家上市公司的营销渠道营运资金管理绩效比上年有改善，占可比样本的 22.22%，管理绩效降低的企业占可比样本的 77.78%。在三个渠道中，营销渠道绩效改善的企业数量最少。具体来看，共有 20 家企业位于有所降低到降低显著的区间内。改善显著和改善较大的企业一共只有 2 家。这说明 2012 年行业内上市公司对营销渠道营运资金的管理有所退步。

3. 行业层面营运资金管理绩效（按渠道）2008～2012 年趋势分析

表 12－11 显示了 2008～2012 年造纸、印刷行业各渠道周转期的五年内变化趋势。

表 12－11　　2008～2012 年造纸、印刷行业各渠道周转期　　单位：天

项目	2008	2009	2010	2011	2012
经营活动营运资金（按渠道）周转期	63	62	68	79	103
采购渠道营运资金周转期	－12	－14	－12	－20	－23
生产渠道营运资金周转期	11	－2	4	3	14
营销渠道营运资金周转期	65	78	76	96	111

2008～2012 年造纸、印刷行业经营活动营运资金（按渠道）周转期整体呈上升趋势，而且 2012 年的周转期超过 100 天，这说明经营活动营运资金管理绩效逐年下降，值得密切关注。采购渠道营运

资金周转期虽然 2008 ~ 2012 年没有明显的变化趋势，但是 2010 ~ 2012 年周转期呈下降趋势，说明采购渠道营运资金管理绩效呈改善趋势，应该继续保持。近五年，生产渠道营运资金周转期忽高忽低，而且变动幅度较大，有负有正，总体上是上升的，这说明整个行业生产渠道营运资金管理水平不稳定，尤其 2012 年周转期是近五年最高的，本行业应该加强生产渠道营运资金管理，提高管理水平。营销渠道营运资金周转期近五年基本呈递增趋势。而且 2012 年比 2008 年多 46 天，变动幅度较大，说明本行业营销渠道营运资金管理绩效不断下降，应该加强营销渠道营运资金管理，提高管理水平。

从图 12 - 1 也可以看出，经营活动营运资金周转期（按渠道）的变动与营销渠道营运资金周转期的变动基本一致。综合三个渠道营运资金周转期变化趋势可以发现只有采购渠道营运资金周转期呈下降趋势。经营活动营运资金周转期近五年呈上升趋势，主要是因为营销渠道营运资金周转期延长和生产渠道营运资金周转期不稳定造成的。

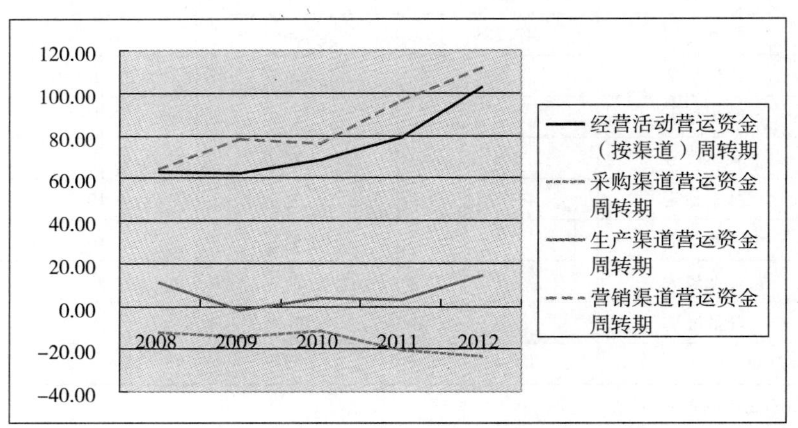

图 12 - 1 造纸、印刷业 2008 ~ 2012 年营运资金周转期（按渠道）

（二）造纸、印刷行业上市公司分要素营运资金管理绩效分析

1. 行业层面分要素营运资金管理绩效分析

2011 ~ 2012 年造纸、印刷行业各要素周转期情况，如表 12 - 12 所示。

表 12 - 12　　2011 ~ 2012 年造纸、印刷行业各要素周转期　　单位：天

项目	存货周转期		应收账款周转期		应付账款周转期		经营活动营运资金周转期（按要素）	
	2011	2012	2011	2012	2011	2012	2011	2012
造纸和纸制品业	81	89	83	89	74	76	89	102
印刷和记录媒介复制业	67	157	75	82	75	79	68	159
文教、工美、体育和娱乐用品制造业	62	75	60	53	61	54	60	75
行业整体	79	93	81	85	74	74	86	104

调查显示，2012 年造纸、印刷行业整体存货周转期的平均值为 93 天，较 2011 年增加了 14 天，增幅为 17.72%，管理绩效略有下降。在各细分行业中，印刷和记录媒介复制业的存货周转期最长，为 157 天，且比 2011 年延长 134.33%，管理绩效降低显著。造纸和纸制品业周转期比上年延长 8 天，文教、工美、体育和娱乐用品制造业存货周转期比上年延长 20.97%，两个子行业管理绩效略微下降。

2012 年应收账款周转期平均为 85 天，比 2011 年延长了 4.94%，管理绩效水平基本持平。造纸和纸制品业以及印刷和记录媒介复制业管理绩效均有所下降。但是文教、工美、体育和娱乐用品制造业周转期比去年缩短 7 天，管理绩效改善。

应付账款行业平均周转期为 74 天，与上年持平。造纸和纸制品业以及印刷和记录媒介复制业管理

绩效均有所改善。但是文教、工美、体育和娱乐用品制造业周转期比去年缩短 7 天，管理绩效有所降低。文教、工美、体育和娱乐用品制造业是周转期最短的子行业，对上游企业的资金占用较少。纵观各个子行业可以发现，印刷和记录媒介复制业经营活动营运资金（按要素）整体周转期最长，管理水平最低。

2. 企业层面分要素营运资金管理绩效分析

从表 12 – 13 中可以看出，与 2011 年相比，造纸、印刷行业存货周转绩效改善的上市公司仅有 9 家，占 25.00%。绩效降低的企业达到 27 家，占可比样本的 75.00%。这其中，保持基本稳定的最多，达到 15 家；其次是有所降低的企业，为 9 家；而改善显著和改善较大的企业一共只有 2 家，说明行业内部管理水平下降。应收账款管理绩效改善的企业只有 13 家，占总数的 36.11%，企业资金被下游企业占用的情况较多。从各企业在各变动区间内的分布来看，基本稳定的企业数量最多，有 18 家，基本遵循正态分布，如图 12 – 2 所示。2012 年应付账款管理绩效改善的企业有 17 家，占可比总样本的 47.22%；改善显著和改善较大的企业共 5 家，有所降低的企业数量最多，为 11 家。

表 12 – 13　　2011 ~ 2012 年造纸、印刷行业经营活动营运资金各要素管理绩效变化统计表

项目		存货周转期	应收账款周转期	应付账款周转期	经营活动营运资金周转期（按要素）
周转期变化统计	改善	9	13	17	10
	改善比例	25.00%	36.11%	47.22%	27.78%
	降低	27	23	19	26
	降低比例	75.00%	63.89%	52.78%	72.22%
周转期变化幅度统计	改善显著	0	0	4	2
	改善较大	2	2	1	2
	有所改善	3	1	9	1
	基本稳定	15	18	9	8
	有所降低	9	10	11	10
	降低较大	5	2	2	3
	降低显著	2	3	0	10
可比样本总数		36			

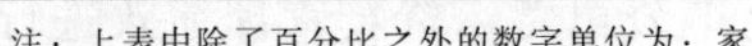
注：上表中除了百分比之外的数字单位为：家

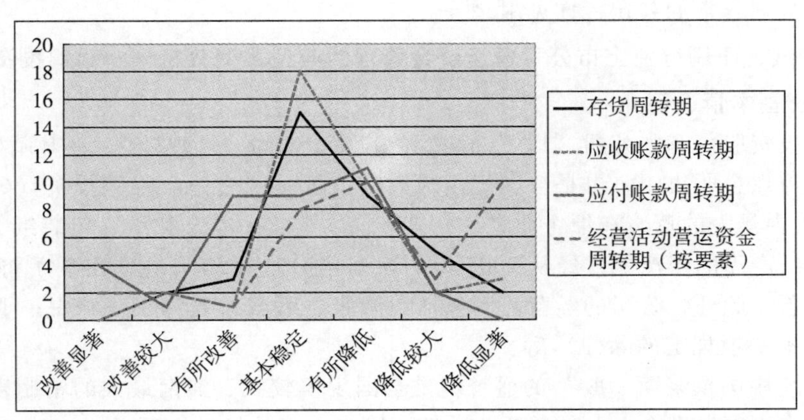

图 12 – 2　造纸、印刷行业可比公司经营活动营运资金（按要素）管理绩效变化幅度

3. 2008 ~ 2012 年行业层面营运资金管理绩效（按要素）趋势分析

表 12 – 14 和图 12 – 3 显示了 2008 ~ 2012 年造纸、印刷行业各要素周转期的五年内变动趋势。

表 12-14　　2008~2012 年造纸、印刷行业各要素周转期　　单位：天

项目	2008	2009	2010	2011	2012
现金周转期	83	80	85	86	104
存货周转期	94	87	70	79	93
应收账款周转期	60	70	75	81	85
应付账款周转期	72	77	61	74	74

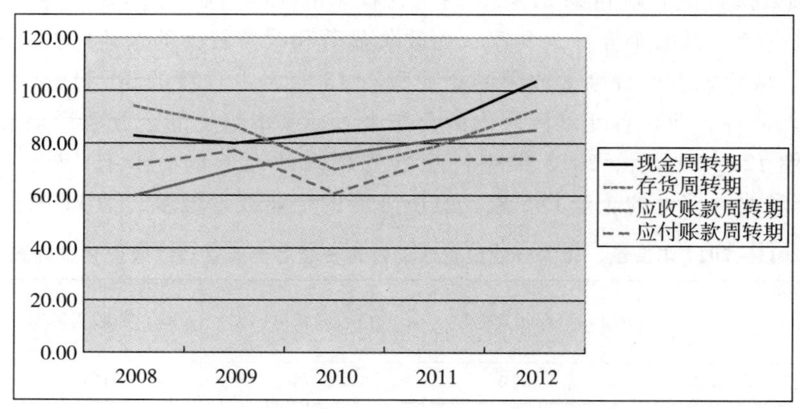

图 12-3　2008~2012 年造纸、印刷行业各要素周转期

总体来看，2008~2012 年现金周转期呈上升趋势，尤其是 2012 年上升幅度最大。这说明现金管理水平呈下降趋势，应该加强管理。存货周转期在 2008~2010 年呈下降趋势，但是 2010~2012 年呈上升趋势，说明这几年存货管理水平下降，应通过有效的库存管理方法提高存货变现速度。应收账款周转期在 2008~2012 年呈上升趋势，说明管理水平不断下降，与现金周转期变化趋势一致，是现金周转期上升的部分原因，因此，企业应在促进产品销售增长的同时，提高应收账款的回收速度。应付账款周转期在 2008~2012 年并没有明显的变化趋势，但是 2010~2012 年呈上升趋势，说明应付账款管理水平有所提高。

五、2012 年造纸、印刷行业上市公司营运资金管理绩效排行榜

本部分分别按“经营活动营运资金周转期（按要素）”和“经营活动营运资金周转期（按渠道）”进行排名，考察造纸、印刷行业上市公司营运资金管理绩效。在对上市公司营运资金管理绩效进行排名时，剔除了财务数据异常的公司，详见附录一。

六、2012 年造纸、印刷行业上市公司营运资金管理的典型案例分析——银鸽投资

（一）银鸽投资基本情况简介

河南银鸽实业投资股份有限公司（以下简称银鸽投资）成立于 1993 年，在其基础上组建的银鸽集团，是河南省百户重点企业集团，也是全国规模最大的造纸集团之一。银鸽投资（600069）注册资本为 8.25 亿元，是国内最大的草浆造纸企业之一，其产品主要集中在文化纸、包装纸、生活纸和特种纸等四大领域，各类纸产品的年产能已经从 2001 年的 5 万吨扩大为 50 万吨，出现了将近 10 倍的规模扩张，成长性优势显著。此外，公司的经营范围包括：纸张、纸浆及其深加工产品、百货销售；技术服务、投资咨询（国家专项规定的除外）等。

银鸽投资享有“中国草浆第一股”的盛誉，是全国规模较大、河南最大的精制麦草浆造纸龙头企业，是河南省水污染治理先进企业①。公司实行名牌战略，产品畅销全国并批量出口。2012 年年报显示，公司资产总额为 6423539339.83 元，实现营业收入 3392585524.40 元，较上年同期减少 6.5%。2012 年利润总额为 25359214.46 元，比上年显著提高。归属于上市公司股东的净利润为 16497602.73

① http://www.yinge.com.cn/GetNews.php?NewsID=27。

元，比上年显著提高。同时，公司投资的高档生活纸项目、溶解浆项目和卫生用品三个基本建设项目已基本建成，2013年将相继投产。

（二）银鸽投资营运资金周转绩效数据分析

1. 银鸽投资与行业平均水平对比分析

根据中国企业营运资金管理研究中心对银鸽投资2012年营运资金管理绩效的调查结果，得到2012年银鸽投资及造纸、印刷行业平均营运资金周转期指标，具体如表12－15、表12－16所示。

表12－15　　2012年银鸽投资及行业平均营运资金周转期（按渠道）指标　　单位：天

分渠道	采购渠道营运资金周转期	生产渠道营运资金周转期	营销渠道营运资金周转期	经营活动营运资金周转期
银鸽投资	－84	－31	102	－13
行业平均	－23	14	111	103

表12－16　　2012年银鸽投资及行业平均营运资金周转期（按要素）指标　　单位：天

分要素	存货周转期	应收账款周转期	应付账款周转期	现金周转期
银鸽投资	57	63	158	－38
行业平均	93	85	74	104

2012年银鸽投资营运资金周转期为－13天。与行业平均水平相比，银鸽投资的经营活动营运资金周转期远低于行业平均水平，说明营运资金管理绩效整体保持着比较好的水平。而进一步分析经营活动各渠道营运资金周转状况，银鸽投资采购渠道、生产渠道和营销渠道营运资金周转期分别为－84天、－31天、102天，均远远小于行业平均水平。银鸽投资采购渠道、生产渠道和营销渠道营运资金周转绩效优于行业平均水平，对于经营活动营运资金周转绩效的改善有着重大的积极作用。

从要素指标来看，银鸽投资各要素周转期也都表现出较好的水平，存货和应收账款周转期低于行业平均水平，应付账款周转期较长，使得银鸽投资的现金周转期远远低于行业平均水平。同时也可以看出银鸽投资大量占用上游供应商的资金。

2. 银鸽投资2008～2012年度变化趋势分析

选取银鸽投资2008～2012年五年的营运资金管理绩效数据进行分析，如表12－17、表12－18所示。

表12－17　　2008～2012年银鸽投资营运资金周转期（按渠道）指标　　单位：天

年份	采购渠道营运资金周转期	生产渠道营运资金周转期	营销渠道营运资金周转期	经营活动营运资金周转期
2008	－52	－11	54	－9
2009	－70	－6	71	－5
2010	－34	－4	51	12
2011	－23	－17	69	29
2012	－84	－31	102	－13

表12－18　　2008～2012年银鸽投资营运资金周转期（按要素）指标　　单位：天

年份	存货周转期	应收账款周转期	应付账款周转期	现金周转期
2008	53	36	90	0
2009	69	37	109	－3
2010	57	42	74	25
2011	54	55	92	17
2012	57	63	158	－38

银鸽投资营运资金周转期 2008～2012 年呈降低趋势，这说明了经营活动营运资金周转绩效比较好，体现了企业良好的营运资金管理能力。从数据来看，2008～2012 年期间银鸽投资经营活动营运资金周转期为 -9 天、-5 天、12 天、29 天、-13 天，经营活动营运资金管理绩效总体改善。进一步分析三个渠道的营运资金周转期发现，采购渠道营运资金管理周转期绩效呈下降趋势，这有利于整体营运资金管理绩效的提升。2008～2012 年期间银鸽投资生产渠道营运资金周转期为 -11 天、-6 天、-4天、-17 天、-31 天，呈逐年下降的趋势。这主要得益于银鸽投资致力于改造生产技术，提高科技水平，不断提高生产效率，减少在产品存货。银鸽投资 2008～2012 年营销渠道周转期总体上呈上升趋势，但 2012 年仍低于行业平均水平。

从要素层面看，如表 12-18 数据所示，2008～2012 年，存货周转绩效基本保持稳定，应收账款周转期呈逐年增长的趋势，应付账款周转期延长的幅度较大，现金周转期变动幅度较大，不是很稳定。

总之，银鸽投资在采购渠道和生产渠道上都表现出了较好的营运资金管理绩效，应付账款周转期较长，使得银鸽投资无论是在渠道层面还是在要素层面，营运资金运作的效率都较高。

（三）银鸽投资营运资金管理特色总结

1. 拓展营销渠道，提高营销水平

银鸽投资经过多年的经营，建立起强大的营销网络，覆盖 31 个省、直辖市、自治区及东南亚等国家。2012 年年报显示，公司积极调整经营策略，减少低技术含量产品和低利润率产品的生产，增加日用消费型产品、细分市场型产品和市场导向型产品的生产，促进了产品销售。由此可见，公司良好的经营策略使得营销宽度与广度增加，得到新老客户的认可，形成信息化市场营销，使银鸽投资营销能力步入新台阶。银鸽文化纸的质量在近年得到较大幅度的提高，目前已居于国内同行业前茅，订货吸引了全国各地的客商，未来市场非常广阔。从公司 2012 年年报来看，其实现国外地区主营业务收入 2302.96 万元，公司未来营销区域将稳步扩大。

2. 改进生产技术，提高产品质量和产量

公司以市场为导向，重视研发力度，提高产品的质量，进而提高市场竞争力，以保证企业长期稳定的发展。企业不断更新设备，提高产品产量和质量。公司现有装机能力制浆 25 万吨、产纸 110 万吨、产生态肥 10 万吨，水电气配套齐全，有良好的生产能力。公司在制浆、造纸和环境治理方面都拥有一系列先进技术，包括国内先进的干湿法备料工艺、连续蒸煮系统和国内最大的平面波纹板真空洗浆机以及国际先进的芬兰奥斯龙封闭筛选系统，在制浆方面处于领先水平；在造纸方面拥有多条先进生产线，如国内先进的 1760 长网多缸纸机生产线等；环境处理方面，公司具有国际领先水平的废水处理技术设备，污水处理符合标准。先进的生产技术可以提高企业的生产能力，增加产品的附加值，更好地开拓市场。在信息系统方面，公司的生产线配有国内外最先进的 QCS 及 DCS，对材料、产品实行全程智能控制，并通过 ERP 实现业务、财务一体化。

3. 产品销售采用直销和代销相结合、以代销为主的模式

公司通过直销方式，建立起厂家—业务员—消费者的销售模式，减少商品的流通环节，以最快的速度满足消费者的需求。而采用代销方式，则有利于建立强大的营销网络，扩大产品的销量。银鸽投资面对公司产品售价下降的不利形势，强化内部管理，注重提高对市场变化的反应能力，由此，减少企业的库存量，提高资金的周转效率。

七、2012 年造纸、印刷行业上市公司营运资金管理调查的结论与建议

（一）调查结论

1. 行业总体营运资金占用增加，行业平均营运资金占用减少，企业间差距较大

从行业总体来看，营运资金占用较上年增加 55.37 亿元，但从行业均值来看，营运资金占用减少 0.26 亿元，说明总体上行业营运资金占用增加的原因是 2012 年企业数的增加，也说明行业内企业间的营运资金占用差距较大。数据分析显示，2012 年营运资金占用的最大值为 137.83 亿元，最小值为 -7.71亿元，企业间的差距远远高于 2011 年。

2. 经营活动营运资金占用增加，投资活动营运资金占用减少

2012年造纸、印刷行业在经营活动上的营运资金占用较上年增加了67.54亿元，行业均值增加了0.84亿元，但投资活动的营运资金占用较上年减少12.17亿元，行业均值也减少了1.09亿元。2012年造纸、印刷行业的大部分企业将资金更多地投放在经营活动中，减少了投资活动的营运资金占用。

3. 部分企业生产渠道营运资金占用显著增加，营销渠道营运资金占用水平小幅上升

从渠道层面看，2012年生产渠道营运资金占用较上年增加685.11%，大大超过上年的占用水平，行业平均水平的生产渠道营运资金占用增加了1.05亿元。究其原因，主要是由于在产品和其他应收款项占用的增加所致。同时，2012年造纸、印刷行业的应收账款占用净值较上年增加28.49亿元，是营销渠道营运资金占用增加的主要原因。

4. 应收及预付款项占用显著增加，是要素层面资金占用的主要项目

从要素层面看，2012年原材料、应付账款占用较上年减少，但是在产品、其他应收款占用有所增加，应收账款大幅增加。总体看来，2012年造纸、印刷业应收及预付款项占用较上年增长了17.28%，占经营活动营运资金总额的113.8%；此外，造纸、印刷业应付及预收款项占用较上年有所增加，说明行业整体上，对应付及预收款项的管理水平有所提高。

5. 行业资金来源以短期金融性负债为主，资金来源企业间差异较大

2012年短期金融性负债占比有所降低，长期资本占比有所增加，说明行业整体上面临的财务风险降低。但从短期资本与长期资本占比的对比来看，短期资本占比远远超过长期资本，说明行业的财务风险依然较大。同时行业内不同企业面临的财务风险差异也较大。

6. 经营活动营运资金周转期（按渠道）明显延长，营运资金管理绩效下降

在三个渠道营运资金周转期的表现上，生产渠道和营销渠道营运资金周转期延长较多，主要源于生产渠道和营销渠道营运资金占用的增加，因此，企业应重点关注生产渠道和营销渠道营运资金占用，进一步提高营运资金周转效率。具体到各细分行业，造纸和纸制品业是造纸、印刷行业中营运资金管理绩效降低最大的子行业。从五年的营运资金管理绩效变动趋势上看，调查报告显示，经营活动营运资金周转期（按渠道）持续延长，经营活动营运资金管理绩效呈下降趋势。其中，营销渠道营运资金周转期较2008年增长了72%，平均增速最快。

7. 从要素的角度看，经营活动营运资金周转期（按要素）明显延长，其中，存货周转期延长最大

存货周转期比上年增加了14天，是经营活动营运资金周转期（按要素）延长的主要原因。同时，应收账款周转期和应付账款周转期延长的企业也占绝大多数。从近五年的变化趋势上看，2011～2012年的现金周转期延长幅度较大，其中，存货周转期的波动较大，应收账款周转期一直呈上升态势。

（二）对策建议

长期以来，我国造纸、印刷行业的发展趋势是向着集约化、高档化、林纸一体化的目标发展。2012年受宏观经济的影响，造纸、印刷行业面对上游成本居高不下，下游需求增长乏力的局面，行业依然处于“供大于求”的状态，营运资金管理绩效仍然有很大的提升空间。针对造纸、印刷行业营运资金管理存在的问题，提出以下建议：

1. 优化供应链管理，提高存货管理水平

造纸、印刷业的上下游行业众多，行业产品涉及范围广。一方面，造纸、印刷企业需要从上游企业采购原料，而原料在造纸业的成本中占很大比重，同时原料价格存在上涨趋势；另一方面，随着市场需求的多样化，造纸、印刷业的产品日趋多样化。因此，对于造纸、印刷行业的企业来说，加强供应链管理，通过建立供应链联盟、实现林纸一体化，做大做强企业，提高存货的管理水平。

2. 加强应收账款管理，降低坏账发生的可能性

2012年造纸、印刷业营销渠道营运资金周转绩效降低的一个重要原因是应收账款周转期较长。由于国内市场需求增长缓慢，造纸印刷企业销售困难。为消化库存商品，企业可能通过降价及延长下游企业的信用期限来提高销售收入，这直接延长了应收账款周转期，影响了营销渠道营运资金周转绩效。

针对应收账款的存在，企业应加强客户的信用评价机制建设，选择信用度好的客户，密切关注利益相关者的经营状况，降低坏账损失。

3. 重视资金的来源，降低企业的财务风险

造纸、印刷业是资金密集型行业，企业需要资金改进生产技术、治理污染等，因此，造纸、印刷行业的企业必须合理规划企业的资金来源。数据分析显示，行业资金来源主要以金融负债为主，短期资本远远超过长期资本，这就说明了融资结构不合理，行业存在财务风险。因此，应合理优化企业的金融结构，降低金融负债的比例，降低企业的财务风险。

4. 加强生产渠道与销售渠道的建设，促进产销结合

该行业销售渠道营运资金周转期相对于采购渠道营运资金周转期和生产渠道营运资金周转期是最长的。由于造纸、印刷企业面对的客户众多，应做好市场细分工作，以市场和客户为导向，促进企业供、产、销流程的运转。将流通过程中批发商、零售商、商业服务机构结合起来，优化销售流程，重视信息化平台的建设，提高营销水平。根据销售的情况制定企业的生产计划，将生产渠道与销售渠道有机结合起来，提高营运资金管理绩效。

主要参考文献

1. 王竹泉、孙莹等：《营运资金管理发展报告 2012》，中国财政经济出版社 2012 年版。

2. 国家发展改革委、工业和信息化部、国家林业局："造纸工业发展'十二五'规划"，《造纸信息》，2012 年第 2 期。

3. "现代制浆造纸产业特点"，《中国经济时报》，2008 年 1 月 16 日。

4. "中国轻工联合会副会长、中国造纸协会理事长钱桂敬在第二届中国造纸装备发展论坛的主题报告"，《纸和造纸》，2013 年第 6 期。

5. 赵子强、赵学毅："人民币升值预期渐增 五大板块有喜有忧"，《证券日报》，2010 年 3 月 13 日。

6. 杨萌："国内纸浆 70% 依靠进口 受益汇兑收益造纸行业净利有望增 10%"，《证券日报》，2012 年 12 月 4 日。

7. 陈小平："中国造纸企业：基于资本运营的战略致胜"，《中国造纸》，2005 年第 4 期。

8. 于长革："2012 年我国经济发展的国内外环境分析"，《河北经贸大学学报》，2012 年第 3 期。

9. "中国造纸行业分析报告（2012 年第三季度）"，中国经济信息网——中国行业季度报告库。

10. "造纸业：升值降低原料成本 提升行业投资价值"，中证网。

11. "未来几年油墨市场价格走势分析"，中国行业研究网。

12. 王竹泉："重新认识营业活动和营运资金"，《财务与会计（理财版）》，2013 年第 4 期。

13. 王竹泉："企业营运资金管理该向何处去？"，《财务与会计（理财版）》，2011 年第 2 期。

14. 秦书亚：《基于供应链联盟的营运资金管理创新研究》，中国海洋大学硕士学位论文，2012 年。

15. 人民网、搜狐新闻、东方财富网、银鸽投资 2012 年年报、http：//www. yinge. com. cn/GetNews. php？NewsID =27。

第十三章 2012 年石油、化学、塑料、塑胶业上市公司营运资金管理调查①

【摘要】2012 年石油、化学、塑料、塑胶业的经营环境基本平稳，但由于出口不顺、产能过剩及财务成本过高等因素的影响，行业整体效益下降，营运资金管理情况又出现了新的变化。本报告分别以 2012 年 250 家上市公司、2011 年 247 家上市公司、2011～2012 年 230 家可比上市公司和 2008～2012 年的行业平均水平作为样本研究对象，对石油、化学、塑料、塑胶业上市公司 2012 年营运资金的占用金额和来源、各渠道和各要素的营运资金管理绩效等方面的状况进行全面调查和透视。

对石油、化学、塑料、塑胶业营运资金配置与来源的调查表明：2012 年石化塑胶业营运资金占用水平略有上升，经营活动营运资金总体配置比重过低，投资活动是石化塑胶业营运资金配置的主体。经营活动营运资金（按要素）配置结构中应收及预付款项比重大，而经营活动营运资金（按渠道）配置结构中营销渠道营运资金比重大。石化塑胶业营运资金总体以短期金融性负债为主，营运资本为辅，这使得行业总体财务风险较高。

对石油、化学、塑料、塑胶业营运资金管理绩效调查表明：2012 年石化塑胶业采购、生产渠道营运资金管理绩效小幅度提升，其余各渠道和要素的管理绩效均有所下降。2012 年与 2011 年相比，经营活动营运资金周转期和各渠道营运资金周转期均偏离正态分布，表明营运资金整体管理的水平不稳定；各要素营运资金周转期的变动幅度基本呈正态分布。可见，与 2011 年相同，石化塑胶业较重视单个要素的独立管理，但整体协同管理水平较差。

根据上述调查结果，本报告发布了石化塑胶业营运资金管理绩效排行榜，提出了扭转供应链合作方式、重视财务风险管理以及重点关注营销渠道和应收款项的管理等建议，以期为石化塑胶业提升营运资金管理水平提供参考。

一、石油、化学、塑料、塑胶业营运资金管理特点

1. 原材料管理要求高、风险大

石油、化学、塑料、塑胶业原材料管理任务较重主要体现在以下四个方面。首先，石油、化学、塑料、塑胶业由于流程型的特点，生产过程具有明显的经济效益倍增特性，生产设备需要常年运转，不能停滞。所以采购部门必须保障生产所需的原材料的供给，一旦原材料不能及时供应，将导致生产停滞，生产线上现有产品的失效等，损失巨大。其次，该行业的高危险性对原材料的质量要求较高，企业在采购过程中对原材料的质量必须进行有效检验，以降低企业生产过程中的危险性。第三，化工企业的原材料基本上都属于矿产资源，市场需求大于供给，价格高且变化快、变动幅度较大。第四，化工企业的原材料大部分是化学物品，易挥发、易吸收空气中的水分等而影响材料质量，更严重的是易发生易燃、易爆等危险，因而原材料的运输、保管任务也十分艰巨。基于以上四点原因，石油、化学、塑料、塑胶业如何能够保障原材料采购数量、控制原材料采购成本、保管好材料，以最小的原材料损耗满足生产经营需要是这一行业营运资金管理中必须要解决的关键问题。

2. 在产品需要实时监管

化工行业产品生产均应严格按照生产配方进行生产，一旦配方中的材料成分、数量、比例等发生变化，就无法生产出预期的产品。不仅如此，即使严格按照配方生产，对生产环境如温度、湿度、压

① 国家自然科学基金“利益相关者视角的营运资金管理研究与中国上市公司营运资金管理数据平台扩充建设（71372111）”和国家自然科学基金“利益相关者集体选择视角的企业价值管理研究（71172099）”的阶段性成果。感谢中国海洋大学、中国会计学会、国家自然科学基金委员会对营运资金管理研究的支持。

力等把握不到位也会影响到产品的质量以及性能。企业应该对正在加工中的在产品进行严格监控和检测，判断产品在某个时间段加工的现有状态与应有状态之间的差异，以最大限度地保证预期产品的顺利生产。当然，在产品生产经营过程中进行控制还能够有效防范燃烧、爆炸、污染物流出等危险。

3. 成本核算、包装、仓储及运输是产成品管理的关键

首先，石油、化学、塑料、塑胶业产成品形态各异，种类较多，生产过程中多个环节可能产生副产品、联产品等，生产工序结束还可能产生废水、废气和废渣，涉及“三废”的循环利用、处理排放等问题，导致某种产成品的成本核算难度加大，影响定价。诸如硫酸厂、电化厂等化工企业都需要根据其产品的特殊性，制定特殊的成本核算方法。其次，该行业的产成品由于其化学特性需要特殊包装、特殊仓库、特殊运输方式等，储存和运输环节也十分重要。包装方式的选择不仅影响到产成品的质量及性能的维护，还会直接影响到产成品的成本。相比其他行业来说，石油、化学、塑料、塑胶业在产品包装方面付出的代价相对要大得多，在包装选择上，将不完全注重美观，更注重的是在产成品的安全和包装的成本之间进行权衡。对于石油、化学、塑料、塑胶业的部分企业来说，仓库和运输管道的建设也比其他企业要重要。在很多情况下，仓库建设地点的选择以及运输管道的铺设将直接决定企业产成品的销售市场，决定企业销售范围以及销售收入的规模。

4. 现金调度任务较重

与同规模的其他企业相比，石油、化学、塑料、塑胶业的现金需求量更大一些。其原因在于：一方面，原材料供不应求的现状也使得石化塑胶企业原材料价格波动幅度较大，为了满足交易性现金需求，企业必须保持充足的现金；另一方面，石油、化学、塑料、塑胶业属于高危行业，则为预防性动机而保留的现金数量也将有所增加。但同时，石油、化学、塑料、塑胶业的机械、设备以及信息化建设的投资需求也较大，大部分企业不会直接储备大量的现金，生产的不可间断性使得现金短缺成本加大，现金调度任务十分艰巨。

5. “绿色化工”对营运资金管理的要求

“绿色化工”是当今国家化学科学研究的前沿领域，也是石油、化学、塑料、塑胶业发展的必然趋势。“绿色化工”要求企业从源头上消除污染、合理利用资源和能源、降低生产成本，实现可持续发展。这一方面要求企业改进设备，采用先进工艺技术，降低生产经营过程中的原材料消耗，优化废水、废气和废渣等“三废”的处理和排放；另一方面，“绿色化工”也要求企业通过管理提高原材料的利用效率和效果，杜绝原材料、在产品和产成品的泄漏、爆炸等事件的发生，加强各级、各环节“三废”的成本核算等。

6. 行业结构调整对营运资金管理的要求

在世界化工行业向技术含量高、产品附加值大的新兴化工行业转变的趋势下，我国也公布了《国家重点鼓励发展的产业产品和技术目录》(2000 年修订)，包括大型氮肥生产装置新建及现有氮肥企业的节能、增产改造；采用新型节能、环保技术新建和改造现有无机化工生产；新型精细无机化工产品生产；新型涂料生产；新型生物化工产品生产；新型信息化学品生产；新型高效催化剂生产；新型膜材料及制品生产；无机纳米材料生产；化工生产“三废”治理和资源综合利用等 22 项产品和技术。对于这些产品和技术的生产，必然要进行大量的研发投入和设备更新改造，需要大量的营运资金的支持。那么，企业留存的营运资金需要满足当前正常生产经营的任务之外，还必须满足企业新产品、新技术的研发和产业转移的任务。

二、2012 年石油、化学、塑料、塑胶业经营环境及对营运资金管理的影响

总体来看，2012 年该行业经济运行基本保持平稳，但由于受到出口不顺、产能过剩以及财务成本较高等多方面因素的共同影响，全行业整体效益出现下滑。具体来看，行业经营环境对营运资金管理的影响体现在以下几个方面：

1. 对采购环节的影响

据海关统计，2012 年全行业实现的进口总额为 4640.1 亿美元，同比增长 6.7%；实现的出口总额为 1735.9 亿美元，同比增长 0.8%，累计逆差为 2904.2 亿美元，同比增长 10.6%，这表明行业资源的对外依赖度进一步提高，会增强境外供应商的议价能力；同时，2012 年全行业完成固定资产投资同比增长 23.1%，且民营投资增速加快，增幅达到 46.3%，这表明 2012 年行业内部的竞争强度进一步增强，激烈的竞争也会强化买方市场的状态，进一步增强行业供应商的整体议价能力。综上可知，2012 年行业采购的议价能力可能会受到一定的削弱，资源或原料的采购成本可能会上升，导致在采购环节的存货上积压的资金可能会上升；同时，成本的上升也会导致应付账款总额的上升，从而可能对全行业应付账款的周转循环产生一定的影响。

2. 对生产环节的影响

据相关数据统计，2012 年原油产量总计 2.07 亿吨，同比增长 1.9%；天然气总产量为 1067.1 亿立方米，同比增长 6.7%；原油加工量总计 4.68 亿吨，同比增长 3.7%；成品油加工量总计 2.82 亿吨，同比增长 5.5%；主要化学品总产量为 4.59 亿吨，同比增长 8.0%，大部分产品增长平稳，农化产品产量增长较快，如甲醇产量总计 2640.3 万吨，同比增长 15.1%，农药（折 100%）、化肥产量（折纯）分别达到 354.9 万吨和 7432.4 万吨，同比分别增长 19.0%、10.9% 等。2012 年行业整体的总产量继续保持增长势头，但是部分行业还是存在着严重的产能过剩现象。据专业协会统计，到 2012 年底，我国尿素产能过剩约 1800 万吨，磷肥（折纯）产能超过国内需求 1000 多万吨，氯碱行业全年装置利用率约 70%，聚氯乙烯装置利用率约 60%，甲醇装置开工率约 50%，电石行业新增产能约 400 万吨，远超过全年淘汰 127 万吨产能，装置利用率约 76%。这表明行业整体在生产环节还沉淀着一部分资金，没有被释放出来，会对生产环节的资金周转产生不良的影响，产能利用率还有待于进一步提高。如果能通过生产工艺的改良等手段进一步提高产能利用率，那就可以将生产环节所沉淀的资金最大程度地挖掘出来，大幅提高生产环节资金周转的效率。

3. 对销售环节的影响

一方面，2012 年全行业规模以上企业累计实现主营业务收入总计 11.85 万亿元，同比增长 10.9%，全行业实现的出口总额为 1735.9 亿美元，同比仅增长 0.8%，同时主营业务成本增长高于主营业务收入增长 1.8 个百分点，这表明行业产品不论在内需还是外需方面都没有很好的表现，行业需求还需进一步提高，且行业在销售环节的议价能力可能会受到抑制，不利于卖方市场的形成；另一方面，行业整体的费用率也居高不下，其中财务费用同比增长 40.8%，这表明行业可能在销售环节的资金融通方面存在问题，需要通过理财的方式加速资金的融通。综上可知，2012 年行业在销售渠道的存货上积压的资金并没有得到经济高效的回收，同时，高财务费用率也表明行业本期应收账款的周转存在一定的问题，可能通过各种理财手段来加速应收账款的回收。

三、2012 年石油、化学、塑料、塑胶业上市公司营运资金配置与来源分析

（一）石油、化学、塑料、塑胶业上市公司营运资金配置分析

1. 石油、化学、塑料、塑胶业上市公司营运资金总体配置结构与占用水平分析

（1）行业层面

根据表 13 - 1 可知，石化塑胶业上市公司 2012 年营运资金占用水平总体上升，与 2011 年相比，行业总体占用水平增加了 2.47%。其中，经营活动营运资金占用量增加了 2.30%，投资活动占用量增加了 2.61%。究其原因，除上市公司整体数量增加了 3 家外，该行业营运资金的平均占用水平也有所增加，相比 2011 年营运资金平均占用额增加了 1.26%，其中经营活动占用增加了 1.18%，投资活动占用增加了 1.33%。

表 13－1　2011～2012 年石油、化学、塑料、塑胶业营运资金配置分析　单位：亿元

项目	营运资本期末占用		营运资金期末占用		经营活动营运资金期末占用		经营活动营运资金占用水平		投资活动营运资金期末占用	
	2011	2012	2011	2012	2011	2012	2011	2012	2011	2012
行业总体	474.62	105.33	2349.87	2408.01	1045.38	1069.42	44.49%	44.41%	1304.49	1338.59
行业平均	1.92	0.42	9.51	9.63	4.23	4.28	44.49%	44.41%	5.28	5.35
最大值	39.23	54.43	80.31	72.89	43.60	51.76	276.28%	3000.52%	36.71	40.18
最小值	－45.97	－62.81	－11.80	－15.65	－20.41	－35.25	－3538.18%	－1360.39%	0.00	0.07
样本数量	247	250	247	250	247	250	247	250	247	250

从营运资金占用的结构上看，经营活动和投资活动在营运资金中的占用结构没有发生大的变动，其中 2011 年用于经营活动的营运资金在整个营运资金中占 44.49%，而在 2012 年这一比例变为 44.41%，降低了 0.08%。这说明石油、化学、塑料、塑胶业营运资金的整体结构基本稳定，而且投资活动占用的营运资金较多。

此外，从行业内上市公司营运资金占用的最大值和最小值来看，各公司之间在经营活动和投资活动上占用的营运资金的差距有加大的趋势。

最后，与营运资金占用量增加不同，2012 年石化塑胶业营运资本大幅减少，行业总体减少了 77.81%，平均每家上市公司的占用量则减少了 78.13%，说明该行业的短期营业活动对长期资本的占用减少，减少了资金成本，但可能会加大企业的风险。

（2）企业层面

按照代码相同原则进行匹配后，石化塑胶业 2011～2012 年可比样本总数为 230 家，其营运资金占用量变化情况及变动幅度见表 13－2。

表 13－2　2011～2012 年石油、化学、塑料、塑胶业上市公司营运资金配置变化情况及变动幅度统计表

项目		营运资本	营运资金	经营活动营运资金	投资活动营运资金
资金占用量绝对变化统计	降低	146	127	102	132
	降低比例	63.48%	55.22%	44.35%	57.39%
	增加	84	103	128	98
	增加比例	36.52%	44.78%	55.65%	42.61%
资金占用量变化幅度统计	降低显著	51	20	38	29
	占比	22.17%	8.70%	16.52%	12.61%
	降低较大	24	24	14	34
	占比	10.43%	10.43%	6.09%	14.78%
	有所降低	32	49	29	47
	占比	13.91%	21.30%	12.61%	20.43%
	基本稳定	61	64	39	33
	占比	26.52%	27.83%	16.96%	14.35%
	有所增加	21	32	38	27
	占比	9.13%	13.91%	16.52%	11.74%
	增加较大	12	10	25	9
	占比	5.22%	4.35%	10.87%	3.91%
	增加显著	29	31	47	51
	占比	12.61%	13.48%	20.43%	22.17%
可比样本总数		230			

注：上表中除了百分比之外的数字单位为：家

在230家可比的上市公司中，有55.22%的上市公司营运资金占用量减少。具体到各变动趋势中，基本稳定的上市公司数量最多，占样本总体的27.83%；有所降低和有所增加的数量分别为49家和32家。这说明2012年行业内上市公司在营运资金占用水平的变动趋势方面有较大的差异，但总体上看是稳中有降的。

经营性营运资金占用水平降低的公司则只占了样本总体的44.35%，其中降低显著和增加显著的企业数量分别为38家和47家。可见样本企业经营性营运资金占用水平的波动要比营运资金大，其中占用水平增加的企业数量偏多，而这些企业又更多地集中在有所增加和增加显著这两个区域中。

投资活动营运资金占用水平降低的企业数量比增加的企业数量多，占总体样本的57.39%，其中降低显著的有29家，降低较大的有34家，有所降低的有47家；在各变动范围中，增加显著的企业数量最多，占总体的22.17%，由于该区域内公司的投资活动营运资金占用量增加幅度大，所包含的公司数量又多，直接导致2012年投资活动营运资金的行业平均水平升高。

2012年营运资本占用量减少的上市公司数量则明显较多，占总体的63.48%。其中，基本稳定的企业数量最多，占样本总量的26.52%。整体分布为左高右低的“W”型，说明营运资本占用量变动显著的企业数量较多，但总体上稳中有降。

2. 石油、化学、塑料、塑胶业上市公司分渠道的经营活动营运资金配置分析

(1) 行业层面

由表13－3可见，2012年采购渠道营运资金行业总体占用量大幅减少，降低了88.44%，行业平均水平也降低了86.17%，最大值增加了56.37%，最小值减少了7.01%。生产渠道营运资金占用水平降低的幅度更大，行业总体占用量降低了528.05%，行业平均占用量降低了521.21%，最大值降低了16.14%，最小值降低了47.87%。营销渠道营运资金占用量在三个渠道中仍然最多，2012年行业总体占用量增加了18.70%，行业平均占用量增加了17.28%，最大值降低了19.35%，最小值增加了35.41%。2012年经营活动营运资金总占用量为1069.42亿元，比2011年增加了2.30%，增幅不大，行业平均占用量增加了1.07%，最大值增加了18.71%，最小值减少了72.70%。

表13－3　2011～2012年石油、化学、塑料、塑胶业经营活动营运资金的渠道配置分析　单位：亿元

项目	采购渠道营运资金		生产渠道营运资金		营销渠道营运资金		经营活动营运资金	
	2011	2012	2011	2012	2011	2012	2011	2012
行业总体	-192.21	-362.21	-7.34	-46.12	1244.93	1477.75	1045.38	1069.42
行业平均	-0.78	-1.45	-0.03	-0.18	5.04	5.91	4.23	4.28
最大值	19.79	30.95	25.14	21.08	56.60	45.64	43.60	51.76
最小值	-43.61	-46.67	-17.86	-26.41	-9.71	-6.27	-20.41	-35.25
样本数量	247	250	247	250	247	250	247	250

从经营性营运资金在各渠道的分布来看，营销渠道对资金的占用比例最大，而采购渠道和生产渠道则主要通过占用其他利益相关者的资金来满足企业自身经营的需要。通过分析可以看出，在资金紧张的经济环境下，该行业上市公司普遍通过挤占上游企业的资金来维持经营活动营运资金的稳定。

(2) 企业层面

由表13－4可见，2012年采购渠道营运资金降低的上市公司有146家，占样本总体的63.48%。在各变动区间中，降低显著的上市公司数量最多，占样本总体的42.17%，是采购渠道营运资金行业平均占用量降低的主要原因；另外，增加显著的上市公司数量也较多，有45家，占样本总量的19.57%，说明多数上市公司采购渠道营运资金的管理水平还不稳定。

表 13-4 2011~2012 年石油、化学、塑料、塑胶业经营活动营运资金的渠道配置变化情况及变动幅度表

项目		采购渠道营运资金	生产渠道营运资金	营销渠道营运资金	经营活动营运资金
资金占用量绝对变化统计	降低	146	127	73	102
	降低比例	63.48%	55.22%	31.74%	44.35%
	增加	84	103	157	128
	增加比例	36.52%	44.78%	68.26%	55.65%
资金占用量变化幅度统计	降低显著	97	73	16	38
	占比	42.17%	31.74%	6.96%	16.52%
	降低较大	23	14	7	14
	占比	10.00%	6.09%	3.04%	6.09%
	有所降低	18	22	18	29
	占比	7.83%	9.57%	7.83%	12.61%
	基本稳定	22	25	58	39
	占比	9.57%	10.87%	25.22%	16.96%
	有所增加	18	19	47	38
	占比	7.83%	8.26%	20.43%	16.52%
	增加较大	7	14	28	25
	占比	3.04%	6.09%	12.17%	10.87%
	增加显著	45	63	56	47
	占比	19.57%	27.39%	24.35%	20.43%
可比样本总数		230			

注：上表中除了百分比之外的数字单位为：家

生产渠道营运资金占用量降低的上市公司有 127 家，占总体的 55.22%。降低显著和增加显著的公司数量仍然最多，分别为 73 家和 63 家，而基本稳定的企业只有 25 家。

在营销渠道，营运资金占用量增加的企业数量较多，为 157 家，占样本总体的 68.26%。在这一渠道，基本稳定的企业数量也比较多，占 25.22%；其次为增加显著的企业，数量为 56 家，占 24.35%。

3. 石油、化学、塑料、塑胶业上市公司分要素的经营活动营运资金配置分析

(1) 行业层面

由表 13-5 可见，2012 年石油、化学、塑料、塑胶业存货总量为 1290.17 亿元，比 2011 年增加了 10.02%，行业平均额增加了 8.70%，最大值增加了 56.67%，最小值由 0 增长到 990 万元。应收及预付款项总量增加了 14.78%，行业平均值增加了 13.40%，最大值增加了 57.64%，最小值减少了 59.75%。应付及预收款项行业总额增加了 18.89%，行业平均值增加了 17.47%，最大值减少了 2.63%，最小值减少了 919.21%。

表 13-5 2011~2012 年石油、化学、塑料、塑胶业经营活动营运资金的要素配置分析 单位：亿元

项目	存货		应收及预付款项		应付及预收款项		经营活动营运资金	
	2011	2012	2011	2012	2011	2012	2011	2012
行业总体	1172.63	1290.17	1687.27	1936.59	1814.52	2157.33	1045.38	1069.42
行业平均	4.75	5.16	6.83	7.75	7.35	8.63	4.23	4.28
最大值	57.76	90.50	53.10	83.71	80.73	78.61	43.60	51.76
最小值	0.00	0.10	0.15	0.06	0.02	-0.17	-20.41	-35.25
样本数量	247	250	247	250	247	250	247	250

从结构上来看，与2011年一样，应收及预付款项对营运资金的占用量大于存货，虽然存货和应收及预付款项的增加幅度都超过了10%，但由于应付及预收款项的增幅也很大，因此该行业经营活动营运资金的行业总体水平和平均水平都保持在基本稳定的水平。

由表13－6可见，与2011年相比，石化塑胶业2012年期末存货占用量降低的有101家上市公司，占可比样本总数的43.91%。从分布情况来看，基本稳定的企业数量最多，有59家；其次，有所降低和有所增加的企业数量也比较多，分别占22.61%和20.87%；但相较之下，有所增加、增加较大和增加显著的企业数量比相应的降低类的企业数量多，说明2012年该行业内更多的企业在存货中占用的资金比2011年多。

表13－6　2011～2012年石油、化学、塑料、塑胶业经营活动营运资金的要素配置变化情况及变动幅度表

项目		存货	应收及预付款项	应付及预收款项	经营活动营运资金
资金占用量绝对变化统计	降低	101	85	87	102
	降低比例	43.91%	36.96%	37.83%	44.35%
	增加	129	145	143	128
	增加比例	56.09%	63.04%	62.17%	55.65%
资金占用量变化幅度统计	降低显著	6	3	6	38
	占比	2.61%	1.30%	2.61%	16.52%
	降低较大	10	9	10	14
	占比	4.35%	3.91%	4.35%	6.09%
	有所降低	52	42	48	29
	占比	22.61%	18.26%	20.87%	12.61%
	基本稳定	59	60	48	39
	占比	25.65%	26.09%	20.87%	16.96%
	有所增加	48	54	41	38
	占比	20.87%	23.48%	17.83%	16.52%
	增加较大	27	28	28	25
	占比	11.74%	12.17%	12.17%	10.87%
	增加显著	28	34	49	47
	占比	12.17%	14.78%	21.30%	20.43%
可比样本总数		230			

注：上表中除了百分比之外的数字单位为：家

2012年应收及预付款项中资金占用下降的企业数量为85家，占样本总量的36.96%，可以看出增加的企业数量比较多。其中，基本稳定的有60家，有所增加的有54家，增加较大的有28家，增加显著的有34家。可见，可比样本的分布并不呈现标准的正太分布，增加显著的上市公司数量相对较多。

同样，2012年该行业上市公司应付及预收款项资金占用量减少的企业也比较少，只有87家，占总量的37.83%。其中增加显著的上市公司数量最多，有49家；其次，有所降低和基本稳定的上市公司数量分别有48家，仅次于增加显著的上市公司数量。

通过三类营运资金占用量的比较可以发现，相比于2011年，应收及预付款项与应付及预收款项增加的企业数量相当。可见虽然行业内经营活动营运资金增加和降低的企业数量相当，但多数企业的营运资金内部结构情况发生了变化，在应收项目资金占用量增多的同时，也增加了应付项目的资金数额。

（二）石油、化学、塑料、塑胶业上市公司营运资金来源与财务风险分析

由表13－7可见，从行业平均水平来看，2012年石油、化学、塑料、塑胶业的营运资金来源主要来自短期金融负债，占营运资金总量的95.63%，比2011年提高了15.83个百分点，说明行业内平均营运资金占用几乎全部来自于短期金融性负债，财务风险增大。

表 13－7　　2011～2012 年石油、化学、塑料、塑胶业营运资金来源状况

项目	短期金融性负债占比		营运资本占比	
	2011 年末	2012 年末	2011 年末	2012 年末
行业平均	79.80%	95.63%	20.20%	4.37%
最大值	7344.40%	3777.83%	1693.97%	2907.14%
最小值	－1593.97%	－2807.14%	－7244.40%	－3677.83%
样本数量	247	250	247	250

从企业层面来看，见表 13－8，2012 年末短期金融性负债占比在 0～20% 的上市公司数量最多，占总体的 33.20%；其次为大于 100% 的企业，占总体的 24.4%；再次为 20%～40% 的上市公司，占总体的 12.40%。由此可见，虽然 2012 年短期金融性负债占比的行业平均水平为 95.63%，但造成这一水平的主要原因是部分企业的全部营运资金皆来自短期金融性负债，而且短期金融性负债还支撑了部分长期资产，这些企业拉高了行业整体的短期金融性负债占比。实际上，过半数企业的短期金融性负债都没有超过营运资金的 40%。这说明行业内各企业间财务风险水平参差不齐，但多数企业的财务风险较低。

与 2011 年相比，分布在各区间的企业数量大致相当，说明行业内财务风险水平的分布情况基本没有发生变化。

表 13－8　　2011～2012 年石油、化学、塑料、塑胶业营运资金来源统计表　　单位：家

比例	2011 年末短期金融性负债占比	2011 年末营运资本占比	2012 年末短期金融性负债占比	2012 年末营运资本占比
<0	15	61	18	61
0～20%	80	10	83	12
20%～40%	31	24	31	22
40%～60%	26	26	23	23
60%～80%	24	31	22	31
80%～100%	10	80	12	83
>100%	61	15	61	18
企业数量	247		250	

四、石油、化学、塑料、塑胶业上市公司营运资金管理绩效分析

（一）石油、化学、塑料、塑胶业上市公司分渠道的营运资金管理绩效分析

表 13－9 显示，石油、化学、塑料、塑胶业整体采购渠道 2012 年周转期为－12 天，比 2011 年的－10 天缩短了 20%，行业总体绩效稳中有升，有一定的进步。各细分行业情况各不相同，石油化工业与行业平均水平最为接近，比 2011 年绩效改善 27.27%；化学化工业的周转期由 2011 年的－8 天延长到 2012 年的－5 天；塑料化工业管理绩效进步飞速，周转期比上年缩短了 1450%，2012 年周转期为－31 天，在四个细分行业中周期最短。与此同时，橡胶化工业的绩效管理程度退步最大，比上年延长 44%，由上年的周转天数最短到今年的位居次席。行业平均和各子行业的周转期均为负数，说明石油、化学、塑料、塑胶业存在占用上游企业资金的情况。

表 13 - 9　　2011 ~ 2012 年石油、化学、塑料、塑胶业各渠道营运资金周转期　　单位：天

项目	采购渠道营运资金周转期		生产渠道营运资金周转期		营销渠道营运资金周转期		经营活动营运资金周转期（按渠道）	
	2011	2012	2011	2012	2011	2012	2011	2012
石油化工	-11	-14	0	-4	19	22	8	4
化学化工	-8	-5	0	0	50	57	42	53
塑料化工	-2	-31	7	-3	90	55	95	21
橡胶化工	-25	-14	-5	-3	94	107	64	90
行业整体	-10	-12	0	-1	49	56	39	43

生产渠道行业整体的平均营运资金周转期为 -1 天，管理绩效比上年有所提高。化学化工行业周转期较上年没有变化，天数为 0，说明该行业在生产环节没有占用本企业的资金。橡胶化工行业周转期由 2011 年的 -5 天延长到 2012 年的 -3 天，绩效降低了 40%。其余子行业生产渠道营运资金管理绩效均有所改善。但从绝对值来看，石油化工业周转期最短，只有 -4 天。

营销渠道 2012 年行业平均周转期为 56 天，比上年延长了 14.29%。各子行业变动情况中，除塑料化工业绩效改善外，其他子行业绩效均有所下降。其中，化学化工业下降幅度最大，周转期延长了 14%。但从绝对值来看，橡胶化工业周转期最长，达 107 天。石油化工业周转期最短，仅有 22 天。该渠道周转期均为正，且相对较长，其原因是由于企业现生产、再销售、再收款的管理模式，使得营销渠道短期资产（包括库存商品、应收款项等）远大于短期负债（包括预收账款），最终导致本企业资金被营销环节的库存和下游企业占用。

横向比较各渠道营运资金管理绩效可以发现，行业平均水平和各子行业平均水平中，采购渠道管理绩效均好于生产渠道，而营销渠道管理绩效均为最差，说明该行业营销渠道营运资金管理应成为重点环节。在企业从采购到生产再到销售的“推式”管理模式下，多于市场需求的产品会囤积在销售环节的流动资产中，即便企业在存货、应收账款、应付账款等要素的管理上精益求精，甚至占用供应商的资金，也难以避免营销渠道营运资金周转的低效率。因此，石油、化学、塑料、塑胶业应当重塑整个产业的价值链，以需求拉动生产，通过分渠道管理营运资金的手段提高资金使用效率。

由表 13 - 10 可见，在 230 家可比的样本中，与 2011 年相比采购渠道营运资金管理绩效改善的有 148 家，占 64.35%。绩效降低的上市公司有 82 家，占 35.65%。这其中，改善显著的企业数量最多，为 72 家，占全部的 31.30%；有所降低的上市公司数量最少，占 6.96%。值得注意的是，降低显著的企业占全部样本的 19.13%，说明行业内上市公司对采购渠道营运资金的管理还不太稳定，或者说普遍没有采用分渠道管理的方法。

表 13 - 10　　2011 ~ 2012 年石油、化学、塑料、塑胶业各渠道营运资金管理绩效变化统计表

项目		采购渠道营运资金周转期	生产渠道营运资金周转期	营销渠道营运资金周转期	经营活动营运资金周转期（按渠道）
周转期变化统计	改善	148	121	52	79
	改善比例	64.35%	52.61%	22.61%	34.35%
	降低	82	109	178	151
	降低比例	35.65%	47.39%	77.39%	65.65%
周转期变化幅度统计	改善显著	72	61	11	35
	改善较大	26	20	6	14
	有所改善	34	22	24	17
	基本稳定	26	38	40	36
	有所降低	16	28	61	54

续表

项目		采购渠道营运资金周转期	生产渠道营运资金周转期	营销渠道营运资金周转期	经营活动营运资金周转期（按渠道）
周转期变化幅度统计	降低较大	12	10	39	29
	降低显著	44	51	49	45
可比样本总数		230			

注：上表中除了百分比之外的数字单位为：家

生产渠道绩效改善的企业有 121 家，占总样本的 52.61%；绩效降低的上市公司有 109 家，占 47.39%。这其中，改善显著的企业数量最多，达到 61 家，占总样本的 26.52%；降低显著的企业次之，达到 51 家，占总样本的 22.17%；基本稳定的企业有 38 家，有所改善的企业只有 22 家。这说明各企业对生产渠道营运资金的管理业绩同样不稳定。

2012 年石油、化学、塑料、塑胶业只有 52 家上市公司的营销渠道营运资金管理绩效比上年有所改善，占可比样本的 22.61%；管理绩效降低的企业达到 178 家，占可比样本的 77.39%。在三个渠道中，本渠道绩效改善的企业数量最少。具体来看，有所降低的企业数量最多为 61 家，降低显著的企业数量仍然偏多 49 家位居次席，占 21.30%。改善显著和改善较大的企业一共 17 家。这说明 2012 年行业内上市公司对营销渠道营运资金的管理有所退步。

纵观近五年石油、化学、塑料、塑胶业营运资金周转期的变化（见表 13 - 11），从整个经营活动来看，周转期有增有减，但基本控制在 30 ~ 40 天之间。其中从 2010 年开始，周转期逐年上升。采购渠道的周转期近五年来皆为负数，说明该行业存在占用上游企业资金的情况。其中 2009 年及以后两年周转期都是 - 10 天，说明在采购渠道周转期稳定，2012 年更是达到最短天数 - 12 天。由此可见，在采购渠道营运资金绩效管理得当。生产渠道的周转期控制在 - 3 ~ 3 天之间，稳定性好，从 2010 年开始，周转期逐年缩短，2012 年出现负天数。营销渠道的营运资金周转期一直很长，从 2010 年开始周转期逐年增长，到 2012 年达到五年来的最高值 56 天。由此可见，该行业的管理者需要继续改善营销渠道的营运资金管理。

表 13 - 11　　2008 ~ 2012 年石油、化学、塑料、塑胶业营运资金周转期　　单位：天

项目	2008	2009	2010	2011	2012
经营活动营运资金（按渠道）周转期	33	46	38	39	43
采购渠道营运资金周转期	- 5	- 10	- 10	- 10	- 12
生产渠道营运资金周转期	- 3	1	3	0	- 1
营销渠道营运资金周转期	42	55	45	49	56

（二）石油、化学、塑料、塑胶业上市公司分要素的营运资金管理绩效分析

调查显示（见表 13 - 12），2012 年石油、化学、塑料、塑胶业整体存货周转期的平均值为 51 天，较 2011 年略微延长，属于基本稳定。在各细分行业中，石油化工行业的存货周转期最短，仅为 37 天，但比 2011 年有所延长。只有塑料化工行业存货周转绩效有所提升，周转期降到 44 天，绩效提高了 41.33%。橡胶化工业成为行业内平均周转期最长的子行业，长达 64 天。

2012 年应收账款周转期平均为 48 天，比 2011 年延长了 17.07%，管理绩效水平有所下降。各细分行业情况差异较大。绩效最优的仍为石油化工行业，仅 24 天，但是依然在 2011 年的基础上还有所延长。橡胶化工业管理绩效仍为最差，较 2011 年恶化了 26.15%，长达 82 天，成为行业内平均周转期最长的子行业。改善程度最大的仍然是塑料化工行业，平均周转期缩短了 40.28%。

应付账款行业平均周转期为 55 天，比去年延长了 7 天。该行业所有子行业的应付账款周转期较 2011 年都有所延长。其中石油化工行业周转天数增长最大，延长率达到 37.14%，但仍然为周转期最短的子行业。塑料化工行业成为周转期最长的子行业，长达 63 天。化学化工行业和橡胶化工行业分别

延长 5.77% 和 3.77%。

纵观各个子行业可以发现，在存货和应收账款方面，石油化工业的周转绩效均明显好于其他各行业。石油化工行业属于石油、化学、塑料、塑胶业的上游，为其他各子行业提供原材料。在商业信用方面，石油化工业占据强势地位。但是因为石油化工业的上游是采掘业，采掘业的话语权更强，导致石油化工业应付账款付款必须相对及时，因此应付账款在四大细分行业中周转期最短。

表 13-12　2011~2012 年石油、化学、塑料、塑胶业各要素周转期　　单位：天

项目	存货周转期		应收账款周转期		应付账款周转期		经营活动营运资金周转期（按要素）	
	2011	2012	2011	2012	2011	2012	2011	2012
石油化工	31	37	17	24	35	48	13	14
化学化工	50	55	42	51	52	55	40	52
塑料化工	75	44	72	43	51	63	96	24
橡胶化工	55	64	65	82	53	55	67	91
行业整体	48	51	41	48	48	55	41	45

从表 13-13 中可以看出，与 2011 年相比，石油、化学、塑料、塑胶业存货周转绩效改善的上市公司仅有 65 家，占 28.26%。绩效降低的企业达到 165 家，占可比样本的 71.74%。这其中，保持基本稳定的最多，达到 72 家；其次是有所降低的企业，为 67 家；而改善显著和改善较大的企业一共只有 4 家。

表 13-13　2011~2012 年石油、化学、塑料、塑胶业经营活动营运资金各要素管理绩效变化统计表

项目		存货周转期	应收账款周转期	应付账款周转期	经营活动营运资金周转期（按要素）
周转期变化统计	改善	65	43	158	69
	改善比例	28.26%	18.70%	68.70%	30.00%
	降低	165	187	72	161
	降低比例	71.74%	81.30%	31.30%	70.00%
周转期变化幅度统计	改善显著	2	3	35	21
	改善较大	2	3	27	8
	有所改善	34	22	57	22
	基本稳定	72	47	76	45
	有所降低	67	76	25	61
	降低较大	33	41	8	36
	降低显著	20	38	2	37
可比样本总数		230			

注：上表中除了百分比之外的数字单位为：家

应收账款管理绩效改善的企业只有 43 家，占总数的 18.70%，占用上游企业资金的情况减少。从各企业在各变动区间内的分布来看，降低显著的企业数量偏多，导致整个分布偏离正态分布。可以推断，2012 年石化塑胶业放松了对下游企业的商业信用，这是由于 2012 年欧债危机等因素造成企业资金短缺，企业为保证销售不得不放宽信用政策，最终导致应收账款周转期普遍延长。

2012 年应付账款管理绩效改善的企业有 158 家，占可比总样本的 68.7%。改善显著和改善较大的企业共 62 家，而降低较大和降低显著的企业共 10 家，差距明显。有所改善的企业同样高于有所降低的企业。

纵观近五年石油、化学、塑料、塑胶业各要素营运资金周转期的变化（见表 13-14），从现金周

转期来看，天数有增有减，但基本控制在 40～50 天之间。其中从 2009 年开始，周转期逐年缩短，但在 2012 年有所反弹，达到 45 天。存货周转期近五年来变化浮动较大，2009 年周转天数为五年内最高，2011 年降低到最低天数 48 天，但是在 2012 年同样有所反弹，说明该行业在存货周转方面存在不稳定的情况。应收账款周转期同样浮动较大，稳定性差，说明该行业的应收账款管理受市场大环境影响较大。但是在 2012 年应收账款周转期较上年缩短 3 天，是各要素中有所进步的环节。应付账款周转期从 2009 年开始逐年缩短，同样在 2012 年又有所延长。由此可见，石油、化学、塑料、塑胶业在 2012 年现金和存货方面的绩效管理水平有所下降。

表 13－14　　2008～2012 年石油、化学、塑料、塑胶业各要素周转期　　单位：天

项目	2008	2009	2010	2011	2012
现金周转期	40	46	42	40	45
存货周转期	50	61	53	48	51
应收账款周转期	35	43	40	51	48
应付账款周转期	44	59	51	48	55

五、2012 年石油、化学、塑料、塑胶业上市公司营运资金管理绩效排行榜

本部分分别按“经营活动营运资金周转期（按要素）”和“经营活动营运资金周转期（按渠道）”进行排名，考察石化塑胶业上市公司营运资金管理绩效。在对上市公司营运资金管理绩效进行排名时，剔除了财务数据异常的公司，详见附录一。

六、2012 年石油、化学、塑料、塑胶业上市公司营运资金管理的典型案例分析

（一）上海家化

1. 基本情况介绍

上海家化拥有国内同行业中最大的生产能力，是行业中通过国际质量认证 ISO9000 最早的企业，亦是中国化妆品行业国家标准的参与制定企业。上海家化作为中国日化行业的支柱企业，凭借坚持差异化的经营战略，在完全竞争市场上创造了“六神”、“佰草集”、“美加净”、“清妃”、“高夫”等诸多中国著名品牌，占据了众多关键细分市场的领导地位。公司于 2001 年 2 月 20 日以上网定价方式向社会公众发行普通股 8000 万股，2001 年 3 月 15 日在上海证券交易所挂牌交易，股票简称“上海家化”，股票代码“600315”。公司总股本 27000 万股，其中流通股本 8000 万股，成为国内化妆品行业首先上市企业。

公司的主营业务包括自行开发、生产、销售：①六神、美加净、清妃、梦巴黎、佰草集等品牌各种系列的个人保护用品，包括护肤用品、护发用品、香水、美容品等；②晶亮、美加净、纯纯等品牌各种系列，宾馆、商场、写字楼等场合专用的洗涤类清洁用品；③美容院专用护肤、护发、美容品等；与日本狮王公司共同合作开发，并自行生产、销售狮王、妈妈、力克品牌系列家庭保护用品，以及提供各种化妆品生产与管理的技术服务。

公司 2012 年实现了 45 亿元营业收入，同比增长 25.9%，其中产品销售收入同比增长 28.9%，销售费用同比增长 8.7%，管理费用同比增长 27.8%，财务费用为净收入 1733 万元，营业利润同比增长 62.8%，归属母公司所有者的净利润为 6.1 亿元，同比增长 70.1%。

2. 营运资金周转绩效数据分析

由表 13－15 中可以看出，上海家化 2012 年各渠道的营运资金周转期都短于化学化工行业平均值和石油、化学、塑料、塑胶业平均值，总体排名比较靠前。采购渠道营运资金周转期在近五年呈现持续下降的趋势，但是排名逐渐下降，说明上海家化在采购方面的管理水平较同业相比还有进步空间。营销渠道周转水平在近五年中逐年缩短，在行业内排名也有所提升，说明上海家化在营销渠道营运资金管理较好。

表 13－15　　上海家化 2008～2012 年营运资金管理绩效表（按渠道）

年份＼项目	采购渠道营运资金周转期	生产渠道营运资金周转期	营销渠道营运资金周转期	经营活动营运资金周转期
2012	－24（83）	－16（37）	49（70）	10（75）
2011	－22（81）	－17（30）	58（101）	19（57）
2010	－24（71）	－11（38）	53（89）	19（59）
2009	－25（66）	－8（50）	58（65）	25（53）
2008	－20（62）	－7（61）	55（92）	28（79）
2012 年化学化工行业平均	－8	0	50	42
2012 年行业平均	－10	0	49	40

注：括号内数字为上市公司该项指标当年在行业内的排名，其余数字单位为天

2012 年上海家化各要素周转期也均短于行业平均水平，见表 13－16。与 2011 年相比，存货周转期缩短了 17.5%，应收账款周转期缩短了 7.32%，应付账款周转期与上年持平，现金周转期缩短了 22.92%。五年来，上海家化存货、应收账款和应付账款周转期基本稳定，相邻两年变动幅度未超过 10%，但是应付账款周转期在业内排名靠后。

表 13－16　　上海家化 2008～2012 年营运资金管理绩效表（按要素）

年份＼项目	存货周转期	应收账款周转期	应付账款周转期	现金周转期
2012	33（47）	38（61）	33（65）	37（73）
2011	40（80）	41（92）	33（165）	48（108）
2010	38（71）	37（83）	35（139）	40（88）
2009	41（45）	40（63）	38（117）	43（72）
2008	43（73）	36（80）	35（115）	43（87）
2012 化学化工行业平均	50	42	52	40
2012 行业平均	48	41	48	40

注：括号内数字为上市公司该项指标当年在行业内的排名，其余数字单位为天

3. 营运资金管理特色总结

2012 年是上海家化（集团）有限公司改制后的第一年，本公司针对改制后的体制机制变化，利用内外部资源，充分发挥公司作为上市企业的机制优势，通过采取有效措施，克服了全球经济持续低迷、中国经济和日化行业增长同步趋缓的严峻形势，推进公司业务实现了较快增长，为未来发展拓展了增长来源，奠定了坚实基础。

（1）重视科研开发，保证供应链完整顺利

上海家化披露，首先，公司充分利用内外资源和优势，使得整体研发、创新水平有所提升。公司确立了有效利用外部科研、ODM 资源的开放式研发战略，在多个品牌的新产品开发中利用了国内外 ODM 资源，与国内外十多家大学、研发设计机构开展了添加剂研究、基础研究、产品设计和研究储备合作项目，推进了在法国和日本建立海外联合研发机构项目的进展。2012 年公司成功地开发了佰草集太极丹、新七白新玉润精华液、六神止痒花露水等重点创新产品。另外，公司在原有科研部、质量管理部和供应链系统的基础上增设一个技术管理部门，负责整个公司的技术规划、管理和推进工作，有助于科研部专注于创新与产品开发，有助于供应链一心一意地保证供应。公司开发的各项项目有利于优化公司生产和营销渠道的管理。

（2）提高传播效果，增强品牌传播力

公司在传播效果和效率方面有所提升，使得品牌传播力有所增强。公司深入地研究了新环境、新

形势下的传播趋势和规律，通过加强经验分享和专题培训提高了传播人员的业务能力。公司各品牌都顺应新媒体发展趋势，重视网络创意视频内容的生成，“六神花露水的前世今生”等视频表现突出，获得市场上广泛好评；加强媒体节目中的内容植入和定制，佰草集和家安品牌均有尝试；重视并完善传播基础内容的研发梳理，形成了比较完善的品牌文辞表述体系。公司通过跨屏整合媒体传播、大媒体组合投放、网络整合运动、CRM 和基于数据挖掘的精准传播等手段优化并创新了营销传播模式，显著提高了投入产出效益。

（二）兴发集团

1. 基本情况介绍

兴发集团是 1994 年由湖北省兴山县化工总厂、兴山县天星水电集团水电专业公司（现兴山县水电专业公司）、湖北双环化工集团公司三家作为发起人以定向募集方式设立的股份有限公司。1999 年 5 月 10 日公司向社会公开发行人民币普通股 4000 万股。1999 年 6 月公司社会公众股在上海证券交易所挂牌交易，发行后公司股本为 16000 万股，注册资本为 16000 万元。

公司的主营业务包括：磷化工系列产品及精细化工产品生产销售；免烧砖的制造、销售；汽车货运、汽车配件销售；机电设备安装；建筑装潢；水力发电、供电、磷矿石的开采、销售；房屋租赁及物业管理；经营本企业或本企业成员企业自产产品及相关技术的出口业务；经营本企业或本企业成员企业生产、科研所需的原辅材料、机械设备、仪器仪表、零配件及相关技术的进口业务，承办中外合资经营合作生产及“三来一补”业务，碳酸二甲酯、五硫化二磷和二甲基亚砜的生产、销售。

报告期内公司实现销售收入 96.12 亿元，同比增长 46.34%；实现利润总额 3.92 亿元，同比增长 27.86%；实现净利润 3.2 亿元，同比增长 36.96%。在 2012 年 7 月份财富中文网发布的中国企业 500 强榜单中，公司首次入榜，位列第 481 位。

2. 营运资金周转绩效数据分析

由表 13－17 中可以看出，兴发集团 2012 年除采购渠道外各渠道的营运资金周转期都短于化学化工行业平均值和石油、化学、塑料、塑胶业平均值，总体排名比较靠前。采购渠道营运资金管理绩效在近五年呈现持续下降的趋势，2012 年其周转期也长于细分行业平均水平；生产渠道营运资金管理绩效比较稳定，但 2012 年周转期延长了 33.33%；营销渠道周转水平提高，在该行业中排名 27，远高于行业平均水平。

表 13－17　　兴发集团 2008～2012 年营运资金管理绩效表（按渠道）

项目 / 年份	采购渠道营运资金周转期	生产渠道营运资金周转期	营销渠道营运资金周转期	经营活动营运资金周转期
2012	-3（146）	-4（82）	18（27）	12（48）
2011	-6（122）	-6（67）	33（53）	22（62）
2010	-8	-4	40	28
2009	-31	-10	38	-3
2008	-51	-8	31	-28
2012 年化学化工行业平均	-8	0	50	42
2012 年行业平均	-10	0	49	40

注：括号内数字为上市公司该项指标当年在行业内的排名，其余数字单位为天

通过分析可知，兴发集团经营活动中虽然营销渠道营运资金周转期最长，但与行业平均水平相比其水平相对较高，相反其采购渠道的营运资金管理绩效则有待加强。结合公司具体情况可以发现，其采购渠道营运资金周转效率不高主要与企业的经营策略有关。由于近年来磷矿石价格有逐步上升的趋势，企业为扩大产能和稳定生产成本大量采购磷矿石，从而造成采购渠道资金占用较多。

2012 年兴发集团各要素周转期均短于行业平均水平，且与 2011 年相比在行业内排名都有所提高。存货周转期为 27 天，比 2011 年缩短了 1 天；应收账款周转期为 21 天，与 2011 年持平；应付账款周转

期为23天，比2011年延长了1天，见表13-18。与行业内其他企业相比该企业在各要素的营运资金管理方面有所提升。

表13-18 兴发集团2008~2012年营运资金管理绩效表（按要素）

年份＼项目	存货周转期	应收账款周转期	应付账款周转期	现金周转期
2012	27（25）	21（27）	23（34）	26（56）
2011	28（37）	21（39）	22（37）	28（69）
2010	32	26	26	32
2009	36	26	46	16
2008	30	23	62	-10
2012年化学化工行业平均	50	42	52	40
2012年行业平均	48	41	48	40

注：括号内数字为上市公司该项指标当年在行业内的排名，其余数字单位为天

3. 营运资金管理特色总结

（1）积极延伸产业链

继2011年公司与全球磷酸盐巨头Dequest展开合作之后，2012年5月公司与贵州翁福集团签订了建设磷矿伴生氟碘资源综合利用项目投资服务意向协议书。根据协议，双方出资成立湖北翁福蓝天化工（其中兴发集团参股49%），作为氟碘资源综合利用及深加工的主体。

兴发集团与贵州翁福作为国内大型磷化工生产企业，拥有各自的竞争优势。两家公司的合作将实现强强联合，共同推动国内磷化工产业的发展。兴发集团拥有丰富的磷矿资源。贵州翁福在下游磷化工产品深加工方面具有较强的技术和成本优势。此次双方共同投资发展氟碘综合利用项目，一方面可以对磷矿进行充分利用，进一步提升磷矿石的价值，实现兴发集团“一磷多吃”的战略计划；另一方面，通过氟碘等产品的生产，提升下游产品的附加值，改善公司产品结构。

（2）充分掌握磷矿资源，提升竞争优势

磷矿量价齐升及磷铵项目的投产是近两年兴发集团的主要业绩增长点。2012年磷矿石价格稳中有升，公司上半年外销的31%的磷矿石价格约660元/吨，是去年上半年均价的150%。在磷矿石价格上涨的宏观环境和公司内部发展的需求下，兴发集团通过股权收购和直接投资探矿项目等多种手段不断增加磷矿资源储量，从而增强公司发展后劲。

兴发集团2012年末的磷矿资源储量已高达3亿吨，为上市公司中最多，一方面为企业抓住急于扩大产能提供了基础，另一方面磷矿资源作为矿产资源具有一定的稀缺性。企业借助自身在化学化工业方面的经营优势，抓住磷矿石价格上涨的机遇，将产业链向上拓展，是极具长远打算的一种经营手段。

七、2012年石油、化学、塑料、塑胶业上市公司营运资金管理调查的结论与建议

（一）调查结论

1. 营运资金占用额上升

石化塑胶业上市公司2012年营运资金占用水平总体上升，与2011年相比，行业总体占用水平增加了2.47%。同时，平均占用水平也有所增加，相比2011年营运资金占用额增加了1.26%。可见，无论是从行业整体看，还是从单位上市公司来看，资金占用水平均有不同程度的上升。究其原因主要是由于营销渠道资金占用增加的幅度大于采购和生产渠道资金占用减少的幅度。而从各要素角度看，虽然应付及预收款项金额增大，有利于资金占用的减少，但存货和应收及预付款项的金额也有所增加，最终导致营运资金占用额的上升。

2. 资金投放结构稳定，投资活动营运资金占用大于经营活动营运资金占用

近两年，经营活动和投资活动在营运资金中的占用结构没有发生大的变动，其中2011年用于经营活动的营运资金在整个营运资金中占了44.49%，而在2012年这一比例变为44.41%，降低了0.08%。两年中经营活动营运资金占比都未超过50%，说明投资活动的资金占用额大于经营活动。

3. 部分企业财务风险拉高整体风险水平

2012年行业平均的短期金融性负债占比高达95.63%，但通过企业层面的进一步分析发现这一水平并不能反映行业内大多数企业的情况。虽然行业内过半数企业的短期金融性负债占比未超过40%，但是由于行业内约有1/4的上市公司短期金融性负债占比超过100%，导致行业总体风险水平被拉高。

4. 基于要素的营运资金管理水平下降，基于渠道的营运资金管理水平不成熟

调查表明，无论是与上年相比，还是五年内的变动趋势，各要素的管理绩效都显现出下降趋势，分布在“有所降低”和“降低显著”区间内的企业数量都相对较多。而行业内上市公司基于渠道营运资金管理绩效变动幅度则集中在“增加显著”、“基本稳定”和“降低显著”三项内。这说明石油、化学、塑料、塑胶业上市公司在按要素管理企业的营运资金方面受市场环境变化有所影响，在分渠道的营运资金管理方面技术不成熟，效果很不稳定。

5. 营销渠道营运资金管理绩效下降

调查表明，在采购、生产、营销三个渠道中，营销渠道的营运资金管理绩效最差，这也是造成石油、化学、塑料、塑胶业经营活动营运资金（按渠道）周转绩效下降的主要原因。且五年趋势分析表明，营销渠道的营运资金周转期逐年增长，说明行业整体的营销渠道营运资金管理存在问题且越来越严重。

6. 存货和应收账款周转期延长成经营活动营运资金周转期（按要素）绩效下降主因

调查表明，存货和应收账款周转期在2012年与上年相比绩效有较大幅度的下降。其中应收账款管理体现出一定程度的不稳定性，在2012年绩效下降的企业数目最多，说明该行业中上市公司对应收款的管理水平还有待提高。存货管理绩效近五年来同样不稳定，2012年的绩效下降的企业数目次之。

（二）对策建议

1. 加强供应链合作，减少资金占用

资金管理是企业利益相关者管理的最终结果，好的利益相关者管理可以帮助企业实现互惠共赢，从而带来营运资金管理的高绩效。从2012年行业内各要素和各渠道的资金占用情况来看，企业一方面增加了对上游企业资金的占用，另一方面被下游企业占用的资金数量也在增加，从而维持了营运资金的总体水平。这种供应链内的向上挤占仍是供应链内企业相互竞争博弈的结果，并不能减少营运资金的总体占用，反而会破坏相互的合作关系。石化塑胶业上市公司应当更多地从合作共赢的角度管理供应链关系，从改变经营模式入手实现资金占用量的实质性减少。

2. 重视资金来源结构，降低企业财务风险

行业内财务风险的总体水平较高，主要是由于部分企业的短期金融性负债占比超过了100%。由短期资金支持全部营运资金需求，甚至支持部分长期资产无疑会使企业面临较大的资金链断裂的风险。企业应当及时调整资金结构，在降低资金成本的同时，加强对财务风险的管理。

3. 优化生产工艺，降低生产成本

存货的营运资金管理问题是2012年石化塑胶行业的突出问题。除了要开拓销路、增加收入外，降低成本也是解决这一问题的重要环节。2012年，石化塑胶行业生产工艺和技术不断取得新的突破，利用这些技术企业可以提高原材料的利用率，甚至回收废水废气变废为宝。企业应当重视新技术的学习和应用，在保护环境的同时，降低生产成本，最终提升存货的管理绩效。

4. 重视对仓储和运输的管理

近年来，该行业营销渠道营运资金管理绩效有下降的趋势。因为对于石化塑胶行业来说，仓库建设地点的选择以及运输管道的铺设将直接决定企业产成品的销售市场，决定企业销售范围以及销售收

入的规模，直接影响营销渠道营运资金管理的绩效。因此，为了扭转该行业营运资金管理绩效下降的局面，企业应加强对仓储、运输方面的管理，可以通过科学选址、与下游企业共建仓库和运输渠道以及物流外包等方式降低销售成本、增进供应链协作，从而提升营销渠道营运资金管理绩效。

主要参考文献

1. 中华人民共和国工业和信息化部网站。

2. 上海家化年报，兴化集团年报。

3. "携瓮福集团10亿进军氟化工 兴发集团谋求'一磷多吃'"，《上海证券报》，2012年11月7日。

第十四章　2012 年医药、生物制品行业上市公司营运资金管理调查[①]

【摘要】医药、生物制品行业的营运资金管理具有在上游研发和下游市场开发方面资金投入较大，新药开发周期较长，企业规模小，产业集中化低，市场竞争激烈，大多没有形成完整的产业链，受国家政策、自然环境的影响较大的特点。本报告以 2012 年医药、生物制品行业上市公司共有 136 家，从行业层面与企业层面分析医药、生物制品行业上市公司营运资金配置与来源，从渠道与要素角度分析医药、生物制品行业上市公司营运资金管理绩效。从渠道的角度看，行业整体 2012 年的营运资金管理绩效与 2011 年相比有所改善，但从近五年来基于渠道的营运资金周转期看，营运资金周转期总体上呈恶化的趋势，2012 年略有好转。从要素的角度看，行业整体 2012 年的营运资金周转期与上年相比缩短了 2 天，营运资金的管理绩效略有改善，在企业层面，可比企业的营运资金管理绩效有所改善的企业占比 51. 59%，近五年来，按要素的营运资金周转期在总体上同样呈现出不断延长的趋势，在 2012 年并未有较大改善。我们发现目前的医药、生物制品行业正存在以下趋势：（1）拓宽传统营运渠道，投资活动营运资金占用幅度较大；（2）供应链商业信用向渠道上游延伸；（3）从渠道的角度看，营运资金管理绩效有所提升；（4）从要素的角度看，营运资金管理绩效略有提升趋势。针对该行业的分析结果我们提出三点建议：（1）建设完善基于供应链的战略联盟机制；（2）建立健全的资本市场交易和监督管理体系。（3）拓宽融资方式，完善融资渠道。

一、医药、生物制品行业经营活动及营运资金管理的特点

1. 市场竞争激烈，产品销售压力较大

尽管医药行业整体运行较好，但市场竞争激烈，行业集中度低，这就导致医药、生物制品业相对于下游销售商而言议价能力相对较弱，因此在销售中大量赊销，营销渠道占用大量的营运资金。同时，部分医药企业为了提高市场份额，随意放宽信用政策，这可能会降低应收账款的管理绩效，导致应收账款过多地占用了企业的营运资金，增加了企业呆账坏账的风险，阻碍企业运营资金的良性运转。

2. 行业营运资金管理受政策影响较大

由于医药行业事关民生，因此国家对医药行业相继出台了一系列调控政策，这些政策对行业产生了积极影响，对行业集中化、规范化也有很大的促进作用。医药行业的零售价格制定受到国家最高零售价格和《基本药物制度》的限制，在成本控制不力的情况下，医药行业企业的营运资金周转绩效会有所降低。另外，医药行业中一部分子行业（如生产大宗原料药等）产能过剩，产品的价格持续走低，如生产青霉素、维生素 C 的企业的存货周转率可能比较慢。

3. 开发周期较长，资金投入大

一种新药品从开始研制到最终转化为产品需要很多环节，实验室研究阶段，小量试制阶段，中量试制阶段，临床试验阶段，规模化生产阶段，市场商品化阶段以及监督每个环节的药政审批程序，这些环节都需要资本的高投入。此外，我国医疗体制改革也需要各级政府财政的大规模投入。据相关资料显示，目前世界上每种药物从开发到上市平均需要花费 15 年的时间，耗费 8 亿 ~10 亿美元左右。

4. 中成药制造业营运资金管理受自然环境影响较大

一般情况下，中成药和保健品生产企业本身不拥有中药材种植基地，大部分依赖外购中药材满足

① 国家自然科学基金“利益相关者视角的营运资金管理研究与中国上市公司营运资金管理数据平台扩充建设（71372111）”和国家自然科学基金“利益相关者集体选择视角的企业价值管理研究（71172099）”的阶段性成果。感谢中国海洋大学、中国会计学会、国家自然科学基金委员会对营运资金管理研究的支持。

自身生产的需要。而市场的中药材价格受季节和气候的影响很大，一旦出现自然灾害，中药材产量就面临着减少甚至绝收，这必然增加中药材的采购价格。如果没有事前制定完备的采购计划，控制原材料成本，必然会提高自身的采购渠道营运资金周转期。

二、2012 年医药、生物制品行业面临的经营环境及对上市公司营运资金管理的影响

1. 政策调整对企业销售的影响

国家发改委于 2012 年 1 月 1 日正式实施《药品差比价规则》；卫生部“2012 年卫生工作要点”第一、第二条明确提出，要“进一步完善新型农村合作医疗制度，推进基层医疗卫生机构综合改革”和“完成适用于各级医疗卫生机构的国家基本药物目录（2012 年版）的制定工作，规范地方增补非目录药品”。这是对我国“十二五”期间医疗卫生体制改革“全民医保”主流方向的继续深入和强化，从广度和深度上进一步激活和释放了我国基层医疗市场的消费需求。同时，这预示着行业销售总量的进一步扩大。

2012 年国家发改委发布了《药品流通环节价格管理暂行办法》（征求意见稿），结合广东省药品价格“三控”政策的实践经验，通过对药品批发环节和医疗机构销售环节差价率（额）实行上限控制的价格管理，来解决药品从出厂价到零售价间价差过大等流通环节的价格虚高问题；随后，国家食品药品监督管理局为了进一步规范药品生产流通秩序，印发了《全国药品生产流通领域集中整治行动工作方案》的通知。以上新政必将主导各地新一轮药品集中招标采购规则，对药品行业的市场营销和行业格局造成重大影响。

一方面扩容可以增加医药生物行业的销售量，另一方面限价对持续快速增长提出挑战。对于价格欠缺优势的企业，通过改变账期来缓解销售困难，将导致营运资金周转下降，坏账风险增加。而如果通过价格优势来以价换量，将导致营运资金回报下降，利润有所收窄。

2. 内需刚性增长对生产的影响

全球权威的医药管理咨询公司 IMS Health 预测，2020 年中国将成为世界第二大药品消费国。据 GDP 测算，2015 年中国药品消费将达 11000 亿元，相当于药品市场 2006 年到 2015 年 10 年复合额增长率的 13.8%。2012 年，在国际经济增长乏力、欧债危机矛盾深化的情况下，我国经济呈现平稳回落的态势，国民经济逐渐从政策刺激型增长向内生自主增长的方向转变。2012 年国民经济总体向好，居民收入水平提高、新医改稳步推进、人口老龄化进程的加速为医药、生物制品业提供了良好的外部环境，使产品销售收入整体保持较快增长态势，行业总产值平稳增长，因此下一步扩大生产是势在必行的途径。

3. 原料价格波动影响采购管理

对我国医药制造业来说，生产技术水平不高，研发投入不足，产品多为仿制药，原料成本在生产成本中的占比很高，原材料对产业价值链影响比较大。目前的价格传导速度及成本构成特征对原料药特别是大宗原料药不利；生物制品的成本构成多半是人工和资本折旧等，消耗材料能源少，因此影响最为轻微。

2012 年，农业收益提高、农业用地紧张、野生药材价格上涨以及肥料种子提价等，导致中药材成本不断上升。对于紧俏的中药材，供应商可能会要求企业预付一部分货款，这样，企业不仅要多支付原材料上涨的价格，由于预付账款的存在，企业还要被上游企业占用一部分资金，这会对采购渠道企业的营运资金管理绩效产生影响。原材料价格波动对企业的采购管理提出了较高的要求。

三、2012 年医药、生物制品行业上市公司营运资金配置与来源分析

（一）医药、生物制品行业上市公司营运资金配置分析

1. 医药、生物制品行业上市公司营运资金总体配置结构与占用水平分析

（1）行业层面

2012 年我国医药、生物制品行业共有上市公司 136 家，与上年同期本行业共计 135 家上市公司相比，总数增加了 1 家。

如表 14 - 1 所示，截至 2012 年底，医药、生物制品业总体营运资本占用额为 1566.69 亿元，比上年增加 150.07 亿元。平均每家上市公司占用营运资本额为 11.52 亿元，同比增加 1.03 亿元人民币。在 136 家上市公司中，营运资本额最大为 183.34 亿元，最小为 - 16.47 亿元，可见行业内上市公司间营运资本占用额有显著差异。

表 14 - 1　　2011 ~ 2012 年医药、生物制品行业营运资金配置分析　　单位：亿元

项目	营运资本期末占用		营运资金期末占用		经营活动营运资金期末占用		经营活动营运资金占用水平		投资活动营运资金期末占用	
	2011	2012	2011	2012	2011	2012	2011	2012	2011	2012
行业总体	1416.62	1566.69	1969.08	2031.22	797.02	817.44	25.44%	34.96%	1172.06	1213.77
行业平均	10.49	11.52	14.59	14.94	5.90	6.01	25.44%	34.96%	8.68	8.92
最大值	167.81	183.34	225.47	233.15	76.48	97.51	165.50%	149.18%	148.99	135.65
最小值	- 12.83	- 16.47	- 2.05	- 0.80	- 2.07	- 2.84	- 1926.69%	- 54.39%	0.02	0.11
样本数量	135	136	135	136	135	136	135	136	135	136

根据表 14 - 1 的分析可知，医药、生物制品业上市公司 2012 年营运资金占用额总体上有小幅增长，与 2011 年相比，行业总体占用水平增加 62.14 亿元，比 2011 年增长 3.16%。究其原因，主要是经营活动营运资金和投资活动营运资金都有小幅增长所致。经营活动营运资金增加额为 20.42 亿元，比 2011 年增长 2.57%；投资活动营运资金增加额为 41.71 亿元，比 2011 年增加 3.56%。该行业营运资金的平均占用水平也有所增加，相比 2011 年营运资金平均占用额增加 2.40%，其中经营活动占用增加了 1.86%，投资活动占用增加了 2.76%。可见，医药、生物制品业 2012 年营运资金变动不大，基本维持了 2011 年的水平。

从经营活动营运资金占用水平上看，2012 年医药、生物制品业经营活动营运资金占用水平为 34.96%，相比 2011 年有所增加，因为经营活动营运资金占用额变化不大，所以这一增加是由于营业收入减少所致。2012 年上市公司经营活动营运资金占用水平最大值为 149.18%，而最小值仅为 - 54.39%。可见，行业内各企业对经营活动营运资金的需求有很大差别，财务业务一体化管理水平也存在差异。有些企业营运资金小于零，财务业务一体化管理水平较高，营业活动不仅没有融资需求，还可以作为融资平台为长期资金需求提供融资支持；而有些企业的营业活动需要财务上提供大量的融资支持。

（2）企业层面

2011 ~ 2012 年可比企业共有 126 家。从企业层面上看（见表 14 - 2），营运资本、营运资金、投资活动营运资金占用额降低的企业数与增加的企业数相差不大，但经营活动营运资金占用额增加的企业数要明显大于降低的企业数。2012 年医药、生物制品业经营活动营运资金占用额与 2011 年相比，基本稳定、有所增加和增加显著的企业数较多，分别有 27 家、25 家和 20 家，占样本总数的 57.14%；营运资本 2012 年占用额与 2011 年相比，有所降低、基本稳定的企业数较多，分别有 22 家和 32 家，同时降低显著和增加显著的企业数也分别有 18 家和 20 家，可见营运资本大幅调整小幅调整的企业都不少；营运资金 2012 年占用额与 2011 年相比，有所降低、基本稳定、有所增加的企业数分别有 27 家、38 家和 24 家，占样本总数的 70.63%，说明多数企业对营运资金调整幅度较小；投资活动营运资金 2012 年占用额与 2011 年相比，有所降低、基本稳定和增加显著的分别有 31 家、31 家和 23 家，占样本总数的 67.46%，说明各企业投资活动营运资金变动差异较大。

表 14 - 2　2011 ~ 2012 年医药、生物制品行业上市公司营运资金配置变化情况及变动幅度统计表

项目		营运资本	营运资金	经营活动营运资金	投资活动营运资金
资金占用量绝对变化统计	降低	66	61	48	62
	降低比例	52. 38%	48. 41%	38. 10%	49. 21%
	增加	60	65	78	64
	增加比例	47. 62%	51. 59%	61. 90%	50. 79
资金占用量变化幅度统计	降低显著	18	3	9	6
	占比	14. 29%	2. 38%	7. 14%	4. 76%
	降低较大	8	7	14	7
	占比	6. 35%	5. 56%	11. 11%	5. 56%
	有所降低	22	27	14	31
	占比	17. 46%	21. 43%	11. 11%	24. 60%
	基本稳定	32	38	27	31
	占比	25. 40%	30. 16%	21. 43%	24. 60%
	有所增加	15	24	25	17
	占比	11. 90%	19. 05%	19. 84%	13. 49%
	增加较大	11	11	17	11
	占比	8. 73%	8. 73%	13. 49%	8. 73%
	增加显著	20	16	20	23
	占比	15. 87%	12. 70	15. 87%	18. 25%
可比样本总数		126			

注：上表中除了百分比之外的数字单位为：家

虽然从总体上看 2012 年医药、生物制品业营运资金增加和降低的企业数相差不大，但不同企业间变动差异却不小。营运资本变化幅度较小，说明大部分企业维持了营运资本占营运资金的比例，资金来源变动不大。虽然行业总体经营活动营运资金总额变化不明显，但在企业层面上看，经营活动营运资金增加的企业数还是要明显大于降低的企业数，因此，对于大部分企业来说营运资金管理水平并没有提高。

2. 医药、生物制品行业上市公司分渠道的经营活动营运资金配置分析

（1）行业层面

按渠道对 136 家医药、生物制品业上市公司的经营活动营运资金的占用情况进行分析，如表 14 - 3 所示。2012 年行业总体的经营活动营运资金占用总额为 817. 44 亿元，其中采购渠道营运资金占用额为 -268. 26 亿元，占经营活动营运资金的 -32. 82%；生产渠道营运资金的占用为 4. 68 亿元，占经营活动营运资金的 0. 57%；营销渠道营运资金占用总额为 1081. 02 亿元，占经营活动营运资金的 132. 24%。医药、生物制品业经营活动营运资金占用平均值在 2012 年达到 6. 01 亿元，其中采购渠道营运资金的平均占用值为 -1. 97 亿元；生产渠道营运资金平均占用为 0. 03 亿元；营销渠道营运资金占用的平均值为 7. 95 亿元。行业总体的最大值为 97. 51 亿元，最小值为 -2. 84 亿元。与 2011 年同期数据相比，医药、生物制品业经营活动营运资金占用总额增加了 2. 57%，其中采购渠道占用总额由 2011 年的 -215. 78 亿元变化至 -268. 26 亿元；生产渠道占用总额减少 14. 79 亿元，降低 75. 96%；营销渠道增加 87. 70 亿元，增加 8. 83%。可见，与 2011 年相比，医药、生物制品业在经营活动总体及采购、生产渠道的营运资金需求上都有所降低，行业整体营运资金管理水平有所提高，但是由于该行业市场竞争激烈的特点，营销渠道仍占用了过多营运资金，而采购渠道能够充分利用上层供应商的资金，使其自身不仅没有融资需求，还可以作为融资平台为其他资金需求提供融资支持。

表 14-3　2011~2012 年医药、生物制品行业经营活动营运资金的渠道配置分析　单位：亿元

项目	采购渠道营运资金		生产渠道营运资金		营销渠道营运资金		经营活动营运资金	
	2011	2012	2011	2012	2011	2012	2011	2012
行业总体	-215.78	-268.26	19.47	4.68	993.32	1081.02	797.02	817.44
行业平均	-1.60	-1.97	0.14	0.03	7.36	7.95	5.90	6.01
最大值	4.81	5.79	9.76	10.65	192.32	230.20	76.48	97.51
最小值	-116.22	-133.79	-11.40	-9.97	-0.87	0.11	-2.07	-2.84
样本数量	135	136	135	136	135	136	135	136

（2）企业层面

2012 年与 2011 年的可比企业共有 126 家。在企业层面上看（见表 14-4），经营活动营运资金增加的企业数比减少的企业数多 30 家。从渠道上看，营销渠道的营运资金增加的企业数要远大于减少的企业数，生产渠道营运资金增加和减少的企业数相差不大，而采购渠道营运资金降低的企业数要明显大于增加的企业数。采购渠道营运资金 2012 年占用额比 2011 年降低显著和增加显著的企业数都很多，分别有 47 家和 28 家，占样本总体的 59.52%；生产渠道降低显著和增加显著的企业数也明显多于其他变动区间，分别有 33 家和 39 家，占样本总数的 57.14%；营销渠道营运资金 2012 年占用额比 2011 年基本稳定、有所增加、增加较大和增加显著的企业数都比较多，分别有 22 家、40 家、21 家和 20 家，占样本总体的 81.75%，大幅增加和小幅增加的企业都比较多。可见行业内上市公司对各渠道的营运资金调整幅度都较大。

表 14-4　医药、生物制品行业 2011~2012 年经营活动营运资金的渠道配置变化情况及变动幅度表

项目		采购渠道营运资金	生产渠道营运资金	营销渠道营运资金	经营活动营运资金
资金占用量绝对变化统计	降低	78	65	32	48
	降低比例	61.90%	51.59%	25.40%	38.10%
	增加	48	61	94	78
	增加比例	38.10%	48.41%	74.60%	61.90%
资金占用量变化幅度统计	降低显著	47	33	4	9
	占比	37.30%	26.19%	3.17%	7.14%
	降低较大	9	9	8	14
	占比	7.14%	7.14	6.35%	11.11%
	有所降低	15	12	11	14
	占比	11.90%	9.52%	8.73%	11.11%
	基本稳定	15	21	22	27
	占比	11.90%	16.67%	17.46%	21.43%
	有所增加	4	9	40	25
	占比	3.17%	7.14%	31.75%	19.84%
	增加较大	8	3	21	17
	占比	6.35%	2.38%	16.67%	13.49%
	增加显著	28	39	20	20
	占比	22.22%	30.95%	15.87%	15.87%
可比样本总数		126			

注：上表中除了百分比之外的数字单位为：家

3. 医药、生物制品行业上市公司分要素的经营活动营运资金配置分析

(1) 行业层面

根据表14－5，分要素对136家医药、生物制品业上市公司的经营活动营运资金的占用情况进行分析，2012年行业总体的经营活动营运资金占用总额为817.44亿元，较2011年增加了2.57%，其中存货占用额为663.71亿元，较2011年增加8.06%；应收及预付款项占用为1099.28亿元，较2011年增加9.28%；应付及预收款项占用总额为945.52亿元，较2011年增加14.87%。另外，医药、生物制品业经营活动营运资金占用平均值在2012年达到6.01亿元，其中存货平均占用值为4.88亿元，较2011年增加7.25%；应收及预付款项平均占用为8.08亿元，较2011年增加8.46%；应付及预收款项占用的平均值为6.95亿元，较2011年增加13.93%。可见，2012年经营活动总体及各要素的营运资金需求量都有所增加，营运资金管理水平并未提高，各要素营运资金占用额仍很大。这主要是由于该行业生产材料价格上涨及销售压力大的特点所致。

表14－5　2011～2012年医药、生物制品行业经营活动营运资金的要素配置分析　单位：亿元

项目	存货		应收及预付款项		应付及预收款项		经营活动营运资金	
	2011	2012	2011	2012	2011	2012	2011	2012
行业总体	614.21	663.71	1005.93	1099.28	823.12	945.52	797.02	817.44
行业平均	4.55	4.88	7.45	8.08	6.10	6.95	5.90	6.01
最大值	84.68	99.90	142.69	168.78	150.90	171.14	76.48	97.51
最小值	0.02	0.14	0.15	0.10	0.08	0.18	－2.02	－2.84
样本数量	135	136	135	136	135	136	135	136

2012年与2011年的可比企业共有126家。在企业层面上看（见表14－6），经营活动营运资金增加的企业数比减少的企业数多30家。从要素角度上看，存货、应收及预付款项、应付及预收款项的营运资金增加的企业数都明显大于减少的企业数。其中，存货营运资金占用额变化基本稳定、有所增加、增加较大的企业分别有33家、45家和24家，占可比企业总数的80.95%，可见企业存货营运资金占用都大多有不同程度的增长；应收及预付款项营运资金占用额变化基本稳定和有所增加的企业数量分别为35家和36家，占可比企业总数的56.35%，同时增加显著的企业数也不少，有21家；应付及预收款项营运资金占用额变化基本稳定、有所增加、增加较大和增加显著的企业数分别为27家、27家、24家和31家，小幅增加和大幅增加的企业数量都不少。

表14－6　2011～2012年医药、生物制品行业经营活动营运资金的要素配置变化情况及变动幅度表

项目		存货	应收及预付款项	应付及预收款项	经营活动营运资金
资金占用量绝对变化统计	降低	25	32	26	48
	降低比例	18.38%	25.40%	20.63%	38.10%
	增加	101	94	100	78
	增加比例	80.16%	74.60%	73.53%	61.90%
资金占用量变化幅度统计	降低显著	2	1	1	9
	占比	1.59%	0.79%	0.79%	7.14%
	降低较大	0	5	3	14
	占比	0.00%	3.97%	2.38%	11.11%
	有所降低	11	11	13	14
	占比	8.73%	8.73%	10.32%	11.11%
	基本稳定	33	35	27	27

续表

项目		存货	应收及预付款项	应付及预收款项	经营活动营运资金
资金占用量变化幅度统计	占比	26.19%	27.78%	21.43%	21.43%
	有所增加	45	36	27	25
	占比	35.71%	28.57%	21.43%	19.84%
	增加较大	24	17	24	17
	占比	19.05%	13.49%	19.05%	13.49%
	增加显著	11	21	31	20
	占比	8.73%	16.67%	24.60%	15.87%
可比样本总数		126			

注：上表中除了百分比之外的数字单位为：家

通过三类营运资金占用量的比较可以发现，相比于2011年，存货、应收及预付款项与应付及预收款项增加的企业数量相当。可见多数企业的营运资金内部结构情况发生了变化，在存货、应收项目资金占用量增多的同时，也增加了应付项目的资金数额。

（二）医药、生物制品行业上市公司营运资金来源与财务风险分析

由表14－7中看，2012年该行业主要从营运资本中获得营运资金，占比为66.30%，比2011年的56.82%增长9.48个百分点；短期金融性负债占比33.70%，比2011年的43.18%降低9.48个百分点。可见与2011年相比该行业减少了金融性负债的持有量，使行业总体的财务风险降低。在136家上市公司中，2012年短期金融负债占比最大值为563.08%，最小值为－68.34%；营运资本占比最大值为168.34%，最小值为－463.08%，可见不同企业的情况不尽相同。太高的占比表明其营运资金来源过度依赖两者之一，融资结构极不合理，面临的财务风险过大。太低的占比表明该企业营业活动不仅没有融资需求，还作为融资平台为企业其他资金需求提供融资支持。上述差异也反映了医药、生物制品业内各企业资金来源存在很大不同，所面临的财务风险也相差很大。

表14－7　2011～2012年医药、生物制品行业营运资金来源状况

项目	短期金融性负债占比		营运资本占比	
	2011年末	2012年末	2011年末	2012年末
行业平均	43.18%	33.70%	56.82%	66.30%
最大值	879.73%	563.08%	100.18%	168.34%
最小值	－0.18%	－68.34%	－779.73%	－463.08%
样本数量	135	136	135	136

2012年与2011年的可比企业共有126家，2012年与2011年短期金融性负债各占比区间企业数相比变化不大，都是在0%～20%这一区间里的企业数量最多，2011年有69家，2012年有68家。60%～80%区间的企业数有所减少，2011年为12家，2012年为4家，同时40%～60%区间的企业数增加3家，80%～100%区间的企业数增加4家，其他区间变化很小。可见医药、生物制品业短期金融负债占比相对稳定，风险也相对稳定。见表14－8。

表14－8　2011～2012年医药、生物制品行业营运资金来源统计表　单位：家

比例	2011年末短期金融性负债占比	2011年末营运资本占比	2012年末短期金融性负债占比	2012年末营运资本占比
<0	0	10	2	9
0～20%	69	6	68	10
20%～40%	18	12	19	4

续表

比例	2011年末短期金融性负债占比	2011年末营运资本占比	2012年末短期金融性负债占比	2012年末营运资本占比
40%～60%	11	11	14	14
60%～80%	12	18	4	19
80%～100%	6	69	10	68
>100%	10	0	9	2
企业数量	126			

营运资本与短期金融性负债为营运资金的两个资金来源。该行业对短期金融性负债比例调整较小，同样营运资本比例调整也较小，且与短期金融性负债变动相反。即60%～80%区间企业数量减少8家，80%～100%区间和40%～60%区间的企业数分别增加4家和3家。从总体上看，行业的财务风险相对稳定。

四、医药、生物制品行业上市公司营运资金管理绩效分析

（一）医药、生物制品行业上市公司分渠道的营运资金管理绩效分析

1. 行业层面分渠道营运资金管理绩效分析

医药、生物制品行业2011～2012年各渠道营运资金周转期数据如表14－9所示。

表14－9　　2011～2012年医药、生物制品行业各渠道营运资金周转期　　单元：天

项目	采购渠道营运资金周转期		生产渠道营运资金周转期		营销渠道营运资金周转期		经营活动营运资金周转期（按渠道）	
	2011	2012	2011	2012	2011	2012	2011	2012
医药制造业	－24	－28	2	0	102	105	79	77
生物药品业	15	22	16	16	77	82	109	121
行业整体	－22	－24	3	0	100	103	81	79

2012年整个行业采购渠道营运资金周转期为－24天，相比2011年减少了2天，变化幅度为8.33%，采购渠道营运资金的管理绩效有所改善。从细分行业角度看，医药制造业采购渠道营运资金周转期缩短了4天，周转期同比降低了16.67%；生物药品业采购渠道营运资金周转期延长了7天，同比增加了46.67%，2012年医药、生物制品行业整体的采购渠道营运资金管理绩效有所改善是基于医药制造业的采购渠道营运资金管理绩效改善的趋势。

2012年医药、生物制品行业生产渠道营运资金周转期为0天，比2011年的周转期减少3天，变化率达100%，与上年相比有较大改善。从细分行业看，医药制造业的生产渠道营运资金周转期由2011年的2天下降到0天，变化率达100%，与行业总体水平相当；而生物药品业的生产渠道营运资金周转期达到16天，与2011年同期持平，但是高于行业平均水平16天。即2012年生产渠道营运资金管理绩效的改善同样有赖于医药制造业，相比之下生物药品业的管理绩效仍有待提高。

2012年医药、生物制品业营销渠道营运资金周转期为103天，为经营活动三大渠道中营运资金周转期最长的渠道，与上年同期相比延长了3天，绩效降低幅度为3%。从行业细分看，医药制造业和生物药品业营运资金管理绩效在2012年内均有所降低。医药制造业营销渠道营运资金周转期由102天增长到105天，管理绩效有小幅度降低但相对稳定，略高于行业整体水平；生物药品业营销渠道营运资金周转期由77天增长到82天，虽然增加的幅度达6.49%，但仍低于行业整体水平。也就是说，2012年医药生物制品业采购渠道营运资金管理绩效有所下降是基于各个细分行业整体下降的趋势，但是由于两个细分行业管理绩效下降的幅度都不是很大，所以行业整体仍保持在一个相对稳定的水平。

从渠道的角度看，2012年医药、生物制品行业经营活动营运资金周转期（按渠道）从行业整体的

角度缩短了 2 天，由 81 天缩短为 79 天，这主要依赖于采购渠道和生产渠道营运资金管理绩效的改善。从细分行业看，医药制造业的营运资金管理绩效略有改善，是使行业整体管理绩效改善的主要因素；生物药品业的营运资金周期由 109 天延长至 121 天，增长幅度为 11.01%，管理绩效有所下降，但是对行业整体的影响不大。

2. 企业层面分渠道营运资金管理绩效分析

在企业层面，2011～2012 年两年间可比样本为 126 家，本部分将以 2011～2012 年可比样本为研究对象，分析医药、生物制品行业上市公司 2012 年营运资金分渠道管理水平的稳定程度，见表 14－10。

表 14－10　　2011～2012 年医药、生物制品行业各渠道营运资金管理绩效变化统计表

项目		采购渠道营运资金周转期	生产渠道营运资金周转期	营销渠道营运资金周转期	经营活动营运资金周转期（按渠道）
周转期变化统计	改善	65	60	47	63
	改善比例	51.59%	47.62%	37.30%	50.00%
	降低	61	66	79	63
	降低比例	48.41	52.38%	62.70%	50.00%
周转期变化幅度统计	改善显著	35	31	2	7
	改善较大	6	8	8	8
	有所改善	15	8	17	25
	基本稳定	19	23	47	39
	有所降低	17	14	32	24
	降低较大	10	9	13	6
	降低显著	24	33	7	17
可比样本总数		126			

2012 年医药、生物制品业有 65 家企业采购渠道营运资金管理绩效比 2011 年改善，占该行业可比样本的 51.59%，有 61 家企业的采购渠道营运资金管理绩效比 2011 年降低，绩效改善和降低的企业数量基本持平。从采购渠道营运资金周转期变化幅度看，其中改善显著的企业比例最高，占 27.78%，降低显著的企业比例次之，占 19.05%，基本稳定的企业占 15.08%，居第三位。这表明该行业有大量企业采购渠道绩效不稳定，但此变化是趋于改善绩效的良好变化。

2012 年医药、生物制品业有 60 家企业的生产渠道营运资金管理绩效与 2011 年有改善，占该行业可比样本的 47.62%。从采购渠道营运资金周转期变化幅度看，改善显著和降低显著的企业比例最高，分别占 24.6% 和 26.19%，其次是基本稳定的企业，约占 18.25%，这三者占比较大，使企业绩效变化的两极化趋势明显。

医药、生物制品业的营销渠道营运资金管理绩效改善以及降低企业比例与采购渠道和生产渠道相比相差较多，分别占 37.30% 和 62.70%。从营销渠道营运资金周转期的变化幅度看，管理绩效基本稳定、有所降低的企业最多，共有 79 家，合计占企业总数的 62.70%，其次占比较多的是处在有所改善区间的企业，占比 13.49%。

从以上分析可以看出，采购渠道有超过一半企业管理绩效得以改善，生产渠道也有近一半企业管理绩效取得改善，而营销渠道不到四成企业的管理绩效得到了改善。从周转期变化幅度看，采购渠道和生产渠道两极分化比较明显，而营销渠道大部分企业集中在基本稳定和有所降低两个区间。由此可见，医药、生物制品行业的上市公司的营销渠道营运资金管理存在继续改进的空间。从经营活动营运资金周转期整体来看，改善和降低的企业各占半数，基于渠道的营运资金变化幅度上的分布比较对称，占比较大的区间为基本稳定、有所改善和有所降低。

3. 五年趋势分析

近五年医药、生物制品行业经营活动营运资金周转期变化趋势如表 14-11 所示，行业平均经营活动营运资金周转期在 2008～2011 年一直呈上升趋势，由 58 天，延长为 63 天，又延长至 72 天，到 2011 年延长至 81 天，在 2012 年略有下降至 79 天，周转期保持相对稳定。这说明在近年来医药、生物制品行业营运资金管理绩效逐年恶化，2011 年达到近五年来最低水平，2012 年在 2011 年的基础上保持稳定略有改善，但经营活动营运资金管理绩效水平仍没有大的改善。这一方面是由于是宏观环境导致的结果，另一方面是由于行业经营活动营运资金管理在外界环境的影响下还存在很多的问题。

表 14-11　　2008～2012 年医药、生物制品行业经营活动营运资金周转期　　单位：天

项目	2008	2009	2010	2011	2012
经营活动营运资金（按渠道）周转期	58	63	72	81	79
采购渠道营运资金周转期	-36	-36	-25	-22	-24
生产渠道营运资金周转期	5	4	4	3	0
营销渠道营运资金周转期	89	95	93	100	103

2008～2012 年这五年间医药、生物制品行业采购渠道营运资金周转期自 2010 年起有所上升，其管理绩效水平略有下降，除了行业自身的问题，应该与整体经济环境有关联。2012 年有小幅度回落，但在总体上保持稳定。

在这五年间，医药、生物制品行业生产渠道营运资金管理绩效在稳定中略有改善。从表中可以看出，近五年该行业上市公司生产渠道营运资金周转期由 2008 年的 5 天降为 2009 年的 4 天，2010 年继续保持 4 天的水平，2011 年和 2012 年连续下降，在 2012 年达到五年来的最低点，说明行业的生产渠道营运资金管理绩效在不断好转。

此外，医药、生物制品行业营销渠道营运资金周转期变化不大，2012 年周转期增长幅度仅为 3%，这表明医药、生物制品行业营销渠道营运资金管理绩效基本保持稳定，营销渠道营运资金周转期仅在 2012 年略有上升，但上涨依然不大。

（二）医药、生物制品行业上市公司分要素的营运资金管理绩效分析

1. 行业层面分要素营运资金管理绩效分析

医药、生物制品业 2011～2012 年各要素营运资金周转期数据如表 14-12 所示。下面我们分别从行业层面和企业层面以及近五年来营运资金的变化情况分析医药、生物制品行业营运资金管理绩效的变动趋势。

表 14-12　　2011～2012 年医药、生物制品行业各要素周转期　　单位：天

项目	存货周转期		应收账款周转期		应付账款周转期		经营活动营运资金周转期（按要素）	
	2011	2012	2011	2012	2011	2012	2011	2012
医药制造业	63	63	78	79	51	54	90	88
生物药品业	71	69	68	73	27	24	113	122
行业整体	64	64	78	78	50	52	92	90

2012 年医药、生物制品行业上市公司的存货周转期均值为 64 天，与 2011 年基本持平，行业整体的存货管理绩效相对稳定。从细分行业看，医药制造业的存货周转期与上年持平，保持基本稳定；生物药品业的存货周转期由 2011 年的 71 天略有降低到 2012 年的 69 天，取得小幅度的下降，但仍高于行业的平均水平。由此可见，两个细分行业存货管理效率的相对稳定使行业整体的管理绩效保持在一个相对稳定的水平。

2012 年医药、生物制品行业上市公司的应收账款周转期为 78 天，同样与 2011 年持平。从细分行

业看，医药制造业的应收账款周转期 79 天，与上年相比延长 1 天，略微高于行业平均水平 78 天，拉长了行业整体的应收账款周转期水平；生物药品业的应收账款周转期由 68 天增加到 73 天，但仍低于行业平均水平，两者共同作用使应收账款管理绩效保持稳定。

2012 年医药、生物药品行业上市公司应付账款周转期均值由 50 天延长至 52 天，同比上升 4%，管理绩效略有提升。从细分行业看，医药制造业的应付账款管理绩效水平基本保持稳定，与行业整体水平相差不大；生物药品业 2012 年其应付账款周转期为 24 天，相较 2011 年减少 3 天，下降幅度为 11%，应付账款管理绩效仍远低于医药制造业的应付账款管理绩效，只占到行业应付账款周转期的一半左右。

从要素的角度看，2012 年医药、生物制品行业经营活动营运资金周转期（按要素）由 92 天缩短至 90 天，与上年相比管理绩效略有改善，这主要是由于应付账款管理绩效的改善，而与之相比存货的周转期和应收账款的周转期都与上年的水平相当，企业的资金压力依然较大。从细分行业看，医药制造业的管理绩效与行业的整体水平相当，是决定行业水平的主要因素；生物药品业的周转期与上年相比增长了 8%，但是对行业整体的影响相对较小。

2. 企业层面分要素营运资金管理绩效分析

在企业层面，2011 ~2012 年两年间可比样本为 126 家，本部分将以 2011 ~2012 年可比样本为研究对象，分析医药、生物制品行业上市公司 2012 年营运资金分渠道管理水平的稳定程度，见表 14 -13。

表 14 -13　2011 ~2012 年医药、生物制品行业经营活动营运资金各要素管理绩效变化统计表

项目		存货周转期	应收账款周转期	应付账款周转期	经营活动营运资金周转期（按要素）
周转期变化统计	改善	63	50	59	65
	改善比例	50%	39.68%	46.83%	51.59%
	降低	63	76	67	61
	降低比例	50%	60.32%	53.17%	48.41%
周转期变化幅度统计	改善显著	13	2	12	7
	改善较大	12	1	14	8
	有所改善	24	21	17	23
	基本稳定	49	51	49	54
	有所降低	18	32	22	24
	降低较大	6	12	7	4
	降低显著	4	7	5	6
可比样本总数		126			

注：上表中除了百分比之外的数字单位为：家

2012 年医药、生物制品业上市公司存货周转期的变化如表 14 -13 所示，有 50% 的上市公司绩效得到改善，同时有 50% 的企业绩效降低，改善和降低的企业各占一半。从存货周转期变化幅度看，基本稳定的企业数量最多，占企业总数的 38.89%，其次是有所改善和有所降低两个区间的企业占比较多，分别占 19.05% 和 14.29%。存货周转期的变化基本呈对称分部。

2012 年医药、生物制品业上市公司中有 50 家公司的应收账款管理绩效得到改善，所占比例为 39.68%，有 21 家上市公司的应收账款管理绩效处在有所改善的区间，只有 3 家公司取得了显著和较大的改善。大部分企业处在基本稳定和有所降低的区间，分别占 40.48% 和 25.40%，大部分企业的应收账款管理绩效不仅没有取得较大的改善反而有所降低。

2012 年医药、生物制品业上市公司的应付账款周转期，得到改善的公司有 59 家，占可比样本总数的 46.83%，略低于应付账款管理绩效降低的企业。从应付账款周转期的变化幅度看，基本稳定的公司有 49 家，占 38.89%，在可比企业中占比最多；其次是处于有所改善和有所降低两个区间的企业，分别占比 13.49% 和 17.46%。

3. 五年趋势分析

近五年医药、生物制品行业营运资金（按要素）管理绩效呈现出不断小幅度下降的变化趋势，见表 14－14。行业平均周转期由 66 天，延长为 74 天，又延长至 82 天，到 2011 年延长至 92 天，2012 年的周转期在 2011 年 92 天的基础上略有下降，达到 90 天，虽然变化的幅度很小，但是近五年来周转期不断延长过程中出现的稳中有降的态势。

表 14－14　　2008～2012 年医药、生物制品行业各要素周转期　　单位：天

项目	2008	2009	2010	2011	2012
现金周转期	66	74	82	92	90
存货周转期	59	59	59	64	64
应收账款周转期	67	75	75	78	78
应付账款周转期	60	60	52	50	52

近五年医药、生物制品行业上市公司应收账款周转期的均值有所波动，在 2009 年管理绩效小幅下降，虽然应收账款周转天数的涨幅不大，但在之后的几年应收账款的周转期都保持在与 2009 年相当甚至略有下降的水平，说明该行业整体应收账款管理绩效水平没有改善。存货周转期在近五年来也基本稳定，在 2008 年到 2010 年之间都保持在 59 天的周转期，在 2011 年和 2012 年达到最长，总体而言五年保持在基本不变水平上，由此可见行业内存货的管理绩效处于非常稳定的状态。与此同时，应付账款周转期在前两年保持稳定，近三年有所减少，在 2011 年达到最小值之后 2012 年的周转期又略有回升，说明近年来行业面临较大的资金管理压力，应付账款管理绩效不高。

五、2012 年医药、生物制品行业上市公司营运资金管理绩效排行榜

本部分分别按“经营活动营运资金周转期（按要素）”和“经营活动营运资金周转期（按渠道）”进行排名，考察医药、生物制品行业上市公司营运资金管理绩效。在对上市公司营运资金管理绩效进行排名时，剔除了财务数据异常的公司，详见附录一。

六、2012 年医药、生物制品行业上市公司营运资金管理的典型案例分析——复星医药

（一）复星医药基本情况简介

上海复星医药股份有限公司成立于 1994 年，1998 年 8 月在上海证券交易所挂牌上市，是在中国医药行业处于领先地位的上市公司。复星医药专以“品牌、创新、高效、全球化”为经营理念，加快实施产业整合和重磅产品战略，稳健经营、快速发展，成为以药品研发制造和医药流通为核心，同时在医学诊断、医疗器械和医疗服务等领域拥有领先规模和市场地位，在研发创新、市场营销、并购整合、人才建设等方面形成竞争优势的大型专业医药健康产业集团。复星医药投资的国药控股于 2009 年在香港成功上市，成为中国最大、全球市值领先的医药流通类上市公司。2003 年，复星医药开始了与中国医药集团的战略合作，构建了中国医药分销第一品牌——国药控股，国药控股市场占有率已经超过 10%，销售收入超出第二、第三名总和。医药零售领域，复星医药旗下的药品零售品牌国大药房、复美大药房、金象大药房继续保持在各自区域市场的品牌领先和盈利能力领先，形成以上海、北京为中心，面向全国发展的医药零售格局。复星医药上市 13 年以来，净利润增长了 13.55 倍，年均复合增长率达到 24.26%。销售收入、净资产、净利润、股票市值均名列中国医药上市公司前列。

（二）复星医药的发展战略与企业文化

复星医药通过实施对医药产业链各环节优秀企业的投资、管理和整合的战略，不断提升国际化程度，才能实现成为全球主流医药健康市场一流企业的远景目标。为了更好地实施这一战略，总裁陈启宇坚持企业遵循三大核心能力的发展模式。经过十几年的实践，复星医药逐渐形成了“以认同复星文化的企业家团队为核心，以持续发现中国高增长投资机会、持续优化管理提升企业价值、持续建设多渠道融资体系对接优质资本的三大核心能力为基础价值创造链的正向循环发展模式”。

复星医药企业精神的一个重要特征是：重视多元文化融合，推崇团结协作的企业文化；重视团队的整体成就，尊重各成员企业多元化的背景；强调通过内部坦诚相见、开放的方式，建立信任，相互支持，利用团队的互补性弥补个体的不足。简言之，复星医药的文化精髓就是坦诚、开放、学习、进取、合作和感恩。

（三）复星医药营运资金周转绩效数据分析

从表 14 - 15 的渠道视角看，2012 年复星医药经营活动营运资金周转期（按渠道）为 16 天，远远优于行业平均水平 79 天，在行业内排名第 8。其中，营销渠道、生产渠道的营运资金周转期远远小于行业的平均水平，说明营销渠道、生产渠道的营运资金管理绩效突出，同时，采购渠道的营运资金周转期与行业的平均水平持平。在这三年内，复星医药各渠道营运资金周转期均处于行业中上游水平。从上述分析我们可以看出，复星医药这几年的采购渠道、生产渠道、营销渠道营运资金周转管理绩效基本上也处于稳中有升的态势，这说明其组成的产业链条基本运转顺畅，很好地整合了医药业的相关资源，从总体上提高了营运资金周转绩效。

表 14 - 15　　复星医药 2010 ~ 2012 年营运资金管理绩效表（按渠道）

项目 / 年份	采购渠道营运资金周转期	生产渠道营运资金周转期	营销渠道营运资金周转期	经营活动营运资金周转期
2012	-23（9）	-16（43）	64（23）	16（8）
2011	-22（35）	-32（11）	80（39）	26（12）
2010	-23（34）	-2（50）	140（97）	116（82）
2012 年行业	-24	0	103	79

注：括号内数字为上市公司该项指标当年在行业内的排名，其余数字单位为天

从表 14 - 16 要素视角进一步分析，在行业内比较，复星医药的营运资金周转绩效在最近三年有较小的上升趋势。对于营销渠道营运资金管理来说，其绩效高低主要取决于应收账款管理绩效和营销渠道存货周转绩效，采购渠道营运资金管理绩效的下降主要受采购渠道应付账款周转绩效的影响。2010 ~ 2012年间，复星医药的应付账款、应收账款和存货的周转状况整体波动不大，但在行业中亦不处于领先的水平。

表 14 - 16　　复星医药 2010 ~ 2012 年经营活动营运资金管理绩效表（按要素）

项目 / 年份	存货周转期	应收账款周转期	应付账款周转期	现金周转期
2012	60（72）	62（37）	45（96）	77（36）
2011	59（63）	67（49）	49（98）	77（31）
2010	62（72）	126（97）	52（86）	136（81）
2012 年行业	64	78	52	90

注：括号内数字为上市公司该项指标当年在行业内的排名，其余数字单位为天

（四）复星医药营运资金管理特色总结

1. 保持稳健合理的融资结构

医药类的上市企业在选择短期债务时，偏好于流动性强、风险低的短期借款，银行在企业的经营活动中起着至关重要的作用。复星医药作为医药行业的龙头企业，其庞大的资本量足可以采取其他的融资方式，更可以缩小债权融资的比例去争取更多的利润，但是复星医药却始终本着踏实稳健的特色，在激烈的竞争中，依然保存着债权融资的方式，并适当地调高其比例，从而保障企业资金畅通的同时也为企业的稳定发展铺平了道路，为企业在竞争中站稳脚跟做好了准备。复星医药在债权融资方面在结合企业的发展和社会现状的基础上，选择了短期贷款和长期借款为主要方式，并且根据环境的需要适时地进行调控。

2. 实施多元化渠道战略

首先，医药行业的技术变革较快，创新成为竞争的焦点，顾客对药品的需求是多样化的。复星医药通过不同渠道的产品战略营销实现对顾客不同需求的满足。复星医药具备实施差异化所应具备的资源和技能。复星医药自成立以来就一直注重自主创新，将技术创新作为企业发展的原动力。目前，复星医药已拥有国家级企业技术中心；在中国，复星医药已取得肝病、糖尿病、妇科药物、临床诊断产品等细分市场的领先地位。同时在诊断产品和医药器械等领域拥有领先规模和市场地位，在研发创新、市场营销、并购整合、人才建设等方面形成了竞争优势的大型专业医药产业集团。

3. 持续发现投资机会

复星医药持续发现投资机会，包括医药健康产业市场高速成长的机会、与行业优秀企业和优秀团队合作的机会、中国企业全球化发展的机会、产品和商业模式创新的机会、充分发挥自身资源和能力降低进入成本的机会、安全可控的高回报投资机会。持续对接优质资本是指对接有志于长期投资医药健康产业的优质资本，多渠道、低成本、全球化融资、股权债券的合理配置，透明规范、持续创造高增长回报。持续优化管理则是指持续完善高效可控管理体系、持续复制成功营销体系、低成本整合创新、持续提升标准和降低成本，以及持续提升团队各项专业能力。

七、2012年医药、生物制品行业上市公司营运资金管理调查的结论与建议

（一）调查结论

1. 拓宽传统营运渠道，投资活动营运资金占用幅度较大

2012年医药、生物制品行业上市公司用于投资活动的营运资金总量为1213.77亿元，相比2012年营运资金期末占用总额2031.22亿元，占据不可忽视的地位。2012年经营活动营运资金增加额为20.42亿元，比2011年增长2.57%；投资活动营运资金增加额为41.71亿元，比2011年增加3.56%。2012年该行业营运资金的平均占用水平相比2011年增加2.40%，其中经营活动占用增加了1.86%，投资活动增加了2.76%，可以发现目前投资活动的营运资金增长速度快于经营活动营运资金增长速度，证明目前投资活动对于企业传统的经营活动而言已经是一项重要的运营渠道。

2. 供应链商业信用向渠道上游延伸

2012年医药、生物制品行业上市公司采购渠道营运资金占用额为-268.26亿元，相比于生产渠道的4.68亿元和营销渠道的1081.02亿元；采购渠道营运资金周转期为-28天，相比于生产渠道的0天和营销渠道营的105天，可以发现在上游采购渠道占用较少的营运资金，且营运资金周转绩效很好，在下游营销渠道占用较多的营运资金，且营运资金周转绩效不好。以上说明医药、生物制品行业目前供应链金融的商业信用运用情况正在向渠道上游延伸，医药、生物制品行业的客户更容易利用商业信用产生的营运资金优势。

3. 从渠道的角度看，营运资金管理绩效略有提升

2012年整个行业采购渠道营运资金周转期为-24天，相比2011年减少了2天，变化幅度为8.33%，采购渠道营运资金的管理绩效有所改善；2012年医药、生物制品行业生产渠道营运资金周转期为0天，比2011年的周转期减少3天，变化率达100%，与上年相比有较大改善；2012年医药、生物制品业营销渠道营运资金周转期为103天，为经营活动三大渠道中营运资金周转期最长的渠道，与上年同期相比延长了3天，绩效降低幅度为3%，但降幅不算很大。2012年医药、生物制品行业经营活动营运资金周转期从行业整体的角度缩短了2天，由81天缩短为79天。2012年医药、生物制品业有65家企业采购渠道营运资金管理绩效比2011年改善，占该行业可比样本的51.59%，采购渠道有超过一半企业管理绩效得以改善，生产渠道也有近一半企业管理绩效取得改善，而营销渠道不到四成企业的管理绩效得到了改善。从周转期变化幅度看，采购渠道和生产渠道两极分化比较明显，而营销渠道大部分企业集中在基本稳定和有所降低两个区间。

4. 从要素的角度看，营运资金管理绩效略有提升

从要素的角度看，行业层面，2012年的营运资金周转期与上年相比缩短2天，营运资金的管理绩

效略有改善。其中存货周转期均值为 64 天，与 2011 年持平，行业整体的存货管理绩效相对稳定；应收账款周转期为 78 天，同样与 2011 年持平；应付账款周转期均值由 50 天延长至 52 天，同比上升 4%，管理绩效略有提升。企业层面，可比企业的营运资金管理绩效得到改善的企业占 51.59%，其中有 50% 的上市公司存货管理绩效得到改善；有 50 家公司的应收账款管理绩效得到改善，所占比例为 39.68%；应付账款周转期得到改善的公司有 59 家，占可比样本总数的 46.83%。近五年来，按要素的营运资金周转期在总体上同样呈现出不断恶化的趋势，但在 2012 年略有改善。

（二）对策建议

1. 建设完善基于供应链的战略联盟机制

作为供应链的中间环节，医药、生物制品行业与上游原材料供应商和下游客户形成了一条联系紧密的产业链条。这就要求医药、生物制品行业企业在改善自身的营运状况时不能只关注自身短期绩效的改善，应该加强客户关系治理和供应商关系治理。在国家对于药品行业加强管控的关键时期，与上游供应商和下游客户形成坚实的战略联盟，共同降低企业间高昂的交易费用。

2. 建立健全资本市场交易和监督管理体系

当前医药资本市场机制存在很多不足，因此很难真正地满足投资者对债券交易的需求，应该在政府的监督管理之下，进一步完善医药资本市场，为风险投资者建立多层次的医药资本交易市场，为他们提供更多可以选择的投资品种和机会，吸引更多的投资者参与证券市场的交易，促进医药金融市场的发展。通过构建完善的金融体系，让金融市场中各主体发挥其应有的作用。

在最近声势浩大的葛兰素史克事件中，我们意识到了医药行业的良好发展必须依赖健全的监督体制。建立健全资本市场的交易与监督管理制度，让我国医药企业融资过程中的各项环节都能够有法可依；通过逐步规范金融市场中各个中介机构的市场行为，让中介结构为我国医药行业创造良好的支撑条件。

3. 拓宽融资方式，完善融资渠

目前，我国医药行业的融资渠道相对较为单一，主要以股权融资和债权融资为主，与国外的百花齐放的局面有很大的差距，因此要不断拓宽我国医药企业的融资方式，不断完善相应的融资渠道，促进其更加科学合理的融资。具体可以从这些方面入手：加强国际合作，不断吸引外资；加强企业并购，推动企业联营；努力发展债券市场，积极扶持实力较强的医药企业实现负债经营；大力吸收风险投资，建立专门的风险投资机构。

主要参考文献

1. 王竹泉、马广林：“分销渠道控制：跨区分销企业营运资金管理的重心”，《会计研究》，2005 年第 6 期。

2. 王竹泉、刘文静、高芳：“中国上市公司营运资金管理调查：1997～2006”，《会计研究》，2007 年第 12 期。

3. 王竹泉、刘文静、王兴河：“中国上市公司营运资金管理调查：2007～2008”，《会计研究》，2007 年第 9 期。

4. 中国海洋大学企业营运资金管理研究课题组：“中国上市公司营运资金管理调查：2009”，《会计研究》，2010 年第 9 期。

5. “复星医药（600196）年度报告”，2012 年。

6. “复星医药（600196）年度报告”，2011 年。

第十五章　2012 年金属、非金属行业上市公司营运资金管理调查①

【摘要】2012 年随着国家对房地产上游企业的宏观调控政策逐步落实，金属、非金属行业面临着十分艰难的经营环境。行业上游原材料价格上涨，节能减排任务对企业提出了更高的要求，产品同质化加剧了市场竞争，下游市场需求不旺盛，这些因素都给行业带来了不小的压力。本报告分别以 2012 年 186 家上市公司作为研究对象，对金属、非金属业上市公司营运资金管理进行调查和分析，从行业层面与企业层面分析金属、非金属业上市公司营运资金配置与来源，从渠道与要素角度分析金属、非金属业上市公司营运资金管理绩效。我们发现：(1) 金属、非金属行业融资渠道偏好于短期负债，投资活动营运资金占用较大。(2) 从渠道角度来看，营运资金周转绩效有所提升，采购渠道营运资金周转期显著缩短。(3) 从要素角度来看，营运资金周转情况呈恶化趋势，营运资金周转期在 2008 年到 2012 年五年间不断增长，虽然变化幅度都在 20% 以下，但总体上仍呈现出不断增长的趋势。(4) 从企业整体角度看，超过一半的可比样本的经营活动营运资金管理绩效与去年相比有所降低。针对该行业的分析结果我们提出三点建议：(1) 建设完善基于供应链的战略联盟机制；(2) 改变融资模式，实施融资资金集中管理；(3) 拓展营销渠道，充分利用国外金属资源；(4) 加强营运资金渠道管理。

一、金属、非金属行业营运资金管理特点

1. 生产工艺的复杂性导致生产渠道营运资金管理复杂

金属、非金属企业一般规模较大，很多是集团性企业，不仅成员企业和员工数量众多，而且组织层次复杂、管理链条过长，运营过程中的物流、资金流和数据流巨大。在这种环境下，由于企业集团内部信息不对称而引起的运营管理问题，如子公司运营状况不透明、报表不实、库存与资金调配混乱、应收与预付账款失控、客户信用监控等对企业营运资金管理提出巨大的挑战，如何有效地监控集团内部成员企业的资金运作，以确保下属企业营运资金运作的规范性是金属、非金属企业普遍面临的一个复杂的难题。因此，金属、非金属企业在解决资金分散、管理失控、资金利用效率低下等问题上，普遍存在十分迫切的需求，其营运资金管理难度较大、较为复杂。

2. 市场运作的跨区性导致营销渠道营运资金周期长

近年来，金属、非金属行业保持着高速发展，行业内企业的生产经营规模急剧扩张，企业间的兼并重组成为潮流，金属、非金属企业的经营机构遍布全国各个区域甚至延伸至海外，该行业营运资金管理呈现典型的跨区性特征。企业不仅要完成常规的采购、生产、本地销售、配送和结算工作，还要对各区域的经营机构进行远程控制，对分销渠道进行疏通、协调、控制和激励，建立一套科学、有效的管理控制机制已成为本行业营运资金管理的关键因素。这要求金属、非金属企业形成一套高度集中的营运资金管理系统，并且总部将被赋予更多的管控责任。

3. 产业发展的关联性强导致营运资金渠道管理的优势性

金属、非金属企业处于产业链的中间环节，与上游采掘业等原材料供应商和下游建筑业等客户形成了一条联系紧密的产业链条。金属、非金属企业一般生产周期长且生产过程连续、内部管理环节多、仓储运输成本高、原材料供给与市场需求对经济环境依赖性强、产品市场竞争激烈，在客户需要的时间周期内低成本交付客户所需质量的产品，是金属、非金属企业的核心竞争力之所在。因此，金属、

① 国家自然科学基金“利益相关者视角的营运资金管理研究与中国上市公司营运资金管理数据平台扩充建设（71372111）”和国家自然科学基金“利益相关者集体选择视角的企业价值管理研究（71172099）”的阶段性成果。感谢中国海洋大学、中国会计学会、国家自然科学基金委员会对营运资金管理研究的支持。

非金属行业的营运资金管理具备很强的产业关联性，需要从整个供应链出发，将资金流与信息流、物流相结合，通过对库存、生产、销售等业务方面的多维运营管理，借助与供应商和客户的战略联盟提升协同效益。

二、2012 年金属、非金属行业的经营环境及对营运资金管理的影响

1. 钢厂盈利持续低位，铅铜铝厂整体亏损，水泥玻璃厂全面下滑

2012 年钢铁行业净利润大幅下滑，全行业收入同比下滑 13%，净利润同比下滑 86%，行业大面积亏损，行业综合毛利率为 6%。有色金属行业上市公司共实现营业收入 8666.6 亿元，同比增长 10.7%，增速下滑 23.6 个百分点；实现净利润 128.9 亿元，同比下降 63.2%。细分行业看，黄金、磁性材料下降幅度相对较小，铜行业相对表现稳定，铅锌和铝行业整体亏损。2012 年重点水泥企业收入同比下降 5%，净利润同比下降 54%；玻璃行业 2012 年净利润同比下滑 85%。

一方面，为保住市场份额，企业面临严峻的同质化竞争，这无疑会增加企业的销售压力，与 2011 年相比发现：主要金属及非金属售价受市场不景气影响，价格下跌幅度很大，企业经营业绩雪上加霜；另一方面，金属、非金属行业对原材料的依赖，严重限制了企业对上游原材料供应商的议价能力。对于紧俏的原材料，供应商可能会要求企业预付一部分货款。这样，企业不仅要多支付原材料上涨的价格，由于预付账款的存在，企业还要被上游企业占用一部分资金，这会对采购渠道企业的营运资金管理绩效产生影响。

2. 需求不足，成品价格下降并在低位徘徊

据国家统计局公布，2011 年末我国的粗钢产能为 8.63 亿吨；2012 年 1 ~ 11 月我国钢铁工业固定资产投资（不含矿山）4556 亿元，全年固定投资约 5000 亿元，增长 3% 左右，按固定投资增长估算，2012 年我国新增钢铁产能超 5000 万吨。据此计算 2012 年末全国粗钢产能在 9.2 亿吨以上。2012 年国内粗钢的表观消费量约 6.7 亿吨，目前我国有 2.5 亿吨的过剩产能要消化。

随着国家经济增长方式的调整，经济增长势头减缓，钢铁需求增速明显下降。由于铁路等基础设施建设投资回落，房地产调控政策依然坚挺，造船、机械等主要用钢行业市场需求下滑，2012 年我国粗钢需求一路下降，与此同时钢产量不仅没有大幅减少，反而有所增加，因此增加了钢材市场和钢铁企业的库存。2012 以来钢厂库存、社会库存均有不同程度增加。

3. 产能过剩，但是扩张仍在继续

如上所述，据国家统计局公布数据显示我国有大量过剩钢铁产能要消化，与此同时，宝钢湛江和武钢防城港沿海钢铁精品基地项目已正式获批，目前已完成前期筹备，并开始开工建设。2012 年再现重点企业减产，中小企业增产的局面，中小钢铁企业依然是产能扩张的主力，而产能过剩问题也在进一步加剧。

由于产量没有与需求同步减少，2012 年以来钢厂库存均有不同程度增加。库存持续高位抑制了钢材价格的回升，加剧了企业资金面的紧张，加大了企业的经营风险。为了增加库存商品的出货量，钢铁企业将会为下游分销商提供较为宽松的销售信用政策。尤其是在岁末年初的“去库存”的压力之下，企业的销售信用政策会更加宽松，这样势必造成企业大量的应收账款，导致企业营销渠道的资金被下游企业所占用。此外，宽松的销售信用有可能会导致企业的不良应收账款增加，使得企业利润外流，更加剧了企业的生存压力。

4. 国家提倡节能减排，抑制产能过剩

钢铁产业“十二五”规划要求，在“十二五”末，钢铁工业结构调整取得明显进展，基本形成比较合理的生产力布局，资源保障程度显著提高，钢铁总量和品种质量基本满足国民经济发展需求，重点统计钢铁企业节能环保达到国际先进水平，部分企业具备较强的国际市场竞争力和影响力，初步实现钢铁工业由大到强的转变。

与“十一五”相比，“十二五”钢铁工业、水泥及玻璃行业面临的节能减排任务更加艰巨，法律法规要求更加严格，绿色制造和低碳化趋势不可逆转，生产的环保成本将进一步加大。如果企业没有

自主创新，加强原材料的利用率、减少废弃物的排放量使企业向低碳化迈进，那么企业将为生产的环保成本付出巨大代价，给生产渠道的营运资金管理造成压力。

三、2012 年金属、非金属行业上市公司营运资金配置与来源分析

（一）金属、非金属行业上市公司营运资金配置分析

1. 金属、非金属行业上市公司营运资金总体配置结构与占用水平分析

（1）行业层面

2012 年我国共有上市公司 186 家，与上年同期本行业共计 184 家上市公司相比，总数增加了 2 家。

如表 15-1 所示，截至 2012 年底，金属、非金属业总体营运资本占用额为 -1716.23 亿元，比上年减少 602.99 亿元。平均每家上市公司占用营运资本额为 -9.23 亿元，同比减少 3.18 亿元。在 186 家上市公司中，营运资本额最大为 257.51 亿元，最小为 -518.90 亿元，比 2011 年营运资本占用的最大最小值差距有所减小。

表 15-1　2011~2012 年金属、非金属行业营运资金配置分析　单位：亿元

项目	营运资本期末占用		营运资金期末占用		经营活动营运资金期末占用		经营活动营运资金占用水平		投资活动营运资金期末占用	
	2011	2012	2011	2012	2011	2012	2011	2012	2011	2012
行业总体	-1113.24	-1716.23	5896.76	4762.41	2954.42	2054.30	29.13%	29.75%	2942.34	2708.11
行业平均	-6.05	-9.23	32.05	25.60	16.06	11.04	29.13%	29.75%	15.99	14.56
最大值	220.73	257.51	199.56	400.71	492.30	187.41	130.56%	133.95%	234.1	213.30
最小值	-779.90	-518.90	-1229.70	-33.86	-100.42	-127.25	-27.49%	-87.24%	0.02	0.16
样本数量	184	186	184	186	184	186	184	186	184	186

根据表 15-1 的分析可知，金属、非金属业上市公司 2012 年营运资金行业占用总额相比 2011 年有所减少，减少额为 1134.35 亿元，降低 19.24%。究其原因，是由于经营活动营运资金和投资活动营运资金占用额都有所减少所致。其中经营活动营运资金减少 900.12 亿元，比 2011 年降低 30.47%；投资活动营运资金占用量减少 234.23 亿元，比 2011 年降低 7.96%。该行业营运资金的平均占用水平也有所降低，相比 2011 年营运资金平均占用额降低 20.12%，其中经营活动占用降低了 31.26%，投资活动降低了 8.94%。可见，金属、非金属业 2012 年营运资金管理水平有所改善，经营活动和投资活动占用的营运资金都有所减少。

从经营活动营运资金占用水平上看，2012 年金属、非金属业总体经营活动营运资金占用水平为 29.75%，相比 2011 年的有所增加，表明 2012 年营业收入的减少比例大于经营活动营运资金的减少比例。2012 年上市公司经营活动营运资金占用水平最大值为 133.95%，而最小值仅为 -87.24%。可见，行业内各企业对经营活动营运资金的需求有很大差别，财务业务一体化管理水平也存在差异。有些企业营运资金小于零，财务业务一体化管理水平较高，营业活动不仅没有融资需求，还可以作为融资平台为长期资金需求提供融资支持；而有些企业的营业活动需要财务上提供大量的融资支持。

（2）企业层面

2011~2012 年可比企业共有 147 家。从企业层面上看（见表 15-2），营运资本占用额降低的企业数比增加的企业数的一倍还多，同时营运资金占用额、经营活动营运资金占用额、投资活动营运资金占用额降低的企业数也大于增加的企业数。其中，2012 年金属、非金属业营运资金占用额与 2011 年相比有所降低和基本稳定的企业数最多，分别有 32 家和 40 家，占样本总体的 48.98%，同时降低显著和有所增加的企业数也不少；经营活动营运资金 2012 年占用额与 2011 年相比降低显著、基本稳定、增加显著的企业分别有 29 家、27 家和 24 家，明显多于其他变动区间的企业数，可见经营活动营运资金大幅变动和小幅变动的企业都不少；投资活动营运资金各变动区间企业数大体相当，不同上市公司间投资活动营运资金占用额的变动存在差异。

表 15-2 2011～2012 年金属、非金属业上市公司营运资金配置变化情况及变动幅度统计表

项目		营运资本	营运资金	经营活动营运资金	投资活动营运资金
资金占用量绝对变化统计	降低	101	90	78	86
	降低比例	68.71%	61.22%	53.06%	58.50%
	增加	46	57	69	61
	增加比例	31.29%	38.78%	46.94%	41.50%
资金占用量变化幅度统计	降低显著	44	20	29	13
	占比	29.93%	13.61%	19.73%	8.84%
	降低较大	10	14	13	27
	占比	6.80%	9.52%	8.84%	18.37%
	有所降低	28	32	19	29
	占比	19.05%	21.77%	12.93%	19.73%
	基本稳定	31	40	27	27
	占比	21.09%	27.21%	18.37%	18.37%
	有所增加	11	22	21	20
	占比	7.48%	14.97%	14.29%	13.61%
	增加较大	5	9	14	7
	占比	3.40%	6.12%	9.52%	4.76%
	增加显著	18	10	24	24
	占比	12.24%	6.80%	16.33%	16.33%
可比样本总数	147				

注：上表中除了百分比之外的数字单位为：家

可见 2012 年金属、非金属业各上市公司对营运资金有不同幅度的调整。营运资本的降低说明大部分企业减少了营运资本占营运资金的比例，资金来源有所变动。虽然行业总体经营活动营运资金总额有所减少，但在企业层面上看，经营活动营运资金增加的企业数仍然很多，接近降低的企业数，因此，对于大部分企业来说营运资金管理水平并没有提高。

2. 金属、非金属业上市公司分渠道的经营活动营运资金配置分析

(1) 行业层面

按渠道对 186 家金属、非金属业上市公司的经营活动营运资金的占用情况进行分析，如表 15-3 所示。2012 年行业总体的经营活动营运资金占用总额为 2054.30 亿元，其中采购渠道营运资金占用额为 -1070.01 亿元，占经营活动营运资金的 -52.09%；生产渠道营运资金的占用为 760.06 亿元，占经营活动营运资金的 37.00%；营销渠道营运资金占用总额为 2364.25 亿元，占经营活动营运资金的 115.09%。金属、非金属业经营活动营运资金占用平均值在 2012 年达到 11.04 亿元，其中采购渠道营运资金的平均占用值为 -11.44 亿元；生产渠道营运资金平均占用为 4.09 亿元；营销渠道营运资金占用的平均值为 12.71 亿元。行业总体的最大值为包钢稀土达到 187.41 亿元，最小值为宝钢股份达到 -127.25亿元。与 2011 年同期数据相比，金属、非金属业经营活动营运资金占用总额降低了 30.47%，其中采购渠道占用总额由 2011 年的 -697.08 亿元变化至 -1070.01 亿元，降低 53.50%；生产渠道占用总额减少 499.72 亿元，降低 39.67%；营销渠道减少 27.47 亿元，降低 1.15%。可见，与2011 年相比，金属、非金属业在经营活动总体及各渠道的营运资金需求上都有所降低，行业整体营运资金管理水平有所提高，但是由于该行业生产流程复杂，生产辅料的大量需求以及供大于求的市场环境使得生产渠道和营销渠道仍占用了过多营运资金，而采购渠道能够充分利用上层供应商的资金，使其自身不仅没有融资需求，还可以作为融资平台为其他资金需求提供融资支持。

表 15－3　　2011～2012 年金属、非金属业经营活动营运资金的渠道配置分析　　单位：亿元

项目	采购渠道营运资金		生产渠道营运资金		营销渠道营运资金		经营活动营运资金	
	2011	2012	2011	2012	2011	2012	2011	2012
行业总体	－697.08	－1070.01	1259.78	760.06	2391.72	2364.25	2954.42	2054.30
行业平均	－3.79	－11.44	6.85	4.09	13.00	12.71	16.06	11.04
最大值	53.19	70.67	401.30	254.11	218.04	160.45	492.30	187.41
最小值	－118.91	－200.54	－39.63	－59.07	－45.60	－79.38	－100.42	－127.25
样本数量	184	186	184	186	184	186	184	186

（2）企业层面

2012 年与 2011 年的可比企业共有 147 家，分析如表 15－4 所示。在企业层面上看，经营活动营运资金降低的企业数比增加的企业数多 9 家。从渠道上看，营销渠道的营运资金增加的企业数要明显大于减少的企业数，生产渠道营运资金增加和减少的企业数相差不大，而采购渠道营运资金降低的企业数要远大于增加的企业数。采购渠道营运资金 2012 年占用额与 2011 年相比降低显著和增加显著的企业数明显多于其他区间，分别有 74 家和 23 家，占样本总数的 65.99%；营销渠道营运资金 2012 年占用额与 2011 年相比基本稳定、有所增加、增加显著的企业数较多，分别有 42 家、28 家和 29 家，占样本总数的 67.35%；可见行业内企业对采购渠道和营销渠道的营运资金调整幅度较大。

表 15－4　　金属、非金属业 2011～2012 年经营活动营运资金的渠道配置变化情况及变动幅度表

项目		采购渠道营运资金	生产渠道营运资金	营销渠道营运资金	经营活动营运资金
资金占用量绝对变化统计	降低	104	78	58	78
	降低比例	70.75%	53.06%	39.46%	53.06%
	增加	43	69	89	69
	增加比例	29.25%	46.94%	60.54%	46.94%
资金占用量变化幅度统计	降低显著	74	38	14	29
	占比	50.34%	25.85%	9.52%	19.73%
	降低较大	14	10	4	13
	占比	9.52%	6.80%	2.72%	8.84%
	有所降低	11	20	17	19
	占比	7.48%	13.61%	11.56%	12.93%
	基本稳定	11	22	42	27
	占比	7.48%	14.97%	28.57%	18.37%
	有所增加	8	18	28	21
	占比	5.44%	12.24%	19.05%	14.29%
	增加较大	6	11	13	14
	占比	4.08%	7.48%	8.84%	9.52%
	增加显著	23	28	29	24
	占比	15.65%	19.05%	19.73%	16.33%
可比样本总数		147			

注：上表中除了百分比之外的数字单位为：家

3. 金属、非金属业上市公司分要素的经营活动营运资金配置分析

（1）行业层面

根据表 15－5，分要素对 186 家金属、非金属业上市公司的经营活动营运资金的占用情况进行分析，2012 年行业总体的经营活动营运资金占用总额为 2054.30 亿元，较 2011 年降低了 30.47%，其中

存货占用额为 4326.24 亿元，较 2011 年降低 24.59%；应收及预付款项占用为 3589.03 亿元，较 2011 年降低 18.81%；应付及预收款项占用总额为 5860.96 亿元，较 2011 年降低 18.64%。另外，金属、非金属业经营活动营运资金占用平均值在 2012 年达到 11.04 亿元，其中存货平均占用值为 23.26 亿元，较 2011 年降低 25.4%；应收及预付款项平均占用为 19.30 亿元，较 2011 年降低 19.65%；应付及预收款项占用的平均值为 31.51 亿元，较 2011 年降低 19.51%，但仍为三者最大。可见，2012 年经营活动总体及各要素的营运资金需求量都有所降低，营运资金管理水平有所提高，但存货和应付及预收款项营运资金占用额仍很大。这主要是由于该行业生产材料需求大，以及按订单生产的特点所致。

表 15－5　2011～2012 年金属、非金属业经营活动营运资金的要素配置分析　单位：亿元

项目	存货		应收及预付款项		应付及预收款项		经营活动营运资金	
	2011	2012	2011	2012	2011	2012	2011	2012
行业总体	5737.32	4326.24	4420.59	3589.03	7203.48	5860.96	2954.42	2054.30
行业平均	31.18	23.26	24.02	19.30	39.15	31.51	16.06	11.04
最大值	1490.20	323.13	1178.10	262.01	1575.63	556.47	492.30	187.41
最小值	0.00	0.14	0.38	0.54	0.17	0.06	－100.42	－127.25
样本数量	184	186	184	186	184	186	184	186

2012 年与 2011 年的可比企业共有 147 家，分析如表 15－6 所示。在企业层面上看，经营活动营运资金减少的企业数比增加的企业数多 9 家。从要素角度上看，存货、应收及预付款项、应付及预收款项的营运资金增加的企业数都大于减少的企业数，应收及预付款项、应付及预收款项的这种差别更加明显。其中，存货营运资金占用额变化有所降低、基本稳定、有所增加的企业分别有 33 家、57 家和 31 家，占可比企业总数的 82.31%，可见行业存货营运资金占用变化幅度不太大；应收及预付款项营运资金占用额变化基本稳定和有所增加的企业数量分别为 41 家和 40 家，占可比企业总数的 55.10%；应付及预收款项营运资金占用额变化基本稳定、有所增加和增加显著的企业数分别为 30 家、34 家、30 家，变动幅度小和变化幅度大的企业数量都不少。

表 15－6　2011～2012 年金属、非金属业经营活动营运资金的要素配置变化情况及变动幅度表

项目		存货	应收及预付款项	应付及预收款项	经营活动营运资金
资金占用量绝对变化统计	降低	70	57	48	78
	降低比例	47.62%	38.78%	32.65%	53.06%
	增加	77	90	99	69
	增加比例	52.38%	61.22%	67.35%	46.94%
资金占用量变化幅度统计	降低显著	3	5	9	29
	占比	2.04%	3.40%	6.12%	19.73%
	降低较大	6	5	8	13
	占比	4.08%	3.40%	5.44%	8.84%
	有所降低	33	24	16	19
	占比	22.45%	16.33%	10.88%	12.93%
	基本稳定	57	41	30	27
	占比	38.78%	27.89%	20.41%	18.37%
	有所增加	31	40	34	21
	占比	21.09%	27.21%	23.13%	14.29%
	增加较大	5	13	20	14
	占比	3.40%	8.84%	13.61%	9.52%
	增加显著	12	19	30	24
	占比	8.16%	12.93%	20.41%	16.33%
可比样本总数		147			

注：上表中除了百分比之外的数字单位为：家

通过三类营运资金占用量的比较可以发现，相比于 2011 年，应收及预付款项与应付及预收款项增加的企业数量相差不大。可见多数企业的营运资金内部结构情况发生了变化，在应收项目资金占用量增多的同时，也增加了应付项目的资金数额。

（二）金属、非金属行业上市公司营运资金来源与财务风险分析

由表 15 - 7 中看，2012 年该行业从短期金融性负债和营运资本获得营运资金的数值大体相当。短期金融负债平均占比 41.64%，比 2011 年的 106.34% 降低 60.84%；营运资本平均占比 58.36%，比 2011 年的 -6.34% 增加 1020.5%，可见与 2011 年相比该行业减少了金融性负债的持有量，使行业总体的财务风险降低。在 186 家上市公司中，2012 年短期金融负债占比最大的企业是华菱钢铁，占比值为 3948.37%，占比最小的企业为 ST 韶钢，占比值为 -3449.62%；相反，营运资本占比最大的企业为 ST 韶钢，占比值为 3549.62%，占比最小企业为华菱钢铁，占比值为 -3848.37%，这两项的最大值与最小值相差非常大。太高的占比表明其营运资金来源过度依赖两者之一，融资结构极不合理，面临的财务风险过大。太低的占比表明该企业营业活动不仅没有融资需求，还作为融资平台为企业其他资金需求提供融资支持。上述差异也反映了金属、非金属业内各企业资金来源存在很大不同，所面临的财务风险也相差很大。

表 15 - 7　　2011 ~ 2012 年金属、非金属行业营运资金来源状况

项目	短期金融性负债占比		营运资本占比	
	2011 年末	2012 年末	2011 年末	2012 年末
行业平均	106.34%	41.64%	-6.34%	58.36%
最大值	3515.65%	3948.37%	1923.85%	3549.62%
最小值	-1823.85%	-3449.62%	-3415.65%	-3848.37%
样本数量	184	186	184	186

2012 年与 2011 年的可比企业共有 147 家，营运资金来源统计如表 15 - 8 所示。2012 年与 2011 年短期金融性负债各占比区间相比，各区间企业数变化并不显著，但从整体上看 60% 之上区间的企业数都有所减少，而 60% 之下区间的企业数有所增加，由此可看出该行业总体是减少了短期金融负债的配置，由于短期金融负债的财务风险较高，减少短期金融负债会使这些企业的财务风险减小。

表 15 - 8　　2011 ~ 2012 年金属、非金属业营运资金来源统计表　　单位：家

比例	2011 年末短期金融性负债占比	2011 年末营运资本占比	2012 年末短期金融性负债占比	2012 年末营运资本占比
<0	3	51	10	49
0 ~ 20%	32	16	28	10
20% ~ 40%	17	11	18	13
40% ~ 60%	17	17	19	19
60% ~ 80%	11	17	13	18
80% ~ 100%	16	32	10	28
>100%	51	3	49	10
企业数量	147			

由于营运资金来源有短期金融负债和营运资本，减少的短期金融负债必然由营运资本来补充，因此 2012 年与 2011 年营运资本各占比区间的企业数相比，变化主要在于大于 60% 的各区间的企业数有

所增加，而小于60%的区间的企业数有所减少，同时，营运资本的财务风险较小，增加营运资本会使得财务风险减小。

四、金属、非金属行业上市公司营运资金管理绩效分析

（一）金属、非金属行业上市公司分渠道的营运资金管理绩效分析

如表15-9所示，2012年采购渠道营运资金周转期为-13天，较上一年同期降低10天，变化率为333.33%，采购渠道营运资金管理绩效大幅改进。从细分子行业来看，2012年各子行业采购渠道营运资金周转期有正有负，有色金属冶炼及压延加工业的采购渠道周转期为唯一的正值，在行业内属于管理绩效相对较弱的子行业，而其余四个子行业的采购渠道营运资金管理绩效均高于行业平均水平。同2011年相比，行业内各子行业采购渠道营运资金管理绩效均有改进，尤其黑色金属冶炼及压延加工业及金属制品行业采购渠道营运资金管理绩效均有较大幅度的上升，其中黑色金属冶炼及压延加工业采购渠道营运资金管理绩效上升幅度高达500%，金属制品业的采购渠道营运资金管理绩效上升幅度达到81%，非金属矿物制品业、有色金属冶炼及压延加工业采购渠道营运资金管理绩效上升幅度达到30%和29%，与上年相比稳中有升。

表15-9　　2011~2012年金属、非金属行业各渠道营运资金周转期　　单元：天

项目	采购渠道营运资金周转期		生产渠道营运资金周转期		营销渠道营运资金周转期渠道		经营活动营运资金周转期（按渠道）	
	2011	2012	2011	2012	2011	2012	2011	2012
非金属矿物制品业	-20	-26	25	30	53	61	58	61
黑色金属冶炼和压延加工业	-4	-24	11	8	23	30	29	14
有色金属冶炼和压延加工业	14	10	22	19	27	28	63	55
金属制品业	-11	-20	9	18	53	73	51	70
行业整体	-3	-13	13	13	28	36	39	36

2012年生产渠道营运资金周转期为13天，与2011年持平，生产渠道营运资金的管理绩效保持在一个相对稳定的水平。从细分子行业来看，2012年非金属矿物制品业、有色金属冶炼和压延加工业和金属制品业生产渠道营运资金周转期长于行业平均水平，其中非金属矿物制品业的周转期最长。同2011年相比，变化最大的要数金属制品业，由9天增加到18天，增长率为100%；非金属制品业也有20%的增长，有色金属冶炼和压延加工业的生产渠道周转期虽然仍低于行业平均水平，但与2011年相比周转期缩短了13.64%，管理绩效有所好转。行业内的细分行业的周转期有增有降，使行业整体保持在相对稳定的状态。

2012年营销渠道营运资金周转期也处于增加趋势，由2011年的28天增长到36天，增长率为28.6%，营销渠道营运资金管理绩效同样也有所下降。从细分子行业来看，各子行业营销渠道营运资金周转期普遍为正，且数值较大，说明在此过程中企业被其他企业占用的资金收回难度较大，因而变现效率更低。除了黑色金属冶炼和压延加工业与有色金属冶炼和压延加工业营销渠道营运资金管理绩效好于行业平均外，其余两个子行业均低于平均水平。同2011年相比，各子行业营销渠道营运资金周转期均有提升，导致了整体行业营销渠道营运资金周转期的上升。

从渠道角度来看，2012年金属、非金属行业经营活动营运资金管理绩效改进主要源于采购渠道管理绩效的上升以及生产渠道营运资金管理绩效的稳定。从子行业来看，黑色金属冶炼和压延加工业及有色金属冶炼和压延加工业经营活动营运资金管理绩效改进主要源于这两个子行业采购渠道营运资金管理绩效和生产渠道营运资金管理绩效的上升；非金属矿物制品业及金属制品业经营活动营运资金管理绩效虽然在采购渠道的管理绩效上升，但是由于其他两个渠道管理绩效的同时下降，导致行业整体的经营活动营运资金管理绩效下降。

如表15-10所示，从采购渠道营运资金周转期变化方向来看，在147家企业中，有96家企业

2012 年的采购渠道营运资金周转期短于 2011 年，有超过一半的企业采购渠道营运资金管理绩效得以改善。从采购渠道营运资金周转期变化幅度看，改善显著、降低显著、改善较大和基本稳定的企业数量居多，分别占该行业企业总数的 40. 14% 、15. 65% 、11. 56% 和 11. 56% ，整个行业大部分采购渠道营运资金管理绩效取得了改善。

表 15 - 10　　　　2011 ~ 2012 年金属、非金属行业各渠道营运资金管理绩效变化统计表

项目		采购渠道营运资金周转期	生产渠道营运资金周转期	营销渠道营运资金周转期	经营活动营运资金周转期（按渠道）
周转期变化统计	改善	96	71	25	59
	改善比例	65. 31%	48. 30%	17. 01%	40. 14%
	降低	51	76	122	88
	降低比例	34. 69%	51. 70%	82. 99%	59. 86%
周转期变化幅度统计	改善显著	59	33	7	18
	改善较大	17	5	2	10
	有所改善	12	16	6	17
	基本稳定	17	28	29	28
	有所降低	8	26	45	28
	降低较大	11	11	15	12
	降低显著	23	28	43	34
可比样本总数		147			

生产渠道营运资金管理绩效改善的企业有 71 家，有将近一半企业营运资金管理绩效得以改善。从生产渠道营运资金周转期变化幅度看，改善显著、基本稳定和降低显著的企业数量居多，分别占该行业企业总数的 22. 45% 、19. 05% 和 19. 05% 。

营销渠道营运资金管理绩效不容乐观，从周转期变化方向来看，行业内仅有 25 家企业的管理绩效得以改善，超过八成企业的营销渠道营运资金管理绩效下降。从营销渠道营运资金周转期变化幅度看，有所降低和降低显著的企业数量最多，分别占 30. 61% 和 29. 25%；基本稳定的企业数量次之，占 19. 73% 。

从以上分析可以看出，采购渠道有超过一半企业管理绩效得以改善，生产渠道也有近一半企业管理绩效取得改善，而营销渠道只有不到两成企业的管理绩效得到了改善。从周转期变化幅度看，采购渠道约四成的企业集中在改善显著的区间；生产渠道两极分化比较明显；而营销渠道大部分企业集中在有所降低和降低显著两个区间。由此可见，金属、非金属行业的大部分上市公司的营销渠道营运资金管理存在一定的问题，企业应认真研究市场的需求，并通过与客户合作提高营销渠道的营运资金管理绩效。

2008 ~ 2012 年经营活动营运资金周转期（按渠道）整体呈不断上升的趋势，2012 年经营活动营运资金管理绩效是五年中最差的一年，比最好年份 2008 年的经营活动营运资金周转期（按渠道）整整延长 13 天，见表 15 - 11。可以看出，在 2008 年金融危机后，该行业经营活动营运资金管理绩效一直表现不佳。特别是营销渠道的营运资金一直处在较高的水平，是导致经营活动营运资金管理绩效表现不佳的主要原因。由于近年来行业的市场需求降低，销路不畅，营销渠道的周转期居高不下。以钢铁行业为例，当前我国钢铁行业正处在微利时代，伴随产能不断提高的是市场需求的疲软，行业竞争加剧，导致市场销售不顺畅，营销渠道的管理绩效恶化。

表 15 - 11　　2008 ~ 2012 年金属、非金属行业营运资金周转期　　单位：天

项目	2008	2009	2010	2011	2012
经营活动营运资金（按渠道）周转期	22	24	29	32	35
采购渠道营运资金周转期	-4	-11	-5	-3	-14
生产渠道营运资金周转期	7	9	9	14	14
营销渠道营运资金周转期	19	25	25	21	35

金属、非金属行业采购渠道的营运资金周转期在三个渠道中相对较短，且均为负值，占用上游资金现象明显。就行业整体看来，2008 ~2011 年周转期呈现先降后升的趋势，在 2011 年达到五年来最高值，但在 2012 年，行业的采购渠道周转期有较大幅度的回落，周期下降幅度达到 367%，表明管理绩效大有好转。

在五年间，金属、非金属行业生产渠道营运资金周转期除了 2011 年变动幅度达到 55.55% 外，其余各年变化幅度均不大，总体比较稳定。就 2008 年的数据与 2012 年的数据进行比较，生产渠道的营运资金周转期增加了 7 天，说明生产渠道的营运资金管理绩效在稳定的同时略有下降，生产渠道营运资金管理绩效的改善仍有空间。

金属、非金属行业营销渠道营运资金周转期为生产渠道营运资金周转期的 2 倍左右，整体表现是三个渠道中最差的一个渠道，是使行业经营活动营运资金周转期（按渠道）延长的关键因素。就变化趋势看，虽然在 2011 年的周转期出现了 2008 年后的首次回落甚至接近 2008 年的最低值，但 2012 年周转期出现了高达 66.67% 的变化幅度，营销渠道的营运资金周转期达到五年来的最大值，管理绩效下降。

（二）金属、非金属行业上市公司分要素的营运资金管理绩效分析

如表 15 - 12 所示，2012 年的现金周转期由 48 天延长至 52 天，增长幅度达 8.3%，各行业中除黑色金属冶炼和压延加工业的现金周转期低于行业平均水平外，其余子行业的现金周转期均高于行业平均水平，尤其是非金属矿物制品业的现金周转期高于行业平均水平 2 倍，相比去年现金周转期有所延长的是非金属矿物制品业和金属制品业，增长幅度达到 18.89% 和 30.65%；从行业整体的要素水平看，存货周转期和应收账款的周转期相比去年都有所延长，是导致行业整体现金周转期延长的主要原因。

表 15 - 12　　2011 ~ 2012 年金属、非金属行业各要素周转期　　单位：天

项目	存货周转期		应收账款周转期		应付账款周转期		经营活动营运资金周转期（按要素）	
	2011	2012	2011	2012	2011	2012	2011	2012
非金属矿物制品业	85	99	63	72	58	64	90	107
黑色金属冶炼和压延加工业	59	64	27	36	48	66	38	33
有色金属冶炼和压延加工业	70	68	19	17	27	26	61	59
金属制品业	62	75	52	65	52	59	62	81
行业整体	63	69	29	36	45	54	48	52

从各要素看，行业整体 2012 年存货周转期为 69 天，与 2011 年相比增加了 6 天，增长率为 9.5%，行业整体存货管理绩效有小幅度的下降。从细分子行业来看，2012 年非金属矿物制品业、金属制品业存货管理绩效低于行业平均水平，其中非金属矿物制品业的存货周转期最长，与行业平均水平相比相差 30 天。与 2011 年相比，除有色金属冶炼和压延加工业存货周转期减少 2 天，存货管理绩效相对稳定外，行业内其余三个子行业的存货管理绩效均有所下降，其中金属制品业下降幅度最大，下降幅度达 20.97%。

2012 年应收账款周转期由 2011 年的 29 天增加至 36 天，增长率为 24.14%，应收账款管理绩效下

降。从细分子行业来看，2012 年非金属矿物制品业、金属制品业应收账款管理绩效高于行业平均水平，其中非金属矿物制品业应收账款周转期最长，2 倍于行业平均水平，有色金属冶炼和压延加工业应收账款周转期比行业均值缩短 19 天，只占行业平均水平的一半。与 2011 年相比，除有色金属冶炼和压延加工业的应收账款周转期与上年相比缩短 2 天之外，其余三个子行业的应收账款周转期均有延长，其中黑色金属冶炼和压延加工业应收账款周转期波动幅度较大，为 33.33%；非金属矿物制品业波动幅度相对较小，为 14.29%；金属制品业的增加幅度居中，变动比率达 25%。

2012 年应付账款周转期由 45 天延长到 54 天，变化幅度 20%，应付账款管理绩效有所提升。从细分子行业来看，2012 年仅有有色金属冶炼和压延加工业应付账款管理绩效低于行业平均水平，其应付账款周转期只有行业平均水平的一半左右，其余子行业都高于行业均值。与 2011 年相比，除有色金属冶炼和压延加工业的应付账款管理绩效略有下降以外，其余子行业的应付账款管理绩效均有所改善，其中改善幅度最大的是黑色金属冶炼和压延加工业，增加幅度达 37.5%，非金属矿物制品业和金属制品业的增加幅度分别为 10.34% 和 13.46%。

从要素角度来看，2012 年金属、非金属行业经营活动营运资金管理绩效下降主要源于存货和应收账款管理绩效的下降，其中应收账款的影响相对存货来说更大一些。但是由于应付账款管理绩效的上升，一定程度上遏制了行业整体的营运资金管理绩效的下降幅度。从子行业来看，非金属矿物制品业和金属制品业经营活动营运资金管理绩效的下降主要源于这两个行业存货管理绩效和应收账款管理绩效的下降；黑色金属冶炼和压延加工业经营活动营运资金管理绩效有所上升，这主要源于应付账款管理绩效的上升弥补了存货管理绩效和应收账款管理绩效的下降。

如表 15－13 所示，从存货周转期变化方向来看，有 36 家企业 2012 年的存货周转期短于 2011 年，占可比企业总数的 24.49%，行业内不足三成的企业存货管理绩效得到改善。从存货周转期变化幅度看，基本稳定的企业数量最多，占比高达 40.14%，有所降低和降低较大的企业数量次之，分别占 29.25% 和 13.61%。

表 15－13　2011～2012 年金属、非金属行业经营活动营运资金各要素管理绩效变化统计表

项目		存货周转期	应收账款周转期	应付账款周转期	经营活动营运资金周转期（按要素）
周转期变化统计	改善	36	30	42	50
	改善比例	24.49%	20.41%	28.57%	34.01%
	降低	111	117	105	97
	降低比例	75.51%	79.59%	71.43%	65.99%
周转期变化幅度统计	改善显著	1	2	27	14
	改善较大	4	0	24	7
	有所改善	10	10	34	18
	基本稳定	59	36	38	25
	有所降低	43	48	17	34
	降低较大	20	22	3	18
	降低显著	10	29	4	31
可比样本总数		147			

注：上表中除了百分比之外的数字单位为：家

从应收账款周转期变化方向来看，有 30 家企业 2012 年的应收账款周转期短于 2011 年，仅有二成企业应付账款管理绩效得以改善，而近八成企业应收账款管理绩效下降。从应收账款变化幅度看，有所降低和基本稳定的企业占比最多，分别占 32.65% 和 24.49%，降低显著的企业数量次之，占 19.73%。

从应付账款周转期变化方向来看，有 42 家企业 2012 年的应付账款周转期长于 2011 年，占

28.57%的企业应付账款管理绩效得以改善，而近七成企业应付账款管理绩效有所下降。从应付账款变化幅度看，基本稳定的企业数量最多，占比达25.85%，有所改善和改善显著的企业数量次之，分别占23.13%和18.37%。

从以上分析可以看出，无论是存货管理绩效、应收账款管理绩效还是应付账款管理绩效，行业内管理绩效得以改善的上市公司数量均不足半数，经营活动营运资金周转期有所改善的企业也不足半数，从周转期变化幅度看，大部分企业集中在基本稳定、有所降低和降低显著几个区间之内。

如表15－14所示，行业整体的经营活动营运资金周转期（按要素）在2008年到2012年五年间不断延长，虽然变化幅度都在20%以下，但总体上仍呈现出不断增加的趋势，在2012年达到最大值，说明近五年来企业的营运资金管理绩效有所恶化。

表15－14　2008～2012年金属、非金属行业各要素周转期　单位：天

项目	2008	2009	2010	2011	2012
现金周转期	36	41	41	48	52
存货周转期	54	77	62	63	69
应收账款周转期	23	31	27	30	36
应付账款周转期	40	59	48	45	54

金属、非金属行业存货周转期总体来说有所起伏，在2009年存货周转期达到五年间最大值，变化幅度高达42.59%，虽然2010年和2011年存货周转期有所缩短，管理绩效有所改善，但是与金融危机前的存货变现速率相比还有一定差距，在2012年存货的管理绩效没有进一步地好转，存货的周转期较2011年延长了9.52%，需要增加对存货管理绩效的关注。

金属、非金属行业应收账款周转期在五年内比较稳定，除了2009年较2008年有34.78%的波动幅度和2012年较2011年出现了20%的波动幅度外，其余各年份的波动幅度均在10%左右。2012年的应收账款周转期是近五年来最高的，与2008年相比增加的幅度达到56.52%，应收账款变现速度整体还是呈现出下降的趋势。

与此同时，2008～2012年间金属、非金属行业的应付账款周转期在五年间有所起伏，在2009年和2012年出现了两个较大的峰值。在2009年取得最大值以后，2010年和2011年应付账款周转期都有缩短，但是在2012年又有回升，说明行业整体仍面临资金的压力。

五、2012年金属、非金属行业上市公司营运资金管理绩效排行榜

本部分分别按“经营活动营运资金周转期（按要素）”和“经营活动营运资金周转期（按渠道）”进行排名，考察金属、非金属业上市公司营运资金管理绩效。在对上市公司营运资金管理绩效进行排名时，剔除了财务数据异常的公司，详见附录一。

六、2012年金属、非金属行业上市公司营运资金管理的典型案例分析——首钢集团

（一）首钢集团基本情况简介

首钢始建于1919年，前身是石景山钢铁厂。在20世纪90年代首钢取得过辉煌的成绩：1994年，钢铁产量830万吨，在全国排第一。改革开放以来首钢获得巨大发展，成为以钢铁业为主，兼营采矿、机械、电子、建筑、房地产、服务业、海外贸易等多种行业，跨地区、跨所有制、跨国经营的大型企业集团。首钢总公司为母公司，下属股份公司、新钢公司、迁钢公司、首秦公司、高新技术公司、机电公司、特钢公司、首建公司、房地产公司、实业公司、国际贸易工程公司等子公司，在香港有上市公司，在南美洲有秘鲁铁矿等海外企业。2001年，随着北京申奥成功，集团公司制定了搬迁调整的整体规划，积极着手进行产业结构的调整，在原有厚板、长材、碳结的基础上，增加了冷轧和热轧板材。2008年集团销售收入1320亿元，实现利润水平44.88亿元，钢产量1219万吨，职工近8万人。在2008年中国制造业企业500强中排名第13名。在2008年中国企业500强中名列第39名，在钢铁企业中名列第三，堪称中国钢铁企业的“领头羊”。

（二）首钢集团营运资金周转绩效数据分析

1. 首钢集团资金管理的框架体系及基本思路

首钢资金集中整体化管理，遵循“集中资金所有权不变，分子公司经营权不变”的资金集中原则，本着“集中调配、统一结算、有偿使用”的资金使用价值最大化原则，在保证首钢简单再生产资金的前提下，优先保障首钢结构调整时期重点项目资金投入。按照首钢结构调整资金需求，以资金全面预算为监控依据，以资金结算平台为监控手段，围绕资金集中管理主线，重点实施“五个方面资金集中”，即：采购资金集中管理、货币收入集中管理、外汇资金集中管理、融资资金集中管理和投资资金集中管理；全面落实“五项保障措施”，即：人力资源保障、全面预算保障、系统监控保障、资金结算保障和配套制度保障；深入挖掘内部资金，合理引入外部资金，科学统筹平衡资金，发挥资金规模优势，提高资金运作水平，实现首钢公司全面协调与可持续发展。

2. 首钢集团营运资金周转绩效数据分析

从表 15 - 15 的渠道视角看，2011 年首钢集团经营活动营运资金周转期（按渠道）为 - 21 天，远远优于行业平均水平 36 天，在行业内排名第 17。其中，采购渠道、生产渠道的营运资金周转期远远小于行业的平均水平，说明采购渠道、生产渠道的营运资金管理绩效突出，同时，营销渠道的营运资金周转期也比行业的平均水平要低。总而言之，钢铁行业的营运资金管理绩效由于国家对房地产上游企业的宏观调控总体呈恶化趋势，但首钢集团的经营活动营运资金的周转期远低于行业均值，排名第 17，企业总体的经营活动营运资金绩效较好，居于行业的先进水平。

表 15 - 15　　首钢集团 2010 ~ 2012 年营运资金管理绩效表（按渠道）

项目 / 年份	采购渠道营运资金周转期	生产渠道营运资金周转期	营销渠道营运资金周转期	经营活动营运资金周转期
2012	- 34（45）	- 7（26）	20（25）	- 21（17）
2011	- 23（59）	- 6（25）	13（23）	- 16（12）
2010	- 7（89）	- 1（45）	- 1（9）	- 9（16）
2012 年行业	- 13	13	36	36

注：括号内数字为上市公司该项指标当年在行业内的排名，其余数字单位为天

从要素视角进一步分析（见表 15 - 16），在行业内比较，首钢集团的营运资金周转期相对于行业而言较短，但在最近三年有持续下降的趋势。对于营销渠道营运资金管理来说，其绩效高低主要取决于应收账款管理绩效和营销渠道存货周转绩效，采购渠道营运资金管理绩效的下降主要受采购渠道应付账款周转绩效的影响。2010 年至 2012 年间，首钢集团的应付账款、应收账款和存货的周转状况不仅没有改善，反而较 2011 年、2010 年有所恶化，这与国家对房地产上游企业的宏观调控有很大关系。

表 15 - 16　　首钢集团 2010 ~ 2012 年经营活动营运资金管理绩效表（按要素）

项目 / 年份	存货周转期	应收账款周转期	应付账款周转期	现金周转期
2012	50（53）	39（60）	64（118）	24（33）
2011	44（40）	38（73）	54（102）	27（23）
2010	22（7）	18（30）	30（37）	10（25）
2012 年行业	68	30	53	52

注：括号内数字为上市公司该项指标当年在行业内的排名，其余数字单位为天

（三）首钢集团营运资金管理特色总结

1. 与金融企业形成战略供应链联盟

首钢集团总公司总会计师方建一曾谈到首钢集团的战略联盟，企业是通过企业系统跟各个银行之间连接，和首钢集团合作的银行有工、农、中、建，还有其他的交通银行、股份制银行，也包括作为首钢集团第一大股东的华夏银行。依托这些网络技术搭建我们的资金管理平台，时时地完成和各个银行业务数据的交换，是我们搭建平台的基础。因为如果和银行的系统不能实现实时的数据交换，那么搭建出来的平台只是事后观察的平台，而不是可以实施控制的平台。实施了资金集中管理后我们实现了一个降低，即降低集团资金使用成本，提高首钢资金的使用效率及融通能力与核心竞争能力。从集团控制角度通过网银系统和我们的银行、战略合作伙伴建立联系，保证了首钢集团的营运资金正常周转，防止首钢集团的营运资金链断裂。

2. 实施采购资金集中管理

首钢集团的资金管理人员通过 ERP 系统，进行采购到货、耗用、结算、库存等情况的实时监控。为了便于资源统一平衡，达到采购资金最低占用的目的。首钢集团设立物资供应派驻站，对钢铁业原燃料进行调剂，委托中首公司全面代理迁钢、首秦进口矿石业务，实现一业三地生产资源“三集中、三统一”，即集中配置、集中采购、集中供应商管理，统一定价、统一结算、统一业务流程。采购资金的集中管理保证了集团战略资源的稳定，实现了批量采购，优质优价，提高了集团市场控制及应变能力。

3. 实施销售资金集中管理

首钢集团成立销售财务中心，实施货币收入集中管理。销售财务中心通过对销售策略、销售地区、销售产品、销售渠道的集中管理，实现集团销售收入最大化、销售构成合理化和销售地区差异化。销售货币统一集成系统贯通运行后，销售物流信息与资金流程化管理无缝对接，销售价格、销售收入、销售地区公开管理，结算程序透明运行，销售收入全部汇缴总公司资金结算中心，由集团统一调配，保证资金的时间价值和收支资金动态的匹配，实现货币收入资金的集中管理。

七、2012 年金属、非金属行业上市公司营运资金管理调查的结论与建议

（一）调查结论

1. 融资渠道偏好于短期融资

2012 年金属、非金属业投资活动营运资金占用量 2708.11 亿元，相比于 2012 年营运资金行业占用总额 4762.41 亿元的占比很大，证明该行业的投资活动占用过多的营运资金。间接看来，2012 年金属、非金属业总体营运资本占用额为 -1716.23 亿元，相比于 2011 年的 -1113.24 亿元减少 602.99 亿元，而金属、非金属业上市公司 2012 年营运资金行业占用总额 4762.41 亿元，2011 年的营运资金期末占用为 5896.76 亿元，其中营运资本与营运资金的主要差异在于短期金融性负债，这证明金属、非金属业的短期金融性负债占用较大的营运资金。

2. 营运资金周转绩效（按渠道）呈上升趋势

按渠道对 186 家金属、非金属业上市公司的经营活动营运资金的占用情况进行分析，金属、非金属业经营活动营运资金占用总额在 2012 年与 2011 年同期数据相比，降低了 30.47%，其中采购渠道占用总额由 2011 年的 -697.08 亿元变化至 -1070.01 亿元，降低 53.50%；生产渠道占用总额减少 499.72 亿元，降低 39.67%；营销渠道减少 27.47 亿元，降低 1.15%。

2012 年金属、非金属行业采购渠道营运资金占用额为 -1070.01 亿元，2012 年采购渠道营运资金企业平均周转期为 -13 天，较上一年同期降低 10 天，变化率为 333.33%，采购渠道营运资金管理绩效大幅改进；生产渠道营运资金的占用为 760.06 亿元，2012 年生产渠道营运资金企业平均周转期为 13 天，与 2011 年持平，生产渠道营运资金的管理绩效保持在一个相对稳定的水平；营销渠道营运资金占用总额为 2364.25 亿元，2012 年营销渠道营运资金周转期也处于增加趋势，由 2011 年的 28 天增长到 36 天，增长率为 28.6%，营销渠道营运资金管理绩效略有上升。

3. 营运资金周转绩效（按要素）呈下降趋势

从要素角度来看，应收账款周转期由2011年的29天增加至36天，增长率为24.14%，应收账款管理绩效下降；行业整体2012年存货周转期为69天，与2011年相比增加了6天，增长率为9.5%，行业整体存货管理绩效有小幅度的下降；2012年应付账款周转期由45天延长到54天，变化幅度20%，应付账款管理绩效有所提升。2012年的经营活动营运资金周转期由2011年的48天延长至52天，整体绩效略有下降，行业整体的经营活动营运资金周转期（按要素）在2008年到2012年五年间不断延长，虽然变化幅度都在20%以下，但总体上仍呈现出不断增加的趋势，在2012年达到最大值，说明近五年来企业的营运资金管理绩效有所恶化。2012年金属、非金属业经营活动营运资金管理绩效下降主要源于存货和应收账款管理绩效的下降，其中应收账款的影响相对存货来说更大一些。

4. 超半成企业营运资金管理状况呈恶化趋势

从渠道的角度看，超过一半的可比样本的经营活动营运资金管理绩效与去年相比有所降低，采购渠道有超过一半企业管理绩效得以改善，生产渠道也有近一半企业管理绩效取得改善，而营销渠道只有不到两成企业的管理绩效得到了改善。从近五年来基于渠道的营运资金周转期看，营运资金周转期呈持续上升的趋势。从要素的角度看，超过六成可比企业的营运资金管理绩效相比去年有所降低，无论是存货管理绩效、应收账款管理绩效还是应付账款管理绩效，行业内管理绩效得以改善的上市公司数量均不足半数，经营活动营运资金周转期有所改善的企业也不足半数。近五年来，按要素的营运资金周转期同样呈现出不断延长的趋势。

（二）对策建议

1. 完善基于供应链的战略联盟机制

作为供应链的中间环节，金属、非金属企业与上游采掘业等原材料供应商和下游建筑业等客户形成了一条联系紧密的产业链条。这就要求金属、非金属企业在改善自身的营运状况时，不能只关注自身绩效的短期改善，应该加强客户关系治理和供应商关系治理。在国家对于钢铁企业宏观调控的关键时期，与上游采掘业与下游的房地产产业形成坚实的战略联盟，共同降低企业间高昂的交易费用抵御供应链整体的不景气趋势。

2. 改变融资模式，实施融资资金集中管理

通过我们对金属、非金属业的调查，发现大多数金属、非金属业的投资活动占用了过多的营运资金，短期金融性负债占用较大的营运资金。现代企业的跨越式发展离不开财务杠杆的强劲支撑。大多数金属、非金属业的上市公司都是跨地区、跨行业、跨所有制、跨国经营的钢铁联合体，则更需要借助金融机构（主要是银行）、供应商、客户等外部资源筹集结构调整进程中的各项资金。规模效应作用下，实施融资资金集中管理，以集团名义进行统筹融资，不仅可以获得更为有利的“资信评级”，而且可以获得更为广泛的“战略支持”，同时也有效地避免了集团单位自主融资给企业发展带来的金融风险。

3. 拓展营销渠道，充分利用国外金属资源

当前，我国重要金属资源紧缺的现象已很明显，在降低经济对金属行业的依赖性同时，如何摆脱国内资源缺乏的束缚，充分利用国外资源，也同样是个重要的途径，这已有不少学者提倡，政府也在支持、鼓励国内企业走出去，境外投资采矿，合作经营，跨国收购等多元化的方式利用国外资源。政府可以为企业提供更好的支撑平台，取消或减免金属矿产资源和矿产品的进口关税；也可以设立开发利用国外金属资源基金，给国内企业在外投资开发给予前期投资资金支持，减少投资资金不足的压力。

4. 加强营运资金渠道管理

通过对金属、非金属行业的营运资金管理调查分析发现，基于渠道的营运资金管理绩效基本呈现上升趋势，基于要素的营运资金管理绩效基本呈现下降趋势，说明金属、非金属行业的渠道营运资金管理建设对该行业的企业发展是更为适用的。金属、非金属行业的企业应该一方面通过业务流程再造、渠道关系管理等合理改进和优化生产业务流程，注重信息化建设在生产渠道中的运用；另一方面要加

强供应链下游企业客户关系管理和供应链金融创新，提高营销渠道营运资金管理绩效。

主要参考文献

1. 王竹泉、马广林："分销渠道控制：跨区分销企业营运资金管理的重心"，《会计研究》，2005 年第 6 期。

2. 王竹泉、刘文静、高芳："中国上市公司营运资金管理调查：1997～2006"，《会计研究》，2007 年第 12 期。

3. 王竹泉、刘文静、王兴河："中国上市公司营运资金管理调查：2007～2008"，《会计研究》，2007 年第 9 期。

4. 中国海洋大学企业营运资金管理研究课题组："中国上市公司营运资金管理调查：2009"，《会计研究》，2010 年第 9 期。

5. "首钢股份（000959）年度报告"，2012 年。

6. "首钢股份（000959）年度报告"，2011 年。

第十六章 2012 年机械、设备、仪表业上市公司营运资金管理调查①

【摘要】机械、设备、仪表业营运资金管理最显著的特点是在供应链中处于相对优势地位，在应付账款上具有较强的话语权，但与之相对应的是应收账款的回收能力普遍较弱，存货种类复杂，占用较大，阻碍了营运资金管理绩效的提升。2012 年机械、设备、仪表业经营环境有所回暖，虽然世界制造业增长速度放缓，但是国家政策和货币政策的有利支持，使得机械、设备、仪表业呈现稳中有升的发展趋势。本报告分别以 2012 年 464 家上市公司、2011 年 421 家上市公司、2011 ~2012 年 397 家可比上市公司和 2008 ~2012 年的行业平均水平作为研究对象，对营运资金的占用金额和来源、各渠道和各要素的营运资金管理绩效等方面对机械、设备、仪表业上市公司 2012 年营运资金管理状况进行全面调查和透视，得出如下结论：行业总体、平均营运资金占用水平均有所上升，行业总体、行业平均经营活动营运资金占用水平都有所上升；行业平均短期金融负债占比上升；经营活动营运资金管理绩效有所下降。

一、机械、设备、仪表业营运资金管理特点

1. 在供应链中处于相对优势地位

机械、设备、仪表业的多数企业都存在占用供应商资金的情况，这反映了国内机械设备行业在应付账款上有较强的话语权。机械、设备、仪表业应付账款较长的周转期可以延长企业筹资的时间，提高营运资金的运用效率，使得行业内的企业在供需双方中处于相对有利地位。

机械、设备、仪表业在应付账款上的议价优势与宏观环境息息相关，与行业特点不可分离。国民经济保持较快的增长速度，国家重点工程的开工建设、城市基础设施建设、房地产投资持续增长，这些因素都会增加对机械设备的需求，使该行业内的企业在供需双方中处于相对有利的地位。这说明该行业在整个供应链中处于相对有利的地位，也说明该行业内企业普遍存在占用供应商资金的情况，并成为机械、设备、仪表业营运资金管理的一大特点。

2. 加强应收账款管理是提高营运资金使用效率的需要

与机械、设备、仪表业应付账款的议价优势形成对比的是，其应收账款的回收能力普遍较弱，这降低了营运资金的整体周转期，因此有必要加强应收账款管理。

我国机械、设备、仪表业存在产能过剩的问题，且部分子行业产品同质化现象严重，再加上宏观经济的不景气，导致企业间竞争激烈。为了一味追求销量，有些企业甚至“零利润”、“零首付”、“零回报”销售。单纯追求业绩的做法，造成了应收账款回收时的种种难题，拉长了应收账款周转期，给机械、设备、仪表业的企业带来了不小的资金压力。为了提高营运资金管理绩效，加快企业营运资金的周转速度，有必要充分重视应收账款的管理水平。

3. 加强存货管理是提高营运资金使用效率的重点

机械、设备、仪表业生产方面呈现的主要特点是：离散为主、流程为辅、装配为重点。机械、设备、仪表业传统上被认为是属于离散型工业，绝大部分工序还是以离散为特点的，不过其中诸如压铸、表面处理等是属于流程型的范畴。由于机械、设备、仪表业生产方面所呈现出上述特点，注定了其多环节、多步骤的生产特点，加之其较高的技术含量和复杂多变的非重复工艺流程，导致存货在营运资

---

① 国家自然科学基金“利益相关者视角的营运资金管理研究与中国上市公司营运资金管理数据平台扩充建设（71372111）”和国家自然科学基金“利益相关者集体选择视角的企业价值管理研究（71172099）”的阶段性成果。感谢中国海洋大学、中国会计学会、国家自然科学基金委员会对营运资金管理研究的支持。

金中所占比重较大，其营运资金管理中存货管理具有较大空间。

由此，机械、设备、仪表业企业可以全面推行精益化的管理模式，对各单位的库存进行专项分析、动态监控，找出可优化的空间，提高精益制造能力。通过此举可以提高行业内各企业对库存管理工作的积极认识，充分调动员工对于压缩库存的积极性，减少库存占用资金，最终可以大大提高资金使用效率。

4. 注重产业链建设是提高营运资金使用效率的方向

在营运资金管理模式方面，由于该行业产品种类繁多、市场变化快、工艺路线灵活、产品生产步骤复杂，企业应当积极探索以逐步完善其产业链。要完善机械、设备、仪表业的产业链，首先，应该积极创新经营模式，打造产品联合竞争优势。一方面，以全物流价值链的视角分析产品成本，优化企业流程，降低运营成本；另一方面，探索延伸企业产业链，打造产业链联合竞争优势，实现产业集群的共赢发展。其次，全面推行精益化生产管理，提高资金使用效率。最后，加快产品结构调整和升级，积极延伸产品链。机械、设备、仪表业在产业链建设方面空间较大，加强该行业产业链建设对其营运资金管理效率的提高有显著作用。

二、2012 年机械、设备、仪表业经营环境及对营运资金管理的影响

1. 经济形势开始回暖，行业调整“稳中求进”

2012 年我国经济形势开始温和回暖，GDP 增幅一季度为 8.1%，二季度为 7.8%，三季度为 7.7%，四季度出现见底微升迹象，全年增幅在 7.7% 左右。11 月份用电量同比增长 7.6%，佐证经济触底回升。另外通胀压力开始舒缓，2012 年 10 月 CPI 回落至 1.7% 的年内低点，11 月比 10 月回升了 0.3 个百分点，达到 2.0%，CPI 已降至“2”时代，通胀压力明显放缓；为“稳增长”创造了增加政策灵活性的条件[①]。

在此经济大环境下，2012 年我国机械工业主要经济指标增幅继续明显回落，但全年仍实现了中速增长；与此同时，市场对“转型升级”的倒逼机制发挥作用，行业结构调整不乏亮点，显示出“稳中求进”初见成效。

从行业来看，与民生、消费关系更为密切的“轻”、“小”型子行业形势相对好于与基建、能源关系比较密切的“重”、“大”型子行业。如农机行业仍然保持较快增长速度，尤其是大型农机和玉米及经济作物收获机械等新型农机，增势迅猛；乘用汽车、石化通用机械、仪器仪表、机械基础件等行业，也保持了平稳增长态势，产值及销售额增速大体达到 15% 左右或以上；而与基建和能源紧密相关的分行业，如工程机械、载重汽车、内燃机、电工设备、重型机械等行业，需求普遍低迷，产销增速只有 10% 左右或以下，少数甚至为负增长。

汽车行业是机械工业中占比最大的一个分行业，该行业 2012 年年初产销均为负增长，但此后逐月稳步回升，至 11 月止，累计产值已实现 12.23% 的增长，成为支撑机械工业“稳增长”的主要因素。但在汽车行业中，乘用车形势明显好于商用车。2012 年 1～11 月，乘用车产量 1408 万辆，同比增长 7.31%，销量 1403 万辆，同比增长 7.09%；而商用车产量 340 万辆，同比下降 5.66%，销量 346 万辆，同比下降 6.77%。

工程机械行业 2012 年下滑比较厉害，1～11 月产值同比增长 -0.43%，利润增幅为 -23.56%；主要产品产销量大幅下降，应收账款和库存大幅增长；但业内排头兵企业形势好于行业平均水平。

2. 顺应世界潮流，机械工业进入中速增长期

2012 年世界制造业增长速度放缓，联合国公布的全球制造业增长报告显示，受欧洲经济持续衰退和其他发达国家经济增长乏力影响，2012 年第四季度，全球工业生产增长仅为 1.2%，与 2011 年同期相比，增速下降了 1.8 个百分点，是自 2009 年以来增速最低的季度。受欧债危机的持续影响，欧洲制造业去年 4 个季度全面下滑。此前在个别欧元区国家出现的制造业萎缩走势已经逐步蔓延至整个欧洲

① http://www.chinairn.com/Print/2879709.html：“2013 年机械工业运行环境分析”。

地区。2012 年第四季度，法国制造业下滑 3.9%，德国下滑 2.9%。受日本出口下滑影响，东亚地区工业生产也出现了萎缩；北美地区保持了相对稳定的增长，但增速也较 2011 年同期有所放缓。

2012 年第四季度，发展中国家工业生产仍然保持了较高增速，7.6%的增长主要得益于上年中国经济仍然保持了相对高于其他国家的增速。尽管如此，受全球经济增长乏力，特别是发达国家经济复苏不确定性仍存的影响，发展中国家工业生产增速有所放缓。巴西作为最大的发展中国家之一，2012 年第四季度工业生产下降了 1.1%。在当前的全球经济大环境下，发展中国家仍面临工业生产下行的风险。①

与世界制造业增长趋势一致，2012 年我国机械工业结束了此前 2000 年至 2011 年年均 25%以上的高速增长，产销增速在 11%至 13%之间，行业发展步入中速增长期。2012 年机械工业累计实现工业总产值和销售产值 18.41 万亿元、18.04 万亿元，同比分别增长 12.64%和 12.54%。

2012 年机械工业增加值同比增长 8.4%，增幅比上年回落 6.7 个百分点，且低于同期全国工业平均增速 1.6 个百分点，多年来首次低于全国工业增加值平均增速。这表明相对其他工业行业而言，机械工业在本轮调整中面临的挑战格外严峻。

据了解，2012 年机械产品市场需求疲软；效益增速显著回落，盈利能力降低；对外贸易形势严峻，增速大幅回落。据统计，机械工业 2012 年 1 月至 12 月累计实现利润总额 1.23 万亿元，同比仅增长 5.18%，增速比上年同期回落 15.96 个百分点。行业的主营业务收入利润率回落至 6.81%，低于 2010 年和 2011 年 7%以上的水平。行业实现税金总额 6553 亿元，同比增长 12.86%。企业亏损面 11.25%，比上年同期上升 2.78 个百分点。

综合来看，2012 年机械工业实现产销、效益等主要经济指标的适度增长。同时，在市场倒逼机制作用下，企业的内生应变能力在增强，行业的转型升级在努力推进。

3. 企业生存压力减小，未来发展趋势良好

首先，与其他所有行业一样，机械、设备、仪表行业的发展从来不是独角戏，有太多“蝴蝶”在影响甚至左右着这艘巨轮的航向，其中最大的那一只，唤作“政策”。

2012 年 11 月十八大报告明确提出：“坚持走中国特色新型工业化、信息化、城镇化、农业现代化道路，推动信息化和工业化深度融合、工业化和城镇化良性互动、城镇化和农业现代化相互协调，促进工业化、信息化、城镇化、农业现代化同步发展。”

快速发展的新型城镇化，正在成为中国经济增长和社会发展的强大引擎。分析称，城镇化在未来 10 年可拉动 40 万亿元人民币投资，可对国内多个行业和板块产生深远影响。首先是保障房，以此带动基建、装修装饰、家电电器等行业发展；另外，城市交通、污水处理等领域的投资也会越来越多。可见，新型城镇化对基础建设投资的需求较大，这必将成为机械、设备、仪表行业发展的新契机。②

其次，2012 年 GDP 全年增幅将在 7.7%左右，11 月份用电量同比增长 7.6%，经济触底回升。而且，2012 年 10 月 CPI 回落至 1.7%的年内低点，11 月比 10 月回升了 0.3 个百分点，达到 2.0%，通胀压力明显放缓。机械、设备、仪表业生产原材料占主营业务成本的比例较高，2012 年宏观经济形势的好转，有利于机械、设备、仪表行业的企业降低成本，提高盈利，缓解资金压力，加速健康发展。

另外，2012 年央行两次实施降息，两次下调存款准备金率，并首次实施不对称降息以支持实体经济。这进一步缓解了机械、设备、仪表行业企业的资金压力。而且由于机械、设备、仪表业是国民经济支柱产业，该行业上市公司往往在其供应链上具有较强的议价能力和谈判能力，更加有利于企业的发展。

---

① http：//www.chinabgao.com/info/58227.html：“联合国工业发展组织：世界制造业增长速度放缓”。

② http：//kuaixun.stcn.com/2012/1112/10164749.shtml：“新型城镇化成拉动经济增长强大引擎”。

三、2012 年机械、设备、仪表业上市公司营运资金配置与来源分析

（一）机械、设备、仪表业上市公司营运资金配置分析

1. 机械、设备、仪表业上市公司营运资金总体配置结构与占用水平分析

（1）行业层面

从营运资金占用来看，随着行业内企业增加，2012 年机械、设备、仪表业总体的营运资金期末占用、经营活动营运资金期末占用、投资活动营运资金期末占用均有所增长；而行业平均占用方面，营运资本和投资活动营运资金均略有下降，营运资金和经营活动营运资金均有所上升，表明机械、设备、仪表业资金总体占用上升是由行业发展企业数量增加和平均占用水平略有上升引起的，且主要是由经营活动营运资金占用增加造成的。而行业平均营运资本与营运资金占用呈反方向变动，显示了 2012 年机械、设备、仪表业短期金融性负债有增加趋势。见表 16 - 1。

表 16 - 1　2011 ~ 2012 年机械、设备、仪表业营运资金配置分析　单位：亿元

项目	营运资本期末占用		营运资金期末占用		经营活动营运资金期末占用		经营活动营运资金占用水平		投资活动营运资金期末占用	
	2011	2012	2011	2012	2011	2012	2011	2012	2011	2012
行业总体	6218.28	6733.32	8983.24	10272.39	2174.81	2794.18	9.31%	11.03%	6808.43	7478.21
行业平均	14.77	14.51	21.34	22.14	5.17	6.02	9.31%	11.03%	16.17	16.12
最大值	531.61	358.46	710.40	858.81	155.07	161.39	148.53%	157.78%	780.22	744.07
最小值	-44.90	-135.99	-35.12	-40.25	-87.52	-173.62	-55.89%	-55.01%	0.03	0.03
样本数量	421	464	421	464	421	464	421	464	421	464

2012 年机械、设备、仪表业各项占用指标最小值大多减小，而除了营运资本和投资活动营运资金外的其他占用指标最大值也有明显增加，从而极差增大的现象，说明行业发展并不平衡，管理水平参差不齐，营运资金占用水平仍存在明显的差异。2012 年机械、设备、仪表业营运资金占用由 -40.25 到 858.81 不等，行业内的企业存在通过营业活动为企业融通资金的情况，也存在营业活动占用企业长期资金的情况，企业的财务风险也因而存在明显差异。

从营运资金配置结构看，2011 年经营活动营运资金占用和投资活动营运资金占用分别占营运资金占用总额的 24% 和 76%，而 2012 年两者分别为 27% 和 73%，配置结构变化不大，投资活动营运资金占用明显高于经营活动，说明该行业目前的资金配置偏重于投资活动，虽然 2012 年投资活动营运资金占用有所下降，但是仍旧占据主导地位。而相较于行业的发展来看，经营活动营运资金占用水平升高，创造单位营业收入需要占用的经营活动营运资金增加，说明行业营运资金管理绩效略有下降。

（2）企业层面

从企业层面看，2012 年机械、设备、仪表业企业营运资金与营运资本占用均为降低的居多，经营活动营运资金趋向于增加的企业较多，而投资活动营运资金占用趋向于降低的较多，反映出 2012 年机械、设备、仪表业营运资金在经营活动与投资活动之间配置结构有调整趋势。见表 16 - 2。

表 16 - 2　2011 ~ 2012 年机械、设备、仪表业上市公司营运资金配置变化情况及变动幅度统计表

项目		营运资本	营运资金	经营活动营运资金	投资活动营运资金
资金占用量绝对变化统计	降低	227	205	141	246
	降低比例	57.18%	51.64%	35.52%	61.96%
	增加	168	190	254	149
	增加比例	42.32%	47.86%	63.98%	37.53%

续表

项目		营运资本	营运资金	经营活动营运资金	投资活动营运资金
资金占用量变化幅度统计	降低显著	34	10	33	19
	占比	8.56%	2.52%	8.31%	4.79%
	降低较大	30	18	23	63
	占比	7.56%	4.53%	5.79%	15.87%
	有所降低	80	79	43	98
	占比	20.15%	19.90%	10.83%	24.69%
	基本稳定	149	178	86	108
	占比	37.53%	44.84%	21.66%	27.20%
	有所增加	45	64	75	47
	占比	11.34%	16.12%	18.89%	11.84%
	增加较大	16	15	42	18
	占比	4.03%	3.78%	10.58%	4.53%
	增加显著	41	31	93	42
	占比	10.33%	7.81%	23.43%	10.58%
可比样本总数		397			

注：上表中除了百分比之外的数字单位为：家

在 397 家可比的上市公司中，有 51.64% 的上市公司营运资金占用量减少。具体到各变动趋势中，基本稳定的上市公司数量最多，占样本总体的 44.84%；有所降低和有所增加的分别占 19.90% 和 16.12%。这说明 2012 年行业内上市公司营运资金占用水平的变动趋势比较平稳，但是由于营运资金占用水平降低的企业偏多，拉低了行业营运资金平均占用。

经营性营运资金占用水平降低的公司则只占了样本总体的 35.52%。其中增加显著的企业占比为 23.43%。可见样本企业经营性营运资金的占用水平增长趋势明显，由于占用水平增加的企业数量偏多，而这些企业又更多地集中在有所增加和显著增加这两个区域中，直接导致经营活动的营运资金占用增加。

投资活动营运资金占用量减少的上市公司数量则明显较多，占总体样本的 61.96%。其中基本稳定的占比最高，有所降低次之，虽然增加显著的企业占比仍然超过 10%，但是占用水平降低的企业总数较大，使得行业投资活动营运资金占用平均水平降低。

2012 年营运资本占用水平降低的企业数量比增加的企业数量多，占总体样本的 57.18%。其中，基本稳定的企业数量最多，占样本总量的 37.53%。其分布基本符合正态分布，但是增加显著的企业偏多，但是由于营运资本占用水平降低的企业较多，拉低了行业平均占用水平，营运资本占用量变化趋势总体上是稳中有降的。

2. 机械、设备、仪表业上市公司分渠道的经营活动营运资金配置分析

(1) 行业层面

从营运资金占用来看，行业总体和行业平均的经营活动营运资金占用均有所增加，占用最大值增加，最小值减小，使得极差增大，行业内差异愈见明显，见表 16－3。

表 16－3　2011～2012 年机械、设备、仪表业经营活动营运资金的渠道配置分析　单位：亿元

项目	采购渠道营运资金		生产渠道营运资金		营销渠道营运资金		经营活动营运资金	
	2011	2012	2011	2012	2011	2012	2011	2012
行业总体	－3721.54	－4533.31	973.64	996.82	4922.70	6330.67	2174.81	2794.18
行业平均	－8.84	－9.77	2.31	2.15	11.69	13.64	5.17	6.02

续表

项目	采购渠道营运资金		生产渠道营运资金		营销渠道营运资金		经营活动营运资金	
	2011	2012	2011	2012	2011	2012	2011	2012
最大值	13.79	11.54	251.85	230.76	696.68	603.50	155.07	161.39
最小值	-568.12	-280.41	-198.38	-219.38	-222.47	-151.24	-87.52	-173.62
样本数量	421	464	421	464	421	464	421	464

从营运资金配置结构来看，2012 年机械、设备、仪表业采购渠道的营运资金占用量降低较大，降幅为 21.81%；生产渠道营运资金占用量略有增加，增幅 2.38%；营销渠道营运资金的占用量增加较大，增幅为 28.60%。这表明 2011 年机械、设备、仪表业经营活动营运资金占用量增加主要是由营销渠道营运资金占用量增加引起的，而采购渠道营运资金的占用量降低，部分抵消了总体增加的程度。而从表 16-3 中数据可以看出，机械、设备、仪表业采购渠道营运资金占用为负值，为企业融通部分资金；营销渠道营运资金占用明显高于生产渠道，该行业营运资金主要被营销渠道占用。

（2）企业层面

从企业角度看，经营活动营运资金占用增加的企业明显高于降低的企业，采购渠道营运资金降低趋势较为明显，生产渠道营运资金略倾向于增加，而营销渠道营运资金明显倾向于增加，与行业层面数据趋势相吻合。由此可见机械、设备、仪表业企业应重点关注生产渠道和营销渠道的营运资金管理。见表 16-4。

表 16-4 机械、设备、仪表业 2011～2012 年经营活动营运资金的渠道配置变化情况及变动幅度表

项目		采购渠道营运资金	生产渠道营运资金	营销渠道营运资金	经营活动营运资金
资金占用量绝对变化统计	降低	268	177	108	141
	降低比例	67.51%	44.58%	27.20%	35.52%
	增加	127	218	287	254
	增加比例	31.99%	54.91%	72.29%	63.98%
资金占用量变化幅度统计	降低显著	140	75	14	33
	占比	35.26%	18.89%	3.53%	8.31%
	降低较大	42	22	8	23
	占比	10.58%	5.54%	2.02%	5.79%
	有所降低	60	45	46	43
	占比	15.11%	11.34%	11.59%	10.83%
	基本稳定	56	58	89	86
	占比	14.11%	14.61%	22.42%	21.66%
	有所增加	35	54	96	75
	占比	8.82%	13.60%	24.18%	18.89%
	增加较大	17	38	45	42
	占比	4.28%	9.57%	11.34%	10.58%
	增加显著	45	103	97	93
	占比	11.34%	25.94%	24.43%	23.43%
可比样本总数		397			

注：上表中除了百分比之外的数字单位为：家

采购渠道营运资金变动较剧烈，超过 60% 的企业采购渠道营运资金占用变化率超过 30%，而营销渠道营运资金变动相对稳定，近 60% 的企业的营销渠道营运资金占用变化率未超过 30%，生产渠道营运资金占用变化率分布较平均，但是生产渠道和营销渠道营运资金占用增加显著的企业仍然偏多。

3. 机械、设备、仪表业上市公司分要素的经营活动营运资金配置分析

（1）行业层面

从行业整体来看（见表 16－5），2012 年机械、设备、仪表业的存货、应收及预付款项、应付及预收款项占用均呈现增加趋势，增幅分别为 8.65%、18.77%、12.15%，而经营活动营运资金占用增幅为 28.48%。这表明 2012 年机械、设备、仪表业经营活动营运资金占用量增加，主要是由于存货和应收及预付款项占用量增加较大，抵消了应付及预收款项的增加导致的。而从行业平均来看，机械、设备、仪表业存货占用略有降低，表明行业总体的存货增加主要是由于行业发展、企业数量增加所引起的。

表 16－5　2011～2012 年机械、设备、仪表业经营活动营运资金的要素配置分析　单位：亿元

项目	存货		应收及预付款项		应付及预收款项		经营活动营运资金	
	2011	2012	2011	2012	2011	2012	2011	2012
行业总体	4946.26	5374.12	7982.12	9480.48	10753.57	12060.43	2174.81	2794.18
行业平均	11.75	11.58	18.96	20.43	25.54	25.99	5.17	6.02
最大值	366.88	328.66	845.41	905.70	1220.45	1053.98	155.07	161.39
最小值	—	0.10	0.09	0.10	0.05	0.15	－87.52	－173.62
样本数量	421	464	421	464	421	464	421	464

从表 16－5 数据可以看出，机械、设备、仪表业存货占用营运资金相对较少，应收及预付款项占用水平低于应付及预收款项占用水平，企业在采购过程中有一定的优势，能够占用一部分供应商的资金，但是 2012 年应收及预付款项增加表明企业营销环节出现困难或者管理不善，导致应收及预付款项管理水平下降。

（2）企业层面

从企业角度看，存货、应收及预付款项、应付及预收款项占用的营运资金均呈现增加趋势，且趋势较为明显，与行业层面数据趋势相吻合，见表 16－6。

存货、应收及预付款项、应付及预收款项占用的营运资金变动均比较稳定，超过 60% 的企业变化率未超过 30%，而变动趋势的分布大致呈现正态分布，但是增加显著的企业偏多，导致行业营运资金占用增加。

表 16－6　机械、设备、仪表业 2011～2012 年经营活动营运资金的要素配置变化情况及变动幅度表

项目		存货	应收及预付款项	应付及预收款项	经营活动营运资金
资金占用量绝对变化统计	降低	148	117	140	141
	降低比例	37.28%	29.47%	35.26%	35.52%
	增加	247	278	255	254
	增加比例	62.22%	70.03%	64.23%	63.98%
资金占用量变化幅度统计	降低显著	0	2	4	33
	占比	0.00%	0.50%	1.01%	8.31%
	降低较大	13	9	17	23
	占比	3.27%	2.27%	4.28%	5.79%
	有所降低	70	51	65	43
	占比	17.63%	12.85%	16.37%	10.83%
	基本稳定	130	115	110	86
	占比	32.75%	28.97%	27.71%	21.66%
	有所增加	109	105	88	75

续表

项目		存货	应收及预付款项	应付及预收款项	经营活动营运资金
资金占用量变化幅度统计	占比	27.46%	26.45%	22.17%	18.89%
	增加较大	30	56	60	42
	占比	7.56%	14.11%	15.11%	10.58%
	增加显著	43	57	51	93
	占比	10.83%	14.36%	12.85%	23.43%
可比样本总数		397			

注：上表中除了百分比之外的数字单位为：家

（二）机械、设备、仪表业上市公司营运资金来源与财务风险分析

如表 16－7 所示，机械、设备、仪表业营运资金大多来源于长期资本筹资，说明该行业偏重于长期资本融资。但是 2012 年机械、设备、仪表业短期金融性负债占比有所增加，可能带来行业风险的增大。而同时可以看出，机械、设备、仪表业营运资金来源差别较大，最大、最小值之间的极差接近 1000%，导致行业内企业的风险差别明显。

表 16－7　　2011～2012 年机械、设备、仪表业营运资金来源状况

项目	短期金融性负债占比		营运资本占比	
	2011 年末	2012 年末	2011 年末	2012 年末
行业平均	30.83%	34.45%	69.22%	65.55%
最大值	614.78%	468.69%	1499.94%	620.72%
最小值	－1399.94%	－520.72%	－514.78%	－368.69%
样本数量	421	464	421	464

从企业层面来看，机械、设备、仪表业仅有少数企业在 2011 年和 2012 年均依靠营业活动为企业融通资金，2011 年和 2012 年营业活动为企业融通资金的企业占比分别为 1.26%、1.01%。2012 年机械、设备、仪表业融资结构没有明显变化，短期金融性负债占比和营运资本占比在各区间分布基本符合正态分布，短期金融性负债占比集中在 0%～20% 区间，营运资本占比集中在 80%～100% 区间，说明行业主要依赖于长期资本融资，风险较小。见表 16－8。

表 16－8　　2011～2012 年机械、设备、仪表业营运资金来源统计表　　单位：家

比例	2011 年末短期金融性负债占比	2011 年末营运资本占比	2012 年末短期金融性负债占比	2012 年末营运资本占比
<0	5	16	4	15
0～20%	211	10	206	14
20%～40%	76	26	63	39
40%～60%	51	50	56	56
60%～80%	26	76	39	63
80%～100%	10	211	14	206
>100%	16	6	15	4
企业数量	397			

四、2012 年机械、设备、仪表业上市公司营运资金管理绩效分析

（一）机械、设备、仪表业上市公司分渠道的营运资金管理绩效分析

1. 行业层面分渠道的营运资金管理绩效分析

2011～2012 年机械、设备、仪表业各渠道营运资金周转期，如表 16－9 所示。

表 16 - 9　　2011 ~ 2012 年机械、设备、仪表业各渠道营运资金周转期　　单位：天

项目	采购渠道营运资金周转期		生产渠道营运资金周转期		营销渠道营运资金周转期		经营活动营运资金周转期（按渠道）	
	2011	2012	2011	2012	2011	2012	2011	2012
电气机械和器材制造业	-54	-64	29	2	53	107	28	45
汽车制造业	-56	-61	-10	-11	62	71	-4	-1
铁路、船舶、航空航天和其他运输设备制造业	-49	-68	47	53	32	35	30	20
通用设备制造业	-83	-59	17	62	117	52	51	55
仪器仪表制造业	-44	-53	11	-1	132	157	99	103
专用设备制造业	-43	-53	25	29	65	135	47	112
行业整体	-54	-61	15	15	62	81	22	34

如表 16 - 9 所示，2012 年机械、设备、仪表业上市公司采购渠道营运资金周转期为 - 61 天，同比缩短 7 天，减幅为 12.96%，这表明与 2011 年相比，2012 年机械、设备、仪表业上市公司采购渠道营运资金管理绩效有所改善。从细分行业来看，除了通用设备制造业营运资金周转期有所增长以外，其余细分行业营运资金周转期有所减少，这表明 2012 年机械、设备、仪表业上市公司中大部分企业采购渠道营运资金管理绩效都有所改善。

2012 年机械、设备、仪表业上市公司生产渠道营运资金周转期为 15 天，与 2011 年持平，这说明 2012 年机械、设备、仪表业上市公司生产渠道营运资金管理绩效无明显改善也无明显降低，处于稳定状态。具体来讲，电气机械和器材制造业、汽车制造业、仪器仪表制造业生产渠道营运资金周转期减少，表明这三个细分行业生产渠道营运资金管理绩效有所改善，铁路、船舶、航空航天和其他运输设备制造业、通用设备制造业、专用设备制造业生产渠道营运资金周转期都有所增长，表明这三个细分行业生产渠道的营运资金管理绩效有所降低。综上所述，从整个机械、设备、仪表业来讲，生产渠道营运资金管理绩效并无明显变化。

2012 年机械、设备、仪表业上市公司营销渠道营运资金周转期为 81 天，同比增长 19 天，增幅为 30.65%，这表明从整个机械、设备、仪表业来看，整个行业营销渠道的营运资金管理绩效有较大幅度的降低。从细分行业来看，除了通用设备制造业之外，其余细分行业营销渠道营运资金周转期都有较大幅度增长，这表明 2012 年机械、设备、仪表业上市公司中大部分企业营销渠道营运资金管理绩效有较大幅度降低。

从整个经营活动来看，2012 年机械、设备、仪表业上市公司经营活动营运资金周转期为 34 天，同比增长 12 天，增幅为 54.55%，这表明与 2011 年相比，2012 年机械、设备、仪表业上市公司经营活动营运资金管理绩效有较大幅度降低，主要由于营销渠道营运资金管理绩效的降低造成的。除铁路、船舶、航空航天和其他运输设备制造业外，其余细分行业经营活动营运资金周转期都有所增长，这也说明了 2012 年机械、设备、仪表业上市公司经营活动营运资金管理绩效的下降。

2. 企业层面分渠道的营运资金管理绩效分析

2011 ~ 2012 年机械、设备、仪表业企业层面营运资金（按渠道）管理绩效变化统计，如表 16 - 10 所示。

表 16－10　　2011～2012 年机械、设备、仪表业各渠道营运资金管理绩效变化统计表

项目		采购渠道营运资金周转期	生产渠道营运资金周转期	营销渠道营运资金周转期	经营活动营运资金周转期（按渠道）
周转期变化统计	改善	257	159	56	257
	改善比例	64.74%	40.05%	14.11%	64.74%
	降低	138	236	339	138
	降低比例	34.76%	59.45%	85.39%	34.76%
周转期变化幅度统计	改善显著	95	62	6	16
	改善较大	45	26	3	8
	有所改善	73	40	13	32
	基本稳定	80	70	86	75
	有所降低	43	46	110	81
	降低较大	18	38	76	65
	降低显著	41	113	101	118
可比样本总数		397			

如表 16－10 所示，与 2011 年相比，2012 年机械、设备、仪表业上市公司采购渠道营运资金管理绩效改善的企业有 257 家，占可比样本企业的 64.74%，管理绩效降低的企业有 138 家，占可比样本企业的 34.76%，除绩效处于基本稳定状态的 80 家企业外的 317 家企业中有 213 家企业采购渠道营运资金管理绩效有所改善，占剩余企业的 67.19%。这表明与 2011 年相比，2012 年机械、设备、仪表业上市公司中大部分企业采购渠道营运资金管理绩效都有所改善，这与上述行业层面数据显示的结果是一致的。

与 2011 年相比，2012 年机械、设备、仪表业上市公司生产渠道营运资金管理绩效改善的企业有 159 家，占可比样本企业的 40.05%，绩效降低的企业有 236 家，占可比样本企业的 59.45%，这表明 2012 年机械、设备、仪表业上市公司中较大部分企业生产渠道营运资金管理绩效有所降低。具体来看营运资金周转期变化幅度统计结果，除了绩效变化处于基本稳定状态的 70 家企业外的 327 家企业中有 113 家降低显著，有 38 家降低较大，有 46 家有所降低，这 197 家企业占剩余 327 家企业的 60.2%，这也表明稍大部分企业生产渠道营运资金管理绩效的降低。

与 2011 年相比，2012 年机械、设备、仪表业上市公司营销渠道营运资金管理绩效改善的企业有 56 家，占可比样本企业的 14.11%，管理绩效降低的企业有 339 家，占可比样本企业的 85.39%，这表明 2012 年机械、设备、仪表业上市公司中绝大部分企业营销渠道营运资金管理绩效都有所降低。降低显著的企业有 101 家，占可比样本企业的 25.44%，这也导致了整个机械、设备、仪表业营销渠道营运资金管理绩效的降低。这与上述行业层面的数据所显示的结果是一致的。

从整个经营活动营运资金周转期来看，除了绩效变化处于基本稳定状态的 75 家企业外的 322 家企业中管理绩效有所降低的企业有 81 家，降低较大的有 65 家，降低显著的有 118 家，这 264 家企业占剩余 322 家企业的 81.99%。这表明 2012 年机械、设备、仪表业上市公司中较大部分企业经营活动营运资金管理绩效都有所降低，从而整个行业经营活动营运资金管理绩效降低，这与上述行业层面的数据所显示的结果是一致的。

3. 行业层面分渠道的营运资金管理绩效趋势分析

2008～2012 年机械、设备、仪表业行业层面营运资金周转期（按渠道）变动趋势统计结果，如表 16－11所示。

表16-11　　2008~2012年机械、设备、仪表业行业营运资金周转期　　单位：天

项目	2008	2009	2010	2011	2012
经营活动营运资金（按渠道）周转期	23	-9	16	22	34
采购渠道营运资金周转期	-37	-70	-50	-54	-61
生产渠道营运资金周转期	14	16	12	15	15
营销渠道营运资金周转期	46	45	54	62	81

如表16-11所示，2009年以后的近三年，机械、设备、仪表业上市公司采购渠道营运资金周转期都有所缩减，2011年较2010年缩减4天，2012年较2011年缩减7天，这表明近三年机械、设备、仪表业上市公司采购渠道营运资金管理绩效有改善的趋势。

从表16-11可以看出，2008~2012年机械、设备、仪表业上市公司生产渠道营运资金周转期变化较小，这表明近五年生产渠道营运资金管理绩效无明显改善也无明显降低。具体来看，近三年生产渠道营运资金周转期有小幅上升的趋势，即表明机械、设备、仪表业上市公司生产渠道营运资金管理绩效有下降趋势，但幅度较小，基本处于稳定状态。

如表16-11所示，2008~2012年机械、设备、仪表业上市公司营销渠道营运资金周转期有明显的上升趋势，这表明近几年营销渠道营运资金管理绩效水平有较明显的下降势头。2012年营销渠道营运资金周转期为81天，同比增长19天，增幅为30.65%，营销渠道营运资金管理绩效降低较明显。

从整个经营活动营运资金管理来看，2009年以后机械、设备、仪表业上市公司营运资金周转期有较明显的上升势头，这表明机械、设备、仪表业上市公司经营活动营运资金管理绩效有下降趋势，为提高经营活动营运资金运用效率，这点需要引起相关企业的财务经理等管理者的足够重视。

（二）机械、设备、仪表业上市公司分要素的营运资金管理绩效分析

1. 行业层面分要素的营运资金管理绩效分析

2011~2012年机械、设备、仪表业各要素周转期，如表16-12所示。

表16-12　　2011~2012年机械、设备、仪表业各要素周转期　　单位：天

项目	存货周转期		应收账款周转期		应付账款周转期		经营活动营运资金周转期（按要素）	
	2011	2012	2011	2012	2011	2012	2011	2012
电气机械和器材制造业	89	64	113	118	96	94	106	88
汽车制造业	33	35	52	59	74	79	10	15
铁路、船舶、航空航天和其他运输设备制造业	110	118	76	100	110	129	76	89
通用设备制造业	90	142	121	141	123	125	87	157
仪器仪表制造业	81	77	121	142	85	89	116	130
专用设备制造业	94	112	101	143	94	105	101	150
行业整体	71	76	84	98	91	98	64	76

如表16-12所示，2012年机械、设备、仪表业上市公司存货周转期为76天，同比增长5天，增幅为7.04%，这表明2012年机械、设备、仪表业上市公司存货管理绩效水平下降，但是幅度较小，处于基本稳定状态。从细分行业来看，除了电气机械和器材制造业外，其余的细分行业存货周转期都有所增长，这表明除电气机械和器材制造业外的其余细分行业存货管理绩效水平都有所下降，这也导致了整个行业存货管理绩效水平的下降。

2012年机械、设备、仪表业上市公司应收账款周转期为98天，同比增长14天，增幅为16.67%，这表明与2011年相比，2012年机械、设备、仪表业上市公司应收账款管理绩效水平有所下降。从细分行业来看，所有细分行业应收账款周转期都有所增长，这表明所有细分行业应收账款管理绩效都有所

下降，整个行业的应收账款管理绩效也就随之下降。

2012 年机械、设备、仪表业上市公司应付账款周转期为 98 天，同比增长 7 天，增幅为 7.69%，这表明 2012 年机械、设备、仪表业上市公司应付账款管理绩效水平有所上升，但幅度较小，处于基本稳定状态。从具体细分行业来看，除了电气机械和器材制造业外，其余细分行业应付账款周转期都有所增长，这表明除电气机械和器材制造业外的其余细分行业应付账款管理绩效水平都有所增长。

从整个经营活动营运资金管理来看，2012 年机械、设备、仪表业上市公司经营活动营运资金周转期为 76 天，同比增长 12 天，增幅为 18.75%，这表明 2012 年机械、设备、仪表业上市公司经营活动营运资金管理绩效有所下降，细分行业的数据也同样说明了这一点。

2. 企业层面分要素的营运资金管理绩效分析

2011～2012 年机械、设备、仪表业企业层面营运资金（按要素）管理绩效变化统计，如表 16－13 所示。

表 16－13　2011～2012 年机械、设备、仪表业经营活动营运资金各要素管理绩效变化统计表

项目		存货周转期	应收账款周转期	应付账款周转期	经营活动营运资金周转期（按要素）
周转期变化统计	改善	101	64	109	77
	改善比例	25.44%	16.12%	27.46%	19.40%
	降低	294	331	286	318
	降低比例	74.06%	83.38%	72.04%	80.10%
周转期变化幅度统计	改善显著	1	1	32	10
	改善较大	4	3	40	9
	有所改善	30	22	129	21
	基本稳定	146	100	136	97
	有所降低	102	131	48	99
	降低较大	66	72	9	77
	降低显著	46	66	1	82
可比样本总数		397			

如表 16－13 所示，与 2011 年相比，2012 年机械、设备、仪表业上市公司存货管理绩效改善的企业有 101 家，占可比样本企业的 25.44%，管理绩效降低的企业有 294 家，占可比样本企业的 74.06%，这表明 2012 年机械、设备、仪表业上市公司中大部分企业存货管理绩效水平有所下降。

与 2011 年相比，2012 年机械、设备、仪表业上市公司应收账款管理绩效改善的企业有 64 家，占可比样本企业的 16.12%，管理绩效降低的有 331 家，占可比样本企业的 83.38%，这表明 2012 年机械、设备、仪表业上市公司中的绝大部分企业应收账款管理绩效有所降低。

从表 16－13 可以看出，与 2011 年相比，2012 年机械、设备、仪表业上市公司应付账款管理绩效变化处于基本稳定状态的企业有 136 家，除此之外的 261 家企业中管理绩效改善显著的有 32 家，改善较大的有 40 家，有所改善的有 129 家，这 201 家企业占剩余企业的 77.01%。这表明 2012 年机械、设备、仪表业上市公司中大部分企业应付账款管理绩效有所改善，进而整个行业应付账款管理绩效都有所改善，这与上述行业层面数据所显示的结果是一致的。

从整个行业的经营活动营运资金管理来看，与 2011 年相比，2012 年机械、设备、仪表业上市公司经营活动营运资金管理绩效改善的企业有 77 家，占可比样本企业的 19.40%，管理绩效降低的企业有 318 家，占可比样本企业的 80.10%，这表明 2012 年机械、设备、仪表业上市公司中大部分企业经营活动营运资金管理绩效下降。

3. 行业层面分要素的营运资金管理绩效趋势分析

2008～2012 年机械、设备、仪表业行业层面营运资金周转期（按要素）变动趋势统计结果，如表 16－14 所示。

表 16－14　　2008～2012 年机械、设备、仪表业各要素周转期　　单位：天

项目	2008	2009	2010	2011	2012
现金周转期	58	48	53	64	76
存货周转期	73	66	64	71	76
应收账款周转期	62	69	72	84	98
应付账款周转期	77	88	84	91	98

如表 16－14 所示，2008 年以后近四年，机械、设备、仪表业上市公司现金周转期有较明显的增长趋势，这表明近四年机械、设备、仪表业上市公司现金管理绩效有下降的趋势。

机械、设备、仪表业上市公司存货周转期在 2009 年有较明显的下降，在 2009 年以后的近三年内，存货周转期又有上升趋势，这表明近三年机械、设备、仪表业上市公司存货管理绩效有下降趋势，但下降的幅度较小，基本处于稳定状态。

从表 16－14 可以看出，近五年机械、设备、仪表业上市公司应收账款周转期有明显的上升趋势，这表明应收账款管理绩效有明显的下降趋势，为提高应收账款的管理效率，应收账款周转期的管理需引起相关企业管理者的足够重视。

机械、设备、仪表业上市公司近五年应付账款周转期有不断增长的趋势，这表明应付账款管理绩效水平得到了不断提高。

五、2012 年机械、设备、仪表业上市公司营运资金管理绩效排行榜

本部分分别按“经营活动营运资金周转期（按要素）”和“经营活动营运资金周转期（按渠道）”进行排名，考察机械、设备、仪表业上市公司营运资金管理绩效。在对上市公司营运资金管理绩效进行排名时，剔除了财务数据异常的公司，详见附录一。

六、2012 年机械、设备、仪表业上市公司营运资金管理的典型案例分析

（一）潍柴重机——营运资金管理行业领军者

1. 潍柴重机股份有限公司基本情况简介

潍柴重机股份有限公司（以下简称潍柴重机，SZ000880，原山东巨力股份有限公司）于 1998 年在深圳证券交易所上市。但由于行业竞争激烈和管理不善，2000 年以后，公司经营业绩呈逐年下滑之势，并自 2003 年起陷入连年亏损的境地，面临退市的危险。

2006 年，潍坊柴油机厂以其所属的中速柴油机和发电设备制造等优良的经营性资产，置入潍柴重机，成为本公司的控股股东。更为重要的是，这一举动迅速扭转了企业连年亏损的局面，实现了公司经营范围和战略方向的重大转变，为保证公司尽快摆脱困境、实现持续快速健康发展奠定了基础。

公司建有遍布全国的营销网络和维修服务、配件供应中心，经过多年的不懈努力，形成了强大的品牌美誉度和用户忠诚度。中速柴油机占有国内船舶动力市场 80% 的市场份额，是中国最普及和成熟的船用柴油机产品，并大批量出口越南、印尼、菲律宾等国，在当地享有极高的品牌声誉；柴油发电设备占据国内市场的半壁江山，是中国最大的柴油发电设备生产商。

公司导入六西格码管理方法，强抓精益生产工作，不断提升现场管理水平，实现生产组织的全过程控制。1996 年取得 ISO9001 质量管理体系证书，2004 年获得英国标准协会 BSI 颁布的 ISO/TS16949：2002 体系认证证书，以高技术、高性能、高质量和一流的服务享誉国内外。

2. 潍柴重机股份有限公司营运资金周转绩效分析

从表 16－15 中可以看出，潍柴重机按渠道的经营活动营运资金周转期近三年一直保持在行业领先水平（2010 年排名行业第 5，前 4 名都是 ST 股，2011 年排名第 1，2012 年排名第 1）。潍柴重机 2010

年、2011 年、2012 年采购渠道营运资金周转期、生产渠道营运资金周转期和营销渠道营运资金周转期均排名很靠前，2012 年三个周转期分别明显地低于行业平均水平。潍柴重机 2010 年采购渠道营运资金周转期、生产渠道营运资金周转期和营销渠道营运资金周转期分别为 -146 天、-11 天、-5 天，2012 年各渠道营运资金周转期分别为 -202 天、-15 天、4 天；2012 年采购和生产渠道营运资金周转期比 2010 年均有所缩短，其中生产渠道缩短幅度较大，营销渠道营运资金周转期比 2010 年增长了 9 天；按渠道经营活动营运资金周转期由 2010 年的 -161 天缩短为 2011 年的 -213 天。

表 16-15　潍柴重机股份有限公司 2011~2012 年经营活动营运资金管理绩效表（按渠道）　单位：天

项目 / 年份	采购渠道营运资金周转期	生产渠道营运资金周转期	营销渠道营运资金周转期	经营活动营运资金周转期
2012	-202（7）	-15（39）	4（16）	-213（1）
2011	-178（5）	-18（18）	-4（21）	-200（1）
2010	-146（5）	-11（28）	-5（15）	-161（5）
2012 年行业平均	-61	15	81	34

注：括号内数字为上市公司该项指标当年在行业内的排名，其余单位为天。

从表 16-16 可以看出，潍柴重机按要素的经营活动营运资金周转期近三年一直保持在行业领先水平（2010 年、2011 年和 2012 年均排名行业第 1）。潍柴重机 2010 年、2011 年、2012 年存货周转期和应收账款周转期均排名靠前，2012 年存货周转期和应收账款周转期远远低于行业平均水平。2010 年、2011 年、2012 年应付账款周转期分别高于当年行业平均水平。其中，存货周转期、应收账款周转期和应付账款周转期三年水平一直在增长，存货周转期由 2010 年的 19 天上升为 2012 年的 42 天，应收账款周转期由 2010 年 1 天增长为 2012 年 5 天，应付账款周转期由 2010 年的 158 天大幅延长为 2012 年的 222 天；按要素经营活动营运资金周转期由 2010 年 -139 天缩短为 2010 年 -175 天。这说明尽管存货和应收账款营运资金管理绩效下降，但由于应付账款管理绩效的大幅提升使按要素经营活动营运资金管理绩效得以提升。

表 16-16　潍柴重机股份有限公司 2010~2012 年经营活动营运资金管理绩效表（按要素）　单位：天

项目 / 年份	存货周转期	应收账款周转期	应付账款周转期	经营活动营运资金周转期
2012	42（51）	5（2）	222（451）	-175（1）
2011	29（24）	2（1）	195（409）	-165（1）
2010	19（9）	1（1）	158（328）	-139（1）
2012 年行业平均	76	98	98	76

注：括号内数字为上市公司该项指标当年在行业内的排名，其余单位为天。

3. 潍柴重机股份有限公司营运资金占用分析

从表 16-17 中可以看出，潍柴重机 2012 年采购渠道、生产渠道、营销渠道占用营运资金的数额均低于行业平均水平，经营活动营运资金（按渠道）占用金额远远低于行业平均水平的 5.22 亿元。2010 年、2011 年采购渠道、生产渠道、营销渠道占用的营运资金数额均为负，2012 年采购渠道、生产渠道的营运资金占用额分别为 -11.80 亿元，-0.89 亿元，营销渠道营运资金占用额为 0.24 亿元，三年来首次由负数变为正数。采购渠道营运资金占用金额 2010 年、2011 年、2012 年分别为 -10.80 亿元、-11.80 亿元、-11.80 亿元，整体呈下降趋势。生产渠道营运资金占用金额 2010 年、2011 年、2012 年分别为 -0.79 亿元、-1.17 亿元、-0.89 亿元，先下降后上升，整体水平下降。采购渠道营运资金占用金额 2010 年、2011 年、2012 年分别为 -10.80 亿元、-11.80 亿元、-11.80 亿元，整体呈下降趋势。营销渠道营运资金占用金额 2010 年、2011 年、2012 年分别为 -0.34 亿元、-0.26 亿元、0.24 亿元，整体呈上升趋势。从经营活动营运资金（按渠道）占用总额来说，2010 年、2011 年、

2012年的金额分别为－11.93亿元、－13.23亿元、－12.45亿元，先上升后下降，总体水平下降。

表16－17　　潍柴重机股份有限公司2010～2012年经营活动营运资金（按渠道）占用情况　　单位：亿元

年份＼项目	采购渠道占用	生产渠道占用	营销渠道占用	经营活动营运资金（按渠道）占用
2012	－11.80	－0.89	0.24	－12.45
2011	－11.80	－1.17	－0.26	－13.23
2010	－10.80	－0.79	－0.34	－11.93
2012年行业平均	－9.22	2.23	12.21	5.22

从表16－18中可以看出，潍柴重机存货、应收账款、应付账款占用营运资金数额都低于行业平均水平，经营活动营运资金（按要素）占用额为－10.21亿元，远远低于行业平均的金额5.22亿元。潍柴重机经营活动营运资金（按要素）占用金额三年来均为负值，说明资金管理效用很高，偿债能力强，发生财务危机的可能性较小。存货占用营运资金的金额2010年、2011年、2012年分别为1.41亿元、1.89亿元、2.46亿元，整体呈上升趋势。应收账款占用营运资金的金额2010年、2011年、2012年分别为0.06亿元、0.11亿元、0.28亿元，整体呈上升趋势。应付账款占用营运资金的金额2010年、2011年、2012年分别为11.71亿元、12.93亿元、12.95亿元，整体呈上升趋势。经营活动营运资金（按要素）占用金额三年分别为－10.24亿元、－10.93亿元、－10.21亿元，先下降后上升，三年数额相差不大。

表16－18　　潍柴重机股份有限公司2010～2012年经营活动营运资金（按要素）占用情况　　单位：亿元

年份＼项目	存货占用	应收账款占用	应付账款占用	经营活动营运资金（按要素）占用
2012	2.46	0.28	12.95	－10.21
2011	1.89	0.11	12.93	－10.93
2010	1.41	0.06	11.71	－10.24
2012年行业平均	11.49	14.83	14.81	5.22

4. 潍柴重机股份有限公司营运资金管理特色总结

潍柴重机股份有限公司2012年营运资金管理特色如下：

（1）营运资金管理效率提升，继续保持行业领先水平

潍柴重机在公司内部推行六西格玛管理，改善企业管理流程，在供应、生产系统引入精益化管理，降低采购、生产与库存环节的资金占用，进一步优化公司财务状况，增强抗风险能力。2012年，该公司又促进精益管理理念逐步落地，全面导入精益管理理念。全员积极参与，通过优化生产流程、强化现场管理，公司运营成本得到有效控制，产品实物质量进一步提升。通过精益管理理念的落实，2012年潍柴重机采购和生产渠道营运资金周转期比2011年均有所缩短，2012年经营活动营运资金周转期继续保持行业第一。

（2）经营活动营运资金（按要素）占用金额为负数，在上下游供应链中处于优势地位

潍柴重机利用先进的技术水平和差异化竞争优势，上升为良好的品牌形象，充分利用上下游企业进行供应链管理，很好地提高了营运资金管理绩效。一方面，潍柴重机积极拓展下游市场，对下游市场形成较强的影响力，很好地控制了其在应收账款上的营运资金占用，潍柴重机在2010～2012年连续三年中应收账款管理绩效均位列行业前两位。另一方面，面对上游厂商，潍柴重机良好的品牌形象可以有效运用商业信用，相应减少采购环节的营运资金占用，加快采购渠道营运资金周转，提高采购渠道营运资金周转绩效。而且，在货款支付环节，可以使应付账款周转期有所延长，从而使营运资金管理绩效大幅提升，潍柴动力的应付账款管理水平也处于行业领先地位。

（3）营销渠道占用营运资金数额上升，三年来营销渠道营运资金周转期首次为正

2012 年，潍柴重机调整营销政策，发力细分市场。报告期内，公司船机销售在区域代理打包销售的基础上，灵活调整销售策略，规定战略产品成长期内不受区域限制，极大提升了船机代理商的销售积极性。与此同时，公司发电设备产品成功进入军方采购目录，并成功为中国移动、中国电信、华为、中联煤层气等大型客户提供产品配套服务。[①] 报告期内营销政策的调整使得营销渠道营运资金占用额增加，但是从长远来看，新的营销政策必将为公司的发展带来积极影响，进一步改善营销渠道营运资金管理效果。

（二）青岛海尔——构建全面营运资金管理体系

1. 青岛海尔股份有限公司基本情况简介

海尔 1984 年创立于青岛。创业以来，海尔坚持以用户需求为中心的创新体系驱动企业持续健康发展，从一家资不抵债、濒临倒闭的集体小厂发展成为全球最大的家用电器制造商之一。2012 年，海尔集团全球营业额 1631 亿元，在全球 17 个国家拥有 8 万多名员工，海尔的用户遍布世界 100 多个国家和地区。

海尔实网即营销网、物流网、服务网，覆盖全国大部分的城市社区和农村市场，海尔的虚实网融合的优势保障了企业与用户的零距离，不但有效支持海尔产品的营销，还成为国际家电名牌在中国市场的首选渠道。在互联网时代，海尔实施两个战略转型：企业转型，从“卖产品”转变为“卖服务”；商业模式转型，从传统商业模式转型为人单合一双赢模式。海尔组织结构应需而变，从传统的“正三角”转变为“倒三角”组织，又从“倒三角”转变为以自主经营体为基本创新单元的“节点闭环动态网状组织”。创新使海尔持续健康发展，自 2007 年以来，海尔利润复合增长率达 35%，资金周转天数（CCC）为 -10 天，遥遥领先于同行业。

青岛海尔股份有限公司成立于 1989 年 4 月 28 日，它是在对原青岛电冰箱总厂改组的基础上，以定向募集资金方式设立的股份有限公司。公司于 1993 年 10 月 12 日向社会公开发行股票，并于 11 月 19 日在上海证券交易所上市交易，股票简称：青岛海尔，股票代码：600690。上市十多年来，公司取得了长足的发展。青岛海尔作为主体的 690 平台以破坏性创新推进智慧化家电，目标是成为全球家电的引领者和规则制定者。

2. 青岛海尔股份有限公司营运资金周转绩效分析

从表 16-19 中可以看出，青岛海尔按渠道的经营活动营运资金周转期近三年一直保持在行业偏上的水平，且整体排名在前进（2010 年排名行业第 30，2012 年排名第 22）。青岛海尔 2012 年采购渠道营运资金周转期、生产渠道营运资金周转期和营销渠道营运资金周转期分别为 -73 天、-21 天、67 天，均低于行业平均水平 -61 天、15 天、81 天。青岛海尔 2010 年采购渠道营运资金周转期、生产渠道营运资金周转期和营销渠道营运资金周转期分别为 -47 天、-19 天、50 天；2011 年各渠道营运资金周转期分别为 -59 天、-19 天、55 天；2012 年各渠道营运资金周转期分别为 -73 天、-21 天、67 天。三年采购和生产渠道营运资金周转期均呈缩短趋势，其中采购渠道缩短幅度较大，营销渠道营运资金周转期则呈上升趋势，2012 年比 2010 年增长了 17 天；按渠道经营活动营运资金周转期由 2010 年的——16 天缩短为 2012 年的 -26 天。

表 16-19　　青岛海尔股份有限公司 2011~2012 年经营活动营运资金管理绩效表（按渠道）　　单位：天

项目 年份	采购渠道营运资金周转期	生产渠道营运资金周转期	营销渠道营运资金周转期	经营活动营运资金周转期
2012	-73（119）	-21（26）	67（75）	-26（22）
2011	-59（131）	-19（17）	55（74）	-23（20）

① 潍柴重机股份有限公司 2012 年年度报告。

续表

年份＼项目	采购渠道营运资金周转期	生产渠道营运资金周转期	营销渠道营运资金周转期	经营活动营运资金周转期
2010	-47（155）	-19（19）	50（52）	-16（30）
2012 年行业平均	-61	15	81	34

注：括号内数字为上市公司该项指标当年在行业内的排名，其余单位为天

从表 16-20 可以看出，青岛海尔 2012 年按要素的经营活动营运资金周转期处于行业先进水平，且行业排名一直在前进（2010 年、2011 年和 2012 年行业排名分别为第 35 名、第 22 名、第 21 名）。青岛海尔 2010 年、2011 年、2012 年存货周转期和应收账款周转期排名均较为靠前，2012 年存货周转期和应收账款周转期低于行业平均水平；2010 年、2011 年、2012 年应付账款周转期当年行业排名较为靠后，但也低于平均水平；但由于存货周转期、应收账款周转期较短，使得按要素的经营活动营运资金周转期较短。存货周转期、应收账款周转期和应付账款周转期三年水平一直在增长，存货周转期由 2010 年的 17 天上升为 2012 年的 30 天，应收账款周转期由 2010 年 51 天增长为 2012 年 60 天，应付账款周转期由 2010 年的 54 天延长为 2012 年的 86 天；按要素经营活动营运资金周转期由 2010 年 14 天缩短为 2010 年 5 天。三年的经营活动营运资金周转期均为正数。

表 16-20　青岛海尔股份有限公司 2010～2012 年经营活动营运资金管理绩效表（按要素）　单位：天

年份＼项目	存货周转期	应收账款周转期	应付账款周转期	经营活动营运资金周转期
2012	30（19）	60（56）	86（235）	5（21）
2011	25（15）	52（48）	70（181）	7（22）
2010	17（5）	51（47）	54（90）	14（35）
2012 年行业平均	76	98	98	76

注：括号内数字为上市公司该项指标当年在行业内的排名，其余单位为天

3. 青岛海尔股份有限公司营运资金占用分析

从表 16-21 中可以看出，青岛海尔 2012 年采购渠道、生产渠道占用营运资金的数额均低于行业平均水平，营销渠道占用营运资金的数额高于行业平均水平，经营活动营运资金（按渠道）占用金额整体低于行业平均水平的 5.22 亿元。采购渠道营运资金占用金额 2010 年、2011 年、2012 年分别为 -79.62亿元、-121.75 亿元、-161.90 亿元，整体呈下降趋势。生产渠道营运资金占用金额 2010 年、2011 年、2012 年分别为 -31.37 亿元、-38.01 亿元、-38.01 亿元，整体水平下降。营销渠道营运资金占用金额 2010 年、2011 年、2012 年分别为 84.45 亿元、113.26 亿元、148.93 亿元，三年来一直上升。从经营活动营运资金（按渠道）占用总额来说，2010 年、2011 年、2012 年分别为 -26.54 亿元、-46.50 亿元、-58.67 亿元，一直为负数，而且整体呈下降趋势。

表 16-21　青岛海尔股份有限公司 2010～2012 年经营活动营运资金（按渠道）占用情况　单位：亿元

年份＼项目	采购渠道占用	生产渠道占用	营销渠道占用	经营活动营运资金（按渠道）占用
2012	-161.90	-38.01	148.93	-58.67
2011	-121.75	-38.01	113.26	-46.50
2010	-79.62	-31.37	84.45	-26.54
2012 年行业平均	-9.22	2.23	12.21	5.22

从表 16-22 中可以看出，青岛海尔 2012 年存货、应收账款、应付账款占用营运资金数额都远远高于行业平均水平，经营活动营运资金（按要素）占用额为 10.59 亿元，远远高于行业平均的金额

5.22 亿元。青岛海尔存货占用营运资金的金额 2010 年、2011 年、2012 年分别为 29.09 亿元、51.45 亿元、67.33 亿元，整体呈上升趋势。应收账款占用营运资金的金额 2010 年、2011 年、2012 年分别为 85.92 亿元、105.39 亿元、133.34 亿元，整体呈上升趋势。应付账款占用营运资金的金额 2010 年、2011 年、2012 年分别为 90.76 亿元、143.37 亿元、190.08 亿元，整体呈上升趋势，且上升幅度很大。经营活动营运资金（按要素）占用金额三年分别为 24.25 亿元、13.47 亿元、10.59 亿元，整体呈下降趋势，这是因为存货和应收账款占用营运资金数额的上升幅度不及应付账款占用营运资金数额的上升幅度。

表 16-22　青岛海尔股份有限公司 2010～2012 年经营活动营运资金（按要素）占用情况　单位：亿元

年份 \ 项目	存货占用	应收账款占用	应付账款占用	经营活动营运资金（按要素）占用
2012	67.33	133.34	190.08	10.59
2011	51.45	105.39	143.37	13.47
2010	29.09	85.92	90.76	24.25
2012 年行业平均	11.49	14.83	14.81	5.22

4. 青岛海尔股份有限公司营运资金管理特色总结

（1）继续构建全面整合的营运资金管理体系，经营活动营运资金管理效率进一步提高

青岛海尔股份有限公司营运资金管理的目标是“零营运资本”，即在满足企业对流动资产基本需求的前提下，通过对流动资产尤其是应收账款和存货等占用的管理和控制，使营运资金趋于最小。在该目标的指导下，海尔通过推进需求链管理、渠道与客户关系管理、资金集约管理、供应链融资以及国际营运资金管理等方面的创新，同时对组织和流程、商业模式、机制等方面进行变革以提供一个有利于营运资金效率提升的平台支持，构建了一个全面整合的营运资金管理体系。① 2012 年公司继续推进以自主经营体为基本创新单元的“人单合一双赢”商业模式，倡导每个海尔人都以用户为中心成为自主创新的主体，以适应时代的特点，即需即供，快速响应与满足用户需求，促进了企业高效运转。② 2012 年，无论按渠道还是按要素来看，青岛海尔经营活动营运资金周转期均比 2011 年有所缩短，在行业中处于先进水平。

（2）推行“四网融合”战略，营销渠道营运资金占用额上升

2012 年，青岛海尔渠道综合服务业务紧紧围绕分销网络、物流网络、服务网络和虚拟网络相结合的“四网融合”战略，为用户及客户提供全流程一体化的解决方案。年内，公司在深化渠道布局的基础上，不断提升自有品牌经营水平，拓展第三方品牌加入日日顺网络，并通过推进山东日日顺直配到镇样板，成功深化网络配送的竞争力。另外，报告期内，公司根据家电家居一体化和消费者需求多样化发展趋势，深入推进多品牌运作策略，推动卡萨帝、统帅两个品牌在目标市场的推广。由此，营销渠道营运资金占用额增加，营销渠道营运资金周转期攀升。海尔在加强营销渠道建设、提升业绩和市场份额的同时，应该注意控制营销渠道占用的营运资金，提高投入资金的使用效率。

（3）应付账款周转期延长，对供应商的营运资金管理效果渐显

为支持产业的发展，海尔财务公司以“供产销”的供应链为纽带，开展对供应商、经销商的营运资金管理和金融服务。海尔供应商中有许多为中小型企业，伴随企业的成长，这些供应商面临着营运资金短缺的问题，但由于其规模小又导致从银行融资难度大。为解决此问题，海尔财务公司以对供应商的应付账款做质押为供应商提供融资，同时推出“买方信贷衍生产品”业务模式，解决供应商的营运资金融资问题，使产业链的上下游合作商在营运资金管理方面实现资源互补和共赢。2012 年青岛海尔应付账款营运资金占用额大幅上升，应付账款营运资金管理效率进一步改善，这与其以供应链为纽

① 彭家钧、王竹泉：“海尔集团营运资金管理体系的构建与运行”，《财务与会计》，2012 年第 3 期。
② 青岛海尔股份有限公司 2012 年年度报告。

带的全流程营运资金管理与融资的做法存在密切的关系。

（三）三一重工——行业巨头营运资金管理绩效降低的典范

1. 三一重工股份有限公司简介

三一重工股份有限公司由三一集团投资创建于 1994 年。自公司成立以来，三一重工以年均 50% 以上速度增长。2012 年，公司实现营业收入 468.31 亿元，净利润 56.86 亿元。2011 年 7 月，三一重工以 215.84 亿美元的市值，入围 FT 全球 500 强，为唯一上榜的中国机械企业。三一重工主要从事工程机械的研发、制造、销售，是中国最大、全球第五的工程机械制造商。三一重工产品包括混凝土机械、挖掘机、汽车起重机、履带起重机、桩工机械、筑路机械，主导产品有混凝土输送泵、混凝土输送泵车、混凝土搅拌站、沥青搅拌站、履带起重机、汽车起重机、旋挖钻机、压路机、摊铺机、平地机等。目前，三一混凝土机械、挖掘机、履带起重机、旋挖钻机已成为国内第一品牌，混凝土输送泵车、混凝土输送泵和全液压压路机市场占有率居国内首位，泵车产量居世界首位。

三一秉承“品质改变世界”的经营理念，将销售收入的 5% ~7% 用于研发，致力于将产品升级换代至世界一流水准。拥有国家级技术开发中心和博士后流动工作站，目前，三一重工共拥有授权有效专利 2428 项。两次荣获国家科技进步二等奖，其中三一重工技术创新平台荣获 2010 年度国家科技进步二等奖，是新中国成立以来工程机械行业获得的国家级最高荣誉。三一重工执行总裁易小刚获评首届十佳全国优秀科技工作者，是工程机械行业唯一获奖者。

目前，三一重工在全国已建有 12 家 6S 中心，未来几年内，将在全国 31 个省会城市、直辖市、200 多个二级城市开设 6S 中心。在全球拥有 169 家销售分公司、2000 多个服务中心、7500 多名技术服务工程师。近年，三一重工相继在印度、美国、德国、巴西投资建设工程机械研发制造中心。自营的机制、完善的网络、独特的理念，将星级服务和超值服务贯穿于产品的售前、售中、售后全过程。三一重工已通过国家 ISO 9000 质量体系认证、ISO14001 环境管理体系认证、OHSAS18001 职业健康安全体系认证和德国 TUV 认证。

2003 年 7 月 3 日，三一重工在上海证券交易所上市；2005 年 6 月 10 日，三一重工成为首家股权分置改革成功并实现全流通的企业，被载入中国资本市场史册。[①]

2. 三一重工股份有限公司营运资金管理绩效

（1）分渠道的营运资金管理绩效分析

2011 ~2012 年三一重工股份有限公司各渠道营运资金周转期及行业平均值，如表 16 -23 所示。

表 16 -23　　三一重工 2011 ~2012 年营运资金管理绩效表（按渠道）　　单位：天

项目 年份	采购渠道营运资金周转期	生产渠道营运资金周转期	营销渠道营运资金周转期	经营活动营运资金周转期（按渠道）
2011	-21	-3	83	58
2012	-10	-14	134	110
2011 年行业平均	-54	15	62	22
2012 年行业平均	-61	15	81	34

如表 16 -23 所示，2011 年、2012 年三一重工采购渠道、营销渠道营运资金周转期都高于 2011 年、2012 年的行业平均值，2011、2012 年三一重工生产渠道营运资金周转期低于相应年份行业平均值，这表明 2011 年、2012 年三一重工采购渠道、营销渠道营运资金管理绩效低于行业平均水平，同时生产渠道营运资金管理绩效高于行业平均水平。从整个经营活动营运资金管理来看，2011 年、2012 年三一重工经营活动营运资金周转期明显高于相应年份行业平均值，表明 2011 年、2012 年三一重工经营活动营运资金管理绩效水平也显著低于行业平均水平。

① “三一重工股份有限公司”，百度百科，http://baike.baidu.com/view/299458.htm?fromId=462753。

仅就三一重工2011年、2012年营运资金管理来看，与2011年相比，2012年三一重工采购渠道、营销渠道营运资金周转期有所上升，生产渠道营运资金周转期有所下降，这表明与2011年相比，2012年三一重工采购渠道、营销渠道营运资金管理绩效水平有所下降，仅生产渠道营运资金管理绩效水平有所上升。从整个经营活动来看，与2011年相比，2012年经营活动营运资金周转期有明显上升，这意味着与2011年相比，2012年三一重工经营活动营运资金管理绩效水平有显著下降。

（2）分要素的营运资金管理绩效分析

2011～2012年三一重工股份有限公司各要素营运资金周转期及行业平均值，如表16－24所示。

表16－24　三一重工2011～2012年营运资金管理绩效表（按要素）　单位：天

项目 / 年份	存货周转期	应收账款周转期	应付账款周转期	经营活动营运资金周转期（按要素）
2011	50	72	47	58
2012	73	117	48	110
2011年行业平均	71	84	91	64
2012年行业平均	76	98	98	76

如表16－24所示，2011年、2012年三一重工存货周转期低于相应年份行业平均值，这表明2011年、2012年三一重工存货管理绩效水平高于行业平均绩效水平。2011年三一重工应收账款周转期低于行业平均值，2012年高于行业平均值，这表明2011年三一重工应收账款管理绩效水平高于行业平均水平，而2012年则低于行业平均水平。2011年、2012年三一重工应付账款周转期都显著低于相应年份行业平均值，这表明2011年、2012年三一重工应付账款的管理绩效水平低于行业平均水平。从整个经营活动营运资金管理来看，2011年三一重工经营活动营运资金周转期低于行业平均值，2012年则明显高于行业平均值，这表明2011年三一重工经营活动营运资金管理绩效水平高于行业平均水平，2012年则低于行业平均水平。

仅就2011年、2012年三一重工各要素营运资金周转期来看，与2011年相比，2012年三一重工存货周转期、应收账款周转期有所上升，应付账款周转期有所下降，这表明，与2011年相比，2012年三一重工存货、应收账款、应付账款管理绩效水平都有所下降。从整个经营活动来看，与2011年相比，2012年三一重工经营活动营运资金周转期增加52天，同比增长89.66%，这表明，从经营活动来看，与2011年相比，2012年三一重工经营活动营运资金管理绩效水平显著下降。

3. 三一重工股份有限公司营运资金占用分析

（1）分渠道的营运资金占用分析

2011～2012年三一重工股份有限公司各渠道营运资金占用及行业平均值，如表16－25所示。

表16－25　三一重工2011～2012年营运资金占用表（按渠道）　单位：亿元

项目 / 年份	采购渠道营运资金	生产渠道营运资金	营销渠道营运资金	经营活动营运资金（按渠道）
2011	－20.82	－4.14	148.98	124.02
2012	－5.84	－32.20	199.43	161.39
2011年行业平均	－8.84	2.31	11.69	5.17
2012年行业平均	－9.77	2.15	13.64	6.02

如表16－25所示，2011年三一重工采购渠道营运资金占用量小于2011年行业平均值，2012年三一重工采购渠道营运资金占用量则高于行业平均值，这表明2011年三一重工采购渠道营运资金投入量小于2011年的行业平均投入量，2012年则高于行业平均水平。2011年、2012年三一重工生产渠道营运资金占用量都低于相应年份行业平均水平，营销渠道营运资金占用量都大大高于行业平均水平，这

表明，2011 年、2012 年三一重工生产渠道营运资金投入量都低于相应年份行业平均水平，而营销渠道营运资金投入量都远高于相应年份行业平均水平。从整个经营活动营运资金来看，2011 年、2012 年三一重工经营活动营运资金占用量都大大高于相应年份的行业平均值，这表明 2011 年、2012 年三一重工经营活动营运资金投入量远高于行业平均水平。

仅就 2011 年、2012 年三一重工各渠道营运资金占用来看，与 2011 年相比，2012 年三一重工采购渠道、营销渠道营运资金占用量都有所上升，生产渠道营运资金占用量有所下降，这表明与 2011 年相比，2012 年三一重工采购渠道、营销渠道营运资金投入量有所增长，而生产渠道营运资金投入量有所减少。从整个经营活动来看，与 2011 年相比，2012 年三一重工经营活动营运资金占用量有所增加，这说明与 2011 年相比，2012 年三一重工经营活动营运资金投入量有所上升。

（2）分要素的营运资金占用分析

2011 ~ 2012 年三一重工股份有限公司各要素营运资金占用及行业平均值，如表 16 – 26 所示。

表 16 – 26　　三一重工 2011 ~ 2012 年营运资金占用表（按要素）　　单位：亿元

项目 / 年份	存货占用	应收及预付款项占用	应付及预收款项占用	经营活动营运资金（按渠道）
2011	82.27	161.37	119.62	124.02
2012	107.52	203.04	149.17	161.39
2011 年行业平均	11.75	18.96	25.54	5.17
2012 年行业平均	11.58	20.43	25.99	6.02

如表 16 – 26 所示，2011 年、2012 年三一重工存货、应收及预付款项、应付及预收款项营运资金的占用量都显著高于 2011 年、2012 年的行业平均占用量，这表明 2011 年、2012 年三一重工对存货、应收及预付款项、应付及预收款项的营运资金投入量都高于相应年份的行业平均水平。从整个经营活动来看，2011 年、2012 年三一重工经营活动营运资金占用量明显高于行业平均占用量，这表明 2011 年、2012 年三一重工经营活动营运资金投入量显著高于相应年份的行业平均水平。

仅就 2011 年、2012 年三一重工各要素营运资金占用来看，与 2011 年相比，2012 年三一重工存货、应收及预付款项、应付及预收款项营运资金占用量都有所上升，这表明与 2011 年相比，2012 年三一重工各要素营运资金投入量都有所上升。

4. 2012 年三一重工营运资金管理建议

从上述分析中可以看出，三一重工营运资金投入规模较大，为实现营运资金对企业自身的积极作用，企业应采取有效的措施加强与完善各渠道、各要素营运资金的管理，最大限度地发挥其对企业的推动作用。

七、2012 年机械、设备、仪表业上市公司营运资金管理调查的结论与建议

（一）调查结论

通过对 2012 年机械、设备、仪表业上市公司营运资金管理状况进行全方位的调查与分析，本报告得出以下研究结论：

1. 2012 年机械、设备、仪表业上市公司行业总体、平均营运资金占用水平均有所上升

2012 年机械、设备、仪表业上市公司行业总体营运资金期末占用为 10272.39 亿元，同比增长 1289.15 亿元，增幅为 14.35%；行业平均营运资金期末占用为 22.14 亿元，同比增长 0.8 亿元，增幅为 3.75%，这表明，从行业总体与行业平均营运资金占用水平来看，与 2011 年相比，2012 年机械、设备、仪表业上市公司营运资金占用水平都有所上升。

2. 2012 年机械、设备、仪表业上市公司行业总体、行业平均经营活动营运资金占用水平都有所上升

2012 年机械、设备、仪表业上市公司行业总体经营活动营运资金占用为 2794.18 亿元，同比增长

619.37 亿元，增幅为 28.48%；行业平均经营活动营运资金占用为 6.02 亿元，同比增长 0.85 亿元，增幅为 16.44%，这表明与 2011 年相比，从行业总体与行业平均来看，2012 年机械、设备、仪表业上市公司经营活动营运资金占用水平都有所上升。

3. 2012 年机械、设备、仪表业上市公司营运资金中行业平均短期金融负债占比上升

2012 年机械、设备、仪表业上市公司营运资金中行业平均短期金融负债占比为 34.45%，同比增长 3.62%，增幅为 11.74%，这表明与 2011 年相比，2012 年机械、设备、仪表业上市公司营运资金中行业平均短期金融负债占比上升。

4. 2012 年机械、设备、仪表业上市公司经营活动营运资金管理绩效有所下降

2012 年机械、设备、仪表业上市公司按渠道分析所得的经营活动营运资金周转期行业平均值为 34 天，同比增长 12 天，增幅为 54.55%，按要素分析所得的营运资金周转期行业平均值为 76 天，同比增长 12 天，增幅为 18.75%，与 2011 年相比，按渠道与按要素分析所得的经营活动营运资金周转期都有所上升，这表明与 2011 年相比，2012 年机械、设备、仪表业上市公司经营活动营运资金管理绩效有所下降。

（二）对策建议

1. 加强供应链建设，协调好供应链各环节间的有效衔接，提高各渠道营运资金管理绩效

从上述分渠道的营运资金管理绩效分析可以看出，2012 年机械、设备、仪表业上市公司经营活动营运资金管理绩效行业平均水平有显著下降。经营活动营运资金按渠道可以划分为采购渠道营运资金、生产渠道营运资金、营销渠道营运资金，企业供应链也基本包括采购、生产、营销等环节，各环节的有效运作都离不开营运资金的支持，因此加强供应链的建设，密切企业与其供应商、顾客、代理商等的联系有利于实现供应链各环节的有效衔接，从而提高各渠道营运资金管理绩效水平。

2. 改善存货管理模式，提高存货管理绩效

以上分析表明 2012 年机械、设备、仪表业上市公司存货管理绩效有所降低。由于机械、设备、仪表业多步骤、多环节的特点，机械、设备、仪表业企业存货量都较大，存货资金占用量也较大，从而经营活动营运资金管理在存货方面的可操作空间也较大，各企业应在分析企业自身生产情况的基础上，采取有效措施增强企业管理层及员工对存货管理重要性的认识，制定、改善自身相对不够完善的存货管理模式，有效提高存货管理绩效水平。

主要参考文献

1. 彭家钧、王竹泉："海尔集团营运资金管理体系的构建与运行"，《财务与会计》，2012 年第 3 期。

2. 王竹泉、刘文静、王兴河、张欣怡、杨丽霏："中国上市公司营运资金管理调查：2007 ~ 2008"，《会计研究》，2009 年第 9 期。

3. 中国海洋大学企业营运资金管理研究课题组："中国上市公司营运资金管理调查：2009，《会计研究》，2010 年第 9 期。

4. 王竹泉、孙莹、王秀华、孙建强、王贞洁："中国上市公司营运资金管理调查：2010"，《会计研究》，2011 年第 12 期。

5. 文星明，邢云："我国加工贸易竞争力评估及其影响因素分析"，《西南民族大学学报》（自然科学版），2013 年第 1 期。

6. 文星明、邢云："城镇化为工程机械行业增动力"，《中国石化报》，2013 年 1 月 10 日。

7. 吕瑞超："2012 年中国工程机械行业关键词"，《工程机械文摘》，2013 年第 1 期。

8. 赵俊："我国通用机械行业将保持平稳增长"，《气体分离》，2013 年第 2 期。

9. 李多英："2012 年通用机械行业经济运行情况"，《通用机械》，2013 年第 1 期。

10. 中国报告大厅网站、中国行业研究网、新浪财经网、证券时报网、百度百科网等。

第十七章 2012 年计算机、通信和其他电子设备制造业上市公司营运资金管理调查①

【摘要】计算机、通信和其他电子设备制造业归属于我国统计局划分的第二产业中制造业的范畴，主要指生产集成电路、新型元器件、计算机和通信设备等电子产品的工业企业。其营运资金管理呈现出经营活动营运资金占用相对不高、营销渠道营运资金管理是其管理重点和难点等特点。

2012 年，计算机、通信和其他电子设备制造业面临的宏观经济环境仍较为波动，不确定性大，面对目前动荡不利的经营环境，计算机、通信和其他电子设备制造业上市公司尤其应加强营销渠道营运资金管理；CPI 指数居高不下，企业成本持续上升；筹资成本较高，但社会资金量的稳健对于计算机、通信和其他电子设备制造业上市公司是一件利好消息；政策环境利好，可以拉动相关产业发展，促进企业增加研发投入资金，通过不断进行产品功能创新、提高生产车间工作效率，缩短产品生产周期。

本报告从渠道和要素两个视角对计算机、通信和其他电子设备制造业上市公司 2012 年营运资金管理状况进行了全面调查和透视，得出如下结论：经营活动营运资金占用水平有所下降，不同企业间差异较大；行业总体上营运资金主要配置在投资活动方面；经营活动营运资金（按渠道）主要配置在营销渠道；应收及预付款项是经营活动营运资金（按要素）占用的绝对主体；营运资金融资结构以营运资本融资为主，企业间融资结构差异大；经营活动营运资金（按渠道）管理绩效总体有所提升；经营活动营运资金（按要素）管理绩效总体稳定。因此，提出加强营销渠道建设，提高业务财务一体化水平；加强供应链营运资金管理，提高应收及预付款项管理水平；保持营运资金融资结构的合理优化，控制企业财务风险等建议。

一、计算机、通信和其他电子设备制造业营运资金管理特点

计算机、通信和其他电子设备制造业归属于我国统计局划分的第二产业中制造业的范畴，主要指生产集成电路、新型元器件、计算机和通信设备等电子产品的工业企业。其营运资金管理呈现出经营活动营运资金占用相对不高、营销渠道营运资金管理是其管理重点和难点等特点。计算机、通信和其他电子设备制造业营运资金管理特点具体分析如下：

1. 经营活动营运资金占用比例不高

企业营运资金占用量与供产销活动密切相关。计算机、通信和其他电子设备制造业产品研发投入较大，报表流动性项目数额较小。即计算机、通信和其他电子设备制造业与其他行业相比，营运资金占用比例不高。有些企业营运资金小于零，财务业务一体化管理水平较高，营业活动不仅没有融资需求，还可以作为融资平台为长期资金需求提供融资支持；而有些企业的营业活动需要财务上提供大量的融资支持。分渠道来看，计算机、通信和其他电子设备制造业营运资金在采购渠道、生产渠道的占用为负值，营运资金主要分布在营销渠道。

2. 营销渠道营运资金管理相对重要

从分渠道的角度分析整个行业的营运资金管理特点，发现采购渠道、生产渠道的营运资金周转期较短，一般为负值，营销渠道营运资金周转期相比而言较长。而计算机、通信和其他电子设备制造业企业的销售模式大多都为直销，与产业链下游企业直接交易，因此注重与客户厂商的销售协商，保持良好的客户关系、进行客户信用管理是企业缩短营销渠道营运资金周转期进而提高营运资金管理绩效

---

① 国家自然科学基金“利益相关者视角的营运资金管理研究与中国上市公司营运资金管理数据平台扩充建设（71372111）”和国家自然科学基金“利益相关者集体选择视角的企业价值管理研究（71172099）”的阶段性成果。感谢中国海洋大学、中国会计学会、国家自然科学基金委员会对营运资金管理研究的支持。

的有效途径。

3. 采购渠道资金利用率较高

从采购渠道来看，由于电子产品的材料成本较低，且多数采用赊账购买，企业的采购渠道营运资金周转期一般为负值，说明该行业在采购环节能够充分利用自身在供应链上的核心地位和商业信用减少对营运资金的占用，利用供应商的资金进行日常经营周转。这一渠道资金优势为企业提高营运资金管理效率起到积极的作用。

4. 技术创新促使营运资金管理绩效提升

大多数电子制造业产品都有生产周期短、批量大的特点，一般电子产品的生命周期为 3 年。面对全球激烈的市场竞争，为了生存，计算机、通信和其他电子设备制造业企业必须做到少投入、多产出，提高生产效率及投资回报率，通过技术进步带来生产率提高，进而减少在生产环节上营运资金的占用。同时，企业积极进行技术创新实现产品和服务升级换代，不断提升用户体验，挖掘客户需求，扩大产品的市场占有率，进一步减少存货对企业营运资金的占用。

二、2012 年计算机、通信和其他电子设备制造业经营环境及对营运资金管理的影响

1. 货币政策稳健、融资成本依然加大，对上市公司筹资产生影响

与 2011 年我国货币政策总体上还是偏紧相比，2012 年我国实施了稳健的货币政策。按照总量适度、审慎灵活的要求，兼顾促进经济平稳较快发展、保持物价稳定和防范金融风险；优化信贷结构，国家重点支持在建项目，加强对小微企业的信贷支持；加强储备资产的投资和风险管理，提高投资收益；提高直接融资的比重，发挥融资工具的作用，更好地满足多样化的投融资需求。① 此外，金融危机以来，受宏观政策和金融环境限制与影响，不少企业（特别是中小企业）通过民间资金间接融资，区域金融风险加速聚集。

计算机、通信和其他电子设备制造业上市公司的发展离不开研发与创新，具有筹资需求量大的显著特点。坚持总量适度、审慎灵活的稳健的货币政策对于计算机、通信和其他电子设备制造业上市公司是一件利好消息；但在通货膨胀和社会整体资金供求失衡的宏观条件下，部分企业筹资压力依然很大。从部分上市公司 2012 年财务年报快报披露的情况来看，很多上市公司由于筹资金额和筹资成本的增加导致财务费用大幅增加，降低了公司利润总额，经营业绩较上年出现下滑；而民间资金通过间接融资被用于企业的流动资金甚至是固定资产投资，使得企业面临的借贷风险大大增加。

2. CPI 指数居高不下、企业成本持续上升，对上市公司采购产生影响

CPI 指数在 2012 年上半年呈逐月下降趋势，但在下半年出现小幅回升趋势。截至 2012 年 12 月末，中国的 CPI 同比增速上升至 2.5%，创近 7 个月以来的新高，随着经济环境的回暖，中国将面临更大的通胀压力。CPI 居高不下导致企业流通环节生产资料价格、原材料燃料动力购进价格、劳动力雇佣成本持续上升，企业利润不断摊薄。②

2012 年尽管国家在稳定物价方面出台了许多相关政策，但全年居民消费价格指数仍处于高位运行。物价上涨的不可逆转性使得上市公司在原材料采购方面的资金需求量不断增加，生产成本进一步提高，产品毛利率下降。因此，计算机、通信和其他电子设备制造业上市公司需要处理好与上游供应商的关系，尽可能多地获得供应商在价格和资金占用上给予的支持。加强企业内部采购渠道和生产渠道的存货管理，在保证生产的情况下尽量减少库存量，以提高采购渠道营运资金管理绩效。

3. 政策环境利好、拉动相关产业发展，对上市公司生产产生影响

在政策环境方面，我国“十二五”电子信息产业呈四大发展趋势：基于“云计算”的新型服务模式将成为主流；移动互联网成为通信业务增长的新引擎；绿色通信将加速发展；三网融合将逐步走向深入。在“十二五”初期，国家出台一系列政策措施促进电子信息产业发展：结合国民经济和社会信

---

① 百度文库 http://wenku.baidu.com/view/acc5b801581b6bd97f19ea3d.html。

② 金融界 http://www.stockstar.com/。

息化建设以及家电下乡、其他重点产业调整和振兴规划的实施，进一步拓展电子信息产业的发展空间，拉动国内相关产业发展；国家新增投资向电子信息产业倾斜，支持自主创新和技术改造项目建设；加强政策扶持；完善投融资环境。①

计算机、通信和其他电子设备制造业的产品属于知识密集型、技术密集型产品，《中国家用电器工业“十二五”发展规划的建议》明确提出产业结构升级将成为 2012 年支撑家电产业增长的主要动力，这意味着计算机、通信和其他电子设备制造业未来进一步增加研发投入资金，通过不断进行产品功能创新使电子产品更趋向于使用标准的零部件组合产品，不断提高生产车间工作效率，缩短产品生产周期。这对于计算机、通信和其他电子设备制造业企业提高生产渠道营运资金管理绩效具有重要意义。

4. 国内外市场环境反复变化，对上市公司销售产生影响

2012 年上半年，计算机、通信和其他电子设备制造业面临着十分艰难的发展环境。国际方面，金融危机的深层次影响进一步显现，特别是欧洲主权债务危机深化、蔓延，世界经济增长减速，重点市场对我国主要电子信息产品的需求增长显著趋缓，我国电子信息行业出口总体低迷，出口增速远低于上年同期；国内方面，结构调整进一步深化，经济下行压力持续加大，截至第三季度国内生产总值增速连续 7 个季度下降，电子信息产业内需增长空间受到明显限制。

2012 年下半年以来，电子信息行业发展环境逐步改善，内外需开始回暖。国际方面，日本、美国等主要经济体经济逐步好转，欧盟等国家虽然对我国电子信息产品采取了一些贸易保护措施，但需求量值依然较高，新兴经济体电子产品需求也呈回升态势；国内方面，中国总体经济增速下滑符合预期，但 2012 年仍保持较稳定的水平，表现好于市场预期。根据中国国家统计局的数据显示，2012 年末中国 GDP 同比增长 7.8%。虽然增速较往年有所下滑，但从 2012 年 4 个季度的增速看，总体保持稳定水平，第四季度末环比增长 2.0%。计算机、通信和其他电子设备制造业作为基础行业，随着工业经济的逐步回升，整机和基础计算机、通信和其他电子设备制造业需求都在改善，尤其是国家信息化进程的加速，重大信息工程项目如宽带战略、智慧城市建设对行业内需的拉动起到了积极作用。②

目前全球消费持续疲软使得整个计算机、通信和其他电子设备制造业陷入不景气状态。在国内外市场格局变化的影响下，计算机、通信和其他电子设备制造业上市公司为赢得竞争、获得更大的市场份额不得不对优质客户放宽信用政策，使得企业应收款项规模扩大。计算机、通信和其他电子设备制造业上市公司对于营运资金的占用主要集中在营销渠道，面对目前动荡不利的经营环境，计算机、通信和其他电子设备制造业上市公司应该加强营销渠道营运资金管理，更及时有效地应对市场需求变化。

三、2012 年计算机、通信和其他电子设备制造业上市公司营运资金配置与来源分析

（一）计算机、通信和其他电子设备制造业上市公司营运资金配置分析

1. 计算机、通信和其他电子设备制造业上市公司营运资金总体配置结构与占用水平分析

（1）行业层面

2011 ~ 2012 年，计算机、通信和其他电子设备制造业行业层面营运资金总体配置结构与占用水平见表 17 - 1。

表 17 - 1　　2011 ~ 2012 年计算机、通信和其他电子设备制造业营运资金配置分析　　单位：亿元

项目	营运资本期末占用		营运资金期末占用		经营活动营运资金期末占用		经营活动营运资金占用水平		投资活动营运资金期末占用	
	2011	2012	2011	2012	2011	2012	2011	2012	2011	2012
行业总体	1306.40	1822.40	2090.16	2716.01	757.13	1077.93	22.49%	20.07%	1333.02	1638.09
行业平均	9.97	9.30	15.96	13.86	5.78	5.50	22.49%	20.07%	10.18	8.36

① 百度文库：“2012 年度电子市场行业经营环境分析”。

② 百度文库：“中国电子信息行业分析报告”。

续表

项目	营运资本期末占用		营运资金期末占用		经营活动营运资金期末占用		经营活动营运资金占用水平		投资活动营运资金期末占用	
	2011	2012	2011	2012	2011	2012	2011	2012	2011	2012
最大值	123.40	137.65	243.83	231.36	114.26	121.77	153.37%	176.86%	217.56	185.52
最小值	-12.79	-15.85	0.27	-0.05	-4.65	-5.35	-11.51%	-141.01%	0.33	0.16
样本数量	131	196	131	196	131	196	131	196	131	196

从表 17-1 可见，2012 年，计算机、通信和其他电子设备制造业整体营运资本占用额为 1822.40 亿元，比 2011 年有所增加；而 2012 年计算机、通信和其他电子设备制造业上市公司平均营运资本占用为 9.30 亿元，同比降低 6.7%。2012 年，营运资金行业总体占用额为 2716.01 亿元，比 2011 年有一定增加；而 2012 年计算机、通信和其他电子设备制造业上市公司营运资金平均占用 13.86 亿元，同比降低约 13%，表明 2012 年其营业活动的流动资金净需求有小幅度的减少。

从营运资金配置结构看，2012 年计算机、通信和其他电子设备制造业将约 40%（1077.93 亿元）的营运资金投放在经营活动领域，同比上升约 3.5 个百分点；而投放在投资活动领域的营运资金约占营运资金总额的 60%（1638.09 亿元），同比下降了约 3.8 个百分点。可见，2012 年计算机、通信和其他电子设备制造业仍然是将大部分的营运资金配置到投资活动方面。

营运资金占用水平方面，我们用经营活动营运资金比营业收入的比值，消除不同企业间的规模差异，来比较不同企业间的经营活动营运资金占用水平。经营活动营运资金比营业收入的比值越大，表明经营活动所需的净流动资金越多，反之，经营活动所需的净流动资金越少。从表 17-1 中可以看出，2012 年计算机、通信和其他电子设备制造业行业总体经营活动营运资金占用水平约为 20.07%，相比 2011 年的有所减少，表明 2012 年比 2011 年经营活动所需的净流动资金减少。2012 年计算机、通信和其他电子设备制造业上市公司经营活动营运资金比营业收入的比值最大值为 176.86%，而最小值仅为 -141.01%。可见，行业内各企业营业活动流动资金的净需求有很大差别，财务业务一体化管理水平也存在差异。

（2）企业层面

经匹配，2012 年与 2011 年两年内计算机、通信和其他电子设备制造业上市公司可比样本总数为 123 家。2012 年，计算机、通信和其他电子设备制造业企业层面营运资金总体配置结构与占用水平见表 17-2。

表 17-2　2011～2012 年计算机、通信和其他电子设备制造业上市公司营运资金配置变化情况及变动幅度统计表

项目		营运资本	营运资金	经营活动营运资金	投资活动营运资金
资金占用量绝对变化统计	降低	73	70	47	80
	降低比例	59.35%	56.91%	38.21%	65.04%
	增加	50	53	76	43
	增加比例	40.65%	43.09%	61.79%	34.96%
资金占用量变化幅度统计	降低显著	14	0	8	7
	占比	11.38%	0.00%	6.50%	5.69%
	降低较大	10	8	8	19
	占比	8.13%	6.50%	6.50%	15.45%
	有所降低	27	36	15	37
	占比	21.95%	29.27%	12.20%	30.08%
	基本稳定	37	49	29	30
	占比	30.08%	39.84%	23.58%	24.39%

续表

项目		营运资本	营运资金	经营活动营运资金	投资活动营运资金
资金占用量变化幅度统计	有所增加	18	18	28	12
	占比	14.63%	14.63%	22.76%	9.76%
	增加较大	3	6	11	3
	占比	2.44%	4.88%	8.94%	2.44%
	增加显著	14	6	24	15
	占比	11.38%	4.88%	19.51%	12.20%
可比样本总数		123			

注：上表中除了百分比之外的数字单位为：家

在 123 家可比的上市公司中，2012 年营运资本占用量减少的上市公司数量则明显较多，占总体的 59.35%。具体到各变动趋势中，基本稳定的企业数量最多，占样本总量的 30.08%。总体上，营运资本占用量稳中有降。

2012 年该行业有 56.91% 的上市公司营运资金占用量减少。具体到各变动趋势中，基本稳定的上市公司数量最多，占样本总体的 39.84%；有所降低和有所增加的数量分别为 36 家和 18 家。这说明 2012 年行业内上市公司在营运资金占用水平的变动趋势总体上看是稳中有降的。

经营性营运资金占用水平降低的公司则只占了样本总体的 38.21%。其中基本稳定、有所增加和增加显著的企业数量最多，分别为 29 家、28 家和 24 家。可见样本企业经营性营运资金占用水平的波动比营运资金大，其中占用水平增加的企业数量偏多，而这些企业又更多地集中在有所增加和增加显著这两个区域中。

投资活动营运资金占用水平降低的企业数量比增加的企业数量多，占总体样本的 65.04%。在各变动范围中，有所降低和降低较大的企业数量最多，分别为 37 家和 19 家，约占样本总体的 46%，由于该区域内公司的投资活动营运资金占用量降低幅度大，所包含的公司数量又多，直接导致 2012 年投资活动营运资金的行业平均占用量降低。

2. 计算机、通信和其他电子设备制造业上市公司分渠道的经营活动营运资金配置分析

（1）行业层面

2011 ~ 2012 年计算机、通信和其他电子设备制造业经营活动营运资金的渠道配置情况见表 17 - 3。

表 17 - 3　2011 ~ 2012 年计算机、通信和其他电子设备制造业经营活动营运资金的渠道配置分析　单位：亿元

项目	采购渠道营运资金		生产渠道营运资金		营销渠道营运资金		经营活动营运资金	
	2011	2012	2011	2012	2011	2012	2011	2012
行业总体	-448.26	-800.29	-46.88	-61.73	1252.27	1939.95	757.13	1077.93
行业平均	-3.42	-4.08	-0.36	-0.31	9.56	9.90	5.78	5.50
最大值	7.50	8.36	9.77	16.04	204.98	220.40	114.26	121.77
最小值	-111.63	-140.09	-43.81	-45.92	-1.64	-4.48	-4.65	-5.35
样本数量	131	196	131	196	131	196	131	196

从经营活动营运资金的渠道配置结构上看，2012 年计算机、通信和其他电子设备制造业采购渠道营运资金占用额为 -800.29 亿元，与 2011 年相比，采购渠道营运资金下降约 78.5%；2012 年计算机、通信和其他电子设备制造业垫支在生产渠道上的营运资金为 -61.73 亿元，同比下降约 31.7%；垫支在营销渠道上的营运资金为 1939.95 亿元，同比增加约55%。可见，2012 年计算机、通信和其他电子设备制造业在整个供应链上与上游供应商保持着较好的合作，充分利用上层供应商的资金，使其自身采购渠道不仅没有融资需求，还可以作为融资平台为其他资金需求提供融资支持；生产渠道也是负营运资金运行，反映出其生产流程优化，在产品、半成品等积压较少；在营销渠道上垫支的营运资金最

多，且比 2011 年有较大幅度增加，说明计算机、通信和其他电子设备制造业公司应注意加强对应收账款、应收票据的管理，强化客户关系管理，加强对营销渠道营运资金的管理。

从表 17－3 还可以看出，各渠道营运资金最大值和最小值存在较大差异，这表明行业内不同企业各渠道流动资金的净需求有很大差别，财务业务一体化管理水平也存在差异。

（2）企业层面

计算机、通信和其他电子设备制造业 2011～2012 年经营活动营运资金的渠道配置变化情况及变动幅度情况见表 17－4。

表 17－4　2011～2012 年计算机、通信和其他电子设备制造业经营活动营运资金的渠道配置变化情况及变动幅度表

项目		采购渠道营运资金	生产渠道营运资金	营销渠道营运资金	经营活动营运资金
资金占用量绝对变化统计	降低	88	65	30	47
	降低比例	71.54%	52.85%	24.39%	38.21%
	增加	35	58	93	76
	增加比例	28.46%	47.15%	75.61%	61.79%
资金占用量变化幅度统计	降低显著	54	31	0	8
	占比	43.90%	25.20%	0.00%	6.50%
	降低较大	9	11	6	8
	占比	7.32%	8.94%	4.88%	6.50%
	有所降低	15	17	7	15
	占比	12.20%	13.82%	5.69%	12.20%
	基本稳定	16	12	30	29
	占比	13.01%	9.76%	24.39%	23.58%
	有所增加	5	12	36	28
	占比	4.07%	9.76%	29.27%	22.76%
	增加较大	10	12	15	11
	占比	8.13%	9.76%	12.20%	8.94%
	增加显著	14	28	29	24
	占比	11.38%	22.76%	23.58%	19.51%
可比样本总数		123			

注：上表中除了百分比之外的数字单位为：家

2012 年采购渠道营运资金降低的上市公司有 88 家，占样本总体的 71.54%。在各变动区间中，降低显著的上市公司数量最多，占样本总体的 43.90%，是采购渠道营运资金行业平均占用量降低的主要原因；另外，基本稳定的上市公司数量也较多，有 16 家，占样本总量的 13.01%。

生产渠道营运资金占用量降低的上市公司有 65 家，占总体的 52.85%。降低显著和增加显著的公司数量仍然最多，分别为 31 家和 28 家，而基本稳定的企业只有 12 家。这表明多数企业生产渠道营运资金占用变动幅度较大。

在营销渠道，营运资金占用量增加的企业数量较多，为 93 家，占样本总体的 75.61%，在这一渠道，有所增加的企业数量最多，占 29.27%；其次为基本稳定的企业，数量为 30 家，占 24.39%。

3. 计算机、通信和其他电子设备制造业上市公司分要素的经营活动营运资金配置分析

（1）行业层面

2011～2012 年计算机、通信和其他电子设备制造业经营活动营运资金的要素配置情况见表 17－5。

表 17－5　2011～2012 年计算机、通信和其他电子设备制造业经营活动营运资金的要素配置分析　　单位：亿元

项目	存货		应收及预付款项		应付及预收款项		经营活动营运资金	
	2011	2012	2011	2012	2011	2012	2011	2012
行业总体	621.97	981.47	1237.88	1850.73	1102.72	1754.27	757.13	1077.93
行业平均	4.75	5.01	9.45	9.44	8.42	8.95	5.78	5.50
最大值	105.01	129.95	183.68	210.46	245.86	335.51	114.26	121.77
最小值	0.01	0.00	0.26	0.01	0.13	0.12	－4.65	－5.35
样本数量	131	196	131	196	131	196	131	196

从表 17－5 中可以看出，2012 年计算机、通信和其他电子设备制造业存货资金占用总额为 981.47 亿元，较 2011 年增加了约 57.8%；2012 年应收及预付款项营运资金占用额为 1850.73 亿元，同比增加了约 49.5%；2012 年应付及预收款项较 2011 年也增加了约 59.1%。

从行业平均来看，2012 年存货上资金占用约为 5.01 亿元，较 2011 增加了约 5.5%；2012 年应收及预付款项的资金占用额与 2011 年相比有所下降，但应收及预付款项仍是计算机、通信和其他电子设备制造业经营活动营运资金（按要素）的绝对主体，因此加强应收及预付款项管理对于该行业企业来说至关重要；另外，2012 年应付及预收款项同比增加约 6.3%，表明 2012 年计算机、通信和其他电子设备制造业应付款项管理水平有所提高。

（2）企业层面

计算机、通信和其他电子设备制造业 2011～2012 年经营活动营运资金的要素配置变化情况及变动幅度情况见表 17－6。

表 17－6　2011～2012 年计算机、通信和其他电子设备制造业经营活动营运资金的要素配置变化情况及变动幅度表

项目		存货	应收及预付款项	应付及预收款项	经营活动营运资金
资金占用量绝对变化统计	降低	41	40	34	47
	降低比例	33.33%	32.52%	27.64%	38.21%
	增加	82	83	89	76
	增加比例	66.67%	67.48%	72.36%	61.79%
资金占用量变化幅度统计	降低显著	0	1	3	8
	占比	0.00%	0.81%	2.44%	6.50%
	降低较大	3	4	11	8
	占比	2.44%	3.25%	8.94%	6.50%
	有所降低	19	16	14	15
	占比	15.45%	13.01%	11.38%	12.20%
	基本稳定	43	35	28	29
	占比	34.96%	28.46%	22.76%	23.58%
	有所增加	19	25	26	28
	占比	15.45%	20.33%	21.14%	22.76%
	增加较大	20	22	14	11
	占比	16.26%	17.89%	11.38%	8.94%
	增加显著	19	20	27	24
	占比	15.45%	16.26%	21.95%	19.51%
可比样本总数		123			

注：上表中除了百分比之外的数字单位为：家

与2011年相比，该行业2012年期末存货占用量降低的有41家上市公司，仅占可比样本总数的33.33%。从分布情况来看，基本稳定的企业数量最多，有43家；其次，有所增加、增加较大和增加显著的企业数量也比较多，分别占15.45%、16.26%和15.45%，说明2012年该行业内更多的上市公司在存货中占用的资金比2011年多。

2012年应收及预付款项中资金占用下降的企业数量为40家，仅占样本总量的32.52%，可以看出增加的企业数量比较多。其中，基本稳定的占比最多，共有35家；有所增加、增加较大和增加显著的企业也较多，各占样本总数的20.33%、17.89%和16.26%。

同样，2012年该行业上市公司应付及预收款项资金占用量减少的企业也比较少，只有34家，占总量的27.64%。其中，基本稳定的占比最多，共有28家；增加显著、有所增加和增加较大的企业也较多，共占可比样本总数的54.47%。可见，可比样本中大多数上市公司应付及预收款项中资金占用增加。

通过三类营运资金占用量的比较可以发现，相比于2011年，存货与应收及预付款项增加的企业数量相当，均远多于应付及预收款项减少的企业数；总体来看，行业内大多数企业经营活动营运资金占用量是增加的。

（二）计算机、通信和其他电子设备制造业上市公司营运资金来源与财务风险分析

营运资本（流动资产－流动负债）可以被视为一个筹资来源，即用长期资本（长期负债与所有者权益之和）来满足经营性融资需求；与之相对应的概念是营业活动资金净融资需求，即新定义的营运资金（营运资本＋短期金融性负债）。因此通过计算短期金融性负债和营运资本各自与营运资金的比值，就可以分析出企业营运资金来源或融资结构，即企业的营运资金（营业活动流动资金净需求）有多少通过短期金融性负债来融通的，而有多少是通过长期资本来融通的。

营运资金来源不同，企业财务风险大小也就存在很大差异。相比长期负债和企业自有资金（所有者权益）融资，短期金融性负债融资带来的财务风险更大。因此短期金融性负债占营运资金之比越高，财务风险越大；特别的，如果短期金融性负债比例小于0，表明企业营运资金小于0，即企业营业活动不仅没有融资需求，还作为融资平台为企业其他资金需求提供融资支持。

2011～2012年计算机、通信和其他电子设备制造业营运资金来源状况见表17－7。

表17－7　2011～2012年计算机、通信和其他电子设备制造业营运资金来源状况

项目	短期金融性负债占比		营运资本占比	
	2011年末	2012年末	2011年末	2012年末
行业平均	37.50%	32.90%	62.50%	67.10%
最大值	421.25%	1081.68%	100.00%	1222.92%
最小值	0.00%	－1122.92%	－321.25%	－981.68%
样本数量	131	196	131	196

从表17－7可以看出，2012年计算机、通信和其他电子设备制造业短期金融性负债占营运资金之比的行业均值为32.90%，同比下降4.6%，相对来说总体财务风险有所下降；2012年计算机、通信和其他电子设备制造业短期金融性负债占比的最大值高达1081.68%，表明其过度依赖短期金融性负债，融资结构极不合理，面临的财务风险过大；而最小值仅为－1122.92%，这表明该企业营业活动不仅没有融资需求，还作为融资平台为企业其他资金需求提供融资支持。上述差异也反映了计算机、通信和其他电子设备制造业各企业营运资金融资策略存在很大不同，面临的财务风险也差别很大。

企业层面上，通过统计行业内企业短期融资方式及长期融资方式的分布企业数，来分析企业财务风险大小。经匹配，2012年与2011年两年内计算机、通信和其他电子设备制造业上市公司可比样本总数为123家。2011～2012年计算机、通信和其他电子设备制造业上市公司营运资金来源统计情况见表17－8。

表17-8　　2011~2012年计算机、通信和其他电子设备制造业营运资金来源统计表　　单位：家

比例	2011年末短期金融性负债占比	2011年末营运资本占比	2012年末短期金融性负债占比	2012年末营运资本占比
<0	0	7	0	11
0~20%	67	7	69	4
20%~40%	20	8	22	12
40%~60%	14	14	5	5
60%~80%	8	20	12	22
80%~100%	7	67	4	69
>100%	7	0	11	0
企业数量	123			

从表17-8可以看出，总的来看，2012年计算机、通信和其他电子设备制造业企业中，超过一半的企业（69家）短期金融性负债占营运资金之比低于20%，相比2011年，该分布区间的企业数有所增加，表明大多数企业营运资金融资结构比较合理，企业面临的财务风险较小；而值得注意的是，短期金融性负债占营运资金之比大于100%的企业数达到11家，比2011年多出4家，这些企业面临着非常大的财务风险，应注意调整营运资金融资策略，减少对短期金融性负债的依赖，有效降低财务风险。

四、2012年计算机、通信和其他电子设备制造业上市公司营运资金管理绩效分析

（一）计算机、通信和其他电子设备制造业上市公司分渠道的营运资金管理绩效分析

经过对2012年计算机、通信和其他电子设备制造业上市公司与2011年该行业上市公司按照代码相同的原则进行匹配后发现，2012年与2011年两年内计算机、通信和其他电子设备制造业上市公司可比样本为123家，2011年与2010年两年内计算机、通信和其他电子设备制造业上市公司可比样本为102家，本年度可比样本数量有所增加。

（1）行业层面分渠道的营运资金管理绩效分析

从表17-9可以看出，2012年计算机、通信和其他电子设备制造业上市公司行业平均采购渠道营运资金周转期为-48天，相比2011年周转期进一步缩短7天，采购渠道营运资金周转期缩短幅度达17.1%，2012年采购渠道营运资金周转期绩效水平改善明显；2012年计算机、通信和其他电子设备制造业上市公司行业平均生产渠道营运资金周转期与上年相比差别不大，仅缩短1天，但总体来看，因为生产渠道营运资金周转期比较短，所以管理绩效提升比较明显；2012年计算机、通信和其他电子设备制造业上市公司行业平均营销渠道营运资金周转期为121天，与上年相比增加5天，营销渠道营运资金管理绩效降低幅度为4.3%。从整个经营活动营运资金周转期（按渠道）来看，营运资金周转期减少3天，这表明，从行业层面上看，随着采购渠道营运资金周转期的下降，计算机、通信和其他电子设备制造业上市公司经营活动营运资金周转期（按渠道）绩效管理水平总体上是提高的。

表17-9　　2011~2012年计算机、通信和其他电子设备制造业各渠道营运资金周转期　　单位：天

项目	采购渠道营运资金周转期		生产渠道营运资金周转期		营销渠道营运资金周转期		经营活动营运资金周转期（按渠道）	
	2011	2012	2011	2012	2011	2012	2011	2012
行业平均	-41	-48	-4	-5	116	121	71	68
最大值	129	220	318	221	347	360	588	416
最小值	-147	-195	-116	-332	-25	-45	-72	-340
样本数量	131	196	131	196	131	196	131	196

(2) 企业层面分渠道的营运资金管理绩效分析

计算机、通信和其他电子设备制造业各渠道营运资金周转绩效变化统计见表 17 - 10。

表 17 - 10 2011 ~ 2012 年计算机、通信和其他电子设备制造业各渠道营运资金管理绩效变化统计表

项目		采购渠道营运资金周转期	生产渠道营运资金周转期	营销渠道营运资金周转期	经营活动营运资金周转期（按渠道）
周转期变化统计	改善	74	58	24	74
	改善比例	60.16%	47.15%	19.51%	60.16%
	降低	49	65	99	49
	降低比例	39.84%	52.85%	80.49%	39.84%
周转期变化幅度统计	改善显著	35	20	1	5
	改善较大	8	6	0	4
	有所改善	16	17	9	11
	基本稳定	24	20	36	30
	有所降低	22	15	42	30
	降低较大	8	11	15	19
	降低显著	10	34	20	24
可比样本总数		123			

注：上表中除了百分比之外的数字单位为：家

从表 17 - 10 可以看出，2012 年计算机、通信和其他电子设备制造业上市公司采购渠道营运资金绩效改善显著的企业总数最多，占可比公司总数的 28.46%，周转期得到改善的比例超过 60%，这表明，计算机、通信和其他电子设备制造业上市公司采购渠道营运资金管理绩效从企业层面上看总体是提高的。绩效改善和稳定的企业数为 83 家，占可比公司总数的 67.5%，表明从企业层面来看，2012 年计算机、通信和其他电子设备制造业大部分上市公司采购渠道营运资金管理绩效改善效果明显，但仍有一定比例的企业绩效降低，应进一步强化对这部分企业采购渠道营运资金的重视和管理。

从表 17 - 10 可以看出，2012 年计算机、通信和其他电子设备制造业上市公司生产渠道营运资金管理绩效降低显著的企业（34 家）占比重最大，约占可比企业数的 27.64%，同时，周转期变化下降的有 60 家，比例接近 50%，这部分企业应采取及时、有效的措施提高生产渠道营运资金的管理绩效。

从表 17 - 10 可以看出，在 123 家可比企业中，计算机、通信和其他电子设备制造业上市公司营销渠道营运资金管理绩效下降的趋势非常明显，改善比例与降低比例之比达到 1 : 4，有所降低、降低较大和降低显著的分别有 42 家、15 家、20 家，总数约占可比企业数的 63%。这表明，2012 年计算机、通信和其他电子设备制造业有近六成的企业营销渠道的营运资金管理绩效不佳，这部分企业应对营销渠道的营运资金加强管理。

(3) 行业层面分渠道的营运资金管理绩效分析

2008 ~ 2012 年计算机、通信和其他电子设备制造业上市公司行业层面营运资金周转期（按渠道）变动趋势统计结果，如表 17 - 11 所示。

表 17 - 11 2008 ~ 2012 年计算机、通信和其他电子设备制造业上市公司营运资金周转期 单位：天

项目	2008	2009	2010	2011	2012
经营活动营运资金（按渠道）周转期	63	62	61	71	68
采购渠道营运资金周转期	-48	-52	-42	-41	-48
生产渠道营运资金周转期	6	1	-2	-4	-5
营销渠道营运资金周转期	105	112	106	116	121

从整个经营活动营运资金管理来看，计算机、通信和其他电子设备制造业行业上市公司营运资金周转期呈现无规律变化趋势，2008～2010 年逐年缩短，2011 年周转期增加明显，2012 年又出现小幅缩短，表明计算机、通信和其他电子设备制造业上市公司经营活动营运资金管理绩效并不稳定，但总体上有下降趋势，为提高经营活动营运资金运用效率，这点需要引起相关企业的财务经理等管理者的重视。

从表 17－11 可以看出，2008～2012 年计算机、通信和其他电子设备制造业上市公司采购渠道营运资金周转期呈先缩短再增加后又缩短趋势，管理绩效虽有波动但有改善的趋势。生产渠道营运资金周转期变化较大，一直呈现下降趋势，2012 年较 2008 缩短 11 天，平均每年缩短 2 天多，表明企业重视生产渠道营运资金的管理绩效，绩效管理水平逐年上升。营销渠道营运资金周转期呈先增加再缩短又增加的趋势，特别是 2011 年和 2012 年连续增加，这表明营销渠道营运资金管理绩效水平有下降势头，应予以重视。

（二）计算机、通信和其他电子设备制造业上市公司分要素的营运资金管理绩效分析

（1）行业层面分要素的营运资金管理绩效分析

如表 17－12 所示，2012 年计算机、通信和其他电子设备制造业上市公司行业平均存货周转期为 60 天，与 2011 年相差无几，略有缩短。这表明 2012 年计算机、通信和其他电子设备制造业行业上市公司存货管理绩效水平变化不大，应予以重视，加强管理。

表 17－12　　2011～2012 年计算机、通信和其他电子设备制造业各要素周转期　　单位：天

项目	存货周转期		应收账款周转期		应付账款周转期		经营活动营运资金周转期（按要素）	
	2011	2012	2011	2012	2011	2012	2011	2012
行业平均	61	60	91	97	72	75	81	82
最大值	295	322	273	316	199	257	355	358
最小值	2	0	17	0	11	0	－23	－48
样本数量	131	196	131	196	131	196	131	196

2012 年计算机、通信和其他电子设备制造业上市公司行业平均应收账款周转期、应付账款周转期分别为 97 天和 75 天，与 2011 年相比分别增加 6 天和 3 天，表明 2012 年计算机、通信和其他电子设备制造业行业上市公司应收账款管理绩效水平有所下降，下降幅度达 6.6%，而应付账款管理绩效则略有改善。

从整个经营活动营运资金管理来看，2012 年计算机、通信和其他电子设备制造业上市公司行业平均经营活动营运资金周转期为 82 天，同比增长 1 天，这表明 2012 年计算机、通信和其他电子设备制造业上市公司行业经营活动营运资金管理绩效变化不大，应进一步提升绩效管理水平。

（2）企业层面分要素的营运资金管理绩效分析

2011～2012 年计算机、通信和其他电子设备制造业经营活动营运资金各要素管理绩效变化如表 17－13所示。

表 17－13　2011～2012 年计算机、通信和其他电子设备制造业经营活动营运资金各要素管理绩效变化统计表

项目		存货周转期	应收账款周转期	应付账款周转期	经营活动营运资金周转期（按要素）
周转期变化统计	改善	35	26	47	31
	改善比例	28.46%	21.14%	38.21%	25.20%
	降低	88	97	76	92
	降低比例	71.54%	78.86%	61.79%	74.80%

续表

项目		存货周转期	应收账款周转期	应付账款周转期	经营活动营运资金周转期（按要素）
周转期变化幅度统计	改善显著	0	0	10	1
	改善较大	6	1	15	5
	有所改善	9	6	30	8
	基本稳定	50	39	46	37
	有所降低	25	46	17	27
	降低较大	13	21	4	23
	降低显著	20	10	1	22
可比样本总数		123			

注：上表中除了百分比之外的数字单位为：家

与2011年相比，2012年计算机、通信和其他电子设备制造业行业上市公司存货管理周转期改善的企业有35家，只占可比样本企业的28.46%，而周转期变化有所降低、降低较大、降低显著的分别有25家、13家、20家，总数占可比样本企业的47.15%，这表明2012年计算机、通信和其他电子设备制造业上市公司有近半数的存货管理绩效水平有所下降。从企业层面上看，2012年计算机、通信和其他电子设备制造业上市公司中企业存货资金管理绩效下滑的数量大大超过绩效改善的数量，需要加强对存货的管理和控制。

与2011年相比，2012年计算机、通信和其他电子设备制造业行业上市公司应收账款管理绩效改善的企业有26家，占可比样本企业的21.14%，管理绩效降低的有97家，占可比样本企业的78.86%。具体来看，2012年计算机、通信和其他电子设备制造业上市公司中应收账款管理绩效基本稳定的企业为39家，占可比企业比例约为31.7%；改善显著、改善较大和有所改善的企业数分别为0家、1家和6家，只占可比企业总数的5.69%；而有达62.6%的企业2012年应收账款管理绩效降低。从企业层面上看，2012年计算机、通信和其他电子设备制造业上市公司中大部分企业应收账款资金管理绩效下降明显，应该引起重视。

2012年计算机、通信和其他电子设备制造业上市公司中应付账款管理绩效改善显著、改善较大和有所改善的企业数分别为10家、15家、30家，约占可比企业总数的44.7%；而有22家企业2012年应付账款管理绩效降低，约占可比企业总数的17.88%。这说明，从企业层面上看，2012年计算机、通信和其他电子设备制造业上市公司中绝大多数企业应付账款资金管理绩效稳定或有所改善，仅有一小部分企业出现下滑。

从整个行业的经营活动营运资金管理来看，与2011年相比，2012年计算机、通信和其他电子设备制造业上市公司中经营活动营运资金管理绩效改善的企业有31家，占可比样本企业的25.20%，管理绩效降低的企业有92家，占可比样本企业的74.80%，这表明2012年计算机、通信和其他电子设备制造业上市公司中企业经营活动营运资金管理绩效下降所占的比例较大，应该重视这部分企业的管理绩效。

（3）行业层面分要素的营运资金管理绩效趋势分析

2008~2012年计算机、通信和其他电子设备制造业行业层面营运资金周转期（按要素）变动趋势统计结果，如表17-14所示。

表17-14　2008~2012年计算机、通信和其他电子设备制造业各要素周转期　单位：天

项目	2008	2009	2010	2011	2012
现金周转期	68	77	78	81	82
存货周转期	68	71	62	61	60
应收账款周转期	74	87	85	91	97
应付账款周转期	74	80	70	72	75

从表17-14可以看出，2008~2012年计算机、通信和其他电子设备制造业上市公司各要素周转期呈不规律变化，现金周转期基本趋势是逐年增加，但近年来增加幅度有所降低，表明企业开始重视现金管理的绩效水平；存货周转期呈现先增加再逐年缩短的趋势，从2009年到2012年已经连续四年逐年缩短，表明企业重视存货周转的管理绩效，绩效水平逐年上升；应收账款周转期呈先大幅增加再略有缩短然后又连续三年增加的趋势，每年增加约5天左右，这表明应收账款管理绩效水平有下降势头，应予以重视；应付账款周转期呈先小幅增加再大幅缩短然后又连续两年增加的趋势，2012年应付账款周转期较2010年增加5天，增幅约7%，表明应付账款绩效管理水平有所改善，应予以坚持。

五、2012年计算机、通信和其他电子设备制造业上市公司营运资金管理绩效排行榜

本部分分别按“经营活动营运资金周转期（按要素）”和“经营活动营运资金周转期（按渠道）”进行排名，考察计算机、通信和其他电子设备制造业上市公司营运资金管理绩效。在对上市公司营运资金管理绩效进行排名时，剔除了财务数据异常的公司，详见附录一。

六、2012年计算机、通信和其他电子设备制造业上市公司营运资金管理的典型案例分析——海信电器

营运资金管理是企业财务管理的重要内容之一，而金融危机的发生更加凸显了营运资金管理的重要地位，营运资金管理受到了空前的关注。海信集团董事长周厚健曾表示“海信的资金周转和占用管理已经成为海信的核心竞争力之一”；海信电器现任总经理刘洪新也认为，“资金管理是经营管理第一位的工作”。海信电器在“技术立企、稳健经营”的思路下，执着于资金管理，实施了零库存管理模式、供应商管理库存、全员生产革新、资金集约管理等一系列管理策略，使企业在金融危机面前逆势增长。特别是近五年，营业收入由2008年的134亿元增长至2012年的252.5亿元，增长率约为88%。但净利润却由2008年的2.1亿元增长至2012年的16.3亿元，增长近7倍，这其中，海信的基于渠道的营运资金管理策略功不可没。[①]

（一）海信电器营运资金管理绩效分析

1. 基于渠道的营运资金管理体系

对于营运资金管理研究主要有两种思路：一种是传统意义上的按要素分析，即分析存货周转期、应收账款周转期、应付账款周转期以及由三者构成的现金周转期，这种分析方法简单易懂，但却将预收账款、预付账款、应付职工薪酬、应交税费、其他应收款、其他应付款等项目排除在营运资金之外，不能完整地评价企业营运资金管理绩效水平。另一种是以王竹泉（2007）为核心的研究团队提出的基于渠道的分析，即将营运资金区分为经营活动营运资金和理财活动营运资金，进一步将经营活动营运资金按照其与供应链或渠道的关系分为采购渠道营运资金、生产渠道营运资金和营销渠道营运资金。这种分析方法涵盖了营运资金的所有项目，可以全面评价企业的营运资金管理绩效，也契合了财务业务一体化的理念，以及供应链管理、分销渠道管理和客户关系管理的需要。本书主要采用基于渠道的营运资金管理思路分析，在此基础上，对营运资金各要素管理绩效指标进行分析。

2. 海信电器的稳健性营运资金管理绩效指标分析

（1）基于渠道营运资金管理绩效指标的分析

从表17-15、表17-16可以看出，海信电器基于渠道的营运资金周转期远优于行业平均水平，约是行业平均水平的2倍。近5年随着企业规模的扩张，企业营运资金占用逐年增长，在渠道上的分布为：采购和生产渠道营运资金占用均为负数，说明供应链和生产价值链在给企业融资，且其资金占用水平逐年下降，2012年采购、生产渠道营运资金占用分别为-45.5亿元、-22.49亿元，这也反映出企业供应链资金及生产资金的管理水平不断提升。但营销渠道营运资金占用水平逐年增加，侵蚀了采购和生产渠道的资金需求，查阅企业年报后，得知主要是每年12月份接近年底，面临春节前电视产品的旺销而储备存货，同时对国美、苏宁两大渠道的销售主要采用银行承兑汇票而非现销，导致应收票

---

① 本文海信电器数据均来自公司网站披露的上市公司年报，下同。

据较多，2012 年年末达到 86.8 亿元，所以 2012 年度营销渠道的营运资金占用达到 113.15 亿元，营销渠道营运资金周转期达到 152 天。

表 17 - 15　　海信电器经营活动营运资金占用水平（按渠道）　　单位：亿元

项目 / 年份	采购渠道营运资金	生产渠道营运资金	营销渠道营运资金	经营活动营运资金
2008	-15.43	-5.06	33.97	13.47
2009	-26.67	-13.05	56.09	16.37
2010	-33.02	-17.73	70.44	19.69
2011	-49.40	-21.11	99.96	29.45
2012	-45.50	-22.49	113.15	45.16

表 17 - 16　　海信电器经营活动营运资金周转期（按渠道）　　单位：天

项目 / 年份	采购渠道营运资金周转期	生产渠道营运资金周转期	营销渠道营运资金周转期	经营活动营运资金周转期（按渠道）	行业平均经营活动营运资金周转期
2008	-43	-13	90	34	63
2009	-41	-17	89	31	62
2010	-51	-26	107	31	61
2011	-63	-30	130	38	71
2012	-68	-31	152	53	68

（2）基于要素营运资金管理绩效指标的分析

从表 17 - 17、表 17 - 18 可以看出，海信电器存货占用水平逐年增加，但存货周转期大致稳定，说明企业存货增加是与收入规模相匹配的稳健增长，也是企业精益管理的体现。但应收款项占用及周转期均增长，说明随企业规模增大导致应收款项运转速度变慢，企业应加强应收款项的管理，学习海尔等企业逐步实施的现款现货政策，增加现销比例。应付款项资金占用逐年增加，应付账款周转期逐年变长，说明企业增加了信用赊购融资的力度，这也是企业在供应链中优势地位的体现。

表 17 - 17　　海信电器经营活动营运资金占用水平（按要素）　　单位：亿元

项目 / 年份	存货	应收及预付款项	应付及预收款项	经营活动营运资金
2008	11.93	28.94	27.40	13.47
2009	25.22	43.61	52.46	16.37
2010	26.29	60.04	66.65	19.69
2011	23.51	93.99	88.05	29.45
2012	36.78	100.60	92.22	45.16

表 17 - 18　　海信电器经营活动营运资金周转期（按要素）　　单位：天

项目 / 年份	存货周转期	应收账款周转期	应付账款周转期	现金周期	行业平均现金周期
2008	44	69	56	57	68
2009	37	70	51	57	77
2010	44	87	64	66	78
2011	38	117	75	80	81
2012	43	138	82	98	82

（二）海信电器公司营运资金管理的经验性做法

1. 建立了完善的营运资金绩效管理的考评体系

海信电器依托“全员生产革新”（简称 TPI），建立了自上而下、层层分解、权责明确包括营运资金在内的财务目标管理体系。公司从上到下每一层次的细分指标都有明确的管理人员与之相对应，每一孙级细分指标的完成即向上推进子级细分指标的实施和完成，而子级细分指标完成又可促成父级细分指标的完成，以此类推，有力地保证了资金管理的有效性，使海信的经营方向更明确。

具体操作上，为了保证指标评价的公开和透明，TPI 主管将各级营运资金管理绩效指标做成管理看板，而且清晰地标注了指标变动趋势和各指标具体负责人员，每月考核完成之后，开放 TPI 指标管理看板，让各负责人亲自查看其指标完成情况和相关考核办法，在亲身感受营运资金管理的压力的同时，也对公司营运资金管理目标评价有了更清晰和明确的认识（王洪星，2007）。对子公司的营运资金管理上，资金使用效率的指标占到40%权重，子公司的应收账款超过销售收入的5%就要否决年薪，再借助于子公司的周讲评、集团的月讲评，通过这种近乎苛刻的营运资金管理办法，提高了资金使用效率，也确保了企业财务稳健发展。营运资金管理责任与绩效捆绑之后，海信电器并不是仅仅单纯依靠公司内部人员去单独完成，而是更多地开放空间、结合实际，放权让各负责人择机向外部相关专业机构咨询，利用外部专业力量和技术，帮助其自身更好地提高营运资金管理绩效。

2. 实行供应商管理库存与精益管理相结合，提升采购渠道营运资金管理水平

基于供应链集成和优化的资金管理是营运资金管理绩效提升的又一核心驱动因素。为了突破之前库存管理模式下的低效率、高成本、高不确定性等问题，2004 年海信电器审时度势地在公司推行供应商管理库存（简称 VMI），推进与供应链上游供应商的战略性合作共赢。一方面，海信电器与供应商共享自身需求信息；另一方面，向其核心供应商提供位于海信制造工厂内的仓库的管理权和使用权，在为供应商提供便捷的同时，保证自身生产能迅速获得元器件的补充，进而保证准时生产（简称 JIT）交货。这样一来，海信电器有效地减少了原材料、其他物料等库存量，降低了存货不确定性风险和库存管理成本、运输成本等运营成本，提高存货周转效率，加快了资金周转，最终促进储备资金管理取得了重大突破。

具体来看，海信电器将原材料和相关辅助物料主要分为寄售类物料、自有物料和供应商直接送往生产线的物料（简称 JIT 物料）三大类（王洪星，2007）。通常，海信电器的采购经理在月度生产计划制定审核通过之后，以电子邮件等形式将其生产作业计划发给合作供应商，相关供应商以此制定自身的备料生产计划；同时，采购经理还会及时将海信电器每日生产计划会上确定的近期具体生产计划共享给供应商，从而促进供应企业及时生产备料，保证海信生产线的实时需求。随着供应商管理库存与精益管理的结合推行，海信电器的自有物料大幅减少，取而代之的是更具成本和效率优势的寄售类物料，从而大大减少了原材料和其他相关物料上的营运资金占用，极大地提升了采购渠道的营运资金管理绩效。同时，通过其创造的“循环招标比价”新模式，成功实施了供应链模式再造，使海信电器的材料成本在同行业中达到了较低水平，也实现了效益的节节攀升。

3. 推行精益生产，提升企业生产渠道营运资金管理水平

在原材料价格上涨、人工工资等成本上升、行业竞争日趋白热化的经营环境下，过去那种靠资金投入、规模扩大的粗放型增长模式已经成为家电企业健康发展的桎梏，而精于技术与管理相结合的精益生产（简称 LP）理念逐渐为家电企业所关注。海信电器早在2003 年起就大力推行“精益生产”，引入将短线、多线、快线等生产形式有效结合的柔性化生产方式，快速应对市场的需求变化；实现多品种混流生产，取消无效链缩短生产线，最大可能地减少缓存线上的在产品、自制半成品等暂存。

具体来看，第一，根据精益生产理论，海信电器对车间生产力按优化的生产工艺流程进行重新布局，例如，将手插线移至整机生产线，目的是便于将手插线生产的基板直接送入整机装配线，从而消除了之前手插线流程导致的临时库存，从而在很大程度上降低了生产资金占用。第二，引入看板管理方式，开展“拉动式”生产运作系统，在产品生产之前，生产、装配线相关负责人将所需的原材料、

部件写入看板，采购、仓储中心据此配货，实现领料和生产的无缝、及时对接。第三，为了解决部分故障机器的入库问题，海信还引入"生产异常看板"，当异常出现时，生产线负责人将具体情况写入看板，相关维修部门涉入解决，从而保证机器修复的及时性和有效性，从而减少了不合格成品的资金占用。第四，海信电器大力推进"制造系统工艺优化项目"、"产品 DFM 改善项目"，实现产品设计优化、制造简化和物流工艺提升的一体化管理，在很大程度上降低了设计、制造和物流等工序间的无效库存，提高了生产资金周转绩效。

4. 形成合理库存，高效物流配送，提升企业营销渠道营运资金管理水平

海信电器很早就推行零库存管理模式，通过实施特定的库存控制策略，力争实现库存量最小化。早期做法为：海信市场部门的信息统计人员通过日销量统计体系，对于各个分公司、各个下辖网点、各个仓库的机器型号、各型号的机器数量进行准确盘查、层层上报、每日统计。通过库存周报、费用分析周报及时了解公司经营动向。这一时期，海信"零库存管理"的核心在于，通过对各型号产品日销量的及时、准确统计，掌握市场需求的第一手资料，并以此尽快地进行生产决策的制定，使营销周期尽可能的缩短，有效地将库存降到最优水平。同时，为了保证销售渠道环节各项工作的有效落实，海信电器对各分公司相关负责人设计了相对苛刻的绩效考评指标，基于对利润率和营运资金周转绩效的提升，其绩效考评指标不仅仅包括销售量、销售收入等利润导向的指标，还涉及了资金周转率、应付账款回款率、存货周转效率等资金周转绩效导向的指标（被称为"健康指标"）。

近几年来，海信电器进一步发展和丰富了"零库存管理"模式的内涵和外延，形成了其独特的营运资金占用和周转管理体系。建立了一套完善的数字化管理模式，被称为市场经济条件下的"计划管理"。特别在网络时代，跨区经营借助于数字管理给企业插上了成功的翅膀。海信的跨区分销借助于其建立的 B2B、B2C 电子商务平台，与分销商的信息化进行对接整合，并对分销渠道进行分类，实行不同程度的信息共享；基于网上银行结算平台，全球各地的营销资金收入可以更快地汇集到海信总部。这种营运资金管理模式下，各分销渠道相关企业围绕客户订单，形成及时采购、生产和配送，从而避免资金在跨区分销等环节出现损失。

5. 成立资金结算中心和财务公司，提升企业理财渠道营运资金管理水平

为加速资金周转，提高资金使用效益，海信电器的控股母公司海信集团早在 1997 年就建立了资金结算中心，使包括海信电器在内的集团内各企业资金由分散运作，改成集团公司统借统还、统一调度，有效避免了资金使用上的浪费，优化了资源配置、盘活了存量资本。在同等规模下，对银行信贷需求减少了，财务费用降低了，甚至结合富余资金理财，还产生了负的财务费用（罗福凯，2006）。大数据时代，结算中心与各企业间的海量数据交换，还成为集团对各所属企业日常业务分析与财务管控的重要手段，通过资金流去分析背后的业务流、信息流，有效地监控了各子公司的经营管理行为，为企业稳健财务的实施提供了重要手段。2008 年财务公司的成立，更为企业提供了一个集资金管理、筹资融资管理和资本运营为一体的综合型金融服务平台，进一步提高了资金管理水平。

（三）建议

1. 进一步改进货币资金的利用效率，提升资金使用效益

企业的货币资金主要是为了满足交易性需要、投机性需要和预防性需要，现金收支管理的四大原则是：力争使现金流入与流出同步，使用现金浮流量，加速收款，推迟应付账款的支付（周旭，2007）。海信电器的货币资金从 2008 年末的 6.8 亿元到 2011 年末的 27.7 亿元，再到 2012 年末的 15.5 亿元的规模，而这些巨额资金基本上都是银行存款，其中绝大多数存放在海信集团财务公司，利率水平较低。虽然企业奉行稳健的财务政策，但也要追求资金的使用效率与效益。建议企业制定更加科学的资金预算，计算出最佳现金持有量，提高资金的使用效率。可喜的是，截至 2012 年末经董事会批准，企业购买信托产品 9.8 亿元，使货币资金由 2011 年的 27.7 亿元降至 2012 年的 15.5 亿元。

2. 在营销渠道推行供应商管理库存，降低成品资金占用

从企业财务报告数据可知，海信电器 2012 年末的存货达 36.78 亿元，其中产成品存货 112 万台/

套，约为一个月的平均销量。受家电季度性销售的影响，元旦至春节前后是销售旺季，所以企业储备了较多存货，但也无形中增加了成品资金占用。建议借鉴供应商管理存货的思路，在营销渠道上大力推行经销商联网工程，与国美、苏宁等大经销商共享销售、库存信息，推行 VMI 管理模式，提升对终端市场需求的研判预测能力，减少产成品存货资金占用，共同提高本企业和经销商的库存管理绩效。

3. 加强应收款项管理，提升资金周转能力

由于海信电器对国美、苏宁等国内家电连锁商家的销售，主要采用银行承兑汇票结算方式，且规模和销售比重较大，导致应收票据增加。对其他部分集团内客户，采用应收账款赊销政策，由于销售回款都有一定的账期，导致整体应收账款收账期延长，应收账款占比加大，影响了应收账款的周转和获现能力。建议进一步调整信用政策，加强应收票据、应收账款的管理，提高现销比例，采用应收账款保理等新举措，提升资金周转效率。

4. 加大国际营运资金管理创新，助力企业国际化战略实施

2012 年，海信电器实现海外销售 53.3 亿元，占全部营业收入的 23%。建议企业进入全球化市场后，应进一步完善国际化的营运资金管理策略。对于海外应收管理，应统一各单位的全球结算和商务政策，应选择风险较小的即期 L/C、提前 T/T 或 B/G 结算方式。同时，统一设定有资质的全球 L/C 网络银行，防范不确定风险。在金融工具创新方面，可借鉴海尔推行的应收保理与出口信用保险组合的金融工具创新方法。海尔电器的彭家钧（2012）曾指出海尔的“大客户直销 + 应收保理 + 出口信用保险”是应对金融危机和减少海外应收账款管理风险的创新模式，间接实现了现款现货，支持了海外业务拓展和战略的实施。特别是投保出口信用保险可确保收汇的安全性，扩大企业国际结算方式的选择面（如 L/C 外还可采用 T/T、DP、DA 等），从而增加出口成交机会。同时，投保后可提高出口企业信用等级，有利于获得银行打包贷款、托收押汇、保理等金融支持，加快资金周转。

七、2012 年计算机、通信和其他电子设备制造业上市公司营运资金管理调查的结论与建议

（一）调查结论

1. 经营活动营运资金占用水平有所下降，不同企业间差异较大

2012 年计算机、通信和其他电子设备制造业上市公司营运资金平均占用 13.86 亿元，同比下降 13%，表明 2012 年其营业活动的流动资金净需求有小幅度的减少。2012 年计算机、通信和其他电子设备制造业行业总体经营活动营运资金占用水平为 0.20，相比 2011 年的有所减少，表明 2012 年比 2011 年经营活动所需的净流动资金减少。2012 年计算机、通信和其他电子设备制造业上市公司经营活动营运资金比营业收入的比值最大值为 1.77，而最小值仅为 -1.41。可见，行业内各企业营业活动流动资金的净需求有很大差别，财务业务一体化管理水平也存在差异。

2. 行业总体上营运资金主要配置在投资活动方面

从营运资金配置结构看，2012 年计算机、通信和其他电子设备制造业将约 40%（1077.93 亿元）的营运资金投放在经营活动领域，同比上升约 3.5 个百分点；而投放在投资活动领域的营运资金为约占营运资金总额的 60%（1638.09 亿元），同比下降了约 3.8 个百分点。可见，2012 年计算机、通信和其他电子设备制造业仍然是将大部分的营运资金配置到投资活动方面。

3. 经营活动营运资金（按渠道）主要配置在营销渠道

从经营活动营运资金的渠道配置结构上看，2012 年计算机、通信和其他电子设备制造业采购渠道营运资金占用额为 -800.29 亿元，与 2011 年相比，采购渠道营运资金下降约 78.5%；2012 年计算机、通信和其他电子设备制造业垫支在生产渠道上的营运资金为 -61.73 亿元，同比下降约 31.7%；垫支在营销渠道上的营运资金为 1939.95 亿元，同比增加约 55%。可见，2012 年计算机、通信和其他电子设备制造业在整个供应链上与上游供应商保持着较好的合作，充分利用上层供应商的资金，使其自身采购渠道不仅没有融资需求，还可以作为融资平台为其他资金需求提供融资支持；生产渠道也是负营运资金运行，反映出其生产流程优化，在产品、半成品等积压较少；在营销渠道上垫支的营运资金最多，且比 2011 年有较大幅度增加，说明计算机、通信和其他电子设备制造业公司应注意加强对应收账

款、应收票据的管理，强化客户关系管理，加强对营销渠道营运资金的管理。

4. 应收及预付款项是经营活动营运资金（按要素）占用的绝对主体

从行业平均来看，2012 年存货上资金占用约为 5.01 亿元，较 2011 增加了约 5.5%；2012 年应收及预付款项的资金占用额与 2011 年相比有所下降，但应收及预付款项仍是计算机、通信和其他电子设备制造业经营活动营运资金（按要素）的绝对主体，因此加强应收及预付款项管理对于该行业企业来说至关重要；另外，2012 年应付及预收款项同比增加约 6.3%，表明 2012 年计算机、通信和其他电子设备制造业应付款项管理水平有所提高。

5. 营运资金融资结构以营运资本融资为主，企业间融资结构差异大

2012 年计算机、通信和其他电子设备制造业短期金融性负债占营运资金之比的行业均值为 32.90%，同比下降 4.6%，相对来说总体财务风险有所下降；2012 年计算机、通信和其他电子设备制造业短期金融性负债占比的最大值高达 1081.68%，而最小值仅为 -1122.92%。上述差异也反映了计算机、通信和其他电子设备制造业各企业营运资金融资策略存在很大不同，面临的财务风险也差别很大。企业层面上，2012 年计算机、通信和其他电子设备制造业企业中，超过一半的企业（69 家）短期金融性负债占营运资金之比低于 20%，相比 2011 年，该分布区间的企业数有所增加，表明大多数企业营运资金融资结构比较合理，企业面临的财务风险较小；而值得注意的是，短期金融性负债占营运资金之比大于 100% 的企业数达到 11 家，比 2011 年多出 4 家，这些企业面临着非常大的财务风险。

6. 经营活动营运资金（按渠道）管理绩效总体有所提升

从渠道角度看，2012 年计算机、通信和其他电子设备制造业上市公司行业平均采购渠道营运资金周转期绩效改善明显；生产渠道营运资金管理绩效也有所提升；营销渠道营运资金周转期同比增加 5 天，营销渠道营运资金管理绩效有所降低。从整个经营活动营运资金周转期（按渠道）来看，营运资金周转期减少 3 天，这表明，从行业层面上看，随着采购、生产渠道营运资金周转期的下降，计算机、通信和其他电子设备制造业上市公司经营活动营运资金周转期（按渠道）绩效管理水平总体上是提高的。

7. 经营活动营运资金（按要素）管理绩效总体稳定

2012 年计算机、通信和其他电子设备制造业上市公司行业平均存货周转期为 60 天，与 2011 年相差无几，略有缩短；应收账款管理绩效水平有所下降，下降幅度达 6.6%；而应付账款管理绩效则略有改善。从整个经营活动营运资金管理来看，2012 年计算机、通信和其他电子设备制造业上市公司行业平均经营活动营运资金周转期为 82 天，同比增长 1 天，这表明 2012 年计算机、通信和其他电子设备制造业上市公司行业经营活动营运资金管理绩效变化不大，应进一步提升绩效管理水平。

（二）对策建议

1. 加强营销渠道建设，提高业务财务一体化水平

由上述分析可以发现，2012 年计算机、通信和其他电子设备制造业在营销渠道上垫支的营运资金最多，且比 2011 年有较大幅度增加，因此，营销渠道营运资金管理是该行业营运资金管理的重点和难点。企业应当及时转变营运资金管理理念，重视营销渠道的营运资金管理，建立和完善分渠道的营运资金管理模式；应注意加强对应收账款、应收票据的管理，加大对营销渠道的投入力度，加强营销渠道建设，提升营销渠道的渠道影响力和控制力；加强供应链下游企业客户关系管理和供应链金融创新，提高营销渠道营运资金管理绩效。财务与业务相结合全面管理企业流动资产和流动负债，从渠道的角度出发，发掘提高营运资金周转绩效的新空间。

2. 加强供应链营运资金管理，提高应收及预付款项管理水平

根据调查结论，应收及预付款项是计算机、通信和其他电子设备制造业经营活动营运资金（按要素）占用的绝对主体，提高应收及预付款项管理水平是计算机、通信和其他电子设备制造业急需解决的重要问题。对此，应充分利用上下游企业进行供应链管理，形成较完善的应收账款管理系统；销售部门应提高销售战略的质量，提高销售预测的准确性，重新选择和分析顾客和客户，密切企业与其供

应商、顾客、代理商等的联系；此外，在资金收付上，还可以通过建立资金结算中心，接轨 ERP 业务订单系统，以提高公司营销系统的收款发货效率。

3. 保持营运资金融资结构的合理优化，控制企业财务风险

营运资金来源不同，企业财务风险大小也就存在很大差异，相比长期负债和企业自有资金（所有者权益）融资，短期金融性负债融资带来的财务风险更大。从上述分析可以看出，2012 年计算机、通信和其他电子设备制造业大多数营运资金融资结构比较合理，企业面临的财务风险较小；而值得注意的是，短期金融性负债占营运资金之比大于 100% 的企业数达到 11 家，比 2011 年多出 4 家，这些企业面临着非常大的财务风险，需要合理优化营运资金融资结构，适度控制短期金融性负债融资比例，以降低财务风险。

主要参考文献

1. 王竹泉等："中国上市公司营运资金管理调查：2009"，《会计研究》，2010 年第 9 期。

2. 王竹泉、孙莹等：《营运资金管理发展报告 2012》，中国财政经济出版社 2012 年版。

3. 王竹泉："重新认识营业活动和营运资金"，《财务与会计（理财版）》，2013 年第 4 期。

4. 王竹泉、逄咏梅、孙建强："国内外营运资金管理研究的回顾与展望"，《会计研究》，2007 年第 2 期。

5. 彭家钧："营运资金管理创新——基于海尔集团的案例研究"，《营运资金管理发展报告 2012》，中国财政经济出版社 2012 年版。

6. 王洪星："海信集团 小仓库激活资金流"，《企业管理》，2007 年第 5 期。

7. 罗福凯、车艳华："公司营运资本日常管理的改进——来自海信集团的管理实践和经验"，《财会通讯》，2006 年第 7 期。

8. 周旭："刍议企业货币资金的内部控制"，《财政监督》，2007 第 22 期。

第十八章　2012 年其他制造业上市公司营运资金管理调查①

【摘要】本报告分别以 2012 年 20 家上市公司、2011 ~ 2012 年 19 家可比的上市公司为研究样本，从渠道和要素两个视角对其他制造业上市公司 2012 年营运资金管理状况进行了全面调查和透视。

资金占用调查表明：2012 年其他制造业总体营运资金占用水平有所上升，经营活动营运资金占用增加，投资活动营运资金占用有所降低。经营活动营运资金（按要素）配置结构中存货、应收款项、应付款项的资金配置均比上年减少，但存货及应收款项降低的资金占用额少于应付款项；经营活动营运资金（按渠道）配置结构中采购、生产渠道营运资金占用增加的劣势抵消了营销渠道营运资金占用水平降低的优势，并进一步推高了行业的营运资金占用水平。

资金管理绩效调查表明：2012 年其他制造业按渠道与分要素的经营活动营运资金周转绩效均有所下降。三大渠道中，以采购渠道绩效最优，生产渠道绩效次之，营销渠道绩效最差；三大要素中，应收账款周转绩效优于上年水平，但其改善优势但并不足以弥补存货和应付账款的周转劣势。

营运资金筹资来源与财务风险方面，短期金融负债和营运资本筹资方式运用并不稳定，相比 2011 年行业总体明显偏好使用短期金融负债筹集营运资金，财务风险较高，2012 年两种筹资方式在营运资金筹集结构中所占比例基本持平，财务风险降低。

根据上述调查结果，本报告发布了其他业上市公司营运资金管理绩效排行榜，提出了改变营运资金管理理念，注重从渠道角度提高营运资金管理效率、进一步加强流程的优化和管理以及关注供应链管理，改善营运资金管理效果等对策建议，以期为其他行业提升营运资金管理水平提供参考。

一、其他制造业营运资金管理特点

其他制造业行业涉及新材料、光伏产业、珠宝首饰、高端装备制造业、玩具、伞业等行业，涉及范围广，其营运资金管理特点表现在以下几个方面。

1. 经营业务专一

其他制造类企业虽然涉及珠宝加工、生活消费、新材料等多个行业，但大部分企业奉行“专业化”的经营战略，专注于主营业务精细化的发展，在领域内做精做强，是该行业的领军企业，具有较强的市场竞争力。

2. 投入巨大，资本密集

其他类制造企业多数属于投入巨大的资本密集型企业。一方面，以新材料为代表的高新技术企业需要雄厚的研发资金做支持，研发费用的投入占全部投入很大的比例，投入大量的人力、物力、财力用于新产品的研发和生产；另一方面，珠宝加工企业也需要巨大的资金购买价值较高的黄金、铂金、翡翠原石等原材料，同时对于采用自营销售的企业需要大量产品进行铺货，资金需求量较大。

3. 产品的高创新带动公司的高成长

在其他制造类企业中，近 60% 的企业被认定为高新技术企业。无论他们生产的是蜡烛、雨伞、涂料等生活耐用品还是磁卡、锂电池、复合材料等新材料，该类企业都具有高创新和高成长的特点。创新是高新技术企业发展的原动力。企业只有不断地进行研发，才可能吸收先进的科学技术成果，才可能形成或创造出新的生产工艺和方法，并最终将企业的科技优势转化为经济优势，将新产品成功推向市场。而技术创新的这种特点，也使得原来的小公司在很快的时间内发展成组织和管理都日趋完善的

① 国家自然科学基金“利益相关者视角的营运资金管理研究与中国上市公司营运资金管理数据平台扩充建设（71372111）”和国家自然科学基金“利益相关者集体选择视角的企业价值管理研究（71172099）”的阶段性成果。感谢中国海洋大学、中国会计学会、国家自然科学基金委员会对营运资金管理研究的支持。

大公司，实现跨越式发展。

二、2012 年其他制造业经营环境及对营运资金管理的影响

2012 年其他制造业企业面对国际挑战与国内机遇并存的发展局面，国际方面，欧债危机深化蔓延，国际需求增速减缓，美国、日本等发达国家经济增速低迷，新兴经济体增速普遍放缓，全球市场信心受到冲击，国际贸易增速明显下滑，对我国其他制造业的出口造成了巨大冲击。特别是光伏产业又受到“双反”、产能过剩的影响，使企业面临着巨大的危机。对于许多企业产品的出口收入占企业营业收入比重很大，由于市场的不景气，容易造成大量存货挤压，不但使企业收入大幅降低，同时占用大量的营运资金，使营运资金管理绩效低下，营运资金周转不畅通和保障不足，容易造成企业资金链紧张，使企业面临财务风险，此时企业应该重点开拓国内市场，通过扩大内需来弥补出口的不足。国内方面，“十二五”规划纲要和相关政策的出台，为企业带来发展机遇。伴随着城镇化率的提升、刚性需求的释放和消费升级的驱动，国内市场对某些其他制造业公司产品的需求保持了平稳较快的增长。在其他制造类企业中，近 60% 的企业被认定为高新技术企业，而《“十二五”国家战略性新兴产业发展规划》以及《高端装备制造业“十二五”发展规划》的发布，进一步明确了新能源、新材料、高端装备制造业等领域的重点发展方向，并制定了产业发展路线图，确立了各领域发展的阶段性目标，为企业的发展提供了良好的政策环境和指导。在这样的国际国内环境下，其他制造业企业营运资金管理主要特点体现在以下方面。

1. 存货管理是其他制造业营运资金效率提高的重点

由于其他制造类企业以珠宝加工和高新技术企业为主，注定了存货具有较高的技术含量和价值。同时该类企业往往具有完善的产业链，涉及产品设计、生产和销售，而生产和销售流程均需备有一定的存货，因此存货在营运资金中所占比重较大，存货周转期较长，加强对存货的管理将有利于营运资金整体绩效的提高。由此，其他制造类企业可以推行全供应链 RFID 的管理模式，解决库存和物流控制不畅的问题，及时有效地组织货品调配，灵活高效地进行库存管理，提高存货的管理效率。

2. 营销渠道营运资金管理相对重要

从分渠道的角度分析其他制造业的营运资金，发现营销渠道营运资金占用最大并且周转期最长，生产渠道次之，采购渠道最低甚至是负占用，因此，营销渠道是其他制造业营运资金管理的重点。珠宝类企业的销售模式大多为直营模式，其零售终端的数量、位置和表现力往往形成消费者对品牌的初始认知，因此各珠宝企业均将门店数量的扩张和形象的提升作为发展营销网络的主要战略，在门店迅速扩张的同时也带来了大量的资金占用。以新材料为代表的高新技术企业其销售模式一般也为直销，与厂家直接交易，客户厂商较多，管理面宽，因此加强与客户厂商的交流沟通，建立良好的客户关系是提高营销渠道营运资金效率的重要途径。

3. 供应链融资需求迫切

其他制造业中多数为资本密集型企业，营运资金中的融资问题也是该行业企业的难题。特别是珠宝黄金加工的企业营运资金占用额大且周转较慢，因此对于供应链上的融资有更为强烈的需求。

三、2012 年其他制造业上市公司营运资金配置与来源分析

（一）其他制造业上市公司营运资金配置分析

1. 其他制造业上市公司营运资金总体配置结构与占用水平分析

（1）行业层面

如表 18 - 1 所示，2012 年度其他制造业上市公司营运资本期末占用总额为 125.17 亿元，比 2011 年度增加了 98.4 亿元，增幅为 367.67%；营运资本期末占用行业均值由 2011 年的 1.03 亿元增加到 2012 年的 6.26 亿元，增幅为 507.98%，营运资本期末占用增加显著。而 2012 年度其他制造业上市公司营运资金期末占用总额为 257.40 亿元，比 2011 年增加了 2.01 亿元，增幅为 0.79%，保持基本稳定；行业均值由 2011 年的 9.82 亿元增加到 2012 的 12.87 亿元，增幅为 31.02%，增加较多。从行业总体来看，营运资本增加显著而营运资金保持稳定，主要是因为短期金融性负债的显著减少而引起。

2012 年度其他制造业上市公司中营运资本期末占用最大值为 36.47 亿元，最小值为 -3.58 亿元；营运资金期末占用最大值为 51.46 亿元，最小值为 0.62 亿元。2012 年度其他制造业上市公司经营活动营运资金期末占用总额为 159.34 亿元，比 2011 年增加 21%，行业平均占用金额增幅为 58%。经营活动营运资金占用水平由 2011 年的 0.13% 增加的 2012 年的 0.26%，增幅为 100%，经营活动营运资金占用水平增加显著。投资活动营运资金期末占用总额由 2011 年的 124.24 亿元减少到 2012 年的 98.06 亿元，减幅为 21%，有所降低；投资活动营运资金占用额行业均值由 2011 年的 4.78 亿元增加到 2012 年的 4.90 亿元，增幅为 3%，保持基本稳定。

表 18-1　2011~2012 年其他制造业行业营运资金配置分析　单位：亿元

项目	营运资本期末占用		营运资金期末占用		经营活动营运资金期末占用		经营活动营运资金占用水平		投资活动营运资金期末占用	
	2011	2012	2011	2012	2011	2012	2011	2012	2011	2012
行业总体	26.76	125.17	255.39	257.40	131.15	159.34	0.13%	0.26%	124.24	98.06
行业平均	1.03	6.26	9.82	12.87	5.04	7.97	0.13%	0.26%	4.78	4.90
最大值	27.66	36.47	39.54	51.46	28.39	32.23	2.00%	1.24%	40.89	19.23
最小值	-113.84	-3.58	-0.18	0.62	-41.07	-1.20	-0.08%	-0.14%	0.33	0.62
样本数量	26	20	26	20	26	20	26	20	26	20

（2）企业层面

2012 年我国其他制造业上市公司中有 19 家可比样本（见表 18-2），在资金占用绝对变化方面，营运资本降低的有 14 家，占比 73.68%，增加的有 5 家，占比 26.32%；营运资金降低的有 12 家，占比 63.16%，增加的有 7 家，占比 36.84%；经营活动营运资金降低的有 9 家，占比 47.37%，增加的有 10 家，占比 52.63%；投资活动营运资金降低的有 11 家，占比 57.89%，增加的有 8 家，占比 42.11%。总体来看，2012 年其他制造业的大部分上市公司的营运资本和营运资金增加，经营活动营运资金和投资活动营运资金几乎一半的企业增加，一半的企业下降。

表 18-2　2011~2012 年其他制造业上市公司营运资金配置变化情况及变动幅度统计表

项目		营运资本	营运资金	经营活动营运资金	投资活动营运资金
资金占用量绝对变化统计	降低	14	12	9	11
	降低比例	73.68%	63.16%	47.37%	57.89%
	增加	5	7	10	8
	增加比例	26.32%	36.84%	52.63%	42.11%
资金占用量变化幅度统计	降低显著	5	1	4	1
	占比	26.32%	5.26%	21.05%	5.26%
	降低较大	2	2	3	0
	占比	10.53%	10.53%	15.79%	0.00%
	有所降低	1	5	2	7
	占比	5.26%	26.32%	10.53%	36.84%
	基本稳定	7	7	6	3
	占比	36.84%	36.84%	31.58%	15.79%
	有所增加	0	2	1	1
	占比	0.00%	10.53%	5.26%	5.26%
	增加较大	3	2	2	2
	占比	15.79%	10.53%	10.53%	10.53%
	增加显著	1	0	1	5
	占比	5.26%	0.00%	5.26%	26.32%
可比样本总数		19			

注：上表中除了百分比之外的数字单位为：家

资金占用量变化幅度统计方面，营运资本保持稳定的有7家，占比最大为36.84%，其次为降低显著的有5家，占比为26.32%，增加较大的有3家，占比15.79%；其他区间的占比较小。营运资金保持基本稳定的有7家，占比最大为36.84%，其次为有所降低的为5家，占比为26.32%，降低较大、有所增加和增加较大每个区间内都有2家，分别占比10.53%。经营活动营运资金保持基本稳定的有6家，占比最大31.58%，其次为降低显著的4家，占比21.05%，降低较大的为3家，占比15.79%，其他区间占比较小。投资活动营运资金有所降低的为7家，占比最大为36.84%，其次为增加显著的5家，占比26.32%，基本稳定的有3家，占比15.79%，其他区间占比较小。总体来说，2012年其他制造业上市公司的营运资本、营运资金和经营活动营运资金保持基本稳定的占比最大，分别为36.84%、36.84%、31.58%，而投资活动营运资金有所降低占比最大为36.84%。

2. 其他制造业上市公司分渠道的经营活动营运资金配置分析

(1) 行业层面

2012年，我国其他制造业上市公司采购渠道营运资金占用总额为-8.67亿元，比2011年的-150.81亿元增加了142.14亿元，增幅为94.25%；行业均值由-5.80亿元增加到-0.43亿元，增幅为92.53%，增加显著。2012年采购渠道营运资金占用最大值为7.36亿元，最小值为-7.71亿元。生产渠道营运资金占用总额由2011年的16.54亿元增加到2012年的34.77亿元，增幅为110.25%，行业均值由0.64亿元增加到1.74亿元，增幅为173.32%，增幅显著。2012年生产渠道营运资金占用最大值为16.56亿元，最小值为-0.37亿元。营销渠道营运资金占用总额由2011年的265.42亿元减少到2012年的133.24亿元，增幅为-49.80%，行业均值由10.21亿元减少到6.66亿元，增幅为-34.74%，降低较大。2012年营销渠道营运资金占用最大值为32.54亿元，最小值为0.96亿元。采购渠道与营销渠道的营运资金数额变化较大，生产渠道营运资金数额变化值较小，其中采购渠道营运资金占用总额增加显著，最终导致经营活动营运资金占用总额由2011年的131.15亿元增加到2012年的159.34亿元。见表18-3。

表18-3　2011~2012年其他制造业经营活动营运资金的渠道配置分析　单位：亿元

项目	采购渠道营运资金		生产渠道营运资金		营销渠道营运资金		经营活动营运资金	
	2011	2012	2011	2012	2011	2012	2011	2012
行业总体	-150.81	-8.67	16.54	34.77	265.42	133.24	131.15	159.34
行业平均	-5.80	-0.43	0.64	1.74	10.21	6.66	5.04	7.97
最大值	4.34	7.36	5.32	16.56	106.30	32.54	28.39	32.23
最小值	-148.05	-7.71	-1.47	-0.37	0.66	0.96	-41.07	-1.20
样本数量	26	20	26	20	26	20	26	20

(2) 企业层面

2012年我国其他制造业上市公司中有19家可比样本（见表18-4），在资金占用绝对变化方面，采购渠道营运资金降低的有15家，占比78.95%，增加的有4家，占比21.05%；生产渠道营运资金降低的有10家，占比52.63%，增加的有9家，占比47.37%；营销渠道营运资金降低的有8家，占比42.11%，增加的有11家，占比57.89%；经营活动营运资金降低的有9家，占比47.37%，增加的有10家，占比52.63%。总体来说，大部分其他制造业上市公司的采购渠道营运资金降低，生产渠道、营销渠道以及经营活动营运资金总额增加和降低的企业几乎各占一半。

表 18－4　2011～2012 年其他制造业经营活动营运资金的渠道配置变化情况及变动幅度表

项目		采购渠道营运资金	生产渠道营运资金	营销渠道营运资金	经营活动营运资金
资金占用量绝对变化统计	降低	15	10	8	9
	降低比例	78.95%	52.63%	42.11%	47.37%
	增加	4	9	11	10
	增加比例	21.05%	47.37%	57.89%	52.63%
资金占用量变化幅度统计	降低显著	11	5	2	4
	占比	57.89%	26.32%	10.53%	21.05%
	降低较大	0	1	1	3
	占比	0.00%	5.26%	5.26%	15.79%
	有所降低	3	1	3	2
	占比	15.79%	5.26%	15.79%	10.53%
	基本稳定	2	4	3	6
	占比	10.53%	21.05%	15.79%	31.58%
	有所增加	1	0	5	1
	占比	5.26%	0.00%	26.32%	5.26%
	增加较大	0	4	1	2
	占比	0.00%	21.05%	5.26%	10.53%
	增加显著	2	4	4	1
	占比	10.53%	21.05%	21.05%	5.26%
可比样本总数		19			

注：上表中除了百分比之外的数字单位为：家

在资金占用量变化幅度方面，采购渠道营运资金降低显著的有 11 家，占比最大为 57.89%，其次为有所降低的有 3 家，占比 15.79%，其他区间占比较小；生产渠道营运资金降低显著的有 5 家，占比最大为 26.32%，基本稳定、增加较大和增加显著三个区间中分别有 4 家，分别占比 21.05%，其他区间占比较小；营销渠道营运资金有所增加的有 5 家，占比最大为 26.32%，其次为增加显著的有 4 家，占比 21.05%，有所降低和基本稳定两个区间中分别为 3 家，分别占比 15.79%，其他区间占比较小。经营活动营运资金基本稳定的有 6 家，占比最大为 31.58%，其次为降低显著的 4 家，占比 21.05%，降低较大的有 3 家，占比 15.79%，其他区间占比较小。

3. 其他制造业上市公司分要素的经营活动营运资金配置分析

（1）行业层面

2012 年我国其他制造业上市公司存货占用总额为 193.22 亿元，比 2011 年减少了 20.13%；行业均值由 2011 年的 9.30 亿元增加到 2012 年的 9.66 亿元，增幅为 3.84%，保持基本稳定。2012 年存货占用最大值为 52.86 亿元，最小值为 0.17 亿元。2012 年应收及预付款项总额为 86.29 亿元，比 2011 年减少 57.38%；行业均值由 2011 年的 7.79 亿元减少到 2012 年的 4.31 亿元，减幅为 44.60%，降低较大。2012 年应收及预付款项占用额最大值为 15.49 亿元，最小值为 0.76 亿元。2012 年应付及预收款项占用总额为 120.17 亿元，比 2011 年减少 61.64%，行业均值由 2011 年的 12.05 亿元减少到 2012 年的 6.01 亿元，减幅为 50.13%，降低显著。2012 年应付及预收款项占用额最大值为 26.45 亿元，最小值为 0.14 亿元。2012 年经营活动营运资金（按要素）占用总额为 159.34 亿元，比 2011 年减少 21.5%；行业均值由 2011 年的 5.04 亿元增加到 2012 年的 7.97 亿元，增幅为 57.94%，增加显著。2012 年经营活动营运资金（按要素）占用额最大值为 32.23 亿元，最小值为－1.20 亿元。见表18－5。

表 18－5　　2011～2012 年其他制造业经营活动营运资金的要素配置分析　　单位：亿元

项目	存货		应收及预付款项		应付及预收款项		经营活动营运资金	
	2011	2012	2011	2012	2011	2012	2011	2012
行业总体	241.91	193.22	202.46	86.29	313.22	120.17	131.15	159.34
行业平均	9.30	9.66	7.79	4.31	12.05	6.01	5.04	7.97
最大值	68.74	52.86	110.25	15.49	220.05	26.45	28.39	32.23
最小值	0.05	0.17	0.50	0.76	0.12	0.14	－41.07	－1.20
样本数量	26	20	26	20	26	20	26	20

2012 年我国其他制造业上市公司中有 19 家可比样本（见表 18－6），在资金占用绝对变化方面，存货占用额降低的有 8 家，占比 42.11%，增加的有 11 家，占比 57.89%；应收及预付款项占用额降低的有 9 家，占比 47.37%，增加的有 10 家，占比 52.63%；应付及预收款项占用额降低的有 4 家，占比 21.05%，增加的有 15 家，占比 78.95%；经营活动营运资金占用额降低的有 9 家，占比 47.37%，增加的有 10 家，占比 52.63%。

表 18－6　　2011～2012 年其他制造业经营活动营运资金的要素配置变化情况及变动幅度表

项目		存货	应收及预付款项	应付及预收款项	经营活动营运资金
资金占用量绝对变化统计	降低	8	9	4	9
	降低比例	42.11%	47.37%	21.05%	47.37%
	增加	11	10	15	10
	增加比例	57.89%	52.63%	78.95%	52.63%
资金占用量变化幅度统计	降低显著	0	0	1	4
	占比	0.00%	0.00%	5.26%	21.05%
	降低较大	0	0	0	3
	占比	0.00%	0.00%	0.00%	15.79%
	有所降低	5	4	1	2
	占比	26.32%	21.05%	5.26%	10.53%
	基本稳定	6	9	3	6
	占比	31.58%	47.37%	15.79%	31.58%
	有所增加	6	1	2	1
	占比	31.58%	5.26%	10.53%	5.26%
	增加较大	1	1	3	2
	占比	5.26%	5.26%	15.79%	10.53%
	增加显著	1	4	9	1
	占比	5.26%	21.05%	47.37%	5.26%
可比样本总数		19			

注：上表中除了百分比之外的数字单位为：家

在资金占用量变化幅度方面，存货占用额基本稳定和有所增加区间的分别有 6 家，分别占比 31.58%，有所降低的有 5 家，占比 26.32%，其他区间分布较少；应收及预付款项占用额保持基本稳定的有 9 家，占比 47.37%，有所降低和增加显著的分别为 4 家，分别占比 21.05%，其他区间分布较少；应付及预收款项占用额增加显著的有 9 家，占比 47.37%，基本稳定和增加较大的分别有 3 家，分别占比 15.79%，其他区间分布较少。经营活动营运资金占用额保持基本稳定的有 6 家，占比 31.58%，降低显著的有 4 家，占比 21.05%，降低较大的有 3 家，占比 15.79%，其他区间分布较少。

（二）其他制造业上市公司营运资金来源与财务风险分析

企业营运资金来源与财务风险分析部分，立足于扩大的营运资金概念范畴，认为企业营运资金的筹资来自于短期金融负债和长期营运资本两个方面。从短期营运视角，当企业无法满足营运现金流需求时，企业现金流断裂将直接引致财务困境，从而企业短期营运资金筹集中长期的营运资本占比越高，企业营运的安全性越高，财务风险越低。表 18 – 7 和表 18 – 8 将分别从行业层面和企业层面，统计 2011 年和 2012 年企业营运资金的筹资结构以及不同筹资结构的企业数目。

表 18 – 7　　2011 ~ 2012 年其他制造业营运资金来源状况

项目	短期金融性负债占比		营运资本占比	
	2011 年末	2012 年末	2011 年末	2012 年末
行业平均	89.52%	51.37%	10.48%	48.63%
最大值	144.21%	162.49%	63721.46%	100.00%
最小值	– 63621.46%	0.00%	– 44.21%	– 62.49%
样本数目	26	20	26	20

行业层面，营运资金筹资来源中短期金融负债占比年度差距显著，2011 年行业偏向采用短期金融负债筹集营运资金，而 2012 年企业更倾向于使用营运资本筹资，因此从行业平均值看，2012 年行业财务风险低于 2011 年。从最大值和最小值对比来看，行业内企业融资结构企业个体间差异明显，行业中的典型企业不仅不需要为营运资金筹集长期资金来源，反而能够利用短期的营运资金信用支持长期资产项目，相比之下，行业中高比例使用短期金融负债支持营运资金需求的企业不在少数（见表18 – 8）。

表 18 – 8　　2011 ~ 2012 年其他制造业营运资金来源统计表　　单位：家

比例	2011 年末短期金融性负债占比	2011 年末营运资本占比	2012 年末短期金融性负债占比	2012 年末营运资本占比
<0	0	2	0	5
0 ~ 20%	5	2	7	1
20% ~ 40%	4	2	3	0
40% ~ 60%	4	4	3	3
60% ~ 80%	2	4	0	3
80% ~ 100%	2	5	1	7
>100%	2	0	5	0
企业数量	19			

企业层面，通过两年匹配，共得到可比样本 19 家，统计得到不同程度的营运资金筹集结构的企业分布情况。2011 年、2012 年度短期金融负债营运资金筹资比例超过 60% 的企业均有 6 家，接近可比样本总数的三分之一，不同的是 2012 年利用短期金融负债筹资有向更高的比例集中的趋势，有 5 家企业超过了 100%，这可能从一个侧面说明 2012 年企业较难筹集到长期资本金转而利用短期金融负债作为营运资金筹资的重要渠道，2012 年企业层面财务风险高于 2011 年。

四、其他制造业上市公司营运资金管理绩效分析

（一）其他制造业上市公司分渠道的营运资金管理绩效分析

2012 年我国其他制造业上市公司采购渠道营运资金周转期行业均值为 – 2 天，比 2011 年增加 94.59%，管理绩效降低显著。2012 年采购渠道营运资金周转期最大值为 140 天，最小值为 – 123 天。2012 年生产渠道营运资金周转期行业均值为 14 天，比 2011 年增加 166.02%，管理绩效降低显著。2012 年生产渠道营运资金周转期最大值为 88 天，最小值为 – 10 天。2012 年营销渠道营运资金周转期

行业均值为82天，比2011年增加6.62%，管理绩效保持基本稳定。2012年营销渠道营运资金周转期最大值为312天，最小值为33天。2012年经营活动营运资金周转期（按渠道）行业均值为93天，比2011年增加119.97%，管理绩效降低显著。2012年经营活动营运资金周转期（按渠道）最大值为344天，最小值为－6天。见表18－9。

表18－9　　2011～2012年其他制造业各渠道营运资金周转期

单元：天

项目	采购渠道营运资金周转期		生产渠道营运资金周转期		营销渠道营运资金周转期		经营活动营运资金周转期（按渠道）	
	2011	2012	2011	2012	2011	2012	2011	2012
行业平均	－39	－2	5	14	77	82	42	93
最大值	73	140	284	88	360	312	692	344
最小值	－85	－123	－19	－10	30	33	－19	－6
样本数量	26	20	26	20	26	20	26	20

2012年我国其他制造业上市公司有19家可比样本中，周转期变化方面，采购渠道营运资金周转期改善的有10家，占比52.63%，降低的有9家，占比47.37%；生产渠道营运资金周转期改善的有7家，占比36.84%，降低的有12家，占比63.16%；营销渠道营运资金周转期改善的有6家，占比31.58%，降低的有13家，占比68.42%；经营活动营运资金周转期（按渠道）改善的有10家，占比52.63%，降低的有9家，占比47.37%。见表18－10。

表18－10　　2011～2012年其他制造业各渠道营运资金管理绩效变化统计表

项目		采购渠道营运资金周转期	生产渠道营运资金周转期	营销渠道营运资金周转期	经营活动营运资金周转期（按渠道）
周转期变化统计	改善	10	7	6	10
	改善比例	52.63%	36.84%	31.58%	52.63%
	降低	9	12	13	9
	降低比例	47.37%	63.16%	68.42%	47.37%
周转期变化幅度统计	改善显著	8	3	2	3
	改善较大	1	1	0	1
	有所改善	1	1	3	2
	基本稳定	0	4	3	8
	有所降低	3	5	6	4
	降低较大	1	1	4	0
	降低显著	5	4	1	1
可比样本总数		19			

周转期变化幅度方面，采购渠道营运资金周转期改善显著的有8家，降低显著的有5家，其他区间分部较少；生产渠道营运资金周转期有所降低的有5家，基本稳定和降低显著的分别有4家，其他区间分布较少；营销渠道营运资金周转期有所降低的有6家，降低较大的有4家，有所改善和基本稳定的分别为3家，其他区间分布较少；经营活动营运资金周转期（按渠道）基本稳定的有8家，有所降低的有4家，其他区间分布较少。

2008年至2012年我国其他制造业上市公司经营活动营运资金周转期（按渠道）呈现出先减少后增加的趋势，其中2009年下降幅度最大，减幅为72.13%；在2010年达到最小值为29.63天，2012年周转期为93.39天，增幅最大为119.97%。采购渠道营运资金周转期从2008年至2011年不断降低，最大值为2008年的2.41天，最小值为2011年的－39.31天，2012年采购渠道营运资金周转期大幅度

增长至 -2.13 天，增幅为 94.69%。生产渠道营运资金周转期从 2008 年至 2011 年不断降低，最大值为 2008 年的 68.33 天，最小值为 2011 年的 5.23 天，2012 年生产渠道营运资金周转期增长至 13.91 天，增幅为 166.02%。营销渠道营运资金周转期从 2009 年有所降低，随后至 2012 年不断增加，最大值为 2012 年的 81.61 天，最小值为 2009 年的 -19.25 天。见表 18-11。

表 18-11　2008~2012 年其他制造业营运资金周转期　单位：天

项目	2008	2009	2010	2011	2012
经营活动营运资金（按渠道）周转期	113.83	31.72	29.63	42.46	93.39
采购渠道营运资金周转期	2.41	-5.00	-14.21	-39.31	-2.13
生产渠道营运资金周转期	68.33	55.98	45.38	5.23	13.91
营销渠道营运资金周转期	43.09	-19.25	-1.54	76.54	81.61

（二）其他制造业上市公司分要素的营运资金管理绩效分析

2012 年我国其他制造业上市公司存货周转期行业均值为 105 天，比 2011 年增加 37.24%，管理绩效降低较大。2012 年存货周转期最大值为 316 天，最小值为 32 天。2012 年应收账款周转期行业均值为 31 天，比 2011 年降低 37.95%，管理绩效改善较大。2012 年应收账款周转期最大值为 277 天，最小值为 3 天。2012 年应付账款周转期行业均值为 34 天，比 2011 年减少 49.70%，管理绩效降低较大。2012 年应付账款周转期最大值为 180 天，最小值为 3 天。2012 年经营活动营运资金周转期（按要素）行业均值为 102 天，比 2011 年增加 72.34%，管理绩效降低显著。2012 年经营活动营运资金周转期（按要素）最大值为 311 天，最小值为 -21 天。见表 18-12。

表 18-12　2011~2012 年其他制造业各要素周转期　单位：天

项目	存货周转期		应收账款周转期		应付账款周转期		经营活动营运资金周转期（按要素）	
	2011	2012	2011	2012	2011	2012	2011	2012
行业平均	76	105	50	31	67	34	59	102
最大值	587	316	451	277	168	180	690	311
最小值	11	32	5	3	6	3	14	-21
样本数量	26	20	26	20	26	20	26	20

2012 年我国其他制造业上市公司有 19 家可比样本，周转期变化方面，存货周转期改善的有 7 家，占比 36.84%，降低的有 12 家，占比 63.16%；应收账款周转期改善的有 5 家，占比 26.32%，降低的有 14 家，占比 73.68%；应付账款周转期改善的有 9 家，占比 47.37%，降低的有 10 家，占比 52.63%；经营活动营运资金周转期（按要素）改善的有 8 家，占比 42.11%，降低的有 11 家，占比 57.89%。见表 18-13。

表 18-13　2011~2012 年其他制造业经营活动营运资金各要素管理绩效变化统计表

项目		存货周转期	应收账款周转期	应付账款周转期	经营活动营运资金周转期（按要素）
周转期变化统计	改善	7	5	9	8
	改善比例	36.84%	26.32%	47.37%	42.11%
	降低	12	14	10	11
	降低比例	63.16%	73.68%	52.63%	57.89%

续表

项目		存货周转期	应收账款周转期	应付账款周转期	经营活动营运资金周转期（按要素）
周转期变化幅度统计	改善显著	1	2	2	2
	改善较大	0	0	0	1
	有所改善	3	2	3	1
	基本稳定	9	7	6	8
	有所降低	5	4	5	6
	降低较大	1	1	2	0
	降低显著	0	3	1	1
可比样本总数		19			

注：上表中除了百分比之外的数字单位为：家

周转期变化幅度方面，存货周转期基本稳定的有9家，有所降低的有5家，有所改善的有3家，其他区间分布较少；应收账款周转期基本稳定的有7家，有所降低的有4家，降低显著的有3家，其他区间分布较少；应付账款周转期基本稳定的有6家，有所降低的有5家，有所改善的有3家，其他区间分布较少；经营活动营运资金周转期（按要素）基本稳定的有8家，有所降低的有6家，其他区间分布较少。总体来看，大部分其他制造业上市公司各要素的周转期保持基本稳定或有所降低。

我国其他制造业上市公司现金周转期2009年有所增加，达到最大值130.14天，随后至2012年呈现先下降后增加的趋势，在2011年达到最小值59.07天，2012年增加到101.80天，增幅为72.34%。存货周转期2008年至2010年保持基本稳定，2011年下降至76.22天，减幅为29.07%，2012年又增加至104.60天，增幅为37.24%，管理绩效降低较大。应收账款周转期总体呈现出先增加后减少的趋势，在2010年达到最大值87.31天，2012年达到最小值为30.80天。应付账款周转期总体呈现出先增加后减少的趋势，在2010年达到最大值72.63天，2012年达到最小值为33.59天。见表18-14。

表18-14　2008~2012年其他制造业各要素周转期　　单位：天

项目	2008	2009	2010	2011	2012
现金周转期	115.94	130.14	122.13	59.07	101.80
存货周转期	118.24	117.97	107.46	76.22	104.60
应收账款周转期	38.68	82.19	87.31	49.64	30.80
应付账款周转期	40.98	70.02	72.63	66.78	33.59

五、2012年其他制造业上市公司营运资金管理绩效排行榜

本部分分别按“经营活动营运资金周转期（按要素）”和“经营活动营运资金周转期（按渠道）”进行排名，考察其他制造业上市公司营运资金管理绩效。在对上市公司营运资金管理绩效进行排名时，剔除了财务数据异常的公司，详见附录一。

六、2012年其他制造业上市公司营运资金管理的典型案例分析——爱康科技

（一）爱康科技基本情况介绍

江苏爱康太阳能科技有限公司建于2006年3月，坐落于江苏省江阴市华士镇，2011年8月公司成功登陆深圳证券交易所中小板（股票简称：爱康科技，股票代码：002610），是一家专业从事生产、销售太阳能电池板配件及太阳能系统工程设计、施工、安装、维护的中外合资企业，在中国内地设有一家工厂和两家外贸公司。公司生产能力、产品精度和质量均居同行业领先水平，现有产品主要包括太阳能电池板专用边框、太阳能支架、组件专用EVA封装胶膜、接线盒及各种太阳能应用产品，产品广泛应用于日本、韩国、德国等世界500强企业，赢得了太阳能行业国际市场前50强企业的广泛认同。

目前公司生产的太阳能电池板专用边框全球销量第一，据权威机构统计，占全球17%的市场份额，公司现有26条边框生产线和一条自动化生产线，生产能力达150万套/月；爱康太阳能支架系统品种齐全、功能强大，已经申请外观设计专利十三项，实用新型专利一项并可以根据客户的需求进行设计和生产，目前支架生产能力达3万套/月；公司自主研发的太阳能组件专用EVA封装胶膜具有良好的耐湿热、抗紫外老化性能，透光率高，可以大大提高光伏电池的光电转换效率，使用寿命达到30年以上，同时以精湛的技术服务受到了用户的一致好评；爱康接线盒产品完全由公司研发团队自主研发，公司拥有强大的研发团队，汇集了太阳能、塑料、电子、电器领域内的诸多经验丰富的研发人员，下属实验室实验设备齐全、检测手段先进、能够满足目前所有接线盒产品开发及各项性能参数的检测要求。

2012年公司面临非常严峻的经营环境，销售额、毛利率下降明显。报告期内，实现营业收入1362435009.36元，同比减少10.61%；营业利润－125984402.99元，同比减少160.36%；2012年受益于国内市场装机容量的扩大，安装系统业务取得突破性进展，全年实现营业收入204313772.49元，同比增长454.16%；太阳能电池铝边框产品继续保持行业领先地位，全年实现营业收入899681647.56元，同比下降27.94%；EVA胶膜产品主要着力于工艺改进和市场开拓，全年实现营业收入44731022.49元，同比上涨47.53%；2012年公司在太阳能电站领域继续寻求发展机会，全年建成大型地面太阳能电站40万套，并已具备并网条件。

（二）营运资金周转绩效数据分析

1. 分渠道方面

爱康科技经营活动营运资金周转期（分渠道），在2011～2012年间分列行业第6位和第2位，行业表现佳，2012年周转期较2011年缩短31天，绩效改善幅度接近70%。见表18－15。

表18－15　爱康科技2011～2012年营运资金管理绩效表（按渠道）　单位：天

指标	采购渠道营运资金周转期	生产渠道营运资金周转期	营销渠道营运资金周转期	经营活动营运资金周转期（分渠道）
2011	－33	1	77	45
2012	－123	22	115	14
2011年行业平均	－39	5	77	42
2012年行业平均	－2	14	82	93

具体的，从采购、生产、营销三方面进行分析。三大渠道绩效表现以采购渠道绩效最优，采购渠道营运资金周转期在2011～2012年间分别位于行业第5位和第1位，呈现大幅度持续改进的趋势。2012年生产渠道营运资金周转绩效低于行业平均水平且较2011年出现大幅下降，位列行业11位，本年度营业收入较上年降低且生产渠道存货资金占用较上年大幅增加。营销渠道营运资金周转期在2011～2012年间分别位于行业第9位和第12位，绩效水平持续下降，2011年之后显著低于行业平均水平。2010～2011年间企业生产渠道、营销渠道营运资金周转期与行业表现出相同的增长趋势，推测这种状态的原因可能不是与企业自身的经营项目特殊性有关，而是由行业中普遍存在的问题所导致。

2. 分要素方面

爱康科技经营活动营运资金周转期（分要素）水平在行业中名列前茅，在2011～2012年间分别位于行业第2位和第1位，2012年较2011年继续改进并实现了资金周转的效用，发展趋势较好。见表18－16。

表18－16　爱康科技2011～2012年营运资金管理绩效表（按要素）　单位：天

指标	存货周转期	应收账款周转期	应付账款周转期	经营活动营运资金周转期（分要素）
2011	44	43	59	28
2012	60	74	154	－21
2011年行业平均	76	50	67	59
2012年行业平均	105	31	34	102

具体的，从存货、应收账款、应付账款三方面进行分析。存货周转期在2011～2012年间分别位于行业第3位和第5位，呈下降趋势，降幅约为36%，与行业平均水平变化趋势一致，表明存货周转期延长是行业内企业所面对的共同问题。应收账款周转绩效下降且低于行业平均水平，这与行业整体应收账款绩效改善的状况相反，这可能与企业所处的光伏产业2012年经营困难有关，由企业所从事的项目特殊性有关而非行业共性问题导致。应付账款周转期显著延长，其周转绩效在2011～2012年间分别位于行业第10位和第4位，这直接反映了2012年企业从其上游供应商处获得了较高的商业信用，企业通过延长应付账款的付款期限的方式缓解营运资金的筹集压力，应付账款周转期的延长很大程度上弥补了企业存货和应收账款周转绩效下降的营运劣势，对经营活动营运资金的负周转做出了较大贡献。

（三）爱康科技经营管理策略总结

1. 以科技含量为先导的营销产品优势

以技术研发为依托，全面构建以科技含量为支撑的营销渠道产品优势。技术研发和储备方面，拥有江苏省光伏系统远程监测工程研究技术中心，无锡市院士工作站，公司的高性能光伏用EVA封装胶膜的研发及产业化项目被评为无锡市科学技术进步二等奖，江苏省认定的企业技术中心。研发投入方面，年度累计研发投入为42653313.24元，占收入的比例为3.13%，已累计获得发明专利5项，实用新型专利71项，外观设计专利109项，尚有多项专利正在申请中，此外，企业参与多项行业标准的起草工作也为提高公司影响力和产品附加值提供了隐形力量。

2. 以客户资源优势为基础的营销质量保证。

公司太阳能电池铝边框产品保持全球领先的行业地位，公司采取“高举高打”的业务发展策略，因公司主要制造类产品为光伏配件领域，其客户具有同一性，优质的客户资源对于新产品的推广提供了高质量的渠道保证。客户主要为全球领先的太阳能组件提供商和系统集成商，如夏普、三菱、昭和壳牌、REC、中建材等。这些大客户信誉良好，需求稳定，抵御行业风险能力相对较强。同时，此类企业对供应商认定较为严格，通常要考虑生产规模、信用情况、品质体系、生产与技术能力、成本控制力、物流能力及应急能力、是否有与其他大客户合作的经验等，只有综合实力较强的企业才能进入其备选供应商体系，准入门槛较高。通过长期的合作，公司目前已经较为稳定地拥有此类优质客户。

3. 以产业链为支撑的产品组合优势。

公司目前主要业务涉及金属制造、新材料、电子、光伏电站，产品包括太阳能电池铝边框、安装支架、铝型材、金属模具、EVA胶膜、光伏接线盒、光伏焊带，大型地面电站等。丰富的产品结构有利于提高公司的议价能力，降低客户的采购成本。2011年底，公司涉足太阳能电站领域后，电站的建设拉动了配件的生产，提高了话语权和竞争力。同时完整的产业链使公司能获得各环节的利润，同时降低了中间产品流转成本、销售费用等，提升了公司综合盈利能力；产业链完整有利于优化生产管理流程，加强产品质量控制，提高产品质量稳定性和综合竞争力；产业链延伸使公司更接近终端用户，更加及时、准确地获取终端客户需求与最新的市场动态，进行产品研发设计与技术更新。

4. 以快速响应客户需求为特征的内部流程管理优势。

公司客户主要为大型组件制造商，这些企业对产品质量及交付及时性要求较高。通过多年业务实践，尤其是与大型组件制造商多年合作，公司针对不同环节建立了精细化的管理制度，实现了整个流程的有效协同运作，快速响应客户需求。随着募投项目的逐渐达产，产能将进一步释放，满足客户紧急、批量需求的能力进一步增强。2012年12月17日子公司苏州爱康金属同中建材国际贸易有限公司签订逾一亿元的安装支架购销合同，在不到一个月的时间内出货完毕，为公司快速响应客户需求能力提供了有力证明。

此外，公司高度重视品牌建设和推广，目前在行业内具有一定的知名度和美誉度。公司是江苏省商务厅认定的“江苏省重点培育和发展的国际知名品牌”，公司的主推品牌被江苏省工商行政管理局认定为“江苏省著名商标”。

七、2012 年其他制造业上市公司营运资金管理调查的结论与建议

（一）调查结论

1. 其他制造业营运资本和营运资金总体占用水平持续升高

2012 年其他制造业上市公司共计 26 家，比 2011 年增加 6 家。行业营运资本占用总额为 125.71 亿元，比 2011 年增加 367.67%，行业均值由 1.03 亿元增加到 6.26 亿元，增幅为 507.98%，增加显著，同时营运资金行业均值 2012 年的增幅为 31.02%。营运资本和营运资金占用额从营运资本和营运资金占用总额和行业均值的趋势看来，其他制造业行业的营运资金和营运资本占用水平持续上升。

2. 经营活动营运资金占用总额和占用水平持续升高

2012 年我国其他制造业上市公司经营活动营运资金占用总额为 159.34 亿元，比 2011 年增加 21%，经营活动营运资金占用水平为 0.26%，增幅为 100%，增加显著。而 2012 年投资活动营运资金占用总额为 98.06 亿元，减幅为 21%，有所降低，投资活动营运资金行业均值保持基本稳定。由此可见，我国其他制造业经营活动营运资金占用总额和占用水平持续升高，企业应该注意维持适当的经营活动营运资金占用水平，保证企业资金链的稳定。

3. 各渠道营运资金占用变化趋势有较大差异，各要素的营运资金占用额都有所降低

2012 年我国其他制造业上市公司采购渠道营运资金占用总额比 2011 年增加了 142.14 亿元，增幅为 94.25%；生产渠道营运资金占用总额增加了 18.23 亿元，增幅为 110.25%；营销渠道营运资金占用总额减少 132.18 亿元，减幅为 49.80%。采购渠道和营销渠道营运资金变化数额巨大，而生产渠道营运资金变化数额较小，企业经营活动营运资金占用额主要受采购渠道和营销渠道营运资金变化的影响较大。在企业层面，78.95% 的上市公司采购渠道营运资金占用数额降低，而 42.11% 的上市公司营销渠道营运资金占用数额降低。

2012 年我国其他制造业上市公司存货营运资金为 193.22 亿元，比 2011 年减少了 20.13%；应收及预付款项总额为 86.29 亿元，比 2011 年减少 57.38%；应付及预收款项占用总额为 120.17 亿元，比 2011 年减少 61.64%。由此可见，2012 年我国其他制造业上市公司各要素的营运资金占用额都有所降低。

4. 经营活动营运资金管理绩效下降明显，各渠道营运资金管理绩效全部下降，各要素营运资金管理绩效变化不一

经营活动营运资金周转期（按渠道）行业均值为 93 天，比 2011 年增加 119.97%；经营活动营运资金周转期（按要素）行业均值为 102 天，比 2011 年增加 72.34%，从渠道和要素两个方面来看，经营活动营运资金管理绩效都降低显著。

2012 年我国其他制造业上市公司采购渠道营运资金周转期行业均值为 -2 天，比 2011 年增加 94.59%；生产渠道营运资金周转期行业均值为 14 天，比 2011 年增加 166.02%；营销渠道营运资金周转期行业均值为 82 天，比 2011 年增加 6.62%。各渠道营运资金管理绩效都降低，其中采购渠道和生产渠道降低显著。

2012 年我国其他制造业上市公司存货周转期行业均值为 105 天，比 2011 年增加 37.24%；应收账款周转期行业均值为 31 天，比 2011 年降低 37.95%；应付账款周转期行业均值为 34 天，比 2011 年减少 49.70%。存货和应付账款管理绩效降低较大，应收账款管理绩效改善较大。

（二）对策建议

1. 改变营运资金管理理念，注重从渠道角度提高营运资金管理效率

行业应当重视对营运资金管理理念的调整，将存货、应收账款、应付账款等管理进一步分解到企业运营的采购、生产、营销渠道中，实现财务与业务的整合，对流程中资金周转低效率的环节进行全面优化，实现营运资金的高效运作。

2. 进一步加强采购、营销流程的优化和管理

调查显示，2012 年其他制造业上市公司采购、营销渠道营运资金的占用水平以及周转期均较上年

有大幅度增长，因此，行业内企业应高度重视采购渠道和营销渠道的管理，以防两大渠道的绩效表现继续恶化。其他制造业众多企业处于迅速发展阶段，扩张过程中应当更加注重采购和营销管理，否则缺少系统规划的采购和不考虑回款风险的盲目营销必然带来企业运营的低效率，给营运资金管理带来重大隐患。

3. 关注供应链管理，改善营运资金管理效果

2012 年我国其他制造业上市公司各渠道的营运资金管理绩效全部下降，特别是采购渠道和生产渠道营运资金管理绩效下降显著。由于行业大部分企业奉行“专业化”的经营战略，因此更需要和供应链上下游保持紧密的合作，实现互惠共赢，从而提高营运资金管理的效率。

主要参考文献

1. 江苏爱康太阳能科技有限公司 2012 年度报告及网站。

2. 王竹泉、刘文静、王兴河、张欣怡、杨丽霏：“中国上市公司营运资金管理调查：2007 ~ 2008”，《会计研究》，2009 年第 9 期。

3. 中国海洋大学企业营运资金管理研究课题组、王竹泉：“中国上市公司营运资金管理调查：2009”，《会计研究》，2010 年第 9 期。

第十九章 2012年电力、热力、燃气及水生产和供应业上市公司营运资金管理调查①

【摘要】2012年是我国"十二五"阶段的第二年，也是电网建设大发展的一年。从2012年全年形势来看，我国电网建设延续了"十一五"时期投资额不断加大、建设速度和规模稳步推进的态势。全社会用电量平稳较快增长；发电装机容量继续增加，结构调整加快，装备技术水平进一步提高，节能减排取得新进展。"十二五"期间，水务行业将迎来很多新机遇，比如特许经营和专营服务等具有可持续性商业模式逐渐显现出优势，养老金等社保金也将成为行业潜在战略性资本，为水务行业输血。

本报告在前期调查研究的基础上，对2012年电力、热力、燃气及水生产和供应业的上市公司的营运资金管理状况进行调查分析。2012年可比样本总数为67家，2008年66家，2009年70家，2010年68家，2011年70家，2012年75家。首先，对电力、热力、燃气及水生产和供应业经营环境、营运资金管理特点以及经营环境对本行业营运资金管理的影响进行总体分析。其次，从电力、热力、燃气及水生产和供应业的营运资金占用、营运资金绩效和营运资金融资结构三个方面分别设置指标逐一分析。每个指标又包括行业层面和企业层面的具体分析。最后，结合2008年到2012年五年数据分别对以上指标进行趋势分析，从而得到对行业营运资金管理的描述以及对管理绩效和变动情况的原因分析。

本报告得到以下结论：2012年电力、热力、燃气及水生产和供应业营运资金占用为251.69亿元，比上年减少515.86亿元，电力、热力、煤气及水生产供应行业经营活动营运资金占用－709.71亿元，比上年减少621.94亿元，投资活动营运资金占用为961.40亿元，比上年增加106.07亿元。存货、应收账款以及应付账款管理绩效有所下降；采购渠道、生产渠道营运资金管理绩效表现稳定，营销渠道管理绩效呈现改善趋势。本报告发布了电力、热力、燃气及水生产和供应业营运资金管理绩效的排行榜，并对本行业内营运资金管理绩效突出的企业进行了案例分析，以期为相关理论研究和企业提高营运资金管理水平提供一定的参考。

为了提高本行业的营运资金管理绩效，本文提出以下几点建议：第一，有效利用资源，加强企业的可持续发展；第二，增加可再生能源的利用，发掘替代产品；第三，完善现代化仓储规划；第四，加强与供应商和客户的合作，增强供应链的稳定性。

一、电力、热力、燃气及水生产和供应业营运资金管理特点

1. 原材料管理的特殊性

电力、热力、燃气及水生产和供应业的原材料管理特殊性主要体现在以下几个方面：第一，由于产品生产消费具有连续性，要求企业生产不能停滞，因此原材料必须源源不断地购进，这就需要在原材料采购中对资金及采购数量有较好的控制。第二，由于该行业的原材料如煤、水能、天然气等大部分属于天然能源，市场需求大于供给，价格变化快、变动幅度较大。第三，国家政策对原材料的购进数量有一定的控制，企业采购活动需控制在国家要求的范围内。基于以上三点原因，电力、热力、燃气及水生产和供应行业如何能够保障原材料采购数量、控制原材料采购成本、保管好材料，以最小的原材料损耗满足生产经营需要是这一行业营运资金管理中必须要解决的关键问题。

2. 产成品管理的特殊性

电力、热力、燃气及水生产和供应业产成品包括电力、煤气、水等，这些产品不宜长时间大量储

① 国家自然科学基金"利益相关者视角的营运资金管理研究与中国上市公司营运资金管理数据平台扩充建设（71372111）"和国家自然科学基金"利益相关者集体选择视角的企业价值管理研究（71172099）"的阶段性成果。感谢中国海洋大学、中国会计学会、国家自然科学基金委员会对营运资金管理研究的支持。

存，因此该行业产成品储存的数量较少，在营销渠道上营运资金占用额普遍较少。但是对产品的少量储存仍是企业必须高度重视的方面，由于该行业产成品具有高危险性等特点，产品储存设备地点需要企业加强管理。

3. 产品销售的特殊性

该行业产品是居民日常生活的必需品，也是其他企业生产经营所必需的能源，产品产量供不应求，几乎不存在产品滞销的状况，因此也就不会在营销渠道上占用太多营运资金。相反，该行业产品销售有很大一部分采用预收账款方式进行，这种收款方式将会减少资金的占用量，也是提升营运资金管理绩效的有效方式。

4. 行业结构调整对营运资金管理的要求

如今节能减排是我们国家十分重视的企业目标，大量耗能高、污染大、效益差的企业遭到停产，甚至倒闭。电力、热力、燃气及水生产和供应行业也有部分属于耗能高、污染大的企业，如火电企业，近几年由于国家对电能价格限价，并且煤的价格只升不降，导致绝大部分火电企业利润巨额亏损。因此行业结构调整、经营方式转变成为现在企业亟待解决的问题，这也对企业营运资金管理提出了新的要求。

二、2012年电力、热力、燃气及水生产和供应业经营环境及对营运资金管理的影响

1. 电力生产供应业面临的经营环境及其影响

根据中电联2012年全国电力工业年快报统计，2012年全国全社会用电量49591亿千瓦时，同比增长5.5%，增速比2011年回落6.5个百分点。与GDP增速逐季回落但回落幅度逐季收窄相一致，四个季度全社会用电量同比分别增长6.8%、4.3%、3.6%和7.3%，且11、12月份增速连续创2012年以来的月度最高增速，表明前期"稳增长"的政策措施效果逐步显现，经济正逐渐趋稳回升。2012年，第一产业用电量1013亿千瓦时，与上年基本持平；第二产业36669亿千瓦时，同比增长3.9%，四个季度同比分别增长4.5%、2.9%、1.6%和6.7%，第四季度对全社会用电量增长的贡献率超过70%，成为带动全社会用电量增速连续回升的主要动力；第三产业5690亿千瓦时，同比增长11.5%；城乡居民生活6219亿千瓦时，同比增长10.7%。

经过电价的上调，由于电力的价格弹性系数极低，电价的变化对需求量基本没什么影响，在需求量变化不大的情况下，电价上调会直接增加电力公司的营业收入，从而增加利润。在新能源并网和柔性直流输电路线上取得突破，这会提高电力公司对能源的利用效率以及减少输电过程中电力的损耗，如果电力公司能够有效地利用这些技术，会明显提升其竞争力。能源价格上调，成本难以控制。通货膨胀压力依然不小，煤炭等能源的价格长期保持高位运行并不断上调，再加上煤企以销定产控价、市场煤与合同煤价格差异较大、重点合同兑现难以保证以及"市场煤、计划电"的政策格局等因素影响，火电厂的成本不断上升，使得电力公司发电越多，亏损越多。

2. 燃气生产供应业面临的经营环境及其影响

2012年1~12月全国规模以上燃气生产和供应行业企业数量为899家，燃气生产和供应行业资产合计40442965万元，同比增加17.97%；实现销售收入31849919万元，同比增加15.14%；完成利润总额2882469万元，同比增加13.88%；燃气生产和供应行业整体从业人数212783人，同比增长7.27%。

符合相关要求的天然气分布式能源项目，可享受相关税收优惠政策。在确定分布式能源气价时要体现天然气分布式能源削峰填谷的特点，给予价格折让。有相关天然气项目的公司达到上述要求会直接从中受益。环保任务繁重，企业压力较大。电力、热力、燃气及水生产和供应业节能减排的需求日益显著，清洁能源发电是未来电业发展的长久之计，安全保供电和环保任务相对繁重，经营风险和压力较大。

3. 水生产供应业面临的经营环境及其影响

"十二五"期间，水务行业将迎来很多新机遇，比如特许经营和专营服务等具有可持续性商业模

式逐渐显现出优势，养老金等社保金也将成为行业潜在战略性资本，为水务行业输血。2011 年出台的《"十二五"节能减排综合性工作方案》、《"十二五"全国环境保护法规和环境经济政策建设规划》、《关于加快水利改革发展的决定》等重要文件多次强调了对再生水市场的扶持，即将出台的《全国城镇污水处理及再生利用设施建设规划（2011～2015）》、《战略性新兴产业发展"十二五"规划》、《国家环境保护"十二五"规划》等与再生水密切相关的国家规划无疑将更加有力地推动行业发展。可以预见，在未来的几年间，再生水行业将迎来机遇，市场规模快速扩大。

对再生水市场进行扶持。在未来的几年间，再生水行业将迎来机遇，市场规模快速扩大。如果上市公司能够把握再生水的市场机遇，对公司的发展极为有利。但是，城市供水与污水处理行业市场化趋势越来越明显，相应的市场竞争也在迅速加剧，特别是由于国际水务巨头为了占领市场而采取的竞争策略，使得国内城市水务行业的竞争更加激烈，市场竞争方式由投资运营城市水务项目进一步延伸至收购运营，由对大城市水务项目的竞争转延伸至对中小城市水务项目的竞争，而除原有的资金实力外，在特定区域的地缘优势、丰富的运营经验和良好的运营管理水平已开始逐步成为另一个竞争力的重点。售水量和售电量难以大幅增长。由于自来水这一产品的需求价格弹性很小，消费具有刚性，加上居民节水意识的提高和生产企业节能降耗和控制成本的需要，导致现有区域售水量难以大幅增长，甚至还会减少。电力产品和自来水相似，需求价格弹性也很小，消费具有刚性。

三、2012 年电力、热力、燃气及水生产和供应业上市公司营运资金配置与来源分析

（一）2012 年电力、热力、燃气及水生产和供应业上市公司营运资金配置分析

1. 2012 年电力、热力、燃气及水生产和供应业上市公司营运资金总体配置结构和占用水平分析

（1）行业层面

从表 19－1 可见，2012 年电力、热力、燃气及水生产与供应业整体营运资金期末占用为 251.69 亿元，比上年减少 515.86 亿元；平均每家营运资金占用为 3.36 亿元，比上年减少 7.61 亿元。在行业内部，单家上市公司最大营运资金占用为 62.72 亿元，而最小营运资金占用则为－180.69 亿元，表明电力、热力、燃气及水生产供应业上市公司营运资金占用存在巨大差异。行业整体的营运资本占用总额为－2983.39 亿元，比上年减少 79.36 亿元。

表 19－1　2011～2012 年电力、热力、燃气及水生产和供应业营运资金配置分析　单位：亿元

项目	营运资本期末占用		营运资金期末占用		经营活动营运资金期末占用		经营活动营运资金占用水平		投资活动营运资金期末占用	
	2011	2012	2011	2012	2011	2012	2011	2012	2011	2012
行业总体	－2904.03	－2983.39	767.56	251.69	－87.77	－709.71	－1.49%	－10.75%	855.33	961.40
行业平均	－41.49	－39.78	10.97	3.36	－1.25	－9.46	－1.49%	－10.75%	12.22	12.82
最大值	36.45	31.54	66.38	62.72	28.78	38.79	119.79%	114.68%	90.56	108.37
最小值	－589.98	－557.83	－16.21	－180.69	－80.48	－289.07	－178.27%	－88.92%	0.24	0.08
样本数量	70	75	70	75	70	75	70	75	70	75

从营运资金配置结构看，2012 年电力、热力、燃气及水生产和供应业的经营活动营运资金期末占用为－709.71 亿元，而经营活动营运资金占用水平为－10.75%，分别较上年减少 621.94 亿元和 621.48%；而投放在投资活动领域的营运资金为 961.40 亿元，较上年增加 106.07 亿元。可见，2011 年，电力、热力、燃气及水生产和供应业营运资金配置投资活动仍然占据较大比重。

（2）企业层面

由表 19－2 可以看到，2012 年营运资本占用、营运资金占用、经营活动营运资金占用以及投资活动营运资金占用降低都在 50% 左右，大体上有一半的企业营运资金占用下降；在营运资本占用方面，降低显著的达到 31.34%，说明营运资本的占用水平很多企业得到了明显改善；营运资金占用的变化分别是有 19 家降低显著和 14 家增加显著，行业总体规律不明显；经营活动营运资金占用水平与营运

资金占用状况基本相同，投资活动营运资金占用有17家有所增加，总体看出投资活动营运资金占用水平在提高。

表19-2　2011～2012年电力、热力、燃气及水生产与供应业营运资金配置变化情况及变动幅度统计表

项目		营运资本	营运资金	经营活动营运资金	投资活动营运资金
资金占用量绝对变化统计	降低	40	34	39	31
	降低比例	59.70%	50.75%	58.21%	46.27%
	增加	27	33	28	36
	增加比例	40.30%	49.25%	41.79%	53.73%
资金占用量变化幅度统计	降低显著	21	19	22	6
	占比	31.34%	28.36%	32.84%	8.96%
	降低较大	11	5	11	6
	占比	16.42%	7.46%	16.42%	8.96%
	有所降低	5	6	5	14
	占比	7.46%	8.96%	7.46%	20.90%
	基本稳定	9	11	7	8
	占比	13.43%	16.42%	10.45%	11.94%
	有所增加	7	8	5	17
	占比	10.45%	11.94%	7.46%	25.37%
	增加较大	4	4	2	8
	占比	5.97%	5.97%	2.99%	11.94%
	增加显著	10	14	15	8
	占比	14.93%	20.90%	22.39%	11.94%
可比样本总数		67			

注：上表中除了百分比之外的数字单位为：家

2. 电力、热力、燃气及水生产和供应业上市公司分渠道的经营活动营运资金配置分析

(1) 行业层面

电力、热力、燃气及水生产和供应行业分渠道经营活动营运资金占用情况见表19-3。2012年电力、热力、燃气及水生产和供应业经营活动营运资金（按渠道）占用量为-709.71亿元，比上年减少621.94亿元。平均每家上市公司经营活动营运资金（按渠道）占用量为-9.46亿元，比上年减少8.21亿元。

表19-3　2011～2012年电力、热力、燃气及水生产和供应业经营活动营运资金的渠道配置分析　单位：亿元

项目	采购渠道营运资金		生产渠道营运资金		营销渠道营运资金		经营活动营运资金	
	2011	2012	2011	2012	2011	2012	2011	2012
行业总体	-407.53	-531.67	-243.81	-211.16	563.56	33.12	-87.77	-709.71
行业平均	-5.82	-7.09	-3.48	-2.82	8.05	0.44	-1.25	-9.46
最大值	12.77	4.08	14.31	33.54	118.93	96.27	28.78	38.79
最小值	-129.81	-20.05	-130.44	-87.16	-12.71	-202.76	-80.48	-289.07
样本数量	70	75	70	75	70	75	70	75

从资金配置结构上看，2012年电力、热力、燃气及水生产和供应业垫支在采购渠道上的营运资金为-531.53亿元，同比减少124.14亿元，行业最小值为-20.05亿元；垫支在生产渠道上的营运资金为-211.16亿元，同比增加32.65亿元，行业最小值为-87.16亿元；垫支在营销渠道上的营运资金为33.12亿元，同比减少530.44亿元，行业最小值为-202.76亿元。可见，2012年，电力、热力、

燃气及水生产和供应业在上游垫支的营运资金小幅减少，但在下游上垫支的营运资金却大幅度减少。

（2）企业层面

由表 19－4 可以看到，2012 年采购渠道营运资金占用、生产渠道营运资金占用、营销渠道营运资金占用降低都在 50% 左右，说明半数企业在渠道上营运资金占用水平在下降；在采购渠道营运资金占用方面，显著降低的达到 41.79%，说明采购渠道营运资金占用水平很多企业得到了明显改善；生产渠道营运资金占用的变化分别是有 18 家降低显著，行业总体规律不明显；营销渠道营运资金占用水平与生产渠道营运资金占用状况基本相同，没有表现出明显的规律。

表 19－4　电力、热力、燃气及水生产和供应业 2011～2012 年经营活动营运资金的渠道配置变化情况及变动幅度表

项目		采购渠道营运资金	生产渠道营运资金	营销渠道营运资金	经营活动营运资金
资金占用量绝对变化统计	降低	40	37	29	39
	降低比例	59.70%	55.22%	43.28%	58.21%
	增加	27	30	38	28
	增加比例	40.30%	44.78%	56.72%	41.79%
资金占用量变化幅度统计	降低显著	28	18	14	22
	占比	41.79%	26.87%	20.90%	32.84%
	降低较大	7	3	6	11
	占比	10.45%	4.48%	8.96%	16.42%
	有所降低	4	11	6	5
	占比	5.97%	16.42%	8.96%	7.46%
	基本稳定	5	10	7	7
	占比	7.46%	14.93%	10.45%	10.45%
	有所增加	9	5	10	5
	占比	13.43%	7.46%	14.93%	7.46%
	增加较大	4	7	7	2
	占比	5.97%	10.45%	10.45%	2.99%
	增加显著	10	13	17	15
	占比	14.93%	19.40%	25.37%	22.39%
可比样本总数		67			

注：上表中除了百分比之外的数字单位为：家

3. 电力、热力、燃气及水生产和供应业上市公司分要素的经营活动营运资金配置分析

（1）行业层面

从表 19－5 可以看出，2012 年电力、热力、燃气及水生产和供应业经营活动营运资金（按要素）占用量为 －709.71 亿元，与上年相比减少了 621.94 亿元，平均每家上市公司经营活动营运资金（按要素）占用量为 －9.46 亿元。

表 19－5　2011～2012 年电力、热力、燃气及水生产和供应业经营活动营运资金的要素配置分析　单位：亿元

项目	存货		应收及预付款项		应付及预收款项		经营活动营运资金	
	2011	2012	2011	2012	2011	2012	2011	2012
行业总体	442.63	444.09	1154.26	1221.87	1684.66	2375.68	－87.77	－709.71
行业平均	6.32	5.92	16.49	16.29	24.07	31.68	－1.25	－9.46
最大值	77.08	72.08	180.02	174.55	337.59	535.69	28.78	38.79
最小值	0.003	0.003	0.11	0.11	0.19	0.16	－80.48	－289.07
样本数量	70	75	70	75	70	75	70	75

从资金配置结构看，2012年电力、热力、燃气及水的生产供应业应收账款资金占用为1221.87亿元，比上年增加67.61亿元，行业平均值为16.29亿元；存货资金占用为444.09亿元，比上年增加了1.46亿元，维持基本稳定；应付账款资金占用为2375.68亿元，与上年增加691.02亿元，出现大幅增加的现象。可见，从要素视角看，各种要素经营活动营运资金占用的绝对额呈现增加趋势，加强存货以及应收账款管理对于电力、热力、燃气及水的生产与供应业来说至关重要。

（2）企业层面

由表19-6可以看到，2012年存货营运资金占用有59.7%呈现增加的趋势，应收及预付款项营运资金占用、应付及预收款项营运资金占用降低的都在40%左右，说明大部分企业从要素角度分析营运资金占用水平在增加；在存货营运资金占用方面，维持基本稳定以及有所增加的最多分别达到19.4%和23.88%，说明存货营运资金占用水平很多企业增加，需要提高存货管理水平；应收及预付款项营运资金占用有16家有所降低，行业总体呈现资金占用下降趋势；应付及预收款项占用水平最多的是基本稳定和增加显著，分别为18家，从整体上看利用上游企业资金情况趋势不稳定。

表19-6 2011~2012年电力、热力、燃气及水生产和供应业经营活动营运资金的要素配置变化情况及变动幅度表

项目		存货	应收及预付款项	应付及预收款项	经营活动营运资金
资金占用量绝对变化统计	降低	27	30	24	39
	降低比例	40.30%	44.78%	35.82%	58.21%
	增加	40	37	43	28
	增加比例	59.70%	55.22%	64.18%	41.79%
资金占用量变化幅度统计	降低显著	4	2	1	22
	占比	5.97%	2.99%	1.49%	32.84%
	降低较大	7	4	2	11
	占比	10.45%	5.97%	2.99%	16.42%
	有所降低	12	16	12	5
	占比	17.91%	23.88%	17.91%	7.46%
	基本稳定	13	15	18	7
	占比	19.40%	22.39%	26.87%	10.45%
	有所增加	16	9	10	5
	占比	23.88%	13.43%	14.93%	7.46%
	增加较大	6	11	6	2
	占比	8.96%	16.42%	8.96%	2.99%
	增加显著	9	10	18	15
	占比	13.43%	14.93%	26.87%	22.39%
可比样本总数		67			

注：上表中除了百分比之外的数字单位为：家

（二）电力、热力、燃气及水生产和供应业上市公司营运资金来源与财务风险分析

1. 行业层面

根据表19-7可以得出以下结论：2012年行业平均短期金融负债占比为1285.33%，说明企业的营运资金主要依赖短期融资方式，企业的财务风险相对较高，这也是由本行业特点决定的，能较好地利用企业上下游企业的商业信用，为本企业筹集营运资金。

表 19－7　　2011～2012 年电力、热力、燃气及水生产和供应业营运资金来源状况

项目	短期金融性负债占比		营运资本占比	
	2011 年末	2012 年末	2011 年末	2012 年末
行业平均	478.35%	1285.33%	－378.35%	－1185.33%
最大值	27471.30%	4554.62%	2971.80%	3979.75%
最小值	－2871.80%	－3879.75%	－27371.30%	－4454.62%
样本数量	70	75	70	75

2. 企业层面

根据表 19－8 可以知道，2012 年和 2011 年本行业短期金融负债占比超过 100% 的企业分别为 29 家和 35 家，过半数的企业都非常依赖短期融资渠道，而营运资本占比都处于非常低的水平，2012 年小于 0 的多达 29 家，这是由行业特点决定的，具有一定的财务风险，但处于可以接受的水平。

表 19－8　　2011～2012 年电力、热力、燃气及水生产和供应业营运资金来源统计表　　单位：家

比例	2011 年末短期金融性负债占比	2011 年末营运资本占比	2012 年末短期金融性负债占比	2012 年末营运资本占比
＜0	13	35	19	29
0～20%	6	3	8	3
20%～40%	2	5	6	7
40%～60%	6	6	3	3
60%～80%	5	2	7	6
80%～100%	3	6	3	8
＞100%	35	13	29	19
企业数量	70		75	

四、电力、热力、燃气及水生产和供应业上市公司营运资金管理绩效分析

（一）电力、热力、燃气及水生产和供应业上市公司分渠道的营运资金管理绩效分析

表 19－9 是 2011～2012 年电力、热力、燃气及水生产和供应业上市公司分渠道的营运资金周转期。在近两年，行业整体的经营活动营运资金周转期（按渠道）由－12 天缩短至－27 天，其中，采购渠道营运资金周转期两年均为－26 天，生产渠道营运资金周转期由 2011 年的－15 天增加为－14 天，这两个渠道的营运资金周转期均维持在较为稳定的状态；营销渠道营运资金周转期为 13 天，比去年缩短 16 天，这表明行业整体上市公司的营销渠道营运资金管理有了显著的改善，而生产渠道营运资金周期虽然较稳定，但是出现了增加，应引起相关资金管理方面的注意。

表 19－9　　2011～2012 年电力、热力、燃气及水生产和供应业上市公司各渠道营运资金周转期　　单位：天

项目	采购渠道营运资金周转期		生产渠道营运资金周转期		营销渠道营运资金周转期		经营活动营运资金周转期（按渠道）	
	2011	2012	2011	2012	2011	2012	2011	2012
燃气生产和供应业	－11	－15	－1	－1	－2	10	－14	－5
电力、热力生产和供应业	－27	－27	－17	－17	32	13	－12	－30
水生产和供应业	－8	－18	45	53	－49	－7	－11	27
行业整体	－26	－26	－15	－14	29	13	－12	－27

如图 19－1、图 19－2、图 19－3 所示，细分行业中，由于样本中大部分企业从事电力、热力生产和供应业，电力、热力生产和供应业与行业整体的变化趋势相同。燃气生产和供应业的经营活动营运

资金周转期（按渠道）由 -14 天增加至 -5 天，营运资金管理效果并不理想，这主要由于营销渠道营运资金周转期由 -2 天变为 10 天，可见 2012 年该细分行业的营销渠道营运资金管理急需加强；此外，生产渠道营运资金周转期稳定在 -1 天，采购渠道营运资金周转期为 -15 天，比 2011 年缩短 4 天，营运资金管理取得了一定效果。水生产和供应业经营活动营运资金周转期（按渠道）为 27 天，比 2011 年增加 38 天，该细分行业营运资金管理绩效不佳，应引起注意，除采购渠道营运资金周转期由 -8 天缩短至 -18 天，营运资金管理有所改善外，生产渠道营运资金周转期、营销渠道营运资金周转期分别增加 8 天、42 天，周转期均有所增加，表明该细分行业的生产渠道、营销渠道营运资金管理需要加强。

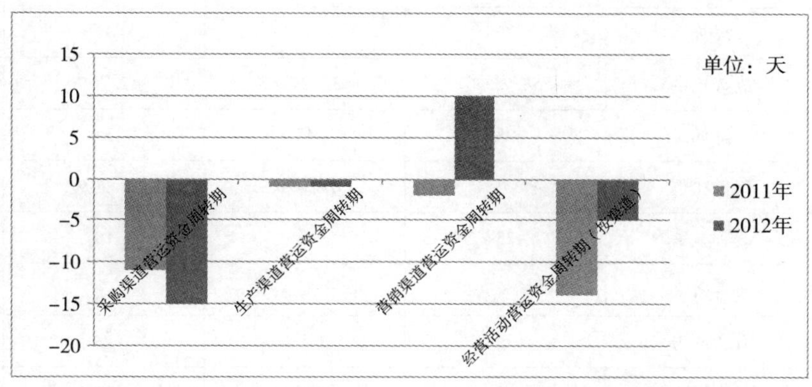

图 19-1　2011~2012 年燃气生产和供应业上市公司各渠道营运资金周转期

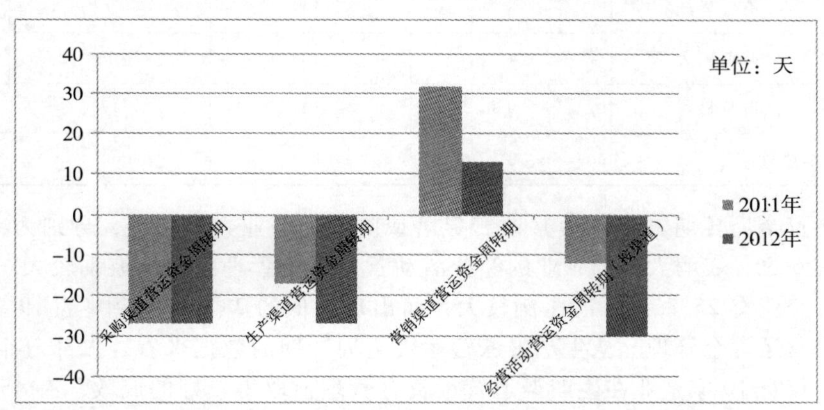

图 19-2　2011~2012 年电力、热力生产和供应业上市公司各渠道营运资金周转期

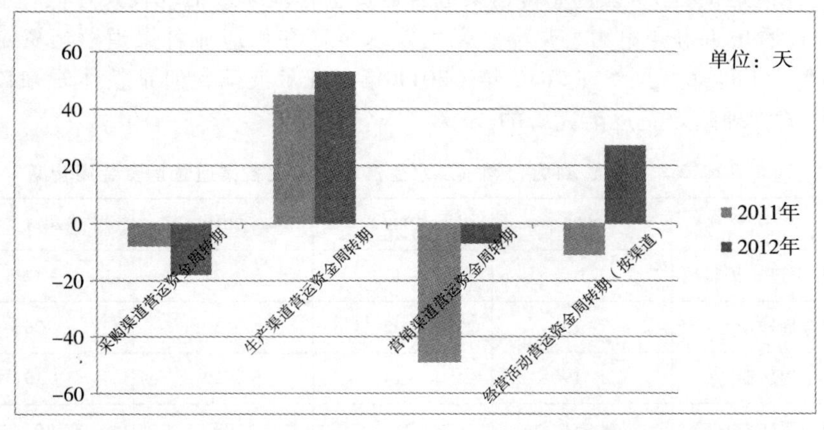

图 19-3　2011~2012 年水生产和供应业上市公司各渠道营运资金周转期

由表 19-10 可知，电力、热力、燃气及水生产和供应业 58.21% 的企业经营活动营运资金周转期

（按渠道）在近两年呈下降趋势，但是有 41.79% 的企业经营活动营运资金周转期（按渠道）出现了增加，应引起注意。其中，只有采购渠道营运资金周转期出现改善的企业比例达到 58.21%，生产渠道营运资金周转期（32.84%）、营销渠道营运资金周转期（47.76%）的改善或稳定的企业比例均不到 50%，尤其是生产渠道营运资金周转期，降低比例达到 67.16%，这表明超过半数企业需要提高生产渠道营运资金管理绩效。

表 19－10　2011～2012 年电力、热力、燃气及水生产和供应业各渠道营运资金管理绩效变化统计表

项目		采购渠道营运资金周转期	生产渠道营运资金周转期	营销渠道营运资金周转期	经营活动营运资金周转期（按渠道）
周转期变化统计	改善	39	22	32	39
	改善比例	58.21%	32.84%	47.76%	58.21%
	降低	28	45	35	28
	降低比例	41.79%	67.16%	52.24%	41.79%
周转期变化幅度统计	改善显著	25	8	10	17
	改善较大	3	2	3	5
	有所改善	6	5	6	8
	基本稳定	12	16	21	6
	有所降低	8	14	9	9
	降低较大	4	10	1	6
	降低显著	9	12	17	16
可比样本总数		67			

经营活动营运资金周转期（按渠道）改善显著或降低的企业数目较多，分别为 17 家、16 家，基本稳定的企业仅有 6 家，表明大部分企业的经营活动营运资金管理的效果波动较大。采购渠道营运资金管理改善显著的企业有 25 家，所占比例较大，而出现降低的 28 家企业中，有 9 家出现降低显著，需要提高采购渠道营运资金管理。从生产渠道营运资金周转期的数据来看，大部分企业在营运资金管理上出现了问题，仅有 10 家企业在生产渠道营运资金管理上取得较好的成效，有 45 家企业，即占样本数目 67.16% 的企业在生产渠道营运资金管理上出现较大问题。有 21 家企业在营销渠道营运资金管理上保持基本稳定，但是仍有 18 家企业营销渠道营运资金管理绩效出现较大降低，应引起注意。

由图 19－4 可以看出近五年电力、热力、燃气及水生产和供应业各渠道营运资金管理绩效的发展变化趋势。由表 19－11 可知，虽然在 2010 年、2011 年出现了波动，但是整体看来该行业经营活动营运资金（按渠道）的管理绩效是逐渐完善的。

表 19－11　　2008～2012 年电力、热力、燃气及水生产和供应业各渠道营运资金周转期　　单位：天

项目	2008	2009	2010	2011	2012
经营活动营运资金（按渠道）周转期	1	－15	－27	－12	－27
采购渠道营运资金周转期	－15	－22	－30	－26	－26
生产渠道营运资金周转期	－19	－14	－20	－15	－14
营销渠道营运资金周转期	35	21	23	29	13

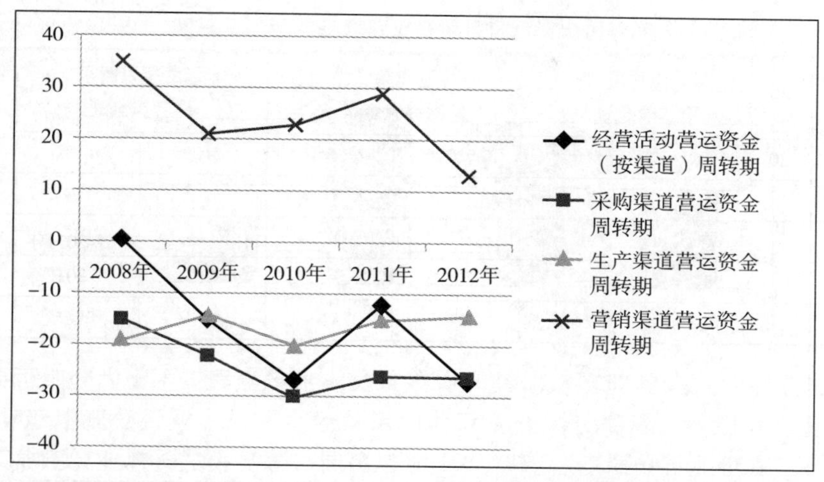

图19-4　2008~2012年电力、热力、燃气及水生产和供应业各渠道营运资金周转期趋势

采购渠道营运资金周转期在近五年呈现先下降后上升并趋于稳定的趋势，在2010年达到最低值-30，之后略上升，2011年、2012年该渠道的周转期稳定在了-26天。相比较之下，生产渠道营运资金周转期虽然出现波动，但是一直保持在较为稳定的状态，值得注意的是，生产渠道营运资金周转期在2010~2012年呈现上升趋势，并在2012年达到近几年的峰值-14天，应加强对于生产渠道营运资金的管理。营销渠道营运资金周转期近五年除在2011年出现波动外，总体呈下降趋势，应对此渠道的营运资金管理多加注意。

（二）电力、热力、燃气及水生产和供应业上市公司分要素的营运资金管理绩效分析

表19-12列示了2011~2012年电力、热力、燃气及水生产和供应业上市公司各要素营运资金周转期的数据。行业整体的经营活动营运资金周转期（按要素）增加了5天，这说明行业的营运资金管理效果并不理想。从整个行业角度来看，存货周转期稳定在了24天，存货管理状况较为稳定；应收账款的周转期由2011年的40天增加为了2012年的43天，说明该行业今后对应收账款的管理需要加强；应付账款周转期为53天，比2011年减少2天，应付账款的管理绩效下降，应加以关注。

表19-12　2011~2012年电力、热力、燃气及水生产和供应业上市公司各要素营运资金周转期　单位：天

项目	存货周转期		应收账款周转期		应付账款周转期		经营活动营运资金周转期（按要素）	
	2011	2012	2011	2012	2011	2012	2011	2012
燃气生产和供应业	15	11	22	25	27	29	10	7
电力、热力生产和供应业	23	23	41	43	56	54	7	12
水生产和供应业	100	114	55	71	76	76	79	109
行业整体	24	24	40	43	55	53	9	14

图19-5、图19-6、图19-7展示了细分行业各要素营运资金周转期的数据。从细分行业的角度来看，电力、热力生产和供应业各要素的周转期变化与整个行业的状况相符，这与样本中大部分企业从事电力、热力生产和供应有关。燃气生产和供应业经营活动营运资金周转期（按要素）由10天缩短至7天，表明该行业整体的营运资金管理效果有所改善，其中，存货周转期为11天，减少了4天，存货的管理绩效提升，但是应收账款周转期、应付账款周转期为25天、29天，分别比去年增加3天、2天，应收账款的管理绩效出现下滑，应改善其管理状况。水生产和供应仅有应收账款周转期稳定在76天，存货周转期、应收账款周转期均出现增加，其中存货周转期114天，增加14天，应收账款周转期71天，增加16天，可见存货、应收账款的管理出现了问题，尤其是对应收账款，需要改善相应的管理。

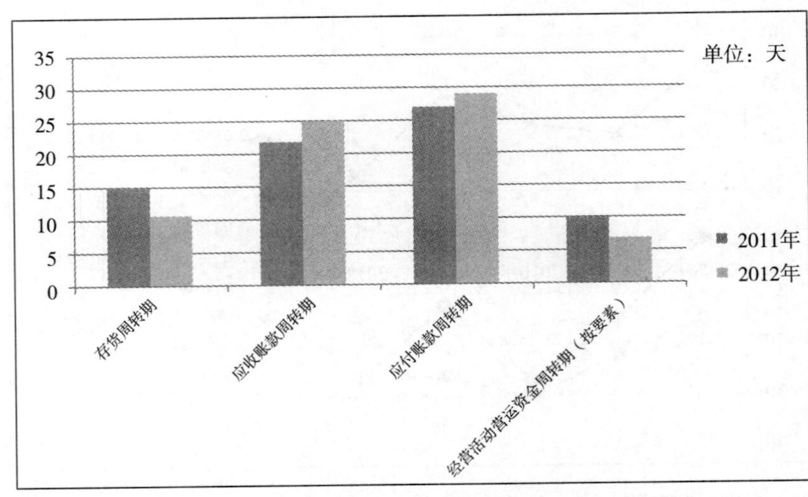

图 19－5　2011～2012 年燃气生产和供应业上市公司各要素营运资金周转期

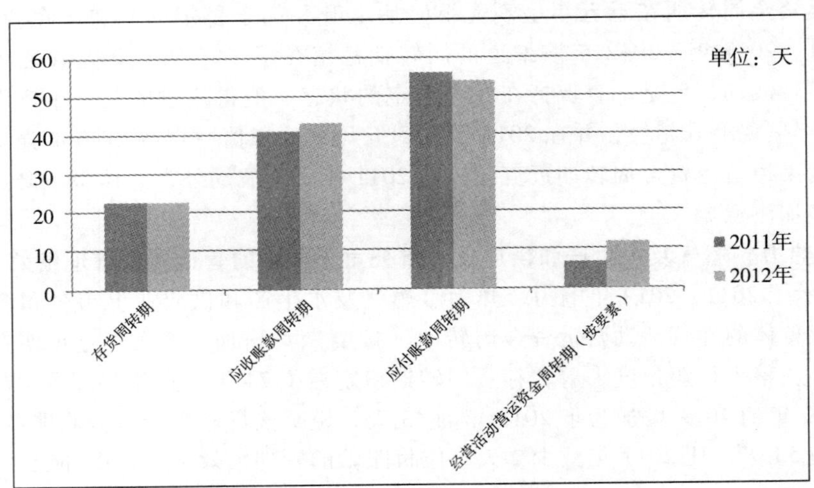

图 19－6　2011～2012 年电力、热力生产和供应业上市公司各要素营运资金周转期

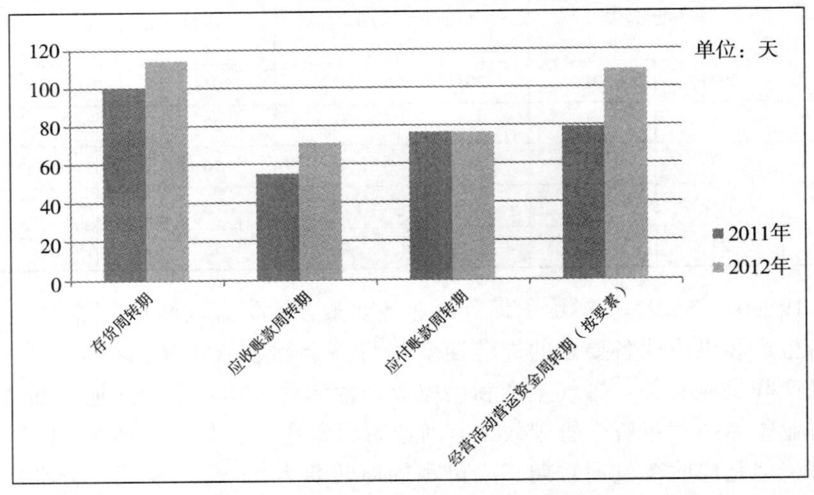

图 19－7　2011～2012 年水生产和供应业上市公司各要素营运资金周转期

表 19－13 描述了 2011～2012 年电力、热力、燃气及水生产和供应业各要素营运资金管理绩效的变化。在 2012 年该行业 62.69% 的企业经营活动营运资金（按要素）管理绩效出现了下滑，其中存货管理绩效出现下滑的企业比例多达 61.19%，56.72% 的企业应收账款管理绩效出现下滑，只有应付账

款管理绩效有过半数（53.73%）的企业出现改善，可见企业应重点加强对于存货、应收账款的管理。

表 19-13 2011~2012 年电力、热力、燃气及水生产和供应业各要素营运资金管理绩效变化统计表

项目		存货周转期	应收账款周转期	应付账款周转期	经营活动营运资金周转期（按要素）
周转期变化统计	改善	26	29	36	25
	改善比例	38.81%	43.28%	53.73%	37.31%
	降低	41	38	31	42
	降低比例	61.19%	56.72%	46.27%	62.69%
周转期变化幅度统计	改善显著	3	2	6	8
	改善较大	4	6	5	3
	有所改善	14	10	12	6
	基本稳定	19	25	15	12
	有所降低	16	15	16	17
	降低较大	4	6	8	5
	降低显著	7	3	5	16
可比样本总数		67			

营运资金周转期（按要素）大部分企业处于有所改善、有所降低、基本稳定的状态，这表明大部分企业的营运资金管理状况虽然有波动，但是基本能维持稳定，但是有 16 家企业的营运资金周转期出现降低显著，这证明相关管理还是存在一定问题。存货周转期有 49 家企业处于有所改善、有所降低、基本稳定的状态，但是存货管理绩效降低的企业总数达到 41 家，表明大部分企业应加强对于存货的管理。有 25 家企业的应收账款周转期处于基本稳定的状态，但是仅有 18 家企业的应收账款管理得到改善，有 24 家企业应收账款管理绩效出现下滑，所占比例并不乐观。应付账款周转期出现明显改善或下滑的企业数目分别为 11 家、13 家，大部分企业状况稳定，但应付账款的管理仍然需要加强。

表 19-14 和图 19-8 展示了 2008~2012 年期间电力、热力、燃气及水生产和供应行业各要素营运资金周转期的变化趋势。由表可知，在近五年里，该行业营运资金周转期（按要素）呈现了先下降后上升的趋势，在 2010 年达到最低值 2 天，在之后逐年上升，截至 2012 年，营运资金周转期（按要素）达到 14 天。

表 19-14 2008~2012 年电力、热力、燃气及水生产和供应业各要素营运资金周转期 单位：天

项目	2008	2009	2010	2011	2012
现金周转期	19	24	2	9	14
存货周转期	25	36	21	24	24
应收账款周转期	44	46	39	40	43
应付账款周转期	50	58	58	55	53

存货周转期在 2009 年达到峰值 36 天后，开始下降并在近两年逐步稳定于 24 天，存货管理应力求在保持现有水平基础上有所提高。在近五年，应收账款周转期虽有所波动，但是基本维持在较为稳定的状态，但是自 2010 年起，有缓慢的上升趋势，从 2010 年的 39 天至 2012 年的 43 天，三年内增加了 4 天，应注意改善应收账款的管理绩效。应付账款周转期在 2009 年、2010 年达到峰值 58 天以后，开始缓慢下降，截至 2012 年，应付账款周转期为 53 天，可见应付账款的管理绩效在近几年是逐步降低的。

五、2012 年电力、煤气及水生产和供应业上市公司营运资金管理绩效排行榜

本部分分别按“经营活动营运资金周转期（按要素）”和“经营活动营运资金周转期（按渠道）”

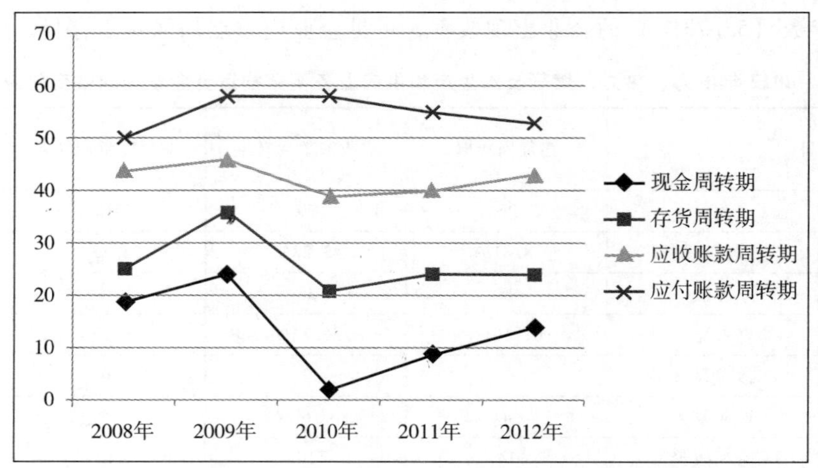

图 19－8　2008～2012 年电力、热力、燃气及水生产和供应业各要素营运资金周转期趋势

进行排名，考察电力、煤气及水生产和供应业上市公司营运资金管理绩效。在对上市公司营运资金管理绩效进行排名时，剔除了财务数据异常的公司，详见附录一。

六、电力、煤气及水生产和供应业上市公司营运资金管理的典型案例分析——岷江电力

（一）四川岷江水利电力股份有限公司基本情况

四川岷江水利电力股份有限公司是 1993 年经四川省体改委“体改字（1993）258 号”文批准，由阿坝州草坡水电厂、阿坝州信托投资公司、四川省地方电力开发公司、四 A 集团公司、四川省中小型电力实业开发公司及成都华西电力（集团）股份有限公司六家企业共同发起，以定向募集方式设立的股份有限公司。公司自 1998 年 4 月上市至 2002 年 6 月，公司控股股东为阿坝州水利资产经营公司。2002 年 6 月，四川省电力公司通过全资收购公司原控股股东阿坝州水利资产经营公司，间接持有公司 8484.3 万股股份，占公司总股本的 28.61%，并将其更名为阿坝州水利电网资产经营公司，从而使公司控股股东自 2002 年 6 月至 2011 年 3 月为阿坝州水利电网资产经营公司。2011 年 3 月，公司原控股股东阿坝州水利电网资产经营公司将其持有公司 12057.8132 万股及尚未偿还的股权分置改革中代垫的 18.9619 万股股份（合计 12076.7751 万股）全部无偿划转给四川省电力公司。自此至今，公司控股股东为四川省电力公司。2006 年公司第一次临时股东大会通过并经登记机关核准，公司主要经营范围由原来的“供水、发电、售电、水产养殖及水利水电机电安装、建筑施工和磷化工系列产品等”变更为“电力生产、电力购售”。岷江电力的注册资本为 50412 万元，截至 2012 年 12 月 31 日，本公司总股本为 504125155 股，无限售条件的流通股份为 397366932 股，有限售条件的流通股股份为 106758223 股，总资产 2407669305.40 元，前十名股东的持股情况如表 19－15 所示。

表 19－15　　前十名股东持股情况

截至报告期末股东总数	59286	年度报告披露日前第 5 个交易日末股东总数	62768

前十名股东持股情况

股东名称	股东性质	持股比例（%）	持股总数	报告期内增减	持有有限售条件股份数量	质押或冻结的股份数量
四川省电力公司	国有法人	23.918	120578132	0	95371875	无
新华水利水电投资公司	国有法人	16.77	84551516	0	0	无
阿坝州下庄水电厂	国有法人	7.03	35427085	0	10220828	无
阿坝州投资发展公司	国有法人	2.80	14091919	0	0	无

续表

截至报告期末股东总数	59286	年度报告披露日前第 5 个交易日末股东总数	62768

前十名股东持股情况

股东名称	股东性质	持股比例（%）	持股总数	报告期内增减	持有有限售条件股份数量	质押或冻结的股份数量
王勇	境内自然人	0.67	3402291	3402291	0	未知
赵东岭	境内自然人	0.56	2842390	2842390	0	未知
阿坝州甘堡水电厂	国有法人	0.56	2818384	0	0	无
四川省投资集团有限责任公司	国有法人	0.56	2818384	0	0	无
黄幼芬	境内自然人	0.42	2129442	2129442	0	未知
阿坝州马尔康水电厂	国有法人	0.28	1409192	0	0	无

（二）2012 年岷江电力经营业绩

2012 年，公司完成发电量 88253.93 万千瓦时，同比增长 40.81%；完成销售电量 275264.14 万千瓦时，同比增长 19.91%；实现营业收入 80498.66 万元，同比增长 19.94%；电费回收率完成为 100%。公司持股 14% 的天威四川硅业有限责任公司由于市场环境的变化，现有设备存在技术性和功能性贬值，生产技术相对落后，单位生产成本相对较高，设备存在技术更新改造需求，本年度对天威四川硅业有限责任公司长期股权投资计提减值准备 5260 万元。同时受用电需求下降及发电设施检修的影响，公司对外投资的水电企业收益也有所下降，公司全年实现投资收益 8931.97 万元，同比下降 51.75%，进而导致本期归属于上市公司股东的净利润为 7063.22 万元，同比下降 44.86%。公司发供电量的增加致使收入同比增加。公司主营业务经营情况如表 19－16 所示。

表 19－16　岷江电力主营业务经营情况　　单位：元

	营业收入	营业成本	毛利率（%）	营业收入比上年增减（%）	营业成本比上年增减（%）	毛利率比上年增减（%）
电力	798604275.17	600966896.61	24.75	20.10	10.46	6.57

截至 2012 年末，公司资产总额为 240766.93 万元，负债为 156480.83 万元，所有者权益为 84286.10 万元，资产负债率为 64.99%，较上年度下降 3.4 个百分点。

（三）2012 年岷江电力营运资金管理绩效分析

1. 岷江电力营运资金管理基本情况

（1）基于渠道的营运资金管理绩效分析

2012 年，岷江电力营运资金周转期（按渠道）为－29 天，经营活动营运资金平均余额（按要素）为－65089571.79 元。其中，采购渠道营运资金周转期为－11 天，采购渠道营运资金平均余额为－24608970.37元；生产渠道营运资金周转期为－10 天，生产渠道营运资金平均余额为－22407416.69 元；营销渠道营运资金周转期为－8 天，营销渠道营运资金平均余额为－18073184.73 元。由上述数据可知，公司充分利用了经销商和供应商的资金，采购、生产、销售环节并未占用公司大量资金，营运资金管理效果良好，公司的运营状况较好。

（2）基于要素的营运资金管理绩效分析

2012 年，岷江电力营运资金周转期（按要素）为－12 天，经营活动营运资金平均余额为（按要素）－65089571.79 元。其中，存货周转期为 0 天，存货平均余额为 312017.10 元；应收账款周转期为 4 天，应收账款平均余额为 8536379.41 元；应付账款周转期为 16 天，应付账款平均余额为 35666746.53 元。由上述数据可知，公司较好地利用了供应商的资金，经销商也没有占用公司的资金，这表明公司的营运资金管理是有效的。

2. 岷江电力营运资金管理近年变动情况

（1）基于渠道的营运资金管理变动情况

由表 19－17 数据可知，公司从 2009 年的营运资金周转期（按渠道）为 28.32 天，到 2012 年营运资金周转期（按渠道）－29 天，总体来说公司的营运资金管理绩效一直在改善。

由图 19－9 可以看出，在 2010 年，公司在生产、营销渠道营运资金的管理方面取得了较好的成果，只有采购渠道的营运资金绩效出现问题，但公司总体的营运资金管理绩效仍呈上升趋势。之后公司的状况趋于稳定，并保持在了较平衡、良好的状态。

表 19－17　　岷江电力营运资金周转期情况　　单位：天

项目	2009 年	2010 年	2011 年	2012 年
采购渠道营运资金周转期	－18.67	－12	－14	－11
生产渠道营运资金周转期	15.79	－17	－17	－10
营销渠道营运资金周转期	31.19	－8	－9	－8
经营活动营运资金周转期（按渠道）	28.32	－38	－40	－29
理财活动营运资金周转期	－222.63	－148	－215	498
存货周转期	2.03	2	0	0
应收账款周转期	45.65	6	6	4
应付账款周转期	32.87	22	21	16
经营活动营运资金周转期（按要素）	14.81	－15	－15	－12

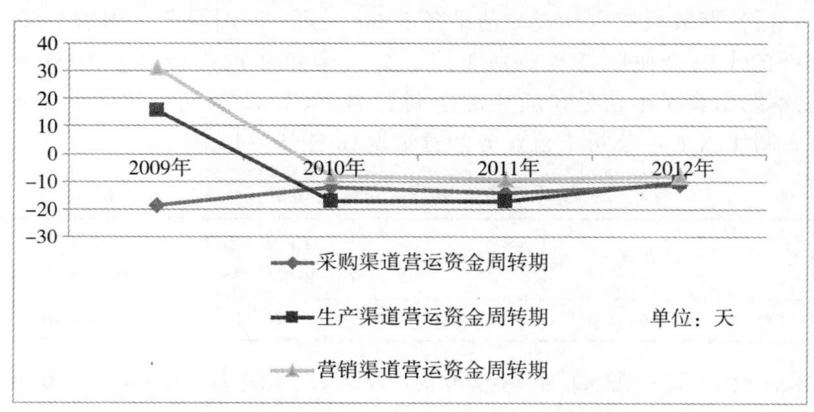

图 19－9　分渠道营运资金周转期变化趋势图

（2）基于要素的营运资金管理变动情况

由表 19－17 可知，公司在 2009 年经营活动营运资金周转期（按要素）为 14.81 天，至 2012 年，该周期为－12 天，可见公司在四年时间内营运资金管理绩效得到了极大的改善。

由图 19－10 可以看出，公司在存货周转期、应收账款周转期方面都有了不同程度的改善，应付账款周转期方面有所降低。公司的营运资金周转期（按要素）各方面呈现了在 2010 年迅速变化，之后趋于稳定的情况，这与按渠道分析的结果相似。

3. 2012 年岷江电力营运资金管理在行业中所处地位及原因分析

由表 19－17 数据可知，岷江电力在存货周转期、应收账款周转期、应付账款周转期、营销渠道营运资金周转期、理财活动营运资金周转期方面排名比较靠前，其余指标也属于中游水准，可见岷江电力的营运资金管理绩效是不错的。

通过上述分析，对其营运资金管理绩效所获成果的原因总结如下：

①合理利用商业信用、合同条款等，占用上下游企业的资金为己所用。

②利用短期借款等增加了企业可用资金，并合理利用筹措资金，增加了资金利用效率。

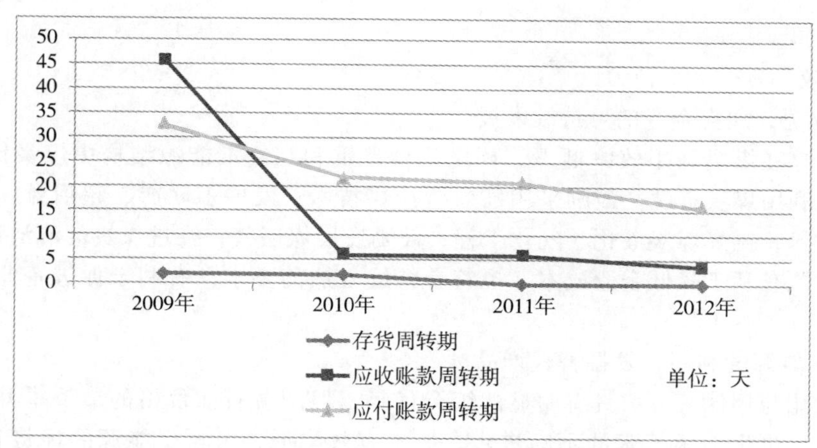

图 19－10　分要素营运资金周转期变化趋势图

③面对国内经济放缓、国外经济低迷，全社会电力需求增速明显放缓，电力行业受宏观经济因素影响明显的经营环境，公司上下以科学发展观为指导，真抓实干，克服困难，紧紧围绕“安全、规范、高效、持续”的发展目标，深入推进综合计划和全面预算管理，强化过程管控；切实做好市场开拓，提升服务质量，加大电源引入力度，增加供电量，保证了电力供应和销售，加强了电费回收，有效防范了公司的经营风险，维护了安全稳定局面，实现了可靠有序的供电，超额完成了年度生产经营目标，并取得了较好的经济效益，推动了公司健康、持续发展。

七、电力、热力、燃气及水生产和供应业上市公司营运资金管理调查的结论与建议

（一）调查结论

1. 营运资金占用总额下降，投资活动资金占用上升

从 2008 年至 2012 年五年时间内，行业营运资金总额整体呈现下降趋势。2012 年，企业依然增加短期投资的规模，使得营运资金占用总额大幅减少。2012 年电力、热力、燃气及水生产和供应业投资活动资金占用额为 961.4 亿元人民币，较上年又有所增加。

2. 营运资金管理绩效基本稳定，需注意应收账款的管理

2012 年，电力、煤气及水生产和供应业经营活动营运资金周转期（按渠道）为－27 天，优于 2011 年数据，可见行业整体在营运资金（按渠道）管理方面取得了进步。其中，电力、热力生产和供应业各渠道营运资金周转期保持稳定或有所改善；燃气生产和供应业的营销渠道营运资金周转期增加了 12 天，需要引起注意；水生产和供应业的生产渠道营运资金周转期、营销渠道营运资金周转期分别增加 8 天、42 天，这表明水生产和供应业的生产渠道营运资金管理绩效、营销渠道营运资金管理绩效，尤其是后者，需要改善。

相较之下，经营活动营运资金周转期（按要素）为 14 天，较往年有所下降，主要由于应收账款周转期变长和应付账款周转期变短，应加强该方面的管理。其中，电力、热力生产和供应业应收账款周转期有所增加，应付账款周转期有所缩短；燃气生产和供应业应收账款周转期增加了 3 天，需要改善；水生产和供应业在存货和应收账款方面也需要加强管理。

3. 各渠道营运资金管理绩效改善，各要素营运资金管理绩效有所下降

2008 年至 2012 年，电力、热力、燃气及水生产和供应业各渠道营运资金管理绩效改善，其中采购渠道营运资金周转期、生产渠道营运资金周转期趋于稳定，营销渠道营运资金周转期呈现波动状态，应注意该渠道的营运资金管理。电力、热力、燃气及水生产和供应业各要素营运资金管理绩效则有所下降，需提高对各要素的管理。

4. 营运资金管理绩效稳定的企业数目较少，大部分企业有所波动

企业层面的分析显示，2012 年电力、煤气及水生产和供应行业上市公司大部分营运资金管理绩效存在波动状况，且大部分各要素营运资金管理绩效波动的企业为降低，应引起企业的重视，力图在稳

定的前提下有所改善。

（二）对策建议

1. 有效利用资源，加强企业的可持续发展

现在企业普遍存在煤炭利用效率低下、环境污染严重和在终端能源结构中煤炭比重过高的问题，应努力高效、清洁利用煤炭资源。鼓励采用高效清洁煤技术，发展多联产、超临界发电等技术，积极开发、采用先进技术，搞好煤炭液化、气化工程，鼓励发展煤层气，推进煤炭的清洁利用和综合利用。从长远看来，这样既有利于降低企业成本，也符合持续发展的要求，有利于促进企业、环境、社会的长期和谐发展。

2. 增加可再生能源的利用，发掘替代产品

石油的使用效能与环保等方面具有明显的综合优势，但随着石油价格的节节攀升，人们环保意识的日益增强，以及可再生能源技术的不断进步，成本有效降低，可再生能源的优势日益明显。电力、热力、燃气及水生产和供应业若能合理、有效地使用可再生能源，有利于企业长期的健康稳定发展。

3. 完善现代化仓储规划

现代化的仓储规划，就是要对其标准规范、储存空间、仓储设施、管理系统等进行决策和设计，通过科学合理地规划仓储系统，统一工作标准和管理制度，调整布局改造技术，构建统一规范的仓储网络，建设现代仓储设施，配备先进高效的自动化物流及仓储管理信息系统。首先要建立统一的物资管理规范，优化管理流程，强化采购计划管理，设置合理库存限额并分类管理；其次，合理规划仓储空间，整合传统储运功能，统筹管理各单位所辖仓库，合理布局，尽可能缩小货物从收货到发货的移动，加强区域联合仓储。同一区域、同一投资主体的电力企业采用联合仓储，可整合仓储资源，降低各仓储分区的备品数额及总成本，实现高效共享仓储资源。

4. 加强与供应商和客户的合作，增强供应链的稳定性

我国存在大量的火电企业，为确保火电企业的正常、有效运作，应该加深“供求一体化”协作，促进各类火电企业与煤炭企业、用户的合作。一方面确保电力企业有长期稳定的供应渠道，给销售提供了保障，另一方面也减少了企业的运作成本和交易成本，有利于企业实现长期健康稳定的发展，给企业资金的高效周转提供保障。

若能建立电力行业供应链管理平台，则可以实现煤炭供应企业、发供电企业、电力建设和检修企业、各生产设备制造商与供应商等上下游企业信息的共享、沟通、协商与反馈的服务平台，从而提高整个行业供应链的协调性和整体的经济效益。

主要参考文献

1. 王竹泉、马广林：“分销渠道控制：跨区分销企业营运资金管理的重心”，《会计研究》，2005年第6期。

2. 王竹泉、逄咏梅、孙建强：“国内外营运资金管理研究的回顾与展望”，《会计研究》，2007年第2期。

3. 中电联发布2012年全国电力工业运行简况，中电联规划与统计信息部。

第二十章 2012 年建筑行业上市公司营运资金管理调查①

【摘要】2012 年欧债危机影响持续发酵，国际经济复苏缓慢，建筑业对外承包工程难度加大、已承建项目回款风险加大，人民币持续升值导致合同外汇风险加大，与此同时，建筑业的上游原材料如钢材、水泥、玻璃等的价格升高，用工成本增加，推高了建筑业的成本，导致生产渠道资金占用增加，而行业内普遍存在着工程垫款、资金回收周期长的问题，更加剧了建筑业资金周转的压力。本报告分别以 2012 年 56 家上市公司、2011～2012 年 46 家可比的上市公司为研究样本，从营运资金配置与来源分析、营运资金管理绩效分析和案例分析等视角对建筑业上市公司 2012 年营运资金管理状况进行了全面调查和透视。

资金占用调查表明，2012 年建筑业总体营运资金占用水平有所上升，经营活动营运资金和投资活动营运资金占用均有大幅增加。经营活动营运资金（按要素）配置结构中存货、应收款项、应付款项的资金配置均比上年增加，但存货及应收款项资金占用增加超过应付款项资金增加；经营活动营运资金（按渠道）配置结构中生产渠道营运资金占用增加的劣势抵消了采购、营销渠道营运资金占用水平降低的优势，进一步推高了行业的营运资金占用水平。资金管理绩效调查表明，2012 年建筑行业按渠道与分要素的经营活动营运资金周转绩效均有所下降。三大渠道中，以采购渠道绩效最优，生产渠道营运资金管理绩效最差，营销渠道营运资金管理绩效提高较大；三大要素中，存货和应收账款周转绩效均低于上年水平，应付账款周转期延长但并不足以弥补存货和应收账款的周转劣势。营运资金筹资来源与财务风险方面，短期金融负债和营运资本筹资比例年度变化不大，建筑业企业在两种筹资方式的选择上没有明显偏好，营运资金比例略高于短期金融负债比例，从筹资结构看财务风险不高。根据上述调查结果，本报告发布了建筑业上市公司营运资金管理绩效排行榜，对建筑业营运资金管理特点进行以数据为基础的描述，以期为建筑业提升营运资金管理水平提供参考。

一、建筑行业营运资金管理特点

在我国，建筑业是国民经济的重要产业之一，其产业特点主要集中在以下方面：第一，市场组织方面，体现为市场集中度低、具有易进难出的行业壁垒、技术能力偏低而使企业间竞争层次低、国际市场竞争力不足等特点；第二，产业内上市公司主营业务方面，体现为经营领域不断拓宽，除了传统的房屋建筑业务，拓展到铁路、轻轨、地铁、核电、路桥、隧道、钢结构等。经营地域分布广，大型集团的施工业务基本都已经覆盖国内的主要经济区域，有的企业甚至实现了一定程度的业务国际化，在诸多发展中国家承担长期建设项目。第三，产业内上市公司生产活动方面，体现为生产过程模式化、技术装备落后、建筑周期长、建筑质量不高、垫资普遍等特点。因此，建筑业营运资金管理特点体现在以下几方面：

1. 资金管理分散

建筑施工企业通常采用组建相对独立的项目部的方式对中标项目实施经营管理，企业有限的流动资金大多分散到了众多的项目部，由此带来的问题是：一方面，工程项目分散，设立银行账户过多，资金分散且占用不尽合理，致使资金分流沉淀，周转缓慢；另一方面，建设单位资金拨付的不均衡与项目的均衡生产发生矛盾，在建设准备阶段，刚拨付时资金充裕、大量闲置，后期在工程施工阶段，流动资金严重短缺，因无法保障项目的正常施工，项目部必须自已筹措资金，另外，遇到抢工等突发

① 国家自然科学基金“利益相关者视角的营运资金管理研究与中国上市公司营运资金管理数据平台扩充建设（71372111）”和国家自然科学基金“利益相关者集体选择视角的企业价值管理研究（71172099）”的阶段性成果。感谢中国海洋大学、中国会计学会、国家自然科学基金委员会对营运资金管理研究的支持。

事件时不得不赊购材料，因此，项目部需要加强营运资金的筹措和运用能力，以解决营运资金需求和供给的不同步性。同时，企业内部往往存在资金结构不合理的现象，部分项目部资金出现缺口，需要向银行贷款，而另一些项目部资金富余，但由于分散管理，难以集中利用，最终导致整个建筑企业集团的资金利用成本上升。如何灵活调控各项目部流动资金余缺，最大限度地压缩库存现金的同时又能够使各个项目部的流动资金能应付各种内外部环境的变化而保持收支动态平衡，是营运资金管理的重要内容。

2. 采购渠道营运资金的特点

采购方面，由于建筑业自身的点多、面广、工期长、队伍杂等特点，决定了其在迅速扩大规模的同时，成本不断上升，材料费居高不下，资金周转越来越慢。部分企业效益开始下滑，其中重要原因之一就是建筑业物流管理水平落后，存货管理方法落后，阻碍了生产过程的正常进行，降低了企业的经济效益。

存货管理方面，建筑材料是建筑工程的物质基础，品种繁多，性质各异。目前建筑材料领域除了传统的水泥、玻璃、陶瓷、砖、瓦、灰、砂石外，又增添了许多新型材料，如化学类建材、金属类建材、复合类建材、功能型建材等若干门类，进一步扩大了建筑业存货的范畴。一般来说，建筑材料成本占工程造价的 50% ~70% （以土木工程为例），材料储备占流动资金的 60% 以上，物流费用占材料成本的 17% 左右，即工程总造价的 10% 左右。因此，存货的采购和存储费用在建筑业成本中占有重要的位置。长期以来，我国的建筑业对于存货的管理与规划，一般是根据以往经验及相关信息做粗略的安排，缺乏现代的物流管理思想和手段，造成物资管理效率低下、供需双方合作度低、传输速度慢、流通成本高、质量控制难等问题。另一方面，由于建筑行业工程量大，在向上游供货商购买材料等存货时具有买方优势，为缓解企业资金周转困难，建筑业企业往往利用自身的谈判能力从上游供应商处获得了大量的商业信用。从营运资金管理的角度来看，企业为缩短营运资金周转期而尽量拖延应付账款的付款期限的做法，虽能一定程度上缓解资金压力，但并不是通过提高自身存货管理效率、加强供应链合作的方式实现的，难以从根本上解决问题。

3. 生产渠道营运资金的特点

生产方面，建筑业营运资金管理的显著特点是存货占用量较大。大量的在建工程形成了企业的在产品、产成品或半成品，构成建筑企业的生产性存货。无论是房屋建筑物、铁路、公路，还是水利工程、核电站。这些大型项目的建设周期一般都较长，占用资金量较大，企业前期采购的各种原材料在生产期间不断积累，由期初到期末，由项目开始到项目结束。大量的存货采购的资金最终积累在生产性存货中，形成了生产性存货对资金的大量占用。另外，名目繁多的保证金作为其他款项占用大量营运资金。调研发现，一般企业缴纳的保证金总额都占到工程合同总额的 10% 以上，保证金的推行，增加了企业的资金流周转压力，从而进一步加重了企业举债负担、摊薄了企业的利润水平。

4. 销售渠道营运资金特点

销售方面，由于行业竞争以及收入实现方式导致了建筑业企业应收账款占用居高不下。

一方面，建筑行业内经营范围、经营方式和经营能力的趋同，同质化竞争激烈。处于市场强势地位的建设单位，普遍要求施工企业垫资施工，而且，垫资被作为一种普遍手段而成为签订工程承包合同和考查施工队伍实力的重要条件，有的工程项目垫资资金甚至超 50%，这必然导致企业应收账款居高不下。企业一旦为某项工程垫资，则变为承包合同的被动方，从而更容易陷入资金短缺的恶性循环之中，不规范的、超出建筑企业承受能力的垫资标准，无任何资信担保的垫资方式，增大了建筑企业承担先前垫资的损失的风险。另外，工程验收成功之后，当建设单位违约失信或资金发生困难，先前的垫资款很可能拖欠甚至无法回收，提高了应收账款的坏账风险。

另一方面，应收账款居高不下的原因与建筑企业的工作特点及工程项目的特殊性密切相关，建筑企业的施工时间较长，产品需要较长的生产周期才能够完成。在这个生产周期中，建设方与施工单位一般按月核算工程完成量，但是在进度及造价方面双方往往存在争议，监理工程师及建设方的质量和进度认可是工程款结算的第一步；在确认工程量之后，再按施工合同中规定的比例支付给施工方，这就决定了施工单位的工程进度与相应工程款的结算之间会存在一定的滞后性。显然，建筑施工企业在建设方不给备料款的情况下，先期投入的人工、材料、机械需要在整个施工过程中逐步收回，合同付款比例之外的工程款及质量保证金一般要在工程竣工后几年内才能全额收回，造成施工企业应收账款长期挂账。因此，从某种意义上说，是建筑施工企业自身生产经营的特点决定了应收账款存在的必然性。

二、2012 年建筑行业经营环境及对营运资金管理的影响

总体而言，2012 年是中国经济重要的转折之年，国际方面，世界主要发达国家的财政状况面临着主权债务危机和财政“悬崖”挑战：在货币政策上，发达国家也同样在实施进一步扩张性政策，美联储 QE3、欧洲央行第二轮的 LTRO 以及没有规模和时间限制的 OMT，日本央行增持日本国债释放流动性，持续的量化宽松型的货币政策，使这些国家和地区的利率处于极低的水平。然而，这非但没能确保经济步入稳定的复苏轨道，相反，进一步运用刺激手段的空间也越来越小。因此，与 2008 年的增长放缓相比，尽管 2012 年世界经济从增长速度上看并没有出现总体上的衰退，但是，从增长的动力源上看，世界经济正在面临着前所未有的“双失灵”困境——市场失灵与政府失灵。

国内方面，世界经济复苏缓慢，中国这个一直以出口为主的经济模式在向以内需为主导的经济增长方式转型，存在诸多不确定因素。如原材料价格上涨、劳动力成本上升、人民币升值、外需下降、资金成本上升、税收制度调整等体制性、结构性问题。根据国家统计局发布的数据，2012 年全社会建筑业增加值 35459 亿元，比上年增长 9.3%。全国具有资质等级的总承包和专业承包建筑业企业实现利润 4818 亿元，增长 15.6%，其中国有及国有控股企业 1236 亿元，增长 21.9%。建筑业产值规模保持增长状态，2008 ~ 2011 年五年间建筑业增加值增长幅度在 2009 年达到最高值后，逐年下降，2011 年降至 9.3%，为五年来最低值。

综合国际、国内经济背景，建筑业经营环境对营运资金管理的影响体现在以下方面：

一是全球宏观经济增长速度放缓，对我国建筑企业海外业务造成了较大的冲击。其中境外一些工程因资金短缺纷纷缓建、停建或压缩投资规模，不仅对进一步拓展海外市场造成很大困难，甚至对在建的海外项目也产生了直接影响，建筑业企业应收账款回款风险加大。

二是国内宏观经济增速放缓，建筑业发展受到一定程度的限制。发端于 2008 年金融危机的四万亿刺激计划，地方政府债规模持续扩大，地方政府、开发商通过投资基建、房地产带动相关产业，短期内缓解危机的同时导致产能过剩、推生了房地产泡沫。在经历了 2011 年末行业内诸多开发商支付能力困窘、资金链断裂的阵痛之后，受国内外经济形势不稳定和我国房地产调控政策不放松的影响，我国建筑业的发展压力增大。但由于 700 万套保障房的开工建设在一定程度上又确保了建筑业的继续较快发展，且始于 2012 年下半年的金融体系信贷规模飙升，虽存在政策调控但房价并未出现大幅下降，相当一部分资金进入了房地产领域，同时在一定程度上为房地产企业注入流动性。

三是通货膨胀压力将加大建筑业的成本压力，利润空间被压缩，加剧资金周转的紧张程度。通货膨胀的存在推高了建筑业的上游原材料如钢材、水泥、玻璃等的价格从而提高了建筑业的成本，采购、生产渠道资金需求增加，必然提高建筑业企业融资成本，挤压了建筑业的利润空间。

四是汇率变化导致建筑业外币资产风险加大。对于已签合同，而且主要是在国内采购的设备供货项目，人民币升值影响的范围是合同总价，主要执行这类项目的公司将受到严重影响。对未签合同，或今后要投标的设备供货项目，人民币升值的影响是长期的，有可能是决定性的，需要有关企业采取全面的应对措施。外币资产风险加大，金融危机引发的汇率和利率震荡，给我国建筑企业外币资产安全造成了巨大风险。从 2008 年 7 月份以来，外汇市场主要流通货币对人民币发生贬值，并且为刺激消费，遭受重创的世界各国央行相继下调基准利率或减少存款准备金比率，由此而引发的汇兑损失使得我国建筑企业的海外资金和资产大幅缩水，中国建筑企业实施的国际工程承包项目和对外劳务派遣也由于难于把握的国际金融市场而面临着巨大的汇兑损失风险，这些都给我国建筑企业的整体效益带来了重大影响。

总体而言，2012 年是建筑业企业营运资金管理较为困难的一年，政府行政干预房价持续上涨的态度不放松，而且原材料价格的双边大幅波动、全球经济动荡、海外承包工程市场的违约风险和汇率风险加大，这些都使建筑企业面临着越来越严峻的考验。生产活动的营运资金周转期绩效改善乏力，采购渠道的营运资金周转期也可能会由于原材料价格、用工成本等的上升难以有很大改观。海外承包工程市场的违约风险和汇率市场风险的加大以及全球金融危机的余波，使企业加大了按时收回工程款的风险和损失，造成营销活动的营运资金绩效改善困难。

三、2012 年建筑行业上市公司营运资金配置与来源分析

（一）建筑行业上市公司营运资金配置分析

1. 建筑行业上市公司营运资金总体配置结构与占用水平分析

（1）行业层面

截至 2012 年底，建筑行业营运资本占用总额为 4314.51 亿元，比 2011 年增加 898.66 亿元，行业内平均每家上市公司营运资本占用 77.04 亿元，同比增加 11.35 亿元；从营运资金期末占用来看，2012 年行业总体占用达到 8132.08 亿元，比 2011 年增加 1873.93 亿元。2012 年和 2011 年营运资金占用量比营运资本占用各增加了 3817.57 亿元和 2842.3 亿元。2012 年最大、最小值的绝对值相较 2011 年均有较大提高，说明当年行业内企业间占用差距较大。从经营活动营运资金期末占用来看，2012 年最大值为 701.37 亿元，行业总体比 2011 年增长 444.58 亿元，平均增长 5.36 亿元；从投资活动营运资金期末占用来看，2012 年最大值为 1268.96 亿元，行业总体比 2011 年增长 1429.36 亿元，平均增长 19.51 亿元。综合投资与经营活动营运资金数据来看，建筑业用于投资活动的营运资金比经营活动的将近高出 2.5 倍。见表 20－1。

表 20－1　2011～2012 年建筑行业营运资金配置分析　单位：亿元

项目	营运资本期末占用		营运资金期末占用		经营活动营运资金期末占用		经营活动营运资金占用水平		投资活动营运资金期末占用	
	2011	2012	2011	2012	2011	2012	2011	2012	2011	2012
行业总体	3415.85	4314.51	6258.15	8132.08	1879.45	2324.03	0.09%	0.09%	4378.69	5808.05
行业平均	65.69	77.04	120.35	145.22	36.14	41.50	0.09%	0.09%	84.21	103.72
最大值	1197.31	1454.09	1611.47	1967.17	665.92	701.37	1.22%	1.22%	945.55	1268.96
最小值	－1.86	－28.82	2.09	－0.58	－118.30	－130.02	－0.66%	－0.87%	0.64	0.18
样本数量	52	56	52	56	52	56	52	56	52	56

（2）企业层面

为了更加细致地分析建筑行业内各上市公司营运资金配置变化情况及变动幅度，编制了建筑行业上市公司营运资金配置变化情况及变动幅度统计表，如表 20－2 所示。从营运资本项目来看，行业内 2012 年 19.15% 的公司营运资本配置变化率基本稳定；40.43% 的公司营运资本配置降低，其中降低显著的公司有 8 家，占比 17.02%；营运资本占用量增加的公司有 27 家，占比 57.45%，增加显著的公司有 6 家，占比 12.77%。从营运资金项目来看，有 68.09% 的公司占用量增加，在 46 家可比样本公司中，37 家公司经营活动营运资金增加，增加比例为 78.72%，其中行业 34.04% 的公司经营活动营运资金显著增加；28 家公司投资活动营运资金占用增加，增加比例为 59.57%，资金占用量变化幅度基本在 30% 的范围内。

表 20－2　　2011～2012 年建筑行业上市公司营运资金配置变化情况及变动幅度统计表

项目		营运资本	营运资金	经营活动营运资金	投资活动营运资金
资金占用量绝对变化统计	降低	19	14	9	18
	降低比例	40.43%	29.79%	19.15%	38.30%
	增加	27	32	37	28
	增加比例	57.45%	68.09%	78.72%	59.57%
资金占用量变化幅度统计	降低显著	8	1	4	0
	占比	17.02%	2.13%	8.51%	0.00%
	降低较大	1	0	2	4
	占比	2.13%	0.00%	4.26%	8.51%
	有所降低	5	6	1	8
	占比	10.64%	12.77%	2.13%	17.02%
	基本稳定	9	10	8	10
	占比	19.15%	21.28%	17.02%	21.28%
	有所增加	11	14	9	14
	占比	23.40%	29.79%	19.15%	29.79%
	增加较大	6	4	6	5
	占比	12.77%	8.51%	12.77%	10.64%
	增加显著	6	11	16	5
	占比	12.77%	23.40%	34.04%	10.64%
可比样本总数		46			

注：上表中除了百分比之外的数字单位为：家

2. 建筑行业上市公司分渠道的经营活动营运资金配置分析

（1）行业层面

在采购渠道上，2012 年建筑行业总体营运资金配置－6417.57 亿元，同比下降 37.80%，下降态势与 2011 年持平，同时是同期三个渠道中唯一一个资金配置下降的渠道。行业中平均每家上市公司采购渠道营运资金配置较 2011 年下降 25.04 亿元，说明该渠道营运资金节约额上升。在生产渠道上，建筑行业的营运资金配置量远远超过其他行业，2012 年行业总体配置达到 8030.87 亿元，同比增长 153.50%，行业平均配置 143.41 亿元，接近同年营销渠道营运资金平均配置的 11.3 倍，这可能与 2012 年我国投入了大量的建筑工程有关。在营销渠道上，2012 年建筑行业总体营运资金配置大幅减少到 710.73 亿元，比 2011 年降低了 78.9%，这个现象可归功于建筑行业产品大多正处于在生产，因此营销渠道中的产成品较少，资金回笼的也较少。因此，综合采购、生产和营销三个渠道，在经营活动营运资金方面，2012 年建筑行业总体营运资金配置为 2324.03 亿元，同比增长 23.65%。见表 20－3。

表 20－3　　2011～2012 年建筑行业经营活动营运资金的渠道配置分析　　单位：亿元

项目	采购渠道营运资金		生产渠道营运资金		营销渠道营运资金		经营活动营运资金	
	2011	2012	2011	2012	2011	2012	2011	2012
行业总体	－4657.25	－6417.57	3167.97	8030.87	3368.73	710.73	1879.45	2324.03
行业平均	－89.56	－114.60	60.92	143.41	64.78	12.69	36.14	41.50
最大值	1.17	3.82	1082.60	2160.61	1045.26	414.13	665.92	701.37
最小值	－1290.91	－1510.45	－5.04	－2.50	－71.91	－126.05	－118.30	－130.02
样本数量	52	56	52	56	52	56	52	56

（2）企业层面

将经营活动营运资金配置细化到企业层面，从采购渠道方面来看，行业中 80.85% 的公司经营活动营运资金占用量降低，其中更是有 40.43% 的公司降低显著。相反，在生产渠道中有 87.23% 的上市公司经营活动营运资金占用增加，将近 53.19% 的公司增加显著，只有 10.64% 的公司资金占用降低。营销渠道经营活动营运资金总体上也程增加趋势，46 家样本公司中有 29 家公司占用量增加，占总体的 61.70%，但在降低的 17 家公司中，有 14 家公司降低显著，在增加的 29 家公司中，大多增加变化率并不显著。见表 20-4。

表 20-4　　建筑行业 2011~2012 年经营活动营运资金的渠道配置变化情况及变动幅度表

项目		采购渠道营运资金	生产渠道营运资金	营销渠道营运资金	经营活动营运资金
资金占用量绝对变化统计	降低	38	5	17	9
	降低比例	80.85%	10.64%	36.17%	19.15%
	增加	8	41	29	37
	增加比例	17.02%	87.23%	61.70%	78.72%
资金占用量变化幅度统计	降低显著	19	2	14	4
	占比	40.43%	4.26%	29.79%	8.51%
	降低较大	7	1	0	2
	占比	14.89%	2.13%	0.00%	4.26%
	有所降低	11	2	1	1
	占比	23.40%	4.26%	2.13%	2.13%
	基本稳定	3	0	7	8
	占比	6.38%	0.00%	14.89%	17.02%
	有所增加	4	9	10	9
	占比	8.51%	19.15%	21.28%	19.15%
	增加较大	1	7	5	6
	占比	2.13%	14.89%	10.64%	12.77%
	增加显著	1	25	9	16
	占比	2.13%	53.19%	19.15%	34.04%
可比样本总数		46			

注：上表中除了百分比之外的数字单位为：家

因此在分渠道的经营活动营运资金配置中，资金配置增加主要受到生产和营销渠道的影响，而降低的原因主要与生产渠道营运资金配置的大量降低有关。

3. 建筑行业上市公司分要素的经营活动营运资金配置分析

（1）行业层面

按照分要素的角度看建筑行业经营活动营运资金配置（见表 20-5），2012 年建筑行业总体存货资金配置 10174.75 亿元，比 2011 年增加 3870.29 亿元，同比增长 61.39%，行业平均比 2011 年增长 49.85%；应收及预付款项行业总体资金配置 8687.14 亿元，比 2011 年增加 1018.6 亿元，同比增长 13.28%，行业平均比 2011 年增长 5.19%，变化幅度不大；应付及预收款项行业总体配置 16537.86 亿元，属于三者中最高的项目，比 2011 年增加 4461.71 亿元，同比增长 36.95%，行业平均比 2011 年增长 27.16%。分要素情况下经营活动营运资金 = 存货 + 应收及预付款项 - 应付及预收款项，因此总体来看，2012 年建筑行业总体经营活动营运资金配置达 2324.03 亿元，比 2011 年增加 427.17 亿元，同比增长 22.52%，主要归功于存货的增长。

表 20-5 2011~2012年建筑行业经营活动营运资金的要素配置分析 单位：亿元

项目	存货		应收及预付款项		应付及预收款项		经营活动营运资金	
	2011	2012	2011	2012	2011	2012	2011	2012
行业总体	6304.46	10174.75	7668.54	8687.14	12076.15	16537.86	1896.86	2324.03
行业平均	121.24	181.69	147.47	155.13	232.23	295.32	36.48	41.50
最大值	1519.92	2560.88	1913.01	1619.52	2627.44	3344.22	665.92	701.37
最小值	0.09	0.07	1.48	0.04	0.76	1.22	-118.30	-130.02
样本数量	52	56	52	56	52	56	52	56

（2）企业层面

将经营活动营运资金的要素配置变化情况及变动幅度细化到企业层面分析（见表20-6），在46家可比样本中我们不难发现，存货、应收及预付款项和应付及预收款项三个要素的企业增加数量分别为41家、39家和43家，增加比例分别达到87.23%、82.98%和91.49%，存货的变动幅度主要集中于增加显著，应收和应付则主要集中于有所增加，后两项仅有的降低企业的变动率也仅属于基本稳定的范畴。

表 20-6 2011~2012年建筑行业经营活动营运资金的要素配置变化情况及变动幅度表

项目		存货	应收及预付款项	应付及预收款项	经营活动营运资金
资金占用量绝对变化统计	降低	5	7	3	10
	降低比例	10.64%	14.89%	6.38%	21.28%
	增加	41	39	43	36
	增加比例	87.23%	82.98%	91.49%	76.60%
资金占用量变化幅度统计	降低显著	1	0	0	4
	占比	2.13%	0.00%	0.00%	8.51%
	降低较大	1	0	0	2
	占比	2.13%	0.00%	0.00%	4.26%
	有所降低	3	2	0	2
	占比	6.38%	4.26%	0.00%	4.26%
	基本稳定	1	11	5	8
	占比	2.13%	23.40%	10.64%	17.02%
	有所增加	13	15	21	9
	占比	27.66%	31.91%	44.68%	19.15%
	增加较大	11	9	7	6
	占比	23.40%	19.15%	14.89%	12.77%
	增加显著	16	9	13	15
	占比	34.04%	19.15%	27.66%	31.91%
可比样本总数		46			

注：上表中除了百分比之外的数字单位为：家

（二）建筑行业上市公司营运资金来源与财务风险分析

由表20-7可知，建筑行业在2011年和2012年，营运资金来源于营运资本的行业平均值都稍高于短期金融性负债所得，说明建筑行业保持着主要靠自身持续营运能力维持营运资金水平。但是与2011年相比，2012年行业平均短期金融性负债占比增加1.38%，这说明有增加借款和金融资产的势头，2012年更是有企业短期金融性负债占比达到277.00%。由此可见，建筑行业在技术和价格的竞争中，逐步趋向于进行融资来增加融资实力并缓解资金紧张的局面。因此，对于建筑行业来说，决策者如果能够适度负债，则可以增强企业的市场竞争能力，使企业的盈利能力得以持续稳定的增长。但如果举债不合理，则很容易加大企业的财务风险。许多企业因难以偿还到期债务而陷入财务危机，有的甚至被迫实行破产清算。此外，建筑企业在提供建筑劳务后，资金回收时间和金额具有不确定性，也容易形成资金回收风险。

表 20－7　　2011～2012 年建筑行业营运资金来源状况

项目	短期金融性负债占比		营运资本占比	
	2011 年末	2012 年末	2011 年末	2012 年末
行业平均	45.56%	46.94%	54.44%	53.06%
最大值	143.43%	277.00%	100.00%	108.27%
最小值	0.00%	－8.27%	－21.93%	－177.00%
样本数量	52	56	52	56

通过表 20－8 可以更加细致地看出建筑行业内各企业的资金来源情况。2011 年与 2012 年，建筑行业企业基本集中于短期金融性负债和营运资本占比在 40%～60% 的范围内，且都为 14 家，占企业数量的 30.43%；在短期金融性负债和营运资本占比低于 40% 的范围内，2011 年建筑行业企业分别有 23 家和 9 家，2012 年则分别有 20 家和 12 家，由此可知，在短期金融性负债占比低，及财务风险小的情况下，建筑行业大多选择以融资的方式增加营运资金；短期金融性负债和营运资本占比超过 60% 低于 100% 的范围内，2011 年建筑行业企业前者有 9 家后者有 23 家，2012 年则分别为 12 和 20 家，因此，建筑行业属于回避风险行业，大多数企业选择靠自身持续经营获取资金来源，这些企业应当着重防范资金收回的财务风险和企业成本控制的风险。当然我们不能忽视，在 2011 年和 2012 年，都存在三四家短期金融性负债占比超过 100% 的企业，占行业总企业数量的 6.52% 和 8.7%，而营运资本则无此情况，由此说明行业内有一定数量的企业采取激进的融资方式来增加营运资金，这些企业应当着重预防过度负债和垫资施工的财务风险。

表 20－8　　2011～2012 年建筑行业营运资金来源统计表　　单位：家

比例	2011 年末短期金融性负债占比	2011 年末营运资本占比	2012 年末短期金融性负债占比	2012 年末营运资本占比
<0	0	3	0	4
0～20%	16	1	11	4
20%～40%	7	5	9	4
40%～60%	14	14	14	14
60%～80%	5	7	4	9
80%～100%	1	16	4	11
>100%	3	0	4	0
企业数量	46			

四、建筑行业上市公司营运资金管理绩效分析

（一）建筑行业上市公司分渠道的营运资金管理绩效分析

根据表 20－9 所示，2012 年建筑行业整体经营活动营运资金周转期（按渠道）为 28 天，比 2011 年增加了 6 天，绩效降幅达 27.27%。从各渠道来看，近两年采购渠道营运资金管理绩效最优，且 2012 年比 2011 年改善了 12.86%，生产渠道营运资金管理绩效处于三个渠道中的最低水平，并且 2012 年该渠道营运资金周转期比 2011 年增加了 106.39%，2012 年营销渠道营运资金管理绩效提高较大，较 2011 年改善了 77.78%。

表 20－9　　2011～2012 年建筑行业各渠道营运资金周转期　　单元：天

项目	采购渠道营运资金周转期		生产渠道营运资金周转期		营销渠道营运资金周转期		经营活动营运资金周转期（按渠道）	
	2011	2012	2011	2012	2011	2012	2011	2012
土木工程建筑业	－70	－78	47	99	44	6	21	26
建筑装饰和其他建筑业	－101	－117	37	47	117	179	53	108
建筑安装业	—	－144	—	30	—	187	—	73
行业整体	－70	－79	47	97	45	10	22	28

建筑行业主要可细分为土木工程建筑业、建筑装饰和其他建筑业和建筑安装业三个细分行业，建筑安装业为 2012 年新增细分行业。从整个经营活动营运资金周转期看，各细分行业周转期都有所增加，建筑装饰和其他建筑业增长尤为显著，同比增加 103.78%，该细分行业也在三个细分行业中处于绩效管理最低水平。从采购渠道营运资金周转期来看，除土木工程建筑业与行业整体持平，其他两个分行业管理绩效均优于行业整体，且 2012 年各细分行业绩效管理水平均比 2011 年有所改善。从生产渠道看，土木工程建筑业周转期最长，且高于该渠道行业整体周期天数。从营销渠道来看，土木工程建筑业绩效管理水平十分突出，周转期只有 6 天，且比 2011 年减少了 86.36%。

从企业层面看建筑行业各渠道营运资金管理绩效变化情况，根据表 20－10 不难发现，在 46 家样本企业中，2012 年建筑行业 76.60% 的上市公司经营活动营运资金周转期（按渠道）得到改善，但是改善情况并不明显，然而在少数降低的企业中，有 17% 的企业降低较大，甚至有 23.9% 的企业降低显著，因此导致该行业经营活动营运资金周转期绩效降低。

表 20－10　　2011～2012 年建筑行业各渠道营运资金管理绩效变化统计表

项目		采购渠道营运资金周转期	生产渠道营运资金周转期	营销渠道营运资金周转期	经营活动营运资金周转期（按渠道）
周转期变化统计	改善	36	10	16	36
	改善比例	76.60%	21.28%	34.04%	76.60%
	降低	10	36	30	10
	降低比例	21.28%	76.60%	63.83%	21.28%
周转期变化幅度统计	改善显著	5	1	9	4
	改善较大	8	1	3	3
	有所改善	18	3	2	1
	基本稳定	9	10	5	6
	有所降低	3	8	19	13
	降低较大	1	11	4	8
	降低显著	2	12	4	11
可比样本总数		46			

在样本企业中，改善采购渠道营运资金周转期的企业最多，改善比例为 76.60%，周转期变化幅度并不明显，大多处于有所改善范围，说明绩效控制较为稳定；生产渠道营运资金周转期降低的企业最多，同样达到总数的 76.60%，但是有 24% 的企业降低较大，且另有 26% 的企业降低显著，说明该渠道绩效管理趋于恶化；从营销渠道看，周转期降低的企业也占据大多数，且降低幅度也大于改善幅度。因此，建筑行业应继续稳固采购渠道营运资金绩效管理，提高生产和营销渠道营运资金管理绩效，减少降低显著的企业是有所必要的。

近五年来建筑行业营运资金周转期的变化趋势如表 20－11 所示，在经过 2009 年金融危机的后续影响导致经营活动营运资金（按渠道）周转期达到最大值后，2010 年大力加强了绩效管理，周转期是近五年来最低值，之后两年2011年和2012年逐年增加，增幅分别为51%和28.9%，说明建筑行业营运资金周转期在未来可能还会增长，但趋于平缓。

表 20-11　　2008~2012年建筑行业营运资金周转期　　单位：天

项目	2008	2009	2010	2011	2012
经营活动营运资金（按渠道）周转期	22.92	156.86	14.60	22.00	28.36
采购渠道营运资金周转期	-37.15	-148.81	-55.84	-70.30	-79.22
生产渠道营运资金周转期	14.34	-11.10	37.61	46.91	97.43
营销渠道营运资金周转期	45.73	316.78	32.83	45.39	10.15

采购渠道和生产渠道营运资金周转期不同于经营活动营运资金周转期，而是在2009年达到五年内的周转期最优水平，此后经过2010年的增加，采购渠道呈现改善趋势，并将继续在三个渠道中处于领先水平，而生产渠道营运资金管理绩效自最优水平以来持续三年降低，预测将在2013年继续下降。

营销渠道营运资金周转期在2008~2011年变化趋势与经营活动营运资金变化趋势大致相同，但是在2012年有所好转，且优化了77.63%，因此预测2013年将继续保持改善趋势。

（二）建筑行业上市公司分要素的营运资金管理绩效分析

根据表20-12所示，从经营活动营运资金周转期（按要素）看，2012年建筑行业整体经营活动营运资金周转期（按要素）为80天，比2011年增加了30天，绩效降幅达60%。各细分行业周转期都有所增加，土木工程建筑业与建筑装饰和其他建筑业两个细分行业的增长都很明显，同比分别增加了61.22%和77.78%，但是土木工程建筑业两年内的营运资金周转期均与行业整体持平，而2012年新增的建筑安装业处于绩效管理最低水平。

表 20-12　　2011~2012年建筑行业各要素周转期　　单位：天

项目	存货周转期		应收账款周转期		应付账款周转期		经营活动营运资金周转期（按要素）	
	2011	2012	2011	2012	2011	2012	2011	2012
土木工程建筑业	94	127	58	64	103	112	49	79
建筑装饰和其他建筑业	60	70	127	190	114	132	72	128
建筑安装业	—	137	—	184	—	151	—	170
行业整体	94	126	59	67	103	113	50	80

从存货周转期来看，建筑装饰和其他建筑业管理绩效优于行业整体，说明下游行业对于建筑装饰产品需求量相对其他细分行业要多，但是该细分行业应收账款周转期很不理想，2011年和2012年分别超出行业整体115.25%和183.58%，说明绩效管理十分不到位。土木工程建筑业的各要素周转期基本与行业整体持平，说明该细分行业绩效管理较为稳定。新型细分行业建筑安装业各项周转期均高于行业整体，应收账款周转期更是高于行业整体174.63%，说明该细分行业急于拓展项目施工，十分欠缺绩效管理，不利于长期发展。

根据表20-13可以更加直观地从企业层面研究建筑行业各要素营运资金管理绩效变化情况。2012年建筑行业经营活动营运资金周期及各要素周转期的改善和降低企业数都相同，总体上看，行业内企业各要素间周期变化相差不大，但是80.85%的上市公司经营活动营运资金周转期（按渠道）降低，而且降低幅度基本超过30%，降低较大，在改善的8家企业中，过半数改善较大且显著，说明有部分企业加大对绩效管理的重视程度。

表 20－13　　2011～2012 年建筑行业经营活动营运资金各要素管理绩效变化统计表

项目		存货周转期	应收账款周转期	应付账款周转期	经营活动营运资金周转期（按要素）
周转期变化统计	改善	8	8	8	8
	改善比例	17.02%	17.02%	17.02%	17.02%
	降低	38	38	38	38
	降低比例	80.85%	80.85%	80.85%	80.85%
周转期变化幅度统计	改善显著	1	0	2	3
	改善较大	0	0	6	1
	有所改善	3	3	20	3
	基本稳定	11	17	16	4
	有所降低	17	17	1	17
	降低较大	8	6	1	8
	降低显著	6	3	0	10
可比样本总数		46			

注：上表中除了百分比之外的数字单位为：家

在样本企业中，应付账款周转期的改善幅度相对较为明显，改善幅度明显高于降低幅度，而存货和应收账款周转期的降低幅度都明显高于改善幅度，因此最终导致建筑行业经营活动营运资金周转期的恶化，应继续保持对应付账款的绩效管理，同时在减少存货和应收账款周转期的同时尽量多投入对其绩效管理，建立良好的下游客户关系是很有必要的。

从各要素来看（见表 20－14），近五年存货周转期逐年增加，2009～2012 年增幅分别为 35.61%、3.2%、22.65% 和 34.67%，2012 年存货的周转期更是处于三要素周转期的首位，预计存货的周转期仍将高居不下。应收账款在 2010 年改善周转水平后，近三年周转绩效逐年下降，2011 年和 2012 年每年变化幅度分别为 13.27% 和 12.96%，说明应收账款周转能力虽有降低但事态可控。近五年来，建筑行业应付账款周转期相对其他两个要素处于较低水平，说明企业可能存在以占用应付款项来增加营运资金的现象，预计未来应付账款周转绩效仍将稳态下降，在绩效管理方面应加强采购渠道的控制力。

表 20－14　　2008～2012 年建筑行业各要素周转期　　单位：天

项目	2008	2009	2010	2011	2012
现金周转期	38.19	62.93	40.84	49.52	80.28
存货周转期	65.61	73.93	76.30	93.58	126.02
应收账款周转期	58.55	79.40	52.39	59.34	67.03
应付账款周转期	85.96	90.39	87.84	103.40	112.77

五、2012 年建筑行业上市公司营运资金管理绩效排行榜

本部分分别按“经营活动营运资金周转期（按要素）”和“经营活动营运资金周转期（按渠道）”进行排名，考察建筑行业上市公司营运资金管理绩效。在对上市公司营运资金管理绩效进行排名时，剔除了财务数据异常的公司，详见附录一。

六、2012 年建筑行业上市公司营运资金管理的典型案例分析——北方国际

（一）公司简介

北方国际合作股份有限公司（以下简称“北方国际”）成立于 1986 年，并于 1998 年经中国证监会批准，改制成为中国北方工业公司系统内的上市公司（中国深圳证券交易所挂牌交易，股票代码 000065），第一、第二大股东为中国万宝工程公司、西安惠安化工有限公司，均为国有法人，分别持有

公司 54.41%、7.12% 的股份，其余股份由社会公众股东持有。

目前，北方国际已发展成为以国际国内工程总承包和建筑装饰工程为主营业务的国际化工程公司，是具有从项目融资、设计、采购、施工、运营到系统集成能力的综合型国际工程总承包商。公司具有国家建设部颁发的市政公用工程、房屋建筑工程等施工总承包一级资质和国家商务部颁发的对外承包工程资格，是商务部首批对外援助 A 级成套项目施工企业。北方国际的工程总承包业务专注于国际市场轨道交通、电力、工业、矿产、市政和房建等专业领域，同世界许多国家和地区建立了广泛的经济技术合作和贸易往来关系，先后在亚洲、非洲、欧洲等 21 个国家和地区，通过国际竞标、议标以 EPC、BOT 方式总承包了 53 个大中型工程项目，近年来按国际工程营业额（和中国万宝工程公司一起排名）一直位于《ENR》杂志全球 Top225 承包商之列，国内业务主要集中在建筑工程和房地产领域。2012 年实现主营业务收入 1659569347.21 元，主营业务收入分地区看，境外收入 1519193653.84 元，约占主营业务收入比重为 92%，与上年比较，主营业务收入和境外收入比上年度均有所下降，降低幅度约为 37%。主营业务收入分产品看，国际工程承包业务占比约为 92%，国内建筑工程营业收入为 113582288.47 元，较上年增长比例约为 0.5%，房地产销售收入为 26793404.9 元，较上年增长幅度接近 22%。企业毛利率为 6%，低于行业平均水平 12%。

（二）北方国际经营活动营运资金周转绩效数据分析

1. 分渠道方面

北方国际经营活动营运资金周转期（分渠道），在 2010～2012 年间分列行业第 2 位、3 位、4 位，行业表现佳。从周转期绝对水平看，经营活动营运资金周转期始终为负，能够说明企业在获得产业上下游信用支持方面处于有利地位；从周转期变化方面看，2011 年周转绩效略有下降后 2012 年得到进一步改善。见表 20－15。

表 20－15　2010～2012 年北方国际经营活动营运资金管理绩效（分渠道）　单位：天

指标	采购渠道营运资金周转期	生产渠道营运资金周转期	营销渠道营运资金周转期	经营活动营运资金周转期（分渠道）
2010	－130	28	－19	－82
2011	－136	24	49	－63
2012	－224	72	60	－92
2010 行业平均	－56	38	33	15
2011 行业平均	－70	47	45	22
2012 行业平均	－79	97	10	28

具体的，从采购、生产、营销三方面进行分析。三大渠道绩效表现以采购渠道绩效最优，采购渠道营运资金周转期在 2010～2012 年间分别位于行业第 1 位、3 位、1 位，且呈现持续改进的趋势。生产渠道营运资金周转绩效 2010～2012 年间均高于行业平均水平，分别列于行业第 17 位、18 位、24 位，生产渠道周转期在 2011 年小幅改善后 2012 年显著恶化，2012 年周转期较 2011 年增加比例达到 200%，与此同时，2012 年行业平均周转期较上年显著增加，增加幅度超过 100%。由此推测，2012 年行业中的企业普遍面临着原材料价格上涨、用工成本上涨等共同问题，以及 4 万亿振兴计划之后建筑业产能过剩、建筑业烂尾项目等问题逐渐凸显，生产渠道资金占用增加且难以收回，导致整个行业的生产渠道营运资金周转期出现恶化。营销渠道营运资金周转期在 2010～2012 年间分别位于行业第 10 位、21 位、25 位，绩效水平持续下降，2011 年之后显著低于行业平均水平，2010～2011 年间行业营销渠道营运资金周转期与该企业营销渠道营运资金周转期表现出相同的增长趋势，但 2011 年之后，行业营销渠道周转期平均水平显著改善，但该企业却呈现下降趋势，推测出现这种状态的原因可能与企业自身的经营项目特殊性有关，而不是由行业中普遍存在的问题所导致。

2. 分要素方面

北方国际经营活动营运资金周转期（分要素），在 2010～2012 年间均列行业第 1 位，这表明北方国际基于要素的营运资金管理综合水平极高。经营活动营运资金周转期（分要素）绝对水平看始终为负，能够说明企业在获得产业上下游信用支持方面处于有利地位；从周转期变化方面看，三年间绩效水平逐年降低。见表 20－16。

表 20－16　　2010～2012 年北方国际经营活动营运资金管理绩效（分要素）　　单位：天

指标	存货周转期	应收账款周转期	应付账款周转期	经营活动营运资金周转期（分要素）
2010	77	61	196	－58
2011	41	70	162	－50
2012	87	175	295	－34
2010 年行业平均	76	52	88	41
2011 年行业平均	94	59	103	50
2012 年行业平均	126	67	113	80

具体的，从存货、应收账款、应付账款三方面进行分析。存货周转期在 2010～2012 年间分别位于行业第 15 位、12 位、19 位，存货周转绩效在 2011 年有所改进之后在 2012 年产生较大幅度的下降，降幅超过 100%，但高于行业平均水平，且呈现持续改进的趋势。应收账款周转绩效 2010～2012 年间均低于行业平均水平且三年间持续恶化，分别列于行业第 18 位、20 位、48 位，这一趋势虽与行业整体趋势相一致，但比行业恶化趋势幅度更显著，这表明行业与其下游购买商之间的回款矛盾增加，工程垫款需要更加迫切，并且该企业面对的回款问题比行业一般企业更加严重，考虑到该企业主营业务收入 92% 来自境外，国际经济复苏缓慢可能加剧了企业境外业务回款的难度。三大要素绩效表现以应付账款绩效最优，2010～2012 年间均位于行业首位，远远超过行业平均水平，这直接反映了企业从其上游供应商处获得了巨大的商业信用，企业通过延长应付账款的付款期限的方式缓解营运资金的筹集压力，应付账款周转期优势很大程度上弥补了企业在存货和应收账款营运管理上的劣势，同时，行业整体应付账款周转期不断延长，一定程度上反映出，建筑业企业普遍存在着利用应付账款延迟付款的方式缓解营运资金筹集压力。企业通过压榨上游供应商而不是通过彻底的业务变革提高营运资金周转绩效的方式，难以从根本上解决问题，并非长久之计。

（三）北方国际经营管理策略总结

1. 积极开拓多元化市场格局，稳中求进，分散风险

市场开发能力是北方国际最根本的核心竞争力。北方国际坚持以市场为牵引，不断提升市场开发能力，其多年的市场开发经验和一批大项目的成功执行为公司建立了良好的市场形象，同时，对所在国的政治、经济、人文历史情况有较深的了解和把握，与业主建立了长期良好的合作关系，熟悉市场规则，具备了在某些国家和地区深入开发市场、经营市场的条件和能力。

在国外市场方面，2012 年公司主要海外市场政治、经济形势和市场环境发生着深刻变化，公司国际工程海外市场的开拓和执行存在很大不确定性，也给公司主要经营指标的完成带来巨大挑战。在此种情况下，公司从攻和守两个方面，进行国际市场开拓，一方面“守”，切实抓好国际工程重点市场、重大项目的签约工作，努力保证重大项目按计划执行，国际工程业务全年实现签约 79 亿元人民币，实现报告期收入 15.19 亿元；另一方面“攻”，加大市场多元化开发力度，进一步优化了市场结构，这样，既巩固了在重点传统市场优势领域的领先地位，实现持续成交，在一些新市场、新领域项目开发也取得进展，市场逐步多元化。

在国内市场方面，房地产业务 2012 年取得积极进展，北方中惠项目顺利实现竣工交楼，北方国际确认北方中惠项目投资收益 15662.73 万元，同时南沙境界项目按计划开盘销售；国内建筑装饰工程业

务全年实现营业收入 11358 万元，国内业务收入较上年增长幅度超过 20%。

2. 打造产业内战略联盟，优势互补，提高综合竞争力

通过多年的项目经营，公司与主要的设计分包商、设备供应商建立战略合作关系，与专业合作伙伴通过优势互补、利益共享、风险共担的项目开发与执行，强强联合，不断提高公司综合竞争能力。

3. 注重金融资本对产业运营支持体系的维护，为产业经营提供稳定的资金保障

融资能力是承包商在国际工程竞争中的重要因素。北方国际通过多年的国际工程业务成功运作，获得了国家相关部门对项目的支持，建立了良好的银企合作关系，拥有相对稳定的融资渠道，能够争取到政策性融资和担保支持，较好地满足了业主不同的融资需求，为公司项目开发和执行提供保障。

七、2012 年建筑行业上市公司营运资金管理调查的结论与建议

通过对 2012 年建筑行业 56 家上市公司营运资金配置与来源分析以及营运资金管理绩效分析，我们初步得到以下结论：

总体资金占用方面，2012 年各项占用水平指标均高于 2011 年，建筑行业对营运资金需求增加趋势显著。行业层面，2012 年，营运资本期末占用总额为 4314.51 亿元，比 2011 年增加 898.66 亿元；营运资金期末占用总额为 8132.08 亿元，比 2011 年增加 1873.93 亿元；经营活动营运资金期末占用总额为 2324.03 亿元，比 2011 年增加 444.58 亿元；投资活动营运资金期末占用总额为 5808.05 亿元，比 2011 年增加 1429.81 亿元。企业层面，2012 年 46 家可比样本公司中，57.45% 的企业营运资本占用量增加，68.09% 的企业营运资金占用量增加，78.72% 的企业经营活动营运资金增加，59.57% 的企业投资活动营运资金增加。

分渠道资金占用方面，2012 年仅生产渠道营运资金占用水平高于 2011 年，生产渠道营运资金占用增加的劣势抵消了采购、营销渠道营运资金占用水平降低的优势，并进一步推高了行业的营运资金占用水平。采购渠道营运资金 -6417.57 亿元，同比下降 37.80%；营销渠道营运资金配置大幅减少到 710.73 亿元，比 2011 年降低了 78.9%；生产渠道营运资金配置量达到 8030.87 亿元，同比增长 153.50%。

分要素资金占用方面，存货、应收款项、应付款项的资金配置均比上年增加，但存货及应收款项资金占用增加超过应付款项资金增加，三大要素综合作用后，营运资金占用表现为增加。存货行业总体资金配置比 2011 年增加 3870.29 亿元，增长幅度为 61.39%，行业平均比 2011 年增长 49.85%；应收及预付款项行业总体资金配置比 2011 年增加 1018.6 亿元，增长幅度为 13.28%，行业平均比 2011 年增长 5.19%；应付及预收款项行业总体配置比 2011 年增加 4461.71 亿元，增长幅度为 36.95%，行业平均比 2011 年增长 27.16%。

营运资金筹资来源与财务风险方面，短期金融负债和营运资本筹资比例年度变化不大，表明建筑业企业在两种筹资方式的选择上没有明显偏好，营运资金比例略高于短期金融负债比例，行业总体财务风险不高。

周转绩效方面，2012 年建筑行业整体经营活动营运资金周转期（按渠道）为 28 天，比 2011 年增加了 6 天，绩效降幅达 27.27%。渠道方面，采购渠道营运资金管理绩效最优，且 2012 年比 2011 年改善了 12.86%；生产渠道营运资金管理绩效最差，并且 2012 年该渠道营运资金周转期比 2011 年增加了 106.39%；营销渠道营运资金管理绩效提高较大，较 2011 年改善了 77.78%。要素方面，2012 年建筑行业整体经营活动营运资金周转期（按要素）为 80 天，比 2011 年增加了 30 天，绩效降幅达 60%，存货和应收账款周转绩效均低于上年水平，应付账款周转期延长但并不足以弥补存货和应收账款的周转劣势。

综上所述，建筑业企业营运资金占用增加的趋势明显，渠道方面，行业内需要重点加强对生产渠道资金占用以及周转绩效的管理，提高资金使用效率。要素方面，建筑业行业内部存货资金占用增加趋势显著，行业内企业为下游工程购买者大量垫款、回款周期长的行业规则难以打破，仅仅依靠延长应付账款付款期限、压榨上游供应商缓解资金周转压力的方式难成为支撑行业资产运营效率的动力源。

建筑业企业应当转变发展思路，打造新型的建筑业供应链联盟，建立信息化平台，将供应链管理引入建筑业。以供应链企业核心竞争力为出发点，发挥各公司技术优势，形成总承包商与分包商、设计以及材料设备供应商长期稳定的合作关系，降低风险，节约成本，提高效率，并能在一定程度上避免各参与方相互推诿工程缺陷责任以及减少建筑市场严重供需失衡的现象。各参与方在信息共享的基础上既相互独立又协调合作，出现问题时能及时沟通、协商解决，从根本上提高建筑业企业运营效率。我国建筑业"十二五"规划对建筑业提出了科技创新、绿色环保、信息化、提升竞争力等多种要求，并制定了详细的发展目标和措施。因此，未来我国建筑业将向着绿色化、信息化和规模化方向发展，企业兼并重组和产业结构优化调整将成为建筑业发展的必经途径，节能环保将成为基本要求，科技创新成为最终目标，建筑业企业应当主动淘汰落后产能企业，打造绿色、创新型供应链关系。

主要参考文献

1. http：//finance. eastmoney. com/news/1371，20130128270584329. html。

2. http：//wenku. baidu. com/view/a9b54c12ff00bed5b9f31d73. html。

3. 北方国际合作股份有限公司2012年度报告。

第二十一章　2012 年批发和零售业上市公司营运资金管理调查①

【摘要】本报告在前期调查研究的基础上，对 2012 年批发和零售业的营运资金的配置状况、筹资来源和管理绩效进行调查分析。批发和零售业营运资金管理的特点如下：因临近终端需求使得存货周转较快、大量现款现货使得应收账款周转较快、渠道权利的运用使得应付账款周转期较长、连锁经营造成现金流需求量大。2012 年宏观经济环境的变化既给该行业带来了前所未有的挑战，也为行业的发展提供了机遇。通过对该行业上市公司营运资金配置与来源分析和营运资金管理绩效分析，发现：第一，批发和零售业营运资金主要配置给投资活动，且营运资金配置结构不稳定；第二，批发和零售业因利用渠道优势而占用上游资金，使得采购渠道为经营活动提供大量营运资金；第三，批发和零售业短期金融性负债是批发和零售业营运资金的主要来源，行业整体财务风险较高；第四，批发和零售业营运资金管理绩效呈下降趋势；第五，就细分行业来看，零售业营运资金管理绩效好于批发业；第六，存货管理是批发和零售业营运资金管理的重点。针对批发和零售业营运资金管理存在的问题，我们提出如下改进建议：首先，合理分配投资活动和经营活动以及经营活动各渠道的营运资金，提升营运资金配置结构的稳定性；其次，适当减少短期金融性负债占比，降低财务风险；最后，加强渠道管理，提高资金周转效率。

一、批发和零售业营运资金管理特点

1. 临近终端需求使得存货周转较快

21 世纪的竞争是供应链的竞争，为了在激烈的市场竞争中立于不败之地，企业必须满足顾客日益多样化和个性化的需求。批发和零售业是离终端消费者最近的行业之一，商品一旦过时，造成的损失远大于其上游行业。同时，零售交易每次交易额较小，成交率和商品周转速度的提高也成为零售商关注的重点。为了提高成交率，零售商通常会增加供应商品的种类，这会增加其存货过时的成本。因此，批发和零售业企业必须实现快买快卖，加速存货商品的周转速度。在实际操作中，批发和零售企业一般采用电子信息系统，根据货架上商品的销售状况适时向上游供应商递交采购订单，实现适时供货，既满足了顾客需求，又避免了存货积压。由此可见，批发和零售业其自身的特点决定了该行业内的企业必须根据顾客需求及时采购相应商品，这有助于缩短存货供应周期和存货周转期。

2. 大量现款现货造成应收账款周转较快

批发和零售业以现销模式为主，应收账款周转期较短。批发和零售行业的下游通常为直接消费者，根据消费者特征的不同，可将其划分为居民消费者和大宗采购消费者。一般来说，居民消费者数量巨大，分布分散，买卖关系随机性很强，其销售方式多为现销形式。大宗消费者一般为政府或企业，采购较为集中，其销售方式多为赊销。在两类消费者当中，居民消费者的购买额占批发和零售业营业额的比例较大，且居民采购大都现款现货，所以批发和零售业应收账款周转较快。

3. 渠道权利的运用使得应付账款周转期较长

中国制造业的不断扩张，使得生产能力远大于消费能力，供过于求的现象较为突出。在批发和零售企业与其上游供应商这一供应系统中，由于批发和零售企业占据了渠道优势，通常有着更大的话语权。随着市场化竞争的不断加剧，为了抢占有限的市场资源，批发和零售企业面临着不断增加新的门

① 国家自然科学基金“利益相关者视角的营运资金管理研究与中国上市公司营运资金管理数据平台扩充建设（71372111）”和国家自然科学基金“利益相关者集体选择视角的企业价值管理研究（71172099）”的阶段性成果。感谢中国海洋大学、中国会计学会、国家自然科学基金委员会对营运资金管理研究的支持。

店和加快存货周转的双重压力。因此，批发和零售企业通常利用其渠道优势，大量采用“引厂进店”模式，降低存货资金的占用，加快存货的周转速度，同时，通过与供货商或经销商约定一个“回款期”，占用供货商或经销商的资金，以继续铺设新的门店，进一步增强其营销渠道的垄断优势。由此可见，批发和零售企业通过运用渠道权利占用供应商资金，延长了应付账款周转期。

4. 连锁经营造成现金流需求量大

批发和零售企业的主要消费者是居民，由于居民消费者具有广泛性、分散性、多样性、复杂性等特点。为了满足众多分散的消费者的需求，批发和零售企业，特别是零售企业往往通过大量铺设网点的方式来吸引消费者。开设门店需要资金支持，尤其是流动资金的支持。因此，批发和零售企业的现金流需求量较大。

批发和零售企业往往依靠渠道优势满足其大量的流动资金需求，一方面，大型的零售企业往往利用上游企业的商业信用，即应付账款进行融资；另一方面，实行现销模式为规模扩张提供必要的资金支持。例如苏宁就凭借其所拥有的全国性的销售渠道网络形成“规模扩张—销售规模提升带来账面的浮游现金—占用供应商资金用于规模扩张—进一步提升零售渠道价值带来账面浮游现金”的资金循环体系。

二、2012年批发和零售业经营环境及对营运资金管理的影响

2012年是我国实施第十二个五年经济和社会发展计划的第二年。国际方面，受欧债危机拖累、欧洲经济陷入衰退的影响，全球经济呈现同步下滑的趋势。虽然希腊退出欧元区的风险在短期内基本受控，但欧债危机已经冲击了全球经济的持续复苏势头。日本央行增持日本国债以释放流动性，并采取持续的量化宽松型货币政策，使其利率处于极低水平，但仍然没能确保经济步入稳定的复苏轨道，中日双边关系恶化也对经贸合作产生不利影响。美国“财政悬崖”引致的财政政策调整使美国经济受到一定冲击。因此，与2008年的增长放缓相比，尽管2012年世界经济从增长速度上看并没有出现总体上的衰退，但是，从增长的动力源上看，世界经济正在面临着前所未有的“双失灵”困境——市场失灵与政府失灵。国内方面，中国正在从一直以出口为主的经济模式向以内需为主导的经济增长方式转型，存在诸多不确定因素：原材料价格上涨、劳动力成本上升、人民币升值、外需下降、资金成本上升、税收制度调整等体制性、结构性问题。综合国际、国内经济背景，批发和零售业经营环境对营运资金管理的影响体现在以下方面。

1. 宏观经济下行使得批发和零售业整体表现低迷

受宏观经济下行的影响，批发和零售业整体表现低迷，全国重点零售企业商品零售额增速同比和环比都出现了下降，行业利润由于收入下降和费用刚性，也出现了明显下滑。面对宏观经济下行和国际国内竞争不断加剧的整体环境，批发和零售行业龙头企业采取不断加速异地扩张的步伐，纷纷在全国各地布局新店面，开拓新市场。在新店面的培育期间，企业需要投入资金、存货、人力等各种资源，由于新店面的培育期大都需要两到三年，这必定对企业存货管理绩效、应收账款管理绩效等造成一定程度的不利影响。国家统计局公布数据显示，2012年社会消费品零售总额207167亿元，比上年名义增长14.3%（扣除价格因素实际增长12.1%），增速比上年回落2.8个百分点。

2. 批发和零售业营销渠道进一步拓宽

电子商务迅猛发展，批发和零售业营销渠道进一步拓宽。2011年10月25日，商务部、财务部、中国人民银行联合发布了《关于“十二五”时期做好扩大消费工作的意见》，要求进一步完善农村流通网络，发展社区便民服务，促进网络购物、电视购物等无店铺销售形式规范发展，大力促进便利消费；发展现代流通方式，促进产销直接对接，降低流通成本，大力促进实惠消费。中国电子商务市场2012年交易规模达8.1万亿元，同比增长27.90%。网购模式已被人们广泛接受，伴随着互联网成长，网络零售开始显示出强大的生命力，近年来国内网购用户规模、单个用户支出均呈增长态势。商务部提出“十二五”期末，力争网络购物交易额占我国社会消费品零售总额的比重提高到5%以上。巨大的发展空间、快速的大趋势，将吸引越来越多的传统零售商和品牌生产商以及其他力量积极地发展网

络零售，这将成为零售渠道之争的新战场。

3. 通货膨胀带来双面影响

2012 年，全国居民消费价格总水平（CPI）比上年上涨 2.6%（其中食品价格上涨 4.8%）。欧洲为了缓解经济危机，美国为了刺激经济推出一系列的量化宽松政策带动了国际价格，特别是国际大宗商品价格的上涨，不可避免地推动国内商品价格的上涨。另外，政治因素也带来物价上扬，由于伊朗等地政治的问题，加上 2012 年世界几大主要经济体都面临着大选和换届，直接或间接对我国物价上涨形成压力。通货膨胀机会刺激消费也会抑制消费，一方面在通胀开始，人们为避免储蓄贬值，会减少储蓄，加大消费；另一方面当物价大幅上涨，消费者实际购买力下降，不得不减少消费。对于超市业来说，一定的通货膨胀对超市行业会产生正面影响，通货膨胀与超市行业的收入呈明显的正相关性。一般来说 3% ~5% 的通胀水平最有利于超市，6% 以上的通胀影响居民购买欲望，影响超市客流量。CPI 与超市盈利直接相关，两者走势基本一致，一方面因为超市经营的是日常生活用品、食品饮料等，需求价格弹性较小，物价上涨时消费率不会有太大的减少；另一方面超市货源有一定的周转期，通胀环境下，原库存存货价格升高将直接反映在利润表中。对于百货业来说，一方面通胀使其毛利额上升，另一方面过高的通货膨胀会使低收入阶层产生消费抑制，影响销量的增长。在百货公司销售品类中，服装、纺织品、珠宝首饰占 50% ~80%，2012 年这三类商品价格不断上涨，百货业的营业收入和毛利也呈现了快速增长态势。

4. 居民可支配收入增长，促进行业销售收入增加

2012 年城镇居民人均总收入 26959 元。其中，城镇居民人均可支配收入 24565 元，比上年名义增长 12.6%，扣除价格因素，实际增长 9.6%，增速比上年加快 1.2 个百分点。我国正在向以内需为主导的经济增长方式转型，内需的拉动需要以居民可支配收入增长为前提，我国居民可支配收入增速较快，有利于消费水平的增长。同时，居民的消费大多是现款现货，因此，这不仅有利于提升批发和零售企业存货周转速度，而且有利于提升批发和零售企业应收账款的回款速度。

5. 相关政策有利于降低成本，提升销售收入

2012 年 8 月 3 日，国务院发布《关于深化流通体制改革加快流通产业发展的意见》。《意见》指出，积极发挥中央政府相关投资的促进作用，完善促进消费的财政政策，扩大流通，促进资金规模。2012 年 9 月 1 日，国务院印发《国内贸易发展“十二五”规划》，《规划》支持，到 2015 年，总体规模指标实现翻番。社会消费品零售总额 32 万亿元左右，年均增长 15% 左右；生产资料销售总额 76 万亿元左右，年均增长 16% 左右。2012 年 9 月 3 日，财政部、国家税务总局联合发布《关于农产品批发市场、农贸市场房产税、城镇土地使用税的通知》，对专门经营农产品的农产品批发市场、农贸市场使用的房产、土地，暂免征收房产税和城镇土地使用税。2012 年 9 月 18 日，财政部、国家发展和改革委员会联合发布《关于取消和免收进出口环节有关行政事业性收费的通知》，要求自 2012 年 10 月 1 日起，取消海关监管手续费，自 2012 年 10 月 1 日起至 2012 年 12 月 31 日，对所有出入境货物、运输工具、集装箱及其他法定检验检疫物免收出入境检验检疫费。相关财税政策和产业政策的实施，有利于降低批发和零售业成本，提升销售收入和营运资金管理绩效。

6. 城市化发展为批发和零售业带来新的机遇

2012 年 8 月 17 日国家统计局发布报告显示，十六大以来我国人口总量低速平稳增长，人口生育继续稳定在低水平，人口文化素质不断改善，城市化水平进一步提高。报告显示，2011 年城镇化率达 51.27%，从城市化发展的一般规律来看，中国正处于城市化水平的加速阶段。目前全球超过 50 万人口的城市中，有四分之一都在中国，这意味着一个巨大的市场空间的存在。城市化进程给零售业的利好不仅会体现在 2012 年，甚至会持续数十年之久。我国城镇建设的快速发展，将为零售业带来快速发展的春天，是零售业开疆辟土不可多得的契机。零售业不仅在开店拓展上会有更大空间，城镇化也会为商业地产带来巨大机遇；区域零售商大可利用自身资源，把握其中商机，以“商业 + 地产”模式推进当地流通建设，争夺市场份额。

三、2012年批发和零售业上市公司营运资金配置与来源分析

（一）批发和零售业上市公司营运资金配置分析

1. 批发和零售业上市公司营运资金总体配置结构与占用水平分析

（1）行业层面

从表21－1可以看出，批发和零售业营运资本2012年末占用总额为795.98亿元，比上年减少28.5亿元；平均每家上市公司占用营运资本6.08亿元，比上年减少0.79亿元，说明该行业营运资本占用额呈下降趋势。营运资金2012年末占用总额为2315.91亿元，比上年增加159.64亿元，这可能是因为上市公司数量增加所致；平均每家上市公司占用营运资金17.68亿元，比上年下降0.29亿元人民币，说明该行业营运资金需求量较大，且大量通过短期金融性负债筹资。经营活动营运资金2012年末占用总额为123.87亿元，比上年增加11.41亿元；平均每家上市公司经营活动营运资金占用额为0.95亿元，比上年增加0.01亿元人民币，总体变化不大。经营活动营运资金占营业收入的比例较低，2012年为0.80%，比上年降低0.02%。投资活动营运资金2012年末占用总额为2192.04亿元人民币，比上年增加148.26亿元，系因为上市公司数量增加所致；平均每家上市公司投资活动营运资金占用额为16.73亿元人民币，同比下降0.3亿元人民币。

表21－1　2011～2012年批发和零售业营运资金配置分析　单位：亿元

项目	营运资本期末占用		营运资金期末占用		经营活动营运资金期末占用		经营活动营运资金占用水平		投资活动营运资金期末占用	
	2011	2012	2011	2012	2011	2012	2011	2012	2011	2012
行业总体	824.48	795.98	2156.27	2315.91	112.46	123.87	0.82%	0.80%	2043.78	2192.04
行业平均	6.87	6.08	17.97	17.68	0.94	0.95	0.82%	0.80%	17.03	16.73
最大值	142.94	167.38	264.15	278.20	222.90	212.03	71.15%	189.59%	228.15	301.55
最小值	－52.10	－50.76	－38.74	－37.11	－162.93	－166.52	－217.72%	－91.93%	0.21	0.01
样本数量	120	131	120	131	120	131	120	131	120	131

（2）企业层面

对该行业2012年和2011年上市公司按照代码相同的原则进行匹配后发现，两年内批发和零售业上市公司可比样本为108家，其资金占用变化统计见表21－2和图21－1。

表21－2　2011～2012年批发和零售业上市公司营运资金配置变化情况及变动幅度统计表

项目		营运资本	营运资金	经营活动营运资金	投资活动营运资金
资金占用量绝对变化统计	降低	47	46	64	44
	降低比例	43.52%	42.59%	59.26%	40.74%
	增加	61	62	44	64
	增加比例	56.48%	57.41%	40.74%	59.26%
资金占用量变化幅度统计	降低显著	15	10	11	3
	占比	13.89%	9.26%	10.19%	2.78%
	降低较大	4	6	8	8
	占比	3.70%	5.56%	7.41%	7.41%
	有所降低	6	12	13	16
	占比	5.56%	11.11%	12.04%	14.81%
	基本稳定	31	30	28	36
	占比	29.63%	27.78%	25.93%	33.33%
	有所增加	22	19	19	20

续表

项目		营运资本	营运资金	经营活动营运资金	投资活动营运资金
资金占用量变化幅度统计	占比	20.37%	17.59%	17.59%	18.52%
	增加较大	6	14	7	12
	占比	5.56%	12.96%	6.48%	11.11%
	增加显著	24	17	22	13
	占比	22.22%	15.74%	20.37%	12.04%
可比样本总数		108			

注：上表中除了百分比之外的数字单位为：家

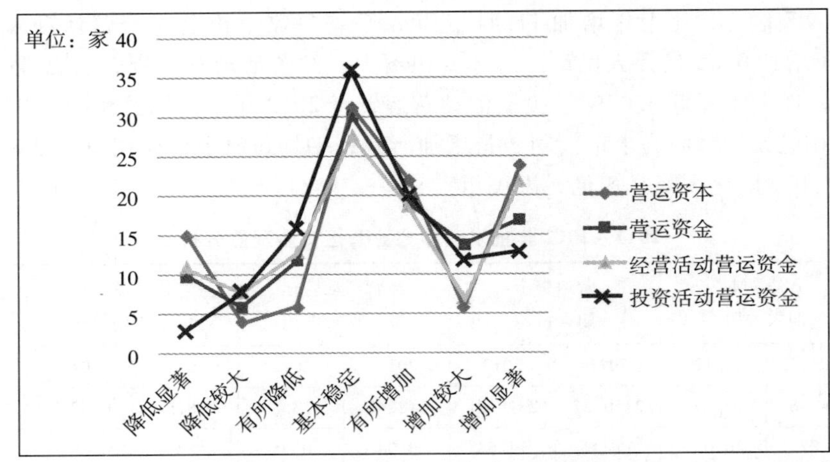

图 21－1　2011～2012 年批发和零售行业上市公司营运资金配置变化情况及变动幅度统计图

从资金占用量的绝对变化来看，营运资本、营运资金和投资活动营运资金占用量增加的公司占总样本的比例分别为 56.48%、57.41% 和 59.26%，经营活动营运资金占用量增加的公司较少，占总样本的比例为 40.74%。从资金占用量变化幅度来看，营运资本、营运资金、经营活动营运资金和投资活动营运资金占用水平的波动幅度基本呈“W”型，说明该行业营运资金配置结构不太稳定。

2. 批发和零售业上市公司分渠道的经营活动营运资金配置分析

（1）行业层面

批发和零售业上市公司分渠道的经营活动营运资金配置结构见表 21－3。从采购渠道看，行业整体营运资金占用额约为－1472.02 亿元，同比下降 17 个百分点；上市公司单位占用额为－11.24 亿元，比上年降低 1.12 亿元。从采购渠道营运资金的具体构成来看，2012 年批发和零售行业采购渠道债项资金（应付账款、应付票据、预付账款等）占用额为－1557.36 亿元，比 2011 年下降 24.34%，占用供应商资金的规模逐渐增大，采购渠道存货资金占用额为 85.34 亿元，占用水平较低。和前文的分析一致，由于批发和零售企业掌握了终端渠道和市场，在供应链中有较强的话语权，通常会利用这一优势占用供应商资金进行扩张，使得采购渠道不仅不占用资金，还能为企业提供营运资金。

表 21－3　2011～2012 年批发和零售业经营活动营运资金的渠道配置分析　　单位：亿元

项目	采购渠道营运资金		生产渠道营运资金		营销渠道营运资金		经营活动营运资金	
	2011	2012	2011	2012	2011	2012	2011	2012
行业总体	－1214.10	－1472.02	395.95	491.09	930.61	1104.80	112.46	123.87
行业平均	－10.12	－11.24	3.30	3.75	7.76	8.43	0.94	0.95
最大值	12.45	11.62	208.89	232.82	148.94	186.93	222.90	212.03
最小值	－183.50	－315.56	－28.05	－31.17	－84.08	－88.73	－162.93	－166.52
样本数量	120	131	120	131	120	131	120	131

从生产渠道看，行业整体营运资金占用额约为 491.09 亿元，同比增长 19 个百分点；上市公司单位占用额为 3.75 亿元，比上年增加 0.45 亿元。从生产渠道营运资金的具体构成来看，批发和零售行业生产渠道债项资金（其他应收款、其他应付款、应付职工薪酬和应交税费等）占用总额为 -182.48 亿元，比 2011 年下降 21.54%，生产渠道存货资金占用为 723.67 亿元，呈现增长态势，导致生产渠道营运资金占用总额增加。

从营销渠道看，行业整体营运资金占用额约为 1104.80 亿元，同比增长 174.19 亿元；上市公司单位占用额为 8.43 亿元，比上年增加 0.67 亿元。从营销渠道营运资金的具体构成来看，批发和零售行业营销渠道债项资金（应收账款、应收票据、预收账款）占用总额为 -303.66 亿元，比 2011 年下降 20.38%，表明该行业占用下游客户资金，且规模逐渐增大。2012 年末营销渠道存货资金占用额为 1408.46 亿元，比上年增长 361.17 亿元，使得营销渠道营运资金占用总体水平增加。造成营销渠道存货资金占用额显著增加的原因可能在于以下两个因素：一方面，近期物价持续上涨，但是居民的消费能力与物价上涨速度不同步，可能会导致库存增加；另一方面，竞争日趋激烈，为了抢占市场，批发和零售业不断增设新的门店，增加了营销渠道的库存。

（2）企业层面

对该行业 2012 年和 2011 年上市公司按照代码相同的原则进行匹配后发现，两年内批发和零售业上市公司可比样本为 108 家，其资金占用变化统计见表 21-4 和图 21-2。

表 21-4　2011~2012 年批发和零售业经营活动营运资金的渠道配置变化情况及变动幅度表

项目		采购渠道营运资金	生产渠道营运资金	营销渠道营运资金	经营活动营运资金
资金占用量绝对变化统计	降低	68	52	57	64
	降低比例	62.96%	48.15%	52.78%	59.26%
	增加	40	56	51	44
	增加比例	37.04%	51.85%	47.22%	40.74%
资金占用量变化幅度统计	降低显著	12	21	10	11
	占比	11.11%	19.44%	9.26%	10.19%
	降低较大	9	13	10	8
	占比	8.33%	12.04%	9.26%	7.41%
	有所降低	11	8	13	13
	占比	10.19%	7.41%	12.04%	12.04%
	基本稳定	30	17	20	28
	占比	27.78%	15.74%	18.52%	25.93%
	有所增加	18	14	21	19
	占比	16.67%	12.96%	19.44%	17.59%
	增加较大	10	10	8	7
	占比	9.26%	9.26%	7.41%	6.48%
	增加显著	18	25	26	22
	占比	16.67%	23.15%	24.07%	20.37%
可比样本总数		108			

注：上表中除了百分比之外的数字单位为：家

从资金占用量的绝对变化来看，采购渠道、营销渠道和经营活动营运资金占用量降低的公司较多，占比分别为 62.96%、52.78% 和 59.26%，生产渠道营运资金占用量增加的公司较多，占比 51.85%。从资金占用量变化幅度来看，除营销渠道营运资金占用量变动幅度不太规则外，采购渠道、生产渠道和经营活动营运资金占用量变动幅度基本呈“W”型，说明该行业按渠道的营运资金配置结构不太稳定。

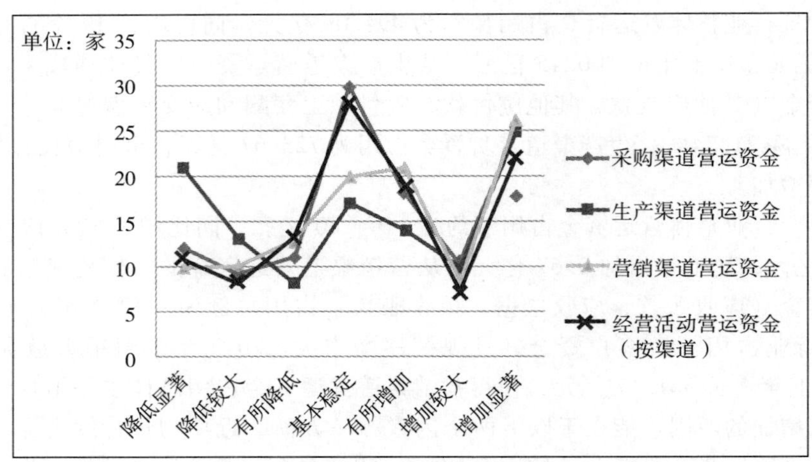

图 21－2　2011～2012 年批发和零售行业经营活动营运资金的渠道配置变化情况及变动幅度图

3. 批发和零售业上市公司分要素的经营活动营运资金配置分析

（1）行业层面

批发和零售业上市公司分要素的经营活动营运资金配置结构见表 21－5。2012 年批发和零售业整体存货资金占用额约为 2217.48 亿元，比 2011 年增加 270.15 亿元；上市公司单位存货资金占用额为 16.93 亿元，比 2011 年增加 0.7 亿元；存货资金占流动资产的比重平均为 36.36%，比 2011 年增长 8.14%。从存货的具体构成来看，2012 年采购渠道存货资金占存货总额的比例约为 7%，比 2011 年增长 3%，采购渠道存货资金占用水平较低；生产渠道存货资金的占用比例约为 30%，比 2011 年下降 4%，占用规模较高。营销渠道存货资金占用比例高达 63%，占用规模最高，比 2011 年增长 5%。总体来看，营销渠道存货资金占用比例最高，生产渠道其次，采购渠道存货资金占用水平较低，营销渠道存货占用额的大幅增加使得该行业存货占用资金增加约 270.15 亿元。

表 21－5　2011～2012 年批发和零售业经营活动营运资金的要素配置分析　单位：亿元

项目	存货		应收及预付款项		应付及预收款项		经营活动营运资金	
	2011	2012	2011	2012	2011	2012	2011	2012
行业总体	1947.33	2217.48	1570.90	1776.60	3405.77	3870.21	112.46	123.87
行业平均	16.23	16.93	13.09	13.56	28.38	29.54	0.94	0.95
最大值	311.52	354.25	192.67	194.81	338.47	394.34	222.90	212.03
最小值	0	0	0.009	0.008	0.25	0.33	－162.93	－166.52
样本数量	120	131	120	131	120	131	120	131

2012 年批发和零售业应收及预付账款项目整体占用的营运资金为 1776.60 亿元，比上年增加 205.70 亿元，表明该行业被客户、供应商等外部利益相关者占用资金约 205.70 亿元；上市公司单位应收及预付账款占用资金为 13.56 亿元，比上期增加 0.47 亿元；2012 年应收及预付账款占流动资产的比重为 29.13%，行业整体的应收及预付账款比重不断增加。

2012 年批发和零售业应付及预收账款项目整体占用的营运资金为 3870.21 亿元，比上年增加 464.44 亿元；上市公司单位应付及预收账款占用资金由 2011 年的 28.38 亿元上升到 2012 年的 29.54 亿元，增加 1.16 亿元。应付及预收账款项目整体比上年增加 464.44 亿元，表明该行业占用客户、供应商、员工等利益相关者的资金约 464.44 亿元，扣除该行业被利益相关者占用的资金（约 205.70 亿元），该行业净占用利益相关者资金约 258.74 亿元，这可能是因为该行业占据营销渠道优势，在供应链中有较强的话语权。

（2）企业层面

对该行业 2012 年和 2011 年上市公司按照代码相同的原则进行匹配后发现，两年内批发和零售业上市公司可比样本为108家，其资金占用变化统计见表21-6和图21-3。

表21-6 批发和零售业2011~2012年经营活动营运资金的要素配置变化情况及变动幅度表

项目		存货	应收及预付款项	应付及预收款项	经营活动营运资金
资金占用量绝对变化统计	降低	44	43	27	64
	降低比例	40.74%	39.81%	25%	59.26%
	增加	64	65	81	44
	增加比例	59.26%	60.19%	75%	40.74%
资金占用量变化幅度统计	降低显著	2	6	2	11
	占比	1.85%	5.56%	1.85%	10.19%
	降低较大	3	8	2	8
	占比	2.78%	7.41%	1.85%	7.41%
	有所降低	12	15	8	13
	占比	11.11%	13.89%	7.41%	12.04%
	基本稳定	43	33	46	28
	占比	39.81%	30.56%	42.59%	25.93%
	有所增加	26	22	28	19
	占比	24.07%	20.37%	25.93%	17.59%
	增加较大	11	9	11	7
	占比	10.19%	8.33%	10.19%	6.48%
	增加显著	11	15	11	22
	占比	10.19%	13.89%	10.19%	20.37%
可比样本总数		108			

注：上表中除了百分比之外的数字单位为：家

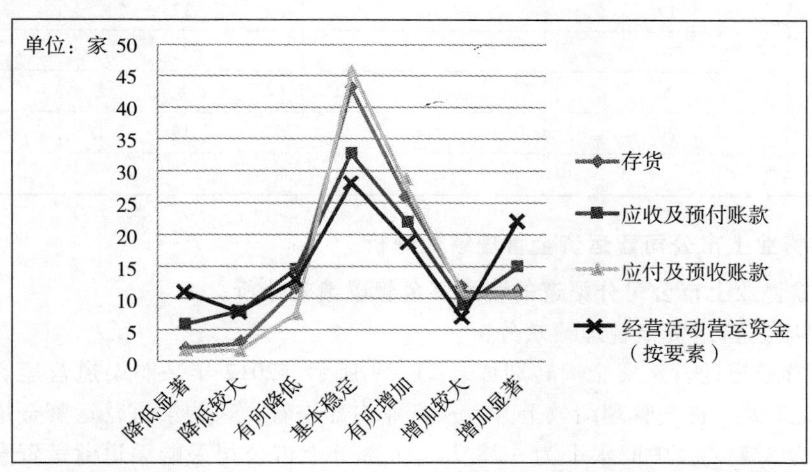

图21-3 2011~2012年批发和零售业经营活动营运资金的要素配置变化情况及变动幅度图

从资金占用量的绝对变化来看，大部分企业存货和应收及预付款项占用量增加，占可比企业总数的比例分别为59.26%和60.19%，但约75%的企业应付及预收款项（前两者的抵减项）占用量增加，使得约59.26%的企业经营活动营运资金占用量降低。从资金占用量变化幅度来看，存货、应收及预付款项和应付及预收款项占用量的变动幅度基本呈倒“V”型，说明该行业按要素的营运资金配置结构较为稳定。

（二）批发和零售业上市公司营运资金来源与财务风险分析

批发和零售业2011~2012年营运资金来源状况见表21-7。截至2012年底，批发和零售业平均短期金融性负债占比65.91%，比2011年增长3.38%；平均营运资本占比34.09%，比上年下降3.38%。该行业整体短期金融性负债占比显著高于营运资本占比，2012年末的短期金融性负债占比比营运资本占比高出约93.34%，说明该行业整体主要靠金融性流动负债为企业的营运资金需求提供资金支持，财务风险较高。

表 21－7　　2011～2012 年批发和零售业营运资金来源状况

项目	短期金融性负债占比		营运资本占比	
	2011 年末	2012 年末	2011 年末	2012 年末
行业平均	62.53%	65.91%	37.47%	34.09%
最大值	787.07%	1576.88%	4588.11%	7270.24%
最小值	－4488.11%	－7170.24%	－687.07%	－1476.88%
样本数量	120	131	120	131

批发和零售业2011～2012年营运资金来源的具体状况见表21－8。2012年短期金融性负债占比低于20%的企业数量为50家，与2011年短期金融性负债占比低于20%的企业数量相等，即连续两年都有将近一半的企业短期金融性负债占比较低。与此对应，2011年和2012年营运资本占比高于80%的企业数量都是50家，即连续两年都有将近一半的企业营运资金占比较高。这说明该行业内大部分企业通过营运资本为营运资金需求提供资金支持，财务风险较低。

表 21－8　　2011～2012 年批发和零售业营运资金来源统计表　　单位：家

比例	2011 年末短期金融性负债占比	2011 年末营运资本占比	2012 年末短期金融性负债占比	2012 年末营运资本占比
<0	14	20	13	19
0～20%	36	5	37	8
20%～40%	8	6	10	9
40%～60%	19	19	12	12
60%～80%	6	8	9	10
80%～100%	5	36	8	37
>100%	20	14	19	13
企业数量	108			

四、批发和零售业上市公司营运资金管理绩效分析

（一）批发和零售业上市公司分渠道的营运资金管理绩效分析

1. 行业层面分渠道营运资金管理绩效分析

批发和零售业分渠道的营运资金周转期如表21－9所示。2012年采购渠道营运资金周转期为－32天，比2011年减少2天，资金管理绩效上升。从行业内部来看，采购渠道营运资金周转期的最低值为－134天，最高值为277天，中间水平为－28天，大部分上市公司采购渠道营运资金周转期大于行业平均水平。从各细分行业来看，批发业采购渠道营运资金周转期由2011年的－11天减少为－12天，零售业由2011年的－47天减少为－51天。批发业和零售业2012年的采购渠道营运资金周转期与2011年相比较均有所下降，绩效水平有所上升。

表 21－9　　2011～2012 年批发和零售业各渠道营运资金周转期　　单元：天

项目	采购渠道营运资金周转期		生产渠道营运资金周转期		营销渠道营运资金周转期		经营活动营运资金周转期（按渠道）	
	2011	2012	2011	2012	2011	2012	2011	2012
批发业	－11	－12	16	18	29	31	34	37
零售业	－47	－51	3	4	15	17	－30	－30
行业整体	－30	－32	9	11	22	24	1	3

2012 年批发和零售业生产渠道营运资金周转期比 2011 年略有增加，为 11 天，生产渠道营运资金管理绩效略有下降。从行业内部来看，生产渠道营运资金周转期的最低值为－238 天，最高值为 230 天，中间水平为 1 天，大部分上市公司生产渠道营运资金周转期小于行业平均水平。从各细分行业来看，批发业由 2011 年的 16 天增加为 2012 年的 18 天，零售业由 2011 年的 3 天增加为 4 天，总体绩效管理水平略有下降。横向对比，批发业的生产渠道营运资金周转期比零售业的长，说明批发业的生产渠道营运资金管理水平较低。从批发和零售业的经营特点看，该行业的企业一般无生产制造过程，生产渠道占用的营运资金较少。

2012 年批发和零售业营销渠道营运资金周转期比 2011 年增加 2 天，为 24 天。从行业内部来看，营销渠道营运资金周转期的最低值为－126 天，最高值为 231 天，中间水平为 26 天，大部分上市公司营销渠道营运资金周转期大于行业平均水平。从各细分行业来看，批发业的营销渠道营运资金周转期为 31 天，比 2011 年增加了 2 天。零售业的营销渠道营运资金周转期为 17 天，比 2011 年增加 2 天。2012 年批发和零售业的营销渠道营运资金周转绩效有所降低，主要是两方面的原因：一方面是原料和劳动力价格上涨使上游供应商成本增加，商品购入价格攀升；另一方面受限于国家宏观经济政策，无法在销售价格上得到弥补，双方面的压力使批发零售行业的利润空间大大降低，营运资金也因此出现周转速度放慢、绩效下降的现象。

2012 年批发和零售业经营活动营运资金周转期（按渠道）为 3 天，比 2011 年增长 2 天，经营活动营运资金（按渠道）管理绩效下滑。从各细分行业来看，批发业 2012 年的经营活动营运资金周转期（分渠道）为 37 天，与 2011 年相比增加了 3 天。零售业 2012 年的经营活动营运资金周转期（分渠道）为－30 天，与 2011 年相比没有变化。总体来看，经营活动营运资金（按渠道）管理绩效下滑，主要原因是生产渠道和营销渠道营运资金管理绩效下降。

零售业与批发业相比，采购渠道、生产渠道和营销渠道营运资金周转期都显著较低。就采购渠道和生产渠道而言，由于零售业更接近终端消费者，比批发业更占据渠道优势，因而能对上游供应商设置更高的准入门槛，在更大程度上采取供应链灌流手段，以供应商管理库存、延长应付账款付款期限等形式占用上游企业的资金。就营销渠道而言，由于零售业的客户是最终消费者，大多为现款现货，因此其营销渠道营运资金周转期显著短于批发业营销渠道营运资金周转期。

2. 企业层面分渠道营运资金管理绩效分析

批发和零售业 2011～2012 年两年间可比样本为 108 家，2011～2012 年批发和零售业上市公司各渠道周转期变化及变动幅度统计见表 21－10。

表 21－10　　2011～2012 年批发和零售业各渠道营运资金管理绩效变化统计表

项目		采购渠道营运资金周转期	生产渠道营运资金周转期	营销渠道营运资金周转期	经营活动营运资金周转期（按渠道）
周转期变化统计	改善	51	51	52	52
	改善比例	47.22%	47.22%	48.15%	48.15%
	降低	57	57	56	56
	降低比例	52.78%	52.78%	51.85%	51.85%

续表

项目		采购渠道营运资金周转期	生产渠道营运资金周转期	营销渠道营运资金周转期	经营活动营运资金周转期（按渠道）
周转期变化幅度统计	改善显著	13	24	18	13
	改善较大	6	10	9	4
	有所改善	14	8	12	17
	基本稳定	38	17	28	29
	有所降低	16	17	14	14
	降低较大	11	11	9	8
	降低显著	10	21	18	23
可比样本总数		108			

注：上表中除了百分比之外的数字单位为：家

2012 年批发和零售业中有 51 家企业采购渠道营运资金管理绩效比 2011 年改善，占该行业可比样本的 47.22%，57 家企业绩效下降，占可比样本数 52.78%，采购渠道周转绩效改善企业数比降低企业数略小，整个行业的变化幅度情况如图 21－4 所示。在所有可比企业中采购渠道营运资金管理绩效改善显著的企业有 13 家，降低显著的企业有 10 家，这两个变动极端的数量占到了可比样本数量的 1/5，使得整体曲线与正态分布有一定差异，采购渠道营运资金管理的稳定性有待提高。

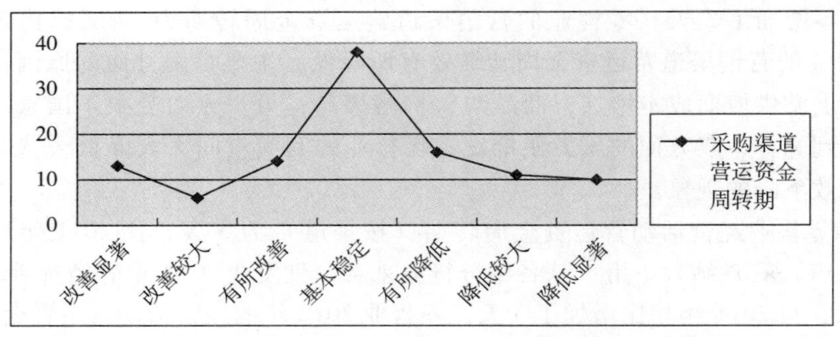

图 21－4　批发和零售业可比公司采购渠道管理绩效变动幅度

2012 年批发和零售业中有 51 家企业生产渠道营运资金管理绩效比 2011 年有所改善，占该行业可比样本的 47.22%，有 52.78% 的企业营运资金管理绩效有所降低，生产渠道周转绩效改善企业数小于下降企业数。从生产渠道营运资金管理绩效变动程度分布看（见图 21－5），基本稳定的企业只有 17 家，而降低显著的企业有 21 家，整条曲线呈不规则的“W”型分布，表明批发和零售业生产渠道营运资金管理绩效呈严重的不稳定状态。

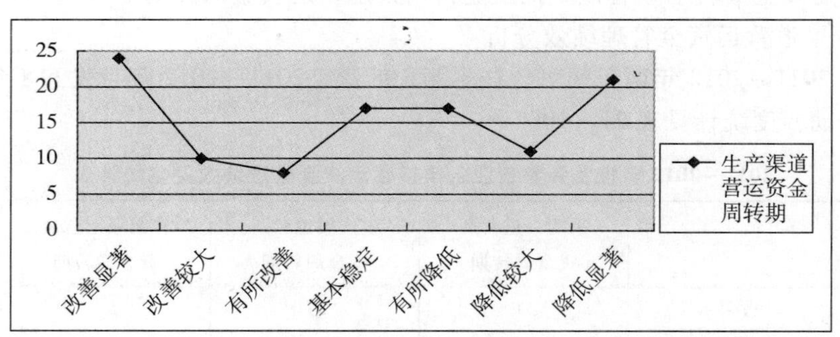

图 21－5　批发和零售业可比公司生产渠道管理绩效变动幅度

2012 年批发和零售业中有 52 家企业营销渠道营运资金管理绩效比 2011 年得到改善，占该行业可比样本的 48.15%，有 56 家企业营销渠道营运资金管理绩效降低，营销渠道周转绩效改善企业数小于下降企业数。营销渠道营运资金周转期变动幅度分布见图 21－6，营销渠道营运资金周转期变动幅度呈“W”型分布，表明批发和零售业营销渠道营运资金管理绩效波动较大，管理水平不成熟。

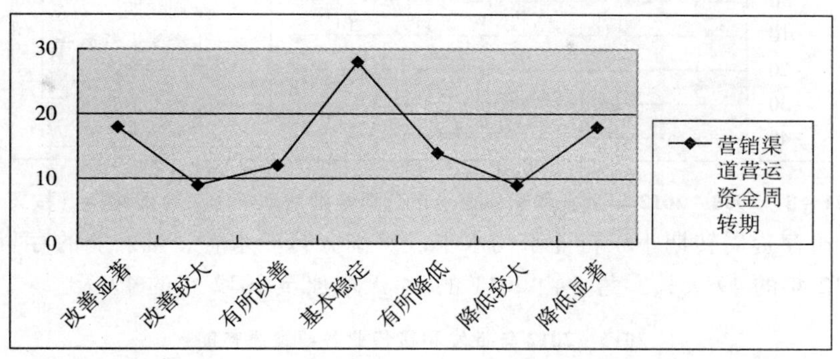

图 21－6　批发和零售业可比公司营销渠道管理绩效变动幅度

2012 年批发和零售业中有 52 家上市公司经营活动营运资金管理绩效好于 2011 年，56 家上市公司比去年有所下降，表明营运资金整体管理绩效较去年有所下降。从绩效变动幅度上看（图 21－7），经营活动营运资金周转期（按渠道）变动幅度呈“W”分布，表明批发和零售业按渠道的营运资金管理水平不成熟。

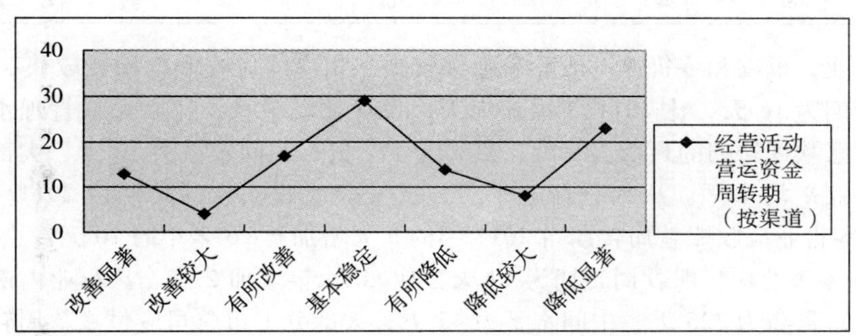

图 21－7　批发和零售业可比公司经营活动营运资金管理绩效变动幅度

3. 五年趋势分析

2008～2012 年批发和零售业营运资金周转期见表 21－11 和图 21－8。2008～2012 年，批发和零售业经营活动营运资金周转期（按渠道）呈不断上升趋势，2008 年为－8 天，2012 年为 3 天，经营活动营运资金管理绩效呈现降低的发展态势。具体来说，2008 年到 2012 年采购渠道营运资金周转期呈总体下降趋势，管理绩效较好。生产渠道营运资金周转期呈总体上升趋势，由 2008 年的 3 天上升为 2012 年的 11 天。营销渠道营运资金周转期呈不断上升趋势，由 2008 年的 12 天上升为 2012 年的 24 天。

表 21－11　　2008～2012 年批发和零售业营运资金周转期　　单位：天

项目	2008	2009	2010	2011	2012
经营活动营运资金（按渠道）周转期	－8	－4	－2	1	3
采购渠道营运资金周转期	－24	－29	－29	－30	－32
生产渠道营运资金周转期	3	10	10	9	11
营销渠道营运资金周转期	12	15	17	22	24

（二）批发、零售业上市公司分要素的营运资金管理绩效分析

1. 行业层面分要素营运资金管理绩效分析

批发和零售业 2011～2012 年各要素周转期见表 21－12。2012 年批发和零售业存货周转期为 49 天，比 2011 年增加 3 天。从行业内部看，存货周转期的最低为 0 天，最高为 293 天，中间水平为 37

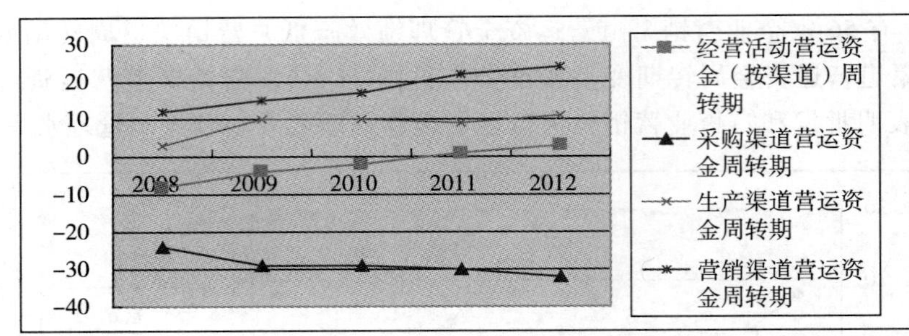

图 21－8　2008～2012 年批发和零售业上市公司经营活动营运资金周转期（按渠道）

天，大部分上市公司存货周转期小于行业平均水平。从细分行业来看，批发业的存货周转期由 2011 年的 47 天增加至 2012 年的 49 天，零售业由 2011 的 44 天增加至 2012 年的 49 天。

表 21－12　　2011～2012 年批发和零售业各要素周转期　　单位：天

项目	存货周转期		应收账款周转期		应付账款周转期		经营活动营运资金周转期（按要素）	
	2011	2012	2011	2012	2011	2012	2011	2012
批发业	47	49	19	22	31	33	34	38
零售业	44	49	9	10	60	64	－7	－5
行业整体	46	49	14	16	47	49	13	16

相对于其他行业，批发和零售业一般赊销金额较少，相应的应收账款周转较快。2012 年批发和零售业应收账款周转期为 16 天，比 2011 年增加 2 天，发展比较平稳，应收账款管理水平基本稳定。从行业内部看，应收账款周转期的最低为 0 天，最高为 177 天，中间水平为 10 天，大部分上市公司应收账款周转期小于行业平均水平。从细分行业来看，批发业应收账款周转期由 2011 年的 19 天增加至 2012 年的 22 天，零售业应收账款周转期由 2011 年的 9 天增加至 2012 年的 10 天。

2012 年批发和零售业应付账款周转期为 49 天，比 2011 年增加 2 天。从行业内部看，应付账款周转期的最低为 0 天，最高为 225 天，中间水平为 45 天，大部分上市公司应付账款周转期大于行业平均水平。其中，批发业的应付账款周转期为 33 天，比 2011 年增加 2 天；零售业的应付账款周转期为 64 天，比 2011 年增加 4 天。

2012 年经营活动营运资金周转期（按要素）为 16 天，比 2011 年增长 3 天。其中，批发业的经营活动营运资金周转期（按要素）为 38 天，比 2011 年增加 4 天；零售业的经营活动营运资金周转期（按要素）为－5 天，比 2011 年增加 3 天，经营活动营运资金管理绩效水平有所下降。

横向对比，批发业和零售业 2012 年的存货周转期基本相同。零售业应收账款周转期显著短于批发业，应付账款周转期显著长于批发业，这可能是因为零售业更接近市场终端，占据了更多的渠道优势，在供应链中的话语权更强，因而能更多地占用供应链资金，为自身的拓展和扩张提供资金支持。

2. 企业层面分要素营运资金管理绩效分析

2011～2012 年间可比样本为 108 家。2011～2012 年批发和零售业上市公司各渠道周转期变化及变动幅度统计见表 21－13、图 21－9、图 21－10、图 21－11 和图 21－12。

表 21－13　　2011～2012 年批发和零售业经营活动营运资金各要素管理绩效变化统计表

项目		存货周转期	应收账款周转期	应付账款周转期	经营活动营运资金周转期（按要素）
周转期变化统计	改善	44	44	53	45
	改善比例	40.74%	40.74%	49.07%	41.67%
	降低	64	64	55	63
	降低比例	59.26%	59.26%	50.93%	58.33%

续表

项目		存货周转期	应收账款周转期	应付账款周转期	经营活动营运资金周转期（按要素）
周转期变化幅度统计	改善显著	3	6	1	12
	改善较大	5	9	5	4
	有所改善	11	12	13	13
	基本稳定	52	36	59	35
	有所降低	21	19	19	20
	降低较大	9	8	5	5
	降低显著	7	18	6	19
可比样本总数		108			

注：上表中除了百分比之外的数字单位为：家

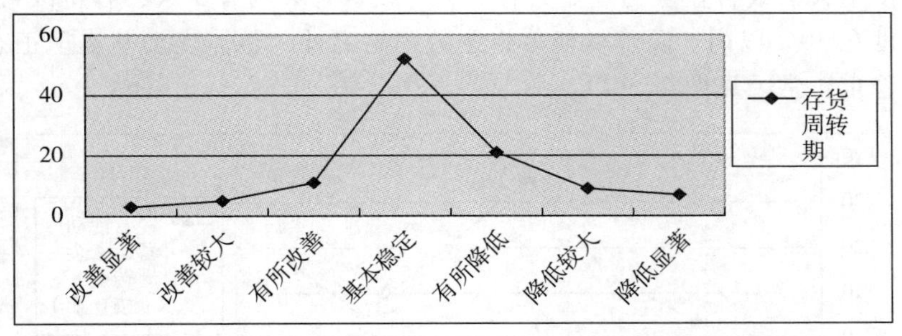

图21－9 批发和零售业可比公司存货管理绩效变动幅度

2012年批发和零售业存货周转绩效改善的企业数量为44家，占可比样本的40.74%，绩效降低的企业数量为64家，占样本总数的59.26%，下降企业数大于改善企业数。这可能是因为近两年国内物价持续上涨，批发零售行业竞争日趋激烈，特别是东部沿海地区市场接近饱和，导致部分企业市场份额降低，存货周转期相应延长。从存货周转期变化幅度分布看，存货周转期的变化幅度基本呈正态分布，说明批发和零售业整体上存货周转情况基本正常，存货管理水平较为成熟。见图21－9。

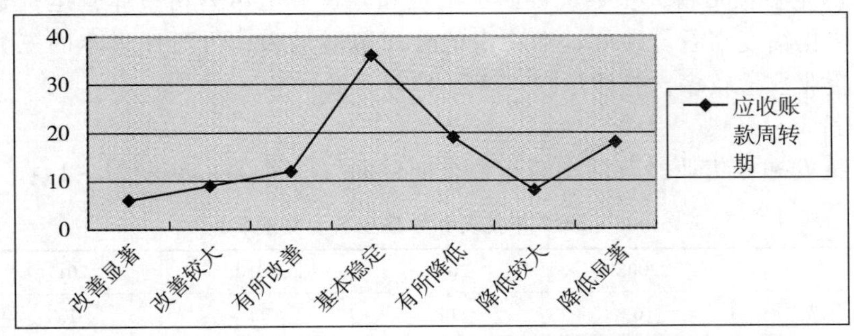

图21－10 批发和零售业可比公司应收账款管理绩效变动幅度

同存货周转绩效一样，2012年批发和零售业应收账款周转绩效下降的企业有64家，改善的企业有44家，改善企业数小于下降企业数。从周转绩效变化幅度来看，基本稳定企业数量最多，为36家，有所改善的企业为12家，改善较大的企业为9家，改善显著企业的数量相对较低，为6家，18家企业降低显著，8家企业降低较大，数量较多，整体变动程度呈不规则“N”型分布，表明批发和零售业应收账款管理水平有待提高。见图21－10。

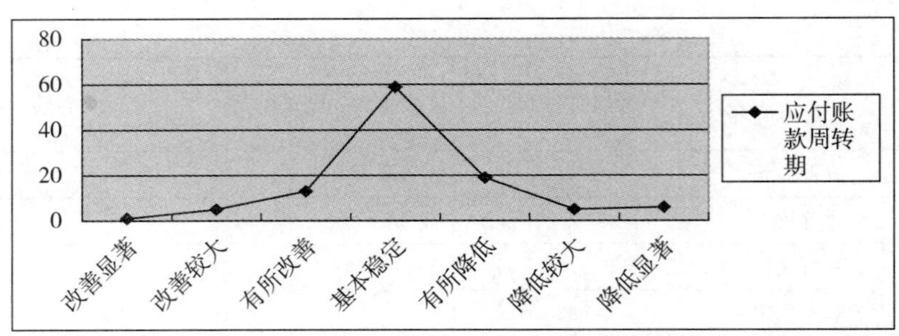

图 21-11　批发和零售业可比公司应付账款管理绩效变动幅度

2012 年批发和零售业应付账款周转情况与 2011 年相比，下降的企业数量为 55 家，改善的企业为 53 家。从周转绩效变化幅度来看，基本稳定的企业数量最多有 59 家，占可比样本数的二分之一，呈现有所降低趋势的有 19 家，降低较大的 5 家，降低显著的 6 家，在应付账款管理绩效降低的企业中，大部分企业降低幅度不大。改善显著的企业只有 1 家，改善较大的有 5 家，有所改善的有 13 家，表明大部分企业改善幅度在 30% 以内。除降低显著企业数稍高之外，整体变动基本呈正态分布，应付账款整体管理水平基本稳定正常。见图 21-11。

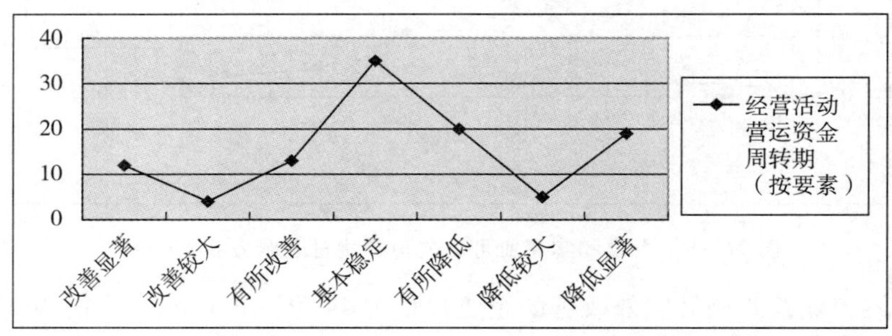

图 21-12　批发和零售业可比公司经营活动营运资金管理绩效变动幅度

从要素视角看，2012 年批发和零售业上市公司中有 45 家上市公司经营活动营运资金管理绩效好于 2011 年，63 家上市公司比去年有所下降，占该行业可比样本的 58.33%，经营活动营运资金管理绩效（按要素）降低的企业数量占大多数，说明了批发和零售业上市公司整体营运资金管理水平呈下降趋势。从周转绩效变化幅度来看，绩效基本稳定的公司数量最多，占可比样本的三分之一左右，而绩效变动幅度显著的企业数量较多，整体呈现“W”型分布。

3. 五年趋势分析

2008～2012 年批发和零售业经营活动营运资金周转期（分要素）见表 21-14。

表 21-14　　2008～2012 年批发和零售业各要素周转期　　单位：天

项目	2008	2009	2010	2011	2012
现金周转期	6	11	11	13	16
存货周转期	39	48	45	46	49
应收账款周转期	10	11	12	14	16
应付账款周转期	43	48	46	47	49

2008～2012 年批发和零售业存货周转期整体呈上升趋势，存货管理水平下降。2009 年存货周转期较 2008 年延长 9 天，2010 年存货周转期有小幅下降，2011 年增长到 46 天，2012 年增至 49 天。应收账款周转期呈逐年增长趋势，从 2008 年的 10 天增长到 2012 年的 16 天。应付账款周转期处于波动变化中，每年变动率在 10% 左右，2012 年比 2008 年增加 6 天。虽然应付账款周转绩效总体上呈现改善的趋势，但由于存货周转期和应收账款周转期都呈延长趋势，使得现金周转期呈逐年延长趋势，由 2008 年的 6 天延长到 2012 年的 16 天。总体来看，应付账款周转绩效的改善可能并非真正改善，而是

因为存货和应收账款周转绩效恶化，资金周转缓慢，企业不得不在更大程度上延期支付上游供应商货款。

五、2012 年批发和零售业上市公司营运资金管理绩效排行榜

本部分分别按“经营活动营运资金周转期（按要素）”和“经营活动营运资金周转期（按渠道）”进行排名，考察批发和零售业上市公司营运资金管理绩效。在对上市公司营运资金管理绩效进行排名时，剔除了财务数据异常的公司，详见附录一。

六、2012 年批发和零售业上市公司营运资金管理的典型案例分析——汉商集团

（一）集团基本情况简介

汉商集团，全称：武汉市汉商集团股份有限公司，是一个集商业、展览业、外贸、旅游业于一体的多元化、多业态、现代化大型商业上市公司。汉商集团的前身是 1958 年建店的汉阳百货商店。1985 年前汉商只有一栋三层楼房。三楼办公、一、二楼营业，营业面积不到 2000 平方米；1986 年建成了 12 层楼，变成四层楼营业，营业面积增加到 6000 平方米；1987 年兼并了汉阳砂轮厂并改造成仓库；1990 年完成循环楼建设，进一步扩大了经营规模，同时实现了股份制改造，为汉商进入发展的快车道铺平道路。2012 年，在外有宏观经济形势增速放缓、百货零售业竞争加剧，内有地铁建设对三大购物中心经营造成不利影响等诸多困难情况下，始终坚定信心，沉着应对，克难制胜，创新攀高。继续围绕“三圈一心”的优质资源，强内功，提品质，增特色，在逆势中实现新突破，在压力下得到新发展。全年实现营业收入 9.18 亿元，同比增长 6.19%，实现净利润 2219.37 万元，同比增长 41.71%。

（二）经营活动营运资金周转绩效数据分析

1. 汉商集团经营活动营运资金管理绩效与行业平均水平对比分析

汉商集团 2012 年经营活动营运资金管理绩效及批发和零售业平均经营活动营运资金周转期如表 21－15、表 21－16 所示。

表 21－15　　2011～2012 年汉商集团及行业平均营运资金周转期（按渠道）指标　　单位：天

项目 年份	采购渠道营运资金周转期	生产渠道营运资金周转期	营销渠道营运资金周转期	经营活动营运资金周转期
2012	－60	－61	－12	－133
2011	－74	－73	－12	－159
2012 年行业平均	－32	11	24	3
2011 年行业平均	－30	9	22	1

表 21－16　　2011～2012 年汉商集团及行业平均营运资金周转期（按要素）指标　　单位：天

项目 年份	存货周转期	应收账款周转期	应付账款周转期	现金周转期
2012	7	2	104	－95
2011	4	2	107	－101
2012 年行业平均	49	16	49	16
2011 年行业平均	46	14	47	13

从表 21－15 来看，2012 年汉商集团经营活动营运资金周转期为－133 天。与行业平均水平相比，远远小于行业平均水平（3 天），经营活动营运资金管理绩效明显高于行业平均水平，这主要得益于采购渠道和生产渠道营运资金的高效运转。进一步分析经营活动各渠道营运资金周转状况，2012 年汉商集团采购渠道、生产渠道和营销渠道营运资金周转期分别为－60 天、－61 天、－12 天，均小于行业平均水平。尤其是汉商集团生产渠道营运资金周转期远低于行业水平，营运资金管理绩效居于行业领先地位，对于经营活动营运资金管理绩效的改善有着重大的积极作用。从表 21－15 中可以看出，采购

渠道、生产渠道营运资金周转期绩效较2011年均有所下降，营销渠道营运资金周转期没有变化，经营活动营运资金管理绩效较2011年有所下降。

从表21－16可以看出，2012年，汉商集团经营活动营运资金周转期（按要素）为－95天，其中存货周转期为7天，应收账款周转期为2天，应付账款周转期为104天。与行业平均水平相比，经营活动营运资金周转期（按要素）远远小于行业平均水平（16天），营运资金管理绩效高于行业平均水平，这主要得益于应付账款的高效运转。总体来看管理绩效稳定且保持较高水平，与2011年相比，汉商集团应收账款周转期与应付账款周转期变动较小，存货周转期变动幅度最大，有升高的趋势，汉商集团应加强存货的管理。

2. 汉商集团经营活动营运资金管理绩效趋势分析

2008～2012年汉商集团营运资金（按渠道）绩效见表21－17。2008～2012年采购渠道的营运资金周转期呈现上升趋势，管理绩效出现明显恶化。根据财务报表的分析，2008～2012年汉商集团在采购渠道营运资金中，应付账款所占的比例最大，并且2008～2012年应付款项、应付票据一直较高，并且呈下降趋势，从一定程度上说明汉商集团利用上游供应商所提供的商业信用的程度下降，集团在以后的营运资金管理方面应重点关注这一点。2008～2012年生产渠道营运资金周转期总体呈现下降的趋势，生产渠道中存货的比例较大，说明其在存货方面管理绩效逐渐改善。2008～2012年营销渠道周转期呈现上升趋势，其管理绩效水平出现恶化，但始终高于行业平均水平。总体来看，2008～2012年，汉商集团经营活动营运资金周转期呈现升高趋势，营运资金管理绩效不断恶化，这主要是由于采购渠道和营销渠道营运资金管理恶化导致的。

表21－17　　2010～2012年汉商集团营运资金管理绩效表（按渠道）　　单位：天

项目	2012	2011	2010	2009	2008
采购渠道营运资金周转期	－60	－74	－99	－114	－113
生产渠道营运资金周转期	－61	－73	－77	－67	－55
营销渠道营运资金周转期	－12	－12	－13	－14	－17
经营活动营运资金周转期	－133	－159	－189	－195	－185

2008～2012年汉商集团经营活动营运资金（按要素）管理绩效见表21－18。从表中可以看出，2008～2012年汉商集团的存货周转期与应收账款周转期基本保持稳定，存货周转期基本稳定在6天左右，应收账款周转期很短，基本稳定在2天左右，而且应收账款管理绩效逐步改善。2008～2012年应付账款周转期呈现下降趋势，管理绩效有逐渐下降趋势，这与经营活动营运资金（按要素）中的采购渠道营运资金管理绩效得出的结论是一致的。2008～2012年汉商集团现金周转期呈现不断升高趋势，管理绩效不断恶化，但是汉商集团现金周转期一直远远低于行业平均水平，管理绩效远高于行业平均水平。

表21－18　　汉商集团2008～2012年经营活动营运资金管理绩效表（按要素）　　单位：天

项目	2012	2011	2010	2009	2008
存货周转期	7	4	6	7	8
应收账款周转期	2	2	2	3	4
应付账款周转期	104	107	121	134	131
现金周转期	－95	－99	－113	－124	－119

（三）营运资金管理特色总结

1. 三大购物中心增强吸引力和聚客力，加快集团资金周转

三大购物中心在遭遇到地铁施工、封路打围的情况下，坚定不移地根据各自商圈特点，丰富业态，强化特色，推进经营创新和盈利模式升级，以业态、品牌、特色、促销、服务赢得市场。银座购物中心发挥综合商业体多业态、多功能优势，潜心苦练内功，全力以赴招品牌、攻难点，敢于竞争，比拼

对手，人气明显回流。世界著名时装零售品牌 C&A 精彩亮相，成为新的经营亮点。招进一批品牌风味小吃店，开设了银座美食街。21 世纪购物中心继续上规模、上档次、上功能、上形象，深度挖掘购物、休闲、餐饮、娱乐多功能一站式服务的优势，不断扩大辐射力和影响力，顶住了周边竞争加剧的压力，牢牢占据了王家湾商圈的主导地位。武展购物中心坚持走青春、时尚路线，以错位经营打造经营特色，以形象提升创造经营活力，以团队力量直面市场挑战，在竞争最为激烈的商圈中稳扎稳打，独树一帜。三大购物中心吸引力和聚客力的明显增强，不仅增加集团经营利润，还促进集团内部资金周转速度。

2. 突出整体营销的营销模式，加快存货周转，提高营销渠道营运资金管理绩效

汉商集团整合集团公司的经营优势，制定年度营销大纲，在重大节假日活动进行统一策划，三大购物中心联动出击，实行低利润率、高周转、廉价销售的经营方针。该活动一般具有较大规模，集团以整体效应迎战市场，坚决比住竞争对手。这样的营销模式不仅可以挖掘消费潜力，增加消费需求，还可以加快公司库存商品的周转，提高存活周转效率，同时又节省了营销渠道的成本费用，从而提高了营销渠道营运资金周转绩效。

七、结论及建议

（一）调查结论

1. 批发和零售业营运资金主要配置给投资活动，营运资金配置结构不稳定

2012 年年末营运资金占用约 2315.91 亿元，其中投资活动营运资金期末占用约 2192.04 亿元，占比约 94.65%。2011 年年末营运资金占用约 2156.27 亿元，其中投资活动营运资金期末占用约 2043.78 亿元，占比约 94.78%。2012 年年末和 2011 年年末配置给经营活动营运资金的比例分别为 5.35% 和 5.22%，表明批发和零售业营运资金主要配置给投资活动。从企业层面来看，无论是营运资金和营运资本，还是经营活动营运资金和投资活动营运资金，以及基于渠道和基于要素的经营活动营运资金，2012 年与 2011 年相比，占用量变化程度都呈现“W”型分布特征，表明该行业营运资金配置结构不稳定。

2. 批发和零售业利用渠道优势占用上游资金，采购渠道为经营活动提供大量营运资金

2012 年末和 2011 年末经营活动营运资金占用额分别为 123.87 亿元和 112.46 亿元，采购渠道营运资金占用分别为 –1472.02 亿元和 –1214.10 亿元，说明采购渠道不仅不占用营运资金，而且还为企业的经营活动提供营运资金。从按要素的营运资金占用来看，2012 年末和 2011 年末应付及预收款项营运资金占用额分别为 3870.21 亿元和 3405.77 亿元，表明批发和零售业大量占用上下游利益相关者的资金。批发和零售业最接近终端消费者，占据了供应链上的渠道优势，话语权较强，因而能利用上下游的资金为自身服务。

3. 短期金融性负债是批发和零售业营运资金的主要来源，行业整体财务风险较高

批发和零售业 2012 年末和 2011 年末短期金融性负债占比分别为 65.91% 和 62.53%，均高于 50%，说明该行业主要通过短期金融性负债筹资，财务风险较高。虽然从企业层面看，大部分企业营运资本占比较高，大部分企业短期金融性负债占比较低，但可能由于部分企业短期金融性负债绝对额较高，使得该行业整体财务风险较高。另外，根据各大商业银行披露的年度报告，批发和零售业成为除制造业之外，不良贷款上升额最多的行业，表明该行业存在较大的财务风险。

4. 批发和零售业营运资金管理绩效呈下降趋势

从按渠道的营运资金周转期来看，除采购渠道外，生产渠道营运资金周转期呈延长趋势，营销渠道和经营活动营运资金周转期呈逐年延长趋势，虽然生产渠道营运资金周转期在 2011 年有小幅下降，但受欧债危机和通货膨胀等外部宏观经济环境的影响，生产渠道营运资金周转期在 2012 年比 2011 年延长 22.22%。从按要素的营运资金周转期来看，应收账款周转期逐年延长，存货周转期在 2010 年有所降低，后又逐年延长，现金周转期也呈现逐年延长的趋势，虽然应付账款周转期有所延长，周转绩效有所改善，但这种改善可能是因为存货和应收账款周转绩效的下降而导致的延期付款。由此可见，

批发和零售业营运资金管理绩效总体呈下降趋势。

5. 零售业营运资金管理绩效好于批发业

2012 年和 2011 年零售业经营活动营运资金周转期（按渠道）均为 -30 天，好于批发业的 37 天和 34 天，且零售业采购渠道、生产渠道和营销渠道营运资金周转期均显著短于批发业相应的周转期。从按要素的营运资金周转期来看，2012 年和 2011 年零售业经营活动营运资金周转期（按要素）分别为 -5 和 -7 天，均短于批发业的 38 天和 34 天。具体到各个要素，零售业存货周转期略短于批发业，应收账款周转期显著短于批发业（不到批发业的 1/2），应付账款周转期显著长于批发业（是批发业的约 2 倍）。由此可见，零售业营运资金管理绩效好于批发业，这可能是因为零售业更接近市场终端，占据了更多的渠道资源，因而能在更大程度上占用上下游企业的资金，提升自身的营运资金管理绩效。

6. 存货管理是批发和零售业营运资金管理的重点

就分要素的经营活动营运资金占用而言，批发和零售业因占据了供应链上的渠道优势，能较多地占用外部利益相关者营运资金，使得应付及预收款项金额较大。就存货和应收及预付款项而言，存货金额显著高于应收及预付款项，且 2012 年存货占用比 2011 年增加 13.87%。从分要素的营运资金周转期来看，存货周转期显著高于应收账款周转期（2012 年为应收账款周转期的 3 倍），且呈总体增加趋势。由此可见，批发和零售业营运资金管理绩效提升的关键和重点在于存货管理绩效的提升。

（二）对策建议

1. 合理分配营运资金，提升营运资金配置结构的稳定性

根据本文的调查，批发和零售业 2011 年和 2012 年投资活动营运资金占全部营运资金总额的比例均接近 95%，也就是说，该行业营运资金主要配置给投资活动。一方面，批发和零售业是从事生产资料和生活用品采购和销售的行业，经营活动是该行业的主要活动，与此相应，营运资金应该主要配置给经营活动。另一方面，投资活动存在高风险和高收益并存的特征，将约 95% 的营运资金配置给投资活动虽然可能带来高收益，但也可能因投资失败而对该行业的经营活动产生极为不利甚至是毁灭性的影响。因此，建议根据实际经营情况降低投资活动营运资金占比，提升经营活动营运资金占比，使营运资金分配更合理。从企业层面看，基于渠道的营运资金配置结构变动幅度呈“W”型分布，配置结构不稳定，建议根据各渠道的特点和资金占用情况，合理分配各渠道营运资金，提升营运资金配置结构的稳定性。

2. 适当减少短期金融性负债占比，降低财务风险

批发和零售业 2011 年和 2012 年年末短期金融性负债占比均超过 60%，行业财务风险较高。另外，根据各大商业银行披露的年度报告，批发和零售业成为除制造业之外，不良贷款上升额最多的行业。各大商业银行可能因此而降低对批发和零售业的信用评级，缩减对该行业的放贷额度，这不利于批发和零售业的长期发展。行业内不良贷款额的上升可能会引发诉讼，降低行业形象，不利于该行业充分利用资本市场筹集发展壮大所需资金。因此，建议该行业适当减少短期金融性负债占比，通过其他途径筹措经营性营运资金，如适当减少投资活动营运资金占比，以降低财务风险。

3. 加强渠道管理，提高资金周转效率

批发和零售行业因占据渠道优势而能较大程度地利用供应商资金，又因其现款现货的交易特点使得应收账款周转较快，因此，虽然批发和零售业存货周转速度在所有行业中排在前列，但对该行业本身而言，存货管理绩效成为影响营运资金管理绩效的主要因素。为改善批发和零售行业的营运资金管理绩效，该行业应充分利用现代信息技术，继续加强渠道建设和管理，尽可能地实现快买快卖，加快存货的周转速度，降低存货资金占用，提升存货管理效率，进而提高营运资金管理效率。

主要参考文献

1. 褚艳芬：“零售企业如何结合 IT 技术实现企业营销——欧亚集团和金鹰商贸在第七届中国零售业 CIO 峰会上的案例分享”，现场。

2. 授权发布：《中华人民共和国2012年国民经济和社会发展统计公报》，新华网（http://news.xinhuanet.com/politics/2013-02/23/c_114772758.htm）。

3. 商务部、农业部：《商务部农业部关于全面推进农超对接工作的指导意见》。

4.《2012年中国零售业节能环保绿皮书》，绿色节能环保网站（http://www.chinajnhb.com/news/74640.html）。

5. “银行不良贷款整体反弹 制造和批发零售业上升最快”，http://money.163.com/12/0828/08/89VVCD4R00253B0H.html。

第二十二章　2012 年交通运输、仓储和邮政业上市公司营运资金管理调查[①]

【摘要】2012 年交通运输、仓储和邮政业面临复杂的宏观环境，虽然该行业 2012 年业务规模保持了平稳增长，但在营运资金管理方面仍面临不少问题与压力。本报告分别以 2008～2012 年该行业所有上市公司、2011 年和 2012 年 58 家可比上市公司为样本作为研究对象，对交通运输、仓储和邮政业上市公司营运资金管理进行调查和分析后，我们发现：(1) 2012 年交通运输、仓储和邮政业营运资金占用水平整体上升，投资活动资金占用比重加大。(2) 2012 年交通运输、仓储和邮政业采购渠道营运资金配置比重最大，企业层面各渠道资金配置结构不稳定。(3) 2012 年交通运输、仓储和邮政业存货配置占比最低，各要素资金占用绝对额进一步提升。(4) 交通运输、仓储和邮政业存在普遍的短借长投现象，融资结构不合理，2012 年财务风险进一步扩大。(5) 2012 年交通运输、仓储和邮政业采购渠道营运资金、生产渠道营运资金管理绩效较高，营销渠道营运资金管理绩效较低，不同子行业各渠道资金管理绩效表现不尽相同。(6) 2012 年交通运输、仓储和邮政业存货、应付账款管理绩效得到改善，应收账款管理绩效有所降低，不同子行业各要素管理绩效表现各异。基于以上分析结论，我们对交通运输、仓储和邮政业营运资金管理提出以下几点建议：(1) 积极促进融资结构合理回归，控制财务风险。(2) 优化业务流程，提高渠道资金管理绩效。(3) 提高对投资活动营运资金管理的重视。

一、交通运输、仓储和邮政业营运资金管理特点

1. 投资数额较大，具有资本密集型特征

交通运输、仓储和邮政业所需投资额度较大，其中又以基础设施的投资额最大。尤其是该行业下的子行业——交通运输辅助业中的机场、港口、高速公路等基础设施建设投资额都是巨大的。这种行业具有资本密集的特点，一旦投资，其设施就很难转移他用，其残值极低。因此，交通运输的设施投资后，很难改变用途，大部分交通运输投资具有沉没成本特性。

2. 营运资金周转过程的特殊性

交通运输业的采购过程，就是其营运准备过程。交通运输业在进行营运生产前，要根据计划，准备运输与装卸生产手段，储备生产所需的燃、材料物资，并备有一定数量的货币资金以付各项支出。在这一营运准备过程中，企业的货币资金随着交通设施的建设、运输与装卸工具的购置，部分转化为固定资金，随着燃、材料物资的采购，部分转化为储备资金。在生产过程，企业因营运生产而发生各种费用支出，企业的资金形态也因营运生产发生变化。随着燃、材料物资的耗费，部分储备资金转化为生产资金，随着交通设施、运输与装卸工具的耗费，部分固定资产以折旧的形式转化为生产资金，随着劳动者活劳动的耗费，部分货币资金以支付工资的形式转化为生产资金。在销售过程，交通运输企业及其代理单位接受托运，计算应收的营运收入，办理结算手续，最终收回应收的营运收入，使在营运生产环节发生的一切耗费都得以补偿，所有结算中的资金转化为货币资金而又进入下一营运准备过程[②]。整个资金循环过程与制造性行业的采购、生产、销售过程有所差异，尤其在生产渠道中营运资金的周转明显区别于制造性行业。

---

① 国家自然科学基金“利益相关者视角的营运资金管理研究与中国上市公司营运资金管理数据平台扩充建设（71372111）”和国家自然科学基金“利益相关者集体选择视角的企业价值管理研究（71172099）”的阶段性成果。感谢中国海洋大学、中国会计学会、国家自然科学基金委员会对营运资金管理研究的支持。

② 邵瑞庆：“论交通运输业会计的特殊性”，《上海海事大学学报》，2004 年第 9 期。

3. 营运资金在整个资产中所占比重较低

交通运输业的整个经营过程就是利用交通运输设施（铁路、公路、航道、机场、港口、车站等）通过使用交通运输工具（车辆、船舶、飞机等）或装卸机械实现被运送对象（旅客、货物）的位置转移，因此其整个资产构成中营运资金所占比重较低，而固定资产所占比重较大。我们以交通运输、仓储和邮政业 2012 年上市的 73 家企业为例，其流动资产合计为 3435 亿元，而资产合计为 16263 亿元，流动资产占资产总额的 21. 12%，非流动资产占资产总额则为 78. 88%。这种资产构成的特殊性不难理解：对于水上运输业、航空运输业、公路运输业、铁路运输业这四个子行业，其车辆、船舶、飞机、非固定装卸机械以及集装箱等交通运输工具所占资金比重较大；对于交通运输辅助业，例如铁路、公路、航道、机场、港口、车站等所占资金的数额更是巨大。因此该行业资产的构成具有特殊性，即营运资金在整个资产中所占比重较低。

4. 燃料、材料、备品配件以及结算资金是营运资金管理的重点

交通运输、仓储和邮政业的营运资金构成中，货币资金、应收账款、存货所占的比重较大。其中货币资金占整个营运资金的比重达到 60% 左右，应收账款占整个营运资金的比重达到 13% 左右，存货占整个营运资金的比重达到 10% 左右。这与交通运输、仓储和邮政业的行业特点相吻合，与制造性行业不同，制造性行业的存货在流动资产中所占的比重较大。对于交通运输、仓储和邮政业，其理财活动的营运资金占用额较大，而经营活动的营运资金占用额较小。在经营活动方面主要有两方面占用营运资金：一是为保证交通运输生产经营活动正常进行而储存的燃料、材料和备品配件等流动资产项目，二是占用在基层单位备用金、应收款项等上的结算资金。因此，对于交通运输、仓储和邮政业的营运资金管理，应该将重点放在燃料、材料和备品配件以及结算资金的管理上。

5. 代收代付款项多，增加了营运资金管理的难度

交通运输业业务结算的特殊性主要表现在代收代付款项多，结算对象多，涉及外币收支。联运是交通运输业常见的一种现象，由于联运要涉及不同的运输单位、装卸单位，在不同的运输单位之间也就必然会发生代收的运费与装卸费；同时国家征收的一些规费（如机场建设费、港口建设费、水运客货运附加费等）是伴随着运费或装卸费的产生而产生的，运输中的保险费按惯例由承运单位代为办理，也伴随着运费或装卸费的产生而产生。为此，某一交通运输企业在完成一项运输业务所收到的款项，既包括本企业的收入款项，也包括为其他运输企业代收的款项，还包括为国家代征的款项、为其他单位如保险公司代收的款项。由于交通运输企业的运载工具始终在一个广阔的空间中不断流动，甚至往往会出现跨地区、跨国家的流动，需要国内与国外的代理单位为运载工具到达后办理相关的手续而代付相关的费用，同时代为组织货源而代收相关的运费，为此而产生与代理单位间大量的代收代付款项。大量的代收代付款项，隐含着众多的结算对象，并且在国际运输中产生的是外币收支的结算关系①。因此，代收代付款项多增加了营运资金整体管理的难度。交通运输、仓储和邮政业必须理顺这些业务结算的流程，加大信息化平台的搭建。

6. 行业经营活动具有同时性和跨区域特征

大部分交通运输业生产经营活动的结果不形成有形产品，并不像工业企业生产流程那样先生产、再储存、最后进行销售，而是在生产过程中即被消费，不存在与生产过程相分离的产品销售过程与消费过程，因此其经营活动具有同时性特征。此外，交通运输业的营运区域相当广泛，其运输工具常常跨地区、跨国家运行，这种跨区域特征导致了该行业移动性的固定资产多、内部单位多、外部代理单位多、收支发生和结算的地点多等现象。交通运输业的这种特点要求企业更好地统筹不同时间、区域营运资金的管理。

---

① 邵瑞庆："论交通运输业会计的特殊性"，《上海海事大学学报》，2004 年第 9 期。

二、2012 年交通运输、仓储和邮政业经营环境及对营运资金管理的影响

1. 交通运输、仓储和邮政业面临的宏观经济环境及对营运资金管理的影响

2012 年交通运输、仓储和邮政业面临的宏观经济环境较为复杂，一方面是外围环境中欧债危机和全球增长放缓对我国的实体经济尤其是出口造成一定冲击，另一方面是我国本身的增长源泉受到挑战，我国的劳动成本面临上升的局面，对我国的制造业和服务业发展有一定的冲击；而房地产由于其较高的产业关联性，是对经济增长有着重要影响的行业，目前从长远利益出发我国对房地产市场回归合理价值的调控正在继续，这也将对经济增长有着一定的压力。

2012 年生产要素价格上涨推动交通运输及物流企业成本上升，企业原本十分微薄的利润空间，进一步受到挤压。在通胀预期、大宗商品尤其是油价上涨影响下，企业运营成本已进入上升通道。生产要素价格的持续上涨，使企业采购渠道营运资金占用增加。

从具体数据来看，全年国内生产总值 519322 亿元，比上年增长 7.8%。其中，第一产业增加值 52377 亿元，增长 4.5%；第二产业增加值 235319 亿元，增长 8.1%；第三产业增加值 231626 亿元，增长 8.1%。第一产业增加值占国内生产总值的比重为 10.1%，第二产业增加值比重为 45.3%，第三产业增加值比重为 44.6%。见图 22 - 1。

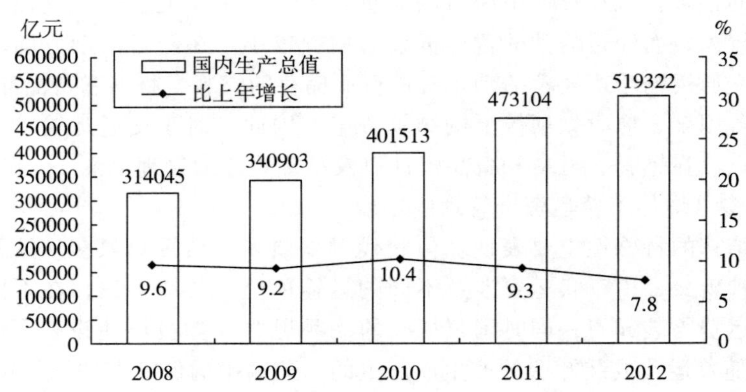

图 22 - 1　2008 ~ 2012 年国内生产总值及增长速度

全年居民消费价格比上年上涨 2.6%，其中食品价格上涨 4.8%，见表 22 - 1。固定资产投资价格上涨 1.1%。工业生产者出厂价格下降 1.7%。工业生产者购进价格下降 1.8%。农产品生产者价格上涨 2.7%。

表 22 - 1　2012 年居民消费价格比上年涨跌幅度　单位：%

指　标	全国	城市	农村
居民消费价格	2.6	2.7	2.5
其中：食　品	4.8	5.1	4.0
烟酒及用品	2.9	2.9	2.7
衣　着	3.1	2.9	3.8
家庭设备用品及维修服务	1.9	2.1	1.5
医疗保健和个人用品	2.0	2.0	2.1
交通和通信	-0.1	-0.3	0.6
娱乐教育文化用品及服务	0.5	0.4	1.0
居　住	2.1	2.2	1.9

全年全国公共财政收入 117210 亿元，比上年增加 13335 亿元，增长 12.8%；其中税收收入 100601 亿元，增加 10862 亿元，增长 12.1%。

全年全社会固定资产投资 374676 亿元，比上年增长 20.3%，扣除价格因素，实际增长 19.0%。

在固定资产投资（不含农户）中，第一产业投资 9004 亿元，比上年增长 32.2%；第二产业投资 158672 亿元，增长 20.2%；第三产业投资 197159 亿元，增长 20.6%。而交通运输、仓储和邮政业的固定资产投资仅增长 9.1%，表明该行业 2012 年长期投资的占用资金水平降低，在一定程度上能缓解营运资金供给方面的压力。具体见表 22 - 2。

表 22 - 2　　2012 年分行业固定资产投资额（不含农户）及其增长速度　　单位：亿元

行　业	投资额	比上年增长（%）
总计	364835	20.6
农、林、牧、渔业	9004	32.2
采矿业	13129	11.8
制造业	124971	22.0
电力、热力、燃气及水的生产和供应业	16536	12.8
建筑业	4036	24.6
批发和零售业	9816	33.0
交通运输、仓储和邮政业	30296	9.1
住宿和餐饮业	5102	30.2
信息传输、软件和信息技术服务业	2834	30.6
金融业	932	46.2
房地产业	92357	22.1
租赁和商务服务业	4645	37.4
科学研究和技术服务业	2176	27.8
水利、环境和公共设施管理业	29296	19.5
居民服务、修理和其他服务业	1718	26.0
教育	4679	20.3
卫生和社会工作	2645	23.0
文化、体育和娱乐业	4299	36.2
公共管理、社会保障和社会组织	6363	9.2

全年非金融领域新批外商直接投资企业 24925 家，比上年下降 10.1%。实际使用外商直接投资金额 1117 亿美元，下降 3.7%。而交通运输、仓储和邮政业的外商直接投资反而增加 8.9%。说明该行业资金来源外向性加强。具体见表 22 - 3。

表 22 - 3　　2012 年非金融领域外商直接投资及其增长速度

行　业	企业数（家）	比上年增长（%）	实际使用金额（亿美元）	比上年增长（%）
总计	24925	-10.1	1117.2	-3.7
其中：农、林、牧、渔业	882	2.0	20.6	2.7
制造业	8970	-19.3	488.7	-6.2
电力、燃气及水的生产和供应业	187	-12.6	16.4	-22.6
交通运输、仓储和邮政业	397	-3.9	34.7	8.9
信息传输、计算机服务和软件业	926	-6.8	33.6	24.4
批发和零售业	7029	-3.2	94.6	12.3
房地产业	472	1.3	241.2	-10.3
租赁和商务服务业	3229	-8.2	82.1	-2.0
居民服务和其他服务业	192	-9.4	11.6	-38.2

2. 交通运输、仓储和邮政业面临的各项利好政策及其对营运资金管理的影响

2012 年交通运输、仓储和邮政业面临稳健的货币政策和积极的财政政策。一方面，“总量稳健，定向扩张”的稳健的货币政策有助于控制流动性的总规模，防止流动性在 2011 年紧缩后的大规模扩张，从而稳定物价，抑制通货膨胀。同时，定向扩张的货币政策有助于扶持小微企业以及符合产业政策，调整经济结构。另一方面，2012 年国家实行积极的财政政策，以实现保增长、抑通胀的政策目标。具体措施包括减轻企业税收、降低物流成本等。此外，国家利用政治力量保证铁路建设的资金充足。稳健的货币政策和积极的财政政策为该行业缓解资金流动性紧张，促投资、保增长发挥了积极效用。

各子行业“十二五”规划相继出台，利好政策推动行业健康发展。党中央和国务院为保证交通运输、仓储和邮政业平稳发展，2012 年出台了一系列利好政策（详细政策见表 22－4）。总结包括：①为该行业发展提供财政支持，建立专项建设基金，提供贷款优惠政策，对该行业营运资金融资起到了积极作用；②调整相关税费，降低企业经营成本，降低各个渠道营运资金占用水平；③规范行业的发展，提高企业经营效率，促进营运资金管理绩效的改善。

表 22－4　　2012 年交通运输、仓储和邮政业相关政策

行业	2012 年出台的相关政策
交通运输、仓储和邮政业	国务院印发了《服务业发展“十二五”规划》，指导我国服务业发展的总体部署，是编制服务业各领域专项规划（指导意见）和地方服务业发展规划的重要依据。 国务院正式印发《“十二五”综合交通运输体系规划》，提出，“十二五”期间，要初步形成以“五纵五横”为主骨架的综合交通运输网络，总里程达 490 万公里。 2012 年 1 月 1 日，“营改增”试点改革率先在上海市交通运输业和部分现代服务业启动，目前试点已扩至 9 个省、直辖市和 3 个计划单列市。随着试点减税成效的逐步显现，改革在促进服务业发展、助推产业升级等方面发挥了积极作用
铁路运输业	财政部、国家税务总局下发《关于铁路房建生活单位营业税政策的通知》，明确铁路房建生活单位改制后可享免征三年营业税优惠。其目的在于促进铁路“政企分开”。 2012 年 8 月 2 日，央行公布的货币政策执行报告表示，下半年，人民银行将着力优化信贷资源配置，加大对经济结构调整的支持力度，更好地服务实体经济发展，其中提到，要加大对事关全局、带动性强的重大项目和战略性新兴产业、节能环保、农田水利建设等的金融支持，满足铁路等国家重点在建续建项目的资金需求。 铁道部将 2012 年铁路基建投资目标上调 640 亿元，至 4700 亿元人民币。 铁道部发布《关于鼓励和引导民间资本投资铁路的实施意见》，宣称铁路将“鼓励和引导民间资本依法合规进入铁路领域”，并将规范设置投资准入门槛，创造公平竞争、平等准入的市场环境。并强调，“市场准入标准和优惠扶持政策要公开透明，对各类投资主体同等对待，对民间资本不单独设置附加条件”
水路运输业	国务院审议通过《国内水路运输管理条例（草案）》，着眼规范水路运输经营行为、维护运输市场秩序、保障运输安全，对从事水路运输经营活动应具备的条件和许可程序、经营者应遵守的行为规范、政府可采取的必要调控措施等作了规定
航空运输业	财政部印发《民航发展基金征收使用管理暂行办法》，航空旅客将缴纳民航发展基金，其中，乘坐国内航班的旅客每人次 50 元；乘坐国际和地区航班出境的旅客每人次 90 元（含旅游发展基金 20 元）。民航发展基金属于政府性基金，收入上缴中央国库，纳入政府性基金预算，专款专用。 国家发展改革委、民航局公布了新的民航国内航线旅客运输燃油附加单位收取率，国内航空煤油综合采购成本每吨每超出基准油价 100 元，燃油附加单位收取率最高不超过每客公里 0.002541 元，新的单位收取率自 2012 年 4 月 1 日起执行
公路运输业	众多地方出台节假日高速公路免费细则

三、2012 年交通运输、仓储和邮政业上市公司营运资金配置与来源分析

（一）交通运输、仓储和邮政业上市公司营运资金配置分析

1. 交通运输、仓储和邮政业上市公司营运资金总体配置结构与占用水平分析

（1）行业层面

由表 22－5 分析发现，2011 年和 2012 年连续两年本行业营运资本总体占用水平和行业平均水平均为负值，说明营运资金占用水平低于短期金融性负债余额，行业整体存在短借长投的现象，行业财务风险很大。2012 年较 2011 年营运资本占用水平降低显著，说明财务风险进一步扩大。

表 22－5　　2011～2012 年交通运输、仓储和邮政业营运资金配置分析　　单位：亿元

项目	营运资本期末占用		营运资金期末占用		经营活动营运资金期末占用		经营活动营运资金占用水平		投资活动营运资金期末占用	
	2011	2012	2011	2012	2011	2012	2011	2012	2011	2012
行业总体	－398.74	－619.32	1160.05	1374.70	－612.81	－689.38	－10.73%	－8.98%	1772.86	2064.08
行业平均	－5.70	－8.48	16.57	18.83	－8.75	－9.44	－10.73%	－8.98%	25.33	28.28
最大值	164.99	241.30	389.53	392.07	31.66	34.06	132.25%	149.48%	486.19	472.30
最小值	－284.41	－349.99	－65.24	－121.27	－133.05	－164.48	－123.02%	－120.80%	0.04	0.62
样本数量	70	73	70	73	70	73	70	73	70	73

经营活动营运资金期末占用水平连续两年为负值，说明该行业经营活动不仅不需要企业为其融通短期资金，而且还通过经营活动为企业其他活动筹集资金，融资来源稳定性差，财务风险巨大。2012 年、2011 年营业收入行业总体水平依次为 767747856681.25 元、570985054589.16 元，增幅为 34.46%，2012 年、2011 年主营业务收入行业总体水平依次为 746477948165.57 元、553518016440.16 元，增幅为 34.86%。2012 年较 2011 年该行业经营活动营运资金占比水平下降，主要是由于经营活动的筹资增幅不及业务增长的速度所致。

该行业投资活动营运资金占用水平为正值，并且数值较大，是营运资金需求的主要组成部分。2012 年较 2011 年，该行业投资活动营运资金占用水平提高 16.43%，变化幅度绝对值略高于经营活动营运资金占用水平的降幅 12.50%，说明投资活动营运资金占用水平的提高，不仅可能是由该行业业务规模增加造成的，也可能是由该行业向投资活动的投入增加造成的。

交通运输、仓储业和邮政业营运资金占用水平 2012 年较 2011 年有较大提升，一方面是由于该行业业务规模扩大造成的，另一方面也是由营运资金需求结构调整引起的。2012 年较 2011 年该行业经营活动营运资金占比水平降低额度为 76.57 亿元，并且经营活动的筹资增幅不及业务增长的速度，该行业投资活动营运资金占用水平提高数额为 291.22 亿元，远远高于经营活动营运资金的减少数额，投资活动营运资金占用水平的提升成为营运资金占用水平提升的主要动因之一。

（2）企业层面

由表 22－6 匹配的 58 家企业数据分析可见，营运资本变化幅度降低显著和增加显著的企业家数总和所占的比例超过了 50%，说明业内企业营运资金需求与短期金融性负债的配比十分不稳定，两者差额波动性大，企业财务风险波动性较大；就经营活动营运资金变化幅度的企业分布而言，占用水平增加的企业家数和降低的企业家数基本呈对称分布；就投资活动营运资金变化幅度而言，占用水平增加的企业家数明显多于降低的企业家数，其中显著增加的企业家数占 25.86%；就营运资金变化幅度而言，占用水平增加的企业家数多于降低的企业家数，这可能是由许多企业投资活动营运资金占用水平提升所致。

表 22-6 2011~2012 年交通运输、仓储和邮政业上市公司营运资金配置变化情况及变动幅度统计表

项目		营运资本	营运资金	经营活动营运资金	投资活动营运资金
资金占用量绝对变化统计	降低	27	23	28	22
	降低比例	46.55%	39.66%	48.28%	37.93%
	增加	31	35	30	36
	增加比例	53.45%	60.34%	51.72%	62.07%
资金占用量变化幅度统计	降低显著	14	9	16	3
	占比	24.14%	15.52%	27.59%	5.17%
	降低较大	6	3	4	3
	占比	10.34%	5.17%	6.90%	5.17%
	有所降低	5	6	5	10
	占比	8.62%	10.34%	8.62%	17.24%
	基本稳定	8	13	6	15
	占比	13.79%	22.41%	10.34%	25.86%
	有所增加	6	10	7	10
	占比	10.34%	17.24%	12.07%	17.24%
	增加较大	2	3	2	2
	占比	3.45%	5.17%	3.45%	3.45%
	增加显著	17	14	18	15
	占比	29.31%	24.14%	31.03%	25.86%
可比样本总数		58			

注：上表中除了百分比之外的数字单位为：家

2. 交通运输、仓储和邮政业上市公司分渠道的经营活动营运资金配置分析

（1）行业层面

由表 22-7 分析可见，分布在采购渠道和生产渠道的营运资金占用水平均为负值，说明这两个渠道的营运资金不仅能自给自足，还可以筹集资金，而分布在营销渠道的营运资金占用水平为正值，说明该渠道会占用营运资金。从行业整体来看，该行业在采购渠道、生产渠道充分利用自身企业信用向供应商、企业员工等外部利益相关者融通资金，而在营销渠道则为顾客等外部利益相关者提供商业信用，垫付资金。此外，该行业经营活动营运资金占用水平为负值，说明该行业经营活动不但不需要占用资金，还能够为企业筹集资金。

表 22-7 2011~2012 年交通运输、仓储和邮政业经营活动营运资金的渠道配置分析 单位：亿元

项目	采购渠道营运资金		生产渠道营运资金		营销渠道营运资金		经营活动营运资金	
	2011	2012	2011	2012	2011	2012	2011	2012
行业总体	-563.00	-840.44	-232.06	-225.16	182.25	376.22	-612.81	-689.38
行业平均	-8.04	-11.51	-3.32	-3.08	2.60	5.15	-8.75	-9.44
最大值	27.15	27.24	26.13	29.03	64.05	101.30	31.66	34.06
最小值	-89.83	-144.86	-50.20	-50.88	-29.36	-52.30	-133.05	-164.48
样本数量	70	73	70	73	70	73	70	73

该行业 2012 年采购渠道营运资金、生产渠道营运资金、营销渠道营运资金占用水平依次为 -840.44亿元、-225.16 亿元、376.22 亿元，采购渠道营运资金节约数额最大，生产渠道营运资金节约数额、营销渠道营运资金占用数额相对较小。由此可见，采购渠道营运资金在经营活动营运资金配置中比重最大。

2012年较2011年，采购渠道营运资金筹集金额显著增加，营销渠道营运资金占用显著增加，生产渠道营运资金筹集金额变化不大，前两者增加可能是由行业业务规模增加引起的，而生产渠道营运资金相对于业务规模的扩大，总体水平保持基本不变，说明生产渠道营运资金管理水平可能得到了提升。就经营活动营运资金总体占用水平而言，变化不大，说明采购渠道和营销渠道对经营活动营运资金的逆向影响基本能相互抵消，经营活动营运资金占用水平相对稳定。

（2）企业层面

从表22－8分析可见，就采购渠道营运资金变化幅度而言，有1/4的企业占用水平降低显著，导致整个行业采购渠道融资金额有较大的提高；就生产渠道营运资金变化幅度而言，占用水平降低的企业家数多于增加的企业家数，有1/4的企业占用水平降低显著，通过该渠道融通资金的金额增加；就营销渠道营运资金变化幅度而言，占用水平增加的企业家数明显多于降低的企业家数，有44.83%的企业占用水平显著增加；就经营活动营运资金变化幅度而言，占用水平增加显著和降低显著的企业总数达到了60%。这表明虽然整个行业经营活动营运资金占用水平较为稳定，但在企业层面无论是经营活动营运资金占用水平还是各渠道营运资金占用水平，变化幅度都较大，占用水平非常不稳定。

表22－8　2011～2012年交通运输、仓储和邮政业经营活动营运资金的渠道配置变化情况及变动幅度表

项目		采购渠道营运资金	生产渠道营运资金	营销渠道营运资金	经营活动营运资金
资金占用量绝对变化统计	降低	30	32	22	28
	降低比例	51.72%	55.17%	37.93%	48.28%
	增加	28	26	36	30
	增加比例	48.28%	44.83%	62.07%	51.72%
资金占用量变化幅度统计	降低显著	16	15	12	16
	占比	27.59%	25.86%	20.69%	27.59%
	降低较大	3	3	3	4
	占比	5.17%	5.17%	5.17%	6.90%
	有所降低	3	9	5	5
	占比	5.17%	15.52%	8.62%	8.62%
	基本稳定	15	8	5	6
	占比	25.86%	13.79%	8.62%	10.34%
	有所增加	7	5	2	7
	占比	12.07%	8.62%	3.45%	12.07%
	增加较大	3	7	5	2
	占比	5.17%	12.07%	8.62%	3.45%
	增加显著	11	11	26	18
	占比	18.97%	18.97%	44.83%	31.03%
可比样本总数		58			

注：上表中除了百分比之外的数字单位为：家

3. 交通运输、仓储和邮政业上市公司分要素的经营活动营运资金配置分析

（1）行业层面

由表22－9分析可见，存货、应收及预付款项2012年营运资金占用水平依次为320.95亿元、1127.77亿元，应付及预收款项2012年节约营运资金2138.10亿元，由此可见，经营活动营运资金在存货中配置额度相对较低，在应收及预付款项、应付及预收款项配置额度较高。2012年各要素营运资金占用水平都有所提升，其中，存货期末余额增幅较小，应收及预付款项、应付及预收款项期末余额增幅较大。2012年较2011年营业收入及主营业务收入增幅都超过了30%，因此各要素期末余额的增加很可能是受业务规模增加的影响，而存货增幅较低，可能是存货管理水平提高的结果。由于应收及

预付款项余额的增加与应付及预收款项期末余额的增加对经营活动营运资金的影响相互抵消，导致经营活动营运资金占用水平较为显著。

表 22－9　2011～2012 年交通运输、仓储和邮政业经营活动营运资金的要素配置分析　单位：亿元

项目	存货		应收及预付款项		应付及预收款项		经营活动营运资金	
	2011	2012	2011	2012	2011	2012	2011	2012
行业总体	270.32	320.95	882.53	1127.77	1765.66	2138.10	－612.81	－689.38
行业平均	3.86	4.40	12.61	15.45	25.22	29.29	－8.75	－9.44
最大值	36.58	30.05	115.43	138.00	248.66	259.70	31.66	34.06
最小值	0.00	0.00	0.02	0.04	0.03	0.48	－133.05	－164.48
样本数量	70	73	70	73	70	73	70	73

此外，2012 年、2011 年该行业存货与应收及预付款项行业总体的合计金额依次为 1448.72 亿元、1152.86 亿元，而 2012 年、2011 年该行业投资活动营运资金占用水平依次为 2064.08 亿元、1772.86 亿元，这表明该行业在投资活动中运用的资金流量显著高于经营活动中的资金流量，该行业对营运资金管理的重心很可能已从经营活动向投资活动转移。

（2）企业层面

由表 22－10 分析可见，就存货期末余额变化幅度而言，期末余额基本稳定的企业家数占到了总数的 1/3 以上；就应收及预付款余额变化幅度而言，期末余额增加的企业家数占到了 2/3 以上，其中变化幅度为“有所增加”的企业家数最多，占到 22.41%；就应付及预收款余额变化幅度而言，期末余额增加的企业家数也占到了 2/3 以上，其中变化幅度为“基本稳定”的企业家数最多，占到 32.76%；就经营活动营运资金变化幅度而言，占用水平增加显著和降低显著的企业总数达到了 60%，企业层面波动幅度较大。总体而言，各要素企业层面变化幅度与行业层面变化幅度较为吻合，受到业务规模扩大的影响，大部分企业各要素期末余额都有所增加，而经营活动营运资金占用水平在企业层面波动较大。

表 22－10　2011～2012 年交通运输、仓储和邮政业经营活动营运资金的要素配置变化情况及变动幅度表

项目		存货	应收及预付款项	应付及预收款项	经营活动营运资金
资金占用量绝对变化统计	降低	32	20	19	28
	降低比例	55.17%	34.48%	32.76%	48.28%
	增加	26	38	39	30
	增加比例	44.83%	65.52%	67.24%	51.72%
资金占用量变化幅度统计	降低显著	6	1	2	16
	占比	10.34%	1.72%	3.45%	27.59%
	降低较大	3	7	3	4
	占比	5.17%	12.07%	5.17%	6.90%
	有所降低	10	8	8	5
	占比	17.24%	13.79%	13.79%	8.62%
	基本稳定	20	11	19	6
	占比	34.48%	18.97%	32.76%	10.34%
	有所增加	7	13	7	7
	占比	12.07%	22.41%	12.07%	12.07%
	增加较大	2	8	6	2
	占比	3.45%	13.79%	10.34%	3.45%
	增加显著	10	10	13	18
	占比	17.24%	17.24%	22.41%	31.03%
可比样本总数		58			

注：上表中除了百分比之外的数字单位为：家

（二）交通运输、仓储和邮政业上市公司营运资金来源与财务风险分析

由表 22-11 分析可见，2012 年和 2011 年两年短期金融性负债占比行业平均水平都超过了 100%，这表明短期金融负债不仅满足了营运资金的需求，还为长期资产提供融资支持，资金供给很不稳定，融资结构十分不合理，存在巨大财务风险。2012 年短期金融性负债占比进一步提高，表明财务风险水平进一步提高。此外，该行业短期金融性负债占比的最大值与最小值之间存在巨大差异，营运资本占比的最大值与最小值之间也存在巨大差异，说明各企业之间的融资结构差别很大。总体而言，就行业层面看，该行业财务风险巨大。

表 22-11　　2011~2012 年交通运输、仓储和邮政业营运资金来源状况

项目	短期金融性负债占比		营运资本占比	
	2011 年末	2012 年末	2011 年末	2012 年末
行业平均	134.28%	145.05%	-34.28%	-45.05%
最大值	3041.94%	8278.60%	2808.59%	6015.31%
最小值	-2708.59%	-5915.31%	-2941.94%	-8178.60%
样本数量	70	73	70	73

如果短期金融性负债占比小于 0，表明企业通过营业活动和短期金融性负债共同为企业长期资产融通资金，融资结构十分不合理，存在巨大财务风险；如果短期金融性负债占比大于 100%，表明企业通过短期金融性负债为企业长期资产融资，融资结构不尽合理，存在较大财务风险。由表 22-12 分析可见，从企业层面来看，2011 年末 45% 的企业短期金融性负债比高于 100% 或低于 0，2012 年 42% 的企业短期金融性负债比高于 100% 或低于 0。这表明在 2011 年、2012 年两年期间，该行业接近半数的企业存在短借长投的现象，资金来源不够稳定，融资结构不合理，存在较大的财务风险，与行业层面的分析结果基本吻合。

表 22-12　　2011~2012 年交通运输、仓储和邮政业营运资金来源统计表　　单位：家

比例	2011 年末短期金融性负债占比	2011 年末营运资本占比	2012 年末短期金融性负债占比	2012 年末营运资本占比
<0	16	16	9	22
0~20%	15	4	15	5
20%~40%	6	5	9	8
40%~60%	8	8	5	5
60%~80%	5	6	8	9
80%~100%	4	19	5	17
>100%	16	12	22	7
企业数量	70		73	

四、交通运输、仓储和邮政业上市公司营运资金管理绩效分析

（一）交通运输、仓储和邮政业上市公司分渠道的营运资金管理绩效分析

由表 22-13 分析可见，2012 年各个子行业营运资金周转期都低于 10 天，经营活动营运资金管理绩效较高，该行业在供应链中处于相对有利的地位。2012 年与 2011 年相比，六个子行业中有四个子行业营运资金周转期有不同程度的缩短，其中道路运输业、水上运输业缩短幅度达到 65.22%、96.30%。2012 年各子行业采购渠道营运资金、生产渠道营运资金周转期除了铁路运输业均低于 -10 天，营销渠道营运资金周转期除了道路运输业均大于 28 天，表明各子行业普遍存在采购渠道营运资金、生产渠道营运资金管理绩效较高，营销渠道营运资金管理绩效较低的现象。

表 22－13　　2011～2012 年交通运输、仓储和邮政业各渠道营运资金周转期　　单元：天

项目	采购渠道营运资金周转期		生产渠道营运资金周转期		营销渠道营运资金周转期		经营活动营运资金周转期（按渠道）	
	2011	2012	2011	2012	2011	2012	2011	2012
仓储业	－10	－16	－27	－32	36	50	－1	3
道路运输业	－45	－55	－36	－14	13	－46	－69	－114
航空运输业	－29	－24	1	－27	14	33	－15	－17
水上运输业	6	－23	－3	－17	24	41	27	1
铁路运输业	－19	－33	53	15	3	28	36	10
装卸搬运和运输代理业	－24	－27	－13	－14	28	49	－9	8
行业整体	－32	－39	－14	－12	11	15	－35	－36

对各子行业 2012 年经营活动营运资金管理绩效与 2011 年进行对比分析，仓储业经营活动营运资金管理绩效有所降低，主要是由于营销渠道营运资金管理绩效降低所致；道路运输业经营活动营运资金管理绩效有大幅上升，主要是由于营销渠道营运资金管理绩效有大幅上升所致；航空运输业生产渠道、营销渠道营运资金管理绩效有降有升，导致整体营运资金管理绩效水平变化不大；水上运输业虽然营销渠道营运资金管理绩效有所下降，但采购渠道、生产渠道营运资金管理绩效提升更大，导致经营活动营运资金管理绩效大幅上升；铁路运输业经营活动营运资金管理绩效有所提升，也与采购渠道、生产渠道营运资金管理绩效提升有关；装卸搬运与运输代理业营销渠道营运资金管理绩效有所下降，导致该行业经营活动营运资金管理绩效有所下降。总体而言，2012 年与 2011 年相比，各个子行业因面临的经营环境与行业自身行业特点不同，各个渠道营运资金管理绩效表现出不同的变化态势。

从企业层面看（见表 22－14），在 58 家可比样本企业中有 60.34% 的企业采购渠道营运资金周转期有所改善，其中变化幅度为“改善显著”的企业所占比例最大，为 15 家；63.79% 的企业营销渠道营运资金周转期有所降低，其中变化幅度为“降低显著”的企业所占比例最大，为 24 家；生产渠道营运资金周转期改善与降低的企业家数各占一半；就经营活动营运资金周转期变化幅度而言，改善与降低的企业家数各占一半，其中“改善显著”和“降低显著”的企业家数合计为 29，占总样本的比例为 50%。总体而言，该行业经营活动营运资金周转期近半数企业波动较大，2/3 左右企业采购渠道营运资金周转期有所改善，生产渠道营运资金周转期增减参半，2/3 左右企业营销渠道营运资金周转期有所降低。这与行业层面营运资金管理绩效的分析结果基本吻合，采购渠道营运资金管理绩效总体上升，营销渠道营运资金管理绩效总体下降。

表 22－14　　2011～2012 年交通运输、仓储和邮政业各渠道营运资金管理绩效变化统计表

项目		采购渠道营运资金周转期	生产渠道营运资金周转期	营销渠道营运资金周转期	经营活动营运资金周转期（按渠道）
周转期变化统计	改善	35	29	21	29
	改善比例	60.34%	50.00%	36.21%	50.00%
	降低	22	29	37	29
	降低比例	37.93%	50.00%	63.79%	50.00%
周转期变化幅度统计	改善显著	15	13	10	15
	改善较大	6	4	2	4
	有所改善	11	7	4	7
	基本稳定	5	10	11	9
	有所降低	11	10	4	4
	降低较大	4	5	3	5
	降低显著	6	9	24	14
可比样本总数		58			

由表 22 - 15 分析发现，2008 ~ 2012 年五年期间，就采购渠道营运资金周转期而言，五年周转期均值为 - 38 天，每年周转期围绕均值上下波动，并没有表现出稳定的改善或降低的趋势变化；生产渠道营运资金周转期五年期间不断上升，营运资金管理绩效总体呈下降趋势，自 2010 年为分界点，后三年与前两年相比有明显的降低；就营销渠道营运资金周转期而言，五年期间均值为 13 天，每年周转期围绕均值上下波动，变化差额在 2 天以内，五年期间管理绩效较为稳定；就经营活动营运资金（按渠道）而言，五年期间周转期总体呈延长趋势，其中 2008 年、2009 年经营活动营运资金周转期均在 - 55 天左右，2010 年、2011 年、2012 年经营活动营运资金周转期均在 - 36 天左右，自 2010 年为分界点，后三年较前两年有明显的降低。总体而言，就行业整体五年的变化趋势来看，采购渠道、营销渠道营运资金管理绩效较为稳定，由于生产渠道营运资金管理绩效呈下降趋势，导致经营活动营运资金管理绩效呈下降趋势。

表 22 - 15　　2008 ~ 2012 年交通运输、仓储和邮政业营运资金周转期　　单位：天

项目	2008	2009	2010	2011	2012
经营活动营运资金（按渠道）周转期	- 54	- 56	- 37	- 35	- 36
采购渠道营运资金周转期	- 34	- 49	- 38	- 32	- 39
生产渠道营运资金周转期	- 31	- 22	- 12	- 14	- 12
营销渠道营运资金周转期	11	15	13	11	15

（二）交通运输、仓储和邮政业上市公司分要素的营运资金管理绩效分析

由表 22 - 16 分析可见，不同子行业受宏观环境和行业自身特点影响，各要素管理绩效表现各异。其中，仓储业存货周转期两年均值为 7 天，应收账款周转期两年均值为 51 天，应付账款周转期两年均值为 37 天，表明该行业应收账款管理还有较大提升空间；道路运输业存货周转期两年均值为 44.5 天，应收账款周转期两年均值为 18 天，应付账款周转期两年均值为 84.5 天，表明该行业存货管理绩效有较大提升空间，应付账款管理绩效较高；航空运输业各要素周转期变化幅度较大，受经营环境影响较大，各要素管理绩效稳定性较差；水上运输业存货周转期两年均值为 15 天，应收账款周转期两年均值为 38 天，应付账款周转期两年均值为 53.5 天，表明该行业应收账款管理绩效提升空间相对较大；铁路运输业各要素周转期两年间变化较大，表明该行业受宏观经济环境影响较大，各要素管理绩效稳定性差；装卸搬运和运输代理业存货周转期两年均值为 28 天，应收账款周转期为 52 天，应付账款周转期两年均值为 45 天，表明该行业相比较而言应收账款管理绩效有较大提升空间。

表 22 - 16　　2011 ~ 2012 年交通运输、仓储和邮政业各要素周转期　　单位：天

项目	存货周转期		应收账款周转期		应付账款周转期		经营活动营运资金周转期（按要素）	
	2011	2012	2011	2012	2011	2012	2011	2012
仓储业	7	7	44	58	43	31	8	33
道路运输业	47	42	18	18	86	83	- 22	- 23
航空运输业	22	13	31	41	46	38	7	16
水上运输业	16	14	32	44	52	55	- 3	3
铁路运输业	87	42	15	33	30	54	72	22
装卸搬运和运输代理业	35	21	46	58	46	44	35	35
行业整体	15	15	25	25	51	55	- 11	- 15

将 2012 年各要素周转期与 2011 年指标比较分析可见，各子行业存货周转期都有不同程度的缩短，应收账款周转期都有不同程度的延长，应付账款周转期除了水上运输业、铁路运输业外，其他四个行业都有不同程度的缩短。由此可见，2012 年交通运输、仓储业和邮政业存货资金管理绩效得到改善，

应收账款资金管理绩效有所下降，应付账款资金管理绩效多数子行业有所改善。

将 2011 年与 2012 年按要素各指标进行对比，得出其变化率。道路运输业各指标的变动趋同，且均较低，说明该行业经营状况平稳，没有较大波动。其他行业经营活动营运资金周转期（按要素）变动均较大，仓储行业变动率为 312.5%，航空运输业变动率为 128.57%，水上运输业变动率为 200%，铁路运输业变动率为 -69.44%。其他指标各行业两年的变动除铁路运输业以外基本都在 -50% ~50% 之间，铁路运输业存货周转期两年变动率为 -51.72%，应收账款周期两年变动率为 120%，应付账款周转期两年变动率为 80%，经营活动营运资金周转期（按要素）两年变动率为 -69.44%。

由表 22-17 分析，从企业层面看，按要素分析的各周转期指标 2011 年到 2012 年，各个指标处于基本稳定的企业相对其他变化的企业均比较多。存货周转期两年处于基本稳定的企业有 18 家，应收账款周期两年处于基本稳定的企业有 25 家，应付账款周转期两年处于基本稳定的企业有 17 家，经营活动营运资金周转期（按要素）两年处于基本稳定的企业有 13 家，占可比企业总数 22% 以上。另外，四个按要素分析的指标有所改善的企业也相对较多，而改善显著和改善较大的企业均较少。反而降低的企业占比较多，除经营活动营运资金周转期（按要素）的另外三个指标降低的企业均占 50% 以上。总体而言，该行业内各要素周转期变化幅度属于“有所改善”、“有所降低”、“基本稳定”的企业合计数占比最大，企业层面各要素管理绩效表现相对稳定的企业占比最大。

表 22-17　2011~2012 年交通运输、仓储和邮政业经营活动营运资金各要素管理绩效变化统计表

项目		存货周转期	应收账款周转期	应付账款周转期	经营活动营运资金周转期（按要素）
周转期变化统计	改善	26	27	20	31
	改善比例	44.83%	46.55%	34.48%	53.45%
	降低	31	30	37	27
	降低比例	53.45%	51.72%	63.79%	46.55%
周转期变化幅度统计	改善显著	2	1	2	8
	改善较大	3	2	1	5
	有所改善	12	11	12	10
	基本稳定	18	25	17	13
	有所降低	8	11	14	4
	降低较大	7	4	6	7
	降低显著	8	4	6	11
可比样本总数		58			

注：上表中除了百分比之外的数字单位为：家

由表 22-18 分析可见，现金周转期、存货周转期、应收账款周转期、应付账款周转期五年均值依次为 -16.4 天、13.8 天、24.8 天、55.4 天，五年来各要素周转期围绕均值上下波动。其中，应付账款周转期 2009 年变化幅度最大，为 34.70%，其他年份周转期与五年均值较为接近；存货周转期 2009 年变化幅度最大，为 55.56%，其他年份周转期与五年均值较为接近；应收账款周转期五年期间数值都与五年均值较为接近。受存货周转期与应付账款周转期波动的影响，2009 年现金周转期变化幅度最大，为 41.18%，其他年份波动较为平稳。总体而言，各要素周转期及现金周转期五年期间除在 2009 年有较大幅度变化外，表现基本稳定，营运资金管理绩效没有表现出明显的改善或降低的趋势。

表 22-18　2008~2012 年交通运输、仓储和邮政业各要素周转期　单位：天

项目	2008	2009	2010	2011	2012
现金周转期	-17	-24	-15	-11	-15
存货周转期	9	14	16	15	15
应收账款周转期	22	28	24	25	25
应付账款周转期	49	66	56	51	55

五、2012年交通运输、仓储和邮政业上市公司营运资金管理绩效排行榜

本部分分别按“经营活动营运资金周转期（按要素）”和“经营活动营运资金周转期（按渠道）”进行排名，考察交通运输、仓储和邮政业上市公司营运资金管理绩效。在对上市公司营运资金管理绩效进行排名时，剔除了财务数据异常的公司，详见附录一。

六、2012年交通运输、仓储和邮政业上市公司营运资金管理的典型案例分析

（一）案例一：中国国航——重视信息系统建设和现金流管理

1. 中国国际航空股份有限公司基本情况简介

中国国际航空股份有限公司（以下简称中国国航）成立于1988年7月1日，是中国目前资产最多、运输量最大的航空运输企业。2012年，中国国航实现营业收入998.41亿元，同比增长2.78%。其中，主营业务收入为979.53亿元，同比增长3.2%，主要是客运收入的增加；其他业务收入为18.87亿元，同比减少14.97%，主要是子公司旅游等业务收入的下降。2012年中国国航实现客运收入892.79亿元，同比增加30.11亿元。其中，因运力投入增加而增加收入56.65亿元，因收益水平略有下降而减少收入14.53亿元，因客座率下降而减少收入12.01亿元。2012年本集团实现货运收入84.69亿元，与上年基本持平，其中，因运力投入增加而增加收入4.61亿元，因载运率降低而减少收入1.8亿元，因收益水平降低而减少收入3.58亿元。

中国国航，其前身中国国际航空公司成立于1988年。根据国务院批准通过的《民航体制改革方案》，2002年10月，中国国际航空公司联合中国航空总公司和中国西南航空公司，成立了中国航空集团公司，并以联合三方的航空运输资源为基础，组建新的中国国际航空公司。2004年9月30日，经国务院国有资产监督管理委员会批准，作为中国航空集团控股的航空运输主业公司，中国国际航空股份有限公司（以下简称国航）在北京正式成立。2004年12月15日，中国国际航空股份有限公司在香港（股票代码0753）和伦敦（交易代码AIRC）成功上市。

中国国航目前是中国唯一悬挂中华人民共和国国旗和承担中国国家领导人出国访问的专机任务，并承担外国元首和政府首脑在国内的专、包机任务的国家航空公司；是中国最大的国有航空运输企业，也是中国民航安全水平高、综合规模最大、拥有最新最好机队的航空公司。2007年度国航入选了世界品牌500强，为中国民航唯一入选公司；2007年国航被世界品牌实验室评为中国500最具价值品牌；被美国评级机构标准普尔评为中国上市公司百强；国航品牌被英国《金融时报》和美国麦肯锡管理咨询公司联合评定为中国十大国际品牌之一，是国内航空公司第一的品牌。2008年，国航获得世界权威的品牌价值研究机构——世界品牌价值实验室颁发的“中国最佳信誉品牌”奖项，为中国品牌群体性的崛起奏响了华彩的乐章。

2. 中国国航营运资金周转绩效数据分析

中国国航2008~2012年各年周转绩效均高于行业平均水平且波动不大。从五年变动趋势看，2008~2009年该公司营运资金周转绩效稳定，而2010年和2011年两年，该公司营运资金周转绩效处于下降阶段，尤其2011年营运资金周转期较上一年延长。由于2008年金融危机后，航油价格持续上涨加大企业成本，国内高铁建设的持续发展以及国外航空公司对国内航空市场的开拓加剧了企业的市场竞争，因此中国国航营运资金周转期有所延长主要也是受外围环境影响，虽然中国国航营运资金管理绩效有所下降，但是在行业中仍然属于营运资金管理较好的企业。

从按渠道角度来看，如表22-19所示，2012年中国国航经营活动营运资金周转期（按渠道）为-55天，较上年缩短12天。进一步分析发现，生产渠道和营销渠道营运资金周转期较上一年分别延长3天和5天，营运资金管理绩效稍有下降，然而采购渠道营运资金周转期较上一年缩短19天，营运资金管理绩效得到明显改善，因此中国国航采购渠道的营运资金管理得以改善，弥补了生产渠道和营销渠道营运资金管理绩效的下滑。从近五年数据观察，中国国际航空公司经营活动营运资金周转期（按渠道）呈现一定的波动性，2010年、2011年有所上升，其余三年周转期保持在-55天左右；采购渠道营运资金周转期在2010年、2011年有所上升，其余三年周转期保持在-53天左右的水平；生产

渠道营运资金周转期五年期间较为稳定，周转期最大值与最小值之间只差 5 天；营销渠道营运资金周转期五年期间呈现一定的波动性。总体而言，该公司采购渠道营运资金管理绩效对整个经营活动营运资金管理绩效影响最大，因此，做好采购渠道营运资金管理工作至关重要。

表 22－19　中国国际航空股份有限公司 2008～2012 年经营活动营运资金管理绩效表（按渠道）

年份＼指标	采购渠道营运资金周转期	生产渠道营运资金周转期	营销渠道营运资金周转期	经营活动营运资金周转期（按渠道）
2012	－53（17）	－7（42）	5（21）	－55（23）
2011	－34（26）	－10（40）	0（17）	－43（27）
2010	－48（21）	－6（47）	4（26）	－50（24）
2009	－55（15）	－11（33）	11（27）	－55（18）
2008	－51（16）	－12（33）	9（30）	－54（23）

注：括号内数字为上市公司该项指标当年在行业内的排名，其余数字单位为天

从按要素角度来看，如表 22－20 所示，2012 年中国国航经营活动营运资金周转期（按要素）为－42 天，较上年缩短了 17 天。进一步分析发现，存货周转期与上一年持平但名次有所下降；应付账款周转期较上一年延长 16 天，管理绩效得到了较明显的提升；应收账款周转期从 2011 年的 11 天下降到 2012 年的 10 天，也有所减少，管理绩效有一定程度的提升。从近五年发展趋势来看，经营活动营运资金周转期（按要素）2012 年最短，管理绩效最好，较上年提升 68%，2010 年和 2011 年经营活动营运资金管理绩效持续下降，尤其是 2011 年管理绩效为近五年来最差一年。进一步分析发现，存货周转期 2008 年到 2009 年延长，2009～2012 年微缩后保持稳定，管理绩效稳中得以改善；应收账款周转期 2008～2012 年五年间持续缩短，管理绩效持续改善；应付账款周转期波动较为剧烈，2009 年应付账款管理绩效最好，但是 2000～2011 年两年间应付账款管理绩效处于持续下滑阶段，虽然 2012 年应付账款周转期有所延长，但是也不及 2009 年。

表 22－20　中国国际航空股份有限公司 2008～2012 年经营活动营运资金管理绩效表（按要素）

年份＼指标	存货周转期	应收账款周转期	应付账款周转期	经营活动营运资金周转期（按要素）
2012	5（26）	10（16）	57（53）	－42（13）
2011	5（24）	11（16）	41（38）	－25（16）
2010	5（24）	12（19）	53（47）	－36（18）
2009	6（20）	15（22）	60（41）	－39（13）
2008	0（35）	17（20）	53（7）	－36（12）

注：括号内数字为上市公司该项指标当年在行业内的排名，其余单位为天

综上所述，中国国航 2012 年经营活动营运资金管理绩效有明显提升，这和它特有的一些管理理念和模式密切相关。

3. 中国国际航空股份有限公司的典型做法

（1）重视信息系统建设

国航股份公司高度重视和发展以计算机技术为支持的各大保障系统建设，先后建成了具有安全生产指挥中枢之称的运行管理信息系统、综合航班信息管理系统、飞行数据监控系统（QAR）、货运全球查询系统、全球信息网等系统，国航现代科学管理水平进一步提高。

（2）注重现金流管理

中国国航通过现金流的动态管理来减少营运资金的占用，其动态管理分为对外和对内两个方面，

通过对内管理作用于对外管理。对内管理，首先做好现金流的预测计划。根据未来经营性、筹资性、投资性支出，及经营性流入可测算出计划时期的资金缺口。对内管理明确了三大支出整体平衡及应对公司资金挑战的工作方向。对外管理，是在对内管理的基础上对于整体平衡的细节工作，主要是从不同角度来保障预测计划时期的整体平衡工作。中国国航在对其账户数量、分布、性质、余额了解的基础上和银行对账，适时获得账上资金的情况，从而对当前大额资金需求可作出迅速反应。内部结算和外部结算的并行，方便公司资金时点的快速运转，间接地保障了资金平衡的整体工作。

（二）案例二：唐山港——强化供应链管理和物流信息化建设

1. 唐山港集团股份有限公司基本情况简介

唐山港集团股份有限公司，前身是京唐港股份有限公司，是由京唐港港务局改制而来，位于唐山市东南 80 公里处的渤海岸边，是伟人孙中山先生在《建国方略》中提出拟建的“与纽约等大”、“为世界贸易之通路”的“北方大港”港址。京唐港是渤海湾内少有的深水岸线资源。这里空气清新，气候宜人，水深岸陡，不冻不淤，建港和自然条件十分优越。公司于 2010 年 5 月 18 日经中国证券监督管理委员会核准，首次向社会公众发行人民币普通股 20000 万股，于 2010 年 7 月 5 日在上海证券交易所上市。2012 年，面对复杂多变的经济环境和更加激烈的市场竞争，公司业绩逆势上扬，多项工作取得了新突破。2012 年，全港区完成货物吞吐量 1.7 亿吨，同比增长 24.09%；公司完成 1.12 亿吨，同比增长 35.02%。其中，矿石完成运量 5435 万吨，同比增长 69.11%；煤炭完成运量 3679 万吨，同比增长 16.83%，其中进口焦煤运量 1750 万吨，同比增长 32.3%；钢材货种完成运量 1549 万吨，同比增长 6.72%。公司在加大力度发展三大货种的同时，木材、汽车、化肥等新货种亮点频出，逐步成为公司新的利润增长点。公司实现营业收入 39.5 亿元，同比增长 31.78%；实现利润总额 9.35 亿元，同比增长 43.02%；实现归属于母公司股东的净利润 6.46 亿元，同比增长 39.93%；实现每股收益 0.32 元。经营业绩再创历史最好成绩，公司已连续五年利润增幅超 30%，增速位居全国港口上市公司前列。公司收入构成主要包括装卸堆存收入、港务管理收入、商品销售收入、物流及其他业务收入等。

2. 唐山港集团股份有限公司营运资金周转绩效数据分析

唐山港集团股份有限公司虽然于 2010 年才上市，但是在该行业中，其营运资金周转绩效比较好。

如表 22－21 所示，从按渠道角度来看，唐山港 2010～2012 年经营活动营运资金周转期（按渠道）呈 V 型。2010 年经营活动营运资金周转期（按渠道）为－67 天，在整个行业中排名第 18 位；2011 年其经营活动营运资金周转期（按渠道）变为－182 天，比 2010 年缩短 115 天，在整个行业中排名上升至第 4 位，营运资金管理绩效大大提高；但是 2012 年其经营活动营运资金周转期（按渠道）变为－138 天，比 2011 年延长 44 天，在整个行业中排名下降至第 11 位，营运资金管理绩效大大降低。进一步从各个渠道来看，2010～2012 年唐山港采购渠道营运资金周转期分别为－31 天、－156 天和－132 天，采购渠道营运资金周转期呈 V 型；2010～2012 年生产渠道的营运资金周转期分别为－21 天、－17 天和－9 天，管理绩效逐年恶化；营销渠道营运资金周转期在三年间也是逐年恶化，但波动总体来说并不显著。因此其经营活动营运资金周转期（按渠道）得以呈 V 型主要源于采购渠道营运资金周转期的 V 型变化。

表 22－21　　唐山港集团股份有限公司 2010～2012 年营运资金管理绩效表（按渠道）

指标 年份	采购渠道营运资金周转期	生产渠道营运资金周转期	营销渠道营运资金周转期	经营活动营运资金周转期（按渠道）
2012	－132（4）	－9（40）	2（18）	－138（11）
2011	－156（2）	－17（28）	－9（11）	－182（4）
2010	－31（30）	－21（28）	－15（9）	－67（18）

注：括号内数字为上市公司该项指标当年在行业内的排名，其余数字单位为天

如表 22－22 所示，从按要素角度来看，唐山港集团股份有限公司经营活动营运资金周转期（按要素）2010～2012 年分别为－30 天、－146 天和－114 天，变化幅度分别为 386.67% 和－21.92%，2010 年到 2011 年改善十分显著，但是 2012 年又有所恶化。从具体指标来看，存货周转期延长了 6 天，幅度达－85.71%；应收账款周转期三年也逐渐延长；应付账款周转期 2010 年到 2011 年改善显著由 48 天延长至 169 天，变化幅度高达 252.08%，但 2012 年又有所缩短。因此，2012 年其存货周转期、应收账款周转期和应付账款周转期均比 2011 年恶化。

表 22－22　唐山港集团股份有限公司 2010～2012 年营运资金管理绩效表（按要素）

年份＼指标	存货周转期	应收账款周转期	应付账款周转期	经营活动营运资金周转期（按要素）
2012	13（44）	18（26）	145（67）	－114（6）
2011	7（32）	16（21）	169（67）	－146（3）
2010	7（31）	11（18）	48（42）	－30（21）

注：括号内数字为上市公司该项指标当年在行业内的排名，其余数字单位为天

综上所述，无论从按渠道还是按要素来看，唐山港集团股份有限公司营运资金管理绩效 2010～2012 年均呈现 V 型，但 2012 年比 2010 年均有提升，这可能是由于其上市时间短，正在摸索前行。

3. 唐山港集团股份有限公司的典型做法

（1）围绕建设现代物流港口积极拓展市场

唐山港集团股份有限公司在与周边港口存在竞争关系的交叉腹地上、在关键物流节点上，加快布设物流场站，以点带线，连线成面，扩大服务范围，发展配送、多式联运等，降低客户成本，形成大物流综合体系。同时，加大班轮密度，拓展杂货班列、班轮运输，完善公路、铁路、水路运输协调联动体系，以方便快捷的运输通道吸引货源。对于货源、货种开发建设，唐山港在不断提升煤炭、矿石、钢铁的规模优势，推进其专业化发展的同时，还大力培育小货种发展，打造新的经济增长点，货源货种已形成煤炭、矿石、钢材、水泥、粮食、汽车、建材、油品、液化石油气、集装箱等十几大类上百个品种。唐山港围绕建设现代物流港口积极拓展市场，正在努力成为一个多功能、综合性发展的现代化港口。

（2）大力进行物流信息化建设

唐山港集团股份有限公司在生产业绩备受世人瞩目的背后，是企业信息化成果的巨大技术支撑，其大力进行物流信息化建设。我们以散杂货生产管理系统为例，散杂货生产管理系统由总调子系统、调度作业子系统、库场理货子系统、计费子系统、业务部子系统、铁路调度子系统及地磅子系统组成。业务部子系统的功能是对客户资料、业务流程进行规范管理，将办理手续时自动生成的清单作为在港作业至最后结算的唯一凭证；总调子系统的功能是对船舶信息进行管理，根据各公司上报的船舶计划，维护船舶的在离港状态；调度作业子系统的功能是各公司上报船舶计划，以便于总调安排航道、拖轮等，相应管理人员根据理货票为协力公司开具完工证，作为每月的结算依据；库场理货子系统的功能是库场理货人员根据作业情况，开具理货票，调整系统库场；地磅子系统的功能是地磅称重的管理；铁路调度子系统的功能是对铁路装卸车情况的记录，和从轨道衡接收数据；计费子系统的功能是对货方、船方、协力公司费用的最后结算，并开具发票①。这种实现“单证贯穿始终”的管理系统提高了管理水平，优化了业务流程，缩短了资金在企业生产渠道以及营销渠道的占用。

（3）强化供应链管理，加强纵向整合和横向协作

运用供应链理念，把供应链各个价值节点有机连接起来，为客户和交易商提供交易、物流、金融等综合服务，有效降低客户的运输成本。通过信息化手段，覆盖贸易、配送、代理、金融服务，实现人流、物流、资金流、信息流通畅传递和无缝衔接，持续推进融资监管、保税仓储、场站运输、信息

① 侯安灰、郭文艳：“唐山港集团散杂货生产管理系统”，《交通信息与安全》，2010 年第 2 期。

贸易、代采购、租船等七大现代化物流业务平台建设，支撑物流网络，提升港口整体服务水平，打造港口核心竞争力。加强纵向整合和横向协作。崇尚客户利益最大化的价值理念，加强与铁矿石、钢铁、煤炭等供应链条上的货主、船东建立联盟，拓展网络交易平台，大力推行代采购等服务模式，密切合作，并加强与主要枢纽港、公路、铁路等运输部门建立稳固的合作关系，互惠互利，实现协同发展。

七、2012年交通运输、仓储和邮政业上市公司营运资金管理调查的结论与建议

（一）调查结论

1. 2012年交通运输、仓储和邮政业营运资金占用水平整体上升，投资活动资金占用比重加大

经调查研究发现，交通运输、仓储和邮政业营运资金占用水平2012年较2011年有较大提升，一方面是由于该行业业务规模扩大造成的，另一方面也是由营运资金需求结构调整引起的。2012年、2011年营业收入行业总体水平增幅为34.46%，营运资金占用水平增幅为18.50%；经营活动营运资金期末占用水平连续两年为负值，2012年较2011年该行业经营活动营运资金占比水平有所下降，降低额度为76.57亿元，并且经营活动的筹资增幅不及业务增长的速度；该行业投资活动营运资金占用水平为正值，并且数值较大，是营运资金需求的主要组成部分，2012年较2011年，该行业投资活动营运资金占用水平提高数额为291.22亿元，远远高于经营活动营运资金的减少数额，投资活动营运资金占用水平的提升成为营运资金占用水平提升的主要动因之一。

2. 2012年交通运输、仓储和邮政业采购渠道营运资金配置比重最大，企业层面各渠道资金配置结构不稳定

就营运资金配置而言，从基于渠道的视角分析，交通运输、仓储和邮政业从行业整体来看在采购渠道、生产渠道充分利用自身企业信用向供应商、企业员工等外部利益相关者融通资金，营运资金占用水平为负值，该行业在营销渠道为顾客等外部利益相关者提供商业信用，垫付资金，营运资金占用水平为正值。从资金配置比重分析发现，采购渠道营运资金节约数额最大，生产渠道营运资金节约数额、营销渠道营运资金占用数额相对较小。在企业层面无论是经营活动营运资金占用水平还是各渠道营运资金占用水平，变化幅度都较大，营运资金配置结构非常不稳定。

3. 2012年交通运输、仓储和邮政业存货配置占比最低，各要素资金占用绝对额进一步提升

从基于要素的视角分析，交通运输、仓储和邮政业经营活动营运资金在存货中配置额度相对较低，在应收及预付款项、应付及预收款项配置额度较高。该行业整体2012年各要素营运资金占用水平都有所提升，其中，存货期末余额增幅较小，应收及预付款项、应付及预收款项期末余额增幅较大。企业层面，大部分企业各要素期末余额都有所增加，而经营活动营运资金占用水平在企业层面波动较大。

4. 交通运输、仓储和邮政业存在普遍的短借长投现象，融资结构不合理，2012年财务风险进一步扩大

交通运输、仓储和邮政业2012年、2011年营运资本占用水平均为负值且数值较大，行业整体财务风险较大，并且2012年较2011年财务风险进一步扩大。经营活动营运资金占用水平2012年、2011年连续两年为负值，经营活动为其他活动筹集资金，融资来源不稳定，行业财务风险较大。此外，企业层面营运资金占用水平波动性较大。

2012年和2011年两年短期金融性负债占比行业平均水平都超过了100%，行业整体存在短借长投现象，融资结构不合理，财务风险较大，从企业层面分析，该行业接近半数的企业存在短借长投的现象，资金来源不够稳定，融资结构不合理，存在较大的财务风险。

5. 2012年交通运输、仓储和邮政业采购渠道营运资金、生产渠道营运资金管理绩效较高，营销渠道营运资金管理绩效较低，不同子行业各渠道资金管理绩效表现不尽相同

就营运资金管理绩效而言，从基于渠道的视角分析，交通运输、仓储和邮政业经营活动营运资金周转期连续两年都维持在-35天左右，该行业在供应链中处于相对有利的地位，各子行业因其自身特点不同各渠道营运资金管理绩效表现不尽相同，但总体表现出采购渠道营运资金、生产渠道营运资金管理绩效较高，营销渠道营运资金管理绩效较低的特点。2012年与2011年相比，各个子行业因面临的

经营环境与行业自身行业特点不同，各个渠道营运资金管理绩效表现出不同的变化态势，就行业整体五年的变化趋势来看，采购渠道、营销渠道营运资金管理绩效较为稳定，生产渠道营运资金管理绩效、经营活动营运资金管理绩效呈下降趋势。

6. 2012 年交通运输、仓储和邮政业存货、应付账款管理绩效得到改善，应收账款管理绩效有所降低，不同子行业各要素管理绩效表现各异

从行业层面分析，2012 年交通运输、仓储和邮政业各子行业存货周转期都有不同程度的缩短，应收账款周转期都有不同程度的延长，应付账款周转期除了水上运输业、铁路运输业外，其他四个行业都有不同程度的缩短。由此可见，2012 年交通运输、仓储和邮政业存货资金管理绩效得到改善，应收账款资金管理绩效有所下降，应付账款资金管理绩效多数子行业有所改善。2012 年交通运输、仓储和邮政业不同子行业受宏观环境和行业自身特点影响，各要素管理绩效表现出不同特点。从企业层面分析，各要素管理绩效波动较小，表现较为稳定。

以 2008 ~ 2012 年交通运输、仓储和邮政业所有上市公司为样本，对该行业五年的要素周转期进行分析发现，各要素周转期及现金周转期五年期间除在 2009 年有较大幅度变化外，表现基本稳定，营运资金管理绩效没有表现出明显的改善或降低的趋势。

（二）对策建议

1. 积极促进融资结构合理回归，控制财务风险

交通运输、仓储和邮政业 2012 年、2011 年营运资本占用水平均为负值且数值较大，2012 年和 2011 年两年短期金融性负债占比行业平均水平都超过了 100%，该行业接近半数的企业存在短借长投的现象，行业整体普遍存在融资结构不合理现象，财务风险较大，并且 2012 年较 2011 年财务风险进一步扩大。经营活动营运资金占用水平 2012 年、2011 年连续两年为负值，经营活动为其他活动筹集资金，融资来源不稳定，企业层面营运资金占用水平波动性较大，这些因素都加剧了该行业的财务风险。交通运输、仓储和邮政业作为社会的基础行业，受宏观经济影响严重，营业收入波动性大，该行业固定资产投资比重大，在经营杠杆的作用下，利润波动也较大，行业风险较高。因此，该行业应降低短期金融性负债水平，积极筹措长期资本，促使融资结构合理回归。各企业应加强财务风险识别、评估、应对措施，尽量避免短借长投现象，建立合理的融资结构。

2. 优化业务流程，提高渠道资金管理绩效

2012 年交通运输、仓储和邮政业在宏观经济和各项利好政策的影响下，稳定健康发展，营业规模进一步扩大。就资金配置而言，2012 年该行业在各渠道中采购渠道营运资金配置比重最大，各要素中应收及预付款项、应付及预售款项营运资金配置比重较大；就营运资金管理绩效而言，各渠道中采购渠道营运资金、生产渠道营运资金管理绩效较高，营销渠道营运资金管理绩效较低，各要素中存货、应付账款管理绩效得到改善，应收账款管理绩效有所降低，各子行业营运资金管理绩效表现出不同的特点。由此可见，交通运输、仓储和邮政业各企业应结合自身所处子行业的特点，继续保持与采购渠道供应商的密切合作，保证采购渠道营运资金管理绩效稳定上升；积极促进与客户的沟通与合作，密切关注市场信息，加强应收及预付款项的管理，促进营销渠道营运资金管理绩效的改善。

3. 提高对投资活动营运资金管理的重视

交通运输、仓储和邮政业投资活动营运资金占用水平为正值，并且数值较大，是营运资金需求的主要组成部分，2012 年较 2011 年，该行业投资活动营运资金占用水平提高数额远远高于经营活动营运资金的减少数额，投资活动营运资金占用水平的提升成为营运资金占用水平提升的主要动因之一。由此可见，投资活动已成为该行业的一个重要盈利手段。而投资活动营运资金具有流转速度快、风险高、投资灵活等特点，与传统的经营活动有很大差别。针对经营活动的传统的营运资金管理方法和绩效评价指标，不适用于投资活动营运资金的管理。各企业应提高对投资活动营运资金管理的重视，并积极探索针对投资活动营运资金的管理方法与绩效评价体系。

主要参考文献

1. 邵瑞庆："论交通运输业会计的特殊性"，《上海海事大学学报》，2004年第9期。

2. 侯安灰、郭文艳："唐山港集团散杂货生产管理系统"，《交通信息与安全》，2010年第2期。

3. "财务强企 航空强国——海南航空股份有限公司以财务管理为核心促进企业发展纪实"，《中国总会计师》，2009年第1期。

4. 巨潮资讯：http：//www. cninfo. com. cn/。

第二十三章　2012 年信息传输、软件和信息技术服务业上市公司营运资金管理调查①

【摘要】2012 年信息传输、软件和信息技术服务业面临复杂的宏观环境，虽然该行业 2012 年业务规模保持了平稳增长，但在营运资金管理方面仍面临不少问题与压力。本报告分别以 2008～2012 年该行业所有上市公司、2011 年和 2012 年 107 家可比上市公司为样本作为研究对象，对信息传输、软件和信息技术服务业上市公司营运资金管理进行调查和分析后，我们发现：（1）2012 年信息传输、软件和信息技术服务业少数企业经营活动营运资金占用水平显著降低，导致行业整体营运资金由正转负。（2）2012 年信息传输、软件和信息技术服务业采购渠道营运资金占用水平在各渠道营运资金配置中占比最高，企业层面营运资金占用水平波动性大，个别企业资金占用水平变化对行业整体影响重大。（3）2012 年信息传输、软件和信息技术服务业应付及预收款项在经营活动营运资金配置中占比最高，且占用水平陡然上升。（4）信息传输、软件和信息技术服务业存在巨大财务风险，2012 年行业层面财务风险进一步扩大，企业层面财务风险呈两极化分布。（5）2012 年信息传输、软件和信息技术服务业采购渠道、生产渠道、营销渠道营运资金管理绩效依次降低，采购渠道营运资金管理绩效波动性较大。（6）信息传输、软件和信息技术服务业现金周转期为负值，应付账款、应收账款、存货三要素的周转期依次降低，并且各周转期在 2012 年进一步缩短。基于以上分析结论，我们对信息传输、软件和信息技术服务业营运资金管理提出以下几点建议：（1）加强采购渠道营运资金监管，防范资金波动性风险。（2）加强财务风险管理，促进融资结构合理回归。（3）加强应收账款营运资金周转期监管。

一、信息传输、软件和信息技术服务业营运资金管理特点

1. 研发资金占用高

信息传输、软件和信息技术服务业是由信息革命而形成的一个新兴产业，信息技术发展日新月异，竞争非常激烈，需要企业有持续不断的创新能力来研发新的技术和新的产品，满足不同用户多样化和差异化的需要。信息传输、软件和信息技术服务业属于典型的知识密集型、人才密集型行业，信息传输、软件和信息技术服务业之间的竞争归根结底是高素质人才的竞争和创新能力的竞争。因此，信息传输、软件和信息技术服务业需要企业不断地加大技术资本和人力资本的投入，加大研发力度，始终走在行业技术前列，不断拓展业务范围，并向高端服务转型。特别是在当今国家鼓励公司自主创新的政策背景下，企业每年都要保持一定的技术开发投入，以确保公司的技术研发实力处于领先水平。与以往年度相比，企业每年的研发费用都会有大幅增长。另外，信息传输、软件和信息技术服务业技术进步快、产品更新快、市场需求变化快的特点以及公司规模化扩张对公司保持持续的技术领先也提出了更高的要求，如何在研发技术、研发管理方面保持有效创新，如何保证产品快速满足市场，均给公司资金带来较大的压力。

2. 高投入和行业发展的高风险性

信息传输、软件和信息技术服务业无论是在项目初期的研究开发阶段还是在后期的推广销售阶段都需要大量的物质资本和人力资本的投入，同时相关技术产品的研究具有探索性和不确定性，研发产品将来是否在市场上有足够的竞争力都有较大的不确定性。信息技术更新速度比较快，产品和服务也会面临尚未盈利就会过时和淘汰的风险。由于该行业存在较大的经营风险，其对营运资金的要求也就

① 国家自然科学基金“利益相关者视角的营运资金管理研究与中国上市公司营运资金管理数据平台扩充建设（71372111）”和国家自然科学基金“利益相关者集体选择视角的企业价值管理研究（71172099）”的阶段性成果。感谢中国海洋大学、中国会计学会、国家自然科学基金委员会对营运资金管理研究的支持。

更高，财务风险也相应地增大。

3. 应付账款资金占比较大

与存货、应收账款占用资金相比，信息传输、软件和信息技术服务业应付账款占用资金较多，一方面是由于该行业是朝阳产业，存在供不应求的局面，另一方面该行业与供应商之间的关系不断加强，可以很好地利用供应链信用来缓解资金压力。

4. 营销网络建设是重点

信息传输、软件和信息技术服务业很多企业成立时间都较短，为适应日益激烈的市场竞争，扩大销售收入，需要不断拓展营销渠道，加强营销网络建设，健全科学、实用的整体营销管理体系和市场开发计划。首先，在建设营销队伍和建立完善市场信息网络的同时，将市场开发、市场营销和客户服务相结合。其次，依据现有的产品和服务，加大广告投放和公关策划，全面提升企业的品牌形象，提高公司的品牌的知名度和美誉度，增强企业市场竞争力。

5. 我国该行业处于价值链的中低端，附加值较低，两极分化严重

一直以来，我国信息技术发展比较迅速，但是仍处于较低的发展水平，处于自由竞争状态。无论是计算机和通信设备制造业，还是计算机应用服务业，都缺乏高端人才和自主品牌，国际竞争力需要进一步提升，不得不处于产业链的低附加值环节。由于效益较低，企业的营运资金管理承受着较大的压力，效益较差的企业不得不大量使用商业信用，例如延缓应付账款，使用预收账款等。

但在战略性新兴产业领域，各种技术和产业模式都处于探索和竞争阶段，我国与发达国家基本上处于同一起跑线上。工信部电子信息司副司长赵波在第四届电子信息产业标准推动会暨2011中国电子技术标准化大会上指出，“十二五”期间电子信息产业仍是全球竞争的战略重点，而随着新一代信息技术加速成长，制造业、软件业、运营业与内容服务业加速融合，产业格局正发生重大变革。我们应抓住机遇，突破重点领域核心关键技术，持续引导产业向价值链高端延伸，具体在产品创新、模式创新、品牌建设三方面推动价值链提升。同时，推动大型电子信息产品制造企业向服务领域延伸，抓住云计算、移动互联网等新兴应用开拓增值服务，健全产业公共服务体系，推进开放式运营平台、内容服务平台、网络服务平台、产品测试认证平台及知识产权服务平台建设。中国部分信息技术企业已经较好地把握住了新技术的发展方向，占有了较大优势。另外，信息传输、软件和信息技术服务业具有明显的区域性，该行业的上市公司主要集中在北京、上海、广州和深圳等城市，地理分布具有明显的区域性和显著的产业集群效应。我国三网融合产业已形成珠三角、长三角和环渤海三大区域集聚的发展格局。这也造成了行业内企业两极分化的现象。

作为以快速更新、迅猛发展为显著特点的行业，该行业的两极分化是行业的常态，营运资金管理绩效也会理所当然的呈现两极分化的特点。

6. 税费占用资金较少

信息传输、软件和信息技术服务业加速了科学技术的传递速度，缩短了科学技术从创制到应用与生产领域的距离，其发展推动了技术密集型产业的发展，有利于国民经济结构上的调整。信息传输、软件和信息技术服务业作为经济发展中的朝阳产业，成为新的经济增长点。尤其是在国家集中力量进行经济结构调整和发展低碳经济的当下，信息传输、软件和信息技术服务业更成为国家政策重点扶植的对象，因此，在税收方面的优惠一直高于其他行业。这使得该行业的税费负担较轻，在这方面所占用的营运资金数额相对较小，有利于企业提高营运资金周转绩效。

二、2012年信息传输、软件和信息技术服务业经营环境及对营运资金管理的影响

1. 信息传输、软件和信息技术服务业面临宏观经济增长平稳减速

全年国内生产总值519322亿元，比上年增长7.8%。其中，第一产业增加值52377亿元，增长4.5%；第二产业增加值235319亿元，增长8.1%；第三产业增加值231626亿元，增长8.1%。第一产业增加值占国内生产总值的比重为10.1%，第二产业增加值比重为45.3%，第三产业增加值比重为44.6%。见图23-1。

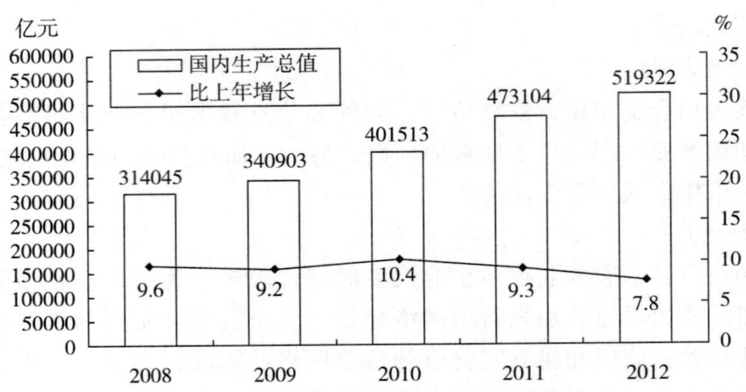

图 23－1　2008～2012 年国内生产总值及其增长速度

全年居民消费价格比上年上涨 2.6%，其中食品价格上涨 4.8%，见表 23－1。固定资产投资价格上涨 1.1%。工业生产者出厂价格下降 1.7%。工业生产者购进价格下降 1.8%。农产品生产者价格上涨 2.7%。

表 23－1　2012 年居民消费价格比上年涨跌幅度　单位：%

指　标	全国	城市	农村
居民消费价格	2.6	2.7	2.5
其中：食　品	4.8	5.1	4.0
烟酒及用品	2.9	2.9	2.7
衣　着	3.1	2.9	3.8
家庭设备用品及维修服务	1.9	2.1	1.5
医疗保健和个人用品	2.0	2.0	2.1
交通和通信	-0.1	-0.3	0.6
娱乐教育文化用品及服务	0.5	0.4	1.0
居　住	2.1	2.2	1.9

全年全国公共财政收入 117210 亿元，比上年增加 13335 亿元，增长 12.8%；其中税收收入 100601 亿元，增加 10862 亿元，增长 12.1%。宏观经济增速的减缓会对该行业的营运资金管理产生一定的影响，但是并不会产生太大影响。

2. 信息传输、软件和信息技术服务业固定资产投资快速增长

全年全社会固定资产投资 374676 亿元，比上年增长 20.3%，扣除价格因素，实际增长 19.0%。信息传输、软件和信息技术服务业的固定资产投资增长 30.6%。具体见表 23－2。

表 23－2　2012 年分行业固定资产投资（不含农户）及其增长速度　单位：亿元

行　业	投资额	比上年增长%
总计	364835	20.6
农、林、牧、渔业	9004	32.2
采矿业	13129	11.8
制造业	124971	22.0
电力、热力、燃气及水的生产和供应业	16536	12.8
建筑业	4036	24.6
批发和零售业	9816	33.0
交通运输、仓储和邮政业	30296	9.1

续表

行　业	投资额	比上年增长%
住宿和餐饮业	5102	30.2
信息传输、软件和信息技术服务业	2834	30.6
金融业	932	46.2
房地产业	92357	22.1
租赁和商务服务业	4645	37.4
科学研究和技术服务业	2176	27.8
水利、环境和公共设施管理业	29296	19.5
居民服务、修理和其他服务业	1718	26.0
教育	4679	20.3
卫生和社会工作	2645	23.0
文化、体育和娱乐业	4299	36.2
公共管理、社会保障和社会组织	6363	9.2

在固定资产投资（不含农户）中，第一产业投资9004亿元，比上年增长32.2%；第二产业投资158672亿元，增长20.2%；第三产业投资197159亿元，增长20.6%。

全年非金融领域新批外商直接投资企业24925家，比上年下降10.1%。实际使用外商直接投资金额1117亿美元，下降3.7%。而信息传输、计算机服务和软件业上升24.4%。具体见表23-3。固定资产投资属于企业的长期投资，长期投资需求的增加势必在一定程度上降低流动资产甚至营运资金的比重，这在一定程度上会增加“短借长投”的可能性，对企业的营运资金管理提出了更高的要求。

表23-3　　2012年非金融领域外商直接投资及其增长速度

行　业	企业数（家）	比上年增长（%）	实际使用金额（亿美元）	比上年增长（%）
总计	24925	-10.1	1117.2	-3.7
其中：农、林、牧、渔业	882	2.0	20.6	2.7
制造业	8970	-19.3	488.7	-6.2
电力、燃气及水的生产和供应业	187	-12.6	16.4	-22.6
交通运输、仓储和邮政业	397	-3.9	34.7	8.9
信息传输、计算机服务和软件业	926	-6.8	33.6	24.4
批发和零售业	7029	-3.2	94.6	12.3
房地产业	472	1.3	241.2	-10.3
租赁和商务服务业	3229	-8.2	82.1	-2.0
居民服务和其他服务业	192	-9.4	11.6	-38.2

3. 政府政策支持力度不断加强

在国家积极转变经济发展方式、促进产业结构调整和大力发展战略新兴产业的背景下，信息传输、软件和信息技术服务业毫无疑问是一个对经济社会发展具有重大和长远影响的一个行业。基于此，我国政府高度重视信息传输、软件和信息技术服务业的发展，国务院及相关部门先后发布了一系列的政策，鼓励和指导该产业的良好发展。

2012年国务院印发了《服务业发展“十二五”规划》，指导我国服务业发展的总体部署，是编制服务业各领域专项规划（指导意见）和地方服务业发展规划的重要依据。

中共中央、国务院印发《关于深化科技体制改革加快国家创新体系建设的意见》，提出要促进科技和金融结合，创新金融服务科技的方式和途径；支持地方规范设立创业投资引导基金，引导民间资本参与自主创新；积极开发适合科技创新的保险产品，加快培育和完善科技保险市场。

2012 年 1 月 1 日，“营改增”试点改革率先在上海市交通运输业和部分现代服务业启动，目前试点已扩至 9 个省、直辖市和 3 个计划单列市。部分现代服务业中的研发和技术服务、信息技术服务、文化创意服务、物流辅助服务、鉴证咨询服务适用 6% 的最低税率。随着试点减税成效的逐步显现，改革在促进服务业尤其是现代服务业的发展、助推产业升级等方面发挥了积极作用。

由于税费负担较轻，在这方面所占用的营运资金数额相对较小，有利于企业提高营运资金周转绩效、降低营运资金的规模要求。

4. 信息传输、软件和信息技术服务业呈良好发展态势

据国家统计局中国经济景气监测中心报告，2012 年第四季度信息传输软件和信息传输、软件和信息技术服务业的企业景气指数为 144.4①，企业家信息指数为 146.2。与去年第四季度相比，2012 年第四季度的企业景气指数虽然有所回落，但在信息传输软件和信息技术服务业、批发和零售业、社会服务业、建筑业、住宿和餐饮业、工业、交通运输仓储和邮政业、房地产业中依然最高。良好的发展前景可能产生较好效益，但同时也需要较多的投入，需要企业统筹安排、提高周转效率。

5. 新概念不断涌现

虽然信息传输、软件和信息技术服务业已经渗透到我们生活的每个角落，但时至今日，新的信息技术仍然不断地进入我们的视野并快速发展。例如 4G、云计算、大数据、3D 打印等。这些新技术的出现都预示着该行业的未来发展充满机遇和风险，也给企业的营运资金渠道管理提出了更多的要求和挑战。

三、2012 年信息传输、软件和信息技术服务业上市公司营运资金配置与来源分析

（一）信息传输、软件和信息技术服务业上市公司营运资金配置分析

1. 信息传输、软件和信息技术服务业上市公司营运资金总体配置结构与占用水平分析

（1）行业层面

由表 23－4 分析可见，该行业营运资本期末占用水平无论是行业总体还是行业平均值均为负值，并且 2012 年较 2011 年，营运资本期末占用水平有了较大幅度的降低。这表明该行业整体通过短期金融性负债为企业长期资产融资，存在短借长投的不合理融资结构，财务风险较大，并且 2012 年财务风险水平进一步提升。

表 23－4　　2011～2012 年信息传输、软件和信息技术服务业营运资金配置分析　　单位：亿元

项目	营运资本期末占用		营运资金期末占用		经营活动营运资金期末占用		经营活动营运资金占用水平		投资活动营运资金期末占用	
	2011	2012	2011	2012	2011	2012	2011	2012	2011	2012
行业总体	-269.70	-1420.87	870.61	-25.93	-533.44	-1175.79	-10.11%	-25.80%	1404.05	1149.86
行业平均	-1.58	-10.52	5.09	-0.19	-3.12	-8.71	35.08%	30.23%	8.21	8.52
最大值	55.14	51.70	88.73	80.52	61.12	31.43	173.78%	133.18%	154.41	183.20
最小值	-1705.84	-2488.75	-990.95	-1466.52	-1145.36	-1649.72	-174.58%	-164.87%	0.07	0.07
样本数量	171	135	171	135	171	135	171	135	171	135

就经营活动营运资金期末占用水平而言，该行业 2011 年、2012 年连续两年行业总体占用水平、行业平均占用水平均为负值，2012 年较 2011 年经营活动营运资金占用水平有较大幅度的降低。这表明该行业经营活动不仅不需要占用营运资金，并且可以筹集资金，2012 年该行业通过经营活动筹集资金数额有大幅提升。

2012 年、2011 年该行业内的上市公司数量依次为 135 家、171 家，就投资活动营运资金期末占用

① 企业景气指数为通过企业景气调查中企业家对本企业经营状况好坏的判断，综合反映经济运行状况和预期走向的指标。企业景气指数的取值范围均在 0～200 之间，以 100 为临界值，当指数大于 100 时，反映企业景气状态是良好的、乐观的；当指数小于 100 时，反映企业景气状态是不佳的、悲观的。

水平而言，2012年行业总体水平较2011年有所降低，这可能主要是由该行业企业数降低造成的；行业平均占用水平稳中有升，表明该行业投资活动营运资金企业平均占用水平相对稳定。就营运资金期末占用水平而言，与2011年相比，2012年行业总体水平与行业平均水平均由正直转为负值，发生了质的变化，表明该行业营业活动由原来的占用资金变成了能够为企业筹集资金，该行业通过商业信用融资的能力大幅提升。通过分析表中的数据不难得出，这种质的转变主要是由于该行业通过经营活动融资的能力大幅提升引起的。这表明该行业不仅通过短期金融性负债为企业长期资产融资，还通过营业活动的经营性负债为长期资产融资，资金来源稳定性差，融资结构十分不合理，存在巨大财务风险。

（2）企业层面

由表23－5分析可见，就营运资本占用水平变化幅度而言，变化幅度为“基本稳定”的企业家数过半，而变化幅度属于“降低显著”与“增加显著”的企业家数合计占比不超过6%，企业层面营运资本占用水平相对稳定，这与行业层面表现出的平均水平大幅降低有所不同，表明可能少数企业营运资本占用水平大幅下降，拉低了整个行业的平均水平；就营运资金占用水平变化幅度而言，变化幅度为“基本稳定”的企业超过半数，“有所增加”的企业数占到19.63%，这与行业层面表现出来的营运资金占用水平总体下降相左，表明少数企业占用水平下降，拉低了整个行业的平均水平；就经营活动营运资金占用水平变化幅度而言，有2/3左右的企业占用水平增加，变化幅度为“增加显著”的企业家数占比最高，达到29.91%，“降低显著”的企业家数占比不足10%，这与行业层面表现出的经营活动营运资金占用水平显著降低大不相同；就投资活动营运资金变化幅度而言，占用水平下降的企业家数超过半数，变化幅度为“有所降低”、“基本稳定”的企业家数各占1/3“降低显著”与“增加显著”的企业家数占比不足6%，表明企业层面投资活动营运资金占用水平稳中有降，与行业层面表现出来的投资活动营运资金占用水平的变化基本吻合。通过以上分析，我们可以大胆猜想，可能是由于少数企业经营活动筹资能力大幅提升，导致经营活动营运资金占用水平负值增大，从而导致整个行业经营活动营运资金占用平均水平下降，进而导致营运资金占用平均水平下降，营运资本占用平均水平下降。

表23－5　2011～2012年信息传输、软件和信息技术服务业上市公司营运资金配置变化情况及变动幅度统计表

项目		营运资本	营运资金	经营活动营运资金	投资活动营运资金
资金占用量绝对变化统计	降低	51	46	36	56
	降低比例	47.66%	42.99%	33.64%	52.34%
	增加	56	61	71	51
	增加比例	52.34%	57.01%	66.36%	47.66%
资金占用量变化幅度统计	降低显著	3	1	10	0
	占比	2.80%	0.93%	9.35%	0.00%
	降低较大	2	2	5	5
	占比	1.87%	1.87%	4.67%	4.67%
	有所降低	17	13	9	35
	占比	15.89%	12.15%	8.41%	32.71%
	基本稳定	54	58	18	38
	占比	50.47%	54.21%	16.82%	35.51%
	有所增加	23	21	19	18
	占比	21.50%	19.63%	17.76%	16.82%
	增加较大	5	9	14	5
	占比	4.67%	8.41%	13.08%	4.67%
	增加显著	3	3	32	6
	占比	2.80%	2.80%	29.91%	5.61%
可比样本总数		107			

注：上表中除了百分比之外的数字单位为：家

2. 信息传输、软件和信息技术服务业上市公司分渠道的经营活动营运资金配置分析

(1) 行业层面

由表 23 - 6 分析可见，2012 年该行业采购渠道、生产渠道、营销渠道营运资金占用行业总体水平依次为 - 1599. 86 亿元、32. 19 亿元、391. 88 亿元，由此可见在营运资金占用配置中采购渠道营运资金占用水平占比最大，是决定营运资金占用水平的主导因素。就采购渠道营运资金占用水平而言，行业总体与行业平均值均为负值，并且数额较大，说明采购环节是企业通过营业活动筹集资金的主要环节，2012 年较 2011 年在行业总体值、行业平均值上都有较大幅度下降，说明行业采购渠道筹资金额大幅上升；就生产渠道营运资金占用水平而言，行业总体值与平均值由负转正，表明该环节占用营运资金水平提升，失去筹资能力，但由于相对于另外两个渠道的营运资金占用水平而言，数额较低，对经营活动营运资金整体影响十分有限；就营销渠道营运资金占用水平而言，2012 年较 2011 年行业总体水平与行业平均水平减少近半，营运资金占用水平有了大幅降低，节约了对营运资金的占用额度；就经营活动营运资金占用水平而言，连续两年行业总体水平与行业平均水平均为负值，表明该行业经营活动能为企业筹集资金，且不需要占用额外的流动资金，2012 年较 2011 年行业总体水平、行业平均水平有了大幅降低，降低幅度超过 100%，表明该行业经营活动筹集资金能力大幅提升，这主要是由生产环节筹资能力提升及营销环节占用资金水平降低共同作用的结果。

表 23 - 6　2011 ~ 2012 年信息传输、软件和信息技术服务业经营活动营运资金的渠道配置分析　单位：亿元

项目	采购渠道营运资金		生产渠道营运资金		营销渠道营运资金		经营活动营运资金	
	2011	2012	2011	2012	2011	2012	2011	2012
行业总体	- 1211. 68	- 1599. 86	- 18. 45	32. 19	696. 70	391. 88	- 533. 44	- 1175. 79
行业平均	- 7. 09	- 11. 85	- 0. 11	0. 24	4. 07	2. 90	- 3. 12	- 8. 71
最大值	2. 63	3. 00	12. 37	14. 11	205. 68	60. 61	61. 12	31. 43
最小值	- 880. 53	- 1370. 40	- 92. 30	- 63. 57	- 172. 53	- 215. 74	- 1145. 36	- 1649. 72
样本数量	171	135	171	135	171	135	171	135

(2) 企业层面

由表 23 - 7 分析可见，就采购渠道营运资金占用水平变化幅度企业分布而言，变化幅度为“降低显著”、“增加显著”的企业家数合计占比超 2/3，表明企业层面采购渠道营运资金占用水平十分不稳定，波动性大；就生产渠道营运资金占用水平变化幅度企业分布而言，变化幅度为“降低显著”、“增加显著”的企业家数也超过了行业总体的一半，变化幅度为“基本稳定”的企业家数占比不足 10%，表明企业层面生产渠道营运资金占用水平也十分不稳定，波动性大；就营销渠道营运资金占用水平变化幅度企业分布而言，有超过 2/3 的企业占用水平有所增加，“增加显著”的企业家数接近 1/4，“降低显著”的企业家数不足 10%，表明企业层面营销渠道营运资金占用水平总体有所上升，这与行业层面表现出来的行业总体值与行业平均值显著下降相左，可能是由于少数企业营销渠道营运资金占用水平大幅下降对整个行业平均水平影响显著，拉低了行业水平；就经营活动营运资金占用水平变化幅度企业分布而言，有约 2/3 的企业占用水平增加，“增加显著”的企业占比接近 30%，企业层面经营活动营运资金占用水平普遍有所提升，与行业层面行业总体水平、平均水平降幅超过 100% 的现象不相符，表明个别企业的反常表现对整个行业平均水平产生了重要影响。

表23－7　2011～2012年信息传输、软件和信息技术服务业经营活动营运资金的渠道配置变化情况及变动幅度表

项目		采购渠道营运资金	生产渠道营运资金	营销渠道营运资金	经营活动营运资金
资金占用量绝对变化统计	降低	44	54	32	36
	降低比例	41.12%	50.47%	29.91%	33.64%
	增加	63	53	75	71
	增加比例	58.88%	49.53%	70.09%	66.36%
资金占用量变化幅度统计	降低显著	29	29	10	10
	占比	27.10%	27.10%	9.35%	9.35%
	降低较大	5	9	6	5
	占比	4.67%	8.41%	5.61%	4.67%
	有所降低	5	10	9	9
	占比	4.67%	9.35%	8.41%	8.41%
	基本稳定	13	10	13	18
	占比	12.15%	9.35%	12.15%	16.82%
	有所增加	6	9	25	19
	占比	5.61%	8.41%	23.36%	17.76%
	增加较大	9	10	18	14
	占比	8.41%	9.35%	16.82%	13.08%
	增加显著	40	30	26	32
	占比	37.38%	28.04%	24.30%	29.91%
可比样本总数		107			

注：上表中除了百分比之外的数字单位为：家

3. 信息传输、软件和信息技术服务业上市公司分要素的经营活动营运资金配置分析

（1）行业层面

由表23－8分析可见，2012年该行业存货、应收及预付款项、应付及预收款项营运资金占用水平行业平均值依次为3.55亿元、8.20亿元、20.55亿元，由此可见，在各要素营运资金配置中应付及预收款项占比最高，是决定经营活动营运资金占用水平的主导因素。就存货期末余额而言，该行业2012年较2011年行业总体值因企业数量下降而有所降低，行业平均值稳中有升，表明存货要素占用营运资金的水平较为稳定；应收及预付款项期末余额2012年较2011年行业平均水平上升较快，增幅达37.47%，表明应收及预付款项占用营运资金的水平有了大幅上升；应付及预收款项期末余额较其他两个要素金额较大，对经营活动营运资金影响重大，2012年较2011年上升快速，行业平均水平增幅达267.62%，表明该行业利用应付及预收款项融通资金的金额陡然上升；就经营活动营运资金而言，该金额连续两年为负值，表明该行业经营活动能为企业筹措资金，并且2012年较2011年经营活动营运资金占用水平有了大幅下降，表明筹资金额大幅上升，这主要是由于应付及预收款项期末余额陡然上升导致的。

表23－8　2011～2012年信息传输、软件和信息技术服务业经营活动营运资金的要素配置分析　单位：亿元

项目	存货		应收及预付款项		应付及预收款项		经营活动营运资金	
	2011	2012	2011	2012	2011	2012	2011	2012
行业总体	596.86	479.86	1020.13	1107.14	956.59	2774.76	－533.44	－1175.79
行业平均	3.49	3.55	5.97	8.20	5.59	20.55	－3.12	－8.71
最大值	70.53	61.37	173.91	286.25	183.31	1995.89	61.12	31.43
最小值	0.00	0.00	0.00	0.00	0.00	0.01	－1145.36	－1649.72
样本数量	171	135	171	135	171	135	171	135

（2）企业层面

由表 23－9 分析可见，就存货期末余额变化幅度企业分布而言，有超过 2/3 企业期末余额有所增加，有 1/4 左右的企业存货期末余额变化幅度为“基本稳定”，有另外 1/4 左右的企业存货期末余额变化幅度为“增加显著”，表明企业层面存货营运资金占用水平呈上升趋势，与行业总体表现出来的稳中有升的现象基本吻合；就应收及预付款项期末余额变化幅度企业分布而言，变化幅度为“增加显著”的企业家数最多，达到 1/3 以上，期末余额增加的企业家数大于降低的企业家数，表明企业层面应收及预付款项期末余额总体上升，与行业总体表现出来的上升趋势相吻合；就应付及预收款项期末余额变化幅度企业分布而言，与应收及预付款项期末余额变化幅度企业分布极为相似，变化幅度为“增加显著”的企业家数最大，达到 1/3 以上，期末余额增加的企业家数大于降低的企业家数，与行业总体表现出的大幅上升基本吻合；就经营活动营运资金占用水平变化幅度企业分布而言，占用水平增加的企业比例约为 2/3，变化幅度为“增加显著”的企业家数最多，接近 30%，表明企业层面经营活动营运资金占用水平总体上升，与行业层面表现出的行业总体值、行业平均值大幅下降的现象不符，这主要是由于少数应付及预收款项上升对整个行业产生了重大的影响，导致经营活动营运资金占用水平行业平均值下降。

表 23－9　2011～2012 年信息传输、软件和信息技术服务业经营活动营运资金的要素配置变化情况及变动幅度表

项目		存货	应收及预付款项	应付及预收款项	经营活动营运资金
资金占用量绝对变化统计	降低	29	44	46	36
	降低比例	27.10%	41.12%	42.99%	33.64%
	增加	78	63	61	71
	增加比例	72.90%	58.88%	57.01%	66.36%
资金占用量变化幅度统计	降低显著	3	18	21	10
	占比	2.80%	16.82%	19.63%	9.35%
	降低较大	3	14	13	5
	占比	2.80%	13.08%	12.15%	4.67%
	有所降低	13	10	6	9
	占比	12.15%	9.35%	5.61%	8.41%
	基本稳定	29	5	11	18
	占比	27.10%	4.67%	10.28%	16.82%
	有所增加	18	11	9	19
	占比	16.82%	10.28%	8.41%	17.76%
	增加较大	14	8	6	14
	占比	13.08%	7.48%	5.61%	13.08%
	增加显著	27	41	41	32
	占比	25.23%	38.32%	38.32%	29.91%
可比样本总数		107			

注：上表中除了百分比之外的数字单位为：家

（二）信息传输、软件和信息技术服务业上市公司营运资金来源与财务风险分析

由表 23－10 分析可见，2011 年短期金融性负债占比大于 100%，表明短期金融性负债不仅用于满足营运资本融资需求，还为长期资产融资提供支持，融资结构十分不合理，财务风险很大，此外行业内最大值与最小值差别较大，表明不同企业融资结构存在较大差异；2012 年短期金融性负债占比陡然下降至－5379.34%，主要是由营运资金占用水平由正值变为负值，并且数值较小导致的，由于营运资金占用水平为负值，表明企业不仅通过短期金融性负债为长期资产提供融资支持，还通过营业活动为企业长期资产提供融资支持，融资结构十分不合理，财务风险巨大。短期金融性负债占比由 2011 年大

于 100% 转为 2012 年的负值，表明行业本就处于高位的财务风险水平进一步提高了。

表 23 - 10　　2011 ~ 2012 年信息传输、软件和信息技术服务业营运资金来源状况

项目	短期金融性负债占比		营运资本占比	
	2011 年末	2012 年末	2011 年末	2012 年末
行业平均	128.70%	-5379.34%	-28.69%	5479.34%
最大值	111.01%	577.61%	171.94%	169.70%
最小值	-71.94%	-69.70%	-11.01%	-477.61%
样本数量	171	135	171	135

由表 23 - 11 分析可见，2011 年末短期金融性负债比小于 0 的企业家数最大，达到 70 家之多，占到行业总体的 40.93%，表明这些企业不仅把全部短期金融性负债用于长期资产的融资支持，还通过营业活动筹资为长期资产提供支持，融资来源非常不稳定，存在巨大的财务风险。金融负债占比介于 0 ~ 40% 的企业家数占到行业总体企业家数的 50% 左右，表明近一半的企业财务风险水平较低。短期金融负债比大于 100% 的企业仅有 1 家，表明该企业短期金融性负债部分用于满足长期资产的融资需求，存在短借长投的现象，财务风险很大。2012 年末短期金融性负债占比小于 0 的企业家数仍是最多的，占行业总体的 40.00%，占比介于 0 ~ 40% 的企业家数占总行业的比例接近 50%，占比大于 100% 的企业家数仅有 4 家，总体而言 2012 年末短期金融性负债占比的企业家数分布与 2011 年十分相近，表明该行业内企业财务风险水平存在两极分化的现象，有半数左右的企业存在巨大的财务风险，而另外半数左右的企业财务风险处于一个相对较低的水平。

表 23 - 11　　2011 ~ 2012 年信息传输、软件和信息技术服务业营运资金来源统计表　　单位：家

比例	2011 年末短期金融性负债占比	2011 年末营运资本占比	2012 年末短期金融性负债占比	2012 年末营运资本占比
<0	70	1	54	4
0 ~ 20%	61	2	53	3
20% ~ 40%	27	5	14	5
40% ~ 60%	5	5	2	2
60% ~ 80%	5	27	5	14
80% ~ 100%	2	127	3	104
>100%	1	4	4	3
企业数量	171		135	

四、信息传输、软件和信息技术服务业上市公司营运资金管理绩效分析

（一）信息传输、软件和信息技术服务业上市公司分渠道的营运资金管理绩效分析

从行业层面看（见表 23 - 12），2012 年采购渠道、生产渠道、营销渠道行业整体营运资金周转期依次为 -120 天、1 天、27 天，采购渠道、生产渠道、营销渠道营运资金管理绩效依次降低，且差异较为明显，表明该行业采购渠道、生产渠道营运资金绩效管理水平相对较高，营销渠道营运资金管理绩效水平还有较大的提升空间。各子行业采购、生产、营销渠道营运资金绩效管理水平也都表现出依次降低的特点，但又有其自身特点。其中，互联网和相关服务业与其他子行业不同，采购、生产、营销渠道营运资金周转期依次为 2 天、-12 天、25 天，绩效管理水平都较高并且差异较小；电气机械和器材制造业营销渠道营运资金周转期 2012 年、2011 年依次为 155 天、157 天，在各子行业中周转期最长，绩效管理水平最差；2012 年电信、广播电视和卫星传输服务业采购、生产、营销渠道营运资金周转期依次为 -178 天、-9 天、-24 天，生产渠道营运资金周期略长于营销渠道营运资金，生产渠道营运资金管理水平低于采购、营销渠道营运资金管理水平。

表 23－12　2011～2012 年信息传输、软件和信息技术服务业各渠道营运资金周转期　单元：天

项目	采购渠道营运资金周转期		生产渠道营运资金周转期		营销渠道营运资金周转期		经营活动营运资金周转期（按渠道）	
	2011	2012	2011	2012	2011	2012	2011	2012
电气机械和器材制造业	－36	－35	28	32	157	155	149	153
电信、广播电视和卫星传输服务	－149	－178	－15	－9	－25	－24	－189	－210
互联网和相关服务	－4	2	6	－12	26	25	28	15
计算机、通信和其他电子设备制造业	－44	－47	3	5	95	98	54	55
软件和信息技术服务业	－28	－33	20	24	76	97	68	88
行业整体	－84	－120	－1	1	44	27	－41	－92

从企业层面分析（见表 23－13），2012 年采购渠道营运资金周转期波动较大，周转期变化幅度为“改善显著”、“降低显著”的企业家数合计占比达到 49.00%；生产渠道营运资金周转期改善和降低的企业家数各占一半，变化幅度为“降低显著”的企业家数占比最高；超过 2/3 的企业营销渠道营运资金周转期降低，大多数企业营销渠道营运资金管理绩效有不同程度的改善；超过 2/3 的企业经营活动营运资金周转期降低，大多数企业经营活动营运资金管理绩效有不同程度的改善。

表 23－13　2011～2012 年信息传输、软件和信息技术服务业各渠道营运资金管理绩效变化统计表

项目		采购渠道营运资金周转期	生产渠道营运资金周转期	营销渠道营运资金周转期	经营活动营运资金周转期（按渠道）
周转期变化统计	改善	64	47	32	31
	改善比例	59.81%	43.93%	29.91%	28.97%
	降低	43	60	75	76
	降低比例	40.19%	56.07%	70.09%	71.03%
周转期变化幅度统计	改善显著	31	13	7	6
	改善较大	6	8	7	4
	有所改善	19	14	8	10
	基本稳定	12	17	23	23
	有所降低	13	17	25	23
	降低较大	5	11	11	13
	降低显著	21	27	26	28
可比样本总数		107			

我们以 2008 年至 2012 年信息传播、软件和信息技术服务业所有上市公司为样本，对各渠道营运资金管理周转期进行了分析发现，连续五年该行业采购渠道、生产渠道、营销渠道营运资金周转期依次升高，采购渠道、生产渠道、营销渠道营运资金管理绩效依次降低。采购渠道营运资金管理周转期五年期间波动性最大，2009 年较 2008 年降幅达 41.10%，2010 年、2011 年周转期有所回升，2012 年较 2011 年有较大幅度下降，降幅达 44.58%；生产渠道营运资金周转期行业平均值五年期间变化额度绝对值不超过 14 天，相对于其他渠道，连续五年周转期水平比较稳定；营销渠道营运资金周转期行业均值五年期间一直处于相对较高的水平，2009 年、2010 年行业平均水平有所上升，2011 年、2012 年行业平均水平有所下降，营销渠道营运资金管理绩效还有较大提升空间；经营活动营运资金周转期在 2008 年至 2011 年期间，维持在一个较为稳定的水平，波动较小，2012 年较 2011 年有较大幅度下降，降幅达 142.11%。见表 23－14。

表 23－14　2008～2012 年信息传输、软件和信息技术服务业营运资金周转期　单位：天

项目	2008	2009	2010	2011	2012
经营活动营运资金（按渠道）周转期	－33	－42	－45	－38	－92
采购渠道营运资金周转期	－73	－103	－100	－84	－120
生产渠道营运资金周转期	8	12	－2	－1	1
营销渠道营运资金周转期	31	48	56	44	27

（二）信息传输、软件和信息技术服务业上市公司分要素的营运资金管理绩效分析

由表 23－15 分析可见，2012 年信息传输、软件和信息技术服务业存货、应收账款、应付账款周转期依次为 36 天、57 天、137 天，其中应付账款营运资金周转期最长，明显高于其他两个要素，该行业充分利用供应链中的商业信誉，存货周转期略低于应收账款周转期，存货管理绩效略高于应收账款。各子行业要素周转期长短各异，但除了电信、广播电视和卫星传输服务业以外，其他子行业应收账款周转期在三个要素中周转期最长，表明大部分子行业应收账款营运资金占用水平较高，管理绩效提升空间最大。电信、广播电视和卫星传输服务业应付账款周转期 2012 年、2011 年存货周转期依次为 187 天、155 天，是该子行业三个要素中周转期最长的要素，表明该子行业充分利用供应链中的商业信用，为企业节约了营运资金。

表 23－15　2011～2012 年信息传输、软件和信息技术服务业各要素周转期　单位：天

项目	存货周转期		应收账款周转期		应付账款周转期		经营活动营运资金周转期（按要素）	
	2011	2012	2011	2012	2011	2012	2011	2012
电气机械和器材制造业	108	109	108	116	67	59	149	166
电信、广播电视和卫星传输服务	7	11	26	27	155	187	－122	－149
互联网和相关服务	25	10	65	68	42	34	48	44
计算机、通信和其他电子设备制造业	60	78	80	81	70	79	70	81
软件和信息技术服务业	55	61	97	113	52	57	100	117
行业整体	39	36	61	57	102	137	－3	－45

从企业层面看（见表 23－16），2012 年与 2011 年相比按要素分析的四个指标降低的企业数均占多数，存货周转期、应收账款周转期、应付账款周转期、按要素的经营活动营运资金周转期 2012 年相对 2011 年降低的企业分别占可比企业总数的 57.01%、79.44%、69.16%、72.90%。存货、应收账款、应付账款周转期 2012 年较 2011 年变化幅度为“基本稳定”与“有所降低”的企业家数合计占比依次为 53.27%、57.94%、58.88%，经营活动营运资金周转期（按要素）2012 年较 2011 年变化幅度为“基本稳定”、“有所降低”的企业家数合计占比 59.81%。总体而言，信息传输、软件和信息技术服务业 2012 年各要素营运资金周转期稳中有降，各要素营运资金管理绩效水平平稳上升。

表 23－16　2011～2012 年信息传输、软件和信息技术服务业经营活动营运资金各要素管理绩效变化统计表

项目		存货周转期	应收账款周转期	应付账款周转期	经营活动营运资金周转期（按要素）
周转期变化统计	改善	41	21	32	29
	改善比例	38.32%	19.63%	29.91%	27.10%
	降低	61	85	74	78
	降低比例	57.01%	79.44%	69.16%	72.90%

续表

项目		存货周转期	应收账款周转期	应付账款周转期	经营活动营运资金周转期（按要素）
周转期变化幅度统计	改善显著	5	2	3	2
	改善较大	4	2	5	3
	有所改善	14	8	16	8
	基本稳定	41	26	28	34
	有所降低	16	36	25	30
	降低较大	7	18	14	14
	降低显著	20	15	16	16
可比样本总数		107			

注：上表中除了百分比之外的数字单位为：家

对比 2008 ~2012 年五年的数据由表 23 – 17 分析可见，连续五年现金周转期为负值，应付账款、应收账款、存货三要素的周转期依次降低，应付账款周转期明显高于存货、应收账款周转期，维持在一个较高的区间内波动，存货与应收账款周转期波动区间较为接近，每年两要素周转期相差不超过 25 天；应付账款 2012 年较 2011 年周转期延长较为明显，增幅达 33.33%，应收账款、存货周转期较为稳定，波动幅度较小，在应付账款周转期延长的影响下，现金周转期有较大幅度缩短，周期缩短了 42 天，表明该行业能充分利用供应链中的商业信用延长应付账款周转期，节约营运资金占用，而对于应收账款、存货的管理一直处于较为稳定的水平。

表 23 – 17　2008 ~2012 年信息传输、软件和信息技术服务业各要素周转期　单位：天

项目	2008	2009	2010	2011	2012
现金周转期	–4	–9	–13	–2	–44
存货周转期	41	50	40	39	36
应收账款周转期	45	64	65	61	56
应付账款周转期	90	122	117	102	136

五、2012 年信息传输、软件和信息技术服务业上市公司营运资金管理绩效排行榜

本部分分别按“经营活动营运资金周转期（按要素）”和“经营活动营运资金周转期（按渠道）”进行排名，考察信息传输、软件和信息技术服务业上市公司营运资金管理绩效。在对上市公司营运资金管理绩效进行排名时，剔除了财务数据异常的公司，详见附录一。

六、2012 年信息传输、软件和信息技术服务业上市公司营运资金管理的典型案例分析——中国联通之重视业务整合与营销渠道

1. 中国联通简介

中国联通（全称“中国联合网络通信股份有限公司”）是根据国务院批准的重组方案，由中国联合网络通信集团有限公司（“联通集团”）以其于中国联通（BVI）有限公司（“联通 BVI 公司”）的 51% 股权投资所对应的经评估的净资产出资，并联合其他四家发起单位以现金出资于 2001 年 12 月 31 日在中华人民共和国（“中国”）成立的股份有限公司，经批准的经营范围为从事国（境）内外电信行业的投资。公司主营业务为在中国境内提供移动和固网语音及相关增值服务、宽带及其他互联网相关服务、信息通信技术服务以及商务及数据通信服务。2009 年 1 月，中国联通获得了当今世界上技术最为成熟、应用最为广泛、产业链最为完善的 WCDMA 制式的 3G 牌照。在短短几个月的时间里，中国联通便建成了全球规模最大的 WCDMA 网络。目前，3G 网络已经覆盖了全国县级及以上城市。2011 年，中国联通积极探索与新业务模式相适应的运营和组织体系的变革，进一步完善面向集团客户的一体化

营销体系，提升销售和服务能力。公司始终坚持服务创新，强化用户分级服务机制，重点业务客户感知不断提升。

近年来，中国联通的资产、用户和收入规模明显扩大，企业综合实力得到明显提升。截至2012年底，中国联通资产规模达到5283.57亿元人民币，实现营业收入人民币2562.65亿元，同比增长18.9%，实现经营现金流人民币747.4亿元，同比增长7.6%，资产负债率为59.1%，资产负债状况保持稳健。

中国联通在始终坚持服务创新和以用户为中心的理念下，盈利和收入大幅增长，同时，营运资金管理绩效也在同行业中处于领先地位。

2. 中国联通营运资金管理绩效分析

中国联通2010～2012年三年间的经营活动营运资金周转期（按渠道）变化趋势如表23－18所示。

表23－18 中国联通2010～2012年营运资金管理绩效表（按渠道） 单位：天

指标	采购渠道营运资金周转期	生产渠道营运资金周转期	营销渠道营运资金周转期	经营活动营运资金周转期
2012	－185	－11	－27	－223
2011	－149	－15	－27	－191
2010	－195	－13	－21	－228
2012年行业平均值	－120	1	27	－92

2012年中国联通经营活动营运资金周转期（按渠道）为－223天，远远低于2012年行业平均水平－92天，在行业内排名第3。进一步分析，2012年中国联通采购渠道营运资金周转期为－185天，生产渠道营运资金周转期为－11天，营销渠道营运资金周转期为－27天，均远低于2012年该行业相应渠道的平均水平－120天、1天和27天。这说明中国联通经营活动营运资金管理的良好绩效并非仅受益于一个渠道，各个渠道的有效管理是中国联通经营活动营运资金管理绩效处于行业领先地位的主要因素。而从2010～2012年三年纵向比较可以看出，2010～2012年三年间经营活动营运资金周转期（按渠道）分别为－228天、－191天和－223天，先上升又下降，呈倒U型变化趋势。进一步分析发现，2010～2012年中国联通采购渠道营运资金周转期分别为－195天、－149天和－185天，也是先上升又下降，呈倒U型变化趋势，而其他两个渠道的营运资金周转期三年来变化均较小，生产渠道营运资金周转期三年来甚至呈U型变化趋势，只是变化幅度较小而已，因此，可以得出采购渠道供应链管理是中国联通保持良好的营运资金管理绩效的主要推动力。

中国联通2010～2012年三年间的经营活动营运资金周转期（按要素）变化趋势如表23－19所示。

表23－19 中国联通2010～2012年营运资金管理绩效表（按要素） 单位：天

指标	存货周转期	应收账款周转期	应付账款周转期	现金周转期
2012	8	24	191	－159
2011	7	25	156	－123
2010	6	29	200	－165
2012年行业平均值	36	56	136	－44

2012年中国联通经营活动营运资金周转期（按要素）为－159天，远远低于2012年行业平均水平－44天，在行业内排名第1。从要素视角进一步分析，2012年存货周转期为8天，低于行业平均值36天，应收账款周转期为24天，低于行业平均值56天，应付账款周转期191天，高于2012年行业平均值136天，说明存货、应收账款要素的周转期远低于行业平均水平，而应付账款要素的周转期远高于行业平均水平是中国联通经营活动营运资金周转期（按要素）2012年处于行业第1的关键。而从2010～2012年三年纵向比较可以看出，经营活动营运资金周转期（按要素）分别为－165天、－123天和－159天，先上升后下降，呈倒U型变化趋势。具体分析，2010～2012年三年间存货周转期逐年延长1天；应收账款周转期逐年缩短，2011年较2010年减少4天，2012年较2011年减少1天；应付

账款周转期呈先缩短后延长的趋势，2011 年较 2010 年缩短 44 天，2012 年较 2011 年延长 35 天。综上分析，应收账款周转绩效逐步改善，而存货周转绩效有恶化的趋势，应付账款周转绩效 2011 年恶化，但 2012 年又有所好转，因此，中国联通今后应继续加强存货和应付账款的管理，保持经营活动营运资金周转绩效（按要素）在行业中的领先地位。

从分渠道的经营活动营运资金管理绩效描述中可以看出，中国联通的采购渠道和营销渠道周转期均处于同行业中的较低水平，从分要素的经营活动营运资金管理绩效描述中可以看出，中国联通的存货周转期、应收账款周转期和应付账款周转期均处于同行业中的较低水平。可见，无论是从渠道视角还是从要素视角分析，中国联通的经营活动营运资金管理绩效均保持行业领先地位，这说明该企业在经营过程中形成的自己独特的营运资金管理模式较为有效。

3. 中国联通营运资金管理特色总结

中国联通营运资金管理能够秉持公司发展战略，顺应公司及市场需求。

（1）不但发展中端智能机外，还推出高端机合作产品

随着 3G 网络的普及，中国联通不但继续坚持与中兴、华为、联想、酷派等厂家合作推广中端智能机以外，还发展了与苹果、三星等大品牌高端机的合作渠道，通过分期付款购机与资费合并，推广自身业务，通过大品牌高端机对广大消费者的吸引力进一步宣传推广公司自身的业务，从营销渠道共同提升了营运资金管理的绩效。

（2）整合业务，提高营运效率

2012 年 11 月 21 日，联通运营公司与联通集团签订了股权转让协议，向联通集团收购联通新时空的 100% 股权，收购对价约人民币 121.66 亿元。联通新时空的主营业务为向联通运营公司租赁其于中国南方 21 省的固定电信网络（“南方固定电信网络”）。收购后，联通运营公司直接控股联通新时空，节省了业务租赁转让的很多费用，也提高了运营的效率。

（3）继续拓展其他营销渠道

与全国性及区域性连锁渠道签订全面合作战略协议，拓展社会渠道；完善网上营业厅、短信营业厅、手机营业厅等电子渠道销售及服务承载能力；完善农村及乡镇的营业厅建设及网络普及，开拓并完善农村营销渠道……一系列营销渠道的拓展，使得中国联通营销渠道营运资金管理绩效明显提升，并进一步影响整体的经营活动营运资金管理绩效。

七、2012 年信息传输、软件和信息技术服务业上市公司营运资金管理调查的结论与建议

（一）调查结论

1. 2012 年信息传输、软件和信息技术服务业少数企业经营活动营运资金占用水平显著降低，导致行业整体营运资金由正转负

从企业层面分析，经营活动营运资金有 2/3 左右的企业占用水平增加，“增加显著”企业家数占比最高，“降低显著”企业家数占比不足 10%，而行业整体经营活动营运资金平均水平降幅达 -103.73%；投资活动营运资金占用水平无论是从企业层面分析，还是从行业层面分析，占用水平比较稳定，变化不大；就营运资金占用水平而言，企业层面占用水平为“基本稳定”的企业家数占比过半，“有所增加”的企业数占到 19.63%，行业层面平均占用水平降幅达 -102.98%。这表明由于少数企业经营活动筹资能力大幅提升，经营活动营运资金占用水平负值增大，使整个行业经营活动营运资金占用平均水平下降，从而导致行业整体营运资金由正转负，发生了质的变化。

2. 2012 年信息传输、软件和信息技术服务业采购渠道营运资金占用水平在各渠道营运资金配置中占比最高，企业层面营运资金占用水平波动性大，个别企业资金占用水平变化对行业整体影响重大

2012 年该行业采购渠道、生产渠道、营销渠道营运资金占用在营运资金占用配置中采购渠道营运资金占用水平占比最大，是决定营运资金占用水平的主导因素。采购环节是企业通过营业活动筹集资金的主要环节，2012 年较 2011 年在行业总体值、行业平均值上都有较大幅度下降，说明行业采购渠道筹资金额大幅上升，营销渠道营运资金 2012 年较 2011 年行业总体水平与行业平均水平减少近半，占

用水平有了大幅降低，节约了对营运资金的占用额度。经营活动营运资金占用水平2012年较2011年行业总体水平、行业平均水平有了大幅降低，主要是由生产环节筹资能力提升及营销环节占用资金水平降低共同作用的结果。

就企业层面分析而言，采购渠道、生产渠道营运资金占用水平波动性较大；营销渠道大部分企业占用水平有所增加，与行业层面表现出来的大幅下降相左，这是由于少数企业营销渠道营运资金占用水平大幅下降对整个行业平均水平影响显著，拉低了行业水平；经营活动营运资金有约2/3的企业占用水平增加，与行业层面行业总体水平、平均水平降幅超过100%的现象不相符，表明个别企业的反常表现对整个行业平均水平产生了重要影响。

3. 2012年信息传输、软件和信息技术服务业应付及预收款项在经营活动营运资金配置中占比最高，且占用水平陡然上升

2012年该行业存货、应收及预付款项、应付及预收款项营运资金占用水平行业平均值依次为3.55亿元、8.20亿元、20.55亿元，由此可见，在各要素营运资金配置中应付及预收款项占比最高，是决定经营活动营运资金占用水平的主导因素。

2012年该行业各要素营运资金占用水平变化行业层面与企业层面分析结果较为吻合。存货要素占用营运资金的水平较为稳定；应收及预付款项占用营运资金的水平有了大幅上升，行业平均水平增幅达37.47%，1/3企业“增加显著”；应付及预收款项融通资金的金额陡然上升，行业平均水平增幅达267.42%，1/3企业“增加显著”。企业层面经营活动营运资金占用水平总体上升，与行业层面表现出的行业总体值、行业平均值大幅下降的现象不符，这主要是由于少数应付及预收款项上升对整个行业产生了重大的影响，导致经营活动营运资金占用水平行业平均值下降。

4. 信息传输、软件和信息技术服务业存在巨大财务风险，2012年行业层面财务风险进一步扩大，企业层面财务风险呈两极化分布

2011年短期金融性负债占比行业平均值大于100%，表明短期金融性负债用于满足营运资本融资需求，财务风险很大。2012年短期金融负债占比陡然下降至－5379.34%，表明不仅通过短期金融性负债为长期资产提供融资支持，还通过营业活动为企业长期资产提供融资支持，资金来源很不稳定，财务风险巨大。短期金融性负债占比行业平均水平由2011年大于100%转为2012年的负值，表明行业本就处于高位的财务风险水平进一步提高了。

从企业层面分析，连续两年短期金融性负债占比小于0的企业家数占比最多，在40%左右，短期金融性负债占比介于0~40%的企业家数占到行业总体企业家数的50%左右，该行业内企业财务风险水平存在两极分化的现象，有半数左右的企业存在巨大的财务风险，而另外半数左右的企业财务风险处于一个相对较低的水平。

5. 2012年信息传输、软件和信息技术服务业采购渠道、生产渠道、营销渠道营运资金管理绩效依次降低，采购渠道营运资金管理绩效波动性较大

2012年采购渠道、生产渠道、营销渠道行业整体营运资金周转期依次升高，采购渠道、生产渠道、营销渠道营运资金管理绩效依次降低，且差异较为明显。该行业采购渠道、生产渠道营运资金绩效管理水平相对较高，营销渠道营运资金管理绩效水平相对较低。对该行业五年行业均值分析发现，营销渠道营运资金周转期持续较高，表明营销渠道营运资金管理绩效还有较大的提升空间。从企业层面分析，2012年采购渠道营运资金周转期波动较大，周转期变化幅度为“改善显著”、“降低显著”的企业家数合计占比接近半数，从五年发展趋势分析，采购渠道营运资金周转期行业平均波动性最大。

6. 信息传输、软件和信息技术服务业现金周转期为负值，应付账款、应收账款、存货三要素的周转期依次降低，并且各周转期在2012年进一步缩短

2012年信息传输、软件和信息技术服务业应付账款营运资金周转期最长，明显高于其他两个要素，该行业充分利用供应链中的商业信誉，存货周转期略低于应收账款周转期，存货管理绩效略高于应收账款；大部分子行业在三要素中应收账款周转期最长，应收账款绩效管理水平提升空间较大。信

息传输、软件和信息技术服务业 2012 年各要素营运资金周转期稳中有降，各要素营运资金管理绩效水平平稳上升。从五年数据分析发现，该行业应付账款周转期一直处于一个较高的水平，能充分利用供应链中的商业信用延长应付账款周转期，节约营运资金占用，而对于应收账款、存货的管理一直处于较为稳定的水平。

（二）对策建议

1. 加强采购渠道营运资金监管，防范资金波动性风险

基于对信息传输、软件和信息技术服务业营运资金管理状况的研究，我们发现该行业采购渠道营运资金在该行业整体营运资金管理中举足轻重，并且采购渠道营运资金波动性较大，存在较大的风险。该行业采购渠道营运资金为负值，并且占用水平绝对值在经营活动营运资金配置中占比最大，应付及预收款项在经营活动营运资金配置中占比也最大，而应付及预收款项主要分布在采购渠道的营运资金中，因此，加强该行业采购渠道营运资金管理就显得尤为重要。与此同时，该行业采购渠道营运资金管理绩效波动性较大，应付账款周转期近五年期间波动性较大，采购渠道营运资金占用水平波动性较大，存在较大的不确定性。由此可见，该行业应加强采购渠道营运资金监管，防范采购渠道资金波动带来的风险。

2. 加强财务风险管理，促进融资结构合理回归

2012 年信息传输、软件和信息技术服务业的固定资产投资增长 30.6%。在非金融领域新批外商直接投资下降 3.7% 的背景下，信息传输、计算机服务和软件业却上升 24.4%。该行业固定资产投资增长较快，而营运资金较为充裕，导致短借长投现象较为普遍。2012 年该行业营运资金占用水平行业总体为 -25.93 亿元，这表明该行业的长期投资资金来源不仅包含全部的短期金融性负债，还包含部分短期经营性负债，资金来源非常不稳定，财务风险巨大。因此，该行业应加强财务风险管理，提高资金来源的稳定性，尽量做到短借短投，长借长投，促进融资结构的合理回归。

3. 加强应收账款营运资金周转期监管

2012 年信息传输、软件和信息技术服务业存货、应收账款、应付账款营运资金周转期依次为 36 天、57 天、137 天，其中应付账款营运资金周转期最长，明显高于其他两个要素，说明该行业能充分利用供应链中的商业信誉；存货周转期略低于应收账款周转期，存货管理绩效略高于应收账款。各子行业要素周转期长短各异，但除了电信、广播电视和卫星传输服务业以外，其他子行业应收账款周转期在三个要素中周转期最长，表明大部分子行业应收账款营运资金占用水平较高，管理绩效提升空间最大。因此，该行业应该加快应收账款回收，缩短应收账款营运资金周转期，同时要兼顾销售收入。

主要参考文献

1. 王竹泉、刘文静、王兴河、张欣怡、杨丽霏：“中国上市公司营运资金管理调查：2007 ~ 2008”，《会计研究》，2009 年第 9 期。

2. 中国海洋大学企业营运资金管理研究课题组：“中国上市公司营运资金管理调查：2009”，《会计研究》，2010 年第 9 期。

3. 王竹泉、孙建强等：《营运资金管理发展报告 2011》，中国财政经济出版社 2011 年版。

4. 中华人民共和国工业和信息化部网站，http://www.miit.gov.cn/n11293472/index.html。

5. 中华人民共和国国家统计局网站，http://www.stats.gov.cn/。

6. 中国联通官方网站：http://www.chinaunicom.com.cn/。

7. 巨潮资讯网站：http://www.cninfo.com.cn/。

第二十四章　2012 年房地产行业上市公司营运资金管理调查[①]

【摘要】2012 年是“十二五”规划之年，也是房地产调控政策常态化的一年，中国房地产行业发展进入一个全新的里程碑。在稳中有进的宏观调控政策和适度放宽的货币政策影响下，“以价换量”的策略和自住性需求不断释放，我国房地产市场运营情况好于预期，房地产市场在调控中向更加理性、健康的轨道发展。信贷政策放宽，央行两度下调存贷款基准利率、两度调整存款准备金率，使房地产企业资金压力缓解，筹资成本也将相应降低，企业有机会选择更加合理的筹资渠道筹集资金，利于及时回笼资金、降低财务风险。本报告在前期调查研究的基础上，对 2012 年房地产行业上市公司营运资金管理状况进行调查分析。2008 ~2012 年可比样本总数为 63 家，2011 ~2012 年可比样本总数为 105 家，其中，2008 年 88 家，2009 年 101 家，2010 年 120 家，2011 年 121 家，2012 年 126 家。首先，对房地产行业营运资金管理的特点以及经营环境对营运资金管理的影响进行分析；其次，对房地产行业营运资金的配置和来源进行分析，配置分析从经营活动营运资金和投资活动营运资金以及各渠道和要素的角度进行，来源分析从短期金融性负债占比和营运资本占比的角度进行，分析房地产企业的财务风险状况；最后，从渠道和要素的角度对房地产行业五年的管理绩效进行分析，总结房地产行业营运资金调查的结论并提出相关建议。

本报告得到以下结论：2012 年房地产行业营运资金管理绩效改善，采购渠道改善最为明显，生产渠道整体较为稳定；投资活动营运资金占用增加、配置比例提高，投资活动在营业活动中地位增强，但规模性不足；增加显著和降低显著的企业数量较多，房地产行业加快内部整合；从融资结构透视财务风险，房地产行业财务风险较大，但年度变化不大。从而提出以下三点建议：深化供应链平台合作，重视利益相关者关系管理，稳定采购渠道管理绩效的同时，改善生产渠道管理水平；理性配置营业活动资金，保持并提高企业核心竞争力；重视营运资金融资结构，降低财务管理风险水平。

一、房地产行业营运资金管理特点

营运资金管理是企业财务管理的重要内容，它直接影响着企业资金的流动性和收益性，甚至关系着企业的生存发展。在房地产行业中，营运资金的这一作用尤为明显。营运资金管理是房地产企业持续发展的关键。加强房地产企业营运资金管理最主要的目标是提高营运资金供应的及时性、有效性及营运资金周转率和利用率。由于房地产行业经营活动的特殊性，房地产行业的营运资金管理表现出以下几方面的特点：

1. 营运资金供应渠道较窄，对银行资金依赖程度较高

房地产企业开发项目资金来源主要是自有资金、借入资金和销售回笼资金。由于政府对房地产企业进行 IPO 和股权再融资的限制较高，大多数房地产开发项目的自有资金所占比重只有 20% ~30%，大部分资金靠银行及其他金融机构的贷款和项目预收款来周转。据统计，目前金融机构贷款是房地产行业资金的第一来源，其中有超过一半以上的资金直接或间接来源于银行，企业大多从银行借款进行负债融资，导致高资产负债率、高风险的杠杆经营，从而增加了融资难度和企业财务危机成本。中国指数研究院的报告显示，2012 年，房地产开发企业本年资金来源 9.7 万亿元，同比增长 12.7%。其中，国内贷款同比增长 13.2%，定金及预付款和个人按揭贷款同比分别增长 18.2% 和 21.3%。总体来

① 国家自然科学基金“利益相关者视角的营运资金管理研究与中国上市公司营运资金管理数据平台扩充建设（71372111）”和国家自然科学基金“利益相关者集体选择视角的企业价值管理研究（71172099）”的阶段性成果。感谢中国海洋大学、中国会计学会、国家自然科学基金委员会对营运资金管理研究的支持。

看，除利用外资外，各项资金来源同比增速均减缓，但到位资金明显高于同期投资额。[①] 2012 年相较之前年度企业资金压力得到相对缓解，由于信贷放款，销售好转，定金及预付款增幅最为显著，表明房地产企业筹资渠道较窄，对信贷政策的依赖程度较高，财务风险大。

2. 资金沉淀严重，存货及生产环节营运资金管理难度大

房地产企业一方面深受资金不足之苦，另一方面企业对资金的无效占用不断增加，投入的资金未形成有效产出流回企业，而是转化为存货积压（拟开发土地储备、在建开发产品、已完工开发产品）。房地产企业的存货流动性差、存货周转期长，一方面占用了房地产企业大量资金，另一方面房地产企业为保管这些存货支付大量的保管费用，这也是房地产企业费用上升，利润下降的一大诱因。根据国家统计局的数据，2012 年全年全国商品房待售面积 36460 万平方米，增长 27.0%。[②] 虽然商品房待售面积不等于住房空置面积，但是 2010 年以来商品房交易量大幅放缓，这些待售商品房无疑大大占用了房地产企业的营运资金，造成企业资金的严重沉淀。一般大型房地产企业都定位于中游产业，兼做上游的建筑企业，大型开发商基本包揽了房地产项目开发环节中的所有工作，其中购置土地、规划设计、建设开发等生产环节是整个经营流程的主要环节，生产环节所占用的营运资金数量也较大，而且占用时间长、波动性较大、财务风险大，其营运资金管理是房地产行业营运资金管理的难点。因此加强存货和生产环节的管理是营运资金管理的重要环节。

3. 营运资金监控力度不足，投资行为盲目

由于房地产企业开发经营中资金运作过程复杂，而且房地产开发经营活动需要投入大量的营运资金，工程项目往往遍布全国各地，内部资金分储在多个银行，并且在多家银行多头开户，资金管理分散，资金无法进行有效监控。比如某大型房地产商在全国有多家分公司与项目公司，与十几家银行发生业务往来，一个分公司往往就开设了数百、上千银行账户，营运资金的监控成本极高，未形成有效的营运资金监控指标体系，不能及时发现营运资金运作中存在的问题，进一步加大了财务风险。同时由于前几年房地产的理论投资回报率较高，使得部分房地产企业关注行业利润时，没有考虑到行业的潜在风险，忽视行业发展的周期性，在未能分析房地产市场的消费趋向、消费者的购买能力和市场上的供求情况的前提下，就按企业主观臆断，盲目进行项目投资，在这种投资理念和策略下，房地产企业的投资很难得到合理回报，投资行为的盲目性势必会使得企业陷入资金上的窘境。

二、2012 年房地产行业经营环境及对营运资金管理的影响

2012 年是房地产调控政策常态化的一年，也是中国房地产发展史上一个全新的里程碑。在国家稳中有进宏观调控政策和货币政策的影响下，“以价换量”的策略和自住性需求不断释放，我国房地产市场好于预期，无论是“十二五”纲要还是十八大提出的全面建设小康社会的目标，都表明我国处于重要的战略发展机遇期，面临着难得的历史机遇，也面临着诸多的风险和挑战。2010 年 4 月 14 日国务院召开常务会议，出台“新国四条”，迄今已两年多的时间，2012 年国家又先后出台了一系列深化和细化房地产市场调控的政策。从房价的变化、保障房供应和刚需消费比例来看，调控已初见成效；但受调控的影响，许多城市财政紧张，也有个别城市尝试变通“限购”政策。2012 年，为了“稳增长”，中国人民银行先后降低金融机构的存款准备金率和基准利率。受此影响，部分城市的商品房成交量和房价均出现了“触底昂头”的迹象。我国房地产市场继续在诸多复杂对冲影响中“颠簸”前行。从国际看，世界经济复苏乏力，欧债危机复杂多变，并非一朝一夕能化解，中国外部环境不容乐观。这些调控政策使得 2012 年我国房地产行业所面临的经营环境发生了一定的变化。这些改变均对房地产行业上市公司的营运资金管理产生了不同程度的影响。

① 数据来源：“2012 年中国房地产市场总结 2013 年展望”，中国指数研究院官方网站，http：//fdc. soufun. com/report/6151. htm。
② 数据来源：《中华人民共和国 2012 年国民经济和社会发展统计公报》，中国统计出版社 2012 年版。

（一）2012年房地产行业经营环境变化情况

1. 政府出台多项房地产调控政策，坚定不移“稳增长”

2012年，是“十二五”规划之年，也是房地产业的大变革之年，号称“史上最严厉的楼市调控”凌厉推进。房地产市场、房地产行业在调控中正在向更加理性、健康的轨道发展。中央严格执行去年的限购、差别化信贷和税收等多重政策。出台限购令的46个城市中，25个城市表示将延续限购，坚定不移地去投机化、去泡沫化。2012年，政府连续出台多项房地产调控政策。1月初，住房和城乡建设部相关负责人表示，政府要消除非户籍人员购买当地商品房制度性障碍，营造较好的市场环境。1月30号，国务院总理温家宝主持召开国务院第六次全体会议，温家宝表示，要巩固房地产市场调控成果，继续严格执行并逐步完善抑制投机投资性需求的政策措施，促进房价合理回归。采取有效措施增加普通商品房供给，做好保障性住房建设和管理工作，保障房政策支持力度也不断增强，中央加大保障房建设补助资金投入，多部委支持保障房参建企业多元化融资。2012年，全国计划开工建设1000万套保障性住房，截至11月中旬，这一任务已经完成。整个“十二五”期间，我国共将建设各类保障性住房3600万套，到“十二五”末，城镇保障房覆盖面将达到20%。3月份，财政部进一步研究推进房产税改革的方案，同时部分两会代表提出扩大房产税征收范围，建议用征收房产税取代限购，并用征收的房产税补贴建不起廉租房的地方政府。政府密集出台的这一系列政策都让我们看到了其对房地产市场调控坚定不移的决心。国务院常务会议已决定把“稳增长放在更加重要的位置”。相比控通胀，“稳增长”任务更重要，这更符合中国经济稳中求进的总基调，也对房地产企业稳定健康发展，降低财务风险起到了关键作用。

2. 信贷政策放宽，央行两度下调存贷款基准利率、两度调整存款准备金率

央行在2012年两度下调金融机构存贷款基准利率，第一次于2012年6月8日，将一年期存贷款基准利率下调0.25个百分点，这是央行三年半来首次降息；之后央行于2012年7月6日进行了第二次降息，金融机构一年期存款基准利率下调0.25个百分点，一年期贷款基准利率下调0.31个百分点；其他各档次存贷款基准利率及个人住房公积金存贷款利率相应下调。2012年，央行也两次下调存款准备金率。大型金融机构回落到21.00%，中小金融机构为17.50%。与此同时，央行还同时调整了金融机构存贷款利率浮动区间的上下限，为2013年向利率市场化改革，实现贷款利率取消下限做好铺垫。个人住房贷款利率浮动区间不作调整，金融机构继续严格执行差别化的住房信贷政策，继续抑制投机投资性购房，深化保证性住房支持力度，完善房地产市场竞争机制。

3. 房地产行业内部整合加剧，商品房的成交量继续回升

“两会”之后楼市政策面依旧从紧，各地楼市促销力度加大，在刚需释放的带动下主要城市商品房成交量继续回升，受限购政策打压的中国房地产市场到年中开始出现回暖迹象。在开发商以价换量的刺激下，今年3月北京新建住宅签约套数为8085套，较2月上涨了46.6%，[①] 楼市复苏也成为2012年楼市成交的关键词，在开盘量增长的同时，房价也开始出现微涨。一线和部分二线城市由于成交量明显回升后供应相对不足，价格可能略有上涨，而多数二三线城市成交量暂未明显好转，价格仍会继续盘整。房地产市场业绩分化愈演愈烈，龙头企业依赖自身资金优势“以价换量”，销售业绩大幅提升；与此同时，中小房企在资金压力下“断臂求生”，转让股权；还有一些房企另谋出路，寻求转型，走向多元化经营。房地产企业“圈块地就能挣钱，卖栋楼就能发财”的集体暴利时代逐渐走向终结。剧烈的行业内部调整不断优化着房地产企业的经营管理水平，同时企业也将整合的重点调整到营运资金的管理和财务风险的控制，防止资金链断裂造成的严重后果。

（二）2012年经济环境变化对房地产行业上市公司的影响分析

1. 政府调控政策抑制房产投机，房地产行业发展趋于稳定

2012年是中国房地产行业的一大转折点，也是具有里程碑意义的一年。由于供应放大、货币政策

---

① 数据来源：“2012年中国房地产市场总结2013年展望”，中国指数研究院官方网站，http：//fdc.soufun.com/report/6151.htm。

微调、购房意愿上升等诸多促进因素，主要城市成交量仍将回升，带动全国销售趋稳，但总体偏紧的房地产调控政策、投资投机性需求的抑制，将限制成交量上行的空间。房地产行业“稳增长”的政策方向有效地抑制了投机性房地产的交易，减少了房地产企业盲目投资造成的资金损失。一系列政策的出台有效地抑制了房价的过快增长，使得房地产企业将重心调整到内部资源的有效整合、财务风险的控制、质量的控制和管理水平的提升，行业发展逐渐去泡沫化，走入科学发展的路线。

2. 宽松的信贷政策使房地产企业资金压力缓解

利率下调不但可以降低企业的经营成本，还将有效刺激企业的贷款需求。央行此举意义深远，放出了利率市场化的鲜明信号，意味着央行更倾向于用市场化的手段，让银行有更多的灵活选择和自由空间。受货币政策影响鲜明的房地产企业的筹资成本也将相应降低，有机会选择更加合理的筹资渠道筹集资金，投入生产运营，从源头上降低生产成本，控制营运资金的使用成本，利于及时回笼资金降低财务风险。与此同时，房地产企业也应合理利用分配营运资金，提高营运资金的使用效率，使企业健康稳定可持续地发展。

3. 房地产行业内部整合加速，中小企业生存难

2012 年中国房地产行业内部分化不断加速，2012 年 7 月中国并购市场共完成 63 起并购交易，交易总金额为 22.04 亿美元。清科报告显示，7 月份中国房地产行业披露金额的并购案例 6 起排在第一位，披露金额为 7.69 亿美元，占 7 月并购披露总额的 34.9%，平均每起案例并购金额 1.28 亿美元。如今，面对严厉的需求调控以及日益趋紧的资金链，对部分中小房企而言，可谓“存亡之秋”，资金的缺乏使中小企业地位难保。而对于万科、恒大等地产大鳄来讲，这无疑又是一次“大鱼吃小鱼”的良机。身为资本密集型的房地产行业并不能在资金链趋紧的形势下坚持多久，开发商之间的优胜劣汰不可避免。而与此同时，开发商的盈利前景已经不可能延续以往如日中天的势头，品质竞争、服务竞争、品牌竞争以及管理竞争，风险控制竞争将成为市场的主题，囤地、捂盘等行为将被时代淘汰，加之购房者对市场、对政策的理解日益成熟，房地产行业的暴利时代将一去不返。

三、2012 年房地产行业上市公司营运资金配置与来源分析

（一）房地产行业上市公司营运资金配置分析

1. 房地产行业上市公司营运资金总体配置结构与占用水平分析

（1）行业层面

房地产行业层面的分析，是从房地产行业营运资本与营运资金的配置情况、经营活动营运资金和投资活动营运资金的配置情况以及年度变化情况进行分析，透视房地产行业上市公司 2012 年营运资金的管理现状。2011 ~ 2012 年房地产行业营运资金配置情况如表 24 - 1 所示。

表 24 - 1　　2011 ~ 2012 年房地产行业营运资金配置分析　　单位：百万

项目	营运资本期末占用		营运资金期末占用		经营活动营运资金期末占用		经营活动营运资金占用水平		投资活动营运资金期末占用	
	2011	2012	2011	2012	2011	2012	2011	2012	2011	2012
行业总体	659243.62	756992.75	904085.06	1039927.40	676674.72	725212.27	N/A	N/A	227410.34	314715.13
行业平均	5448.29	6007.88	7471.78	8253.39	5592.35	5755.65	202.88%	152.00%	1879.42	2497.74
最大值	89520.73	103286.85	106043.98	139519.66	85481.25	95999.22	1041.93%	550.85%	34239.51	52291.54
最小值	-701.72	-1826.61	114.61	-643.45	-551.67	-1149.49	-38.17%	-135.49%	1.59	0.88
样本数量	121	126	121	126	121	126	121	126	121	126

从整体来看，2012 年较 2011 年营运资金占用水平整体攀升。房地产行业 2012 年营运资本期末平均占用 60.08 亿元，较上年增长 10.27%；营运资金期末平均占用 82.53 亿元，较上年增长 10.46%，其中经营活动营运资金期末占用较上年增长 2.92%，投资活动营运资金期末平均占用增幅较大，为 32.90%，表现出投资活动在营业活动中地位增强的态势。2012 年房地产行业总资产规模及营业收入

平均增长 21%，与营运资金占用整体增长相契合，规模增长因素是营运资金增长的主要原因之一。从最大、最小值可看出，较 2011 年，2012 年行业整体具有更大的绝对值区间，行业整体集聚度变差。

从营运资金配置结构来看，2012 年营运资金期末平均占用 82.53 亿元，其中经营活动营运资金占用 57.56 亿元，占比 69.74%，较上年下降 5.11%；投资活动营运资金期末平均占用 24.98 亿元，占比 30.26%，较上年上升 5.11%；房地产行业在营运资金配置方面，显示出向投资活动倾斜的方向。另外，经营活动营运资金占用水平，即经营活动营运资金占营业收入的比重由 2011 年的 202.88% 下降至 2012 年的 152%，与经营活动营运资金期末占用下降态势一致。

（2）企业层面

从企业层面分析房地产行业上市公司营运资金配置变化情况及变动幅度统计如表 24－2 所示。

表 24－2　　2011～2012 年房地产行业上市公司营运资金配置变化情况及变动幅度统计表

项目		营运资本	营运资金	经营活动营运资金	投资活动营运资金
资金占用量绝对变化统计	降低	31	29	37	29
	降低比例	29.52%	27.62%	35.24%	27.62%
	增加	74	76	68	76
	增加比例	70.48%	72.38%	64.76%	72.38%
资金占用量变化幅度统计	降低显著	6	1	8	10
	占比	5.71%	0.95%	7.62%	9.52%
	降低较大	5	3	5	9
	占比	4.76%	2.86%	4.76%	8.57%
	有所降低	10	12	9	6
	占比	9.52%	11.43%	8.57%	5.71%
	基本稳定	25	35	35	10
	占比	23.81%	33.33%	33.33%	9.52%
	有所增加	33	35	25	13
	占比	31.43%	33.33%	23.81%	12.38%
	增加较大	13	11	9	16
	占比	12.38%	10.48%	8.57%	15.24%
	增加显著	13	8	14	41
	占比	12.38%	7.62%	13.33%	39.05%
可比样本总数		105			

注：上表中除了百分比之外的数字单位为：家

从绝对变化量来看，2012 年大部分企业营运资金占用量有所增加，其中 72.38% 的企业营运资金占用量增加，营运资本占用量增加企业比例略低，为 70.48%。投资活动营运资金占用量增加的企业为 76 家，高于经营活动营运资金占用量增加的企业数量。

从变化幅度统计来看，营运资本、营运资金、经营活动营运资金的变化幅度多集中在－10% 到 30% 的区间，即基本稳定和有所增加，区间企业数量均过半，表明房地产行业内企业营运资金占用稳中有增；其中，营运资本增加比例在 10% 到 30% 的企业最多，占比 31.43%，营运资金和经营活动的营运资金变化幅度在－10% 至 10% 的企业数量最多，占比 33.33%；而值得关注的是，投资活动营运资金增加显著的企业数量最多，即增加比例超过 50% 的企业数量占比 39.05%，反映出房地产企业在产融结合背景下，注重营运资金配置效率的倾向，但投资活动营运资金增幅较大并未显著影响营运资金的增幅，说明投资活动营运资金占用的绝对额相对较小，在资金量级大的房地产行业仍不具规模性。

2. 房地产行业上市公司分渠道的经营活动营运资金配置分析

(1) 行业层面

从采购、生产、营销三渠道分析房地产行业上市公司经营活动营运资金的配置情况，如下表 24 - 3 所示。

表 24 - 3　　2011 ~ 2012 年房地产行业经营活动营运资金的渠道配置分析　　单位：百万

项目	采购渠道营运资金		生产渠道营运资金		营销渠道营运资金		经营活动营运资金	
	2011	2012	2011	2012	2011	2012	2011	2012
行业总体	38028.55	-73824.35	945035.16	1127454.36	-306388.99	-328417.74	676674.72	725212.27
行业平均	314.29	-585.91	7810.21	8948.05	-2532.14	-2606.49	5592.35	5755.65
最大值	53324.33	3717.41	142534.16	221315.66	2546.33	11053.46	85481.25	95999.22
最小值	-4988.02	-16464.52	-239.27	-746.52	-106284.63	-117623.03	-551.67	-1149.49
样本数量	121	126	121	126	121	126	121	126

从整体来看，采购渠道营运资金占用变化明显，由 2011 年“正”的占用量变为 2011 年“负”的占用量，行业总体占用变动比例为 -286.43%，行业平均占用变动比例为 -93.03%；生产渠道营运资金占用额变动方向与经营活动营运资金变动方向一致，营销渠道营运资金变动与经营活动营运资金变动方向相反。

从各渠道的配置比例进一步分析，采购渠道占比由 2011 年的 5.62% 下降至 2012 年的 -10.18%，生产渠道占比由 2011 年的 139.66% 增加至 155.47%，营销渠道变化不大，由 2011 年的 -45.28% 小幅变动为 -45.29%。由此可以看出，房地产行业营运资金占用主要集中在生产渠道，这与房地产行业开发周期长的生产经营特点相符，且生产渠道配置比例呈上升态势，由于营销渠道变化不大，2012 年渠道配置变化原因在于生产渠道和采购渠道的比例变化。2012 年调控依然从紧，政策压制下房地产销售情况并不明朗，寄托于营销渠道预收账款资金融通效果并不可观，因而采购渠道对建筑材料供应商的款项拖欠以及房地产企业与建筑公司的采购结算合同灵活约定等形成了事实上的供应链融资途径，使采购渠道营运资金占用量成为“负”的资金供给方。另外，采购渠道营运资金占用相对变化量虽较大，但绝对额较小，房地产行业营运资金配置主要占据在生产渠道，受建筑设计、工程质量、工期变化等诸多因素的影响，占用资金量级大。

(2) 企业层面

从企业层面分析房地产行业经营活动营运资金在采购、生产、营销三渠道的配置情况如表 24 - 4 所示。

表 24 - 4　　房地产行业 2011 ~ 2012 年经营活动营运资金的渠道配置变化情况及变动幅度表

项目		采购渠道营运资金	生产渠道营运资金	营销渠道营运资金	经营活动营运资金
资金占用量绝对变化统计	降低	50	32	55	37
	降低比例	47.62%	30.48%	52.38%	35.24%
	增加	55	73	50	68
	增加比例	52.38%	69.52%	47.62%	64.76%
资金占用量变化幅度统计	降低显著	35	8	33	8
	占比	33.33%	7.62%	31.43%	7.62%
	降低较大	3	5	8	5
	占比	2.86%	4.76%	7.62%	4.76%
	有所降低	7	14	10	9
	占比	6.67%	13.33%	9.52%	8.57%
	基本稳定	12	20	7	35

续表

项目		采购渠道营运资金	生产渠道营运资金	营销渠道营运资金	经营活动营运资金
资金占用量变化幅度统计	占比	11.43%	19.05%	6.67%	33.33%
	有所增加	13	26	12	25
	占比	12.38%	24.76%	11.43%	23.81%
	增加较大	5	13	5	9
	占比	4.76%	12.38%	4.76%	8.57%
	增加显著	30	19	30	14
	占比	28.57%	18.10%	28.57%	13.33%
可比样本总数		105			

注：上表中除了百分比之外的数字单位为：家

从绝对变化量来看，采购渠道和营销渠道营运资金增加和降低的企业数目近似，各占一半，生产渠道营运资金增加和降低企业数目与经营活动营运资金企业变化数目近似，增加比例约占三分之二，这与生产渠道在经营活动营运资金中的重要地位表现一致。

从变化幅度统计来看，采购渠道和营销渠道的企业变动幅度较大，主要集中在增加显著和降低显著的区间，变化幅度超过50%的企业数量过半；生产渠道表现仍与经营活动营运资金趋于一致，集中在变化幅度-30%至30%之间的企业数量过半，生产渠道营运资金管理状况仍然是房地产企业经营活动营运资金的决定性因素。

从企业层面看，大部分企业在2012年营运资金占用稳中有增，但2012年作为房地产调控政策影响严峻的一年，受宏观环境的影响，房地产企业采购渠道和营销渠道控制力量不足，配置比例波动较大，而生产渠道的管理则成为该年度房地产企业营运资金管理的重点领域。

3. 房地产行业上市公司分要素的经营活动营运资金配置分析

(1) 行业层面

从行业层面分析房地产行业在存货、应收项目、应付项目三要素之间的配置情况，分析房地产行业经营活动营运资金的管理情况。

表24-5　2011~2012年房地产行业经营活动营运资金的要素配置分析　单位：百万

项目	存货		应收及预付款项		应付及预收款项		经营活动营运资金	
	2011	2012	2011	2012	2011	2012	2011	2012
行业总体	1246062.75	1453325.27	189612.48	227489.70	759000.51	955602.70	676674.72	725212.27
行业平均	10298.04	11534.33	1567.05	1805.47	6272.73	7584.15	5592.35	5755.65
最大值	208342.90	255171.52	40326.11	55657.36	176864.54	223600.76	85481.25	95999.22
最小值	0	0	10.23	12.45	23.73	40.56	-551.67	-1149.49
样本数量	121	126	121	126	121	126	121	126

从整体来看，2012年较2011年，经营活动营运资金占用量增加，存货、应收及预付款项、应收及预付款项均有所增加，但增加比例不同，存货期末平均占用增加12.01%，应收与预付款项期末平均占用增加15.22%，作为减项的应付及预收账款的增加比例为20.91%，削减了存货及应收项目的增加幅度，经营活动营运资金行业平均占用增加2.92%，行业总体占用增加7.17%。

从各要素的配置比例来看，房地产行业营运资金存货项目配置比例最高，这与房地产行业生产周期长、预收的销售模式特征表现一致。与2011年相比，存货配置比例增加了16.25%，应收及预付款项增加了3.35%，应付及预收款项增加19.60%（减项，为降低值）。从最大最小值来看，2012年较2011年，各要素均有较大的波动区间，行业层面表现为集聚性变差，营运资金管理风险变大。

（2）企业层面

从企业层面分析房地产行业经营活动营运资金在存货、应收项目、应付项目三要素的配置情况如表 24－6 所示。

表 24－6　房地产行业 2011～2012 年经营活动营运资金的要素配置变化情况及变动幅度表

项目		存货	应收及预付款项	应付及预收款项	经营活动营运资金
资金占用量绝对变化统计	降低	25	44	28	37
	降低比例	23.81%	41.90%	26.67%	35.24%
	增加	80	61	77	68
	增加比例	76.19%	58.10%	73.33%	64.76%
资金占用量变化幅度统计	降低显著	1	13	4	8
	占比	0.95%	12.38%	3.81%	7.62%
	降低较大	2	9	1	5
	占比	1.90%	8.57%	0.95%	4.76%
	有所降低	5	16	8	9
	占比	4.76%	15.24%	7.62%	8.57%
	基本稳定	41	13	31	35
	占比	39.05%	12.38%	29.52%	33.33%
	有所增加	37	14	19	25
	占比	35.24%	13.33%	18.10%	23.81%
	增加较大	8	13	23	9
	占比	7.62%	12.38%	21.90%	8.57%
	增加显著	11	27	19	14
	占比	10.48%	25.71%	18.10%	13.33%
可比样本总数		105			

注：上表中除了百分比之外的数字单位为：家

从绝对变化量来看，2012 年较 2011 年，要素视角的经营活动营运资金增加企业均过半，表明大部分企业 2012 年营运资金占用增加，其中存货增加企业占比为 76.19%，应付及预收款项增加企业占比为 73.33%，存货及应付及预收款项的管理是房地产行业营运资金管理的重点。

从变化幅度统计来看，企业存货的变化多集中在－10% 到 30% 的区间，应收及预付款项的变化分布比较分散，应付及预收款项的变化相对集中，分散在－10% 至 50% 的区间，而经营活动营运资金的变化企业集中在基本稳定和有所增加的区间，与存货的变化企业分布一致。因而对房地产行业而言，各企业的存货管理趋势相对一致，而应收及预付款的管理水平企业间差异较大。2012 年，总体偏紧的房地产调控政策、投资投机性需求的抑制，限制了成交量上行的空间，龙头企业和中小企业在供应链管理方面差距显著。

（二）房地产行业上市公司营运资金来源与财务风险分析

根据本中心对"营运资金"概念的重新定义，营运资金等于流动资产减去营业性流动负债（流动负债减短期金融性负债），其差额才是企业真正需要从外部融通的资金。因而，营运资金可以划分为来源于长期负债、低财务风险的"营运资本"和来源于短期负债、高财务风险的"短期金融性负债"两部分。对房地产行业营运资金来源进行分析，可以初探房地产企业的财务风险情况。2011～2012 年房地产行业营运资金来源状况如表 24－7 所示。

表 24－7　　2011～2012 年房地产行业营运资金来源状况　　单位：家

项目	短期金融性负债占比		营运资本占比	
	2011 年末	2012 年末	2011 年末	2012 年末
行业平均	29.32%	27.21%	70.68%	72.79%
最大值	195.56%	209.50%	100.00%	283.88%
最小值	0.00%	－183.88%	－95.56%	－109.50%
样本数量	121	126	121	126

从行业平均来看，2012 年较 2011 年，房地产行业营运资金来源的占比基本稳定，短期金融性负债占比小幅下降 2.11 个百分点，营运资本占比小幅提升，表明行业整体财务风险变化不大；房地产行业近 30% 的资金由短期金融性负债维持，若经营活动资金回流不及时，则将面临资金链断裂的财务风险，对于生产周期约 3 年的房地产行业，财务风险较大。从最大值和最小值来看，2012 年较 2011 年营运资金来源具有更大的区间幅度，短期金融性负债占比区间绝对值为 393.38%。

短期金融性负债占比为负值，原因为营运资金为负值；短期金融性负债占比为 0，原因为短期金融性负债为 0。从企业层面进一步分析，如表 24－8 所示。

表 24－8　　2011～2012 年房地产业营运资金来源统计表　　单位：家

比例	2011 年末短期金融性负债占比	2011 年末营运资本占比	2012 年末短期金融性负债占比	2012 年末营运资本占比
<0	0	4	3	6
0～20%	49	1	56	3
20%～40%	49	5	35	6
40%～60%	13	13	17	17
60%～80%	5	49	6	35
80%～100%	1	49	3	56
>100%	4	0	6	3
企业数量	121		126	

2012 年营运资金负值为 3 家，导致短期金融性负债占比小于 0；2011 年营运资金均为正值，短期金融性负债占比均大于 0。房地产企业短期金融性负债占比主要集中在 0～40% 的区间，有 15 家企业财务风险极大，短期金融性负债占比超过 60%；相反，营运资本占比主要集中在 60%～100% 的区间。2012 年较 2011 年，短期金融性负债高于 40% 的企业数目明显增加，增长 39.13%，而 0～40% 区间内企业数目下降并偏移下沉至 0～20% 的区间，可推测财务风险控制较好的企业在风险环境中表现出更稳健的风险管理水平。

总地来说，房地产企业营运资金来源于短期金融性负债的比例偏高，财务风险偏大，尤其是部分企业短期金融性负债比例畸高，这对处于严峻经济形势以及高度政策调控环境下的房地产企业而言，财务风险隐患不言而喻。

四、房地产行业上市公司营运资金管理绩效分析

（一）房地产行业上市公司分渠道的营运资金管理绩效分析

表 24－9　　2011～2012 年房地产行业上市公司各渠道营运资金周转期　　单元：天

项目	采购渠道营运资金周转期		生产渠道营运资金周转期		营销渠道营运资金周转期		经营活动营运资金周转期（按渠道）	
	2011	2012	2011	2012	2011	2012	2011	2012
房地产行业	－14.88	－33.35	706.23	684.97	－155.01	－200.42	536.34	451.21
变化率	－124.13%		－3.01%		－29.29%		－15.87%	

2012 年我国房地产行业上市公司各渠道的营运资金管理绩效如表 24－9 所示。2012 年，我国房地产行业上市公司采购渠道营运资金周转期平均为－33.35 天，与 2011 年相比缩短程度显著，变化率为－124.13%；2012 年房地产行业采购渠道营运资金周转期最大值为 307.53 天，最小值为－554.17 天，中位数为－49.79 天，周转速度相对较快。由于房地产企业与钢铁、水泥等行业较强关联性的特点，使得近年来房地产企业越来越重视供应链的流程再造，开始转向集中采购平台的构建，对降低采购成本和时间成本的降低与缩短采购周转期都产生了积极影响。

2012 年生产渠道营运资金周转期为 684.97 天，2011 年为 706.23 天，2012 年周转期虽有缩短，但基本保持平稳态势，变化率仅为－3.01%。生产渠道营运资金周转期最大值为 1517.73 天，最小值为－176.90 天，中位数为 573.50 天，周转速度比较慢，公司间的差距较大。总体来看，房地产行业生产渠道营运资金的周转期在整个经营活动资金周转期中数值最大，影响也最大。这种特点与房地产企业的经营特点密切相关，由于房地产行业是一个产业链相对较长的产业，生产环节所占用的营运资金数量也较大，而且占用时间较长，如图 4－1 所示，对该渠道营运资金的管理也是房地产行业营运资金管理的重点难点，其管理绩效的改善还需要一段时间。

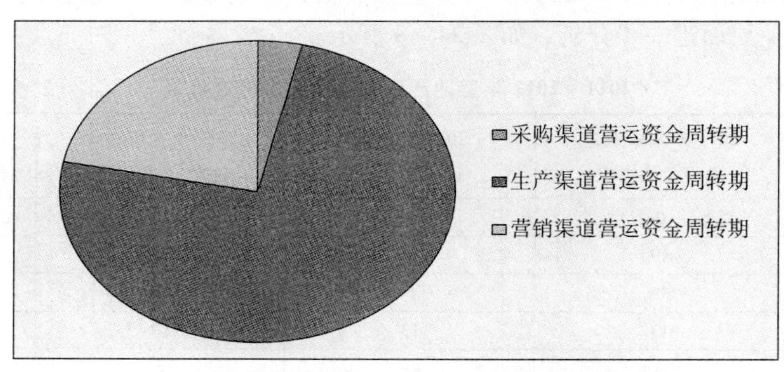

图 24－1　2012 年房地产行业上市公司各渠道营运资金周转期比重图

2012 年房地产行业上市公司营销渠道营运资金周转期为－200.42 天，与 2011 年相比缩短 45.41 天，缩短了 29.29%；营销渠道营运资金周转期最大值为 1461.32 天，最小值为－575.23 天，中位数为－72.88 天，周转速度较快。在经历过 2010 年、2011 年国家一系列房地产调控政策、“限购令”等带来的房地产业销售低潮后，2012 年，为了“稳增长”，中国人民银行先后降低金融机构的存款准备金率和基准利率，各地楼市促销力度加大，销售状况回暖，加快了资金周转，另外，由于房地产销售一般采用现销及预收款方式，一定程度上也保障了营销渠道营运资金管理绩效。整体来看，2012 的经营活动营运周转期（按渠道）与 2011 年相比，各渠道周转效率都有所改善提高，并呈现出整体周转期缩短的较好态势，由 536.34 天缩短为 451.21 天，变化率达－15.87%。

（1）企业层面

表 24－10　　2011～2012 年房地产行业各渠道营运资金管理绩效变化统计表　　单位：家

项目		采购渠道营运资金周转期	生产渠道营运资金周转期	营销渠道营运资金周转期	经营活动营运资金周转期（按渠道）
周转期变化统计	改善	74	50	44	53
	改善比例	70.48%	47.62%	41.90%	50.48%
	降低	31	55	61	52
	降低比例	29.52%	52.38%	58.10%	49.52%
周转期变化幅度统计	改善显著	40.00%	7.62%	24.76%	6.67%
	改善较大	11.43%	11.43%	4.76%	12.38%
	有所改善	10.48%	20.00%	5.71%	24.76%

续表

项目		采购渠道营运资金周转期	生产渠道营运资金周转期	营销渠道营运资金周转期	经营活动营运资金周转期（按渠道）
周转期变化统计	基本稳定	14.29%	17.14%	13.33%	14.29%
	有所降低	8.57%	15.24%	19.05%	18.10%
	降低较大	4.76%	10.48%	7.62%	7.62%
	降低显著	10.48%	18.10%	24.76%	16.19%
可比样本总数		105			

2011～2012年房地产行业上市公司分渠道营运资金管理绩效变化统计如表24－10所示。在105家可比企业中，采购渠道营运资金管理绩效改善的企业数量远高于其他渠道中改善企业的数量，比重更是达到该渠道所有上市企业的70.48%，其中，改善显著的企业比重达到了40%，整个行业的采购渠道管理绩效呈现良好态势。2012年，中国房地产采购平台正式上线，有超过60余家房地产企业，120家供应商参与其中，采购平台以扩大合作资源、优化采购成本、提升建筑品质为宗旨，促进全国优秀房地产企业与产业链优质部品部件、设计、施工企业进行产业对接协作，带动产业链上下游共同创造价值。

2011年～2012年，生产渠道营运资金管理绩效呈降低趋势的企业数量略大于改善的企业数量，下降比例达到52.38%，其中有所改善的企业占到该渠道的20%，基本稳定的占到17.14%，虽然有部分企业生产渠道管理绩效下降显著，但2011～2012房地产行业生产渠道管理绩效整体较为稳定。

营销渠道营运资金变化两极分化比较明显，降低显著和改善显著的企业占比最高，均为24.76%；而整体来看其管理绩效呈明显降低趋势，下降企业的占比达到58.10%，其中降低显著的企业占比为24.76%，有所降低的为19.05%。主要原因在于，2012年房地产市场回暖，需求上升，加之政府宏观调控、利率调整等引导房地产行业发展趋于稳定，龙头企业依赖自身资金优势“以价换量”，加速资金周转，营销渠道周转绩效得到改善。

从整体经营活动营运资金（按渠道）管理绩效来看，相对于2011年，2012年房地产行业上市公司营运资金管理绩效还是有一定程度的改善，主要得益于采购渠道营运资金管理绩效的改善，虽然整体经营活动营运资金（按渠道）改善幅度不大，但也表明2012年房地产行业上市公司的营运资金管理呈现较为稳定且逐步改善的趋势。

（2）行业层面

表24－11　2008～2012年房地产行业营运资金周转期（63家）　单位：天

项目	2008	2009	2010	2011	2012
经营活动营运资金（按渠道）周转期	953.66	900.23	664.64	675.00	657.81
采购渠道营运资金周转期	66.57	64.82	33.20	15.05	－44.61
生产渠道营运资金周转期	890.41	804.71	686.01	739.41	710.42
营销渠道营运资金周转期	－3.33	30.70	－54.57	－79.46	－7.99

2008～2012年房地产行业上市公司分渠道的营运资金管理绩效分析如表24－11所示。从表中可以看出，近五年可比企业共计63家，经营活动营运资金（按渠道）周转期呈现稳定的下降趋势，说明2008～2012这5年，房地产行业经营活动营运资金（按渠道）的管理绩效总体上一直处于不断改善的趋势，见图24－2。

采购渠道营运资金周转期的变化较为明显，周转期近年来一直在缩短。采购渠道营运资金周转期与各上一年度相比的变化率分别为－2.62%，－48.79%，－54.66%和－396.37%，2012年改善尤为明显，说明其资金占用减少，采购成本和时间缩短，管理绩效得到了比较大的改善和提高，而这得益于房地产企业供应链的流程再造，集中采购等。

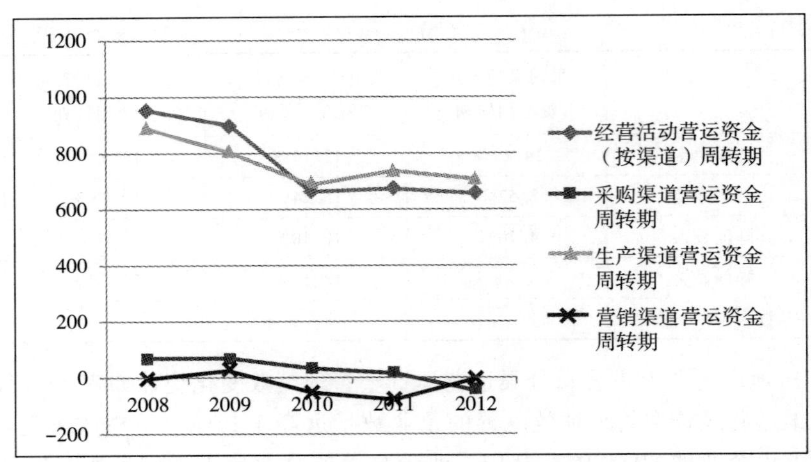

图 24-2 2008~2012 年房地产行业经营活动营运资金周转期（按渠道）5 年趋势图

近五年生产渠道营运资金周转期变化呈现小幅震荡，生产渠道营运资金周转期 2008~2010 年度间呈一定程度的下降趋势，这是由于在经历 2008 年金融危机带来的信贷紧张等低潮影响后，经济刺激计划和宽松的货币政策刺激了房地产行业圈地、建房的势头；2011 年，其周转期出现了小幅上扬，随即又小幅降低。总体来说，生产环节所占用的营运资金数量也较大，管理改善难度大，因此房地产行业生产渠道营运资金周转期整体较为稳定，管理绩效需要进一步改善。

近五年的营销渠道营运资金周转期呈现波浪形变化，五年中升降参半，营销渠道营运资金周转期变化受较多因素影响且变化较为敏感。近五年来，国家对房地产行业的调控如限购令、房地产业税率变革以及国际、国内多变的经济形势如金融危机、四万亿计划等都会影响到房地产业的销售数量、方式，预收款项等，从而对营销渠道营运资金周转期产生较大的影响。总体来说，2012 年与 2008 年相比营销渠道营运资金周转期缩短了 4.66 天，营销渠道营运资金管理绩效有一定程度提升。

（二）房地产行业上市公司分要素的营运资金管理绩效分析

2012 年我国房地产行业上市公司分要素的营运资金管理绩效如表 24-12 所示。

表 24-12　　2011~2012 年房地产行业上市公司各要素周转期　　单位：天

行业	存货周转期		应收账款周转期		应付账款周转期		经营活动营运资金周转期（按要素）	
	2011	2012	2011	2012	2011	2012	2011	2012
房地产行业	914.23	871.60	11.64	15.04	74.99	100.73	850.87	785.91
变化率	-4.66%		29.21%		34.32%		-7.63%	

2012 年，我国房地产行业上市公司存货周转期为 871.60 天，与 2011 年相比变化有略微的缩短，变化不大，变化率仅为 -4.66%。存货周转期最大值为 2806.32 天，最小值为 0 天，中位数为 833.37 天；存货的平均周转期比较长，公司间差距较大。存货的多少直接受房地产行业的销售情况的影响。2012 年楼市复苏，销量看涨，这是 2012 年存货周转期下降的主要原因。由于房地产企业的存货主要是拟开发土地、房产楼盘等，其流动性差，既占用企业大量的资金和保管费，同时由于长期库存存货，房地产企业还要承担市价下跌所产生的存货跌价损失及保管不善造成的损失，由此产生财务风险较大。因此，存货管理是房地产营运资金管理的重点。

2012 年房地产行业应收账款周转期为 15.04 天，2011 年为 11.64 天，虽然延长仅近 4 天，但其变化程度较大，变化率达 29.21%。应收账款周转期最大值为 264.83 天，最小值为 0 天，中位数为 12.08 天，公司间差距不大。自国家出台一系列宏观调控政策抑制过热的房地产市场以来，房地产开发企业的销售压力亦骤然加大，融资难和存货压力陡增，倍受挤压的房地产开发企业创新销售结算模式，以期保住一片属于自己的市场，于是应收账款便不断增长。而应收账款若占款严重，将导致现金流压力不断增大，融资缺口持续加大，同时应收账款所带来的坏账风险也会影响企业的盈利及生存状况，弱化企业的风险抵抗力。

2012 年房地产行业应付账款营运资金周转期为 100.73 天，与 2011 年相比延长了 25.74 天，变化率为 29.29%。应付账款周转期最大值为 578.33 天，最小值为 0.29 天，中位数为 97.96 天，房地产行业 2012 年应付账款周转期较长。房地产行业的应付账款周转期反映了房地产企业的延期支付能力及对供应商的讨价还价能力，而这也与企业免费信用的获得及与企业的竞争地位、财务实力有关，周转期长，说明企业的延期支付能力较强，但是过长的周转期也会给企业带来较大的还款压力和信用危机。

整体来看，2012 年整个房地产行业上市公司的经营活动营运资金（按要素）与 2011 年相比呈现出整体周转期缩短的较好态势，由 850.87 天缩短为 785.91 天，变化率为 -7.63%。经营活动营运资金（按要素）周转期最大值为 2800.68 天，最小值为 -132.04 天，中位数为 772.22 天，公司间差距还是相当大的。

（1）企业层面

表 24 - 13　　2011 ~ 2012 年房地产行业经营活动营运资金各要素管理绩效变化统计表

项目		存货周转期	应收账款周转期	应付账款周转期	经营活动营运资金周转期（按要素）
周转期变化统计	改善	52	47	71	53
	改善比例	49.52%	44.76%	67.62%	50.48%
	降低	53	58	34	52
	降低比例	50.48%	55.24%	32.38%	49.52%
周转期变化幅度统计	改善显著	2.86%	19.05%	24.76%	2.86%
	改善较大	9.52%	7.62%	10.48%	11.43%
	有所改善	19.05%	15.24%	21.90%	20.95%
	基本稳定	30.48%	16.19%	19.05%	28.57%
	有所降低	13.33%	10.48%	10.48%	10.48%
	降低较大	11.43%	7.62%	10.48%	11.43%
	降低显著	13.33%	23.81%	2.86%	14.29%
可比样本总数		105			

注：上表中除了百分比之外的数字单位为：家

2011 ~ 2012 年房地产行业上市公司（按要素）营运资金管理绩效变化统计如表 24 - 13 所示。

在 105 家可比企业中，存货营运资金管理绩效基本稳定的企业数量占据大部分，比重达到了 30.48%，主要是大部分房地产上市公司其存货周转期较 2011 年发展较为稳定，并有所改善，其有所改善的企业所占比重达到 19.05%，整个行业的存货渠道管理绩效呈现良好态势。不同于其他行业，房地产行业公司普遍存在存货较多的问题，而且房地产企业的存货周转期在经营活动营运资金周转期（按要素）中数值最大。2012 年整个房地产市场在国家的调控下发展趋于稳定，房地产企业的质量控制和管理水平有了一定的提升，其存货管理绩效也有一定的改善。

2011 ~ 2012 年房地产行业上市公司的应收账款管理绩效呈降低趋势的企业数量略大于改善的企业数量，并呈现两极分化，主要是降低显著的企业数量有一定程度的增加，占到 23.81%，而其显著改善的企业数量占到 19.05%。2012 年在"稳增长"的政策方向下，一系列政策的出台，使得房地产企业将重心调整到内部资源的有效整合，2012 年 7 月中国并购市场共完成 63 起并购，这使得中小房地产开发企业的压力骤然加大，融资难和存货压力促使中小房地产开发企业采取进行赊销方式寻求发展。

2011 ~ 2012 年房地产行业上市公司的应付账款周转期整体来看其周转期呈现延长的趋势，其中，周转期延长，绩效改善企业的数量占比达到 67.62%，其中改善显著的企业占比为 24.76%，有所改善的为 21.90%。央行在 2012 年两度下调金融机构存贷款基准利率，两度调整存款准备金率。利率的下调不但可以降低企业的经营成本，还将有效刺激企业的贷款需求。受货币政策影响鲜明的房地产企业的筹资成本也将相应降低，有机会选择更加合理的筹资渠道筹集资金。

从整体的经营活动营运资金（按要素）管理绩效来看，2012 年房地产行业上市公司管理绩效相对于 2011 年还是有一定程度的改善，基本稳定及有所改善的企业占到房地产行业上市公司 49.52%，这主要得益于应付账款管理绩效的改善，虽然整体的经营活动营运资金（按渠道）改善幅度相对不大，但是表明 2012 年房地产行业上市公司的营运资金管理呈现较为稳定且逐步改善的趋势。

（2）行业层面

表 24－14　2008～2012 年房地产行业各要素周转期（63 家）　单位：天

项目	2008	2009	2010	2011	2012
经营活动营运资金周转期（按要素）	1330.19	1112.26	948.98	947.23	956.67
存货周转期	1423.20	1179.90	1016.48	1018.73	1052.62
应收账款周转期	14.47	19.99	15.97	21.91	19.32
应付账款周转期	107.47	87.63	83.47	93.41	115.28

我国房地产行业上市公司 2008～2012 年分要素的营运资金管理绩效总体分析如表 24－14 所示，总体来看，经营活动营运资金（按要素）周转期呈现稳定下降趋势，其中 2008～2010 年营运资金改善较大，这与 2008 年金融危机后四万亿计划等的推动密不可分。而 2010～2012 年间，受国家对房地产行业的宏观调控的影响，营运资金的管理绩效改善变化幅度不大，见图 24－3。

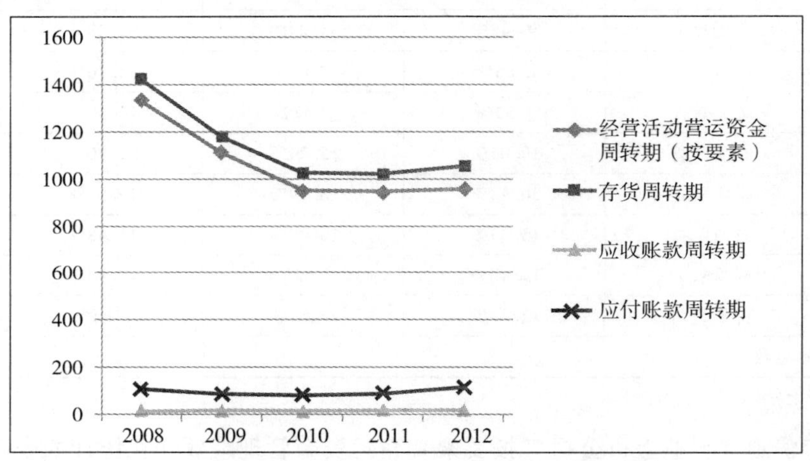

图 24－3　2008～2012 年房地产行业经营活动营运资金周转期（按要素）5 年趋势图

2008～2012 五年间，房地产行业存货周转期与各上一年度相比的变化率分别为－17.10%，－13.85%，0.22% 和 3.33%，呈总体下降的趋势，在 2011，2012 年出现小幅上扬，但变化幅度不大。房地产行业存货的多少直接受房地产行业的销售情况的影响，由于从 2010 年底开始，房地产市场一直呈下调趋势，销售的不畅直接导致公司存货的堆积，再加上有些公司为了战略扩张不断增加储备，又加重了这种情况。对于房地产公司来说，存货是公司未来发展的保障，但也是风险的主要来源。

2008～2012 年，房地产行业应收账款周转期与上一年度上比的变化率分别为 38.14%，－20.10%，37.20% 及－11.80%，2012 年与 2008 年相比，应收账款周转期增长了 33.56%，应收账款周转期在近似 M 型的变化震荡中小幅增长，说明应收账款管理绩效总体下降。这主要是由于近年来多变的国际、国内经济形势：如 2008 年的国际金融危机后的恢复发展、四万亿计划以及限购令，利率调整，使得房地产企业受影响较大，销售压力增大，应收账款变动较大。

应付账款周转期没有明显的变化规律。房地产行业应收账款周转期与上一年度上相比变化率分别为－18.47%，－4.75%，11.91% 和 23.41%，2012 年与 2008 年相比应付账款周转期增长了 7.26%，说明近五年内房地产行业延期付款能力有一定的提高，虽然应付账款周期过长会影响企业的信用和增大还款压力，但总体来说房地产行业应付账款的管理绩效的总体趋势来说是呈改善的。

五、2012年房地产行业上市公司营运资金管理绩效排行榜

本部分分别按“经营活动营运资金周转期（按要素）”和“经营活动营运资金周转期（按渠道）”进行排名，考察房地产行业上市公司营运资金管理绩效。在对上市公司营运资金管理绩效进行排名时，剔除了财务数据异常的公司，详见附录一。

六、2012年房地产行业上市公司营运资金管理的典型案例分析

（一）招商地产（000024）

1. 公司简介

招商局地产控股股份有限公司（以下简称“招商地产”）于1984年在深圳成立，是央企香港招商局集团三大核心产业的主营上市公司平台之一，是中国最早的房地产公司之一，国家一级房地产综合开发企业，是具备综合开发能力、物业品类丰富、社区管理完善的大型房地产开发集团，总资产达1092亿元。公司总部设于深圳，公司A股、B股在深圳证券交易所上市，B股在新加坡证券交易所上市。

招商地产因合理的业务结构布局所带来的丰厚经常性利润，被誉为“最具抗风险能力的开发商”，连续十年蝉联由国务院发展研究中心企业研究所、清华大学房地产研究所和中国指数研究院评选的“2012沪深上市房地产公司综合实力TOP10”，并获得“2012沪深上市房地产公司投资价值TOP10”、“2012沪深上市房地产公司财富创造能力TOP10”和“2012沪深上市房地产公司财务稳健TOP10”等。

自2009年以来招商地产进入快速上涨通道，房地产营业收入攀升，在历年房地产企业排行榜中稳居前20强，且名次逐年提升，2011年伊始，招商地产分拆旗下业务，成立了商业地产发展平台，2012年招商地产收购了香港上市公司，完成境外上市平台的搭建，商业地产业务“借壳”上市之举意图明显，招商地产的战略转型之路悄然开始。

2012年，招商地产一改以往保守经营的作风，先是高调促销，先后三次举行全国项目的大型促销，创下销售额超出300亿的业绩，再是迅猛拿地，2012年开始，招商地产拿地动作频频。根据招商地产向《第一财经日报》提供的数据，2012年该公司新增土地储备规划建面共390万平方米，同比增长37%。2012年招商地产全年累计实现签约销售面积247.52万平方米，签约销售金额363.86亿元，同比分别增长106%和73%，创下该公司历年来的最高业绩，销售金额增速是万科的4.5倍。按照新增建面与销售面积之比来看，招商地产2012年该指标为1.58，明显高于万科的1.44和中海地产的1.36。

2. 招商地产营运资金管理分析

（1）营运资金配置结构及来源

由于经历了一个完整的房地产调控周期，房地产行业上市公司近几年营业收入的增长率波动很大。2012年，房地产行业上市公司营业收入增长率恢复到26.35%的高增长水平，增长率比2011年增加了6.53个百分点，体现了行业2012年复苏的周期特点。

表24-15　　招商地产现金流量情况　　单位：万元

项目	2012	2011	同比增长（%）
经营活动产生的现金流量净额	509878	-211234	341.38%
投资活动产生的现金流量净额	-64464	-16803	-283.65%
筹资活动产生的现金流量净额	11364	706124	-98.39%

从表24-15现金流量情况来看，2012年招商地产经营活动现金流量净额为509878万元，同比增长341.38%；投资活动产生的现金流量金额为-64464万元，同比增长-283.65%；筹资活动产生的

现金流量净额为 11364 万元，同比增长 -98.39%。从现金流量以及招商地产在营运资金配置方面来看，显示出其向投资活动倾斜的方向。在资金量级巨大的房地产行业，营运资金的科学配置具有更加重要的意义。

表 24-16　　2011~2012 年招商地产及房地产行业营运资金来源状况

项目	短期金融性负债占比		营运资本占比	
	2011 年末	2012 年末	2011 年末	2012 年末
行业平均	29.32%	28.28%	70.68%	71.72%
招商地产	16.14%	20.48%	83.86%	79.52%

从营运资金来源状况来看，2012 年较 2011 年，房地产行业金融性负债占比小幅下降 2.11 个百分点，营运资金来源的占比基本稳定，表明行业整体财务风险变化不大；招商地产短期金融性负债期末占比为 20.48%，高于期初的 16.14%，略低于行业平均。2012 年房地产行业近 30% 的资金由短期金融性负债维持，若经营活动资金回流不及时，则将面临资金链断裂的财务风险，对于生产周期约 3 年的房地产行业，财务风险较大。而招商地产保持低于行业的短期金融性负债占比，说明招商地产的财务风险相对于行业来说略低，营运资金管理水平较高。

（2）营运资金管理绩效（按渠道）

表 24-17　　2011~2012 年招商地产及房地产行业各渠道营运资金周转期　　单元：天

项目	采购渠道营运资金周转期		生产渠道营运资金周转期		营销渠道营运资金周转期		经营活动营运资金周转期（按渠道）	
	2011	2012	2011	2012	2011	2012	2011	2012
招商地产	-114.00	-116.52	987.57	787.01	-295.12	-266.31	578.44	404.18
变化率	2.21%		-20.31%		-9.76%		-30.13%	
房地产行业	-14.88	-33.35	706.23	684.97	-155.01	-200.42	536.34	451.21
变化率	-124.13%		-3.01%		-29.29%		-15.87%	

2012 年招商地产各渠道的营运资金管理绩效如表 24-17 所示。2012 年，招商地产采购渠道营运资金周转期平均为 -116.52 天，远远快于房地产行业平均水平，周转速度相对较快。由于房地产企业与钢铁、水泥等行业较强关联性的特点，使得近年来招商地产越来越重视供应链的流程再造，2012 年招商地产重点围绕“运营、产品、监控、管理”四条线改革总部机构设置，成立了运营管理中心及产品管理中心，进一步提高了总部对项目公司的管控支持能力。同时为配合管理机制，招商地产大推信息计划，进一步构建 ERP 系统并成功上线土地、采购、销售等模块，形成房地产业务的综合平台，同时结合招商地产富有竞争力的集中采购模式，有效地降低了采购成本，加快周转，并有效地提高了企业的品牌和品质。

2012 年招商地产生产渠道营运资金周转期为 787.01 天，2011 年为 987.57 天，周转速度比较慢，略高于行业平均水平。总体来看，房地产行业生产渠道营运资金的周转期在整个经营活动资金周转期中数值最大，影响也最大。由于房地产行业是一个产业链较长的产业，生产环节所占用的营运资金数量也较大，而且占用时间长，增大了企业的财务风险。2012 年招商地产新设项目开工增多以及拿地频繁，招商地产 2012 年支付地价金额与销售金额之比为 32%，亦高于万科的 29% 和中海地产的 22%，显示其拿地策略在行业中较为激进，扩张欲望强烈，进而导致其生产周转期高于行业平均，但由于招商地产“快周转“的运营策略以及管理调整，其相对于 2011 年，生产渠道营运资金管理绩效还是改善比较显著的，但面对未来存在不确定性的国家调控政策和市场风险，较高的生产周转期还是给企业带来一定的财务风险。

2012 年招商地产营销渠道营运资金周转期为 -266.31 天，周转速度远高于行业平均，周转速度较快。在经历过 2010 年、2011 年国家一系列房地产调控政策、“限购令”等带来的房地产业销售低潮后，2012 年，作为降价先锋的招商地产，一改以往保守经营的作风，先是高调促销，先后三次举行全国项目的大型促销，创下销售额超出 300 亿的业绩，这得益于对入市时机的准确判断，推盘节奏的有效把握及市场持续回暖。

整体来看，2012 年招商地产的经营活动营运周转期（按渠道）与 2011 年相比，各渠道周转效率都有改善提高，并呈现出整体周转期缩短的较好态势，由 578.44 天缩短为 404.18 天，周转期显著缩短，且周转速度优于行业平均水平。2012 年招商地产公司背靠大股东土地资源和资金优势，快速周转战略将相应资源快速转化为业绩。

（3）营运资金管理绩效（按要素）

表 24－18　　2011～2012 年招商地产与房地产行业各要素周转期

单位：天

行业	存货周转期		应收账款周转期		应付账款周转期		经营活动营运资金周转期（按要素）	
	2011	2012	2011	2012	2011	2012	2011	2012
招商地产	1080.76	896.20	2.56	2.02	114.31	116.75	969.02	781.47
变化率	－17.08%		－21.02%		2.14%		－19.35%	
房地产行业	914.23	871.60	11.64	15.04	74.99	100.73	850.87	785.91
变化率	－4.66%		29.21%		34.32%		－7.63%	

如表 24－18 所示，2012 年，招商地产的存货周转期为 896.20 天，比 2011 年缩短了 17.08%，仍略长于行业平均值 871.60 天，但相对于 2011 年存货周转期已经缩短了与行业平均值的差距。这主要得益于招商地产从 2011 年推行的“快周转”策略，实现了其从拿地到预收仅需 9 个月时间的快速周转。与此同时，存货周转速度的提高与其高销售也密不可分，2012 年“降价先锋”招商地产像疯了一样卖楼，在全国 18 个城市共有 43 个主要项目对外发售，销售结果超出预期且频频逆势出击拿地，补充项目资源。截至 2012 年末，招商地产的存货已达 736.37 亿元，同比大幅增长 43.15%；拿地规模已接近此前两年的拿地总量。2012 年招商地产存货的大幅增加，可支撑 3 年内销售保持 20% 以上复合增速，为其实现未来经营规模稳定扩张，“稳守一线城市、积极拓展二线城市、择机进入三线城市”奠定基础。

但是新国五条的出台及实施或将影响房地产市场的购房需求和供给力度，因此房地产企业销售将面临可能的市场风险。招商地产公司应不断优化调整产品结构，如果市场销售不畅，或将加大产品积压的可能，反而给企业带来极大的财务风险，因此存货管理仍是房地产营运资金管理的重点。

2012 年招商地产的应收账款周转期为 2.02 天，2011 年为 2.56 天，变化率达 21.02%，远低于行业平均水平，说明招商地产的应收账款管理水平比较高，管理绩效高于行业平均水平。2012 年招商地产应付账款营运资金周转期为 116.75 天，略高于行业平均周转期。房地产行业的应付账款周转期反映了房地产企业的延期支付能力及对供应商的讨价还价能力，而这也与企业免费信用的获得及与企业的竞争地位、财务实力有关，周转期长，说明企业的延期支付能力较强，但是过长的周转期也会给企业带来较大的还款压力和信用危机。2012 年招商地产签约销售金额 363.86 亿元，同比分别增长 73%，创下该公司历年来的最高业绩，销售金额增速是万科的 4.5 倍。由于销售放量明显，招商地产现金流状况改善，每股经营性现金流转为正值，预收账款为 284 亿元，较上年度有显著增长，公司偿债压力趋缓，增强了企业的营运风险抵抗能力。

从整体来看，2012 年招商地产经营活动营运资金周转期（按要素）与 2012 年房地产行业上市公司平均周转期基本持平，且相对于 2011 年有明显的改善，短期偿债压力不大，2012 年全年资金综合成本控制在 6% 以内，整体的融资优势较为突出。说明招商地产在 2012 年楼市回暖，销量大增以及企业一系列新变革、大胆的行动和科学的管理策略推动下，其整个营运资金管理绩效得到了显著的提高。

3. 招商地产管理特色

2012 年，招商地产秉着“稳中求进、危中求机”的经营思路，始终以“保销售，保进度，保融资”为指导贯穿全年工作，实现了规模与效益的同步增长。此外，招商地产在 2011 年管理有效提升的基础上开展了战略管理研究、进一步流程再造、优化 ERP 建设、推广全面风险管理等一系列工作，努力搭建并优化组织管理平台以支持公司未来更快更好的发展。

（1）融资能力提升、财务较稳健

资金密集的行业特点决定了融资能力成为衡量房企竞争力的关键。招商地产 2012 年一如既往地展现了在整合财务资源，控制资金风险方面的独特优势。2012 年招商地产的资产负债率为 73.0%；净负债率为 19.1%，远低于行业平均水平；公司手持货币资金约 182 亿元，而短债合计 95 亿元，短期无偿债压力。在开辟多元化融资渠道上，招商地产加强金融产品创新的同时，持续深化与银行的合作；在确保公司具备充足的运营资金的同时，通过优化借款期限及其结构，调整本外币借款金额比重，将全年资金综合成本控制在 6% 以内。

2012 年 6 月，招商地产通过旗下全资子公司成惠投资有限公司成功收购香港主板上市公司东力实业控股有限公司 70.18% 的股份，完成境外上市平台的搭建，为增强企业抵抗财务风险的能力，规模的扩张和业绩的释放提供有力支撑。在楼市调控导致房地产的企业多种融资渠道受阻背景下，内地房地产企业通过收购香港上市企业，曲线融资的企业还包括华侨城、保利地产、世茂、天伦置业等在内的多家开发商，这些企业通过收购在资本的市场上建立起内地和香港的双融资平台模式。

2012 年招商地产的财务状况持续好转。由于销售的好转，招商地产现金流状况改善，每股经营性现金流转为正值，预收账款也同比增长了 69%。虽然 2012 年招商地产的毛利率和净利率都有下降，净资产收益率不及其他龙头房企，但总体呈上行态势，2012 招商地产存货攀升，周转率下降，但较其他大型房企天量存货，招商还处于相对安全状态。据招商地产财务总监解释毛利率和净利率下降的原因主要是因为结算的项目中，部分项目受了年初价格调整的影响。

（2）优化管理，坚持快周转

自 2011 年采取快周转策略以来，招商地产连续两年实现了销售和业绩的大幅增长，连续验证了公司内部管理制度改革和转型快周转策略的成功。2012 年招商地产依然坚持快速拿地、积极开发的快周转策略，实现了其从拿地到预售仅需 9 个月时间的快速周转。截止至报告期末，公司总项目资源建筑面积超 1200 万平方米，能满足公司未来 2－3 年的发展需求。预计 2013 年招商地产销售有望持续增长，而公司的五年“千亿收入、百亿利润”的目标也显示出其强大的信心。2013 年伊始，招商地产就分别获得大连、昆明、镇江和苏州 4 个项目，合计建筑面积为 84 万平米，合计土地款为 22 亿元，拿地依然积极。

在管理方面，招商地产的产品标准化工作取得突破进展，完成了全系列产品线的梳理和主力产品线的研发及标准化产品基地的建设，建立起了以总部为核心的产品研发与交流平台，并积极推动标准化成果在项目中的应用，有效提升了项目开发速度。同时，在有效提升的基础上，招商地产开展了战略管理研究、进一步流程再造、优化 ERP 建设、推广全面风险管理等一系列工作，努力搭建并优化组织管理平台以支持公司未来更快更好的发展。此外，2012 年公司进一步完善了考核指标体系及激励方式，强化过程督导力度，通过考核与激励的推拉结合，极大激发了一线经营单位做大做强的积极性。

（3）产业协同模式

招商地产独特的“产业协同拓展”模式，使企业受益于政治等因素，在房地产市场发展中获得极大优势。“产业协同拓展”模式即集团产业协同向全国各地拓展，与地方政府进行全面战略合作，一方面显著增强公司在当地拓展的优势，另一方面区域综合开发领域的合作将直接给公司带来可观的资源。集团与地方政府存在利益互补关系是公司能够持续获取低成本资源的坚实保障。该模式在二三线城市具有很强的可复制性，后续空间巨大。招商地产自 2011 年以来，便通过“产业协同拓展”模式在武汉、镇江、青岛、毕节等各个城市进行新一轮扩张，并获得了巨大的发展。总体来看，在集团“提速发展”的长期战略指导下，招商地产是在龙头房企中具有强烈的业绩提升拐点预期的公司，是行业调整中少有的处在自身发展通道中的高增长公司。

（二）保利地产（600048）

1. 公司简介

保利房地产（集团）股份有限公司成立于1992年9月14日，注册资本15亿元，2006年7月，公司股票在上海证券交易所上市，目前总股本7137994391股。2013年中国房地产500强测评成果发布会暨500强峰会在北京盛大举行，保利房地产（集团）股份有限公司荣膺中国房地产行业综合实力排名第三[①]。

保利地产在2002年完成股份制改造后，开始实施全国化战略，加强专业化运作，连续实现跨越式发展。目前公司已完成以广州、北京、上海为中心，覆盖45个城市的全国化战略布局，拥有216家控股子公司，业务拓展到包括房地产开发、建筑设计、工程施工、物业管理、销售代理以及商业会展、酒店经营等相关行业。保利地产坚持以商品住宅开发为主，适度发展持有经营性物业。在住宅开发方面，保利地产逐渐形成了涵盖花园系、心语系、香槟系、公馆系、林语系、康桥系、十二橡树系等多元化优质住宅物业的先进创新格局，涵盖中高端住宅、公寓、别墅多种物业形态。商业物业涵盖商业写字楼、高端休闲地产、星级酒店、商贸会展、购物中心、城市综合体等，具备多品类物业综合开发的实力。

2012年，是保利地产里程碑的一年。公司在成立二十周年之际，面临调控持续严厉、行业竞争加剧的市场形势，凭借敏锐的市场嗅觉和专业的开发能力，捕捉机遇，提前完成了“十二五”规划提出的“总资产过2500亿、年销售额过千亿、年利润过百亿”的目标，全国市场占有率达1.58%，养老、商业、会展等新兴潜力产业全面发展，品牌价值不断攀升。2012年保利地产实现营业收入712.03亿元、利润总额135.29亿元、净利润99.48亿元，归属于母公司净利润35.48亿元。截至2012年12月31日，总资产2556.11亿元、净资产552.56亿元，归属于母公司净资产183.26亿元。[②]

2. 保利地产营运资金周转绩效分析

表24-19　保利地产2011~2012年营运资金管理绩效表（按渠道）　单位：天

指标	采购渠道营运资金周转期	生产渠道营运资金周转期	营销渠道营运资金周转期	经营活动营运资金周转期（按渠道）
2012	17	802	-345	474
2011	48	939	-407	580
2012年行业	-33	685	-200	451
2011年行业	-15	706	-155	536

从渠道视角看，2012年，在房地产行业126家上市公司中，保利地产经营活动营运资金周转绩效位列64名，较2011年上升4名，处于行业中等水平，但周转期绝对值比行业均值长将近5.1%。除营销渠道营运资金周转期名列行业前茅外，其他渠道周转绩效处于偏低水平，周转期均高于行业平均水平。与该上市公司2011年各渠道营运资金周转情况相比，2012年各渠道周转期均有大幅缩短，其中，采购渠道周转期缩短31天，减少64.6%；生产渠道缩短137天，减少14.6%，营销渠道周转期缩短62天，减少15.2%；经营活动总的周转期缩短106天，减少18.3%，行业排名由68上升到64名。

总体来看，2012年保利地产各渠道营运资金周转绩效整体得到一定改善，但由于房地产行业营运资金周转绩效的平均水平得到了较大幅度的改善，使保利地产各渠道营运资金周转绩效在行业中排名除采购渠道下降了12名外并没有大幅的变化，而其中营销渠道营运资金周转绩效远高于行业平均，在其拉动下，公司经营活动营运资金周转绩效达到行业中等水平。

---

① 资料来源：保利地产集团有限公司官方网站 http://www.gzpoly.com/index.asp。

② 资料来源：保利地产2012年年度报告。

表 24－20　　保利地产 2011～2012 年经营活动营运资金管理绩效表（按要素）

指标	存货周转期	应收账款周转期	应付账款周转期	经营活动营运资金周转期（按要素）
2012	893	8	58	842
2011	1003	7	53	957
2012 年行业	872	15	101	786
2011 年行业	914	12	75	851

从要素视角看，保利地产应收账款和应付账款周转绩效远高于行业平均水平，存货和经营活动的资金周转效率略低于行业平均水平。与 2011 年公司周转情况相比，存货周转期缩短 110 天，减少 11.0%，这是由于保利地产 2012 年对生产环节的一体化的管理策略和积极地销售政策配合，使得存货的管理力度有所加强，库存积压情况有效缓解；应收账款周转期延长 1 天，增加 14.3%；应付账款周转期延长 5 天，增加 9.4%，2012 年保利地产与 68 个供应商建立战略合作关系，有效地占用了供货商的资金，降低了企业的资金成本；现金周转期缩短 115 天，减少 12.0%。

表 24－21　　保利地产营销渠道各项目资金占用情况　　单位：元（第四列为比值）

项目	2012	2011	2012/2011
成品存货	189643823082.97	152107443875.54	125%
应收账款	1880283617.10	1057645022.59	178%
应收票据	450000.00	300000.00	150%
预收账款	90547363466.08	70928226314.06	128%
应交税费	－4084597633.60	－3951925458.72	103%
营销渠道营运资金	－72030397981.31	－60094027392.20	120%

将分渠道的营运资金周转情况与各要素营运资金周转情况结合来看，可以发现，采购渠道周转期之所以延长主要是由于预付账款周转期增加而应付账款周转期减少导致的。此外，在生产渠道和营销渠道上，其他应收应付项目由于资金占用额较大，对渠道营运资金周转绩效造成了负面影响。由于保利地产营销渠道营运资金周转情况持续处于行业领先地位，因此将其作为重点研究对象。

从资金占用量上来看（见表 24－21），2012 年营销渠道营运资金占用量大幅减少，减少幅度达到 20%，其中贡献最大的项目是预收账款和应交税费项目。其中，预收账款增加 28%，这得益于保利地产在 2012 年加强资金筹划及销售政策向注重资金的回笼方向的变化，应交税费增加 3%，这是由于主营业务收入的增加而导致的现象。同时其他本渠道内的流动资产项目也有不同程度的增加或保持基本稳定，其中应注意的是成品存货和应收账款的大幅增加，不仅为营销渠道营运资金占用的减少起到了反方向的不利影响，也加大了企业的库存和坏账风险，相应地增加了企业的财务风险，这一问题应该引起保利地产的关注。

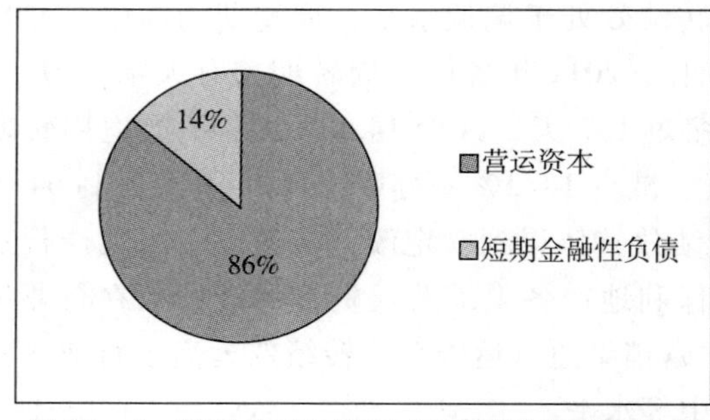

图 24－4　2011 年 12 月 31 日保利地产融资结构

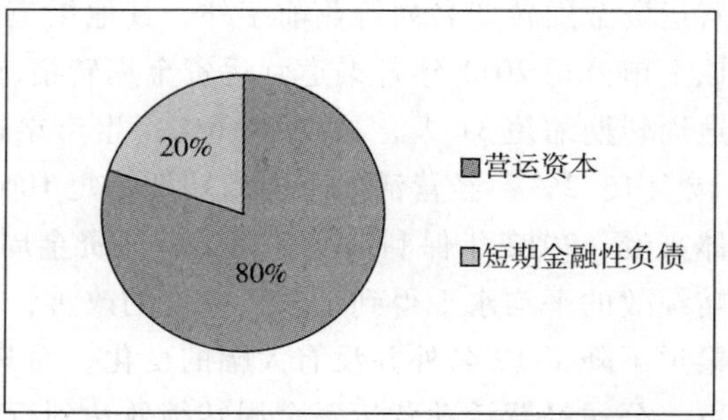

图 24－5　2012 年 12 月 31 日保利地产融资结构

营运资金由来源于长期负债、低财务风险的“营运资本”和来源于短期负债、高财务风险的“短期金融性负债”两部分组成，从 2011 年和 2012 年保利地产的融资结构情况来看，（见图 24－4，24－

5）营运资本占比从86%下降到80%，短期性金融负债占比从14%上升到20%。这是由于2012年商业地产经营、房地产基金、养老地产等战略业务的引入，短期金融性负债的增加便增加了企业的财务风险，而营运资本占比的行业平均值两年均为73%，保利地产均高于行业平均水平，综合而言，保利地产的融资结构稳健性，有利于企业控制财务风险和资金链的稳定。

3. 保利地产营运资金管理特色

（1）"降本增效"，推进集团采购

2012年公司以"降本增效"为目标，持续推进集团采购，截至2012年12月31日，公司已与68个供应商建立战略合作关系，有效确保供品质量及成本优势；同时，加强资金筹划，强化"总对总"的融资功能，统筹平衡项目融资，合理控制融资成本。另一方面，进一步完善标准化产品线，完成标准成本模块的匹配建设工作，明确不同模块的总图规划、户型平面、立面设计、材料配置，实现立项、定位阶段的成本预控，基本完成全过程成本管控体系的构建，能够更加有效地管理和分配采购环节的营运资金占用，降低采购环节的营运资金周转期。①

（2）发展商业地产经营、房地产基金等战略

2012年内，保利地产继续大力培育和发展商业地产经营、房地产基金、养老地产等战略业务。截至2012年末，公司持有运营的商业物业约100万平方米，业态涵盖写字楼、酒店、展馆、购物中心等商业形态，实现租赁及经营收入超过9亿元；公司房地产基金管理资金规模突破120亿元人民币，管理公司实现税后利润超过2亿元；年内公司推出了首个养老产品——保利安平和熹会·林语乐龄中心，正式试水养老产业。保利地产高度重视地产经营和规模效应，在营销环节更是投入了大量的人力、物力、财力，使得企业的营销环节营运资金管理水平远高于行业平均水平。

（3）等量拓展，稳步扩大经营规模

2012年公司继续坚持以一二线中心城市为主的战略布局和等量拓展原则，新进入西安、三亚、江门、郴州等4个城市，已进入城市达43个，进一步完善了区域布局。全年共计新增40个房地产项目，新增容积率面积1319万平方米，总地价447亿元，平均楼面地价3386元/平方米；新增权益容积率面积861万平方米，权益比例65%。新增40个项目中，23个项目为底价或底价附近获取；36个项目位于一二线中心城市；24个项目为合作获取，合作方以品牌房地产开发商、专业房地产基金为主，注重生产环节的质量控制和资金使用，有效地降低了企业的财务风险。

4. 建议

伴随行业调控的持续深入，行业政策和市场环境等外部因素的不确定性显著提升，加剧了公司发展中面临的困难和挑战：一方面，短期内房地产市场在调控影响下，频繁的波动调整将成常态，加大了公司准确把握经营节奏、实现持续快速发展的难度；另一方面，土地和资金等主要生产资料的配置受到日益频繁的政策干预，预期不明朗、市场不确定，增加了企业合理安排经营计划、保持可持续发的难度，不利于公司充分发挥自身竞争优势做大做强。面对上述困难和挑战，保利地产应采取如下措施确保持续平稳发展：

（1）继续坚持以普通住宅开发为主，不盲目开发商用建筑和其他方向的项目，同时进一步提高中小户型比例和产品性价比，抢占刚需市场，扩大销售规模，增加销售收入，保持销售渠道营运资金管理的领先优势；

（2）坚持快速周转策略，加快资金回笼速度，注重存货和应收账款的管理，继续加强营销渠道营运资金的有效管理，同时充分发挥银行信贷和房地产基金等多元化融资优势，拓宽资金来源，减少营运资金投入；

（3）抓住市场机遇进一步优化拓展项目的产品和区域结构，选择合理有效的投资方案，与已有投资项目相连接，不盲目投资，形成规模效应。

---

① 资料来源：保利地产2012年年度报告。

七、2012 年房地产行业上市公司营运资金管理调查的结论与建议

（一）调查结论

1. 营运资金管理绩效改善，采购渠道改善最为明显

经营活动营运资金周转期五年来呈下降趋势，其中采购渠道周转期下降明显；采购渠道营运资金由 2011 年“正”的占用量变为 2012 年“负”的占用量，行业平均占用变动比例为 -93.03%；在 105 家可比企业中，采购渠道营运资金管理绩效改善的企业数量远高于其他渠道，比重更是达到该渠道所有上市公司的 70.48%，其中，改善显著的企业比重达到了 40%，整个行业的采购渠道管理绩效呈现良好态势。生产渠道管理绩效稳定中略有改善，生产渠道资金占用量级大，受建筑设计、工程质量、工期变化等诸多因素的影响，具有该行业营运资金管理的规模意义。

2012 年，房地产行业上市公司在政府的宏观调控下，将重心调整到内部资源的有效整合上，发展趋于稳定，质量的控制和管理水平有效提升，尤其 2012 年中国房地产采购平台正式上线，扩大合作资源、优化采购成本、提升建筑品质，促进了全国优秀房地产企业与产业链优质部品部件、设计、施工企业进行产业对接协作，带动了产业链上下游共同创造价值。

2. 投资活动在营业活动中地位增强，但规模性不足

2012 年，投资活动营运资金期末平均占用 24.98 亿元，较上年增长 32.90%；投资活动营运资金期末平均占比 30.26%，配置比例较上年提高 5.11%；投资活动营运资金增加比例超过 50% 的企业数量占房地产行业整体的 39.05%，但投资活动营运资金增幅较大并未显著影响营运资金的增幅，说明投资活动营运资金占用的绝对额相对较小，在资金量级大的房地产行业仍不具规模性。房地产行业在营运资金配置方面，显示出向投资活动倾斜的方向，在资金量级巨大的房地产行业，营运资金的科学配置具有更加重要的意义；尤其在总体偏紧的调控政策及投资投机性需求的抑制下，房地产行业暴利时代终结，企业开始另谋出路、寻求转型，走向多元化经营。投资活动营运资金配置比例的提高，是对资金使用效率的决策选择，房地产行业在营业活动的价值创造方面表现出积极的应对趋势。

3. 增加显著和降低显著的企业数量较多

房地产行业采购渠道和营销渠道营运资金占用的企业变动幅度较大，主要集中在增加显著和降低显著的区间，变化幅度超过 50% 的企业数量过半；采购渠道营运资金周转期变化在改善显著和降低显著区间的企业数量，达到 50.48%；营销渠道营运资金改善显著和降低显著的企业数量，比例达到 49.52%；应收账款周转绩效变化在改善显著和降低显著区间的企业数量，也达到 42.86%。增加显著和降低显著即变化率超过 50%，行业内企业变化波动较大，有强者更强、弱者更弱之势。

主要原因为 2012 年龙头企业依赖自身资金优势“以价换量”，销售业绩大幅提升；与此同时，中小房企在资金压力下“断臂求生”，转让股权；房地产行业内部整合加速，中小企业生存难度加大。

4. 房地产行业财务风险较大，但年度变化不大

2012 年较 2011 年，房地产行业营运资金来源的占比基本稳定，短期金融性负债占比小幅下降 2.11 个百分点，营运资本占比小幅提升，表明行业整体财务风险变化不大；房地产行业近 30% 的资金由短期金融性负债维持，若经营活动资金回流不及时，则将面临资金链断裂的财务风险，对于生产周期约 3 年的房地产行业，财务风险较大。

（二）对策建议

1. 深化供应链平台合作，稳定采购渠道管理绩效，改善生产渠道管理水平

供应链管理在现代企业经营管理中的重要地位毋庸置疑。房地产行业生产周期长，涉及较多的利益相关者，如国土规划部门、消防部门、住建部等政府机关，设计勘探公司、开发商、建筑商、房产销售及商业地产租赁等诸多角色，不同环节相互衔接，如关系处理不当，则会导致建设停工、工期延误等问题，使资金沉淀，面临财务危机。中国房地产采购平台正式上线是一个很好的开端，对采购渠道营运资金管理绩效的改善意义重大，而生产渠道的绩效改善除了依托房地产开发公司自身的管理能力外，公司注重与各利益相关者的关系管理，有助于生产过程的顺畅及生产渠道营运资金管理绩效的

提高。

2. 理性配置营业活动资金，保持并提高企业核心竞争力

核心竞争力是企业可持续发展的根本，创造价值是企业资金流转的最终目的。一方面，房地产企业应重视投资活动的管理，寻找与房地产行业相补充的投资项目，提高企业资金的使用效率并降低房地产行业自身的财务风险；另一方面，不具规模优势的房地产企业，在竞争形势严峻的情况下，应加快结构调整，找准核心竞争力，才能可持续地创造价值。在产融结合的经济背景下，投资活动应置于和经营活动同样重要的地位。

3. 重视营运资金融资结构，降低财务管理风险水平

资金链断裂、流动性不足是营运资金管理的主要风险；融资与筹资相匹配是降低财务风险的主要途径。营运资金是在一个营业周期内流转使用的资金，房地产行业营业周期长、资金量级大，营运资金的偿还规模偏大，对房地产企业的资金筹措管理能力要求更高。

营运资金由来源于长期负债、低财务风险的“营运资本”和来源于短期负债、高财务风险的“短期金融性负债”两部分组成，根据房地产企业自身的资本结构政策及风险应对能力，合理配置营运资金结构，降低财务管理风险水平。

主要参考文献

1. 张海英：“楼市国五条勿孤掌难鸣”，《法制日报》，2013 年第 7 期。

2. 武倩：“对现行房地产调控政策的几点思考”，《生产力研究》，2012 年第 6 期。

3. 刘琳、任荣荣：“2013 年一季度房地产市场运行分析及二季度预测”，《中国经贸导刊》，2013 年第 15 期。

4. 王开心：“我国房地产行业融资现状及对策研究”，《时代金融》，2012 年第 18 期。

5. 倪雅波：“试论房地产企业资本运营的现状与创新”，《财经界》（学术版），2010 年第 15 期。

6. 黄梦雪：“保障性住房融资方式的‘双管’创新”，《现代物业》（上旬刊），2011 年第 1 期。

7. 袁晓春：“货币政策对房地产价格调控的有效性研究”，《华东师范大学》，2011 年版。

8. 齐特：“‘十一五’以来我国城市住房价格变化与房地产政策的相关性研究”，吉林大学硕士论文，2012 年。

9. 中国海洋大学企业营运资金管理研究课题组、王竹泉：“中国上市公司营运资金管理调查”，《会计研究》，2010 年第 9 期。

10. 崔雯静：“房地产上市公司基于渠道的营运资金管理绩效与企业绩效关系的实证研究”，中国海洋大学硕士论文，2012 年。

11. 王晓琪：“浅谈房地产行业营运资金管理”，《财会月刊》，2011 年第 5 期。

12. 孙莹：“营运资金：概念重构与绩效评价”，《中国会计学会 2012 年学术年会论文集》，2012 年。

13. 中国房地产网，新浪财经评论，现代物流报，中国贸易金融网，中国行业研究网，中企联合网等。

14. 招商地产 2012 年年报，保利地产 2012 年年报等。

第二十五章　2012 年社会服务业上市公司营运资金管理调查[①]

【摘要】2012 年度社会服务行业上市公司营运资金管理调查在前期调查和研究框架基础上，进行了六个方面的分析：首先介绍了社会服务业面临的经营环境和对上市公司的影响，接着对社会服务业上市公司营运资金管理的总体情况和趋势进行详细分析，其中：在总体分析中按照要素和渠道两种方法区分行业和企业两个层面，进行营运资金配置结构与来源分析，并进一步展开营运资金管理绩效和财务风险分析；为探求行业营运资金管理趋势，文中趋势分析按照要素、渠道两个维度和行业、企业两个方面，展开营运资金占用、管理绩效趋势分析。本文还对该行业企业经营活动营运资金周转期按照渠道和要素两种方法进行了排行，并对锦江股份公司做典型案例分析。最后，提出 2012 年度社会服务业营运资金管理调查的结论和对策建议。具体结论和建议为 2012 年营运资金占用、营运资本占用较 2011 年均出现了一定幅度的上升。进一步分析发现存货、应收账款和应付账款这三个要素总占用和平均占用较 2011 年相比均出现了一定幅度上升。通过对社会服务业营运资金的配置结构进行分析，发现 2012 年社会服务业营运资金配置主要在投资活动，这与社会服务业的行业特征密切相关，但近两年有向经营活动增加的倾向。对经营活动营运资金内部的配置结构从要素和渠道两个方面分析发现：2012 年存货在经营活动营运资金（按要素）中的比重有所降低，应收付账款上升幅度较小，而应付账款占比最高且较上年出现了较大增幅。从三大渠道资金配置结构上看，2012 年采购渠道营运资金占比较低，生产渠道与营销渠道营运资金占比较高，特别是生产渠道，可见，2012 年社会服务业营运资金更多地配置在了生产渠道，采购渠道营运资金大大压缩。在财务风险方面，2012 年与 2012 年社会服务行业的企业短期金融性负债占比波动幅度不大，可以看出，行业内的企业财务风险控制在合理水平，融资压力不大，整个行业的融资渠道的稳定性。最后提出两条建议，一是加强供应链整合，进一步提高存货与应收账款管理水平，营运资金管理已经从单纯的数学指标计算转向基于供应链优化、整合为中心的全面管理；二是合理利用闲置现金进行多元化经营，提高经营活动营运资金比重，适当进行多元化经营，丰富产业链，增强抵御风险的能力，使该行业企业能够创造更大的价值。

一、社会服务业营运资金管理的特点

1. 存货规模较小

与其他行业相比，社会服务业的企业具有存货占用营运资金总比例较低的特点，其存货周转期较短，存货的平均周转率相对于其他行业较快。但这并不能说明服务业存货的实际管理水平较高，而是由于社会服务业的企业是以提供各项服务为主要经营业务，与制造业相比所需存货量偏低、规模较小。

2. 应收账款和应付账款周转速度较快

服务具有无形性特征，因此社会服务业中许多子行业均具有经营业务无形性以及商品提供与消费同时发生的特点。而且，该行业中大部分企业所处的产业链较短，很多企业都是直接面对最终消费者。因此，社会服务业的平均应收账款和应付账款整体规模较小，周转期较短，周转效率较高。

3. 采购渠道成为企业的融资平台

该行业经营活动的营运资金管理水平较高，从近几年的统计数据来看，该行业企业在经营活动中的采购渠道的周转期平均值为负数，这说明社会服务业采购渠道不但没有占用企业的资金，反而成为

① 国家自然科学基金“利益相关者视角的营运资金管理研究与中国上市公司营运资金管理数据平台扩充建设（71372111）”和国家自然科学基金“利益相关者集体选择视角的企业价值管理研究（71172099）”的阶段性成果。感谢中国海洋大学、中国会计学会、国家自然科学基金委员会对营运资金管理研究的支持。

了企业的融资平台。这与服务业提供商品的异质性有关，追求服务的多样性及个性化使企业核心竞争力增强，在与其他利益相关者交易谈判时，提高了自身话语权。而对于理财活动的营运资金管理水平而言，部分上市公司有较大提高，但从整个行业来说还是偏低，这与我国社会服务业仍属劳动密集型产业不无关系。

4. 单位营运资金创造的收益较高

因为社会服务业绝大部分企业仍属劳动密集型且我国人口红利仍然存在，商品提供形式表现主要为服务，也就是说劳动占整个产业链中的增值比重非常大。所以社会服务业中单位营运资金创造的利润和收益较高，单位资产的现金流量较大。当然，服务业与制造业相比，创造单位 GDP 的资源消耗也较少。

二、2012 年社会服务业面临的经营环境及对上市公司的影响分析

总体来看，2012 年中国正逐步走出金融危机的影响，宏观经济政策保持相对稳定的同时，积极推进相关领域改革，加快经济结构调整和发展方式转变，为中长期经济稳定发展奠定良好基础。同时，这也给我国社会服务业的持续健康快速发展创造了积极有利的经营环境。

（一）国家政策利好，社会服务业上市公司加快发展

2012 年是我国“十二五”规划的第二年，社会服务业在扩内需、调结构、保增长、惠民生的战略中将发挥更大功能，产业规模将进一步扩大。“十二五”规划纲要的第四篇明确提出要营造环境推动服务业大发展，拓展新领域，发展新业态，培育新热点，推进服务业规模化、品牌化、网络化经营，不断提高服务业比重和水平。其中在加快发展生产性服务业章节中重点提出要规范提升商务服务业，主要是指社会服务业中的专业、科研服务业。而在大力发展生活性服务业章节重点提及要积极发展旅游业，同时要鼓励发展家庭服务业，主要是指：以家庭为服务对象，以社区为重要依托，重点发展家政服务、养老服务和病患陪护等服务，因地制宜发展家庭用品配送、家庭教育等特色服务。

同时“十二五”规划中还提出了相关的改革举措：一是要求建立公平、规范、透明的市场准入标准，打破部门分割、地区封锁和行业垄断，扩大服务业开放领域。二是要鼓励和引导各类资本投向服务业，大力发展多种所有制服务企业，建立统一、开放、竞争、有序的服务业市场。三是要推进国家服务业综合改革试点，探索有利于服务业加快发展的体制机制和有效途径。在政策方面给与支持：第一，实行鼓励类服务业用电、用水、用气、用热与工业同价。第二，扩大服务业用地供给，工业企业退出的土地优先用于发展服务业。第三，拓宽服务业企业融资渠道，支持符合条件的服务业企业上市融资和发行债券。第四，支持服务业企业品牌和网络建设。优化服务业发展布局，推动特大城市形成以服务经济为主的产业结构①。这一系列重大改革举措和利好政策，为社会服务业铺就了一条良好的发展道路。从行业发展规律来看，我国处于成长周期的社会服务业因其自身的内生增长力及政策的大力扶持，我们预计“十二五”期间行业仍延续现有的运行轨迹持续向上发展。

（二）社会服务业市场供需两旺，增值空间较大

国内交通运输条件的不断改善和信息技术等高新技术的迅猛发展推动了现代服务业的大发展。近几年，我国基础设施建设投入不断加大，高速公路、高速铁路、民航等交通网络不断完善，对旅游客流的流动与扩展产生了深远的影响。电子信息技术的应用有效降低了企业的运营成本、加快了现代服务产业结构的升级进程、催生出新型的服务业行业，使服务形式更加多样化，服务内容更为系统化，提升了服务型企业的竞争力。服务业属于劳动密集型产业，而我国劳动力资源较丰富，劳动力人口总量处于上升阶段，并且素质不断提高，人口红利的存在有利于服务业利润的增长和竞争力的提高。这一系列条件都使得社会服务业市场的供给充足。从 2012 年国内储蓄和外汇储备来看，市场资金供给潜力巨大。居民收入和储蓄增加是促进服务消费的直接动力，也促进了服务行业的蓬勃发展。

随着近些年扶农政策的实施和科技兴农的落实，我国农民的生活水平有了很大提高，农村消费市

① 《中华人民共和国国民经济和社会发展第十二个五年规划纲要》。

场潜力巨大。随着农民购买力的增加，农村消费将随之不断扩大，不仅物质消费极大提高，对精神文明的需求也将进入快速增长的阶段：城乡居民教育、公共设施服务、文化娱乐、旅游、休闲等消费潜力巨大，这也使得我国社会服务业市场需求旺盛。因此在我国社会服务业市场供需两旺的情况下，势必具有较大的增值空间。

（三）经济全球化促使社会服务业国际化进程加快

中国现代服务业总体水平还处于起步阶段，与发达国家乃至部分发展中国家相比，仍存在较大差距。全球服务业产值一般占经济总量的60%以上，发达国家高达70% ~80%，发展中国家也在50%以上，而我国仅为43.4%。我国服务业产值占经济总量比重与世界平均水平相比偏低，但呈现逐年增长的态势。近年来随着经济的快速发展，服务业是世界上增长最快的产业之一，自从中国加入世界贸易组织以来，中国服务业对外开放程度大大提高，中国作为最有发展潜力的经济实体之一，同时也因为我国第三产业的比重远低于世界平均水平，中国正在成为世界服务业增长的一个中心。

我国服务业吸收外国投资持续增长，外国直接投资不仅能弥补我国资本储蓄不足，而且能带来国内市场投资的乘数效应，带动上下游企业的发展，形成连锁效应和示范效应，从而带动整个行业服务质量的改善和服务效率的提高。同时由于全球商业化中通讯和信息技术的广泛采用，服务业国际化的进程加快，跨国性全球服务和产业化服务成为服务业发展的新趋势。

三、2012年社会服务业上市公司营运资金配置与来源分析

（一）社会服务行业上市公司营运资金配置分析

1. 社会服务行业上市公司营运资金总体配置结构与占用水平分析

（1）行业层面

表 25 - 1　　2011 ~ 2012 年社会服务业营运资金配置分析　　单位：亿元

项目	营运资本期末占用		营运资金期末占用		经营活动营运资金期末占用		经营活动营运资金占用水平		投资活动营运资金期末占用	
	2011	2012	2011	2012	2011	2012	2011	2012	2011	2012
行业总体	225.53	395.89	494.42	733.63	32.66	150.13	323.48%	887.72%	472.55	602.81
行业平均	4.03	6.00	8.83	11.12	0.58	2.27	5.78%	13.45%	8.44	9.13
最大值	34.38	141.47	97.11	216.11	21.39	124.87	101.07%	132.01%	76.03	92.19
最小值	-7.59	-26.18	-4.37	-8.55	-6.45	-17.90	-94.38%	-79.15%	0.26	0.14
样本数量	56	66	56	66	56	66	56	66	56	66

从表 25 - 1 可以看出，截至 2012 年底，社会服务业营运资本期末占用总额为 395.89 亿元人民币，比去年增加 170.36 亿元。平均每家上市公司占用营运资本 6.00 亿元人民币，同比增加 1.97 亿元人民币。从营运资本总额的绝对值上看，营运资本占用的最高数额为 141.47 亿元，最低数额为 -26.18 亿元。从上述数据可以看出，社会服务业营运资本需求量较小，但是呈持续上升趋势。

营运资金期末占用总额为 733.63 亿元人民币，比去年增加 239.21 亿元。平均每家上市公司占用营运资金 11.12 亿元人民币，同比增加 2.29 亿元人民币。从营运资金总额的绝对值上看，营运资金占用的最高数额为 216.11 亿元，最低数额为 -8.55 亿元。从上述数据可以看出，社会服务业营运资金需求量较大，并呈上升趋势。

经营活动营运资金总额为 150.13 亿元人民币，比去年增加 117.47 亿元。平均每家上市公司经营活动营运资金额为 2.27 亿元人民币，同比增加 1.69 亿元人民币。平均每家上市公司经营活动营运资金占用水平为 13.45%，比去年增加 7.76%。从上述数据可以看出，经营活动营运资金占营业收入的比重不断提高，经营活动营运资金需求量不断上升。

投资活动营运资金总额为 602.81 亿元人民币，比去年增加 130.26 亿元。平均每家上市公司投资活动营运资金额为 9.13 亿元人民币，同比增长 0.69 亿元人民币。其中，最高额为 92.19 亿元，最低

额为 0.14 亿元。总体来看，社会服务业的投资活动营运资金有上升趋势。

（2）企业层面

经过对 2012 年社会服务业上市公司与 2011 年该行业上市公司按照代码相同的原则进行匹配后发现，两年内社会服务业上市公司可比样本为 45 家，其资金占用变化统计见表 25-2。

表 25-2 2011～2012 年社会服务业上市公司营运资金配置变化情况及变动幅度统计表

项目		营运资本	营运资金	经营活动营运资金	投资活动营运资金
资金占用量绝对变化统计	降低	26	26	13	28
	降低比例	57.78%	57.78%	28.89%	62.22%
	增加	19	19	32	17
	增加比例	42.22%	42.22%	71.11%	37.78%
资金占用量变化幅度统计	降低显著	7	5	4	8
	占比	15.56%	11.11%	8.89%	17.78%
	降低较大	3	3	2	6
	占比	6.67%	6.67%	4.44%	13.33%
	有所降低	9	10	6	11
	占比	20.00%	22.22%	13.33%	24.44%
	基本稳定	10	11	2	7
	占比	22.22%	24.44%	4.44%	15.56%
	有所增加	2	5	8	8
	占比	4.44%	11.11%	17.78%	17.78%
	增加较大	0	1	8	4
	占比	0.00%	2.22%	17.78%	8.89%
	增加显著	14	10	15	1
	占比	31.11%	22.22%	33.33%	2.22%
可比样本总数		45			

注：上表中除了百分比之外的数字单位为：家

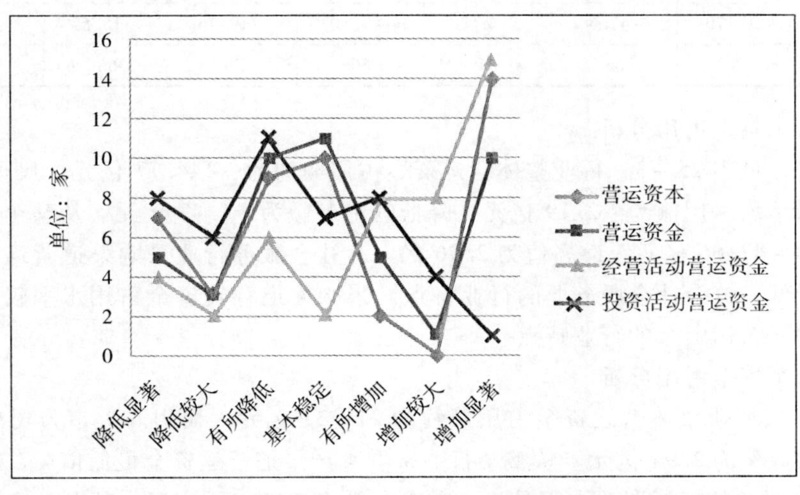

图 25-1 2011～2012 年社会服务业上市公司营运资金配置变化情况及变动幅度统计图

①营运资本

从营运资本占用量的绝对变化上看，见表 25-2，近 58% 的公司营运资本占用量在下降。而从变动幅度上看，社会服务业营运资本波动幅度基本呈“W”型，营运资本占用增加显著的为 14 家，基本稳定的上市公司数量为10家，总共占比超过22%，总体来看社会服务业上市公司营运资本规模变化呈现两极，大部分企业营运资本占用量下降但是增加明显的企业数量却排名第一，可能的原因是社会服务行业的大多数企业资产流动性下降导致。

②营运资金

从表25-2得出，共计26家的上市公司营运资金占用量在下降，占比57.78%。而从变动幅度上看，社会服务业营运资金波动幅度与营运资本波动幅度基本一致，营运资金基本稳定的上市公司数量最高，有11家，占比24.44%，其次有所降低和增加显著的企业数量一致，均为10家。

③经营活动营运资金

从营运资金占用量绝对变化上看，见表25-2，经营活动营运资金占用量增加的公司超过32家，为71.11%。而从变动幅度上看，见图25-1，经营活动营运资金占用量变化幅度曲线整体呈现波动上升的趋势，资金占用量增加显著的企业数量最多，达到15家，占比33.33%，资金占用量有所增加和增加较大的上市公司数量都为8家，呈现不断上升的态势。社会服务业经营活动营运资金投入增加显著，尤其相较于投资活动营运资金。

④投资活动营运资金

从营运资金占用量的绝对变化上看，见表25-2，62.22%的上市公司投资活动营运资金占用量在下降；而从变动幅度上看，见图25-1，投资活动营运资金占用量有所降低上市公司数量最多，为11家，投资活动营运资金占用量降低显著和有所增加均占比17.78%，变动极不稳定。社会服务行业的企业在投资活动投入的营运资金逐渐降低，并且显著降低的企业占比也较高。

2. 社会服务行业上市公司分渠道的经营活动营运资金配置分析

（1）行业层面

表25-3　2011～2012年社会服务业经营活动营运资金的渠道配置分析　单位：亿元

项目	采购渠道营运资金		生产渠道营运资金		营销渠道营运资金		经营活动营运资金	
	2011	2012	2011	2012	2011	2012	2011	2012
行业总体	-42.46	-144.77	14.42	211.31	60.70	83.58	32.66	150.13
行业平均	-0.76	-2.19	0.26	3.20	1.08	1.27	0.58	2.27
最大值	3.88	2.96	17.72	188.06	28.47	27.81	21.39	124.87
最小值	-19.70	-47.66	-6.86	-7.00	-17.46	-15.53	-6.45	-17.90
样本数量	56	66	56	66	56	66	56	66

①采购渠道营运资金占用分析

从采购渠道看，见表25-3，行业整体营运资金占用额约为-144.77亿元人民币，同比下降70个百分点，上市公司平均占用额为-2.19亿元，降低的绝对额为-1.43亿元。从整个行业来看采购渠道营运资金最低值为-47.66亿元，最高值为2.96亿元，社会服务行业采购渠道营运资金占总体经营活动营运资金比例最低，符合社会服务业的行业特点。采购渠道存货资金占用水平较低，这符合社会服务业的对于采购方面营运资金的行业特点。

②生产渠道营运资金占用分析

从生产渠道看，行业整体营运资金占用额约为211.31亿元人民币。上市公司单位占用额为3.20亿元，增加的绝对数额为2.94亿元。从整个行业来看生产渠道营运资金最低值-7.00亿元，最高值为188.06亿元。生产渠道的存货资金占用是三个渠道中最多的，主要由于大部分社会服务行业均对于企业自己的产品实行自产自销，对于生产渠道投入的资金相对较多，这样可以节省企业服务成本。另外，随着物价的逐渐升高，社会服务业企业生产成本也不断增加，更加剧生产渠道的营运资金占用。

③营销渠道营运资金占用分析

从营销渠道看，行业整体营运资金占用额约为83.58亿元人民币，同比增长22.88亿元。上市公司单位占用额为1.27亿元，增加的绝对数额为0.19亿元。从整个行业来看生产渠道营运资金最低值-15.53亿元，最高值为27.81亿元，总体来看社会服务行业营销渠道营运资金占用水平较高，仅次于生产渠道营运资金占用。

（2）企业层面

表25-4　2011~2012年社会服务业经营活动营运资金的渠道配置变化情况及变动幅度表

项目		采购渠道营运资金	生产渠道营运资金	营销渠道营运资金	经营活动营运资金
资金占用量绝对变化统计	降低	7	10	13	13
	降低比例	15.56%	22.22%	28.89%	28.89%
	增加	38	35	32	32
	增加比例	84.44%	77.78%	71.11%	71.11%
资金占用量变化幅度统计	降低显著	2	6	6	4
	占比	4.44%	13.33%	13.33%	8.89%
	降低较大	4	1	2	2
	占比	8.89%	2.22%	4.44%	4.44%
	有所降低	1	1	3	6
	占比	2.22%	2.22%	6.67%	13.33%
	基本稳定	3	6	4	2
	占比	6.67%	13.33%	8.89%	4.44%
	有所增加	8	13	9	8
	占比	17.78%	28.89%	20.00%	17.78%
	增加较大	8	4	9	8
	占比	17.78%	8.89%	20.00%	17.78%
	增加显著	19	14	12	15
	占比	42.22%	31.11%	26.67%	33.33%
可比样本总数		45			

注：上表中除了百分比之外的数字单位为：家

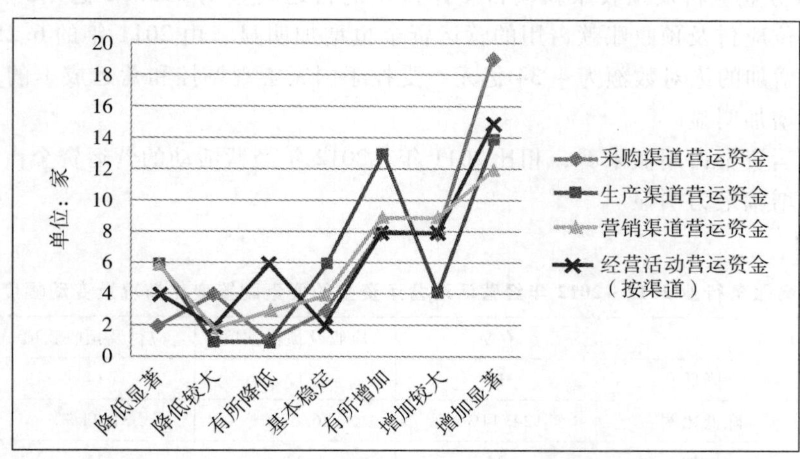

图25-2　2011~2012年社会服务行业经营活动营运资金的渠道配置变化情况及变动幅度图

从表25-4可以看出，2012年，有32家上市公司经营活动营运资金（按渠道）占用量在增加，占比为71.11%。从经营活动营运资金（按渠道）的配置结构上看，采购渠道营运资金、生产渠道营运资金和营销渠道营运资金占用量增加显著的上市公司占最多数，分别占比42.22%、31.11%和26.67%，较多的公司对于采购、生产、营销渠道的营运资金投入都大幅度提高，受物价水平和营业成本的不断提高，社会服务行业的经营活动增加幅度明显。营运资金从营运资金变动幅度分布上看，采购渠道、生产渠道和营销渠道的营运资金占用量均呈现波动上升的趋势，见图25-2，表明波动幅度较大的上市公司数量依然较高。

3. 社会服务行业上市公司分要素的经营活动营运资金配置分析

（1）行业层面

表25-5　2011~2012年社会服务行业经营活动营运资金的要素配置分析　单位：亿元

项目	存货		应收及预付款项		应付及预收款项		经营活动营运资金	
	2011	2012	2011	2012	2011	2012	2011	2012
行业总体	128.28	484.79	254.13	364.16	349.75	698.82	32.66	150.13
行业平均	2.29	7.35	4.54	5.52	6.25	10.59	0.58	2.27
最大值	16.66	351.46	32.45	50.31	37.86	246.93	21.39	124.87
最小值	0	0	0.04	0.06	0.17	0.15	-15.05	-17.90
样本数量	56	66	56	66	56	66	56	66

①存货

2012年社会服务业整体存货资金占用额约为484.79亿元人民币，比2011年增加356.51亿元；上市公司单位存货资金占用额为7.35亿元，比2011年增加5.06亿元。从整个行业来看存货资金占用额最低值0，最高值为351.46亿元，总体来看大部分上市公司存货资金占用额较高。总体来看，存货资金占用水平上升，其中生产存货资金占用比例最高，生产营销其次，采购存货资金占用水平较低，这主要是因为社会服务行业企业主要实行自产自销服务用品，生产存货占用较多。

②应收及预付账款

2012年社会服务业应收账款及预付账款项目整体占用的营运资金为364.16亿元，同比增加了110.03亿元。上市公司单位应收及预付账款占用的营运资金为5.52亿元，与去年相比也有所增加，增加的绝对数额为0.98亿元。而从应收及预付账款的相对占用量上看，2012年应收及预付账款占流动资产的比重为35.13%，行业整体的应收及预付账款比重不断增加。

③应付及预收账款

2012年社会服务业应付及预收账款项目整体占用的营运资金为698.82亿元，同比增加了349.07亿元。上市公司单位应付及预收账款占用的营运资金也增加明显，由2011年的6.25亿元上升到2012年的10.59亿元，增加的绝对数额为4.34亿元。受控于国家宏观调控和营运成本的上升，社会服务行业应付及预收账款增加明显。

综合各要素营运资金占用额来看，相比2011年，2012年经营活动的营运资金占用额有明显的上升趋势。其中，存货增幅最为明显。

（2）企业层面

表25-6　社会服务行业2011~2012年经营活动营运资金的要素配置变化情况及变动幅度表

项目		存货	应收及预付款项	应付及预收款项	经营活动营运资金
资金占用量绝对变化统计	降低	11	12	14	13
	降低比例	24.44%	26.67%	31.11%	28.89%
	增加	34	33	31	32
	增加比例	75.56%	73.33%	68.89%	71.11%
资金占用量变化幅度统计	降低显著	3	3	3	4
	占比	6.67%	6.67%	6.67%	8.89%
	降低较大	1	2	2	2
	占比	2.22%	4.44%	4.44%	4.44%

续表

项目		存货	应收及预付款项	应付及预收款项	经营活动营运资金
资金占用量变化幅度统计	有所降低	4	2	1	6
	占比	8.89%	4.44%	2.22%	13.33%
	基本稳定	18	8	8	2
	占比	40.00%	17.78%	17.78%	4.44%
	有所增加	13	10	20	8
	占比	28.89%	22.22%	44.44%	17.78%
	增加较大	3	16	11	8
	占比	6.67%	35.56%	24.44%	17.78%
	增加显著	4	4	0	15
	占比	8.89%	8.89%	0.00%	33.33%
可比样本总数		45			

注：上表中除了百分比之外的数字单位为：家

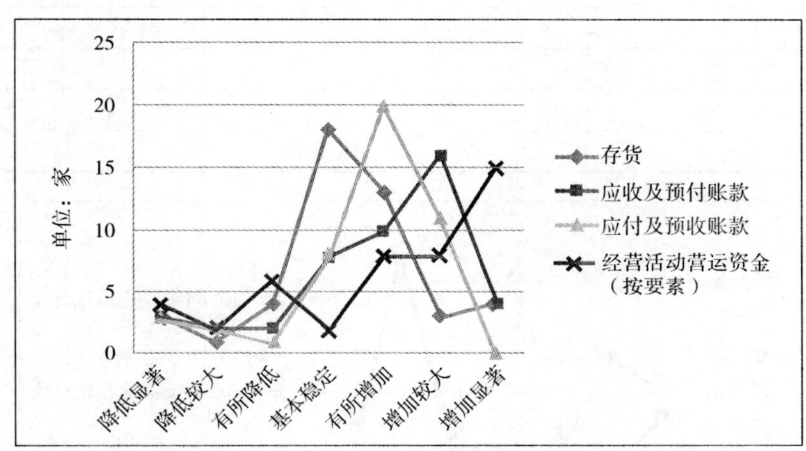

图 25－3　2011～2012 年社会服务业经营活动营运资金的要素配置变化情况及变动幅度图

调查显示，见表 25－6，2012 年，有 32 家上市公司经营活动营运资金（按要素）占用在增加，占比达到 71.11%，且占用量增加显著的上市公司数量最多，达到 15 家，占比 33.33%。

从经营活动营运资金（按要素）的配置结构上看，存货占用量基本稳定的上市公司数量最多，达到 18 家，占比 40%。应收及预付账款占用量增加较大的上市公司数量最多，达到 16 家，占比 35.56%，而应付预收账款中占用量有所增加的上市公司数量达到 20 家，占比 44.44%。从图 25－3 中可以看出，三条曲线均呈现倒“V”型，表明社会服务业经营活动营运资金变动幅度较大。

（二）社会服务行业上市公司营运资金来源与财务风险分析

1. 社会服务行业上市公司营运资金来源状况分析

表 25－7　**2011～2012 年社会服务业营运资金来源状况**

项目	短期金融性负债占比		营运资本占比	
	2011 年末	2012 年末	2011 年末	2012 年末
行业平均	53.22%	44.86%	46.78%	55.14%
最大值	724.95%	2163.82%	131.53%	211.49%
最小值	－31.53%	－111.49%	－624.95%	－2063.82%
样本数量	56	66	56	66

从表 25-7 可以看出，截至 2012 年底，社会服务业平均短期金融性负债占比为 44.86%，相比 2011 年下降 8.36%。从短期金融性负债占比的绝对值上看，社会服务业短期金融性负债占比最大值为 2163.82%，最小值为 -111.49%。从上述数据可以看出，社会服务业的短期金融性负债占比呈现下降趋势。

2012 年的社会服务业平均营运资本占比为 55.14%，相较去年增加 8.36%。从营运资本占比的绝对值上看，社会服务行业营运资本占比最大值为 211.49%，最小值为 -2063.82%。

2. 社会服务行业上市公司营运资金来源统计分析

表 25-8　　2011~2012 年社会服务业营运资金来源统计表　　单位：家

比例	2011 年末短期金融性负债占比	2011 年末营运资本占比	2012 年末短期金融性负债占比	2012 年末营运资本占比
<0	10	8	12	8
0~20%	13	3	12	3
20%~40%	4	4	6	1
40%~60%	3	3	3	3
60%~80%	4	4	1	6
80%~100%	3	22	3	22
>100%	8	1	8	2
企业数量	45			

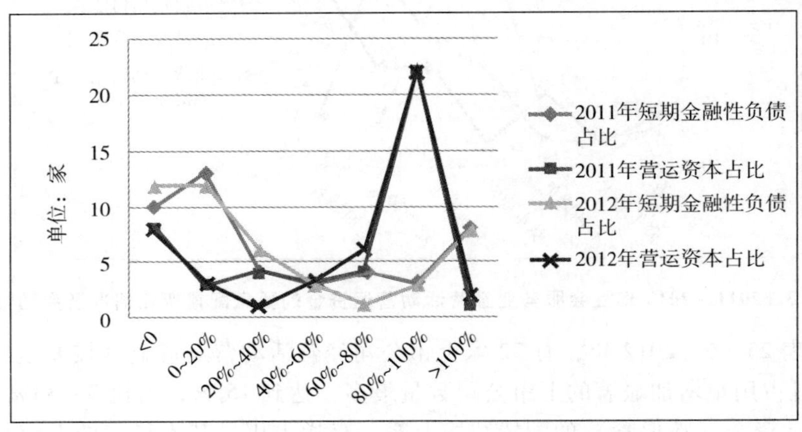

图 25-4　2011~2012 年社会服务行业营运资金来源分析图

从表 25-8 和图 25-4 中可以看出，相较 2011 年，2012 年社会服务业短期金融性负债占比小于 0 与 0%~20% 之间的企业数量增最多，都超过 10 家。从变化幅度来看，2011 年与 2012 年社会服务业的企业短期金融性负债占比波动幅度不大，可以看出，行业内的企业财务风险控制在合理水平，融资压力不大。而与短期金融性负债占比正好成相反趋势的是营运资本占比，2012 年社会服务行业营运资本占比在 80%~100% 的企业和 2011 年一样，均为 22 家，占比 48.89%，并且 2012 年营运资本占比也与 2011 年波动形势基本一直，体现整个行业的融资渠道的稳定性。

四、社会服务业上市公司营运资金管理绩效分析

（一）社会服务行业上市公司分渠道的营运资金管理绩效分析

1. 行业层面分渠道营运资金管理绩效分析

2011~2012 年，社会服务业经营活动营运资金（按渠道）周转绩效见表 25-9。

表25-9　　2011~2012年社会服务业各渠道营运资金周转期　　单元：天

项目	采购渠道营运资金周转期		生产渠道营运资金周转期		营销渠道营运资金周转期		经营活动营运资金周转期（按渠道）	
	2011	2012	2011	2012	2011	2012	2011	2012
住宿和餐饮业	-2	-25	-14	-9	-1	-6	-18	-40
租赁和商务服务业	-14	-23	-15	10	44	18	15	4
科学研究和技术服务业	37	-23	44	23	88	16	169	16
水利、环境和公共设施管理业	-22	-44	16	186	66	14	60	156
卫生和社会工作	-19	-25	-7	-8	28	41	2	8
行业整体	-14	-29	6	57	26	15	18	44

①采购渠道营运资金周转期

由表25-9可以看出，社会服务业采购渠道2012年周转期为-29天，比2011年减少了15天，行业总体绩效改善。各细分行业2012年采购渠道营运资金周转期较去年均有减少，其中科学研究和技术服务业改善最为显著，由2011年的37天降低至-23天。住宿和餐饮业由-2天降为-25天。租赁和商务服务业2012年的采购渠道营运资金周转期为-23天，比2011年降低了9天。水利、环境和公共设施管理业2012年的值最小为-44天，相比2011年下降22天，绩效改善显著。卫生和社会工作2012年的采购渠道营运资金周转期为-25天，比2011年减少6天。该行业企业在经营活动中的采购渠道的周转期平均值为负数，这说明社会服务业采购渠道不但没有占用企业的资金，反而成为了企业的融资平台。这与服务业提供商品的异质性有关。

②生产渠道营运资金周转期

2012年行业整体的生产渠道营运资金周转期为57天，比2011年增加51天，营运资金管理绩效明显下降。横线对比，这主要是由于水利、环境和公共设施管理业生产渠道营运资金周转期的变化造成的，2012年水利、环境和公共设施管理业生产渠道营运资金周转期为186天，比2011年增长了170天。住宿和餐饮业2012年的营运资金周转期最短，为-9天，与2011年的-14天相比有所增加。租赁和商务服务业生产渠道营运资金周转期增加显著。科学研究和技术服务业的生产渠道营运资金周转期为23天，与2011年相比下降21天。卫生和社会工作的生产渠道营运资金周转期基本保持不变。生产渠道营运资金管理有待加强。

③营销渠道营运资金周转期

营销渠道2012行业平均周转期为15天，与2011年的26天相比减少了11天，行业总体绩效改善。除卫生和社会工作业营销渠道营运资金周转期增加外，其他行业周转期均下降。其中住宿和餐饮业营销渠道营运资金周转期最小为-6，与2011年的-1相比下降了5天。科学研究和技术服务业的周期下降幅度最大，由2011年的88天降为2012年的16天。

④经营活动营运资金周转期（按渠道）

从表25-9中可以看出，行业整体2012年社会服务业营运资金周转期较2011年增加26天，从2011年的18天增加到2012年的44天，增加幅度较大。这主要是由于水利、环境和公共设施管理业经营活动营运资金周转期（按渠道）由2011年的60天变为2012年的156天。卫生和社会工作的周转期由2011年的2天增加为8天。其他细分行业的经营活动营运资金周转期（按渠道）均有所减少。

横向比较各渠道营运资金管理绩效可以发现，行业平均水平和各子行业平均水平中，采购渠道管理绩效均好于营销渠道，而生产渠道管理绩效均为最差。说明该行业生产渠道营运资金管理应成为重点环节。

2. 企业层面分渠道营运资金管理绩效分析

企业层面分渠道营运资金管理绩效分析2011~2012两年间可比样本为45家。本部分将以2011~2012年可比样本为研究对象，分析社会服务业上市公司2012年营运资金管理水平的稳定程度，以从企业层面深入透视社会服务业营运资金管理现状。

2011～2012 年社会服务业上市公司各渠道周转期变化及变动幅度统计见表 25－10。

表 25－10　2011～2012 年社会服务行业各渠道营运资金管理绩效变化统计表

项目		采购渠道营运资金周转期	生产渠道营运资金周转期	营销渠道营运资金周转期	经营活动营运资金周转期（按渠道）
周转期变化统计	改善	21	16	17	17
	改善比例	46.67%	35.56%	37.78%	37.78%
	降低	24	29	28	28
	降低比例	53.33%	64.44%	62.22%	62.22%
周转期变化幅度统计	改善显著	12	10	9	10
	改善较大	2	3	1	3
	有所改善	4	2	2	2
	基本稳定	10	9	6	8
	有所降低	4	8	7	5
	降低较大	5	2	3	3
	降低显著	8	11	17	14
可比样本总数		45			

注：上表中除了百分比之外的数字单位为：家

①采购渠道营运资金周转期

从表 25－10 可以看出，2012 年社会服务业中有 21 家企业采购渠道营运资金管理绩效比 2011 年得到了改善，占到该行业可比样本的 46.67%，24 家企业绩效下降，占可比样本数 53.33%，采购渠道周转绩效改善企业数比下降企业数略小，采购渠道营运资金管理水平略有下降。整个行业的变化幅度情况如图 25－5 所示。在所有可比企业中采购渠道营运资金管理绩效改善显著的企业有 12 家，降低显著的企业有 8 家，这两个变动极端的数量占到了可比样本数量的 40% 左右，使得整体曲线呈现类似"w"型，采购渠道营运资金管理的稳定性有待提高。

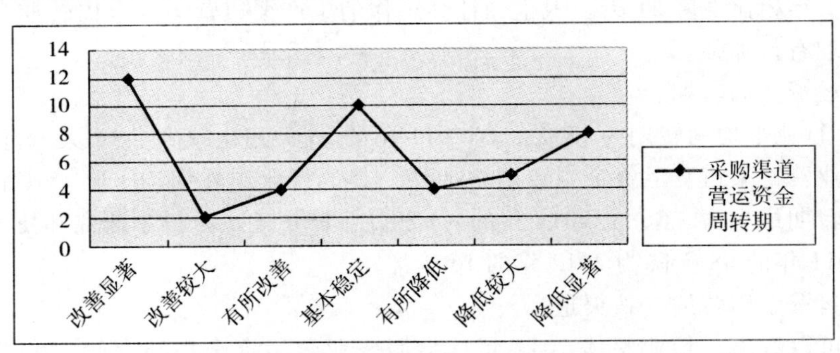

图 25－5　2011～2012 年社会服务业可比公司采购渠道管理绩效变动幅度

②生产渠道营运资金周转期

从表 25－10 可以看出，2012 年社会服务业中有 16 家企业生产渠道营运资金管理绩效比 11 年有所改善，占到该行业可比样本的 35.56%，而有 64.44% 的企业营运资金管理绩效有所降低，生产渠道周转绩效改善企业数明显小于下降企业数，说明生产渠道营运资金管理水平有待提高。而从生产渠道营运资金管理绩效变动程度分布看，见图 25－6，基本稳定的企业只有 9 家，而降低显著的企业数量偏多达 11 家，整条曲线呈不规则的"W"分布，与正态分布具有明显差异，这表明社会服务生产渠道营运资金管理绩效呈严重的不稳定状态，绩效降低显著的企业数量畸高。

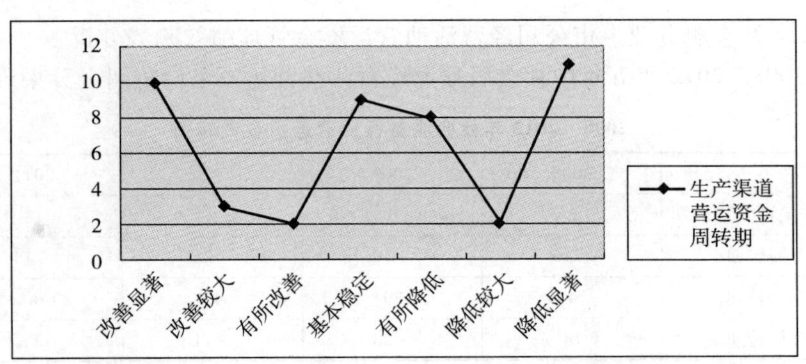

图 25－6　2011～2012 年社会服务业可比公司生产渠道管理绩效变动幅度

③营销渠道营运资金周转期

从表 25－10 可以看出，2012 年社会服务业中有 17 家企业营销渠道营运资金管理绩效比 2011 年有所改善，占到该行业可比样本的 37.78%，有 28 家企业营销渠道营运资金管理绩效有所降低，营销渠道周转绩效改善企业数小于下降企业数，说明营销渠道营运资金管理水平有待提高。其中绩效降低显著的企业有 17 家，比例非常高，这些企业的营销渠道营运资金管理问题较为严重。营销渠道营运资金周转期变动幅度分布见图 25－7。从图 25－7 可以看出，营销渠道营运资金周转期变动分布呈不规则的“W”型，改善显著和降低显著的企业较多，整体绩效仍有待提高。

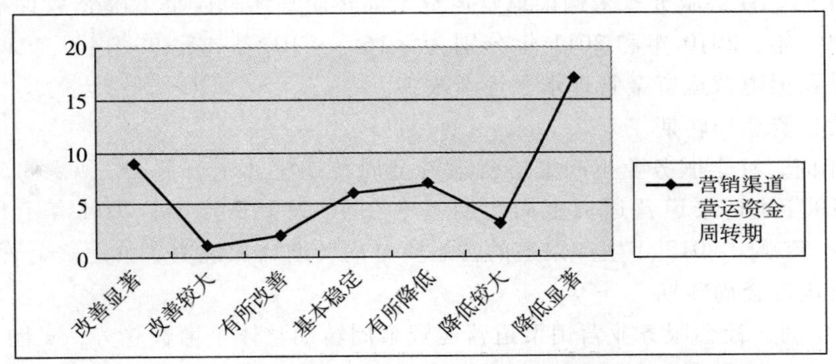

图 25－7　2011～2012 年社会服务业可比公司营销渠道管理绩效变动幅度

④经营活动营运资金周转期（按渠道）

从渠道视角看，2012 年社会服务业中有 17 家企业经营活动营运资金管理绩效比 2011 年有所改善，占到该行业可比样本的 37.78%，有 28 家企业营销渠道营运资金管理绩效有所降低，营销渠道周转绩效改善企业数小于下降企业数，营运资金整体管理绩效较去年有所下降。而从绩效变动幅度上看，2012 年经营活动营运资金管理绩效改善显著和降低显著地企业数量较多，基本稳定的企业数量只有 8 家。社会服务业分渠道营运资金管理仍然呈现一定程度不稳定状态。

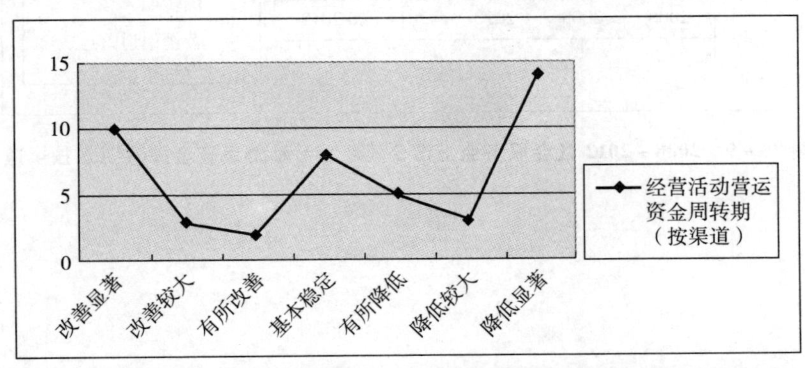

图 25－8　2011～2012 年社会服务业可比公司经营活动营运资金管理绩效变动幅度

3. 2008～2012 年社会服务业上市公司经营活动营运资金管理绩效趋势分析

表 25－11 是 2008～2012 年五年中社会服务业经营活动营运资金周转期（分渠道）的趋势分析。

表 25－11　　2008～2012 年社会服务行业营运资金周转期　　单位：天

项目	2008	2009	2010	2011	2012
经营活动营运资金（按渠道）周转期	2	6	5	18	44
采购渠道营运资金周转期	－16	－10	－26	－14	－29
生产渠道营运资金周转期	4	39	42	6	57
营销渠道营运资金周转期	14	－23	－11	26	15

①经营活动营运资金周转期（按渠道）

整体来看 2008～2012 年社会服务业经营活动营运资金周转期（按渠道）呈现上升趋势，2008 年为 2 天，2012 年为 44 天，经营活动营运资金管理绩效呈现降低的发展态势。从营运资金结构来看，2008～2012 年采购渠道营运资金周转期呈现波动的态势，总体基本保持稳定而且管理绩效较好；生产渠道营运资金周转期则处于不断上升态势，5 年间生产渠道营运资金管理绩效整体呈恶化趋势；2008～2012 年营销渠道营运资金周转期呈现波动态势。总体来看经营活动营运资金管理绩效处于下滑状态，见图 25－9。

②采购渠道营运资金周转期

2008～2012 年间，社会服务业采购渠道营运资金周转期整体总体呈下降态势且来回波动，见图 25－9。2008 年、2009 年、2010 年和 2011 年分别为－16、－10、－26 和－14 天，2012 年下降到－29 天。总体上看，采购渠道营运资金管理水平逐渐改善。

③生产渠道营运资金周转期

2008～2012 年间，社会服务业生产渠道营运资金周转期整体上升趋势，见图 25－9。2008 年为 4 天，2009 年和 2010 年生产渠道营运资金周转期基本在 40 天上下浮动，2011 年有明显的改善降为 6 天，2012 年增加至 57 天。2012 年生产渠道的营运资金周转期增加说明了营运资金管理绩效的下降。

④营销渠道营运资金周转期

2008 至 2012 年间，社会服务业营销渠道营运资金周转期整体呈增长趋势，见图 25－9。2008 年为 14 天，2009 年和 2010 年有所好转，2011 年增加至 26 天，2012 年下降为 15 天。总体上 2008 年至 2012 年营销渠道营运资金周转期呈上升趋势，营销渠道营运资金管理水平有所下降。

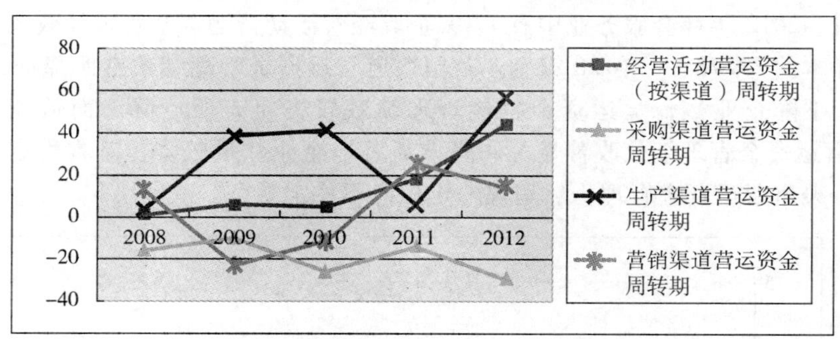

图 25－9　2008～2012 社会服务业上市公司经营活动营运资金周转期（按渠道）

（二）社会服务行业上市公司分要素的营运资金管理绩效分析

1. 行业层面分要素营运资金管理绩效分析

表25－12　　2011～2012年社会服务业各要素周转期　　单位：天

项目	存货周转期		应收账款周转期		应付账款周转期		经营活动营运资金周转期（按要素）	
	2011	2012	2011	2012	2011	2012	2011	2012
住宿和餐饮业	36	44	11	18	39	55	8	7
租赁和商务服务业	21	36	50	41	86	50	－15	26
科学研究和技术服务业	109	39	186	75	127	58	168	57
水利、环境和公共设施管理业	57	338	98	47	45	71	110	314
卫生和社会工作	17	21	25	31	37	38	5	13
行业整体	37	119	40	43	40	57	36	105

①存货周转期

由表25－12可以看出，社会服务业2012年存货周转期为119天，比2011年增加了82天。各细分行业2012年采购渠道营运资金周转期较去年均有增加，管理绩效下降，其中水利、环境和公共设施管理业增加最为显著，由2011年的57天增加至338天。住宿和餐饮业由36天增加为44天。租赁和商务服务业2012年的采购渠道营运资金周转期为36天，比2011年增加了15天。科学研究和技术服务业是唯一存货周期有所降低的行业，由109天降至39天。卫生和社会工作2012年的存货周转期为21天，比2011年增加4天。

②应收账款周转期

社会服务业2012年应收账款周转期为43天，比2011年增加了3天，管理绩效略有下降。各细分行业应收账款周转期有增有减。住宿和餐饮业、卫生和社会工作各增加了7天、6天。科学研究和技术服务业应收账款周转期减小最为明显，由2011年的186天减小为75天。租赁和商务服务业、水利、环境和公共设施管理业2012年应收账款周转期相比2011年分别减少9天和51天。

③应付账款周转期

社会服务业2012年应付账款周转期为57天，比2011年增加了17天。住宿和餐饮业、水利、环境和公共设施管理业、卫生和社会工作2012年应付账款周转期比2011年分别增加了16天、26天、1天，应付账款管理绩效下降。租赁和商务服务业、科学研究和技术服务业2012年应付账款周转期比2011年分别减少36天、69天。

④经营活动营运资金周转期（按要素）

社会服务业2012年经营活动营运资金周转期为105天，比2011年增加了69天。总的看来营运资金周转期的增加说明管理绩效的下降显著。各细分行业经营活动营运资金周转期有增有减。租赁和商务服务业、水利、环境和公共设施管理业、卫生和社会工作2012年经营活动营运资金周转期比2011年分别增加了41天、204天、7天。住宿和餐饮业、科学研究和技术服务业2012年经营活动营运资金周转期比2011年分别减少1天、111天。

2. 企业层面分渠道营运资金管理绩效分析

2011～2012年间可比样本为45家，本部分以2011～2012年可比样本为研究对象，分析社会服务业上市公司2012年营运资金管理水平的稳定程度，以从企业层面深入透视社会服务业营运资金管理现状。

2011～2012年社会服务业上市公司各渠道周转期变化及变动幅度统计见表25－13。

表 25-13　　2011~2012 年社会服务行业经营活动营运资金各要素管理绩效变化统计表

项目		存货周转期	应收账款周转期	应付账款周转期	经营活动营运资金周转期（按要素）
周转期变化统计	改善	15	14	21	20
	改善比例	33.33%	31.11%	46.67%	44.44%
	降低	30	31	24	25
	降低比例	66.67%	68.89%	53.33%	55.56%
周转期变化幅度统计	改善显著	2	0	1	7
	改善较大	1	4	3	2
	有所改善	3	4	6	5
	基本稳定	18	12	16	9
	有所降低	9	10	7	6
	降低较大	5	13	2	4
	降低显著	7	2	10	12
可比样本总数		45			

注：上表中除了百分比之外的数字单位为：家

①存货周转期

从表 25-13 可以看出，2012 年社会服务业存货周转绩效改善的企业数量为 15 家，占到可比样本的 33.33%，而绩效降低的企业数量是 30 家，占样本总数的 66.67%，显然下降企业数大于改善企业数，这表明存货管理水平有所降低。基本稳定企业数量最多，为 18 家，有 2 家企业改善显著，1 家企业改善较大，3 家企业有所改善。2012 年社会服务业存货管理绩效改善的企业中，大部分企业改善程度不大。同样有 7 家企业降低显著，5 家企业降低较大，9 家企业有所降低，这表明 2012 年社会服务业存货管理绩效降低的企业中，大部分企业降低程度不大。因此从存货周转期变化幅度分布上看（见图 25-10），存货周转期的变化幅度基本呈正态分布，说明社会服务业整体上存货周转情况基本正常，存货管理水平也基本稳定。

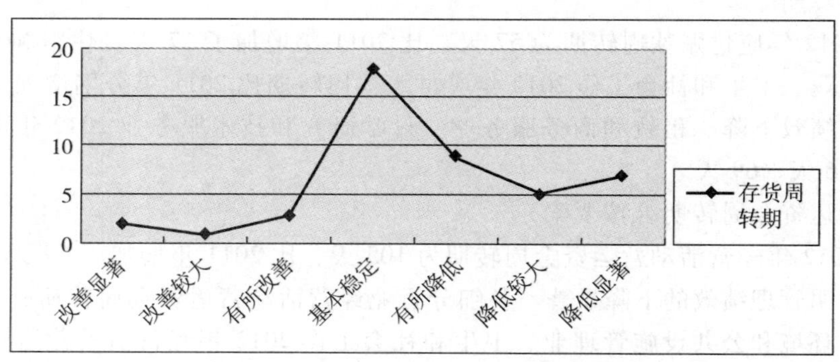

图 25-10　2011~2012 年社会服务业可比公司存货管理绩效变动幅度

②应收账款周转期

从表 25-13 可以看出，2012 年社会服务业应收账款周转情况与 2011 年相比，改善的企业有 14 家，下降的企业有 31 家，改善企业数明显小于下降企业数。部分企业应收账款周转期的延长除受周围经济环境的影响外，企业本身应收账款管理方面也存在不合理，有待改进的地方。其中基本稳定企业数量最多，为 12 家，在绩效改善企业中有所改善的企业为 4 家，改善较大的企业为 4 家，而改善显著的企业为 0 家。不容忽视的是仍有 2 家企业降低显著，13 家企业降低较大，数量较多。社会服务业应收账款周转绩效变化幅度见图 25-11，从图示可以看出，整体变动程度呈不规则分布，社会服务业应收账款管理绩效偏低，但降低显著的企业明显数量偏多。

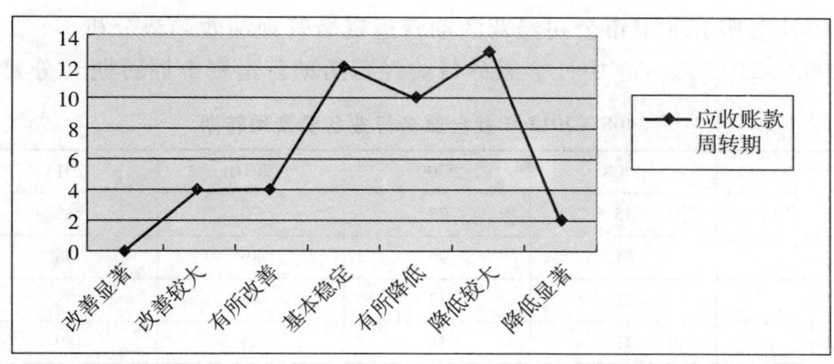

图 25－11 2011～2012 年社会服务业可比公司应收账款管理绩效变动幅度

③应付账款周转期

从表 25－13 可以看出，2012 年社会服务业应付账款周转情况与 2011 年相比，改善的企业数量为 21 家，下降企业为 24 家。其中改善显著的企业仅有 1 家，改善较大的有 3 家，有所改善的有 6 家。基本稳定的企业数量较多为 16 家。降低显著的企业数量偏多，有 10 家。整个行业的变化幅度情况如图 25－12 所示。除降低显著企业数稍高之外，整体变动基本呈正态分布，应付账款整体管理水平基本稳定正常。

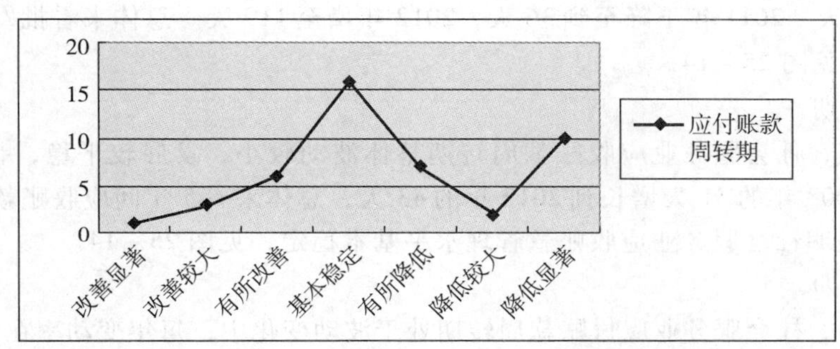

图 25－12 2011～2012 年社会服务业可比公司应付账款管理绩效变动幅度

④经营活动营运资金周转期（按要素）

从要素视角看，2012 年社会服务业上市公司中有 20 家上市公司经营活动营运资金管理绩效好于 2011 年，25 家上市公司比去年有所下降，占该行业可比样本的 55.56%，经营活动营运资金管理绩效（按要素）降低的企业数量占大多数，说明了社会服务业上市公司整体营运资金管理水平呈下降趋势。此外，从要素视角对社会服务业上市公司营运资金管理绩效变动幅度（见图 25－13）进行考察时，绩效降低显著的公司数量最多，导致整体曲线与正态分布稍有差异。这说明社会服务业的营运资金管理，呈现一定程度的不稳定状态。

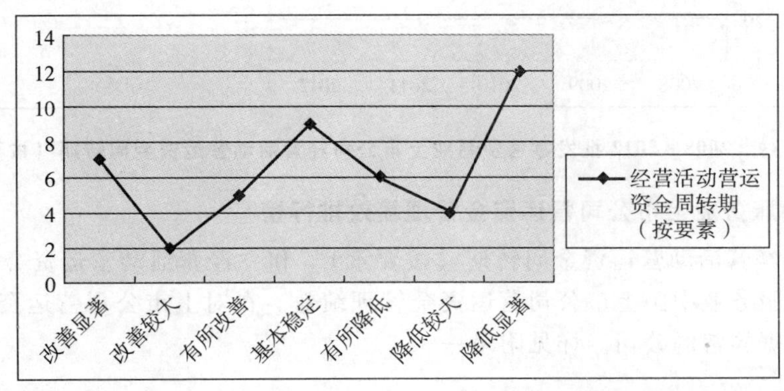

图 25－13 2011～2012 年社会服务业可比公司经营活动营运资金管理绩效变动幅度

3. 2008 ~2012 年社会服务业上市公司经营活动营运资金管理绩效趋势分析

表 25 - 14 是 2008 ~2012 年五年中社会服务行业经营活动营运资金周转期（分要素）的趋势分析。

表 25 - 14　　2008 ~2012 年社会服务行业各要素周转期　　单位：天

项目	2008	2009	2010	2011	2012
现金周转期	45	77	70	35	105
存货周转期	61	96	89	36	119
应收账款周转期	31	37	46	38	43
应付账款周转期	47	56	65	39	57

①现金周转期

总体来看，2008 ~2012 年经营活动营运资金周转期（按要素）呈现显著上升趋势，从 2008 年 45 天增长到 2012 年 105 天，营运资金管理绩效严重下滑。从要素构成来看，存货周转期 5 年期间呈现波动上涨趋势，；应收账款周转期 5 年间基本保持稳定；应付账款周转期 5 年中呈现增加趋势。整体上 5 年间经营活动营运资金（按要素）管理绩效不断下降。见图 25 - 14。

②存货周转期

2008 ~2012 年间，社会服务业存货周转期整体呈上升趋势，存货管理水平下降。2009 年存货周转期较 2008 年延长 35 天，2011 年下降至到 36 天，2012 年增至 119 天。总体来看批发和零售贸易行业存货管理呈下降趋势，见图 25 - 14。

③应收账款周转期

2008 ~2012 年间，社会服务业应收账款周转期整体波动较小，发展较平稳，整体呈现增长趋势。应收账款周转期从 2008 年的 31 天增长到 2012 年的 43 天，总体来看 5 年间应收账款周转期每年变动比率在 30% 左右，这表明社会服务业应收账款管理水平基本稳定，见图 25 - 14。

④应付账款周转期

2008 ~2012 年间，社会服务业应付账款周转期处于波动变化中，每年变动率在 10% 左右。2008 年应付账款周转期为 47 天，总体来看 5 年间应付账款周转期变动不大，2012 年增长至 57 天，这表明社会服务业存应付账款管理绩效基本稳定，见图 25 - 14。

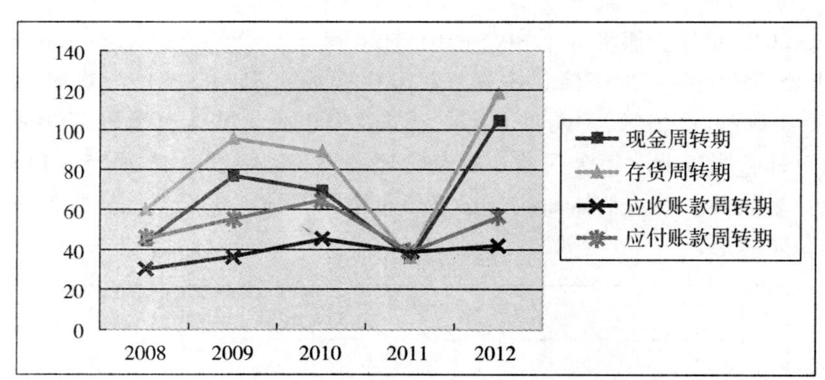

图 25 - 14　2008 ~2012 批发零售贸易业上市公司经营活动营运资金周转期（按要素）

五、2011 年社会服务业上市公司营运资金管理绩效排行榜

本部分分别按“经营活动营运资金周转期（按要素）”和“经营活动营运资金周转期（按渠道）”进行排名，考察社会服务业中国上市公司营运资金管理绩效。在对上市公司营运资金管理绩效进行排名时，剔除了财务数据异常的公司。详见附录一。

六、2011 年社会服务业上市公司营运资金管理的典型案例分析—锦江股份

（一）锦江股份基本情况简介

上海锦江国际酒店发展股份有限公司（以下简称“锦江股份”）是中国最大的酒店、餐饮业上市公司，主营酒店管理、餐饮业务。公司于 1994 年 12 月在上海证券交易所上市，代码 600754。2010 年 5 月，公司重大资产重组方案获得中国证券监督管理委员会核准，自 2010 年 6 月起，公司主营转变为经济型酒店和餐饮业务。重组后，公司将以经济型酒店等为重点发展方向，保持和强化锦江之星在国内经济型酒店行业中的市场先导地位，继续拓展连锁快餐的投资经营，进一步提升在“管理、品牌、网络、人才”等方面的核心竞争能力，继续保持本公司在国内同行业市场的领先地位，实现公司价值最大化。

2012 年度，公司经营保持了平稳健康的发展态势。公司实现合并营业收入 233599 万元，比上年同期增长 10.39%。实现营业利润 44469 万元，比上年同期增长 20.87%。实现归属于上市公司股东的净利润 36916 万元，比上年同期增长 15.19%。实现归属于上市公司股东的扣除非经常性损益后的净利润 29383 万元，比上年同期下降 5.03%。经营活动产生的现金流量净额 55566 万元，比上年同期增长 5.02%。于 2012 年末，公司总资产 541217 万元，比上年末增长 8.56%。归属于上市公司股东的净资产 424641 万元，比上年末增长 7.53%。

（二）锦江股份营运资金周转绩效数据分析

2010 ~ 2012 年锦江股份分渠道和分要素营运资金管理绩效分别见表 25 – 15 和表 25 – 16。

表 25 – 15　2010 ~ 2012 年锦江股份营运资金管理绩效表（按渠道）　单位：天

指标	采购渠道	生产渠道	营销渠道	经营活动
2010	–50	–28	–18	–96
2011	–51	–34	–24	–110
2012	–47	–31	–25	–103
2012 住宿和餐饮业平均水平	–21	6	20	5
2012 年行业平均水平	–29	57	15	44

表 25 – 16　2010 ~ 2012 年锦江股份营运资金管理绩效表（按要素）　单位：天

指标	存货周转期	应收账款周转期	应付账款周转期	现金周转期
2010	4	6	58	–48
2011	4	6	59	–49
2012	4	7	56	–44
2012 住宿和餐饮业平均水平	44	18	55	7
2012 年行业平均水平	119	43	57	105

采购渠道周转效率近三年有下降趋势，从 2010 年的 –50 天到 2011 年的 –51 天，2012 年周转期上升至 –47 天。采购渠道营运资金效率有所下降的原因是，在存货周转率保持不变的情况下，预付账款周转效率出现下降的态势。存货周转期自 2010 年的 4 天到 2012 年的 4 天，三年间维持不变。从表 25 – 15可以看出，锦江股份采购渠道周转效率明显好于细分行业住宿和餐饮业平均水平以及整个社会服务业的行业平均水平。

营销渠道周转效率近三年大幅度提高，自 2010 年营销渠道营运资金周转期的 –18 天，降低为 2011 年的 –24 天，进一步降低为 2012 年的 –25 天。这主要得益于在应收账款周转期三年间基本维持稳定的前提下，预收账款自 2011 年的 12769 万元提高到 2012 年的 15658 万元。2010 年至 2012 年数据表明，锦江股份公司在整个经营活动过程中，尽可能在运用客户、供应商等利益相关者的资金进行经营创造利润。从表 25 – 15 可以看出，锦江股份营销渠道周转效率明显好于细分行业住宿和餐饮业平均

水平以及整个社会服务业的行业平均水平。

锦江股份公司近三年生产渠道营运资金周转期均为负值且绩效变化趋势不明显。2010 年、2011 年、2012 年三年的生产渠道营运资金周转期分别为 -28 天、-38 天、-31 天，变化趋势不大的主要原因是由于企业的行业特点决定的，酒店服务业在产品等资金占用不大，主要是应付职工薪酬受刚性约束，不可能大幅度提升，只能处于相对稳定的状态。在这种情况下，锦江股份公司生产渠道营运资金周转天数相比于行业平均周转天数 57 天来说，已大幅度降低。

（三）锦江股份营运资金管理特色总结

1. 多品牌战略初见成效，将为公司带来盈利潜力

2012 年度，锦江股份净增开业经济型连锁酒店 136 家，其中直营酒店 21 家，加盟酒店 115 家。在 2012 年度净增开业的 136 家酒店中，“锦江之星”品牌连锁酒店增加 112 家，“百时快捷”品牌连锁酒店增加 17 家，“金广快捷”品牌连锁酒店增加 7 家，“白玉兰”品牌连锁酒店增加 0 家。截至 2012 年 12 月 31 日，已经开业的经济型连锁酒店合计为 690 家，其中开业直营酒店 192 家，开业加盟酒店 498 家。开业的直营酒店家数和加盟酒店家数分别占全部开业酒店总数的 27.83% 和 72.17%。已经开业的经济型连锁酒店客房总数 83860 间，其中开业直营酒店客房总数 26748 间，开业加盟酒店客房总数 57112 间。开业的直营酒店客房间数和加盟酒店客房间数分别占全部开业酒店客房总数的 31.90% 和 68.10%。截至 2012 年 12 月 31 日，已经签约的经济型连锁酒店合计达到 900 家，其中签约直营酒店 229 家，签约加盟酒店 671 家。签约的直营酒店家数和加盟酒店家数分别占全部签约酒店总数的 25.44% 和 74.56%。已经签约的经济型连锁酒店客房总数 106241 间，其中签约直营酒店客房间数 31261 间，签约加盟酒店客房间数 74980 间。签约的直营酒店客房间数和加盟酒店客房间数分别占全部签约酒店客房总间数的 29.42% 和 70.58%。锦江股份公司多品牌战略初见成效，将为公司带来盈利潜力。

2. 公司通过加盟方式提高核心竞争力，将为企业带来稳定现金流

公司经过将近二十年的努力，已经或正在形成自己的核心竞争力。根据公司发展战略的总体目标，公司将经过若干年的努力，进一步增强在“管理、品牌、网络、人才”方面的优势，确立并巩固公司在经济型酒店等相关行业的市场先导地位。

锦江股份于 2012 年 3 月 13 日，锦江之星旅馆有限公司与 Louvre Hotels Group S. A. S.（卢浮酒店集团）在法国巴黎举行品牌联盟揭幕仪式，15 家“锦江之星”品牌连锁酒店分布于法国的巴黎、尼斯、里昂、马赛、普罗旺斯、波尔多六个城市，公司经济型连锁酒店品牌率先进入法国市场。同时，15 家“Campanile”（坎帕尼莱）品牌连锁酒店分布于中国的上海、北京、杭州和西安四个城市。

于 2012 年 6 月 5 日，锦江之星旅馆有限公司在上海与韩国 SANG WON HOUSING CO. LTD 签署了《锦江之星连锁酒店特许经营合同》。此次合作采取的是单店特许经营的方式，首家特许经营店将由 SANG WON HOUSING CO. LTD 按照锦江之星的海外标准，在韩国首尔投资建造。

于 2012 年度，锦江之星会员人数增加了 85.8 万，会员总数达到 328.5 万人，其中锦江之星交行联名卡已发展到 72.5 万张。包括国际国内著名品牌企业在内的客户数量突破 20000 家。同时，通过对新呼叫中心的投入使用和强化网上订房促销，有力地促进了预定功能的不断增强，进一步加大了对全国连锁店的营销支持力度，接待能力日益提升。公司通过加盟方式，将为公司带来稳定现金流，对公司未来扩张有积极影响。

七、2011 年社会服务行业上市公司营运资金管理调查的结论与建议

（一）调查结论

2012 年中国逐步走出了金融危机的影响，内部需求在国家一系列经济刺激计划以及消费刺激政策的影响下趋势良好，外部需求也在全球经济逐步好转的环境下快速增长，全球经济一体化的发展使服务业在经济中的作用越来越大。社会服务业市场供需两旺，增值空间较大，给我国社会服务业的快速发展创造了积极有利的经营环境。2012 年是我国“十二五”规划的第二年，社会服务业在扩内需、调

结构、保增长、惠民生的战略中发挥更大功能，产业规模进一步扩大。“十二五”规划纲要的第四篇明确规定要营造环境推动服务业大发展，拓展新领域，发展新业态，培育新热点，推进服务业规模化、品牌化、网络化经营，不断提高服务业比重和水平。由此可见，社会服务业在 2012 年所面临的经济环境是有利的，并且国内交通运输条件的不断改善和全球信息技术快速发展对于社会服务业的发展也有着巨大的推动作用。

上文主要从营运资金占用结构与配置、营运资金管理绩效以及营运资金来源与财务风险三个个方面对社会服务行业 2012 年的营运资金管理进行了全面分析，并利用 2008 ~ 2012 年五年的数据进行了相应的趋势分析。分析结论如下：

1. 社会服务业营运资金占用水平呈上升趋势

通过对社会服务业营运资金的配置及占用水平进行分析，我们发现 2012 年营运资金占用、营运资本占用较 2011 年均出现了一定幅度的上升。进一步分析发现存货、应收账款和应付账款这三个要素总占用和平均占用较 2011 年相比均出现了一定幅度上升。但从采购、生产、营销三个渠道的营运资金占用分析上却没有得出一致的结论。从行业内部来看，2012 年单家上市公司最大营运资金占用量为 216.11 亿元，而最小营运资金占用量则为 -8.55 亿元，表明社会服务业内上市公司营运资金占用存在巨大差异，这与社会服务行业中企业的构成差异较大有着密切的关系。

2. 社会服务业营运资金配置主要在投资活动

通过对社会服务业营运资金的配置结构进行分析，我们发现 2012 年社会服务业将 150.13 亿元营运资金投放在经营活动领域，而投放在投资活动领域的营运资金却高达 602.81 亿元。可见，2012 年，社会服务业营运资金配置主要在投资活动，这与社会服务业的行业特征密切相关，但近两年有向经营活动增加的倾向。将大量资金投放在投资活动是社会服务行业营运资金管理的一大特点，进一步分析发现主要是由于该行业有着充裕的货币资金从而使得投资活动营运资金的占用远远高于经营活动营运资金的占用。

3. 经营活动营运资金配置应付账款比重最高，采购渠道营运资金占用量最小，生产渠道营运资金占用量较大

对经营活动营运资金内部的配置结构从要素和渠道两个方面分析发现：2012 年存货在经营活动营运资金（按要素）中的比重较 2011 年出现较大的增幅，应收账款上升幅度较小，而应付账款占比最高且较上年出现了较大增幅。从三大渠道资金配置结构上看，2012 年采购渠道营运资金占比较低，生产渠道与营销渠道营运资金占比较高，特别是生产渠道，可见，2012 年社会服务业营运资金更多地配置在了生产渠道，采购渠道营运资金大大压缩。

4. 社会服务业按要素的营运资金管水平有所下降，按渠道的营运资金管理水平恶化明显

按要素对经营活动营运资金管理绩效进行分析，我们发现社会服务业 2012 年存货周转期、应收账款周转期和应付账款周转期较 2011 年均出现了一定幅度的上升。这说明 2012 年存货管理绩效、应收账款管理绩效均出现了一定幅度的下降，其中存货管理绩效下降明显，应该引起重视，而应付账款管理绩效有所改善。2008 ~ 2012 年五年间社会服务业分要素的营运资金管理绩效呈现下滑趋势，存货管理绩效波动且逐渐下降，应收账款管理绩效基本稳定，而应付账款管理绩效呈现总体上升趋势。

按渠道对经营活动营运资金管理绩效进行分析，我们发现 2012 年除生产渠道营运资金周转期较 2011 年发生较大变化，从 6 天增加为 57 天，采购渠道与营销渠道营运资金周转期都有所缩减，其中采购渠道营运资金周转期缩短幅度较大，正如前面分析生产渠道占用资金较去年增多，更能说明该行业加强生产渠道营运资金管理的必要性。但同时也发现社会服务业采购渠道不但没有占用企业的资金，反而成为了企业的融资平台。2008 ~ 2012 年五年间社会服务业分渠道营运资金管理绩效均出现剧烈波动的趋势，说明该行业分渠道营运资金管理有待进一步优化。

5. 社会服务业财务风险控制在合理水平，融资渠道稳定

在营运资金来源方面，截至 2012 年底，社会服务行业平均短期金融性负债占比为 44.86%，相比

2011 年下降 8.36%。从短期金融性负债占比的绝对值上看，从上述数据可以看出，社会服务行业的短期金融性负债占比呈现下降趋势。2012 年的社会服务行业平均营运资本占比较 2011 年有所增加。

在营运资金财务风险方面，2011 年与 2012 年社会服务行业的企业短期金融性负债占比波动幅度不大，可以看出，行业内的企业财务风险控制在合理水平，融资压力不大。而与短期金融性负债占比正好成相反趋势的是营运资本占比，2012 年社会服务行业营运资本占比较大，并且 2012 年营运资本占比也与 2011 年波动形势基本一直，可以看出，整个行业的融资渠道的稳定性。

（二）对策建议

1. 加强供应链整合，进一步提高存货与应收账款管理水平

随着经济的发展，企业之间的界限越来越模糊，真正的竞争是供应链之间的竞争，在这样的环境下，社会服务业应当与客户和供应商实施战略合作，共同打造具有竞争优势的供应链，为供应链上的企业共同创造价值。一个企业要想提高营运资金的周转绩效，最有力的做法是加强供应链整合，因为营运资金管理已经从单纯的数学指标计算转向基于供应链优化、整合为中心的全面管理。存货管理已经从传统的单纯关注库存转向供应链存货管理阶段，企业应充分利用供应链上下游之间的战略性合作来进行存货管理与应收账款管理，提高营运资金管理绩效。

2. 合理利用闲置现金进行多元化经营，提高经营活动营运资金比重

经过调查分析发现，部分社会服务业企业闲置了大量的货币资金，使得投资活动营运资金占用远远多于经营活动营运资金的占用。因此，为提高资金的利用并且分散风险，企业应当进行多元化经营，丰富产业链，增强抵御风险的能力，使该行业的企业能够创造更大的价值。2012 年经营活动营运资金的占用较 2011 年出现了上升，且上升幅度大于投资活动营运资金占用较 2011 年的上升幅度，说明该行业已经意识到高效利用资金的重要性，同时从行业生产渠道中开发成本的大幅增加看到了行业为增强企业长久发展能力做出的战略性举措。

主要参考文献

1. 中国证券监督管理委员会：《上市公司行业分类指引》，2001 年。

2. 曲立："服务关键特性与服务业经营特点分析"，《商场现代化》，2006 年第 8 期。

3. 王竹泉、刘文静、高芳："中国上市公司营运资金管理调查：1997~2006"，《会计研究》，2007 年第 12 期。

4. 王竹泉、逄咏梅、孙建强："国内外营运资金管理研究的回顾与展望"，《会计研究》，2007 年第 2 期。

5. 张丽娜、李琪："我国服务业发展的制约因素及对策建议"，《经济纵横》，2011 年第 12 期。

6. 《中华人民共和国国民经济和社会发展第十二个五年规划纲要》，2011 年。

第二十六章　2012 年传播与文化产业上市公司营运资金管理调查[①]

【摘要】中国是一个历史悠久深厚，文化博大精深的文化资源大国，却是国际社会中的文化产业小国，在一再强调文化软实力的今天，探索文化产业的发展是殊为重要的。近年来政府出台了许多发展文化产业的重要文件，制定了一系列政策措施，各地各部门加大文化工作力度，有力地推动了中国文化产业的发展。2012 年，中国文化产业总产值突破 4 万亿元，占 GDP 比重达 8.5%，总额和比重都得到进一步提升，对社会经济发展的拉动作用正逐渐增强。当前我国文化产业发展已经进入了新时期、新阶段，为了实现成为支柱性产业的目标，紧紧把握住战略机遇期，就要以文化创新能力的提升为核心。然而，目前我国文化产业发展仍然面临着许多困难和问题，如对文化产业发展规律性的认识还有待深化，政策法规体系不够完善，文化企业规模普遍偏小，文化产业结构和布局不尽合理，在此经营背景下，本报告考察了 2012 年传播与文化产业上市公司营运资金占用及配置结构情况、营运资金管理绩效状况、营运资金融资结构情况。运用经营活动营运资金周转期（按要素）和经营活动营运资金周转期（按渠道）指标对传播与文化产业上市公司营运资金管理绩效进行了排行，并精选该行业营运资金管理出色的上市公司进行了案例分析。

调查结果显示：2012 年传播与文化行业 26 家上市公司营运资金占用总额（流动资产）为 406.05 亿元人民币，平均每家上市公司占用营运资金 15.62 亿元人民币，分别同比增长 9.39% 和 26.27%。而且 2012 年传播与文化行业各上市公司的营运资金分布较 2011 年更加分散，营运资金占用额的差距进一步扩大。从营运资金配置结构看，传播与文化业营运资金配置在总体规模扩大的同时有向经营活动倾斜的趋势。进一步分析，应收账款与应付账款资金的增加是经营活动营运资金（按要素）增加的主要影响因素，营销渠道营运资金的增加是经营活动营运资金（按渠道）增加的关键。

从要素视角看，传播与文化产业上市公司营运资金管理绩效整体保持稳定，进一步分析，存货管理绩效恶化，应付账款管理绩效逐渐好转。与 2011 年相比，2012 年传播与文化产业上市公司经营活动营运资金管理绩效（按要素）改善的企业数量为 12 家，占可比样本的 75%。从渠道视角看，传播与文化产业上市公司营运资金管理绩效逐渐恶化，进一步分析发现，营销渠道营运资金管理绩效持续恶化是营运资金管理绩效逐渐恶化的主因。与 2011 年相比，2012 年传播与文化产业中有 14 家公司经营活动营运资金管理绩效好于 2011 年，占该行业可比样本的 87.50%。营运资金融资结构方面，与 2011 年相比，2012 年传播与文化产业营运资金商业信用依赖度属于轻度依赖，而且经营活动营运资金被供应链上游企业占用的比例进一步加大；2012 年该行业的短期借款依赖度较小，短期借款在营运资金总额中占的比例较少；2012 年该行业的供应链依赖度与 2011 年相比略高，总体趋势较为稳定。

以上分析结果启示我们：传播与文化产业上市公司要想提高营运资金管理绩效，必须更新营运资金管理观念，重视渠道建设；建立新的商业模式，借助宏观形势带动产业发展；优化供应链关系，强化产业链管理；拓宽融资渠道，实现产业多元化发展。

一、传播与文化产业营运资金管理的特点

1. 营运资金占用少、周转速度快

传播与文化产业属于第三产业，与第一、第二类产业相比，营运资金占用少、周转速度快。根据

① 国家自然科学基金“利益相关者视角的营运资金管理研究与中国上市公司营运资金管理数据平台扩充建设（71372111）”和国家自然科学基金“利益相关者集体选择视角的企业价值管理研究（71172099）”的阶段性成果。感谢中国海洋大学、中国会计学会、国家自然科学基金委员会对营运资金管理研究的支持。

我们的调查，2012 年该行业平均日营运资金占用额为 1.11 亿元，该占用额远远低于其他制造类的行业平均水平，因此营运资金管理范围和复杂性相对较小，能够轻装上阵。营运资金周转期为负数，这表明该行业整体处于负营运资金运作状态，数据显示该行业平均经营活动营运资金为 8872 万元，除营销渠道外，采购渠道和生产渠道均是负营运资金运转。

2. 流动资金需求量大

在国家对传播与文化行业利好政策的引导下，传播文化类公司进行技术改造、网络建设、新媒体项目拓展和主营业务发展等需要大量的资金，而目前资金来源主要依靠银行贷款和自有资金解决，加之央行控制信贷、收缩银根，公司面临较大的资金压力。

3. 营销渠道不完善

国外的传播与文化企业零售渠道和商业模式都比较成熟，终端销售能力也非常强，企业可以依托完善先进的销售渠道实现文化产品及衍生品的产业化。而我国传播与文化产业起步比较晚，终端零售渠道和物流配送体系不是很发达，用于文化产品及衍生品的完善的营销渠道更是缺乏。未来中国传播与文化产业，如果不能迅速建立自己的营销渠道，则很难实现文化产业价值的最大化。

4. 存货管理水平较低

据传播与文化产业上市公司年报显示，该行业存货余额较大，存货构成中主要以原材料、在产品和库存商品形式存在。这也与我国文化产业发展的现状有关，目前只是文化产业大国，尚未成为文化产业强国。文化品牌少、文化含金量不足、文化产业影响力不足问题凸显。大批低水平的文化产品会导致库存积压。以电视剧制播为例，每年有一半的电视剧拍完之后就束之高阁无人问津。在电影领域这种现象更为突出，国家广电总局近日发布的数据显示，2012 年国产故事片产量已超过 600 部，全国城市影院票房已超过 168 亿元。但国产电影票房占票房总收入的 47.6%。在全年的票房前 10 名影片中，仅有 3 部话语华语片榜上有名。还有些影视企业产品的生产周期一般较长，资金一经投入生产，即形成存货影视作品。此外该行业中的企业处于规模化和集约化发展的新阶段，在公司连续扩大的生产过程中，必然会形成更多的存货。

5. 政策性风险大

虽然我国已经初步建立社会主义市场经济，但是处于社会主义初级阶段的我们并没有前面的经验可以参考，因此国家对于涉及话语权的文化产业无论是资本介入，还是引进资本，政策层面对进入的领域、运行的手段都有严格的限制，甚至在某个阶段会因为外部政治、经济和社会文化环境的变化而出台前后矛盾的政策规制。我国传播与文化产业的这种带有极大政策风险性的营运资金管理完全不同于国外传媒产业在市场经济和政治制度都比较成熟的环境下的资本运营。

二、2012 年传播与文化产业面临的经营环境及对上市公司的影响分析

（一）2012 年传播与文化产业面临的经营环境

2012 年是深入落实党的十七届六中全会精神，实施“十二五”规划，促进文化产业发展的关键之年。作为主管全国文化产业的核心部门，文化部继续加强规划引导，制定发布了《文化部“十二五”时期文化产业倍增计划》和《“十二五”时期国家动漫产业发展规划》，同时推动出台《西部地区鼓励类产业目录》，还牵头制定了《文化部关于鼓励和引导民间资本进入文化领域的实施意见》，进一步完善文化产业发展的政策环境，努力为文化产业协调健康发展创造条件。

1. 文化产业发展环境持续优化

2012 年 2 月 15 日中共中央办公厅、国务院发布《国家“十二五”时期文化改革发展规划纲要》。过去五年，文化部联合有关部门制定联合下发了《关于金融支持文化产业振兴和发展繁荣的指导意见》、《关于金融支持文化出口的指导意见》和《关于进一步推进国家文化出口重点企业和项目目录相关工作的指导意见》。文化部制定发布了《文化部“十二五”时期文化产业倍增计划》、《文化部“十二五”时期文化改革发展规划》、《文化部关于加快文化产业发展的指导意见》、《文化部关于扶持我国动漫产业发展的若干意见》和《文化产业投资指导目录》等一系列政策文件。与此同时，全国各地

文化行政部门因地制宜地结合中央精神和地方实际，陆续制定出台了各项政策规划，如江苏、河南、海南、黑龙江等地制定出台了本地“十二五”文化产业发展规划，浙江还积极推动文化产业省级立法工作，编制了《文化产业促进条例》可行性调查报告和草案……这些政策的出台，进一步丰富和完善了各地文化产业政策体系。可以说，全国各地文化产业政策规划体系已初具框架。

2. 优惠的国家政策惠及文化企业

财政部、国家税务总局2009年印发了《文化体制改革中经营性文化事业单位转制为企业的规定》和《文化体制改革中支持文化企业发展的规定》，规定经营性文化事业单位转制以后可以在2009～2013年继续享受企业所得税免税政策，这是对文化企业的最直接支持手段，目前出版传媒、时代出版、歌华有线以及电广传媒旗下的有线电视网络集团都按此政策享受所得税免税的优惠。财政部、海关总署、国家税务总局下发了《关于文化体制改革中经营性文化事业单位转制为企业的若干税收政策问题的通知》和《关于支持文化企业发展若干税收政策问题的通知》，明确了相关税收扶持政策，执行期限为2009年1月1日至2013年12月31日。这些税收优惠政策大大缓解了企业发展急需资金的压力。

此外，根据《财政部、海关总署、国家税务总局关于支持文化企业发展若干税收政策问题的通知》（财税〔2009〕31号）的规定，文化企业发生的以下两类进出口业务可以享受税收优惠，一是出口图书、报纸、期刊、音像制品、电子出版物、电影和电视完成片按规定享受增值税出口退税政策，二是为生产重点文化产品而进口国内不能生产的自用设备及配套件、备件等，按现行税收政策有关规定，免征进口关税。此外，文化企业在境外演出从境外取得的收入还可以免征营业税。

2012年是文化产业政策规划年，各种政策的推广和创新性的工作展开，对于推动各地文化产业发展起到了良好的成效，也为“十二五”期间实现文化产业倍增目标奠定了良好的开局。

表26－1　　2012年我国文化产业发展的政策文件及主要内容

日期	政策文件	内容
2012年2月15日	《国家“十二五”时期文化改革发展规划纲要》	采取项目补贴、定向资助、贷款贴息、税收减免等政策措施鼓励各类文化企业参与公共文化服务；在国家许可范围内，要引导社会资本以多种形式投资文化产业，参与国有经营性文化单位转企改制，参与重大文化产业项目实施和文化产业园区建设。
2012年2月28日	《文化部“十二五”时期文化产业倍增计划》	计划鼓励有实力的文化企业兼并重组，打造一批有较强国际竞争力的“文化航母”，并通过政府采购、信贷支持、加强服务等形式扶持中小文化企业发展；鼓励实施文化消费补贴制度，引导城乡居民文化消费。
2012年5月4日		财政部公布修订后的《文化产业发展专项资金管理暂行办法》。办法规定，符合条件的各类文化企业均可以按程序申请文化产业专项资金。专项资金的管理和使用应当体现国家文化发展战略和规划，确保专项资金的规范、安全和高效使用。
2012年7月9日	《鼓励和引导民间资本进入文化领域的实施意见》	鼓励和支持民间资本以控股、参股、并购、项目合作等多种方式，积极参与国有文艺院团转企改制；民间资本参与国有文艺院团转企改制，可享受国有文艺院团转企改制和国家扶持文化企业发展的相关优惠政策。
2012年9月26日	“全国文化体制改革工作表彰大会”	要不断壮大文化产业整体规模和实力，大力加强对文化产品创作生产的引导，着力构建全方位多层次宽领域的文化“走出去”格局。
2012年11月8日	党的十八大报告	让“文化产品更加丰富，公共文化服务体系基本建成，文化产业成为国民经济支柱性产业”；“促进文化和科技融合，发展新型文化业态，提高文化产业规模化、集约化、专业化水平”；“让一切文化创造源泉充分涌流，开创全民族文化创造活力持续迸发、社会文化生活更加丰富多彩、人民基本文化权益得到更好保障、人民思想道德素质和科学文化素质全面提高、中华文化国际影响力不断增强的新局面”。

3. 金融服务政策打破文化产业发展的投融资瓶颈

我国文化产业起步较晚，仍呈现出粗放式发展状态，投融资渠道不够创新，单位产品附加值小，效益低。要推动文化产业在十二五时期成为国民经济支柱性产业，除了继续深化改革，解放和发展文化生产力之外，就要进一步增加对文化产业的投入，特别是加大金融资本对文化产业的支持力度，实现文化产业规模和效益扩张。根据“2012 年中国文化金融创新峰会”上的报道显示，截止到 2012 年 12 月，文化部与各银行机构部行合作的机制下，实现重点信贷融资项目 97 项，累计余额 210.96 亿元，部行合作带动了文化产业信贷余额的新高。截至 2012 年第一季度已有 77 家文化企业登陆资本市场。已有 64 家文化企业注册发行了 1449.5 亿元各类债券，为保证文化产业投融资工作的顺利开展。此外，据不完全统计，全国共有参与文化产业投资的基金是 135 个，资金总规模超过 1795 亿元，多渠道、多种形式的融资方向极大的拓展了文化产业的投融资体系，为文化企业选择多样化的融资提供了可靠的条件。2012 年文化产业发展方兴未艾——各地继续加大投资兴建文化产业园；文化与资本领域对接推陈出新，文化基金仍层出不穷。

4. 传播与文化产业规模较小，文化消费偏低

作为新兴产业，我国文化产业属于典型意义上的弱质产业，特别是同制造业、信息产业等成熟产业相比，呈现出成长性好与规模较小并存、盈利空间较大与先天发育不良同在等方面的显著特征。2012 年，我国文化产业发展已经进入了新时期、新阶段，并且在今后的 10 年到 20 年，仍将持续处于重要的发展机遇期。这种机遇突出表现为：各级财政对公共文化投入的持续增长有力拉动文化产业发展；金融机构的积极参与为文化产业发展带来重要支撑；直接融资规模的不断扩大对文化产业发展起到积极推动作用；文化产品和服务出口的快速增长为文化产业发展带来广阔前景；放宽市场准入和简化行政审批为文化产业发展创造了有利的市场环境。只有把握住机遇期，才能为文化产业增长提供动力，才能实现文化产业倍增计划。因此，目前党和国家已经认识到文化产业对国家发展的重要性，对文化产业地位作用的认识高度、推动力度、重视程度前所未有，人民群众对广播影视文化产品和信息服务的需求前所未有，这些都将为公司未来发展提供了难得的机遇。

（二）2011 年传播与文化产业经营环境变化对上市公司的影响分析

1. 政策扶持扩大行业市场消费空间

国家一系列针对文化产业的利好政策出台加大了传播文化企业的投资力度，截止到目前，传播文化类上市企业已达 50 多家，行业上市公司正处于良好的发展态势和增长趋势。

2012 年，文化部积极争取中央支持，财政拨款预算总额 38.58 亿元，落实 2013 年部门预算 44.59 亿元，比 2012 年初增加 6.01 亿元，增幅为 15.58%，成为历年来安排预算最多的一年；落实中央财政补助地方专项资金总额近 39 亿元，再创历史新高。艺术品市场持续升温、世界顶级演艺团体和明星频繁到来，我国已经成为全球文化精品销售的重要市场。而国家的政策扶持也为中国文化产业和文化消费市场的全面激活打了一针“催化剂”——以移动多媒体、网络游戏、数字出版等为代表的新兴文化产业和文化消费领域的网游、动漫、网络文学、手机出版、移动阅读、微博等新兴业态开始蓬勃兴起，业态创新和更新速度不断加快。文化消费市场持续蓬勃发展，使当代文化消费时代烙印彰显，也为加速文化消费发展提供了难得的机遇。不断促进文化产业在成为国民“支柱性”产业的道路上发展壮大，在抵御金融危机、加快经济结构调整、转变经济增长方式等方面发挥了积极作用。

2. 有利于提升和优化产业价值链

文化产业的价值链包括前段环节、中间环节和后端环节，每个环节对整个产业的价值链利润贡献率为：前端的内容创意利润率为 45%，中间的内容制作和内容复制分别为 10% 和 5%，后端的交易服务为 40%，文化产业的产业价值链增值的核心在于，由象征价值所形成的知识产权的流动而产生价值传递和价值递增。而我国过去文化产业的发展重点主要集中在中间环节。因此，传播与文化产业的上市公司应根据我国发布的关于支持文化产业结构调整和升级的政策，提升在产业链中的位置，努力实现从中间环节走到产业链的前后端环节，只有充分提高文化产品的象征价值，才能维持文化产品的高

价格，才能带来真正的规模经济。比如，企业要加大内容原创力度、加大知识产权保护和利用，加强品牌建设、提升服务。

3. 缓解了上市公司的资金压力

在 2012 年 12 月 15 日举行的“2012 年中国文化金融创新峰会”上，文化部文化产业司司长刘玉珠表示，文化和金融合作的共识已经开始形成，这对产业的发展是极为重要的。截至 2012 年第一季度已有 77 家文化企业登陆资本市场。已有 64 家文化企业注册发行了 1449.5 亿元各类债券，为保证文化产业投融资工作的顺利开展。此外，据不完全统计，全国共有参与文化产业投资的基金是 135 个，资金总规模超过 1795 亿元，多渠道、多种形式的融资方向极大的拓展了文化产业的投融资体系，为文化企业选择多样化的融资提供了可靠的条件。2012 年 4 月 27 日，人民网在上交所上市，这是第一家在 A 股上市的新闻网站。此外，新华网、华声在线、央视网等 50 家中央、地方新闻网站也加入了改制上市大潮。同时，2012 年下半年以来，文化产业基金再度大规模集中设立，其中，中诚腾龙旅游文化产业投资基金、西部文化旅游产业基金和西安曲江影视投资基金在 9 月设立的基金目标总规模高达 202 亿元。除此之外，国家鼓励推动企业上市融资，扩大直接融资规模，支持文化企业通过债券市场融资，极大地拓宽了文化企业的融资渠道。同时当前文化产业正处于一个新旧业态不断更替和整合的过程当中，企业的并购重组、跨界经营研发、数字技术的应用、产权结构改革和产业结构调整与升级等，都存在大量的资金需求，上述政策大大缓解了上市公司的资金压力。

4. 税收优惠减少了营运资金的占用

中央财经大学税务学院副院长刘桓说：“税收优惠政策能促进文化产业发展，目前来看对于文化企业在税收方面征收是很多的，要想进一步推动和发展文化产业，主要还是要看税收政策所表现的力度够不够。”为了深化文化体制改革和促进文化企业发展，文化企业在税收方面一直得到政府的大力支持，而且这些政策有一定时间的持续性。国家基于有活力的中小企业，民营企业给予了普遍的税收支持，目前新闻出版企业、有线网络运营商已经享受免所得税的政策。文化类转制企业免征所得税。文化企业在境外演出从境外取得的收入免征营业税。这些政策不仅减轻了企业的税收负担，而且减少了企业在支付应交税金上的资金占用。

5. 文化贸易逆差局面将逐渐扭转

2012 年中国的 GDP 总量首次突破 50 万亿元。但是中国文化产业增加值尚未与中国的经济实力相匹配，这与中国在全球国际文化市场上缺乏强大的实力密切相关。目前，我国是文化产业大国，但还不是文化产业强国，文化品牌少，文化精品少，文化产业影响力不足。2013 年，中国文化品牌建设工程将迈开历史性的步伐，其指导原则是：政府指导、行业主体、市场运作，实施建立中国文化品牌培育指导中心，建立国际文化品牌合作基地等重要举措。不但要研究如何提升和更新一批老的中国文化品牌，而且要探索如何培育一批具有高成长性的新兴文化品牌，利用有效的平台评估品牌资产的等级和问题，建立推动金融支持文化品牌的“品牌支行”，通过市场手段剥离不良资产，配置具有正能量的优质资产，让更多的优良文化品牌成为中国文化软实力的强大正能量。文化企业要注重高附加值产品及文化衍生品的生产和开发，提供更具有吸引力的内容节目和服务应用，并不断创新文化“走出去”模式，让文化贸易和文化交流日益成为中国文化走出去的“两翼”，不断拓展国际国内两个市场，唯此我国的文化贸易逆差局面才会逐渐扭转。

三、2012 年传播与文化行业上市公司营运资金配置与来源分析

（一）传播与文化行业上市公司营运资金配置分析

1. 传播与文化行业上市公司营运资金总体配置结构与占用水平分析

（1）行业层面

表 26-2　　2011~2012 年传播与文化行业营运资金配置分析表　　（单位：亿元）

项目	营运资本期末占用		营运资金期末占用		经营活动营运资金期末占用		经营活动营运资金占用水平		投资活动营运资金期末占用	
	2011	2012	2011	2012	2011	2012	2011	2012	2011	2012
行业总体	350.5	330.6	386.3	406	25	32.38	2.54	3.87	328	373.6
行业平均	11.7	12.7	12.87	14.5	0.84	1.25	0.085	0.15	11	14
最大值	69.9	67.3	69.99	67.3	12	13.18	0.73	1.14	6.74	8
最小值	-10.2	-14.5	-5.81	-10.6	-13.9	-11.58	-0.62	-0.67	-1.90	2.84
样本数量	30	26	30	26	30	26	30	26	30	26

从表 26-2 可以看出，2012 年底传播与文化行业营运资金占用总量 406 亿元，其中经营活动营运资金占用为 32.38 亿元，投资活动营运资金占用为 373.6 亿元。2012 年营运资金期末总值较去年增加了 7.38 亿元。从营运资金总额的绝对值上看，营运资金占用超过 14.5 亿元人民币的上市公司有 9 家，占 34.62%；从营运资金的相对量上看，营运资金占资产总额超过 50% 的上市公司有 10 家，占 38.5%。2012 年上市公司营运资金总额最高占用为 67.3 亿元，最低占用额为 -10.6 亿元，较去年上有所下降；但行业平均提升了 1.7 亿元。从以上数据我们可以看出，2012 年传播与文化行业各上市公司的营运资金分布较 2011 年更加聚集，总体水平上升。

从营运资金配置结构看，2012 年传播与文化行业将 32.38 亿元营运资金投放在经营活动领域，较上年增加 7.38 亿元，而投放在投资活动领域的营运资金为 373.6 亿元，较上年增加 145.6 亿元。可见，2012 年，传播与文化业营运资金配置在总体有大规模扩大。

（1）企业层面

2011~2012 年传播与文化行业上市公司营运资金配置变化情况及变动幅度如表 26-3 所示

表 26-3　　2011~2012 年传播与文化行业上市公司营运资金配置变化情况及变动幅度统计表

项目		营运资本	营运资金	经营活动营运资金	投资活动营运资金
资金占用量绝对变化统计	降低	5	2	4	6
	降低比例	31.25%	12.5%	25%	37.5%
	增加	11	14	12	10
	增加比例	68.75%	88.5%	75%	62.5%
资金占用量变化幅度统计	降低显著	1	1	1	0
	占比	6.25%	6.25%	6.25%	0
	降低较大	0	1	1	2
	占比	0	6.25%	6.25%	12.5%
	有所降低	1	0	0	2
	占比	6.25%	0	0	12.5%
	基本稳定	7	5	3	3
	占比	43.75%	31.25%	19%	19%
	有所增加	4	6	2	6
	占比	25%	37.5%	12.5%	37.5%
	增加较大	2	0	2	0
	占比	12.5%	0	12.5%	0
	增加显著	0	3	7	3
	占比	0	18.75%	43.75%	19%
可比样本总数		16			

2012年传播与文化产业营运资本变动幅度统计见表26－3，由表26－3可以看出，2012年传播与文化产业营运资本降低的企业是营运资本增加的企业的两倍，2012年该行业营运资本整体趋势是增加的，其中增加的企业占比是68.75%。营运资金的占用量较2011年有14家公司增加，占整个样本数的88.5%，其中经营活动的营运资金增加的占比为75%，投资活动的营运资金增加的占比为62.5%，表26－3可以看出，2012年传播与文化产业可以的样本中，营运资金基本稳定的占31.25%，有所增加的占37.5%，增加显著的占18.75%，其中经营活动的营运资金增加显著的占比高达43.75%，而投资活动营运资金增加显著的为19%；由此可以看出，2012年传播与文化产业营运资金的比重整体呈增加趋势，其中经营活动的增加比重较大，说明该行业的总体营运资金配置更倾向于经营活动的营运资金。

2. 传播与文化行业上市公司分渠道的经营活动营运资金配置分析

（1）行业层面

2011年，传播与文化业经营活动营运资金（按渠道）占用及其配置结构情况如表26－4所示。从表26－4可以看出，2012年传播与文化业经营活动营运资金（按渠道）占用量为32.38亿元，比上年增加了30.24亿元。平均每家上市公司经营活动营运资金（按渠道）占用量为1.25亿元，比上年增加了1.08亿元。

表26－4　2011～2012年传播与文化行业经营活动营运资金的渠道配置分析　（单位：亿元）

项目	采购渠道营运资金		生产渠道营运资金		营销渠道营运资金		经营活动营运资金	
	2011	2012	2011	2012	2011	2012	2011	2012
行业总体	－68.06	－86.53	－5.66	－1.78	75.90	120.70	2.14	32.38
行业平均	－2.26	－3.32	－0.19	－0.06	2.53	4.64	0.07	1.25
最大值	2.02	3.40	3.86	－5.24	13.85	28.87	9.07	13.18
最小值	－11.52	－16.98	－79.02	4.23	－5.1	－6.27	－7.99	－11.58
样本数量	30	26	30	26	30	26	30	26

从资金配置结构上看，2012年传播与文化业在采购渠道上的营运资金为－86.53亿元，同比减少18.47亿元，说明该行业采购渠道的营运资金管理绩效有所改善；生产渠道上的营运资金为－1.78亿元，同比增加4.12亿元；垫支在营销渠道上的营运资金为120.70亿元，同比增加44.8亿元。可见，2012年，传播与文化业在上游垫支的营运资金大量减少，但在中下游上垫支的营运资金却大幅度增加，这表明传播与文化业对生产渠道以及营销渠道营运资金的管理有待加强。

（2）企业层面

表26－5　传播与文化行业2011～2012年经营活动营运资金的渠道配置变化情况及变动幅度表　单位：家

项目		采购渠道营运资金	生产渠道营运资金	营销渠道营运资金	经营活动营运资金
资金占用量绝对变化统计	降低	9	5	2	2
	降低比例	56.25%	31.25%	12.50%	12.50%
	增加	7	11	14	14
	增加比例	43.75%	68.75%	87.50%	87.50%
资金占用量变化幅度统计	降低显著	7	3	0	1
	占比	43.75%	18.75%	0	6.25%
	降低较大	1	0	1	1
	占比	6.25%	0	6.25%	6.25%
	有所降低	1	1	0	0
	占比	6.25%	6.25%	0	0
	基本稳定	1	3	2	2
	占比	6.25%	18.75%	12.50%	12.50%

续表

项目		采购渠道营运资金	生产渠道营运资金	营销渠道营运资金	经营活动营运资金
资金占用量变化幅度统计	有所增加	1	4	1	2
	占比	6.25%	25%	6.25%	12.50%
	增加较大	2	2	1	1
	占比	12.50%	12.50%	6.25%	6.25%
	增加显著	3	3	11	9
	占比	18.75%	18.75%	68.75%	56.25%
可比样本总数		16			

2012 年传播与文化产业经营活动营运资金变动幅度统计见表 26－5，由表 26－5 可以看出，2012 年传播与文化产业经营活动营运资金所有 16 家公司中有 14 家公司增加，占比 87.50%，2012 年该行业经营活动营运资金整体趋势是增加的。其中采购渠道的营运资金的占用量较 2011 年呈现下降趋势，整个可比样本企业中，有 9 家公司采购渠道的营运资金有所下降，占整个样本数的 88.5%；如图26－1 及 26－2 所示。

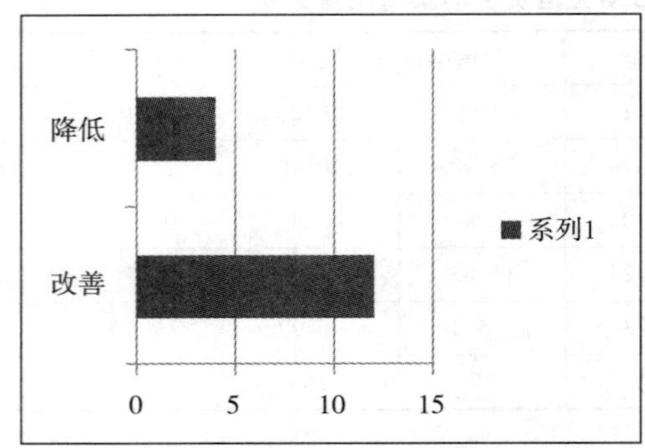

图 26－1　2011～2012 年传播与文化产业可比公司采购渠道资源配置变化情况

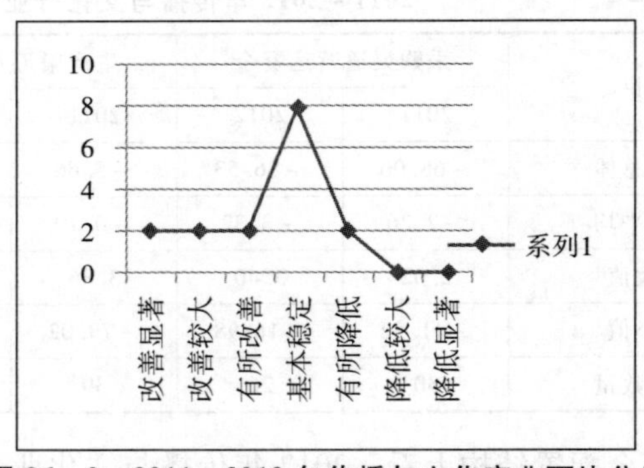

图 26－2　2011～2012 年传播与文化产业可比公司采购渠道资源配置变动幅度

而生产渠道的营运资金有 11 家企业增加了投入，占比 68.75%，有 3 家企业增加的比列大于 50%，具体如图 26－3 及 26－4 所示

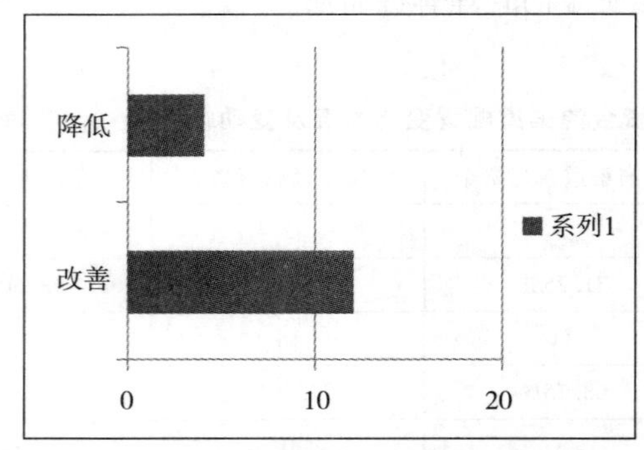

图 26－3　2011～2012 年传播与文化产业可比公司生产渠道资源配置变化情况

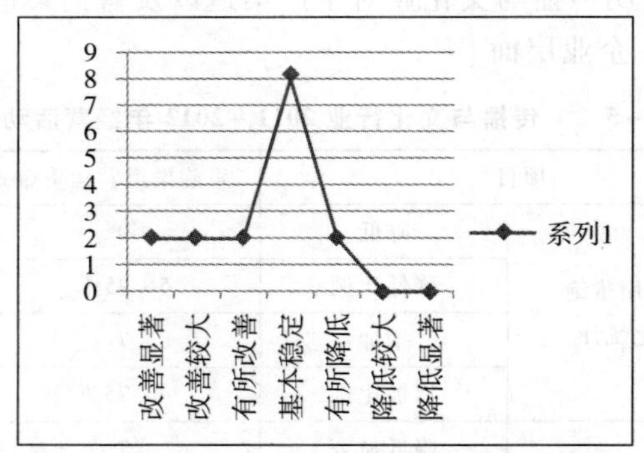

图 26－4　2011～2012 年传播与文化产业可比公司生产渠道资源配置变动幅度

营销渠道的营运资金增加比列高达 87.50%；其中有 11 家公司的营销渠道营运资金显著增加；由此可以看出，2012 年传播与文化产业经营活动的营运资金（按渠道）的资金配置比重显著增加，但是主要的增加主要在生产渠道和营销渠道，而采购渠道的增加的比例较低，更多地企业倾向于将资金配置与中下游。

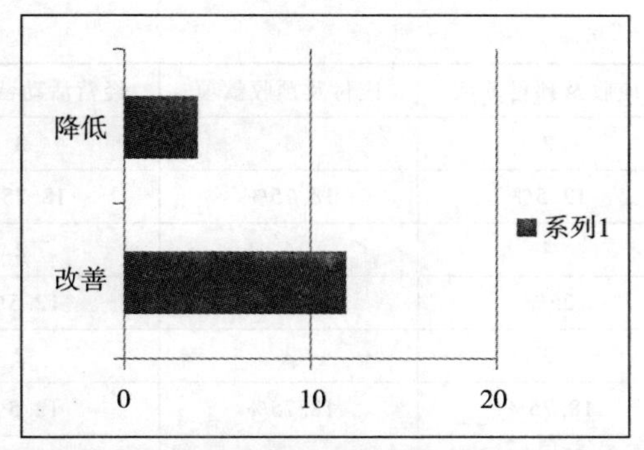

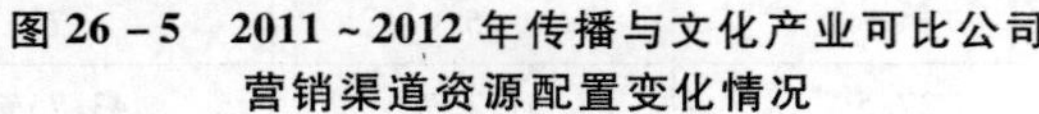
图 26-5　2011~2012 年传播与文化产业可比公司营销渠道资源配置变化情况

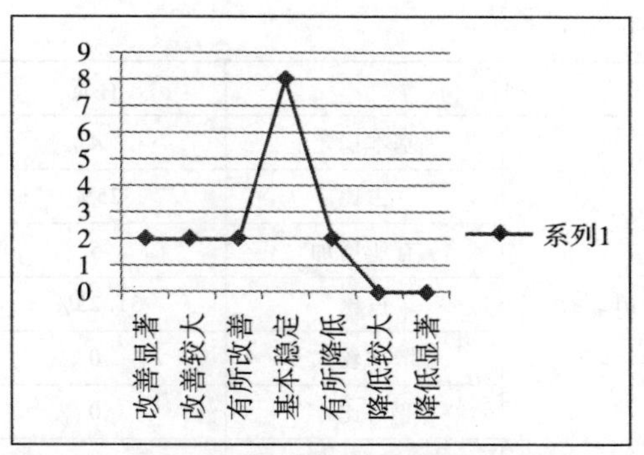

图 26-6　2011~2012 年传播与文化产业可比公司营销渠道资源配置变动幅度

3. 传播与文化行业上市公司分要素的经营活动营运资金配置分析

（1）行业层面

2011 年，传播与文化产业经营活动营运资金（按要素）占用及其配置结构情况如表 26-6 所示。

表 26-6　2011~2012 年传播与文化行业经营活动营运资金的要素配置分析　单位：亿元

项目	存货		应收及预付款项		应付及预收款项		经营活动营运资金	
	2011	2012	2011	2012	2011	2012	2011	2012
行业总体	641.92	106.21	156.49	196.84	237.8	270.67	25	32.38
行业平均	21.39	4.08	5.21	7.57	7.92	10.41	0.84	1.25
最大值	75.09	19.5	30.35	35.27	29.9	330	12	13.18
最小值	0.41	267.63	207.69	390.46	74.06	230.54	-13.9	-11.58
样本数量	30	26	30	26	30	26	30	26

从表 26-6 可以看出，2012 年传播与文化业经营活动营运资金（按要素）占用量为 32.38 亿元，与上年相比增加了 7.38 亿元，增幅为 29.52%。平均每家上市公司经营活动营运资金（按要素）占用量为 1.25 亿元，较上年相比增加了 0.84 亿元，增幅为 48.8%。从资金配置结构看，2012 年传播与文化业应收账款占经营活动营运资金（按要素）比上年增加了 0.25 个百分点；存货占经营活动营运资金（按要素）的比重比上年减少了 0.83 个百分点；应付账款占经营活动营运资金（按要素）的比重比上年增加了 0.138 个百分点。可见，从要素视角看应收账款与应付账款的比重基本持平，而存货的比重均有所减少，可见，存货管理有所改善，企业要加强应收账款和应付账款的管理。

（2）企业层面

表 26-7　传播与文化行业 2011~2012 年经营活动营运资金的要素配置变化情况及变动幅度表　单位：家

项目		存货	应收及预付款项	应付及预收款项	经营活动营运资金
资金占用量绝对变化统计	降低	6	2	4	4
	降低比例	37.5%	12.5%	25%	25%
	增加	10	14	12	12
	增加比例	62.5%	87.5%	75%	75%
资金占用量变化幅度统计	降低显著	0	0	0	1
	占比	0	0	0	6.25%
	降低较大	0	0	0	1
	占比	0	0	0	6.25%
	有所降低	3	1	1	0
	占比	18.75%	6.25%	6.25%	0

续表

项目		存货	应收及预付款项	应付及预收款项	经营活动营运资金
资金占用量变化幅度统计	基本稳定	4	2	3	3
	占比	25%	12.5%	18.75%	18.75%
	有所增加	5	4	4	2
	占比	31.25%	25%	25%	12.5%
	增加较大	0	3	3	2
	占比	0	18.75%	18.75%	12.5%
	增加显著	4	6	5	7
	占比	25%	37.5%	31.25%	43.75%
可比样本总数		16			

2012 年传播与文化产业经营活动营运资金（按要素）变动幅度统计见表 26－7，由表 26－7 可以看出，2012 年传播与文化产业经营活动营运资金（按要素）所有 16 家公司中有 12 家公司增加，占比 75%，2012 年该行业经营活动营运资金（按要素）整体趋势是增加的。

其中存货的占用量较 2011 年呈现下降趋势，整个可比样本企业中，有 6 家公司存货降低，但降低幅度不大，占整个样本数的 37.5%，如图 26－7 及 26－8 所示；

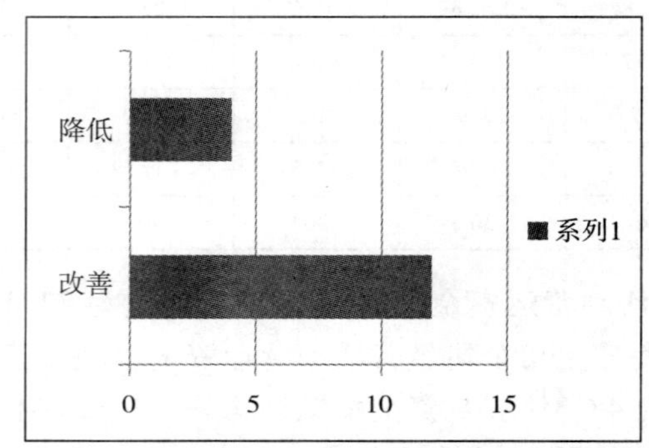

图 26－7　2011～2012 年传播与文化产业可比公司存货资源配置变化情况

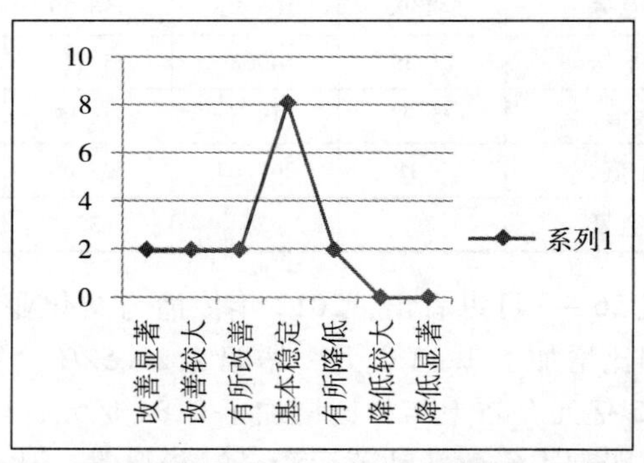

图 26－8　2011～2012 年传播与文化产业可比公司存货资源配置变动幅度

而应收及预付款项有 14 家企业增加了投入，占比 87.5%，其中有 6 家企业增加幅度显著，具体如下图所示；

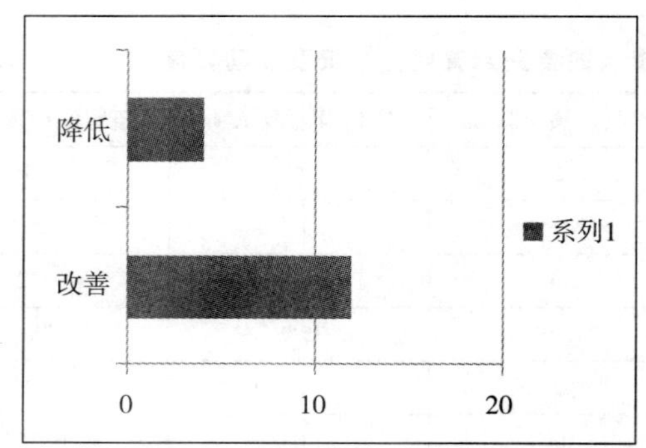

图 26－9　2011～2012 年传播与文化产业可比公司应收及预付款项资源配置变化情况

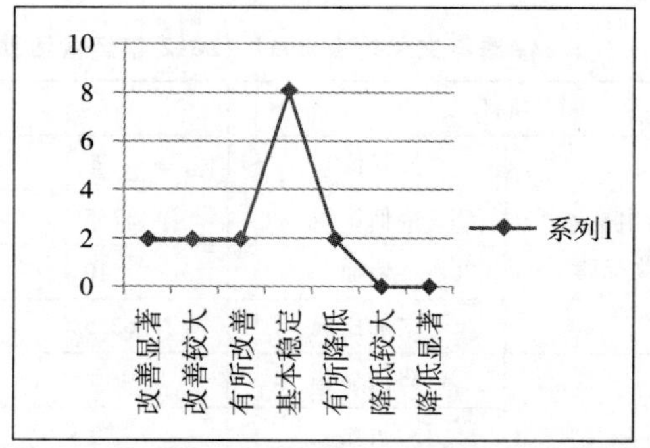

图 26－10　2011～2012 年传播与文化产业可比公司应收及预付款项资源配置变动幅度

但是应付及预收款项整体趋势也是增加的，增加比例有 75%；其中有 5 家公司的应付及预收款项显著增加；由此可以看出，2012 年传播与文化产业经营活动的营运资金（按要素）的资金配置比重显著增加，但是存货的的资源配置有所减少，应付及预收款项也是增加趋势，所以传播与文化产业在未来应加强存货和应付及预收款项的管理，2012 年应收及预付款项的管理有很大改善。

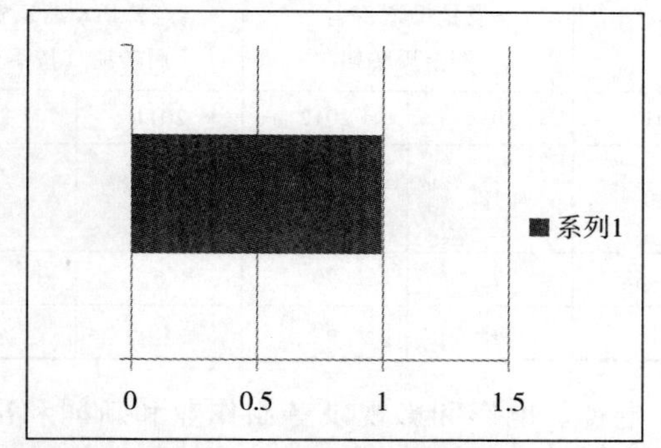

图 26－11　2011～2012 年传播与文化产业可比公司应付及预收款项资源配置变化情况

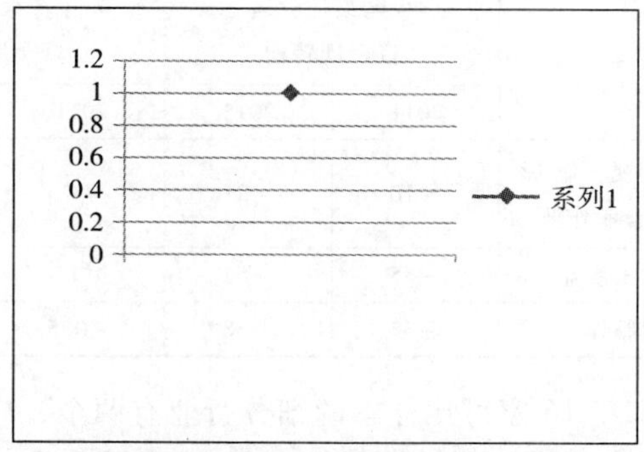

图 26－12　2011～2012 年传播与文化产业可比公司应付及预收款项资源配置变动幅度

（二）传播与文化行业上市公司营运资金来源与财务风险分析

表 26－8　2011～2012 年传播与文化行业营运资金来源状况　单位：家

项目	短期金融性负债占比		营运资本占比	
	2011 年末	2012 年末	2011 年末	2012 年末
行业平均	－0. 035	0. 03	1. 036	0. 97
最大值	0. 96	3. 2	7. 6	2. 59
最小值	－6. 61	－1. 59	0. 03	－2. 2
样本数量	30	26	30	26

表 26－9　2011～2012 年传播与文化行业营运资金来源统计表　单位：家

比例	2011 年末短期金融性负债占比	2011 年末营运资本占比	2012 年末短期金融性负债占比	2012 年末营运资本占比
<0	1	0	1	0
0～20%	15	0	13	0
20%～40%	0	0	1	0
40%～60%	0	0	1	1
60%～80%	0	0	0	1
80%～100%	0	15	0	13
>100%	0	1	0	1
企业数量	16			

从表 26－8 和表 26－9 来看，传播与文化产业 2012 年短期金融性负债占比为 0. 122086459，较之 2011 年有所上升，说明该行业对短期借款依赖度有所上升。行业均值和最大值也出现不同程度上升，进一步说明了该行业企业层面营运资金融资结构比较稳定。

四、传播与文化行业上市公司营运资金管理绩效分析

（一）传播与文化行业上市公司分渠道的营运资金管理绩效分析

（1）行业层面

表 26-10　　2011~2012 年传播与文化行业各渠道营运资金周转期　　单位：天

项目	采购渠道营运资金周转期		生产渠道营运资金周转期		营销渠道营运资金周转期		经营活动营运资金周转期（按渠道）	
	2011	2012	2011	2012	2011	2012	2011	2012
广播、电视、电影和影视录音制作业	-10	-21	14	10	18	43	22	33
新闻和出版业	-55	-52	-12	-6	73	90	6	32
行业整体	-35	-38	-0.5	1	49	69	13	32

2012 年 16 家可比样本的细分行业有两个，广播、电视、电影和影视录音制作业和新闻和出版业，采购渠道营运资金周转期较 2011 年减少了 3 天，改善比例为 8.57%，其中广播、电视、电影和影视录音制作业减少 11 天，而新闻和出版业增了 3 天；生产渠道营运资金周转期较 2011 年增加了 1.5 天，广播、电视、电影和影视录音制作业减少了 4 天，新闻和出版业的周转期增加了 6 天，营销渠道营运资金的周转期比 2012 年增加了 20 天，增加比例高达 40.8%，两个细分行业都比 2011 年增加了 50% 以上，虽然采购渠道营运资金的周转期有所改善，但是生产渠道和营销渠道营运资金额周转期都有所增加，所以该行业经营活动营运资金周转期（按渠道）总体也较 2011 年增加了 19 天，广播、电视、电影和影视录音制作业增加 11 天，新闻和出版业增加了 26 天，从总体两年的变动趋势来看，营销渠道周转绩效不容乐观，营销渠道周转期几乎呈现直线上升趋势，由 2011 年 32 天至 2012 年 13 天，营运资金在该渠道的占用越来越大。

（1）企业层面

传播与文化产业 2012 年共有 26 家上市公司，与 2011 年可比的样本公司为 16 家，该行业营运资金周转绩效变化统计如表 26-11 所示。

表 26-11　　2011~2012 年传播与文化行业各渠道营运资金管理绩效变化统计表　　单位：家

项目		采购渠道营运资金周转期	生产渠道营运资金周转期	营销渠道营运资金周转期	经营活动营运资金周转期（按渠道）
周转期变化统计	改善	10	6	3	4
	改善比例	62.5%	37.5%	18.75%	25%
	降低	6	10	13	12
	降低比例	37.5%	62.5%	81.25%	75%
周转期变化幅度统计	改善显著	4	3	0	1
	改善较大	1	0	0	0
	有所改善	3	2	2	1
	基本稳定	4	1	2	4
	有所降低	2	2	2	3
	降低较大	1	6	4	3
	降低显著	1	2	6	4
可比样本总数		16			

如表 26-11 所示，2012 年，传播与文化产业与 2011 年相比共有 16 家可比企业，其中有 10 家企业采购渠道周转得以改善，占可比样本的一半以上，大部分企业绩效基本稳定或出现有所改善迹象。可见，采购渠道的资金管理水平在总体稳定的情况下呈现一定的改善趋势；如下图所示

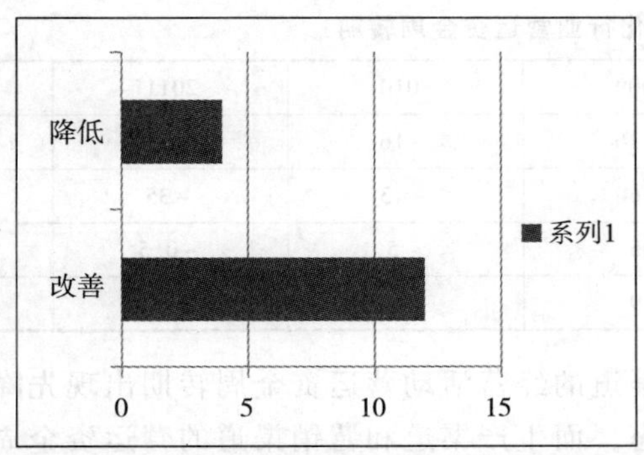

图 26－13　2011～2012 年可比公司采购渠道绩效变动情况

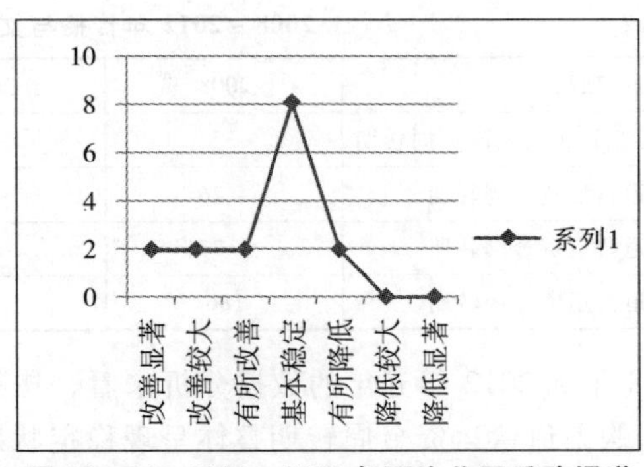

图 26－14　2011～2012 年可比公司采购渠道绩效变动幅度

2012 年生产渠道营运资金管理绩效较 2011 年改善的企业数量为 6 家，占可比样本的 37.5%。进一步从变动程度来看绩效显著降低的企业数目为 2 家，降低较大的有 6 家，这说明相当大一部分企业的生产渠道周转效率有所降低；

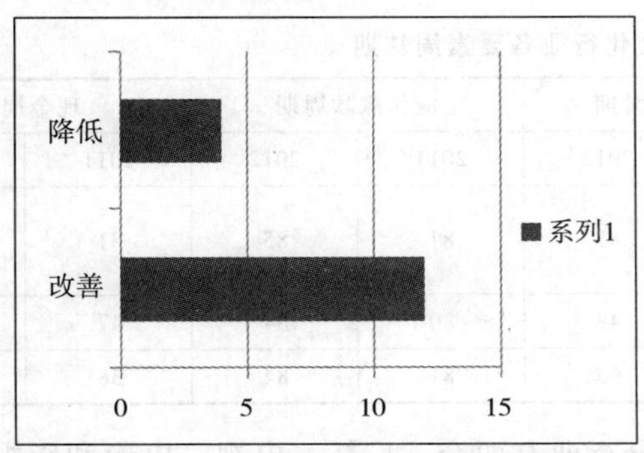

图 26－15　2011～2012 年可比公司生产渠道绩效变动情况

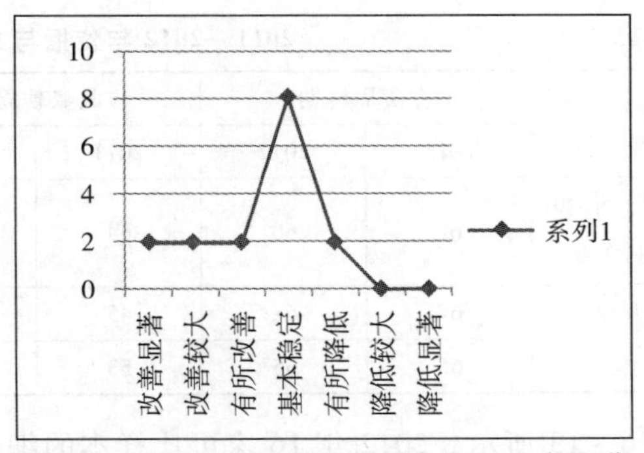

图 26－16　2011～2012 年可比公司生产渠道绩效变动幅度

企业层面的营销渠道营运资金周转绩效依然是传播与文化产业上市公司营运资金管理绩效严重的制约瓶颈，2012 年营销渠道营运资金周转绩效较 2011 年改善的企业数量为 3 家，仅占可比样本的 18.75%，远低于绩效降低的企业数量 13 家。进一步从变动幅度来看绩效得以显著改善或较大改善的企业较少，其中保持基本稳定的只有 2 家，大部分企业营销渠道管理绩效有较大降低的，营销渠道的管理绩效在未来需要较大的改善。

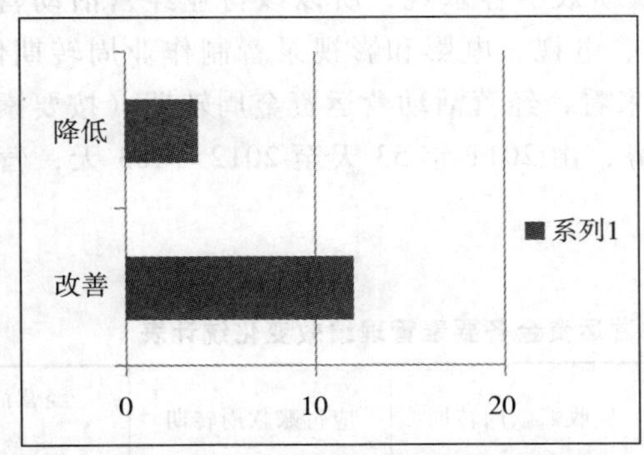

图 26－17　2011～2012 年可比公司营销渠道绩效变动情况

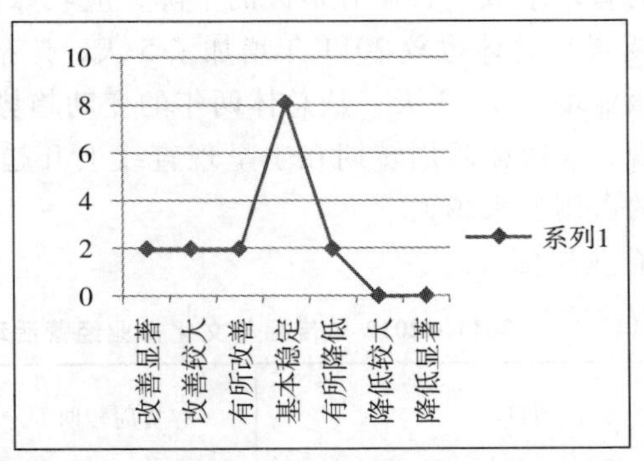

图 26－18　2011～2012 年可比公司营销渠道绩效变动幅度

2012 年，相对传播与文化行业来说是经济形势较为明朗的一年，国家和政府政策的支持使得行业发展出现较好的上升局面，因此生产渠道营运资金周转期普遍较短。总体上，全球主要经济体逐步稳定并正式步入复苏期，但在结构上，则表现出许多深层次的缺陷和失衡，经济的恢复还存在明显的脆弱性。

表 26-12　　2008～2012 年传播与文化行业营运资金周转期　　单位：天

项目	2008	2009	2010	2011	2012
经营活动营运资金（按渠道）周转期	32	-16	-16	13	32
采购渠道营运资金周转期	-76	-60	-45	-35	-38
生产渠道营运资金周转期	-77	25	-5	-0.5	1
营销渠道营运资金周转期	186	19	34	49	69

从2008年到2012年五年的数据分析来看，按渠道的经营活动营运资金周转期出现先降低后增加的局面，采购渠道营运资金周转期整体呈现稳定状态，而生产渠道和营销渠道的营运资金周转期则呈现先有所改善然后又增加的趋势，在生产渠道和营销渠道所用的营运资金越来越多，由此可以看出传播与文化行业生产渠道和营销渠道的管理绩效五年内一直未见改善，需要企业更加注重生产渠道和营销渠道的绩效管理。

（二）传播与文化行业上市公司分要素的营运资金管理绩效分析

（1）行业层面

表 26-13　　2011～2012 年传播与文化行业各要素周转期　　单位：天

项目	存货周转期		应收账款周转期		应付账款周期		现金周转期	
	2011	2012	2011	2012	2011	2012	2011	2012
广播、电视、电影和影视录音制作业	63	60	64	83	81	85	31	31
新闻和出版业	67	68	45	48	80	84	47	60
行业整体	65	65	53	63	81	84	38	43

如表26-13所示，2012年16家可比样本的细分行业有两个，广播、电视、电影和影视录音制作业和新闻和出版业，存货周转期2012年较2011年保持稳定，其中广播、电视、电影和影视录音制作业减少3天，改善比例为4.76%，而新闻和出版业增了1天，存货的管理绩效保持基本稳定趋势；应收账款周转期较2011年增加了10天，增加比例高达18.87%，其中广播、电视、电影和影视录音制作业增加了19天，新闻和出版业的周转期增加了3天，应收账款管理绩效有很大的下降；应付账款的周转期比2012年增加了3天，增加比例为3.7%，两个细分行业都比2011有所增加，但增加比例不大；有表26-13可以看出存货周转期基本保持稳定，未有较大变动，应付账款管理绩效也有所改善，但是应收账款的管理绩效较去年有很大的下降，应收账款绩效不容乐观，所以该行业经营活动营运资金周转期（按要素）总体也较2011年增加了5天，广播、电视、电影和影视录音制作业周转期保持稳定，新闻和出版业增加了13天，从总体两年的变动趋势来看，经营活动营运资金周转期（按要素）管理绩效不容乐观，应收账款周转期几乎呈现直线上升趋势，由2011年53天至2012年63天，营运资金在该要素上的占用越来越大。

（1）企业层面

表 26-14　　2011～2012 年传播与文化行业经营活动营运资金各要素管理绩效变化统计表

项目		存货周转期	应收账款周转期	应付账款周转期	经营活动营运资金周转期
周转期变化统计	改善	10	4	12	7
	改善比例	62.5%	25%	75%	43.75%
	降低	6	12	4	9
	降低比例	37.5%	75%	25%	56.25%

续表

项目		存货周转期	应收账款周转期	应付账款周转期	经营活动营运资金周转期
周转期变化幅度统计	改善显著	0	0	2	4
	改善较大	1	0	2	0
	有所改善	7	3	2	2
	基本稳定	6	3	8	2
	有所降低	1	5	2	6
	降低较大	0	2	0	2
	降低显著	1	3	0	0
可比样本总数		16			

如表26-14所示，2012年，传播与文化产业与2011年相比共有16家可比企业，其中有10家企业存货周转得以改善，占可比样本的一半以上，大部分企业绩效基本稳定或出现有所改善迹象。可见，存货管理水平在总体稳定的情况下呈现一定的改善趋势；如图26-19、图26-20所示：

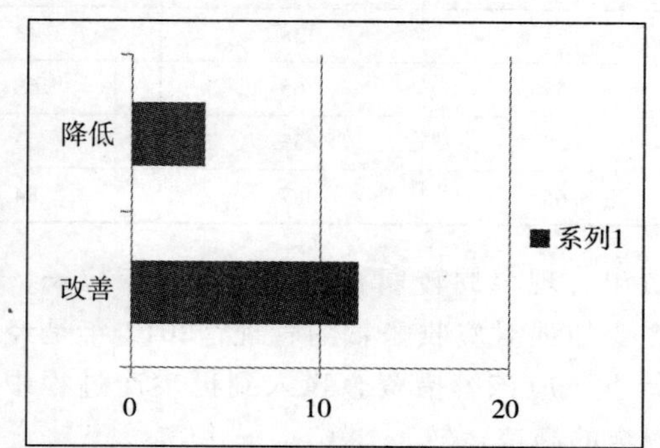

图26-19 2011~2012年传播与文化产业可比公司存货管理绩效变化情况

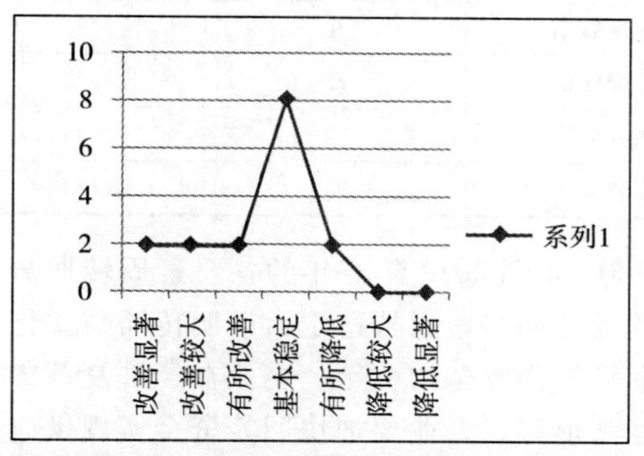

图26-20 2011~2012年传播与文化产业可比公司存货管理绩效变动幅度

2012年应收管理绩效较2011年改善的企业数量为4家，占可比样本的25%。进一步从变动程度来看绩效显著降低的企业数目为3家，降低较大的有2家，有所降低的有5家，这说明相当大一部分企业的应收账款周转效率降低；如图26-21、图26-22所示：

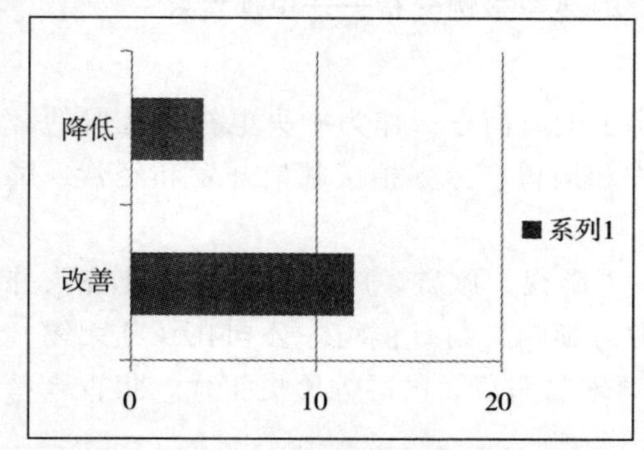

图26-21 2011~2012年传播与文化产业可比公司应收账款管理绩效变化情况

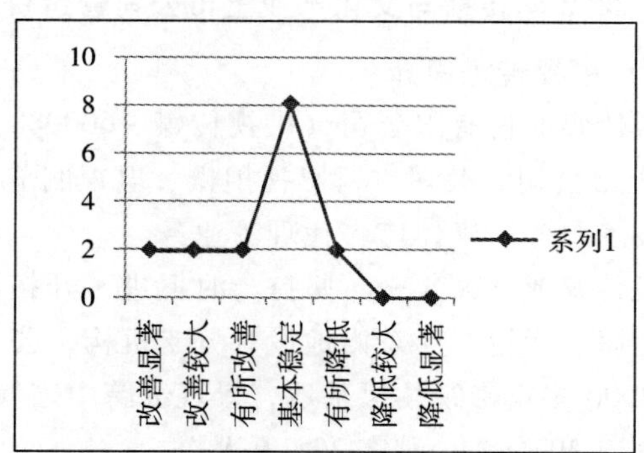

图26-22 2011~2012年传播与文化产业可比公司应收账款管理绩效变动幅度

而2012年应付账款周转绩效较2011年改善的企业数量为12家，占可比样本的75%，进一步从变动幅度来看绩效得以显著改善或较大改善的企业较少，其中保持基本稳定的有8家，大部分企业应付账款管理绩效是趋于稳定的，如图26-23、图26-24所示：

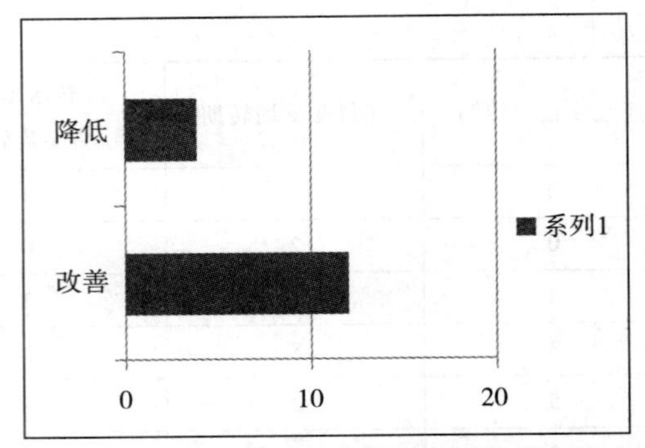

图 26-23 2011~2012 年传播与文化产业可比公司应付账款管理绩效变化情况

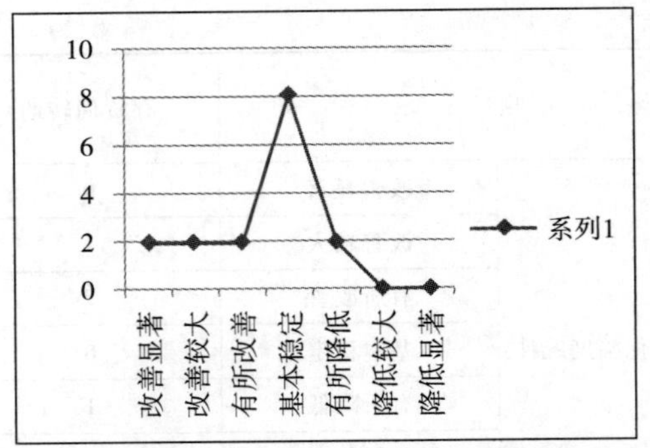

图 26-24 2011~2012 年传播与文化产业可比公司应付账款管理绩效变动幅度

总体看来，存货和应付账款周转期基本处于稳定状态，而应收账款周转期增长，说明企业应该加快应收账款的管理。

表 26-15 2008~2012 年传播与文化行业各要素周转期 单位：天

项目	2008	2009	2010	2011	2012
现金周转期	9	35	31	38	43
存货周转期	75	75	57	65	65
应收账款周转期	27	44	39	53	63
应付账款周转期	92	84	65	87	84

从 2008 年到 2012 年五年的各要素周转期分可以看出，现金周转期和应收账款逐年拉长，存货和应付账款周转期基本保持稳定，说明传播与文化行业需要加强对应收账款的管理，2012 年是经济危机后经济形势较为复杂的一年，企业在经济复苏的大背景下，应该筹措资金投入到再生产过程中，面临复苏的经济形势，企业要加快回笼资金实现供应链中资金的高速运转。

五、2012 年传播与文化行业上市公司营运资金管理绩效排行榜

本部分分别按“经营活动营运资金周转期（按要素）”和“经营活动营运资金周转期（按渠道）”进行排名，考察传播与文化行业上市公司营运资金管理绩效。在对上市公司营运资金管理绩效进行排名时，剔除了财务数据异常的公司，详见附录一。

六、2012 年传播与文化产业上市公司营运资金管理的典型案例分析——中视传媒

（一）中视传媒简介

中视传媒股份有限公司（中视传媒-600088）注册于上海浦东。作为中央电视台控股的一家传媒类 A 股上市公司，公司主营影视拍摄、电视剧节目制作和销售、影视拍摄基地开发和经营、影视设备租赁和技术服务、媒体广告代理等业务。

中视传媒成立九年来，坚持与时俱进，开拓创新，“影视、旅游、广告”三大主业齐头并进，在北京、上海、无锡、广东四地设有分支机构，公司实力与影响力与日俱增。公司在江苏无锡、广东南海拥有 3000 多亩影视拍摄基地，景观纵跨中国魏晋、唐宋、明清、民国等历史年代，集古今精华，年接待摄制组 30 余个、游客 200 万人次。

公司拥有各类影视设备总资产 2 亿多元，包括引领世界先进水平的高清晰度摄像设备、后期制作设备及包装工作室，是国内最早进入高清晰度电视制作领域的公司。拥有《大校的女儿》、《绝对隐私》、《上书房》等数十部高清电视剧和纪录片，3000 多小时高清节目量。2005 年 9 月，公司以强大高清节目资源优势，与中数传媒合作开播运营中国首个高清电视频道-央视高清影视频道。截止 2005 年年末，公司累计独资或合拍影视剧 110 余部，电视栏目 9300 余期，包括高清栏目 30 余期。2005 年，公司投拍的电影《生死劫》先后获得美国“2006 年金片盘最佳故事片奖”，印度第 10 届喀拉拉邦国际

电影节金雀奖，纽约翠贝卡电影最佳故事奖；电影《我们》获金鸡奖最佳电视电影片奖；电视剧《国家使命》获中国人民解放军“金星奖”一等奖；电影《银饰》获第二届东京数字电影节最佳技术奖。为纪念中国人民抗战胜利六十周年投拍的文献纪录片《抗战》、纪录片《儿女英雄传》引起社会高度反响。公司与中央电视台文艺中心合作运营的大型文艺栏目《欢乐中国行》全年录播 52 期。

公司广告业务发展顺利，独家代理 CCTV－10 科教频道全部广告，CCTV 一套、八套黄金时段电视剧片尾标版广告，以独特的企业文化和创新服务理念，先后为国内外众多知名企业服务。

面对国内传媒产业市场化进程日益加快的形势，中视传媒将抓住改革发展机遇，依托自身优势和多种资源，充分发挥资本市场功能，在传媒高新业务领域快速拓展，努力实现公司持续、稳定、健康地发展。

（二）光线传媒营运资金管理绩效分析

表 26－16　中视传媒 2010～2012 年经营活动营运资金周转期（按渠道）变化趋势表　单位：天

指标	采购渠道营运资金周转期	生产渠道营运资金周转期	营销渠道营运资金周转期	经营活动营运资金周转期
2012	－187	27	12	－147
2011	－192	69	－42	－166
2010	－91	19	－4	－76
2012 年行业平均值	－49	－3	58	6

如表 26－16 所示，2012 年中视传媒的经营活动营运资金周转期为－147 天，远远低于当年行业的平均水平 6 天，在行业 26 家上市公司中，排名第 5，而参考 2011 年和 2010 年的数据，中视传媒经营活动营运资金周转期分别在行业中排名第 3 和第 6。可以说，中视传媒的经营活动营运资金的管理水平在行业内是属于领先集团的。下面，我们进一步分析。从 2012 年当年来看，中视传媒的采购渠道营运资金周转期为－187 天，生产渠道的营运资金周转期为 27 天，营销渠道的营运资金周转期为 12 天，除了生产渠道营运资金周转期高于行业平均水平－3 天，采购和营销渠道的营运资金周转期均远低于行业的平均水平（分别为－49 天和 58 天）。而从 2010 到 2012 年三年纵向比较可以看出，经营活动营运资金周转期在 2011 年达到最低，而 2012 年略有提高，但是远低于 2010 年的－76 天。具体分析，我们可以看出，采购渠道营运资金周转期方面，2011 年比 2010 年下降比例高达 110.99%，2012 年比 2011 年上升了 2.6%，但与 2010 年相比，下降比例也高达 105.49%；在营销渠道营运资金周转期方面，2011 年比 2010 年提高了 263.16%，但 2012 年比 2011 年又下降了 60.87%，仅比 2010 年多了 8 天，且均高于行业的平均水平（2011 年行业平均值为－4，2010 年行业平均值为－5）；在营销渠道营运资金周转期方面，2011 年与 2010 年相比下降幅度高达 950%，2012 年比 2011 年又提高了 128.57%，达到了正的 12 天，但均远低于行业平均水平（2011 年行业平均值为 50，2010 年行业平均值为 34）。综上分析，采购渠道和营销渠道的营运资金周转期显著低于行业平均水平，处于行业营运资金管理的领先集团，这并不是偶然，而是得益于中视传媒注重渠道管理和供应链管理，将营运资金与供应链结合起来，实施基于供应链的营运资金管理，而这正是中视传媒保持其经营活动营运资金管理绩效较高的主要原因。

表 26－17　中视传媒 2010～2012 经营活动营运资金周转期（按要素）变化趋势表　单位：天

指标	存货周转期	应收账款周转期	应付账款周转期	经营活动营运资金周转期
2012	53	43	197	－101
2011	66	11	198	－121
2010	61	7	98	－30
2012 年行业平均值	60	45	82	23

如表 26－17 所示，2012 年中视传媒经营活动营运资金周转期－101 天远低于行业的平均水平 23 天，在行业内排名第 1。从要素视角进一步分析，2012 年中视传媒存货周转期为 53 天，低于行业平均

水平 60 天，应收账款周转期为 43 天，略低于行业平均水平 45 天，应付账款周转期 197 天，远远高于行业平均水平 82 天，正是因为应付账款周转期很长，才会使得中视传媒的经营活动营运资金的周转期为 -101 天，处于行业第 1 的位置。而从三年的纵向比较来看，中视传媒经营活动营运资金的周转期在 2011 年有一个较大幅度的降低，2012 年只是略有提高，但是仍处于行业第 1 的位置（2011 年中视传媒的经营活动营运资金周转期也是行业第 1）。具体分析，存货周转期这三年间略有浮动，但浮动不是很大，以 2010 年为基准，2011 年和 2012 年浮动比率分别为提高了 8.19% 和降低了 13.11%。而应付账款的周转期也在 2011 年又大幅度提高，从 2010 年的 98 天提高到 2011 年的 198 天，2012 年也保持在 197 天。可以说应付账款周转绩效的大幅度提高，是提高经营活动营运资金周转效率的重要影响因素。

从分渠道的营运资金管理绩效的描述中，可以看出中视传媒的生产渠道的营运资金周转期处于行业中的较低水平（2012 年行业排名第 20），从分要素的营运资金管理绩效的描述中，中视传媒的存货周转期处于同行业的中下游水平（行业排名第 15），应付账款周转期处于同行业的较高水平。但无论从何种视角进行营运资金管理绩效的分析，中视传媒的经营活动营运资金周转期都处于行业领先地位，这说明中视传媒对于营运资金的管理有一套自己的方法，有自身的特色。现将其营运资金管理特色总结如下：

（三）中视传媒营运资金管理特色总结

1. 三大主营业务齐进

中视传媒成立九年来，坚持与时俱进，开拓创新，“影视、旅游、广告”三大主业齐头并进。2012 年，在影视剧业务方面，公司改变了以往的影视剧销售模式，坚持走影视剧精品路线，加大自制剧、定制剧业务力度，并进一步完善面向市场的营销渠道，加大了影视剧的自主销售力度，拓展了与中央电视台各频道的业务合作，并与各省外宣部门及其他公司进行广泛的业务合作，进一步巩固和提升了公司在国内影视剧业内的地位，经济效益和社会效益开始显现。在旅游业务方面，各分公司分别开展活动，无锡分公司围绕“文化统领旅游”的理念，加强环境整治、改造基础设施、调整营销策略，强化渠道维护，使景区的品质、软硬件环境、市场竞争力均得到明显的提升。南海分公司通过整合周边旅游资源，与基地“影视旅游”形成资源互补，增加体验型、参与型项目，提高服务意识和服务质量，加强营销力度、拓宽营销渠道，推广特色活动，收到了良好的效果。在广告业务方面，受央视一、八套晚间电视剧栏目片尾标版广告停播及“限酒令”等影响，业务收入有所降低，但面对不利因素以及竞争激烈的广告市场，控股子公司上海中视国际广告有限公司在广告业务运营中调整经营策略，转变营销模式，努力降低不利因素对公司的影响。

2. 努力开拓海外市场渠道

2012 年，公司有针对性地根据国内不同电视台、不同平台媒介的需求，积极寻找途径，开发多种模式的合作方式，对原有库存纪录片和电视剧进行分类推荐和销售，努力消化库存。同时，不断开发海外市场，目前销售网络已延伸到澳洲、台湾、泰国及长城平台所覆盖的其他海外国家及地区。

3. 勇于尝试新市场渠道

当今的电视产业已从“标清”快步迈入“高清”时代。公司的控股子公司中视北方影视制作有限公司是国内最早进入高清晰度电视制作领域的企业，制作了中国首部高清晰度电视剧。公司拥有国际一流的全套先进的影视前后期制作设备、雄厚的技术力量和专业的制作团队，是集策划、拍摄、制作、包装于一体的高端专业影视制作公司，全面支持影视节目的前、后期全流程业务以及高清数字电影及超高清节目的制作及运营，始终站在高清电视技术领域的前列。

4. 与 CCTV 以及众多知名企业合作，积极拓展营销渠道

公司控股子公司上海中视国际广告有限公司独家代理经营中央电视台 CCTV -10 科教频道全频道广告资源，协助众多行业的品牌企业完成了其在全国市场品牌提升的营销目标，合作伙伴包括中国移动、中国电信、中国石油、中国石化、宝马汽车、通用汽车、惠普、索尼爱立信、三星电子、LG 电

子、松下电器、海尔集团等，是行业内最具创新开拓精神和上升潜力的企业。

七、2012 年传播与文化行业上市公司营运资金管理调查的结论与建议

（一）调查结论

通过对 2012 年中国传播与文化产业上市公司营运资金管理绩效的调查和分析，初步可以得出以下结论。

1. 营运资金要素管理水平趋于正常，渠道管理水平仍不稳定

在渠道的视角下，从行业均值来看，传播与文化行业分要素的经营活动营运资金占用的比重总体上稳步上升，一定程度上说明东部地区经济持续稳定发展。从企业层面来看，除采购渠道营业资金占用量出现较大降低外，生产渠道和营销渠道的占用量均表现出显著增加的趋势。在要素的视角下，传播与文化产业分要素的经营活动营运资金占用总体上呈显著下降趋势，一定程度上说明该行业经济发展受到一定冲击。行业均值也大幅下降，再次证明传播与文化产业的发展出现了退步。

从 2008 年到 2012 年，按渠道的经营活动营运资金周转期出现先降低后增加的局面，采购渠道营运资金周转期整体呈现稳定状态，而生产渠道和营销渠道的营运资金周转期变化幅度比较大。相对传播与文化行业来说是经济形势较为明朗的一年，国家和政府政策的使得生产渠道营运资金周转期状况好转。但在结构上，行业则表现出许多深层次的缺陷和失衡，经济的恢复还存在明显的脆弱性。

2. 生产渠道和营销渠道营运资金管理绩效恶化，需引起上市公司足够重视

从传播与文化行业的生产渠道和营销渠道营运资金周转期变动程度来看，2008 年到 2012 年波动较大，且整体呈现周期增长趋势，尤其是营销渠道每年变化都表现显著。因此，东部地区生产渠道和营销渠道的营运资金管理绩效需引起足够重视，不能依靠传统的缩短周转期的方法，而是必须树立以渠道管理为重心的管理理念，着力改进和优化生产和营销业务流程，强生产、营销流程的优化和管理，降低周期，从而改善营运资金管理绩效及经营活动营运资金管理绩效。

3. 加强应收账款的管理

从 2008 年到 2012 年应收账款和应付账款的周转期来看，在应付账款周转期略有下降的趋势下，应收账款的周转期却呈现出较为明显的增加趋势。分析可见，2012 年，在金融危机影响日渐减弱的情况下，东部地区上市公司已经逐步减少通过拖欠应付账款来融资的方式，从而弱化以损害供应链关系为代价换取营运资金管理绩效提高的行为，这也表明了上市公司已经逐步认识到从供应链管理、客户关系管理方面提升营运资金管理水平的重要性。另一方面，对应收账款与应付账款的变化程度及趋势对比可见，东部地区应收账款周转期的缩短总体上对应着应付账款周转期的缩短，二者之间存在着一定的联动关系，应付账款周转期在 2012 年有所缩短，这也是东部地区应收账款管理绩效提升较大的部分原因。

同时，面对较为复杂的经济环境，应收账款周转期的增加表明管理上存在着不合理的情况。企业在经济复苏的大背景下，应该筹措资金投入到再生产过程中，面临复苏的经济形势，企业要加快回笼资金实现供应链中资金的高速运转。

3. 营运资金融资结构变动不规则

2008 ~ 2012 五年间，绝大多数传播与文化产业上市公司营运资金的融资结构呈现不规则的变动，仅有 1 家企业的商业信用依赖度表现为持续增强，1 家企业的短期借款依赖度表现为持续下降，说明该期间传播与文化行业营运资金融资结构尚不成熟，没有明显的行业整体变动趋势。这可能与我国传播与文化产业起步和改革较晚，企业对文化市场的开拓意识不强，营销能力普遍较低，尚未形成与市场经济体制相适应的营销模式有关。

（二）对策建议

1. 更新营运资金管理观念，重视渠道建设

上述调查结论表明，传播与文化行业较为重视按要素分类的营运资金管理，而且从要素角度对营运资金进行管理的水平也相对来说较为成熟，但单纯依靠财务部门对营运资金进行管理和控制，其对

营运资金管理绩效的改善作用将越来越小，改善营运资金管理绩效最为根本的是从业务流程和渠道角度进行优化。但是从分渠道的角度来看，营销渠道营运资金管理绩效依然呈恶化趋势，随着我国文化体制改革以及文化产业的市场化，传播与文化企业要想获得持续竞争优势，在营运资金管理上必须进一步加强渠道管理，特别是营销渠道，才能更好地实现企业营运资金的高效运转。

2. 优化供应链关系，强化产业链管理

上述调查结论表明，传播与文化行业营运资金的融资结构中对于上下游企业的资金占用水平均处于较低的水平，说明该行业的大多数企业尚不能利用供应链融资优化自身的营运资金结构，这也是传播与文化行业营运资金管理的关键。因此，文化与传播行业应重视对产业链上下游企业的关系管理，利用商业信用以及供应链关系提高自身的经营活动营运资金管理水平。企业以供应链的优化整合为核心，加强渠道管理，优化供应链结构等措施，进行营运资金的全面管理可以有效地提高营运资金管理绩效。具体表现为：充分利用地区的地理位置、交通网络、特色资源和产业优势，形成区域内的供应链一体化和地区内产业衔接，并通过加强区域间的经济合作等方式，将企业的单体优势转化为区域和产业的整体优势，从而形成区域和产业的核心竞争力。因此，传播与文化上市公司应该更新营运资金管理观念，重视渠道建设，确立以供应链整体绩效提升为根本的目标导向，从根源上为提升营运资金管理绩效打下坚实基础。

3. 拓宽融资渠道，实现产业多元化发展

要加快文化产业的发展，需要拓宽传播与文化企业的融资渠道，提高该行业的产业多元化发展。特别是对非公益性传媒领域，要进一步打破垄断经营，放宽市场的准入机制，引进竞争机制，增加竞争主体，加快培育多元化经营主体。在融资渠道方面通过企业间的联合、重组、兼并等方式实现对优势传媒资源的控制，使转型成功的传播与文化企业继续做大做强，鼓励扶持有条件的文化企业走出去整合境外优质资源，实现产业结构调整和产业升级，打通产业链条，提升企业市场化、产业化、集约化程度，打造具有竞争优势的新兴传媒产业集团。

4. 建立新的商业模式，借助宏观形势带动产业发展

2012 年是中国传播与文化产业发展的新时期、新阶段，上市公司的数量较 2011 年有所增加，但是与传统产业相比，传播与文化产业在营运资金管理理念和方法上都比较落后，在新的经济形势和经营环境下，企业应转变传统营运资金管理观念，借助较好的宏观经济形势，带动产业的整体发展。特别是当今世界文化及传媒产业格局正在发生新的变化、国家文化产业振兴规划也已经出台，文化体制改革和文化及传媒产业向纵深发展，在这个宏观背景下，传播与文化企业更要抓住机遇，建立新的业务经营模式，以推进我国文化及传媒产业实现跨越式发展。

5. 加大国家政策支持，提高文化支柱性产业

近几年，一批以高新技术为依托、以数字内容为主体、以自主知识产权为核心的新兴文化业态，有效地提升了文化产品的附加值，成为推动文化产业发展的主力军和重要支撑点。为了实现成为支柱性产业的目标，紧紧把握住战略机遇期，就要以文化创新能力的提升为核心。一方面要确立企业在文化创新体系中的主体地位，以产品创新为核心，以业态创新为方向，以模式创新为引领，以技术创新为动力，以品牌创新为追求；另一方面，要加强政府管理和服务创新以适应产业创新发展的需求，推进政策创新、强化服务创新、推动制度创新、加快管理创新。同时，国家要给予文化创新政策上的扶持，税收优惠政策，金融政策等进一步完善文化产业发展的政策环境，丰富各地文化产业政策体系，努力为文化产业协调健康发展创造条件。

主要参考文献

1. 中国海洋大学企业营运资金管理研究课题组：“中国上市公司营运资金管理调查：2009”，《会计研究》，2010 年第 9 期。

2. 王竹泉、王秀华、孙建强、王贞洁：“上市公司营运资金管理调查：2010”，《会计研究》，2011

年第 12 期。

3. 王竹泉、孙建强等：《营运资金管理发展报告 2012》，中国财政经济出版社 2011 年版。

4. 中国社科院，《中国文化产业发展报告：2013》，社会科学文献出版社 2012 年版。

5. 中视传媒股份有限公司官方网站，http：//www. ctv - media. com. cn/。

6. 国家文化部网站，http：//www. ccnt. gov. cn/sjzznew2011/cws/whtj_cws/。

第二十七章 2012 年综合类上市公司营运资金管理调查①

【摘要】综合类上市公司的最大特点是主营业务多元化，一家企业可能同时涉足多个行业进行多元化经营。通过对综合类上市公司经营业务的统计分析，发现大部分企业均涉足房地产行业、商品批发零售行业。

2012 年外部环境方面，欧债危机不断反复，发达国家经济分化加剧，大多数新兴市场国家经济增长放缓或维持低位运行，全球经济增长明显放缓；内部环境方面，近年来国内生产要素成本持续上涨，使传统制造业和出口面临重压，加上主动调控房地产市场，多方因素合力之下，国内经济增长面临较大下行压力，国际、国内经营环境的恶化使得企业的海外和国内经营业绩均受到较大影响，从而影响整个行业的综合经营绩效。稳健的货币政策影响综合类影响企业融资能力。由于综合类企业包含的行业较多，行业经营特点各异，因此积极的财政政策对不同行业的影响也不尽相同。

通过对 2012 年综合类上市公司营运资金管理进行调查分析，得出如下结论：行业总体经营活动营运资金占用水平有所上升，不同企业间差异较大；经营活动营运资金（按渠道）主要配置在生产和营销渠道；存货是经营活动营运资金（按要素）占用的绝对主体；营运资金融资结构以短期金融负债为主，企业间融资结构差异大；经营活动营运资金（按渠道）管理绩效有所下降，而且波动较大；存货管理绩效有所下降，需加强重视和管理。因此，本文提出如下建议：综合类企业应加强供应链营运资金管理，进一步提高存货与应收账款管理水平；加强生产渠道和营销渠道建设，提高业务 - 财务一体化水平；积极拓宽融资渠道、寻找新的融资途径；优化营运资金融资结构，控制企业财务风险。

一、综合类营运资金管理特点

综合类企业经营活动的特点决定了其营运资金管理的特点。综合类上市公司的最大特点是主营业务多元化，一家企业可能同时涉足多个行业进行多元化经营。通过对综合类上市公司经营业务的统计分析，发现大部分企业均涉足房地产行业、商品批发零售行业。具体而言，综合类企业营运资金管理具有如下特点：

1. 受房地产存货影响较大，存货周转期较长

由于综合类企业大部分都涉足房地产行业及其相关的上下游制造行业，它们的存货周转速度较慢，同时也涉足营运资金周转很快的商品批发零售行业。多种行业的交错使得综合类企业存货周转期较长，且受土地存货的影响较大。由于土地是国家的稀缺资源，因此房地产企业一般都运用财务杠杆尽力囤积土地作为在产品存货，通常这一类开发商做的是大盘开发，即“低价获得土地 + 滚动开发 + 溢价租售、配套管理”，从而获得土地增值收益。

2. 应收账款周转期较短，应收账款管理水平较高

大部分综合类企业充分利用上下游企业进行供应链管理，因此也形成了较完善的应收账款管理系统，综合类企业中的商品批发零售行业的应收账款周转期自身较短。由于房地产开发需要大量的资金投入，且跨期较长。同时我国人口较多，且农村人口城市化的比例在逐年增加，而城市土地面积有限，所以商品房市场一直处于供不应求的状态。这两个原因共同促成了房地产开发企业得以采用预售的方式进行销售，这种销售方式的创新有利于降低应收账款周转期，最终有利于该行业的营运资金管理。

① 国家自然科学基金“利益相关者视角的营运资金管理研究与中国上市公司营运资金管理数据平台扩充建设（71372111）”和国家自然科学基金“利益相关者集体选择视角的企业价值管理研究（71172099）”的阶段性成果。感谢中国海洋大学、中国会计学会、国家自然科学基金委员会对营运资金管理研究的支持。

3. 应付账款周转期长于应收账款周转期，充分利用供应链管理营运资金

企业的应付账款周转期与企业对供应链上的其他企业的议价能力、相互依存程度等要素相关。由于综合类企业一般实力雄厚，在市场交易中具有较强的议价能力，其多元化的经营模式使得综合类企业对个别企业的依赖程度较低，因此就能得到更多企业的合作与支持，从而延长应付账款周转期，使得其应付账款周转期长于应收账款周转期，在供应链上获得低成本的融资，有利于加快企业的营运资金周转。

4. 生产渠道营运资金周转期较长，受房地产行业影响较大

房地产业营运资金周转期一般都长于一年，主要是由于商品房从建造到销售一般都要经历一个相对较长的时间，生产渠道营运资金受房地产企业中在产品存货影响最大，房地产企业中的在产品存货主要是指企业囤积的土地。在我国市场上，各大房地产商竞相以高价囤积土地，致使"地王"频现。过高的地价和过多的土地囤积，一方面会导致房地产企业资金相对紧张、延长房地产项目的开发周期、另一方面会增加房地产企业的在产品存货，这两者都会使得房地产行业生产渠道营运资金周转期延长。

5. 采购渠道和营销渠道营运资金周转期较短

由于综合类企业具有很强的综合实力以及较完善的供应链管理系统，因此该行业的采购渠道和营销渠道的营运资金管理较为先进。对于房地产行业，采购渠道的营运资金周转期一般受到各种原材料的采购所影响，营销渠道营运资金周转期受房地产的销售模式和销售状况影响。综合类企业在某种程度上可以认为是整个社会中经济状况的浓缩反映，因此整个宏观经济状况将对该行业的营运资金产生重大影响。

二、2012 年综合类经营环境及对营运资金管理的影响

综合分析 2012 年国际国内形势，我国仍处于发展的重要战略机遇期，经济运行的基本面是好的，进一步发展具备不少有利条件，我国内需潜力巨大，工业化、城镇化加快推进，内需特别是消费需求增长具有很大的空间。2012 年综合类经营环境及对营运资金管理的影响主要表现在以下方面：

1. 不容乐观的国际经营环境影响部分综合类企业经营绩效

外部环境方面，欧债危机不断反复，发达国家经济分化加剧，大多数新兴市场国家经济增长放缓或维持低位运行，全球经济增长明显放缓。在综合类行业中，有约 35% 的企业经营着海外业务，由于国际经营环境的恶化使得这些企业的海外经营业绩受到较大影响，从而影响整个企业的综合经营绩效。综合类企业包含的行业较多，部分外向型的行业受国际经营环境变化冲击较大，而内向性行业则相对较少受到国际经营环境的影响，总体而言，其影响是存在的。

2. 稳健的货币政策影响综合类影响企业融资能力

2012 年面对复杂多变的国际政治经济环境和国内经济运行的新情况新变化，我国实施的是稳健的货币政策和积极的财政政策。与 2011 年我国货币政策总体上还是偏紧相比，2012 年我国实施了稳健的货币政策。按照总量适度、审慎灵活的要求，兼顾促进经济平稳较快发展、保持物价稳定和防范金融风险；优化信贷结构，国家重点支持在建项目、加强对小微企业的信贷支持；加强储备资产的投资和风险管理，提高投资收益；提高直接融资的比重，发挥融资工具的作用，更好地满足多样化的投融资需求。

在企业资金链有所好转的背景下，稳健且适度向好的货币环境继续为综合类行业带来利好；此外，由于综合类企业经营业务的多元化，不同业务之间往往具有互补性。例如房地产企业经营周期长，资金周转速度较慢，而批发、零售贸易行业经营周转期短，资金回笼速度快，这在一定程度上缓解了部分企业筹资难的问题。还有部分企业，迫于资金压力，需要寻找其他的融资途径，或者改变销售政策以快速回笼资金。

3. 积极的财政政策对综合类企业的影响依行业而有别

2012 年中央经济工作会议提出，要继续实施积极的财政政策，继续完善结构性减税政策，加大民生领域投入与促进经济结构调整，与过去两年的积极财政政策相比，2012 年的积极财政政策在着力点

上已进行调整。令人关注的是，中央经济工作会议提出了“结构性减税”内容。通过税制的调整与完善，可以为服务业、小微型企业等减负，以此促进经济的转型。在2012年积极的财政政策下，中央扩大财政支出，而且通过增加“三农”、保障性住房等领域的投资，不断扩大民生投入，从而反推结构调整，促进经济自主协调发展。其中，战略性新兴产业成为2012年积极财政政策的重点投资领域。

由于综合类企业包含的行业较多，因此积极的财政政策对不同行业的影响也不尽相同，根据其经营特点，综合类企业几乎全部涉及了房地产行业，大部分涉及商品批发零售行业，还有部分企业涉及煤炭、电力、社会服务等多个行业。由于我国财政政策要求扩大内需，刺激消费，因此对部分涉及商品批发零售行业的企业而言带来积极的促进作用。同时，对于部分国家积极支持和扶持的行业例如农林牧渔业、基础设施建设行业等而言也必将获得一定的益处。

三、2012年综合类上市公司营运资金配置与来源分析

（一）综合类上市公司营运资金配置分析

2012年综合类有35家上市公司，相比2011年（43家）减少8家。其中，两年可比样本企业总数为29家。该行业企业一般都进行多元化经营，且各种经营收入的比重大致平均。

1. 综合类上市公司营运资金总体配置结构与占用水平分析

（1）行业层面

2012年，综合类行业层面营运资金总体配置结构与占用水平见表27－1。

表27－1　2011～2012年综合类营运资金配置分析　单位：亿元

项目	营运资本期末占用		营运资金期末占用		经营活动营运资金期末占用		经营活动营运资金占用水平		投资活动营运资金期末占用	
	2011	2012	2011	2012	2011	2012	2011	2012	2011	2012
行业总体	293.97	279.88	737.53	1132.29	323.26	354.38	25.25%	30.15%	414.27	777.91
行业平均	6.84	8.00	17.15	32.35	7.52	10.13	25.25%	30.15%	9.63	22.23
最大值	65.79	67.46	108.88	418.84	54.32	84.52	142.76%	181.28%	54.55	422.46
最小值	－22.92	－11.60	－12.59	－6.38	－25.21	－12.70	－349.79%	－124.32%	0.16	0.02
样本数量	43	35	43	35	43	35	43	35	43	35

从表27－1可见，2012年综合类整体营运资本占用额为279.88亿元，比2011年有所减少；而2012年综合类上市公司平均营运资本占用为8.00亿元，同比增加约为17%。2012年，营运资金行业总体占用额为1132.29亿元，比2011年有一定增加；而2012年综合类上市公司营运资金平均占用32.35亿元，同比增加约89%，表明2012年其营业活动的流动资金净需求有较大幅度的增加。

从营运资金配置结构看，2012年综合类将约31%（354.38亿元）的营运资金投放在经营活动领域，同比下降12.53个百分点；而投放在投资活动领域的营运资金为约占营运资金总额的69%（777.91亿元），同比提高了24.87个百分点。可见，2012年，综合类营运资金配置有向投资活动倾斜的倾向。

营运资金占用水平方面，我们用经营活动营运资金比营业收入的比值，消除不同企业间的规模差异，来比较不同企业间的经营活动营运资金占用水平。经营活动营运资金比营业收入的比值越大，表明经营活动所需的净流动资金越多，反之，经营活动所需的净流动资金越少。从表27－1中可以看出，2012年综合类行业总体经营活动营运资金占用水平为30.15%，相比2011年的有所增加，表明2012年比2011年经营活动所需的净流动资金增加。2012年综合类上市公司经营活动营运资金比营业收入的比值最大值为181.28%，而最小值仅为－124.32%。可见，行业内各企业营业活动流动资金的净需求有很大差别，财务业务一体化管理水平也存在差异。有些企业营运资金小于零，财务业务一体化管理水平较高，营业活动不仅没有融资需求，还可以作为融资平台为长期资金需求提供融资支持；而有些企业的营业活动需要财务上提供大量的融资支持。

（2）企业层面

在对 2011～2012 年企业层面营运资金配置结构进行分析时，为了更好地说明上市公司营运资金配置变化情况及变动幅度的变化情况，本文将营运资金配置变化率划分为降低显著、降低较大、有所降低、基本稳定、有所增加、增加较大以及增加显著等七个区间。经匹配，2012 与 2011 两年内综合类上市公司可比样本总数为 29 家。2012 年，综合类行业层面营运资金总体配置结构与占用水平见表 27－2。

表 27－2　　2011～2012 年综合类上市公司营运资金配置变化情况及变动幅度统计表

项目		营运资本	营运资金	经营活动营运资金	投资活动营运资金
资金占用量绝对变化统计	降低	13	16	11	17
	降低比例	44.83%	55.17%	37.93%	58.62%
	增加	16	13	18	12
	增加比例	55.17%	44.83%	62.07%	41.38%
资金占用量变化幅度统计	降低显著	6	3	3	3
	占比	20.69%	10.34%	10.34%	10.34%
	降低较大	0	1	2	4
	占比	0.00%	3.45%	6.90%	13.79%
	有所降低	6	6	5	4
	占比	20.69%	20.69%	17.24%	13.79%
	基本稳定	3	8	4	7
	占比	10.34%	27.59%	13.79%	24.14%
	有所增加	7	3	3	5
	占比	24.14%	10.34%	10.34%	17.24%
	增加较大	3	4	5	1
	占比	10.34%	13.79%	17.24%	3.45%
	增加显著	4	4	7	5
	占比	13.79%	13.79%	24.14%	17.24%
可比样本总数		29			

注：上表中除了百分比之外的数字单位为：家

在 29 家可比的上市公司中，有 55.17% 的上市公司营运资金占用量减少。具体到各变动趋势中，基本稳定的上市公司数量最多，占样本总体的 27.59%；有所降低、有所增加和显著增加的数量分别为 6 家、7 家和 4 家。说明 2012 年行业内上市公司在营运资金占用水平的变动趋势方面有较大的差异，但总体上看是稳中有降的。

经营性营运资金占用水平降低的公司则只占了样本总体的 37.93%。增加显著和降低显著的企业数量分别为 7 家和 3 家。可见样本企业经营性营运资金的占用水平的波动要比营运资金大，其中占用水平增加的企业数量偏多，而这些企业又更多的集中在增加较大和增加显著这两个区域中。

投资活动营运资金占用水平降低的企业数量比增加的企业数量多，占总体样本的 58.62%。其中降低显著的有 3 家，降低较大的有 4 家，有所降低的也有 4 家；在各变动范围中，基本稳定的企业数量最多，占总体的 24.14%。

2012 年营运资本占用量增加的上市公司数量较多，占总体的 55.17%。其中，基本稳定的企业数量最多，占样本总量的 27.59%。营运资本占用量变动显著的企业数量较多，但总体上稳中有增。

2. 综合类上市公司分渠道的经营活动营运资金配置分析

（1）行业层面

2011～2012 年综合类经营活动营运资金的渠道配置情况见表 27－3。

表 27－3　　2011～2012 年综合类经营活动营运资金的渠道配置分析　　单位：亿元

项目	采购渠道营运资金		生产渠道营运资金		营销渠道营运资金		经营活动营运资金	
	2011	2012	2011	2012	2011	2012	2011	2012
行业总体	－57.74	－58.88	317.23	355.33	63.76	57.93	323.26	354.38
行业平均	－1.34	－1.68	7.38	10.15	1.48	1.66	7.52	10.13
最大值	11.01	18.13	39.81	53.67	28.38	43.39	54.32	84.52
最小值	－17.83	－14.66	－4.55	－6.47	－58.27	－49.82	－25.21	－12.70
样本数量	43	35	43	35	43	35	43	35

从表 27－3 可以看出，从经营活动营运资金的渠道配置结构上看，2012 年综合类采购渠道营运资金占用额为－58.88 亿元，与 2011 年相比，采购渠道营运资金下降约 2%；2012 年综合类垫支在生产渠道上的营运资金为 355.33 亿元，同比增加约 12%；垫支在营销渠道上的营运资金为 57.93 亿元，同比降低约 9%。可见，2012 年综合类在整个供应链上与上游供应商保持着较好的合作，充分利用上层供应商的资金，使其自身采购渠道不仅没有融资需求，还可以作为融资平台为其他资金需求提供融资支持；在生产渠道上垫支的营运资金最多，且比 2011 年有所增加；营销渠道占用的营运资金相比 2011 年有小幅下降。综合类公司应注意对加强对生产渠道和营销渠道营运资金的管理，提高业务财务一体化水平。

从表 27－3 还可以看出，各渠道营运资金最大值和最小值存在较大差异，这表明行业内不同企业各渠道流动资金的净需求有很大差别，财务业务一体化管理水平也存在差异。有些企业各渠道营运资金小于零，财务业务一体化管理水平较高，经营活动不仅没有融资需求，还可以作为融资平台为其他资金需求提供融资支持；而有些企业各渠道需要财务上提供大量的融资支持。

（2）企业层面

综合类 2011～2012 年经营活动营运资金的渠道配置变化情况及变动幅度情况见表 27－4。

表 27－4　　综合类 2011～2012 年经营活动营运资金的渠道配置变化情况及变动幅度表

项目		采购渠道营运资金	生产渠道营运资金	营销渠道营运资金	经营活动营运资金
资金占用量绝对变化统计	降低	20	13	11	11
	降低比例	68.97%	44.83%	37.93%	37.93%
	增加	9	16	18	18
	增加比例	31.03%	55.17%	62.07%	62.07%
资金占用量变化幅度统计	降低显著	15	6	4	3
	占比	51.72%	20.69%	13.79%	10.34%
	降低较大	2	3	2	2
	占比	6.90%	10.34%	6.90%	6.90%
	有所降低	1	3	2	5
	占比	3.45%	10.34%	6.90%	17.24%
	基本稳定	3	4	5	4
	占比	10.34%	13.79%	17.24%	13.79%
	有所增加	1	3	3	3
	占比	3.45%	10.34%	10.34%	10.34%
	增加较大	2	2	3	5
	占比	6.90%	6.90%	10.34%	17.24%
	增加显著	5	8	10	7
	占比	17.24%	27.59%	34.48%	24.14%
可比样本总数		29			

注：上表中除了百分比之外的数字单位为：家

2012 年采购渠道营运资金占有量降低的上市公司有 20 家，占样本总体的 68.97%。在各变动区间中，降低显著的上市公司数量最多，占样本总体的 51.72%，这也是采购渠道营运资金行业平均占用量降低的主要原因；另外，显著增加的上市公司数量也较多，有 5 家，占样本总量的 17.24%，说明多数上市公司采购渠道营运资金的管理水平还不稳定。

生产渠道营运资金占用量增加的上市公司有 16 家，占总体的 55.17%。降低显著和增加显著的公司数量仍然最多，分别为 6 家和 8 家，而基本稳定的企业只有 4 家。

在经营活动方面，营运资金占用量增加的企业数量较多，为 18 家，占样本总体的 62.07%。在这一渠道，增加显著的企业数量最多，占 24.14%；其次为增加较大和有所降低的企业，数量分别为 5 家，各占 17.24%。

3. 综合类上市公司分要素的经营活动营运资金配置分析

（1）行业层面

2011 ~ 2012 年综合类经营活动营运资金的要素配置情况见表 27 - 5。

表 27 - 5　2011 ~ 2012 年综合类经营活动营运资金的要素配置分析　单位：亿元

项目	存货		应收及预付款项		应付及预收款项		经营活动营运资金	
	2011	2012	2011	2012	2011	2012	2011	2012
行业总体	552.95	540.75	385.65	399.78	615.34	586.15	323.26	354.38
行业平均	12.86	15.45	8.97	11.42	14.31	16.75	7.52	10.13
最大值	57.38	76.01	66.25	90.90	78.65	82.39	54.32	84.52
最小值	0.03	0.02	0.24	0.29	0.01	0.70	-25.21	-12.70
样本数量	43	35	43	35	43	35	43	35

从表 27 - 5 中可以看出，2012 年综合类存货资金占用总额为 540.75 亿元，较 2011 年降低了约 2.2%；2012 年应收账款营运资金占用额为 399.78 亿元，与去年相比有所提高；2012 年应付及预收款项较 2011 年有所降低。

从行业平均来看，2012 年存货上资金占用较 2011 增加了约 20%，而且存货是经营活动营运资金（按要素）的绝对主体，因此加强存货管理对于综合类上市公司来说至关重要；2012 年应收及预付款项的资金占用额同比增加约 27%，这表明综合类公司应注意加强对应收及预付账款的管理，降低其资金占用额；另外，2012 年应付及预收款项同比增加 17%，表明 2012 年综合类应付款项管理水平有所提高。

（2）企业层面

综合类 2011 ~ 2012 年经营活动营运资金的渠道配置变化情况及变动幅度情况见表 27 - 6。

表 27 - 6　综合类 2011 ~ 2012 年经营活动营运资金的要素配置变化情况及变动幅度表

项目		存货	应收及预付款项	应付及预收款项	经营活动营运资金
资金占用量绝对变化统计	降低	12	15	15	11
	降低比例	41.38%	51.72%	51.72%	37.93%
	增加	17	14	14	18
	增加比例	58.62%	48.28%	48.28%	62.07%
资金占用量变化幅度统计	降低显著	1	1	0	3
	占比	3.45%	3.45%	0.00%	10.34%
	降低较大	2	3	4	2
	占比	6.90%	10.34%	13.79%	6.90%
	有所降低	5	6	4	5
	占比	17.24%	20.69%	13.79%	17.24%

续表

项目		存货	应收及预付款项	应付及预收款项	经营活动营运资金
资金占用量变化幅度统计	基本稳定	11	6	8	4
	占比	37.93%	20.69%	27.59%	13.79%
	有所增加	3	5	6	3
	占比	10.34%	17.24%	20.69%	10.34%
	增加较大	3	4	2	5
	占比	10.34%	13.79%	6.90%	17.24%
	增加显著	4	4	5	7
	占比	13.79%	13.79%	17.24%	24.14%
可比样本总数		29			

注：上表中除了百分比之外的数字单位为：家

与2011年相比，综合类2012年期末存货占用量降低的有12家上市公司，占可比样本总数的41.38%。从分布情况来看，基本稳定的企业数量最多，有11家；其次，有所降低和增加显著的企业数量也比较多，分别占17.24%和13.79%；但相较之下，有所增加、增加较大和增加显著的企业数量比相应的降低类的企业数量多，说明2012年该行业内更多的企业在存货中占用的资金比2011年多。

2012年应收及预付款项中资金占用下降的企业数量为15家，占样本总量的51.72%，可以看出下降的企业数量比较多。其中，基本稳定和有所降低的最多，各有8家和6家，分别占样本总数的20.69%。总体来看，该行业应收及预付款项中资金占用稳中有降。

2012年该行业上市公司应付及预收款项资金占用量减少和增加的企业数量相当，各有15家和14家。其中基本稳定的上市公司数量最多，有8家，也表明了该行业上市公司应付及预收款项资金占用量基本稳定。

（二）综合类上市公司营运资金来源与财务风险分析

由“资产 = 流动资产 + 非流动资产 = 流动负债 + 长期负债 + 所有者权益”，可以得到“流动资产 - 流动负债 = （长期负债 + 所有者权益） - 非流动资产”，因此可以将营运资本（流动资产 - 流动负债）视为一个筹资来源，即用长期资本（长期负债与所有者权益之和）来满足经营性融资需求。在新定义的营运资金概念下，营运资金 = 营运资本 + 短期金融性负债，因此通过计算短期金融性负债和营运资本各自与营运资金的比值，就可以分析出企业营运资金来源或融资结构，即企业的营运资金（营业活动流动资金净需求）有多少通过短期金融性负债来融通的，而有多少是通过长期资本来融通的。

营运资金来源不同，企业财务风险大小也就存在很大差异。相比长期负债和企业自有资金（所有者权益）融资，短期金融性负债融资带来的财务风险更大。因此短期金融性负债占营运资金之比越高，财务风险越大；特别地，如果短期金融性负债比例小于0，表明企业营运资金小于0，即企业营业活动不仅没有融资需求，还作为融资平台为企业其他资金需求提供融资支持。

2011~2012年综合类营运资金来源状况见表27-7。

表27-7　2011~2012年综合类营运资金来源状况

项目	短期金融性负债占比		营运资本占比	
	2011年末	2012年末	2011年末	2012年末
行业平均	60.14%	75.28%	39.86%	24.72%
最大值	226.26%	3082.17%	834.16%	860.03%
最小值	-734.16%	-760.03%	-126.26%	-2982.17%
样本数量	43	35	43	35

从表 27－7 可以看出，2012 年综合类短期金融性负债占营运资金之比的行业均值为 75.28%，同比上升约 15%，相对来说财务风险有所上升；2012 年综合类短期金融性负债占比的最大值高达 3082.17%，表明其过度依赖短期金融性负债，融资结构极不合理，面临的财务风险过大；而最小值仅为－760.03%，这表明该企业营业活动不仅没有融资需求，还作为融资平台为企业其他资金需求提供融资支持。上述差异也反映了综合类各企业营运资金融资策略存在很大不同，面临的财务风险也差别很大。

表 27－8　　2011～2012 年综合类营运资金来源统计表　　单位：家

比例	2011 年末短期金融性负债占比	2011 年末营运资本占比	2012 年末短期金融性负债占比	2012 年末营运资本占比
<0	5	4	3	7
0～20%	7	2	8	1
20%～40%	5	4	4	3
40%～60%	2	2	3	3
60%～80%	4	5	3	4
80%～100%	2	7	1	8
>100%	4	5	7	3
企业数量	29			

企业层面上，通过统计行业内企业短期融资方式及长期融资方式的分布企业数，来分析企业财务风险大小。经匹配，2012 与 2011 两年内综合类上市公司可比样本总数为 29 家。2011～2012 年综合类上市公司营运资金来源统计情况见表 27－8。

从表 27－8 可以看出，2012 年短期金融性负债占营运资金之比大于 100% 的企业数达到 7 家，比 2011 年多出 3 家，这些企业面临着非常大的财务风险，应注意调整营运资金融资策略，减少对短期金融性负债的依赖，有效降低财务风险；有 3 家企业短期金融性负债占营运资金之比小于 0，比 2011 年少了 2 家，这些企业营业活动本身就成为融资平台进行资金融通；总的来看，2012 年综合类企业中，近一半企业（15 家）短期金融性负债占营运资金之比低于 40%，相比 2011 年，该分布区间的企业数有所减少。

四、综合类上市公司营运资金管理绩效分析

（一）综合类行业上市公司分渠道的营运资金管理绩效分析

（1）行业层面分渠道的营运资金管理绩效分析

表 27－9　　2011～2012 年综合类行业各渠道营运资金周转期　　单位：天

项目	采购渠道营运资金周转期		生产渠道营运资金周转期		营销渠道营运资金周转期		经营活动营运资金周转期（按渠道）	
	2011	2012	2011	2012	2011	2012	2011	2012
行业平均	－9	－15	76	96	10	8	76	89
最大值	101	81	399	403	241	294	419	561
最小值	－221	－135	－340	－311	－574	－539	－652	－380
样本数量	43	35	43	35	43	35	43	35

从表 27－9 可以看出，从行业层面上看，随着生产渠道营运资金周转期的较大幅度上升，2012 年综合类上市公司经营活动营运资金周转期（按渠道）总体上是增长的，周转绩效有所下降。行业平均采购渠道营运资金周转期为－15 天，相比 2011 年采购渠道营运资金周转期降低幅度达 66.7%，2012 年采购渠道营运资金周转绩效改善明显；2012 年综合类上市公司行业平均生产渠道营运资金周转期为

96 天，同比增加 20 天，上升幅度达 26%；2011 年综合类上市公司行业平均营销渠道营运资金周转期为 8 天，与去年相比缩短 2 天，营销渠道营运资金管理绩效改善幅度为 20%。

（2）企业层面分渠道的营运资金管理绩效分析

表 27－10　　2011～2012 年综合类行业各渠道营运资金管理绩效变化统计表

项目		采购渠道营运资金周转期	生产渠道营运资金周转期	营销渠道营运资金周转期	经营活动营运资金周转期（按渠道）
周转期变化统计	改善	19	12	9	19
	改善比例	65.52%	41.38%	31.03%	65.52%
	降低	10	17	20	10
	降低比例	34.48%	58.62%	68.97%	34.48%
周转期变化幅度统计	改善显著	14	4	5	3
	改善较大	3	2	2	4
	有所改善	1	2	1	2
	基本稳定	3	6	4	6
	有所降低	3	3	6	3
	降低较大	1	4	1	4
	降低显著	4	8	10	7
可比样本总数		29			

注：上表中除了百分比之外的数字单位为：家

从表 27－10 可以看出，2012 年综合类上市公司采购渠道营运资金绩效改善显著和降低显著的企业总数最多，分别占可比公司总数的 48% 和 14%，这表明，综合类上市公司采购渠道营运资金管理存在很大差异；从总体上看，绩效改善的企业数为 19 家，占可比公司总数的 65.52%，这表明，从企业层面来看，2012 年综合类大部分上市公司采购渠道营运资金管理绩效改善效果明显，但仍有一定比例的企业绩效降低，应进一步强化对这部分企业采购渠道营运资金的重视和管理。

从表 27－10 可以看出，2012 年综合类上市公司生产渠道营运资金管理绩效降低较大和降低显著的企业（12 家）占比重最大，约占可比企业数的 41%，这部分企业应采取及时、有效的措施提高生产渠道营运资金的管理绩效。

从表 27－10 可以看出，在 29 家可比企业中总体来看，营销渠道营运资金管理绩效降低的企业数达 20 家，占可比企业数比例高达 68.97%，这表明，2012 年综合类有近七成的企业营销渠道的营运资金管理绩效不佳，这部分企业应对营销渠道的营运资金加强管理。

（3）行业层面分渠道的营运资金管理绩效分析

2008～2012 年综合类上市公司行业层面营运资金周转期（按渠道）变动趋势统计结果，如表 27－11 所示。

表 27－11　　2008～2012 年综合类上市公司营运资金周转期　　单位：天

项目	2008	2009	2010	2011	2012
经营活动营运资金（按渠道）周转期	86	103	109	76	89
采购渠道营运资金周转期	32	－9	－12	－9	－15
生产渠道营运资金周转期	39	137	118	76	96
营销渠道营运资金周转期	16	－26	3	10	8

从表 27－11 可以看出，从整个经营活动营运资金管理来看，综合类行业上市公司营运资金周转期呈现无规律变化趋势，2010 年之前周转期逐年提升，经历了 2011 年的大幅下降之后，2012 年又出现小幅提升，表明综合类上市公司经营活动营运资金管理绩效并不稳定，为提高经营活动营运资金运用

效率，这点需要引起相关企业的财务经理等管理者的重视。

2008 年之后，采购渠道营运资金周转期大幅下降；而 2009 ~ 2012 年则经历了先下降后上升再下降的趋势，具体来看，2010 年较 2009 年缩减 3 天，2011 年较 2010 年增长 3 天，2012 年较 2011 年缩减 6 天，这表明采购渠道营运资金周转期管理绩效虽有波动但有改善的趋势。

生产渠道方面，2008 年至 2012 年综合类上市公司生产渠道营运资金周转期变化较大，2009 年较 2008 年资金周转期增幅明显，表明当年管理绩效下降很大，2009 年之后，营运资金周转期先呈逐年下降趋势，但 2012 年较 2011 年又有较大幅度上升，这表明近几年生产渠道营运资金管理绩效有一定程度的改善，注重了生产渠道营运资金周转绩效的管理，但 2012 年绩效水平有了较大幅波动，下降较为明显。

营销渠道方面，2008 年至 2012 年综合类上市公司营销渠道营运资金周转期也呈不规律变动，其中 2009 年周转期下降较为明显，但之后又有所上升，2012 年较去年略有下降，这表明营销渠道营运资金管理绩效水平有上升势头。

（二）综合类行业上市公司分要素的营运资金管理绩效分析

（1）行业层面分要素的营运资金管理绩效分析

表 27 - 12　　2011 ~ 2012 年综合类行业各要素周转期　　单位：天

项目	存货周转期		应收账款周转期		应付账款周转期		经营活动营运资金周转期（按要素）	
	2011	2012	2011	2012	2011	2012	2011	2012
行业平均	136	154	30	30	54	54	112	130
最大值	659	685	197	159	246	165	636	645
最小值	2	0	3	1	—	4	-15	-41
样本数量	43	35	43	35	43	35	43	35

如表 27 - 12 所示，2012 年综合类行业上市公司行业平均存货周转期为 154 天，同比增长 18 天，增幅为 13.2%，这表明 2012 年综合类行业上市公司存货管理绩效水平有一定幅度的下降，应予以重视，加强管理。

2012 年综合类行业上市公司行业平均应收账款周转期、应付账款周转期分别为 30 天和 54 天，与 2011 年持平，表明 2012 年综合类行业上市公司应收账款、应付账款管理绩效水平趋于稳定。

从整个经营活动营运资金管理来看，2012 年综合类行业上市公司行业平均经营活动营运资金周转期为 130 天，同比增长 18 天，增幅为 16.07%，这表明 2012 年综合类行业上市公司行业经营活动营运资金管理绩效有所下降，这主要是由存货周转期绩效管理水平下降引起的。

（2）企业层面分要素的营运资金管理绩效分析

表 27 - 13　　2011 ~ 2012 年综合类行业经营活动营运资金各要素管理绩效变化统计表

项目		存货周转期	应收账款周转期	应付账款周转期	经营活动营运资金周转期（按要素）
周转期变化统计	改善	16	13	13	14
	改善比例	55.17%	44.83%	44.83%	48.28%
	降低	13	16	16	15
	降低比例	44.83%	55.17%	55.17%	51.72%
周转期变化幅度统计	改善显著	2	2	5	4
	改善较大	3	2	5	4
	有所改善	6	4	5	5
	基本稳定	7	12	3	6

续表

项目		存货周转期	应收账款周转期	应付账款周转期	经营活动营运资金周转期（按要素）
周转期变化幅度统计	有所降低	9	3	5	5
	降低较大	1	3	3	2
	降低显著	1	3	3	3
可比样本总数		29			

注：上表中除了百分比之外的数字单位为：家

与 2011 年相比，2012 年综合类行业上市公司存货管理绩效改善的企业有 16 家，占可比样本企业的 55.17%，管理绩效降低的企业有 13 家，占可比样本企业的 44.83%，这表明 2012 年综合类行业上市公司中半数以上的存货管理绩效水平都有所改善。具体来看，2012 年综合类上市公司存货管理绩效改善显著、改善较大和有所改善的企业数分别为 2 家、3 家和 6 家，约占可比企业总数的 38%；有约 24% 的企业存货管理绩效基本稳定；而有达 38% 的企业 2012 年存货管理绩效降低。这说明，从企业层面上看，2012 年综合类上市公司中企业存货资金管理绩效下滑的数量与绩效改善的数量相当，需要加强对存货的管理和控制。

与 2011 年相比，2012 年综合类行业上市公司应收账款管理绩效改善的企业有 13 家，占可比样本企业的 44.83%，管理绩效降低的有 16 家，占可比样本企业的 55.17%，具体来看，2012 年综合类上市公司中应收账款管理绩效基本稳定的企业为 12 家，占可比企业比例约为 41%；改善显著、改善较大和有所改善的企业数分别为 2 家、2 家和 4 家，约占可比企业总数的 27%；而有达 31% 的企业 2011 年应收账款管理绩效降低。这说明，从企业层面上看，2012 年综合类上市公司中大多数企业应收账款资金管理绩效稳定或改善。

此外，从表 27 - 13 可以看出，2012 年综合类上市公司中应付账款管理绩效改善显著、改善较大和有所改善的企业数分别都为 5 家，约占可比企业总数的 52%；而有 10 家企业 2012 年应付账款管理绩效降低，约占可比企业总数的 34%。这说明，从企业层面上看，2012 年综合类上市公司中绝大多数企业应付账款资金管理绩效稳定或有所改善，仅有一小部分企业有所下滑。

从整个行业的经营活动营运资金管理来看，与 2012 年相比，2012 年综合类上市公司中经营活动营运资金管理绩效改善的企业有 14 家，占可比样本企业的 48.28%，管理绩效降低的企业有 15 家，占可比样本企业的 51.72%，这表明 2012 年综合类上市公司中企业经营活动营运资金管理绩效下降所占的比例有点大，应该重视这部分企业的管理绩效。

（3）行业层面按要素的营运资金管理绩效趋势分析

2008 ~ 2012 年综合类上市公司行业层面营运资金周转期（按要素）变动趋势统计结果，如表 27 - 14 所示。

表 27 - 14　　2008 ~ 2012 年综合类行业各要素周转期　　单位：天

项目	2008	2009	2010	2011	2012
现金周转期	127	180	155	112	130
存货周转期	112	206	179	136	154
应收账款周转期	33	34	33	30	30
应付账款周转期	18	61	57	54	54

2008 年至 2012 年综合类上市公司各要素周转期呈不规律变化，基本趋势是 2009 年之前先增加，其中现金周转期、存货周转期、应付账款周转期增加明显，2009 年之后逐年降低，说明整体绩效管理水平有所提升；2012 年又有不同程度的上浮，需引起企业管理者的重视，但除了现金周转期和存货周转期外基本变化不大。

五年内综合类上市公司应收账款周转期都维持比较低的水平，而且变动趋势为基本稳定。除了2008年外，2009年至2012综合类上市公司应付账款周转期都大于应收账款周转期，且基本稳定。

五、2012年综合类上市公司营运资金管理绩效排行榜

本部分分别按“经营活动营运资金周转期（按要素）”和“经营活动营运资金周转期（按渠道）”进行排名，考察综合类上市公司营运资金管理绩效。在对上市公司营运资金管理绩效进行排名时，剔除了财务数据异常的公司，详见附录一。

六、2012年综合类上市公司营运资金管理调查的结论与建议

（一）调查结论

1. 行业总体经营活动营运资金占用水平有所上升，不同企业间差异较大

2012年综合类行业上市公司行业平均营运资金期末占用为10.13亿元，同比增长2.61亿元，增幅为34.7%；2012年综合类行业总体经营活动营运资金占用水平为0.30，相比2011年的有所增加，表明2012年比2011年经营活动所需的净流动资金增加。2012年综合类上市公司经营活动营运资金比营业收入的比值最大值为1.81，而最小值仅为-1.24。可见，行业内各企业营业活动流动资金的净需求有很大差别，财务业务一体化管理水平也存在差异。有些企业营运资金小于零，财务业务一体化管理水平较高，营业活动不仅没有融资需求，还可以作为融资平台为长期资金需求提供融资支持；而有些企业的营业活动需要财务上提供大量的融资支持。

2. 经营活动营运资金（按渠道）主要配置在生产渠道和营销渠道

从经营活动营运资金的渠道配置结构上看，2012年综合类采购渠道营运资金占用额为-58.88亿元，与2011年相比，采购渠道营运资金下降约2%；2012年综合类垫支在生产渠道上的营运资金为355.33亿元，同比增加约12%；垫支在营销渠道上的营运资金为57.93亿元，同比降低约9%。可见，2012年综合类在整个供应链上与上游供应商保持着较好的合作，充分利用上层供应商的资金，使其自身采购渠道不仅没有融资需求，还可以作为融资平台为其他资金需求提供融资支持；在生产渠道上垫支的营运资金最多，且比2011年有所增加；营销渠道占用的营运资金相比2011年有小幅下降。

3. 存货是经营活动营运资金（按要素）占用的绝对主体

从行业平均来看，2012年存货上资金占用较2011增加了约20%，而且存货是经营活动营运资金（按要素）的绝对主体，因此加强存货管理对于综合类上市公司来说至关重要；2012年应收及预付款项的资金占用额同比增加约27%，这表明综合类公司应注意加强对应收及预付账款的管理，降低其资金占用额；另外，2012年应付及预收款项同比增加17%，表明2012年综合类应付款项管理水平有所提高。

4. 营运资金融资结构以短期金融负债为主，企业间融资结构差异大

2012年综合类短期金融性负债占营运资金之比的行业均值为75.28%，同比上升约15%，相对来说财务风险有所上升；2012年综合类短期金融性负债占比的最大值高达3082.17%，表明其过度依赖短期金融性负债，融资结构极不合理，面临的财务风险过大；而最小值仅为-760.03%，这表明该企业营业活动不仅没有融资需求，还作为融资平台为企业其他资金需求提供融资支持。上述差异也反映了综合类各企业营运资金融资策略存在很大不同，面临的财务风险也差别很大。

5. 经营活动营运资金（按渠道）管理绩效有所下降

2012年综合类行业上市公司按渠道分析所得的经营活动营运资金周转期行业平均值为89天，同比增长13天，增幅为17.11%，按要素分析所得的营运资金周转期行业平均值为130天，同比增长18天，增幅为16.07%，与2011年相比，按渠道与按要素分析所得的经营活动营运资金周转期都有所上升，这表明与2011年相比，2012年综合类行业上市公司经营活动营运资金管理绩效有所下降。

6. 存货管理绩效有所下降，需加强重视和管理

从要素视角看，存货周转期依然是经营活动营运资金（按要素）的绝对主体，加强存货管理对于综合类来说至关重要。根据调查结果，2012年综合类上市公司存货周转期为154天，比2011年增加了

18 天，存货资金管理绩效下降幅度达 13.23%；从五年变动趋势来看，2008 年至 2012 年综合类上市公司存货周转期是按要素分类的营运资金周转期中最长的，且五年趋势呈不规律变化：2009 年之前，营运资金周转期上升幅度较大，而 2009 年至 2011 年则逐年回落，绩效持续改善，但 2012 年又比 2011 年有一定程度上升，绩效水平相应下降。另外，2012 与 2011 年 29 家可比企业中，2012 年综合类上市公司存货管理绩效改善的企业约占可比企业总数的 38%；有约 24% 的企业存货管理绩效基本稳定；而有达 38% 的企业 2012 年存货管理绩效降低。这说明，从企业层面上看，2012 年综合类上市公司中不少企业存货资金管理绩效下滑，需要引起注意，加强对存货的管理和控制。

7. 分渠道营运资金管理绩效波动较大

根据调查结果可以看出，2008 年至 2012 年综合类上市公司采购渠道周转期在分渠道的营运资金周转期中是最短的，生产渠道营运资金周转期在三个渠道的营运资金周转期中是最长的。总体来看，综合类企业分渠道营运资金管理绩效波动较大，这可能与该类企业的经营活动特点相关，综合类企业所涉及的行业广泛，且每一年各个企业的业务以及投放在各个行业上的资金都可能发生变化，使得其各个渠道营运资金管理难度较大，五年趋势均不明显。

（二）对策建议

1. 加强供应链营运资金管理，进一步提高存货与应收账款管理水平

由于综合类企业一般具有很强的综合实力以及较完善的供应链管理系统，综合类企业应认识到自身优势，充分利用上下游企业进行供应链管理，形成较完善的应收账款管理系统；充分重视采购、生产、营销等环节，加强不同部门间的合作，有效做好存货管理，采购部门应制定采购计划，搞好供需平衡，对全部材料实行分类管理；生产部门应合理安排生产作业计划，促进各生产环节之间的衔接和平衡，保持生产的均衡性；销售部门应提高销售战略的质量，提高销售预测的准确性，重新选择和分析顾客和客户，密切企业与其供应商、顾客、代理商等的联系。

2. 加强生产渠道和营销渠道建设，提高业务 - 财务一体化水平

由以上的分析可以看出，五年内综合类上市公司生产渠道营运资金周转期在三个渠道的营运资金周转期中是最长的，且呈不规律变动。因此综合类企业要注重加强生产渠道的建设。通过业务流程再造、渠道关系管理等合理改进和优化生产业务流程，注重信息化建设在生产渠道中的运用；另一方面要加强供应链下游企业客户关系管理和供应链金融创新，提高营销渠道营运资金管理绩效。

3. 积极拓宽融资渠道、寻找新的融资途径

综合类企业大多涉及房地产投资，其融资在很大程度上依赖银行贷款。因为其融资金额巨大，对贷款利率变动非常敏感，贷款利率的上涨加大了企业的融资成本和融资难度。由于综合类企业经营业务的多元化，且不同业务之间往往具有互补性。例如房地产企业经营周期长，资金周转速度较慢，而批发、零售贸易行业经营周转期短，资金回笼速度快，这在一定程度上缓解了部分企业筹资难的问题；但还有部分企业，迫于资金压力，需要积极拓宽融资渠道，寻找其他的融资途径，多利用商业信用融资、供应链融资等方式，或者改变销售政策以快速回笼资金。

4. 优化营运资金融资结构，控制企业财务风险

在新定义的营运资金概念下，营运资金 = 营运资本 + 短期金融性负债，因此通过计算短期金融性负债和营运资本各自与营运资金的比值，就可以分析出企业营运资金来源或融资结构，即企业的营运资金有多少通过短期金融性负债来融通的，而有多少是通过长期资本来融通的。营运资金来源不同，企业财务风险大小也就存在很大差异，相比长期负债和企业自有资金（所有者权益）融资，短期金融性负债融资带来的财务风险更大。从上述分析可以看出，综合类上市公司营运资金融资结构以短期金融性负债为主；特别是有些企业短期金融性负债占营运资金之比甚至超过了 100%，表明其过度依赖短期金融性负债，融资结构极不合理，面临的财务风险过大。因此需要企业合理优化营运资金融资结构，适度控制短期金融性负债融资比例，以降低财务风险。

主要参考文献

1. 王竹泉等："中国上市公司营运资金管理调查：2009"，《会计研究》，2010 年第 9 期。
2. 陈冰梅："2012 年我国财政政策与货币政策分析"，《职业》，2012 年第 29 期。
3. 王竹泉，孙莹等：《营运资金管理发展报告 2012》，中国财政经济出版社 2012 年版。
4. 王竹泉："重新认识营业活动和营运资金"，《财务与会计（理财版）》，2013 年第四期。
5. 杨晓静："供应链管理与经营活动营运资金管理效率提升的案例研究"，硕士论文，2011 年。
6. 和讯网，http：//www. hexun. com/。

地区调查与专题调查 第三篇

第二十八章　2012 年中国上市公司分地区营运资金管理调查总体分析[①]

【摘要】为了分析营运资金管理在我国不同地区间呈现出的差异和特色，本章将从全国层面和东部、中部、西部三个地区层面对不同地区的营运资金管理进行调查分析。在全国总体营运资金调查中，首先对地区营运资金管理调查体系、地区的划分和文中数据的获取与整理进行了说明；然后从以下两个方面对 2012 年全国营运资金管理状况进行分析，一是对 2012 年全国及各地区营运资金配置和来源总体分析，二是对全国上市公司的营运资金管理绩效进行分析。其中，在上市公司营运资金配置分析中，一方面分析了全国上市公司营运资金总体配置结构与占用水平，关于经营活动营运资金配置本文分为渠道配置分析和要素配置分析两方面进行阐述。另一方面，对全国上市公司营运资金的来源进行调查，并进一步分析不同营运资金的来源状况导致上市公司面临的财务风险。最后，本章总结了 2012 年全国上市公司营运资金管理调查的结论，并在此基础上提出了对策建议。

通过调查分析，本章得到以下结论：2012 年全国营运资金占用量持续增加；东、中、西部间营运资金管理绩效差异明显，东部地区在采购渠道和营销渠道的营运资金管理绩效优于中部和西部地区，而中部地区的生产渠道的营运资金管理方面优势突出但在应收账款周转期和应付账款周转期指标上表现不佳，西部地区的存货管理需引起重视；2012 年全国上市公司面临的财务风险较 2011 年有所增加。基于调查结论本章提出以下建议：加强应收账款管理，减少客户对营运资金的占用；优化供应链，提升营运资金管理绩效；面向业务流程，改进营运资金管理策略。

一、分地区营运资金管理调查体系

《中国上市公司营运资金管理：2013》中地区调查分为四部分：全国上市公司分地区营运资金管理调查总体分析、东部地区上市公司营运资金管理调查、中部地区上市公司营运资金管理调查和西部地区上市公司营运资金管理调查。

（一）全国总体营运资金管理调查

在全国总体营运资金调查中，本章首先对地区营运资金管理调查体系、地区的划分和文中数据的获取与整理进行了说明；然后从以下两个方面对 2012 年全国营运资金管理状况进行分析，一是对 2012 年全国及各地区营运资金配置和来源总体分析，二是对全国上市公司的营运资金管理绩效进行分析；最后，总结了 2012 年全国上市公司营运资金管理调查的结论，并在此基础上提出了对策建议。

在对 2012 年全国及各地区营运资金配置和来源总体分析时，本章分了三个层面进行分析，一是对全国营运资金占用及配置结构进行了分析，首先对全国及东中西部地区营运资金、经营活动营运资金及投资活动营运资金进行统计描述，分析地区层面营运资金总体配置结构与占用情水平；二是分别按要素、按渠道对经营活动营运资金进行了分析，描述出各要素及各渠道营运资金占用及配置结构；三是对全国上市公司营运资金的来源进行调查，并进一步分析不同营运资金的来源状况导致上市公司面临的财务风险。

在对全国上市公司营运资金管理绩效分析时，本章分别从地区层面和企业层面对各渠道及各要素的营运资金周转期进行调查，在此基础上分析不同地区间营运资金管理方面的优势和劣势；并利用 2008～2012 营运资金周转期数据对经营活动营运资金管理绩效进行趋势分析。

---

① 国家自然科学基金“利益相关者视角的营运资金管理研究与中国上市公司营运资金管理数据平台扩充建设（71372111）”和国家自然科学基金“利益相关者集体选择视角的企业价值管理研究（71172099）”的阶段性成果。感谢中国海洋大学、中国会计学会、国家自然科学基金委员会对营运资金管理研究的支持。

本章最后总结了 2012 年全国上市公司营运资金管理调查的结论，并在此基础上提出了对策建议。

（二）分地区营运资金管理调查

1. 地区划分

我国的对外开放从沿海到内陆点线面的模式，决定了地区经济发展不平衡。为了分析营运资金管理在不同地区间的特色和差异，本章对全国营运资金的调查研究划分到东部、中部、西部三个地区层次及 31 个省、自治区、直辖市（不包括香港、澳门和台湾地区，以下简称省区市）层次进行详细的对比分析。其中对东部地区又划分为环渤海、长江三角洲、珠江三角洲三个区域进行对比分析。东部、中部、西部地区的界定按照我国行政区域通常的划分方法：东部沿海地区包括北京、天津、河北、山东、辽宁、上海、江苏、浙江、广东、福建、海南十一个省市，其中北京、天津、河北、山东、辽宁属于环渤海区域，上海、江苏、浙江属于长江三角洲区域，广东属于珠江三角洲区域；中部地区包括山西、吉林、黑龙江、安徽、江西、河南、湖北、湖南八个省；西部地区包括四川、重庆、贵州、云南、西藏、陕西、甘肃、青海、宁夏、新疆、广西、内蒙古十二个省区市。

2. 各地区营运资金管理调查

在分地区（东部、中部和西部）营运资金调查体系的三章中，内容结构基本一致，这里仅以东部地区为例，对东部地区调查体系进行说明。

在东部地区营运资金调查体系中，首先对 2012 年东部地区营运资金管理的特点进行描述，并以此分析 2012 年本地区面临的经营环境对上市公司可能造成的影响；其次分两个部分对东部地区营运资金管理状况进行说明：一是 2012 年东部地区上市公司营运资金配置与来源进行分析，二是 2012 年东部地区上市公司营运资金绩效进行分析；接下来发布 2012 年东部地区上市公司营运资金管理绩效排行榜；最后给出东部地区上市公司营运资金管理调查的结论与建议。

在对 2012 年东部地区上市公司营运资金管理总体分析时，分为了三个层次进行说明，一是东部层次，二是环渤海、长三角和珠三角三个区域层次，三是东部各省份层次。具体分析内容包括：2012 年东部地区营运资金配置与来源分析，2012 年东部地区营运资金管理绩效分析。其中在营运资金配置与来源分析中，首先对东部地区各省市及三个区域的营运资金、经营活动营运资金及投资活动营运资金进行统计描述，分析地区层面营运资金占用情况及配置结构，然后分别按要素、按渠道对经营活动营运资金进行了分析，描述出应收账款、存货、应付账款、采购渠道营运资金、生产渠道营运资金和营销渠道营运资金占用及配置结构。在对东部地区各省市及区域营运资金管理绩效进行分析时，分别从地区层面和企业层面对各要素及各渠道的营运资金周转期进行描述性分析。

中部和西部的调查体系与东部地区基本一致，差别在于中部和西部地区没有划分类似环渤海、长三角和珠三角的区域层次，在分析时只包括中部（西部）层次，中部（西部）各省份层次两个层次；其他研究方法、角度完全一致，在此就不再赘述。

二、调查数据获取与整理

（一）调查数据获取与整理

本报告所有数据均来自于上市公司年度报告（年度报告均从巨潮资讯网上下载）以及中国上市公司营运资金管理绩效排行榜。以中国深市和沪市 2012 年所有 A 股上市公司为研究对象，样本的选取主要遵循以下几个原则：（1）数据完备，相关参数可以计算；（2）剔除金融类公司；（3）出于统计分析的必要，剔除个别异常的会计数据。

根据以上原则，截止至 2012 年 12 月 31 日，选取的样本包括东部地区上市公司 1567 家，占所有选取样本总数的 68.28%；其中北京 202 家，占东部地区样本总数的 12.89%，河北 42 家，占比 2.68%，辽宁 20 家，占比 3.83%，天津 34 家，占比 2.17%，山东 144 家，占比 9.19%，上海 176 家，占比 11.23%，浙江 229 家，占比 14.61%，江苏 224 家，占比 14.29%，广东 351 家，占比 22.40%，福建 82 家，占比 5.23，海南 23 家，占比 1.47%；北京、上海、浙江、江苏四省市聚集了东部地区大部分的上市公司。中部地区上市公司 394 家，占所有选取样本总数的 17.12%，在中部地区 8 个省市中，安徽 72 家，占中部地区样本总数的 18.32%，河南 62 家，占比 15.78%，黑龙江 27 家，占比 6.87%，湖南 65 家，占比 16.54%，吉林 31 家，占比 7.89%，江西 32 家，占比 8.14%，山西 31 家，占比 7.89%，湖北 73 家，占比 19.01%；安徽、河南、湖北、湖南四省聚集了中部地区大部分的上市公司。西部地区上市公司 334 家，占所有上市公司总数的 14.55%，在西部地区 12 个省市中，甘肃 23 家，占西部地区样本总数的 6.89%，广西 27 家，占比 8.08%，贵州 20 家，占比 5.99%，内蒙古 21 家，占比 6.29%，宁夏 10 家，占比 2.99%，青海 10 家，占比 2.99%，陕西 34 家，占比 10.18%，四川 86 家，占比 25.75%，西藏 9 家，占比 2.69%，新疆 36 家，占比 10.78%，云南 26 家，占比 7.78%，重庆 32 家，占比 9.58%；西部除四川外，上市公司分布比较分散。2011 年 ~2012 年选取作为研究样本的全国上市公司数量如表 28 - 1 所示。

表 28 - 1　　2011 ~2012 年全国及东中西部地区上市公司数目汇总

单位：家

地区	2011 年样本数量	2012 年样本数量
全国	2178	2295
东部	1472	1567
中部	384	394
西部	322	334

（二）分析方法

本报告采用描述性统计方法，主要采用 EXCEL 软件作为分析软件。2012 年中国上市公司分地区营运资金管理调查报告共分四章内容：第二十八章 2012 中国上市公司分地区营运资金管理调查总体分析，第二十九章 2012 东部地区上市公司营运资金管理调查，第三十章 2012 中部地区上市公司营运资金管理调查，第三十一章 2012 西部地区上市公司营运资金管理调查。

每部分的调查报告中，都从经济环境入手，分析国内外经济环境、经济政策对地区经济可能的影响，进而对营运资金产生何种影响；在营运资金总体分析部分，描述了 2012 年全国及东部、中部、西部各地区营运资金占用及配置结构、营运资金管理绩效；在营运资金管理分析部分，内容涵盖了分渠道、分要素及其各构成部分，地域上分为全国、东部、中部、西部地区和各省区市层次，对营运资金占用及配置结构、营运资金管理绩效进行全方位的分析；在东部、中部、西部的地区分析中，结合宏观经济政策及产业政策，分析营运资金管理的典型做法，为其他地区提高营运资金管理绩效提供借鉴。

三、2012 年全国上市公司营运资金配置与来源分析

（一）全国上市公司营运资金配置分析

1. 全国上市公司营运资金总体配置结构与占用水平分析

（1）地区层面

表 28 - 2　　2011 ~2012 年全国营运资金配置分析

单位：亿元

项目	营运资本期末占用		营运资金期末占用		经营活动营运资金期末占用		经营活动营运资金占用水平		投资活动营运资金期末占用	
	2011	2012	2011	2012	2011	2012	2011	2012	2011	2012
全国总体	16690.05	16908.73	48732.48	52540.04	14044.28	15793.60	0.07	0.08	34688.21	36746.44
全国平均	7.28	7.37	21.24	22.90	6.12	6.88	0.44	0.34	15.12	16.02
最大值	1203.29	1454.09	1625.85	1967.17	854.81	959.99	274.85	5.51	963.50	1268.96
最小值	-1703.88	-2488.75	-1370.95	-1466.52	-1525.36	-1649.72	-20.68	-1.65	0.02	0.01
样本数量	1891	1891	1891	1891	1891	1891	1891	1891	1891	1891

从表 28 - 2 以看出，2012 年全国整体占用营运资本高达 16908.73 亿元，比上年增加 218.68 亿元，增幅达 1.31%；2012 年全国上市公司平均每家占用营运资本为 7.37 亿元，比去年增加 0.09 亿元。在

全国，单家上市公司最大营运资本占用量为 1454.09 亿元，而最小营运资本占用量为 -2488.75 亿元，表明全国上市公司营运资本占用存在巨大差异。

就营运资金占用来看，2012 年全国整体占用营运资金 52540.04 亿元，比 2011 年增加 3807.56 亿元，增幅达 7.81%；2012 年全国上市公司平均每家占用营运资金为 6.88 亿元，比去年增加 0.76 亿元。在全国，单家上市公司最大营运资金占用量为 1967.17 亿元，而最小营运资金占用量为 -1466.52 亿元，相差悬殊，也就是说全国上市公司营运资金占用量存在巨大差异。

从营运资金配置结构来看，2012 年全国将 15793.60 亿元的营运资金投放在经营领域，较上年增加 1749.32 亿元，占总资金投放的 30.06%，与去年相比上升了 1.24 个百分点；而投放在投资活动领域的营运资金为 36746.44 亿元，较上年增加 2058.23 亿元，占总资金投放的 69.94%，与去年相比下降了 1.24 个百分点。可见，2012 年全国营运资金配置有向经营活动倾斜的倾向。

（2）企业层面

表 28-3　2011~2012 年全国市公司营运资金配置变化情况及变动幅度统计表

项目		营运资本	营运资金	经营活动营运资金	投资活动营运资金
资金占用量绝对变化统计	降低	1174	1068	906	1178
	降低比例	51.18%	46.56%	39.49%	51.35%
	增加	1120	1226	1388	1116
	增加比例	48.82%	53.44%	60.51%	48.65%
资金占用量变化幅度统计	降低显著	315	147	314	154
	占比	13.73%	6.41%	13.69%	6.71%
	降低较大	158	126	149	259
	占比	6.89%	5.49%	6.50%	11.29%
	有所降低	332	411	256	492
	占比	14.47%	17.92%	11.16%	21.45%
	基本稳定	608	734	459	486
	占比	26.50%	32.00%	20.01%	21.19%
	有所增加	294	386	386	305
	占比	12.82%	16.83%	16.83%	13.30%
	增加较大	150	143	240	156
	占比	6.54%	6.23%	10.46%	6.80%
	增加显著	437	347	490	442
	占比	19.05%	15.13%	21.36%	19.27%
可比样本总数		2294			

注：上表中除了百分比之外的数字单位为：家

全国 2011~2012 年可比样本总数为 2294 家，其营运资金占用量变化情况及变化幅度如表 28-3 示。

从营运资本占用量的绝对变化上看，超过 50% 的公司营运资本占用量下降；从变化幅度上来看，营运资本基本稳定的上市公司数量最多，有 608 家，占比 29.5%，增加显著与有所降低的公司数量其次，分别为 437 家与 332 家，占比为 19.05% 与 14.47%。从营运资金占用量的绝对变化上来看，不到一半的公司营运资金占用量降低；从变化幅度上看，仍然是基本稳定的上市公司占多数，占比达到了 32%，有所降低和有所增加的公司位居其后，分别为 411 家和 386 家，占比分别为 17.92% 和 16.83%。

从经营活动营运资金占用量绝对变化上来看，经营活动营运资金占用量降低的公司有 906 家，占比不到 2/5；从变化幅度上看，显著增加的上市公司数量最多，有 490 家，占比为 21.36%。从投资活动营运资金占用量的绝对变化上来看，有 1178 家上市公司投资活动营运资金占用量下降，占比超过一半；从变化幅度上来看，投资活动营运资金占用量有所降低的上市公司数量最多，有 492 家，占比达 21.45%，基本稳定的上市公司数量紧随其后，有 486 家，占比达 21.19%。

2. 全国上市公司分渠道的经营活动营运资金配置分析

（1）地区层面

表 28－4　2011～2012 年全国经营活动营运资金的渠道配置分析　单位：亿元

项目	采购渠道营运资金		生产渠道营运资金		营销渠道营运资金		经营活动营运资金	
	2011	2012	2011	2012	2011	2012	2011	2012
全国总体	－17731.50	－22409.60	17782.42	21220.97	13975.14	16954.55	14044.28	15793.60
全国平均	－7.73	－9.77	7.75	9.25	6.10	7.40	6.12	6.88
最大值	69.51	70.67	1878.56	2213.16	685.03	1135.58	854.81	960.00
最小值	－1341.67	－1704.13	－332.08	－305.70	－1063.91	－1176.23	－1525.36	－1649.72
样本数量	2294	2294	2294	2294	2294	2294	2294	2294
东部	－15177.65	－18946.08	15633.65	18891.33	9271.38	11208.19	10440.41	9727.38
中部	－1556.37	－2089.56	867.07	937.34	2995.26	3648.60	2305.97	2496.37
西部	－997.52	－1374.00	1279.13	1388.70	1729.33	2129.09	2010.94	2143.78

从 28－4 可以看出，2012 年全国经营活动营运资金（按渠道）占用量为 15793.60 亿元，比上年增加了 1749.32 亿元，增幅为 12.46%。平均每家上市公司经营活动营运资金（按渠道）占用量为 6.88 亿元，比上年增加了 0.76 亿元，增幅达 12.42%。从各渠道来看，2012 年全国在采购渠道占用的营运资金为－22409.60 亿元，同比降低 4678.10 亿元，降幅为 26.38%；在生产渠道占用的营运资金为 21220.97 亿元，同比增加 3438.55 亿元，增幅为 19.34%；在营销渠道占用的营运资金为 16954.55 亿元，同比增加 2979.41 亿元，增幅为 21.32%。由此可以看出，我国上市公司采购渠道营运资金占用减少，生产和营销渠道营运资金总体增加，从而使得整体营运资金的占用增加。

分地区来看，东部地区经营活动营运资金（按渠道）占用量为 9727.38 亿元，同比降低 713.03 亿元，降幅为 6.83%；从各渠道来看，2012 年东部地区在采购渠道占用的营运资金为－18946.08 亿元，同比降低 3768.43 亿元，降幅为 24.83%；在生产渠道占用的营运资金为 18891.33 亿元，同比增加 3257.68 亿元，增幅为 20.84%；在营销渠道占用的营运资金为 11208.19 亿元，同比增加 1936.81 亿元，增幅为 20.89%。由此可以看出，我国东部地区上市公司采购渠道营运资金占用减少，生产和营销渠道营运资金总体增加，而整体营运资金的占用却下降。

中部地区经营活动营运资金（按渠道）占用量为 2496.37 亿元，同比增加 190.4 亿元，增幅为 8.26%；从各渠道来看，2012 年中部地区在采购渠道占用的营运资金为－2089.56 亿元，同比降低 533.19 亿元，降幅为 34.26%；在生产渠道占用的营运资金为 937.34 亿元，同比增加 70.27 亿元，增幅为 8.10%；在营销渠道占用的营运资金为 3648.60 亿元，同比增加 653.34 亿元，增幅为 21.81%。由此可以看出，我国中部地区上市公司采购渠道营运资金占用减少，生产和营销渠道营运资金总体增加，从而使得整体营运资金的占用增加。

西部地区经营活动营运资金（按渠道）占用量为 2143.78 亿元，同比增加 132.84 亿元，增幅为 6.61%；从各渠道来看，2012 年西部地区在采购渠道占用的营运资金为－1374.00 亿元，同比降低 376.48 亿元，降幅为 37.74%；在生产渠道占用的营运资金为 1388.70 亿元，同比增加 109.57 亿元，增幅为 8.57%；在营销渠道占用的营运资金为 2129.09 亿元，同比增加 399.76 亿元，增幅为 23.12%。由此可以看出，我国西部地区上市公司采购渠道营运资金占用减少，生产和营销渠道营运资金总体增加，从而使得整体营运资金的占用增加。

（2）企业层面

表 28－5　　全国 2011～2012 年经营活动营运资金的渠道配置变化情况及变动幅度表

项目		采购渠道营运资金	生产渠道营运资金	营销渠道营运资金	经营活动营运资金
资金占用量绝对变化统计	降低	1509	1093	732	906
	降低比例	65.78%	47.65%	31.91%	39.49%
	增加	783	1201	1562	1388
	增加比例	34.13%	52.35%	68.09%	60.51%
资金占用量变化幅度统计	降低显著	583	510	246	314
	占比	25.44%	22.23%	10.72%	13.69%
	降低较大	131	176	99	149
	占比	5.72%	7.67%	4.32%	6.50%
	有所降低	181	241	226	256
	占比	7.90%	10.51%	9.85%	11.16%
	基本稳定	302	321	421	459
	占比	13.18%	13.99%	18.35%	20.01%
	有所增加	267	300	484	386
	占比	11.65%	13.08%	21.10%	16.83%
	增加较大	198	182	260	240
	占比	8.64%	7.93%	11.33%	10.46%
	增加显著	630	564	558	490
	占比	27.49%	24.59%	24.32%	21.36%
可比样本总数		2294			

注：上表中除了百分比之外的数字单位为：家

全国 2011～2012 年可比样本总数为 2294 家，其营运资金占用量变化情况及变化幅度见表 28－5

2011～2012 年，有 1388 家上市公司经营活动营运资金（按渠道）占用量在增加，占比超过了 3/5。从各个渠道来看，采购渠道营运资金占用量降低的公司数量远远超过了占用量增加的上市公司；相反，营销渠道营运资金占用量增加的上市公司数量远远超过占用量降低的上市公司数量；而对于生产渠道来说，营运资金占用量增加和降低的上市公司数量差别不大，基本持平。从三个渠道来看，渠道营运资金占用量增加显著的上市公司数量均占多数，占比分别为 27.49%，24.59% 和 24.32%。

3. 全国上市公司分要素的经营活动营运资金配置分析

（1）地区层面

表 28－6　　2011～2012 年全国经营活动营运资金的要素配置分析　　单位：亿元

项目	存货		应收及预付款项		应付及预收款项		经营活动营运资金	
	2011	2012	2011	2012	2011	2012	2011	2012
全国总体	43782.85	49214.85	36664.79	41599.22	66402.19	75018.55	14045.46	15795.52
全国平均	19.09	21.45	15.98	18.13	28.95	32.70	6.12	6.89
最大值	2120.45	2560.88	1461.45	1619.52	4223.40	4235.01	854.81	959.99
最小值	0	0	0	0	-0.18	-0.52	-1525.36	-1649.72
样本数量	2294	2294	2294	2294	2294	2294	2294	2294
东部	35427.50	40232.61	27605.65	31569.74	53304.59	60646.97	9728.55	11155.37
中部	4437.47	4674.84	5268.57	5841.67	7400.07	8020.14	4437.47	4674.84
西部	3917.88	4307.41	3790.57	4187.81	5697.52	6351.43	2010.94	2143.78

表 28－6 示了 2011～2012 年全国上市公司分要素的经营活动营运资金配置情况，根据表中数据可以看出 2012 年全国上市公司经营活动营运资金（按要素）占用量为 15795.52 亿元，较 2011 年增加了 1750.06 亿元，增幅达到 12.46%；2012 年全国上市公司经营活动营运资金平均占有量 6.89 亿元，较 2011 年增加 0.77 亿元。由于地区间上市公司数量和规模的差异，东、中、西地区间营运资金占用量仍然存在较大差异，东部地区 2012 年经营活动营运资金占用量为 11155.37 亿元，占全国上市公司经营活动营运资金总量的 70.62%；西部地区 2012 年经营活动营运资金占用量为 2143.78 亿元，在全国总体中占比仅为 13.57%。对各个要素营运资金占用量调查得出，2012 年全国上市公司存货占用量较 2011 年增加 5432 亿元，增幅 12.41%；应收及预付款项占用量较 2011 年增加 4934.43 亿元，增幅 13%；应付及预收款项占用量较 2011 年增加 8616.36 亿元，增幅 12.98%。结合地区间各要素营运资金占有量数据可以得出结论：2012 年全国及各地区分要素的经营活动营运资金占用量较 2011 年全面增加。

（2）企业层面

全国上市公司 2011～2012 年经营活动营运资金（按要素）占用量变化情况及变动幅度见表 28－7。

表 28－7　　2011～2012 年全国经营活动营运资金的要素配置变化情况及变动幅度表

项目		存货	应收及预付款项	应付及预收款项	经营活动营运资金
资金占用量绝对变化统计	降低	719	633	637	531
	降低比例	37.57%	33.07%	33.28%	27.74%
	增加	1176	1281	1277	1383
	增加比例	61.44%	66.93%	66.72%	72.26%
资金占用量变化幅度统计	降低显著	42	41	38	210
	占比	2.19%	2.14%	1.99%	10.97%
	降低较大	70	88	93	54
	占比	3.66%	4.60%	4.86%	2.82%
	有所降低	317	267	261	125
	占比	16.56%	13.95%	13.64%	6.53%
	基本稳定	586	501	526	807
	占比	30.62%	26.18%	27.48%	42.16%
	有所增加	460	456	419	335
	占比	24.03%	23.82%	21.89%	17.50%
	增加较大	188	249	241	133
	占比	9.82%	13.01%	12.59%	6.95%
	增加显著	232	312	336	250
	占比	12.12%	16.30%	17.55%	13.06%
可比样本总数		1914			

注：上表中除了百分比之外的数字单位为：家

由表 28－7 数据可知，2012 年有 1383 家上市公司经营活动营运资金（按要素）占用在增加，占比达到 72.26%；有 531 家上市公司经营活动营运资金（按要素）占用量减少，占比为 27.74%。从资金占用量变化幅度统计数据可知 2011～2012 年经营活动营运资金占用量维持基本稳定的上市公司数量最多，达 807 家，占比 42.16%；经营活动营运资金占用量有所增加的企业数量次之，有 335 家，占比为 17.50%。从经营活动营运资金（按要素）的配置结构上看，存货、应收及预付款项和应付及预收款项三大要素占用量增加的上市公司数量均占多数，占比分别为 61.44%、66.93% 和 66.72%；从各要素占有量变化幅度统计数据来看，维持基本稳定情况的企业数最多，存货占用量维持基本稳定的企业有586家，占比为30.62%；应收及预付款项占有量维持基本稳定的企业有501家，占比为26.18%；应付及预收款项占有量维持基本稳定的企业有526家，占比为27.48%。

（二）全国上市公司营运资金来源与财务风险分析

表28－8列示了全国及东中西各地区在2011年末和2012年末的短期金融性负债占比和营运资金占比数据。

表28－8　　2011～2012年全国营运资金来源状况

项目	短期金融性负债占比		营运资本占比	
	2011年末	2012年末	2011年末	2012年末
全国总体	65.75%	67.82%	34.25%	32.18%
全国平均	65.75%	67.82%	34.25%	32.18%
样本数量	2294	2294	2294	2294
东部	65%	65.92%	35%	34.09%
中部	68.44%	71.90%	31.56%	28.10%
西部	67.20%	75.28%	32.80%	24.72%

根据表28－8数据可知，2012年末全国上市公司营运资金有67.82%来源于短期金融性负债，有32.18%来源于营运资本。相比于2011年末短期金融性负债占比65.75%和营运资本占比34.25%，2012年营运资金来源于短期金融性负债的比例增加2.07%，这意味着2012年全国整体上市公司面临的财务风险较2011年有所增加。从各地区的数据来看，2012年末短期金融性负债占比东部地区为65.92%，在三地区中最低，西部地区为75.28%，在三地区中最高，据此可知东部地区上市公司整体面临的财务风险低于中部和西部地区的上市公司。从两年的比较数据来看，东中西三地区2012年短期金融性负债占比均较2011年有所增加，其中西部地区增幅最大为8.08%，这同样说明了2012年上市公司整体面临的财务风险较2011年有所增加。

表28－9　　2011～2012年全国上市公司营运资金来源统计表　　单位：家

比例	2011年末短期金融性负债占比	2011年末营运资本占比	2012年末短期金融性负债占比	2012年末营运资本占比
<0	78	266	91	290
0～20%	821	95	798	95
20%～40%	284	153	278	160
40%～60%	217	217	202	202
60%～80%	153	284	160	278
80%～100%	95	821	95	797
>100%	266	78	290	92
企业数量	1914			

表28－9列示了全国上市公司2011年末和2012年末营运资金中短期金融性负债占比和营运资本占比处于各区间的数量。从表中数据可知，无论是2011年末还是2012年末短期金融性负债占比处于0～20%区间的企业数量均是最多的，分别为821家和798家，处于该区间的企业营运资金来源于短期金融性负债的比例在20%以内，财务风险较低。2012年全国上市公司中有91家的短期金融性负债占比<0，表明该91家企业可通过营业活动进行融资，此类型的企业较2011年增加13家。2012年末全国上市公司中短期金融性负债占比超过80%的有385家，较2011年末增加24家，处于该区间的企业面临严重的短期债务偿付压力，财务风险巨大。

四、全国上市公司营运资金管理绩效分析

（一）全国上市公司分渠道的营运资金管理绩效分析

1. 地区层面分渠道的营运资金管理绩效分析

表 28 - 10　　2011 ~ 2012 年全国分地区各渠道营运资金周转期　　单元：天

项目	采购渠道营运资金周转期		生产渠道营运资金周转期		营销渠道营运资金周转期		经营活动营运资金周转期（按渠道）	
	2011	2012	2011	2012	2011	2012	2011	2012
全国	-26	-35	24	34	26	27	23	26
东部	-27	-37	25	38	22	20	20	21
中部	-20	-30	13	13	42	52	35	35
西部	-20	-28	31	32	36	46	48	49

表 28 - 10 列示了 2011 年和 2012 年全国及东、中、西部地区上市公司按渠道划分的经营活动营运资金周转期。从表中数据可以看出，2012 年全国上市公司经营活动营运资金周转期（按渠道）为 26 天，与 2011 年的 23 天相比有所上升，表明 2012 年分渠道的营运资金管理效率较 2011 年有所下降；从地区来看，除中部地区 2012 年分渠道的营运资金管理效率与 2011 年持平外，其余地区均出现下降趋势。从各渠道的营运资金周转期数据可以看出，全国及各地区的 2012 年采购渠道营运资金周转期均较 2011 年有所下降，而生产渠道和营销渠道的营运资金周转期绝大多数呈上升趋势，由此可以得出结论：2012 年地区层面分渠道的营运资金管理绩效低于 2011 年。

2. 企业层面分渠道的营运资金管理绩效分析

经过对 2011 年和 2012 年全国上市公司股票代码的匹配，得到 1891 家上市公司的可比数据，其经营活动各渠道营运资金管理绩效变化情况如表 28 - 11 所示。

表 28 - 11　　2011 ~ 2012 年全国上市公司各渠道营运资金管理绩效变化统计表

项目		采购渠道营运资金周转期	生产渠道营运资金周转期	营销渠道营运资金周转期	经营活动营运资金周转期（按渠道）
周转期变化统计	改善	963	916	589	751
	改善比例	50.93%	48.44%	31.15%	39.71%
	降低	927	975	1302	1140
	降低比例	49.02%	51.56%	68.85%	60.29%
周转期变化幅度统计	改善显著	528	372	187	255
	改善较大	122	154	65	104
	有所改善	196	222	179	224
	基本稳定	272	315	411	369
	有所降低	227	238	414	342
	降低较大	117	156	251	205
	降低显著	428	434	384	392
可比样本总数		1891			

注：上表中除了百分比之外的数字单位为：家

根据表 28 - 11 的数据可知，2012 年全国有 751 家企业的经营活动营运资金周转期变短、营运资金管理效率改善，占样本总数的 39.71%；而营运资金管理效率降低的有 1140 家，远远超出营运资金管理效率改善的企业数量，占比达到 60.29%。从各渠道来看，采购渠道和生产渠道的营运资金周转期在改善和降低的比例上基本一致；而营销渠道营运资金周转期出现降低的比率远远大于出现改善的比

率，这说明 2012 年全国有近七成的上市公司在营销渠道营运资金管理效率上较 2011 年出现下滑。从经营活动营运资金周转期变化幅度的统计数据进一步分析，2012 年有 255 家企业表现突出，营运资金管理效率显著改善；有 369 家企业的营运资金管理效率与 2011 年基本持平；而营运资金管理效率出现显著降低的有 392 家，占比达到 20.73%。

3. 经营活动营运资金（按渠道）周转期趋势分析

表 28－12　　2008～2012 年全国上市公司各渠道营运资金周转期　　单位：天

项目	2008	2009	2010	2011	2012
经营活动营运资金（按渠道）周转期	17	24	18	24	26
采购渠道营运资金周转期	－18	－27	－27	－26	－35
生产渠道营运资金周转期	12	25	21	24	34
营销渠道营运资金周转期	23	27	24	26	27

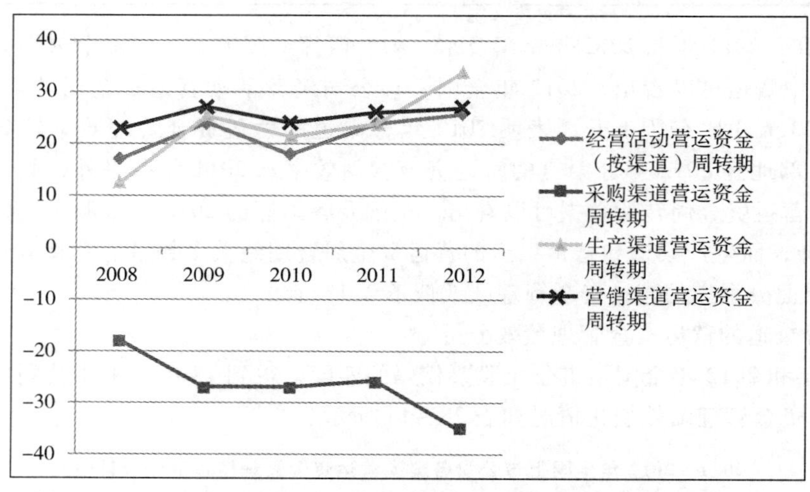

图 28－1　2008～2012 年全国上市公司各渠道周转期趋势图

表 28－12 列示了 2008～2012 年全国上市公司经营活动各渠道营运资金周转期数据，各渠道营运资金周转期变化趋势如图 28－1 所示。从表 28－11 中数据和图 28－1 可以看出 2008～2012 年全国上市公司经营活动营运资金（按渠道）周转期与生产渠道营运资金周转期和营销渠道营运资金周转期趋势基本一致，2008～2009 年出现明显上升，2009～2010 年发生转折呈下降趋势，而 2010～2012 年又开始逐步上升；采购渠道营运资金周转期整体呈下降趋势，2009～2011 年基本维持稳定，2011～2012 年出现较大幅度下降。

（二）全国上市公司分要素的营运资金管理绩效分析

1. 地区层面分要素的营运资金管理绩效分析

表 28－13　　2011～2012 年全国分地区各要素周转期　　单位：天

项目	存货周转期		应收账款周转期		应付账款周转期		经营活动营运资金周转期（按要素）	
	2011	2012	2011	2012	2011	2012	2011	2012
全国	72	81	38	43	57	64	52	61
东部	71	82	35	41	56	63	50	59
中部	63	66	42	83	56	114	50	35
西部	94	98	54	60	65	74	83	84

表 28－13 列示了 2011～2012 年全国及各地区上市公司经营活动营运资金各要素周转期数据。从数据中可以看出 2012 年全国上市公司经营活动营运资金周转期（按要素）为 61 天，较 2011 年的 52 天有所上升；从地区来看，东部和西部地区的经营活动营运资金周转期（按要素）也均出现增长。从各要素的营运资金周转期数据来看，2012 年全国上市公司整体在存货周转期、应收账款周转期和应付账款周转期均出现上升，东、中、西部各地区与全国整体趋势保持一致，由此可知 2012 年地区层面分要素的营运资金管理绩效低于 2011 年。此外虽然中部地区 2012 年经营活动营运资金周转期（按要素）较 2011 年有所下降，但该地区应收账款周转期和应付账款周转期在 2012 年均出现大幅增长，企业间往来款项的回收问题值得引起注意。

2. 企业层面分要素的营运资金管理绩效分析

表 28－14　2011～2012 年全国上市公司经营活动营运资金各要素管理绩效变化统计表

项目		存货周转期	应收账款周转期	应付账款周转期	经营活动营运资金周转期（按要素）
周转期变化统计	改善	646	510	666	659
	改善比例	34.16%	26.97%	35.22%	34.85%
	降低	1228	1374	1219	1232
	降低比例	64.94%	72.66%	64.46%	65.15%
周转期变化幅度统计	改善显著	41	48	39	134
	改善较大	58	49	83	94
	有所改善	243	181	262	218
	基本稳定	666	532	607	471
	有所降低	457	534	451	430
	降低较大	221	287	213	237
	降低显著	188	253	230	307
可比样本总数		1891			

注：上表中除了百分比之外的数字单位为：家

表 28－14 列示了 2011～2012 年数据可比的 1891 家上市公司经营活动营运资金各要素管理绩效变化的统计数据。根据表 28－14 中的数据可知，2012 年全国有 659 家企业的经营活动营运资金周转期变短、营运资金管理效率改善，占样本总数的 34.85%；而营运资金管理效率降低的有 1232 家，远远超出营运资金管理效率改善的企业数量，占比达到 65.15%；从存货周转期、应收账款周转期和应付账款周转期来看，出现降低的比例也均远远超过出现改善的比例，这说明 2012 年全国上市公司整体营运资金管理效率上较 2011 年出现下滑。从经营活动营运资金周转期变化幅度的统计数据进一步分析，2012 年有 134 家企业营运资金管理效率出现显著改善；有 471 家企业的营运资金管理效率与 2011 年基本持平；而营运资金管理效率降低较大和降低显著的共有 544 家，占比达到 28.77%。

3. 经营活动营运资金（按要素）周转期趋势分析

表 28－15　2008～2012 年全国上市公司各要素周转期　单位：天

项目	2008	2009	2010	2011	2012
现金周转期	43	53	46	53	61
存货周转期	61	76	68	72	81
应收账款周转期	21	41	36	38	43
应付账款周转期	38	63	58	57	64

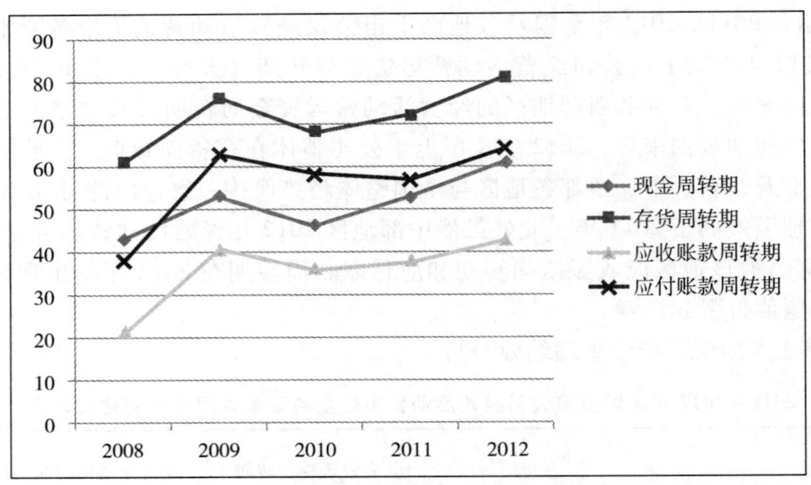

图 28－2　2008～2012 年全国上市公司各要素周转期趋势图

表 28－15 列示了 2008～2012 年全国上市公司经营活动营运资金各要素周转期数据，图 28－2 反映了各要素营运资金周转期的变化趋势。从表 28－14 和图 28－2 可以看出 2008～2012 年全国上市公司经营活动营运资金各要素周转期整体呈上升趋势，各要素周转期 2008～2009 年出现明显上升，2009～2010 年出现小幅下降，2010～2012 年一直保持上升趋势。

五、2012 年全国上市公司营运资金管理绩效排行榜

本部分分别按“经营活动营运资金周转期（按要素）”和“经营活动营运资金周转期（按渠道）”进行排名，考察全国上市公司营运资金管理绩效。在对上市公司营运资金管理绩效进行排名时，剔除了财务数据异常的公司，详见附录一。

六、2012 年全国上市公司营运资金管理调查的结论与建议

（一）调查结论

1. 全国营运资金占用量持续增加

通过对 2011～2012 年全国及各地区上市公司营运资金总体配置和占用水平的对比分析可知，2012 年全国总体的营运资金占用量较 2011 年全面增加。

2012 年全国上市公司整体营运资金占用量为 52540.04 亿元，比 2011 年增加 3807.56 亿元；其中经营活动营运资金占用量为 15793.60 亿元，较 2011 年增加 1749.32 亿元；投资活动营运资金占用量为 36746.44 亿元，较 2011 年增加 2058.23 亿元。2012 年全国上市公司营运资金平均占用量为 6.88 亿元，比去年增加 0.76 亿元。

从 2012 年全国上市公司经营活动各渠道的营运资金占有量来看，采购渠道营运资金为－22409.60 亿元，较 2011 年降低 4678.10 亿元；生产渠道营运资金为 21220.97 亿元，较 2011 年增加 3438.55 亿元；营销渠道营运资金为 16954.55 亿元，较 2011 年增加 2979.41 亿元。由此可以看出，2012 年全国上市公司采购渠道营运资金占用减少，生产和营销渠道营运资金总体增加，从而使得整体营运资金的占用增加。

根据全国上市公司分要素的经营活动营运资金配置分析，2012 年全国上市公司存货占用量较 2011 年增加 5432 亿元，增幅 12.41%；应收及预付款项占用量较 2011 年增加 4934.43 亿元，增幅 13%；应付及预收款项占用量较 2011 年增加 8616.36 亿元，增幅 12.98%。结合地区间各要素营运资金占有量数据可以得出结论：2012 年全国及各地区分要素的经营活动营运资金占用量较 2011 年全面增加。

2. 东、中、西部间营运资金管理绩效差异明显

通过对地区间营运资金管理绩效的对比分析可以看出，东中西部地区在营运资金管理方面差异较大。

分渠道的营运资金管理绩效分析显示，2012 年东部地区在采购渠道和营销渠道的营运资金管理绩效强于中部和西部地区；而中部地区的生产渠道的营运资金周转期为 13 天，远远低于东部的 38 天和西部的 32 天，表现出中部地区企业在生产渠道的营运资金管理方面的优势。西部地区企业从各渠道营运资金周转期上分析均表现不佳。

分要素的营运资金管理绩效分析显示，2012 年在应收账款周转期和应付账款周转期上，东部地区低于中西部地区和全国平均水平，中部地区在该两项指标上均表现最差，其应收账款周转期为 83 天，应付账款周转期为 114 天，远超出全国平均的 43 天和 64 天，表明中部地区企业存在通过往来款项长期占用供应链上游企业资金的问题。在存货周转期指标上，西部地区为 98 天，高于其他地区和全国平均水平，表明西部地区企业应加强存货管理；中部地区的存货周转期在各地区中最低，这与其在生产渠道的营运资金管理方面的优势表现一致。

3. 全国上市公司面临的财务风险较 2011 年有所增加

通过对全国及东中西各地区在 2011 年末和 2012 年末的短期金融性负债占比和营运资金占比数据的分析发现，2012 年末全国上市公司营运资金有 67.82% 来源于短期金融性负债，有 32.18% 来源于营运资本。相比于 2011 年末短期金融性负债占比 65.75% 和营运资本占比 34.25%，2012 年营运资金来源于短期金融性负债的比例增加 2.07%，短期金融性负债占比的上升导致企业面临短期债务的偿付压力加大，容易造成资金链紧张，这意味着 2012 年全国整体上市公司面临的财务风险较 2011 年有所增加。

从各地区的数据来看，2012 年末短期金融性负债占比东部地区为 65.92%，在三地区中最低，西部地区为 75.28%，在三地区中最高，据此可知东部地区上市公司整体面临的财务风险低于中部和西部地区的上市公司。从两年的比较数据来看，东中西三地区 2012 年短期金融性负债占比均较 2011 年有所增加，其中西部地区增幅最大为 8.08%，东部增幅为 0.92%，中部地区的增幅为 3.46%，这同样说明了 2012 年上市公司整体面临的财务风险较 2011 年有所增加。

（二）对策建议

1. 加强应收账款管理，减少客户对营运资金的占用

中部地区企业应收账款周转期和应付账款周转期较长，表明存在通过往来款项长期占用供应链上游企业资金的问题。企业完成产品的销售后应加强应收账款的管理，及时地收回资金才能为下一个生产循环提供足够的资金流。加强应收账款的管理，第一要制定销售与收款统一责任人原则，从起点上对不能及时付款的客户进行筛选；第二改进提供信用政策的流程，根据掌握的客户信息提前确定可以为每个客户提供的信用额度和期限，提前进行风险管理；第三要改进开票流程，缩短发票传达时间。第四要注意在应收账款到期前及时地向客户进行付款提醒，对于逾期账款采取积极的收款政策，加速账款的回收，同时要及时有效地处理争议。通过上述措施缩短应收账款回款期限，减少客户对企业营运资金的占用。

2. 优化供应链，提升营运资金管理绩效

分析发现，营运资金管理绩效相对较好的东部地区，已形成区域内的供应链一体化，实现了地区内产业的有效衔接，特别是东部地区的环渤海、长三角和珠三角地区，已经形成了联系紧密的高效产业集群。通过区域间经济合作等方式，将企业的单体优势转化为区域和产业的整体优势，进而形成供应链的协同效应。所以提升营运资金管理绩效，应加强供应链的整合和优化，充分利用条形码、射频识别技术、POS、Internet/Intranet、电子数据交换（EDI）、网银等现代信息技术，加快客户需求信息在供应链各环节之间的传递速度，促进企业内部、外部供应链的信息共享和资源共享，从而进一步提升整个供应链的营运资金管理绩效。

近年来“供应链融资”的快速发展还表明基于供应链加强营运资金管理还需打破供应链的限制，不要仅仅局限于供应商、客户等上下游企业之间的联系，应充分利用金融机构和第三方物流等合作伙伴来协力提升营运资金管理绩效。

3. 面向业务流程，改进营运资金管理策略

从业务流程层面上进行营运资金管理，必须积极地进行流程优化甚至再造。这要求在企业内部建立流程型群体，实现财务、业务一体化以及营运资金管理与业务管理的集成。从营运资金管理角度看，一方面，业务流程优化要求重新检查每一项活动，删除非增值活动，减少营运资金在此的浪费和占用，并将所有具有价值增值的活动重新组合，进一步提升这些流程营运资金的周转速度；另一方面，要求从订单到交货或提供服务的一连串企业作业活动，按照"所有活动必须以满足顾客需求为核心"的原则，将客户纳入业务流程之中，使每一个部门都按照顾客的需求来安排自己的工作。

在采购渠道上加强供应商关系管理，与符合企业要求的供应商建立合作导向型关系。使双方达成长期的承诺，共同为质量负责，而且买方与供应商共享更多的有关未来购买意向的信息，以帮助供应商做出更好、更可靠的需求预测，进而保障采购的价格、质量、稳定性。在营销渠道上积极进行客户关系管理和分销渠道管理，建立并实施"以客户需求为动力的拉式分销渠道管理模式"，通过提高客户信息识别、捕捉、传递和反馈的灵敏度来降低库存和减少坏账，提高营运资金周转效率。生产渠道上，积极实施全面质量管理制度，减少生产过程中因为残次品而对营运资金正常周转形成的阻碍，降低零部件在产品的储备量，进而使得前后加工工序之间的衔接更加紧密，降低在产品存货节点上对营运资金流动造成的"停滞"。同时还应以订单为起点进行生产流程优化，构建根据订单去采购，依照订单去生产，按照订单来销售的一系列业务流程，最大限度地降低材料存货和产成品存货对营运资金的占用。

主要参考文献

1. 刘文静："基于业务流程管理的营运资金管理机理与模式"《 中国会计学会 2010 年学术年会营运资金管理论坛论文集》，2010 年。

2. 刘文静： "业务流程管理影响营运资金管理的机制研究"，中国海洋大学硕士学位论文，2010 年。

3. 郝素秋：《环渤海区域经济一体化现状分析与对策》，经济论坛，2010 年第 9 期。

4. 张欣怡："基于业务流程管理的营运资金管理研究"，中国海洋大学硕士学位论文，2010 年。

5. 祝兵、孟琦、吕素萍："产业链整合与营运资金管理绩效提升——基于我国葡萄酒上市公司的案例研究"，《中国会计学会 2010 年学术年会营运资金管理论坛论文集》，2010 年。

6. 刘杨、毛超、傅鸿源："西部大开发背景下扶贫铁路的影响研究"，《重庆大学学报》，2012 年第 3 期。

第二十九章　2012 年东部地区上市公司营运资金管理调查①

【摘要】营运资金管理是企业财务管理的重要内容，营运资金管理的成效直接关系着企业的生存和发展。金融危机之后，企业之间的竞争越来越激烈，众多学者和管理者也开始将注意力转移到营运资金的学术和实践研究中，营运资金管理已经成为企业整体战略中的重要组成部分。为了更详细地了解 2012 年我国东部地区上市公司营运资金的管理现状，依托中国企业营运资金管理研究中心“中国上市公司营运资金管理数据库”提供数据支持，本章对东部地区营运资金管理情况进行了调查分析。

为了能够更加深入地分析东部地区营运资金管理情况，本章节的主要结构如下：第一部分详细分析东部地区经营活动和其营运资金管理的特点；第二部分分析东部地区经营环境变化对于采购渠道、生产渠道以及营销渠道营运资金周转的影响情况；第三部分从渠道和要素两个角度分析东部地区营运资金占用情况、营运资金管理绩效及其融资结构情况；第四部分对东部地区营运资金占用趋势、管理绩效趋势及融资结构趋势进行分析；第五部分根据东部地区各省份经营活动营运资金周转期，分别按渠道和按要素对东部地区各省份的营运资金管理绩效进行排名；最后，对本章的调查进行了总结，并提出了东部地区改善营运资金周转绩效的措施。

通过本次调查可以发现，2012 年东部地区上市公司营运资金整体占用总量显著提高，东部地区上市公司的大多采取了相对激进的营运资金融资结构，不景气的宏观环境直接影响了东部渠道的营运资金管理绩效。提高生产渠道营运资金管理绩效为改善东部地区上市公司营运资金管理绩效的重点，采取措施提升采购渠道营运资金周转绩效是提高东部地区上市公司营运资金管理绩效的未来发展趋势，提升营销渠道营运在资金管理绩效是改善东部地区上市公司营运资金管理绩效的重要途径，企业应综合权衡成本和风险以确定有效的营运资金融资策略，同时供应链优化整合能够有效提升营运资金管理绩效。

一、东部地区营运资金管理特点

东部地区位于中国大陆的东缘，太平洋的西岸，由我国的东北地区南部、华北地区东部、华东地区大部分和华南地区大部分组成，具体包括北京、天津、河北、山东、辽宁、上海、江苏、浙江、广东、福建、海南 11 个省市，其中北京、天津、河北、山东、辽宁属于环渤海区域，上海、江苏、浙江属于长江三角洲区域，广东属于珠江三角洲区域。

东部地区是我国经济最发达的地区，我国的人口、城市以及港口等都集中于这个地区。东部地区一直是全国经济发展的领头羊，这主要源于东部沿海地区独特的地理优势。首先东部地区一直是我国传统工业基地，工业基础良好，同时改革开放起步最早，经过长期的发展，东部沿海地区已具备最优秀的发展条件，具有丰富的劳动力资源、原材料和销售市场；邓小平同志曾提出，国家政策向沿海地区倾斜，利用东部沿海地区的工业基础，加快沿海地区发展，以更有力地带动中西部地区发展的发展模式。其次，东部地区独特的地理位置与外部的历史姻缘有利于对外开放、吸引外资。从地理位置上看，东部沿海地区濒临太平洋，水路交通方便，与已经发展起来的亚洲四小龙有相似的地理环境，东部沿海地区是中国走“外向型”的发展道路的最好选择。同时，东部沿海地区与国外联系方便，有利于招商引资，利用外部资源发展自己。这样可以通过东部沿海地区发展外向型经济，积极参与国际竞争与合作，对内陆地区产生辐射作用，从而实现我国的快速发展。因此，中央选择东部沿海地区为发

① 国家自然科学基金“利益相关者视角的营运资金管理研究与中国上市公司营运资金管理数据平台扩充建设（71372111）”和国家自然科学基金“利益相关者集体选择视角的企业价值管理研究（71172099）”的阶段性成果。感谢中国海洋大学、中国会计学会、国家自然科学基金委员会对营运资金管理研究的支持。

展重点，先后成立了5个经济特区，14个沿海港口城市。其中东部地区的环渤海、长江三角洲和珠江三角洲作为中国沿海经济最活跃的三个区域，经济总量占据了我国的半壁江山。因此，东部地区的发展对于我国经济的发展起着至关重要的作用，对其营运资金管理的研究也显得愈发重要。

东部地区也是我国营运资金管理绩效水平最高的地区，这主要源于东部沿海地区有其独特的地理优势和良好的工业基础，特别是便利的水陆交通，丰富的劳动力及广阔的消费市场，吸引大量的企业聚集在东部地区，形成了上下游联系紧密的完整产业链。因此东部地区在采购渠道和营销渠道的营运资金管理上占用很大的优势。金融危机对我国东部地区上市公司营运资金管理的负面影响已经逐步减弱，东部地区营运资金占用量在全国比重最高，且各省市间、各渠道间差异较大。

借助良好的自然条件、政策优势以及自身先进的管理水平，东部地区的营运资金管理尤其是在采购和营销的效率上占有很大的优势。2012年中国上市公司地区营运资金管理特色显著，因地制宜、充分利用自身优势条件来改善营运资金管理是特色之一。从采购渠道来讲，采购渠道营运资金管理注重的是交通运输系统，物流运输；例如环渤海区域是东部采购渠道营运资金周转期最短的区域，该区位于东北亚经济圈的中心地带，又是我国交通网络最为密集的区域之一，是海运、铁路、公路、航空、通讯网络的枢纽地带，形成了以港口为中心、陆海空为一体的立体交通网络。东部地区地理位置优越，海路交通网络发达、经济基础稳固，内外交流畅通，形成区域内的供应链一体化，同时实现了地区内产业的有效衔接，特别是东部地区的环渤海、长三角和珠三角地区，已经形成了联系紧密的高效产业集群。通过区域间经济合作等方式，将企业的单体优势转化为区域和产业的整体优势，进而形成供应链的协同效应，在遭遇经济危机的情况下，通过发挥产业的集聚效应，加强了供应链上下游企业的管理协同绩效，使得企业营运资金管理效率较快地恢复。

二、2012年东部地区经营环境及对营运资金管理的影响

（1）东部地区经营环境分析

2012年是世界经济继续负重前行的一年。整体而言，今年的世界经济有所增长，但持续低位运行，复苏明显放缓。美国房地产业出现温和复苏迹象，但整体经济表现平平，解决内生动力不足问题是今年美国经济的关键；欧债危机持续恶化，欧元区整体陷入衰退，如何有效控制债务危机是解决欧元区经济的重点；日本经济高开低走，全年可能回归“零增长”，能否会成为下一个债务危机的国家令人担忧；在西方经济同步走弱的同时，新兴经济体也面临一些困难。外围环境和我国本身增长源泉的影响使得我国面临更为复杂的经济环境。“稳中求进”成为2012年中国经济工作的主调。东部地区各省市继续实行结构性减税，对部分小型微利企业实施所得税优惠政策，促进产业结构升级和服务业发展，实施有利于节能减排、环境保护和增加就业的税收优惠政策。在巩固价格水平稳定这一成果的情况下，实行调整性的政策组合促进经济的增长，继续实施“总量稳健、定向扩张”的货币政策和以供给管理型财政政策为主，保增长、抑通胀为辅的财政政策，以实现体制改革与宏观调控有机结合。

1. 环渤海区域经济环境分析

环渤海区域是指环绕渤海全部及黄海大部的沿岸地区所组成的广大经济区域，是中国北部沿海的黄金海岸，在中国发展对外开放的沿海战略中占重要地位。环渤海区域包括北京、天津两大直辖市及辽宁、河北、山东三省，全区陆域面积达112万平方公里，总人口2.6亿人。党的十四大报告中提出了加快环渤海区域的开发和开放的战略并将这一地区列为全国开发开放的重点区域之一，国家有关部门也正式确立了“环渤海经济区”的概念，并对其进行了区域规划。环渤海区域处于东北亚经济圈的中心地带，南部联系着长江三角洲、珠江三角洲、港澳台地区和东南亚各国；东部临近韩国和日本；北部联结着蒙古国和俄罗斯远东地区。环渤海区域发展至今已拥有40多个港口，构成了中国最为密集的港口群，形成了以港口为中心、陆海空为一体的立体交通网络，成为沟通东北、西北和华北经济的枢纽和进入国际市场的重要集散地。

环渤海地区拥有全国密度最高的公路网和铁路网，但各网络缺乏高效连接，在一定程度上阻碍了环渤海经济圈的形成。2010年环渤海区域大力发展交通运输业，高速公路网络更加完善，建立了布局合理、公平竞争、衔接配合高效的综合运输体系。2010年10月，《京津冀地区快递服务发展规划(2010－2014年)》编制完成，根据该规划，京津冀地区今后五年将优化快递综合运输网络，编织一个高效的运输网络体系。2010年11月10日，北京市政府与河北省政府举行“进一步加强冀京合作座谈会”，双方商定，将在城际轨道交通、公路方面共同规划和建设，实现同标准对接，无缝隙换乘。此外，针对环渤海存在的产业同构问题，在公平竞争的基础上，通过规划协调，引导不同地区在同一产业内的“错位”发展，加强了区域内产业的合作。独特的地缘优势，为环渤海区域经济的发展、开展国内外多领域的经济合作，提供了有利的环境和条件。此外，环渤海区域拥有丰富的海洋资源、矿产资源、油气资源、煤炭资源和旅游资源，是中国重要的农业基地，中国最大的工业密集区，是中国的重工业和化学工业基地，有资源和市场的比较优势；环渤海区域科技力量强大，仅京津两大直辖市的科研院所、高等院校的科技人员就占全国的四分之一，科技人才优势与资源优势对国际资本产生强大的吸引力①。

山东省是环渤海地区各省市中经济总量最大的，2012年GDP总量达到了50013亿，增速9.8%。天津的GDP增速最快，达到13.8%，总量为12885亿。其他各省按GDP总量排名依次是河北26575亿，增速9.6%；辽宁24801亿，增速9.5%；北京17801亿，增速7.7%。总体来看，2012年环渤海各省市经济保持了较快的增长速度。

2. 长江三角洲区域经济环境分析

长江三角洲区域是长江中下游平原的重要组成部分，以上海为龙头，包括江苏、浙江经济带，是中国目前经济发展速度最快、经济总量规模最大、最具有发展潜力的经济板块。目前，世界500强企业已有400多家在这一地区落户，其中，在上海设立地区总部和中国总部的就有逾200家。上海是国际经济、金融、贸易和航运中心之一，带动着整个长三角区域的发展；苏浙沪三地的项目已涉及交通、旅游、会展、人才、科技、信息、商标、信用、质检、环保等多个领域，并正在由浅入深地探讨产业规划、政策法规、金融服务等高层次的合作联动。

为全面贯彻落实科学发展观，率先在长三角建成资源节约型、环境友好型社会主义和谐社会，不断提高长三角乃至整个国家的创新能力和国际竞争力，根据国民经济和社会发展第十一个五年规划的总体安排，国家发展和改革委员会组织有关方面共同编制了《长江三角洲地区区域规划》（以下简称《规划》）。2010年5月24日，国务院正式批准实施《规划》。《规划》中对长江三角洲的战略定位为亚太地区重要的国际门户。按照优化开发区域的总体要求，统筹区域发展空间布局，形成以上海为核心，沿沪宁和沪杭甬线、沿江、沿湾、沿海、沿宁湖杭线、沿湖、沿东陇海线、沿运河、沿温丽金衢线为发展带的“一核九带”空间格局，推动区域协调发展；坚持走新型城镇化道路，增强城市功能，构建完备的城镇体系，推进城乡一体化发展，建设具有较强国际竞争力的世界级城市群；推进跨区域重大基础设施一体化建设，提升交通、能源、水利、信息等基础设施的共建共享和互联互通水平，形成分工合作、功能互补的基础设施体系，增强区域发展支撑能力；进一步发挥上海浦东综合配套改革示范作用，着力推进重点领域和关键环节改革攻坚，在新的更高起点上再创体制机制新优势，率先建立完善的社会主义市场经济体制②。在有利的政策环境带动下，2012年江苏GDP总量达到了54058亿，位列长三角各省市之首，同时也以10.1%的增速成为经济增长最快的省份。浙江以34606亿名列第二，增速8.0%；上海GDP总量20101亿，增速7.5%。

3. 珠江三角洲区域经济环境分析

珠江三角洲区域位于广东省东部沿海，是组成珠江的西江、北江和东江入海时冲击沉淀而成的一个三角洲，面积一万多平方公里。《珠江三角洲城镇群协调发展规划（2004－2020）》中明确说明：珠江三角洲，即珠江三角洲经济区，包括广州、深圳、珠海、佛山、江门、东莞、中山、惠州市和肇庆市，总人口4230万，土地总面积41698平方公里，其中建设用地（包括城市建设用地、建制镇建设用

① 郝素秋：“环渤海区域经济一体化现状分析与对策”，《经济论坛》，2010年第9期。

② 国家发展和改革委员会：《长江三角洲地区区域规划》，2010年6月。

地和村庄建设用地）面积 6640 平方公里。

珠江三角洲是全国经济发展最迅速的地区之一，随着经济的快速发展，该地区的社会发展呈现出农村工业化程度高、城乡一体化进程快等特点。珠江三角洲区域经济最重要的特点是外向型。目前，珠江三角洲区域的国民生产总值约一半是通过国际贸易来实现的，外贸出口总额占全国的 10% 以上。此外，珠江三角洲产业结构优化合理，已经完成了从传统的农业经济向重要的制造业中心的转变，并成功实现了第二、第三产业双重主导的经济社会全面联动发展。在生产经营活动中，形成了以国内外市场为导向、以经济效益为中心、以资源开发为基础、以种养业为支柱，农工技贸一体化、产加销一条龙的专业化生产、社会化服务、企业化管理的农业产业化发展模式。

在改革开放 30 周年之际，从国家战略全局和长远发展出发，为促进珠江三角洲区域的创新优势更上一层楼，进一步发挥对全国的辐射带动作用和先行示范作用，国家发改委制定了《珠江三角洲地区改革发展规划纲要》（以下简称《纲要》）。《纲要》给出了一系列的战略定位，为珠三角的发展提供了发展目标：要求珠江三角洲地区构建现代产业体系，促进信息化与工业化相融合，优先发展现代服务业，加快发展先进制造业，大力发展高技术产业，改造提升优势传统产业，积极发展现代农业，建设以现代服务业和先进制造业双轮驱动的主体产业群，形成产业结构高级化、产业发展集聚化、产业竞争力高端化的现代产业体系；按照统筹规划、合理布局、适度超前、安全可靠的原则，紧紧抓住当前扩大内需的战略机遇，加快交通、能源、水利和信息基础设施建设，推进区域基础设施一体化发展，提高保障水平，实现基础设施现代化；按照主体功能区定位，优化珠江三角洲区域空间布局，以广州、深圳为中心，以珠江口东岸、西岸为重点，推进珠江三角洲区域经济一体化，带动环珠江三角洲区域加快发展，形成资源要素优化配置、地区优势充分发挥的协调发展新格局①。

（二）2012 年经营环境及对东部地区营运资金管理的影响分析

改革开放以来，得益于我国廉价的劳动力资源、政府的优惠政策，以及日益完善的基础设施建设和潜在的广阔市场，跨国公司等海外资本纷纷来华投资建厂，使得我国的东部沿海地区得到了率先发展。

与其他地区相比，东部地区有更多的外向型企业，这些企业以加工贸易型企业为主，它们从国外进口加工后再出口，特点是“两头在外”，只负责按照国外客户的产品需求指令和要求组织生产，产销完全依靠国外市场，在国外市场需求严重不足的情况下，订单大量减少。而这部分企业从产品设计到生产都是根据国外市场要求进行规划的，很难转入国内市场。企业方面是心有余而力不足，处于无奈的境地。同时，东部地区有更多的民营企业和小微企业，这些企业大多属于低技术含量、低附加值产业领域，自主创新能力弱，缺乏自主品牌，规模小，效益差，产业集中度和产品技术低，对外界环境更加敏感，在紧缩性货币政策下，这些企业面临着更多的融资的压力，再加上近些年东部地区的人工和原材料价格上涨的压力很大，使得这些企业面临着更高的采购成本。

1. 对东部地区上市公司采购渠道营运资金管理的影响

2012 年世界经济增长持续降低，市场稳定性仍不高，并且通胀压力仍然较大，通货膨胀一定程度上影响着东部地区大部分公司，这意味着公司采购成本的上升。东部各区域及省市利用自身独特的地理优势及经济优势，颁布了相关的政策建议，例如改善投资环境，创新外商投资管理方式，试行外商投资企业格式化审批，推动投资便利化；实施企业“走出去”战略，健全和完善“走出去”支持服务平台，鼓励有实力的企业到境外开发资源，在海外建立生产加工基地、营销网络和研发中心；完善相关金融政策，下放境外投资审批权限，为企业营造更宽松的“走出去”环境。鼓励上市公司发展开放式经济，进行全球采购并加强物资的供应链管理，将供应商和物资需求者加入到采购供应链，并将迥异的业务流程集成到采购业务从而能有效降低采购成本。

① 国家发展和改革委员会：《珠江三角洲地区改革发展规划纲要：2008－2020》，2008 年 12 月。

2. 对东部地区上市公司生产渠道营运资金管理的影响

2012年政府出台了深化科技体制改革加快国家创新体系建设的意见，颁布实施“十二五”国家战略性新兴产业发展规划，研究与试验发展经费支出占国内生产总值比例达到1.97%。生物医药、互联网信息服务、海洋工程装备等新的增长点加速成长。居民阶梯电价制度、天然气价格形成机制改革试点顺利实施，可再生能源价格和水电、核电价格形成机制进一步完善。

此外，生产的发展离不开人力资源的支持，东部地区就业的外来务工者有数百万，形成了规模庞大、富有特色的外来务工人员流动群。这种社会流动符合现代市场经济的逻辑，是人力资源优化配置的自然体现。经过多年的探索和努力，政府有关部门和劳务机构对外来务工者的管理，已经基本上实现了依法管理，使社会流动从无序走向了有序。除此之外，东部地区以改善民生为重点，加强社会事业建设，推进义务教育、公共卫生、公共文化等基本公共服务均等化，促进经济社会协调发展，形成人民幸福安康、社会和谐进步的良好局面，提供人们生产的积极性。

3. 对东部地区上市公司营销渠道营运资金管理的影响

市场不仅是由人口构成的，这些人还必须具备一定的购买力。而一定的购买力水平则是市场形成并影响其规模大小的决定因素，它也是影响上市公司营销活动的直接经济环境。消费者收入水平、消费者支出模式和消费结构及消费者储蓄和信贷情况都直接影响着上市公司的营销活动。东部地区作为我国经济最发达的地区，其上市公司投资方向、目标市场以及营销战略也影响着营销活动。2012年东部地区着力推进重点领域和关键环节改革攻坚，抓住国际制造业转移的机遇，加快产业结构、技术结构和产业结构调整升级步伐，夯实基础产业，提升一般制造业，加快装备制造业的发展，提升产品、技术和产业的国际竞争力。在新的更高起点上再创体制机制新优势，率先建立完善的社会主义市场经济体制；进一步打破行政性垄断和地区封锁，推进市场一体化；完善行政执法、行业自律、舆论监督、群众参与相结合的市场监管体系，规范市场经济秩序，健全产品质量监管机制；加快社会信用体系建设，建立健全企业信用警示、惩戒以及信用预警机制，营造诚实守信的社会环境，探索适度开放的信用服务市场。同时，东部地区的上海、北京、天津、江苏、浙江、福建、广东和厦门、深圳等省市分批参与了营业税改征增值税试点。这些为东部地区上市公司提供了良好的市场环境，为其营销活动提供了有力支撑。

三、2012年东部地区上市公司营运资金管理的总体分析

本部分由两大内容组成。第一部分从总体上对东部地区上市公司营运资金占用的情况进行分析。首先对东部地区上市公司营运资金占用及配置结构进行总体分析，其次从渠道角度对东部上市公司经营活动营运资金占用做了系统分析，最后从要素角度对东部上市公司的经营活动营运资金占用进行分析。第二部分着重对东部上市公司的营运资金来源和财务风险情况进行了说明和分析。

（一）东部地区上市公司营运资金占用总体分析

1. 东部地区上市公司营运资金占用及配置结构总体分析

（1）地区层面上市公司营运资金占用及配置结构总体分析

从表29－1可以看出，2012年东部地区上市公司营运资本占用总量为13，305.53，营运资金占用总量为39033.68亿元，其中经营活动营运资金占用为11153.45亿元，投资活动营运资金占用为27880.23亿元。相比2011年，东部地区上市公司营运资金占用总体上稳步上升，一定程度上说明东部地区经济持续稳定发展。从均值可见，相较其他三项，营运资金占用总量变化显著。

表29－1中区域营运资金占用及配置结构显示：营运资本占用总量角度，环渤海最低，珠三角最高，长三角居中；营运资金占用总量角度，珠三角最低，环渤海最高，长三角居中；经营性营运资金占用角度，长三角最低，珠三角最高，环渤海居中；投资活动营运资金占用角度，珠三角最低，环渤海最高，长三角居中。总体来看长三角表现最好，其次是环渤海，表现最差的是珠三角。

表29－1中省市营运资金占用及配置结构显示：从营运资本占用总量看，辽宁省最低，广东省最高，山东省居中；从营运资金占用总量看，海南省最低，北京省最高，山东省居中；从经营性营运资

金占用看，上海市最低，广东省最高，山东省居中；从投资活动营运资金占用看，海南省最低，北京市最高，山东省居中。

表 29－1　2011～2012 年东部地区各省市、区域上市公司营运资金占用及其配置结构　单位：亿元

项目	营运资本期末占用		营运资金期末占用		经营活动营运资金期末占用		经营活动营运资金占用水平		投资活动营运资金期末占用	
	2011	2012	2011	2012	2011	2012	2011	2012	2011	2012
东部总体	12639.56	13305.53	12278.93	39033.68	10772.34	11153.45	0.04	0.07	27330.93	27880.23
东部平均	8.07	8.07	8.34	24.91	7.32	7.12	0.04	0.06	18.57	17.79
最大值	5221.14	5654.27	5078.3	12298.93	4046.98	4096.41	0.24	0.29	10743.89	10387.43
最小值	-355.79	-456.63	-1015.32	359.91	-154.69	-504.86	-0.06	-0.02	367.68	370.31
样本数量	1567	1567	1472	1567	1472	1567	1472	1567	1472	1567
环渤海	2319.72	2909.16	1883.84	17569.95	3139.64	3496.08	0.24	0.36	14591.68	14073.86
长三角	4272.42	3801.07	4480.99	10519.23	2763.70	2728.53	0.27	0.46	7525.93	7790.70
珠三角	5221.14	5654.27	5078.30	9010.82	4046.98	4096.41	0.24	0.27	4303.97	4914.41
区域均值	8.07	8.45	3814.38	25.36	3316.77	7.05	0.04	0.06	8807.19	18.30
北京	1480.53	2049.09	1729.15	12298.93	695.68	1911.50	-0.00	0.02	10743.89	10387.43
河北	-20.14	-83.31	-92.40	1124.10	119.92	319.82	0.09	0.07	703.49	804.29
辽宁	-355.79	-456.63	-1015.32	801.00	1428.88	212.29	0.02	0.05	745.94	588.70
天津	421.65	569.15	480.48	1036.68	174.40	252.70	0.07	0.10	891.43	783.99
山东	793.48	830.86	781.93	2309.23	720.77	799.78	0.07	0.11	1506.94	1509.45
上海	229.04	-408.75	454.02	3539.85	-154.69	-504.86	-0.02	-0.02	3842.85	4044.72
浙江	2256.74	2269.46	2235.84	3495.76	1821.51	1846.17	0.20	0.29	1655.45	1649.59
江苏	1786.64	1940.35	1791.14	3483.61	1096.88	1387.22	0.09	0.19	2027.64	2096.39
广东	5221.14	5654.27	5078.30	9010.82	4046.98	4096.41	0.24	0.27	4303.97	4914.41
福建	751.10	873.72	758.12	1573.78	829.49	842.83	0.13	0.20	541.66	730.96
海南	75.18	67.31	77.68	359.91	-7.47	-10.40	-0.06	-0.02	367.68	370.31

（2）企业层面上市公司营运资金占用及配置结构总体分析

按照代码相同原则进行匹配后，东部地区 2011～2012 年可比样本总数为 1252 家，其营运资金占用量变化情况及变动幅度见表 29－2。从营运资本占用量绝对变化上看，营运资本占用量降低的公司有 683 家，占比 54.55%。从变动幅度上看，基本稳定的上市公司数量也相应较高，有 398 家，占比 31.79%。从营运资金占用量的绝对变化上看，约 64.86% 的公司营运资金占用量在增加，营运资金占用量在降低的企业，约 35.14%；而从变动幅度上看，营运资金增加显著的上市公司数量较高，有 417 家，占比 33.31%，基本稳定的公司数量排其次，为 263 家，占比为 21.01%。从经营活动营运资金占用量绝对变化上看，经营活动营运资金占用量增加的公司有 979 家，占比 78.19%。从变动幅度上看，基本稳定的上市公司数量也相应较高，有 684 家，占比 54.63%。从投资活动营运资金占用量的绝对变化上看，90.97% 的上市公司投资活动营运资金占用量在降低；而从变动幅度上看，投资活动营运资金占用量有基本稳定的上市公司数量最多，有 1134 家，占比 90.58%，而有所降低的上市公司数量为 48 家，占比 3.83%。

表 29-2　2011~2012 年东部地区上市公司营运资金占用量变化统计表　单位：家

项目		营运资本	营运资金	经营活动营运资金	投资活动营运资金
资金占用量绝对变化统计	降低	683	440	273	1139
	降低比例	54.55%	35.14%	21.81%	90.97%
	增加	569	812	979	113
	增加比例	45.45%	64.86%	78.19%	9.03%
资金占用量变化幅度统计	降低显著	169	194	96	15
	占比	13.50%	15.50%	7.67%	1.20%
	降低较大	94	22	23	15
	占比	7.51%	1.76%	1.84%	1.20%
	有所降低	197	93	61	48
	占比	15.73%	7.43%	4.87%	3.83%
	基本稳定	398	263	684	1134
	占比	31.79%	21.01%	54.63%	90.58%
	有所增加	169	174	227	14
	占比	13.50%	13.90%	18.13%	1.12%
	增加较大	69	89	54	3
	占比	5.51%	7.11%	4.31%	0.24%
	增加显著	156	417	107	23
	占比	12.46%	33.31%	8.55%	1.84%
可比样本总数		1252			

2. 东部地区上市公司分渠道的经营活动营运资金占用分析

(1) 地区层面上市公司分渠道的经营活动营运资金占用分析

从表 29-3 可以看出，2012 年东部地区上市公司采购渠道营运资金占用为 -18946.08 亿元，生产渠道营运资金占用为 18891.33 亿元，营销渠道营运资金占用为 11208.19 亿元。相比 2011 年，东部地区上市公司分渠道的经营活动营运资金占用总体上稳步上升，一定程度上说明东部地区经济持续稳定发展。

分区域看，环渤海区域采购渠道营运资金占用低于其他两区域，生产渠道和营销渠道营运资金占用均高于其他两区域，这说明在东部地区三大区域中，环渤海区域经营活动最为活跃；珠江三角洲地区在采购渠道营运资金占用上远高于其他两区域，营销渠道营运资金占用上远低于其他两区域，但生产渠道营运资金几乎与环渤海区域持平，可见珠三角区域各渠道营运资金占用规律与其他两区域不同。

分省份看，北京市采购渠道营运资金占用最低，海南省最高，浙江省居中；海南省生产渠道营运资金占用最低，北京最高，河北省居中；广东省营销渠道营运资金占用最低，北京省最高，河北省居中。

表 29-3　东部地区上市公司各渠道营运资金占用绝对额　单位：亿元

项目	采购渠道营运资金		生产渠道营运资金		营销渠道营运资金		经营活动营运资金	
	2011	2012	2011	2012	2011	2012	2011	2012
东部总体	-13230.22	-18946.08	34334.39	18891.33	-21856.66	11208.19	10772.34	11153.45
东部平均	-8.99	-12.09	23.32	12.06	-14.85	7.15	7.32	7.12
最大值	-92.08	-116.61	4435.4	8702.63	3963.11	3212.89	4029.36	4096.41
最小值	-7054.95	-10004.01	16.93	18.32	83.04	82.14	-154.69	-504.86
样本数量	1472	1567	1472	1567	1472	1567	1472	1567

续表

项目	采购渠道营运资金		生产渠道营运资金		营销渠道营运资金		经营活动营运资金	
	2011	2012	2011	2012	2011	2012	2011	2012
环渤海	-8818.01	-12109.13	4862.01	9697.96	7095.64	5907.25	3139.64	3496.08
长三角	-3572.90	-4554.81	2498.81	2436.14	3835.78	4847.19	2761.69	2728.53
珠三角	-639.80	-1969.05	4435.40	5983.31	233.76	82.14	4029.36	4096.41
区域均值	-4343.57	-12.74	3932.07	12.38	3721.73	7.41	3310.23	7.05
北京	-7054.95	-10004.01	3787.51	8702.63	3963.11	3212.89	695.68	1911.50
河北	-509.47	-690.87	180.19	543.46	449.19	467.23	119.92	319.82
辽宁	-417.32	-309.87	630.47	167.57	1215.73	354.60	1428.88	212.29
天津	-227.40	-290.47	192.95	193.55	208.85	349.62	174.40	252.70
山东	-608.88	-813.90	70.89	90.76	1258.76	1522.92	720.77	799.78
上海	-2375.85	-2841.67	632.16	797.09	1589.00	1539.71	-154.69	-504.86
浙江	-435.96	-692.51	1398.44	1119.12	857.02	1419.56	1819.50	1846.17
江苏	-761.09	-1020.63	468.21	519.93	1389.76	1887.92	1096.88	1387.22
广东	-639.80	-1969.05	4435.40	5983.31	233.76	82.14	4029.36	4096.41
福建	-92.08	-196.48	559.17	755.59	362.40	283.72	829.49	842.83
海南	-107.44	-116.61	16.93	18.32	83.04	87.89	-7.47	-10.40

（2）企业层面上市公司分渠道的经营活动营运资金占用分析

东部地区 2010 ~ 2011 年经营活动营运资金（按渠道）占用量变化情况及变动幅度如表 29 - 4 所示。

表 29 - 4 2011 ~ 2012 年东部地区企业层面上市公司经营活动营运资金（按渠道）占用量变化统计表

项目		采购渠道营运资金	生产渠道营运资金	营销渠道营运资金	经营活动营运资金
资金占用量绝对变化统计	降低	581	601	415	273
	降低比例	46.41%	48.00%	33.15%	21.81%
	增加	670	651	837	979
	增加比例	53.51%	52.00%	66.85%	78.19%
资金占用量变化幅度统计	降低显著	328	306	136	96
	占比	26.20%	24.44%	10.86%	7.67%
	降低较大	75	89	46	23
	占比	5.99%	7.11%	3.67%	1.84%
	有所降低	92	121	123	61
	占比	7.35%	9.66%	9.82%	4.87%
	基本稳定	160	168	224	684
	占比	12.78%	13.42%	17.89%	54.63%
	有所增加	138	155	277	227
	占比	11.02%	12.38%	22.12%	18.13%
	增加较大	110	82	141	54
	占比	8.79%	6.55%	11.26%	4.31%
	增加显著	348	331	305	107
	占比	27.80%	26.44%	24.36%	8.55%
可比样本总数		1252			

注：上表中除了百分比之外的数字单位为：家

从表 29 - 4 可以看出，2011 ~ 2012 年，有 273 家上市公司经营活动营运资金（按渠道）占用量在降低，占比 21.81%，与要素视角分析结果一致。

从经营活动营运资金（按渠道）的配置结构上看，采购渠道、生产渠道两大渠道营运资金占用量降低显著与增加显著相差不大且为最多，采购渠道降低显著达 328 家，占比为 26.20%，增加显著达 348 家，占比为 27.80%，生产渠道降低显著达 306 家，占比为 24.44%，增加显著达 331 家，占比为 26.44%；而营销渠道降低显著与增加显著相差较大，降低显著达 136 家，占比为 10.86%，增加显著达 305 家，占比为 24.36%。

3. 东部地区上市公司分要素的经营活动营运资金占用分析

（1）地区层面上市公司分要素的经营活动营运资金占用分析

从表 29 - 5 可以看出，2012 年东部地区上市公司存货占用为 40232.61 亿元，应收账款占用为 31569.74 亿元，应付账款占用为 60646.97 亿元。相比 2011 年，东部地区上市公司分要素的经营活动营运资金占用总体上稳步上升，一定程度上说明东部地区经济持续稳定发展。两年省市均值变化幅度不大，再次证明东部地区上市公司扩张发展比较稳定。

环渤海区域的存货和应收账款的占用量远大于其他两个区域，其应付账款占用又远大于其他两个区域，这说明环渤海区域上市公司的经营活动较长三角、珠三角更为活跃。珠三角区域的存货占用与长三角区域基本相当，但应收、应付账款却比长三角区域少一半，说明珠三角区域上市公司经营活动中赊账欠款现状较少。

从存货占用角度，海南省最低，北京市最高，福建省居中，且各个省份均高于均值；从应收账款占用角度，海南省最低，北京市最高，山东省居中，且各个省份均高于均值；从应付账款占用角度，北京省最高，海南省最低，山东省居中，且各个省份均高于均值。

表 29 - 5　　东部地区上市公司各要素营运资金占用额　　单位：亿元

项目	存货		应收及预付款项		应付及预收款项		经营活动营运资金	
	2011	2012	2011	2012	2011	2012	2011	2012
东部总体	34334.39	40232.61	12284.22	31569.74	-21856.66	60646.97	10772.34	11153.45
东部平均	23.32	25.67	8.35	20.15	-14.85	38.70	7.32	7.12
最大值	5965.48	17802.88	13461.32	14190.52	-75.61	30081.88	4046.98	4096.41
最小值	26.33	100.79	79.76	143.3	-11772.77	254.49	-154.69	-504.86
样本数量	1472	1567	1472	1567	1472	1567	1472	1567
环渤海	7399.47	21694.15	18194.04	18420.10	-14467.17	36618.15	3139.64	3496.08
长三角	3199.58	7798.25	7303.03	8025.94	-4893.40	13093.76	2763.70	2728.53
珠三角	1388.15	9249.99	7606.79	4175.97	-2103.50	9329.55	4046.98	4096.41
区域均值	3995.73	26.48	11034.62	20.93	-7154.69	40.36	3316.77	7.05
北京	5965.48	17802.88	13461.32	14190.52	-11772.77	30081.88	695.68	1911.50
河北	192.02	1207.01	752.61	1127.27	-482.63	2014.47	119.92	319.82
辽宁	510.28	771.75	2233.02	837.26	-1018.73	1396.72	1428.88	212.29
天津	217.34	621.62	517.57	481.07	-319.89	850.00	174.40	252.70
山东	514.36	1290.88	1229.53	1783.98	-873.16	2275.09	720.77	799.78
上海	1526.48	3560.93	3236.55	3907.91	-3295.01	7973.70	-154.69	-504.86
浙江	792.09	2450.57	2444.15	1887.66	-755.74	2492.06	1821.51	1846.17
江苏	881.01	1786.76	1622.34	2230.36	-842.65	2628.00	1096.88	1387.22
广东	1388.15	9249.99	7606.79	4175.97	-2103.50	9329.55	4046.98	4096.41
福建	270.70	1389.43	1150.77	804.43	-316.97	1351.03	829.49	842.83
海南	26.33	100.79	79.76	143.30	-75.61	254.49	-7.47	-10.40

（2）企业层面上市公司分要素的经营活动营运资金占用分析

2011～2012 年东部地区企业层面上市公司分要素的经营活动营运资金量变化情况如表 29－6 所示。2012 年，有 273 家上市公司经营活动营运资金（按要素）占用在降低，占比达到 21.81%，且占用量基本稳定的上市公司数量最多，达 684 家，占比 54.63%。从经营活动营运资金（按要素）的配置结构上看，存货、应收账款和应付账款三大要素占用量基本稳定的上市公司数量均最多，分别达 375 家、323 家、326 家，占比分别为 29.95%、25.80%、26.04%。

表 29－6　2011～2012 年东部地区企业层面上市公司分要素的经营活动营运资金量变化统计表

项目		存货	应收及预付款项	应付及预收款项	经营活动营运资金
资金占用量绝对变化统计	降低	449	396	392	273
	降低比例	35.86%	31.63%	31.31%	21.81%
	增加	784	856	860	979
	增加比例	62.62%	68.37%	68.69%	78.19%
资金占用量变化幅度统计	降低显著	27	25	20	96
	占比	2.16%	2.00%	1.60%	7.67%
	降低较大	44	56	62	23
	占比	3.51%	4.47%	4.95%	1.84%
	有所降低	195	163	163	61
	占比	15.58%	13.02%	13.02%	4.87%
	基本稳定	375	323	326	684
	占比	29.95%	25.80%	26.04%	54.63%
	有所增加	305	302	272	227
	占比	24.36%	24.12%	21.73%	18.13%
	增加较大	128	174	168	54
	占比	10.22%	13.90%	13.42%	4.31%
	增加显著	159	209	241	107
	占比	12.70%	16.69%	19.25%	8.55%
可比样本总数		1252			

注：上表中除了百分比之外的数字单位为：家

（二）东部地区上市公司营运资金来源与财务风险分析

1. 地区层面

短期金融负债与营运资本占比分别指的是短期金融负债及营运资本为营运资金提供的资金数量，存在下列关系：短期金融性负债占比＋营运资本占比＝1。因此一般来说，前者比例越高，表明短期金融性负债为营运资金提供的资金比例越高，相应的财务风险也就越大，在营运资金报告中，该指标为新加入考核指标，便于对比，将 2012 年期初值作为 2011 年末值，也能在很大程度上反映营运资金的来源情况

由表 29－7 可知，较 2011 年短期金融性负债占比而言，2011 年东部总体该指标基本稳定，东部整体的最大值和最小值较去年都有所升高，在环渤海、长三角、珠三角为代表的东部区域中，三个区域 2012 年该指标表现有较大差异，其中环渤海该指标最大（83.44%），与去年相比较为稳定，珠三角短期金融性负债占比为 37.25%，为三个区域中的最小，这也说明环渤海区域的上市公司保持了较为激进的营运资金融资结构，而珠三角地区的上市公司倾向于利用营运资本等长期融资方式，从而表现出较低的财务风险。

对 2012 年各省份的短期金融性负债占比进行分析，与去年总体对比，各省份该指标基本上有略有升高的趋势，其中辽宁省该指标最大为 157.01%，河北省、上海等地区该指标次之分别为 107.41%、

111.55%，说明从整体上说短期金融性负债不仅覆盖了营运资金的来源，还为长期资产提供资金来源，风险较大，之所以出现短期金融性负债占比大于1的情况也与相关省份出现的异常值相关，以2012年末辽宁省短期金融性负债为例，股票代码为600795的国电电力其营运资本为-45644806284.94，甚至小于辽宁省总和-45662807227.27，如果将这一异常值剔除，得出的该省份短期金融性负债占比为1.00019，其他该指标大于1的省份也多存在这种极值情况。2012年浙江省该指标最小，仅为35.08%。

表 29-7　　2011~2012 年东部地区营运资金来源状况

项目	短期金融性负债占比		营运资本占比	
	2011 年末	2012 年末	2011 年末	2012 年末
东部总体	65.00%	65.92%	35.00%	34.08%
东部平均	65.00%	65.92%	35.00%	34.08%
最大值	143.48%	157.01%	67.40%	64.92%
最小值	32.60%	35.08%	-43.48%	-57.01%
样本数量	1567	1567	1567	1567
环渤海	85.62%	83.44%	14.38%	16.56%
长三角	57.26%	63.88%	42.74%	36.12%
珠三角	36.77%	37.25%	63.23%	62.75%
区域均值	65.65%	66.68%	34.35%	33.32%
北京	86.73%	83.34%	13.27%	16.66%
河北	102.23%	107.41%	-2.23%	-7.41%
辽宁	143.48%	157.01%	-43.48%	-57.01%
天津	57.13%	45.10%	42.87%	54.90%
山东	65.11%	64.02%	34.89%	35.98%
上海	93.52%	111.55%	6.48%	-11.55%
浙江	32.60%	35.08%	67.40%	64.92%
江苏	42.57%	44.36%	57.43%	55.64%
广东	36.77%	37.25%	63.23%	62.75%
福建	45.05%	44.48%	54.95%	55.52%
海南	78.84%	81.30%	21.16%	18.70%

2. 企业层面

由于短期金融性负债占比与营运资金占比为2012年营运资金分析中新加入的考核指标，无法直接进行对比，因此企业层面上的分析是根据其他可配比的项目进行配比两年后，将配比后各企业的2012年期初值作为2011年期末值进行对比分析，2011年与2012年配比企业数量为1252家。

从表29-8中分析得知，2012年与2011年相比，短期金融性负债占比指标值小于0的公司数目从33家上升至39家，2012与2011年，该指标在0~20%这个区间内公司数目最多分别为659家与616家，这些公司的财务风险相对小，短期金融性负债>100%的公司数目由2011年的136家上升至2012年的150家，相对应公司的短期金融性负债不仅涵盖了所有营运资金的来源，也为长期资产资金来源之一，风险较大。2012年该指标超过60%的企业数量为310家，较去年的286家有明显上升，说明2012年东部地区企业层面财务风险与去年相比可能会有所上升。

表 29-8　　2011~2012 年东部地区营运资金来源统计表　　单位：家

例	2011 年末短期金融性负债占比	2011 年末营运资本占比	2012 年末短期金融性负债占比	2012 年末营运资本占比
<0	39	33	150	136
0~20%	592	616	66	65
20%~40%	170	177	103	85
40%~60%	133	140	133	140
60%~80%	103	85	170	177
80%~100%	66	65	591	616
>100%	150	136	39	33
企业数量	1252			

四、东部地区上市公司营运资金管理绩效分析

本部分由三大内容组成，首先，从地区层面对 2012 年东部地区经营活动营运资金（按要素、按渠道）管理绩效及近两年的变化程度进行分析；其次，从企业层面对 2012 年东部地区各上市公司经营活动营运资金管理绩效（按要素、按渠道）变动程度进行分析；最后，从地区层面对东部地区 2008 年至 2012 年五年的营运资金管理绩效趋势进行了分析，以期对东部地区营运资金管理状况从整体上进行了解。

东部地区包括北京、河北、辽宁、天津、山东、上海、浙江、江苏、广东、福建、海南 11 个省市。

（一）东部地区上市公司分渠道的营运资金管理绩效分析

1. 地区层面

表 29-9　　2011~2012 年东部地区各渠道营运资金周转期　　单元：天

项目	采购渠道营运资金周转期		生产渠道营运资金周转期		营销渠道营运资金周转期		经营活动营运资金周转期（按渠道）	
	2011	2012	2011	2012	2011	2012	2011	2012
东部地区	-27	-37	25	38	22	20	20	21
环渤海区域	-28	-35	23	29	21	17	17	10
长三角区域	-28	-43	20	23	36	46	28	26
珠三角区域	-11	-41	102	133	7	2	97	95
北京	-29	-35	15	31	15	11	0	6
河北	-39	-51	16	37	37	33	14	19
辽宁	-4	-30	17	18	28	36	41	25
天津	-31	-36	28	29	29	38	26	31
山东	-31	-36	2	4	63	70	34	39
上海	-40	-46	12	13	22	26	-6	-8
浙江	-21	-31	71	58	43	74	92	101
江苏	-39	-45	24	24	60	83	45	63
广东	-11	-41	102	133	7	2	97	95
福建	-11	-12	45	56	27	25	62	69
海南	-54	-59	13	9	32	44	-10	-6

（1）采购渠道营运资金周转期分析

如表 29－9 所示，2012 年东部地区采购渠道营运资金周转期为－37 天，相比于 2011 年减少了 10 天，东部地区 2012 年采购渠道营运资金周转效率提升。

2011 年东部地区各省采购渠道营运资金周转期均为负值，周转期最短的海南省为－59 天，其次是河北省为－51 天，上海和江苏紧随其后，分别为－46 天和－45 天，广东为－41 天，天津和山东省均为－36 天，北京为－35 天。采购渠道营运资金周转相对较慢的有三个省，浙江省为－31 天，辽宁省为－30 天，福建省为－12 天。其中，辽宁省 2012 年采购渠道营运资金效率显著提升，就东部地区总体而言，采购渠道营运资金周转期比较短。

2012 年东部地区三个区域采购渠道营运资金周转期均为负值，周转期最短的长三角和珠三角为－43天和－41 天，周转期最慢的环渤海区域也达到了－35 天，也说明了东部地区总体的采购渠道营运资金周转期较短。

从 2012 年与 2011 年东部地区采购渠道营运资金周转期的对比情况来看，2012 年与 2011 年相比，采购渠道营运资金周转期由 2011 年的－27 天大幅度缩短为 2012 年的－37 天，说明采购渠道营运资金管理绩效有所提升。东部地区采购渠道营运资金管理绩效与 2011 年相比提高 37%，说明 2011 年到 2012 年东部地区采购渠道营运资金管理绩效提高明显。

2012 年东部地区各省的采购渠道营运资金周转期与 2011 年的对比情况为：在东部地区 11 个省市中，5 个省市（天津、山东、上海、福建、海南）的采购渠道营运资金周转期基本不变，周转期状况基本稳定；2 个省（辽宁、广东）采购渠道营运资金周转期显著缩短，表明采购渠道营运资金管理绩效的显著改善；4 个省市（北京、河北、浙江、江苏）的采购渠道营运资金周转期有所缩短，管理绩效状况有所改善。

在东部地区三个区域中，2012 年东部地区各区域的采购渠道营运资金周转期与 2011 年的对比情况为：珠三角区域的采购渠道营运资金周转期较 2011 年缩短 273%，长三角区域采购渠道营运资金周转期较 2011 年缩短 53.57%，环渤海区域采购渠道营运资金周转期较 2011 年延长 25%，说明珠三角提升最明显，东部地区三大区域的采购渠道营运资金管理绩效都有改善。

（2）生产渠道营运资金周转期分析

2012 年东部地区生产渠道营运资金周转期为 38 天。如表所示，2012 年东部地区各省市生产渠道营运资金周转最快的是山东，周转期为 4 天，周转最慢的广东高达 133 天，浙江为 58 天，福建为 56 天，较慢的还有周转期为 37 天的河北和周转期为 31 天的北京，以及 29 天的天津；剩余省市的周转期相对较短，其中，江苏为 24 天，辽宁为 18 天，上海为 13 天，海南为 9 天。由此可见，各省生产渠道营运资金周转期有比较明显的差异。

2012 年，东部地区三个区域生产渠道营运资金周转期也存在一定差距，长三角区域继续保持周转最快的优势，为 23 天，居于其次的环渤海区域为 29 天，周转最慢的珠三角区域则高达 133 天。

2012 年与 2011 年相比，生产渠道营运资金周转期由 2011 年的 25 天延长为 2012 年的 38 天，延长了 52%，生产渠道营运资金管理绩效有所降低。东部地区作为中国经济最发达的地区，工业基础较好，出口活跃，但同时受经济形势影响也最大，继 2011 年周转绩效出现了下降之后，2012 年东部地区生产渠道营运资金管理绩效继续下滑。

2012 年东部地区各省市的生产渠道营运资金周转期与 2011 年对比的情况为：在东部地区 11 个省市中，有 2 个省（浙江、海南）的生产渠道营运资金周转期缩短，5 个省（辽宁、天津、山东、上海、江苏）生产渠道营运资金周转期基本稳定，4 个省市（北京、河北、广东、附件）的生产渠道营运资金周转期有所增长。

从东部地区三个区域比较来看，2012 年东部地区各区域的生产渠道营运资金周转期与 2011 年的对比情况为：三个区域生产渠道营运资金周转期均有不同程度延长，其中，珠三角区域延长 30%，环渤海区域的生产渠道营运资金周转期延长 26%，生产渠道营运资金的管理绩效降低较大；长三角区域延长 15%，生产渠道营运资金的管理绩效也有所下降。

（3）营销渠道营运资金周转期分析

2012 年东部地区营销渠道营运资金周转期为 20 天。如表 29 – 9 所示，在东部 11 个省市中，2012 年营销渠道周转期最长的为江苏省长达 83 天，而最短的是广东省，周转期仅为 2 天；比广东省稍高一点的就是北京市，为 11 天，位居第四、五位的福建省和上海市分别为 25 天和 26 天，河北、辽宁、天津三省市营销渠道周转期分别为 33 天、36 天和 38 天，海南省营销渠道营运资金周转期长达 44 天，而山东和浙江的营销渠道营运资金周转期最长，分别为 70 天和 74 天。

东部地区三个区域中，珠三角区域的营销周转期最短，长三角区域最长为 46 天，由此看来长三角区域的营销渠道绩效较其他两个区域的要差一些。

2012 年东部地区营销渠道周转期为 20 天，比起 2011 年缩短了 9%，营销渠道营运资金的管理绩效有所好转。通过比较可以得到：2012 年与 2011 年相比有 6 个省市（辽宁、天津、山东、上海、浙江、江苏、海南）的营销周期有所延长，营销渠道营运资金的管理绩效有所降低，这说明受宏观形势的影响，各地区的营销活动资金占用比率有所提高；营销周转期缩短的省市有 4 个（北京、河北、广东、福建），广东省营销渠道的营运资金周转绩效降低较大，管理绩效改善显著。

2012 年与 2011 年东部地区三个区域的对比情况为：环渤海区域的营销周转期缩短 19%，周转情况有所高转；长三角区域的营销周转期延长 27.78%，周转趋势不佳；而珠三角区域营销渠道营运资金周转期显著缩短 71%，周转情况改善显著。

2. 企业层面

表 29 – 10　　2011 ~ 2012 年东部地区各渠道营运资金管理绩效变化统计表　　单位：家

项目		采购渠道营运资金周转期	生产渠道营运资金周转期	营销渠道营运资金周转期	经营活动营运资金周转期（按渠道）
周转期变化统计	改善	579	598	369	476
	改善比例	0.46	0.48	0.29	0.38
	降低	672	654	883	776
	降低比例	0.54	0.52	0.71	0.62
周转期变化幅度统计	改善显著	255	233	124	154
	改善较大	86	98	38	63
	有所改善	148	151	107	136
	基本稳定	210	216	278	255
	有所降低	189	153	281	236
	降低较大	93	111	171	152
	降低显著	270	290	253	256
可比样本总数		1252			

（1）采购渠道营运资金周转期分析

如表 29 – 10 所示，2012 年东部地区上市公司中有 255 家企业的采购渠道营运资金周转期较 2011 年改善显著，148 家企业采购渠道营运资金管理绩效比 2011 年有所改善。但有超过一半的企业采购渠道营运资金周转绩效降低了。同时，在所有可比企业中采购渠道营运资金管理绩效改善显著和降低显著的企业数量均较大，这两个变动极端的数量占到了可比样本数量的近一半，说明了采购渠道营运资金管理的不稳定性。

（2）生产渠道营运资金周转期分析

从表 29 – 10 中可以看出，2012 年东部地区上市公司中有 598 家企业生产渠道营运资金管理绩效比 2011 年有所改善，占到该行业可比样本的 48%，654 家企业 2012 年生产渠道营运资金周转期有所降低，说明生产渠道营运资金管理绩效仍有待提高。绩效改善显著和绩效降低显著的企业数量偏高，这表明东部地区上市公司生产渠道营运资金管理绩效仍呈严重的不稳定状态。

（3）营销渠道营运资金周转期分析

从表 29-10 中可以看出，相比采购和生产渠道来说，营销渠道营运资金管理状况令人堪忧。总体来说，有 71% 的上市公司在该渠道的营运资金管理绩效有所降低，其中降低显著的企业有 253 家，降低较大的有 171 家，有所降低的为 281 家。2012 年较 2011 年营销渠道营运资金周转期呈基本稳定的企业数量有 278 家，有所改善的为 107 家，改善较大的有 38 家，有 124 家企业改善显著。从东部地区企业的营销渠道营运资金周转效率来看，有所降低和降低显著的公司所占的数量较大，说明 2012 年营销渠道营运资金周转期有延长趋势，东部地区企业应该加大对营销渠道营运资金的管理，以加速该渠道营运资金的周转。

3. 趋势分析

表 29-11　2008~2012 年东部地区营运资金周转期　单位：天

项目	2008	2009	2010	2011	2012
经营活动营运资金（按渠道）周转期	16	22	14	20	21
采购渠道营运资金周转期	-18	-29	-28	-27	-37
生产渠道营运资金周转期	14	26	22	25	38
营销渠道营运资金周转期	20	24	20	22	20

表 29-11 体现了东部地区近五年来经营活动营运资金周转期（按渠道）的变化趋势。2008~2012 年经营活动营运资金周转期（按渠道）处于总体上升的趋势。我们可以看到，较之于 2008 年，2009 年营运资金周转期显著延长了 37.5%，2010 年小幅缩短后，营运资金周转期总体上升，2011 年和 2012 年呈平稳态势，从总体上看，东部地区近五年来营运资金管理效率总体下降。究其原因，可能是受宏观经济形势影响较大，企业营运资金周转期有所拉长。

（1）采购渠道营运资金周转期分析

从表 29-11 中我们可以看出，2008~2012 年东部地区各省份采购渠道营运资金周转期均为负值，这说明东部地区通过占用其他单位或个人的资金来满足采购渠道营运资金的需求。总体上来看，2008~2012 年采购渠道营运资金周转期不断缩短，特别是 2012 年、2011 年这两年改善较大，这表明企业采购渠道营运资金管理水平和效率有所提高。

（2）生产渠道营运资金周转期分析

从表 29-11 看出，总体上东部地区 2008~2012 年生产渠道营运资金周转期的变化没有明显的规律。不过，我们能够发现，2008 年的生产渠道周转期相较于 2007 年缩短了 76.27%，体现了 2008 年管理的良好效果。然而，2009 年的生产渠道周转期相较于 2008 年延长了 85.71%，充分体现了 2008 年金融危机对企业 2009 年生产渠道周转期的影响。金融危机下，大量的企业破产和工人下岗，导致了生产渠道营运资金周转效率的大大降低，因而周转期大大延长。而 2009 年至 2012 年这三年间，生产渠道周转期虽有所缩短但基本保持稳定，表明企业生产渠道营运资金管理水平和效率恢复缓慢。

（3）营销渠道营运资金周转期分析

从表 29-11 中我们可以看出，2008~2012 年营销渠道营运资金周转期处于基本稳定的趋势，说明东部地区近四年来营销渠道营运资金管理效率的基本稳定。然而，我们能够发现，2008 年相较于 2007 年营销渠道周转期缩短了 78.95%，体现了 2008 年管理的良好效果。2009 年相对于 2008 年，营销渠道周转期延长了 20.00%。究其原因，可能是因为 2008 年金融危机后，由于消费者消费欲望和能力的下降，以至于企业产品的销售量大幅下降，资金周转缓慢，导致营销渠道周转期的延长。而在 2009 年至 2012 年这三年间，东部地区的营销渠道周转期基本保持稳定但有所缩短，表明东部地区营销渠道营运资金的管理状况有所改善。

（二）东部地区上市公司分要素的营运资金管理绩效分析

1. 地区层面

表 29 - 12　　2011 ~ 2012 年东部地区各要素周转期　　单位：天

项目	存货周转期		应收账款周转期		应付账款周转期		经营活动营运资金周转期（按要素）	
	2011	2012	2011	2012	2011	2012	2011	2012
东部地区	71	82	35	41	56	63	50	59
环渤海区域	69	67	35	36	56	61	47	41
长三角区域	69	76	43	51	59	68	53	59
珠三角区域	178	203	53	55	64	73	167	184
北京	54	65	27	32	53	59	29	38
河北	65	91	43	49	83	95	25	46
辽宁	63	75	32	53	49	71	46	57
天津	75	83	40	38	58	56	57	65
山东	60	62	56	62	61	65	55	60
上海	54	57	37	39	61	66	31	31
浙江	128	133	58	69	55	61	130	141
江苏	78	84	52	69	71	79	59	74
广东	178	203	53	55	64	79	167	179
福建	91	107	31	35	43	46	79	96
海南	39	48	33	38	71	79	1	7

（1）存货周转期分析

如表 29 - 12 所示，2012 年东部地区存货周转期为 82 天，2012 年整个东部地区存货周期最短的为海南省仅为 48 天，排名第二的是上海的 57 天，第三位是山东的 62 天，北京以 3 天的差距紧随其后，为 65 天。辽宁、天津、江苏、河北差别较小，分别为 75 天、83 天、84 天和 91 天。福建和浙江的存货周转期相对较长，分别为 107 天和 133 天，而最差的广东省存货周转期长达 203 天。从东部地区三个区域比较来看，环渤海和长三角区域存货周转期较短，分别为 67 天和 76 天，而珠三角区域的周转期则为 203 天，约为环渤海区域的 3 倍。

2012 年东部总体的存货周转期为 82 天，比起 2011 年延长了 15%，11 个省市存货周转期全部较上年延长，说明东部地区存货周转效率在近两年有所降低，形势不容乐观。从东部地区三个区域比较来看，2012 年环渤海区域存货周转期较 2011 年小幅缩短，长三角区域存货周转期小幅延长，而珠三角区域周转期则显著延长。

存货的管理一直是企业营运资金管理的重点。从东部地区存货周转期两年的变化率来看，2012 年的存货周转期较 2011 年都处于延长状态。2012 年，受宏观经济形势影响，企业销售收入下降，最终导致存货的周转率下降，周转期延长。金融危机的影响仍没有完全消除，很多依赖出口的企业还会出现存货的积压的情况。

（2）应收账款周转期分析

如表 29 - 12 所示，2012 年东部地区应收账款周转天数为 41 天，东部地区各省应收账款周转天数分别为，北京 32 天，河北 49 天，辽宁 53 天，天津 38 天，山东 62 天，上海 39 天，浙江 69 天，江苏 69 天，广东 55 天，福建 35 天，海南 38 天，其中北京市和福建省的应收账款周转较快，浙江省和江苏省的应收账款周转相对较慢。

2012 年环渤海区域应收账款周转天数为 36 天，长江三角洲区域 2012 年应收账款周转天数为 51 天，珠江三角洲区域 2012 年应收账款周转天数为 55 天。由此可见，2012 年在我国经济发展较快的东部地区，环渤海区域 2012 年应收账款周期较短，应收账款管理水平较高，而珠三角区域的应收账款周转天数较长，企业的应收账款周转较慢。

2012 年，东部地区整体较 2011 年的应收账款周转期延长 17%，同时，所有省市均有所延长，说明 2012 年企业普遍面对较大应收账款管理压力，企业应收账款回收效率不高。

如表 29－12 所示，从东部地区三个区域比较来看，环渤海区域 2012 年比 2011 年应收账款周转期增加了 1 天，说明 2012 年的应收账款控制较上年基本相同，小幅延长。长三角区域 2012 年比 2011 年应收账款周转期提高了 42%，说明在 2012 年长三角区域应收账款管理绩效下降，其中浙江、江苏应收账款管理水平都下降较多。珠三角区域 2012 年比 2011 年应收账款周转期延长了 3%，说明 2012 年珠三角应收账款管理绩效与上年基本相同，略微下降。

（3）应付账款周转期分析

如表 29－12 所示，2012 年东部地区应付账款周转天数为 63 天，东部地区各省市应付账款周转天数分别为：北京 59 天，河北 95 天，辽宁 71 天，天津 56 天，山东 65 天，上海 66 天，浙江 61 天，江苏 79 天，广东 79 天，福建 46 天，海南 79 天，其中福建和天津的应付账款周转较快，河北省、江苏省、广东省和海南省的应付账款周转相对较慢，说明在河北省、江苏省、广东省和海南省的各个行业平均的应付账款管理绩效较好。

2012 年，环渤海区域应付账款周转天数为 61 天，长江三角洲区域 2012 年应付账款周转天数为 68 天，珠江三角洲区域 2012 年应付账款周转天数为 73 天。由此可见，环渤海区域 2012 年应付账款周转期较短，而珠三角区域的应付账款周转天数较长，珠三角区域放慢应付账款的还款速度为企业充分利用应付款项创造效益。

2012 年与 2011 年相比，东部地区应付账款周转天数延长了 7 天，说明东部地区应付账款周转较慢，说明相对于 2011 年，在 2012 年应付账款管理绩效有所提高，更充分地利用了应付账款融通资金。2011 年与 2010 年东部地区各省的应付账款周转期对比情况为：在东部的 11 个省市中，除天津缩短外，其余 10 个省市均为延长，说明大部分企业都注重对应付账款的管理，善于运用各种办法利用应付账款为企业创造效益。

从东部地区三个区域比较来看，环渤海区域 2012 年应付账款周转期比 2011 年增加了 9%，长三角区域 2012 年应付账款周转期比 2011 年延长了 15%，长三角区域所有省市均有所延长。珠三角区域 2012 年应付账款周转期比 2011 年延长了 14%，说明在 2012 年珠三角区域适当放缓了应付账款的还款速度。

2. 企业层面

通过对 2012 年与 2011 年东部地区上市公司进行匹配后发现，按照股票代码相同的原则，两年内东部地区上市公司可比样本为 1252 家，其经营活动营运资金管理绩效变化统计见表 29－13。

表 29－13　　2011～2012 年东部地区经营活动营运资金各要素管理绩效变化统计表

项目		存货周转期	应收账款周转期	应付账款周转期	经营活动营运资金周转期（按要素）
周转期变化统计	改善	414	328	433	411
	改善比例	0.330671	0.261981	0.345847	0.328275
	降低	824	920	814	841
	降低比例	0.658147	0.734824	0.65016	0.671725
周转期变化幅度统计	改善显著	28	27	23	72
	改善较大	38	26	55	47
	有所改善	147	105	171	138
	基本稳定	448	361	417	336
	有所降低	298	375	303	285
	降低较大	155	187	130	173
	降低显著	124	167	148	201
可比样本总数		1252			

注：上表中除了百分比之外的数字单位为：家

（1）存货周转期分析

与 2011 年相比，2012 年东部地区存货周转绩效改善的企业有 414 家，占到可比样本的 33%，其中基本稳定和有所降低的企业数量列居前两位改善显著和改善较大的企业数目最少，分别仅有 28 家和 38 家。这表明，2012 年东部地区大部分企业存货管理绩效处于基本稳定和有所降低的程度，虽然降低的程度也不大。

（2）应收账款周转期分析

2012 年东部地区应收账款周转期与 2011 年相比，降低的企业有 920 家，占到可比样本的 73.48%，其中有所降低企业约占 30%，基本稳定企业占 29%，数量较大，而改善显著和改善较大企业的数量相对较低。这表明东部地区绝大多数上市公司应收账款管理水平在降低，但降低幅度不大。

（3）应付账款周转期

与 2011 年相比，2012 年东部地区应付账款周转期延长，即应付账款管理绩效改善的企业有 433 家，占到可比样本的 35%，其中呈现有所改善的有 171 家，占比 14%，改善较大的企业有 55 家，占比 4%；而有约 24% 的企业应付账款管理绩效与 2011 年相比有所降低，应付账款周转期基本稳定的企业较多，有所降低的有 303 家，占 24%。

3. 趋势分析

表 29－14　　2008～2012 年东部地区各要素周转期　　单位：天

项目	2008	2009	2010	2011	2012
现金周转期	43	51	43	50	59
存货周转期	60	74	67	71	82
应收账款周转期	21	39	33	35	41
应付账款周转期	39	62	57	56	63

表 29－14 体现了东部地区近五年来经营活动营运资金周转期的变化趋势，2008～2012 年经营活动营运资金周转期（按要素）的变化没有明显的规律。2009 年较 2008 年有所延长，2010 年现金周转期又有所缩短，2011 年又再次延长，2012 年继续维持延长趋势，增加了 9 天。近三年东部地区现金周转期呈延长趋势。

（1）存货周转期趋势分析

东部地区 2008～2011 年存货周转期的变化基本稳定。不过，我们能够发现，2009 年相较于 2008 年周转期延长了 23.00%，说明企业 2009 年的存货周转期受到了 2008 年金融危机的影响，存货周转期有所延长。而 2010～2012 年三年间，存货周转期总体延长，表明企业对于存货的管理力度和管理效率有所下降。

（2）应收账款周转期趋势分析

在 2008～2012 年应收账款周转期的变化没有明显的规律。但 2009 年相对于 2008 年，应收账款周转期延长了 86.05%，说明 2009 年应收账款的管理效率由于受到 2008 年金融危机的影响而大幅下降。金融危机后，各个企业的营运资金都很紧张，导致应收账款的回收速度变慢，同时为了尽可能扩大销售，企业也不得不延长应收账款的信用期限，以致应收账款周转缓慢，周转期延长。在 2010～2012 年这三年间，东部地区的应收账款周转期呈延长趋势，表明东部地区应收账款管理效率呈小幅下降趋势。

（3）应付账款周转期趋势分析

2008～2012 年东部地区各省份应付账款周转期的变化没有明显的规律。然而，2009 年的应付账款周转期相较于 2008 年却有明显的变化，延长了 58.97%，这说明在金融危机的大环境下，企业的应付账款偿还速度普遍变慢，应付账款的管理效率提高。而 2009～2012 年这四年间，应付账款周转期先是不断下降，在 2012 年又有延长，表明 2012 年企业应付账款的偿还速度变慢，应付账款的管理效率有所提升。

五、2012 年东部地区上市公司营运资金管理绩效排行榜

本部分分别按"经营活动营运资金周转期（按要素）"和"经营活动营运资金周转期（按渠道）"进行排名，考察东部地区上市公司营运资金管理绩效。在对上市公司营运资金管理绩效进行排名时，剔除了财务数据异常的公司，详见附录一。

六、2012 东部地区上市公司营运资金管理调查的结论与建议

（一）调查结论

（1）从配置分析来看，2012 年东部地区经营活动营运资金总量（按渠道）为 39033.68 亿元，与去年相比显著提高，一定程度上说明东部地区经济持续稳定发展，投资活动营运资金的占用量远大于经营活动的营运资金的占用量。其次，营运资金的占用情况（包括）在东部各省市之间存在明显不同，从营运资金占用总量角度来看，珠三角最低，环渤海最高，长三角居中，这与各省的区域经济总量密切相关。最后，同一省市在不同的渠道的营运资金占用情况也不尽相同，北京市采购渠道营运资金占用最低，海南省最高，浙江省居中；海南省生产渠道营运资金占用最低，北京最高，河北省居中；广东省营销渠道营运资金占用最低，北京省最高，河北省居中。总体来看，营销渠道营运资金占用量和生产渠道营运资金占用量都比较大，而采购渠道营运资金占用量为负值。

（2）在资金来源和财务风险方面。2012 年东部地区上市公司的资金来源与 2011 年相比，变化不大。但值得注意的是，2012 年东部总体营运资金中约有 66% 为短期金融性负债提供，大约有四分之一上市公司的短期金融性负债占比都超过了 60%，表现出较高的财务风险。另外，东部各区域及各个省份上市公司的短期金融性负债占比存在明显的差异，例如辽宁省、河北省和上海等地区上市公司的短期金融性负债占比相对较高，他们利用短期金融性负债为营运资金和部分长期资产提供资金来源，面临着较高的财务风险，2012 年浙江省的短期金融性负债占比相对较低，采取了保守的营运资金融资策略。

（3）从绩效分析来看，我国 2012 年整体宏观形势不容乐观，不景气的宏观环境直接影响了东部渠道的营运资金管理绩效。在渠道的视角下，首先从地区层面来看，从东部 11 个省市变动程度来分析，2012 年与 2011 年相比，绝大多数经营活动营运资金周转期出现延长形势（如北京、河北、天津、山东、浙江、江苏、福建、河南），可见，2012 年营运资金周转期显著延长的省市显著较多，总体情况开始出现恶化。其次从企业层面来看，通过对 2011 ~ 2012 年东部 1252 家可比样本进行变动程度分析可知，2012 年东部地区中有 776 家上市公司经营活动营运资金管理绩效差于 2011 年，占该行业可比样本的 62%，这表明六成以上的上市公司营运资金管理绩效恶化。同样，在要素的视角下，首先从地区层面来看，从东部 11 个省市变动程度来分析，2012 年与 2011 年相比，除上海外，其他省市经营活动营运资金周转期均出现延长形势；可见，2011 年营运资金周转期显著延长的省市增多，显著缩短和基本不变的省市明显减少，总体情况开始出现恶化。其次从企业层面来看，从 2011 ~ 2012 东部 1252 家可比样本进行变动程度分析，2011 年东部地区中仅有 411 家上市公司经营活动营运资金管理绩效好于 2011 年，占该地区可比样本的 33%。

（二）对策建议

1. 加强生产渠道优化和管理，提高生产渠道营运资金管理绩效

从东部地区的生产渠道营运资金周转期变动程度来看，2012 年与 2011 年相比，总体生产渠道营运资金周转期明显延长，北京、河北、山东、广东、福建等省份的生产渠道营运资金周转期显著延长，且各个省份生产渠道营运资金周转期有着明显差异；从区域来看，东部地区整体及环渤海、长三角、珠三角的生产渠道周转效率均为下降趋势。由此可见，2011 年，生产渠道营运资金周转期显著缩短的省市大幅度减少，显著延长的省市开始增多，因此，从供应链、渠道的角度出发，继续加强生产渠道优化和管理，加强生产渠道营运资金管理成为提升上市公司营运资金管理绩效的重要途径。

2. 改进和优化采购业务流程，构筑企业高效的内部价值链提升采购渠道营运资金周转绩效

从东部地区各省的采购渠道营运资金周转期变动来看，2012 年与 2012 年相比，从 -27 天减少为 -37 天，各个省份采购渠道营运资金周转期显著缩短，说明 2012 年，东部地区采购渠道营运资金管

理水平有着明显提高。因此，东部地区采购渠道营运资金管理绩效 2012 年有着明显提升，要维持该趋势，更要对采购渠道引起足够重视，不能依靠传统的延长应收账款周转期的方法。东部地区必须树立以渠道管理为重心的管理理念，着力改进和优化采购业务流程，构筑企业高效的内部价值链，降低采购周期，从而改善采购渠道营运资金管理绩效及经营活动营运资金管理绩效。

3. 加强营销流程的优化和管理，提升营销渠道营运在资金管理绩效

从营销渠道营运资金管理的变动发现，2012 与 2011 年相比，总体基本维持稳定状态，有 6 个省市（北京、河北、广东、福建）的营销周期显著缩短，辽宁、天津、山东、上海、浙江、江苏、海南营销渠道周转期有不同程度的上升。东部各省份与地区营销渠道营运资金周转期差异较大，从一方面说明各个省份在营销渠道营运资金管理水平上差别较大。改善营销渠道营运资金管理水平，就要从供应链、渠道的角度出发，继续加强营销流程的优化和管理，采用客户关系管理，营销渠道管理等先进方式使之成为提升上市公司营运资金管理绩效的重要途径。

4. 通过降低存货的积压、缓解应收账款的管理压力等手段改善东部地区上市公司各要素的资金管理绩效

2012 年宏观经济形势影响有关，企业销售收入下降，最终导致存货、应收账款、应付账款周转期明显延长。2012 年，金融危机的影响仍没有完全消除，企业出现存货的积压、应收账款回收效率较低、应付账款占用较多的情况。2012 年东部总体的存货周转期为 82 天，比起 2011 年延长了 15%，11 个省市存货周转期全部较上年延长，说明东部地区存货周转效率在近两年有所降低，形势不容乐观。这与 2012 年宏观经济形势影响有关，企业销售收入下降，最终导致存货的周转率下降，周转期延长。金融危机的影响仍没有完全消除，很多依赖出口的企业还会出现存货的积压的情况。

2012 年东部地区应收账款周转天数为 41 天，较 2011 年的应收账款周转期延长 17%，所有省市均有所延长，说明 2012 年企业普遍面对较大应收账款管理压力，企业应收账款回收效率不高。

2012 年东部地区应付账款周转天数为 63 天，2012 年与 2011 年相比，东部地区应付账款周转天数延长了 7 天，说明东部地区应付账款周转较慢，说明相对于 2011 年，在 2012 年应付账款管理绩效有所提高，更充分地利用了应付账款融通资金。2011 年与 2010 年东部地区各省的应付账款周转期对比情况为：在东部的 11 个省市中，除天津缩短外，其余 10 个省市均为延长，说明大部分企业都注重对应付账款的管理，善于运用各种办法利用应付账款为企业创造效益。应收账款与应付账款的同向变化有着联动关系。

5. 综合权衡成本和风险以确定有效的营运资金融资策略

毋庸置疑，更多地使用短期金融性负债作为营运资金的融资方式，可以有效地降低融资成本，提高营运资金管理绩效。但是过分地使用短期金融性负债作为流动资产甚至长期资产的融资方式，就必然将企业置于较高的财务风险之中。而适当选择营运资本等长期融资方式为营运资金提供资金支持，虽然提高了企业的融资成本，但也增强了企业的风险承担能力。在外部经营风险不断加大的情况下，稳健的营运资金融资策略反而在一定程度上更能满足企业的需求。因此企业需要综合权衡成本和风险以确定有效的营运资金融资策略，从而一方面可以改善营运资金管理绩效，另一方面也可以降低风险、维持企业的持续经营。

6. 供应链优化整合能够有效提升营运资金管理绩效

通过我们的分析发现，营运资金管理绩效相对较好的省市或区域，其具有的共同特点即为以供应链的优化整合为核心，加强渠道管理，优化供应链结构等措施，进行营运资金的全面管理。具体表现为：充分利用地区的地理位置、交通网络、特色资源和产业优势，形成区域内的供应链一体化和地区内产业衔接，并通过加强区域间的经济合作等方式，将企业的单体优势转化为区域和产业的整体优势，从而形成区域和产业的核心竞争力。因此，东部地区上市公司应该更新营运资金管理观念，重视渠道建设，确立以供应链整体绩效提升为根本的目标导向，从根源上为提升营运资金管理绩效打下坚实基础。

主要参考文献

1. 喻刚勇、丁贞栋："浅析中国区域非均衡发展和均衡发展战略"，《新西部》，2007 年第 3 期。

2. 郝素秋："环渤海区域经济一体化现状分析与对策"，《经济论坛》，2010 年第 9 期。

3. 王卓等：《环渤海经济圈的整合研究》，《经济纵横》，2007 年第 2 期。

4. 国家发展和改革委员会：《长江三角洲地区区域规划》，2010 年 6 月。

5. 国家发展和改革委员会：《珠江三角洲地区改革发展规划纲要：2008－2020》，2008 年 12 月。

6. 谢姝琳、李强、房俊峰："环渤海、长三角、珠三角的经济发展战略比较分析"，《环渤海经济瞭望》，2008 年第 5 期。

7. 王玉娟："浅析营运资金管理的影响因素"，《商场现代化》，2008 年 34 期。

8. 刘翠锋："民营企业员工心理契约与企业绩效分析"，《大众商务》，2010 年 02 期。

9. 崔益华、孙燕芳："论加强我国上市公司营运资金管理的对策"，《中国乡镇企业会计》，2010 年第 1 期。

10. 曲洪雨："为村务'一事一议'制度建言"，《农村财务会计》，2010 年第 1 期。

11. 高建强："创业板推出的意义"，《今日南国（理论创新版）》，2010 年第 1 期。

12. 梁菊、刘瑜薇："民营企业获得竞争优势的途径——实施人力资源战略管理"，《现代商业》，2010 年第 2 期。

13. 王艳："中小型企业财务管理问题分析及对策"，《科技信息》，2010 年第 2 期。

14. 李新生："关于某些企业文化表现的思考"，《建设机械技术与管理》，2010 年第 2 期。

15. 尹明善："不变哪能应万变?"，《中外管理》，2010 年第 3 期。

16. 张付功："民营企业档案管理的问题和对策"，《人力资源管理》，2010 年第 3 期。

17. 丁飞："高校如何做好财务管理"，《商业经济》，2010 年 05 期。

18. 彭家钧："营运资金管理在中国的实践与创新——基于海尔集团营运资金管理的案例研究"，《中国会计学会 2010 年学术年会营运资金管理论坛论文集》，2010 年。

19. 张先敏："企业战略、组织结构与营运资金管理——以海尔集团为例"，《中国会计学会 2010 年学术年会营运资金管理论坛论文集》，2010 年。

20. 刘文静："基于业务流程管理的营运资金管理机理与模式"，《中国会计学会 2010 年学术年会营运资金管理论坛论文集》，2010 年。

21. 祝兵、孟琦、吕素萍："产业链整合与营运资金管理绩效提升——基于我国葡萄酒上市公司的案例研究"，《中国会计学会 2010 年学术年会营运资金管理论坛论文集》，2010 年。

22. 寻小涛："基于企业生命周期理论的营运资本管理策略研究"，上海交通大学硕士学位论文，2010 年。

23. 王艳春："ERP 对营运资金管理影响的实证研究"，中国海洋大学硕士学位论文，2010 年。

24. 张欣怡："基于业务流程管理的营运资金管理研究"，中国海洋大学硕士学位论文，2010 年。

25. 陈立弘："我国家用电器行业上市公司营运资金管理研究"，中国海洋大学硕士学位论文，2010 年。

26. 刘文静："业务流程管理影响营运资金管理的机制研究"，中国海洋大学硕士学位论文，2010 年。

27. 谭佩琳："营运资金管理在快速消费品企业的应用"，复旦大学硕士学位论文，2009 年。

第三十章　2012 年中部地区上市公司营运资金管理调查①

【摘要】营运资金管理不仅具有较强的行业特点，其在不同的地区间还呈现出一定的地域特点和管理特点。为了更详细地了解 2012 年我国中部地区上市公司营运资金的周转情况，依托中国企业营运资金管理研究中心“中国上市公司营运资金管理数据库”提供数据支持，本章对中部地区营运资金管理情况进行了调查分析。

为了能够更加科学系统地分析中部地区营运资金管理情况，本章的主要结构如下：第一部分对中部地区营运资金管理的特点进行总体介绍；第二部分对 2012 年中部地区经营环境及对营运资金管理的影响进行分析；第三部分从总体上、分渠道、分要素三个视角对中部地区上市公司营运资金配置情况进行介绍，同时还对中部地区上市公司营运资金来源与财务风险进行了分析；第四部分着眼于 2012 年中部地区上市公司营运资金管理绩效，从渠道视角和要素视角两方面分别对营运资金管理绩效进行了客观而详细的分析；第五部分对中部地区各省份的营运资金管理绩效进行排名；第六部分对 2012 年中部地区上市公司营运资金管理的典型案例进行了分析；第七部分是本章的总结，并同时对中部地区改善营运资金管理绩效提出建议。

通过本次调查，可以发现：2012 年，我国整体宏观形势不容乐观，我国中部地区上市公司营运资金管理的影响较大；中部地区营运资金整体占用总量高，各省市间、各渠道间差异较大；营运资金来源总体上多为短期金融性负债筹集，财务风险分析相对较高；中部地区经营活动营运资金周转绩效呈下降的趋势；采购渠道的营运资金周转绩效有所改善；生产渠道营运资金周转绩效恢复缓慢；营销渠道营运资金周转绩效有所下降；中部地区各省份的营运资金管理绩效相差比较大。针对这些问题，中部地区企业应依托优势产业，加强对上下游产业的发展；抓住产业转移机会，加快产业升级；优化整合供应链，提升营运资金绩效。

一、中部地区企业营运资金管理特点

我国中部地区地处中国内陆腹地，起着承东启西、接南进北的作用。我国中部地区包括山西、吉林、黑龙江、安徽、江西、河南、湖北、湖南 8 个省份，中部地区是我国重要的劳动力输出基地，原材料生产及输出基地，能源生产及输出地区；位于我国内陆腹地，承东启西，连南贯北，在我国综合交通体系中发挥着不可替代的重要作用。铁路、公路、水运、航空等多种现代化运输方式，组成了一个四通八达、方便快捷的立体交通运输网；同时中部有长江中下游经济群，湖南、湖北、安徽等省份制造业，特别是工程机械等重工业发达，黑龙江、山西、江西、河南等省份自然资源丰富，主要是以第一产业与第二产业为主。

中部地区依靠全国 18.96% 的土地，承载全国 31.8% 的人口，创造全国 27% 的 GDP，是我国的人口大区、经济腹地和重要市场，在中国各地域分工中扮演着至关重要的角色。与此同时，中部地区吸引四面、辐射八方，从整体发展的角度考虑，只有中部地区经济协调发展，才能带动中国经济的健康发展。

中部地区农业资源丰富，是我国重要的粮食生产基地和输出基地。中部地区矿产资源、水能资源和煤炭资源丰富，是我国重要的能源及原材料生产及输出地区，中部地区地理位置决定了其在我国综合交通体系中发挥着不可替代的重要作用。中部各省既是人口大省、劳动力大省，也是农民工大省，

① 国家自然科学基金“利益相关者视角的营运资金管理研究与中国上市公司营运资金管理数据平台扩充建设（71372111）”和国家自然科学基金“利益相关者集体选择视角的企业价值管理研究（71172099）”的阶段性成果。感谢中国海洋大学、中国会计学会、国家自然科学基金委员会对营运资金管理研究的支持。

劳动力输出的重要基地。因此，我国中部地区的发展对于全国的发展起着至关重要的作用，对中部地区企业营运资金的研究也越显重要。

通过对2008年~2012年中部地区上市公司营运资金管理调查，我们深入探究该地区上市公司营运资金管理的特点，从地域角度对我国上市公司营运资金管理现状给出了全新的诠释。

中部地区各省基本上都是制造大省，总体的经营活动营运资金管理绩效与各产业较发达的东部地区相比，优势可能并不明显，但由于中部地区各省均为人口大省，劳动力成本占优势，结合以前年度的调查研究，中部地区生产渠道营运资金管理水平预期较优。但采购渠道和营销渠道营运资金管理水平预期较低。

二、2012年中部地区经营环境及对营运资金管理的影响

（一）中部地区经营环境分析

2012年是世界经济继续负重前行的一年。整体而言，今年的世界经济有所增长，但持续低位运行，复苏速度明显放缓。在欧债危机曲折反复、全球经济复苏速度减缓的背景下，我国国民经济延续了2011年以来的减速态势，但随着稳增长政策措施逐步见效，经济呈缓中趋稳态势，全年GDP达到519322亿元人民币，增长7.8%左右，高于7.5%的预期目标0.3个百分点。受国内外发展大环境影响，中部各省牢牢把握“稳中求进”的总基调，经济走势与全国一样，呈现逐季回落态势，但回落的幅度收窄，主要经济指标增速放缓但仍保持在较快的增长区间，2012年中部各省GDP总量142308亿元人民币，平均增速9.23%，高于全国7.8%的增速，经济发展态势好于全国。

（二）2012年经营环境及对营运资金管理的影响分析

上市公司是证券市场中最重要的主体之一，在整个市场中处于核心地位，上市公司创造价值的过程也就是实现投入－产出的转换过程，即通过“采购－生产－营销”这样一个链条，使得产品从最初的供应商向最终的客户运动。在这一运动过程中，不仅伴随着实物资产、信息的传输，还有作为公司价值创造血液的资金，特别是营运资金的流动。上市公司营运资金管理的绩效与价值链上采购、生产、营销环节的协调运转有着密切的关系，作为经济体中的一份子，上市公司价值链的运转不可避免地受到外部经济环境的影响。

1. 对中部地区上市公司采购的影响

2012年全球经济复杂多变，复苏势头放缓。我国国内经济增速放缓，处在寻求新平衡的过程中。国家以及中部地区各区域及省市进一步推进各项经济社会体制改革，实施扩大内需的宏观政策，利用中部地区自身独特的地理优势及经济优势，颁布了相关的政策建议。例如2012年7月25日的国务院常务会议通过了《关于大力实施促进中部地区崛起战略的若干意见》，明确要继续大力实施促进中部地区崛起战略，更加注重转型发展和协调、可持续发展，着力激发中部地区内需潜能，进一步拓展发展空间，努力实现中部地区全面崛起。

根据规划，中部地区通过建设“三个基地、一个枢纽”可以降低相关产业采购供应链的成本：以郑州、武汉等省会城市为重点，建设全国性交通枢纽城市，加快铁路网建设，完善公路干线网络；同时依托郑州、武汉等全国性和其他区域性物流节点城市，进一步加快现代物流基础设施建设；鼓励中部地区参与泛长江三角洲、泛珠江三角洲、京津冀都市圈相关地区的区域发展。交通的便利、现代物流基础设施建设的较快会使运输成本降低，进一步减少采购渠道的营运资金占用，这些措施都有利于中部地区企业降低供应链采购业务成本。

2. 对中部地区上市公司生产的影响

2012年国家和中部地区各省份继续对相关行业提供政策上的支持，这对中部地区相关行业上市公司的生产有巨大促进作用。《意见》中明确要求稳步提升“三基地、一枢纽”地位，增强发展的整体实力和竞争力。根据规划，中部地区要巩固粮食生产基地地位，推进农业产业化经营，积极发展现代农业；提高能源原材料基地发展水平，推进钢铁、石化、有色、建材等优势产业结构调整，延伸产业链，提高产品附加值和竞争力；壮大现代装备制造及高技术产业基地实力，以掌握核心技术为突破口，

培育发展电子信息、生物医药、新能源、新材料等战略性新兴产业；加快发展服务业，积极发展现代物流业、文化产业，加快发展金融、研发设计、电子商务、信息服务等生产性服务业，促进生产性服务业与制造业融合发展。

这一方针政策对相关行业的生产产生一定的积极影响。山西、安徽、河南等产煤大力推进煤炭资源整合和兼并重组，培育大型煤炭企业集团，湖南省则加大对纺织政策的支持力度。武钢、马钢、太钢等大型钢铁企业技术改造和跨区域联合重组。加强钢铁企业与上下游企业的战略合作，建立风险共担机制，增强抵御市场风险的能力。株洲、大同、湘潭等地积极发展轨道交通设备制造业，通过整车和关键部件的技术引进和自主研发，提升技术水平，增强创新开发和制造能力。沿江各省加快推进船舶工业结构调整，提高自主研发能力和船用设备制造能力。发展现代造纸产业，利用木材、竹子、芦苇等资源优势，加强造纸原料基地建设，推进林纸一体化发展，促进造纸产业可持续发展。优势较为突出的劳动力资源，使生产渠道中的人工成本受益匪浅，直接可以减少生产渠道营运资金的占用，现金技术引进及使用时生产流程更为顺畅、高效，加快了生产流程中营运资金的周转效率，而这些因素可能会对中部地区生产渠道营运资金管理又正面影响。

3. 对中部地区上市公司营销的影响

购买力水平会直接影响上市公司的营销环境，消费者的收入水平、消费者的支出模式、消费者储蓄和信贷情况以及消费结构都会直接影响上市公司的营销情况。随着国家收入分配制度改革的推进以及城镇化进程的加快，中部地区的消费潜力进一步释放。地方政府也将进一步出台各类消费激励政策，继续推进和完善社保体系改革，以鼓励刺激消费，消费需求总体仍将保持稳定增长。

为改善外贸企业的经营环境和融资条件，2012 年 9 月份国务院出台了《关于促进外贸稳定增长的若干意见》加快出口退税进度，扩大贸易融资规模，降低贸易融资成本，加大出口信用保险支持力度，全力支持外贸企业开拓国际市场。为了完善税制，消除重复征税降低企业税收成本，增强企业发展能力，2012 年国家对部分行业部分地区进行“营改增”试点中部地区的安徽、湖北两省参与了营业税改征增值税试点。这些为中部地区上市公司提供了良好的市场环境，为其营销活动提供了有力支撑。

三、2012 年中部地区上市公司营运资金管理的总体分析

本部分由两大内容组成。第一部分从总体上对中部地区上市公司营运资金占用的情况进行分析。首先对中部地区上市公司营运资金占用及配置结构进行总体分析，其次从渠道角度对中部上市公司经营活动营运资金占用做了系统分析，最后从要素角度对中部上市公司的经营活动营运资金占用进行分析。第二部分着重对中部上市公司的营运资金来源和财务风险情况进行了说明和分析。

（一）中部地区上市公司营运资金占用总体分析

1. 中部地区上市公司营运资金占用及配置结构总体分析

（1）地区层面上市公司营运资金占用及配置结构总体分析

地区层面上市公司营运资金占用及配置结构总体分析如表 30 - 1 所示

表 30 - 1　　2011 ~ 2012 年中部地区总体经营活动营运资金总量及其分布　　单位：亿元

项目	营运资本期末占用		营运资金期末占用		经营活动营运资金期末占用		经营活动营运资金占用水平		投资活动营运资金期末占用	
	2011	2012	2011	2012	2011	2012	2011	2012	2011	2012
中部总体	2262.60	2196.94	1804.88	7817.14	2487.69	2496.37	0.11	0.10	4221.20	5320.77
中部平均	282.83	274.62	225.61	977.14	310.96	312.05	0.11	0.10	527.65	665.10
最大值	551.69	595.23	491.64	1512.28	605.93	610.52	0.28	0.26	908.30	942.10
最小值	88.62	-34.25	53.48	503.57	7.33	21.62	0.00	0.00	133.68	258.26
样本量	393	393	384	393	384	393	384	393	384	393
安徽	551.69	442.06	491.64	1180.19	426.96	443.74	0.09	0.10	717.61	736.45

续表

项目	营运资本期末占用		营运资金期末占用		经营活动营运资金期末占用		经营活动营运资金占用水平		投资活动营运资金期末占用	
	2011	2012	2011	2012	2011	2012	2011	2012	2011	2012
河南	235.66	136.07	202.56	845.74	258.13	173.92	0.08	0.05	503.94	671.82
黑龙江	88.62	127.40	64.58	757.15	157.93	166.16	0.22	0.18	133.68	590.99
湖北	277.46	462.91	71.96	1512.28	605.93	570.18	0.17	0.13	611.17	942.10
湖南	507.71	595.23	471.38	1464.01	499.91	610.52	0.16	0.19	908.30	853.49
吉林	133.24	86.03	132.57	503.57	259.27	245.31	0.28	0.26	235.44	258.26
江西	371.68	381.49	316.70	864.61	272.23	264.92	0.10	0.08	480.29	599.69
山西	96.55	-34.25	53.48	689.59	7.33	21.62	0.00	0.00	630.76	667.97

营运资本项目为2012年新加入项目，2011年数据库中未有该项目数据，便于分析，该表中取2012年年初的营运资本额作为2011年年底数额用以分析。根据表30-1，2012年中部地区营运资本的总额为2196.94亿元，比2011年减少65.66亿元，其中湖南省是营运资本占用最大的省份，占用额为595.23亿元，江西省营运资本占用总额在中部地区处于中间水平为381.49亿，占用额最少的为山西省为-34.25亿元，各省份平均占用额为274.62亿，比去年减少8.21亿元。与2011年度相比，中部地区各个省份中，营运资本增加最多的省份为湖北省，变化额度为185.45亿元；与去年相比，营运资本减少最多的省份是山西省，变化额度为130.8亿元。

2012年中部地区营运资金的总额为7817.14亿元，比2011年增长6012.26亿元，其中湖北省与湖南省是营运资金占用最大的省份，占用额分别为1512.28亿元与1464.01亿元，安徽省与江西省营运资金占用总额在中部地区处于中间水平分别为1180.19与864.61亿，占用额最少的为吉林省为503.57亿元，各省份平均占用额为977.14亿，比去年增加751.53亿元。与2011年度相比，中部地区各个省份中，营运资金增加最多的省份为湖北省，变化额度为1440.32亿元；与去年相比，营运资金没有出现减少的省份。

对中部地区12年经营活动营运资金进行分析得出，2012年，中部地区经营活动营运资金总额为2496.37亿，比2011年增长8.68亿元，其中，湖南省占用额最大为610.52亿元，占用水平为0.26。黑龙江省占用额最小为166.16亿元，占用水平为0.18，江西以264.92亿元处于中间水平，占用水平为0.08，各省份经营活动占用平均额为312.05亿元，比去年增加1.09亿元。与2011年度相比，中部地区各个省份中，经营活动营运资金增加最多的省份为湖南省，变化额度为110.61亿元，河南、湖北、吉林、江西为中部各个省份中出现经营活动减少的省份，减少额度分别为84.21.35.75、13.96、7.31亿元。

中部地区2012年投资活动营运资金占用总额为5320.77亿元，比2011年增长1099.57亿元，湖北省占用额最大为942.10亿元，吉林占用额最小为258.26亿元，河南省处于中间水平占用额为671.82亿元，各省份平均额为665.10亿元，比去年增加137.45亿元。与2011年相比，中部地区投资活动营运资金增加最多的为黑龙江省，变化额度为457.31亿元，湖南为中部各个省份中唯一出现投资活动营运资金减少的省份，减少额度为54.81亿元。

（2）企业层面上市公司营运资金占用及配置结构总体分析

中部地区2011~2012年营运资金占用量变化情况及变动幅度见表30-2。

表 30-2　2011~2012 年中部地区上市公司营运资金占用量变化统计表　单位：家

项目		营运资本	营运资金	经营活动营运资金	投资活动营运资金
资金占用量绝对变化统计	样本量	328	328	328	328
	改善	171	122	126	165
	改善比例	52.13%	37.20%	38.41%	50.30%
	减弱	157	206	202	163
	降低比例	47.87%	62.80%	61.59%	49.70%
资金占用量变化幅度统计	改善显著	51	76	48	25
	改善较大	28	6	18	33
	有所改善	50	17	35	74
	基本稳定	78	45	57	63
	有所减弱	42	37	60	53
	减弱较大	28	24	40	20
	减弱显著	50	123	70	60

从营运资本占用量的绝对变化上看，47.87%的上市公司投资活动营运资金占用量在下降；而从变动幅度上看，营运资本占用量基本稳定的上市公司数量最多，有 78 家，占比 23.78%。从营运资金占用量的绝对变化上看，见表 30-2，近 60%的公司营运资金占用量在下降；而从变动幅度上看，营运资金减弱显著的上市公司数量较高，有 123 家，占比 37.5%，增加显著与基本稳定的公司数量其次分别为 76 家与 45 家，占比为 23.17%与 13.72%。从经营活动营运资金占用量绝对变化上看，经营活动营运资金占用量减少的公司近 2/3。而从变动幅度上看，显著减弱的上市公司数量异常高，有 70 家，占比 21.34%。从投资活动营运资金占用量的绝对变化上看，49.70%的上市公司投资活动营运资金占用量在下降；而从变动幅度上看，投资活动营运资金占用量有所改善的上市公司数量最多，有 74 家，占比 22.56%，而增加显著的上市公司数量较高，为 60 家，占比 18.30%。

2. 中部地区上市公司分渠道的经营活动营运资金占用分析

（1）地区层面上市公司分渠道的经营活动营运资金占用分析

2012 年中部地区上市公司分渠道的经营活动营运资金占用如表 30-3 所示

表 30-3　2012 年中部地区上市公司分渠道的经营活动营运资金占用分析　单位：亿元

项目	采购渠道营运资金		生产渠道营运资金		营销渠道营运资金		经营活动营运资金	
	2011	2012	2011	2012	2011	2012	2011	2012
中部总体	-1403.03	-2089.56	783.62	937.34	3107.1	3648.60	2487.69	2496.37
中部平均	-175.38	-261.20	97.95	117.17	388.39	456.07	310.96	312.05
最大值	-39.58	-45.82	392.36	515.96	638.03	752.40	605.93	610.52
最小值	-280.18	-420.64	-125.06	-143.76	80.41	72.21	7.33	21.62
样本数量	384	393.00	384	393.00	384	393.00	384	393.00
安徽	-249.79	-420.64	64.59	122.00	612.16	742.38	426.96	443.74
河南	-167.75	-371.05	22.35	-29.59	403.53	574.56	258.13	173.92
黑龙江	-39.58	-45.82	1.29	33.70	196.21	178.28	157.93	166.16
湖北	-200.09	-338.00	392.36	515.96	413.67	392.22	605.93	570.18
湖南	-261.63	-257.59	123.52	115.71	638.03	752.40	499.91	610.52
吉林	-87.49	-119.15	266.36	292.24	80.41	72.21	259.27	245.31
江西	-116.51	-140.85	38.22	31.08	350.53	374.69	272.23	264.92
山西	-280.18	-396.46	-125.06	-143.76	412.57	561.85	7.33	21.62

根据表 30－3 可以看出，对中部地区上市公司分渠道的经营活动营运资金占用分析，中部地区经营活动营运资金的总额为 2496. 37 亿元，其中湖南省是经营活动营运资金占用最大的省份，占用额为 610. 52 亿元，江西省占用总额处于中间为 264. 92 亿元。占用额最少的山西省为 21. 62 亿元，各省份平均占用额为 312. 05 亿，较去年增长 1. 09 亿元。与 2011 年度相比，中部地区各个省份中，营运资金增加最多的省份为湖南省，变化额度为 110. 61 亿元；营运资金出现减少最多省份为河南省，减少额度为 84. 21 亿元。

对中部地区 2011 年采购渠道营运资金进行分析得出，采购渠道营运资金为－2089. 56 亿元，出现负值的解释为企业占用了上游供应商营运资金，安徽省占用额最大为 420. 64 亿元。黑龙江省占用额最小为 45. 82 亿元，湖北省以 338. 00 亿元处于中间水平，各省份占用平均额为－261. 20 亿元，与 2011 年度相比，中部地区各个省份中，采购渠道营运资金变动额最大的省份为河南省，采购渠道营运资金出现增加的唯一省份为湖南省，增加额度为 4. 04 亿元。

对中部地区 2012 年生产渠道营运资金进行分析得出，生产渠道营运资金为 937. 34 亿元，湖北省占用额最大为 515. 96 亿元，山西占用额最小为－143. 76 亿元，湖南省处于中间水平占用额为 115. 71 亿元，各省份平均额为 117. 17 亿元，较去年增长 19. 22 亿元。与 2011 年度相比，中部地区各个省份中，营运资金增加最多的省份为湖北省，变化额度为 123. 6 亿元；营运资金出现减少最多省份为河南省，减少额度为 51. 94 亿元。中部地区的生产渠道营运资金占用额较低。

中部地区 2012 年营销渠道营运资金占用 3648. 60 亿元，湖南省数额最大为 610. 52 亿元，山西省占用额最小为 21. 62 亿元，江西以 264. 92 亿元处于中间水平，各省份平均额为 456. 07 亿元，与 2011 年相比增加金额为 67. 68 亿元。与 2011 年相比，在中部地区各个省份中，营销渠道营运资金变动最大的省份为河南省，增加额度为 171. 03 亿元；营销渠道营运资金出现减少最多省份为黑龙江省，减少额度为 17. 93 亿元。

（2）企业层面上市公司分渠道的经营活动营运资金占用分析

中部地区 2011～2012 年经营活动营运资金（按渠道）占用量变化情况及变动幅度见表 30－4。

表 30－4　　2011～2012 年中部地区上市公司经营活动营运资金（按渠道）占用量变化统计表　　单位：家

项目		采购渠道营运资金	生产渠道营运资金	营销渠道营运资金	经营活动营运资金
资金占用量绝对变化统计	样本量	328	328	328	328
	改善	233	165	102	135
	改善比例	71. 04%	50. 30%	31. 10%	41. 16%
	减弱	95	163	226	193
	降低比例	28. 96%	49. 70%	68. 90%	58. 84%
资金占用量变化幅度统计	改善显著	199	73	26	37
	改善较大	16	27	10	23
	有所改善	16	35	34	52
	基本稳定	8	55	67	62
	有所减弱	9	47	76	53
	减弱较大	5	23	41	30
	减弱显著	75	68	74	71

从表 30－4 可以看出，2011～2012 年，有 193 家上市公司经营活动营运资金（按渠道）占用量在减少，占比 58. 84%，与要素视角分析结果一致。从经营活动营运资金（按渠道）的配置结构上看，除营销渠道营运资金占用量减少的上市公司超过资金占用量增加的上市公司外，采购渠道营运资金占用量增加的上市公司远远超过资金占用量减少的上市公司，生产渠道营运资金占用量增加与降低的上市公司数量基本持平。这初步表明，资金占用量增加可能主要在于采购渠道营运资金的增加。

3. 中部地区上市公司分要素的经营活动营运资金占用分析

（1）地区层面上市公司分要素的经营活动营运资金占用分析

2012 年中部地区上市公司分要素的经营活动营运资金占用分析如表 30－5 所示

表 30－5　2012 年中部地区上市公司分要素的经营活动营运资金占用分析　单位：亿元

项目	存货		应收及预付款项		应付及预收款项		经营活动营运资金	
	2011	2012	2011	2012	2011	2012	2011	2012
中部总体	4200.92	4674.84	3116.68	5841.67	3802.51	8020.14	3515.1	2496.37
中部平均	525.12	584.35	389.59	730.21	475.31	1002.52	439.39	312.05
最大值	974.86	1207.45	641.2	1120.60	733.34	1757.87	721.63	610.52
最小值	189.03	224.57	130.59	287.54	126.26	393.08	193.35	21.62
样本数量	384	393.00	384	393.00	384	393.00	384	393.00
安徽	692.2	736.44	641.2	1039.58	733.34	1332.28	600.06	443.74
河南	420.97	469.56	382.88	751.93	491.44	1047.57	312.41	173.92
黑龙江	189.03	224.57	130.59	334.68	126.26	393.08	193.35	166.16
湖北	974.86	1207.45	439.14	1120.60	692.37	1757.87	721.63	570.18
湖南	765.57	835.69	571.28	881.61	617.79	1106.78	719.06	610.52
吉林	432.06	457.74	140.61	287.54	195.93	499.97	376.75	245.31
江西	379	383.39	286.11	492.38	336.38	610.85	328.74	264.92
山西	347.23	360.01	524.87	933.35	609	1271.74	263.1	21.62

根据表 30－5 可以看出，对中部地区上市公司分要素的经营活动营运资金占用分析，中部地区经营活动营运资金的总额为 2496.37 亿元，比 2011 年减少 1018.73 亿元，其中湖南省是经营活动营运资金占用最大的省份，占用额为 610.52 亿元，江西省占用总额处于在中部地区处于中间为 264.92 亿元。占用额最少的是山西省为 21.62 亿元，各省份平均占用额为 312.05 亿元，比去年减少 127.34 亿元。与 2011 年度相比，中部地区各个省份中，营运资金减少最多的省份为山西省，变化额度为 241.48 亿元；与 2011 年相比，没有营运资金出现增加的省份。

对中部地区 2012 年存货营运资金进行分析得出，2012 年存货占用营运资金为 4674.84 亿，比 2011 年增长 473.92 亿元，湖北省占用额最大为 1207.45 亿元，黑龙江省占用额最小为 224.57 亿元，河南省以 469.56 亿元处于中间水平，各省份存货占用平均额为 584.35 亿元，比去年增加 59.23 亿元。与 2011 年度相比，中部地区各个省份中，存货营运资金增加最多的省份为湖北省，变化额度为 232.59 亿元；存货营运资金没有出现减少的省份。

对中部地区 2011 年应收账款营运资金进行分析得出，2012 年应收账款 5841.67 亿元，比 2011 年增长 2724.99 亿元，其中，湖北省占用额最大为 1120.60 亿元，吉林占用额最小为 287.54 亿元，湖南省处于中间水平占用额为 881.61 亿元，各省份平均额为 730.21 亿元，比去年增加 340.62 亿元。与 2011 年度相比，中部地区各个省份中，应收账款营运资金增加最多的省份为湖北省，变化额度为 681.46 亿元，与去年相比，应收账款营运资金没有出现减少的省份。

对中部地区 2011 年应付账款营运资金进行分析得出，应付账款营运资金为 8020.14 亿元，比 2011 年增长 4217.63 亿元，其中湖北省数额最大为 1757.87 亿元，黑龙江省占用额最小为 393.08 亿元，湖南省以 1106.78 亿元处于中间水平，各省份平均额为 1002.52 亿元，比去年增加 527.21 亿元。与 2011 年度相比，中部地区各个省份中，应付账款营运资金增加最多的省份为湖北省，变化额度为 1065.5 亿元；营运资金没有出现减少的省份。

（2）企业层面上市公司分要素的经营活动营运资金占用分析

中部地区企业层面 2011～2012 年经营活动营运资金（按要素）占用量变化情况及变动幅度见表

30－6。

表30－6　2011～2012年中部地区上市公司分要素的经营活动营运资金占用量变化统计表　单位：家

项目		存货	应收及预付款项	应付及预收款项	经营活动营运资金
资金占用量绝对变化统计	样本量	328	328	328	328
	改善	136	122	114	126
	改善比例	41.46%	37.20%	34.76%	38.41%
	减弱	192	206	214	202
	降低比例	58.54%	62.80%	65.24%	61.59%
资金占用量变化幅度统计	改善显著	5	5	5	48
	改善较大	15	12	15	18
	有所改善	67	56	49	35
	基本稳定	101	92	99	57
	有所减弱	81	79	80	60
	减弱较大	28	37	38	40
	减弱显著	31	47	42	70

由表30－6可知，2012年有202家上市公司经营活动营运资金（按要素）占用在增加，占比达到61.59%，且占用量减弱显著的上市公司数量最多，达70家，占比21.34%。从经营活动营运资金（按要素）的配置结构上看，存货、应收账款和应付账款三大要素占用量减弱的上市公司数量均最多，占比分别为58.54%、62.80%、65.24%。

（二）中部地区上市公司营运资金来源与财务风险分析

1. 地区层面

表30－7　2011～2012年中部地区营运资金来源状况

项目	短期金融性负债占比		营运资本占比	
	2011年末	2012年末	2011年末	2012年末
中部总体	68.44%	71.90%	31.56%	28.10%
中部平均	68.44%	71.90%	31.56%	28.10%
最大值	86.06%	104.97%	48.94%	44.12%
最小值	51.06%	55.88%	13.94%	－4.97%
样本数量	393	393	393	393
安徽	52.41%	62.54%	47.59%	37.46%
河南	72.03%	83.91%	27.97%	16.09%
黑龙江	85.64%	83.17%	14.36%	16.83%
湖北	78.74%	69.39%	21.26%	30.61%
湖南	62.02%	59.34%	37.98%	40.66%
吉林	70.78%	82.92%	29.22%	17.08%
江西	51.06%	55.88%	48.94%	44.12%
山西	86.06%	104.97%	13.94%	－4.97%

中部地区营运资金来源状况如表30－7所示。短期金融负债与营运资本占比分别指的是短期金融负债及营运资本为营运资金提供的资金数量，存在下列关系：短期金融性负债占比＋营运资本占比＝1。因此一般来说，前者比例越高，表明短期金融性负债为营运资金提供的资金比例越高，相应的财务风险也就越大，因该指标为新加入考核指标，为便于对比，将2012年期初值作为2011年末值，也能

在一定程度上反映营运资金的基本情况。

较 2011 年短期金融性负债占比而言，2011 年中部总体该指标略有上升，为 71.90%，中部整体的最大值和最小值较去年都有所升高，并且 2011 年、2012 年该指标最高的省份为均为山西省，说明山西省的财务风险较大。同时 2011、2012 年该指标最小值均出现在江西省，分别为 51.06%、55.88%。其他省份中，2012 年该指标大于 80% 的省份分别有河南省、黑龙江省、吉林省以及山西省，其中，山西省该指标大于 1，说明短期金融性负债为营运资金提供资金来源的同时，也是长期资产资金来源之一，其风险较大。

2. 企业层面

企业层面中部地区营运资金来源统计表如表 30－8 所示。

表 30－8　　2011～2012 年中部地区营运资金来源统计表　　单位：家

比例	2011 年末短期金融性负债占比	2011 年末营运资本占比	2012 年末短期金融性负债占比	2012 年末营运资本占比
<0	24	22	62	49
0～20%	104	101	16	19
20%～40%	55	61	37	38
40%～60%	30	38	30	38
60%～80%	37	38	55	61
80%～100%	16	19	104	101
>100%	62	49	24	22
企业数量	328			

由于短期金融性负债占比与营运资金占比为 2012 年营运资金分析中新加入的考核指标，无法直接进行对比，因此企业层面上的分析是根据其他可配比项目进行配比两年后，将配比后各企业的 2012 年期初值作为 2011 年期末值进行对比分析，中部地区 2011 年与 2012 年配比企业数量为 328 家。

从表中分析得知，总体来说，2012 年与 2011 年短期金融性负债占比该指标企业层面对比基本稳定，其中，短期金融性负债占比指标值小于 0 的公司数目从 22 家上升至 24 家，2012 与 2011 年，该指标位于 0～20% 这个区间内公司数目最多，分别为 104 家与 101 家，这些公司的财务风险相对小，而短期金融性负债 >100% 的公司数目由 2011 年的 49 家上升至 2012 年的 62 家，相对应公司的短期金融性负债不仅涵盖了所有营运资金的来源，也为长期资产资金来源之一，风险较大。2012 年该指标超过 60% 的企业数量为 115 家较去年的 106 家而言上升趋势不明显，说明 2012 年中部地区企业层面财务风险与去年相比可能未有较大变化。

四、中部地区上市公司营运资金管理绩效分析

本部分由三大内容组成，首先，从地区层面对 2012 年中部地区经营活动营运资金（按要素、按渠道）管理绩效及近两年的变化程度进行分析；其次，从企业层面对 2012 年中部地区各上市公司经营活动营运资金管理绩效（按要素、按渠道）变动程度进行分析；最后，从地区层面对中部地区 2008 年至 2012 年五年的营运资金管理绩效趋势进行了分析，以期对中部地区营运资金管理状况从整体上进行了解。中部地区包括安徽、河南、黑龙江、湖北、湖南、吉林、江西和山西共八个省份。

（一）中部地区上市公司分渠道的营运资金管理绩效分析

1. 地区层面

地区层面对 2011～2012 年中部地区各渠道营运资金周转期如表 30－9 所示。

表 30－9　　2011～2012 年中部地区各渠道营运资金周转期　　单元：天

项目	采购渠道营运资金周转期		生产渠道营运资金周转期		营销渠道营运资金周转期		经营活动营运资金周转期（按渠道）	
	2011	2012	2011	2012	2011	2012	2011	2012
中部地区	－20	－30	11	13	41	52	32	35
安徽	－20	－33	5	9	39	58	24	0
河南	－18	－40	2	－3	43	62	27	20
黑龙江	－20	－18	－1	13	89	69	68	－30
湖北	－22	－28	35	43	34	33	47	33
湖南	－23	－30	11	13	57	86	45	51
吉林	－36	－46	98	113	30	28	92	67
江西	－12	－15	8	3	39	40	35	18
山西	－21	－30	－12	－11	31	43	－2	44
地区均值	－20	－30	11	13	41	52	32	35

（1）采购渠道营运资金周转期分析

如表 30－9 所示，2012 年中部地区采购渠道营运资金周转期为－30 天，相比其他地区，周转期相对较短，但是与东部还有一定差距，营运资金管理水平还需进一步提升。

而 2012 年中部地区各省份采购渠道营运资金周转期均为负值，这说明中部地区企业通过占用其他单位或个人的资金来满足采购渠道营运资金的需求。在中部地区 8 个省份中，低于中部地区采购渠道营运资金平均周转期的省份有 3 个，分别为安徽省、河南省、吉林省，其中吉林省采购渠道的营运资金周转期最短，仅为－46 天，而在高于中部地区采购渠道营运资金平均周转期的省份中，江西省周转期最长，为－15 天。另外，中部地区采购渠道营运资金周转期的中位数为－30 天，与平均数－30 天一致。

2012 年与 2011 年相比，采购渠道营运资金周转期缩短了 50%，说明采购渠道营运资金管理绩效有所改善。

就 2012 年与 2011 年的中部地区各省份采购渠道营运资金周转期的变动程度而言，在中部地区 8 个省中，有 1 个省份（河南省）改善较大，占中部地区的 12.5%；5 个省份（安徽省、湖北省、湖南省、吉林省、山西省）有所改善，占中部地区的 62.5%，2 个省份（江西、黑龙江省）基本稳定，占中部地区的 25.0%。

2012 年的经济形势呈现出相对复杂的状况，金融危机的影响也没有完全消除，加上上一年通货膨胀较为严重，以至于对采购渠道周转期产生了一定的影响。同时，河南省周转期的变化较其他几个省份来说是改善最大的。

（2）生产渠道营运资金周转期分析

2012 年中部地区生产渠道营运资金周转期为 13 天，相对于东部和西部而言，中部地区生产渠道营运资金周转效率要优于东部地区和西部地区。

如表 30－9 所示，中部地区生产渠道营运资金的周转期差异非常大，周转期最长的为吉林省 113 天，周转期最短的为山西省－11 天。由于山西省主要是以生产煤炭为主，因此，生产渠道中的在产品存货非常少，导致其周转期为负数。中部地区生产渠道营运资金周转期平均为 13 天，除了吉林省和湖北省的周转期较长以外，其余省份的周转期都较短，有利于提高整个营运资金的周转率。中部地区生产渠道营运资金周转期的中位数为 11 天，低于平均数 13 天。

2012 年与 2011 年相比，生产渠道营运资金周转期没有变化，说明生产渠道营运资金管理绩效基本稳定。

如表 30－9 所示，在中部地区 8 个省份中，2011 年生产渠道营运资金周转期与 2010 年相比，有 1

个省份（河南省）改善显著，占中部地区的 12.5%；1 个省份（江西省）有所改善，占中部地区的 12.5%；2 个省份（湖南省、山西省）基本稳定，占中部地区的 25.0%；1 个省份（吉林省、安徽）有所降低，占中部地区的 25%；1 个省份（黑龙江省、湖北省）降低显著，占中部地区的 25%。

中部地区各个省份中吉林省的周转期大大长于其他省份，主要是由于吉林省的经济相对较为薄弱，经济增长方式较为粗放，结构性矛盾比较突出。另外，应该注意到山西省的生产渠道营运资金周转期为 -11 天，这主要是因为山西省以煤炭资源为主要产业，经营活动主要集中在采购渠道，因此生产渠道的在产品存货相对较少，导致生产渠道营运资金周转期为负数。

（3）营销渠道营运资金周转期分析

如表 30 -9 所示，2012 年中部地区营销渠道营运资金周转期为 52 天，相对于东部和西部而言，中部地区营销渠道营运资金周转效率低于东部地区和西部地区。

中部地区 2011 年营销渠道营运资金周转期除了湖南省为 86 天最高外，其他各省份的周转天数也是从 28 到 69，差别较大。而近年来东部地区平均周转天数基本控制在 20 天左右。可见中部地区的营销渠道资金与较为发达地区还是存在明显的差距，因此，营销渠道的营运资金还需要进一步提高管理水平，以缩短周转期。中部地区营销渠道营运资金周转期的中位数为 50.5 天，略低于平均数 52 天。

2012 年中部地区营销渠道周转期为 52 天，2011 年的周转期是 41 天，相比增加了 26.83%，表明中部地区营销渠道营运资金周转期有所延长。

如表 30 -9 所示，通过对比中部地区 8 个省份的营销渠道的营运资金周转期的变化情况可以看出，2011 年营销渠道营运资金周转期与 2010 年相比，1 个省份（黑龙江省）有所改善，占 12.5%，3 个省份（江西省、湖北省、吉林省）基本稳定，占 37.5%，5 个省份（安徽省、河南省、湖南省、山西省）有所降低，占 50%。

另外，可以看到黑龙江省营销渠道周转期有所缩短，说明黑龙江省在营销渠道营运资金管理方面取得了一定的成效。然而 2012 年与 2011 年相比，中部地区的 8 个省中营销渠道营运资金周转期总体上呈现延长趋势。

2. 企业层面

企业层面对 2011 ~2012 年中部地区各渠道营运资金管理绩效变化统计如表 30 -10 所示

表 30 -10　　2011 ~2012 年中部地区各渠道营运资金管理绩效变化统计表

项目		采购渠道营运资金周转期	生产渠道营运资金周转期	营销渠道营运资金周转期	经营活动营运资金周转期（按渠道）
周转期变化统计	改善	233	165	102	135
	改善比例	0.71	0.50	0.311	0.41
	降低	95	163	226	193
	降低比例	0.29	0.50	0.69	0.59
周转期变化幅度统计	改善显著	199	73	26	37
	改善较大	16	27	10	23
	有所改善	16	35	34	52
	基本稳定	8	55	67	62
	有所降低	9	47	76	53
	降低较大	5	23	41	30
	降低显著	75	68	74	71
可比样本总数		328			

通过对 2012 年与 2011 年中部地区上市公司进行匹配后发现，按照股票代码相同的原则，两年内中部地区上市公司可比样本为 328 家，其经营活动营运资金周转绩效变化统计如表 30 -10 所示。

（1）采购渠道营运资金周转期

中部地区企业层面328个样本中，采购渠道营运资金管理绩效比2011年有所改善，占到该地区可比样本的71.04%。显著改善的企业数量占比最大，为60.67%其次是降低显著，比例为22.87%。说明2012年采购渠道的营运资金管理力度增加，并取得了一定成效，而且中部地区的公司采购渠道营运资金周转绩效分布情况大不相同，管理绩效差异较大。由于公司的行业种类有较大的差异，导致采购渠道营运资金周转期没有一个明显的变化趋势。总体上，采购渠道周转期缩短的公司大于周转期延长的公司，整体管理效率有所提高。

（2）生产渠道营运资金周转期

中部地区企业层面328个样本中，生产渠道营运资金管理绩效比2011年有所改善，占到该地区可比样本的50.30%。改善显著的企业数量和降低显著数量所占比例最大，分别为22.26%和20.73%，同时，有所改善、基本稳定、有所降低的公司占比之和也达到了41.77%，说明2012年生产渠道的营运资金管理绩效差异较大。整体上，中部地区生产渠道营运资金周转期缩短的公司略大于延长的公司。因此，随着经济形势的逐步好转，中部地区企业生产渠道营运资金的周转期将会有改善的趋势。

（3）营销渠道营运资金周转期

中部地区企业层面328个样本中，营销渠道营运资金管理绩效比2011年显著降低，占到该地区可比样本的31.10%。有所降低和显著降低的企业数量所占比例最大，为23.17%和22.56%，其次为基本稳定的数量，为20.43%，改善较大的比例最小为3.05%，说明2012年营销渠道的营运资金管理绩效下降比较明显。

从中部地区企业的营销渠道营运资金周转效率来看，有所降低和降低显著的公司所占的数量较大，说明2012年营销渠道营运资金周转期在稳定中有一定的延长趋势，中部地区企业应该加大对营销渠道营运资金的管理，以加速该渠道营运资金的周转。

3. 趋势分析

对2008~2012年中部地区营运资金周转期趋势分析如表30-11所示。

表30-11　2008~2012年中部地区营运资金周转期　单位：天

项目	2008	2009	2010	2011	2012
经营活动营运资金（按渠道）周转期	16	25	26	32	35
采购渠道营运资金周转期	-18	-25	-23	-20	-30
生产渠道营运资金周转期	4	12	11	11	13
营销渠道营运资金周转期	30	38	38	41	52

（1）经营活动营运资金周转期（按渠道）的总体分析

如表30-11所示，2008~2012年经营活动营运资金周转期（按渠道）处于总体上升的趋势。我们可以看到，从2008年开始，营运资金周转期持续上升，周转率持续降低，说明中部地区近四年来营运资金管理效率不断下降。究其原因，可能是因为企业还没有完全从2008年金融危机中恢复过来。

（2）采购渠道营运资金周转期

如表30-11所示，2008~2012年中部地区各省份采购渠道营运资金周转期均为负值，说明中部地区通过占用其他单位或个人的资金来满足采购渠道营运资金的需求。总体上来看，2008~2012年采购渠道营运资金周转期的变化没有明显的规律。2010年相较于2008年，周转期缩短了38.89%，体现了2008年金融危机对企业采购渠道周转期的影响；而2010年，采购渠道周转效率回升较大，但2010年、2012年这两年间又有所下降，这表明企业采购渠道营运资金管理水平和效率有所恢复，但并不稳定，程度也不明显。

（3）生产渠道营运资金周转期

如表30-11所示，总体上中部地区2008~2012年生产渠道营运资金周转期的变化没有明显的规律。2010 年相较于 2008 年，生产渠道周转期缩短了 42.86%，说明 2008 年管理的良好效果。2010 年的生产渠道周转期相较于 2008 年延长了 2 倍，充分体现了 2008 年金融危机对企业 2010 年生产渠道周转期的影响。金融危机下，大量的企业破产和工人下岗，导致生产渠道营运资金周转效率大大降低，因而周转期大大延长。2010 年至 2012 年，生产渠道周转期虽有所缩短但基本保持稳定，表明企业生产渠道营运资金管理水平和效率恢复缓慢。

（4）营销渠道营运资金周转期

如表 30－11 所示，2008～2012 年营销渠道营运资金周转期处于持续上升的趋势，营销渠道营运资金周转率持续降低，说明中部地区近五年来营销渠道营运资金管理效率不断下降。特别是 2010 年相对于 2008 年，营销渠道周转期延长了 26.67%。究其原因，可能是因为 2008 年金融危机后，由于消费者消费欲望和能力的下降，以至于企业产品的销售量大幅下降，资金周转缓慢，导致营销渠道周转期的延长。而在 2010 年至 2012 年这三年间，中部地区的营销渠道周转期基本保持稳定但有所上升，表明中部地区营销渠道营运资金的管理状况不容乐观，应加强管理。

（二）中部地区上市公司分要素的营运资金管理绩效分析

1. 地区层面

地区层面对 2011～2012 年中部地区各要素周转期分析如表 30－12 所示。

表 30－12　　2011～2012 年中部地区各要素周转期　　单位：天

项目	存货周转期		应收账款周转期		应付账款周转期		经营活动营运资金周转期（按要素）	
	2011	2012	2011	2012	2011	2012	2011	2012
中部地区	61	66	43	83	56	114	48	35
安徽	51	57	43	81	56	104	38	34
河南	47	50	42	81	55	112	34	19
黑龙江	89	87	59	129	66	152	82	64
湖北	87	101	39	94	65	147	61	48
湖南	77	96	52	101	61	127	68	70
吉林	157	177	55	111	76	194	136	95
江西	51	41	32	53	41	65	42	28
山西	28	28	40	71	47	97	21	2

（1）存货周转期分析

2012 年中部地区存货周转期为 66 天，相比东部和西部地区，较短的存货周转期为中部地区的营运资金管理带来了一定的优势。

如表 30－12 所示，2012 年中部地区 8 个省份中，存货周转期最短的是山西省，为 28 天，最长的是吉林省，达到 177 天。存货周转期短于中部地区平均水平的省份有安徽省、河南省、江西省和山西省，存货周转期分别为 57 天、50 天、41 天和 28 天。而在超过中部地区平均水平的省份中，吉林省的周转期达到 177 天，与其他省的差距较大，严重影响了中部地区的总体存货周转期。另外，中部地区存货周转期的中位数为 72 天，略高于平均数 66 天。

2012 年中部地区存货周转期为 61 天，比 2011 年增长了 8.20%，存货周转期基本稳定。

如表 30－12 所示 2012 年存货周转期与 2011 年相比，有 1 个省份（吉林省）有所改善，占中部地区的 12.5%，3 个省份（河南省、江西省、山西省）基本稳定，占中部地区的 37.5%，4 个省份（安徽省、黑龙江省、湖北省、湖南省）有所降低，占中部地区的 50%。

从中部地区存货周转期两年的变动程度来看，2012 年与 2011 年的存货周转期相比基本上处于有所下降或基本稳定的状态，说明经济形势在向坏的方向继续恶化，但是恶化的趋势并不显著。吉林省的存货周转率低，表明其在存货的管理方面存在一定的不足。山西省存货周转期最短的原因主要在于其优势产业煤矿业的需求较大，因此，存货的需求量较大，反映为周转期较短。

（2）应收账款周转期分析

如表30－12所示，2012年中部地区应收账款周转天数为83天，相比西部和东部都有一定的差距，因此，还有提高应收账款周转率的潜力。

在2012年中部地区各个省份应收账款周转期中，山西省最短，为53天，安徽省最长，达到了129天。总体而言，中部地区应收账款的管理水平降低得十分显著。另外，中部地区应收账款周转期的中位数为81天，与平均数83天基本一致。

2012年中部地区应收账款周转期为83天，跟2011年相比增加了近一倍，说明2012年应收账款周转不理想。

如表30－12所示，2012年与2011年相比，在中部地区的8个省份都不同程度地出现应收账款周转的显著恶化。其中周转期恶化最明显的是湖北省，周转期增长141.03%（39天－94天）。而增长最小的是江西省，为65.63%（32天－53天）。

由此可见，中部地区应收款周转出现了较为严重的问题。究其原因，除了金融危机的影响还没有完全消除之外，通货膨胀的发生，使得债务人所需要偿还的债务缩水，给债权人造成一定的损失，增加了债权人应收账款的周转期。这不利于提高整个营运资金的管理效率，应该加强应收账款的管理，提高应收账款的管理水平。

（3）应付账款周转期分析

2012年中部地区应付账款周转天数为114天，相比东部和中部地区而言，天数较长。其中，吉林省最长，为194天，而江西省最短，为65天。除江西省以外，其他七个省份的应付账款周转期都较长，超过了三个月。另外，中部地区应付账款周转期的中位数为119.5天，略高于平均数114天。

如表30－12所示，2012年与2011年相比，应付账款周转天数增长了103.57%，说明中部地区应付账款周转期增长十分明显。如表30－12所示，2012年与2011年相比，中部地区8个省份的应付账款周转期都出现了显著的增长，其中最为明显的要属吉林省（155.26%，76天－194天。）

2. 企业层面

企业层面2011～2012年中部地区经营活动营运资金各要素管理绩效变化统计如表30－13所示。

表30－13　　2011～2012年中部地区经营活动营运资金各要素管理绩效变化统计表

项目		存货周转期	应收账款周转期	应付账款周转期	经营活动营运资金周转期（按要素）
周转期变化统计	改善	120	84	124	121
	改善比例	0.37	0.26	0.38	0.37
	降低	208	242	204	207
	降低比例	0.63	0.74	0.62	0.63
周转期变化幅度统计	改善显著	4	8	5	22
	改善较大	6	9	14	25
	有所改善	53	37	48	46
	基本稳定	111	86	107	70
	有所降低	88	92	72	81
	降低较大	38	53	42	35
	降低显著	28	41	40	49
可比样本总数		328			

注：上表中除了百分比之外的数字单位为：家

通过对2012年与2011年中部地区上市公司进行匹配后发现，按照股票代码相同的原则，两年内中部地区上市公司可比样本为 328 家，其经营活动营运资金周转绩效变化统计如表 30 - 13 所示。

（1）存货周转期

中部地区企业层面 328 个样本中，存货管理绩效比 2011 年有所降低，占到该行业可比样本的 63.41%。如表 30 - 13 所所示，变化幅度基本稳定的企业数量所占比例最大为 33.84%，其次是有所降低，占比 26.83%，改善显著的数量所占比例最小为 1.22%，说明 2012 年存货的营运资金管理力度基本稳定或有所下降。中部地区 2012 年业绩改善了的公司中有所改善占比最大，为 16.16%，明显高于改善显著的 1.22% 和改善较大的 1.83%，说明这些公司业绩改善的幅度并不大。而在业绩降低了的公司中有所降低的占比也最大，达到 26.83%，大多数公司降低的幅度也不明显。存货周转效率下降的公司，应通过改变存货的管理方法，加强对存货的管理，以防止出现存货损坏、贬值等现象。

（2）应收账款周转期

中部地区企业层面 328 个样本中，73.78% 的上市公司应收账款管理绩效比 2011 年有所降低。如表 30 - 13 所所示，有所降低的企业数量所占比例最大为 28.05%，其次是变化幅度基本稳定，占比 26.22%，改善显著的数量所占比例最小为 2.44%，说明 2012 年应收账款的营运资金管理力度基本保持不变或有所下降。中部地区 2012 年业绩改善了的公司中有所改善占比最大，为 11.28%，明显高于改善显著的 2.44% 和改善较大的 2.74%，说明这些公司业绩改善的幅度并不大。而在业绩降低了的公司中有所降低的占比也最大，达到 28.05%，大多数公司降低的幅度也不明显。应收账款周转效率下降的公司，应通过改变应收账款的管理方法，加强对应收账款的管理，以防止出现坏账，并尽量快速收回应收账款。

（3）应付账款周转期

中部地区企业层面 328 个样本中，62.20% 的上市公司应收账款管理绩效比 2011 年有所降低，37.80% 的公司有所改善。如表 30 - 13 所所示，变化幅度基本稳定的企业数量所占比例最大为 32.62%，其次是有所降低，占比 21.95%，改善显著数量所占比例最小为 1.52%，说明 2012 年应付账款的营运资金管理力度基本保持不变或有所降低。中部地区 2012 年业绩改善了的公司中有所改善占比最大，为 14.63%，明显高于改善显著的 1.52% 和改善较大的 4.27%，说明这些公司业绩改善的幅度并不大。而在业绩降低了的公司中有所降低的占比也最大，达到 21.95%，大多数公司降低的幅度也不明显。

从中部地区应付账款周转期情况来看，有所降低的公司和基本稳定的公司数量所占的比例较大，说明中部地区公司对应付账款的管理有所下降，延长应付账款付款期的管理方法成效不佳。随着价值链管理的不断加强以及公司战略联盟的形成，今后，应付账款周转期将会有继续改善的潜力。

3. 趋势分析

2008 ~ 2012 年中部地区各要素周转期趋势分析如表 30 - 14 所示。

表 30 - 14　　2008 ~ 2012 年中部地区各要素周转期　　单位：天

项目	2008	2009	2010	2011	2012
现金周转期	39	11	46	48	35
存货周转期	58	70	64	61	66
应收账款周转期	19	42	42	43	83
应付账款周转期	38	66	60	56	114

（1）现金周转期的总体分析

表 30 - 14 体现了中部地区近五年来经营活动营运资金周转期的变化趋势，如表 30 - 14 所示，2008 ~ 2012 年现金周转期的变化没有明显的规律。但 2009 年和 2010 年的变化比较大，2009 年相较于 2008 年周转期缩短了 71.79%，而 2010 年又重新回到了与 2009 年之前差不多的水平。在 2010 年至 2012 年这两年间，现金周转期基本保持稳定。

（2）存货周转期趋势分析

如表30－14所示，总体上中部地区2008～2012年存货周转期的变化基本稳定。不过，我们能够发现，2009年相较于2008年周转期延长了20.69%，说明企业2009年的存货周转期受到了2008年金融危机的影响，存货周转期有所延长。而2009年至2012年这三年间，存货周转期不断下降，表明企业对于存货的管理力度和管理效率的提高。

而从各个省份来看，大多数省份的变化趋势都是其他，这说明大多数省份近五年来存货周转期的变化并无明显规律，由此看来中部地区大多数省份近五年的存货周转期比较不稳定。然而，虽然大多数省份的变化趋势不太稳定，但在中部地区所有省份中，吉林省处于总体上升的趋势，说明其存货管理效率总体上升，而江西省和山西省处于总体下降的趋势，说明其存货管理效率总体下降。

（3）应收账款周转期趋势分析

如表30－14所示，2008～2012年应收账款周转期的变化没有明显的规律。但2009年相对于2008年，应收账款周转期延长了121.05%，说明2009年应收账款的管理效率由于受到2008年金融危机的影响而大幅下降。金融危机后，各个企业的营运资金都很紧张，导致应收账款的回收速度变慢，同时为了尽可能扩大销售，企业也不得不延长应收账款的信用期限，以致应收账款周转缓慢，周转期延长。在2009年至2012年这三年间，中部地区的应收账款周转期在稳定中有轻微的上升，表明中部地区应收账款管理效率并没有好转，恢复还需要一段时间。

从各个省份来看，吉林省的变化基本稳定，黑龙江省、江西省、山西省处于总体上升趋势，其他省份的变化趋势都是其他，这说明中部地区有一半的省份近五年来应收账款周转期的变化并无明显规律，应收账款周转期波动比较大。吉林省近五年来应收账款周转期基本稳定，这说明吉林省应收账款的管理比较稳定有效。黑龙江省、江西省、山西省应收账款周转期处于总体上升趋势，说明这三个省份应收账款管理效率的总体下降。

（4）应付账款周转期趋势分析

如表30－14所示，2008～2012年中部地区各省份应付账款周转期的变化没有明显的规律。然而，2009年的应付账款周转期相较于2008年却有明显的变化，延长了73.68%，这说明在金融危机的大环境下，企业的应付账款偿还速度普遍变慢，应付账款的管理效率提高。而2009年至2012年这三年间，应付账款周转期的不断下降，表明企业应付账款的偿还速度不断提高，应付账款的管理效率有所下降，不过下降程度并不显著。

而从各个省份来看，河南省、黑龙江省、湖南省和吉林省的变化趋势都是其他，这说明这几个省份近五年来应付账款周转期的变化并无明显规律，应付账款周转期比较不稳定。而安徽省的应付账款周转期总体上升，湖北省、江西省和山西省的应付账款周转期总体下降，说明安徽省的应付账款管理效率总体上有所提高，而湖北省、江西省和山西省的应付账款管理效率有所下降。

五、2012年中部地区上市公司营运资金管理绩效排行榜

本部分分别按“经营活动营运资金周转期（按要素）”和“经营活动营运资金周转期（按渠道）”进行排名，考察中部地区上市公司营运资金管理绩效。在对上市公司营运资金管理绩效进行排名时，剔除了财务数据异常的公司，详见附录一。

六、2012年中部地区上市公司营运资金管理调查结论与建议

（一）调查结论

1. 2012年我国整体宏观形势不容乐观，我国中部地区上市公司营运资金管理的影响较大

在渠道的视角下，首先从地区层面来看，从中部各个省市变动程度来分析，2012年与2011年相比，2012年营运资金周转期显著延长的省市显著较多，总体情况开始出现恶化。其次从企业层面来看，通过对2011～2012年中部328家可比样本进行变动程度分析可知，2012年中部地区中有193家上市公司经营活动营运资金管理绩效差于2011年，占该行业可比样本的59%，这表明六成以上上市公司营运资金管理绩效恶化。

同样，在要素的视角下，首先从地区层面来看，从中部各个省市变动程度来分析，2012 年与 2011 年相比，虽然经营活动营运资金周转期出现缩短趋势，但是是由于应付账款周转期明显延长的原因，即挤占了供应商的资金，其次从企业层面来看，从 2011 ~ 2012 中部 1252 家可比样本进行变动程度分析，2011 年中部地区中仅有 121 家上市公司经营活动营运资金管理绩效好于 2011 年，占该地区可比样本的 37%。

2012 年，我国整体宏观形势不容乐观，不景气的宏观环境直接影响了中部渠道的营运资金管理绩效。

2. 中部地区营运资金整体占用总量高，各省市间、各渠道间差异较大

通过对中部地区营运资金占用情况进行分析得知，首先，2012 年中部地区经营活动营运资金总量为 2496.37 亿元，与去年相比显著提高，投资活动营运资金的占用量远大于经营活动的营运资金的占用量；其次，营运资金的占用情况（包括）在中部各省市之间存在明显不同；最后，同一省市在不同的渠道的营运资金占用情况也不尽相同，总体来看，营销渠道营运资金占用量和生产渠道营运资金占用量都比较大，而采购渠道营运资金占用量基本为负值。

3. 中部地区营运资金来源总体上多为短期金融性负债筹集，财务风险分析相对较高

2012 年与 2011 年相比，总体上来说资金来源未有明显变化，2012 年中部总体营运资金中约有 72% 为短期金融性负债提供，其风险相对较高。各个省份该比例明显不同，差异较大。

4. 中部地区经营活动营运资金周转绩效呈下降的趋势

调查显示，从渠道视角看，2008 ~ 2012 年中部地区经营活动营运资金周转期分别为 16 天、25 天、26 天和 32 天和 35 天，营运资金周转绩效呈持续恶化的趋势。从要素视角看，2008 ~ 2012 年中部地区经营活动营运资金周转期分别 39 天、39 天、47 天、48 天和 35 天，虽然与 2011 年相比，2011 年经营活动营运资金周转绩效有回升的趋势，但其原因主要是应付账款的占用期增长，综合五年变化趋势可以发现经营活动营运资金周转期还是呈下降的趋势。

5. 中部地区采购渠道的营运资金周转绩效有所改善

2008 ~ 2012 年，中部地区采购渠道营运资金周转期分别为、-18 天、-25 天、-23、-20 天和 -30 天，可以看出中部地区采购渠道营运资金均为负值，其变化有明显的规律。从公司层面上看，与 2011 年相比，2012 年采购渠道营运资金周转绩效改善的公司的个数为 233 家，占中部样本总数的 71%。从地区层面上看，2011 年与 2012 年，改善较大的省份有安徽、河南、吉林、山西等，有所改善的省份为 3 个，表明中部地区大部分公司的采购渠道营运资金周转绩效呈改善的趋势，其中河南省采购渠道营运资金周转绩效改善最大。

6. 中部地区生产渠道营运资金周转绩效恢复缓慢

2011 ~ 2012 年，中部地区生产渠道营运资金周转期分别为 4 天、12 天、11 天、11 天和 13 天，从中可以看出，2008 年金融危机使 2009 年生产渠道周转期相比 2008 年延长了 3 倍之多，2010 ~ 2012 年这三年间，生产渠道周转期虽有所缩短但基本保持稳定。从企业层面看，与 2011 年相比，2012 年中部地区生产渠道营运资金周转绩效改善的公司的数量为 165 家，占可比样本的 50%，其中呈显著改善趋势的公司数量为 73 家，占比 21%。从地区层面看，基本稳定的省份占比最大，远远高于其他变动趋势的省份。这表明中部地区生产渠道营运资金周转绩效恢复缓慢且有下降趋势。

7. 中部地区营销渠道营运资金周转绩效有所下降

2008 ~ 2012 年，中部地区营销渠道营运资金周转期分别为 30 天、38 天、38 天和 41 天、52 天可以看出中部地区营销渠道营运资金周转绩效有所下降。从企业层面上看，2012 年中部地区营销渠道营运资金周转绩效下降的公司的数量为 226 家，占可比样本的 69%，明显高于绩效改善的公司的数量。而从地区层面上看，只有 1 个省份有所改善，其他省份有所下降，这说明中部地区营销渠道营运资金周转绩效有所下降。

8. 中部地区各省份的营运资金管理绩效相差比较大

按渠道和按要素对各省份的营运资金周转情况进行对比分析，可以看出，黑龙江省和吉林省的营运资金周转期（包括按渠道和按要素）一直处于比较高的水平，而吉林省、湖北省的营运资金周转期（包括按渠道和按要素）则一直处于比较低的水平，这主要和各省的经济情况有关。

营运资金周转绩效的高低受自然资源、产业布局、政策方针、市场需求等诸多因素的影响，所以，中部地区各省份之间营运资金管理绩效存在较大的差异是正常的，但是各省份应注重调整各影响因素之间的关系，以保证营运资金管理绩效的持续改善。

（二）对策建议

1. 依托优势产业，加强对上下游产业的发展

中部地区资源丰富，是我国重要的原材料生产和输出基地，中部地区原材料工业相对发达，但是初级的原材料工业存在产品附加值低、企业收益低等问题，从而从长远来看不利于提高该地区的核心竞争力，容易使企业在市场竞争中处于不利的地位，进而导致企业的营运资金周转绩效的不确定因素增多。中部地区应依靠其在原材料方面的优势，通过政策扶持、兼并重组、引入外资等方式，鼓励企业向传统优势产业的上下游发展，使区域产业链趋于完善。完善的产业链有利于加强产业链上企业之间的合作，便于优化各环节之间的协调性，有利于降低营运资金在产业链上的周转期，从而提高营运资金周转效率。

2. 抓住产业转移机会，加快产业升级

中部地区作为连接中部地区和西部地区的中间地带，其优越的地理位置使其成为承接中部沿海发达地区产业梯度转移以及承接国外产业转移的重要区域。中部地区各省份应充分利用国家对于促进中部地区崛起各方面的优惠政策，根据自身的经济环境、经济发展水平以及优势产业等因素，选择性地接收某些产业的转移，并利用产业转移的机会，加快产业结构的调整，使产业结构更加趋于合理。

3. 优化整合供应链，提升营运资金绩效

分析发现，营运资金管理绩效相对较好的省市或区域，其具有的共同特点即以供应链的优化整合为核心，加强渠道管理，优化供应链结构等措施，进行营运资金的全面管理。具体表现为：充分利用地区的地理位置、交通网络、特色资源和产业优势，形成区域内的供应链一体化和地区内产业衔接，并通过加强区域间的经济合作等方式，将企业的单体优势转化为区域和产业的整体优势，从而形成区域和产业的核心竞争力。因此，中部地区上市公司应该更新营运资金管理观念，重视渠道建设，确立以供应链整体绩效提升为根本的目标导向，从根源上为提升营运资金管理绩效打下坚实基础。

主要参考文献

1. 黑龙江省统计局：《2012 年黑龙江省国民经济和社会发展统计公报》，2013 年 3 月 5 日。

2. 山西省统计局：《2012 年山西省国民经济和社会发展统计公报》，2013 年 3 月 11 日。

3. 吉林省统计局：《2012 年吉林省国民经济和社会发展统计公报》，2013 年 3 月 9 日。

4. 国家发展和改革委员会："国家发展和改革委员会促进中部地区崛起规划"，国家发改委网站，2009 年 12 月。

5. 盛宝富："2012 年世界经济回顾及 2013 年展望"，《国际市场》，2013 年 1 月。

6. 国务院："关于大力实施促进中部地区崛起战略的若干意见"，国务院网站，2012 年 8 月。

7. 人民网财经频道："2012 年全国各地 GDP 排行榜"，http：//finance. people. com. cn/GB/8215/356561/359047/。

第三十一章 2012 年西部地区上市公司营运资金管理调查①

【摘要】2012 年，西部大开发战略已走过 12 个年头，西部地区经济发展持续升温。本文首先分析了 2012 年西部地区上市公司经营环境，接着以 334 家西部地区上市公司为样本，从地区和企业两个层面对营运资金总体配置结构与占用水平进行分析，发现 2012 年西部地区上市公司营运资金占用总量、经营活动营运资金占有量和投资活动营运资金占有量均较 2011 年有所增加。对于经营活动营运资金的配置结构，本文通过渠道配置分析和要素配置分析两个方面进行研究，结果表明：渠道配置分析中只有采购渠道营运资金占有量较 2011 年有所减少，生产渠道和营销渠道的营运资金占有量均较 2011 年有所增加；素配置分析中存货、应收及预付款项和应付及预收款项三要素的营运资金占用量均较 2011 年有所增加。关于营运资金来源的分析结果显示 2012 年末西部地区上市公司的营运资金有 75.28% 来源于短期金融性负债，该比例较 2011 年增加了 8.08%，说明 2012 年西部地区上市公司面临的财务风险较 2011 年有所增加。另外调查还发现西部地区中内蒙古、甘肃和云南三省份的短期金融性负债占比超过 100%，其面临的财务风险值得警惕。文章第四部分通过分渠道和分要素两个视角全面分析 2012 年西部地区上市公司的经营活动营运资金管理绩效，结果表明：2012 年西部地区上市公司营运资金管理绩效持续下降，按渠道划分的经营活动营运资金周转期为 49 天，较 2011 年的 48 天略有上升；其中营销渠道营运资金周转期由 2011 年的 36 天上升为 46 天，上升幅度明显；而采购渠道营运资金周转期由 2011 年的 -20 天下降为 -28 天，表明西部地区上市公司通过采购占用供应链上游企业资金的周期进一步延长。从各省份来看，广西、贵州、宁夏、青海、四川和重庆六省份的经营活动营运资金周转期（按渠道）与 2011 年相比呈上升趋势。2012 年西部地区整体的经营活动营运资金（按要素）周转期由 2011 年的 83 天上升为 84 天，存货周转期较 2011 年延长 4 天，应收账款周转期较 2011 年延长 6 天，应付账款周转期较 2011 年延长 9 天。从省份来看，有 8 个省份的经营活动营运资金（按要素）周转期与 2011 年相比呈上升趋势。为了更好的分析经营活动营运资金管理绩效的趋势变化，本文进一步对 2008 ~ 2012 年西部地区各渠道营运资金周转期和各要素营运资金周转期进行分析，发现 2008 ~ 2012 年西部地区经营活动营运资金（按渠道）周转期和生产渠道营运资金周转期趋势保持一致，整体呈上升趋势；营销渠道营运资金周转期 2009 ~ 2011 年基本维持稳定，2011 ~ 2012 年出现较大幅度上升；采购渠道营运资金周转期呈下降趋势，其中 2011 ~ 2012 年下降幅度明显。2008 ~ 2012 年西部地区经营活动营运资金各要素周转期整体呈上升趋势，各要素周转期 2008 ~ 2009 年出现明显上升，2009 ~ 2011 年有小幅下降，2011 ~ 2012 年出现上升趋势，其中应收账款周转期和应付账款周转期增加较明显。综合各项分析发现 2012 年在金融危机反弹、全球经济增长明显放缓的大环境下，西部地区企业也受到明显影响，导致了营运资金占用量增加，营运资金管理绩效下降的问题。

一、西部地区营运资金管理特点

1. 西部地区上市公司营运资金管理地域性特色明显

我国西部地区包括重庆、陕西、四川、云南、广西、甘肃、青海、宁夏、西藏、新疆、贵州、内蒙古等 12 个省、市和自治区。西部地区疆域辽阔，土地面积达到 538 万平方公里，占全国国土面积的 56%。目前西部有人口约 2.87 亿人，占全国人口的 23%，相对来说比较稀少，是我国经济欠发达、需要加强开发的地区。西部地区的企业营运资金管理绩效普遍地区东部和中部地区，这主要源于西部地

① 本研究获国家自然科学基金（基于渠道管理的营运资金管理与中国上市公司营运资金管理调查，课题编号：70772024）和国家自然科学基金（利益相关者集体选择视角的企业价值管理研究，课题编号：71172099）资助。感谢中国海洋大学、中国会计学会等对中国企业营运资金管理研究中心研究的支持。

区的地理环境及其经营环境。然而，国家对西部地区出海通道和沿边国际通道的建设十分重视，2012 年西部大开发新开工 22 项重点工程，投资总规模为 5778 亿元。2000 ~ 2012 年，西部大开发累计新开工重点工程 187 项，投资总规模 3.68 万亿元，主要涉及铁路、公路、机场、水利枢纽等。由于空间的闭塞以及交通的不发达，西部企业在营销和采购渠道营运资金管理绩效上存在一定的问题，较东部和中部地区差距较大，随着区域内产业集聚效应的进一步凸显，西部地区与中东部地区在营运资金管理方面的差距将逐渐缩小，其在采购和营销方面的营运资金管理效率必将得到提升。

2. 西部地区营运资金管理水平发展不平衡

2012 年西部地区上市公司努力因地制宜发挥自身政策和资源优势来改善营运资金管理绩效。另外，西部地区也在积极探索，试图通过区域间经济合作等方式将个别企业的单位优势转化为产业和区域的整体优势，各省份逐步形成了自身的优势产业，并在一定程度上产生协同效应。然而西部地区由于地域条件的约束以及管理水平的亟待提高，营运资金管理效率较东部地区和中部地区均不占优势。

3. 西部地区各省份的营运资金管理绩效水平差别较大

由于各省份在自然资源、产业布局、政策方针、市场需求等方面的不同，导致西部地区各省份之间的营运资金管理水平差别比较大，例如，四川和重庆的营运资金周转期（包括按渠道和按要素）一直处于较高的水平，而其余省份的营运资金周转期均处于较低水平。重庆作为西部地区营销渠道营运资金周转期最短的省份，其先进经验是进一步优化产业结构，引进外资，建设开发区，形成特色产业集群的快速崛起，加快形成了局域竞争力的新的增长点。

二、2012 年西部地区经营环境及对营运资金管理的影响

由于自然、历史、社会等原因，西部地区企业的经营环境有其独特的特点，也正是由于这些原因，导致经济发展相对落后，迫切需要加快改革开放和现代化建设的步伐。为支持西部地区开发建设，实现东中西部区域间的协调发展，国家于 2000 年起开始实施西部大开发战略。至 2012 年西部大开发战略已经走过 12 个年头，这些年来西部地区经济增长迅速，基础设施建设方面取得突破性进展，伴随着青藏铁路、西气东输、西电东送等标志性工程相继建成，西部地区相关省市已经集聚起一批重点高端装备制造、航空、军工、电子信息等极具竞争力产业，为西部地区承接产业转移和构建现代产业体系创造了有利条件。

1. 采购渠道营运资金管理的影响

2012 年的整体经济情况仍然呈现出相对复杂的状况，金融危机的影响依然存在。物价的不断上升对采购渠道的周转期也产生了一定的影响，上市公司的采购成本随之上升。交通能源等重大基础设施建设促进了西部地区的崛起规划，将西部地区的经济发展的各个方面做了详细的规划。西部地区综合交通路网不断完善，铁路新线建成运营 1059 公里，增建二线 130 公里，太原至中卫（银川）、张家口至集宁等铁路建成通车。成都至重庆、长沙至昆明、大同至西安、西安至宝鸡等客运专线以及兰新铁路第二双线等项目进展顺利。安排公路建设中央投资 1312 亿元，占全国的 57.8%，新增公路通车里程 35109 公里，其中高速公路 4303 公里。民航运输发展迅速，重庆、成都、西安、昆明、贵阳、拉萨、西宁、银川、乌鲁木齐、呼和浩特、南宁、桂林等 12 个干线机场和敦煌、包头等 30 个支线机场实施了大规模改扩建，新建林芝、九寨沟等 21 个支线机场，内蒙古阿拉善盟获批开展通勤航空试点。航空事业的快速发展，缩短了遥远的西部与全国各地的距离。构建全面覆盖的交通网络可以降低相关产业采购供应链的成本；鼓励西部地区广泛参与中东部以及国外的联系，鼓励西部地区有条件的企业开展对外投资合作，改善西部地区的投资环境，创新投资管理的方式，开放式经济发展促使西部地区供应链的完善，降低采购业务成本。

2. 对生产渠道营运资金管理的影响

西部地区经济发展总体来说是粗放型、落后型的方式，西部地区工业化程度较低，基础设施落后，产业配套设施条件差，难以形成集聚规模效应，不能满足工业发展的需要；区域内产业如采掘业、农林牧业等，多处于产业链上游，加工层次低，对中下游企业缺乏控制力等是当前面临的问题。国家加

快推进经济结构调整，提高发展的质量和效益。要求加快培育发展战略性新兴产业和高技术产业，实施战略性新兴产业规划和自主创新能力建设规划，编制发布战略性新兴产业重点产品和服务指导目录，组织实施一批重大产业创新工程和应用示范工程，加大新兴产业创投计划实施力度。从中央到地方坚持把深入实施西部大开发战略放在区域发展总体战略优先位置，制定分工落实方案和实施意见，研究出台支持政策，努力为西部大开发营造良好政策环境。西部地区的天然气储量占全国的87.5%，煤炭储量占全国的40%，而锰、铬、钒、钛、稀土等很多产业不可或缺的几十种稀有矿产资源储量均占全国的一半以上。凭借地区的资源优势，在深入实施以市场为导向的优势资源转化战略的指引下，石化产业优化升级稳步推进，支持西北地区通过改扩建提高原油资源就地加工转化比重，支持西南地区依托中缅原油管道新建炼油项目。大型煤炭煤电基地和煤炭深加工综合示范区建设进展顺利。可再生能源开发力度不断加大，开工建设澜沧江糯扎渡、金沙江阿海等7个大中型水电项目，新增水电装机952万千瓦；甘肃酒泉大型风电基地一期工程等建成投产，西藏10万千瓦光伏电站投入运营。资源加工产业调整步伐加快，钢铁、有色金属、稀土等具有比较优势的产业竞争力不断增强。战略性新兴产业加快发展，重庆、四川信息通讯设备制造和陕西高端装备制造等已经成长为本地区支柱产业。2012年四川省高新技术产业总产值继2011年突破6000亿元后，连续迈上两个千亿元台阶，达到8000亿元，居全国第六。到2020年旅游业将成为西藏自治区国民经济的主导产业，预计入境游客112万人次，国内游客905万人次，旅游总收入达228亿元。旅游业产值相当于全区国内生产总值的18%左右。因此从长期来看西藏地区旅游业大有可为。此外，生产的发展离不开人力资源的支持，西部地区人口占31个省（区、市）常住人口的27.04%，且西部地区的人力成本低于中东部地区，西部地区各种改善民生，推进义务教育的举措有助于提高人们的生产积极性，使人力资源得到更好的发挥。

3. 对营销营运资金管理的影响

西部地区不断优化出口商品结构，机电产品出口份额上升，传统劳动密集型商品出口增幅减少，西部地区的加工贸易进出口占全国的比重正在稳步上升，区域特征明显的加工贸易产业布局正在逐步形成。但由于西部地区产业依然处于供应链的低端，其产品主要为初级产品，技术含量及附加值较低，对出口企业的利润增长及西部地区经济增长贡献水平依然很低，产品结构单一，中低端产品积压，高新技术产品短缺，远离终端客户，不能适应市场需求变化并及时作出调整。购买力水平会直接影响上市公司的营销环境，消费者的收入水平、消费者的支出模式、消费者储蓄和信贷情况以及消费结构都会直接影响上市公司的营销情况，同时，西部地区上市公司的投资方向、目标市场以及营销战略也影响着营销活动。而扩大内需也是我国政府工作的重中之重，为其营销活动提供了有力条件。西部地区上市公司在立足于扩大内需市场的同时，要同时加大对高新技术产品投资研发的力度，提高产品的竞争力，树立品牌意识，加强营销渠道的管理，进而提高公司的营运资金管理绩效。

三、2012年西部地区上市公司营运资金配置与来源分析

（一）西部地区上市公司营运资金配置分析

1. 西部地区上市公司营运资金总体配置结构与占用水平分析

（1）地区层面

西部地区及各省份2011年和2012年营运资金配置情况的数据如表31-1所示。

表31-1　2011~2012年西部地区营运资金配置分析　单位：亿元

项目	营运资本期末占用		营运资金期末占用		经营活动营运资金期末占用		经营活动营运资金占用水平		投资活动营运资金期末占用	
	2011	2012	2011	2012	2011	2012	2011	2012	2011	2012
西部总体	1787.88	1406.27	5451.46	5689.22	2010.94	2143.78	0.15	0.14	3440.52	3545.44
西部平均	5.36	4.22	16.33	17.06	6.01	6.43	0.32	0.29	10.32	10.63
最大值	183.59	267.09	226.09	267.09	115.72	133.36	11.71	4.51	184.80	223.27

续表

项目	营运资本期末占用		营运资金期末占用		经营活动营运资金期末占用		经营活动营运资金占用水平		投资活动营运资金期末占用	
	2011	2012	2011	2012	2011	2012	2011	2012	2011	2012
最小值	-132.95	-194.74	-35.12	-40.25	-83.85	-82.25	-1.75	-1.65	0.016	0.026
样本数量	334	334	334	334	334	334	322	322	334	334
甘肃	-87.72	-133.36	360.43	394.94	123.16	132.84	0.15	0.11	237.27	262.10
广西	68.41	49.32	390.18	425.97	163.00	226.33	0.14	0.18	227.18	199.64
贵州	324.06	471.58	456.17	617.42	158.89	273.41	0.26	0.34	297.28	344.01
内蒙古	-24.60	-149.94	377.21	312.09	145.72	69.70	0.12	0.04	231.48	242.38
宁夏	29.00	46.06	106.12	106.42	57.96	67.09	0.29	0.31	48.15	39.33
青海	82.63	55.92	281.59	247.27	115.64	125.75	0.24	0.26	165.95	121.52
陕西	378.09	374.14	518.81	534.99	175.42	182.42	0.24	0.21	343.40	352.57
四川	416.06	360.26	1220.61	1295.67	397.56	437.80	0.09	0.10	823.05	857.87
西藏	42.01	0.34	95.01	50.27	41.18	-1.98	0.55	-0.01	53.83	52.24
新疆	275.24	124.97	655.91	537.63	226.46	131.49	0.20	0.10	429.45	406.14
云南	80.23	-27.98	545.00	624.73	334.24	424.68	0.30	0.30	210.76	200.05
重庆	204.47	234.97	444.44	541.83	71.71	74.24	0.05	0.05	372.72	467.58

由表 31-1 中数据可以看出，2012 年西部地区营运资本总额为 1406.27 亿元，比 2011 年减少 381.61 亿元，其中贵州省是占用最多的省份，占用额为 471.58 亿元；占用额最少的是内蒙古，占用额为 -149.91 亿元；西部地区平均占用额为 4.22 亿元，比 2011 年减少 1.14 亿元。与 2011 年度相比，在西部地区各省份中，营运资本增加最多的是贵州省，变化额度为 147.52 亿元；营运资本出现减少的省份为甘肃、广西、内蒙古、青海、陕西、四川、西藏、新疆、云南，新疆省为减少额度最大的省份，较 2011 年减少 150.27 亿元。

对于 2012 年西部地区营运资金占用水平，其总额为 5689.22 亿元，较 2011 年增加 237.76 亿元。其中四川省是营运资金占用最多的省份，占用额为 1295.67 亿元；占用最少的是西藏省，占用额 50.27 亿元；西部地区平均占用额为 17.06 亿元，比 2011 年增加 0.73 亿元。与 2011 年比较，营运资金增加最多的是贵州省，变化额度为 161.25 亿元；营运资金减少的省份有内蒙古、青海、西藏、新疆，其中新疆减少额度最大，较 2011 年减少 118.28 亿元。

对西部地区 2012 年经营活动营运资金及占用水平分析得出，2012 年西部地区经营活动营运资金总额为 2143.78 亿元，比 2011 年增长 132.84 亿元，其中四川省占用额度最大，为 437.80 亿元，西藏省占用额度最小，为 -1.98 亿元；西部地区经营活动营运资金平均额为 6.43 亿元，比去年增加 0.42 亿元。与 2011 年相比，在西部各省份中，经营活动增加最多的是贵州省，变化额度为 114.52 亿元，新疆为营运资金减少最多的省份，变化额度为 95.27 亿元。

对西部地区 2012 年投资活动营运资金进行分析得出，投资活动营运资金占用额为 3545.44 亿元，比 2011 年增长 104.92 亿元，四川省占用额度最大为 857.87 亿元，宁夏占用额最小为 39.33 亿元，西部占用平均值为 10.63 亿元，比去年增加 0.31 亿元。较 2011 年变动来看，投资活动占用额增加最多的省份是重庆，变动 94.86 亿元；减少最多的省为青海省，减少了 44.43 亿元。

通过对西部地区 2012 年经营活动营运资金总体占用水平的分析可知，2012 年西部地区总体占用水平为 14%，较去年降低 1%；从占用水平均值来看，西部地区占用水平的平均值为 29%，较 2011 年降低了 3%。2012 年经营活动营运资金占用水平最高的是贵州省，为 34%，占用水平最低的是西藏省，较去年降低了 1%。与 2011 年度相比，在西部地区各省份中，经营活动占用水平增长最高的是贵州省，较 2011 年增长 8%；降低最多的是西藏省，较 2011 年度降低了 56%。

（2）企业层面

表 31－2　2011～2012 年西部地区市公司营运资金配置变化情况及变动幅度统计表

项目		营运资本	营运资金	经营活动营运资金	投资活动营运资金
资金占用量绝对变化统计	降低	177	155	132	161
	降低比例	53.00%	46.41%	39.52%	48.20%
	增加	157	179	202	173
	增加比例	47.00%	53.59%	60.48%	51.80%
资金占用量变化幅度统计	降低显著	45	38	35	63
	占比	13.47%	11.38%	10.48%	18.86%
	降低较大	12	13	11	20
	占比	3.59%	3.89%	3.29%	5.99%
	有所降低	29	39	22	54
	占比	8.68%	11.68%	6.59%	16.17%
	基本稳定	85	97	69	64
	占比	25.45%	29.04%	20.66%	19.16%
	有所增加	54	60	72	58
	占比	16.17%	17.96%	21.56%	17.37%
	增加较大	30	29	48	38
	占比	8.98%	8.68%	14.37%	11.38%
	增加显著	79	58	77	37
	占比	23.65%	17.37%	23.05%	11.08%
可比样本总数		334			

注：上表中除了百分比之外的数字单位为：家

通过对企业层面营运资金管理分析有利于从微观主体上识别上市公司营运资金管理水平的变化情况。共选择了 334 家西部地区上市公司为样本，其营运资金配置变化情况及变动幅度见表 31－2。

从营运资本占用量的绝对变化来看，近 53% 的公司营运资本占用量在下降；而从变化幅度上看，营运资本基本稳定的上市公司数量较高，有 85 家，占比 25.45%，增加显著与有所增加的公司次之，分别为 79 家与 54 家，占比为 23.65% 与 16.17%。从营运资金占用量绝对变化上看，营运资金占用增加的公司有 179 家，占比 53.59%；从营运资金变动幅度上看，基本稳定的上市公司最多有 97 家，占比 29.04%，有所增加和增加显著的次之，分别为 60 家与 58 家，分别占比 17.96% 与 17.37%。从经营活动营运资金占用量绝对变化上看，占用量增加的公司有 202 家，占比 60.48%；而从变化幅度上看，有所增加的上市公司数量最多，有 72 家，占比 21.56%；基本稳定上市公司数量次之，有 69 家，占比 20.66%。从投资活动营运资金占用量的绝对变化来看，48.20% 的上市公司投资活动营运资金占用量在下降；而从变化幅度来看，占用量基本稳定较高的上市公司数量最多 64 家，占比 19.16%，降低显著的公司数量仅仅次之，有 63 家，占比 18.86%。

2. 西部地区上市公司分渠道的经营活动营运资金配置分析

（1）地区层面

表 31－3　2011～2012 年西部地区经营活动营运资金的渠道配置分析　单位：亿元

项目	采购渠道营运资金		生产渠道营运资金		营销渠道营运资金		经营活动营运资金	
	2011	2012	2011	2012	2011	2012	2011	2012
西部总体	－997.52	－1374.00	1279.13	1388.70	1729.33	2129.09	2010.94	2143.78
西部平均	－3.00	－4.13	3.86	4.18	5.16	6.38	6.01	6.43

续表

项目	采购渠道营运资金		生产渠道营运资金		营销渠道营运资金		经营活动营运资金	
	2011	2012	2011	2012	2011	2012	2011	2012
最大值	46.32	47.76	251.85	276.26	205.07	220.40	115.72	133.46
最小值	-115.91	-137.95	-32.05	-59.07	-222.47	-151.24	-83.85	-82.25
样本数量	334	334	334	334	334	334	334	334
甘肃	-31.31	-32.19	54.05	56.24	100.42	108.79	123.16	132.84
广西	-39.16	-10.32	39.63	31.04	162.52	205.60	163.00	226.33
贵州	-24.38	-23.91	127.32	216.13	55.95	81.19	158.89	273.41
内蒙古	-96.90	-198.87	12.00	-56.40	230.63	324.97	145.72	69.70
宁夏	-6.45	-2.28	-2.02	2.32	66.43	67.04	57.96	67.09
青海	23.01	19.65	0.035	9.99	92.59	96.11	115.64	125.75
陕西	-130.75	-166.05	106.23	111.38	199.93	237.09	175.42	182.42
四川	-382.71	-474.52	474.45	453.38	305.81	458.94	397.56	437.80
西藏	18.22	-6.72	4.22	1.80	18.73	2.95	41.18	-1.98
新疆	-105.69	-202.48	74.11	90.86	258.04	243.11	226.46	131.49
云南	35.33	14.86	133.34	156.92	165.57	252.90	334.24	424.68
重庆	-256.73	-291.19	255.75	315.04	72.70	50.40	71.71	74.24

根据表 31-3 对西部地区上市公司分渠道的经营活动营运资金占用进行分析可知，西部地区经营活动营运资金（按渠道）的总额为 2143.78 亿元，较 2011 年增加了 132.79 亿元，总体占用平均值为 6.43 亿元。其中四川和云南两省是经营活动营运资金占用最大的两个省，占用额分别为 437.80 亿元和 424.68 亿元，占用额最少的是西藏省，为 -1.98 亿元。与 2011 年度相比，西部各省份中，经营活动营运资金增加最多的省份为贵州省，变化额为 114.52 亿元，减少最多的省份为云南省，减少额度为 94.97 亿元。

对西部地区 2012 年采购渠道营运资金进行分析得出，采购渠道营运资金为 -1374 亿元，出现负值的解释为企业占用了上游供应商的资金，四川省上游占用额度最大，为 -474.52 亿元；青海、云南的采购渠道营运资金占用为正数，说明这两个省总体上没有占用上游供应商的营运资金；总体占用平均额为 -4.13 亿元，与 2011 年相比变动 -1.13 亿元。在西部地区各省份中，采购渠道营运资金变动最大的省为内蒙古，变化额度为 -101.97 亿元。对西部地区 2012 年生产渠道营运资金进行分析得出，生产渠道营运资金为 1388.70 亿元，四川省占用额度最大为 453.38 亿元，内蒙古占用额最小为 -56.40 亿元。总体平均额为 4.18 亿元，较去年增长 0.32 亿元，则增加最多的是贵州省，变化额度为 88.81 亿元，减少最多的是内蒙古省，变动额为 68.40 亿元。对西部地区 2012 年营销活动营运资金进行分析可知，营销渠道营运资金为 2129.09 亿元，仍为四川省占用最多，为 458.94 亿元，西藏占用额最小为 2.95 亿元，总体平均值为 6.38 亿元，较去年增加 1.22 亿元。在西部地区各个省份中，西藏和重庆是仅有的两个营销渠道营运资金占用额出现减少的省份，其减少额分别为 15.78 亿元与 22.30 亿元。

（2）企业层面

西部地区 2011～2012 年经营活动营运资金（按渠道）配置变化及变动幅度见表 31-4。

表 31－4　西部地区 2011～2012 年经营活动营运资金的渠道配置变化情况及变动幅度表

项目		采购渠道营运资金	生产渠道营运资金	营销渠道营运资金	经营活动营运资金
资金占用量绝对变化统计	降低	219	161	112	132
	降低比例	65.77%	48.20%	33.53%	39.52%
	增加	114	173	222	202
	增加比例	34.23%	51.80%	66.47%	60.48%
资金占用量变化幅度统计	降低显著	48	46	30	35
	占比	14.41%	13.77%	8.98%	10.48%
	降低较大	12	14	11	11
	占比	3.60%	4.19%	3.29%	3.29%
	有所降低	24	21	30	22
	占比	7.21%	6.29%	8.98%	6.59%
	基本稳定	44	43	60	69
	占比	13.21%	12.87%	17.96%	20.65%
	有所增加	60	66	79	72
	占比	18.02%	19.76%	23.65%	21.56%
	增加较大	39	49	57	48
	占比	11.71%	14.67%	17.07	14.37%
	增加显著	106	95	67	77
	占比	31.83%	28.44%	20.06%	23.05%
可比样本总数		334			

注：上表中除了百分比之外的数字单位为：家

表 31－4 表明，从按渠道的经营活动营运资金占用总量上分析，有 202 家上市公司经营活动营运资金（按渠道）占用量在增加，占比为 60.48%，而占用量降低的有 132 家，占 39.52%。在所有变化情况中，增加显著的上市公司数量最多，有 77 家，占比为 23.05%。

对各个渠道的营运资金占用分析可知：采购渠道营运资金占用量降低的上市公司数量远远超过了采购渠道营运资金占用量增加的上市公司，占比达 65.77；而营销渠道营运资金占用量增加的上市公司数量远远超过了营销渠道营运资金占用量降低的上市公司，占比达 66.47%；对于生产渠道营运资金占用量增加与降低的上市公司数量相差不大。

3. 西部地区上市公司分要素的经营活动营运资金配置分析

（1）地区层面

表 31－5　2011～2012 年西部地区经营活动营运资金的要素配置分析　单位：亿元

项目	存货		应收及预付款项		应付及预收款项		经营活动营运资金	
	2011	2012	2011	2012	2011	2012	2011	2012
西部总体	3917.88	4307.41	3790.57	4187.81	5697.52	6351.43	2010.94	2143.78
西部平均	11.73	12.90	11.35	12.54	17.06	19.02	6.02	6.42
最大值	366.88	334.95	260.47	280.13	636.32	578.44	115.72	133.46
最小值	—	—	0.00	0.00	0.02	0.01	－83.85	－82.25
样本数量	334.00	334.00	334.00	334.00	334.00	334.00	334.00	334.00
甘肃	288.70	308.32	234.57	229.30	400.11	404.78	123.16	132.84
广西	219.41	229.84	215.73	252.69	272.14	256.19	162.99	226.33
贵州	266.66	370.63	223.27	272.72	331.04	369.94	158.89	273.41

续表

项目	存货		应收及预付款项		应付及预收款项		经营活动营运资金	
	2011	2012	2011	2012	2011	2012	2011	2012
内蒙古	335.55	367.81	315.58	363.51	505.41	661.62	145.72	69.70
宁夏	71.39	67.49	61.87	69.33	75.29	69.73	57.96	67.09
青海	74.10	76.95	178.39	221.93	136.85	173.14	115.64	125.75
陕西	295.21	310.84	374.42	398.05	494.22	526.47	175.42	182.42
四川	732.02	722.27	768.76	802.93	1368.85	1337.11	131.93	188.09
西藏	23.66	21.54	41.76	38.78	24.24	62.30	41.18	-1.98
新疆	330.35	334.29	421.02	461.03	524.92	663.83	226.46	131.49
云南	149.68	197.81	96.42	100.96	128.05	129.26	118.04	169.51
重庆	504.57	597.44	281.00	377.78	722.57	912.69	63.00	62.53

表31-5列示了2011~2012年西部地区及各省份分要素的经营活动营运资金配置情况，根据表中数据可以看出，2012年西部地区经营活动营运资金占用总额为2143.78亿元，比2011年增长了132.84亿元，其中贵州省和广西是经营活动营运资金占用最大的省份，占用额分别为273.41亿元与226.33亿元，占用额最少的是西藏，为-1.98亿元。2012年经营活动营运资金平均占用额为6.42亿元，较2011年增加了0.4亿元。2012年西部地区有八个省份的经营活动营运资金占用额较2011年有所增加，其中贵州的增加额最大，为144.72亿元；2012年经营活动营运资金占用额较2011年有所减少的四个省份分别是内蒙古、西藏、新疆和重庆。

2012年存货占用营运资金为4307.41亿，比2010年增长389.53亿元，四川省占用额最大为722.24亿元，西藏占用额最小为21.54亿元，各省份存货占用平均额为12.9亿元，比去年增加1.17亿元。与2011年度相比，西部地区各个省份中，存货营运资金增加最多的省份为贵州省，变化额度为103.97亿元；存货营运资金出现减少的省份有4个，分别是宁夏、西藏和四川，分别减少了3.9亿元、2.12亿元和9.76亿元。

2012年应收账款4187.8亿元，比2011年增长397.23亿元，其中，四川省占用额最大为802.93亿元，西藏占用额最小为38.78亿元，各省份平均额为12.53亿元，比去年增加1.19亿元。与2011年度相比，西部地区各个省份中，应收账款营运资金增加最多的省份为重庆，变化额度为96.78亿元，与去年相比，应收账款营运资金出现减少省份只有西藏和甘肃，减少额度为分别为2.97亿元与5.27亿元。

应付账款营运资金为6351.43亿元，比2011年增长653.91亿元，其中四川省数额最大为1337.11亿元，西藏占用额最小为62.3亿元，各省份平均额为19.02亿元，比去年增加1.96亿元。与2011年度相比，西部地区各个省份中，应付账款营运资金增加最多的省份为新疆，变化额度为138.91亿元；营运资金出现减少省份为四川省、广西和内蒙古，减少额度分别为31.74亿元、15.94亿元和5.56亿元。

（2）企业层面

西部地区企业层面2011~2012年经营活动营运资金（按要素）占用量变化情况及变动幅度见表31-6。

表31-6　　西部地区2011~2012年经营活动营运资金的要素配置变化情况及变动幅度表

项目		存货	应收及预付款项	应付及预收款项	经营活动营运资金
资金占用量绝对变化统计	降低	134	115	131	132
	降低比例	40.12%	34.43%	39.22%	39.52%
	增加	200	219	203	202
	增加比例	59.88%	65.57%	60.78%	60.48%

续表

项目		存货	应收及预付款项	应付及预收款项	经营活动营运资金
资金占用量变化幅度统计	降低显著	10	11	13	66
	占比	2.99%	3.29%	3.89%	19.76%
	降低较大	11	20	16	13
	占比	3.29%	5.99%	4.79%	3.89%
	有所降低	55	48	49	29
	占比	16.47%	14.37%	14.67%	8.68%
	基本稳定	110	86	101	66
	占比	32.93%	25.75%	30.24%	19.76%
	有所增加	74	75	67	48
	占比	22.16%	22.46%	20.06%	14.37%
	增加较大	32	38	35	39
	占比	9.58%	11.38%	10.48%	11.68%
	增加显著	42	56	53	73
	占比	12.57%	16.77%	15.87%	21.86%
可比样本总数		334			

注：上表中除了百分比之外的数字单位为：家

由表 31－6 中数据可知，2012 年有 202 家上市公司经营活动营运资金（按要素）占用在增加，占比达到 60.48%；有 132 家上市公司经营活动营运资金（按要素）占用量减少，占比为 39.52%。从资金占用量变化幅度统计数据可知 2011～2012 年经营活动营运资金占用量增加显著的上市公司数量最多，达 73 家，占比 21.86%；经营活动营运资金占用量降低显著和基本稳定的企业数量一致，均为 66 家，占比为 19.76%。从经营活动营运资金（按要素）的配置结构上看，存货、应收及预付款项和应付及预收款项三大要素占用量增加的上市公司数量均过半，占比分别为 59.88%、65.57% 和 60.78%；从各要素占有量变化幅度统计数据来看，维持基本稳定情况的企业数最多，存货占用量维持基本稳定的企业有 110 家，占比为 32.93%；应收及预付款项占有量维持基本稳定的企业有 86 家，占比为 25.75%；应付及预收款项占有量维持基本稳定的企业有 101 家，占比为 30.24%。

（二）西部地区上市公司营运资金来源与财务风险分析

表 31－7 列示了西部地区及各省份在 2011 年末和 2012 年末的短期金融性负债占比和营运资金占比数据。

表 31－7　　2011～2012 年西部地区营运资金来源状况

项目	短期金融性负债占比		营运资本占比	
	2011 年末	2012 年末	2011 年末	2012 年末
西部总体	67.20%	75.28%	32.80%	24.72%
西部平均	67.20%	75.28%	32.80%	24.72%
最大值	124.34%	148.04%	72.88%	76.38%
最小值	27.12%	23.62%	-24.34%	-48.04%
样本数量	334	334	334	334
甘肃	124.34%	133.77%	-24.34%	-33.77%
广西	82.47%	88.42%	17.53%	11.58%
贵州	28.96%	23.62%	71.04%	76.38%
内蒙古	106.52%	148.04%	-6.52%	-48.04%

续表

项目	短期金融性负债占比		营运资本占比	
	2011 年末	2012 年末	2011 年末	2012 年末
宁夏	54.62%	63.04%	45.38%	36.96%
青海	70.66%	77.38%	29.34%	22.62%
陕西	27.12%	30.07%	72.88%	69.93%
四川	65.91%	72.19%	34.09%	27.81%
西藏	55.78%	99.33%	44.22%	0.67%
新疆	58.04%	76.76%	41.96%	23.24%
云南	85.28%	104.48%	14.72%	-4.48%
重庆	53.99%	56.63%	46.01%	43.37%

根据表 31-7 中数据可知，2012 年末西部地区上市公司的营运资金有 75.28% 来源于短期金融性负债，有 24.72% 来源于营运资本。相比于 2011 年末短期金融性负债占比 67.20% 和营运资本占比 32.80%，2012 年营运资金来源于短期金融性负债的比例增加 8.08%，这意味着 2012 年西部地区上市公司面临的财务风险较 2011 年有所增加。从各省份的数据来看，2012 年只有贵州的短期金融性负债占比较 2011 年减少，其余 11 个省份短期金融性负债占比均有所增加，其中西藏和内蒙古的增幅非常明显。2012 年末西部地区短期金融性负债占比最高的为内蒙古，达到了 148.04%，另外甘肃和云南两省的短期金融性负债占比也均超过 100%，其面临的财务风险值得警惕。

表 31-8　　2011～2012 年西部地区营运资金来源统计表　　单位：家

比例	2011 年末短期金融性负债占比	2011 年末营运资本占比	2012 年末短期金融性负债占比	2012 年末营运资本占比
<0	23	81	29	78
0～20%	104	11	102	13
20%～40%	46	30	53	20
40%～60%	39	39	39	39
60%～80%	30	46	20	53
80%～100%	11	104	13	102
>100%	81	23	78	29
企业数量	334			

表 31-8 列示了西部地区上市公司 2011 年末和 2012 年末营运资金中短期金融性负债占比和营运资本占比处于各区间的数量。从表中数据可知 2012 年西部地区有 29 家上市公司的短期金融性负债占比 <0，表明该 29 家企业可通过营业活动进行融资；短期金融性负债占比处于 0～20% 区间的企业数量最多为 102 家，处于该区间的企业营运资金来源于短期金融性负债的比例在 20% 以内，财务风险较低；2012 年西部地区有 91 家上市公司的短期金融性负债占比超过 80%，面临严重的短期债务偿付压力，财务风险巨大。

四、西部地区上市公司营运资金管理绩效分析

（一）西部地区上市公司分渠道的营运资金管理绩效分析

1. 地区层面分渠道的营运资金管理绩效分析

表 31－9　　2011～2012 年西部地区各渠道营运资金周转期　　单元：天

项目	采购渠道营运资金周转期		生产渠道营运资金周转期		营销渠道营运资金周转期		经营活动营运资金周转期（按渠道）	
	2011	2012	2011	2012	2011	2012	2011	2012
西部地区	－20	－28	31	32	36	46	48	49
甘肃	－1	－10	17	17	30	32	45	39
广西	－8	－7	11	11	37	54	40	57
贵州	－6	－11	64	78	31	32	89	98
内蒙古	－15	－33	6	－5	47	63	37	24
宁夏	－12	－7	1	0	83	112	72	104
青海	7	16	2	4	58	70	68	89
陕西	－59	－62	58	46	83	92	82	75
四川	－23	－35	36	38	14	31	27	34
西藏	35	14	17	7	47	27	99	48
新疆	－29	－42	19	22	69	68	59	48
云南	15	6	33	37	50	53	98	96
重庆	－60	－68	56	71	19	15	16	18

表 31－9 列示了 2011 年和 2012 年西部地区及各省份上市公司按渠道划分的经营活动营运资金周转期。从表中数据可以看出，2012 年西部地区整体的按渠道划分的经营活动营运资金周转期较 2011 年略有上升，其中营销渠道营运资金周转期上升较明显，而采购渠道营运资金周转期有所下降。从省份来看，有 6 个省份的经营活动营运资金周转期与 2011 年相比呈上升趋势，其中宁夏的经营活动营运资金周转期较 2011 年出现大幅上升，而西藏和内蒙古的营运资金管理效率出现明显改善。重庆的经营活动营运资金周转期最短，体现了较其他省份在营运资金管理效率方面的优势。

2. 企业层面分渠道的营运资金管理绩效分析

经过 2011 年和 2012 年股票代码的匹配，得到 311 家上市公司的可比数据，其各渠道营运资金管理绩效变化情况如表 31－10 所示。

表 31－10　　2011～2012 年西部地区各渠道营运资金管理绩效变化统计表

项目		采购渠道营运资金周转期	生产渠道营运资金周转期	营销渠道营运资金周转期	经营活动营运资金周转期（按渠道）
周转期变化统计	改善	151	153	118	140
	改善比例	48.55%	49.20%	37.94%	45.02%
	降低	160	158	193	171
	降低比例	51.45%	50.80%	62.06%	54.98%
周转期变化幅度统计	改善显著	74	66	37	64
	改善较大	20	29	17	18
	有所改善	32	36	38	36
	基本稳定	54	44	66	52
	有所降低	29	38	57	53
	降低较大	19	22	39	23
	降低显著	83	76	57	65
可比样本总数		311			

注：上表中除了百分比之外的数字单位为：家

根据表 31－10 中的数据可知，有 140 家企业的经营活动营运资金周转期变短、营运资金管理效率改善，占样本总数的 45.02%；有 171 家企业的营运资金管理效率降低，占样本总数的 54.98%。从各渠道来看，采购渠道和生产渠道的营运资金周转期在改善和降低的比例上基本一致；而营销渠道营运资金周转期出现降低的比率远远大于出现改善的比率。根据经营活动营运资金周转期变化幅度的统计数据进一步分析，2012 年营运资金管理效率显著改善的有 64 家，管理效率维持基本稳定的有 52 家，而有 65 家企业的营运资金管理效率出现明显降低，占比达到 20.9%。

3. 经营活动营运资金（按渠道）周转期趋势分析

表 31－11　　2008～2012 年西部地区各渠道营运资金周转期　　单位：天

项目	2008	2009	2010	2011	2012
经营活动营运资金（按渠道）周转期	35	47	43	48	50
采购渠道营运资金周转期	－12	－14	－18	－20	－28
生产渠道营运资金周转期	9	26	25	31	32
营销渠道营运资金周转期	38	35	36	36	46

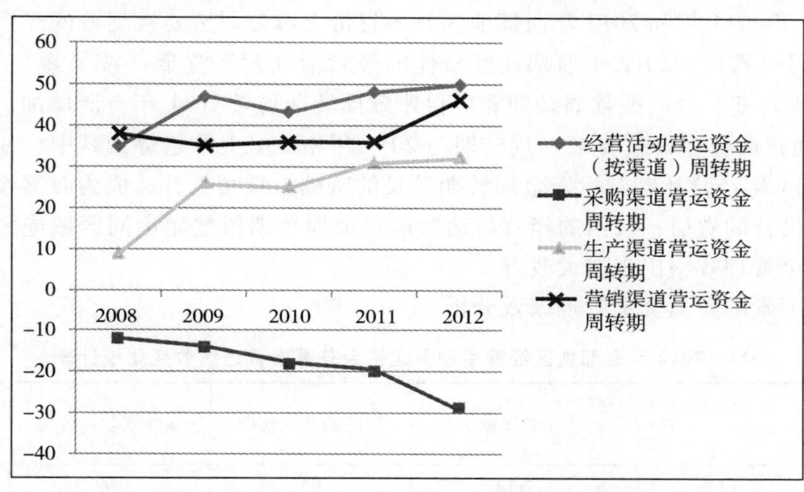

图 31－1　2008～2012 年西部地区各渠道营运资金周转期趋势图

表 31－11 列示了 2008～2012 年西部地区上市公司经营活动各渠道营运资金周转期数据，各渠道营运资金周转期变化趋势如图 31－1 所示。从表 31－11 中数据和图 31－1 可以看出 2008～2012 年西部地区经营活动营运资金（按渠道）周转期和生产渠道营运资金周转期趋势保持一致，整体呈上升趋势；营销渠道营运资金周转期 2009～2011 年基本维持稳定，2011～2012 年出现较大幅度上升；采购渠道营运资金周转期呈下降趋势，其中 2011～2012 年下降幅度明显。

（二）西部地区上市公司分要素的营运资金管理绩效分析

1. 地区层面分要素的营运资金管理绩效分析

表 31－12　　2011～2012 年西部地区各要素周转期　　单位：天

项目	存货周转期		应收账款周转期		应付账款周转期		经营活动营运资金周转期（按要素）	
	2011	2012	2011	2012	2011	2012	2011	2012
西部地区	94	98	54	60	65	74	83	84
甘肃	90	91	35	41	53	56	71	76
广西	62	66	29	43	49	50	42	59
贵州	132	144	69	70	55	60	146	154

续表

项目	存货周转期		应收账款周转期		应付账款周转期		经营活动营运资金周转期（按要素）	
	2011	2012	2011	2012	2011	2012	2011	2012
内蒙古	69	80	39	46	60	80	47	46
宁夏	110	116	58	76	78	77	91	114
青海	48	56	75	83	36	47	86	91
陕西	159	127	117	114	116	119	160	122
四川	88	89	61	67	63	75	85	81
西藏	62	56	37	41	51	57	47	40
新疆	87	90	65	77	75	88	77	78
云南	112	115	31	33	50	50	93	98
重庆	118	142	51	54	93	104	76	92

表 31－12 列示了 2011 年和 2012 年西部地区及各省份上市公司按要素划分的经营活动营运资金周转期。从表中数据可以看出，2012 年西部地区整体的经营活动营运资金（按要素）周转期较 2011 年的略有上升，存货周转期、应收账款周转期和应付账款周转期均较 2011 年有所增加。从省份来看，有 8 个省份的经营活动营运资金（按要素）周转期与 2011 年相比呈上升趋势，其中广西和宁夏的上升幅度明显；贵州在 2011 年经营活动营运资金周转期较长的基础上继续上升，成为西部经营活动营运资金周转期（按要素）最长的省份；陕西的经营活动营运资金周转期依然超出同区域绝大多数省份，但与 2011 年相比营运资金管理效率出现较大改善。

2. 企业层面分要素的营运资金管理绩效分析

表 31－13　　2011～2012 年西部地区经营活动营运资金各要素管理绩效变化统计表

项目		存货周转期	应收账款周转期	应付账款周转期	经营活动营运资金周转期（按要素）
周转期变化统计	改善	112	98	109	127
	改善比例	36.36%	31.61%	35.16%	40.84%
	降低	196	212	201	184
	降低比例	63.64%	68.39%	64.84%	59.16%
周转期变化幅度统计	改善显著	9	13	11	40
	改善较大	14	14	14	22
	有所改善	43	39	43	34
	基本稳定	107	85	83	65
	有所降低	71	67	76	64
	降低较大	28	47	41	29
	降低显著	36	45	42	57
可比样本总数		311			

注：上表中除了百分比之外的数字单位为：家

表 31－13 列示了经股票代码匹配的西部地区 311 家上市公司 2011～2012 年经营活动营运资金各要素管理绩效的变化统计数据。数据显示，2011～2012 年有 127 家企业的经营活动营运资金周转期变短、营运资金管理效率改善，占样本总数的 40.84%；而营运资金管理效率降低的企业有 184 家，占样本总数的 59.16%。从存货周转期、应收账款周转期和应付账款周转期来看，营运资金管理效率降低的比例均较改善的比例超出 30% 左右。根据经营活动营运资金周转期变化幅度的统计数据进一步分

析，多数企业的经营活动营运资金管理绩效维持在“基本稳定”的情况，其中存货周转期维持基本稳定的企业有 107 家，占比 34.41%。经营活动营运资金管理绩效“有所降低”的有 64 家，“降低显著”的有 57 家，而出现“改善显著”和“改善较大”情况的企业较少，导致西部地区整体的经营活动营运资金管理绩效呈下降趋势。

3. 经营活动营运资金（按要素）周转期趋势分析

表 31－14　　2008～2012 年西部地区各要素周转期　　单位：天

项目	2008	2009	2010	2011	2012
现金周转期	55	89	83	83	84
存货周转期	71	102	94	94	98
应收账款周转期	21	56	56	54	60
应付账款周转期	37	69	67	65	74

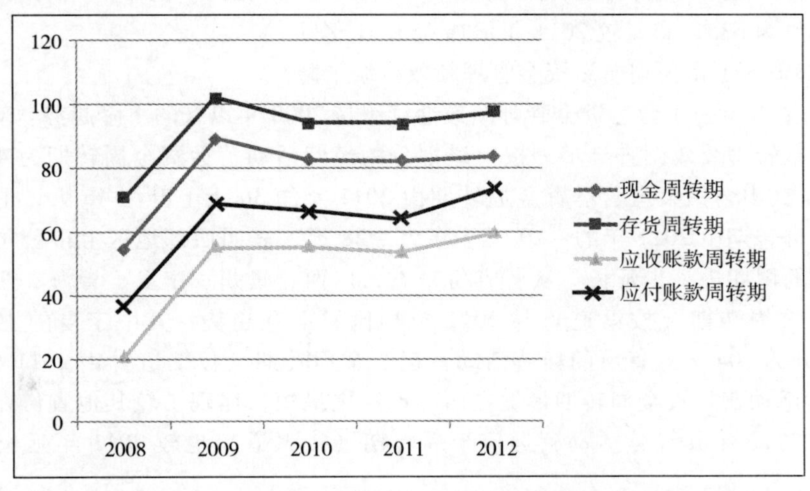

图 31－2　2008～2012 年西部地区各要素周转期趋势图

表 31－14 列示了 2008～2012 年西部地区上市公司经营活动营运资金各要素周转期数据，图 31－2 反映了各要素营运资金周转期的变化趋势。从表 31－14 和图 31－2 可以看出 2008～2012 年西部地区经营活动营运资金各要素周转期整体呈上升趋势，各要素周转期 2008～2009 年出现明显上升，2009～2011 年有小幅下降，2011～2012 年出现上升趋势，其中应收账款周转期和应付账款周转期增加较明显。

五、2012 年西部地区上市公司营运资金管理绩效排行榜

本部分分别按“经营活动营运资金周转期（按要素）”和“经营活动营运资金周转期（按渠道）”进行排名，考察西部地区上市公司营运资金管理绩效。在对上市公司营运资金管理绩效进行排名时，剔除了财务数据异常的公司，详见附录一。

六、2012 年西部地区上市公司营运资金管理调查的结论与建议

（一）调查结论

通过对 2012 年西部地区上市公司营运资金管理状况进行全方位的调查与分析，本报告得出以下研究结论。

1. 2012 年西部地区上市公司营运资金占用水平较 2011 年有所增加

根据西部地区上市公司营运资金总体配置结构与占用水平的数据可知，2012 年西部地区上市公司营运资金占用总额为 5689.22 亿元，较 2011 年增加 237.76 亿元；其中经营活动营运资金总额为 2143.78 亿元，比 2011 年增长 132.84 亿元；投资活动营运资金占用额为 3545.44 亿元，比 2011 年增

长 104.92 亿元。从平均占用额数据分析，2012 年西部地区上市公司营运资金平均占用额为 17.06 亿元，比 2011 年增加 0.73 亿元；其中经营活动营运资金平均占用额为 6.43 亿元，比去年增加 0.42 亿元；投资活动营运资金平均占用额为 10.63 亿元，比去年增加 0.31 亿元。企业层面数据显示，2012 年西部地区上市公司营运资金占用量增加有 179 家企业，在总体 334 家中占比达 53.59%；经营活动营运资金占用量增加的上市公司有 202 家，占比为 60.48%；投资活动营运资金占用量增加的上市公司有 173 家，占比为 51.80%。

对经营活动营运资金的调查显示，2012 年西部地区上市公司经营活动营运资金（按渠道）占用总额为 2143.78 亿元，较 2011 年增加了 132.79 亿元；其中采购渠道营运资金为 -1374 亿元，较 2011 年减少了 376.48 亿元；生产渠道营运资金为 1388.70 亿元，较 2011 年增加 109.57 亿元；营销渠道营运资金为 2129.09 亿元，较 2011 年增加 399.76 亿元。2012 年西部地区上市公司经营活动营运资金（按要素）占用总额为 2143.78 亿元，较 2011 年增加了 132.84 亿元；其中存货占有量为 4307.41 亿元，较 2011 年增加 389.53 亿元；应收及预付款项占有量为 4187.81 亿元，较 2011 年增加 397.24 亿元；应付及预收款项占用量为 6351.43，较 2011 年增加 653.91 亿元。

2. 2012 年西部地区上市公司营运资金管理绩效持续下降

2012 年西部地区上市公司营运资金管理绩效继续维持 2008 年以来的下降趋势。对西部地区上市公司分渠道的营运资金管理绩效调查显示，按渠道划分的经营活动营运资金周转期为 49 天，较 2011 年的 48 天略有上升；其中营销渠道营运资金周转期由 2011 年的 36 天上升为 46 天，上升幅度明显；而采购渠道营运资金周转期由 2011 年的 -20 天下降为 -28 天，表明西部地区上市公司通过采购占用供应链上游企业资金的周期进一步延长。从各省份来看，广西、贵州、宁夏、青海、四川和重庆六省份的经营活动营运资金周转期（按渠道）与 2011 年相比呈上升趋势，其中宁夏的上升幅度最大，由 2011 年的 72 天上升为 104 天；青海的经营活动营运资金周转期（按渠道）由 2011 年的 68 天上升为 89 天。重庆的经营活动营运资金周转期最短在西部地区中最短，体现了较其他省份在营运资金管理效率方面的优势，但 2012 年其经营活动营运资金周转期（按渠道）也较 2011 年延长了 2 天，上升至 18 天。

根据对西部地区上市公司分要素的营运资金管理绩效调查显示，2012 年西部地区整体的经营活动营运资金（按要素）周转期由 2011 年的 83 天上升为 84 天，存货周转期较 2011 年延长 4 天，应收账款周转期较 2011 年延长 6 天，应付账款周转期较 2011 年延长 9 天。从省份来看，有 8 个省份的经营活动营运资金（按要素）周转期与 2011 年相比呈上升趋势，其中宁夏的经营活动营运资金（按要素）周转期增加 23 天，广西的经营活动营运资金（按要素）周转期增加 17 天；贵州在 2011 年经营活动营运资金周转期较长的基础上继续上升至 154 天，成为西部经营活动营运资金周转期（按要素）最长的省份。

3. 西部地区上市公司需警惕来源于短期金融性负债的财务风险

2012 年末西部地区上市公司的营运资金有 75.28% 来源于短期金融性负债，有 24.72% 来源于营运资本。相比于 2011 年末短期金融性负债占比 67.20% 和营运资本占比 32.80%，2012 年营运资金来源于短期金融性负债的比例增加 8.08%，这意味着 2012 年西部地区上市公司面临的财务风险较 2011 年有所增加。从各省份的数据来看，2012 年只有贵州的短期金融性负债占比较 2011 年减少，其余 11 个省份短期金融性负债占比均有所增加，其中西藏和内蒙古的增幅非常明显，内蒙古 2012 年末短期金融性负债占比高达到了 148.04%，另外甘肃和云南两省的短期金融性负债占比也均超过 100%，其面临的财务风险值得警惕。

从 2011 年末和 2012 年末西部地区上市公司营运资金中短期金融性负债占比和营运资本占比处于各区间的统计数据来看，2012 年西部地区有 29 家上市公司的短期金融性负债占比小于 0，表明该 29 家企业可通过营业活动进行融资；短期金融性负债占比处于 0 ~ 20% 区间的企业数量最多为 102 家，处于该区间的企业营运资金来源于短期金融性负债的比例在 20% 以内，财务风险较低；2012 年西部地区有91家上市公司的短期金融性负债占比超过80%，面临严重的短期债务偿付压力，财务风险巨大。

（二）对策建议

1. 依托资源和政策优势，构建产业集群

党的十八大以来，中央明确投资和消费双重并举，推动经济发展。西部地区是今后我国经济的重要增长点。甘肃兰州新区已获批，成为第5个国家级新区，青海、新疆、宁夏等地密集批复了一批新能源项目，建设提速迹象明显。从2009年通过的《关于应对国际金融危机保持西部地区经济平稳较快发展的意见》，出台6项措施促进西部经济发展，到国务院正式发布《关中—天水经济区发展规划》，再到党的十八大明确提出“优先推进西部大开发”，这表明，无论中央还是地方都坚定支持西部地区建设，西部地区的企业应积极抓住发展机遇，依托政策优势加快发展。

同时，西部地区自然资源丰富且分布具有明显区域性，在注重加强环境保护，发展循环经济的同时，经济增长方式要由投资拉动型、外延扩大型向技术改造型、内涵效益型转变，要加大资源整合力度，淘汰落后产能，建立相关产业集聚地，发挥区域内产业集群的规模优势，通过关键技术攻关，掌握核心技术，提高区域内企业核心竞争力。产业聚集区内的企业应基于供应链优化业务流程，积极进行客户关系管理和供应商关系管理，提高上下游企业间的沟通与协助，以促进企业营运资金管理绩效的改善。

2. 重视存货管理，提高营运资金管理绩效

调查显示2012年西部地区上市公司的存货周转期为98天，远远超过其他地区和全国平均水平，表明西部地区的企业从存货管理入手提高营运资金管理绩效有较大空间。要加强存货管理提高存货周转率，企业自身需更新营运资金管理理念，从业务流程及渠道视角进行优化。

实际需求与预测的不匹配导致存货积压，会占用企业宝贵的营运资金，而盲目的解决存货又会加大应收账款坏账风险。要从根本上解决这一问题就必须实施以订单为起点的生产流程，从采购到生产再到销售过程，始终以订单为中心，根据订单去采购，依照订单去生产，按照订单来销售。这种生产流程需要企业建立先进的信息管理系统。客户在系统上提交订单，销售部门首先进行订单筛选，合格的订单通过信息管理系统，同步到达生产部门和采购部门，生产部门同步生成生产订单，采购管理部门则同步生成采购和配送订单，供应商在第一时间提供所需材料，保证生产的需要。先有订单，后有产品的制造，保证了采购和生产都是为了有价值的订单而进行，最大限度的降低材料存货和产成品存货对营运资金的占用。

3. 加强供应链融资，控制企业财务风险

西部地区上市公司营运资金中短期金融性负债占比较高，导致企业普遍面临短期债务偿付压力，容易形成资金链紧张，导致财务风险。一部分企业通过采购渠道形成的应付账款等形式大量占用供应链上游企业的资金，虽然暂时提高了自身的营运资金管理绩效，但这不利于供应链上企业间的共同发展，非长久之计。

随着社会化生产方式的不断深入，市场竞争已经从单一客户之间的竞争转变为供应链与供应链之间的竞争；与此同时，由于赊销已成为交易的主流方式，处于供应链中上游的供应商，很难通过“传统”的信贷方式获得银行的资金支持，而资金短缺又会直接导致后续环节的停滞，甚至出现“断链”。所以在构建产业集群加强供应链建设的同时，应积极提高供应链资金运作的效力，降低供应链整体的管理成本，即发展供应链金融，使银行围绕核心企业，管理上下游中小企业的资金流和物流，把握单个企业的不可控风险为供应链企业整体的可控风险，将风险控制在最低水平。

“供应链金融”最大的特点就是在供应链中寻找出一个大的核心企业，以核心企业为出发点，为供应链提供金融支持。一方面，将资金有效注入处于相对弱势的上下游配套中小企业，解决中小企业融资难和供应链失衡的问题；另一方面，将银行信用融入上下游企业的购销行为，增强其商业信用，促进中小企业与核心企业建立长期战略协同关系，提升供应链的竞争能力。在“供应链金融”的融资模式下，处在供应链上的企业一旦获得银行的支持，资金这一“脐血”注入配套企业，也就等于进入

了供应链，从而可以激活整个“链条”的运转；而且借助银行信用的支持，将为中小企业赢得更多的商机。

主要参考文献

1. 国家发改委解答西部大开发十二五规划，《西部大开发》，2012 年第 1 期。

2. 甘肃省统计局：《2012 年甘肃省国民经济和社会发展统计公报》，2013 年 3 月 12 日。

3. 2011 年西部大开发新开工 22 项重点工程，《中国建材资讯》，2012 年第 1 期。

4. 刘杨、毛超、傅鸿源：“西部大开发背景下扶贫铁路的影响研究”，《重庆大学学报》，2012 年第 3 期。

5. 重庆市统计局：《2012 年重庆市国民经济和社会发展统计公报》，2013 年 3 月 18 日。

6. 四川省统计局：《2012 年四川省国民经济和社会发展的统计公报》，2013 年 2 月 25 日。

第三十二章　2012 年外向型上市公司营运资金管理调查[①]

【摘要】在如今欧美日等世界主要经济体需求不振、尤其是严重受到欧债危机影响的欧洲需求骤然减少的背景下，我国外向型行业的上市公司的营运资金管理绩效普遍下降；2012 年国际市场贸易保护手段多样化加剧了市场竞争压力、贸易摩擦日益突出，部分外向型上市公司出现库存过高、出口困难、效益下滑和产能过剩等一系列问题，对其营运资金管理无疑雪上加霜。另外虽然近期人民币升值的步伐开始放缓，但是从长远看人民币升值的趋势不会改变，这压缩了部分外向型企业的营运成本，降低了其竞争能力。我们结合纺织服装业和电子信息产业的行业特征，通过分析外向型上市公司的经营环境探讨 2012 年外向型上市公司营运资金管理的绩效变动情况，发现：（1）2012 年纺织服装业上市公司经营活动营运资金占用大幅增加，具体来看几乎采购、生产、营销各渠道和存货、应收账款、应付账款各要素的资金占用均有不同程度的增加。其中，高度外向型公司的营运资金占用上升幅度较大，而低度外向型公司的上升幅度较小，说明营运资金占用上升受到欧债危机、贸易壁垒等国际不良外部环境的影响。（2）2012 年纺织服装业上市公司营运资金来源于短期金融性负债的比例有所上升，尤其是低度外向型上市公司的短期金融性负债占比已经高达 80.14%，已经属于高风险范围，而高度外向型企业营运资金融资结构则相对稳健。（3）2012 年纺织服装行业上市公司经营活动营运资金管理绩效整体下滑，其中高度外向型上市公司经营活动营运资金周转期明显高于低度外向型上市公司；具体来看几乎采购、生产、营销各渠道和存货、应收账款、应付账款各要素的周转期均有不同程度的上升。（4）2012 年电子信息行业上市公司营运资金配置变动情况与纺织服装行业类似，各渠道各要素营运资金占用有所上升，高度外向型上市公司的上升幅度较大。（5）2012 年电子信息产业上市公司总体上采取了相对激进的营运资金融资结构，从而控制了成本、提高了盈利水平。其中，高度外向型公司比低度外向型公司短期金融性负债比例高，这意味着高度外向型公司采取了更为激进的营运资金融资策略，更多地利用短期金融负债满足了营运资金融资需求。（6）2012 年电子信息行业上市公司经营活动营运资金管理绩效也出现了整体下滑；不同的是电子信息业高度外向型上市公司经营活动营运资金周转期明显低于低度外向型上市公司。

外向型上市公司是指以国外市场为主要销售场所的上市公司，其基本特征是生产和经营面向国际市场。我们之所以将外向型上市公司的营运资金管理调查分析单独列出，是因为外向型上市公司受到了次贷危机和欧债危机的直接冲击，其的营运资金管理与内向型上市公司相比，必然具有自身的特性。我们对于纺织服装、电子信息产业等高度外向型行业的营运资金管理情况进行持续的跟踪调查，了解其营运资金管理的趋势，提出有针对性的对策建议。

一、外向型经济面临的环境因素

如表 32 - 1 所示，2012 年我国货物进出口总额达到 38668 亿美元，比 2011 年增长 6.2%；其中，出口额达到 20489 亿美元（同比增长 7.9%），进口达到 181178 亿美元（同比增长 4.3%）。2012 年进出口差额（出口减进口）2311 亿美元，比上年增加 762 亿美元；其中一般贸易的存在贸易逆差，而加工贸易仍然存在贸易顺差。高新技术产品的进出口增长幅度均小于机电产品，这意味我国的外向型企业的生产结构仍待进一步调整。从企业性质来看，其他企业的进出口总额增长幅度均高于国有企业和外商投资企业，说明在欧债危机的背景下，民营企业逐渐成为促进我国进出口增长的中坚力量。

---

① 本研究获国家自然科学基金（基于渠道管理的营运资金管理与中国上市公司营运资金管理调查，课题编号：70772024）和国家自然科学基金（利益相关者集体选择视角的企业价值管理研究，课题编号：71172099）资助。感谢中国海洋大学、中国会计学会等对中国企业营运资金管理研究中心研究的支持。

表 32－1　　　　2012 年货物进出口总额及其增长幅度　　　　单位：亿美元

指　　标	绝对数	比 2011 年增长%
货物进出口总额	38668	6.2
货物出口额	20489	7.9
其中：一般贸易	9880	7.7
加工贸易	8628	3.3
其中：机电产品	11794	8.7
高新技术产品	6012	9.6
其中：国有企业	2563	-4.1
外商投资企业	10227	2.8
其他企业	7699	21.1
货物进口额	181178	4.3
其中：一般贸易	10218	1.4
加工贸易	4812	2.4
其中：机电产品	7824	3.8
高新技术产品	5068	9.5
其中：国有企业	4954	0.3
外商投资企业	8712	0.8
其他企业	4512	17.2
进出口差额（出口减进口）	2311	—

数据来源：国家统计局网站

2012 年我国非金融领域新批外商直接投资企业 24925 家，同比下降 10.1%。实际使用外商直接投资金额 1117.2 亿美元，下降 3.7%。其中房地产业外商直接投资企业的家数同比增长 1.3%，但是投资金额同比下降 10.3%，由此可见每家企业投资的金额都有一定程度的缩减。信息传输、计算机服务和软件业外商直接投资企业的家数同比减少了 6.8%，而实际投资的金额却增长了 24.4%，这意味随着行业的整合，虽然外商直接投资的数量有所减少，但是现有企业的投资实力却有所增强。批发和零售业也呈现了整合的趋势，该行业外商直接投资的企业家数同比减少了 3.2%，但实际投资金额却同比增加了 12.3%。如表 32－2 所示。

表 32－2　　　　2012 年非金融领域外商直接投资及其增长速度

行　　业	企业数（家）	家数同比增长（%）	金额（亿美元）	金额同比增长（%）
总计	24925	-10.1	1117.2	-3.7
农、林、牧、渔业	882	2.0	20.6	2.7
制造业	8970	-19.3	488.7	-6.2
电力、燃气及水的生产和供应业	187	-12.6	16.4	-22.6
交通运输、仓储和邮政业	397	-3.9	34.7	8.9
信息传输、计算机服务和软件业	926	-6.8	33.6	24.4
批发和零售业	7029	-3.2	94.6	12.3
房地产业	472	1.3	241.2	-10.3
租赁和商务服务业	3229	-8.2	82.1	-2.0
居民服务和其他服务业	192	-9.4	11.6	-38.2

数据来源：国家统计局网站

(一) 外向型经济面临的国际环境因素

1. 欧美传统市场变动对我国外向型经济发展的影响

在如今欧美日等世界主要经济体需求不振，特别是严重受到欧债危机影响的欧洲需求骤然减少的背景下，我国传统出口企业再遇危机。广交会是中国外贸乃至世界经济发展强度的重要风向标，虽然2012 年广交会累计到会采购商超过 21 万人，创下历史新高，但累计出口成交却依然出现 2008 年国际金融危机以来的首次下滑，成交仅 360.3 亿美元，环比和同比分别下降了 4.8% 和 2.3%。令人担忧的是，占据我国市场份额半壁江山的欧美传统市场成交出现明显下滑。以占据总成交额 7 成的机电产品为例，本届广交会机电产品累计成交额 188 亿美元，与去年同期的春交会相比，机电产品与欧盟、拉美、美国成交分别下降了 30.9%、18.5%、41%。特别需要指出的是，美国、日本等一些传统市场虽然出现了复苏迹象，但欧洲的情况依然令人担忧，不仅是小企业，大企业对欧的出口也开始下滑。

2. 国际市场贸易保护手段多样化

由商务部综合司与商务部研究院发布的《中国对外贸易形势报告（2012 年秋季）》显示，2012 年前三季度，中国出口产品遭遇国外贸易救济调查涉案金额达 243 亿美元，同比增长了 7 倍多，中国仍是贸易保护主义的最大受害者。据英国智库经济政策研究中心（CEPR）的“世界贸易预警（World Trade Alert)”项目监测，自 2008 年国际金融危机爆发以来，全球有 40% 的贸易保护措施是针对中国的，国际贸易保护主义日益加剧。

首先，和以往的反倾销相比，2012 年的反补贴负面影响更为深远。因为反倾销针对的只是单个或数家企业，而反补贴针对的则是政府行为，只要有一个案件被认定有政府补贴行为，其证据可能会被引用到政府管治的整个地区，致使这个区域的产业链受到影响。2012 年 9 月，继美国对我光伏产业实施“双反”之后，欧盟委员会也发布公告，对中国光伏电池发起反倾销调查。这是中欧双方迄今为止最大的贸易纠纷，也是全球涉案金额最大的贸易争端，此举对中国的光伏产业影响巨大，“中国光伏产业进入寒冬”。深圳中电投资股份有限公司光伏业务部副总经理梁俊民向媒体表示，中小型厂家的主要市场就在欧洲，欧盟大门关闭后一些企业将会面临资金供应断裂，新兴市场购买力又不够，加上国内的各种补贴政策难以覆盖中小企业，估计 30% 甚至更多的光伏企业会因此倒闭。其次，随着科学技术的发展，技术性贸易壁垒越来越明显，成为影响国际贸易正常发展的突出障碍。发达国家利用在科学技术上的优势，通过制定技术标准、技术应用的法规体系及合格评定程序等，对国际贸易发展产生相当复杂的影响。2012 年深圳市标准技术研究院的一项调查显示，24% 的企业认为技术性贸易措施，是对企业出口影响最大的因素，将技术性贸易措施列为前三位影响出口因素的企业更是高达 56%。据中国贸易救济信息网统计，中国因遭遇技术性贸易壁垒造成的直接损失以年均 15% 的速度增长。全国家用电器标准化技术委员会的统计显示，我国有多达 60% 的家电出口企业遭遇过国外技术壁垒，每年由此造成的直接和潜在的经济损失约 500 亿美元，超过年出口总额的 25%。此外，绿色贸易壁垒也不容忽视，例如美国在 2009 年 6 月提出的“碳关税”，使中国等发展中国家措手不及。“一旦绿色贸易成为主流，发展中国家如不改造升级求变，将会越来越多地被发达国家标准拒之门外。”中国人民大学环境与资源保护法博士后徐岭指出。2012 年 5 月 15 日，欧盟对中国的航空公司再次发出警告，中国航空公司如果在 6 月中旬前拒绝透露 2011 年的碳排放量数据，欧盟将对相关航空公司采取惩罚措施。这是欧美发达国家以“碳关税”和气候变化问题为筹码，向我国发起的又一轮施压。世界银行的一份研究报告称，如果碳关税全面实施，“中国制造”可能将面对平均 26% 的关税，出口量可能下滑 21%。

3. 亚洲等新兴市场对我国外向型经济发展的影响

虽然世界经济笼罩在欧债危机的影响下，但亚洲和新兴市场的表现仍然值得关注。根据商务部国际贸易经济合作研究院的统计数据显示，2012 年我国对美国的出口额下降 6.2%，但进口额增长 0.4%，这说明受到欧债危机的影响，传统市场呈现疲软的趋势，出现了明显的贸易逆差；而 2012 年我国对欧盟的进出口额基本持平，也失去了贸易顺差的优势。受此影响，大量资金、人才和金融机构转而追捧亚洲和新兴市场，使得 2011 年我国对亚洲和新兴市场的出口增长普遍高于传统市场，我国对香港地区、东盟、日本、韩国、和印度的出口额增长分别高达20.7%、20.1%、2.3%、5.7%和-5.7%，进口额增长分别为15.9%、1.5%、-8.6%、3.7%和-19.6%，呈现了明显的贸易顺差。如表32-3所示。

表32-3　2012年对主要国家和地区货物进出口额及其增长速度　单位：亿美元

国家和地区	出口额	比2011年增长%	进口额	比2011年增长%
欧盟	3518	8.4	1329	8.8
美国	3340	-6.2	2121	0.4
中国香港	3235	20.7	180	15.9
东盟	2043	20.1	1958	1.5
日本	1516	2.3	1778	-8.6
韩国	877	5.7	1686	3.7
印度	477	-5.7	188	-19.6
俄罗斯	441	13.2	441	9.2
中国台湾	368	4.8	1322	5.8

数据来源：国家统计局网站

4. 棉花等原材料进口价格下跌对纺织服装外向型企业的影响

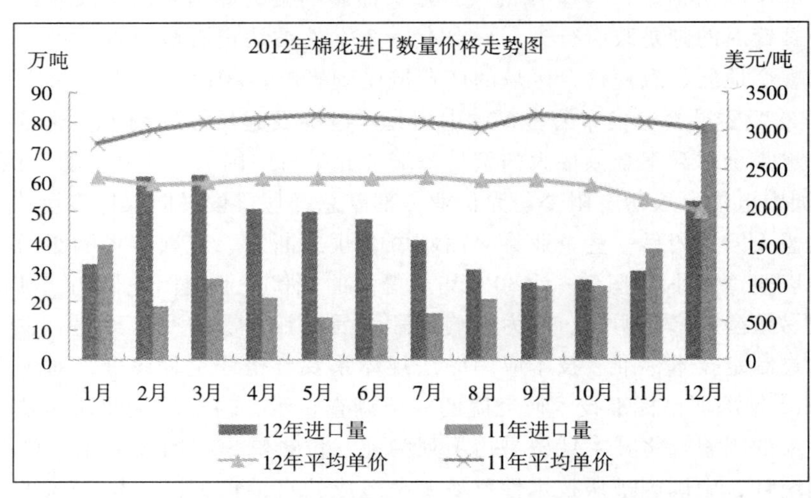

图32-1　2012年棉花进口数量价格走势图

数据来源：国家统计局网站

不同于2011年外向型企业的生产要素成本持续上升、企业利润缩减的状况，2012年部分外向型企业的原材料进口价格开始下跌，以纺织服装业为例。2012年，由于国内棉花临时收储政策托市，棉价走势相对稳定，而国际市场受需求减弱和宏观经济不佳影响，下跌幅度较大，国内外价差保持较高水平，最高价差达到5000-6000元/吨。受此影响，纺织企业采购进口棉数量大幅增加，创历史新高。据海关统计，2012年我国累计进口棉花513.7万吨，同比增长52.7%；全年平均进口价格2298美元/吨，同比下跌18.3%；差价较大导致配额外全关税进口量大幅增加，全年达到32.6万吨，同比增长2.6倍。从图32-1可以看出，2012年棉花平均进口单价较2011年明显下降，而且全年走势稳定；原材料价格下跌缓解了纺织服装外向型企业生产成本压力，有利于纺织服装外向型促进企业利润回升。

5. 人民币升值提高了外向型经济的风险

自从金融危机以来，人民币呈现了快速升值的趋势。2008年、2009年和2010年人民币对美元的升幅分别达到6.3%、0.1%和3%。2011年以来，虽然人民币升值的步伐开始放缓，但央行通过抬高中间价、联手抛售美元等手段，促使2011年全年人民币对美元升值幅度达到4.86%。2012年，人民币对美元的升值幅度有所稳定，但依然在2.32%。人民币的持续升值将间接提高我国外向型企业的产品价格，降低我国产品的性价比水平和竞争能力，也提高了部分以美元结算企业的汇率风险。

随着世界经济的不断发展，电子计算机和通信技术日新月异，人类已经从工业化社会步入信息化社会。电子信息产业也已经成为我国国民经济的支柱性产业，而当前人民币的升值将对我国国际化程度较高、出口比重大、出口增长迅速的电子信息行业产生重大的影响，一方面有利于我国电子厂商进口原材料及机器设备成本的降低，另一方面使我国出口电子产品利润减少，削弱国内电子产品在国际市场的比价优势，同时国际竞争力减弱。总体而言，我国电子产品外贸表现为顺差，人民币升值对国内电子信息业的影响为弊大于利。中国纺织服装行业是我国出口创汇第一大行业，对外依存度非常高，对汇率变化特别敏感。企业大多处于净出口状态，人民币升值将使我国纺织、服装产品的劳动力比较优势弱化，产品竞争力降低，尤其是服装产品处于产业链最末端，将首先受到升值的影响。根据纺织工业协会的测算，人民币升值2%，作为我国出口大户的纺织业出口将减少25亿美元，纺织行业销售利润率将下降2%~6%。人民币升值，使得依赖低价竞争模式的纺织品出口利润空间变得更为稀薄，给我国纺织品出口带来更大的压力和挑战。人民币每升值1%，棉纺织行业营业利润就会下降约12%，毛纺织行业约下降8%，服装行业约下降13%。如果人民币继续升值达到5%，就意味着大部分出口纺织品极有可能出现“零利润”。因此，人民币升值对我国纺织业的出口的利润有很大的影响。从长远来看，人民币升值的趋势不会改变，但上升的幅度会有所减缓，所以仍然会对我国外向型企业产生持续的影响，提高了其营运资金的管理难度。

（二）外向型经济面临的国内环境因素

1. 紧缩性货币政策导致信贷萎缩

2012年，我国继续实施稳健的货币政策，增加了外向型企业（特别是中小型企业）的贷款难度。虽然政府在中小企业融资、营业税起征点提高上做了工作，但因为金融机构也是企业，只会对有还债能力的企业放贷，所以中小企业融资形势不容乐观。部分企业转而寻求民间借贷获得资金支持，但民间借贷往往利息费用高昂，为企业带来巨大的偿债压力，使得一些中小企业陷入资金链断裂甚至倒闭的窘境。

2. 国内关税政策调整的影响

根据国际市场环境及国内经济现状，2012年我国对关税细则进行了一系列的修订补充，其中部分进口关税的调整对外向型经济的发展有利，整理如下：（1）继续对小麦等7种农产品和尿素等3种化肥的进口实施关税配额管理，并对尿素等3种化肥实施1%的暂定配额税率；对关税配额外进口一定数量的棉花继续实施滑准税，并适当调整了滑准税计税公式，效果是进口价格越高，适用税率越低。（2）2012年我国继续对原产于东盟各国、智利、巴基斯坦、新西兰、秘鲁、哥斯达黎加、韩国、印度等国家的部分进口产品实施协定税率，其中产品范围将进一步扩大，税率水平进一步降低；在内地与香港、澳门更紧密经贸关系安排框架下，对原产于港澳地区且已制定原产地优惠标准的产品实施零关税；根据海峡两岸经济合作框架协议，对原产于台湾的部分产品实施包括零关税在内的协定税率。上述规定对外向型产业来说实质上是对部分原材料进口关税的下调，降低了纺织服装、电子信息等外向型企业的生产成本，有利于外向型企业采购渠道的营运资金管理。

同时，为适应经济社会发展、科学技术进步、加强进出口管理及应对国际贸易争端的需要，增列了柔性印刷版、堆取料机械、血管支架、无线耳机等税目；为促进经济可持续发展，推动资源节约型、环境友好型社会建设，2012年我国继续以暂定税率的形式对煤炭、原油、化肥、铁合金等“两高一资”产品征收出口关税。上述出口关税的增加有利于社会整体进步，但针对外向型行业而言在一定程度上增加了其营业成本，提高了其营运资金的管理难度。

3. 劳动力和原材料价格下降

相比于2011年我国各地出现的劳动力价格上涨和“用工荒”问题，2012年我国劳动力和原材料价格总体呈下降趋势。如表32-4所示，2012年工业生产者价格指数（PPI）趋于下降，其中全国工业生产者出厂价格下降 1.7%，工业生产者购进价格下降 1.8%（其中有色金属材料类价格下降 5.5%、燃料动力类价格下降 0.9% 、黑色金属材料类价格下降 7.1%、化工原料类价格下降 3.9%），生产资料出厂价格下降 2.5%（其中采掘工业价格下降 2.4%、原料工业价格下降 2.0% 、加工工业价格下降 2.7%）。由此可见，国内工业品生产成本的压力有所缓解。

表 32 - 4　　2012 年工业生产者价格涨跌幅数据　　单位:%

工业生产者出厂价格	生产资料	采掘	原料	加工
-1.7	-2.5	-2.4	-2.0	-2.7
工业生产者购进价格	有色金属材料及电线类	燃料、动力类	黑色金属材料类	化工原料类
-1.8	-5.5	0.9	-7.1	-3.9

具体每月而言，2012 年我国工业产品的资源和材料成本呈现了先小升后稳降的态势。2012 年 1 月 ~2 月，工业生产业出厂价格指数同比略有增长，从 3 月之后，该指数同比增长幅度开始下降，最终同比降幅收于 1.9%。从环比涨跌幅来看，2012 年总体较稳定，升降幅维持在 1% 以内，总体呈下降趋势。如图 32 - 2 显示，2012 年我国原材料价格的趋势有所减缓，这将有利于改善企业的营运资金管理绩效。

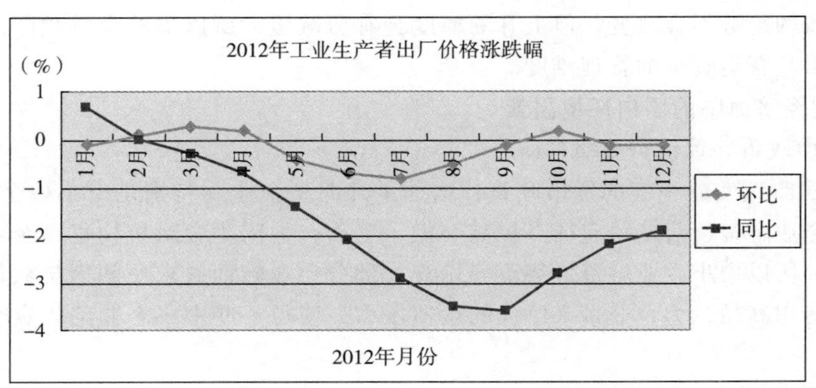

图 32 - 2　2012 年工业生产者出厂价格涨跌幅

数据来源：国家统计局网站

总而言之，2012 年外向型经济面临的国际环境比较恶劣，加剧了纺织服装、电子信息等外向型产业上市公司营运资金的管理难度；相对而言，2012 年外向型经济面临的国内环境有所改善，减轻了外向型企业营运资金管理压力。下面本文将详细论述 2012 年外向型上市公司营运资金管理状况，分别就纺织服装业和电子信息产业两大高度外向型的行业展开。

二、2012 年我国纺织、服装外向型上市公司营运资金管理调查

我国是世界上最大的纺织服装生产国、消费国和出口国，纺织服装行业是我国国民经济的传统支柱产业，也是出口创汇的主要行业之一，具有高度外向型的特征。2012 年，我国纺织品服装累计出口总计 2550 亿美元，同比增长 4.32%；其中，纺织品、服装累计出口金额分别为 958、1592 亿美元，分别同比增长 0.82%、6.55%；分月度数据来看，12 月纺织品服装单月总计出口额 241 亿美元，其中纺织品、服装分别为 86、155 亿美元，三者分别同比增长 10.84%、3.26%、15.52%。2012 年以来，纺织品服装出口额累计增长 4.32%，大幅低于 2010 年、2011 年 21%、25%，以及 08 年之前 20% 以上的增速水平。美国次贷危机、欧债危机造成的全球需求下滑是导致增长明显趋缓的主要原因。

从趋势来看，我国 A 股纺织服装业上市公司在 2008 年 ~2012 年的外销收入占主营业务收入的比重相应为 39.25%、30.63%、22.98% 、29.34% 和 25.67%，说明了从整体上我国 A 股纺织服装类上市公司的出口外销收入占主营业务收入的比重整体呈下降趋势，虽然在 2011 年外销收入比重有一定的回升，但 2012 年又再次下降。然后我们以样本公司出口外销收入占主营业务收入的比重均值是否超过

40% 为标准，样本公司 2008 年出口外销收入占比均值低于 40% 的企业共有 38 家，平均外销占比 13.47%，高于 40% 的企业共有 14 家，平均外销占比 65.18%；2009 年出口外销收入占比均值低于 40% 的企业共有 39 家，平均外销占比 12.10%，高于 40% 的企业共有 20 家，平均外销占比 64.46%；2010 年出口外销收入占比均值低于 40% 的企业共有 54 家，平均外销占比 9.31%，高于 40% 的企业共有 15 家，平均外销占比 69.78%；2011 年出口外销收入占比均值低于 40% 的企业共有 55 家，平均外销占比 11.26%，高于 40% 的企业共有 20 家，平均外销占比 70.65%；2012 年出口外销收入占比均值低于 40% 的企业共有 55 家，平均外销占比 10.39%，高于 40% 的企业共有 19 家，平均外销占比 69.89%。从上述数字我们可以看出，不同外向型程度的纺织服装业上市公司的家数和外销水平均保持了相对稳定的态势，下面我们准备考察不同外向型程度上是公司的营运资金管理策略和绩效的差异。

（一）2012 年纺织服装外向型上市公司营运资金配置与来源分析

1. 纺织服装外向型上市公司营运资金配置分析

从表 32 - 5 可以看出，纺织、服装外向型上市公司营运资本以及营运资金期末占用 2012 年相对于 2011 年有所有增长。值得注意的是，就增长幅度来看，低度外向型公司的营运资本期末占用额增长额为 5800 万元，而营运资金期末占用增长额为 4600 万元，说明 2012 年相对于 2011 年，低度外向型的公司的营运资金的增加主要依靠营运资本，从短期借款等金融性融资渠道获得的融资反而下降。而高度外向型公司的营运资本期末占用增幅为 4900 万元，营运资金期末占用增幅为 93 万元，说明高度外向型公司的营运资金增长除依赖营运资本外，还有一部分来自短期金融性借款融资。横向比较来看，高度外向型公司的营运资本和营运资金占用均高于低度外向型公司，说明高度外向型公司的营运资金管理绩效低于低度外向型公司。

从经营活动营运资金的趋势分析来看，纺织服装外向型上市公司的经营活动营运资金的期末占用均有所提高，其中高度外向型增长水平高于低度外向型公司，说明高度外向型公司的经营活动营运资金的管理绩效恶化情况较为严重。从总体来看，高度外向型公司经营活动营运资金期末占用仍然低于低度外向型公司，但两者的差距已经趋于较小。从经营活动营运资金占用水平来看，从趋势分析角度，低度外向型和高度外向型公司的经营活动营运资金占用水平都有所上升。而虽然高度外向型公司的经营活动营运资金占用要低于低度外向型公司，但其占用水平却高于低度外向型公司，说明在营运资金的投入方面，高度外向型公司的营运资金在经营活动中投入较大。

从趋势分析角度，低度外向型公司和高度外向型公司的投资活动营运资金期末占用均有所上升，但幅度不大。横向来看，高度外向型公司的投资活动营运资金的占用水平低于低度外向型公司，说明高度外向型投资活动营运资金的管理绩效要高于低度外向型公司。

表 32 - 5　　2011 ~ 2012 年纺织、服装外向型上市公司营运资金配置分析（均值）　　单位：百万元

年份	营运资本期末占用		营运资金期末占用		经营活动营运资金期末占用		经营活动营运资金占用水平		投资活动营运资金期末占用	
	外向型低	外向型高	外向型低	外向型高	外向型低	外向型高	外向型低	外向型高	外向型低	外向型高
2011	722.07	472.82	1395.75	999.00	720.51	599.37	27.80%	39.00%	675.24	399.63
2012	779.99	521.65	1441.61	1092.25	727.26	669.55	32.54%	42.17%	714.35	422.70

2. 纺织服装业外向型上市公司分渠道的经营活动营运资金配置分析

如表 32 - 6 所示，2011 年和 2012 年高度外向型的纺织服装类上市公司的采购渠道营运资金占用基本上都高于低度外向型公司，但这两者之间的差距在 2012 年有一定程度的增大，主要原因在于从 2011 年到 2012 年，低度外向型公司的采购渠道营运资金占用大幅下降，而高度外向型公司的采购渠道营运资金占用小幅升高。由于次贷危机的影响，高度外向型公司采购渠道营运资金的占用水平在 2011 年达到最高点，在 2012 年低度外向型公司采购渠道营运资金占用下降主要是因为产业环境在世界范围内逐渐回暖。其次，2011 ~ 2012 年高度外向型公司的生产渠道营运资金占用均高于低度外向型公司，这意

味着高度外向型公司投入了更多资金进入生产渠道。并且在2012年高度和低度外向型公司的生产渠道营运资金占用水平均有所上升，参考以往年度的数据，该行业生产渠道营运资金占用已经从2007年到2012年连续6年不断增长，这主要是因为受到次贷危机和欧债危机的影响。最后，在2012年，不利的外部环境再次增加了该行业公司的营销渠道营运资金占用。对比不同外向型程度的纺织服装公司，2011~2012年高度外向型公司的营销渠道营运资金占用水平均低于低度外向型公司，这意味着低度外向型公司的营销渠道占用了更多的营运资金。

表 32-6　2011~2012 年纺织服装业上市公司经营活动营运资金的渠道配置分析（均值）　单位：百万元

年份	采购渠道营运资金		生产渠道营运资金		营销渠道营运资金		经营活动营运资金	
	外向型低	外向型高	外向型低	外向型高	外向型低	外向型高	外向型低	外向型高
2011	79.83	118.22	64.55	114.86	576.13	366.29	720.51	599.37
2012	-46.58	132.60	77.30	131.84	696.54	405.11	727.26	669.55

综合以上几种渠道的影响，我们发现在2012年，高度外向型的纺织服装业上市公司经营活动营运资金占用有了大幅度的上升，具体来看几乎采购、生产和营销渠道的营运资金占用均有不同程度的上升。而低度外向型公司经营活动营运资金只有小幅度上升，这是因为，虽然生产渠道、营销渠道营运资金均有所上升，但采购渠道营运资金却有大幅度的降低所致。

3. 纺织服装业外向型上市公司分要素的经营活动营运资金配置分析

如表32-7所示，相对于2011年，2012年纺织服装业外向型公司存货资金占用有所上升，参考历史数据，存货资金占用在2011年就开始上升，这意味着次贷危机和欧债危机提高了该行业上市公司的存货资金占用水平。另外低度外向型公司的存货资金占用水平（均值）均低于高度外向型公司，说明高度外向型公司的存货资金占用水平较高。

从应收以及预付款项占用情况来看，2012年无论是纺织服装企业的应收及预付款项占用水平普遍有所上升，参考历史数据，该项数据从2008年之后就呈现了单边上涨的态势，2012年已经达到峰值，这意味着次贷危机之后，纺织服装业上市公司应收账款回收难度增加。另外，低度外向型公司的应收账款占用水平（中值和均值）几乎一直高于高度外向型公司，这意味着低度外向型公司被经销商占用了更多的资金。

从应收以及预收款项占用情况来看，2012年低度外向型的企业的应收以及预付款项的占用水平有所提高，而高度外向型的企业的应收以及预付款项的占用水平有小幅度降低，这说明低度外向型公司对供应商应付账款的占用水平有所上升，而高度外向型公司对供应商应付账款的占用水平有所降低。另外对比不同外向型水平的公司，2011年和2012年高度外向型公司的应付账款占用水平均低于低度外向型公司，这意味着低度外向型公司占用了供应商较多的资金。

表 32-7　2011~2012 年纺织服装业上市公司经营活动营运资金的要素配置分析（均值）　单位：百万元

年份	存货		应收及预付款项		应付及预收款项		经营活动营运资金	
	外向型低	外向型高	外向型低	外向型高	外向型低	外向型高	外向型低	外向型高
2011	614.32	620.54	707.68	323.02	601.50	344.19	720.51	599.37
2012	638.73	650.05	784.68	342.41	696.15	322.91	727.26	669.55

受到以上几类要素的影响，2011年和2012年低度外向型的纺织服装业公司的经营活动营运资金占用均值（按要素）普遍高于高度外向型公司，这意味着随着外向型程度的提高，上市公司的经营活动营运资金占用水平逐渐减少，从前面的分析可以看出，这主要是因为高度外向型的纺织服装业公司的应收账款占用水平较低而造成的。再从趋势分析角度来看，2012年相对于2011年纺织服装行业公司的经营活动营运资金占用水平都有所提高，这是由于在欧债危机的影响下，存货和应收以及预付款项占用的上涨引起的。

4. 纺织服装外向型上市公司营运资金来源与财务风险分析

在营运资金来源中，按照风险水平可以分为两部分，一部分是短期经融性负债，另一部分是营运资本。短期金融性负债相对企业自身的营运资本，具有风险高的主要特征，这就使得在使用短期金融性负债作为营运资金来源中必须要控制在一定的可接受风险水平内，然而，短期金融性负债由于具有财务杠杆的作用，合理地使用可以大幅度提高企业的盈利水平。因此，营运资金来源中短期金融性负债和营运资本的合理平衡成为影响企业经营的重要因素。

如下表32－8所示，2011年和2012年高度外向型公司的短期金融性负债占比均低于低度外向型的公司，这意味着高度外向型公司更少的利用短期金融性负债作为营运资金的融资方式，承担的财务风险水平较低。而纵观两年的发展，不难发现，从2011年到2012年，外向型程度高和程度低的公司的短期金融性负债占比都有一定程度的上升，其中外向型水平低的公司上升的幅度尤其之大，从61.50%上升到80.14%，而高度外向型公司的短期金融性负债占比也有一个百分点的上升，这是纺织行业内公司对行业环境看好的表现，体现了其信心。但是，外向型低的企业的短期金融性负债占比已经高达80.14%，已经属于高风险范围，公司应该着手积极主动开发风险应对措施。

表32－8　2011～2012年纺织、服装外向型上市公司营运资金来源状况（均值）

项目	短期金融性负债占比		营运资本占比	
	外向型低	外向型高	外向型低	外向型高
2011	61.50%	43.93%	38.49%	56.07%
2012	80.14%	44.87%	19.86%	55.12%

（二）纺织服装外向型上市公司营运资金管理绩效分析

1. 纺织服装外向型上市公司分渠道的营运资金管理绩效分析

为了研究不同外销程度企业之间营运资金周转绩效的变化情况，我们还以10%为区间，按外销比例将样本划分为8组：外销比例为0的企业15家，在0－10%（含10%，下同）的样本19个，外销比例在10%～20%之间的样本10个，外销比例在20%～30%之间的样本5个，外销比例在30%～40%之间的样本6个，外销比例在40%～50%之间的样本2个，外销比例在50%～60%之间的样本3个，外销比例在70%以上的14个（我们认为外销比例大于60%的属于外销程度较高的企业，故将其合并）。

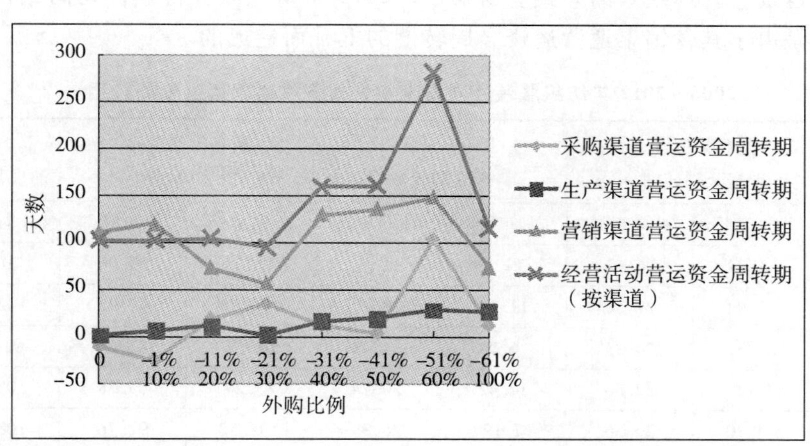

图32－3　2012年按外销比例分组后的各组营运资金周转期（按渠道）

根据图32－3，我们可以看出，不论外向型程度如何，营销周转期是影响纺织服装业公司的经营活动营运资金管理绩效（按渠道）的最重要因素，对于低度外向型公司尤为如此。对比不同外向型程度的经营活动营运资金占用（按渠道），我们发现，低度外向型公司的采购渠道营运资金周转期、生产渠道营运资金周转期、营销渠道营运资金周转期以及经营活动营运资金周转期均低于高度外向型公司，说明低度外向型公司在采购渠道、生产渠道、营销渠道以及经营活动上营运资金的管理绩效普遍较高。但值得注意的是，在外向型最高的公司（61% ~100%外销比）中，生产渠道、营销渠道、经营活动营运资金周转期又普遍较大程度上低于41% ~61%外销比的公司，这说明，在高度外向型公司中，外向型程度最高的公司的生产渠道、营销渠道、经营活动营运资金管理绩效高于外向型程度相对较低的公司。

如表32 -9所示，从趋势来看，2007 ~2011年低度外向型的纺织服装业公司采购周期呈现了逐年提高的态势，2011年的上升幅度最大，这说明，2011年纺织服装业采购渠道营运资金管理绩效出现了剧恶化的态势，但在2012年，这种逐渐恶化的趋势在低度外向型公司中突然得到好转，低度外向型公司的采购渠道营运资金周转期降低，说明在2012年纺织业低度外向型公司的采购渠道营运资金管理绩效得到显著提升。2007年~2012年高度外向型公司的采购周转期几乎都高于低度外向型公司，这说明高度外向型公司的采购渠道营运资金管理绩效普遍较高。

2007 ~2012年高度外向型公司的生产渠道营运资金周转期都普遍高于低度外向型公司，这说明低度外向型公司的生产渠道营运资金管理绩效普遍高于高度外向型公司。2009年，纺织服装业公司的生产周转期出现了普遍的上升，在经过2010年的回调之后，2011年纺织服装业公司的生产渠道营运资金管理绩效出现了进一步的改善。而在2012年，低度外向型和较高的公司的生产渠道营运资金周转期都得到降低，说明其生产渠道营运资金管理绩效有所改善。

从趋势分析来看，2008 ~2012年度纺织服装类上市公司营销周转期呈现N型的态势，其营销渠道营运资金周转期在2009年有一次明显的上升，在之后的2010年和2011年又出现明显的下降，而在2012年，营销渠道周转期又有不同程度的回升。这说明了营运资金管理绩效在营销渠道的波动发展。而比较不同外向型程度的公司，在2008 ~2012年，高度外向型公司的营运资金周转期均高于低度外向型公司，这说明，在营销渠道营运资金管理绩效上，高度外向型公司弱于低度外向型公司。

对比不同外向型程度的经营活动营运资金占用（按渠道），我们发现低度外向型公司的经营活动营运资金（按渠道）呈现了N型的态势，而高度外向型公司的经营活动营运资金（按渠道）也呈现了N型的态势。2008 ~2012年高度外向型公司的经营活动营运资金周转期（按渠道）均高于高度外向型公司。但值得注意的是，2011年低度外向型公司的经营活动营运资金管理绩效出现了大幅的下滑，而高度外向型公司的经营活动营运资金管理绩效反而出现了一定程度的改善，这意味着外向型程度不同公司的经营活动营运资金管理绩效的差距有所缩小。2012年纺织服务行业公司的经营活动营运资金管理绩效的降低主要是由于其营销渠道营运资金周转期的上升而造成的。

表32 -9　2008 ~2012年纺织服装外向型上市公司各渠道营运资金周转期　单元：天

项目	采购渠道营运资金周转期		生产渠道营运资金周转期		营销渠道营运资金周转期		经营活动营运资金周转期（按渠道）	
	外向型低	外向型高	外向型低	外向型高	外向型低	外向型高	外向型低	外向型高
2008	-1.94	16.62	-1.28	9.17	73.25	56.06	70.03	81.85
2009	-9.94	27.50	11.24	28.77	100.74	62.08	102.04	118.34
2010	6.86	24.33	16.21	34.49	68.56	82.76	91.62	141.59
2011	7.12	22.36	12.42	30.74	83.27	79.28	102.80	132.38
2012	-3.10	26.36	7.19	26.99	104.52	92.76	108.61	146.11

2. 纺织服装业上市公司分要素的营运资金管理绩效分析

从图32 -4中我们可以看出，存货周转期是影响纺织服装业公司经营活动营运资金周转期（按要素）的最重要因素。对比不同外向型程度的样本，我们发现，外向型程度的大小对应收账款周转期和应付账款周转期的影响程度较小，而对存货周转期和经营活动营运资金周转期（按要素）的影响程度较大。以40%的外销比例为分界点，我们可以看出，低度外向型的企业的存货周转期和经营活动营运资金周转期（按要素）明显低于高度外向型的企业，这说明低度外向型企业存货周转能力和经营活动营运资金管理绩效明显高于高度外向型企业。而再细分，在高度外向型企业中，在 40% ~60% 外销比区间的企业的存货周转期和经营活动营运资金周转期要明显高于在 61% ~100% 外销比区间的企业。

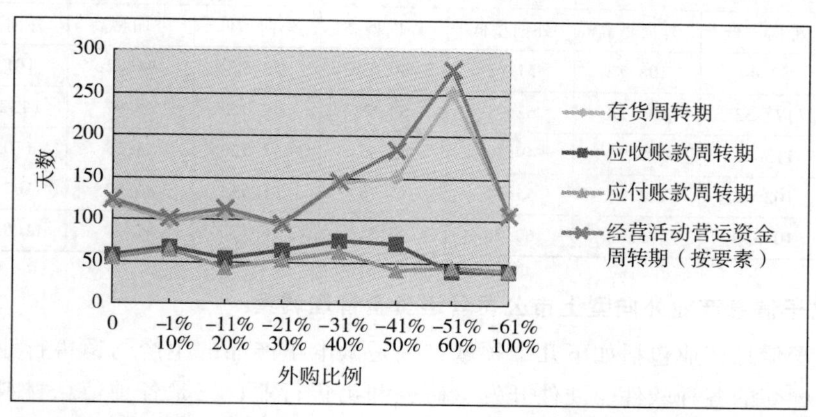

图 32－4　按外销比例分组后的各组营运资金周转期（按要素）

从表 32－10 我们可以看出，2008 ~2012 年，高度外向型公司的存货周转期均高于低度外向型公司，这意味着高度外向型公司的存货管理绩效相对较差。具体到每年来看，2008 ~2009 年纺织服装业公司的存货周转期均呈现不同程度的上升，虽然 2010 年、2011 年的存货周转期出现了一定的下降，但是之后在 2012 年，纺织服装业公司的存货周转期又有较大幅度上升。这意味着次贷危机增加了企业存货资金的管理难度，虽然在 2010 年存货周转期上升的势头得到控制，但是之后的欧债危机又使其发生了进一步的恶化。该行业上市公司的应收账款管理绩效在 2009 年大幅恶化，虽然这种态势在 2010 年有所遏制，但是在 2011 年、2012 年又呈现进一步恶化的趋势。从 2009 年开始，低度外向型企业的应收账款周转期就开始普遍高于高度外向型的企业，虽然到 2010 年这种差距有所减少，但到了 2011 年这种差距又再次拉大，这意味着低度外向型公司被供应商占用了更多的应收账款。而到了 2012 年，低度外向型和较高的企业的应收账款管理绩效都基本维持 2011 年的水平，并有小幅度降低。一段时间以来，高度外向型公司的应付账款周转期均低于低度外向型公司，这意味着低度外向型公司占用了经销商更多的应付账款。2008 ~2012 年，纺织服装业 公司的应付账款周转期呈现了 N 型的形态，即从 2008 ~2009 年呈现了逐渐上升的态势，然后从 2010 年开始逐渐下降，这意味着从 2010 年以后该行业公司对于经销商的资金占用有所减少，这将增加其营运资金管理难度，而在 2012 年，纺织服装也公司的应付账款周转期再次升高，说明该行业公司对于经销商的资金占用又得到回升。

高度外向型的纺织服装业公司的经营活动营运资金周转期（按要素）呈现了逐渐上升的趋势，特别是在 2009 年和 2012 年出现了急剧恶化的态势。而低度外向型的纺织服装业公司的经营活动营运资金周转期（按要素）呈现了 N 型曲线关系，即 2007 ~2009 年呈现了逐渐增加的态势，然后在 2010 年有一定程度的降低，而在随后的 2011 年和 2012 年，现金周转期又再次上升。这意味着外向型程度不同的公司近几年的营运资金管理绩效存在一定的差异，高度外向型公司近几年的营运资金管理绩效（按要素）呈现了逐渐恶化的态势，而低度外向型公司近几年的营运资金管理绩效（按要素）则出现了一定程度的改善。值得注意的是，高度外向型公司的经营活动营运资金管理绩效（按要素）尽管在起初 2008 年普遍低于低度外向型公司，尽管这种差距在随后的年份逐渐缩减甚至出现了逆转，从 2010 年开始，高度外向型公司的现金周转期已经超过低度外向型公司，经营活动营运资金管理绩效（按要素）已经不如低度外向型公司。

表 32－10　　2008～2012 年纺织服装外向型上市公司各渠道营运资金周转期　　单位：天

项目	存货周转期		应收账款周转期		应付账款周转期		经营活动营运资金周转期（按要素）	
	外向型低	外向型高	外向型低	外向型高	外向型低	外向型高	外向型低	外向型高
2008	82.44	108.72	51.68	40.37	58.55	41.02	101.85	81.78
2009	177.33	133.28	62.91	58.88	64.02	46.97	132.1	129.44
2010	113.03	122.73	49.59	49.45	52.52	35.68	110.10	136.50
2011	102.94	122.37	55.77	45.18	51.63	36.82	107.08	138.72
2012	109.30	135.08	60.26	47.81	56.12	41.20	108.61	146.11

三、2012 年电子信息产业外向型上市公司营运资金管理调查

一般来说，电子信息产业包括如下几个领域：一是微电子产品的生产与销售行业；二是电子计算机、终端设备及其配套的各种软件、硬件开发、研究和销售行业；三是各种信息材料行业；四是信息服务业，包括信息数据、检索、查询、商务咨询；五是通讯业，包括卫星通讯、电报、电话、邮政等；六是与各种制造业有关的传统产业，如家电生产制造业；七是大众传播媒介的娱乐节目及图书情报等行业；八是光伏、LED 等新兴行业。《电子信息产业调整和振兴规划》（规划期为 2009～2011 年）将电子信息产业分为九个重点领域：计算机、电子元器件、视听产品、突破集成电路、新型显示器件、软件、通信设备、信息服务和信息技术应用。综合以上分类，本研究将电子、通信、光电、数码电子、集成电路、计算机、家电、软件、信息技术、信息网络、液晶显示，以及相关服务等行业纳入电子信息产业，主要包括制造业的电子业、信息技术业以及机械设备业的电器机械及器材制造业子行业等上市公司。其中电子业（行业代码 C5）包括了微电子产品的生产与销售以及计算机、终端设备及其配套的各种软件、硬件的生产和研发 A 股上市公司，信息技术业（行业代码 G）包括了信息材料产业，信息服务业，通讯业（卫星通讯、电报、电话、邮政），机械设备业（行业代码 C7）的电器机械及器材制造业子行业包括了传统的家用制造业上市公司，比如美菱电器、美的电器、格力电器、万家乐等，还包含了阳光照明、佛山照明等照明行业的 A 股上市公司。

样本公司在 2008 年～2012 年的外销收入占主营业务收入的比重相应为（五个年度均值）16.29%、11.19%、12.91%、14.39%、15.89%，2008～2009 年外销比例骤然下降，说明电子信息产业降低了出口比重，这可能是因 2008 年金融危机所致，自 2009 年至 2012 年外销比例呈现直线上升趋势，意味着电子信息产业出口外销比重有所上升，整个行业外向型程度不断提高。

以样本公司出口外销收入占主营业务收入的比重均值是否超过 40% 为标准，样本公司 2008 年出口外销收入占比均值低于 40% 的企业共有 347 家，平均外销占比 84.63%，高于 40% 的企业共有 63 家，平均外销占比 15.37%；2009 年出口外销收入占比均值低于 40% 的企业共有 405 家，平均外销占比 89.80%，高于 40% 的企业共有 46 家，平均外销占比 10.20%；2010 年出口外销收入占比均值低于 40% 的企业共有 532 家，平均外销占比 87.93%，高于 40% 的企业共有 73 家，平均外销占比 12.07%；2011 年出口外销收入占比均值低于 40% 的企业共有 628 家，平均外销占比 86.74%，高于 40% 的企业共有 96 家，平均外销占比 13.26%；2012 年出口外销收入占比均值低于 40% 的企业共有 672 家，平均外销占比 84.53%，高于 40% 的企业共有 123 家，平均外销占比 15.47%。从上述数字我们可以看出，不同外向型程度的电子信息产业上市公司的家数和外销水平均保持了相对稳定的态势，这就有利于我们进一步考察不同外向型程度上是公司的营运资金管理策略和绩效的差异。

（一）2012 年电子信息产业外向型上市公司营运资金配置与来源分析

1. 电子信息产业外向型上市公司营运资金配置分析

从均值看（如表 32－11），外向型的电子信息产业上市公司的营运资本期末占用相比 2011 年呈现小规模增长，而外向型上市公司 2012 年的营运资金期末占用基本与 2011 年持平，其中，低度外向型

的电子信息产业上市公司的营运资本与营运资金占用水平均低于高度外向型公司。不论外向型程度如何，电子信息产业上市公司的经营活动营运资金及其占用水平均呈现增长趋势。低度外向型的电子信息产业上市公司2012 年投资活动营运资金期末占用相比 2011 年有所增长，高度外向型的上市公司却有所下降。2011 年与 2012 年低度外向型公司的经营活动与投资活动营运资金期末占用均低于高度外向型公司，但是低度外向型公司连续两年的经营活动营运资金占用水平高于高度外向型公司。这意味着，总体而言高度外向型的电子信息产业上市公司在经营活动与投资活动中投入了更多的营运资金。

表 32－11　　2011～2012 年电子信息产业营运资金配置分析（均值）　　单位：百万元

年份	营运资本期末占用		营运资金期末占用		经营活动营运资金期末占用		经营活动营运资金占用水平		投资活动营运资金期末占用	
	外向型低	外向型高	外向型低	外向型高	外向型低	外向型高	外向型低	外向型高	外向型低	外向型高
2011	1395.85	2048.19	826.80	1323.68	204.96	397.86	0.3368	0.2731	1190.89	1650.32
2012	1532.57	2166.09	823.07	1307.45	296.34	572.97	0.4075	0.3102	1236.22	1593.13

（1）电子信息产业外向型上市公司分渠道的经营活动营运资金配置分析

如表 32－12 所示，2012 年电子信息行业的采购渠道营运资金占用均值相比 2011 年均有所增长，其中低度外向型公司采购渠道营运资金均低于高度外向型公司，这意味着高度外向型公司在采购渠道上占用了较多的营运资金，这两类公司 2012 年的营运资金占用差距相比 2011 年又进一步扩大。而低度外向型公司采购渠道营运资金为负值，这说明该行业公司在采购中占用了其他利益相关者的资金。

2012 年电子信息行业的生产渠道营运资金占用水平与 2011 年基本相同，2011 年与 2012 年低度外向型公司的生产渠道营运资金均低于高度外向型公司，这意味着高度外向型公司投入了更多资金进入生产渠道，而低度外向型公司生产渠道占用的资金较少。

低度外向型公司的营销渠道营运资金呈现上升态势，而高度外向型公司的营销渠道营运资金有所下降。另外，对比不同外向型程度的上市公司，2011～2012 年高度外向型公司的营销渠道营运资金占用水平均低于低度外向型公司，这意味着低度外向型公司的营销渠道占用了更多的营运资金。2012 年不同外向程度公司差异相比 2011 年有所增加。

综合以上几种渠道的影响，我们发现 2012 年该行业上市公司经营活动营运资金占用相比 2011 年有所增长，这主要是因为采购渠道与营销渠道营运资金占用水平上升所造成的。对比外向型程度不同的公司，低度外向型公司连续两年经营活动营运资金占用水平都低于高度外向型公司，主要原因是高度外向型公司的采购渠道和营销渠道营运资金占用水平较高。

表 32－12　2011～2012 年纺织、服装外向型上市公司经营活动营运资金的渠道配置分析（均值）　单位：百万元

年份	采购渠道营运资金		生产渠道营运资金		营销渠道营运资金		经营活动营运资金	
	外向型低	外向型高	外向型低	外向型高	外向型低	外向型高	外向型低	外向型高
2011	－839.96	70.45	100.67	173.88	944.24	517.69	204.96	397.87
2012	－938.72	91.53	97.16	174.37	1137.91	335.82	296.34	572.97

（2）电子信息产业外向型上市公司分要素的经营活动营运资金配置分析

如表 32－13 所示，2012 年电子信息产业上市公司的存货占用水平较 2011 年有所上升，这意味着存货资金占用量增加。2011 年，低度外向型公司存货占用水平略高于高度外向型上市公司，但是到2012 年，高度外向型上市公司存货资金占用量大幅上升，远超低度外向型上市公司存货占用量，这意味着在债务危机和信贷危机的背景下，部分外向型上市公司储备存货，使得存货占用量急剧增加。

从应收及预付账款占用情况来看，该行业公司应收及预付账款均值均上升。另外，低度外向型公司的应收和预付账款的占用水平几乎一直高于高度外向型公司，这意味着低度外向型公司被经销商占用了更多的资金。总体来看，低度外向型和高度外向型公司应收和预付账款资金占用水平均呈上升趋势，这意味着该行业公司的销售政策有所放宽。

从应付及预收账款占用情况来看，2012 年电子信息产业高度外向型上市公司的应付账款占用水平（均值）较 2011 年呈现下降趋势，而低度外向型公司呈上升趋势，这意味着相对于高度外向型公司，低度外向型公司占用供应商的资金量有所上升，充分利用上游渠道融资。对比不同水平的外向型公司，近两年高度外向型公司的应付及预收账款占用水平均低于低度外向型公司，这意味着高度外向型公司占用了供应商较少的资金。

从近两年的趋势来看，2012 年经营活动的营运资金占用量较 2011 年呈上升趋势，这主要是由于存货和应收及预付款的大幅上升所致。相比较而言，高度外向型公司的营运资金占用普遍高于低度外向型公司，这意味着总体来看，低度外向型公司占用了更少的营运资金。

表 32－13　2011～2012 年电子信息产业上市公司经营活动营运资金的要素配置分析（均值）　单位：百万元

年份	存货		应收及预付款项		应付及预收款项		经营活动营运资金	
	外向型低	外向型高	外向型低	外向型高	外向型低	外向型高	外向型低	外向型高
2011	824.74	814.70	1409.86	1130.57	2029.46	1547.39	205.13	397.87
2012	852.06	902.08	1630.08	1200.62	2185.51	1529.73	296.63	572.97

（2）电子信息产业外向型上市公司营运资金来源与财务风险分析

由表 32－14 可以看出，2012 年电子信息产业上市公司短期金融性负债比重比 2011 年有所上升，而营运资本比重有所下降。这说明 2012 年电子信息产业上市公司采取了较为激进的营运资金融资结构，从而控制了成本、提高了盈利水平。对比不同水平的外向型公司，高度外向型公司比低度外向型公司短期金融性负债比例高，这意味着高度外向型公司采取了较为激进的营运资金融资策略，较多地利用短期金融负债满足了营运资金融资需求。而低度外向型公司采取了较为保守的营运资金融资策略，他们更倾向于利用营运资本，而不是短期金融性负债来满足营运资金融资需求。

表 32－14　2011～2012 年电子信息产业外向型上市公司营运资金来源状况（均值）

项目	短期金融性负债占比		营运资本占比	
	外向型低	外向型高	外向型低	外向型高
2011	0.17	0.30	0.83	0.70
2012	0.24	0.32	0.76	0.68

（二）电子信息产业外向型上市公司营运资金管理绩效分析

1. 电子信息外向型上市公司分渠道的营运资金管理绩效分析

为了研究不同外销程度企业之间营运资金周转绩效的变化情况，本报告以 10% 为区间，按外销比例将样本划分为 8 组：外销比例为 0 的企业 241 家，在 0－10%（含 10%，下同）的样本 223 个，外销比例在 10%～20% 之间的样本 103 个，外销比例在 20%～30% 之间的样本 70 个，外销比例在 30%～40% 之间的样本 35 个，外销比例在 40%～50% 之间的样本 45 个，外销比例在 50%～60% 之间的样本 22 个，外销比例在 60% 以上的有 56 家，其中外销比例在 70% 以上的 34 个（我们认为外销比例大于 60% 的属于外销程度较高的企业，故将其合并）。

从图 32－5 中可以看出，不同外向程度下的企业经营活动营运资金周转期（按渠道）呈 N 型的态势，即外销比例在 41%～50% 与 61%～100% 之间的企业经营活动营运资金周转期较低，这主要是因为这两年的营销渠道营运资金周转期较低。由图可知，不同外向程度下的企业营销渠道营运资金周转期均高于其经营活动营运资金周转期（按渠道），说明营销渠道营运资金是影响企业经营活动营运资金周转期（按渠道）的重要因素。而不同外销比例下，企业的生产渠道与经营渠道营运资金周转期均比较平缓，基本不会影响经营活动营运资金管理绩效（按渠道）。

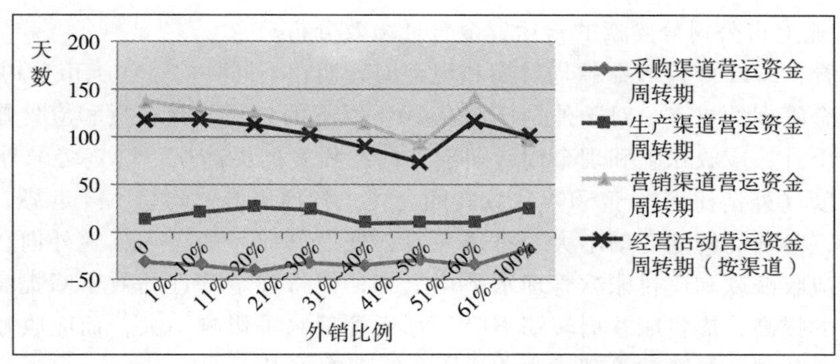

图32-5　2012年按外销比例分组后的各组营运资金周转期（按渠道）

下面我们仍然以外销比重是否大于40%，将全部样本分为高度外向型和低度外向型两组，以便比较不同外向型程度企业的营运资金管理绩效的差异。如表5所示，2008~2011年电子信息产业上市公司的采购渠道营运资金周转期均为负值，这意味着这些公司占用了供应商的营运资金，满足了自己的资金需求。另外，2008~2010年高度外向型公司大多表现出更高的采购渠道营运资金管理绩效，但在2011年却呈现了相反的态势，这是由于在欧债危机的影响下，高度外向型公司对于供应商的营运资金占用程度有所降低。2012年不同程度外向型公司采购渠道营运资金管理绩效均出现了提高。

从趋势分析来看，2008~2012年低度外向型上市公司生产渠道营运资金周转期有不断缩短的趋势，其中2011年生产渠道营运资金管理绩效显著提高，2012年营运资金管理绩效基本与11年持平；而高度外向型上市公司的生产渠道营运资金周转期则呈现波动的态势（2008年与2010年为阶段性的低点），2011年与2012年生产渠道营运资金周转期出现了大幅度增长。另外，2008~2012年低度外向型的电子信息产业上市公司生产渠道营运资金周转期均高于高度外向型公司，这意味着低度外向型公司生产活动占用了更多的营运资金。

另外，2008　~2012年低度外向型上市公司的营销渠道营运资金周转期呈现了逐渐上升趋势，高度外向型上市公司在2010年以后也逐渐上升。另外，除2008年外，低度外向型公司的营销渠道营运资金周转期一直高于高度外向型公司，这意味着低度外向型公司的营销渠道营运资金管理绩效相对较差。2012年，不同程度的外向型上市公司营销渠道营运资金管理绩效均出现了较大幅度的恶化。

受到以上几种渠道的共同影响，低度外向型上市公司的经营活动营运资金周转期呈现N型态势（分别在2010年与2012年呈现阶段性的高点），而高度外向型上市公司的经营活动营运资金周转期则呈现V型态势（特别是在2012年出现恶化的态势）。而生产渠道与营销渠道营运资金周转期的上升是导致经营活动营运资金周转期恶化的原因。另外，2008~2012年低度外向型上市公司经营活动营运资金周转期均高于高度外向型公司，这主要是由于低度外向型公司的生产渠道与营销渠道营运资金周转期较高造成的。不论外向程度如何，相比2011年，2012年上市公司的经营活动营运资金周转期均出现了较大幅度的恶化，这主要是营销渠道营运资金管理绩效的下降所导致的。

表32-15　　2008~2012年纺织服装外向型上市公司各渠道营运资金周转期　　单元：天

项目	采购渠道营运资金周转期		生产渠道营运资金周转期		营销渠道营运资金周转期		经营活动营运资金周转期（按渠道）	
	外向型低	外向型高	外向型低	外向型高	外向型低	外向型高	外向型低	外向型高
2008	-43.84	-43.29	41.98	-12.12	107.47	150.52	105.62	95.12
2009	-38.60	-41.20	33.50	18.31	123.69	106.91	118.59	84.02
2010	-22.94	-28.58	31.87	7.11	128.86	87.71	137.79	66.24
2011	-33.80	-23.62	23.50	15.15	126.97	90.11	116.67	81.64
2012	-39.44	-31.14	23.20	18.03	150.21	118.12	133.97	105.00

2. 电子信息产业上市公司分要素的营运资金管理绩效分析

从图 32－6 来看，2012 年应收账款周转期和现金周转期在不同外向型的上市公司中走向基本一致。应收账款管理是现金管理的重点。对于外销比例在 20% 以下的公司，其存货和应付账款周转期随外向性程度的提高不断上升，应收账款和现金周转期随外向性程度的提高呈下降走势。外销比例在 20%～30% 间以及外向程度（外销比例大于 60%）较高的公司，各项周转期均呈下降走势，外销比例在 30%～50% 之间的公司，各项周转期变动不大。总体来看，低度外向型的公司，随外向程度的提高，存货管理水平下降，但应收账款和应付账款管理水平均上升，使得现金管理绩效不断提高。高度外向型的公司，随外向程度的提高，应付账款周转期下降，存货管理水平影响不大，而应收账款和现金管理绩效却持续上升，这些公司应收账款管理成为营运资金管理的重点。

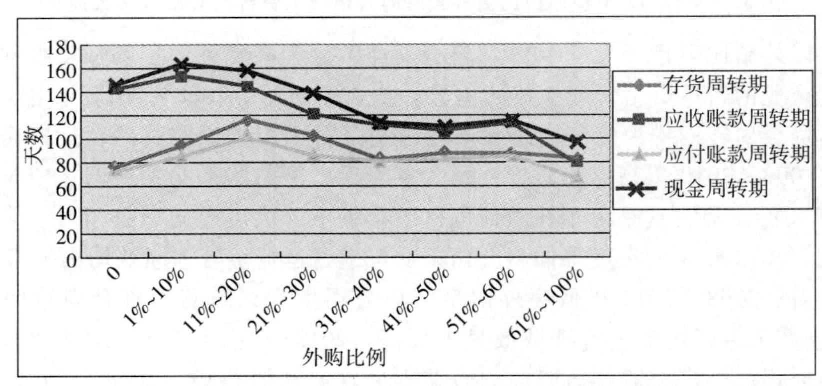

图 32－6　按外销比例分组后的各组营运资金周转期（按要素）

基于表 32－16 所示，低度外向型上市公司存货周转期在 2008～2011 年一直呈下降走势，在 2012 年转而上升；高度外向型上市公司至 2010 年由下降转而上升。整体来看，低度外向型上市公司存货周转期高于高度外向型公司，说明高度外向型上市公司存货管理绩效相对较高。值得注意的是，在 2009～2011 年，在应收账款周转期持续上升、应付账款持续下降时，存货和经营活动营运资金周转期却走势一致，此阶段存货管理成为决定经营活动营运资金管理绩效的主要因素。对于 2011～2012 年，不论低度外向型还是高度外向型上市公司，存货周转期均提高，存货管理绩效下降，在一定程度上也影响了经营活动的营运资金管理绩效。

从应收账款周转期来看，低度外向型和高度外向型上市公司，2008～2011 年均持续下降。对于不同性质的公司，低度外向型上市公司应付账款周转期均高于高度外向型上市公司，这意味着低度外向型上市公司的下游供应链占用了其较多的资金。2011～2012 年，应收账款周转期由下降变为上升，说明 2012 年外向型公司应收账款占用水平过高，且达到最高水平，应收账款管理应该成为外向型公司营运资金管理的重点。

对于应付账款周转期，低度外向型上市公司在 2008～2011 年一直下降，高度外向型上市公司 2008～2012 年呈现典型的 N 型态势。对于不用外向型水平的上市公司，除了 2009 年低度外向型公司基本与高度外向型公司持平外，低度外向型公司应付账款周转期均高于高度外向型公司，这意味着低度外向型公司占用了经销商更多的资金，从一定程度上抵消了存货和应收账款管理绩效下降的影响。且从趋势来看，高度外向型公司其应付账款周转期变动幅度相对较小，对经营活动周转期的影响不大明显。分析 2011～2012 年的变化，外向型公司应付账款周转期均上升，但对改善经营活动营运资金管理绩效影响甚微。

表 32-16　2008~2012年纺织服装外向型上市公司各要素营运资金周转期　单元：天

项目	存货周转期		应收账款周转期		应付账款周转期		经营活动营运资金周转期（按要素）	
	外向型低	外向型高	外向型低	外向型高	外向型低	外向型高	外向型低	外向型高
2008	129.20	129.64	108.87	75.84	156.25	81.64	81.82	123.85
2009	111.36	88.00	119.65	92.34	88.45	88.49	142.63	91.65
2010	91.62	58.95	125.60	76.42	79.52	64.70	137.70	70.67
2011	88.64	70.55	123.64	80.18	78.76	70.38	13353	80.35
2012	96.05	85.10	144.66	95.37	85.68	75.92	155.03	104.55

综合以上几种要素，低度外向型公司经营活动营运资金周转期变动呈现N型态势，而高度外向型公司自2008~2010年一直呈下降走势，下降的主要驱动要素为存货和应收账款，其中对绩效的改善贡献最大的是存货管理；2010年以后一直持续上升，在上升阶段主要是由于应收账款周转期的上升所致。所有的电子信息产业上市公司，2011~2012年经营活动周转期均上升，这主要与该阶段存货和应收账款管理绩效下降相关。对于不同外向程度的公司，除了2008年，高度外向型公司经营活动营运资金管理绩效明显好于低度外向型公司。

四、2012年外向型上市公司营运资金管理调查的结论与建议

（一）调查结论

1. 纺织服装业营运资金管理的调查结论

（1）从配置分析来看，2012年纺织服装业营运资金占用（按渠道）相对与2011年有所上升，其中，高度外向型公司的营运资金占用上升幅度较大，而低度外向型公司的上升幅度较小，其原因主要是因为高度外向型公司的采购、生产和营销渠道的营运资金占用都有较大幅度提升，而低度外向型公司的虽然生产渠道、营销渠道营运资金有所上升，但采购渠道营运资金却大幅度下降所致。这些上升的主要原因仍然是由海外次贷危机、欧债危机所引起的不良外部环境的影响。以要素为标准对经营活动营运资金进行划分，从趋势分析来看，2012年相对于2011年纺织服装行业公司的营运资金占用水平都有所提高，这是在欧债危机的影响下，存货和应收以及预付款项占用的上涨引起的。而横向比较，低度外向型的纺织服装业公司的经营活动营运资金占用（按要素）普遍高于高度外向型公司，这意味着随着外向型程度的提高，上市公司的经营活动营运资金占用水平逐渐减少，从前面的分析可以看出，这主要是因为高度外向型的纺织服装业公司的应收账款占用水平较低而造成的。

（2）在资金来源和财务风险方面，从趋势分析来看，2012年相对于2011年高度和低度外向型公司的短期金融性负债占比都有一定程度的上升，其中外向型水平低的公司上升的幅度尤其之大，高度外向型公司的短期金融性负债的占比也有所提高，这是纺织行业内公司对形式看好的表现。但是，外向型低的企业的短期金融性负债占比已经高达80.14%，已经属于高风险范围，公司应该着手积极主动开发风险应对措施。横向来看，2011年和2012年高度外向型公司的短期金融性负债占比均低于低度外向型的公司，这意味着高度外向型公司更少的利用短期金融性负债作为营运资金的融资方式，承担的财务风险水平较低，自身营运资本占比较高。

（3）从绩效分析方面来看，不论外向型程度如何，营销周转期是影响纺织服装业公司的经营活动营运资金管理绩效（按渠道）的最重要因素。低度外向型公司的采购渠道营运资金周转期、生产渠道营运资金周转期、营销渠道营运资金周转期以及经营活动营运资金周转期均低于高度外向型公司，说明低度外向型公司在采购渠道、生产渠道、营销渠道以及经营活动上营运资金的管理绩效普遍较高。对比不同外向型程度的经营活动营运资金占用（按渠道），我们发现低度外向型公司的经营活动营运资金（按渠道）2008年~2012年呈现了N型的态势，而高度外向型公司的经营活动营运资金（按渠道）也呈现了N型的态势。2012年纺织服务行业公司的经营活动营运资金（按渠道）管理绩效的降低

主要是由于其营销渠道营运资金周转期的上升而造成的。存货周转期是影响纺织服装业公司经营活动营运资金周转期（按要素）的最重要因素。低度外向型的企业的存货周转期和经营活动营运资金周转期（按要素）明显低于高度外向型的企业，这说明低度外向型企业存货周转能力和经营活动营运资金管理绩效明显高于高度外向型企业。从趋势分析的角度来看，高度外向型的纺织服装业公司的经营活动营运资金周转期（按要素）呈现了逐渐上升的趋势，而低度外向型的纺织服装业公司的经营活动营运资金周转期（按要素）呈现了 N 型曲线关系，即 2007～2009 年呈现了逐渐增加的态势，然后在 2010 年有一定程度的降低，而在随后的 2011 年和 2012 年，现金周转期又再次上升。

2. 电子信息产业营运资金管理的调查结论

（1）从配置分析来看，2012 年经营活动营运资金的占用较 2011 年均有所上升，相比较而言，高度外向型公司经营活动营运资金占用水平普遍高于低度外向型公司。按渠道看，2012 年该行业上市公司经营活动营运资金占用相比 2011 年有所增长，这主要是因为采购渠道与营销渠道营运资金占用水平上升所造成的。对比外向型程度不同的公司，低度外向型公司连续两年经营活动营运资金占用水平都低于高度外向型公司，主要原因是高度外向型公司的采购渠道和营销渠道营运资金占用水平较高。按要素来看，2012 年经营活动的营运资金占用较 2011 年呈上升趋势，这主要是由于存货和应收及预付款的大幅上升所致，2011 年高度外向型公司存货占用水平低于低度外向型公司，2012 年出现反超，低度外向型公司应收及预付账款、应付及预收账款资金占用水平普遍高于高度外向型公司。从营运资金的配置结构来看，高度外向型电子信息产业公司普遍在经营活动中投入了更多的营运资金。

（2）从资金来源看，2012 年电子信息产业上市公司采取了较为激进的营运资金融资政策，从而控制了成本，提高了盈利水平。对比不同水平的外向型公司，高度外向型公司比低度外向型公司短期金融性负债比例高，这意味着高度外向型公司采取了较为激进的营运资金融资策略，较多地利用短期金融负债满足了营运资金融资需求。而低度外向型公司采取了较为保守的营运资金融资策略，他们更倾向于利用营运资本，而不是短期金融性负债来满足营运资金融资需求。

（3）从绩效变化来看，2008～2012 年低度外向型的经营活动营运资金周转期呈现 N 型态势（分别在 2010 年与 2012 年呈现阶段性的高点），而高度外向型上市公司的经营活动营运资金周转期则呈现 V 型的态势（特别是在 2012 年出现恶化的态势）。按渠道来看，生产渠道与营销渠道营运资金周转期呈上升趋势，这个是导致经营活动营运资金周转期恶化的原因。另外，2008～2012 年低度外向型上市公司经营活动营运资金周转期均高于高度外向型公司，这主要是由于低度外向型公司的生产渠道与营销渠道营运资金周转期较高造成的。按要素来看，2008～2012 年电子信息产业经营活动营运资金管理绩效对于低度外向型公司呈现了 N 型态势，在经历了 2009 年经营活动营运资金管理绩效的下降及 2009～2011 年的上升后，2012 年又进一步恶化；高度外向型公司在 2010 年停止上升趋势，转而持续下降。对于所有公司 2012 年经营活动营运资金管理绩效下降的原因主要在于存货和应收账款管理水平的下降。从整体来看，除了 2008 年，低度外向型公司经营活动营运资金周转期均高于高度外向型公司，这意味着低度外向型公司营运资金管理绩效相对较低。从要素分析来看，这主要是因为低度外向型公司有着较高的存货和应收账款周转期。

（二）对策和建议

1. 将发展重点应转向新兴市场以降低欧美市场疲软的问题

在纺织服装业中，一段时间以来高度外向型公司经营活动营运资金占用（按要素）普遍高于低度外向型的企业，这主要是因为库存高企、存货资金占用水平较高所导致的。另外在 2009 年乃至以后，受到次贷危机和欧债危机的影响，高度外向型的纺织服装业和电子信息产业的公司经营活动营运资金占用出现了提高的态势，这使得公司不得不加大了经营渠道的资金投入，以应对经营环境的不利变动。传统市场的萎缩导致了我国外向型企业营运资金占用水平提高、营业收入下降，最终导致外向型企业的营运资金管理绩效下降，相对来说，新兴经济体的快速发展，不仅为世界经济的发展注入了新的活力，也为我国外贸企业带来了新的转机。要规避欧债危机带来的订单减少、营业收入下降的风险，就要避免市场过为单一的现状，将发展的重点转移到东盟、印度、俄罗斯和巴西等国家，利用新兴市场贸易需求的加大促使航运业务量的增大，继而提高外向型企业的收入。

2. 加速外向型企业应收账款的回收

我们的研究表明，2009 年和 2011 年应收账款占用水平的上升是导致了纺织服务行业的营销渠道营运资金管理绩效下滑，最终降低了其经营活动营运资金管理绩效。加强应收账款的管理，加速应收账款的回收，不仅能够提高外向型企业的经营活动营运资金管理绩效，还能帮助企业应对汇率波动的风险。以下几点措施均对加快企业应收账款回收有促进作用，外向型企业可以采用：（1）合理指定信用政策，从源头上对应收账款的及时回收给予保障。（2）建立担保制度。为了避免应收账款无法回收的风险，可以要求对方提供担保，比如说要求对方提供地精，要求对方提供担保人，或者提供抵押、质押等等担保措施，这种担保措施对于应收账款的及时回收可以起到非常重要的作用。（3）简历严格的赊销审批制度，从源头采取避免遭受损失的措施。（4）积极适度采取现金折扣政策，现金折扣一方面可以促进客户提前付款、减少应收账款，扩大销售，但另一方面增加了企业的财务负担，应次在使用现金折扣方法时，应权衡能带来的收益和为此付出的代价，择优选择。（5）引入激励机制，指定合理的激励政策，实施奖惩措施。

3. 促进外向型企业提升营业收入

我们的研究结果表明虽然在 2007 ~ 2011 年纺织服装业高度外向型公司的经营活动营运资金占用水平一般高于低度外向型公司，但其经营活动营运资金的管理绩效却显著较低（这意味着他们有着较低的营业收入）。要提高纺织服装业这类传统的外向型产业的营业收入，就要提升企业的核心惊着力，有以下集中方法一共参考：（1）打破各种技术壁垒，实施技术创新，对传统产品进一步的开发，加大科技投入，使纺织出口由粗加工、低附加值向精加工、高附加值方向发展，冲破我国纺织品服装所设的种种技术壁垒，以更具优势的产品赢得市场提高营业收入。（2）打造自己的品牌，提高产品的附加值，当今国际纺织服装市场的竞争已经从成本的竞争转移到了品牌的较量上，中国的纺织服装业要能站稳脚跟，就必须增加产品的附加值，打造自己的品牌，从而提高营业收入。（3）使出口产品结构更加合理，提高产品在国际市场的适应能力增加中高档服装的出口比例，适当提高服装的出售价格，以适应市场的需求，从而提高营业收入。

4. 加快电子信息行业转型，加大并拓展企业营销渠道

我国电子信息产业外向型程度高，并在国际市场上占有重要地位，但其原因主要是我国劳动力价格低廉，从事产业链底端的产品生产加工等工作，从根本上来看，占我国电子信息产业出口额的绝大部分只是单纯的劳动力输出。而从该行业来看，整个产业链利润最高的环节在初设的产品设计、创新、概念形成阶段。因此，要想得到在长远意义上的外向型电子行业的发展，必须加快产业转型，使我国的电子信息行业从现阶段的低附加值的劳动力输出型转向为高附加值的创新型。另外，电子信息行业由于其行业本身具有的特征，在该行业开展电子商务技术有着巨大的潜力。并且网上零售没有门店租金，不需要中间商，应收账款的回收也较为便利。因此，使用电子商务技术，在加大营销渠道扩展市场广度和深度，提高企业收入的同时，也会大大提高企业的营运资金管理绩效。

主要参考文献

1. 何艳芬：“对企业如何加快应收账款回收速度的思考”，《现代经济》，2008 年第 4 期。

2. 胡玉洁：“提高我国纺织服装企业国际竞争力的途径分析”，《当代经济（下半月）》，2008 年第 12 期。

3. 国家统计局：《2012 年国民经济和社会发展统计公报》，2012 年。

4. 中国棉花信息网：《2006 ~ 2012 年中国棉花价格指数（CC Index）》。http：//www. yz88. org. cn/jg/。

5. 中国政府网：《电子信息产业调整和振兴规划》，2009 年 4 月 5 日。

6. 工业和信息化部：《2012 年中国工业经济运行报告》，2013 年。

7. 商务部国际贸易经济合作研究院：《中国对外贸易形势报告（2012 年秋季和 2013 年春季）》，2013 年 4 月 6 日。http：//www. caitec. org. cn/c/cn/news/2012 - 04/06/news_3208. html。

8. 新浪财经：《2012 年全国纺织品服装进出口分析 市场喜新忧故》，2013 年 2 月。http：//finance. sina. com. cn/chanjing/cyxw/20120224/092111445603. shtm。

9. 中国商务研究网（CBresearch）行业分析：《2012 年全国纺织品服装进出口分析》。http：//www. cbresearch. com/articledetail/5092_2. html。

10. 艾瑞咨询：《2012 年中国服装网络购物业行业研究报告》，2013 年。

11. 中国民用航空局网站。http：//www. caac. gov. cn/I1/K3/index. html。

12. 中国海关总署网站。http：//www. customs. gov. cn/default. aspx？tabid = 40。

13. 国研网：《交通运输行业嫉妒分析报告（2012 年）》。

14. 魏家福：《后金融危机时代我国航运企业发展战略——大连海事大学高级航运管理硕士班的演讲》。

15. 中国棉花信息网：《中国棉花进口月度报告（2012 年 12 月）》。

第三十三章　2012 年战略性新兴产业上市公司营运资金管理调查①

【摘要】战略性新兴产业具有战略性、全局性、长远性、导向性、动态性等特点，它是实现经济增长与可持续发展有机结合的产物。在欧洲债务危机和国际经济发展步伐缓慢的情形下，国务院总理温家宝于2012 年5 月30 日主持召开国务院常务会议，讨论通过《"十二五"国家战略性新兴产业发展规划》，提出了七大战略性新兴产业的重点发展方向、主要任务和扶持政策，以提升我国自主发展能力和国际竞争力，促进经济可持续发展。本报告分别以 2011 ~ 2012 年 475 家可比上市公司和 2009 ~ 2012 年 309 家可比上市公司为样本作为研究对象，从要素和渠道两个视角对战略性新兴产业上市公司 2012 年营运资金管理状况进行了全面调查和透视。研究结果表明：（1）2012 年战略性新兴产业营运资金占用比重较高，经营活动营运资金占用额和投资活动营运资金占用额均不同程度地上升；在营运资金配置方面，投资活动营运资金配置比例高于经营活动营运资金配置比例。具体经营活动营运资金配置而言，渠道视角下的采购渠道营运资金占用量比较小，营销渠道营运资金占用量比较大；要素视角下的应收及预付款项占比很高，应付及预收款项占比很低。（2）从营运资金管理绩效方面看，2012 年战略性新兴产业营运资金管理效率低下，周转期与 2011 年相比显著延长，绩效恶化趋势明显。具体地，相比采购和生产渠道，营销渠道绩效水平下滑最为严重，成为影响经营活动营运资金管理绩效的关键环节；尽管分要素的营运资金管理绩效整体下降，但应付及预收款项则呈现了明显的上升趋势。（3）2012 年战略性新兴产业营运资金来源与 2011 年大致相同，来自短期金融性负债的营运资金与去年相比增加了 4%、达到 40%，仍保持着稳健的营运资金融资结构，财务风险较小，但也失去了短期金融性负债的财务杠杆作用，在一定程度上说明了新兴产业融资难的现状。

一、战略性新兴产业上市公司营运资金管理的特点

战略性新兴产业是以重大技术突破和重大发展需求为基础，对经济社会全局和长远发展具有重大引领带动作用，知识技术密集、物质资源消耗少、成长潜力大、综合效益好的产业。根据战略性新兴产业的特征，立足我国国情、科技水平和产业基础，中央政府将现阶段战略性新兴产业确定为以下七大行业：节能环保、新一代信息技术、生物、高端装备制造、新能源、新材料、新能源汽车等产业。作为国家现阶段重点培育和发展的产业，战略性新兴产业区别于传统产业，其营运资金管理具有以下特点：

1. 企业管理层容易忽略新商业模式和新生产方式下的营运资金管理

战略性新兴产业所面临的挑战是在技术和市场都存在诸多不确定性且在不断发展变化的条件下，如何找出合适的商业模式，把技术特性与市场需求特性二者紧密联系起来，努力实现技术的潜在经济价值。科学技术的发展及其在生产中的应用，不仅影响营运资本存量和固定资本周转速度，也改变和调节着人们的生产方式和生活方式，使得生产组织和社会活动发生重大变化。企业电脑整合制造系统（CIMS）的创建，生产自动化制造程度大幅提高，库存量大幅降低。企业从市场开发、设计、制造到市场销售，均借用电脑科技而使整个业务流程自动化，并予以整合而成为一个信息系统，原材料和产成品库存量趋近于零。例如生产某种类型的汽车有四门和两门之分，CIMS 系统里的 FMS 子系统可按客户需要混合生产该类汽车，不需要划分个别生产。与此同时，管理工作也实现了办公自动化和网络

① 国家自然科学基金"利益相关者视角的营运资金管理研究与中国上市公司营运资金管理数据平台扩充建设（71372111）"和国家自然科学基金"利益相关者集体选择视角的企业价值管理研究（71172099）"的阶段性成果。感谢中国海洋大学、中国会计学会、国家自然科学基金委员会对营运资金管理研究的支持。

信息化。生产方式和商业模式的改变，使得企业营运资金占有量急剧下降。那么，以货币资本为主要内容的营运资金如何维护日常经营活动的有效运行，则是战略性新兴产业的企业营运资金管理出现的一个新特点，也需要逐渐受到企业管理层的重视。

2. 战略新兴产业发展初期原材料、零部件等供应不稳定

战略性新兴产业的发展要求开辟新的原材料供应来源，或现存的供应商扩大规模以增加供应，或要求供应商更改原材料或零部件以满足产业的需要。在这一过程中，原材料和零部件短缺在新兴产业中是很常见的。面对新兴产业发展的需要和不能适应的供给，在新兴产业发展的早期阶段，重要原材料的价格会大幅度上涨。因此，企业应如何根据生产需要寻求新的原材料或零配件供应商，与上游企业建立良好的合作伙伴关系，以保证在原材料、零部件价格上涨的时候保证资金不会断裂是管理的重点。战略性新兴产业一般带动系数较大，产业链比较长，所以，战略性新兴产业发展要考虑联动开发，形成产业链和产业集群，建立市场的多个不同主体之间的密切合作，特别是共性技术平台搭建、基础设施建设都需要政府的积极参与支持。如新能源汽车产业的发展，不仅需要开展车身材料、汽车电子、动力电池及其关键材料的技术攻关，以及生产、控制与检测装备等的研制，而且还要积极推进充电基础设施建设，开展私人购买新能源汽车补贴试点，不断探索新能源汽车整车租赁、电池租赁以及充换电服务等新的商业机会或者创造新的市场。总之，强大的新兴产业链和新兴产业集群来保证原材料尤其是新兴零部件的供应稳定，有利于企业营运资金管理采购渠道的优化提升。

3. 多数上市公司更重视技术与知识投入而影响企业营运资本支出

战略性新兴产业必须以重大技术突破为基础，符合国际科技发展方向，并能够抢占科技制高点。发展战略性新兴产业是世界各国抢占经济制高点的重要战略举措，各国都在探寻技术创新的道路上摸索。七大行业对技术水平的要求极高，需要高水平、专门化的技术来支撑行业发展。比如高端装备制造业中的航空航天业，该行业需要极端专业化人员，高端的技术水平是支撑行业发展的核心。许多发达国家在航空航天业领先世界先进水平，主要源于其先进的技术水平。可见，战略性新兴产业是技术密集型行业，其发展依托于先进的技术水平和不断的技术创新。大量的技术资产成为战略性新兴产业的核心资产，这就需要企业将更多的资金投入到研发支出，继而企业管理层更加关注研发产品的进程。降低企业营运资本、减少企业营运资金占用固然能为企业带来资金优势，但过低的营运资本会使企业生产效率下降甚至出现营运资金周转困难。因此，战略新兴产业上市公司如何协调技术投入与营运资本之处亦成为企业营运资金管理乃至整个财务管理的核心问题。

4. 战略性新兴产业目前的市场环境影响其产成品销售

任何一个产业的发展都需要有一个大的市场需求来吸收产业的产品，但是对于战略性新兴产业，它所面临的市场需求由于技术先进或超前，与传统产业相比有较大的不确定性。首先，一项技术被开发出来后，应用在市场上往往很难准确定位或者缩小了它的应用范围，或者技术的广泛普及滞后于技术创新时间很久，还有可能被新的产品替代，导致企业销售不畅，投入成本难以得到补偿。其次，很多新技术新产品技术先进，但是市场需求却较小，技术无法很快地体现出它的经济价值，例如摩托罗拉公司曾经拥有的“铱星系统”，通过铱星系统可以在地球上的任何一个角落通话，技术非常先进，但是由于价格太高，用户规模很小，因此行铱星系统的公司维系不了生存，不得不申请破产。此外，新兴事物流入市场为人们所接受本身就需要时间检验，很多高科技高成本开发出来的产品不一定有高的实用性，各种各样的因素影响着战略性新兴产业产成品的市场认可度和市场占有率。可见，战略性新兴产业目前的市场环境和发展现状会影响其产成品的销售，进而将会对战略新兴产业上市公司营运资金管理乃至行业整体发展产生深远影响。

5. 战略性新兴产业税收优惠政策继续降低税费资金占用

目前世界资源急剧减少、环境污染日益严重，一般传统产业的高消耗、高污染、高排放运营模式，已经不适应现代经济发展的要求；而战略性新兴产业代表了技术和产业的发展新方向，直接关系到经济社会发展全局和国家安全。战略性新兴产业依托先进的技术创新，所需人力资源投入和物力资源投

入较少，技术和知识的投入相对较多，对环境污染程度大大降低，已成为现阶段世界经济发展中的朝阳产业。尤其是在我国集中力量进行经济结构调整和发展低碳经济的当下，战略性新兴产业更成为国家政策重点扶植的对象。国家为支持战略性新兴产业的发展，制定了一系列的税收优惠政策，在税收方面的优惠一直优于其他行业。这使得该行业税费负担较轻，在这方面所占用的营运资金数额相对较小，有利于企业提高营运资金周转绩效。从公司财务上看，实际上是政府通过减税项战略性新兴产业的企业提供一定量的资金，从而支持这些企业的现金流量和营运资金流动。

二、2012年战略性新兴产业面临的经营环境

（一）国际经济环境

1. 欧美传统市场变动刺激我国战略性新兴产业的萌芽

如今欧美日等世界主要经济体需求不振，特别是严重受到欧债危机影响的欧洲需求骤然减少，我国传统出口企业再遇危机。广交会是中国外贸乃至世界经济发展强度的重要风向标，虽然2012年广交会累计到会采购商超过21万人，创下历史新高，但累计出口成交却依然出现2008年国际金融危机以来的首次下滑，成交仅360.3亿美元，环比和同比分别下降了4.8%和2.3%。令人担忧的是，占据我国市场份额半壁江山的欧美传统市场成交出现明显下滑。以占据总成交额7成的机电产品为例，本届广交会机电产品累计成交额188亿美元，与去年同期的春交会相比，机电产品与欧盟、拉美、美国成交分别下降了30.9%、18.5%、41%。特别需要指出的是，美国、日本等一些传统市场虽然出现了复苏迹象，但欧洲的情况依然令人担忧，不仅是小企业，大企业对欧的出口也开始下滑。

历史经验表明，经济危机往往孕育着新的科技革命。正是科技上的重大突破和创新，推动经济结构的重大调整，提供新的增长引擎，使经济重新恢复平衡并提升到更高的水平。谁能在科技创新方面占据优势，谁就能够掌握发展的主动权，率先复苏并走向繁荣，美国提出，将研发的投入提高到GDP的3%这一历史最高水平，力图在新能源、基础科学、干细胞研究和航天等领域取得突破；最近又两次提出美国科技的主攻方向，包括节能环保、智慧地球等；欧盟宣布到2013年以前，将投资1050亿欧元发展绿色经济，保持在绿色技术领域的世界领先地位；英国从高新科技特别是生物制药等方面，加强产业竞争的优势；日本重点开发能源和环境技术；俄罗斯提出开发纳米和核能技术。中国经济要想在更长时期内全面协调可持续发展，想要尽快走上创新驱动、内生增长的轨道，必须在战略决策、科技创新、领军人才和产业化这四个方面储备力量。2012年，我国制定了国家中长期科学和技术发展规划纲要，把建设创新型国家作为战略目标，把可持续发展作为战略方向，把争夺经济科技制高点作为战略重点，逐步使战略性新兴产业成为经济社会发展的主导力量。这些前瞻性、战略性和全局性安排，体现了自主创新、重点跨越、支撑发展、引领未来的我国科技发展战略方针。战略性新兴产业必须掌握关键核心技术，具有市场需求前景，具备资源能耗低、带动系数大、就业机会多、综合效益好的特征。

2. 国际市场贸易保护手段多样化逼迫我国战略性新兴产业尽快发展

由商务部综合司与商务部研究院发布的《中国对外贸易形势报告（2012年秋季）》显示，2012年前三季度，中国出口产品遭遇国外贸易救济调查涉案金额达243亿美元，同比增长了7倍多，中国仍是贸易保护主义的最大受害者。据英国智库经济政策研究中心（CEPR）的“世界贸易预警（World Trade Alert）”项目监测，自2008年国际金融危机爆发以来，全球有40%的贸易保护措施是针对中国的，国际贸易保护主义日益加剧。

和以往的反倾销相比，2012年的反补贴负面影响更为深远。因为反倾销针对的只是单个或数家企业，而反补贴针对的则是政府行为，只要有一个案件被认定有政府补贴行为，其证据可能会被引用到政府管治的整个地区，致使这个区域的产业链受到影响。2012年9月，继美国对我光伏产业实施“双反”之后，欧盟委员会也发布公告，对中国光伏电池发起反倾销调查。这是中欧双方迄今为止最大的贸易纠纷，也是全球涉案金额最大的贸易争端，此举对中国的光伏产业影响巨大，“中国光伏产业进入寒冬”。深圳中电投资股份有限公司光伏业务部副总经理梁俊民向媒体表示，中小型厂家的主要市场就

在欧洲，欧盟大门关闭后一些企业将会面临资金供应断裂，新兴市场购买力又不够，加上国内的各种补贴政策难以覆盖中小企业，估计30%甚至更多的光伏企业会因此倒闭。随着科学技术的发展，技术性贸易壁垒越来越明显。全国家用电器标准化技术委员会的统计显示，我国有多达60%的家电出口企业遭遇过国外技术壁垒，每年由此造成的直接和潜在的经济损失约500亿美元，超过年出口总额的25%。此外，绿色贸易壁垒也不容忽视，例如美国在2009年6月提出的“碳关税”，使中国等发展中国家措手不及。“一旦绿色贸易成为主流，发展中国家如不改造升级求变，将会越来越多地被发达国家标准拒之门外。”中国人民大学环境与资源保护法博士后徐岭指出。2012年5月15日，欧盟对中国的航空公司再次发出警告，中国航空公司如果在6月中旬前拒绝透露2011年的碳排放量数据，欧盟将对相关航空公司采取惩罚措施。这是欧美发达国家以“碳关税”和气候变化问题为筹码，向我国发起的又一轮施压。世界银行的一份研究报告称，如果碳关税全面实施，“中国制造”可能将面对平均26%的关税，出口量可能下滑21%。

战略性新兴产业是技术密集型行业，其发展依托于先进的技术水平和不断的技术创新；而且战略性新兴产业资源消耗少、环境污染低，是打破国际技术性贸易壁垒及绿色贸易壁垒、提高我国国际市场地位的首选产业。为拯救中国的对外贸易形势，摆脱国际市场各种各样的贸易保护手段，我国必须加快战略新兴产业发展的进程，冲破重重枷锁、真正走向国际。

（二）国内经济环境

1. 我国在战略性新兴产业有较好的技术基础和产业基础

近年来，我国大力推进自主创新，在战略性新兴产业部署早，战略性新兴产业发展快，在知识产权上已具有明显优势。16个国家科技重大专项和4个重大科学研究计划全面启动，超前部署了资源环境、空天海洋、生物医药和新材料等一批前沿领域重大项目，为战略性新兴产业培育提供了良好的技术准备。据初步专利检索，截止到2009年底，我国战略性新兴产业领域申请人在风电领域的中国发明专利申请量占到了国内外发明专利申请量的85%，实用新型专利申请量占到了95.3%，电动汽车发明专利申请量占到了80%，实用新型占到了98.1%。我国在生物质能发明专利申请量占到了64.8%，核电占到了53.4%，沼气发电占到了89.1%，物联网占到了98.4%。我国一大批自主创新成果实现了产业化，战略性新兴产业快速发展，并迅速形成新的经济增长点，全球最大的下一代互联网示范网络建成，自主研发的TD－SCDMA正式成为国家技术标准并开始规模化应用，ARJ21支线飞机首飞成功并获得批量订单，国产时速350公里高速铁路建成通车，可循环钢铁流程工艺实现产业化应用，比亚迪等纯电动汽车已经问世，纳米材料绿色打印制版技术具备产业化条件，甲型H1N1流感病毒RNA检测试剂和疫苗批量生产。

2. 我国战略性新兴产业发展核心关键技术及知识产权不足

近年来，发达国家跨国公司利用技术优势，从研发和市场两端牢牢控制产业发展，我国战略性新兴产业发展仍然面临巨大挑战。一是面临着关键核心技术突破的艰巨任务。当前，世界上主要发达国家正加大核心关键技术的研究开发，虽然我国与发达国家技术差距总体不大，但我国在战略性新兴产业关键核心技术研发上差距却不小，发展战略性新兴产业必须突破制约战略性新兴产业的关键核心技术。二是面临核心知识产权缺乏的困境。深入分析战略性新兴产业的知识产权可以发现，我国掌握核心知识产权不足且分散，如中国风电的发动机和叶片专利、大规模储电专利、电动汽车锂离子电池隔膜和混合发动机专利、4G移动云计算专利等，大多掌握在美、日、欧等发达国家手中。我国这些领域的专利申请量远远少于发达国家在我国的申请量，在该领域的外国专利申请尤为不足。发展战略性新兴产业，必须抓住核心关键技术的主导权，掌握主导性知识产权。三是我国战略性新兴产业发展面临发达国家的知识产权压力。发达国家进一步加快全球知识产权战略布局，持续大幅度增加专利申请量，将会影响我国战略性新兴产业的技术选择和布局。发展战略性新兴产业要么选择新的技术路线大幅度增加研发成本，要么支付高额许可费陷入被锁定困境。战略性新兴产业发展也可能会面临产品出口的知识产权壁垒和标准壁垒问题，从而有可能限制我国战略新兴产业的国际化发展。四是面临创新人才严重不足的困境。发达国家在战略性新兴产业上起步稍早，力度大，创新人才多，近年来又采取了一系列措施吸引创新人才，在华跨国公司也锁定了大批创新人才，我国战略性新兴产业的创新人才十分不足，领军人才则更为匮乏。

3. 我国战略性新兴产业发展面临难得的重要战略机遇

本世纪第二个十年乃至更长时间，全球将进入空前的创新密集和产业调整振兴时代。新科技革命将为生产力发展创造新的空间，人口资源环境的制约和经济危机的发生，也将加速

产业结构的新一轮变革，能源与资源领域、信息技术领域、先进材料领域、生物技术领域、人口健康领域都孕育着重大的技术突破，战略性新兴产业最有可能在这些领域诞生，并成为新的支柱产业，从而大大推动我国战略性新兴产业的创新和发展。战略性新兴产业已成为我国产业结构优化升级和创新型国家建设的重要战略选择。胡锦涛、温家宝等党和国家领导人极为重视战略性新兴产业的发展，多次做出重要指示，为我国战略性新兴产业发展指明了方向。2006年我国颁布的《国家中长期科学和技术发展规划纲要（2006-2020）》及其配套政策，部署了一系列涉及战略性新兴产业的重大科技专项和前沿技术项目。“十一五”期间，我国相继启动了子午工程、强磁场等12项国家重大科技基础设施建设，在信息、电力电子、生物医药、新材料、交通等高技术领域批复组建了85个国家工程实验室，在一些重要领域组建了一批国家工程（技术）研究中心，国家认定企业技术中心达到636家，为战略性新兴产业创新发展打下了坚实基础。2010年9月8日召开的国务院常务会议，审议并通过了《国务院关加快培育和发展战略性新兴产业的决定》，确定了战略性新兴产业发展的重点方向、主要任务和扶持政策，以提升我国自主发展能力和国际竞争力，促进经济可持续发展。国务院总理温家宝于2012年5月30日主持召开国务院常务会议，讨论通过《“十二五”国家战略性新兴产业发展规划》；面向经济社会发展的重大需求，提出了七大战略性新兴产业的重点发展方向和主要任务。会议强调，推动战略性新兴产业健康发展，要充分发挥市场配置资源的基础性作用，注重优化政策环境，激发市场主体积极性；加强自主创新，增强自主发展能力；加强国际交流合作，走开放式创新和国际化发展道路。这些政策规划为我国战略新兴产业的创新和发展提供难得的历史机遇。

三、2012年战略性新兴产业上市公司营运资金配置与来源分析

（一）战略性新兴产业上市公司营运资金配置分析

2012年，新兴产业共有504家上市公司，从行业结构来看，新能源产业的公司有62家，占比12.3%，信息产业的公司占到125家，占比24.8%&，归属于高端装备制造业产业的上市公司最多，有185家公司，占比达到36.7%。另外，节能环保产业、新材料、新生物、电动汽车分别拥有的上市公司为14家、55家、44家、19家。本文研究的是2012与2011相匹配的475家新兴产业公司，行业结构与上年相比无太大变化。

1. 战略性新兴产业上市公司营运资金总体配置结构与占用水平分析

（二）行业层面

我们调查了2011~2012年战略新兴产业行业层面营运资金配置分析，如表33-1所示：

表33-1 2011~2012年战略性新兴产业行业层面营运资金配置分析 单位：亿元

项目	营运资本期末占用		营运资金期末占用		经营活动营运资金期末占用		经营活动营运资金占用水平		投资活动营运资金期末占用	
	2011	2012	2011	2012	2011	2012	2011	2012	2011	2012
行业总体	4619.44	4336.91	9348.93	10283.51	1620.88	2410.81	31%	35%	7728.03	7852.7
行业平均	9.54	9.13	19.38	21.45	3.23	5.02	32%	37%	16.15	16.43
最大值	428.33	358.46	698.75	858.81	155.07	161.38	197%	175%	780.22	744.07
最小值	-1073.88	-2488.75	-1370.95	-1465.52	-1525.36	-1649.72	-147%	-136%	0.16	0.17
高端装备制造业	19.58	21.45	29.88	32.88	8.82	12.14	43%	47%	21.06	20.74

续表

项目	营运资本期末占用		营运资金期末占用		经营活动营运资金期末占用		经营活动营运资金占用水平		投资活动营运资金期末占用	
	2011	2012	2011	2012	2011	2012	2011	2012	2011	2012
节能环保	27.49	8.84	12.60	15.22	6.01	7.46	40%	40%	6.59	7.77
生物医药	38.94	12.15	17.19	17.65	7.56	7.54	25%	26%	9.63	10.11
新材料	41.76	3.72	13.54	15.74	7.39	7.75	30%	31%	6.14	7.99
新能源	31.86	-10.17	17.59	15.57	3.08	1.22	18%	17.39%	14.51	14.35
新能源汽车	53.45	26.07	53.02	65.27	-5.08	6.39	17%	19.26%	58.10	58.89
信息技术	49.02	-10.61	1.47	1.17	-8.12	-8.65	34%	33.52%	9.59	9.82

表 33-1 显示，2012 年新兴产业营运资本占用为 4336.91 亿元，同比降低 282.53 亿元，减少了 6%；2012 年该行业平均每家上市公司营运资本占用量为 9.13 亿元，行业内营运资金占用水平最高为 358.46 亿元，占用量最低为 -2488.75 亿元。2012 年新兴产业营运资金占用为 10283.51 亿元，同比增加 934.58 亿元，增幅为 10%；2012 年该行业平均每家上市公司营运资金占用量为 21.45 亿元，行业内营运资金占用水平最高为 858.81 亿元，占用量最低为 -1465.52 亿元。这表明 2012 年行业内营运资本占用量有所下降，但营运资金占用量却有所增加，且不同公司之间资金占用差距较大。细分行业看，除了高端装备制造业外，2012 年营运资本占用均有所降低，且下降最多的是信息技术和新能源，资金占用由正变负。对于营运资金占用水平的变化，除了新能源和信息技术外，其他产业均上升。

从营运资金配置结构上看，新兴产业 2012 年投放在经营活动的营运资金为 2410.81 亿元，2012 年比 2011 年增加 789.92 亿元，增幅高达 49%，而投放在投资活动的营运资金为 7852.70 亿元，同比增加 124.66 亿元，增幅仅为 2%。可见，新兴产业营运资金投向正在发生变化，更多资金投入到了经营活动中去，而投资活动营运资金投入水平基本与 2011 年相同。经营活动营运资金的占用水平下降的产业有生物医药、新能源和信息技术产业，且下降最多的是新能源产业；投资活动营运资金的占用水平上升的产业有节能环保、生物医药、新材料、新能源汽车和信息技术产业，其他产业均有所下降，且下降最为明显的是高端装备制造业。

（三）企业层面

我们调查了 2011～2012 年战略性新兴产业上市公司营运资金配置变化情况及变动幅度，如表 33-2 所示。

表 33-2　2011～2012 年战略性新兴产业上市公司营运资金配置变化情况及变动幅度统计表

项目		营运资本	营运资金	经营活动营运资金	投资活动营运资金
资金占用量绝对变化统计	降低	253	211	185	257
	降低比例	53%	44%	39%	54%
	增加	222	264	290	218
	增加比例	47%	57%	61%	46%
资金占用量变化幅度统计	降低显著	68	12	54	18
	占比	14%	3%	11%	4%
	降低较大	25	20	36	49
	占比	5%	4%	8%	10%
	有所降低	72	74	43	120
	占比	15%	16%	9%	25%
	基本稳定	156	193	92	116
	占比	33%	41%	19%	24%

续表

项目		营运资本	营运资金	经营活动营运资金	投资活动营运资金
资金占用量变化幅度统计	有所增加	65	97	103	60
	占比	14%	21%	22%	13%
	增加较大	30	26	55	42
	占比	6%	5%	12%	9%
	增加显著	58	52	91	69
	占比	12%	11%	19%	15%
可比样本总数		475			

注：上表中除了百分比之外的数字单位为：家

由表 33－2 可见，2012 年，我国战略性新兴产业上市公司营运资本占用量大多降低或保持基本稳定。有 253 家公司资本占用量降低，占比 53%；而 222 家上市公司营运资本有所增加，占比 47%。其中 66 家上市公司营运资本占用量降低显著，占比 14%；25 家上市公司营运资本占用降低较大，占比 5%；而 72 家上市公司营运资本占用有所降低，占比 15%；基本稳定的公司最多，达到 155 家，占比 33%；另外分别有 65 家、30 家、58 家上市公司营运资本有所增加、增加较大和增加显著，占比分别为 14%、6%、12%。从营运资本和营运资金占用变动幅度分布上看，各个变动幅度的分布状况基本稳定，大多数公司营运资本有所降低，但总体来看不同公司之间差距较大。

2012 年，战略性新兴产业中大多数上市公司增加了营运资金投入比例，占比 57%；而 211 家上市公司营运资本占用有所降低，占比 44%。其中 97 家公司营运资本占用量增加显著，占比 21%；26 家公司营运资本占用增加较大，占比 5%；而 52 家上市公司营运资本占用有所增加，占比 11%；基本稳定的公司最多，达到 192 家，占比 41%；另外营运资本有所降低、降低较大、降低显著的公司分别有 74 家、20 家和 12 家，占比分别为 16%、4%、3%。

2012 年，39% 的上市公司经营活动营运资金占用量要低于 2011 年；61% 的上市公司营运资金占用个有所增加。这表明经营活动营运资金占用水平与去年相比有所增加。2012 年经营活动营运资金有所增加的公司最多，有 103 家，占比 22%；经营活动营运资金占用量增加较大的有 55 家，占比 12%；而 99 家公司经营活动营运资金占用量增加显著，占比 19%；而不容忽视的是，分别有 54 家、36 家、43 家上市公司经营活动营运资金占用量降低显著、降低较大与有所降低，占比分别为 11%、8%、9%；另外，还有 91 家上市公司资金占用量与 11 年相比基本稳定，占比 19%。从经营活动营运资金变动幅度分布上看，各个变动幅度的分布情况基本稳定，总体来看各个企业之间差距较大，经营活动营运资金占用量有所增加。

2012 年战略性新兴产业上市公司中有 257 家投资活动营运资金相比去年有所降低，占比 54%；而 2187 家公司资金占用量有所增加，占比 46%。其中投资活动营运资金有所降低的公司最多，达到 120 家，占比 25%；其次保持基本稳定的公司达到了 115 家，占比 24%；还有 49 家公司投资活动营运资金降低较大，占比 10%；资金占用量降低显著的有 18 家公司，占比 4%；除此之外，投资活动营运资金占用量有所增加、增加较大与增加显著的公司有 60 家、42 家和 69 家，占比分别为 13%、9%、15%。在对战略性新兴产业投资活动营运资金占用量变动幅度进行考察时，资金占用保持基本稳定或有所降低的公司最多，占据了样本总量的一半。

2. 战略性新兴产业上市公司分渠道的经营活动营运资金配置分析

（1）行业层面

我们调查了 2011 ~ 2012 年战略性新兴产业经营活动营运资金的渠道配置情况，如表 33－3 所示。

表 33-3　**2011~2012 年战略性新兴产业经营活动营运资金的渠道配置分析**　单位：亿元

项目	采购渠道营运资金		生产渠道营运资金		营销渠道营运资金		经营活动营运资金	
	2011	2012	2011	2012	2011	2012	2011	2012
行业总体	-4249.03	-4776.31	1021.45	1070.82	4893.46	6116.31	1620.88	2410.81
行业平均	-8.97	-10.05	2.10	2.21	10.17	12.86	3.23	5.02
最大值	18.07	14.53	251.85	230.76	685.03	603.50	155.07	161.38
最小值	-1260.53	-1370.40	-198.37	-219.38	-222.47	-215.74	-1525.36	-1649.72
高端装备制造业	-7.34	-9.34	5.33	5.27	10.84	16.21	8.82	12.14
节能环保	-2.12	-3.57	3.99	5.11	4.14	5.92	6.01	7.46
生物医药	-1.98	-2.94	0.05	-0.16	9.48	10.63	7.56	7.54
新材料	-0.97	-2.34	1.08	1.17	7.28	8.92	7.39	7.75
新能源	-8.27	-10.17	-0.79	0.53	12.14	10.85	3.08	1.22
新能源汽车	-47.66	-36.18	-10.23	-10.46	52.80	53.02	-5.08	6.39
信息技术	-11.75	-13.03	0.21	0.18	3.41	4.19	-8.12	-8.65

在采购渠道上，行业整体营运资金占用额约为-4776.31 亿元人民币，比 2011 年降低了 533.28 亿元，同比下降 12%，是三个渠道中唯一一个资金占用同比下降的渠道。行业平均占用额由 2011 年的-8.97 下降到 2012 年的-10.05 亿元，该变化说明采购渠道营运资金节约额上升，为营运资金总资金占用的有效管理有正的效应。细分行业看，2012 年采购渠道营运资金相比 2011 年升高的是新能源汽车产业，其他产业均有所下降，其中下降最多的是高端装备制造业。

在生产渠道上，行业整体营运资金占用额约为 1070.82 亿元人民币，与 2011 相比增加的绝对额为 49.37 亿元，同比增长 5%，行业平均占用额为 2.21 亿元，同比增长了 0.01 亿元，与 2011 年持平。整个行业的生产渠道营运资金最大值是 230.76 亿元，最小值是-219.38 亿元。细分行业看，2012 年生产渠道营运资金相比 2011 年降低的有高端装备制造业、生物医药、新能源汽车和信息技术产业，降低最多的是新能源汽车产业，其他产业 2012 年生产渠道营运资金占用水平较 2011 年均上升。

对于营销渠道来说，行业整体营运资金占用额约为 6116.31 亿元人民币，较 2011 年绝对额增加了 1267.83 亿元。增幅高达 26%，是三个渠道中资金占用增长幅度最大的渠道。行业平均占用额为 12.86 亿元，比 2011 年增加了 2.69 亿元。营销渠道营运资金占用最多是由于下游业绩不好造成，这给新兴产业的营运资金管理带来很大的负效应。细分行业看，除了新能源产业外，2012 年营销渠道营运资金占用相比 2011 年均上升。

从经营活动营运资金变化来看，2012 年较 2011 年整体资金占用水平大幅上升。从细分行业看，除了生物医药、新能源和信息技术产业资金占用水平下降外，其他产业均上升，其中占用水平上升最为显著的是新能源汽车产业。

（2）企业层面

我们调查了 2011~2012 年战略性新兴产业经营活动营运资金的渠道配置变化情况及变化幅度，如表 33-4 所示。

表 33-4　**战略性新兴产业 2011~2012 年经营活动营运资金的渠道配置变化情况及变动幅度表**

项目		采购渠道营运资金	生产渠道营运资金	营销渠道营运资金	经营活动营运资金
资金占用量绝对变化统计	降低	409	270	144	185
	降低比例	86%	57%	30%	-63%
	增加	66	205	331	290
	增加比例	14%	43%	70%	101%

续表

项目		采购渠道营运资金	生产渠道营运资金	营销渠道营运资金	经营活动营运资金
资金占用量变化幅度统计	降低显著	369	162	26	54
	占比	78%	34%	5%	11%
	降低较大	15	27	21	36
	占比	3%	6%	4%	8%
	有所降低	16	48	44	43
	占比	3%	10%	9%	9%
	基本稳定	18	57	102	91
	占比	4%	12%	22%	19%
	有所增加	13	52	114	103
	占比	3%	11%	24%	22%
	增加较大	7	36	61	55
	占比	1%	8%	13%	12%
	增加显著	35	96	105	91
	占比	7%	19%	22%	19%
可比样本总数		475			

注：上表中除了百分比之外的数字单位为：家

从渠道视角看，2012 年战略性新兴产业上市公司中有 409 家采购渠道营运资金相比去年有所降低，占比 85%；仅 66 家公司资金占用量有所增加，占比 14%。其中采购渠道营运资金降低显著的公司最多，达到 369 家，占比 78%；资金占用量降低较大的公司达到了 15 家，占比 3%；还有 16 家公司投资活动营运资金有所降低，占比 3%；采购渠道资金占用量保持基本稳定的有 18 家公司，占比 4%；除此之外，投资活动营运资金占用量有所增加、增加较大与增加显著的公司有 13 家、7 家和 35 家，占比分别为 3%、1%、7%。在对战略性新兴产业采购渠道营运资金占用量变动幅度进行考察时，资金占用保持降低显著的公司最多，占据了样本总量的大部分。这说明 2012 年采购渠道营运资金相比去年有大幅度减少。

2012 年战略性新兴产业上市公司中有 270 家生产渠道营运资金相比去年有所降低，占比 57%；而 205 家公司资金占用量有所增加，占比 43%。其中采购渠道营运资金降低显著的公司最多，达到 162 家，占比 34%；资金占用量降低较大的公司达到了 27 家，占比 6%；还有 48 家公司投资活动营运资金有所降低，占比 10%；采购渠道资金占用量保持基本稳定的有 57 家公司，占比 12%；除此之外，投资活动营运资金占用量有所增加、增加较大与增加显著的公司有 52 家、36 家和 96 家，占比分别为 11%、8%、19%。在对战略性新兴产业生产渠道营运资金占用量变动幅度进行考察时，资金占用保持降低显著的公司最多，占据了样本总量的三分之一。

2012 年战略性新兴产业上市公司中有 144 家生产渠道营运资金相比去年有所降低，占比 30%；而 331 家公司资金占用量有所增加，占比 70%。其中采购渠道营运资金有所增加的公司最多，达到 114 家，占比 24%；资金占用量增加较大的公司达到了 61 家，占比 13%；还有 105 家公司投资活动营运资金有所降低，占比 22%；不容忽视的是，采购渠道资金占用量保持基本稳定的有 102 家公司，占比 22%；除此之外，投资活动营运资金占用量有所降低、降低较大与降低显著的公司有 44 家、21 家和 26 家，占比分别为 9%、4%、5%。

3. 战略性新兴产业上市公司分要素的经营活动营运资金配置分析

(1) 行业层面

我们调查了 2011 ~ 2012 年战略性新兴产业经营活动营运资金的要素配置情况，如表 33 – 5 所示。

表 33-5　　2011~2012 年战略性新兴产业经营活动营运资金的要素配置分析　　单位：亿元

项目	存货		应收及预付款项		应付及预收款项		经营活动营运资金	
	2011	2012	2011	2012	2011	2012	2011	2012
行业总体	5475.07	5716.30	7997.14	9072.28	11851.32	12377.77	1620.89	2410.81
行业平均	11.28	11.87	16.62	18.95	24.67	25.79	3.23	5.02
最大值	366.88	328.66	845.41	905.70	1801.97	1995.89	155.07	161.39
最小值	0.0024	0.0036	0.10	0.16	0.10	0.13	-1525.36	-1649.72
高端装备制造业	16.86	17.46	21.00	23.95	29.03	29.26	8.82	12.14
节能环保	6.64	7.76	10.40	11.80	11.04	12.10	6.01	7.46
生物医药	6.17	6.63	10.26	11.08	8.87	10.17	7.56	7.54
新材料	9.15	9.09	8.92	9.78	10.68	11.12	7.39	7.75
新能源	8.81	9.78	17.59	19.36	23.32	27.92	3.08	1.22
新能源汽车	30.68	28.16	64.99	73.87	100.76	95.65	-5.08	6.39
信息技术	4.02	4.55	8.11	9.55	20.25	22.75	-8.12	-8.65

2012 年存货资金占用额为 5716.30 亿元人民币，比 2011 年增加 241.24 亿元，同比增长 4%；行业平均存货资金占用额为 11.87 亿元，比 2011 年增加 0.59 亿元。从整个行业的情况来看，存货资金占用额的最大值是 328.66 亿元，而从存货资金相对占用量上看，2012 年存货资金占流动资产的比重平均为 25%，与 2011 年持平。可见，2012 年新兴产业存货资金占用水平与去年基本保持一致。细分行业看，除了新材料和新能源汽车外，2012 年存货占用水平相比 2011 年均有所上升。

2012 年新兴产业应收账款项目整体占用的营运资金为 9072.28 亿元，同比增加了 1075.14 亿元，增幅为 13%。上市公司行业平均应付账款占用的营运资金为 18.95 亿元，与去年上年相比也有所上升，增加的绝对数额为 2.33 亿元。行业应收账款占用额的最大值为 905.70 亿元。而从应收账款的相对占用量上看，2012 年新兴产业应收账款占流动资产的比重为 41%，比 2011 年上升 2%。因而，2011 年新兴产业大部分公司应收账款占用水平有所增加。从具体行业细分看，七大产业 2012 年应收及预付款项占用比 2011 年均有所上升，且上升最为明显的是新能源汽车产业。

2012 年新兴产业应付账款项目整体占用的营运资金为 12377.77 亿元，同比增加了 526.45 亿元，增幅为 4%。上市公司行业平均应付账款占用的营运资金由 2011 年的 24.67 亿元上升到 2012 年的 25.79 亿元，增加的绝对数额为 1.12 亿元。产业的应付账款占用额的最大值为 1995.89 亿元，较 2011 年的最大值增幅达到 24%。从应付账款项目上所占用的营运资金数额来看，2012 年新兴产业应付账款占流动资产的比重为 41%，与 2011 年基本持平。可见，2012 年新兴产业应付账款的占用额有较小幅度的增长，但绝对额较大。细分行业看，除了新能源汽车外，其他六大产业应付及预收资金占用均上升，上升最显著的是新能源产业。

2012 年战略新兴产业整体经营活动营运资金占用水平上升。细分行业看，2012 年经营活动营运资金占用下降的有生物医药、新能源和信息技术产业，与前面渠道理论下的分析一致。

（2）企业层面

我们调查了战略性新兴产业 2011~2012 年经营活动营运资金的要素配置变化情况及变动幅度，如表 33-6 所示。

表 33-6　　战略性新兴产业 2011~2012 年经营活动营运资金的要素配置变化情况及变动幅度表

项目		存货	应收及预付款项	应付及预收款项	经营活动营运资金
资金占用量绝对变化统计	降低	177	130	164	188
	降低比例	37%	27%	34%	40%
	增加	298	345	311	287
	增加比例	63%	73%	66%	60%

续表

项目		存货	应收及预付款项	应付及预收款项	经营活动营运资金
资金占用量变化幅度统计	降低显著	5	1	7	52
	占比	1%	0%	1%	11%
	降低较大	19	13	25	36
	占比	4%	3%	5%	8%
	有所降低	75	62	70	43
	占比	16%	13%	15%	9%
	基本稳定	159	125	140	100
	占比	34%	26%	30%	21%
	有所增加	132	147	107	103
	占比	28%	31%	23%	22%
	增加较大	33	59	52	56
	占比	7%	12%	11%	12%
	增加显著	50	66	72	83
	占比	11%	14%	15%	18%
可比样本总数		475			

注：上表中除了百分比之外的数字单位为：家

从要素视角看，2012 年战略性新兴产业上市公司中有 177 家存货相比去年有所降低，占比 37%；而 298 家公司存货资金占用量有所增加，占比 63%。其中存货基本稳定的公司最多，达到 159 家，占比 34%；存货有所增加的公司达到了 132 家，占比 28%；还有 33 家公司存货增加较大，占比 4%；存货增加显著的有 50 家公司，占比 11%；除此之外，存货有所降低、降低较大与降低显著的公司有 75 家、19 家和 5 家，占比分别为 16%、4%、1%。

2012 年战略性新兴产业上市公司中有 130 家应收及预付账款相比去年有所降低，占比 27%；而 345 家公司应收及预付账款资金占用量有所增加，占比 73%。其中应收及预付账款有所增加的公司最多，达到 147 家，占比 31%；应收及预付账款增加较大的公司达到了 59 家，占比 12%；还有 66 家公司应收及预付账款增加显著，占比 14%；不容忽视的是，应收及预付账款基本稳定的有 125 家公司，占比 26%；除此之外，应付及预收账款占用量有所降低、降低较大与降低显著的公司分别有 62 家、13 家和 1 家。

2012 年战略性新兴产业上市公司中有 164 家应付及预收账款相比去年有所降低，占比 34%；而 311 家公司应付及预收账款资金占用量有所增加，占比 66%。其中应付及预收账款基本稳定的公司最多，达到 140 家，占比 30%；应付及预收账款有所增加的公司达到了 107 家，占比 23%；还有 52 家公司应付及预收账款增加较大，占比 11%；应付及预收账款增加显著的有 72 家公司，占比 15%；除此之外，应付及预收账款占用量有所降低、降低较大与降低显著的公司有 70 家、25 家和 7 家，占比分别为 15%、5% 和 1%。

（二）战略性新兴产业上市公司营运资金来源与财务风险分析

在营运资金来源中，按照风险水平可以分为两部分，一部分是短期经融性负债，另一部分是营运资本。短期金融性负债相对企业自身的营运资本，具有风险高的主要特征，这就使得在使用短期金融性负债作为营运资金来源中必须要控制在一定的可接受风险水平内，然而，短期金融性负债由于具有财务杠杆的作用，合理地使用可以大幅度提高企业的盈利水平。因此，营运资金来源中短期金融性负债和营运资本的合理平衡成为影响企业经营的重要因素。

1. 战略性新兴产业上市公司行业层面营运资金来源与财务风险分析

表 33－7 列示了 2011～2012 年战略性新兴产业上市公司营运资金融资结构，总体来看，2012 年战

略性新兴产业营运资金来源与2011年大致相同，来自短期金融负债的营运资金与去年相比增加了4%，达到40%。虽然2012年战略性新兴产业行业总体短期金融性负债占比略有增加，但仍保持着稳健的短期融资结构，财务风险较小。从具体七大产业来看，新一代信息技术产业在2011~2012年始终保持着最保守的营运资金融资结构，营运资金来源中营运资本占比始终在80%以上；持续稳健的融资结构也与其行业特性有关，新的信息技术产业市场认可度有待检验，难以获得更多的短期金融性负债，因此其营运资金来源主要依靠企业自有资金。值得注意的是，新材料产业和新能源产业分别在2011年和2012年达到80%以上甚至90%的短期金融性负债占比，已经属于高风险范围，公司应该着手积极主动开发风险应对措施。节能环保、高端装备制造等其他战略新兴产业一直采用着较为稳健的营运资金融资结构，财务风险一般，可以继续保持这样的营运资金来源状况。

表 33-7　　2011~2012年战略性新兴产业营运资金来源状况

项目	短期金融性负债占比		营运资本占比	
	2011年末	2012年末	2011年末	2012年末
行业平均	36%	40%	64%	60%
最大值	529.03%	642.06%	548.86%	593.94%
最小值	-448.86%	-493.94%	-429.03%	-542.06%
节能环保产业	27.06%	34.33%	72.94%	65.67%
新一代信息技术产业	15.03%	17.18%	84.97%	82.82%
生物产业	50.74%	42.69%	49.26%	57.31%
高端装备制造产业	25.32%	25.56%	74.68%	74.44%
新能源产业	58.09%	90.28%	41.91%	9.72%
新材料产业	85.35%	55.74%	14.65%	44.26%
新能源汽车产业	41.76%	44.23%	58.24%	55.77%

2. 战略性新兴产业上市公司企业层面营运资金来源与财务风险分析

由表33-8可知，2011年与2012年短期金融性负债占比在0~20%的公司最多，分别为为225家和218家。这说明战略性新兴产业近半数上市公司的营运资金融资结构非常稳健，其营运资金80%以上来自营运资本。值得注意的是，虽然绝大多数战略性新兴产业保持着比较保守的营运资金融资结构，但竟有近10%的企业在2011~2012年均保持着高于100%的短期金融性负债占比，这样高财务风险的营运资金融资结构必须引起企业相关人员的高度重视；当然，这40多家战略新兴产业上市公司能取得足够企业营运资金周转的短期金融性负债，说明其市场认可度较高，未来发展前景良好。

表 33-8　　2011~2012年战略性新兴产业营运资金来源统计表　　单位：家

比例	2011年末短期金融性负债占比	2011年末营运资本占比	2012年末短期金融性负债占比	2012年末营运资本占比
<0	9	41	11	42
0~20%	225	14	218	15
20%~40%	88	32	81	43
40%~60%	66	66	65	65
60%~80%	32	88	43	81
80%~100%	14	225	15	218
>100%	41	9	42	11
企业数量	475			

四、战略新兴产业上市公司营运资金管理绩效分析

（一）战略新兴产业上市公司分渠道的营运资金管理绩效分析

2012 年，新兴产业共有 504 家上市公司，从行业结构来看，新能源产业的公司有 62 家，占比 12.3%，信息产业的公司占到 125 家，占比 24.8%，归属于高端装备制造业产业的上市公司最多，有 185 家公司，占比达到 36.7%。另外，节能环保产业、新材料、新生物、电动汽车分别拥有的上市公司为 14 家、55 家、44 家、19 家。本文研究的是 2012 与 2011 相匹配的 475 家新兴产业公司，行业结构与上年相比无太大变化。

1. 行业层面分渠道的营运资金管理绩效分析

我们调查了 2011 ~2012 年战略新兴产业七大产业各渠道周转期变化，如表 33 -9 所示。

表 33 -9　2011 ~2012 年战略新兴产业各渠道营运资金周转期

单位：天

项目	采购渠道营运资金周转期		生产渠道营运资金周转期		营销渠道营运资金周转期		经营活动营运资金周转期（按渠道）	
	2011	2012	2011	2012	2011	2012	2011	2012
节能环保产业	-5	-43	26	52	93	123	114	132
新一代信息技术产业	-40	-30	45	21	114	120	119	111
生物产业	10	-10	-5	5	104	101	110	96
高端装备制造产业	-51	-42	17	43	103	156	70	157
新能源产业	-28	-39	37	13	90	87	99	61
新材料产业	-20	-12	14	12	128	110	122	110
新能源汽车产业	-24	-56	14	25	117	96	108	65
整体	-33	-33	21	27	106	125	94	119

（1）采购渠道营运资金周转期

2012 年整个行业采购渠道营运资金周转期平均为 -33 天，与 2011 年相比没有变化，行业采购渠道营运资金管理水平维持不变。从行业细分来看，新一代信息技术产业采购渠道营运资金营运资金管理绩效持续下滑，恶化最为显著，相比 2011 年延长了 10 天，紧随其后的是高端装备制造业和新材料产业，分别延长 9 天和 8 天。而节能环保产业和新能源汽车产业上市公司采购渠道营运资金管理绩效持续改善，采购渠道营运资金周转期相比 2011 年分别缩短 38 天和 32 天，改善幅度相对较大，另外管理绩效得到改善的还有生物产业和新能源产业，周转期分别缩短 20 天和 11 天。

（2）生产渠道营运资金周转期

2012 年新兴产业生产渠道营运资金周转期平均为 27 天，与上年相比延长 6 天，增幅为 28.57%。细分行业看，不同于采购渠道营运资金管理绩效，节能环保和高端装备制造业生产渠道营运资金管理绩效持续恶化，相比去年周转期均延长了 26 天，另外，新能源汽车和生物产业绩效也比去年有所下降。而生产渠道营运资金管理绩效改善最为显著的为新一代信息技术产业和新能源产业，周转期相比 2011 年均缩短了 24 天，新材料产业生产渠道周转期略微有所改善。

（3）营销渠道营运资金周转期

2012 年新兴产业营运资金周转期平均为 125 天，同比延长 19 天，绩效降幅达 17.92%，营销渠道绩效水平的下降拉落了新兴产业营运资金的管理水平。营销渠道营运资金周转期延长是因为应收账款不能及时收回造成的，也可能是由于 2012 年企业自身和市场大环境造成的。从行业细分来看，新能源汽车和新材料产业营销渠道管理绩效改善最显著，周转期相比去年分别缩短了 21 天和 18 天，相比这两个产业生物和新能源管理绩效变化不大，略微有所改善。而高端装备制造业营销渠道营运资金管理绩效持续恶化，相比 2011 年延长了 53 天，紧随其后的是节能环保产业，周转期比去年延长了 30 天，新一代信息技术产业营销渠道营运资金管理绩效略微有所下降。

（4）经营活动营运资金周转期（按渠道）

2012 年新兴产业经营活动营运资金周转期平均为 119 天，同比延长 25 天，绩效降幅达 26.60%。从行业细分来看，高端设备制造业经营活动营运资金周转期延长了 87 天，恶化最为显著，节能环保产业延长 18 天，绩效也出现下滑趋势；除这两个行业外，其他行业经营活动营运资金管理绩效均有所改善。其中改善最为显著的为新能源汽车产业和新能源产业，周转期相比去年分别缩短了 43 天和 38 天。

2. 企业层面分渠道的营运资金管理绩效分析

我们调查了战略新兴产业上市公司 2011～2012 年各渠道营运资金管理绩效的变化，如表 33－10 所示。

表 33－10　　2011～2012 年战略新兴产业各渠道营运资金管理绩效变化统计表　　单位：家

项目		采购渠道营运资金周转期	生产渠道营运资金周转期	营销渠道营运资金周转期	经营活动营运资金周转期（按渠道）
周转期变化统计	改善	302	205	128	170
	改善比例	63.60%	43.10%	26.99%	35.77%
	降低	173	270	347	305
	降低比例	36.40%	56.90%	73.01%	64.23%
周转期变化幅度统计	改善显著	89	91	38	52
	改善较大	34	33	15	20
	有所改善	61	54	48	60
	基本稳定	85	81	114	110
	有所降低	57	78	119	88
	降低较大	40	35	55	44
	降低显著	112	106	89	104
可比样本总数		475			

与营运资金总体分析相似，2011～2012 年两年间战略性新兴产业的可比样本企业为 478 家。本部分将以 2011～2012 年的可比样本为研究对象，分析新兴产业上市公司 2012 年营运资金管理的稳定程度，以从企业层面深入透视 2012 年的新兴产业营运资金管理的现状。企业营运资金的管理，可以根据营运资金的组成要素如现金、存货和应收账款进行管理，也可以按渠道理论下的营运资金管理方式，将营运资金分为采购渠道营运资金、生产渠道营运资金和营销渠道营运资金等部分，然后分门别类的进行分析，寻找问题、解剖原因、采取措施，从而实现管理目标。

（1）采购渠道营运资金周转期

从表 33－10 可以看出，相比生产和营销渠道来说，采购渠道营运资金管理状况相对令人满意。2012 年新兴产业中有 302 家企业采购渠道营运资金管理绩效比 2011 年有所改善，占该行业可比样本的 63.60%，有 173 家企业采购渠道营运资金管理比 2011 年有所降低，占比 36.40%，其中有所改善的企业数量最多，说明 2012 年在采购渠道的营运资金管理上力度加大。从变化幅度上来看，改善显著的企业有 89 家，占比 18.62%，基本稳定的企业位居其后，有 85 家，占比达 17.78%，数量最多的是降低显著的公司，这意味着在整体管理绩效改善的情况下，有大部分的公司管理出现极端恶化，两极现象严重，整体采购渠道的营运资金管理仍有待加强，另外，对于有所降低和降低较大的公司仍然不可忽视，数量分别为 57 家和 40 家。

（2）生产渠道营运资金周转期

2012 年新兴产业中有 205 家企业生产渠道营运资金管理绩效比 2011 年有所改善，占该行业可比样本总数的 43.10%，有 270 家企业营运资金管理绩效降低，占比 56.90%，说明生产渠道的营运资金管理绩效有待加强。从生产渠道营运资金周转期变动程度上来看，与采购渠道一样，降低显著的公司占据多数，有 106 家，占比 22.18%。另外，改善显著和基本稳定的企业分别为 91 家和 81 家排名其后，分别占比 19.04% 和 16.95%，说明新兴产业总体变化不大，但是公司间差距悬殊。

（3）营销渠道营运资金周转期

2012 年新兴产业中有 128 家企业营销渠道营运资金管理绩效比 2011 年有所改善，占比 26.99%，远远低于管理绩效降低的公司数量，这意味着新兴产业营销渠道营运资金管理绩效整体水平大幅下滑。从营销渠道营运资金周转期变动分布来看，有所降低和基本稳定企业数量居多，整体虽然变动不大，但是从分布来看，多数公司集中在绩效降低的范围。相比采购和生产渠道而言，营销渠道相对更是营运资金管理的重点，成为影响经营活动营运资金管理绩效的关键环节。

（4）经营活动营运资金周转期

2012 年新兴产业中 170 家企业经营活动营运资金管理绩效比 2011 年有所改善，占比仅为 35.77%，远低于降低的公司数量。从变化幅度分布来看，基本稳定和降低显著的公司数量占据多数，分别为 110 家和 104 家，分别占比为 23.01% 和 21.76%。整体来说，经营活动管理绩效呈下滑趋势。而且从上表可以看出，多数公司聚集在降低范围内，这意味着新兴产业整体经营活动管理有待加强，从各渠道而言，营销渠道是管理的重点，其次生产渠道的营运资金管理也不容忽视。

3. 战略新兴产业分渠道的营运资金管理绩效变动趋势分析

我们从整体上调查了 2009 ~ 2012 年战略新兴产业各渠道周转期变化，如表 33 - 11 所示。

表 33 - 11　　2009 ~ 2012 年战略新兴产业营运资金周转期　　单位：天

项目	2009	2010	2011	2012
经营活动营运资金（按渠道）周转期	106	82	94	119
采购渠道营运资金周转期	-25	-27	-33	-33
生产渠道营运资金周转期	33	20	21	27
营销渠道营运资金周转期	98	88	106	125

由表 33 - 11 可以看出，2009 ~ 2012 年的总体趋势，经营活动营运资金周转期（按渠道）先下降后上升，在 2010 年达最低，周转期为 82 天，到 2012 年升至最高，为 119 天。从各渠道来看，采购渠道营运资金周转期呈现持续下降趋势，2011 到 2012 年维持稳定状态；生产渠道营运资金管理绩效的变化趋势与整体经营活动营运资金管理绩效变化趋势一致，均为先下降后上升，在 2010 年管理绩效最好，周转期为 20 天；营销渠道周转期变化也与经营活动周转期同步，2009 ~ 2010 年呈下降趋势，2010 年以后持续上升，在 2012 年周转期最长，达 125 天。

此外，我们还调查了七大细分产业各渠道周转期变化情况，如表 33 - 12 所示。

表 33 - 12　　2009 ~ 2012 年战略新兴产业各渠道营运资金周转期　　单位：天

项目	采购渠道营运资金周转期				生产渠道营运资金周转期				营销渠道营运资金周转期				经营活动营运资金周转期（按渠道）			
	09	10	11	12	09	10	11	12	09	10	11	12	09	10	11	12
节能环保产业	-22	-2	-5	-43	24	28	26	52	83	74	93	123	86	100	114	132
新一代信息技术产业	-32	-38	-40	-30	59	45	45	21	99	102	114	120	126	108	119	111
生物产业	8	9	10	-10	15	2	-5	5	94	84	104	101	116	96	110	96
高端装备制造产业	-45	-46	-51	-42	33	14	17	43	100	91	103	156	88	59	70	157
新能源产业	5	-13	-28	-39	45	35	37	13	38	50	90	87	88	71	99	61
新材料产业	-2	-7	-20	-12	25	19	14	12	165	124	128	110	188	136	122	110
新能源汽车产业	-29	-14	-24	-56	19	10	14	25	112	95	117	96	101	91	108	65
整体	-25	-27	-33	-33	33	20	21	27	98	89	106	125	106	82	94	119

为了更清晰明了地展示战略性新兴产业七大细分行业各渠道的营运资金周转期变化趋势，我们依据上表 33－12 画了如下四个趋势图并加以分析。

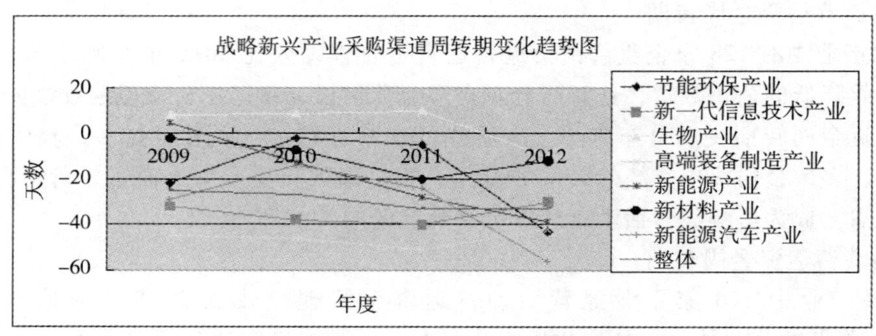

图 33－1　战略性新兴产业采购渠道周转期变化趋势图

由图 33－1 可以看出，就采购渠道而言，2009～2011 年战略新兴产业采购渠道周转期变化不大，2010 年绩效相对较好，2011～2012 年没有变化。从各细分行业看，新材料、信息技术产业和高端装备业周转期变化呈明显的“V”型走势，在 2011 年绩效最好，而生物产业呈倒“V”型，周转期在 2011 年达最高；节能环保产业和新能源汽车产业变化呈梯形，2009 年～2010 年周转期上升，自此采购渠道绩效管理改善显著，周转期持续下降；周转期持续下降，采购渠道管理营运资金绩效管理持续改善的是新能源产业。

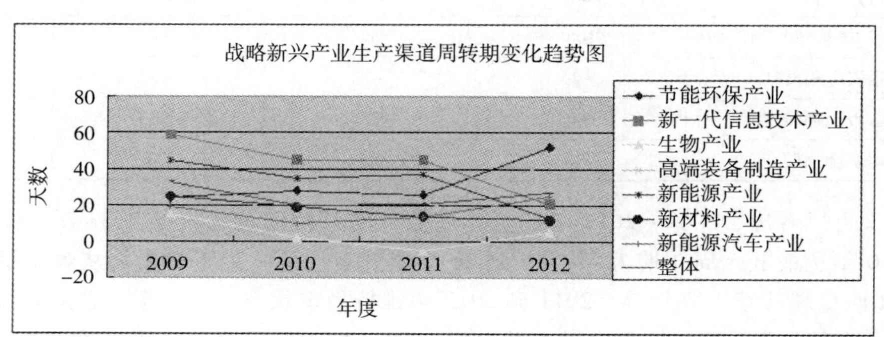

图 33－2　战略性新兴产业生产渠道周转期变化趋势图

由图 33－2 可以看出，战略新兴产业生产渠道周转期变化呈现“V”型，2009 年绩效最突出。从各细分行业来看，高端装备制造业、新能源汽车和行业整体变化趋势一致；2009～2012 年节能环保产业呈“N”型走势；而与其相反的是新能源产业，变化呈现倒“N”型；生产渠道营运资金管理绩效一直改善的是信息技术产业和新材料产业；生物产业变化也呈“V”型，与整体不同的是，该行业 2011 年周转期最低。

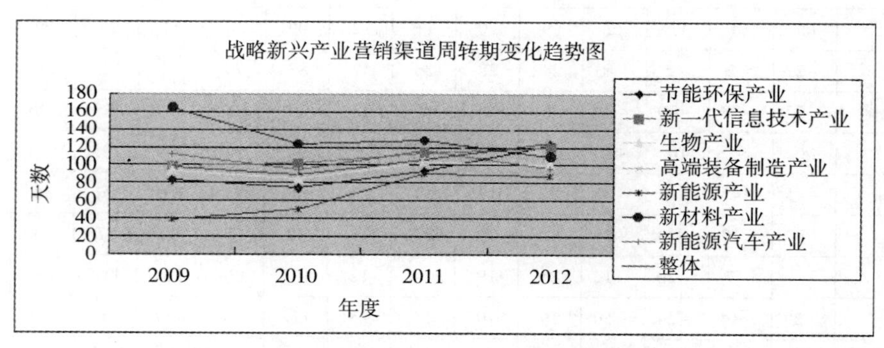

图 33－3　战略性新兴产业营销渠道周转期变化趋势图

由图 33-3 可以看出，新兴产业营销渠道周转期变化趋势和生产渠道一致。从细分行业看，节能环保和高端装备制造业与行业整体变动趋势相同，渠道管理绩效 2010 年最优；而营销渠道营运资金管理绩效持续恶化的是信息技术产业；生物、新材料产业和新能源变化走势呈倒“N”型，2012 年相对 2011 年营销渠道管理绩效有所改善。

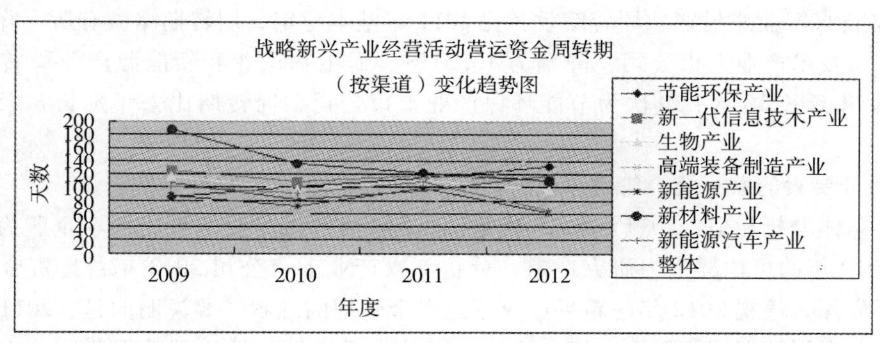

图 33-4 战略性新兴产业经营活动营运资金（按渠道）周转期变化趋势图

由图 33-4 分析整体经营活动营运资金周转期保持了生产和营销的“V”型走势，在 2009 年绩效管理绩效最好。细看各行业，高端装备制造业和行业整体走势一致；节能环保产业绩效近四年来持续恶化；信息技术、生物、新能源、新能源汽车产业 2009~2012 年周转期变化呈现倒“N”型；近四年绩效持续改善的是新材料产业。

（二）战略新兴产业上市公司分要素的营运资金管理绩效分析

1. 行业层面分要素的营运资金管理绩效分析

我们调查了 2011~2012 年战略性新兴产业各要素周转期变化，如表 33-13 所示。

表 33-13　2011~2012 年战略性新兴产业各要素营运资金周转期　单位：天

项目	存货周转期		应收账款周转期		应付账款周转期		经营活动营运资金周转期（按要素）	
	2011	2012	2011	2012	2011	2012	2011	2012
节能环保产业	113	105	87	153	69	97	131	160
新一代信息技术产业	123	71	103	125	74	64	152	133
生物产业	106	69	74	87	34	44	146	112
高端装备制造业	102	131	93	154	98	101	97	184
新能源产业	115	79	106	79	93	89	127	70
新材料产业	93	117	99	91	79	71	113	137
新能源汽车产业	78	94	99	80	80	90	97	83
整体	105	101	95	122	83	81	116	141

从表 33-13 可以看出，整个行业存货周转期和应付账款周转期略微有所下降，而应收账款周转期大幅上升，这使得整体营运资金周转期也呈上升态势，管理绩效恶化。

（1）存货周转期

2012 年存货周转期较 2011 年有所下降。从各个细分行业来看，除高端设备制造业、新材料产业和新能源产业恶化外，增长幅度分别为 28.43%、25.81%、20.51%，其余四个产业均有所下降，其中存货管理绩效改善最为显著的是新一代信息技术产业，存货周转期比去年缩短了 52 天，紧随其后的是生物和新能源产业，分别缩短 37 和 36 天，存货管理绩效改善也较为显著。

（2）应收账款周转期

2012 年应收账款管理绩效相比去年明显恶化，行业整体周转期延长了 27 天，说明上市公司 2012

年对与供应商之间的款项管理强度有所放松，使得应收账款使用效率大大降低。从各细分行业角度来看，除新能源、新材料和新能源汽车产业应收账款周转期有所下降以外，其他产业均呈现上升趋势，使得整体应收账款管理绩效降低。

（3）应付账款周转期

2012 年战略新兴产业应付账款周转绩效相比 2011 年基本稳定，周转期略微有所下降。其中降幅最大的是新一代信息技术产业上市公司，降幅为 13.51%。而生物产业和新能源产业周转期上升最为显著，分别比 2011 年延长 10 天，其次为节能环保产业上市公司，周转期比去年延长 8 天，其他产业变化不大。

2. 企业层面分要素的营运资金管理绩效分析

与营运资金总体分析相似，2011～2012 年两年间战略性新兴产业的可比样本企业为 475 家。本部分将以 2011～2012 年的可比样本为研究对象，分析新兴产业上市公司 2012 年营运资金管理的稳定程度，以从企业层面深入透视 2012 年的新兴产业营运资金管理的现状。要说明的是，2011～2012 年新兴产业上市公司各要素周转期变化及变动幅度统计，以及本研究报告的主要数据测算，主要依据基于渠道理论的营运资金管理理论和方法。如要素营运资金周转期的计算，主要是现金、存货、应收账款等项目的周转期计算。2011～2012 年新兴产业上市公司各要素周转期变化及变动幅度统计表如表 33－14 所示。

表 33－14　2011～2012 年战略新兴产业经营活动营运资金各要素管理绩效变化统计表 单位：家（除百分比）

项目		存货周转期	应收账款周转期	应付账款周转期	经营活动营运资金周转期（按要素）
周转期变化统计	改善	161	113	155	154
	改善比例	33.83%	23.90%	32.56%	32.43%
	降低	314	362	320	321
	降低比例	66.17%	76.10%	67.44%	67.57%
周转期变化幅度统计	改善显著	12	6	7	22
	改善较大	9	7	20	20
	有所改善	60	47	66	53
	基本稳定	168	136	154	135
	有所降低	118	151	117	104
	降低较大	54	64	63	55
	降低显著	52	66	49	89
可比样本总数		475			

（1）存货周转期

从表 33－14 可以看出，2012 年新兴产业存货周转期绩效改善的企业数量为 161 家，占可比样本的 33.83%，而绩效降低的企业数量是 314 家，占样本总数的 66.17%，显然下降的企业数远大于改善的企业数，这表明整体存货管理水平有所降低。存货资金占用的增加主要源于材料储备和产成品库存，说明市场因素对战略性新兴产业的企业营运资金管理产生了不利影响。从新兴产业公司存货管理绩效变动幅度来看，其中基本稳定的企业数量最多，有 168 家，占比为 35.15%；其次是有所降低的企业，有 118 家，另外除了有所改善的 60 家企业外，多数企业均集中在存货绩效降低的管理范围内。这表明 2012 年新兴产业存货管理绩效整体呈现降低趋势。在当前零存货管理模式趋势下，我国战略新兴产业的许多企业仍有大量存货资金沉淀在生产和营销环节，表明战略新兴产业亟待需要改进生产和商业模式。

（2）应收账款周转期

从表33－14可以看出，2012年新兴产业中有113家企业应收账款营运资金管理绩效比2011年有所改善，占该行业可比样本总数的23.90%，有362家企业营运资金管理绩效降低，占比76.10%，绩效改善的企业数量明显低于降低的企业。其中，有所降低的企业数量最多，有151家，基本稳定的企业位居其后，有136家，应收账款管理绩效降低显著和降低较大的企业分别为66家和64家，而改善显著和改善较大的企业仅有6家和7家。与存货分布相似，除了绩效基本稳定的企业外，新兴产业的企业多数处于绩效降低的范围内，说明应收账款管理也是该行业营运资金管理绩效改善的重点所在。

（3）应付账款周转期

从表33－14可以看出，2012年新兴产业应付账款周转期情况与2011年相比，周转期下降的企业有155家，占比32.56%，周转期上升的企业有320家，占比67.44%，新兴产业应付账款周转绩效改善企业数量远远高于绩效下降的企业数量，表明大部分企业应付账款管理绩效较2011年有所提高。其中，基本稳定的数量居多，有154家，占比32.35%。在绩效呈现上升趋势（应付账款周转期上升）中的企业中，绩效有所改善的企业的有117家，改善较大的有63家，改善显著的有49家，在应付账款管理绩效降低（应付账款周转期下降）的企业中，绩效降低显著的企业有7家，降低较大的有20家，绩效有所降低的有66家。很明显，应付账款管理绩效整体呈现上升趋势。

（4）现金周转期

从表33－14可以看出，2012年新兴产业中有154家企业现金周转期绩效改善，占比32.43%，有321家企业绩效下降，占比67.57%，绩效降低的企业数量远远高于绩效改善的企业数量。从变化幅度来看，基本稳定的企业数量最多，有135家，占比28.42%，有所降低的企业有104家，占比21.76%。与各要素变化分布基本一致，多数企业现金周转绩效呈下降趋势，应该从各要素绩效管理着手，来加强整体现金管理绩效。

3. 战略新兴产业分要素的营运资金管理绩效变动趋势分析

我们调查了2009～2012年战略新兴产业各要素周转期的变化，如表33－15所示。

表33－15　　2009～2012年战略新兴产业各要素周转期　　单位：天

项目	2009	2010	2011	2012
现金周转期	122	106	116	141
存货周转期	113	98	105	101
应收账款周转期	91	85	95	122
应付账款周转期	83	77	83	81

从2009～2012年总体趋势来看，现金周转期先下降后上升，在2010年达最低，周转期为106天，到2012年升至最高，为141天。从各要素来看，存货和应付账款周转期均先下降后上升，到2012年又开始下降，呈现倒N型；应收账款管理绩效的变化趋势与现金管理绩效变化一致，均为先下降后上升，在2010年管理绩效最好，周转期为85天。

此外，我们还分别调查了2009～2012年战略新兴产业各渠道营运资金周转期的变化，如表33－16所示。

表33－16　　2009～2012年战略新兴产业各渠道营运资金周转期　　单位：天

项目	存货周转期				应收账款周转期				应付账款周转期				现金周转期			
	09	10	11	12	09	10	11	12	09	10	11	12	09	10	11	12
节能环保	86	100	113	105	94	82	87	153	65	65	69	97	115	116	131	160
新一代信息技术	114	120	123	71	98	99	103	125	71	76	74	64	141	144	152	133
生物	118	100	106	69	80	71	74	87	45	34	34	44	154	137	146	112

续表

项目	存货周转期				应收账款周转期				应付账款周转期				现金周转期			
	09	10	11	12	09	10	11	12	09	10	11	12	09	10	11	12
高端装备制造	119	93	102	131	86	84	93	154	97	89	98	101	108	87	97	184
新能源	122	108	115	79	75	79	106	79	82	79	93	89	114	108	127	70
新材料	119	97	93	117	124	95	99	91	86	76	79	71	156	116	113	137
新能源汽车	84	70	78	94	107	89	99	80	80	66	80	90	111	94	97	83
整体	113	98	105	101	91	85	95	122	83	77	83	81	122	106	116	141

为了更清晰明了地展示战略性新兴产业七大细分行业各渠道的营运资金周转期变化趋势，我们依据表 33－16 画了如下四个趋势图并加以分析。

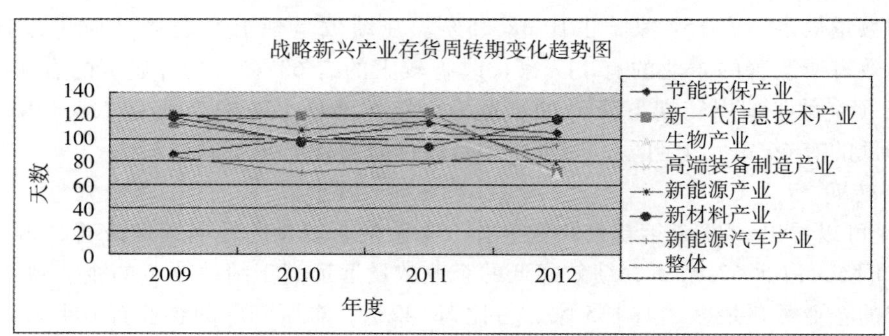

图 33－5　战略性新兴产业存货周转期变化趋势图

由图 33－6 可以看出，战略新兴产业应收账款周转期变动呈“V”型，2010 年周转期最短，2012 年周转期最长，绩效最差。各细分行业中，节能环保、生物、高端装备制造业和行业整体变动趋势一致，在 2010 年应收账款管理绩效最好；信息技术产业应收账款周转期持续上升，绩效不断恶化；新能源产业变动呈倒“V”型，2011 年周转期最长，绩效最差，到 2012 年开始好转；新材料和新能源汽车应收账款变动呈倒“N”型。

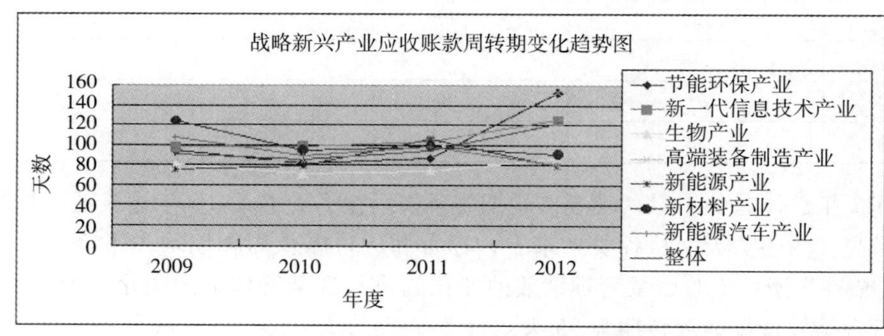

图 33－6　战略性新兴产业经应收账款周转期变化趋势图

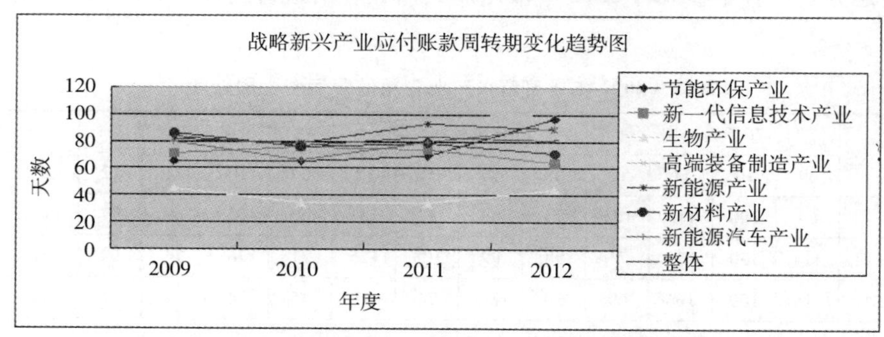

图 33－7　战略性新兴产业经应付账款周转期变化趋势图

由图 33－7 可得，新兴产业应付账款周转期变动呈倒“N”型，绩效变动正好相反，2012 年较 2011 年绩效出现恶化。新能源、新材料产业应付账款周转期变动和整体一致；节能环保产业应付账款周转期基本保持上升趋势，说明该产业能够充分利用供应商资金融资，绩效较为突出；而生物产业与之正好相反；信息技术产业变动呈现倒“V”型，2010 年应付账款管理绩效最好；相反，高端装备制造业应付账款管理呈现“V”型，2010 年应付账款周转期最短，未能充分利用供应商资金进行融资；新能源汽车除了 2010 年周转期缩短外，其余三年绩效无变动。

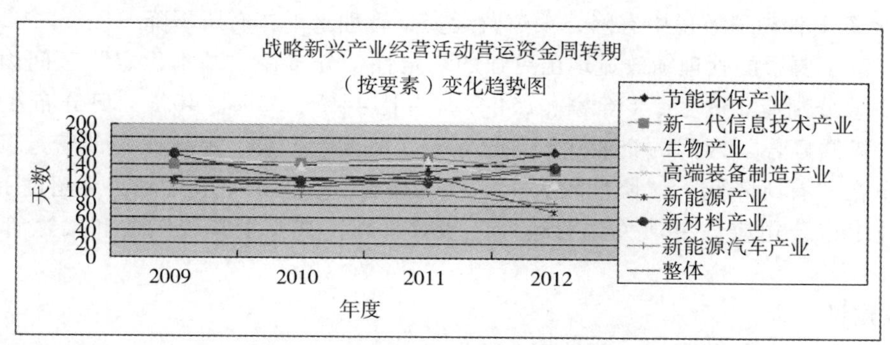

图 33－8　战略性新兴产业经营活动营运资金（按要素）周转期变化趋势图

由图 33－8 可以看出，新兴产业整体现金周转期近四年变动呈现“V”型走势，2010 年周转期最短，绩效最好，2012 年周转期最长，绩效恶化最为显著。节能环保产业现金周转期持续上升，经营活动营运资金管理绩效不断恶化；信息技术产业变化表现出倒“V”型，2010 年周转期最长，2012 年最短，绩效得到最明显的改善；生物和新能源汽车产业现金周转期在经历了 2010 年的下降、2011 年的上升后，2012 年又转而下降，周转期达最短；高端装备制造业现金周转期变化呈“V”型，2010 年周转期最短，绩效最突出；新能源产业变化呈现倒“N”型，2012 年经营活动营运资金管理绩效最好。

五、2012 年战略性新兴产业上市公司营运资金调查结论与建议

（一）调查结论

1. 战略性新兴产业上市公司营运资本占用水平呈下降状态，而营运资金占用水平呈上升状态

调查表明，2012 年战略性新兴产业整体营运资本占用量为 4336.91 亿元，同比降低 6%。平均每家上市公司营运资本占用量为 9.13 亿元，同比下降 4.3%。可见，无论是从行业整体看，还是从单位上市公司来看，营运资本占用水平均略有下降。然而，2012 年战略性新兴产业整体营运资金占用量为 10283.51 亿元，同比上升 10%。平均每家上市公司营运资金占用量为 21.45 亿元，同比上升 10.7%。可见，无论是从行业整体看，还是从单位上市公司来看，资金占用水平均有不同程度的上升。

2. 战略性新兴产业上市公司营运资金总体配置以投资活动为主

调查表明，2012 年战略性新兴产业经营活动营运资金配置比重为 23.5%，同比增加 6.4 个百分点。2011～2012 年，战略性新兴产业经营活动营运资金配置均保持在 30% 以下，远远低于投资活动营运资金配置比重，这表明战略性新兴产业营运资金配置以投资活动为主。

3. 渠道视角下，采购渠道营运资金占用量小，营销渠道营运资金占用量大；要素视角下，应收及预付款项占比高，应付及预收款项占比低

调查表明，2012 年战略性新兴产业采购渠道、生产渠道和营销渠道营运资金占用量分别为 －4776.31亿元、1070.82 亿元和 6116.31 亿元，采购渠道营运资金占用量最低，营销渠道营运资金占用量最高。因而，对营销渠道营运资金进行有效管理具有重要的意义。2012 年战略性新兴产业经营活动营运资金配置结构中，存货占比 237.11%，应收及预付款项占比 376.32%，而应付及预收款项占比 －513.43%。2011～2012 年，战略性新兴产业经营活动营运资金配置结构中，应收及预付款项占比均超过 300%，而应付及预收款项占比均低于 －500%. 可见，在战略性新兴产业经营活动营运资金占用中，应收及预付款项营运资金占用比重最高，应付及预收款项营运资金占用比重最低。

4. 2012 年战略性新兴产业的上市公司总体采用较为稳健的营运资金融资结构，财务风险较小。

2012 年战略性新兴产业营运资金来源与 2011 年大致相同，从行业总体看不足 40% 的营运资金来自短期金融性负债，财务风险比较小。从公司层面看，2011 年与 2012 年短期金融性负债占比在 0～20% 的公司最多，分别为 225 家和 218 家；即相对应的营运资本占比则在 80%～100% 区间的公司分别为 225 家和 218 家。这说明战略性新兴产业近半数上市公司的营运资金融资结构非常稳健，其营运资金 80% 以上来自营运资本。

5. 要素营运资金管理绩效稳中有降，渠道营运资金管理水平亦有所下降

调查表明，基于要素的管理绩效显现出更强的稳定性，分布在“基本稳定”区间内的企业数量都相对较多，各要素分别有 168 家、136 家、154 家，占比 44%、35%、40%；但分布在“有所降低”、“降低较大”、“降低显著”区间的企业达到甚至超过了一半。同样，基于渠道的营运资金管理水平也有所下降，分布在“有所降低”、“降低较大”、“降低显著”区间的企业达到甚至超过了一半。这说明战略性新兴产业上市公司应该更加关注营运资金绩效管理，其要素管理绩效和渠道管理绩效均有待提高。

（二）对策建议

1. 战略性新兴产业应该加强对上下游产业的发展

战略性新兴产业一般带动系数较大，产业链比较长，所以，战略性新兴产业发展要考虑联动开发，形成产业链和产业集群。如果单兵突进，很容易遭遇两大问题：一是被其他战略性新兴产业内的企业扼杀，二是下游产业价值缩水，难以起到引领经济可持续发展的作用。战略性新兴产业应抓住目前发展机遇，通过政策扶持、兼并重组、引入外资等方式，鼓励企业向传统优势产业的上下游发展，使区域产业链趋于完善。完善的产业链有利于加强产业链上企业之间的合作，便于优化各环节之间的协调性，有利于降低营运资金在产业链上的周转期，从而提高营运资金周转效率。

2. 企业管理层应进一步重视新商业模式和新生产方式下的营运资金管理

战略性新兴产业是技术密集型和知识密集型的产业，其生产经营具有战略性、全局性、长远性、导向性、动态性等特点，因此商业模式和生产方式有别于传统产业。由于战略新兴产业初期需要大量资金投入研发部门，战略新兴产业上市公司营运资金水平相对于长期资本而言比较少，而且营运资金总体配置以投资活动为主。于是企业管理层往往忽视经营活动营运资金管理，导致营运资金管理绩效下滑。改善营运资金管理绩效最为根本的是从业务流程和渠道视角进行优化。战略性新兴产业上市公司管理层应当及时转变营运资金管理理念，重视各渠道的营运资金管理，建立和完善分渠道的营运资金管理模式。财务与业务相结合全面管理企业流动资产和流动负债，从渠道的角度出发发掘提高营运资金周转绩效的新空间。

3. 战略性新兴产业可以考虑开拓新的营销渠道，加快产成品销售

2012 年战略性新兴产业上市公司营运资金占用普遍上升，这主要是因为受到欧债危机等欧美市场变动的影响，公司不得不向经营渠道加大了资金的投入，以应对经营环境的不利变动。传统市场的萎缩导致了我国战略性新兴产业上市公司营运资金占用水平提高、营业收入下降，最终导致战略性新兴产业上市公司的营运资金管理绩效下降；相对来说，新兴经济体的快速发展，不仅为世界经济的发展注入了新的活力，也为我国战略性新兴产业带来了新的转机。要规避欧债危机带来的订单减少、营业收入下降的风险，就要避免市场过为单一的现状，将发展的重点转移到东盟、印度、俄罗斯和巴西等国家，利用新兴市场贸易需求的加大促使战略新兴产业业务量的增大，继而提高战略性新兴产业上市公司的收入，改善其营运资金管理现状。

主要参考文献

1. 王竹泉：“跨地区营销企业如何进行商流规划”，《经济管理》，2001 年第 11 期。

2. 王竹泉、马广林：“分销渠道控制：跨区分销企业营运资金管理的重心”，《会计研究》，2005

年第 6 期。

3. 王竹泉、刘文静、高芳："中国上市公司营运资金管理调查：1997－2006"，《会计研究》，2007 年第 12 期。

4. 王竹泉、逄咏梅、孙建强："国内外营运资金管理研究的回顾与展望"，《会计研究》，2007 年第 2 期。

5. 傅培瑜："我国战略性新兴产业发展的研究——基于政府的视角"，硕士论文，2010 年。

6. 牛立超："战略性新兴产业发展与演进研究"，硕士论文，2011 年。

7. 毛金生、程文婷："战略性新兴产业知识产权政策初探"，《知识产权》，2011 年第 9 期。

8. 熊勇清、李世才："战略性新兴产业与传统产业的良性互动发展—基于我国产业发展现状的分析与思考"，《科技进步与对策》，2011 年 3 月第 5 期。

9. 孟玉静："战略性新兴产业集群推进产业结构升级和经济发展方式转变的研究"，《产业观察》，2011 年第 6 期。

10. 赵刚："奥巴马政府支持新兴产业发展的做法和启示"，《中国科技财富》，2009 年第 11 期。

11. 杨继瑞："以新兴产业发展催化产业结构调整升级的十项对策"，《决策咨询通讯》，2009 年第 5 期。

第三十四章 2012 年不同经济性质上市公司营运资金管理调查①

【摘要】在如今经济下行压力凸显、经济增速明显放缓的市场环境下，上市公司也面临着前所未有的机遇和挑战，如何提高企业的管理效率，提升管理绩效就显得尤为关键。鉴于此，本文从营运资金管理的角度出发，调查分析 2011～2012 年度国有、民营上市公司营运资金的占用水平、财务风险和管理绩效，调查发现：1. 2012 年国有、民营上市公司经营活动营运资金占用量大幅增加，采购、生产、营销各渠道和存货、应收账款、应付账款各要素的资金占用均有不同程度的增加。特别地，从营运资金要素角度分析，国有上市公司营运资金管理绩效优于民营上市公司；2、国有上市公司绝大部分的经营活动营运资金来源于短期金融性负债，资本成本小，财务风险高；而民营上市公司恰恰相反，经营活动营运资金主要来源于经营活动营运资本，融资成本高，短期偿债压力小；3、不管是按渠道分析还是按要素分析，无论是国有还是民营上市公司，营运资金管理绩效降低是主流趋势。其中，国有上市公司的各渠道、各要素周转期均远低于民营上市公司周转期，营运资金管理绩效较好。

一、不同经济性质上市公司营运资金管理的特点

（一）国有上市公司营运资金管理的特点

1. 规模大，营运资金占用量高

国有上市公司资产规模较大，市场份额较高，往往营运资金占用水平较高，再加上本身的特殊性，存在着营运资金管理意识不强，营运资金管理绩效不高的普遍现象。

2. 激进财务政策，更容易在资本市场融资

与民营上市公司相比，国有上市公司凭借较好的声誉、自身的资源优势以及诸多的政府政策支持，更容易进入资本市场融资，更倾向于采用较为激进的财务政策，能够在金融借贷方面具有较强的主动性，较好的应急反应能力。

3. 议价能力强，多信用交易

国有上市公司凭借自身的优势，在与上下游的企业进行交易时，具有较强的讨价还价能力，能使用更多的赊购信用条件，从而在一定程度上降低营运资金占用水平，进一步改善营运资金管理绩效。

（二）民营上市公司营运资金管理特点

1. 受外部环境影响明显，营运资金管理波动性强。

民营企业资产规模相对较小，与国有企业相比，在政策支持及资源禀赋方面优势不足，对外部的冲击反映尤为明显，营运资金管理波动性强。

2. 信用源于自身实力，融资自由度不高。

与国有企业相比，在商业信用及供应链信用方面，民营企业获得的担保支持及信用保障更少，因而融资能力多取决于自身的经营实力，在金融借贷方面主动性不强，应急反应能力灵活性不足。

3. 存货管理尤为重要，流动性管理是难点。

一方面，民营企业在供应链上的薄弱地位，使其在采购渠道及营销渠道的主动性不强；另一方面，大多数民营企业凭经验进行管理，忽视了对于经济批量法的运用，造成资金呆滞，流动性较低。

① 国家自然科学基金“利益相关者视角的营运资金管理研究与中国上市公司营运资金管理数据平台扩充建设（71372111）”和国家自然科学基金“利益相关者集体选择视角的企业价值管理研究（71172099）”的阶段性成果。感谢中国海洋大学、中国会计学会、国家自然科学基金委员会对营运资金管理研究的支持。

二、不同经济性质上市公司经营环境及对营运资金的影响

（一）国有上市公司面临的经营环境及对于营运资金的影响

1. 经济环境恶化，核心竞争力不足

在 2012 年，国企高管在高涨时期定下的经营目标变得不合时宜，高看资本运作，低看实体产业。一方面说明国有企业的面临经营环境恶化的困境，另一方面也反映出企业在经营中存在技术创新难、产业升级、核心竞争力不足的尴尬。

2. 高成本挤压利润，市场需求变幻莫测

一方面，由于国际大宗商品、石油价格的高涨，国内生产资料成本连创新高，人力资本成本更是节节攀高，企业经营成本大增，如果企业对下游议价能力弱，不能将高成本传导出去，就只能挤压企业利润。另一方面，消费者需求越来越多样化，如何在激烈的竞争中保持一定的市场份额是国有上市公司普遍面临的难题。

3. 体制弊端凸显，诱发权力寻租

国有企业的特殊身份决定了企业内部体制弊端的存在，一方面，面对不容乐观的宏观环境，国有企业很难通过裁员、降薪、撤掉不盈利的部门，收缩战线来迅速摆脱困境，一般靠银行的贷款、上级命令的重组、整合和财政的拨款扶持来摆脱困境。另一方面，不健全的内部控制制度和薄弱的内控环境，多年形成的官僚文化，都会诱发权力寻租，滋生贪污腐败。

毋庸置疑，经济环境的恶化、企业内部管理的不善，严重影响着国有企业营运资金的管理效率。企业销售收入下降，应收账款相应增加，坏账也随之增多，应收账款周转期显著延长；产品积压，不能及时变现，存货持有水平上升，存货周转期大大延长；自身经营不善，对上游供应商议价能力减弱，应付账款周转期缩短，不能充分利用赊购带来的利益；依赖银行借款和财政支持，营运资金融资政策较为激进，财务风险较大，这些都是国有企业不可避免会碰到的一些问题。

（二）民营上市公司面临的经营环境及对于营运资金的影响

1. 融资渠道狭窄，制约企业成长

资金不足一直困扰着民营企业的发展，已经成为制约民营经济快速发展的最大瓶颈。调查显示，有 65% 的企业认为影响企业发展的主要问题是资金不足。资金之所以缺乏，根源在于部分地方思想观念落后，在于对民营经济认识上存在“误区”，在于融资渠道不畅通，一些职能部门有意无意地对民营企业设置了障碍，使民营企业在融资方面产生了困难。

2. 缺乏人才优势，管理水平较低

企业的竞争是人才的竞争，是企业之间人的综合素质的较量，缺乏人才优势是目前影响民营企业发展的重要因素之一。多数民营企业家也承认企业缺乏人才优势，内部管理水平不高。

3. 市场需求不足，企业经营困难

民营企业面临市场需求不足困境，究其原因，一是生产品种单一，产品销售不畅，有货卖不出去，造成企业存货占用资金增加；二是企业研发能力不足，创新水平不高，不能够及时适应市场需求；三是信息灵敏度低，不能够及时掌握市场需求信息。综上，多种因素交互作用导致企业经营难度加大。

4. 税负压力大，竞争环境不公平

一方面，我国为快速发展民营经济，营造良好的民营企业发展环境，减免了民营企业承担的一些社会负担，并且出台了一系列支持民营企业发展的优惠政策。但是在一些地方，乱收费现象仍然存在，民营企业负担仍然较高。另一方面，政策的“歧视”导致民营企业与国有企业并没有处于完全平等的地位，在投融资、税收、土地使用、对外贸易、市场准入方面民营企业均存在着诸多限制，竞争环境不公平。

上述民营上市公司面临的经营环境和企业自身的经营状况影响着民营企业营运资金管理的水平，表现为：应收账款周转缓慢，受“销售至上“、“冲指标”等观念的影响，民营企业每年的应收账款占用水平高；预付款居高不下，民营企业的预付款是以存货的形式存在，其变现能力较差，影响了企

业的营运资金周转效率；存货积压严重，缺乏科学的采购管理方法，导致存货资金占用大。

三、2012 年不同经济性质上市公司营运资金配置与来源分析

（一）国有、民营上市公司营运资金配置分析

1. 国有、民营上市公司营运资金总体配置结构与占用水平分析

（1）整体层面

表 34 - 1　　2011 ~ 2012 年国有上市公司营运资金配置分析　　单位：亿元

项目	营运资本期末占用		营运资金期末占用		经营活动营运资金期末占用		经营活动营运资金占用水平		投资活动营运资金期末占用	
	2011	2012	2011	2012	2011	2012	2011	2012	2011	2012
行业总体	5116.79	5163.68	25150.47	26948.29	6726.96	6772.46	4.99%	4.82%	18423.52	20175.83
行业平均	6.40	6.14	31.48	32.04	8.42	8.05	22.89%	24.41%	23.06	23.99
最大值	1197.31	1454.09	1611.47	1967.17	854.81	959.99	351.57%	393.56%	945.55	1268.96
最小值	-1703.88	-2488.75	-990.95	-1466.52	-1145.36	-1649.72	-178.27%	-136.46%	0.02	0.04
样本数量	799	841	799	841	799	841	799	841	799	841

表 34 - 1 列示了 2011 ~2012 年国有上市公司营运资金配置状况。整体而言，由于国有上市公司绝对数量的增加（2011 年 799 家，2012 年 841 家），2012 年国有上市公司营运资金占用水平有所增加。营运资本占用水平略有增加，涨幅为 0.92%，而营运资金涨幅为 7.15%，涨幅更大，说明此 2012 年营运资金的增加主要来源于短期金融负债的增加。同样，两年期末经营活动营运资金水平基本持平，增加的营运资金主要投放在投资活动中，投资活动营运资金期末占用增长 9.51%，高于营运资金总体的增幅，由此我们推测国有上市公司在 2012 年更加重视经营活动之外能给企业带来额外收益的短期投资活动。另一方面，2012 年国有上市公司经营活动营运资金占用水平（期末经营活动营运资金/营业收入）略微下降。综上可知，国有上市公司增加短期金融负债的持有量，倾向于比较激进的财务政策，虽然在一定程度上降低了资本成本，但是存在短期金融负债的偿债压力，由此带来的财务风险不可小觑。

表 34 - 2　　2011 ~ 2012 年民营上市公司营运资金配置分析　　单位：亿元

项目	营运资本期末占用		营运资金期末占用		经营活动营运资金期末占用		经营活动营运资金占用水平		投资活动营运资金期末占用	
	2011	2012	2011	2012	2011	2012	2011	2012	2011	2012
行业总体	7976.67	8736.20	13502.59	14113.40	6116.03	6661.42	27%	26%	7386.56	7451.99
行业平均	8.20	8.09	13.88	13.07	6.29	6.17	60%	24%	7.59	6.90
最大值	160.84	229.37	226.70	270.13	191.71	228.23	252.26%	231%	228.15	301.55
最小值	-31.93	-51.43	-9.92	-39.10	-144.38	-159.80	-169.04%	-125.00%	0.02	0.01
样本数量	973	1080	973	1080	973	1080	973	1080	973	1080

表 34 - 2 列示了 2011 ~2012 年民营上市公司营运资金配置情况。可以发现，2012 年民营上市公司营运资本占用水平涨幅为 9.52%，而营运资金涨幅为仅为 4.52%，说明 2012 年民营上市公司整体缩减了短期金融负债的持有量。从营运资金的构成分析，可以发现，2012 年营运资金的上涨主要来源于经营活动营运资本的增加，涨幅为 8.92%，远高于营运资金的涨幅，而投资活动营运资金 0.88% 的涨幅对于民营上市公司营运资金的增加贡献十分有限。综上可知，民营上市公司更偏向于较为保守的财务政策，虽然偿债压力相对较小，但是同时却提高了资本成本，不利于企业价值最大化。

对比分析 2012 年国有上市公司与民营上市公司营运资金配置平均水平，不难发现相比民营上市公司，国有上市公司的营运资本持有水平均稍低，经营活动营运资金略高，营运资金和投资活动营运资

金却特别高，我们认为其原因主要是国有企业比民营企业持有了更多的投资活动营运资金和短期性的金融负债。

另外，无论是国有上市公司，还是民营上市公司，公司之间的营运资金配置水平参差不齐。最大值和最小值的差距显而易见，有的企业营运资金投入水平相当大，而有的企业则出现相应项目上投入资金的负水平，表明这些企业非但不用在经营活动上投入资金，反而大量占用别的企业的资金为自己的运营服务。

（2）企业层面

从企业微观层面来看，2011 ~ 2012 年国有上市公司营运资金配置变化情况及变动幅度的情况如 34 - 3所示。2012 年可比样本总数为 799 家，营运资金占用量增加的企业占比过半，多于营运资金占用量降低的企业数量，但是从数量和占比情况来看，两个相差幅度并不是很大。

表 34 - 3　　2011 ~ 2012 年国有上市公司营运资金配置变化情况及变动幅度统计表

项目		营运资本	营运资金	经营活动营运资金	投资活动营运资金
资金占用量绝对变化统计	降低	356	365	393	360
	降低比例	44.56%	45.68%	49.19%	45.06%
	增加	443	434	406	439
	增加比例	55.44%	54.32%	50.81%	54.94%
资金占用量变化幅度统计	降低显著	131	87	158	49
	占比	16.40%	10.89%	19.77%	6.13%
	降低较大	61	44	57	73
	占比	7.63%	5.51%	7.13%	9.14%
	有所降低	89	123	97	161
	占比	11.14%	15.39%	12.14%	20.15%
	基本稳定	160	212	153	151
	占比	20.03%	26.53%	19.15%	18.90%
	有所增加	117	146	109	142
	占比	14.64%	18.27%	13.64%	17.77%
	增加较大	73	63	68	66
	占比	9.14%	7.88%	8.51%	8.26%
	增加显著	168	124	157	157
	占比	21.03%	15.52%	19.65%	19.65%
可比样本总数		799			

注：上表中除了百分比之外的数字单位为：家

总体来看，2011 ~ 2012 年国有上市公司营运资金占用量变化幅度符合正态分布的规律，“基本稳定”居多，并以此为对称轴依次递减分布。但“降低显著”和“增加显著”的企业数量不是最少而是相对比较多，在“增加显著”的分组中，除了“营运资金”以外，其他要素的相应企业都超过了 150 家。数据结果表明 2011 年到 2012 年，除了“基本稳定”企业数占绝对优势以外，营运资金配置情况变动幅度较大并且其变化幅度超过正负 50% 的国有上市公司大大存在，其营运资金投资政策并不是十分稳定。

表 34-4　2011~2012 年民营上市公司营运资金配置变化情况及变动幅度统计表　单位：家

项目		营运资本	营运资金	经营活动营运资金	投资活动营运资金
资金占用量绝对变化统计	降低	443	452	480	447
	降低比例	45.53%	46.45%	49.34%	45.94%
	增加	530	521	493	526
	增加比例	54.47%	53.55%	50.67%	54.06%
资金占用量变化幅度统计	降低显著	141	41	110	86
	占比	14.49%	4.21%	11.31%	8.84%
	降低较大	66	222	66	135
	占比	6.78%	22.82%	6.78%	13.87%
	有所降低	190	222	120	239
	占比	19.53%	22.82%	12.34%	24.56%
	基本稳定	227	275	94	124
	占比	23.34%	28.26%	9.66%	12.74%
	有所增加	115	156	189	117
	占比	11.82%	16.03%	19.42%	12.02%
	增加较大	57	56	140	62
	占比	5.86%	5.76%	14.39%	6.37%
	增加显著	177	161	254	210
	占比	18.19%	16.55%	26.10%	21.58%
可比样本总数		973			

由表 34-4 可知，总体来看，2011~2012 年民营上市公司营运资金占用量变化幅度中，处于“基本稳定”与“增加显著”状态的民营上市公司占据多数。“降低显著”与“增加较大”的民营上市公司数量最少。由此可见，有相当一部分的民营上市公司营运资金配置情况变动幅度较大，营运资金投资政策并不是十分稳定。

2. 国有、民营上市公司分渠道的经营活动营运资金配置分析

（1）整体层面

表 34-5　2011~2012 年国有上市公司经营活动营运资金的渠道配置分析　单位：亿元

项目	采购渠道营运资金		生产渠道营运资金		营销渠道营运资金		经营活动营运资金	
	2011	2012	2011	2012	2011	2012	2011	2012
总体	-10384.80	-13246.42	10739.16	12583.63	5401.53	7435.25	5755.88	6772.46
平均	-13.00	-15.75	13.44	14.96	6.76	8.84	7.20	8.05
最大值	53.19	70.67	1878.56	2213.16	685.03	1135.58	854.81	959.99
最小值	-1341.67	-13246.42	-342.08	-305.70	-1063.91	-1176.23	-1525.36	-1649.72
样本数量	799	841	799	841	799	841	799	841

如表 34-5 所示，纵向来看，不管是总体水平还是平均水平 2012 年国有上市公司分渠道的营运资金配置状况比 2011 年绝对值都有所增加。分渠道的营运资金配置中，两年采购渠道营运资金都是负数。这说明国有上市公司在采购活动中较多采用了“应付票据”、“应付账款”等赊购方式，其程度远远超过了采购渠道流动资产的保有量，在采购渠道占用供应企业的营运资金大体能满足生产渠道营运资金的需要，两者在绝对值上基本相等，符号相反。此外，相比较采购渠道和生产渠道，营销渠道配置的营运资金绝对值较小。因为经营活动营运资金等于前三者相加，而采购和生产渠道的营运资金大体正负相抵，因此经营活动总体配置的营运资金数额取决于营销渠道营运资金绝对数额。

表 34-6　　2011~2012 年民营上市公司经营活动营运资金的渠道配置分析　　单位：亿元

项目	采购渠道营运资金		生产渠道营运资金		营销渠道营运资金		经营活动营运资金	
	2011	2012	2011	2012	2011	2012	2011	2012
行业总体	-1623.76	-2493.49	3369.81	4159.02	4368.80	4993.96	6114.85	6659.49
行业平均	-1.50	-2.31	3.12	3.85	4.05	4.62	5.66	6.17
最大值	69.51	37.17	244.99	304.62	148.98	199.43	191.71	228.23
最小值	-267.70	-315.56	-46.17	-59.07	-163.14	-219.93	-144.38	-159.80
样本数量	973	1080	973	1080	973	1080	973	1080

由表 34-6 分析可知，2011~2012 年的民营上市公司营运资金中营销渠道营运资金占用量最大，其次是生产渠道，绝对量最小的是采购渠道。生产渠道占用的营运资金几乎是采购渠道占用营运资金的两倍，说明采购渠道的营运资金是无法满足生产渠道营运资金需要量的。相比 2011 年，2012 年采购营销渠道资金占用量涨幅高达 53.56%，说明 2012 年民营上市公司大大增加了“应付账款”、“应付票据”等信用赊购方式的使用。

我们将 2012 年国有、民营上市公司经营活动按渠道营运资金的平均持有水平后发现，相比生产渠道和采购渠道，国有与民营上市公司在营销渠道的营运资金持有量上差距在缩小，经营活动营运资金水平差距最小。我们对 2011~2012 年国有与民营上市公司按渠道营运资金的增长幅度进行对比分析后发现，国有上市公司在营销渠道的营运资金占用水平大幅增加，增幅高达30%，这可能是由于2012 年国有上市公司持有了较多的存货和应收账款所导致的。然而，民营上市公司则在采购渠道的营运资金占用水平大幅增加，增幅超过 50%，说明民营上市公司采用了较多的赊销政策。综上可知，整体来看，2012 年民营、国有上市公司的营运资金分渠道的配置策略和配置水平还是有较大差异的。

（2）企业层面

从企业微观层面来看，2011~2012 年国有上市公司分渠道的营运资金配置变化情况及变动幅度的情况如表 34-7 所示。2012 年可比样本总数为 799 家，各个渠道营运资金占用量增加的企业占比过半，多于营运资金占用量降低的企业数量，其中增加企业数量最多的为营销渠道，增加比例为 58.45%。从数量和占比情况来看，两个相差幅度并不是很大。

表 34-7　　国有上市公司 2011~2012 年经营活动营运资金的渠道配置变化情况及变动幅度表

项目		采购渠道营运资金	生产渠道营运资金	营销渠道营运资金	经营活动营运资金
资金占用量绝对变化统计	降低	357	382	342	390
	降低比例	44.68%	47.81%	41.55%	48.81%
	增加	442	413	467	409
	增加比例	55.32%	51.69%	58.45%	51.19%
资金占用量变化幅度统计	降低显著	181	161	120	151
	占比	22.65%	20.15%	15.02%	18.90%
	降低较大	45	61	42	55
	占比	5.63%	7.63%	5.26%	6.88%
	有所降低	69	96	91	98
	占比	8.64%	12.02%	11.39%	12.27%
	基本稳定	121	126	157	160
	占比	15.14%	15.77%	19.65%	20.03%
	有所增加	106	115	137	115
	占比	13.27%	14.39%	17.15%	14.39%
	增加较大	71	71	77	68

续表

项目		采购渠道营运资金	生产渠道营运资金	营销渠道营运资金	经营活动营运资金
资金占用量变化幅度统计	占比	8.89%	8.89%	9.64%	8.51%
	增加显著	206	165	175	152
	占比	25.78%	20.65%	21.90%	19.02%
可比样本总数		799			

注：上表中除了百分比之外的数字单位为：家

从数据来看，在各渠道不同变动幅度分组中，每个渠道分布的企业数量大体相当。以“基本稳定”为中轴，两边企业分布态势基本相同，但是经营活动各渠道营运资金配置增多的企业数稍多，尤其是在边沿的“增加显著”一组企业数量为最多，其次为另一个极端的“降低显著”组，由此可见，从营运资金渠道配置角度分析，不同的企业在营运资金各渠道的管理策略上变化较大。

表 34－8　民营上市公司 2011～2012 年经营活动营运资金的渠道配置变化情况及变动幅度表　单位：家

项目		采购渠道营运资金	生产渠道营运资金	营销渠道营运资金	经营活动营运资金
资金占用量绝对变化统计	降低	444	469	419	477
	降低比例	45.63%	48.20%	43.06%	49.02%
	增加	529	500	554	496
	增加比例	54.37%	51.39%	56.94%	50.98%
资金占用量变化幅度统计	降低显著	181	161	120	151
	占比	18.60%	16.55%	12.34%	15.52%
	降低较大	45	61	42	55
	占比	4.62%	6.27%	4.32%	5.65%
	有所降低	69	96	134	134
	占比	7.09%	9.87%	13.67%	13.67%
	基本稳定	295	300	289	299
	占比	30.32%	30.83%	29.70%	30.73%
	有所增加	106	115	137	115
	占比	10.89%	11.82%	14.08%	11.82%
	增加较大	181	161	120	151
	占比	18.60%	16.55%	12.34%	15.52%
	增加显著	45	61	42	55
	占比	4.62%	6.27%	4.32%	5.65%
可比样本总数		973			

我们对表 34－8 数据进行分析后发现，2011～2012 民营上市公司相同的变动幅度中每个渠道分布的企业数量大体相当。不论是采购，生产还是营销渠道，“基本稳定”状态的上市公司数量最多，“增加显著”和“降低较大”的变动幅度的公司最少，由此可知从渠道角度分析，2012 年民营上市公司营运资金持有政策基本与 2011 年保持稳定，没有特别明显的变动。

3. 国有、民营上市公司分要素的经营活动营运资金配置分析

（1）整体层面

表 34－9　　2011～2012 年国有上市公司经营活动营运资金的要素配置分析单位：亿元

项目	存货		应收及预付款项		应付及预收款项		经营活动营运资金	
	2011	2012	2011	2012	2011	2012	2011	2012
总体	27406.50	30448.34	20967.23	22684.22	41646.77	46360.09	6726.96	6772.46
平均	34.30	36.20	26.24	26.97	49.52	55.12	8.42	8.05
最大值	2083.43	2560.88	1701.06	1571.12	4223.40	4235.01	854.81	959.99
最小值	0	0	0.09	0.04	0.01	0.06	－1145.36	－1649.72
样本量	799	841	799	841	799	841	799	841

表 34－9 中“存货”和“应收及预付款项”是国有企业上市公司按要素对营运资金的配置形式，而“应付及预收款项”是企业按要素对外部其他企业经营活动营运资金的占用形式，经营活动营运资金＝存货＋应收及预付款项－应付及预收款项。国有上市公司经营活动营运资金的要素配置中，2012 年前三项的绝对数额都要大于 2011 年的数额，其均值也有不同程度的增加。其中，应付及预收款项金额最大，其次是存货，应收及预付款项金额最小。总体来说，经营活动营运资金存货和应收及预付款项两项配置总和大于应付及预收款项的外部占用，因此经营活动营运资金为正数。由于应付及预收款项的增加幅度大于前两项之和，因此经营活动营运资金 2012 年行业平均水平比 2011 年略有下降。

表 34－10　　2011～2012 年民营上市公司经营活动营运资金的要素配置分析　　单位：亿元

项目	存货		应收及预付款项		应付及预收款项		经营活动营运资金	
	2011	2012	2011	2012	2011	2012	2011	2012
总体	7906.43	9141.87	6686.46	7804.39	8476.86	10284.84	6116.03	6659.49
平均	7.32	8.46	6.19	7.23	7.85	9.52	5.66	6.17
最大值	273.17	344.95	161.37	203.04	348.47	394.34	191.71	228.23
最小值	0	0	0.000558	0.000001	0.020346	－0.17	－144.38	－159.80
样本数量	973	1080	973	1080	973	1080	973	1080

如表 34－10 所示，无论是总体还是平均水平，2012 年民营上市公司的存货、应收及预付款、应付及预收款、经营活动营运资金在绝对量上均超过了 2011 年。而从个别民营公司分析，公司间差异较大，有的公司存货持有量为 0，实现了零存货，应收及预付款项持有量较很少，应收及预付周转较快，营运资金管理水平较高；有的公司则不然，存货持有量非常高，应收及预付款特别大，营运资金周转较慢，效率低下。

对比 2011～2012 年国有和民营上市公司营运资金要素配置后可知，国有上市公司经营活动营运资金增幅及各要素增幅显著小于民营公司，说明国有上市公司经营活动营运资金占用下降，营运资金周转加快，营运资金管理水平有所改善。究其原因，国有上市公司应付及预收款项的增幅比例较大，远高于应收及预付、存货的增幅，表明国有上市公司凭借规模优势和行业地位，占有较高的市场份额，在供应链中具有较强的议价能力，能够获得更多的赊销优惠政策，应付及预收款项持有量自然上升。

（2）企业层面

从企业微观层面来看，国有上市公司 2011～2012 年经营活动营运资金的要素配置变化情况如下表 34－11 所示。2012 年可比样本总数为 799 家，三个营运资金要素占用量增加的企业占比都超过 60%，明显多于营运资金占用量降低的企业数量。

表 34－11　国有上市公司 2011～2012 年经营活动营运资金的要素配置变化情况及变动幅度表

项目		存货	应收及预付款项	应付及预收款项	经营活动营运资金
资金占用量绝对变化统计	降低	311	302	280	393
	降低比例	38.92%	37.80%	35.04%	49.19%
	增加	488	497	519	406
	增加比例	61.08%	62.20%	64.96%	50.81%
资金占用量变化幅度统计	降低显著	22	22	18	158
	占比	2.75%	2.75%	2.25%	19.77%
	降低较大	34	43	36	57
	占比	4.26%	5.38%	4.51%	7.13%
	有所降低	143	134	111	97
	占比	17.90%	16.77%	13.89%	12.14%
	基本稳定	243	203	244	153
	占比	30.41%	25.41%	30.54%	19.15%
	有所增加	204	181	177	109
	占比	25.53%	22.65%	22.15%	13.64%
	增加较大	63	91	101	68
	占比	7.88%	11.39%	12.64%	8.51%
	增加显著	90	125	112	157
	占比	11.26%	15.64%	14.02%	19.65%
可比样本总数		799			

注：上表中除了百分比之外的数字单位为：家

从表 34－11 还可以发现，除“经营活动营运资金”要素以外，以“基本稳定”组为中轴，两边分组分别依次减少，但“增加”三组的公司数明显多于相应降低的三组。说明按照要素来划分营运资金，各要素增加营运资金配置的企业数多于降低的企业数。经营活动营运资金要素则在两边“降低显著”和“增加显著”组分布更多。

表 34－12　民营上市公司 2011～2012 年经营活动营运资金的要素配置变化情况及变动幅度表　单位：家

项目		存货	应收及预付款项	应付及预收款项	经营活动营运资金
资金占用量绝对变化统计	降低	398	389	367	480
	降低比例	40.90%	39.98%	37.72%	49.34%
	增加	575	584	606	493
	增加比例	59.10%	60.02%	62.28%	50.67%
资金占用量变化幅度统计	降低显著	72	83	58	142
	占比	7.40%	8.53%	5.96%	14.59%
	降低较大	124	24	26	63
	占比	12.74%	2.47%	2.67%	6.47%
	有所降低	83	68	48	99
	占比	8.53%	6.99%	4.93%	10.17%
	基本稳定	380	397	376	223
	占比	39.05%	40.80%	38.64%	22.92%
	有所增加	129	157	65	198
	占比	13.26%	16.14%	6.68%	20.35%

续表

项目		存货	应收及预付款项	应付及预收款项	经营活动营运资金
资金占用量变化幅度统计	增加较大	49	74	42	108
	占比	5.04%	7.61%	4.32%	11.10%
	增加显著	136	170	358	140
	占比	13.98%	17.47%	36.79%	14.39%
可比样本总数		973			

表 34 - 12 列示了民营上市公司 2011 ~ 2012 年经营活动营运资金的要素配置变化情况。对于民营上市公司，三个营运资金要素占用量增加的企业占比都超过 50%，明显多于营运资金占用量降低的企业数量。除"应付及预收款项"要素以外，其他要素均处于"基本稳定"状态，说明 2012 年民营上市公司有较多的公司增加了应付及预付款项，在一定程度上改善了营运资金管理水平，不过效果不太明显。

（二）国有上市公司营运资金来源与财务风险分析

营运资金来源体现了企业营运资金融资策略。企业营运资金可以通过短期融资方式和长期融资方式两种方式来获取。短期来源即短期金融性负债，长期来源即营运资本。如果企业营运资金构成中短期金融负债占比较大，则说明企业采用激进的营运资金融资方式，融资成本低，但是企业短期还本付息的压力较大，财务风险较大；相反，如果企业营运资金构成中营运资本占比较大，说明企业采用保守的营运资金融资策略，短期还本付息的压力较小，相应的融资成本高、财务风险较小。

表 34 - 13　　2011 ~ 2012 年国有上市公司营运资金来源状况

项目	短期金融性负债占比		营运资本占比	
	2011 年末	2012 年末	2011 年末	2012 年末
平均	79.66%	80.84%	20.34%	19.16%
最大值	7344.40%	31195.52%	20903.59%	52904.48%
最小值	-2871.80%	-9035.07%	-7244.40%	-8177.23%
样本数量	799	841	799	841

表 34 - 13 列示了 2011 ~ 2012 年国有上市公司营运资金的来源状况。纵向比较来看，两年间国有上市公司营运资金来源构成基本一致，以短期金融负债为主，营运资本为辅，这充分表明国有企业短期金融负债筹资能力比较强。2012 年短期金融负债占比稍有提升，但是幅度不大，说明营运资融资策略比较稳定。这样的营运资金融资方式使得企业融资成本较低，也因其国家控股的特殊身份而不必过分担心不能还本付息的破产风险。

表 34 - 14　　2011 ~ 2012 年民营上市公司营运资金来源状况

项目	短期金融性负债占比		营运资本占比	
	2011 年末	2012 年末	2011 年末	2012 年末
平均	28.70%	30.61%	71.30%	69.39%
最大值	983.25%	26.00%	4588.11%	7270.24%
最小值	-4488.11%	0.00%	-883.25%	-2063.82%
样本数量	973	1080	973	1080

表 34 - 14 列示了 2011 ~ 2012 民营上市公司营运资金来源状况。与国有上市公司不同，2011 ~ 2012 年民营上市公司营运资金来源中则以营运资本为主，大约占 70%，短期金融性负债持有量较少。虽然 2012 年短期金融性负债占比略微上升，但是涨幅有限，由此可知，民营上市公司营运资金融资策略也比较稳定，更倾向于保守策略，融资成本较高，财务风险较低。

需要说明的是，无论是国有还是民营上市公司短期金融负债占比大于100%或是小于0，都说明公司的营运资本小于0，短期金融负债首先向长期资产提供一部分资金来源，然后才作为营运资金的资金来源，这两种情况下公司的财务风险都是比较大的。

基于上述分析，考虑到2012年国有、民营上市公司营运资金融资政策比较稳定，我们从企业层面出发，进一步提取了2012年国有与民营上市公司营运资金不同来源比例以及不同比例中所包含的公司数量，具体数据如表34－15所示：

表34－15　2012国有、民营上市公司营运资金不同比例来源的公司数

比例	2012年国有企业短期金融性负债占比	2012年国有企业营运资本占比	2012年民营企业短期金融性负债占比	2012年民营营运资本占比
<0	71	177	18	98
0～20%	231	51	459	44
20%～40%	108	73	179	66
40%～60%	88	88	109	109
60%～80%	73	108	66	179
80%～100%	51	231	44	457
>100%	177	71	98	20

注：上表中单位为家

可以看出，2012年民营上市公司营运资本比例达到80%～100%的企业达到450家，占了所有民营公司的一半还多；国有上市公司中更多的公司选择持有较高比例的短期金融负债，甚至还有很多企业短期金融负债占比高于100%，结论与前述分析一致，由此看来，国有上市公司的财务风险普遍要高于民营上市公司。

四、不同经济性质上市公司营运资金管理绩效分析

（一）国有、民营上市公司分渠道的营运资金管理绩效分析

本研究中使用营运资金周转期来衡量营运资金管理绩效。周转天数越短，营运资金管理绩效越高。

1. 分渠道的营运资金管理绩效整体分析

表34－16　2011～2012年国有及民营上市公司各渠道营运资金周转期　单位：天

项目	采购渠道营运资金周转期		生产渠道营运资金周转期		营销渠道营运资金周转期		经营活动营运资金周转期（按渠道）	
	2011	2012	2011	2012	2011	2012	2011	2012
国有公司	－21.26	－30.39	21.49	29.96	15.63	16.51	15.85	16.08
民营公司	－10.10	－18.32	50.15	54.88	79.39	107.68	119.11	143.34

表34－16列示了2011～2012年国有及民营上市公司各渠道营运资金周转期情况。总体看，2012年国有上市公司采购渠道营运资金周转期缩短，而生产渠道和营销渠道营运资金周转期加长，致使经营活动营运资金周转期略微加长，营运资金管理绩效稍稍降低但是基本保持稳定。而2012年民营上市公司采购渠道营运资金周转期缩短，生产渠道和营销渠道营运资金周转期加长，尤其是营销渠道营运资金周转期延长了28天，导致经营活动营运资金周转期延长了24天，营运资金管理绩效显著降低。同时，民营上市公司经营活动周转期及各渠道周转期均高于国有上市公司，表明国有上市公司分渠道营运资金管理效率较高。

2. 企业层面分渠道的营运资金管理绩效分析

企业层面分渠道营运资金管理绩效分析如表34－17和表34－18所示。

表 34－17　　2011～2012 年国有上市公司各渠道营运资金管理绩效变化统计表　　单位：家

项目		采购渠道营运资金周转期	生产渠道营运资金周转期	营销渠道营运资金周转期	经营活动营运资金周转期（按渠道）
周转期变化统计	改善	364	409	309	389
	改善比例	45.56%	51.19%	38.67%	48.69%
	降低	435	390	490	410
	降低比例	54.44%	48.81%	61.34%	51.31%
周转期变化幅度统计	改善显著	162	153	113	140
	改善较大	41	76	37	58
	有所改善	88	106	90	122
	基本稳定	158	142	171	142
	有所降低	112	101	156	107
	降低较大	56	56	78	61
	降低显著	182	165	154	169
可比样本总数		799			

分析表 34－17 可以发现，国有上市公司营销渠道营运资金周转期不尽如人意，改善比例仅为 38.67%，降低比例达到 61.34%。采购渠道营运资金周转期改善比例为 45.56%，低于降低企业比例近 10 个百分点。只有生产渠道营运资金周转期改善企业比例大于降低企业比例，但相差幅度不大。由于各渠道营运资金周转期表现不佳的企业占多数，导致按渠道的经营活动营运资金周转期改善企业比例为 48.69%，降低企业比例达 51.31%，总体相差 2 个百分点。

表 34－18　　2011～2012 年民营上市公司各渠道营运资金管理绩效变化统计表　　单位：家

项目		采购渠道营运资金周转期	生产渠道营运资金周转期	营销渠道营运资金周转期	经营活动营运资金周转期（按渠道）
周转期变化统计	改善	451	496	396	476
	改善比例	46.35%	50.98%	40.70%	48.92%
	降低	522	477	577	497
	降低比例	53.65%	49.02%	59.30%	51.08%
周转期变化幅度统计	改善显著	96	99	49	145
	改善较大	79	83	62	123
	有所改善	126	107	87	158
	基本稳定	244	347	313	301
	有所降低	112	96	219	104
	降低较大	194	145	154	93
	降低显著	122	106	89	49
可比样本总数		973			

与国有上市公司类似，2012 年民营上市公司各渠道营运资金管理绩效也不尽人意（如表 34－18 所示）。除了生产渠道营运资金周转期“改善”比例略微大于“降低”比例外，采购渠道、营销渠道营运资金周转期“降低”比例均是大于“改善”比例，导致经营活动营运资金周转期“降低”比例也大于“改善”比例，相差幅度与国有上市公司基本持平。

（二）国有、民营上市公司分要素的营运资金管理绩效分析

1. 分要素的营运资金管理绩效整体分析

表 34－19　**2011～2012 年国有、民营上市公司各要素周转期**　单位：天

项目	存货周转期		应收账款周转期		应付账款周转期		经营活动营运资金周转期（按要素）	
	2011	2012	2011	2012	2011	2012	2011	2012
国有公司	66.03	72.76	29.38	34.24	49.36	54.98	46.06	51.02
民营公司	117.32	134.32	77.49	99.89	56.23	67.17	138.57	167.03

表 34－19 列示了 2011～2012 年国有、民营上市公司各要素周转期的情况。可以发现，无论是经营活动周转期还是各要素周转期，2012 年各公司均比上一年有所增加，说明国有公司和民营公司分要素的营运资金管理绩效有所下降。对比国有公司和民营公司数据可以发现，相比国有企业，民营上市公司各要素周转期增加幅度更大，民营公司经营活动周转期及各要素周转期天数均显著高于国有上市公司，说明民营公司分要素的营运资金管理绩效低于国有公司，同时说明 2012 年民营公司分要素的营运资金管理绩效下降幅度也显著高于国有公司，国有上市公司具有更高的营运资金管理水平。

2. 企业层面分要素的营运资金管理绩效分析

表 34－20 和表 34－21 列示了 2011～2012 年国有上市公司经营活动营运资金各要素管理绩效变化情况。

表 34－20　**2011～2012 年国有上市公司经营活动营运资金各要素管理绩效变化统计表**

项目		存货周转期	应收账款周转期	应付账款周转期	经营活动营运资金周转期（按要素）
周转期变化统计	改善	306	273	289	349
	改善比例	38.30%	34.17%	36.17%	42.43%
	降低	493	526	510	460
	降低比例	61.70%	65.83%	63.83%	57.57%
周转期变化幅度统计	改善显著	15	26	19	77
	改善较大	29	24	36	46
	有所改善	137	107	107	132
	基本稳定	283	261	261	186
	有所降低	183	180	200	151
	降低较大	79	96	78	74
	降低显著	73	105	98	134
可比样本总数		799			

注：上表中除了百分比之外的数字单位为：家

如表 34－20 所示，从企业分布看，国有上市公司分要素的营运资金管理绩效并不理想。存货、应收账款及应付账款周转期“改善”企业比例仅为 38.30%、34.17% 和 36.17%，而各要素周转期“下降”比例均超过 50%。当然，应付账款为占用企业外部的营运资金，适当延长周转期也不失为一件好事。最终，分要素的经营活动营运资金周转期，“改善“企业比例仅为 42.43% 低于 57.57% 的“下降”比例，说明分要素的营运资金管理绩效有所下降。

表 34－21　**2011～2012 年民营上市公司经营活动营运资金各要素管理绩效变化统计表**　单位：家

项目		存货周转期	应收账款周转期	应付账款周转期	经营活动营运资金周转期（按要素）
周转期变化统计	改善	393	360	376	426
	改善比例	40.39%	37.00%	38.64%	43.78%
	降低	580	613	597	547
	降低比例	59.61%	63.00%	61.36%	56.22%

续表

项目		存货周转期	应收账款周转期	应付账款周转期	经营活动营运资金周转期（按要素）
周转期变化幅度统计	改善显著	103	105	109	102
	改善较大	126	162	116	146
	有所改善	358	226	135	189
	基本稳定	345	245	303	248
	有所降低	104	79	141	87
	降低较大	28	24	46	42
	降低显著	27	28	19	59
可比样本总数		973			

如表 34－21 所示，整体来看，民营上市公司营运资金管理绩效并不乐观。存货和应收账款周转期“改善”企业比例仅为 40. 39% 和 37%。应付账款周转期“缩短”企业比例为 38. 64%，导致按要素的经营活动营运资金周转期“改善”企业比例仅为 43. 78%。与国有上市公司数据相比，民营上市公司各要素周转期“改善”比例略有上升，国有和民营公司各要素管理绩效变化幅度基本持平。

五、2012 年不同经济性质上市公司营运资金管理调查的结论与建议

（一）国有、民营上市公司营运资金管理调查结论

1. 营运资金配置分析

从营运资金总体配置结构和占用水平来看，总体层面，国有上市公司 2012 年营运资金总量有所增加，其中主要的投向是投资活动营运资金，其营运资金总量大大超过经营活动配置的营运资金总量，企业持有较多的短期金融负债，无疑在出现困境时给企业输入赖以生存的血液。而 2012 年民营上市公司营运资金的上涨主要来源于经营活动营运资本的增加，并非短期金融负债。企业层面，2011～2012 年国有上市公司营运资金配置总量“增加”企业数多于“降低”企业数，增加和降低幅度超过 50% 的企业数较多，营运资金投资政策不是十分稳定；2011～2012 年民营上市公司营运资金占用量绝对变化统计中，“增加”比例大于“降低”比例，营运资金占用水平提高。

从分渠道的经营活动营运资金配置结构来看，2012 年国有上市公司在营销渠道的营运资金占用水平大幅增加，民营上市公司在采购渠道的营运资金占用水平大幅增加，相比生产渠道和采购渠道，国有与民营上市公司在营销渠道的营运资金持有量上差距较小，经营活动营运资金水平差距最小。

从按要素的经营活动营运资金配置结构来看，无论是总体分析还是平均水平，2012 年民营上市公司存货、应收及预付款、应付及预收款、经营活动营运资金在绝对量上均超过了 2011 年。而 2012 年国有企业国有上市公司经营活动营运资金下降，营运资金周转加快，营运资金管理水平有所改善。

因为相比于企业内部的经营活动来说，企业对于外部投资活动可控性较差，因此企业在向短期投资活动投入资金之前，要充分评估投资风险，将风险控制在企业可接受的范围之内。多数企业营运资金配置总额、分渠道的营运资金配置额度的变动幅度较大，企业应充分参照行业内标杆企业的营运资金管理方法，使营运资金政策保持一定的稳定性。

2. 营运资金来源与财务风险分析结论

整体来看，国有上市公司短期金融负债筹资能力比较强，因此将短期金融负债作为营运资金的主要来源，从而大大降低了资本成本，但是与此同时，企业到期偿债压力增大，财务风险提高。民营上市公司与其相反，营运资金来源中以营运资本为主，倾向于比较保守的营运资金筹资政策，资本成本虽然较高，但是偿债压力较小，财务风险较低。

建议国有上市公司根据自身的情况合理确定营运资金来源构成比例，不能一味追求低成本而加大企业财务风险，可以建立一定的财务预警机制，将企业的风险降至最低。

对于民营企业，应该提升自身的核心竞争力，提高自主研发的能力，争取比较好的市场表现，获得较好的声誉，适当增加短期金融性负债来进一步降低资本成本，旨在实现企业价值最大化。

3. 营运资金管理绩效分析结论

按照分渠道的营运资金管理绩效分析来看，2012 年国有上市公司整体营运资金管理绩效基本保持不变，民营上市公司整体营运资金管理绩效呈下降趋势。国有上市公司分渠道营运资金周转期远远小于民营上市公司分渠道营运资金周转期，由此可见，国有上市公司分渠道的营运资金管理绩效优于民营上市公司。

按照分要素的营运资金管理绩效分析来看，2012 年国有、民营上市公司经营活动营运资金管理绩效表现均不尽人意，存货、应收账款以及经营活动营运资金周转期都有所延长。相比较而言，国有上市公司的要素周转期均大大低于民营上市公司，具有更高的营运资金管理水平。

综上，不管是按渠道分析还是按要素分析，无论是国有还是民营上市公司，营运资金管理绩效降低是主流趋势。经济形势的低迷可能会造成公司经营的困难，但越是这种时候越要加强对营运资金的管理，比如利用产业链优势地位适当递延对供应商的付款，采用适时制生产减少存货，规范赊销的信用审批制度并加快对应收账款的回收等等，都会在一定程度上改善企业的营运资金管理效率，为企业价值的提升创造条件。

（二）国有、民营上市公司营运资金管理调查建议

1. 改变发展方式，促进产业升级

在如今经济增速放缓的形势下，无论是国有公司还是民营企业，均面临着转变企业发展方式、调整产业结构的机遇和挑战。在这种经济背景下，大力引进人才、加强自主研发、引进高新技术、转变商业模式等措施推进企业管理方式由粗放分散发展向集约集散发展、由投资驱动为主向创新驱动转变、由劳动密集型向资本密集型、知识密集型转变，从而促进企业健康发展，改变经营链上的弱势地位。在产业升级的导向下，把握政策发展方向，战略调整企业发展路径，用科学技术和信息网络做好企业转型，赢得竞争力。

2. 重视营运资金各要素的重点管理，提高营运资金的整体效率

无论是国有上市公司还是民营上市公司，存货和应收账款都是营运资金的重要要素，必须重点管理，以便在整体上提升营运资金的管理效率。一方面要采用先进管理方法提高存货管理的科学性，尽可能压缩库存物资，避免资金呆滞，通过建立合适的 ERP 系统进行存货的有效管理，确保存货资金的最佳结构。另一方面，加强企业信用制度的建立，严格赊销审批制度，降低坏账损失风险，加快应收账款的周转速度。

3. 依托产业集群优势，降低营运资金周转期

在全球经济竞争加剧的背景下，竞争模式不再是一个企业与一个企业的竞争，而是一个产业链与另一个产业链的竞争，因此国有、民营上市公司均应充分发挥群聚效应的优势，形成相同行业或同一产业的上下游链条，形成有一定规模的产业集群，发挥集群的规模优势、区域性品牌优势和创新合作的优势，进一步拓展延伸供应链，发挥协同效应，从而提高企业的营运资金管理绩效。

主要参考文献

1. 王结冰：《营运资本管理相关问题研究》，对外经济贸易大学硕士学位论文，2006 年。

2. 王竹泉、刘文静、高芳：“中国上市公司营运资金管理调查：1997－2006”，《会计研究》，2007 年第 12 期。

3. 茅宁、周枫：“关于国有企业营运资金问题的新思考”，《经济科学》，1996 年第 2 期。

4. 林峰：“资金管理对于国有企业的重要性”，《价值工程》，2010 年第 29 期。

5. 胡亚萍：“对强化国有企业财务资金管理的思考”，《经济管理论坛》，2005 年第 18 期。

第四篇 数据信息与文献索引

附录 1-1 2012 年中国上市公司营运资金管理绩效排行榜（按渠道）

中国企业营运资金管理研究中心

公司简称	股票代码	采购渠道营运资金周转期	生产渠道营运资金周转期	营销渠道营运资金周转期	经营活动营运资金周转期（按渠道）
农、林、牧、渔业 A					
新农开发	600359	11	-273	225	-38
登海种业	002041	14	-55	47	6
圣农发展	002299	14	10	-9	15
益生股份	002458	13	1	13	26
星河生物	300143	-6	21	24	39
香梨股份	600506	25	121	201	347
永安实业	000663	17	387	44	447
中福实业	000592	52	295	109	455
ST 景谷	600265	-21	542	63	583
福建金森	002679	187	525	13	725
行业平均	13		33	76	123
采矿业 B					
潞安环能	601699	-144	-34	107	-71
恒源煤电	600971	-34	-89	65	-58
平煤股份	601666	-51	-25	27	-48
靖远煤电	000552	-31	-56	43	-44
中国神华	601088	-23	-32	18	-38
露天煤业	002128	-1	-7	74	66
西部矿业	601168	16	17	44	77
辰州矿业	002155	16	26	45	87
金钼股份	601958	5	9	82	95
西藏矿业	000762	59	-2	197	255
行业平均	-17		-4	14	-8
制造业—食品、饮料（C13-C16）					
五粮液	000858	2	22	-84	-60
承德露露	000848	-11	-6	-42	-59
洋河股份	002304	-6	-8	-39	-53
青岛啤酒	600600	-1	-47	-1	-49
伊利股份	600887	-16	-15	-10	-41
沱牌舍得	600702	-15	227	36	248
大江股份	600695	7	-33	295	269
华资实业	600191	176	42	86	303
朗源股份	300175	170	30	114	314
国投中鲁	600962	-4	-4	325	318
行业平均	5		5	5	15

续表

公司简称	股票代码	采购渠道营运资金周转期	生产渠道营运资金周转期	营销渠道营运资金周转期	经营活动营运资金周转期（按渠道）
制造业—纺织、服装、皮毛（C17 - C19）					
常山股份	000158	70	6	-1	76
鲁 泰 A	000726	29	6	53	89
三毛派神	000779	5	-15	228	218
金宇车城	000803	6	152	8	166
华润锦华	000810	19	-20	90	89
九牧王	601566	-33	-11	142	98
鹿港科技	601599	-5	8	104	107
中纺投资	600061	-35	1	77	43
奥康国际	603001	-80	-5	150	65
四海股份	000611	-13	53	245	285
行业平均		6		12	83
制造业—木材、家具（C20 - C21）					
索菲亚	002572	4	-13	7	-2
德尔家居	002631	14	-27	13	-1
升达林业	002259	-152	118	78	44
喜临门	603008	-39	13	91	66
大亚科技	000910	-27	8	95	76
国栋建设	600321	28	-5	144	167
吉林森工	600189	19	-33	181	167
丰林集团	601996	4	94	88	186
宜华木业	600978	13	56	137	206
科冕木业	002354	97	104	153	354
行业平均		-14	20	101	107
制造业—造纸、印刷（C22 - C24）					
晨鸣纸业	000488	-23	5	173	154
陕西金叶	000812	0	65	19	84
*ST 美利	000815	-55	-178	95	-138
贵糖股份	000833	8	-8	71	72
凯恩股份	002012	11	24	152	187
山鹰纸业	600567	-29	-3	101	68
界龙实业	600836	-47	362	-196	118
岳阳林纸	600963	-49	117	83	151
博汇纸业	600966	-1	-2	146	143
东风股份	601515	-34	2	145	112
行业平均		-23	14	111	103
制造业—石油、化学、塑料、塑胶（C25、C 26、C 28、C29）					
600579	黄海股份	-255	-355	325	-284
000509	S*S 华塑	-107	-226	99	-233

续表

公司简称	股票代码	采购渠道营运资金周转期	生产渠道营运资金周转期	营销渠道营运资金周转期	经营活动营运资金周转期（按渠道）
000677	＊ST 海龙	-243	-100	125	-218
600740	山西焦化	-269	-4	100	-173
600301	南化股份	-122	-60	21	-161
300067	安诺其	12	12	269	293
002167	东方锆业	96	24	176	296
300072	三聚环保	43	13	252	309
002263	大东南	103	33	178	314
300169	天晟新材	37	5	274	315
行业平均		-12	-1	56	43
制造业—医药制造业 C27					
000605	四环药业	12	-271	60	-198
600538	北海国发	-5	-159	124	-40
000739	普洛药业	-99	3	88	-8
600129	太极集团	-71	-15	82	-3
000513	丽珠集团	3	-39	39	3
002433	太安堂	188	-11	143	320
002007	华兰生物	74	3	251	329
002693	双成药业	75	6	252	333
000518	四环生物	97	95	181	374
002390	信邦制药	74	94	212	380
行业平均		-24	0	103	79
制造业—金属、非金属（C30－C33）					
西水股份	600291	-1	-136	-2	-138
＊ST 锌业	000751	-66	-55	25	-96
洛阳玻璃	600876	-244	22	156	-67
中孚实业	600595	-114	27	29	-58
秦岭水泥	600217	-69	-73	91	-51
巨龙管业	002619	26	3	320	349
红宇新材	300345	44	5	320	370
中钢吉炭	000928	18	218	161	396
大金重工	002487	54	28	348	431
新大新材	300080	-64	192	318	445
行业平均		-18	42	11	36
制造业—机械、设备、仪表（C34. C35、C36、C37、C38、C40）					
潍柴重机	000880	-202	-15	4	-213
长安汽车	000625	-155	-18	71	-101
浙江美大	002677	-19	-22	-58	-99
一汽夏利	000927	-111	-27	64	-74
广船国际	600685	-61	64	-75	-71

续表

公司简称	股票代码	采购渠道营运资金周转期	生产渠道营运资金周转期	营销渠道营运资金周转期	经营活动营运资金周转期（按渠道）
科远股份	002380	28	49	367	444
二重重装	601268	-232	330	388	486
软控股份	002073	-33	169	395	531
*ST 天一	000908	-31	176	391	536
天业通联	002459	-123	358	368	603
行业平均		-61	15	81	34
制造业—计算机、通信和其他电子设备制造业 C39					
ST 华赛	000068	-7	-332	-1	-340
博信股份	600083	0	-311	-5	-316
日出东方	603366	5	-11	-45	-51
华东科技	000727	-41	-110	114	-37
海润光伏	600401	-195	-5	196	-4
闽福发 A	000547	-92	221	228	357
宝石 A	000413	220	-5	144	359
海兰信	300065	52	19	294	365
欧比特	300053	76	-9	328	395
福星晓程	300139	40	89	287	416
行业平均		-48	-5	121	68
制造业—其他制造业（C41-C43）					
梅花伞	002174	-50	-4	49	-6
爱康科技	002610	-123	22	115	14
伟星股份	002003	-15	5	33	23
帝龙新材	002247	-20	-10	61	31
两面针	600249	-33	25	45	37
巨力索具	002342	48	34	174	255
先锋新材	300163	28	88	150	266
潮宏基	002345	1	0	312	313
格林美	002340	140	53	122	314
坚瑞消防	300116	56	10	279	344
行业平均		-2	14	82	93
电力、热力、燃气及水生产和供应业 D					
000685	中山公用	-24	-50	-275	-348
601199	江南水务	-2	-6	-275	-283
600864	哈投股份	-45	-11	-185	-241
600900	长江电力	2	12	-164	-150
002039	黔源电力	-88	-50	3	-135
600509	天富热电	27	102	29	158
600168	武汉控股	-347	246	280	179
600719	大连热电	59	-1	137	196

续表

公司简称	股票代码	采购渠道营运资金周转期	生产渠道营运资金周转期	营销渠道营运资金周转期	经营活动营运资金周转期（按渠道）
600187	国中水务	137	11	106	254
600008	首创股份	53	255	25	332
行业平均	-26		-14	13	-27
建筑业 E					
万鸿集团	600681	-11	-299	-4	-313
浦东建设	600284	-205	164	-166	-207
中工国际	002051	-82	50	-128	-160
北方国际	000065	-224	72	60	-92
中国化学	601117	-11	25	-66	-51
蒙草抗旱	300355	-156	36	359	239
腾达建设	600512	-75	375	-13	287
巴安水务	300262	-45	187	147	288
深天健	000090	-31	321	19	309
新疆城建	600545	-55	428	30	403
行业平均	-79		97	10	28
批发和零售业 F					
000672	*ST 铜城	-3	-204	-100	-307
600891	秋林集团	-86	-98	31	-153
600774	汉商集团	-60	-61	-12	-133
000516	开元投资	-50	-10	-68	-129
600827	友谊股份	-37	-20	-63	-120
002640	百圆裤业	49	-4	157	202
000026	飞亚达	1	-1	231	231
000159	国际实业	3	38	217	258
000594	国恒铁路	277	-117	141	301
600247	成城股份	243	230	-15	458
行业平均	-32		11	24	3
交通运输、仓储和邮政业 G					
赣粤高速	600269	-106	-64	-241	-411
楚天高速	600035	-81	-144	-166	-391
福建高速	600033	-338	-11	36	-312
福临运业	002357	34	-199	-128	-293
中原高速	600020	-242	23	-24	-243
保税科技	600794	-37	-204	6	-234
四川成渝	601107	-81	-8	-102	-191
粤高速	000429	-111	-63	-4	-178
大众交通	600611	32	9	-195	-154
东莞控股	000828	0	-97	-48	-145
行业平均	-33		-16	14	-35

续表

公司简称	股票代码	采购渠道营运资金周转期	生产渠道营运资金周转期	营销渠道营运资金周转期	经营活动营运资金周转期（按渠道）
信息传输、软件和信息技术服务业 I					
交大博通	600455	-114	-342	-53	-510
S*ST 聚友	000693	-248	-275	38	-486
中国联通	600050	-185	-11	-27	-223
生意宝	002095	1	-12	-135	-146
天威视讯	002238	-47	-48	-31	-126
同花顺	300033	67	13	-197	-117
焦点科技	002315	-4	-6	-105	-115
曲江文旅	600706	-77	-62	31	-109
二六三	002467	5	-37	-74	-106
三五互联	300051	-18	-48	4	-62
行业平均		-30	16	108	94
房地产业 K					
世纪星源	000005	-101	-62	-420	-583
华联股份	000882	-60	-99	-372	-532
高新发展	000628	-122	-83	50	-155
中国国贸	600007	5	-130	15	-110
电子城	600658	-38	163	-146	-22
名流置业	000667	120	1333	-56	1398
万业企业	600641	-37	1286	192	1441
绿景控股	000502	-371	372	1461	1462
中江地产	600053	99	803	574	1475
泛海建设	000046	62	1518	120	1700
行业平均		-33	685	-200	451
社会服务业（H、L、M、N、O、Q）					
000711	天伦置业	-4	-151	-87	-243
002344	海宁皮城	-74	74	-204	-204
300215	电科院	-140	-4	-24	-168
000428	华天酒店	-84	-1	-54	-138
000061	农产品	34	-5	-165	-136
000069	华侨城 A	-65	307	-12	230
002059	云南旅游	-56	344	-43	244
002573	国电清新	30	54	183	267
300190	维尔利	-78	145	210	277
000802	北京旅游	46	-15	383	414
行业平均		-29	57	15	44
传播与文化产业（P、R）					
600037	歌华有线	-70	-17	-118	-205
600088	中视传媒	-78	-31	-80	-189

续表

公司简称	股票代码	采购渠道营运资金周转期	生产渠道营运资金周转期	营销渠道营运资金周转期	经营活动营运资金周转期（按渠道）
600373	中文传媒	-47	-56	-72	-176
600551	时代出版	-92	-29	-43	-165
600633	浙报传媒	-187	27	12	-147
300148	天舟文化	35	78	129	241
300251	光线传媒	90	-15	185	259
300291	华录百纳	106	27	160	293
300336	新文化	-14	155	162	303
600825	新华传媒	74	58	175	307
行业平均		-49	-3	58	6
综合类 S					
中航投资	600705	3	153	-536	-380
创兴能源	600193	-50	-311	54	-306
工大高新	600701	-20	-223	-22	-265
小商品城	600415	-54	403	-539	-189
大众公用	600635	-56	-11	-86	-154
嘉宝集团	600622	-1	171	59	229
力合股份	000532	11	1	294	306
同济科技	600846	-63	367	15	319
中国宝安	000009	-64	252	211	399
黑牡丹	600510	-15	305	271	561
平均值		-15	96	8	89

附录 1-2 2012 年中国上市公司营运资金管理绩效排行榜（按要素）

中国企业营运资金管理研究中心

公司简称	股票代码	存货周转期	应收账款周转期	应付账款周转期	经营活动营运资金周转期（按要素）
农、林、牧、渔业 A					
开创国际	600097	65	7	59	14
益生股份	002458	36	16	36	15
星河生物	300143	37	26	46	18
民和股份	002234	66	11	25	52
圣农发展	002299	59	18	24	53
中福实业	000592	349	75	10	414
ST 大地	002200	453	213	225	441
永安实业	000663	482	36	36	483
福建金森	002679	567	12	60	519
ST 景谷	600265	920	61	129	852
行业平均		150	36	31	155
采矿业 B					
山东黄金	600547	7	0	9	-1
平煤股份	601666	12	45	58	-1
中国石油	601857	33	12	42	2
潞安环能	601699	13	147	154	6
中国神华	601088	22	24	39	7
平庄能源	000780	15	98	34	78
盘江股份	600395	12	131	65	78
金钼股份	601958	58	46	17	88
西部资源	600139	31	80	8	103
西藏矿业	000762	143	137	45	235
行业平均		29	15	35	11
制造业—食品、饮料（C13-C16）					
五粮液	000858	2	22	-84	-60
承德露露	000848	-11	-6	-42	-59
洋河股份	002304	-6	-8	-39	-53
青岛啤酒	600600	-1	-47	-1	-49
伊利股份	600887	-16	-15	-10	-41
沱牌舍得	600702	-15	227	36	248
大江股份	600695	7	-33	295	269
华资实业	600191	176	42	86	303
朗源股份	300175	170	30	114	314
国投中鲁	600962	-4	-4	325	318

续表

公司简称	股票代码	存货周转期	应收账款周转期	应付账款周转期	经营活动营运资金周转期（按要素）
行业平均		5	5	5	15
制造业—纺织、服装、皮毛（C17 - C19）					
常山股份	000158	78	9	21	66
鲁 泰 A	000726	105	24	19	110
三毛派神	000779	250	91	48	293
金宇车城	000803	201	36	38	200
华润锦华	000810	74	62	17	119
九牧王	601566	98	54	66	86
鹿港科技	601599	103	40	57	86
中纺投资	600061	70	33	48	55
奥康国际	603001	53	111	104	60
四海股份	000611	404	21	16	409
行业平均		91	48	47	92
制造业—木材、家具（C20 - C21）					
索菲亚	002572	20	14	26	8
德尔家居	002631	55	16	47	23
升达林业	002259	215	53	235	33
浙江永强	002489	87	88	110	65
喜临门	603008	51	86	65	72
美克股份	600337	140	27	33	134
国栋建设	600321	157	48	32	173
丰林集团	601996	142	72	40	174
宜华木业	600978	140	103	68	174
科冕木业	002354	184	125	96	213
行业平均		112	60	69	102
制造业—造纸、印刷（C22 - C24）					
晨鸣纸业	000488	92	103	90	105
陕西金叶	000812	132	58	68	122
*ST 美利	000815	211	73	147	137
贵糖股份	000833	146	14	51	109
凯恩股份	002012	138	116	56	198
山鹰纸业	600567	45	116	63	98
界龙实业	600836	499	71	70	500
岳阳林纸	600963	225	98	115	208
博汇纸业	600966	76	101	39	138
东风股份	601515	86	96	69	113
行业平均		93	85	74	104
制造业—石油、化学、塑料、塑胶（C25、C 26、C 28、C29）					
600740	山西焦化	28	100	293	-165

续表

公司简称	股票代码	存货周转期	应收账款周转期	应付账款周转期	经营活动营运资金周转期（按要素）
000677	＊ST 海龙	154	78	339	-107
600301	南化股份	36	37	164	-91
600319	亚星化学	61	69	208	-78
600722	ST 金化	44	53	154	-57
300169	天晟新材	201	154	66	288
300072	三聚环保	80	280	48	313
600889	南京化纤	362	14	60	316
000584	友利控股	305	72	54	323
600146	大元股份	544	147	78	613
行业平均		51	48	55	45
制造业—医药制造业 C27					
000739	普洛药业	51	68	117	2
002653	海思科	14	4	8	9
600129	太极集团	75	49	108	15
000952	广济药业	181	55	214	21
002365	永安药业	14	53	40	27
002390	信邦制药	131	193	34	290
002424	贵州百灵	168	159	32	295
600613	永生投资	28	297	13	312
300142	沃森生物	91	283	57	316
002433	太安堂	231	121	23	329
行业平均		64	78	52	90
制造业—金属、非金属（C30-C33）					
中孚实业	600595	49	28	196	-119
洛阳玻璃	600876	152	96	321	-73
江西水泥	000789	45	25	88	-18
神火股份	000933	31	21	69	-17
河北钢铁	000709	75	32	123	-17
青龙管业	002457	139	260	39	359
红宇新材	300345	80	315	17	377
新大新材	300080	263	264	141	386
中钢吉炭	000928	305	125	44	387
大金重工	002487	112	331	45	399
行业平均		68	37	53	52
制造业—机械、设备、仪表（C34、C35、C36、C37、C38、C40）					
潍柴重机	000880	42	5	222	-175
一汽夏利	000927	40	38	133	-54
江淮动力	000816	64	54	171	-53
安凯客车	000868	37	83	168	-47

续表

公司简称	股票代码	存货周转期	应收账款周转期	应付账款周转期	经营活动营运资金周转期（按要素）
江淮汽车	600418	16	27	90	-46
精功科技	002006	322	356	228	449
智云股份	300097	255	241	36	459
软控股份	002073	228	525	179	574
二重重装	601268	499	454	369	584
天业通联	002459	484	480	345	618
行业平均		76	98	98	76
制造业—计算机、通信和其他电子设备制造业 C39					
海润光伏	600401	59	150	257	-48
博信股份	600083	0	0	0	0
紫光股份	000938	23	31	48	6
日出东方	603366	21	8	22	7
福日电子	600203	6	22	21	7
奥维通信	002231	122	290	106	306
旭光股份	600353	174	226	87	313
欧比特	300053	104	244	15	333
永贵电器	300351	134	282	77	339
福星晓程	300139	206	218	67	357
行业平均		60	97	75	82
制造业—其他制造业（C41-C43）					
爱康科技	002610	60	74	154	-21
梅花伞	002174	43	31	60	14
中科英华	600110	98	123	180	41
帝龙新材	002247	54	49	60	43
两面针	600249	77	53	82	49
康耐特	300061	167	82	32	218
坚瑞消防	300116	32	277	76	233
东方金钰	600086	249	3	14	238
格林美	002340	223	64	27	260
潮宏基	002345	316	17	22	311
行业平均		105	31	34	102
电力、热力、燃气及水生产和供应业 D					
000875	吉电股份	14	56	159	-89
000767	漳泽电力	21	49	154	-84
002039	黔源电力	0	15	88	-73
600323	南海发展	9	26	106	-71
600864	哈投股份	45	23	135	-67
000993	闽东电力	199	22	10	210
000301	东方市场	213	92	55	251

续表

公司简称	股票代码	存货周转期	应收账款周转期	应付账款周转期	经营活动营运资金周转期（按要素）
600008	首创股份	324	105	101	329
600283	钱江水利	394	15	28	381
600168	武汉控股	629	169	349	449
行业平均		24	43	53	14
建筑业 E					
北方国际	000065	87	175	295	-34
成都路桥	002628	55	39	93	1
中国化学	601117	47	48	79	16
中工国际	002051	57	90	128	20
四川路桥	600039	122	15	112	26
巴安水务	300262	182	163	87	258
宏润建设	002062	345	30	117	258
深天健	000090	473	38	71	440
新疆城建	600545	471	113	81	503
腾达建设	600512	605	127	86	646
行业平均		126	67	113	80
批发和零售业 F					
600821	津劝业	22	17	135	-96
600774	汉商集团	7	2	104	-95
601258	庞大集团	67	8	164	-88
002187	广百股份	11	8	106	-87
000007	零七股份	22	38	132	-72
002640	百圆裤业	70	111	28	154
300184	力源信息	170	43	41	172
600280	南京中商	233	0	47	187
000026	飞亚达	213	38	24	227
000159	国际实业	219	51	32	237
行业平均		49	16	49	16
交通运输、仓储和邮政业 G					
福建高速	600033	1	50	339	-288
楚天高速	600035	0	1	257	-256
中原高速	600020	70	8	264	-186
粤高速	000429	0	6	142	-136
赣粤高速	600269	15	34	182	-133
唐山港	601000	13	18	145	-114
中昌海运	600242	24	95	221	-102
四川成渝	601107	3	8	105	-94
海南航空	600221	1	27	120	-92
安徽皖通	600012	1	0	81	-80

续表

公司简称	股票代码	存货周转期	应收账款周转期	应付账款周转期	经营活动营运资金周转期（按要素）
行业平均		25	37	58	5
信息传输、软件和信息技术服务业 I					
中国联通	600050	8	24	191	-159
交大博通	600455	11	43	119	-65
曲江文旅	600706	15	34	100	-50
天威视讯	002238	2	12	52	-38
星美联合	000892	0	0	22	-22
波导	600130	23	8	41	-10
华虹计通	300330	35	174	217	-8
焦点科技	002315	1	2	8	-6
鹏博士	600804	20	75	92	3
乐视网	300104	5	88	87	6
行业平均		59	121	58	122
房地产业 K					
华联股份	000882	0	15	147	-132
中国国贸	600007	6	30	3	32
广汇能源	600256	35	85	88	33
世联地产	002285	0	62	2	59
高新发展	000628	139	59	130	68
国兴地产	000838	1633	11	32	1612
中华企业	600675	1795	7	135	1667
泛海建设	000046	1795	25	77	1743
格力地产	600185	2189	4	98	2095
中江地产	600053	2806	15	20	2801
行业平均		872	15	101	786
社会服务业（H、L、M、N、O、Q）					
300215	电科院	0	3	141	-138
002210	飞马国际	7	38	111	-66
300144	宋城股份	1	3	66	-62
600754	锦江股份	4	7	56	-44
300332	天壕节能	5	87	134	-42
300190	维尔利	155	243	130	268
600874	创业环保	19	293	4	308
002059	云南旅游	378	11	65	324
000062	深圳华强	389	4	34	359
000069	华侨城 A	540	7	89	458
行业平均		119	43	57	105
传播与文化产业（P、R）					
600088	中视传媒	53	44	197	-101

续表

公司简称	股票代码	存货周转期	应收账款周转期	应付账款周转期	经营活动营运资金周转期（按要素）
601929	吉视传媒	21	15	135	-100
600037	歌华有线	21	5	97	-72
600831	广电网络	15	7	93	-72
000665	湖北广电	42	3	96	-51
300251	光线传媒	47	163	25	185
300133	华策影视	104	130	31	203
300027	华谊兄弟	162	195	89	266
300291	华录百纳	170	174	0	344
300336	新文化	225	203	47	381
行业平均		60	45	82	23
综合类 S					
中航投资	600705	2	12	54	-41
大众公用	600635	31	29	62	-2
工大高新	600701	18	14	31	0
创兴能源	600193	35	42	74	3
盛屯矿业	600711	3	21	21	3
黑牡丹	600510	427	75	50	452
中国宝安	000009	501	76	111	466
小商品城	600415	524	8	60	473
同济科技	600846	641	30	80	591
嘉宝集团	600622	685	6	45	645
平均值		154	30	54	130

附录 1-3 2012 年度中国上市公司分地区营运资金管理绩效排行榜（按渠道）

中国企业营运资金管理研究中心

公司简称	股票代码	采购渠道营运资金周转期	生产渠道营运资金周转期	营销渠道营运资金周转期.	经营活动营运资金周转期（按渠道）
东部地区					
世纪星源	000005	-101	-62	-420	-583
华联股份	000882	-60	-99	-372	-532
中山公用	000685	-24	-50	-275	-348
ST 华赛	000068	-7	-332	-1	-340
博信股份	600083	0	-311	-5	-316
华业地产	600240	-109	1374	-11	1255
银基发展	000511	-88	1166	211	1289
万业企业	600641	-37	1286	192	1441
绿景控股	000502	-371	372	1461	1462
泛海建设	000046	62	1518	120	1700
地区平均		-37.12	37.55	20.17	20.61
中部地区					
赣粤高速	600269	-106	-64	-241	-411
楚天高速	600035	-81	-144	-166	-391
中航投资	600705	3	153	-536	-380
万鸿集团	600681	-11	-299	-4	-313
工大高新	600701	-20	-223	-22	-265
南国置业	002305	174	333	108	615
苏宁环球	000718	-93	995	-278	624
福星股份	000926	308	497	-164	640
嘉凯城	000918	-57	623	95	661
中江地产	600053	99	803	574	1475
地区平均		-30	13	52	35
西部地区					
600455	交大博通	-114	-342	-53	-510
000693	S*ST 聚友	-248	-275	38	-486
000672	*ST 铜城	-3	-204	-100	-307
002357	福临运业	34	-199	-128	-293
000509	S*ST 华塑	-107	-226	99	-233
000981	银亿股份	-71	905	-214	620
000736	中房地产	-41	693	23	674
000608	阳光股份	-258	1254	-213	784
000514	渝开发	-4	1251	-25	1222

续表

公司简称	股票代码	采购渠道营运资金周转期	生产渠道营运资金周转期	营销渠道营运资金周转期	经营活动营运资金周转期（按渠道）
000667	名流置业	120	1333	-56	1398
地区平均		-28	32	46	49
全国总体					
000005	世纪星源	-101	-62	-420	-583
000882	华联股份	-60	-99	-372	-532
600455	交大博通	-114	-342	-53	-510
000693	S*ST 聚友	-248	-275	38	-486
600269	赣粤高速	-106	-64	-241	-411
000667	名流置业	120	1333	-56	1398
600641	万业企业	-37	1286	192	1441
000502	绿景控股	-371	372	1461	1462
600053	中江地产	99	803	574	1475
000046	泛海建设	62	1518	120	1700
平均值		-35	34	27	26

附录 1－4　2012 年度中国上市公司分地区营运资金管理绩效排行榜（按要素）

中国企业营运资金管理研究中心

公司简称	股票代码	存货周转期	应收账款周转期	应付账款周转期	经营活动营运资金周转期（按要素）
东部地区					
600033	福建高速	1	50	339	－288
000880	潍柴重机	42	5	222	－175
600050	中国联通	8	24	191	－159
300215	电科院	0	3	141	－138
000429	粤高速	0	6	142	－136
000502	绿景控股	2028	15	450	1593
000838	国兴地产	1633	11	32	1612
600675	中华企业	1795	7	135	1667
000046	泛海建设	1795	25	77	1743
600185	格力地产	2189	4	98	2095
地区平均		82	41	63	59
中部地区					
600035	楚天高速	0	1	257	－256
600020	中原高速	70	8	264	－186
600740	山西焦化	28	100	293	－165
600269	赣粤高速	15	34	182	－133
600595	中孚实业	49	28	196	－119
000918	嘉凯城	903	41	115	829
600743	华远地产	883	0	44	840
000631	顺发恒业	1253	2	110	1146
000718	苏宁环球	1307	10	127	1190
600053	中江地产	2806	15	20	2801
地区平均		66	83	114	35
西部地区					
601107	四川成渝	3	8	105	－94
600301	南化股份	36	37	164	－91
002039	黔源电力	0	15	88	－73
600831	广电网络	15	7	93	－72
600712	南宁百货	19	1	88	－68
000981	银亿股份	1263	6	138	1131
000540	中天城投	1505	11	357	1159
000608	阳光股份	1581	7	381	1207
000667	名流置业	1517	22	146	1392
000514	渝开发	1389	130	68	1451

续表

公司简称	股票代码	存货周转期	应收账款周转期	应付账款周转期	经营活动营运资金周转期（按要素）
地区平均		98	60	74	84
全国总体					
600033	福建高速	1	50	339	-288
600035	楚天高速	0	1	257	-256
600020	中原高速	70	8	264	-186
000880	潍柴重机	42	5	222	-175
600740	山西焦化	28	100	293	-165
000838	国兴地产	1633	11	32	1612
600675	中华企业	1795	7	135	1667
000046	泛海建设	1795	25	77	1743
600185	格力地产	2189	4	98	2095
600053	中江地产	2806	15	20	2801
平均值		81	43	64	61

附录 2－1　2012 年中国企业营运资金管理研究中心文献索引

序号	题名	作者	作者单位	文献来源	发表刊次
1	营运资金短缺风险的预警模型研究	蔡佳茹	中国海洋大学	【硕士】中国海洋大学	2012
2	供应链下游关系与营运资金管理绩效	朱丹	中国海洋大学	【硕士】中国海洋大学	2012
3	基于供应链联盟的营运资金管理创新研究	秦书亚	中国海洋大学	【硕士】中国海洋大学	2012
4	采购渠道营运资金管理绩效影响因素研究	吕素萍	中国海洋大学	【硕士】中国海洋大学	2012
5	企业营运资金管理诊断研究——渠道与过程视角	韩宁	中国海洋大学	【硕士】中国海洋大学	2012
6	宏观政策对房地产业营运资金影响分析	刘博	中国海洋大学	【硕士】中国海洋大学	2012
7	国内外营运资金管理研究综述	李聪聪	中国海洋大学	中国海洋大学学报（社会科学版）	2012（9）
8	面向供应链营运资金管理方法创新	秦书亚，李小娜	中国海洋大学	中国海洋大学学报（社会科学版）	2012（8）
9	关于营运资金基本问题的研究	田世泰，于倩南	中国海洋大学	中国管理信息化	2012（11）
10	通货膨胀对分渠道营运资金需求量的影响及理论分析	汪伟，赵冬雨	中国海洋大学	国际商务财会	2012（5）
11	“产业＋金融’的营运资金管理研究”	封威威，于森林	中国海洋大学	财会研究	2012（3）
12	中国上市公司营运资金管理调查：2011	王竹泉，孙莹，王秀华，孙建强，王贞洁	中国海洋大学	会计研究	2012（12）
13	营运资金与企业价值的情景（境）研究——一项基于资源冗余视角的经验性证据	王秀华，王竹泉	中国海洋大学	山西财经大学学报	2012（6）
14	基于渠道管理的营运资金管理绩效评价体系设计	王竹泉，张先敏	中国海洋大学	财会月刊	2012（13）
15	供应链核心企业营运资金管理绩效的情境研究	王秀华，王竹泉，秦书亚	中国海洋大学	财会月刊	2012（7）
16	营运资金概念重构与研究展望	王竹泉等	中国海洋大学	【会议】“2012 营运资金管理高峰论坛”论文集	2012
17	营运资金管理创新——基于海尔集团的案例研究	彭家钧	海尔电器集团	【会议】“2012 营运资金管理高峰论坛”论文集	2012
18	格力电器营运资金管理案例	纪建悦	中国海洋大学	【会议】“2012 营运资金管理高峰论坛”论文集	2012

续表

序号	题名	作者	作者单位	文献来源	发表刊次
19	营运资金需求保障视角下的企业信用评估体系研究	王竹泉，李文妍，修小圆等	中国海洋大学	【会议】“2012 营运资金管理高峰论坛”论文集	2012
20	企业财务指数构建——基于企业内部管理视角	孙莹，孙兰兰，隋国婷	中国海洋大学	【会议】“2012 营运资金管理高峰论坛”论文集	2012
21	供应链融资下企业信用评估体系研究	李文妍	中国海洋大学	【会议】“2012 营运资金管理高峰论坛”论文集峰论坛”	2012
22	基于营运资金融资结构的企业财务风险研究——以苏宁电器为例	修小圆，倪月	中国海洋大学	【会议】“2012 营运资金管理高峰论坛”论文集	2012
23	基于精敏供应链的营运资金需求预测	张先敏	中国海洋大学	【会议】“2012 营运资金管理高峰论坛”论文集	2012
24	营运资金需求量影响因素类比研究	孙莹，刘青鸾，陈晓辉	中国海洋大学	【会议】“2012 营运资金管理高峰论坛”论文集	2012
25	基于渠道的营运资金需求预测	柳艺	中国海洋大学	【会议】“2012 营运资金管理高峰论坛”论文集	2012
26	供应链管理模式下汽车制造业企业营运资金管理研究	朱大鹏	中国海洋大学	【会议】“2012 营运资金管理高峰论坛”论文集	2012
27	基于票务销售模式创新的航空公司营运资金管理研究	杨雯涵，程成	中国海洋大学	【会议】“2012 营运资金管理高峰论坛”论文集	2012
28	家电连锁零售企业全流程的营运资金管理——以国美为例	王舰，刘喆，侯姗姗	中国海洋大学	【会议】“2012 营运资金管理高峰论坛”论文集	2012
29	基于渠道的营运资金管理信息化研究——以外贸服装行业为例	骆名扬，侯姗姗，杨雯涵	中国海洋大学	【会议】“2012 营运资金管理高峰论坛”论文集	2012
30	民营企业营运资金分析——以软控股份公司为例	彭丽英，邹小鑫，王苑琢	中国海洋大学	【会议】“2012 营运资金管理高峰论坛”论文集	2012
31	外向型水平与上市公司营运资金管理绩效——基于我国电子信息产业的实证分析	王贞洁，王竹泉	中国海洋大学	【会议】“2012 营运资金管理高峰论坛”论文集	2012
32	产业升级、企业转型与营运资金结构调整——以杉杉股份为例	倪玥，修小圆	中国海洋大学	【会议】“2012 营运资金管理高峰论坛”论文集	2012

附录 2－2　2012 年国内营运资金管理研究文献索引（除中国企业营运资金管理研究中心文献外）

序号	题名	作者	作者单位	文献来源	发表刊次
1	关于营运资金预测方法的研究	李光明	北京中企华资产评估有限责任公司	中国资产评估	2012（4）
2	中小民营建筑企业营运资金管理	岳鑫	北京中彩在线科技有限责任公司	企业研究	2012（6）
3	从渠道管理的视角加强企业营运资金管理	赖蓉	香港皖东科技集团有限公司财务部	企业研究	2012（24）
4	营运资金管理协同与创新——2011 营运资金管理论坛观点综述	周愈博	中国财政杂志社	财务与会计（理财版）	2012（1）
5	基于供应链的营运资金管理新解	丁淑芹；刘成立	青岛理工大学	财务与会计（理财版）	2012（10）
6	嵌入供应链的营运资金管理	李心合	南京大学会计与财务研究院	会计之友	2012（34）
7	价值链导向的企业营运资金管理目标整合与管理优化	童艳华	郑州金融学校	财会通讯	2012（20）
8	电力行业营运资金管理效率对企业绩效的影响	孙磊	江苏法尔胜股份有限公司	财会月刊	2012（2）
9	关于房地产业上市公司营运资金政策的实证分析	田彩英	首都经济贸易大学工商管理学院	财会月刊	2012（8）
10	营运资金政策对成长期企业绩效的影响——基于首批创业板上市企业数据	石意如	梧州学院工商管理系	财会月刊	2012（12）
11	营运资金管理对企业财务绩效的影响研究——来自农业上市公司的经验证据	童建元	长沙市考试指导中心	国际商务财会	2012（10）
12	房地产上市公司营运资金管理与企业绩效关系研究——基于 30 家 A 股房地产上市公司最新数据的实证研究	张秀英	江苏省扬州商务高等学校	财经界（学术版）	2012（12）
13	基于供应链的营运资金管理评价模型研究	左伟令	燕山大学	【硕士】燕山大学	2012
14	我国中小企业营运资本管理和企业价值的相关性研究	龚文	华东理工大学	【硕士】华东理工大学	2012
15	我国中小企业营运资金管理的问题探讨	罗文波	江西财经大学	【硕士】江西财经大学	2012
16	交通银行对企业流动资金贷款需求测算的研究	刘晓娜	湖南大学	【硕士】湖南大学	2012
17	基于风险导向的中小制造企业营运资金管理研究	华晶	大连海事大学	【硕士】大连海事大学	2012

续表

序号	题名	作者	作者单位	文献来源	发表刊次
18	浅析我国中小企业营运资金存在的问题及对策	徐焰	中国石油化工有限公司榆济管道分公司	知识经济	2012（18）
19	论企业营运资金的管理	王立波；谭晓丽	沈阳市食品发酵研究所	现代经济信息	2012（23）
20	中小企业营运资金风险的日常管理	李冬梅	北京中科三环高技术股份有限公司	中国外资	2012（4）
21	我国中小企业营运资金管理研究	刘静娟	抚宁县交通运输局	现代商业	2012（26）
22	高新技术企业营运资金管理对绩效影响的实证研究	张伟	西安建筑科技大学	商业会计	2012（21）
23	宏观经济变量冲击下的营运资本管理行业差异研究	吴娜	天津财经大学	天津财经大学学报	2012（12）
24	企业资金安全管理体系研究	白华	暨南大学	【会议】“2012 营运资金管理高峰论坛”论文集	2012
25	经营性营运资金管理效率与企业技校的相关性——来自中国上市公司的经验证据	曹玉珊	江西财经大学	【会议】“2012 营运资金管理高峰论坛”论文集	2012
26	宏观经济因素对营运资本管理的影响——基于面板数据模型的实证分析	吴娜，盖地	天津财经大学	【会议】“2012 营运资金管理高峰论坛”论文集	2012
27	营运资金管理的重心转移：从资金到营运	李心合	南京大学会计与财务研究院	【会议】“2012 营运资金管理高峰论坛”论文集	2012
28	关于深化营运资金管理研究的几个方向性问题的探讨	张金昌	中国社会科学院研究生院	【会议】“2012 营运资金管理高峰论坛”论文集	2012
29	加强营运资金管理培育基业长青企业	姚铮，程越楷	浙江大学	【会议】“2012 营运资金管理高峰论坛”论文集	2012
30	基于企业社会责任视角的营运资金管理	温素彬	南京理工大学	【会议】“2012 营运资金管理高峰论坛”论文集	2012
31	鲁信创投营运资金管理案例分析	苗西红	鲁信创业投资集团股份有限公司	【会议】“2012 营运资金管理高峰论坛”论文集	2012
32	地方政府的财政困境与地方国企的投资效率	刘运国，廖歆欣	中山大学	【会议】“2012 营运资金管理高峰论坛”论文集	2012
33	高官背景特征与营运资金管理效率的实证研究——来自中国纺织服装业上市公司的证据	张敦力，黄永华，叶继英	中南财经政法大学	【会议】“2012 营运资金管理高峰论坛”论文集	2012

附录3 2012年国外营运资金管理文献索引

序号	题目	作者	文献来源	发表时间	发表刊次	页码
1	Relationship between working capital management and profitability: a study of selected FMCG companies in India	Bagchi, B., & Khamrui, K	Business and Economics Journal	2012年		1–11
2	Basic econometrics (5th ed.)	Gujarati, D. N., Porter, D. C., & Gunasekar, S	New Delhi: McGraw–Hill	2012年		625–638
3	Generalized estimator of population mean for two phase sampling using multi–auxiliary variables in the presence of non–response at first phase for no information case	Ahmad, Z., Bano, Z. and Hanif, M	Submitted in Pak. J. Statist	2012年		
4	Comparison of three software programs for evaluating DIF by means of the Mantel–Haenszel procedure: Easy–DIF, DIFAS and EZDIF	Padilla, J. L., Hidalgo, M. D., Benítez, I. and Benito, J. G	Psicol ? gica	2012年		135–156
5	Digit Preference in Iranian Age data	Yazdanparast A, Pourhoseinghole M. A. Abadi A	Italian Journal of Public Health	2012年	9 (1)	64–68
6	The Beginner's Guide to Managed Services SLAs	Rich, F	White paper by Zenith Infotech Ltd	2012年		
7	State Bank of Pakistan, Handbook of Statistics for Pakistan's Economy, 2008, Karachi, Pakistan		http://www.sbp.org.pk/departments/stats/PakEco _ Handbook/index.html	2012年3月20		
8	WTTC Travel & Tourism Economic Impact 2012 Pakistan		www.wttc.org/site _ media/uploads/downloads/pakistan2012.pdf	2012年5月8日		
9	UNWTO World Tourism Barometer (2011)		http://www.unwto.org/Barometer/menu.html	2012年3月26		
10	Economic Indicators of Telecom Industry 2011	Khan, M	http://propakistani.pk/2012/01/25/economic–indicators–of–telecomindustry–2011	2012年4月18		
11	Cloud Computing Security Issues with Possible Solutions	Bhagavathula, M. and Krishnaveer, A	International Journal of Computer Science and Technology (IJCST)	2012年	1	340–344

续表

序号	题目	作者	文献来源	发表时间	发表刊次	页码
12	Cloud computing: Networks/Security threats and counter-measure	Sara, M. and Kausar, F	Interdisciplinary Journal of Contemporary Research in Business (IJCRB)	2012 年	3	1323 – 1329
13	Cyber Threat Metrics	Mark, M., Cassandra, M. T., Cynthia, K. V., John, M., Mark, H., Scott, M. and Jason, F	Sandia National Laboratories	2012 年		
14	Cloud computing tools: Improving security through visibility and automation, CSO Security and Risk	Robert, S	www. aveksa. com/news – events/upload/Cloudcomputing – tools. pdf.	2012 年		
15	Anxiety		http: //en. wikipedia. org/wiki/Anxiety	2012 年		
16	Social Anxiety Disorder and Social Phobia	Smith, M. and Gill, E. J	http: //helpguide. org/mental/social_ anxiety_ support_ symptom_ causes_ treatment. htm	2012 年		
17	Pakistan Infant Mortality Rate		http: //www. indexmundi. com/pakistan/infant_ mortalit_ yrate. html	2012 年		
18	Pakistan Total Fertility Rate		http: //www. indexmundi. com/pakistan/total_ fertility_ rate. html	2012 年		
19	Beating the Freshman 15. (2012). Teens Heath from Nemors		http: //teenshealth. org/teen/school_ jobs/college/freshman_ 15. html	2012 年		
20	Stress, Perceived Social Support, Coping Capability and Depression: A Study of Local andForeign Students in the Malaysian Context	Faleel, S. F., Tam, C. L., Lee, T. H., Har, W. M. and Foo, Y. C.	International Journal of Social and Human Sciences	2012 年	6	8 – 14
21	Estimation of Statistical Parameters, Ilmi Kitab Khana, Lahore	Hirai, A. S		2012 年		
22	Profitability of Banks	Demirguc, A. K. & Huizinga, H	The world Bank Economic Review Journal	2012 年	13 (2)	
23	Optimizing working capital management	Nobenee, H. & Alhajjar, M	http: //ssrn. com	2012 年		

续表

序号	题目	作者	文献来源	发表时间	发表刊次	页码
24	Working management, Liquidity and corporate profitability among quoted firms in Nigeria. Evidence from the Productive sector	Uremadu, S. O., Egbide, B. C. & Enyi, P. E	International Journal of academic Research in Accounting, finance and management Science	2012 年	2 (1)	
25	Cash management and corporate profitability; A study of selected listed manufacturing firms in Nigeria	Uwuigbe, O., Uwalomwa, U. & Egbide, B. C	ACTA universitatis Danibius	2012 年	8 (1)	49 – 59
26	Working Capital Management and Firm's Profitability in Pakistan: A Disaggregated Analysis	Khan et al	African Journal of Business Management	2012 年	6/9	3253 – 3261
27	The impact of Working Capital Management Policies on firm's Profitability and Value: the case of Jordan	Al – Mwalla, Muna	International Research Journal of Finance and Economics	2012 年	85	147 – 153
28	Toward Efficient Management of Working Capital: The Case of Palestine Exchange	Awad, I., & Al – Ewasat, A. R	Journal of Applied Finance and Banking	2012 年	2 (1)	225 – 246
29	The Impact of Working Capital Management Policies on Firm's Profitability and Value: Evidence from Iranian Companies	Taghizadah, K., Akbari, M., & Ebrati, M	International Research Journal of Finance and Economics	2012 年	88	155 – 162
30	The Determinantfactors of working capital management in the Brazilian Market	Nakamura, W. T., & Palombini, N. V. N	http: //www. scielo. br/scielo. php? script = sci _ arttext&pid = S0034 – 75902012000100005&lng = en&nrm = iso	2012 年 3 月 20	2 (1)	105 – 125
31	The Impact of Company Characteristics on Working Capital Management	Valipour, H., Moradi, J., & Dehghan, F	Journal of Applied Finance & Banking	2012 年		
32	Working Capital Management, Firms' Performance and Market Valuation in Nigeria	Ogundipe, E., Sunday, A. I., Ogundipe, O. L	International Journal of Social and Human Sciences	2012 年	Vol. 2, pp	45 – 56

附录四 2012年中国上市公司营运资金管理数据库

序号	公司简称	股票代码	行业代码	营运资金总额	经营活动营运资金	采购渠道营运资金	生产渠道营运资金	营销渠道营运资金	投资活动营运资金	存货周转率	应收账款周转率	应付账款周转率	存货周转期	应收账款周转期	应付账款周期	现金周转期	采购渠道营运资金周转期	生产渠道营运资金周转期	营销渠道营运资金周转期	经营活动营运资金周转（按渠道）
1	中福实业	000592	A	1250	855	147	534	174	395	1.0	4.9	35.8	349	75	10	414	52	295	109	455
2	永安实业	000663	A	632	547	19	510	17	85	0.8	10.0	10.1	482	36	36	483	17	387	44	447
3	丰乐种业	000713	A	1041	680	-63	-17	760	361	2.5	12.4	12.9	144	29	28	145	-10	-2	138	125
4	罗牛山	000735	A	1177	377	157	591	-371	800	1.4	30.2	15.0	262	12	24	250	47	198	-137	108
5	中水渔业	000798	A	517	280	19	48	212	237	1.8	7.2	27.7	199	51	13	236	12	79	86	177
6	隆平高科	000998	A	1336	889	-169	258	800	447	1.4	10.4	5.1	261	35	72	224	11	32	110	152
7	登海种业	002041	A	1541	-23	1	-118	94	1564	2.3	11.7	19.4	159	31	19	171	14	-55	47	6
8	獐子岛	002069	A	2139	1607	158	2016	-567	532	1.1	13.2	9.4	334	28	39	323	10	263	0	272
9	东方海洋	002086	A	865	675	51	475	149	190	1.1	6.0	10.3	329	60	35	354	22	221	90	334
10	ST大地	002200	A	450	380	-203	394	188	71	0.8	1.7	1.6	453	213	225	441	-207	337	162	292
11	民和股份	002234	A	1114	204	-21	119	106	910	5.5	33.0	14.3	66	11	25	52	-2	36	29	63
12	圣农发展	002299	A	1243	92	202	134	-244	1151	6.2	20.6	15.2	59	18	24	53	14	10	-9	15
13	华英农业	002321	A	698	233	-128	-130	491	464	4.2	9.5	5.7	87	38	64	61	-24	-21	97	51
14	壹桥苗业	002447	A	588	401	-4	396	9	187	0.9	45.4	6.6	393	8	55	347	-43	367	4	329
15	益生股份	002458	A	374	18	6	3	10	356	10.2	22.8	10.1	36	16	36	15	13	1	13	26
16	雏鹰农牧	002477	A	1151	550	632	172	-254	601	1.8	27.3	9.3	203	13	39	177	121	34	-20	136
17	大康牧业	002505	A	448	140	54	84	3	308	4.8	227.3	72.8	76	2	5	72	37	46	-2	81
18	福建金森	002679	A	832	413	118	278	17	420	0.6	29.4	6.1	567	12	60	519	187	525	13	725
19	百洋水产	002696	A	855	263	-14	4	273	592	13.6	6.7	14.3	27	55	25	56	-8	0	79	71
20	荃银高科	300087	A	523	244	-50	-17	312	279	1.2	14.7	3.2	316	25	114	227	-35	-16	251	200
21	国联水产	300094	A	1458	1253	-7	131	1129	205	1.9	3.4	15.3	194	106	24	276	0	55	243	297
22	西部牧业	300106	A	312	249	25	91	133	63	2.0	8.7	6.9	185	42	53	175	24	65	84	173

续表

序号	公司简称	股票代码	行业代码	营运资金总额	经营活动营运资金	采购渠道营运资金	生产渠道营运资金	营销渠道营运资金	投资活动营运资金	存货周转率	应收账款周转率	应付账款周转率	存货周转期	应收账款周转期	应付账款周期	现金周转期	采购渠道营运资金周转期	生产渠道营运资金周转期	营销渠道营运资金周转期	经营活动营运资金周转（按渠道）
23	星河生物	300143	A	84	31	-7	15	23	52	9.8	14.0	8.0	37	26	46	18	-6	21	24	39
24	神农大丰	300189	A	1149	467	50	32	385	682	1.6	6.6	16.7	223	55	22	257	41	25	245	311
25	天山生物	300313	A	284	42	2	16	25	241	2.3	5.8	7.5	157	63	49	171	9	65	66	140
26	开创国际	600097	A	325	150	-109	184	75	175	5.6	49.1	6.2	65	7	59	14	-42	94	32	84
27	亚盛集团	600108	A	2133	826	323	-331	834	1306	5.1	5.2	23.3	72	70	16	126	38	-43	118	112
28	大湖股份	600257	A	500	376	4	264	108	124	1.5	12.5	7.7	236	29	47	218	-10	159	59	208
29	ST 景谷	600265	A	193	188	0	195	-6	4	0.4	6.0	2.8	920	61	129	852	-21	542	63	583
30	敦煌种业	600354	A	2709	1122	-10	73	1059	1587	1.7	4.7	6.7	218	77	55	241	10	8	216	234
31	新农开发	600359	A	423	-53	94	-485	337	477	1.3	4.7	4.1	272	78	88	262	11	-273	225	-38
32	万向德农	600371	A	358	322	140	65	117	36	1.2	82.4	28.8	295	4	13	286	98	31	19	149
33	好当家	600467	A	1478	1033	72	791	170	445	1.0	31.1	6.6	361	12	55	318	-1	264	35	299
34	香梨股份	600506	A	138	64	6	9	49	75	2.5	3.9	35.6	146	95	10	230	25	121	201	347
35	新赛股份	600540	A	858	332	61	-199	471	525	3.3	11.9	22.2	112	31	16	126	18	-51	116	83
36	北大荒	600598	A	5532	4012	1309	361	2341	1520	2.5	9.1	11.2	145	40	33	152	22	6	74	102
37	福成五丰	600965	A	244	200	-4	67	137	43	3.1	8.2	9.0	118	45	41	122	2	47	74	123
38	新五丰	600975	A	403	281	64	106	110	122	4.2	37.5	46.3	87	10	8	89	28	39	35	103
39	海南橡胶	601118	A	4192	2798	25	-360	3132	1394	5.9	17.4	42.7	62	21	9	74	0	-10	80	71
40	中国石化	600028	B	-59488	-70352	-217914	-53054	-18137	10864	13.3	29.8	13.9	27	12	26	13	-11	-4	7	-7
41	郑州煤电	600121	B	762	-392	-548	-695	557	1153	17.0	41.0	22.2	21	9	16	14	-11	-8	7	-13
42	兰花科创	600123	B	4275	995	-553	194	609	3279	9.0	4.7	7.1	41	77	52	66	-9	17	36	45
43	西部资源	600139	B	715	26	-5	26	-52	688	11.8	4.5	43.5	31	80	8	103	8	-5	16	19
44	永泰能源	600157	B	11107	880	210	-1365	1726	10227	39.7	4.7	8.5	9	78	43	45	110	-52	64	122
45	兖州煤业	600188	B	16116	0	-6218	-673	5111	16116	38.1	7.8	13.1	10	47	28	28	-21	-5	32	6
46	广晟有色	600259	B	947	642	-149	-399	-18	305	2.0	25.4	8.4	178	14	43	149	27	-39	100	89
47	阳泉煤业	600348	B	4282	-1409	-3957	-1645	2791	5691	65.7	11.1	14.5	6	33	25	13	-16	-10	14	-12

续表

序号	公司简称	股票代码	行业代码	营运资金总额	经营活动营运资金	采购渠道营运资金	生产渠道营运资金	营销渠道营运资金	投资活动营运资金	存货周转率	应收账款周转率	应付账款周转率	存货周转期	应收账款周转期	应付账款周期	现金周转期	采购渠道营运资金周转期	生产渠道营运资金周转期	营销渠道营运资金周转期	经营活动营运资金周转（按渠道）
48	盘江股份	600395	B	1980	988	-1471	-656	2882	993	29.5	2.8	5.6	12	131	65	78	-48	-27	125	51
49	安源煤业	600397	B	2816	1410	-139	-519	1794	1407	61.8	7.0	18.7	6	52	20	38	-2	-13	45	30
50	大有能源	600403	B	3828	-925	-1842	-1382	1898	4753	36.3	6.5	7.9	10	56	46	20	-39	14	35	10
51	中金黄金	600489	B	3420	1191	-554	-815	-1141	2229	10.7	107.8	27.3	34	3	13	24	17	-1	-6	10
52	驰宏锌锗	600497	B	1040	-135	-198	-1394	162	1175	8.0	47.3	12.5	46	8	29	24	15	-11	10	14
53	上海能源	600508	B	563	299	-958	-423	887	264	13.6	7.8	9.9	27	47	37	37	-21	-6	41	14
54	山煤国际	600546	B	9795	6761	-1602	-3691	7522	3034	22.8	11.6	14.1	16	32	26	22	1	-13	34	22
55	山东黄金	600547	B	2005	1108	626	-467	-136	898	52.0	1964.3	42.4	7	0	9	-1	10	-2	-1	6
56	海油工程	600583	B	-51	-1088	-3030	-239	520	1037	10.0	5.9	4.4	36	62	83	15	-49	15	16	-18
57	金瑞矿业	600714	B	115	-50	-54	-142	45	165	5.9	4.8	7.6	62	77	48	91	3	-66	29	-34
58	恒源煤电	600971	B	-1035	-1916	-1432	-2469	1743	881	31.6	4.4	6.5	12	83	56	38	-34	-89	65	-58
59	开滦股份	600997	B	5549	2203	-2610	-225	3426	3346	11.3	5.3	5.7	32	69	64	38	-31	-11	70	29
60	大同煤业	601001	B	4187	551	-3329	-154	3404	3636	32.3	5.3	6.0	11	70	60	20	-40	-5	56	11
61	中国神华	601088	B	38362	-24038	-28048	-24047	11890	62400	16.9	15.0	9.3	22	24	39	7	-23	-32	18	-38
62	昊华能源	601101	B	2283	701	467	-561	409	1582	16.4	7.0	16.9	22	52	22	53	8	-40	35	3
63	西部矿业	601168	B	9047	4116	-64	800	1577	4931	10.2	6.7	22.9	36	55	16	75	16	17	44	77
64	平煤股份	601666	B	-1210	-3038	-3492	-1588	1223	1828	31.6	8.1	6.3	12	45	58	-1	-51	-25	27	-48
65	潞安环能	601699	B	1953	-4720	-9448	-1872	5845	6673	27.8	2.5	2.4	13	147	154	6	-144	-34	107	-71
66	中海油服	601808	B	16291	2464	-4159	-700	6357	13826	24.4	4.4	5.6	15	83	65	33	-46	-11	91	34
67	中国石油	601857	B	-1674	-51627	-247865	-11095	-7429	49953	11.2	31.3	8.6	33	12	42	2	-25	0	12	-12
68	中煤能源??	601898	B	23340	-1969	-13291	-2824	7308	25309	12.5	8.8	6.5	29	41	56	15	-30	-13	29	-14
69	紫金矿业	601899	B	14949	6804	-3529	-813	-518	8144	5.2	39.5	12.7	70	9	29	51	19	16	2	37
70	国投新集	601918	B	-2935	-3682	-2645	-702	-1625	746	7.7	17.8	3.1	47	21	117	-49	-92	-19	-18	-129
71	金钼股份	601958	B	8266	2095	-126	-37	1061	6171	6.2	7.9	22.0	58	46	17	88	5	9	82	95
72	洛阳钼业	603993	B	6817	4085	-116	-518	3386	2732	3.9	3.2	13.4	95	115	27	182	20	17	186	223

续表

序号	公司简称	股票代码	行业代码	营运资金总额	经营活动营运资金	采购渠道营运资金	生产渠道营运资金	营销渠道营运资金	投资活动营运资金	存货周转率	应收账款周转率	应付账款周转率	存货周转期	应收账款周转期	应付账款周期	现金周转期	采购渠道营运资金周转期	生产渠道营运资金周转期	营销渠道营运资金周转期	经营活动营运资金周转（按渠道）
73	泰复实业	000409	B	209	15	19	-47	27	194	26.2	3.7	7.1	14	97	52	60	10	-103	33	-60
74	兴业矿业	000426	B	-178	-206	-215	-92	-182	28	3.9	36.0	4.5	95	10	81	23	-29	16	-59	-72
75	靖远煤电	000552	B	601	-269	-490	-828	676	870	11.9	6.3	8.4	31	58	44	45	-31	-56	43	-44
76	新大洲 A	000571	B	375	-46	-23	-143	37	421	12.8	12.6	12.1	28	29	30	27	13	-37	-37	-61
77	盛达矿业	000603	B	481	-160	-14	-15	-171	640	24.8	173.0	44.8	15	2	8	9	-2	-7	-74	-83
78	攀钢钒钛	000629	B	-1498	-2939	-1822	-2992	780	1441	13.8	15.2	6.6	26	24	55	-5	-34	-50	23	-61
79	金岭矿业	000655	B	810	450	-66	-45	467	360	14.4	1.7	16.2	25	209	22	212	-7	1	156	150
80	炼石有色	000697	B	140	89	-69	-6	126	51	5.2	2.2	3.2	71	166	115	121	-87	22	186	121
81	中色股份	000758	B	5403	3534	-1221	-332	1743	1869	5.0	8.3	6.3	73	44	58	59	-9	13	69	73
82	西藏矿业	000762	B	1695	400	-33	15	229	1295	2.5	2.7	8.2	143	137	45	235	59	-2	197	255
83	平庄能源	000780	B	2599	711	-413	-369	1338	1888	24.9	3.7	10.6	15	98	34	78	-19	-31	83	34
84	冀中能源	000937	B	9397	5194	-4386	-867	9410	4203	26.9	3.2	6.0	14	114	61	67	-46	-9	102	47
85	凯迪电力	000939	B	1542	626	-1100	-47	1621	915	16.5	1.9	2.0	22	192	181	33	-113	4	183	74
86	西山煤电	000983	B	2514	-2597	-6291	-3400	5085	5111	13.7	5.4	4.7	27	68	78	16	-53	-40	59	-34
87	露天煤业	002128	B	1849	1534	-346	-130	1685	315	23.1	4.4	14.4	16	83	25	73	-1	-7	74	66
88	辰州矿业	002155	B	1828	1478	98	-106	625	350	6.7	11.9	51.8	54	31	7	78	16	26	45	87
89	准油股份	002207	B	185	70	-154	-10	216	115	27.9	2.1	2.8	13	170	132	51	-113	-8	173	51
90	惠博普	002554	B	774	194	-96	-106	313	580	6.5	1.7	4.3	56	214	84	186	-25	-8	194	161
91	仁智油服	002629	B	618	372	-135	-21	465	245	10.7	1.6	4.1	34	232	88	178	-59	-10	201	132
92	宏大爆破	002683	B	1041	383	-341	2	369	659	5.8	4.8	5.7	63	76	64	75	-57	52	67	63
93	海默科技	300084	B	458	219	17	-3	133	238	2.9	1.5	10.4	128	250	35	343	91	41	264	395
94	恒泰艾普	300157	B	1129	361	-40	-78	453	769	35.4	1.2	16.7	10	294	22	282	-9	-31	273	233
95	通源石油	300164	B	952	225	-180	0	316	727	4.2	1.1	1.6	87	332	224	195	-120	20	346	246
96	华联矿业	600882	B	686	565	-3	-49	526	121	11.2	2.3	17.9	33	159	20	171	14	-15	158	157
97	宏达矿业	600532	B	88	-25	-125	-2	74	113	13.3	4.9	4.7	28	75	77	26	-54	-2	57	1

续表

序号	公司简称	股票代码	行业代码	营运资金总额	经营活动营运资金	采购渠道营运资金	生产渠道营运资金	营销渠道营运资金	投资活动营运资金	存货周转率	应收账款周转率	应付账款周转率	存货周转期	应收账款周转期	应付账款周期	现金周转期	采购渠道营运资金周转期	生产渠道营运资金周转期	营销渠道营运资金周转期	经营活动营运资金周转（按渠道）
98	赤峰黄金	600988	B	171	46	6	-42	51	125	10.6	8.7	228.6	34	42	2	75	11	8	-8	11
99	深深宝	000019	C0	579	205	13	39	154	374	2.3	2.9	8.1	162	126	45	243	7	18	151	175
100	康达尔	000048	C0	406	-21	-48	73	-46	427	12.9	14.2	10.5	28	26	35	19	-15	15	-9	-9
101	广弘控股	000529	C0	324	-119	-107	-112	100	443	10.5	59.2	13.9	35	6	26	15	-20	-29	22	-28
102	泸州老窖	000568	C0	7017	75	-1036	574	538	6942	4.6	3.7	11.6	79	100	31	147	-30	16	23	9
103	古井贡酒	000596	C0	1805	-812	-502	180	-490	2617	6.2	12.3	9.4	59	30	39	50	-18	9	-29	-38
104	西王食品	000639	C0	538	269	-41	0	310	269	9.9	24.9	26.4	37	15	14	38	12	1	42	55
105	正虹科技	000702	C0	238	23	-56	30	49	216	11.0	42.3	14.9	33	9	24	17	3	4	11	18
106	南方食品	000716	C0	228	182	-28	90	119	47	8.8	6.4	4.7	41	57	77	21	-21	12	73	63
107	燕京啤酒	000729	C0	3171	1784	2615	-1126	295	1387	3.2	93.9	12.7	115	4	29	90	71	-28	5	48
108	西藏发展	000752	C0	255	-22	7	-12	-17	277	21.1	964.0	21.2	17	0	17	0	28	-2	-7	19
109	酒鬼酒	000799	C0	1289	209	147	275	-213	1080	2.8	147.6	20.5	128	2	18	113	24	57	-64	17
110	承德露露	000848	C0	168	-383	-112	-38	-234	551	7.5	2881.5	11.3	49	0	32	17	-11	-6	-42	-59
111	五粮液	000858	C0	24620	-3663	-31	1449	-5081	28283	4.5	11.7	57.2	81	31	6	106	2	22	-84	-60
112	顺鑫农业	000860	C0	6340	4033	327	4286	-580	2307	1.8	43.6	23.3	208	8	16	201	26	167	-23	170
113	张裕	000869	C0	2981	746	-220	588	377	2235	2.8	27.8	20.6	129	13	18	125	-10	28	11	29
114	新希望	000876	C0	4644	1636	911	-869	1594	3009	16.6	101.2	33.6	22	4	11	15	5	-4	8	9
115	东凌粮油	000893	C0	4674	611	43	112	456	4063	6.1	154.4	7.3	60	2	50	13	-8	3	16	11
116	双汇发展	000895	C0	3622	-453	-694	-844	1085	4075	14.5	157.2	18.7	25	2	20	8	-8	-6	11	-4
117	南宁糖业	000911	C0	2691	811	-30	-81	922	1880	7.1	6.7	9.3	51	55	39	66	3	-9	81	75
118	兰州黄河	000929	C0	799	294	132	28	134	505	3.1	7.3	13.3	119	50	27	141	50	16	62	128
119	皇台酒业	000995	C0	25	-20	-60	45	-6	46	1.0	3.9	2.2	352	94	170	276	-52	159	-14	93
120	天康生物	002100	C0	940	545	396	-86	234	395	5.0	29.8	22.5	73	12	16	69	30	-6	44	68
121	天邦股份	002124	C0	402	247	53	9	185	155	8.5	16.7	22.8	43	22	16	49	8	1	35	43
122	高金食品	002143	C0	997	704	-50	607	147	294	8.5	49.3	20.9	43	7	17	33	-3	68	15	79

续表

序号	公司简称	股票代码	行业代码	营运资金总额	经营活动营运资金	采购渠道营运资金	生产渠道营运资金	营销渠道营运资金	投资活动营运资金	存货周转率	应收账款周转率	应付账款周转率	存货周转期	应收账款周转期	应付账款周期	现金周转期	采购渠道营运资金周转期	生产渠道营运资金周转期	营销渠道营运资金周转期	经营活动营运资金周转（按渠道）
123	正邦科技	002157	C0	1020	508	-75	276	307	512	14.9	85.8	19.0	25	4	19	10	1	6	7	14
124	三全食品	002216	C0	663	-170	-468	-130	427	833	3.8	12.0	3.9	97	30	94	32	-61	-14	63	-12
125	天宝股份	002220	C0	1751	1171	730	-107	548	580	5.1	4.0	59.8	71	92	6	157	141	-18	113	237
126	保龄宝	002286	C0	258	128	-49	-2	180	129	10.0	7.1	9.9	37	51	37	51	-19	-2	61	41
127	洋河股份	002304	C0	6861	-2298	-627	-102	-1569	9159	3.6	22.6	18.7	101	16	20	98	-6	-8	-39	-53
128	海大集团	002311	C0	2100	1220	904	57	259	880	15.1	44.8	32.9	24	8	11	21	18	0	5	23
129	皇氏乳业	002329	C0	501	242	75	36	130	260	10.9	5.6	15.3	34	65	24	74	26	14	59	100
130	得利斯	002330	C0	417	266	-14	-47	328	150	8.2	13.5	17.1	44	27	21	50	-1	-11	60	48
131	大北农	002385	C0	2092	328	546	-237	19	1763	9.9	79.2	22.8	37	5	16	26	18	-7	-1	9
132	黑牛食品	002387	C0	641	175	138	-8	46	467	5.1	111.5	13.0	72	3	28	47	66	-2	5	69
133	珠江啤酒	002461	C0	805	405	-115	-181	702	400	4.9	4.2	5.6	75	87	65	96	-2	-18	28	9
134	双塔食品	002481	C0	609	345	208	64	73	264	1.8	9.2	6.3	200	40	58	182	148	39	39	227
135	佳隆股份	002495	C0	683	133	46	-2	90	550	4.2	3.7	11.7	86	100	31	154	61	0	124	185
136	涪陵榨菜	002507	C0	485	-16	39	-22	-33	501	6.0	68.6	12.7	61	5	29	38	23	-12	-20	-9
137	金新农	002548	C0	546	26	6	1	19	520	14.6	88.0	19.8	25	4	18	11	1	0	5	6
138	洽洽食品	002557	C0	1971	333	271	-11	73	1638	5.0	30.1	10.4	73	12	35	50	31	-2	6	35
139	唐人神	002567	C0	568	269	288	-64	45	298	16.0	90.7	32.4	23	4	11	16	18	-4	2	16
140	贝因美	002570	C0	1954	-253	-288	-161	196	2206	9.8	17.9	9.6	37	20	38	20	-11	-7	18	0
141	好想你	002582	C0	953	538	440	-3	101	415	2.0	11.6	24.9	183	32	15	200	166	-4	38	201
142	龙力生物	002604	C0	1715	176	98	-10	88	1539	7.2	10.8	19.0	50	34	19	65	27	-1	39	66
143	金达威	002626	C0	845	201	6	62	134	644	4.8	6.3	11.1	75	58	33	101	3	29	66	99
144	青青稞酒	002646	C0	1361	161	3	101	57	1200	3.4	624.7	10.7	108	1	34	74	0	23	27	50
145	加加食品	002650	C0	1308	170	199	11	-41	1138	10.3	84.7	33.8	35	4	11	29	54	2	-15	41
146	克明面业	002661	C0	418	72	12	-2	62	346	18.7	21.7	60.8	20	17	6	30	10	1	16	27
147	煌上煌	002695	C0	991	217	227	-24	14	774	3.8	72.6	27.7	96	5	13	88	84	-9	3	77

续表

序号	公司简称	股票代码	行业代码	营运资金总额	经营活动营运资金	采购渠道营运资金	生产渠道营运资金	营销渠道营运资金	投资活动营运资金	存货周转率	应收账款周转率	应付账款周转率	存货周转期	应收账款周转期	应付账款周期	现金周转期	采购渠道营运资金周转期	生产渠道营运资金周转期	营销渠道营运资金周转期	经营活动营运资金周转（按渠道）
148	腾新食品	002702	C0	634	112	-8	-6	127	522	5.2	8.4	7.9	70	43	46	66	2	-2	52	53
149	汤臣倍健	300146	C0	1451	174	97	-51	128	1277	6.7	28.8	26.5	55	13	14	54	32	-11	27	48
150	量子高科	300149	C0	423	63	4	0	59	360	6.9	5.9	23.3	53	62	16	99	13	0	93	106
151	朗源股份	300175	C0	524	444	232	49	163	80	1.6	6.4	12.2	224	57	30	251	170	30	114	314
152	万福生科	300268	C0	439	178	153	-25	51	260	1.3	16.0	6.1	280	23	60	242	214	-21	43	235
153	古越龙山	600059	C0	1524	1043	-117	77	1083	481	1.0	12.0	4.0	363	30	91	302	-21	11	250	240
154	上海海林	600073	C0	1745	747	-184	-180	1110	998	9.5	10.4	14.5	38	35	25	48	-7	-5	42	30
155	啤酒花	600090	C0	133	-7	-4	-164	162	140	4.6	141.0	13.5	80	3	27	56	5	-39	37	3
156	金健米业	600127	C0	584	469	108	188	173	116	4.0	13.9	31.0	91	26	12	106	26	33	45	105
157	重庆啤酒	600132	C0	728	267	1187	-887	-33	461	2.5	40.6	15.5	144	9	24	129	114	-87	-3	23
158	莲花味精	600186	C0	690	641	-144	-81	866	49	8.2	3.4	5.8	44	107	63	89	-24	-5	126	96
159	华资实业	600191	C0	518	176	92	42	42	342	4.2	6.0	6.1	88	61	60	89	176	42	86	303
160	伊力特	600197	C0	59	-149	-145	-125	121	208	2.7	6.9	9.1	137	53	40	150	-17	-13	30	0
161	金种子酒	600199	C0	1735	217	-217	221	214	1518	7.9	4.2	11.5	46	88	32	102	-25	25	36	37
162	海南椰岛	600238	C0	515	257	-257	171	342	258	2.5	10.3	6.7	148	35	54	129	-41	60	69	87
163	冠农股份	600251	C0	629	240	-127	147	220	389	1.5	16.2	5.5	239	23	67	195	-45	24	133	111
164	安琪酵母	600298	C0	1395	981	90	48	842	415	4.0	5.4	6.8	92	68	53	106	16	5	104	124
165	维维股份	600300	C0	2896	1719	573	508	638	1177	4.2	8.1	9.9	88	45	37	96	25	24	35	85
166	恒顺醋业	600305	C0	684	85	-498	180	403	599	1.7	13.3	1.7	216	27	215	28	-169	96	141	69
167	荣华实业	600311	C0	256	-21	16	10	-47	277	6.3	37588.4	21.4	58	0	17	41	29	117	-29	118
168	三元股份	600429	C0	220	-188	-169	-277	258	408	12.7	12.1	11.8	29	30	31	28	-16	-19	31	-4
169	通威股份	600438	C0	1412	684	338	-40	385	728	14.4	27.4	26.1	25	13	14	25	7	-1	13	19
170	贵州茅台	600519	C0	26709	4383	4776	6172	-6565	22327	3.2	110.6	103.6	115	3	4	114	47	73	-91	29
171	莫高股份	600543	C0	739	241	123	2	116	497	1.4	4.7	8.4	257	78	43	291	128	2	117	248
172	老白干酒	600559	C0	328	281	21	280	-20	47	2.0	53.3	12.2	187	7	30	164	3	55	-24	35

续表

序号	公司简称	股票代码	行业代码	营运资金总额	经营活动营运资金	采购渠道营运资金	生产渠道营运资金	营销渠道营运资金	投资活动营运资金	存货周转率	应收账款周转率	应付账款周转率	存货周转期	应收账款周转期	应付账款周期	现金周转期	采购渠道营运资金周转期	生产渠道营运资金周转期	营销渠道营运资金周转期	经营活动营运资金周转（按渠道）
173	惠泉啤酒	600573	C0	387	127	32	89	6	260	3.6	1505.2	19.3	101	0	19	83	14	45	2	61
174	光明乳业	600597	C0	2126	-226	-722	-1079	1575	2351	12.9	10.4	11.0	28	35	33	30	-15	-23	40	1
175	青岛啤酒	600600	C0	3293	-3889	-410	-3518	38	7182	10.2	65.5	13.7	36	6	27	15	-1	-47	-1	-49
176	金枫酒业	600616	C0	903	481	-100	-26	607	422	1.6	10.6	5.4	227	34	67	194	-40	-5	210	165
177	大江股份	600695	C0	295	225	-2	-31	258	70	5.3	3.2	10.2	69	114	36	147	7	-33	295	269
178	沱牌舍得	600702	C0	1609	1385	-75	1276	184	224	1.2	5.8	6.5	295	63	56	302	-15	227	36	248
179	新华锦	600735	C0	466	321	99	29	193	144	5.9	11.8	13.6	62	31	27	66	13	13	48	74
180	中粮屯河	600737	C0	2050	1349	-771	260	1859	701	1.4	5.0	3.8	265	73	96	242	-40	24	251	235
181	水井坊	600779	C0	1155	909	-353	1019	242	247	1.5	5.5	6.4	252	67	57	262	-50	201	34	186
182	山西汾酒	600779	C0	2496	15	-121	362	-225	2481	4.9	8.1	22.0	74	45	17	103	-5	21	-23	-7
183	星湖科技	600866	C0	789	598	-54	181	470	191	3.1	6.6	5.6	119	56	65	110	21	15	155	191
184	梅花集团	600873	C0	-1214	-2077	-607	-371	-1100	864	6.9	15.5	4.8	53	24	76	0	27	-11	-8	8
185	伊利股份	600887	C0	-2582	-4591	-1881	-1830	-881	2009	13.5	99.2	9.6	27	4	38	-7	-16	-15	-10	-41
186	国投中鲁	600962	C0	1603	1350	-29	-29	1408	253	1.2	10.2	23.7	296	36	15	316	-4	-4	325	318
187	晨光生物	300138	C0	748	710	165	65	481	37	2.1	10.5	16.4	177	35	22	189	66	25	138	229
188	常山股份	000158	C1	2075	1262	925	86	251	813	4.7	40.4	17.5	78	9	21	66	70	6	-1	76
189	鲁 泰 A	000726	C1	2318	1380	362	49	969	938	3.5	15.5	18.9	105	24	19	110	29	6	53	89
190	三毛派神	000779	C1	206	156	1	-11	165	49	1.5	4.0	7.5	250	91	48	293	5	-15	228	218
191	金宇车城	000803	C1	118	98	21	78	-1	20	1.8	10.1	9.7	201	36	38	200	6	152	8	166
192	华润锦华	000810	C1	314	258	47	-57	268	57	4.9	5.9	21.4	74	62	17	119	19	-20	90	89
193	天山纺织	000813	C1	345	299	114	48	136	47	1.0	4.6	9.9	365	80	37	408	162	79	182	423
194	华茂股份	000850	C1	741	526	112	-31	444	215	4.8	6.1	14.8	77	59	25	112	51	-4	64	112
195	ST 欣龙	000955	C1	484	17	9	-33	42	466	5.7	10.7	8.9	64	34	41	57	4	-125	50	-71
196	中银绒业	000982	C1	3706	3257	1423	271	1563	449	1.1	3.5	7.9	325	103	46	382	177	30	209	416
197	霞客环保	002015	C1	696	102	-492	2	593	594	2.3	13.6	2.4	160	27	151	36	-86	1	116	30

续表

序号	公司简称	股票代码	行业代码	营运资金总额	经营活动营运资金	采购渠道营运资金	生产渠道营运资金	营销渠道营运资金	投资活动营运资金	存货周转率	应收账款周转率	应付账款周转率	存货周转期	应收账款周转期	应付账款周期	现金周转期	采购渠道营运资金周转期	生产渠道营运资金周转期	营销渠道营运资金周转期	经营活动营运资金周转（按渠道）
198	七匹狼	002029	C1	3087	853	-519	-46	1419	2234	4.7	4.6	7.1	78	79	52	105	-12	-5	123	106
199	美欣达	002034	C1	232	-85	-304	18	201	317	4.8	8.2	4.5	76	45	81	39	-56	24	46	14
200	宜科科技	002036	C1	254	174	32	-42	184	80	2.5	4.6	7.7	144	80	47	177	36	-32	164	167
201	华孚色纺	002042	C1	3430	2787	345	347	2095	643	2.6	7.1	6.5	141	51	57	135	37	13	131	181
202	江苏三友	002044	C1	328	55	-63	-14	132	273	9.6	7.8	8.2	38	47	45	40	-30	-7	61	24
203	众和股份	002070	C1	912	313	272	-120	161	598	2.4	4.0	5.4	155	92	68	179	77	-14	67	130
204	ST德棉	002072	C1	18	-98	-248	-24	175	116	6.3	14.4	3.9	58	25	94	-10	-69	-13	54	-28
205	孚日股份	002083	C1	2032	1506	-73	805	774	527	2.4	13.0	6.7	155	28	54	129	-10	66	68	125
206	新野纺织	002087	C1	1993	1490	679	10	801	503	4.0	9.5	10.7	92	38	34	97	88	1	59	148
207	宏达高科	002144	C1	214	74	-66	-1	141	140	10.0	4.8	6.4	37	76	57	56	-16	0	53	38
208	报喜鸟	002154	C1	1930	1376	-128	148	1356	554	3.2	2.8	9.7	112	131	37	206	27	20	185	231
209	山东如意	002193	C1	795	598	46	128	424	197	1.8	3.1	2.8	199	117	130	186	18	68	176	262
210	金飞达	002239	C1	313	90	-20	21	89	223	7.8	4.4	7.7	47	82	47	82	-16	16	89	88
211	美邦服饰	002269	C1	1717	1089	-244	-4	1337	629	4.1	11.8	16.0	89	31	23	97	-6	-1	71	64
212	星期六	002291	C1	1640	1232	-207	-79	1518	408	1.6	2.6	5.9	225	139	62	302	-43	-8	324	273
213	罗莱家纺	002293	C1	1401	445	-70	-6	521	956	4.8	16.7	8.9	76	22	41	57	-15	0	61	47
214	富安娜	002327	C1	940	267	-208	50	424	673	3.8	27.8	5.9	97	13	62	48	-27	16	68	58
215	联发股份	002394	C1	2147	564	-27	71	519	1584	5.8	10.5	11.5	62	35	32	66	1	9	61	71
216	梦洁家纺	002397	C1	709	366	-138	35	470	343	2.8	10.0	5.5	132	37	67	102	-34	10	120	96
217	嘉欣丝绸	002404	C1	684	421	-128	222	326	263	6.4	8.2	9.4	57	45	39	63	-21	31	65	75
218	凯撒股份	002425	C1	676	508	15	2	491	168	1.5	5.2	7.0	243	70	52	260	39	-1	300	338
219	希努尔	002485	C1	988	752	226	32	495	235	3.3	5.3	6.9	110	69	53	125	114	9	113	236
220	嘉麟杰	002486	C1	490	202	-6	44	164	288	3.8	12.8	11.7	96	29	31	93	-2	20	76	94
221	华斯股份	002494	C1	706	296	204	12	80	409	2.0	22.3	26.9	183	16	14	186	142	11	44	197
222	搜于特	002503	C1	1605	304	-238	137	405	1302	4.4	7.7	4.9	83	47	75	55	-25	28	75	78

续表

序号	公司简称	股票代码	行业代码	营运资金总额	经营活动营运资金	采购渠道营运资金	生产渠道营运资金	营销渠道营运资金	投资活动营运资金	存货周转率	应收账款周转率	应付账款周转率	存货周转期	应收账款周转期	应付账款周期	现金周转期	采购渠道营运资金周转期	生产渠道营运资金周转期	营销渠道营运资金周转期	经营活动营运资金周转（按渠道）
223	江苏旷达	002516	C1	1097	383	-145	15	513	714	6.5	3.0	5.4	57	123	68	111	-45	7	152	115
224	泰亚股份	002517	C1	389	239	64	0	176	150	3.4	2.4	17.3	108	152	21	238	82	3	178	263
225	森马服饰	002563	C1	5720	882	-815	-59	1757	4838	5.9	9.8	7.4	62	37	50	50	-29	-2	90	60
226	步森股份	002569	C1	496	172	-56	-15	243	324	3.5	5.2	5.2	104	71	70	105	-18	-10	122	94
227	棒杰股份	002634	C1	226	76	-87	68	95	149	3.5	5.6	3.4	103	65	107	61	-80	57	88	65
228	卡奴迪路	002656	C1	1056	234	-121	39	316	821	3.1	7.8	4.3	117	47	85	79	-52	18	116	82
229	兴业科技	002674	C1	1192	524	103	265	157	668	4.1	21.8	14.8	88	17	25	80	24	49	24	97
230	乔治白	002687	C1	522	176	-14	-24	215	346	4.3	4.3	9.6	84	86	38	132	-7	-10	99	81
231	探路者	300005	C1	590	2	-136	-41	179	587	5.2	37.3	8.0	70	10	45	34	-42	-10	54	1
232	浙江富润	600070	C1	566	304	-22	91	235	262	4.3	13.4	13.3	85	27	27	85	-7	31	57	82
233	美尔雅	600107	C1	1920	407	19	276	111	1513	1.7	11.1	13.8	217	33	26	224	11	140	50	201
234	浪莎股份	600137	C1	279	132	-101	5	228	147	2.1	5.3	2.8	173	69	131	111	-94	8	198	112
235	维科精华	600152	C1	692	170	-184	-134	488	522	5.7	10.7	7.1	64	34	52	46	-27	-22	56	7
236	华升股份	600156	C1	335	222	-3	120	105	113	2.0	37.8	5.4	183	10	68	125	12	57	46	114
237	江苏阳光	600220	C1	1138	595	173	33	390	542	6.3	8.3	10.4	58	44	35	67	15	3	52	69
238	金鹰股份	600232	C1	1147	710	-41	176	575	437	1.6	4.1	5.5	227	89	66	249	-9	61	181	233
239	大杨创世	600233	C1	1077	691	38	3	650	387	4.3	5.4	20.2	85	68	18	135	16	-7	280	289
240	时代万恒	600241	C1	490	199	-80	40	239	292	4.1	11.4	16.3	89	32	22	99	-19	40	37	57
241	开开实业	600272	C1	289	113	-112	-224	449	176	6.4	2.4	6.8	57	152	53	155	-50	-92	201	58
242	华芳纺织	600273	C1	358	67	19	-62	110	291	4.1	54.3	20.5	89	7	18	78	22	-13	38	48
243	鄂尔多斯	600295	C1	9200	7565	742	2348	4476	1635	3.0	5.5	4.4	120	66	83	104	29	53	113	196
244	三房巷	600370	C1	787	269	-21	-31	321	518	6.8	6.7	10.7	54	54	34	74	4	-9	78	72
245	贤成矿业	600381	C1	667	282	-194	437	39	384	3.7	6.1	1.7	99	60	217	-58	-73	-2	20	-55
246	凯诺科技	600398	C1	1020	-216	-69	-38	-109	1236	3.5	8.8	11.0	103	41	33	111	-16	-5	-16	-37
247	瑞贝卡	600439	C1	3211	2269	987	775	508	942	1.2	7.0	19.3	308	52	19	342	141	116	80	337

续表

序号	公司简称	股票代码	行业代码	营运资金总额	经营活动营运资金	采购渠道营运资金	生产渠道营运资金	营销渠道营运资金	投资活动营运资金	存货周转率	应收账款周转率	应付账款周转率	存货周转期	应收账款周转期	应付账款周期	现金周转期	采购渠道营运资金周转期	生产渠道营运资金周转期	营销渠道营运资金周转期	经营活动营运资金周转（按渠道）
248	华纺股份	600448	C1	348	119	-186	55	250	229	4.9	20.9	5.6	74	17	65	26	-24	15	32	22
249	福建南纺	600483	C1	519	416	-58	1	473	103	6.2	3.6	6.7	59	101	54	107	-25	0	119	94
250	凤竹纺织	600493	C1	483	320	78	-24	266	164	3.6	5.8	5.3	103	63	69	97	14	-3	112	123
251	申达股份	600626	C1	1090	-260	-243	-116	98	1351	32.3	21.9	15.4	11	17	24	4	-12	-1	6	-7
252	龙头股份	600630	C1	1611	1326	228	294	803	285	5.3	12.5	21.2	69	29	17	81	16	24	62	102
253	航天通信	600677	C1	2453	1491	115	170	1206	962	6.9	8.0	6.1	53	46	59	39	8	9	36	53
254	上海三毛	600689	C1	334	138	165	-31	5	196	24.5	16.3	51.8	15	22	7	30	20	-4	2	18
255	海欣股份	600851	C1	781	470	90	-62	442	310	3.5	4.1	8.3	104	88	44	149	24	-14	115	125
256	杉杉股份	600884	C1	2338	1372	-532	207	1697	966	4.3	3.2	5.1	86	113	72	126	-44	18	147	121
257	航民股份	600987	C1	855	387	31	-101	456	468	16.5	5.6	18.7	22	65	20	68	6	-13	59	52
258	华鼎锦纶	601113	C1	1308	675	-158	13	821	633	6.2	2.3	7.0	59	156	52	163	-25	7	185	168
259	桐昆股份	601233	C1	2553	1784	-836	186	2434	769	13.0	11.7	9.1	28	31	40	19	-11	2	42	34
260	百隆东方	601339	C1	5807	3838	1058	123	2657	1969	2.0	13.4	31.8	181	27	11	196	83	26	167	276
261	九牧王	601566	C1	3322	718	-316	-74	1108	2605	3.7	6.8	5.5	98	54	66	86	-33	-11	142	98
262	鹿港科技	601599	C1	787	629	-50	38	641	158	3.5	9.2	6.4	103	40	57	86	-5	8	104	107
263	中纺投资	600061	C1	581	360	-443	14	789	220	5.2	11.1	7.7	70	33	48	55	-35	1	77	43
264	奥康国际	603001	C1	3105	883	-781	-64	1727	2222	6.9	3.3	3.5	53	111	104	60	-80	-5	150	65
265	四海股份	000611	C1	229	165	-10	-38	213	64	0.9	17.3	22.7	404	21	16	409	-13	53	245	285
266	大亚科技	000910	C2	3112	1763	-571	235	2099	1349	3.6	6.2	5.2	101	59	70	90	-27	8	95	76
267	兔宝宝	002043	C2	468	293	49	44	200	175	3.3	15.3	12.4	111	24	29	106	20	16	67	103
268	威华股份	002240	C2	575	358	-149	232	275	216	3.0	9.2	7.0	123	40	52	110	3	52	42	96
269	升达林业	002259	C2	545	19	-360	235	144	526	1.7	6.9	1.6	215	53	235	33	-152	118	78	44
270	科冕木业	002354	C2	357	303	65	97	140	54	2.0	2.9	3.8	184	125	96	213	97	104	153	354
271	浙江永强	002489	C2	1865	685	-659	130	1214	1179	4.2	4.1	3.3	87	88	110	65	-63	21	146	104
272	索菲亚	002572	C2	1069	10	55	-66	21	1059	18.1	26.5	14.2	20	14	26	8	4	-13	7	-2

续表

序号	公司简称	股票代码	行业代码	营运资金总额	经营活动营运资金	采购渠道营运资金	生产渠道营运资金	营销渠道营运资金	投资活动营运资金	存货周转率	应收账款周转率	应付账款周转率	存货周转期	应收账款周转期	应付账款周期	现金周转期	采购渠道营运资金周转期	生产渠道营运资金周转期	营销渠道营运资金周转期	经营活动营运资金周转（按渠道）
273	德尔家居	002631	C2	847	29	19	-20	30	818	6.6	23.5	7.7	55	16	47	23	14	-27	13	-1
274	宜华木业	600978	C2	2836	1877	-29	594	1311	959	2.6	3.6	5.3	140	103	68	174	13	56	137	206
275	国栋建设	600321	C2	550	276	31	-4	250	274	2.3	7.7	11.4	157	48	32	173	28	-5	144	167
276	丰林集团	601996	C2	1207	475	24	247	204	732	2.6	5.1	9.1	142	72	40	174	4	94	88	186
277	喜临门	603008	C2	729	166	-107	19	254	563	7.2	4.2	5.7	51	86	65	72	-39	13	91	66
278	吉林森工	600189	C2	1362	872	405	-111	578	490	3.0	10.6	4.4	123	35	83	74	19	-33	181	167
279	美克股份	600337	C2	1088	655	33	-140	762	433	2.6	13.7	11.2	140	27	33	134	12	-18	95	88
280	晨鸣纸业	000488	C3	13783	9326	-927	916	9338	4456	4.0	3.5	4.1	92	103	90	105	-23	5	173	154
281	陕西金叶	000812	C3	436	201	-21	230	-8	235	2.8	6.3	5.4	132	58	68	122	0	65	19	84
282	＊ST 美利	000815	C3	-771	-847	-264	-710	127	76	1.7	5.0	2.5	211	73	147	137	-55	-178	95	-138
283	贵糖股份	000833	C3	441	232	-1	-17	249	209	2.5	25.4	7.1	146	14	51	109	8	-8	71	72
284	凯恩股份	002012	C3	773	452	-17	74	395	322	2.7	3.2	6.6	138	116	56	198	11	24	152	187
285	景兴纸业	002067	C3	2005	1209	2	-65	1272	796	7.6	2.5	11.5	48	148	32	164	0	-6	127	120
286	太阳纸业	002078	C3	2724	1859	-1166	312	2712	865	8.0	5.3	5.3	45	69	69	45	-33	8	85	59
287	广博股份	002103	C3	447	171	-106	6	271	276	6.0	6.5	6.2	61	56	59	58	-41	6	89	55
288	信隆实业	002105	C3	464	262	-189	37	414	202	7.8	4.5	5.1	47	81	71	57	-46	9	96	59
289	东港股份	002117	C3	379	130	-140	-27	297	249	8.7	7.3	4.4	42	50	82	10	-62	-9	92	20
290	劲嘉股份	002191	C3	970	357	-354	-214	924	613	4.3	4.0	5.1	85	92	71	107	-51	-10	152	91
291	合兴包装	002228	C3	993	678	-119	183	614	314	6.2	3.7	6.9	59	99	53	105	-16	28	98	111
292	鸿博股份	002229	C3	194	31	-182	15	198	163	8.6	4.9	4.0	43	75	91	26	-50	10	83	43
293	安妮股份	002235	C3	286	195	33	9	153	92	5.7	4.3	6.0	64	85	61	89	16	19	113	147
294	齐心文具	002301	C3	638	125	-270	3	393	513	7.7	6.6	5.2	47	55	71	32	-56	1	82	28
295	美盈森	002303	C3	827	159	-254	13	400	668	6.6	3.7	3.0	55	100	120	35	-78	4	131	57
296	高乐股份	002348	C3	776	252	45	25	182	524	5.6	2.9	51.2	65	124	7	181	34	22	148	204
297	骅威股份	002502	C3	705	177	-16	37	156	527	7.1	3.7	17.8	52	100	20	131	2	32	110	144

续表

序号	公司简称	股票代码	行业代码	营运资金总额	经营活动营运资金	采购渠道营运资金	生产渠道营运资金	营销渠道营运资金	投资活动营运资金	存货周转率	应收账款周转率	应付账款周转率	存货周转期	应收账款周转期	应付账款周期	现金周转期	采购渠道营运资金周转期	生产渠道营运资金周转期	营销渠道营运资金周转期	经营活动营运资金周转（按渠道）
298	中顺洁柔	002511	C3	1271	476	150	-156	482	794	4.4	8.2	8.8	84	44	42	86	29	-16	67	79
299	齐峰股份	002521	C3	1880	946	352	-13	607	934	4.3	4.3	10.1	85	86	36	134	63	-2	101	162
300	上海绿新	002565	C3	1027	371	-255	31	595	657	3.5	4.7	3.7	104	77	99	82	-37	11	114	87
301	盛通股份	002599	C3	166	14	-202	41	174	152	5.3	3.5	2.2	68	103	168	4	-132	28	110	6
302	姚记扑克	002605	C3	417	88	9	13	66	330	3.0	38.6	7.9	123	9	46	86	8	10	37	55
303	星辉车模	300043	C3	55	-104	-208	-1	105	159	10.6	16.6	5.7	34	22	64	-7	-34	1	24	-9
304	万顺股份	300057	C3	960	500	-302	64	738	460	5.9	3.7	3.8	62	99	95	66	-42	7	110	75
305	珠江钢琴	002678	C3	1168	499	12	194	293	669	2.4	17.6	10.5	151	21	35	137	6	46	68	120
306	海伦钢琴	300329	C3	384	128	-28	29	126	256	3.0	4.5	4.7	122	81	78	125	-35	35	130	131
307	广东甘化	000576	C3	340	229	-18	80	167	111	19.0	3.4	8.0	19	108	46	82	-13	4	105	95
308	奥飞动漫	002292	C3	1119	384	-12	91	305	735	4.2	7.4	8.5	88	50	43	94	6	19	85	111
309	银鸽投资	600069	C3	272	-681	-1322	-329	969	954	6.4	5.8	2.3	57	63	158	-38	-84	-31	102	-13
310	青山纸业	600103	C3	1112	870	78	92	700	242	2.5	4.6	6.1	145	80	60	164	11	20	127	158
311	福建南纸	600163	C3	1116	584	-21	56	550	532	2.9	5.1	3.8	127	72	97	102	2	11	131	143
312	民丰特纸	600235	C3	636	428	21	19	388	208	3.3	4.3	8.8	111	85	42	154	10	19	115	145
313	华泰股份	600308	C3	3172	2187	-704	51	2839	985	6.5	5.4	6.3	56	68	58	65	-25	3	99	77
314	恒丰纸业	600356	C3	1167	825	220	11	593	343	4.2	3.7	9.5	87	98	38	146	46	-1	135	180
315	新疆天宏	600419	C3	19	6	21	-49	33	13	5.0	4.8	9.7	73	76	37	111	37	-100	83	20
316	冠豪高新	600433	C3	893	625	176	110	339	268	3.4	4.4	7.8	107	84	47	145	51	21	127	199
317	山鹰纸业	600567	C3	2717	1373	-185	-47	1605	1344	8.1	3.2	5.8	45	116	63	98	-29	-3	101	68
318	界龙实业	600836	C3	647	370	-204	1419	-846	278	0.7	5.2	5.2	499	71	70	500	-47	362	-196	118
319	岳阳林纸	600963	C3	3903	3237	-641	2641	1237	665	1.6	3.7	3.2	225	98	115	208	-49	117	83	151
320	博汇纸业	600966	C3	2794	2027	80	-31	1978	767	4.8	3.6	9.4	76	101	39	138	-1	-2	146	143
321	东风股份	601515	C3	1277	544	-198	18	723	733	4.2	3.8	5.3	86	96	69	113	-34	2	145	112
322	辽通化工	000059	C4	5947	1928	3095	-1094	-73	4018	6.7	126.7	8.4	54	3	43	14	13	-10	-2	0

续表

序号	公司简称	股票代码	行业代码	营运资金总额	经营活动营运资金	采购渠道营运资金	生产渠道营运资金	营销渠道营运资金	投资活动营运资金	存货周转率	应收账款周转率	应付账款周转率	存货周转期	应收账款周转期	应付账款周期	现金周转期	采购渠道营运资金周转期	生产渠道营运资金周转期	营销渠道营运资金周转期	经营活动营运资金周转（按渠道）
323	*ST 川化	000155	C4	112	-240	7	-397	150	352	8.0	14.3	10.7	46	26	34	37	13	-53	18	-23
324	胜利股份	000407	C4	674	-4	-748	77	667	678	5.0	5.3	2.6	74	68	142	0	-99	-3	112	9
325	吉林化纤	000420	C4	190	-342	-570	-121	349	533	3.4	8.2	1.9	108	45	192	-39	-121	-30	86	-66
326	湖北宜化	000422	C4	5344	3804	1043	2108	652	1540	5.3	20.3	6.9	69	18	53	35	26	37	14	76
327	S*ST 华塑	000509	C4	-228	-240	-107	-209	77	12	4.9	2.4	2.4	75	151	153	73	-107	-226	99	-233
328	金路集团	000510	C4	350	11	-154	14	151	339	11.4	12.8	7.0	32	29	52	8	-20	2	24	7
329	广州浪奇	000523	C4	636	296	-275	28	542	341	14.4	8.9	7.2	25	41	51	16	-22	3	48	28
330	红太阳	000525	C4	2539	1336	-780	-44	2160	1203	4.3	11.5	3.7	85	32	99	18	-26	-4	92	63
331	沙隆达 A	000553	C4	573	398	-59	53	403	175	6.9	11.5	14.8	53	32	25	60	-8	8	56	55
332	渝三峡 A	000565	C4	453	234	-28	-18	279	220	4.3	2.4	5.2	85	152	71	166	-21	-20	187	146
333	友利控股	000584	C4	526	213	-161	603	-229	313	1.2	5.1	6.8	305	72	54	323	-10	176	-139	27
334	黔轮胎 A	000589	C4	2961	2368	-189	-33	2590	593	5.6	3.6	8.2	65	102	44	122	-4	0	144	140
335	青岛双星	000599	C4	1190	882	-842	75	1649	308	5.1	6.0	5.2	71	61	70	63	-47	6	96	55
336	湖北金环	000615	C4	348	130	-247	368	9	218	1.8	9.5	2.3	201	38	158	82	-96	133	38	75
337	海螺型材	000619	C4	2037	1261	125	-73	1209	776	6.5	4.2	11.4	56	87	32	111	9	-6	105	107
338	天茂集团	000627	C4	495	342	48	100	193	153	5.4	9.1	10.7	67	40	34	73	65	30	83	178
339	英力特	000635	C4	284	258	-147	-16	422	25	7.6	10.0	8.1	48	36	45	39	-26	-4	59	29
340	茂化实华	000637	C4	513	366	59	-13	320	147	38.7	45.1	204.7	9	8	2	16	4	0	27	32
341	珠海中富	000659	C4	1879	746	192	-140	695	1133	6.4	6.4	16.5	57	57	22	91	28	-16	84	96
342	*ST 索芙	000662	C4	500	32	-56	-128	215	469	3.7	2.4	4.9	98	154	75	177	-30	-29	200	141
343	*ST 海龙	000677	C4	-529	-583	-116	-601	135	54	2.4	4.7	1.1	154	78	339	-107	-243	-100	125	-218
344	远兴能源	000683	C4	1870	1013	-9	458	565	858	29.6	9.9	4.6	12	37	80	-31	21	59	34	113
345	保定天鹅	000687	C4	1199	452	-20	-38	510	748	2.1	3.0	3.1	170	122	117	176	-3	-15	218	200
346	沈阳化工	000698	C4	259	59	53	-230	236	200	22.0	28.7	35.6	17	13	10	19	1	-7	5	-1
347	恒逸石化	000703	C4	3939	2809	-1563	5	4367	1130	12.6	8.6	6.0	29	42	60	11	-33	1	55	24

续表

序号	公司简称	股票代码	行业代码	营运资金总额	经营活动营运资金	采购渠道营运资金	生产渠道营运资金	营销渠道营运资金	投资活动营运资金	存货周转率	应收账款周转率	应付账款周转率	存货周转期	应收账款周转期	应付账款周期	现金周转期	采购渠道营运资金周转期	生产渠道营运资金周转期	营销渠道营运资金周转期	经营活动营运资金周转（按渠道）
348	双环科技	000707	C4	1128	506	114	1020	-627	622	3.1	6.2	5.9	116	59	62	113	8	47	-2	54
349	美锦能源	000723	C4	284	246	-36	-30	312	39	7.9	5.0	4.2	46	73	87	32	-15	-6	87	66
350	四川美丰	000731	C4	1208	404	343	-82	143	804	20.7	41.6	43.4	18	9	8	18	19	-5	8	22
351	南风化工	000737	C4	825	187	-674	231	630	638	5.3	4.7	3.0	68	77	123	23	-83	-2	86	1
352	山西三维	000755	C4	753	31	-745	63	712	723	9.0	19.7	7.2	41	19	51	9	-25	4	33	12
353	美达股份	000782	C4	326	70	-270	-35	375	256	9.2	10.1	6.6	40	36	55	20	-31	-3	44	10
354	盐湖股份	000792	C4	6659	4493	2026	-854	3321	2166	4.2	2.9	3.1	88	128	117	99	75	-29	113	160
355	方大化工	000818	C4	345	273	90	-57	240	72	9.8	17.5	12.5	37	21	29	29	1	-10	29	21
356	岳阳兴长	000819	C4	388	11	10	-12	13	377	67.8	456.1	81.7	5	1	4	2	0	-1	3	1
357	山东海化	000822	C4	745	478	-274	-109	861	267	11.1	5.4	10.1	33	68	36	65	-17	-10	76	49
358	鲁西化工	000830	C4	-463	-1390	-1448	-31	89	927	6.7	1601.7	5.1	54	0	72	-17	-26	3	4	-19
359	四川圣达	000835	C4	335	231	80	-3	154	103	5.9	6.6	9.8	62	56	37	80	26	0	56	82
360	国风塑业	000859	C4	358	295	-25	9	311	63	8.9	4.8	9.5	41	75	38	78	-12	1	87	76
361	中鼎股份	000887	C4	1699	1177	-125	-214	1515	522	4.3	3.4	8.4	85	107	43	148	-16	-14	156	126
362	泸天化	000912	C4	4062	2292	1453	-346	1185	1770	5.8	11.6	11.9	63	32	31	64	113	-27	74	160
363	华西股份	000936	C4	808	299	-266	-7	571	509	12.0	5.5	5.0	30	66	73	24	-42	-1	70	27
364	新乡化纤	000949	C4	782	376	-475	1	849	406	3.8	9.7	4.6	97	38	80	54	-24	3	63	42
365	建峰化工	000950	C4	1607	687	494	-74	267	920	11.9	42.0	20.3	31	9	18	21	47	-7	28	68
366	*ST河化	000953	C4	67	-116	-40	-129	53	183	3.1	12.4	2.5	117	30	145	2	-30	-41	8	-62
367	佛塑科技	000973	C4	1609	1121	-19	539	600	489	2.9	8.6	9.5	128	42	38	132	9	54	59	123
368	春晖股份	000976	C4	226	10	-230	77	164	216	7.7	21.6	4.6	48	17	80	-16	-64	13	38	-13
369	大庆华科	000985	C4	25	-14	-44	-1	31	39	15.1	644.4	21.9	24	1	17	8	-8	0	15	7
370	金材股份	002002	C4	52	28	-1	-10	39	24	8.9	6.4	9.1	41	57	40	58	-4	-41	56	10
371	传化股份	002010	C4	1443	998	-146	-143	1287	445	9.8	3.1	13.3	37	117	27	127	-6	-12	130	113
372	永新股份	002014	C4	919	179	-152	-63	394	740	6.9	5.4	5.4	53	67	68	52	-39	-14	87	34

续表

序号	公司简称	股票代码	行业代码	营运资金总额	经营活动营运资金	采购渠道营运资金	生产渠道营运资金	营销渠道营运资金	投资活动营运资金	存货周转率	应收账款周转率	应付账款周转率	存货周转期	应收账款周转期	应付账款周期	现金周转期	采购渠道营运资金周转期	生产渠道营运资金周转期	营销渠道营运资金周转期	经营活动营运资金周转（按渠道）
373	华星化工	002018	C4	351	167	-181	41	306	184	2.6	5.5	3.1	142	67	119	90	-61	23	124	86
374	久联发展	002037	C4	1327	759	-723	234	1248	568	23.2	3.0	5.4	16	120	67	69	-52	14	113	75
375	云南盐化	002053	C4	-65	-290	-347	-74	131	224	7.9	25.7	4.5	46	14	81	-20	-54	-21	29	-46
376	德美化工	002054	C4	713	520	40	-17	497	194	7.7	2.1	18.9	48	177	19	206	10	-6	178	181
377	中钢天源	002057	C4	421	198	-19	31	186	223	4.2	2.3	8.5	88	155	43	200	1	22	173	196
378	江山化工	002061	C4	419	128	-240	-10	379	291	11.9	6.2	5.5	31	59	66	24	-47	-5	74	22
379	华峰氨纶	002064	C4	835	763	-65	-10	837	72	5.6	3.0	10.0	65	121	37	149	-2	-3	157	153
380	黑猫股份	002068	C4	1051	671	-999	-77	1747	380	7.2	4.0	4.0	51	92	92	50	-65	-5	115	45
381	中泰化学	002092	C4	-1565	-2486	-2074	18	-430	921	17.9	8.6	3.6	20	42	101	-38	-42	0	1	-41
382	南岭民爆	002096	C4	766	163	71	-85	177	603	8.6	12.6	13.0	43	29	28	44	20	-35	35	20
383	沧州明珠	002108	C4	939	672	-16	-24	712	267	10.8	3.2	17.4	34	114	21	127	3	-5	127	125
384	兴化股份	002109	C4	578	298	96	-1	204	279	17.1	9.4	20.0	21	39	18	42	20	-1	50	69
385	湘潭电化	002125	C4	294	114	-231	19	326	180	3.1	3.7	2.9	117	99	125	90	-79	0	155	75
386	新民科技	002127	C4	808	539	-933	-6	1478	269	8.0	4.4	3.4	45	84	107	23	-75	0	117	41
387	安纳达	002136	C4	177	69	-57	2	124	109	5.1	16.0	6.6	72	23	55	39	-15	0	51	35
388	中核钛白	002145	C4	25	18	20	-90	89	7	3.8	5.6	4.2	97	65	88	75	14	-50	67	32
389	红宝丽	002165	C4	650	423	-141	10	554	227	7.6	3.4	7.1	48	107	51	104	-23	2	126	105
390	东方锆业	002167	C4	965	319	-8	45	281	647	1.9	4.6	5.3	190	79	69	201	96	24	176	296
391	芭田股份	002170	C4	1263	412	349	-2	66	850	7.2	37.6	16.8	51	10	22	39	53	0	17	69
392	澳洋科技	002172	C4	280	20	-397	-41	458	260	6.8	7.8	4.2	54	47	86	15	-51	-4	70	15
393	路翔股份	002192	C4	387	207	53	-134	287	180	5.9	7.3	8.2	62	50	44	68	16	-22	52	46
394	海利得	002206	C4	977	229	-305	10	524	748	5.0	6.8	4.8	72	54	77	50	-41	0	92	51
395	宏达新材	002211	C4	713	359	-93	108	344	354	3.0	4.2	3.1	123	86	116	93	-19	55	160	195
396	诺普信	002215	C4	699	70	18	-3	56	629	4.1	11.6	7.6	90	31	48	73	13	1	22	37
397	联合化工	002217	C4	200	48	-105	-19	172	152	11.7	7.6	4.2	31	48	86	-7	-28	-4	57	25

续表

序号	公司简称	股票代码	行业代码	营运资金总额	经营活动营运资金	采购渠道营运资金	生产渠道营运资金	营销渠道营运资金	投资活动营运资金	存货周转率	应收账款周转率	应付账款周转率	存货周转期	应收账款周转期	应付账款周期	现金周转期	采购渠道营运资金周转期	生产渠道营运资金周转期	营销渠道营运资金周转期	经营活动营运资金周转（按渠道）
398	三力士	002224	C4	374	126	3	-13	136	248	5.5	13.5	15.6	67	27	23	70	8	-4	65	69
399	江南化工	002226	C4	830	204	38	-61	227	626	20.1	7.4	21.4	18	50	17	51	5	-27	41	19
400	通产丽星	002243	C4	551	431	65	29	337	120	7.8	3.7	8.6	47	98	42	103	14	3	109	126
401	北化股份	002246	C4	277	195	69	-13	138	82	13.8	11.6	35.1	27	32	10	48	14	-1	33	45
402	联化科技	002250	C4	1043	512	-38	48	503	531	6.3	7.9	8.2	58	46	44	60	3	11	49	64
403	泰和新材	002254	C4	387	307	-299	68	538	80	5.2	4.5	4.2	70	82	87	65	-74	14	122	63
404	彩虹精化	002256	C4	249	69	-100	16	153	180	5.7	6.2	4.2	64	59	86	37	-49	7	88	45
405	利尔化学	002258	C4	533	364	4	-1	361	169	5.0	5.5	12.4	73	66	30	109	9	-1	92	100
406	大东南	002263	C4	1342	670	235	48	387	672	2.2	4.5	11.8	168	82	31	219	103	33	178	314
407	华昌化工	002274	C4	554	232	181	-50	101	322	8.5	8.7	7.9	43	42	46	39	13	-6	14	21
408	乐通股份	002319	C4	300	236	-8	-2	245	65	4.5	2.3	5.2	81	161	70	172	13	5	192	210
409	普利特	002324	C4	885	706	11	-15	710	179	6.3	2.5	12.8	58	148	28	177	5	-2	171	175
410	永太科技	002326	C4	420	304	-210	151	364	115	2.5	4.7	2.9	148	77	128	98	-91	63	153	125
411	新纶科技	002341	C4	917	753	-147	15	886	164	6.3	1.9	5.6	58	188	66	180	-27	5	218	197
412	禾欣股份	002343	C4	885	404	-60	10	454	481	6.2	5.4	7.8	59	67	47	79	-8	3	102	97
413	同德化工	002360	C4	233	72	18	12	43	161	8.0	8.8	17.8	46	42	21	67	28	7	26	61
414	神剑股份	002361	C4	404	248	-235	-2	485	157	13.2	2.2	3.8	28	164	97	95	-69	-1	177	107
415	伟星新材	002372	C4	1000	339	81	-32	290	660	6.5	8.0	17.4	56	45	21	81	14	-4	56	66
416	国创高新	002377	C4	944	688	125	35	528	256	4.7	2.5	3.9	78	147	94	131	21	15	143	180
417	双箭股份	002381	C4	648	316	-163	9	470	332	7.6	2.8	4.5	48	132	82	98	-56	4	141	89
418	蓝帆股份	002382	C4	436	145	-196	2	339	291	6.4	5.6	4.1	57	65	88	34	-41	2	92	53
419	天原集团	002386	C4	1585	-438	-1107	-52	720	2023	8.7	10.5	3.5	42	35	105	-29	-52	-1	46	-6
420	长青股份	002391	C4	969	489	-3	255	237	480	3.8	7.0	14.6	97	52	25	124	10	65	68	143
421	雅克科技	002409	C4	885	219	-37	7	249	666	10.3	6.3	10.0	35	58	36	57	-16	2	77	63
422	九九久	002411	C4	681	447	95	0	352	233	12.8	3.2	15.4	28	113	24	117	23	-2	116	137

续表

序号	公司简称	股票代码	行业代码	营运资金总额	经营活动营运资金	采购渠道营运资金	生产渠道营运资金	营销渠道营运资金	投资活动营运资金	存货周转率	应收账款周转率	应付账款周转率	存货周转期	应收账款周转期	应付账款周期	现金周转期	采购渠道营运资金周转期	生产渠道营运资金周转期	营销渠道营运资金周转期	经营活动营运资金周转（按渠道）
423	毅昌股份	002420	C4	1234	791	-690	186	1295	443	4.4	2.1	2.8	83	175	130	128	-97	26	202	132
424	尤夫股份	002427	C4	476	404	-53	39	418	71	5.0	4.2	8.9	73	87	41	119	4	17	154	175
425	闰土股份	002440	C4	3091	1829	-236	213	1852	1262	4.7	2.5	7.6	78	148	48	178	-14	20	178	183
426	龙星化工	002442	C4	1166	954	145	-4	813	213	6.4	3.1	15.4	57	118	24	152	28	-1	136	163
427	康得新	002450	C4	3872	426	-67	0	492	3446	11.1	8.6	12.6	33	43	29	46	3	0	56	60
428	天马精化	002453	C4	407	332	-58	42	347	75	8.0	3.8	7.5	46	96	49	93	-15	15	113	113
429	百川股份	002455	C4	547	398	-28	-4	430	149	9.5	7.0	7.2	38	53	51	40	-5	-1	76	70
430	金利科技	002464	C4	572	58	-29	-14	100	514	9.0	5.0	8.9	41	74	41	73	-28	-10	91	54
431	天齐锂业	002466	C4	783	282	150	11	121	502	1.9	3.9	7.9	189	93	46	236	120	9	107	235
432	金正大	002470	C4	1844	1262	1288	66	-91	581	5.1	466.5	12.3	71	1	30	43	57	5	-13	50
433	荣盛石化	002493	C4	4390	1042	-2722	1009	2756	3347	16.2	12.3	5.5	22	30	66	-14	-25	8	42	25
434	辉丰股份	002496	C4	1237	429	-299	154	574	808	3.8	5.7	4.1	95	64	89	70	-44	25	99	81
435	雅化集团	002497	C4	675	-137	17	-347	192	813	14.8	8.0	24.9	25	45	15	55	13	-67	48	-6
436	蓝丰生化	002513	C4	340	84	-424	160	347	256	6.5	5.0	3.7	56	72	100	29	-64	28	83	47
437	宝莫股份	002476	C4	571	285	22	0	263	286	5.7	3.0	9.8	64	120	37	147	7	0	177	184
438	多氟多	002407	C4	910	704	161	-41	584	206	4.8	4.0	7.9	75	92	46	121	51	-10	120	162
439	齐翔腾达	002408	C4	1309	766	-185	-25	976	542	17.0	6.8	13.5	21	53	27	48	-1	-2	69	65
440	双象股份	002395	C4	533	226	-74	63	237	307	2.2	4.3	3.9	168	85	94	159	-52	59	154	162
441	浙江众成	002522	C4	521	29	-28	4	54	492	5.3	8.4	4.4	69	44	82	30	-22	6	43	27
442	司尔特	002538	C4	998	834	721	0	113	164	6.9	7.3	16.9	53	50	22	81	128	0	38	166
443	新都化工	002539	C4	938	319	339	-13	-7	619	4.2	22.9	5.0	87	16	72	30	68	-2	-7	59
444	兄弟科技	002562	C4	947	418	-48	48	418	529	3.6	5.0	7.4	102	73	49	126	-19	15	181	177
445	百润股份	002568	C4	507	46	2	13	31	462	16.8	5.4	23.8	22	67	15	74	0	30	64	94
446	万昌科技	002581	C4	541	61	-8	-1	70	481	18.4	6.1	26.1	20	60	14	66	-4	-1	66	61
447	西陇化工	002584	C4	859	400	-38	-16	454	459	6.6	6.4	14.4	55	57	25	87	-8	-1	95	86

续表

序号	公司简称	股票代码	行业代码	营运资金总额	经营活动营运资金	采购渠道营运资金	生产渠道营运资金	营销渠道营运资金	投资活动营运资金	存货周转率	应收账款周转率	应付账款周转率	存货周转期	应收账款周转期	应付账款周期	现金周转期	采购渠道营运资金周转期	生产渠道营运资金周转期	营销渠道营运资金周转期	经营活动营运资金周转（按渠道）
448	双星新材	002585	C4	1727	1297	806	98	393	431	5.1	8.5	5.6	71	43	65	49	99	20	52	172
449	史丹利	002588	C4	1347	-148	252	-51	-349	1495	4.7	4488.9	6.9	77	0	53	25	27	0	-14	13
450	金禾实业	002597	C4	970	503	127	-145	521	467	10.1	6.9	14.9	36	53	24	64	16	-14	60	61
451	佰利联	002601	C4	1415	591	44	59	488	824	4.8	9.6	6.0	76	38	61	52	15	4	73	92
452	道明光学	002632	C4	423	159	-5	33	132	264	2.4	5.3	5.8	154	69	63	160	17	29	124	169
453	赞宇科技	002637	C4	755	388	74	4	309	367	7.0	18.5	18.0	52	20	20	52	12	3	42	56
454	永高股份	002641	C4	945	145	-201	-35	382	800	7.3	12.8	6.6	50	28	56	22	-25	-4	46	17
455	烟台万润	002643	C4	713	280	-82	140	221	433	3.1	7.6	6.8	117	48	53	112	-26	60	81	115
456	卫星石化	002648	C4	1540	753	-261	1	1014	787	11.6	3.4	11.2	31	108	32	107	-12	1	113	102
457	硅宝科技	300019	C4	330	147	23	-10	134	183	8.7	3.3	13.5	42	111	27	126	26	-7	111	130
458	宝通带业	300031	C4	500	253	-100	15	338	247	11.6	2.0	4.8	31	186	76	142	-47	11	187	151
459	新宙邦	300037	C4	851	366	-63	-23	452	485	7.2	2.1	6.2	50	170	59	162	-24	-13	217	180
460	回天胶业	300041	C4	505	247	54	9	184	258	5.2	3.9	14.3	70	93	26	138	47	3	112	162
461	鼎龙股份	300054	C4	429	105	-46	4	147	323	6.5	4.6	5.5	56	79	66	69	-27	2	108	84
462	天龙集团	300063	C4	527	279	17	4	258	247	3.6	2.2	9.1	101	166	40	227	10	3	230	242
463	安诺其	300067	C4	503	223	3	12	207	280	2.4	2.4	14.4	149	153	25	277	12	12	269	293
464	三聚环保	300072	C4	1483	715	137	19	559	768	4.5	1.3	7.6	80	280	48	313	43	13	252	309
465	奥克股份	300082	C4	2327	921	151	3	767	1406	8.0	3.0	30.8	46	122	12	156	37	2	136	175
466	建新股份	300107	C4	307	130	-2	21	111	177	7.2	5.3	13.5	50	68	27	92	1	19	104	124
467	双龙股份	300108	C4	104	90	7	2	81	14	6.6	3.2	11.4	55	113	32	136	15	0	140	155
468	新开源	300109	C4	112	64	-7	23	48	48	3.4	8.1	8.4	108	45	43	109	-11	47	75	112
469	阳谷华泰	300121	C4	174	91	-58	-50	199	83	5.3	3.9	3.5	68	93	105	56	-5	-22	146	120
470	青松股份	300132	C4	547	450	134	67	249	97	2.0	6.2	12.0	182	58	30	210	67	39	142	248
471	宝利沥青	300135	C4	1069	501	0	13	488	568	32.5	4.6	27.5	11	80	13	78	3	3	91	97
472	天晟新材	300169	C4	695	556	72	5	479	139	1.8	2.4	5.5	201	154	66	288	37	5	274	315

续表

序号	公司简称	股票代码	行业代码	营运资金总额	经营活动营运资金	采购渠道营运资金	生产渠道营运资金	营销渠道营运资金	投资活动营运资金	存货周转率	应收账款周转率	应付账款周转率	存货周转期	应收账款周转期	应付账款周期	现金周转期	采购渠道营运资金周转期	生产渠道营运资金周转期	营销渠道营运资金周转期	经营活动营运资金周转（按渠道）
473	元力股份	300174	C4	217	117	9	10	98	100	5.9	5.3	9.4	62	69	39	92	11	5	90	106
474	华峰超纤	300180	C4	550	189	-21	20	190	361	5.4	5.4	10.8	68	67	34	101	10	12	98	119
475	科斯伍德	300192	C4	447	137	-61	-3	201	310	7.7	2.9	5.6	47	126	65	109	-29	0	142	113
476	纳川股份	300198	C4	824	361	-54	39	376	463	8.7	1.3	6.8	42	280	54	267	-20	34	271	284
477	高盟新材	300200	C4	637	237	-9	-1	248	400	6.9	2.5	10.9	53	144	33	163	-3	-2	175	170
478	日科化学	300214	C4	804	516	197	-4	322	288	12.1	4.3	49.0	30	85	7	107	62	0	96	158
479	安利股份	300218	C4	507	33	-92	27	97	474	5.4	15.9	6.1	67	23	60	30	-20	12	26	18
480	银禧科技	300221	C4	655	419	54	-6	371	235	5.3	3.0	8.0	69	123	46	146	16	-4	144	156
481	金力泰	300225	C4	456	182	-45	-13	241	274	8.0	2.4	9.2	46	155	40	161	-21	-6	178	151
482	永利带业	300230	C4	376	121	-24	28	117	255	4.0	3.4	8.3	90	108	44	155	-20	29	129	138
483	金城医药	300233	C4	687	244	-100	-9	352	443	8.1	2.9	4.9	45	125	75	96	-46	0	148	102
484	上海新阳	300236	C4	318	80	-1	1	80	238	7.7	2.1	8.7	47	176	42	181	-15	6	183	174
485	美晨科技	300237	C4	444	194	-141	3	332	249	4.6	1.7	2.4	79	211	152	138	-126	4	272	149
486	瑞丰高材	300243	C4	468	320	79	-16	257	148	8.8	3.7	25.0	42	98	15	125	31	-8	117	140
487	雅本化学	300261	C4	410	212	42	27	143	198	3.8	3.7	8.0	97	98	46	149	26	23	147	196
488	顺威股份	002676	C4	744	332	-214	37	509	412	4.8	3.1	3.7	76	118	97	97	-59	12	144	98
489	顾地科技	002694	C4	881	355	-44	-21	420	526	6.1	6.3	7.7	60	58	48	70	-16	-7	85	62
490	裕兴股份	300305	C4	693	103	-22	5	120	591	13.2	9.3	15.6	28	39	23	43	-13	3	57	47
491	海达股份	300320	C4	597	221	-76	6	291	376	7.7	2.4	6.0	47	151	60	138	-37	4	169	136
492	同大股份	300321	C4	355	148	13	39	97	207	5.8	6.6	8.7	63	55	42	77	15	28	76	118
493	德威新材	300325	C4	746	263	-173	0	436	483	7.2	2.3	3.4	51	157	107	101	-61	0	174	114
494	德联集团	002666	C4	1220	470	117	2	351	750	4.3	6.2	14.7	84	59	25	118	33	0	88	122
495	康达新材	002669	C4	423	180	-23	-1	204	243	7.2	1.6	7.9	51	232	46	237	-21	-2	255	233
496	国瓷材料	300285	C4	349	61	-27	24	64	289	4.1	5.7	7.2	89	65	51	103	-20	38	86	104
497	联创节能	300343	C4	391	171	37	0	134	220	10.5	4.4	8.2	35	83	44	74	13	0	77	90

续表

序号	公司简称	股票代码	行业代码	营运资金总额	经营活动营运资金	采购渠道营运资金	生产渠道营运资金	营销渠道营运资金	投资活动营运资金	存货周转率	应收账款周转率	应付账款周转率	存货周转期	应收账款周转期	应付账款周期	现金周转期	采购渠道营运资金周转期	生产渠道营运资金周转期	营销渠道营运资金周转期	经营活动营运资金周转（按渠道）
498	煤气化	000968	C4	-213	-698	-668	-633	603	485	10.2	2.7	2.8	36	135	130	41	-74	-58	92	-40
499	皖维高新	600063	C4	742	494	-332	-11	837	248	5.7	7.9	5.7	64	46	64	46	-25	1	90	66
500	广东榕泰	600589	C4	1484	1090	347	153	590	395	3.1	2.8	16.9	118	132	22	228	103	25	149	277
501	新安股份	600596	C4	1365	710	-620	-102	1432	655	6.8	10.4	5.5	54	35	67	22	-39	-3	80	39
502	熊猫烟花	600599	C4	217	184	1	50	133	33	3.7	2.5	3.4	99	146	109	137	-1	90	171	261
503	氯碱化工	600618	C4	233	-341	29	-834	464	574	15.9	8.5	17.6	23	43	21	45	2	-43	27	-14
504	双钱股份	600623	C4	2188	1337	-134	-1269	2741	851	6.2	8.3	9.8	58	44	37	65	3	-22	73	54
505	三爱富	600636	C4	1222	750	-65	-335	1150	472	6.5	3.8	9.5	56	97	39	114	-4	-43	115	67
506	S上石化	600688	C4	5146	4985	280	1361	3343	161	12.7	27.4	18.5	29	13	20	22	-4	5	14	16
507	ST金化	600722	C4	1560	937	-170	889	218	623	8.2	6.9	2.4	44	53	154	-57	-124	220	45	141
508	云维股份	600725	C4	336	-962	-1342	-462	842	1298	5.7	8.2	2.7	64	45	138	-29	-40	-19	42	-18
509	鲁北化工	600727	C4	192	111	4	9	98	81	3.7	6.8	5.7	100	54	64	90	5	15	49	68
510	湖南海利	600731	C4	414	269	-218	59	428	145	3.7	5.5	4.2	98	66	87	78	-57	18	106	68
511	山西焦化	600740	C4	-1287	-3525	-4667	-40	1182	2238	13.1	3.6	1.2	28	100	293	-165	-269	-4	100	-173
512	江苏索普	600746	C4	30	-13	-128	35	80	43	21.5	9.3	5.7	17	39	64	-8	-53	18	37	2
513	威远生化	600803	C4	924	260	-52	-2	313	664	10.4	11.9	7.5	35	31	49	17	-22	-2	52	28
514	神马股份	600810	C4	-835	-2223	-1576	-1916	1269	1387	32.4	14.0	8.3	11	26	44	-6	-33	-39	27	-45
515	丹化科技	600844	C4	15	-199	-55	-121	-23	214	9.1	38.0	3.7	40	10	98	-48	-55	-20	3	-72
516	S仪化	600871	C4	2454	2292	-544	-115	2951	162	9.6	7.5	11.0	38	48	33	53	-10	-4	61	46
517	南京化纤	600889	C4	-200	-293	-35	-313	54	94	1.0	25.4	6.1	362	14	60	316	-8	-83	58	-33
518	雷鸣科化	600985	C4	264	56	-28	-22	107	208	10.3	6.0	9.2	36	61	40	57	-10	-7	58	41
519	宝泰隆	601011	C4	1042	570	218	-204	556	473	3.5	12.3	15.2	103	30	24	109	27	-47	75	55
520	赛轮股份	601058	C4	2088	929	-841	83	1686	1160	6.7	7.1	5.3	54	51	68	37	-38	5	88	56
521	东材科技	601208	C4	1240	456	50	-5	410	785	5.3	3.0	17.1	69	120	21	168	30	2	143	175
522	内蒙君正	601216	C4	849	421	-162	-62	646	428	14.1	7.1	5.0	26	51	72	5	-10	-6	63	47

续表

序号	公司简称	股票代码	行业代码	营运资金总额	经营活动营运资金	采购渠道营运资金	生产渠道营运资金	营销渠道营运资金	投资活动营运资金	存货周转率	应收账款周转率	应付账款周转率	存货周转期	应收账款周转期	应付账款周期	现金周转期	采购渠道营运资金周转期	生产渠道营运资金周转期	营销渠道营运资金周转期	经营活动营运资金周转（按渠道）
523	宏昌电子	603002	C4	843	176	-354	15	515	667	12.8	2.3	3.1	28	156	117	67	-105	4	163	62
524	中达股份	600074	C4	417	370	173	22	176	46	9.8	11.6	32.2	37	32	11	57	41	-4	41	78
525	新疆天业	600075	C4	1227	934	-147	222	859	292	2.8	21.7	7.1	132	17	51	98	-10	20	72	82
526	澄星股份	600078	C4	2785	1457	258	38	1161	1328	2.9	5.6	4.8	128	65	77	116	24	5	161	190
527	云天化	600096	C4	4034	2426	-690	-46	3162	1608	4.7	6.1	4.8	78	60	76	62	-22	-2	114	89
528	乐凯胶片	600135	C4	592	398	49	88	261	194	3.8	10.7	16.1	96	34	23	107	18	37	68	122
529	兴发集团	600141	C4	2475	752	-16	-106	874	1723	13.3	17.1	16.0	27	21	23	26	-3	-4	18	12
530	金发科技	600143	C4	7289	5176	688	-76	4564	2113	4.6	3.6	7.3	80	102	50	132	16	-3	125	138
531	大元股份	600146	C4	90	50	36	12	2	40	0.7	2.5	4.7	544	147	78	613	323	-310	240	252
532	巨化股份	600160	C4	1959	1042	-298	13	1327	916	17.6	9.9	17.1	21	37	21	36	-8	-2	38	27
533	黑化股份	600179	C4	-344	-557	-812	12	243	213	12.0	5.7	2.4	31	64	150	-55	-124	2	10	-111
534	佳通轮胎	600182	C4	1935	1653	-100	-71	1824	282	8.1	2.7	8.5	45	137	43	139	-19	-4	153	129
535	赤天化	600227	C4	587	152	-515	-319	987	435	6.2	12.1	4.5	59	30	81	8	-22	-53	84	9
536	昌九生化	600228	C4	-66	-141	31	-345	173	75	8.4	4.7	9.0	44	78	41	81	36	-158	83	-39
537	青岛碱业	600229	C4	427	40	-262	-32	334	387	7.2	5.6	4.5	51	65	81	35	-45	-7	66	14
538	沧州大化	600230	C4	966	267	138	-141	269	699	10.6	14.3	14.3	34	25	26	34	9	-14	24	19
539	亿利能源	600277	C4	1541	-175	-2118	223	1720	1716	11.5	6.1	5.3	32	60	69	22	-47	8	35	-5
540	太化股份	600281	C4	-190	-618	-825	-356	563	429	8.5	6.3	3.3	43	58	111	-10	-64	-53	51	-66
541	蓝星新材	600299	C4	-216	-1151	-449	-2641	1939	935	4.6	5.3	5.6	79	69	65	82	-1	-81	75	-7
542	南化股份	600301	C4	-13	-387	-304	-138	55	375	10.2	9.8	2.2	36	37	164	-91	-122	-60	21	-161
543	烟台万华	600309	C4	5096	3695	-1133	403	4426	1401	9.7	4.1	10.2	38	89	36	90	-10	5	78	73
544	上海家化	600315	C4	1352	24	-351	-190	565	1329	11.2	9.7	11.1	33	38	33	37	-24	-16	49	10
545	亚星化学	600319	C4	-217	-616	-685	-68	137	398	6.0	5.3	1.8	61	69	208	-78	-171	-1	64	-108
546	兰太实业	600328	C4	265	-69	-602	-147	680	334	4.0	3.6	1.6	91	101	222	-30	-138	-20	164	7
547	天利高新	600339	C4	-74	-287	-192	-76	-20	214	9.2	40.4	9.0	40	9	40	8	-24	-8	14	-18

续表

序号	公司简称	股票代码	行业代码	营运资金总额	经营活动营运资金	采购渠道营运资金	生产渠道营运资金	营销渠道营运资金	投资活动营运资金	存货周转率	应收账款周转率	应付账款周转率	存货周转期	应收账款周转期	应付账款周期	现金周转期	采购渠道营运资金周转期	生产渠道营运资金周转期	营销渠道营运资金周转期	经营活动营运资金周转（按渠道）
548	浙江龙盛	600352	C4	6390	4815	-378	1610	3582	1575	1.8	2.4	4.5	200	153	81	272	-25	97	97	169
549	红星发展	600367	C4	790	568	-41	86	522	222	2.4	3.9	4.6	150	93	79	164	-4	15	152	163
550	天科股份	600378	C4	385	-13	-89	-41	117	398	7.1	3.0	4.6	51	122	79	94	-48	-15	67	4
551	江山股份	600389	C4	358	195	-114	28	281	163	7.2	15.8	11.0	50	23	33	40	-11	2	18	9
552	安泰集团	600408	C4	2351	1748	182	-73	1639	604	5.5	4.2	3.5	66	88	104	51	9	-5	98	102
553	三友化工	600409	C4	1543	364	-712	-227	1303	1178	11.3	10.3	4.5	32	35	81	-14	-23	-9	37	5
554	柳化股份	600423	C4	775	638	394	10	234	138	5.2	13.0	12.6	70	28	29	69	46	2	-4	44
555	华鲁恒升	600426	C4	1591	489	-163	-18	671	1102	12.4	14.0	7.6	29	26	48	7	7	-1	21	26
556	时代新材	600458	C4	1167	779	-1078	-40	1897	388	6.0	2.8	3.5	61	132	105	88	-94	-3	147	50
557	风神股份	600469	C4	1324	785	-993	-280	2058	539	9.1	6.2	6.6	40	59	55	44	-32	-9	81	39
558	六国化工	600470	C4	809	163	-104	-25	291	647	4.9	26.4	7.1	75	14	51	37	14	-2	16	28
559	凌云股份	600480	C4	2281	1447	-641	-11	2098	834	5.6	3.2	4.8	65	113	76	102	-32	-8	127	86
560	扬农化工	600486	C4	1463	-137	-717	7	573	1600	11.9	6.9	2.8	31	53	131	-47	-112	5	75	-32
561	中科合臣	600490	C4	1467	587	-24	167	443	881	9.7	5.9	7.0	37	62	52	47	4	19	61	84
562	江南高纤	600527	C4	827	449	178	104	168	378	6.7	8.2	47.2	54	45	8	91	45	20	39	103
563	黄海股份	600579	C4	-276	-555	-283	-583	311	280	1.9	2.0	1.1	192	184	337	39	-255	-355	325	-284
564	中粮生化	000930	C4	1553	1199	424	7	768	353	7.9	23.5	27.7	46	16	13	49	18	2	29	49
565	*ST 东碳	600691	C4	2024	97	-255	-345	697	1927	13.6	19.4	8.7	27	19	42	3	-4	-8	12	0
566	云煤能源	600792	C4	434	90	-742	-118	950	344	12.6	8.4	4.5	29	44	80	-8	-49	-9	50	-7
567	和邦股份	603077	C4	2133	776	46	-14	745	1357	5.2	5.1	8.0	70	72	46	96	-18	-3	117	96
568	双良节能	600481	C4	2144	589	-119	26	682	1555	7.3	6.0	8.8	50	61	42	70	-9	-2	35	24
569	青岛金王	002094	C4	650	355	-120	19	456	294	4.9	7.3	7.1	74	50	51	73	-15	9	100	93
570	长春燃气	600333	C4	111	-36	-192	410	-254	148	5.1	8.1	4.8	72	45	75	42	-21	87	-50	16
571	新疆百花村	600721	C4	-280	-497	-71	-612	187	217	4.6	7.5	4.0	79	49	92	36	-12	-186	43	-155
572	深康佳 A	000016	C5	8901	7165	-1631	-768	9563	1736	4.4	2.6	5.4	82	140	68	154	-29	-17	187	141

续表

序号	公司简称	股票代码	行业代码	营运资金总额	经营活动营运资金	采购渠道营运资金	生产渠道营运资金	营销渠道营运资金	投资活动营运资金	存货周转率	应收账款周转率	应付账款周转率	存货周转期	应收账款周转期	应付账款周期	现金周转期	采购渠道营运资金周转期	生产渠道营运资金周转期	营销渠道营运资金周转期	经营活动营运资金周转（按渠道）
573	深华发 A	000020	C5	287	174	-42	1	216	113	12.8	4.0	9.1	28	92	40	81	-18	1	97	80
574	长城开发	000021	C5	6630	1477	-326	-26	1829	5154	20.0	10.4	21.0	18	35	17	36	-8	0	42	34
575	深桑达 A	000032	C5	608	259	-72	-26	357	349	2.9	10.1	7.3	125	36	50	111	-11	18	55	63
576	深天马 A	000050	C5	1111	638	-727	-21	1386	472	8.1	3.7	4.6	45	97	79	63	-61	-10	117	46
577	中兴通讯	000063	C5	36	12	-25	-7	45	24	6.0	2.6	2.7	61	143	133	71	-114	-29	201	59
578	ST 华赛	000068	C5	-5	-41	-3	-73	35	36	696.5	2.9	7.2	1	126	51	76	-7	-332	-1	-340
579	TCL 集团	000100	C5	18442	-110	-14009	-3289	17189	18552	6.6	4.8	4.4	55	76	82	49	-65	-20	92	7
580	宝石 A	000413	C5	1488	1378	836	-17	559	111	4.7	2.5	17.9	78	144	20	202	220	-5	144	360
581	华映科技	000536	C5	2011	767	88	-22	701	1243	14.6	2.6	11.2	25	141	33	133	16	-6	128	139
582	长城电脑	000546	C5	7758	4061	-12150	-4592	20803	3697	9.6	5.1	5.5	38	72	66	44	-52	-18	93	23
583	闽福发 A	000547	C5	1485	495	-134	283	346	990	1.8	1.8	2.6	208	204	141	271	-92	221	228	358
584	烽火电子	000561	C5	850	584	-288	60	811	266	2.8	1.5	2.4	129	245	152	222	-100	22	280	202
585	汇源通信	000586	C5	205	96	-116	-9	220	109	6.2	2.0	3.2	59	186	116	129	-94	-10	188	85
586	风华高科	000636	C5	881	502	-320	89	733	379	4.9	3.9	5.0	75	94	72	96	-51	13	127	89
587	京东方 A	000725	C5	16143	900	-4193	-2738	7832	15243	9.1	5.8	5.7	40	63	64	39	-47	-37	87	3
588	华东科技	000727	C5	21	-136	-91	-296	251	156	4.5	4.3	5.1	81	84	72	93	-41	-110	114	-37
589	振华科技	000733	C5	2126	1633	-51	384	1300	494	3.5	3.2	7.4	103	114	49	167	1	41	142	184
590	长城信息	000748	C5	950	238	-263	16	486	711	6.8	4.0	4.4	53	91	82	62	-48	5	102	59
591	四川九洲	000801	C5	1516	703	-485	-28	1217	812	6.3	3.0	4.2	58	122	87	93	-58	1	127	69
592	超声电子	000823	C5	1284	1022	-487	59	1450	262	6.9	3.2	5.4	53	114	67	99	-47	7	136	96
593	紫光股份	000938	C5	571	114	-792	73	834	457	15.6	11.7	7.5	23	31	48	6	-38	4	35	1
594	中科三环	000970	C5	3322	1005	48	-86	1043	2317	4.8	4.8	10.5	76	77	35	118	6	2	95	103
595	浪潮信息	000977	C5	702	410	-145	47	507	293	5.8	7.5	5.6	63	48	65	47	-20	6	51	38
596	航天电器	002025	C5	1181	789	-77	115	752	392	2.8	2.1	6.1	129	170	60	239	-11	46	208	243
597	七喜控股	002027	C5	330	148	-61	-5	214	182	7.4	8.8	7.4	49	41	49	41	-8	-4	54	41

续表

序号	公司简称	股票代码	行业代码	营运资金总额	经营活动营运资金	采购渠道营运资金	生产渠道营运资金	营销渠道营运资金	投资活动营运资金	存货周转率	应收账款周转率	应付账款周转率	存货周转期	应收账款周转期	应付账款周期	现金周转期	采购渠道营运资金周转期	生产渠道营运资金周转期	营销渠道营运资金周转期	经营活动营运资金周转（按渠道）
598	国光电器	002045	C5	1164	779	-98	55	822	386	4.5	2.8	5.4	80	133	67	146	-28	21	161	154
599	同方国芯	002049	C5	1204	334	-131	78	387	871	3.6	2.2	3.1	102	167	116	152	-81	36	191	146
600	同洲电子	002052	C5	1599	1304	-436	76	1664	296	6.5	1.5	3.5	56	251	104	203	-67	9	237	179
601	得润电子	002055	C5	1040	773	-504	24	1252	267	4.9	1.6	2.6	74	234	139	170	-113	3	271	161
602	横店东磁	002056	C5	1103	877	-432	199	1109	226	5.9	4.0	4.9	62	91	74	79	-43	18	129	104
603	苏州固锝	002079	C5	734	151	-54	16	189	583	5.4	6.4	5.6	68	57	65	60	-25	8	77	61
604	新海宜	002089	C5	622	493	-124	32	585	129	4.0	1.5	4.8	92	250	76	266	-48	7	266	225
605	恒宝股份	002104	C5	532	277	-128	42	363	255	4.3	7.2	5.2	85	51	70	66	-28	15	113	100
606	莱宝高科	002106	C5	1201	358	-113	28	443	843	6.7	4.4	6.8	54	83	54	83	-21	0	96	76
607	三维通信	002115	C5	1144	672	-384	270	787	472	1.8	1.9	2.4	207	192	150	249	-132	88	255	210
608	康强电子	002119	C5	723	597	-83	19	660	126	4.6	2.3	5.9	79	156	62	173	-23	5	197	179
609	科陆电子	002121	C5	1237	736	-474	224	985	501	2.3	1.6	2.3	162	227	162	228	-103	77	245	218
610	中环股份	002129	C5	2662	746	-651	-513	1910	1916	2.2	3.2	2.4	163	114	151	126	-26	-133	191	32
611	天津普林	002134	C5	219	175	-75	7	243	45	3.9	3.1	4.4	94	116	82	128	-47	8	179	139
612	实 益 达	002137	C5	247	65	-128	-3	195	182	9.4	4.2	4.0	39	87	90	36	-59	0	92	33
613	顺络电子	002138	C5	482	360	-15	26	349	122	4.0	3.2	8.6	90	116	43	163	-3	17	149	163
614	拓邦股份	002139	C5	300	156	-216	-9	381	144	12.8	2.6	4.0	29	140	92	77	-73	-2	145	70
615	蓉胜超微	002141	C5	337	269	-37	17	289	68	8.2	3.8	15.1	45	96	24	117	-12	8	118	114
616	北斗星通	002151	C5	503	247	-67	-47	360	257	4.2	1.8	4.1	86	205	89	202	-37	-32	217	148
617	通富微电	002156	C5	1016	344	-174	61	457	671	7.1	5.3	4.3	51	69	85	36	-48	12	95	59
618	远望谷	002161	C5	915	421	9	34	378	494	3.4	1.6	10.4	107	228	35	300	4	25	273	303
619	中航光电	002179	C5	1594	1207	-560	119	1648	386	3.6	1.8	3.4	100	198	106	192	-86	25	244	184
620	华天科技	002185	C5	539	227	-194	12	409	312	10.3	5.2	4.8	35	71	76	30	-34	4	80	51
621	新 嘉 联	002188	C5	172	64	-29	0	93	108	4.6	2.7	4.4	80	135	82	133	-64	-2	194	127
622	利达光电	002189	C5	292	168	-49	16	201	124	6.3	3.5	5.8	58	103	63	98	-28	11	123	106

续表

序号	公司简称	股票代码	行业代码	营运资金总额	经营活动营运资金	采购渠道营运资金	生产渠道营运资金	营销渠道营运资金	投资活动营运资金	存货周转率	应收账款周转率	应付账款周转率	存货周转期	应收账款周转期	应付账款周期	现金周转期	采购渠道营运资金周转期	生产渠道营运资金周转期	营销渠道营运资金周转期	经营活动营运资金周转（按渠道）
623	武汉凡谷	002194	C5	1564	620	-119	32	706	945	3.7	2.2	6.0	98	164	61	201	-30	12	210	192
624	东晶电子	002199	C5	217	80	-103	45	138	137	2.8	4.5	2.7	129	82	136	76	-51	55	143	148
625	拓日新能	002218	C5	615	456	-86	76	466	159	1.1	5.6	2.9	322	66	127	261	-18	74	278	334
626	福晶科技	002222	C5	182	115	7	42	65	67	2.5	4.0	16.8	143	90	22	212	37	72	114	223
627	奥维通信	002231	C5	632	450	1	89	359	182	3.0	1.3	3.4	122	290	106	306	-24	69	284	330
628	大华股份	002236	C5	1803	885	-415	200	1099	918	5.4	3.8	7.1	67	96	52	112	-34	24	92	81
629	歌尔声学	002241	C5	2819	1214	-1296	105	2404	1605	13.0	4.5	5.5	28	82	67	43	-52	5	91	44
630	水晶光电	002273	C5	558	168	0	-3	171	390	5.8	5.4	9.6	63	67	38	92	10	1	87	99
631	光迅科技	002281	C5	1145	675	-533	139	1070	470	3.5	2.6	2.9	105	138	125	118	-89	26	170	108
632	超华科技	002288	C5	999	444	37	-5	411	555	3.1	2.6	3.9	118	140	93	165	20	-3	175	191
633	宇顺电子	002289	C5	665	490	-277	31	736	175	5.1	2.1	3.7	72	177	100	150	-59	5	212	159
634	威创股份	002308	C5	1649	279	-19	-17	315	1370	6.3	3.8	12.4	58	97	29	126	-1	-5	85	79
635	三泰电子	002312	C5	806	335	-53	6	381	471	8.6	1.9	6.0	43	189	61	170	-30	3	181	153
636	日海通讯	002313	C5	1790	1042	-473	323	1192	748	3.5	2.5	3.4	104	149	108	145	-74	35	185	146
637	漫步者	002351	C5	1304	215	-28	-13	256	1088	6.8	16.9	8.5	54	22	43	32	-13	-4	107	90
638	汉王科技	002362	C5	595	316	36	84	196	279	1.6	4.2	4.4	226	86	83	229	60	59	157	276
639	卓翼科技	002369	C5	605	211	-333	10	534	394	8.7	3.2	3.3	42	115	111	46	-78	2	127	51
640	七星电子	002371	C5	1235	646	-146	205	588	589	2.1	1.9	3.4	175	190	107	258	-27	95	151	219
641	新北洋	002376	C5	789	256	-83	4	335	533	9.8	2.9	6.8	37	128	54	112	-33	-1	130	97
642	合众思壮	002383	C5	908	309	12	14	283	599	2.7	2.2	7.8	138	165	47	256	24	13	241	277
643	新亚制程	002388	C5	496	174	-8	3	178	322	6.1	2.9	13.5	60	128	27	161	-6	2	176	172
644	南洋科技	002389	C5	992	223	-8	11	220	769	4.7	1.9	5.3	77	195	69	203	14	19	215	248
645	星网锐捷	002396	C5	1827	407	-357	-58	822	1420	5.9	4.1	5.7	62	88	64	86	-44	-7	106	55
646	和而泰	002402	C5	444	156	-88	6	239	288	5.1	3.0	3.4	72	124	106	90	-50	7	147	104
647	海康威视	002415	C5	7053	1518	-669	-249	2437	5535	7.9	4.4	8.2	46	83	44	85	-27	-13	96	57

续表

序号	公司简称	股票代码	行业代码	营运资金总额	经营活动营运资金	采购渠道营运资金	生产渠道营运资金	营销渠道营运资金	投资活动营运资金	存货周转率	应收账款周转率	应付账款周转率	存货周转期	应收账款周转期	应付账款周期	现金周转期	采购渠道营运资金周转期	生产渠道营运资金周转期	营销渠道营运资金周转期	经营活动营运资金周转（按渠道）
648	三元达	002417	C5	979	794	-195	39	951	185	1.6	1.6	2.5	223	224	146	301	-80	19	357	296
649	胜利精密	002426	C5	833	464	-296	27	733	369	6.1	3.2	4.0	60	116	90	85	-50	4	149	103
650	兆驰股份	002429	C5	4056	2141	-20	157	2003	1916	8.1	6.1	8.9	45	60	41	64	-5	10	99	104
651	兴森科技	002436	C5	405	296	-35	-8	339	108	24.3	3.7	7.0	15	100	52	63	-22	-4	109	83
652	盛路通信	002446	C5	510	220	-114	10	324	290	4.2	1.2	2.1	86	316	172	229	-149	13	360	225
653	国星光电	002449	C5	1868	399	-166	9	556	1468	3.6	3.1	4.5	101	119	81	139	-39	7	196	163
654	欧菲光	002456	C5	1522	716	-814	11	1520	806	7.8	4.3	5.2	47	85	70	61	-40	6	97	63
655	沪电股份	002463	C5	2370	538	-550	96	992	1831	11.8	4.0	5.6	31	92	65	57	-58	5	108	55
656	海格通信	002465	C5	3537	1122	189	275	657	2416	2.0	2.4	6.0	187	150	61	276	35	88	163	285
657	圣莱达	002473	C5	240	53	-27	-2	82	187	5.4	3.0	6.3	67	121	58	130	-21	-2	146	123
658	立讯精密	002475	C5	1103	649	-631	-154	1434	454	9.6	2.9	4.7	38	126	78	87	-57	-9	148	82
659	江海股份	002484	C5	907	325	-89	-3	417	582	4.9	3.4	6.5	74	106	56	124	-25	0	147	122
660	达华智能	002512	C5	758	161	75	-8	94	597	3.9	5.5	7.7	92	66	47	111	51	-9	72	114
661	银河电子	002519	C5	846	424	-257	40	640	423	4.2	1.9	3.4	87	194	107	173	-77	10	235	167
662	英飞拓	002528	C5	1812	384	19	-86	451	1428	3.1	3.1	16.7	116	117	22	211	18	-24	174	168
663	雷柏科技	002577	C5	1043	43	-46	11	78	1000	7.1	8.4	5.6	51	44	65	30	-40	11	55	26
664	中京电子	002579	C5	391	76	-114	16	174	315	4.8	3.5	3.0	76	104	120	60	-106	16	151	61
665	海能达	002583	C5	1266	795	-131	36	890	470	4.3	1.6	4.0	86	229	90	224	-22	8	258	243
666	奥拓电子	002587	C5	465	47	-30	-2	79	417	5.4	4.6	6.5	67	79	56	90	-31	1	89	59
667	江粉磁材	002600	C5	685	485	-54	25	514	200	3.8	3.7	7.6	96	98	48	146	-21	10	148	138
668	丹邦科技	002618	C5	339	244	74	34	136	95	12.5	2.7	10.7	29	138	34	133	83	33	173	290
669	安洁科技	002635	C5	917	260	-69	12	317	657	7.4	2.7	7.4	50	133	50	133	-35	7	159	131
670	金安国纪	002636	C5	970	316	-651	-3	969	654	11.9	2.6	3.3	31	138	109	60	-90	-3	147	54
671	万润科技	002654	C5	278	101	-92	7	186	177	5.2	3.1	3.5	71	118	104	85	-77	6	154	83
672	共达电声	002655	C5	450	243	-30	52	221	207	4.1	2.5	4.1	88	145	89	143	-32	38	161	168

续表

序号	公司简称	股票代码	行业代码	营运资金总额	经营活动营运资金	采购渠道营运资金	生产渠道营运资金	营销渠道营运资金	投资活动营运资金	存货周转率	应收账款周转率	应付账款周转率	存货周转期	应收账款周转期	应付账款周期	现金周转期	采购渠道营运资金周转期	生产渠道营运资金周转期	营销渠道营运资金周转期	经营活动营运资金周转（按渠道）
673	茂硕电源	002660	C5	585	172	-152	15	310	412	6.6	2.4	3.3	55	155	111	98	-88	11	174	97
674	奋达科技	002681	C5	678	119	-119	30	209	559	8.4	5.3	5.3	44	69	69	44	-56	14	93	51
675	亿纬锂能	300014	C5	446	329	-42	31	340	117	5.7	2.2	7.4	64	167	49	181	-24	20	170	166
676	金亚科技	300028	C5	787	250	-100	-2	351	537	6.7	2.1	5.7	54	175	64	165	-43	4	183	144
677	金龙机电	300032	C5	499	186	-31	30	186	313	3.6	3.1	4.8	101	118	75	144	-5	29	170	194
678	朗科科技	300042	C5	490	78	23	-11	67	411	5.0	3.5	34.9	73	104	10	167	50	-6	114	157
679	台基股份	300046	C5	644	131	-4	43	92	513	2.7	3.2	5.5	136	113	66	183	3	51	125	179
680	欧比特	300053	C5	400	172	31	-4	145	229	3.5	1.5	24.6	104	244	15	333	76	-9	328	394
681	海兰信	300065	C5	536	262	33	10	219	275	3.2	1.4	4.9	114	262	74	301	52	19	294	365
682	宁波 GQY	300076	C5	831	230	32	36	162	601	4.8	2.1	9.2	76	175	39	211	31	29	152	212
683	国民技术	300077	C5	2473	231	-54	22	264	2242	2.7	1.9	3.7	136	191	100	227	-64	22	237	195
684	中瑞思创	300078	C5	1032	66	-11	4	73	966	8.5	6.4	12.5	43	57	29	71	-7	3	69	66
685	数码资讯	300079	C5	2118	534	65	13	457	1584	6.8	1.4	16.0	53	255	23	286	38	7	264	309
686	劲胜股份	300083	C5	592	141	-647	33	755	451	6.3	5.6	4.0	58	65	91	32	-83	3	111	31
687	长信科技	300088	C5	557	321	-20	8	332	236	9.9	2.6	8.7	37	141	42	136	0	1	134	135
688	高新兴	300098	C5	607	226	-100	8	319	380	4.6	1.2	3.2	79	316	116	280	-98	-18	346	230
689	国腾电子	300101	C5	569	169	-8	50	127	399	2.6	1.8	6.3	140	207	58	290	-1	61	194	254
690	向日葵	300111	C5	703	201	-309	1	509	502	3.0	3.7	2.4	123	97	150	69	-90	1	204	114
691	中航电测	300114	C5	471	194	2	5	186	278	5.1	3.6	7.3	72	101	50	122	4	1	104	108
692	长盈精密	300115	C5	832	528	-109	-7	644	304	4.5	3.4	8.3	81	108	44	145	-6	1	159	153
693	银河磁体	300127	C5	780	127	-6	6	126	653	10.4	3.6	20.8	35	101	18	118	-5	4	99	97
694	锦富新材	300128	C5	1071	580	-293	12	861	491	8.8	3.5	6.0	41	103	60	84	-36	3	119	87
695	英唐智控	300131	C5	350	250	-35	83	202	99	5.4	7.1	6.7	67	52	54	65	-11	31	86	105
696	大富科技	300134	C5	1468	392	-398	78	712	1075	4.7	3.4	3.4	78	106	106	78	-70	19	141	90
697	信维通信	300136	C5	413	129	-71	7	194	284	9.7	1.9	4.2	38	193	87	143	-46	12	220	186

续表

序号	公司简称	股票代码	行业代码	营运资金总额	经营活动营运资金	采购渠道营运资金	生产渠道营运资金	营销渠道营运资金	投资活动营运资金	存货周转率	应收账款周转率	应付账款周转率	存货周转期	应收账款周转期	应付账款周期	现金周转期	采购渠道营运资金周转期	生产渠道营运资金周转期	营销渠道营运资金周转期	经营活动营运资金周转（按渠道）
698	福星晓程	300139	C5	989	394	55	70	269	595	1.8	1.7	5.5	206	218	67	358	40	89	287	416
699	瑞凌股份	300154	C5	1242	155	-60	42	173	1087	3.7	8.3	4.3	100	44	85	59	-39	16	85	62
700	安居宝	300155	C5	813	-34	-25	-105	96	847	5.0	5.5	7.9	74	66	46	94	-22	-65	83	-3
701	雷曼光电	300162	C5	512	82	-93	18	156	431	3.3	3.8	3.2	111	96	115	91	-88	23	166	102
702	中海达	300177	C5	644	172	-25	-8	205	472	3.6	2.9	5.4	100	124	68	157	-8	-7	172	157
703	佳士科技	300193	C5	1457	243	-73	44	272	1215	3.0	3.3	3.3	121	110	110	121	-42	21	156	135
704	天喻信息	300205	C5	993	440	-134	130	443	553	3.7	2.1	4.8	99	177	76	200	-53	65	175	188
705	亿通科技	300211	C5	317	122	-37	5	154	195	4.5	1.7	3.4	82	219	107	194	-67	13	242	188
706	佳讯飞鸿	300213	C5	685	266	47	23	196	419	6.1	2.0	7.6	60	187	48	199	45	19	183	247
707	鸿利光电	300219	C5	438	97	-52	-9	158	340	7.3	4.3	7.1	50	86	51	85	-27	-3	107	77
708	金运激光	300220	C5	260	88	39	23	26	172	1.9	10.9	7.8	196	34	47	183	71	54	52	176
709	北京君正	300223	C5	1024	72	13	18	42	951	2.5	4.4	13.4	145	82	27	200	28	67	142	237
710	正海磁材	300224	C5	1032	-41	-233	60	132	1073	3.4	3.4	2.7	107	106	137	76	-114	42	77	6
711	光韵达	300227	C5	195	83	-3	-2	88	112	8.4	2.4	9.0	43	151	41	153	-4	-3	164	158
712	洲明科技	300232	C5	348	153	-140	104	189	196	2.5	7.7	3.2	145	47	112	79	-56	47	76	67
713	瑞丰光电	300241	C5	346	108	-125	10	222	239	8.1	3.3	5.5	45	109	67	88	-51	7	123	79
714	明家科技	300242	C5	246	81	5	11	64	165	3.0	3.7	6.4	120	100	57	163	-9	31	157	178
715	初灵信息	300250	C5	291	83	-29	-13	125	209	7.1	1.7	3.7	51	216	98	169	-73	-18	203	112
716	星星科技	300256	C5	522	298	-39	7	329	224	4.1	2.3	3.1	88	160	118	131	-52	4	227	179
717	联建光电	300269	C5	437	175	-196	35	336	262	3.4	2.3	2.2	108	156	170	94	-127	26	186	85
718	中威电子	300270	C5	410	122	-17	2	137	289	6.9	1.3	5.5	53	283	67	269	-33	3	279	249
719	和晶科技	300279	C5	294	113	-14	7	119	182	2.9	4.4	3.2	126	82	115	93	-26	4	121	98
720	汇冠股份	300282	C5	245	58	17	3	38	186	3.8	6.1	11.8	96	59	31	124	33	3	87	124
721	吴通通讯	300292	C5	280	141	-39	3	177	140	3.8	2.1	2.4	96	174	151	118	-101	4	241	144
722	利亚德	300296	C5	626	326	-108	117	317	300	2.6	2.5	4.5	140	143	81	202	-48	73	134	159

续表

序号	公司简称	股票代码	行业代码	营运资金总额	经营活动营运资金	采购渠道营运资金	生产渠道营运资金	营销渠道营运资金	投资活动营运资金	存货周转率	应收账款周转率	应付账款周转率	存货周转期	应收账款周转期	应付账款周期	现金周转期	采购渠道营运资金周转期	生产渠道营运资金周转期	营销渠道营运资金周转期	经营活动营运资金周转（按渠道）
723	长方照明	300301	C5	350	81	-212	37	256	270	5.0	3.7	2.4	72	98	150	20	-114	14	126	27
724	聚飞光电	300303	C5	684	203	-130	-5	338	481	11.7	2.0	3.9	31	187	94	124	-76	-3	199	120
725	麦捷科技	300319	C5	265	89	13	3	73	176	3.4	3.2	5.0	106	114	73	146	-6	5	185	184
726	硕贝德	300322	C5	355	119	-66	13	171	236	6.5	3.7	4.3	56	99	84	70	-55	12	126	83
727	中颖电子	300327	C5	518	81	-25	23	83	438	4.2	5.0	6.4	86	73	57	102	-38	22	119	103
728	苏大维格	300331	C5	383	117	-10	1	125	266	5.8	2.0	5.1	63	183	71	174	-24	5	152	133
729	科恒股份	300340	C5	991	426	91	60	274	566	3.9	2.1	10.5	94	171	35	231	19	37	191	248
730	南大光电	300346	C5	395	132	41	23	68	263	1.8	4.6	13.6	197	79	27	250	72	50	63	185
731	永贵电器	300351	C5	786	162	-10	-1	173	624	2.7	1.3	4.7	134	282	77	339	-20	-2	354	332
732	东土科技	300353	C5	389	67	-10	9	69	321	8.5	2.9	9.6	43	125	38	130	-22	19	124	121
733	海信电器	600060	C5	6075	4516	-4550	-2249	11315	1559	8.5	2.7	4.4	43	138	82	98	-68	-31	152	53
734	博信股份	600083	C5	-1	-17	0	-17	0	16	#DIV/0!	#DIV/0!	#DIV/0!	0	0	0	0	0	-311	-5	-316
735	上海贝岭	600171	C5	768	311	-88	80	320	457	5.0	3.2	5.3	74	115	69	120	-45	39	157	151
736	生益科技	600183	C5	2656	1959	-582	-39	2580	697	7.5	2.8	5.4	48	130	68	110	-37	-3	145	105
737	福日电子	600203	C5	277	170	164	2	3	107	57.2	16.3	17.4	6	22	21	8	29	4	-11	23
738	有研硅股	600206	C5	279	138	34	-110	215	140	1.8	2.6	10.2	202	139	36	305	39	-65	198	172
739	安彩高科	600207	C5	728	643	-20	30	633	85	5.5	3.1	4.5	66	117	82	102	-7	11	148	152
740	铜峰电子	600237	C5	695	468	-20	33	455	226	3.4	1.9	4.7	107	190	77	220	-29	13	244	227
741	天通股份	600330	C5	506	283	-248	91	440	223	3.2	3.7	3.3	114	98	110	102	-76	27	138	90
742	旭光股份	600353	C5	668	368	-61	38	391	299	2.1	1.6	4.2	174	226	87	313	-48	66	293	311
743	华微电子	600360	C5	941	242	-406	119	529	699	4.2	2.6	2.3	88	141	162	67	-131	34	119	22
744	联创光电	600363	C5	971	313	-151	-4	468	658	4.3	2.7	4.8	85	137	77	146	-39	1	153	115
745	宁波韵升	600366	C5	2278	783	168	39	575	1496	3.8	6.3	17.3	97	58	21	134	42	6	82	130
746	海润光伏	600401	C5	1670	-164	-3042	-17	2895	1834	6.2	2.4	1.4	59	150	257	-48	-195	-5	196	-3
747	动力源	600405	C5	644	529	-333	48	814	115	2.1	1.4	1.8	177	261	205	232	-151	30	358	238

续表

序号	公司简称	股票代码	行业代码	营运资金总额	经营活动营运资金	采购渠道营运资金	生产渠道营运资金	营销渠道营运资金	投资活动营运资金	存货周转率	应收账款周转率	应付账款周转率	存货周转期	应收账款周转期	应付账款周期	现金周转期	采购渠道营运资金周转期	生产渠道营运资金周转期	营销渠道营运资金周转期	经营活动营运资金周转（按渠道）
748	士兰微	600460	C5	1348	897	-139	134	902	451	2.7	2.7	4.2	136	136	86	185	-54	40	248	234
749	科力远	600478	C5	1005	334	-151	117	368	670	6.0	6.3	5.4	61	58	68	50	-34	25	84	75
750	长园集团	600525	C5	1761	1384	-65	72	1377	378	5.2	1.7	8.3	71	214	44	241	-5	6	179	180
751	亿晶光电	600537	C5	714	214	-1001	-44	1260	500	3.0	2.9	1.6	123	128	227	24	-141	-2	212	69
752	法拉电子	600563	C5	1066	454	-40	11	483	612	5.2	3.3	11.3	70	110	32	147	-9	4	139	134
753	长电科技	600584	C5	765	70	-916	74	912	695	8.0	6.3	3.9	45	58	94	9	-71	6	69	4
754	仪电电子	600602	C5	1243	137	-28	-69	233	1106	9.1	4.7	8.3	40	77	44	73	-16	-14	74	44
755	飞乐股份	600654	C5	670	422	-237	-84	743	249	5.9	3.6	5.2	62	101	71	93	-44	-18	135	73
756	太极实业	600667	C5	1541	563	-261	70	753	979	11.7	7.5	9.6	31	49	38	42	-18	6	61	49
757	东阳光铝	600673	C5	2618	1945	-16	302	1660	673	4.9	3.6	15.1	74	101	24	151	12	22	134	168
758	三安光电	600703	C5	4436	2930	480	364	2085	1507	3.6	3.5	8.6	100	103	42	161	66	34	172	272
759	四川长虹	600839	C5	23136	12177	-11467	1604	22040	10959	4.5	3.5	3.9	81	106	94	92	-74	9	146	81
760	厦华电子	600870	C5	636	431	-185	12	604	205	12.0	4.5	4.6	30	81	80	32	-57	-3	95	36
761	北矿磁材	600980	C5	125	92	6	9	77	33	3.3	6.0	12.6	111	60	29	142	10	-18	106	98
762	环旭电子	601231	C5	3575	2482	-2333	-145	4961	1093	8.5	4.4	4.9	43	84	74	53	-55	-4	109	50
763	日出东方	603366	C5	2825	-535	36	-123	-448	3359	17.3	42.5	16.4	21	9	22	7	5	-11	-45	-51
764	新疆众和	600888	C5	1337	828	-543	277	1094	509	3.2	3.8	2.7	113	96	136	73	-39	31	117	108
765	华工科技	000988	C5	1895	1271	-237	319	1189	624	2.6	1.9	3.4	139	196	108	226	-43	58	225	239
766	东信和平	002017	C5	639	306	-117	-8	431	333	2.4	5.0	4.2	153	72	87	138	-31	-7	153	114
767	沃尔核材	002130	C5	755	494	-60	49	504	262	3.8	2.2	6.6	95	165	56	205	-8	21	197	210
768	南玻A	000012	C6	-88	-563	-1105	-153	696	474	16.1	10.3	5.1	23	35	71	-13	-59	-27	60	-26
769	深天地A	000023	C6	661	404	-388	55	736	258	4.3	1.7	2.5	86	212	146	151	-140	4	269	133
770	中集集团	000039	C6	20834	13557	-2272	6295	9533	7277	3.2	5.8	5.9	114	62	62	114	-20	38	62	80
771	方大集团	000055	C6	639	361	-507	228	640	278	5.3	1.6	3.0	69	226	121	174	-103	56	168	121
772	中金岭南	000060	C6	2540	1067	536	-411	942	1473	8.2	26.0	26.7	44	14	14	45	13	-9	21	25

续表

序号	公司简称	股票代码	行业代码	营运资金总额	经营活动营运资金	采购渠道营运资金	生产渠道营运资金	营销渠道营运资金	投资活动营运资金	存货周转率	应收账款周转率	应付账款周转率	存货周转期	应收账款周转期	应付账款周期	现金周转期	采购渠道营运资金周转期	生产渠道营运资金周转期	营销渠道营运资金周转期	经营活动营运资金周转（按渠道）
773	冀东水泥	000401	C6	6117	2587	-1006	265	3328	3530	6.3	6.3	3.8	58	58	95	20	-27	3	74	49
774	焦作万方	000612	C6	96	-258	-167	-257	166	354	11.9	266.3	27.4	31	1	13	19	-4	-2	10	4
775	铜陵有色	000630	C6	16119	12297	1641	5464	5193	3822	7.7	39.5	13.9	47	9	26	30	8	24	20	52
776	*ST 中钨	000657	C6	191	175	-40	103	112	16	7.8	217.6	36.2	47	2	10	38	-4	25	24	45
777	大冶特钢	000708	C6	558	485	-640	437	688	73	8.5	14.4	7.7	43	25	48	21	-33	17	30	14
778	河北钢铁	000709	C6	-2554	-12725	-20054	-2179	9508	10171	4.9	11.5	3.0	75	32	123	-17	-50	-7	20	-37
779	*ST 韶钢	000717	C6	-297	-2345	-3597	-167	1418	2049	6.5	13.3	3.8	56	27	97	-13	-58	1	26	-32
780	*ST 锌业	000751	C6	-862	-1091	-434	-845	187	229	2.9	21.6	3.1	126	17	119	24	-66	-55	25	-96
781	本钢板材	000761	C6	8510	4889	1298	572	3018	3621	4.0	12.7	5.4	92	29	67	54	-1	7	27	33
782	新兴铸管	000778	C6	8204	4069	-4012	480	7601	4135	11.6	9.5	8.1	31	39	45	25	-18	2	44	28
783	北新建材	000786	C6	685	25	142	-262	145	660	5.9	21.7	7.7	62	17	47	32	1	-14	7	-6
784	江西水泥	000789	C6	821	-311	-613	-54	356	1131	8.1	14.7	4.2	45	25	88	-18	-48	5	13	-30
785	太原刚玉	000795	C6	846	425	-126	76	476	421	2.9	3.8	3.8	127	97	95	129	-10	19	95	103
786	云铝股份	000807	C6	2218	829	-930	642	1117	1389	7.3	56.4	7.3	50	6	50	6	-28	16	22	10
787	太钢不锈	000825	C6	10709	6499	794	1221	4484	4211	7.9	29.1	12.5	46	13	29	30	6	5	17	27
788	五矿稀土	000831	C6	1780	845	884	153	-192	935	3.4	25.2	49.9	108	14	7	115	73	19	2	94
789	天山股份	000877	C6	244	-792	-2038	63	1183	1036	7.7	6.5	3.1	47	56	117	-14	-68	1	40	-26
790	云南铜业	000878	C6	16306	12735	3736	4507	4492	3571	3.2	33.4	14.8	115	11	25	101	37	46	25	107
791	同力水泥	000885	C6	-165	-392	-310	-237	155	227	9.9	19.0	6.1	37	19	60	-4	-32	-11	15	-27
792	法 尔 胜	000890	C6	971	615	-449	148	916	357	4.6	2.1	3.0	80	177	120	136	-76	30	194	147
793	*ST 鞍钢	000898	C6	6086	4030	-2585	2208	4407	2056	6.1	8.2	8.2	60	45	45	60	-9	14	15	21
794	中钢吉炭	000928	C6	1695	1618	13	919	685	77	1.2	2.9	8.4	305	125	44	387	18	218	161	396
795	华菱钢铁	000932	C6	737	-3666	-3614	-1858	1807	4403	6.0	9.3	4.5	61	39	82	19	-39	-11	27	-23
796	神火股份	000933	C6	-1033	-4343	-2393	-2724	774	3311	11.7	17.4	5.3	31	21	69	-17	-25	-20	13	-32
797	四川双马	000935	C6	434	257	-100	-59	416	177	7.4	5.3	8.3	49	69	44	73	-12	-13	75	50

续表

序号	公司简称	股票代码	行业代码	营运资金总额	经营活动营运资金	采购渠道营运资金	生产渠道营运资金	营销渠道营运资金	投资活动营运资金	存货周转率	应收账款周转率	应付账款周转率	存货周转期	应收账款周转期	应付账款周期	现金周转期	采购渠道营运资金周转期	生产渠道营运资金周转期	营销渠道营运资金周转期	经营活动营运资金周转（按渠道）
798	首钢股份	000959	C6	-294	-926	-1051	-226	352	632	7.3	9.4	5.7	50	39	64	24	-34	-7	20	-21
799	锡业股份	000960	C6	12137	10726	4553	1685	4488	1411	2.2	12.5	13.2	166	29	28	167	77	30	83	190
800	东方钽业	000962	C6	2184	1693	207	681	805	491	1.9	3.6	6.0	193	102	60	235	34	94	119	247
801	安泰科技	000969	C6	2802	1392	-312	336	1369	1409	3.1	3.4	3.8	117	108	97	129	-26	36	126	137
802	山东威达	002026	C6	456	221	-11	-17	249	235	3.1	4.2	5.2	119	88	71	136	-5	-6	130	118
803	苏泊尔	002032	C6	2172	1053	-575	-119	1747	1119	6.5	5.0	7.3	56	73	50	79	-28	-5	96	63
804	*ST成霖	002047	C6	518	323	-71	64	329	196	5.6	5.8	7.6	65	63	48	80	-13	14	80	82
805	瑞泰科技	002066	C6	1200	978	-186	110	1054	222	2.6	2.0	3.6	138	186	102	221	-51	23	229	202
806	江苏宏宝	002071	C6	137	63	-167	34	196	74	3.4	3.9	2.4	106	93	151	48	-110	2	170	62
807	沙钢股份	002075	C6	1347	669	-321	-243	1233	678	7.0	10.6	7.4	52	34	49	38	-12	-7	44	25
808	中材科技	002080	C6	1502	1020	-1548	340	2227	483	3.6	1.6	2.0	103	230	181	152	-144	40	242	138
809	栋梁新材	002082	C6	804	527	16	144	366	278	34.2	37.6	137.0	11	10	3	18	1	4	13	18
810	海鸥卫浴	002084	C6	677	494	-146	89	551	183	4.7	4.3	6.4	77	85	57	105	-30	24	108	103
811	鲁阳股份	002088	C6	600	494	-39	18	515	106	5.2	1.9	6.1	70	192	60	203	-9	6	198	195
812	冠福家用	002102	C6	202	58	-367	-14	439	144	1.7	4.1	1.6	221	89	235	75	-210	-7	263	46
813	三钢闽光	002110	C6	1879	1041	181	331	528	838	9.4	20.6	18.2	39	18	20	37	9	6	7	22
814	罗平锌电	002114	C6	170	97	8	26	63	73	3.9	43.3	13.7	93	8	27	75	5	9	56	71
815	恒星科技	002132	C6	1042	594	-176	96	674	448	4.2	2.6	4.2	87	142	86	143	-12	19	125	131
816	西部材料	002149	C6	330	171	-123	186	108	159	3.1	3.8	4.7	119	96	78	137	-21	45	23	47
817	江苏通润	002150	C6	257	128	-122	-27	276	130	5.4	4.3	5.9	68	85	62	91	-41	-6	100	52
818	江苏常铝	002160	C6	942	513	-91	49	556	429	4.5	5.2	14.7	81	70	25	126	-7	14	110	117
819	ST上控	002162	C6	282	138	-174	-174	486	144	2.1	5.8	4.0	176	63	91	149	-57	-45	198	96
820	精诚铜业	002171	C6	571	481	36	161	285	89	10.5	23.2	29.5	35	16	12	38	4	15	24	43
821	云海金属	002182	C6	1044	779	-18	48	750	265	8.0	7.6	14.2	45	48	26	68	-1	7	73	78
822	九鼎新材	002201	C6	402	268	-32	33	266	135	5.0	3.6	6.4	73	102	57	118	-9	18	134	142

续表

序号	公司简称	股票代码	行业代码	营运资金总额	经营活动营运资金	采购渠道营运资金	生产渠道营运资金	营销渠道营运资金	投资活动营运资金	存货周转率	应收账款周转率	应付账款周转率	存货周转期	应收账款周转期	应付账款周期	现金周转期	采购渠道营运资金周转期	生产渠道营运资金周转期	营销渠道营运资金周转期	经营活动营运资金周转（按渠道）
823	海亮股份	002203	C6	2175	1597	-654	275	1975	579	12.2	5.2	8.2	30	70	44	56	-30	10	78	57
824	国统股份	002205	C6	729	354	-34	-41	429	376	2.7	1.0	2.1	133	351	174	310	-71	3	349	282
825	濮耐福分	002225	C6	1294	1212	-636	68	1780	82	3.0	1.9	2.9	122	190	128	184	-91	16	268	193
826	塔牌集团	002233	C6	926	349	204	-8	153	578	5.8	15.5	11.8	63	24	31	56	18	-1	11	27
827	恒邦股份	002237	C6	6095	4818	3243	1042	533	1278	3.0	57.8	11.5	123	6	32	98	93	33	19	145
828	东方雨虹	002271	C6	1317	900	10	175	715	417	5.7	3.3	14.2	65	110	26	148	14	24	88	127
829	精艺股份	002295	C6	675	641	-15	21	635	34	10.0	3.5	22.4	37	105	16	125	0	2	125	127
830	西部建设	002302	C6	624	257	-430	-51	737	367	26.0	3.1	5.2	14	116	71	60	-50	-11	84	23
831	久立特材	002318	C6	1031	658	77	155	426	373	3.6	9.1	10.5	102	40	35	108	17	21	57	94
832	新朋股份	002328	C6	1131	304	-222	28	.497	827	13.4	5.0	5.4	27	73	67	33	-43	5	95	57
833	罗普斯金	002333	C6	576	22	28	-3	-2	554	10.8	25.2	39.5	34	14	9	39	10	-2	0	8
834	柘中建设	002346	C6	642	216	-24	-13	253	426	4.8	1.6	9.8	77	225	37	265	-11	-11	257	235
835	鼎泰新材	002352	C6	628	504	34	47	423	124	8.0	2.5	7.4	45	145	50	140	22	19	152	193
836	齐星铁塔	002359	C6	548	299	-85	15	370	249	3.6	2.3	3.3	100	156	111	145	-24	9	179	164
837	丽鹏股份	002374	C6	583	235	22	9	203	348	4.0	6.3	6.3	91	58	58	91	13	3	106	122
838	章源钨业	002378	C6	946	772	-65	135	703	174	2.3	5.0	16.8	156	74	22	208	-5	28	166	189
839	鲁丰股份	002379	C6	1459	214	-429	107	536	1244	4.9	7.0	3.7	74	52	99	28	-8	19	96	108
840	北京利尔	002392	C6	1618	715	-182	24	873	903	4.1	1.7	3.4	89	219	106	202	-46	8	250	212
841	爱仕达	002403	C6	1161	837	-70	107	799	324	3.3	4.1	7.1	112	90	52	150	-5	16	149	160
842	云南锗业	002428	C6	1001	427	117	-19	329	573	2.1	7.8	13.5	178	47	27	197	80	2	177	259
843	金洲管道	002443	C6	1267	703	77	-2	628	565	6.2	10.3	9.8	59	35	37	58	9	0	59	68
844	巨星科技	002444	C6	2273	688	-233	29	892	1584	16.3	3.3	9.5	22	112	39	95	-28	6	131	109
845	中南重工	002445	C6	1267	693	40	73	580	574	2.3	1.4	2.1	162	264	177	249	-23	43	268	287
846	青龙管业	002457	C6	1381	794	164	-14	644	587	2.6	1.4	9.3	139	260	39	359	60	-17	298	342
847	赣锋锂业	002460	C6	396	308	72	10	225	89	4.1	3.8	7.7	89	96	47	137	38	9	110	157

续表

序号	公司简称	股票代码	行业代码	营运资金总额	经营活动营运资金	采购渠道营运资金	生产渠道营运资金	营销渠道营运资金	投资活动营运资金	存货周转率	应收账款周转率	应付账款周转率	存货周转期	应收账款周转期	应付账款周期	现金周转期	采购渠道营运资金周转期	生产渠道营运资金周转期	营销渠道营运资金周转期	经营活动营运资金周转（按渠道）
848	常宝股份	002478	C6	1456	831	-123	58	897	624	5.6	6.7	8.2	65	54	44	75	-8	5	88	85
849	大金重工	002487	C6	1328	485	51	34	400	844	3.3	1.1	8.2	112	331	45	399	54	28	348	431
850	利源铝业	002501	C6	1308	233	138	23	72	1075	18.9	29.2	19.0	19	12	19	13	95	8	14	117
851	宝馨科技	002514	C6	346	132	-32	17	147	214	4.4	3.0	5.2	82	120	71	132	-22	22	168	168
852	亚太科技	002540	C6	1646	721	67	43	611	925	9.6	4.1	17.7	38	90	21	107	8	7	108	124
853	鸿路钢构	002541	C6	1863	1053	-445	435	1063	810	2.4	4.9	3.0	149	74	123	101	-24	31	81	88
854	东方铁塔	002545	C6	2323	1421	-29	115	1335	902	2.7	1.5	4.1	133	242	89	285	-24	20	268	265
855	春兴精工	002547	C6	314	231	-375	78	527	83	4.2	2.5	2.7	88	146	133	101	-94	33	197	136
856	德力股份	002571	C6	635	373	28	-2	348	262	4.3	4.8	4.7	85	75	77	83	-3	1	142	140
857	闽发铝业	002578	C6	565	176	-45	66	155	390	7.0	13.7	11.3	52	27	32	46	8	17	40	65
858	海南瑞泽	002596	C6	655	475	-85	14	546	179	34.6	2.3	6.3	11	159	58	112	-25	3	150	127
859	哈尔斯	002615	C6	360	30	-70	10	91	329	6.3	9.0	6.2	58	40	59	39	-37	11	55	28
860	露笑科技	002617	C6	1047	736	-256	54	938	311	11.0	3.6	9.6	33	102	38	97	-30	6	121	97
861	巨龙管业	002619	C6	447	338	34	-2	307	108	3.4	1.3	6.1	109	271	60	320	26	3	320	349
862	亚玛顿	002623	C6	1356	402	-136	0	537	955	24.3	2.0	4.9	15	183	74	124	-37	0	231	194
863	金磊股份	002624	C6	275	173	-83	-10	266	102	4.9	2.2	3.7	75	170	99	145	-62	-9	214	142
864	扬子新材	002652	C6	401	202	123	14	65	199	14.8	24.5	8.2	25	15	45	-5	-2	3	15	16
865	龙泉股份	002671	C6	712	425	144	7	273	288	6.3	2.9	6.4	58	126	57	126	39	4	126	169
866	奥瑞金	002701	C6	2455	873	-112	-114	1099	1582	8.2	3.9	5.8	45	94	63	76	-13	-9	103	81
867	钢研高纳	300034	C6	750	245	1	32	212	505	6.8	2.5	11.3	53	147	32	168	13	21	144	179
868	豫金刚石	300064	C6	589	232	-2	18	217	357	3.8	5.2	6.3	96	70	58	107	26	11	85	121
869	当升科技	300073	C6	533	245	-53	91	207	288	4.6	3.2	9.0	79	116	41	154	6	50	137	192
870	新大新材	300080	C6	1382	1080	-194	537	736	302	1.4	1.4	2.6	263	264	141	386	-64	192	318	445
871	长城集团	300089	C6	836	222	-3	17	208	614	4.5	3.4	28.3	81	108	13	177	13	18	164	194
872	金刚玻璃	300093	C6	549	99	-10	-12	120	450	6.8	3.5	7.2	54	105	51	108	26	-1	118	143

续表

序号	公司简称	股票代码	行业代码	营运资金总额	经营活动营运资金	采购渠道营运资金	生产渠道营运资金	营销渠道营运资金	投资活动营运资金	存货周转率	应收账款周转率	应付账款周转率	存货周转期	应收账款周转期	应付账款周期	现金周转期	采购渠道营运资金周转期	生产渠道营运资金周转期	营销渠道营运资金周转期	经营活动营运资金周转（按渠道）
873	秀强股份	300160	C6	748	384	-5	16	373	364	10.8	2.5	6.5	34	144	56	122	-4	5	161	163
874	长海股份	300196	C6	188	66	-66	-5	138	121	15.0	6.4	5.1	24	57	72	9	-39	-1	72	32
875	开尔新材	300234	C6	300	155	14	10	131	144	3.1	1.4	12.1	119	254	30	343	43	12	279	334
876	宜安科技	300328	C6	453	115	0	18	98	338	6.6	3.8	7.3	56	96	50	102	-8	15	105	111
877	银邦股份	300337	C6	1359	682	33	139	509	677	5.8	3.4	13.6	63	108	27	144	2	37	118	156
878	太空板业	300344	C6	493	284	-18	17	285	210	4.3	1.4	3.5	84	268	106	246	-29	26	293	289
879	红宇新材	300345	C6	636	317	45	7	264	319	4.6	1.2	21.0	80	315	17	377	44	5	320	370
880	武钢股份	600005	C6	1213	-400	-10793	1680	8712	1614	6.3	10.8	4.9	58	34	74	18	-39	9	28	-3
881	包钢股份	600010	C6	3191	-2052	-13082	788	10242	5243	2.6	5.2	2.2	142	71	164	48	-99	9	97	7
882	宝钢股份	600019	C6	30411	15619	-9026	8600	16045	14792	5.7	9.3	8.8	64	39	41	62	-12	21	36	45
883	山东钢铁	600022	C6	1860	-1014	-7428	891	5523	2874	11.1	10.3	7.1	33	35	51	17	-30	3	31	4
884	包钢稀土	600111	C6	10768	7810	-98	530	7378	2958	1.2	13.7	5.9	297	27	62	262	5	22	225	252
885	东睦股份	600114	C6	526	438	-31	38	431	88	6.1	2.9	11.8	59	127	31	156	-4	14	158	168
886	西宁特钢	600117	C6	-319	-960	-685	-337	63	640	6.2	18.7	4.6	59	19	80	-2	-28	-3	2	-30
887	杭钢股份	600126	C6	3518	3202	-1016	717	3501	316	10.3	4.7	9.3	36	78	39	75	-18	15	72	69
888	新日恒力	600165	C6	967	664	-190	-17	872	303	3.6	4.6	3.9	102	79	93	88	-27	-5	159	128
889	黄河旋风	600172	C6	1210	835	262	24	550	374	2.5	4.0	7.8	148	92	47	194	92	9	150	251
890	中国玻纤	600176	C6	4372	2251	-355	20	2586	2121	3.2	2.6	7.2	113	139	51	201	-20	-1	191	170
891	秦岭水泥	600217	C6	-19	-71	-144	-141	214	51	5.6	4.5	2.9	66	82	126	21	-69	-73	91	-51
892	南山铝业	600219	C6	10269	2794	381	815	1597	7475	5.1	11.3	11.3	72	32	32	72	13	19	31	63
893	凌钢股份	600231	C6	2063	12	-953	-89	1053	2051	5.4	14.0	6.3	67	26	58	36	-9	-1	46	36
894	鑫科材料	600255	C6	1571	619	101	173	345	953	10.9	14.8	22.5	34	25	16	42	-1	17	33	50
895	南钢股份	600282	C6	5464	592	-3578	1033	3137	4872	6.1	9.4	6.2	60	39	59	40	-19	11	41	32
896	西水股份	600291	C6	-3386	-6154	-111	-5907	-135	2768	35.9	94.1	28.1	10	4	13	1	-1	-136	-2	-138
897	三峡新材	600293	C6	1205	539	120	0	419	666	3.9	2.9	3.1	93	127	118	102	3	-2	114	114

续表

序号	公司简称	股票代码	行业代码	营运资金总额	经营活动营运资金	采购渠道营运资金	生产渠道营运资金	营销渠道营运资金	投资活动营运资金	存货周转率	应收账款周转率	应付账款周转率	存货周转期	应收账款周转期	应付账款周期	现金周转期	采购渠道营运资金周转期	生产渠道营运资金周转期	营销渠道营运资金周转期	经营活动营运资金周转（按渠道）
898	酒钢宏兴	600307	C6	11474	2660	-964	-125	3749	8814	7.6	21.9	7.0	48	17	52	12	-15	0	21	6
899	巢东股份	600318	C6	86	30	8	-38	60	56	8.5	5.2	8.6	43	70	42	71	-4	0	47	42
900	宏达股份	600331	C6	2912	1267	273	519	475	1645	2.2	16.7	10.4	163	22	35	150	61	62	64	187
901	*ST珠峰	600338	C6	82	31	-73	110	-6	51	14.3	103.3	10.4	25	4	35	-6	-22	36	-2	12
902	江西铜业	600362	C6	40071	18741	1012	4719	13010	21330	10.4	18.5	25.0	35	20	15	40	2	13	25	40
903	金瑞科技	600390	C6	317	271	7	-52	317	46	4.5	3.5	12.3	81	105	30	156	3	-23	144	124
904	抚顺特钢	600399	C6	1044	-936	-2710	123	1651	1980	2.1	3.8	1.3	176	95	274	-2	-161	26	110	-24
905	青松建化	600425	C6	3717	479	-424	335	568	3238	3.1	8.5	2.8	117	43	131	29	-15	20	67	72
906	吉恩镍业	600432	C6	3677	738	-703	-28	1469	2939	2.3	3.8	2.1	158	96	173	81	-104	31	216	143
907	宁夏建材	600449	C6	1707	952	-397	-54	1402	755	5.7	3.4	4.9	64	108	74	98	-39	-6	139	94
908	宝钛股份	600456	C6	2509	2145	-159	1175	1128	364	1.3	4.1	4.2	279	89	88	281	-42	175	172	305
909	贵研铂业	600459	C6	1368	1024	127	406	491	344	7.8	10.2	171.8	47	36	2	81	10	28	45	83
910	方大炭素	600516	C6	4179	2750	-161	854	2058	1428	2.2	2.2	6.9	168	168	53	283	2	81	158	241
911	山东药玻	600529	C6	827	700	-352	-4	1056	127	3.4	2.3	2.9	107	161	127	141	-88	0	238	150
912	豫光金铅	600531	C6	4455	3110	920	986	1203	1345	3.2	199.7	10.5	113	2	35	80	28	29	35	92
913	ST狮头	600539	C6	753	277	109	56	113	476	5.4	2.1	4.2	67	170	86	151	51	43	145	239
914	厦门钨业	600549	C6	3670	2881	122	2466	293	788	1.7	6.2	8.2	216	59	44	231	10	107	1	118
915	方兴科技	600552	C6	624	580	64	-8	524	44	6.0	2.4	20.3	61	154	18	196	30	-5	169	194
916	大西洋	600558	C6	944	547	15	-74	606	398	4.9	5.7	7.7	74	64	47	91	-1	-8	98	89
917	高淳陶瓷	600562	C6	274	233	-10	36	207	41	1.3	4.6	8.5	288	79	43	323	-7	50	270	314
918	安阳钢铁	600569	C6	3459	-1590	-4833	763	2480	5049	4.0	6.3	2.8	91	58	131	18	-68	15	57	3
919	八一钢铁	600581	C6	1903	1688	-2027	141	3574	215	9.6	11.1	11.7	38	33	31	39	-21	1	38	19
920	海螺水泥	600585	C6	11799	3456	-2395	-3455	9305	8344	11.0	4.8	9.1	33	76	40	69	-17	-29	77	31
921	金晶科技	600586	C6	1042	-131	-705	-45	620	1173	4.7	8.6	3.3	77	43	112	7	-35	-5	64	24
922	中孚实业	600595	C6	1519	-2730	-4139	537	872	4249	7.4	13.1	1.9	49	28	196	-119	-114	27	29	-58

续表

序号	公司简称	股票代码	行业代码	营运资金总额	经营活动营运资金	采购渠道营运资金	生产渠道营运资金	营销渠道营运资金	投资活动营运资金	存货周转率	应收账款周转率	应付账款周转率	存货周转期	应收账款周转期	应付账款周期	现金周转期	采购渠道营运资金周转期	生产渠道营运资金周转期	营销渠道营运资金周转期	经营活动营运资金周转（按渠道）
923	棱光实业	600629	C6	946	500	110	-71	461	446	5.1	1.3	4.8	71	283	77	278	39	-31	311	319
924	福耀玻璃	600660	C6	1249	724	180	-683	1228	525	5.4	4.8	12.7	67	77	29	115	9	-22	62	49
925	尖峰集团	600668	C6	-22	-130	-182	-22	75	107	9.7	7.6	6.7	38	48	55	31	-31	-5	34	-2
926	祁连山	600720	C6	1226	415	-270	-39	724	811	6.0	5.4	5.1	61	67	72	56	-12	3	65	57
927	宁波富邦	600768	C6	229	32	-109	50	92	197	9.0	15.3	7.3	41	24	50	15	-33	15	35	17
928	新钢股份	600782	C6	6462	-733	-1662	-855	1784	7195	7.5	12.8	8.6	49	29	42	35	-6	-6	21	8
929	鲁信创投	600783	C6	438	163	0	4	159	275	2.3	2.0	10.9	162	180	33	308	5	37	230	273
930	鲁银投资	600784	C6	1750	1083	-384	670	797	667	3.0	19.9	6.0	123	18	61	80	-15	42	35	62
931	华新水泥	600801	C6	2021	-818	-2138	-106	1426	2839	12.5	7.4	5.0	29	49	73	5	-58	0	42	-16
932	福建水泥	600802	C6	731	13	58	-276	232	718	6.8	10.7	6.3	54	34	58	30	16	-51	47	11
933	马钢股份	600808	C6	13935	4100	-3117	2784	4433	9835	5.7	7.4	6.2	64	49	59	55	-3	14	22	33
934	耀皮玻璃	600819	C6	1636	768	-425	-41	1235	867	4.1	2.6	3.5	89	142	104	126	-43	-13	188	131
935	洛阳玻璃	600876	C6	120	-116	-359	4	239	237	2.4	3.8	1.1	152	96	321	-73	-244	22	156	-67
936	博闻科技	600883	C6	141	63	9	9	45	78	5.2	2.1	29.7	70	171	12	229	51	31	207	288
937	株冶集团	600961	C6	1900	1747	226	678	842	153	5.4	38.4	19.8	68	9	18	59	12	24	35	70
938	贵绳股份	600992	C6	611	376	-76	17	436	235	4.0	8.0	4.5	92	46	80	57	-32	5	93	65
939	柳钢股份	601003	C6	9144	8301	3888	390	4023	844	6.1	14.5	16.0	60	25	23	62	39	9	21	69
940	重庆钢铁	601005	C6	3671	-130	-1838	2558	-850	3801	2.5	8.8	2.7	148	42	134	56	-18	42	11	36
941	隆基股份	601012	C6	2070	1042	-145	-3	1190	1027	2.8	3.1	4.2	129	117	87	160	-28	-6	205	171
942	玉龙股份	601028	C6	1277	653	-43	15	680	625	5.2	4.9	6.8	71	75	53	92	13	1	105	119
943	博威合金	601137	C6	885	473	-74	77	470	411	6.7	9.0	9.0	55	40	41	54	-5	11	69	75
944	怡球资源	601388	C6	2907	1664	984	-14	694	1242	4.6	11.3	52.1	80	32	7	105	67	-7	44	103
945	中国铝业	601600	C6	19209	8789	7067	4635	-2912	10419	5.9	33.3	19.6	62	11	19	54	15	10	2	27
946	旗滨集团	601636	C6	2146	1430	891	126	413	716	2.7	10.7	11.2	137	34	33	139	93	12	44	149
947	明泰铝业	601677	C6	2070	1214	22	400	791	856	7.0	9.3	23.2	52	39	16	76	-2	27	51	76

续表

序号	公司简称	股票代码	行业代码	营运资金总额	经营活动营运资金	采购渠道营运资金	生产渠道营运资金	营销渠道营运资金	投资活动营运资金	存货周转率	应收账款周转率	应付账款周转率	存货周转期	应收账款周转期	应付账款周期	现金周转期	采购渠道营运资金周转期	生产渠道营运资金周转期	营销渠道营运资金周转期	经营活动营运资金周转（按渠道）
948	金隅股份	601992	C6	18230	12321	-5152	25411	-7938	5909	1.2	6.6	5.5	315	56	66	305	-43	243	-66	135
949	新华龙	603399	C6	934	634	231	116	287	300	8.5	11.6	17.2	43	32	21	53	16	15	32	63
950	博云新材	002297	C6	342	272	-68	46	294	71	1.6	1.7	2.3	225	215	157	283	-78	60	306	288
951	方大特钢	600507	C6	1691	-516	-1225	-369	1078	2207	10.6	11.8	6.3	34	31	58	8	-33	-14	24	-23
952	风范股份	601700	C6	2214	757	46	201	510	1457	3.0	3.7	7.8	124	99	47	176	31	32	103	166
953	华神集团	000790	C6	368	214	-105	-1	319	155	10.0	2.0	4.0	37	183	91	128	-67	1	162	95
954	深华新	000010	C7	189	174	-27	105	96	14	2.7	1.6	3.4	135	230	109	257	-48	198	174	324
955	德赛电池	000049	C7	524	225	-821	-91	1137	300	16.6	3.1	4.1	22	117	90	49	-75	-8	116	33
956	特发信息	000070	C7	658	409	-405	32	782	249	4.1	3.5	3.2	89	104	113	80	-78	4	155	81
957	中联重科	000157	C7	42958	10556	-7870	-4901	23327	32402	4.5	2.8	3.8	82	130	96	116	-54	-26	132	53
958	潍柴动力	000338	C7	19485	2543	-13673	-1923	18139	16942	5.3	3.4	2.9	69	109	128	50	-116	-17	142	10
959	许继电气	000400	C7	3250	2710	-1577	566	3721	539	4.6	2.0	3.9	79	182	95	166	-68	32	163	127
960	华意压缩	000404	C7	728	174	-2478	-31	2682	554	6.1	3.1	2.3	59	118	159	19	-149	-7	161	5
961	沈阳机床	000410	C7	6605	6089	-1922	1761	6251	516	1.8	1.9	2.1	205	194	174	225	-86	85	241	241
962	小天鹅 A	000418	C7	2599	1193	-2984	-165	4343	1406	7.7	2.1	1.9	47	176	195	29	-183	-11	221	26
963	徐工机械	000425	C7	22043	15061	-8353	-586	23999	6982	4.8	2.0	3.1	75	181	118	138	-77	-4	210	129
964	江南红箭	000519	C7	204	182	-5	26	161	21	3.2	2.6	9.9	115	141	37	218	-5	27	200	221
965	美菱电器	000521	C7	1653	-48	-2576	-861	3389	1701	5.3	4.0	3.4	68	90	107	52	-96	-26	124	2
966	美的电器	000527	C7	13	1	-14	0	16	12	6.2	4.6	3.9	59	79	94	44	-75	-2	79	1
967	柳　工	000528	C7	10464	3394	-1954	-224	5572	7070	2.6	4.5	4.1	140	81	89	133	-60	-8	162	94
968	大冷股份	000530	C7	569	37	-422	99	360	532	3.6	3.1	2.7	100	116	135	82	-110	24	77	-8
969	万家乐	000533	C7	819	508	-306	-46	860	311	4.7	3.5	4.2	78	103	87	94	-55	-15	149	78
970	佛山照明	000541	C7	1604	614	-149	59	704	990	4.8	4.6	10.1	76	79	36	119	-12	8	111	108
971	江铃汽车	000550	C7	3709	-1921	-2521	-991	1591	5630	15.1	15.4	5.7	24	24	64	-17	-48	-19	31	-36
972	万向钱潮	000559	C7	2521	1476	-1828	20	3285	1045	5.3	3.5	3.8	69	104	97	76	-76	2	108	34

续表

序号	公司简称	股票代码	行业代码	营运资金总额	经营活动营运资金	采购渠道营运资金	生产渠道营运资金	营销渠道营运资金	投资活动营运资金	存货周转率	应收账款周转率	应付账款周转率	存货周转期	应收账款周转期	应付账款周期	现金周转期	采购渠道营运资金周转期	生产渠道营运资金周转期	营销渠道营运资金周转期	经营活动营运资金周转（按渠道）
973	苏常柴 A	000570	C7	911	166	-817	13	970	744	6.2	4.0	3.5	59	91	105	45	-89	1	122	34
974	海马汽车	000572	C7	2641	-375	-2172	-156	1953	3016	10.3	3.7	3.0	35	98	123	10	-108	-14	83	-39
975	威孚高科	000581	C7	4366	1621	-1065	-188	2873	2746	5.5	2.3	3.5	67	157	103	120	-77	-14	207	116
976	东北电气	000585	C7.	311	230	-33	81	182	81	4.6	1.1	3.3	79	320	110	290	-60	156	308	404
977	华智控股	000607	C7	441	77	-484	-172	732	364	8.8	2.8	3.1	41	130	117	54	-91	-36	135	8
978	*ST 济柴	000617	C7	252	87	-770	-607	1464	165	2.0	1.7	1.5	186	216	238	165	-174	-127	320	19
979	*ST 恒立	000622	C7	268	26	-14	-41	81	242	1.9	1.6	2.3	195	224	156	263	-32	-227	220	-39
980	长安汽车	000625	C7	-4025	-8225	-13795	-1467	7037	4201	6.4	3.7	2.2	57	98	169	-13	-155	-18	71	-101
981	ST 合金	000633	C7	182	100	4	26	70	82	7.6	3.3	72.5	48	111	5	153	20	40	142	203
982	格力电器	000651	C7	12556	-17362	-23296	-5522	11455	29918	5.8	2.8	3.5	63	128	103	89	-76	-14	52	-38
983	经纬纺机	000666	C7	6837	-21	-1180	-664	1823	6858	3.2	2.2	2.2	115	162	162	115	-104	-37	136	-5
984	*ST 思达	000676	C7	419	310	-90	70	330	109	2.6	1.7	2.9	142	219	125	236	-65	68	256	259
985	襄阳轴承	000678	C7	130	26	-109	-217	352	104	2.3	3.8	4.0	157	97	90	163	-46	-68	175	61
986	山推股份	000680	C7	5871	3729	-1610	777	4562	2142	3.7	3.6	3.4	100	101	107	94	-44	27	145	129
987	东方电子	000682	C7	1011	645	-252	41	855	366	4.6	2.0	5.1	79	179	72	186	-40	8	182	151
988	模塑科技	000700	C7	866	303	-377	207	474	563	4.3	4.9	4.2	84	74	86	72	-42	28	68	54
989	天兴仪表	000710	C7	94	7	-94	-21	123	87	6.6	2.9	2.7	55	127	136	47	-118	-9	158	31
990	中航动控	000738	C7	2146	1546	-26	47	1525	599	3.0	1.8	6.3	122	204	58	268	-1	17	243	259
991	浩物股份	000757	C7	319	102	-113	-14	229	217	5.8	2.2	3.8	62	169	96	135	-77	-10	186	99
992	博盈投资	000760	C7	157	44	-258	-47	349	113	3.6	2.2	2.0	101	162	180	83	-134	-27	209	48
993	中航飞机	000768	C7	10697	6372	-4228	7182	3419	4325	1.3	2.8	1.8	286	131	201	217	-88	163	58	133
994	中核科技	000777	C7	768	540	-96	70	566	228	2.1	2.2	3.3	176	169	112	233	-44	25	234	215
995	一汽轿车	000800	C7	2825	1454	-3194	416	4231	1371	9.7	5.2	5.5	38	70	67	41	-50	4	77	31
996	银河投资	000806	C7	895	775	-86	179	681	120	3.2	1.4	4.0	113	254	91	276	-27	99	265	336
997	烟台冰轮	000811	C7	213	24	-178	143	59	189	3.6	5.0	4.4	101	73	84	91	-44	42	16	14

续表

序号	公司简称	股票代码	行业代码	营运资金总额	经营活动营运资金	采购渠道营运资金	生产渠道营运资金	营销渠道营运资金	投资活动营运资金	存货周转率	应收账款周转率	应付账款周转率	存货周转期	应收账款周转期	应付账款周期	现金周转期	采购渠道营运资金周转期	生产渠道营运资金周转期	营销渠道营运资金周转期	经营活动营运资金周转（按渠道）
998	江淮动力	000816	C7	538	-693	-1248	-217	772	1231	5.7	6.7	2.1	64	54	171	-53	-141	1	93	-48
999	京山轻机	000821	C7	613	331	-86	120	297	282	1.6	1.8	3.1	231	203	117	317	-44	87	247	290
1000	鑫茂科技	000836	C7	1005	904	-83	427	561	100	1.4	5.3	4.3	253	69	86	236	-24	119	142	237
1001	秦川发展	000837	C7	991	756	-114	455	416	235	1.8	3.8	4.0	203	96	92	206	-36	134	99	196
1002	江钻股份	000852	C7	605	536	-429	116	849	69	3.6	3.5	4.1	102	106	90	118	-65	20	149	104
1003	冀东装备	000856	C7	536	320	-151	-93	564	215	5.9	2.5	3.9	62	149	94	117	-23	-14	107	69
1004	银星能源	000862	C7	978	602	-357	11	948	376	1.9	1.5	1.0	197	250	356	91	-184	-2	406	220
1005	安凯客车	000868	C7	1141	-652	-1681	-21	1050	1793	9.8	4.4	2.2	37	83	168	-47	-138	-1	88	-50
1006	潍柴重机	000880	C7	-529	-1158	-1155	-66	63	629	8.7	76.8	1.6	42	5	222	-175	-202	-15	4	-213
1007	航天科技	000901	C7	695	475	-35	42	468	220	4.7	3.5	8.0	77	104	46	136	-8	16	113	121
1008	云内动力	000903	C7	1092	333	-876	23	1186	759	5.0	2.5	2.2	73	148	166	54	-136	8	145	17
1009	*ST天一	000908	C7	206	187	-43	69	161	19	2.5	1.1	2.7	149	323	134	339	-31	176	391	536
1010	钱江摩托	000913	C7	1325	1105	-630	406	1329	220	3.7	3.4	4.7	100	107	78	129	-59	38	145	124
1011	南方汇通	000920	C7	408	78	-317	76	319	330	6.2	10.0	4.2	59	37	88	8	-44	7	38	1
1012	海信科龙	000921	C7	-338	-864	-3152	-945	3233	527	11.1	7.6	6.0	33	48	61	20	-50	-13	50	-13
1013	佳电股份	000922	C7	1026	879	-707	52	1534	148	3.6	2.5	3.5	102	148	104	146	-71	11	171	111
1014	河北宣工	000923	C7	330	180	-283	200	262	151	1.2	1.8	1.1	317	203	325	195	-197	163	240	206
1015	众合机电	000925	C7	945	549	-645	34	1161	396	6.9	1.1	1.8	53	334	205	181	-127	16	330	219
1016	一汽夏利	000927	C7	-981	-1702	-2326	-591	1214	722	9.1	9.5	2.7	40	38	133	-54	-111	-27	64	-74
1017	中国重汽	000951	C7	5700	4442	-2827	-1249	8517	1258	4.7	3.1	5.0	77	116	74	120	-66	-16	168	86
1018	中通客车	000957	C7	545	-185	-1157	94	878	730	7.3	3.6	2.3	50	102	161	-9	-133	10	105	-17
1019	上风高科	000967	C7	944	813	-119	17	915	131	12.6	2.6	15.8	29	142	23	148	-14	-9	150	126
1020	金马股份	000980	C7	851	664	28	86	549	188	2.5	2.3	2.9	149	160	127	181	-29	41	238	250
1021	宗申动力	001696	C7	3015	1463	-147	-82	1692	1552	15.6	2.8	8.4	23	132	43	113	-16	-6	143	121
1022	德豪润达	002005	C7	2799	1694	-379	103	1970	1105	3.3	2.4	2.4	109	153	153	109	-65	-20	221	135

续表

序号	公司简称	股票代码	行业代码	营运资金总额	经营活动营运资金	采购渠道营运资金	生产渠道营运资金	营销渠道营运资金	投资活动营运资金	存货周转率	应收账款周转率	应付账款周转率	存货周转期	应收账款周转期	应付账款周期	现金周转期	采购渠道营运资金周转期	生产渠道营运资金周转期	营销渠道营运资金周转期	经营活动营运资金周转（按渠道）
1023	精功科技	002006	C7	1209	845	-117	264	698	365	1.1	1.0	1.6	322	356	228	449	-124	119	346	340
1024	大族激光	002008	C7	2728	2247	235	-129	2142	481	3.0	2.7	8.1	122	133	45	211	22	-3	153	171
1025	天奇股份	002009	C7	1086	510	-622	63	1069	576	2.1	2.5	2.4	171	146	150	166	-110	9	208	107
1026	盾安环境	002011	C7	1078	90	-2260	262	2089	987	8.6	5.3	3.2	42	69	114	-3	-90	8	89	6
1027	中航精机	002013	C7	4318	2560	-2133	44	4649	1758	3.9	1.7	2.4	94	213	155	153	-97	-4	239	138
1028	中捷股份	002021	C7	667	-16	-300	7	278	683	2.3	3.0	2.3	156	120	162	114	-112	1	106	-5
1029	海特高新	002023	C7	605	260	87	8	166	345	2.8	1.9	8.1	133	189	45	276	112	21	181	314
1030	思源电气	002028	C7	2374	916	-564	79	1400	1458	4.3	2.7	4.3	84	135	85	134	-59	10	148	99
1031	巨轮股份	002031	C7	1360	600	16	93	491	761	3.3	2.1	7.8	111	174	47	238	18	38	191	247
1032	华帝股份	002035	C7	202	-242	-319	-61	138	444	14.6	9.8	6.4	25	37	57	6	-41	-5	12	-34
1033	轴研科技	002046	C7	807	480	-53	116	416	328	2.1	2.5	3.1	173	146	116	203	-24	49	183	209
1034	宁波华翔	002048	C7	1651	617	-772	74	1315	1034	7.2	6.7	5.7	51	54	64	41	-45	2	73	30
1035	三花股份	002050	C7	2071	1362	-757	88	2032	709	4.5	2.8	4.5	81	128	81	128	-59	9	181	131
1036	威尔泰	002058	C7	151	83	7	13	63	68	3.0	2.1	8.4	120	174	44	250	46	13	165	225
1037	软控股份	002073	C7	3213	2554	-212	1093	1673	659	1.6	0.7	2.0	228	525	179	574	-33	169	395	531
1038	东源电器	002074	C7	453	353	-131	23	460	100	4.4	1.6	3.3	83	231	110	204	-63	22	240	198
1039	雪莱特	002076	C7	205	187	-18	1	204	19	3.7	2.3	4.5	100	158	81	176	-14	2	173	161
1040	万丰奥威	002085	C7	1136	633	-351	-64	1048	503	12.9	4.8	9.4	28	76	39	66	-27	-6	94	61
1041	金智科技	002090	C7	557	380	-44	80	344	177	5.1	2.4	5.2	71	153	71	154	-17	31	139	153
1042	山河智能	002097	C7	2736	2022	-304	97	2230	714	1.5	1.2	2.1	251	294	171	373	-39	13	371	345
1043	广东鸿图	002101	C7	422	289	-147	-36	472	133	6.8	3.4	4.8	54	109	77	86	-42	-7	126	76
1044	威海广泰	002111	C7	774	591	82	152	356	183	2.2	2.5	4.8	167	144	76	234	36	61	134	231
1045	三变科技	002112	C7	538	396	-115	-1	512	143	3.1	1.9	4.3	118	189	84	223	-57	4	243	189
1046	天马股份	002122	C7	2595	2210	-251	876	1585	385	1.1	1.7	3.4	326	212	107	431	-40	113	272	345
1047	荣信股份	002123	C7	2095	1248	-352	352	1248	847	2.6	0.9	1.8	140	426	203	363	-89	82	336	329

续表

序号	公司简称	股票代码	行业代码	营运资金总额	经营活动营运资金	采购渠道营运资金	生产渠道营运资金	营销渠道营运资金	投资活动营运资金	存货周转率	应收账款周转率	应付账款周转率	存货周转期	应收账款周转期	应付账款周期	现金周转期	采购渠道营运资金周转期	生产渠道营运资金周转期	营销渠道营运资金周转期	经营活动营运资金周转（按渠道）
1048	银轮股份	002126	C7	912	438	-442	49	830	474	5.4	2.7	3.4	68	137	106	99	-91	10	179	98
1049	利欧股份	002131	C7	749	589	-168	113	644	160	5.1	3.3	5.6	72	110	65	116	-27	26	125	125
1050	方圆支承	002147	C7	339	275	-67	-6	347	64	2.1	1.6	3.2	170	233	112	291	-5	-9	352	339
1051	广电运通	002152	C7	2535	531	-215	-142	889	2004	3.1	2.9	6.0	118	127	61	183	-39	-18	166	109
1052	汉钟精机	002158	C7	520	444	-54	36	462	76	5.2	3.0	6.9	70	120	53	137	-29	20	238	230
1053	东力传动	002164	C7	359	285	-259	88	455	74	2.6	1.5	2.2	140	244	170	214	-109	58	267	216
1054	深圳惠程	002168	C7	717	334	15	54	265	383	2.9	1.9	5.7	124	190	64	250	38	43	246	327
1055	广陆数测	002175	C7	192	138	4	22	112	54	2.7	2.8	12.9	133	131	28	236	10	44	181	235
1056	江特电机	002176	C7	692	465	76	11	378	226	3.4	2.3	6.0	108	155	61	202	10	4	197	211
1057	御银股份	002177	C7	710	371	97	30	243	339	2.7	4.4	11.3	137	83	32	188	35	14	116	165
1058	万力达	002180	C7	251	154	2	6	146	97	3.0	1.4	10.2	121	258	36	344	15	10	302	327
1059	海得控制	002184	C7	733	644	-91	52	683	89	4.1	2.6	8.3	89	141	44	186	-15	18	182	185
1060	成飞集成	002190	C7	1291	521	-194	205	510	770	2.0	1.8	2.6	179	200	143	236	-99	84	264	249
1061	方正电机	002196	C7	289	242	-25	8	259	47	2.6	3.0	3.7	142	122	98	167	-31	13	202	184
1062	证通电子	002197	C7	586	407	-28	39	395	180	2.5	1.7	3.9	145	217	93	268	-27	20	257	250
1063	金风科技	002202	C7	12377	5381	-5274	717	9939	6996	2.6	1.1	1.4	139	338	256	221	-144	31	323	210
1064	大连重工	002204	C7	4285	3109	-6648	1384	8372	1177	3.2	0.9	1.2	115	389	312	192	-247	60	296	109
1065	达意隆	002209	C7	346	183	-265	118	331	163	2.3	2.6	2.1	161	142	170	133	-124	60	142	78
1066	南洋股份	002212	C7	1359	1064	42	120	902	294	4.7	2.4	23.5	77	149	16	211	15	20	170	205
1067	特尔佳	002213	C7	188	161	-56	31	187	26	6.3	1.6	3.1	58	234	118	174	-85	22	239	176
1068	鱼跃医疗	002223	C7	890	568	-14	50	532	322	6.5	3.3	8.3	57	111	44	124	-6	7	128	129
1069	奥特迅	002227	C7	489	276	-29	17	287	213	2.0	1.2	3.9	180	292	92	379	-35	39	361	365
1070	九阳股份	002242	C7	1867	374	-784	190	969	1493	7.7	6.3	5.3	47	58	68	37	-61	11	67	17
1071	大洋电机	002249	C7	1830	651	-431	-4	1085	1180	4.6	4.2	4.0	79	87	91	75	-38	0	126	88
1072	海陆重工	002255	C7	898	540	-281	255	566	358	2.7	2.1	3.7	138	177	98	217	-50	52	118	120

续表

序号	公司简称	股票代码	行业代码	营运资金总额	经营活动营运资金	采购渠道营运资金	生产渠道营运资金	营销渠道营运资金	投资活动营运资金	存货周转率	应收账款周转率	应付账款周转率	存货周转期	应收账款周转期	应付账款周期	现金周转期	采购渠道营运资金周转期	生产渠道营运资金周转期	营销渠道营运资金周转期	经营活动营运资金周转（按渠道）
1073	伊立浦	002260	C7	197	66	-72	15	124	131	7.2	6.5	4.3	51	56	84	23	-64	7	80	24
1074	西仪股份	002265	C7	248	219	-27	4	242	29	1.8	2.3	4.9	200	162	75	287	-19	0	232	214
1075	浙富股份	002266	C7	984	781	-505	614	672	203	1.9	1.3	1.6	192	290	228	254	-198	158	295	255
1076	法因数控	002270	C7	216	84	-76	14	146	132	2.0	2.4	2.9	178	151	125	204	-77	24	156	104
1077	川润股份	002272	C7	867	467	-8	91	384	400	2.5	2.0	3.3	143	183	109	217	-10	54	159	203
1078	万马电缆	002276	C7	2261	1515	-253	115	1653	746	10.7	2.7	12.2	34	134	30	138	-19	9	132	121
1079	神开股份	002278	C7	1006	467	-244	128	583	539	2.4	1.7	2.7	152	209	134	228	-107	67	263	222
1080	博深工具	002282	C7	485	418	-35	140	313	68	3.2	2.4	5.6	114	150	65	198	-11	86	185	260
1081	天润曲轴	002283	C7	1079	620	-407	115	912	459	1.8	1.8	1.5	203	200	243	161	-142	35	325	218
1082	亚太股份	002284	C7	560	271	-629	-15	916	289	6.8	3.5	3.3	54	106	110	50	-95	-1	146	49
1083	鑫龙电器	002298	C7	1285	779	-287	78	987	506	2.2	1.6	2.9	169	232	127	275	-98	32	336	270
1084	太阳电缆	002300	C7	1342	1045	72	14	959	297	8.8	5.1	36.0	41	72	10	103	5	3	90	98
1085	中利科技	002309	C7	5207	3018	-2169	272	4916	2188	4.1	2.3	3.3	90	158	109	139	-85	-6	209	118
1086	理工监测	002322	C7	830	300	-7	19	288	529	6.7	1.5	11.8	54	245	31	269	-3	17	240	253
1087	中联电气	002323	C7	633	287	-28	12	303	347	5.5	1.2	6.3	66	312	58	319	-13	13	321	321
1088	英威腾	002334	C7	894	228	-7	-14	249	666	5.5	4.3	10.6	66	84	34	116	5	-7	112	109
1089	科华恒盛	002335	C7	636	78	-256	7	327	558	6.7	3.2	3.3	55	115	110	59	-85	5	121	41
1090	赛象科技	002337	C7	989	506	-130	210	426	483	1.5	1.2	1.9	240	315	196	360	-95	155	316	376
1091	奥普光电	002338	C7	543	268	58	43	167	274	2.8	1.5	14.1	131	241	26	347	66	53	183	303
1092	积成电子	002339	C7	769	449	-172	62	559	321	4.8	1.9	4.7	76	196	78	194	-43	22	190	169
1093	北京科锐	002350	C7	912	303	-186	30	459	609	5.7	3.3	4.3	64	111	85	90	-50	10	130	90
1094	杰瑞股份	002353	C7	2691	1723	14	534	1176	968	3.2	2.8	7.9	113	132	46	199	22	53	133	208
1095	兴民钢圈	002355	C7	1513	776	40	245	491	737	2.3	3.8	5.0	158	97	72	182	24	68	130	222
1096	浩宁达	002356	C7	860	284	-258	55	487	576	2.6	2.0	2.0	141	186	182	145	-139	31	254	147
1097	森源电气	002358	C7	956	744	18	150	576	212	4.8	2.3	6.5	76	156	56	176	20	40	163	222

续表

序号	公司简称	股票代码	行业代码	营运资金总额	经营活动营运资金	采购渠道营运资金	生产渠道营运资金	营销渠道营运资金	投资活动营运资金	存货周转率	应收账款周转率	应付账款周转率	存货周转期	应收账款周转期	应付账款周期	现金周转期	采购渠道营运资金周转期	生产渠道营运资金周转期	营销渠道营运资金周转期	经营活动营运资金周转（按渠道）
1098	隆基机械	002363	C7	564	432	-286	-6	724	132	2.4	3.4	2.9	152	107	124	134	-91	-4	237	143
1099	中恒电气	002364	C7	687	295	-31	31	295	392	4.1	1.7	6.4	89	213	57	246	-19	29	239	249
1100	丹甫股份	002366	C7	551	266	-118	24	360	285	5.6	2.3	3.8	65	159	95	128	-51	5	204	159
1101	康力电梯	002367	C7	1022	26	13	-12	25	997	3.4	8.6	6.0	106	42	61	88	-6	0	8	1
1102	科远股份	002380	C7	694	294	25	34	235	400	3.3	0.9	3.9	112	385	93	404	28	49	367	444
1103	远东传动	002406	C7	1414	754	161	31	562	660	3.8	1.9	7.9	95	190	46	239	80	7	218	306
1104	常发股份	002413	C7	539	458	-182	108	532	81	4.8	3.2	4.1	77	115	88	103	-62	25	144	107
1105	康盛股份	002418	C7	768	662	-77	51	687	106	5.0	2.7	7.8	72	133	47	159	-25	17	171	163
1106	中原特钢	002423	C7	809	339	-451	138	652	470	4.4	4.0	3.5	83	90	103	70	-72	32	104	64
1107	杭氧股份	002430	C7	1673	764	-854	215	1404	909	6.2	2.8	4.5	59	132	80	110	-38	16	71	49
1108	九安医疗	002432	C7	564	187	26	14	148	377	2.7	3.9	9.0	134	93	41	187	35	15	134	184
1109	万里扬	002434	C7	1065	215	-256	105	367	850	3.7	3.0	3.4	97	121	107	111	-65	26	129	91
1110	长江润发	002435	C7	585	289	99	5	185	296	4.6	13.8	15.6	80	27	23	83	37	2	63	102
1111	江苏神通	002438	C7	662	333	-118	44	407	328	2.4	1.4	2.5	153	257	148	262	-81	35	270	224
1112	中原内配	002448	C7	1014	303	-33	3	333	711	3.8	5.5	6.4	95	66	57	105	-17	1	121	105
1113	摩恩电气	002451	C7	568	391	65	24	302	177	5.6	1.3	10.7	65	275	34	306	56	35	287	378
1114	长高集团	002452	C7	819	387	-34	118	303	433	2.3	1.7	3.2	158	221	114	264	-36	63	248	276
1115	松芝股份	002454	C7	1848	1163	-366	135	1394	684	5.3	1.4	3.5	69	259	104	224	-66	20	295	250
1116	天业通联	002459	C7	880	736	-208	540	403	144	0.8	0.8	1.1	484	480	345	618	-123	358	368	603
1117	艾迪西	002468	C7	674	566	67	123	376	108	4.3	4.5	7.4	85	82	49	117	14	40	103	158
1118	中超电缆	002471	C7	2814	1708	-590	215	2083	1106	3.3	1.4	2.4	110	263	153	220	-108	30	297	218
1119	双环传动	002472	C7	636	538	-62	150	450	98	1.9	3.4	5.0	189	107	73	223	-20	53	203	237
1120	润邦股份	002483	C7	1049	369	-164	550	-17	680	2.7	12.3	5.0	137	30	73	94	-24	84	3	62
1121	金固股份	002488	C7	525	276	-213	129	360	249	2.8	5.2	3.3	133	70	111	91	-20	48	119	147
1122	山东墨龙	002490	C7	1186	702	-892	443	1151	484	2.5	5.0	2.8	147	73	133	87	-93	57	126	90

续表

序号	公司简称	股票代码	行业代码	营运资金总额	经营活动营运资金	采购渠道营运资金	生产渠道营运资金	营销渠道营运资金	投资活动营运资金	存货周转率	应收账款周转率	应付账款周转率	存货周转期	应收账款周转期	应付账款周期	现金周转期	采购渠道营运资金周转期	生产渠道营运资金周转期	营销渠道营运资金周转期	经营活动营运资金周转（按渠道）
1123	通鼎光电	002491	C7	1903	1459	-108	69	1498	443	3.7	4.9	6.6	100	75	55	119	-25	7	151	133
1124	汉缆股份	002498	C7	3135	1494	-122	318	1299	1641	3.6	2.9	7.6	103	125	48	180	-9	32	127	150
1125	科林环保	002499	C7	443	212	-97	27	282	231	3.7	1.9	3.7	98	196	99	196	-25	35	168	178
1126	老板电器	002508	C7	1357	208	-245	-50	502	1150	6.6	5.1	8.0	56	71	46	81	-36	-9	83	38
1127	天广消防	002509	C7	476	182	77	10	95	294	9.3	3.7	29.0	39	100	13	126	62	9	78	149
1128	天汽模	002510	C7	596	125	-294	415	5	470	1.4	2.8	3.0	260	132	122	269	-104	160	8	64
1129	科士达	002518	C7	935	224	-160	-24	409	711	6.5	3.2	4.3	56	114	84	86	-57	-7	136	72
1130	日发精机	002520	C7	541	204	-10	50	164	338	1.8	1.9	2.7	205	190	134	261	0	49	175	224
1131	山东矿机	002526	C7	1485	1100	-180	178	1102	385	2.6	1.9	4.3	138	192	84	246	-32	53	213	234
1132	新时达	002527	C7	979	411	-33	36	408	568	5.0	2.6	8.5	73	139	43	169	1	11	149	161
1133	海源机械	002529	C7	607	355	59	107	189	252	1.0	2.1	4.0	368	172	92	448	31	159	251	441
1134	丰东股份	002530	C7	356	118	1	60	56	238	2.1	3.5	6.2	174	103	59	218	-3	68	44	109
1135	天顺风能	002531	C7	1253	339	-122	77	384	914	3.4	4.6	3.6	107	79	100	86	-48	42	110	104
1136	新界泵业	002532	C7	401	79	-103	43	139	322	4.8	11.8	6.6	75	31	55	51	-28	14	47	32
1137	金杯电工	002533	C7	1394	669	-170	82	757	724	7.2	4.0	14.4	51	92	25	118	-17	11	107	101
1138	杭锅股份	002534	C7	2347	1478	-356	982	852	869	10.8	6.1	5.4	34	60	67	26	-9	26	14	31
1139	林州重机	002535	C7	354	13	-678	-192	883	341	5.4	1.5	1.8	68	251	197	121	-73	-19	235	143
1140	西泵股份	002536	C7	542	379	-25	-33	438	163	2.8	2.8	3.2	128	129	114	143	-17	-5	193	171
1141	海立美达	002537	C7	1169	1103	270	33	800	66	4.6	4.6	8.3	79	80	44	115	35	4	94	134
1142	万和电器	002543	C7	1443	624	-417	75	966	818	6.2	4.6	5.7	59	79	64	74	-40	8	103	71
1143	新联电子	002546	C7	1020	284	-105	34	355	736	8.8	2.7	5.4	42	134	67	108	-51	22	160	132
1144	尚荣医疗	002551	C7	1072	171	-75	54	192	901	7.9	1.9	5.1	46	194	72	168	-28	32	122	126
1145	宝鼎重工	002552	C7	398	184	-12	8	187	214	3.2	2.3	5.1	113	158	72	199	2	5	220	227
1146	南方轴承	002553	C7	418	89	-18	13	94	329	3.9	3.8	7.4	94	95	49	140	-25	19	145	139
1147	顺荣股份	002555	C7	402	101	-7	-6	114	301	5.9	3.6	6.1	62	101	60	103	-27	-10	143	106

续表

序号	公司简称	股票代码	行业代码	营运资金总额	经营活动营运资金	采购渠道营运资金	生产渠道营运资金	营销渠道营运资金	投资活动营运资金	存货周转率	应收账款周转率	应付账款周转率	存货周转期	应收账款周转期	应付账款周期	现金周转期	采购渠道营运资金周转期	生产渠道营运资金周转期	营销渠道营运资金周转期	经营活动营运资金周转（按渠道）
1148	亚威股份	002559	C7	794	254	-1	89	166	540	2.5	5.7	5.9	144	64	62	145	5	45	70	120
1149	通达股份	002560	C7	900	633	135	83	415	268	6.0	3.2	6.2	61	116	59	118	35	22	127	183
1150	张化机	002564	C7	1836	1360	-335	1049	646	476	1.6	1.7	3.1	225	212	118	319	-65	184	99	218
1151	通达动力	002576	C7	676	321	98	-1	225	355	5.0	3.6	14.0	73	102	26	149	42	-3	116	155
1152	圣阳股份	002580	C7	722	480	-108	38	550	242	7.6	3.0	6.7	48	123	54	117	-33	15	135	117
1153	万安科技	002590	C7	478	154	-436	3	586	324	4.3	2.5	2.2	85	145	164	65	-142	0	200	58
1154	八菱科技	002592	C7	436	206	-87	2	292	231	5.8	2.5	4.5	63	144	82	125	-48	1	177	129
1155	日上集团	002593	C7	1124	877	-28	344	561	247	1.5	3.6	2.5	236	102	149	190	-27	100	215	288
1156	豪迈科技	002595	C7	1526	577	56	82	439	949	4.5	1.8	16.8	81	206	22	265	27	32	211	270
1157	山东章鼓	002598	C7	453	131	-94	61	165	321	3.6	4.4	4.7	101	83	77	107	-39	31	86	79
1158	世纪华通	002602	C7	933	486	-81	90	478	447	3.3	3.0	6.0	111	120	61	169	-23	24	173	174
1159	大连电瓷	002606	C7	620	455	-44	-13	512	165	2.8	1.8	4.8	130	206	77	260	-18	-5	263	240
1160	舜天船舶	002608	C7	3362	2056	448	1788	-180	1306	1.3	13.0	4.3	288	28	85	230	54	237	-79	212
1161	东方精工	002611	C7	638	69	-13	68	14	570	3.2	7.3	5.6	114	50	65	99	-17	69	10	62
1162	北玻股份	002613	C7	1022	227	15	85	127	796	4.3	2.6	6.9	86	141	53	173	-4	40	77	114
1163	蒙发利	002614	C7	1713	196	-319	138	376	1518	5.5	6.4	3.6	67	57	101	22	-67	32	75	39
1164	长青集团	002616	C7	296	129	-76	-25	229	167	5.9	7.3	5.6	62	50	66	47	-28	-2	65	34
1165	大连三垒	002621	C7	796	60	7	48	6	735	3.0	4.3	23.7	123	85	15	192	25	84	33	142
1166	永大集团	002622	C7	968	198	48	37	113	769	2.0	2.4	20.5	179	153	18	314	73	50	168	291
1167	龙胜股份	002625	C7	257	112	-33	3	142	145	7.0	2.1	5.8	53	174	63	163	-43	2	195	155
1168	华西能源	002630	C7	1906	738	-1050	903	885	1169	2.3	1.9	1.8	157	191	202	146	-126	120	89	83
1169	申科股份	002633	C7	454	302	-51	52	300	152	2.6	1.2	3.5	143	295	106	333	-64	59	321	316
1170	勤上光电	002638	C7	2054	308	-100	30	378	1746	5.3	2.5	4.2	69	144	87	126	-33	13	141	120
1171	雪人股份	002639	C7	783	312	156	33	123	471	2.5	2.3	9.7	147	159	37	268	125	44	144	314
1172	华宏股份	002645	C7	469	83	-57	45	95	386	3.6	6.9	4.6	102	53	79	76	-43	38	47	42

续表

序号	公司简称	股票代码	行业代码	营运资金总额	经营活动营运资金	采购渠道营运资金	生产渠道营运资金	营销渠道营运资金	投资活动营运资金	存货周转率	应收账款周转率	应付账款周转率	存货周转期	应收账款周转期	应付账款周期	现金周转期	采购渠道营运资金周转期	生产渠道营运资金周转期	营销渠道营运资金周转期	经营活动营运资金周转（按渠道）
1173	宏磊股份	002647	C7	1259	847	-442	678	611	412	10.6	7.5	5.2	34	49	70	13	-37	36	62	61
1174	利君股份	002651	C7	1836	46	-74	103	17	1790	3.8	2.4	4.1	96	153	89	159	-33	44	11	22
1175	雪迪龙	002658	C7	992	345	26	8	311	648	3.7	1.6	13.9	98	233	26	304	15	7	240	262
1176	京威股份	002662	C7	1991	497	33	24	439	1495	5.3	5.3	12.2	69	69	30	108	8	6	97	111
1177	信质电机	002664	C7	745	284	-170	27	426	461	4.5	3.8	3.5	82	95	103	74	-48	9	130	91
1178	首航节能	002665	C7	1417	663	-233	74	821	754	4.1	1.9	5.7	89	197	64	223	-28	19	148	139
1179	鞍重股份	002667	C7	558	164	2	63	99	394	2.5	1.8	5.6	145	205	65	286	9	81	91	182
1180	奥马电器	002668	C7	698	313	-651	-22	986	384	7.8	6.4	3.6	47	57	103	1	-68	0	80	12
1181	华声股份	002670	C7	566	377	-182	20	539	188	9.3	2.6	5.3	39	139	69	109	-56	7	158	108
1182	浙江美大	002677	C7	587	-100	-23	-24	-53	687	13.3	99.3	8.4	28	4	44	-12	-19	-22	-58	-99
1183	黄海机械	002680	C7	583	178	24	11	143	405	1.8	9.7	7.1	202	38	51	189	28	16	122	166
1184	猛狮科技	002684	C7	280	163	11	19	133	117	5.1	7.7	15.9	71	47	23	95	11	15	71	97
1185	华东重机	002685	C7	364	115	-70	2	184	249	2.8	2.1	4.9	131	170	75	226	-61	2	113	54
1186	亿利达	002686	C7	555	237	19	-13	231	318	5.9	3.5	12.2	62	106	30	138	15	2	119	136
1187	博林特	002689	C7	775	161	-414	132	443	614	5.0	2.8	3.2	72	128	115	86	-79	30	91	42
1188	美亚光电	002690	C7	1123	215	-62	20	257	908	7.2	26.3	6.3	51	14	58	7	-21	24	83	87
1189	石煤装备	002691	C7	729	377	13	54	310	352	2.6	1.8	12.8	138	205	29	314	7	45	254	307
1190	远程电缆	002692	C7	1115	551	-92	9	633	565	8.2	5.4	11.7	45	68	31	81	-22	6	84	68
1191	博实股份	002698	C7	1149	540	20	126	394	609	1.7	2.0	12.4	218	181	29	370	15	69	128	212
1192	浙江世宝	002703	C7	440	362	-120	25	456	79	4.3	1.5	3.1	86	245	119	212	-80	16	275	211
1193	特锐德	300001	C7	863	554	-164	88	630	309	5.0	1.2	3.1	73	317	119	270	-84	44	318	277
1194	乐普医疗	300003	C7	1764	631	109	6	517	1133	7.6	2.6	28.6	48	141	13	176	35	5	154	194
1195	南风股份	300004	C7	678	402	-31	51	382	276	3.3	0.9	4.8	111	411	76	446	-9	53	371	416
1196	汉威电子	300007	C7	368	155	1	8	145	213	4.3	2.1	5.3	85	171	69	187	16	12	166	193
1197	鼎汉技术	300011	C7	569	346	-9	14	341	222	6.8	0.8	6.3	54	431	58	427	-10	13	412	415

续表

序号	公司简称	股票代码	行业代码	营运资金总额	经营活动营运资金	采购渠道营运资金	生产渠道营运资金	营销渠道营运资金	投资活动营运资金	存货周转率	应收账款周转率	应付账款周转率	存货周转期	应收账款周转期	应付账款周期	现金周转期	采购渠道营运资金周转期	生产渠道营运资金周转期	营销渠道营运资金周转期	经营活动营运资金周转（按渠道）
1198	中元华电	300018	C7	654	156	-55	17	194	498	3.5	1.5	3.3	104	250	111	244	-77	28	283	234
1199	大禹节水	300021	C7	652	527	-43	135	435	125	1.7	2.3	3.8	218	160	96	283	-4	68	226	290
1200	机器人	300024	C7	986	628	-65	185	507	358	2.4	3.0	7.4	150	120	49	221	-8	59	141	193
1201	阳普医疗	300030	C7	403	111	-8	8	111	292	9.0	3.7	6.0	40	100	61	80	-10	7	112	109
1202	华力创通	300045	C7	506	206	50	18	138	300	7.4	2.1	38.6	49	177	9	217	59	26	149	234
1203	合康变频	300048	C7	1152	731	-5	43	693	421	2.0	1.4	6.4	181	267	57	391	5	26	308	339
1204	三维丝	300056	C7	284	183	-50	17	215	102	3.4	1.6	4.3	108	226	86	248	-19	17	254	253
1205	中能电气	300062	C7	563	313	-73	8	378	250	2.7	1.3	2.9	136	289	126	299	-69	6	379	316
1206	三川股份	300066	C7	684	192	-17	23	186	492	5.0	4.6	11.7	73	79	31	121	-5	3	99	97
1207	南都电源	300068	C7	2104	1094	-242	239	1096	1010	7.1	3.4	10.5	52	106	35	123	-14	17	118	121
1208	盛运股份	300090	C7	640	115	-37	-236	388	525	2.8	2.2	2.1	131	163	175	118	-85	-29	169	54
1209	金通灵	300091	C7	595	469	-88	42	514	126	2.9	1.4	2.7	127	266	134	260	-67	25	295	252
1210	科新机电	300092	C7	209	144	-12	0	156	65	1.7	1.1	3.7	212	328	100	441	59	8	337	405
1211	华伍股份	300095	C7	549	342	78	46	218	207	2.8	1.9	6.8	131	188	54	265	42	47	233	323
1212	智云股份	300097	C7	342	140	18	42	80	202	1.4	1.5	10.0	255	241	36	459	37	126	172	334
1213	双林股份	300100	C7	653	274	-229	51	452	379	5.3	2.9	4.7	69	125	77	117	-57	16	144	102
1214	达刚路机	300103	C7	601	48	53	24	-29	553	4.6	3.6	9.1	80	100	40	140	34	32	38	104
1215	龙源技术	300105	C7	1790	667	-368	121	914	1123	7.8	1.4	3.1	47	259	119	187	-92	39	228	175
1216	万讯自控	300112	C7	261	96	18	-32	111	165	5.9	3.2	13.2	62	115	28	149	23	-25	109	107
1217	经纬电材	300120	C7	339	115	-11	-3	128	224	10.9	3.1	13.8	34	120	26	127	6	-2	131	135
1218	太阳鸟	300123	C7	487	94	60	123	-89	392	2.2	7.6	11.2	165	48	33	181	36	60	-59	36
1219	汇川技术	300124	C7	2449	431	-65	-50	546	2018	6.0	3.1	10.8	61	117	34	144	2	-9	135	128
1220	锐奇股份	300126	C7	708	95	-77	5	167	614	4.6	5.1	4.2	79	72	88	63	-49	6	107	64
1221	泰胜风能	300129	C7	987	288	-83	204	167	699	2.0	2.4	3.5	186	153	106	234	-9	89	96	176
1222	新国都	300130	C7	920	217	-92	31	278	703	4.1	2.1	5.1	89	170	71	187	-53	18	166	130

续表

序号	公司简称	股票代码	行业代码	营运资金总额	经营活动营运资金	采购渠道营运资金	生产渠道营运资金	营销渠道营运资金	投资活动营运资金	存货周转率	应收账款周转率	应付账款周转率	存货周转期	应收账款周转期	应付账款周期	现金周转期	采购渠道营运资金周转期	生产渠道营运资金周转期	营销渠道营运资金周转期	经营活动营运资金周转（按渠道）
1223	先河环保	300137	C7	774	300	82	25	193	474	3.6	1.2	9.4	100	315	39	376	87	35	319	441
1224	启源装备	300140	C7	639	153	-15	47	121	486	2.4	1.6	2.9	149	232	124	257	-20	67	222	269
1225	和顺电气	300141	C7	465	107	-26	19	114	358	2.2	3.9	2.1	168	95	172	91	-35	20	64	49
1226	南方泵业	300145	C7	699	29	-52	-45	126	670	5.8	10.7	7.4	63	34	49	48	-16	-11	40	13
1227	昌红科技	300151	C7	523	102	-57	5	153	421	8.6	4.3	6.2	42	85	59	69	-39	10	92	64
1228	燃控科技	300152	C7	860	300	-105	18	388	559	5.3	1.4	2.3	69	255	157	167	-68	9	262	202
1229	科泰电源	300153	C7	798	302	95	27	180	496	2.2	2.5	4.4	168	145	84	229	41	33	140	214
1230	天立环保	300156	C7	1689	754	-46	395	405	935	1.9	2.0	3.3	194	186	111	268	-25	176	149	300
1231	新研股份	300159	C7	791	249	5	12	232	542	4.2	2.5	6.4	87	144	57	174	5	8	184	197
1232	华中数控	300161	C7	837	400	2	56	343	436	2.3	1.6	2.9	160	228	124	264	-31	44	279	292
1233	天瑞仪器	300165	C7	1292	156	56	33	67	1136	1.9	5.1	16.8	196	71	22	246	70	38	65	173
1234	东富龙	300171	C7	1964	-48	9	260	-316	2012	1.8	3.6	9.9	197	101	37	262	13	93	-89	18
1235	松德股份	300173	C7	469	260	25	53	181	209	1.6	1.8	4.0	228	207	91	344	-5	81	251	326
1236	鸿特精密	300176	C7	304	235	-69	36	268	69	6.8	4.6	5.0	54	80	73	60	-28	15	113	99
1237	通裕重工	300185	C7	2324	838	-91	273	656	1486	1.9	1.7	3.4	191	211	108	294	-33	57	210	234
1238	长荣股份	300195	C7	993	378	47	144	187	614	3.0	3.9	6.9	121	94	53	161	20	120	86	226
1239	海伦哲	300201	C7	443	262	-28	92	198	181	2.4	2.1	3.6	154	172	101	225	-7	69	184	246
1240	聚龙股份	300202	C7	635	197	-15	28	184	438	6.0	4.0	9.5	60	91	38	113	-1	16	91	106
1241	聚光科技	300203	C7	1373	757	21	-103	840	616	3.2	1.2	10.8	116	311	34	392	7	-36	343	315
1242	理邦仪器	300206	C7	1111	36	20	8	8	1075	9.4	25.2	18.3	39	14	20	33	14	8	12	34
1243	欣旺达	300207	C7	935	580	-435	63	952	356	4.9	2.6	3.3	74	138	109	103	-71	10	174	113
1244	恒顺电气	300208	C7	640	230	-40	11	259	410	8.8	2.0	4.4	41	183	82	142	-51	15	285	249
1245	森远股份	300210	C7	566	220	-20	51	189	347	3.0	2.1	3.6	121	175	100	196	-24	55	165	196
1246	千山药机	300216	C7	707	382	55	16	311	325	5.4	1.4	14.5	68	257	25	300	45	24	245	313
1247	东方电热	300217	C7	816	372	-207	38	541	444	3.7	1.5	2.5	99	250	147	201	-103	19	286	201

续表

序号	公司简称	股票代码	行业代码	营运资金总额	经营活动营运资金	采购渠道营运资金	生产渠道营运资金	营销渠道营运资金	投资活动营运资金	存货周转率	应收账款周转率	应付账款周转率	存货周转期	应收账款周转期	应付账款周期	现金周转期	采购渠道营运资金周转期	生产渠道营运资金周转期	营销渠道营运资金周转期	经营活动营运资金周转（按渠道）
1248	科大智能	300222	C7	539	128	-80	11	197	411	7.0	1.9	3.7	52	189	98	144	-78	16	203	142
1249	富瑞特装	300228	C7	774	403	-247	330	321	370	2.1	3.4	3.5	177	108	103	182	-35	84	72	121
1250	冠昊生物	300238	C7	252	17	4	-19	32	234	18.1	4.7	1184.2	20	78	0	98	23	-26	75	72
1251	宝莱特	300246	C7	329	25	-20	9	36	304	5.6	6.7	5.7	66	55	65	56	-29	19	67	56
1252	桑乐金	300247	C7	342	141	38	4	99	201	4.9	4.0	17.2	75	92	21	145	62	6	119	187
1253	依米康	300249	C7	464	278	3	21	254	185	6.5	1.3	10.9	56	280	33	303	-1	30	265	294
1254	金信诺	300252	C7	734	360	-129	29	460	375	4.1	1.7	3.0	89	217	123	182	-87	26	243	182
1255	开山股份	300257	C7	2115	356	-69	26	399	1759	4.0	6.1	4.8	91	60	77	75	-17	5	80	69
1256	精锻科技	300258	C7	443	230	-11	17	224	213	4.7	2.8	10.1	77	129	36	170	1	14	169	184
1257	新天科技	300259	C7	520	60	-19	-3	82	460	7.1	3.8	5.2	52	95	70	77	-16	-4	75	55
1258	新莱应材	300260	C7	512	295	4	36	254	218	1.6	2.6	5.6	222	139	65	296	13	51	237	301
1259	隆华节能	300263	C7	749	246	-59	85	220	503	3.1	1.5	4.4	117	243	83	277	-48	53	183	187
1260	通光线缆	300265	C7	761	427	-50	16	461	334	7.6	2.1	7.3	48	174	50	172	-25	6	181	162
1261	兴源过滤	300266	C7	355	110	-35	42	104	244	3.6	2.9	4.7	101	125	77	148	-29	44	120	134
1262	开能环保	300272	C7	227	-36	13	-99	50	264	6.7	7.0	21.7	55	52	17	90	17	-78	64	4
1263	和佳股份	300273	C7	955	266	-23	-2	291	690	10.4	2.5	8.9	35	147	41	141	-16	2	139	125
1264	阳光电源	300274	C7	1811	702	-483	54	1131	1109	2.7	1.4	1.9	134	254	189	200	-117	17	276	177
1265	三丰智能	300276	C7	475	194	18	92	84	281	2.0	1.7	6.5	179	209	56	331	17	125	61	203
1266	华昌达	300278	C7	415	291	8	106	178	124	1.6	1.4	2.6	223	252	138	336	-5	157	157	308
1267	南通锻压	300280	C7	341	147	-33	65	116	194	2.4	4.5	7.6	149	80	48	182	-15	72	80	137
1268	金明精机	300281	C7	381	76	10	21	46	304	4.2	4.4	7.7	87	82	47	122	11	33	13	56
1269	温州宏丰	300283	C7	575	403	114	38	250	172	3.5	4.2	29.6	105	88	12	180	43	26	117	186
1270	安科瑞	300286	C7	333	60	4	7	49	273	7.2	3.2	17.0	50	114	21	143	10	10	106	126
1271	蓝英装备	300293	C7	816	303	101	52	150	513	8.2	3.2	5.4	45	113	67	91	28	28	90	145
1272	三诺生物	300298	C7	806	100	12	-3	91	706	11.5	31.4	61.1	32	12	6	37	11	-3	40	48

续表

序号	公司简称	股票代码	行业代码	营运资金总额	经营活动营运资金	采购渠道营运资金	生产渠道营运资金	营销渠道营运资金	投资活动营运资金	存货周转率	应收账款周转率	应付账款周转率	存货周转期	应收账款周转期	应付账款周期	现金周转期	采购渠道营运资金周转期	生产渠道营运资金周转期	营销渠道营运资金周转期	经营活动营运资金周转（按渠道）
1273	云意电气	300304	C7	713	128	-42	11	159	585	5.3	3.1	4.8	69	118	76	111	-29	10	133	114
1274	远方光电	300306	C7	788	42	10	-3	36	746	6.3	56.1	64.6	58	7	6	59	22	-4	12	30
1275	慈星股份	300307	C7	3617	1010	121	470	419	2608	2.6	11.9	8.0	138	31	45	123	21	70	65	157
1276	中际装备	300308	C7	366	119	12	22	85	247	1.9	1.8	8.8	189	200	42	347	29	59	210	298
1277	戴维医疗	300314	C7	478	0	-14	8	6	478	5.5	36.6	9.3	67	10	39	37	-13	17	4	8
1278	晶盛机电	300316	C7	1566	502	43	20	439	1064	1.7	1.4	7.6	216	269	48	438	23	13	242	278
1279	珈伟股份	300317	C7	769	365	-50	192	223	405	1.8	3.2	4.6	198	114	79	233	-17	130	134	246
1280	博晖创新	300318	C7	470	13	-20	-2	35	457	9.5	4.3	6.5	38	86	56	68	-34	5	101	71
1281	凯利泰	300326	C7	389	18	6	-12	23	371	9.9	4.7	47.1	37	77	8	106	22	-30	64	56
1282	津膜科技	300334	C7	683	228	-65	181	112	455	1.9	2.7	4.2	188	133	87	235	-51	171	104	223
1283	开元仪器	300338	C7	566	194	0	37	157	372	3.6	1.9	7.7	102	192	48	246	-16	45	158	187
1284	麦迪电气	300341	C7	356	79	-30	0	109	277	6.6	3.3	5.4	56	112	67	100	-42	0	136	93
1285	天银机电	300342	C7	541	129	-71	6	194	412	8.7	2.2	4.7	42	170	78	134	-54	4	176	126
1286	金卡股份	300349	C7	487	18	-139	-5	161	469	8.0	4.2	2.9	46	87	127	6	-115	-3	117	-1
1287	东华测试	300354	C7	259	83	9	16	58	175	3.7	1.9	11.6	100	189	31	257	25	47	181	253
1288	光一科技	300356	C7	539	65	-66	-3	135	474	10.5	3.3	5.4	35	112	68	79	-52	3	120	71
1289	东风汽车	600006	C7	2164	-1848	-6504	-716	5372	4012	6.7	3.4	2.1	55	108	170	-7	-143	-15	119	-39
1290	三一重工	600031	C7	25851	16139	-584	-3220	19943	9712	5.0	3.1	7.6	73	117	48	141	-10	-14	134	110
1291	哈飞股份	600038	C7	1308	736	-683	2104	-686	573	1.2	3.5	2.1	308	104	174	238	-42	184	-31	111
1292	华润万东	600055	C7	469	231	-117	62	285	238	3.2	2.8	3.7	114	132	99	147	-59	37	151	129
1293	宇通客车	600066	C7	4297	1242	-3653	201	4694	3055	16.4	6.6	6.0	22	55	61	17	-41	1	54	14
1294	凤凰光学	600071	C7	380	72	-68	-31	171	308	8.7	9.0	8.8	42	40	42	41	-27	-7	59	25
1295	中船股份	600072	C7	699	386	-304	361	329	314	2.5	2.2	2.7	144	163	135	172	-106	129	104	126
1296	东风科技	600081	C7	396	229	-415	-48	693	167	11.3	3.6	4.5	32	102	80	54	-69	-9	123	45
1297	特变电工	600089	C7	9675	-1161	-4392	1881	1349	10837	5.6	4.8	2.7	65	77	137	5	-70	31	19	-20

续表

序号	公司简称	股票代码	行业代码	营运资金总额	经营活动营运资金	采购渠道营运资金	生产渠道营运资金	营销渠道营运资金	投资活动营运资金	存货周转率	应收账款周转率	应付账款周转率	存货周转期	应收账款周转期	应付账款周期	现金周转期	采购渠道营运资金周转期	生产渠道营运资金周转期	营销渠道营运资金周转期	经营活动营运资金周转（按渠道）
1298	禾嘉股份	600093	C7	219	158	-47	34	171	61	4.5	3.4	7.1	81	106	52	136	-25	35	122	131
1299	林海股份	600099	C7	307	41	-33	18	57	266	6.9	4.2	4.6	53	86	79	61	-59	24	99	63
1300	上汽集团	600104	C7	85881	11474	-26939	-21938	60350	74407	17.1	10.4	7.5	21	35	49	8	-32	-16	48	1
1301	长征电气	600112	C7	1024	782	121	197	464	241	3.2	2.3	3.1	113	158	118	152	99	84	126	309
1302	长春一东	600148	C7	303	206	-180	7	379	97	3.9	1.6	2.1	94	227	171	149	-119	4	243	128
1303	中国船舶	600150	C7	21326	2088	-927	5384	-2368	19238	3.6	19.5	5.1	103	19	72	49	-10	64	-69	-15
1304	福田汽车	600166	C7	5566	-759	-5568	473	4336	6325	8.3	17.0	6.1	44	21	60	5	-44	-5	41	-8
1305	太原重工	600169	C7	5284	3408	-7138	1251	9295	1876	3.6	1.1	1.1	100	339	330	110	-269	42	345	118
1306	东安动力	600178	C7	1001	444	-698	-147	1289	556	8.0	1.0	1.7	46	376	220	202	-212	-35	411	163
1307	光电股份	600184	C7	991	562	-234	-34	830	429	3.5	2.5	3.0	104	144	121	127	-34	2	177	144
1308	长城电工	600192	C7	1536	1319	-319	247	1390	217	2.7	2.0	3.4	134	181	109	206	-53	40	233	220
1309	亚星客车	600213	C7	420	129	-612	29	712	291	6.5	1.8	1.7	56	206	220	42	-193	22	212	41
1310	全柴动力	600218	C7	265	186	-721	22	886	79	5.8	4.5	2.8	63	81	131	13	-89	2	110	23
1311	青海华鼎	600243	C7	898	716	-67	173	610	182	2.3	2.3	4.2	158	158	87	229	-7	59	174	226
1312	阳光照明	600261	C7	1906	652	-401	89	965	1254	3.2	3.6	3.3	114	102	109	107	-55	12	126	83
1313	北方股份	600262	C7	1835	1401	-263	238	1425	434	2.1	2.6	3.8	176	142	95	223	-19	35	177	193
1314	国电南自	600268	C7	3789	3024	-1059	359	3723	765	4.5	1.2	2.0	82	294	186	189	-80	40	278	238
1315	标准股份	600302	C7	844	600	26	2	572	245	1.3	2.6	3.6	290	139	101	329	20	-2	295	313
1316	曙光股份	600303	C7	1487	-124	-2010	272	1615	1610	7.0	3.7	2.3	52	99	161	-10	-116	9	102	-6
1317	平高电气	600312	C7	1666	611	-1252	404	1459	1055	3.8	1.7	2.2	96	211	167	140	-105	39	145	80
1318	洪都航空	600316	C7	2725	1243	-451	449	1245	1481	1.9	2.0	2.3	195	184	155	223	-67	63	175	171
1319	振华重工	600320	C7	19313	13873	1154	10822	1897	5440	1.3	3.9	5.8	278	94	63	308	25	210	55	290
1320	澳柯玛	600336	C7	791	246	-616	9	852	545	7.5	4.5	5.1	48	82	72	59	-53	3	77	28
1321	航天动力	600343	C7	1144	603	-359	242	720	541	2.6	1.9	2.5	140	192	144	188	-98	61	203	166
1322	大橡塑	600346	C7	375	221	-279	-85	585	154	2.8	2.6	4.0	130	139	92	177	-57	-26	116	33

续表

序号	公司简称	股票代码	行业代码	营运资金总额	经营活动营运资金	采购渠道营运资金	生产渠道营运资金	营销渠道营运资金	投资活动营运资金	存货周转率	应收账款周转率	应付账款周转率	存货周转期	应收账款周转期	应付账款周期	现金周转期	采购渠道营运资金周转期	生产渠道营运资金周转期	营销渠道营运资金周转期	经营活动营运资金周转（按渠道）
1323	中航电子	600372	C7	4089	2326	-998	164	3160	1762	3.0	1.9	3.0	121	196	122	195	-70	6	234	170
1324	华菱星马	600375	C7	1047	102	-1392	-31	1525	946	2.8	5.7	2.0	132	64	181	14	-79	-2	118	37
1325	宝光股份	600379	C7	269	205	-49	14	240	64	5.5	3.3	8.6	67	109	42	134	-19	0	132	113
1326	龙净环保	600388	C7	1762	1045	-609	2716	-1062	717	1.7	3.0	4.3	220	122	84	257	-32	211	-91	87
1327	成发科技	600391	C7	1293	904	-211	511	604	389	1.5	4.3	2.4	244	85	154	176	-46	98	126	178
1328	湘电股份	600416	C7	6143	4390	-3349	1672	6068	1753	1.9	1.0	1.3	188	376	289	275	-232	108	382	258
1329	江淮汽车	600418	C7	-1247	-6080	-8166	-1116	3203	4832	22.2	13.6	4.1	16	27	90	-46	-82	-12	33	-61
1330	北方导航	600435	C7	1249	765	-183	62	886	485	1.9	1.3	2.2	194	287	168	313	-31	27	316	312
1331	百利电气	600468	C7	257	70	-51	-180	300	187	3.6	2.9	4.9	103	124	74	153	-25	-94	162	43
1332	华光锅炉	600475	C7	926	-63	-1459	867	529	989	2.6	3.5	2.1	138	104	173	69	-127	115	3	-9
1333	风帆股份	600482	C7	1580	1185	-153	45	1293	395	5.0	6.3	18.4	73	58	20	111	-6	5	96	95
1334	晋西车轴	600495	C7	944	404	-171	4	571	540	6.7	6.3	5.6	54	58	65	47	-23	3	69	49
1335	科达机电	600499	C7	1262	191	-509	404	296	1072	3.2	7.7	3.6	116	48	100	63	-67	48	30	11
1336	航天晨光	600501	C7	1202	829	-626	58	1397	373	6.1	2.8	3.7	60	132	99	94	-61	1	130	70
1337	置信电气	600517	C7	1148	578	-332	19	891	570	4.6	2.5	4.3	79	148	85	142	-50	4	187	141
1338	中发科技	600520	C7	259	178	-16	32	161	82	3.6	1.9	4.6	101	188	79	210	-29	46	197	213
1339	贵航股份	600523	C7	1148	764	-403	78	1089	384	4.4	3.1	4.3	83	117	84	115	-52	9	159	116
1340	菲达环保	600526	C7	942	651	-378	1009	20	291	1.5	4.2	2.8	240	87	132	195	-103	229	9	135
1341	金自天正	600560	C7	571	203	-280	647	-165	368	1.8	1.9	2.6	200	188	143	245	-37	186	-77	72
1342	精达股份	600577	C7	2383	1953	-312	3	2262	430	16.4	3.8	16.4	22	95	22	95	-14	0	110	96
1343	卧龙电气	600580	C7	1403	436	-353	160	629	967	4.0	2.5	4.1	91	143	88	146	-46	23	135	113
1344	天地科技	600582	C7	6344	3312	-2375	91	5596	3033	5.3	2.8	4.2	69	131	86	114	-50	1	118	68
1345	新华医疗	600587	C7	1426	713	-272	268	717	713	4.3	5.7	6.4	84	64	57	91	-26	26	68	68
1346	泰豪科技	600590	C7	1672	681	-851	310	1222	992	3.9	2.2	2.5	92	168	147	114	-101	38	183	120
1347	龙溪股份	600592	C7	316	175	-7	181	1	141	1.5	2.4	3.7	243	150	99	293	-12	64	118	170

续表

序号	公司简称	股票代码	行业代码	营运资金总额	经营活动营运资金	采购渠道营运资金	生产渠道营运资金	营销渠道营运资金	投资活动营运资金	存货周转率	应收账款周转率	应付账款周转率	存货周转期	应收账款周转期	应付账款周期	现金周转期	采购渠道营运资金周转期	生产渠道营运资金周转期	营销渠道营运资金周转期	经营活动营运资金周转（按渠道）
1348	金杯汽车	600609	C7	4314	946	-1006	277	1676	3368	6.7	3.5	3.6	54	105	101	58	-73	15	128	70
1349	中国纺机	600610	C7	131	49	10	-20	59	82	1.3	2.0	4.6	287	182	79	390	25	-96	260	189
1350	海立股份	600619	C7	1327	1075	-2206	-32	3313	252	7.9	2.8	2.7	46	130	134	42	-111	-3	165	51
1351	飞乐音响	600651	C7	567	345	-257	-65	666	223	7.1	4.2	6.2	51	86	59	78	-38	-7	113	67
1352	交运股份	600676	C7	1708	342	-448	-354	1144	1365	9.7	10.9	10.1	38	33	36	35	-14	-17	34	3
1353	金山开发	600679	C7	310	5	-91	-80	175	305	11.6	6.9	7.0	32	53	52	32	-18	-22	58	17
1354	广船国际	600685	C7	5067	-1226	-1053	851	-1024	6292	4.7	8.5	3.4	78	43	109	12	-61	64	-75	-71
1355	金龙汽车	600686	C7	2200	-2248	-8180	-75	6007	4448	8.7	3.9	2.2	42	93	164	-29	-145	0	103	-42
1356	青岛海尔	600690	C7	10025	-6318	-17964	-5288	16934	16343	12.0	6.1	4.3	30	60	86	5	-73	-21	67	-26
1357	*ST轻骑	600698	C7	564	180	-77	-100	357	385	4.6	1.5	2.7	79	247	134	192	-95	39	264	208
1358	均胜电子	600699	C7	849	323	-423	119	627	525	7.8	7.7	7.3	47	47	50	43	-27	8	41	22
1359	常林股份	600710	C7	1210	654	-374	37	990	557	2.2	2.3	2.3	169	158	158	169	-116	9	267	160
1360	松辽汽车	600715	C7	84	76	-4	31	49	8	12.1	2.8	4.2	30	129	86	73	-42	95	63	116
1361	华域汽车	600741	C7	11825	-1310	-12264	-2416	13370	13134	14.9	5.5	4.3	24	66	84	6	-72	-13	77	-8
1362	一汽富维	600742	C7	627	127	-685	-182	994	499	13.4	13.5	9.4	27	27	39	15	-27	-6	46	13
1363	*ST黑豹	600760	C7	379	6	-513	52	466	373	5.3	6.2	3.6	68	59	102	25	-64	3	76	15
1364	安徽合力	600761	C7	1525	1208	-447	24	1631	317	5.7	7.5	6.0	64	49	61	52	-26	5	89	68
1365	中航重机	600765	C7	4726	2934	-1395	499	3830	1792	3.1	1.8	2.4	119	207	153	174	-77	30	209	161
1366	昆明机床	600806	C7	809	711	-398	479	630	99	1.1	1.9	2.3	337	195	157	375	-98	158	182	241
1367	厦工股份	600815	C7	7145	5735	-602	-137	6474	1410	2.8	1.7	3.5	130	211	106	235	-54	-8	275	213
1368	中路股份	600818	C7	195	60	-4	39	25	135	7.8	9.0	9.4	47	41	39	48	-4	23	19	38
1369	上海机电	600835	C7	7561	-4317	505	503	-5325	11878	3.4	6.4	8.3	106	57	44	119	0	11	-73	-61
1370	上柴股份	600841	C7	1883	-94	-658	-223	787	1977	9.3	2.5	3.9	39	146	92	93	-80	-24	101	-3
1371	上工申贝	600843	C7	942	473	52	6	415	469	3.8	5.2	13.9	96	70	26	141	15	2	99	116
1372	万里股份	600847	C7	31	28	-6	-37	71	3	3.8	2.5	7.5	97	146	48	195	-14	-108	172	51

续表

序号	公司简称	股票代码	行业代码	营运资金总额	经营活动营运资金	采购渠道营运资金	生产渠道营运资金	营销渠道营运资金	投资活动营运资金	存货周转率	应收账款周转率	应付账款周转率	存货周转期	应收账款周转期	应付账款周期	现金周转期	采购渠道营运资金周转期	生产渠道营运资金周转期	营销渠道营运资金周转期	经营活动营运资金周转（按渠道）
1373	自仪股份	600848	C7	836	650	-261	139	772	185	4.9	1.4	2.9	74	263	127	210	-77	48	251	221
1374	春兰股份	600854	C7	744	672	-552	276	947	72	0.7	3.9	1.3	553	93	280	366	-248	145	414	311
1375	航天长峰	600855	C7	619	193	-236	77	351	426	4.1	2.8	2.9	89	128	126	91	-61	27	108	74
1376	北人股份	600860	C7	499	318	-255	201	372	181	1.6	2.5	2.4	235	144	153	226	-106	107	169	170
1377	东方电气	600875	C7	12087	3034	-4918	23076	-15124	9053	1.1	1.9	2.2	329	195	169	355	-41	228	-177	10
1378	ST 嘉陵	600877	C7	363	-445	-1103	86	572	808	6.8	2.9	1.8	54	124	203	-25	-172	14	122	-36
1379	航天电子	600879	C7	3279	2950	373	2070	507	330	1.2	5.2	4.7	309	71	78	301	35	182	14	231
1380	宏发股份	600885	C7	1369	1112	-140	-41	1292	257	5.2	3.2	7.1	70	113	51	132	-26	-6	152	119
1381	航空动力	600893	C7	4437	2602	-268	1223	1647	1835	3.2	4.5	6.0	114	81	61	134	-14	59	78	123
1382	广日股份	600894	C7	667	-235	-542	59	248	901	3.7	7.6	3.7	100	48	98	50	-22	13	26	16
1383	渤海活塞	600960	C7	732	378	3	49	325	354	3.9	2.5	8.9	94	147	41	201	-20	13	144	136
1384	北方创业	600967	C7	1345	-179	-791	-4	616	1523	8.8	5.9	3.1	41	62	117	-14	-93	-1	47	-47
1385	宝胜股份	600973	C7	2788	1448	-1588	231	2805	1340	14.2	3.5	6.4	26	105	57	73	-54	7	105	58
1386	合肥三洋	600983	C7	880	365	-1730	-107	2202	515	5.7	2.1	2.2	65	171	164	71	-149	-11	196	35
1387	建设机械	600984	C7	195	136	-86	-380	602	59	3.8	1.5	5.5	97	248	66	279	-39	-164	271	68
1388	晋亿实业	601002	C7	1659	1366	-341	283	1425	293	1.9	3.5	3.3	192	104	110	186	-25	41	165	182
1389	一拖股份	601038	C7	1974	-291	-1944	212	1440	2265	8.6	4.7	4.7	42	78	78	42	-60	3	50	-7
1390	恒立油缸	601100	C7	1891	553	38	38	478	1338	3.8	3.4	5.0	97	108	73	132	29	6	125	160
1391	四方股份	601126	C7	2441	1466	-422	237	1652	975	4.3	1.6	4.4	86	225	82	228	-49	24	205	180
1392	杭州前进	601177	C7	773	564	-372	361	575	209	1.7	4.1	2.7	214	89	135	168	-104	71	146	113
1393	吉鑫科技	601218	C7	2200	1352	-160	248	1263	849	3.0	1.0	1.9	121	352	189	285	-113	74	384	345
1394	林洋电子	601222	C7	1954	635	-401	0	1037	1318	4.0	3.0	3.6	91	123	100	114	-63	0	146	83
1395	广汽集团	601238	C7	14539	-2105	-3127	-605	1626	16645	8.6	12.0	4.0	42	31	90	-17	-68	-11	50	-29
1396	二重重装	601268	C7	7321	5364	-2531	3900	3995	1957	0.7	0.8	1.0	499	454	369	584	-232	330	388	486
1397	中国北车	601299	C7	6397	-3714	-19479	11976	3789	10111	3.3	4.7	2.9	110	78	125	63	-61	54	5	-2

续表

序号	公司简称	股票代码	行业代码	营运资金总额	经营活动营运资金	采购渠道营运资金	生产渠道营运资金	营销渠道营运资金	投资活动营运资金	存货周转率	应收账款周转率	应付账款周转率	存货周转期	应收账款周转期	应付账款周期	现金周转期	采购渠道营运资金周转期	生产渠道营运资金周转期	营销渠道营运资金周转期	经营活动营运资金周转（按渠道）
1398	骆驼股份	601311	C7	2918	1539	219	151	1169	1378	5.7	4.9	15.5	64	74	24	114	18	12	101	131
1399	陕鼓动力	601369	C7	4062	694	-2271	205	2760	3368	3.6	1.8	1.5	100	202	242	60	-134	9	151	27
1400	三星电气	601567	C7	1400	-50	-850	-183	983	1450	6.2	3.5	2.7	59	104	137	27	-116	-18	135	1
1401	中信重工	601608	C7	5358	740	-1691	1214	1216	4618	3.3	2.8	2.6	111	130	138	103	-81	66	32	17
1402	广电电气	601616	C7	1794	820	-83	-39	942	974	5.1	1.0	2.1	72	372	173	271	-62	-17	391	312
1403	长城汽车	601633	C7	6605	242	-11887	-864	12993	6364	16.0	3.5	3.8	23	104	96	31	-87	-5	87	-5
1404	郑煤机	601717	C7	7277	2356	-1629	70	3915	4921	6.6	3.2	4.8	55	114	76	93	-46	5	99	58
1405	上海电气	601727	C7	27832	1188	-12961	11153	2996	26644	3.2	2.7	3.1	115	133	116	132	-54	50	8	5
1406	中国南车	601766	C7	19908	4435	-28041	6431	26045	15474	4.9	3.7	2.7	75	99	134	40	-93	23	69	-1
1407	力帆股份	601777	C7	4094	541	-2958	243	3256	3553	5.5	4.1	2.6	66	89	142	13	-117	8	116	6
1408	蓝科高新	601798	C7	1506	890	-80	372	598	615	2.0	1.3	3.1	182	287	118	351	-19	114	240	335
1409	星宇股份	601799	C7	1367	434	-347	18	763	933	3.8	5.0	3.3	96	73	111	59	-95	3	175	83
1410	正泰电器	601877	C7	4657	690	-1478	-593	2761	3967	10.5	4.5	6.5	35	81	56	60	-44	-16	92	32
1411	亚星锚链	601890	C7	2625	950	52	287	611	1675	3.1	3.5	6.8	116	105	53	168	28	37	122	187
1412	中国重工	601989	C7	71543	2498	-19277	13186	8589	69045	2.0	2.3	2.0	186	162	187	161	-96	89	-8	-15
1413	明星电缆	603333	C7	1196	369	-120	47	441	828	11.5	1.6	7.4	32	223	49	206	-34	13	172	152
1414	隆鑫通用	603766	C7	1561	-307	-1124	-423	1239	1869	24.9	5.8	4.9	15	63	75	2	-63	-24	66	-20
1415	三普药业	600869	C7	5699	3575	47	207	3320	2124	8.5	2.5	23.2	43	143	16	170	7	4	125	136
1416	比亚迪	002594	C7	-2191	-5952	-16131	776	9403	3761	6.5	4.8	2.6	56	76	139	-7	-119	3	76	-40
1417	中国西电	601179	C7	10115	3623	-4508	1503	6627	6491	2.3	1.7	2.1	157	221	170	207	-116	44	186	114
1418	中材国际	600970	C7	4543	-1392	-1488	2774	-2678	5935	5.0	5.5	3.7	72	67	99	40	-22	39	-44	-27
1419	国农科技	000004	C8	93	36	1	14	21	56	2.2	11.7	6.5	168	31	56	144	-11	19	55	64
1420	丰原药业	000153	C8	307	242	-100	-82	424	66	8.7	5.8	9.8	42	63	37	68	-21	-16	88	51
1421	*ST生化	000403	C8	240	202	60	115	27	38	2.7	22.7	12.8	135	16	29	122	49	141	25	216
1422	东阿阿胶	000423	C8	3263	576	62	-42	556	2688	8.6	22.4	21.9	42	16	17	42	9	-19	88	78

续表

序号	公司简称	股票代码	行业代码	营运资金总额	经营活动营运资金	采购渠道营运资金	生产渠道营运资金	营销渠道营运资金	投资活动营运资金	存货周转率	应收账款周转率	应付账款周转率	存货周转期	应收账款周转期	应付账款周期	现金周转期	采购渠道营运资金周转期	生产渠道营运资金周转期	营销渠道营运资金周转期	经营活动营运资金周转（按渠道）
1423	丽珠集团	000513	C8	1169	-112	-165	-477	530	1281	8.1	4.9	10.0	45	74	37	83	3	-39	39	3
1424	四环生物	000518	C8	417	221	73	25	123	196	6.9	1.8	17.4	53	206	21	237	97	95	181	374
1425	云南白药	000538	C8	5480	3750	-1060	-351	5161	1730	3.5	5.7	6.3	105	63	58	111	-28	-11	128	89
1426	海南海药	000566	C8	1403	687	63	206	418	716	3.0	3.0	5.5	122	121	66	177	21	57	143	221
1427	紫光古汉	000590	C8	352	194	-54	8	240	159	4.5	1.6	4.7	81	229	78	232	-46	14	215	183
1428	东北制药	000597	C8	2013	1161	-379	153	1386	852	4.3	4.0	5.4	86	92	68	109	-35	15	136	117
1429	青海明胶	000606	C8	491	150	58	11	81	342	3.1	2.9	5.1	119	125	71	173	16	8	138	162
1430	吉林敖东	000623	C8	1551	296	20	-112	387	1255	6.2	3.5	14.6	59	104	25	138	18	-22	96	92
1431	仁和药业	000650	C8	765	310	-38	-38	386	455	10.3	4.1	11.3	36	89	32	92	-13	-5	82	63
1432	长春高新	000661	C8	646	205	73	11	121	440	4.5	7.4	18.9	82	49	19	112	26	16	3	46
1433	普洛药业	000739	C8	735	-99	-1018	8	911	833	7.1	5.4	3.1	51	68	117	2	-99	3	88	-8
1434	新华制药	000756	C8	978	556	-248	122	682	422	6.4	7.4	8.0	57	49	46	60	-31	10	81	61
1435	西南合成	000788	C8	568	-25	-714	-180	870	592	5.5	3.1	2.5	66	116	146	37	-119	-24	146	3
1436	山大华特	000915	C8	445	197	2	-52	247	248	12.1	3.7	13.0	30	98	28	100	-6	-20	96	70
1437	金陵药业	000919	C8	1442	436	-137	-151	724	1007	6.0	4.0	10.2	61	92	36	117	-16	-17	115	81
1438	广济药业	000952	C8	45	-80	-253	-55	229	125	2.0	6.7	1.7	181	55	214	21	-151	-64	220	6
1439	九芝堂	000989	C8	802	192	-16	-161	369	610	6.2	3.3	18.5	59	109	20	148	-5	-56	125	64
1440	诚志股份	000990	C8	1248	637	106	74	456	612	18.7	7.9	13.1	20	46	28	38	7	9	49	64
1441	华润三九	000999	C8	2045	699	-274	-997	1970	1346	9.2	3.7	9.2	40	98	40	98	-20	-56	97	20
1442	新和成	002001	C8	3949	1578	-355	677	1257	2371	3.2	4.5	8.8	114	81	41	154	-22	54	112	144
1443	华邦颖泰	002004	C8	1367	514	-749	-74	1336	853	8.1	4.9	4.6	45	75	79	41	-55	0	97	42
1444	华兰生物	002007	C8	1687	939	188	39	711	748	2.9	3.6	23.8	124	102	15	210	74	3	251	329
1445	京新药业	002020	C8	377	63	-138	18	183	314	5.7	8.1	5.4	64	45	68	41	-39	9	68	38
1446	科华生物	002022	C8	761	229	62	-7	173	533	7.0	8.6	21.4	52	42	17	77	19	0	52	71
1447	达安基因	002030	C8	374	306	-14	-12	332	68	8.3	2.3	11.7	44	162	31	175	-2	-13	181	166

续表

序号	公司简称	股票代码	行业代码	营运资金总额	经营活动营运资金	采购渠道营运资金	生产渠道营运资金	营销渠道营运资金	投资活动营运资金	存货周转率	应收账款周转率	应付账款周转率	存货周转期	应收账款周转期	应付账款周期	现金周转期	采购渠道营运资金周转期	生产渠道营运资金周转期	营销渠道营运资金周转期	经营活动营运资金周转（按渠道）
1448	双鹭药业	002038	C8	1414	675	174	10	490	739	16.5	3.6	55.7	22	102	7	117	56	2	154	212
1449	海翔药业	002099	C8	464	269	-201	97	373	195	3.6	5.6	3.7	101	65	97	69	-35	29	116	111
1450	沃华医药	002107	C8	349	44	-12	8	48	305	9.1	2.5	22.2	40	145	16	169	6	18	147	171
1451	嘉应制药	002198	C8	73	46	3	4	39	27	4.4	3.1	16.8	84	118	22	180	18	20	122	160
1452	独一味	002219	C8	470	169	34	25	110	301	3.5	2.7	13.7	103	136	27	212	42	28	105	175
1453	上海莱士	002252	C8	496	134	-11	126	18	362	3.9	8.1	18.5	94	45	20	119	-1	69	18	87
1454	桂林三金	002275	C8	1422	386	-95	-48	528	1037	12.0	3.6	10.2	30	102	36	97	-17	-12	120	91
1455	奇正藏药	002287	C8	1078	563	110	3	450	515	7.4	2.4	143.2	49	153	3	200	41	0	163	204
1456	信立泰	002294	C8	1850	888	69	35	784	962	9.3	2.4	13.7	39	149	27	162	-1	6	143	148
1457	众生药业	002317	C8	1219	312	71	-50	292	907	9.8	3.7	69.3	37	98	5	130	21	-18	104	107
1458	仙琚制药	002332	C8	700	384	-196	154	426	316	4.5	5.1	8.1	82	71	45	108	-31	26	80	75
1459	精华制药	002349	C8	321	119	-60	-18	197	202	7.2	5.0	7.5	50	73	48	75	-19	-10	93	65
1460	亚太药业	002370	C8	420	155	-51	15	192	264	3.4	2.3	4.7	107	162	77	192	-45	20	208	183
1461	信邦制药	002390	C8	902	540	91	147	302	361	2.8	1.9	10.6	131	193	34	290	74	94	212	380
1462	力生制药	002393	C8	1790	432	30	29	373	1357	5.6	4.1	21.2	65	89	17	137	12	9	106	126
1463	海普瑞	002399	C8	7651	968	301	284	383	6683	3.5	5.4	64.9	103	67	6	165	50	59	75	184
1464	汉森制药	002412	C8	774	114	33	-36	116	660	17.5	4.0	32.2	21	91	11	100	18	-23	90	86
1465	科伦药业	002422	C8	5503	3119	249	54	2816	2384	4.9	2.4	8.5	74	150	43	181	6	2	163	171
1466	贵州百灵	002424	C8	2201	1247	50	140	1057	954	2.2	2.3	11.5	168	159	32	295	22	33	255	310
1467	太安堂	002433	C8	1118	494	240	16	238	623	1.6	3.0	15.8	231	121	23	329	188	-11	143	320
1468	誉衡药业	002437	C8	1733	386	307	32	46	1347	10.3	26.1	19.8	35	14	18	31	127	22	15	165
1469	千红制药	002550	C8	1722	477	44	76	357	1245	4.1	5.5	74.6	88	66	5	149	23	47	119	188
1470	益盛药业	002566	C8	1326	459	100	38	321	867	3.7	2.1	40.3	99	174	9	264	45	21	196	262
1471	以岭药业	002603	C8	2583	1084	579	176	329	1499	4.2	4.0	23.4	86	91	16	161	103	28	104	234
1472	佛慈制药	002644	C8	419	229	49	28	152	190	1.9	2.5	5.3	196	149	69	276	59	18	180	256

续表

序号	公司简称	股票代码	行业代码	营运资金总额	经营活动营运资金	采购渠道营运资金	生产渠道营运资金	营销渠道营运资金	投资活动营运资金	存货周转率	应收账款周转率	应付账款周转率	存货周转期	应收账款周转期	应付账款周期	现金周转期	采购渠道营运资金周转期	生产渠道营运资金周转期	营销渠道营运资金周转期	经营活动营运资金周转（按渠道）
1473	莱美药业	300006	C8	298	158	66	-38	130	140	4.5	4.1	7.3	82	89	50	121	29	-11	92	111
1474	安科生物	300009	C8	318	100	-5	7	99	218	16.5	3.1	13.0	22	119	28	113	5	8	98	111
1475	北陆药业	300016	C8	380	113	23	22	68	267	6.4	4.6	52.1	57	80	7	130	31	23	75	128
1476	红日药业	300026	C8	734	252	-126	-11	389	482	12.0	4.5	10.2	30	82	36	76	-27	-12	85	46
1477	上海凯宝	300039	C8	1201	351	65	-54	340	850	25.2	3.3	66.7	15	109	5	118	16	-16	106	107
1478	福瑞股份	300049	C8	494	110	-20	-31	161	384	14.6	2.8	9.6	25	129	38	116	-8	-17	129	104
1479	康芝药业	300086	C8	1287	136	42	44	50	1151	6.8	4.2	12.0	54	86	30	109	43	47	86	175
1480	华仁药业	300110	C8	399	278	-100	1	377	121	8.4	1.9	6.2	43	193	58	178	-19	2	205	187
1481	瑞普生物	300119	C8	1048	318	-4	110	212	730	5.6	4.1	9.0	65	88	41	113	27	44	95	166
1482	智飞生物	300122	C8	1793	524	-63	75	513	1269	4.1	2.6	9.5	90	142	39	193	-28	32	218	222
1483	沃森生物	300142	C8	2010	562	147	41	374	1448	4.0	1.3	6.4	91	283	57	316	64	19	195	278
1484	香雪制药	300147	C8	1522	229	8	11	211	1293	7.4	6.1	8.6	49	60	43	67	6	2	73	82
1485	振东制药	300158	C8	953	383	-118	-46	546	571	7.6	3.2	8.7	48	114	42	120	-3	-2	130	125
1486	佐力药业	300181	C8	425	52	-17	-9	78	373	15.9	4.8	15.0	23	76	24	75	-17	-10	82	55
1487	大华农	300186	C8	1707	199	-19	6	211	1508	8.0	5.3	12.8	45	69	29	86	-6	3	82	78
1488	福安药业	300194	C8	1211	149	-7	26	129	1062	4.5	4.7	11.4	81	78	32	127	3	7	100	110
1489	翰宇药业	300199	C8	749	131	41	-13	102	619	11.9	2.5	54.1	31	147	7	171	77	-17	125	186
1490	舒泰神	300204	C8	966	128	6	-27	148	838	33.5	5.1	427.5	11	71	1	81	3	-9	55	49
1491	东宝生物	300239	C8	236	114	14	52	48	122	3.7	6.9	16.1	98	53	23	128	20	53	62	134
1492	仟源制药	300254	C8	420	120	-8	-15	144	300	6.4	3.9	10.3	57	93	35	115	-1	-7	98	91
1493	常山药业	300255	C8	1075	533	318	60	154	542	2.4	6.7	143.2	150	55	3	203	148	31	75	254
1494	尔康制药	300267	C8	806	223	81	-18	161	583	8.8	9.1	66.4	41	40	6	76	24	-9	59	73
1495	四环药业	000605	C8	-21	-32	2	-45	11	11	2.9	4.3	6.1	124	86	60	150	12	-271	60	-198
1496	海思科	002653	C8	1390	79	76	-51	54	1311	26.7	97.3	45.2	14	4	8	9	29	-12	5	22
1497	东诚生化	002675	C8	871	243	19	28	196	628	3.7	6.4	12.3	98	57	30	126	9	12	105	126

续表

序号	公司简称	股票代码	行业代码	营运资金总额	经营活动营运资金	采购渠道营运资金	生产渠道营运资金	营销渠道营运资金	投资活动营运资金	存货周转率	应收账款周转率	应付账款周转率	存货周转期	应收账款周转期	应付账款周期	现金周转期	采购渠道营运资金周转期	生产渠道营运资金周转期	营销渠道营运资金周转期	经营活动营运资金周转（按渠道）
1498	金河生物	002688	C8	611	235	30	6	200	376	6.9	5.9	18.4	53	62	20	95	16	2	80	98
1499	双成药业	002693	C8	644	193	21	3	169	451	7.4	11.4	14.8	50	32	25	57	75	6	252	333
1500	利德曼	300289	C8	494	61	-68	1	128	432	10.9	3.0	6.6	33	120	55	99	-34	5	121	91
1501	博雅生物	300294	C8	599	78	26	32	19	521	2.6	24.8	27.3	138	15	13	140	38	64	21	123
1502	健康元	600380	C8	2564	836	-90	-321	1246	1729	8.2	4.0	11.3	45	91	32	103	12	-19	69	62
1503	华润双鹤	600062	C8	2679	1674	-570	-36	2281	1005	9.5	4.3	8.4	38	86	43	81	-25	0	109	84
1504	人福医药	600079	C8	2857	1918	39	604	1276	938	6.4	4.4	11.3	57	83	32	108	14	39	52	105
1505	金花股份	600080	C8	138	11	-4	-75	89	127	11.1	7.2	11.7	33	51	31	52	-10	-23	51	18
1506	同仁堂	600085	C8	5594	1954	-160	-130	2245	3640	2.2	13.4	5.3	168	27	69	126	-3	-3	98	92
1507	太极集团	600129	C8	1231	-284	-1402	-301	1419	1515	4.9	7.5	3.4	75	49	108	15	-71	-15	82	-3
1508	天坛生物	600161	C8	481	72	-107	-28	207	409	2.2	5.0	14.8	164	73	25	213	-9	38	61	90
1509	中牧股份	600195	C8	1044	501	151	-102	453	543	7.7	9.4	16.1	47	39	23	64	11	-13	41	39
1510	复星医药	600196	C8	5607	379	-270	-384	1034	5227	6.1	5.8	8.1	60	62	45	77	-16	-32	64	16
1511	浙江医药	600216	C8	3687	1194	-492	331	1356	2493	7.1	5.4	9.3	52	68	39	81	-27	20	88	81
1512	太龙药业	600222	C8	488	354	-83	-30	467	133	6.4	3.4	6.0	57	108	61	103	-21	10	133	122
1513	升华拜克	600226	C8	383	155	-189	-41	385	228	5.3	6.6	4.9	69	55	74	51	-41	-10	96	45
1514	中恒集团	600252	C8	1893	992	176	431	384	902	1.7	8.0	20.1	209	46	18	237	40	130	83	254
1515	天方药业	600253	C8	763	259	-844	-353	1456	505	5.1	3.6	3.5	72	101	106	68	-85	-45	153	23
1516	海正药业	600267	C8	3129	1495	-480	38	1937	1634	6.0	6.1	8.8	61	60	41	80	-27	3	103	80
1517	恒瑞医药	600276	C8	4108	2779	210	159	2410	1329	17.2	2.5	26.3	21	146	14	153	12	8	152	173
1518	羚锐制药	600285	C8	482	247	63	19	165	235	3.7	3.9	14.6	98	93	25	165	30	16	93	139
1519	美罗药业	600297	C8	427	271	122	10	138	156	10.6	5.7	9.1	34	64	40	58	51	-3	83	131
1520	中新药业	600329	C8	1587	1168	-186	-197	1550	420	6.7	4.5	8.8	54	80	41	94	-11	-14	100	74
1521	广州药业	600332	C8	1748	1016	-21	-275	1311	732	7.8	8.6	14.8	47	42	25	65	-1	-6	56	49
1522	亚宝药业	600351	C8	954	442	54	-10	398	512	5.0	3.8	12.1	73	95	30	138	8	-14	118	112

续表

序号	公司简称	股票代码	行业代码	营运资金总额	经营活动营运资金	采购渠道营运资金	生产渠道营运资金	营销渠道营运资金	投资活动营运资金	存货周转率	应收账款周转率	应付账款周转率	存货周转期	应收账款周转期	应付账款周期	现金周转期	采购渠道营运资金周转期	生产渠道营运资金周转期	营销渠道营运资金周转期	经营活动营运资金周转（按渠道）
1523	现代制药	600420	C8	870	374	-111	-27	512	496	6.1	5.9	8.0	60	62	46	76	-15	-4	87	68
1524	昆明制药	600422	C8	845	528	-46	-165	739	317	6.1	6.0	8.4	60	61	44	78	-7	-13	81	61
1525	片仔癀	600436	C8	1029	616	461	-35	190	413	2.5	8.2	16.2	145	44	23	167	110	-10	53	154
1526	迪康药业	600466	C8	298	124	-9	-3	136	174	6.9	3.7	11.6	53	100	32	121	-6	-3	124	116
1527	千金药业	600479	C8	628	385	41	-221	564	243	10.3	3.2	19.3	36	114	19	130	2	-31	117	88
1528	天药股份	600488	C8	981	750	-22	506	266	232	2.7	10.2	11.1	136	36	33	138	-4	109	47	152
1529	联环药业	600513	C8	269	196	-7	48	155	73	6.6	2.3	10.4	55	157	35	178	-13	52	167	206
1530	康美药业	600518	C8	10212	4104	-220	1065	3259	6108	4.1	10.2	18.6	88	36	20	104	-2	19	90	107
1531	华海药业	600521	C8	946	654	-155	166	642	292	2.8	4.2	5.5	129	87	67	149	-28	30	110	113
1532	交大昂立	600530	C8	250	145	7	11	127	104	3.9	4.5	13.5	94	81	27	148	11	3	140	154
1533	天士力	600535	C8	2240	1223	-874	-4	2101	1018	10.5	5.0	8.6	35	72	42	65	-29	0	71	42
1534	北海国发	600538	C8	-80	-114	-12	-306	204	34	8.0	3.1	8.6	46	118	42	122	-5	-159	124	-40
1535	康缘药业	600557	C8	1297	953	-153	-118	1224	344	24.7	1.6	8.1	15	227	45	197	-17	-20	214	177
1536	康恩贝	600572	C8	2064	514	3	-262	773	1550	7.2	4.4	16.5	51	83	22	111	3	-26	94	70
1537	益佰制药	600594	C8	1382	1189	411	47	731	192	15.6	2.9	32.3	23	127	11	139	38	15	102	155
1538	永生投资	600613	C8	158	147	2	26	118	11	12.9	1.2	27.6	28	297	13	312	1	42	268	311
1539	哈药股份	600664	C8	5360	3150	-2811	-175	6136	2210	5.4	3.7	4.5	68	98	82	84	-58	-3	122	62
1540	西南药业	600666	C8	456	159	-125	34	250	297	3.9	6.7	3.5	95	55	106	44	-18	6	66	53
1541	ST 天目	600671	C8	128	109	-9	6	112	18	3.1	2.5	7.8	119	145	47	217	-8	11	182	184
1542	江中药业	600750	C8	1498	541	-8	-26	575	957	10.0	6.5	13.5	36	56	27	65	-6	0	62	56
1543	ST 东盛	600771	C8	109	92	-17	-5	114	17	3.2	1.3	3.3	114	272	110	276	-22	9	182	169
1544	上海辅仁	600781	C8	219	137	6	-47	179	82	2.3	3.5	13.3	158	103	27	234	15	-50	206	171
1545	鲁抗医药	600789	C8	862	388	-876	77	1188	473	4.1	3.4	2.9	88	108	128	69	-101	8	167	74
1546	钱江生化	600796	C8	330	88	-57	111	34	242	3.3	4.4	5.0	111	83	73	121	-51	45	84	79
1547	华北制药	600812	C8	3050	1446	-1723	228	2941	1603	7.6	5.3	5.2	48	68	70	47	-54	6	94	46

续表

序号	公司简称	股票代码	行业代码	营运资金总额	经营活动营运资金	采购渠道营运资金	生产渠道营运资金	营销渠道营运资金	投资活动营运资金	存货周转率	应收账款周转率	应付账款周转率	存货周转期	应收账款周转期	应付账款周期	现金周转期	采购渠道营运资金周转期	生产渠道营运资金周转期	营销渠道营运资金周转期	经营活动营运资金周转（按渠道）
1548	三精制药	600829	C8	1393	950	-330	-108	1388	443	5.7	3.2	6.1	64	114	59	119	-18	-10	104	76
1549	通化东宝	600867	C8	988	864	162	89	612	125	4.6	2.2	29.3	80	167	12	234	57	36	215	308
1550	武汉健民	600976	C8	500	241	-154	-28	422	259	10.0	5.0	9.3	36	74	39	71	-29	-3	106	74
1551	马应龙	600993	C8	1125	264	-115	-68	447	861	9.1	4.4	10.5	40	84	35	89	-21	-15	100	63
1552	上海医药	601607	C8	23315	9751	-13379	110	23020	13565	7.5	5.2	5.1	49	71	72	47	-66	0	112	46
1553	永安药业	002365	C8	493	270	18	10	242	223	25.2	6.9	9.1	14	53	40	27	38	7	210	255
1554	鑫富药业	002019	C8	432	306	-39	25	320	126	3.6	4.0	6.5	101	91	57	135	-10	7	147	144
1555	伟星股份	002003	C9	628	-22	-129	12	96	650	8.6	7.1	10.8	43	52	34	61	-15	5	33	23
1556	浔兴股份	002098	C9	484	341	7	105	228	144	4.3	3.7	13.4	85	97	27	155	2	42	95	139
1557	新海股份	002120	C9	286	186	-22	4	204	101	5.3	6.8	12.0	69	54	30	92	-9	-4	83	71
1558	梅花伞	002174	C9	62	-120	-180	-37	98	182	8.5	11.9	6.1	43	31	60	14	-50	-4	49	-6
1559	帝龙新材	002247	C9	137	47	-51	-20	118	90	6.7	7.5	6.1	54	49	60	43	-20	-10	61	31
1560	禾盛新材	002290	C9	724	374	-63	0	437	350	2.6	5.6	3.8	141	65	97	109	9	0	141	150
1561	格林美	002340	C9	2926	1754	736	348	670	1171	1.6	5.7	13.6	223	64	27	260	140	53	122	314
1562	巨力索具	002342	C9	1777	1351	200	180	971	426	2.8	2.9	6.0	129	128	60	196	48	34	174	255
1563	潮宏基	002345	C9	1540	1392	-19	-12	1423	147	1.2	21.8	16.6	316	17	22	311	1	0	312	313
1564	明牌珠宝	002574	C9	4019	2854	160	147	2547	1166	2.8	13.8	139.4	129	26	3	153	16	8	130	154
1565	群兴玩具	002575	C9	484	162	16	47	99	322	4.1	9.1	15.8	90	40	23	107	49	29	69	147
1566	爱康科技	002610	C9	588	-105	-734	164	465	692	6.1	5.0	2.4	60	74	154	-21	-123	22	115	14
1567	康耐特	300061	C9	324	232	5	36	191	92	2.2	4.4	11.6	167	82	32	218	15	30	180	225
1568	坚瑞消防	300116	C9	427	189	29	4	156	238	11.3	1.3	4.8	32	277	76	233	56	10	279	344
1569	先锋新材	300163	C9	310	206	52	50	104	104	2.1	4.3	7.0	171	85	52	204	28	88	150	266
1570	东方金钰	600086	C9	2048	1986	163	1656	167	62	1.5	120.6	25.7	249	3	14	238	12	56	78	146
1571	中科英华	600110	C9	837	192	-771	211	751	646	3.7	3.0	2.0	98	123	180	41	-83	42	112	71
1572	紫江企业	600210	C9	2541	1566	-60	463	1163	975	4.5	7.0	9.4	82	52	39	95	0	22	66	88

续表

序号	公司简称	股票代码	行业代码	营运资金总额	经营活动营运资金	采购渠道营运资金	生产渠道营运资金	营销渠道营运资金	投资活动营运资金	存货周转率	应收账款周转率	应付账款周转率	存货周转期	应收账款周转期	应付账款周期	现金周转期	采购渠道营运资金周转期	生产渠道营运资金周转期	营销渠道营运资金周转期	经营活动营运资金周转（按渠道）
1573	西面针	600249	C9	454	127	-122	66	183	327	4.7	6.9	4.5	77	53	82	49	-33	25	45	37
1574	老凤祥	600612	C9	5146	3223	-84	53	3254	1923	5.3	77.0	17.1	69	5	21	52	-8	1	50	42
1575	深圳能源	000027	D	5807	-77	-316	-1272	1511	5884	9.9	7.9	9.2	37	46	40	43	-12	-28	21	-20
1576	东方市场	000301	D	458	3	-80	152	-69	456	1.7	4.0	6.6	213	92	55	251	-49	98	36	86
1577	穗恒运 A	000531	D	964	-246	-110	1082	-1217	1210	2.7	9.7	9.4	133	38	39	132	-14	111	-61	36
1578	粤电力 A	000539	D	2453	-419	-2005	-2498	4083	2873	14.8	9.5	7.0	25	38	52	11	-23	-40	54	-8
1579	皖能电力	000543	D	-118	-619	-1571	-169	1121	500	33.4	9.9	5.3	11	37	69	-21	-52	-30	48	-33
1580	中原环保	000544	D	380	206	-28	-24	258	174	42.8	1.5	4.9	9	238	74	172	-22	-12	170	135
1581	兴蓉投资	000598	D	832	-435	-298	-273	136	1267	22.1	5.8	7.0	17	63	52	28	-32	-46	19	-59
1582	建投能源	000600	D	877	-180	-1063	-298	1181	1057	21.5	9.1	4.0	17	40	91	-34	-50	-15	58	-7
1583	韶能股份	000601	D	-145	-333	-4	-116	-212	187	8.2	7.9	9.7	44	46	38	53	10	-17	-40	-46
1584	金马集团	000602	D	2254	854	-183	16	1021	1399	14.0	5.8	5.6	26	63	65	24	-13	-7	74	54
1585	领先科技	000669	D	559	-123	-24	-6	-94	682	213.1	8.8	7.6	2	42	48	-5	-23	-1	-4	-27
1586	中山公用	000685	D	253	-165	-53	-135	23	418	36.7	16.1	11.7	10	23	31	1	-24	-50	-275	-348
1587	宝新能源	000690	D	1612	1169	215	347	608	443	3.5	7.2	19.2	105	50	19	136	30	54	46	130
1588	惠天热电	000692	D	-295	-787	-148	128	-767	492	3.5	4.8	4.4	104	77	83	97	-28	72	-157	-113
1589	滨海能源	000695	D	101	-16	-170	-13	166	117	11.5	3.2	2.8	32	115	128	18	-87	-1	98	10
1590	锦龙股份	000712	D	1405	-5	0	-11	7	1410	88.7	9.6	146.8	4	38	2	39	-2	-48	30	-21
1591	新能泰山	000720	D	177	105	-140	-480	725	72	11.0	5.5	13.0	33	66	28	71	-12	-69	75	-6
1592	湖南发展	000722	D	387	135	1	-24	158	252	156.3	17.7	941.3	2	21	0	23	1	-26	121	96
1593	漳泽电力	000767	D	-183	-1040	-1665	-169	794	857	17.4	7.5	2.4	21	49	154	-84	-125	-18	46	-98
1594	甘肃电投	000791	D	220	-126	85	-407	197	346	697.0	8.1	8.6	1	45	42	3	1	-79	34	-44
1595	吉电股份	000875	D	-175	-751	-1761	47	963	576	26.4	6.5	2.3	14	56	159	-89	-134	5	75	-54
1596	湖北能源	000883	D	3733	824	208	-546	1162	2909	31.2	7.7	11.1	12	48	33	26	6	-20	46	32
1597	赣能股份	000899	D	647	276	-8	-8	291	371	10.6	7.1	14.1	34	51	26	60	10	-1	52	60

续表

序号	公司简称	股票代码	行业代码	营运资金总额	经营活动营运资金	采购渠道营运资金	生产渠道营运资金	营销渠道营运资金	投资活动营运资金	存货周转率	应收账款周转率	应付账款周转率	存货周转期	应收账款周转期	应付账款周期	现金周转期	采购渠道营运资金周转期	生产渠道营运资金周转期	营销渠道营运资金周转期	经营活动营运资金周转（按渠道）
1598	东方热电	000958	D	-145	-153	-58	-267	172	8	6.0	5.4	4.9	61	67	74	54	3	-117	50	-65
1599	长源电力	000966	D	-302	-501	-407	-48	-46	199	11.5	8.0	6.2	32	45	59	18	-11	17	8	14
1600	闽东电力	000993	D	795	248	21	608	-381	547	1.8	16.6	35.2	199	22	10	210	-2	137	-32	103
1601	豫能控股	001896	D	761	524	49	-4	480	237	14.3	6.7	7.5	25	54	49	31	20	-1	52	71
1602	黔源电力	002039	D	-387	-567	-389	-269	91	180	990.0	25.1	4.1	0	15	88	-73	-88	-50	3	-135
1603	陕天然气	002267	D	883	-48	-368	-104	423	931	87.9	14.5	8.7	4	25	42	-13	-16	-9	33	8
1604	富春环保	002479	D	1021	490	24	-11	476	531	34.7	6.9	20.1	11	53	18	46	0	-1	51	50
1605	新疆浩源	002700	D	279	-52	-29	5	-29	331	18.6	17.4	5.7	20	21	64	-23	-47	7	-48	-89
1606	迪森股份	300335	D	456	180	14	-5	171	276	8.5	4.3	15.2	43	85	24	104	12	-3	116	124
1607	首创股份	600008	D	6272	3879	140	3354	385	2393	1.1	3.5	3.6	324	105	101	329	53	255	25	332
1608	华能国际	600011	D	-18069	-28907	85	-8716	-20276	10837	18.2	8.8	16.5	20	42	22	40	-1	-29	-19	-50
1609	上海电力	600021	D	1072	-657	-495	-363	201	1729	25.0	7.7	9.3	15	47	39	23	-21	-7	28	0
1610	华电国际	600027	D	3527	315	-4908	-1420	6643	3212	19.1	9.6	7.5	19	38	48	9	-24	-18	35	-7
1611	广州发展	600098	D	3983	-901	-1880	-328	1307	4884	19.7	12.9	7.9	19	28	46	0	-31	-7	32	-6
1612	明星电力	600101	D	-199	-388	-9	-237	-142	189	15.2	140.2	14.2	24	3	26	1	-3	-29	-54	-86
1613	三峡水利	600116	D	219	-86	-113	58	-31	305	4.5	10.6	6.2	81	34	58	56	-27	19	-7	-16
1614	岷江水电	600131	D	72	-64	-22	-18	-24	136	2615.8	95.6	22.9	0	4	16	-12	-11	-10	-8	-29
1615	武汉控股	600168	D	359	104	-243	165	182	256	0.6	2.2	1.0	629	169	349	449	-347	246	280	179
1616	国中水务	600187	D	472	341	225	-16	132	131	66.9	3.0	5.0	5	121	73	53	137	11	106	254
1617	江泉实业	600212	D	170	111	9	-22	124	59	6.6	8.5	11.0	56	43	33	65	5	-9	59	55
1618	桂冠电力	600236	D	1167	138	-378	-321	837	1029	25.7	9.0	6.3	14	40	58	-3	-31	-20	53	1
1619	钱江水利	600283	D	433	27	-11	598	-560	406	0.9	24.9	13.0	394	15	28	381	1	298	-228	70
1620	九龙电力	600292	D	1585	669	-1138	551	1255	916	11.4	4.3	3.9	32	85	93	24	-73	26	85	38
1621	桂东电力	600310	D	926	434	-47	-111	592	493	36.9	9.2	11.6	10	40	31	18	-1	-9	40	30
1622	南海发展	600323	D	228	-521	-218	-335	33	749	40.5	13.9	3.4	9	26	106	-71	-60	-87	20	-128

续表

序号	公司简称	股票代码	行业代码	营运资金总额	经营活动营运资金	采购渠道营运资金	生产渠道营运资金	营销渠道营运资金	投资活动营运资金	存货周转率	应收账款周转率	应付账款周转率	存货周转期	应收账款周转期	应付账款周期	现金周转期	采购渠道营运资金周转期	生产渠道营运资金周转期	营销渠道营运资金周转期	经营活动营运资金周转（按渠道）
1623	金山股份	600396	D	-623	-971	-974	-478	481	348	17.9	8.0	3.2	20	46	115	-49	-75	-53	47	-82
1624	涪陵电力	600452	D	-162	-269	-154	-43	-73	108	107.6	69.5	5.4	3	5	67	-59	-65	-12	-24	-102
1625	洪城水业	600461	D	-19	-202	-157	-184	140	183	50.0	6.4	8.2	7	57	45	20	-39	-86	42	-83
1626	西昌电力	600505	D	142	-115	-26	-115	27	257	247.3	16.9	18.5	1	22	20	3	-13	-60	4	-69
1627	天富热电	600509	D	3179	1674	408	805	461	1505	8.0	4.6	5.6	46	79	66	59	27	102	29	158
1628	京能热电	600578	D	-83	-986	-1941	0	956	903	30.1	8.0	4.7	12	45	78	-20	-63	-12	33	-42
1629	申能股份	600642	D	6133	398	-1200	631	967	5735	31.7	13.4	13.2	12	27	28	11	-14	6	21	13
1630	乐山电力	600644	D	70	-24	-240	42	175	94	5.9	13.9	3.9	62	26	94	-5	-79	6	42	-31
1631	川投能源	600674	D	574	115	-82	-132	329	459	18.2	3.3	8.0	20	110	45	85	-36	-44	105	25
1632	大连热电	600719	D	437	378	104	1	273	59	7.6	2.2	6.8	48	167	54	162	59	-1	137	196
1633	华电能源	600726	D	551	-1693	-553	-577	-563	2244	20.8	9.0	6.9	18	40	53	5	-28	-16	7	-38
1634	华银电力	600744	D	1078	711	-1074	448	1337	368	9.9	6.1	4.4	37	60	84	13	-37	20	52	35
1635	红阳能源	600758	D	-10	-102	12	-67	-47	92	7.1	14.7	15.3	52	25	24	53	30	-102	-60	-131
1636	通宝能源	600780	D	29	-741	-576	-230	65	769	35.4	15.3	6.7	10	24	55	-21	-32	-13	4	-41
1637	国电电力	600795	D	-12744	-18036	-10094	-4189	-3753	5292	15.7	8.1	3.9	23	45	94	-25	-61	-27	10	-77
1638	内蒙华电	600863	D	-971	-1410	-828	-1922	1340	438	20.4	9.3	9.4	18	39	39	18	-23	-63	42	-44
1639	哈投股份	600864	D	315	-711	-261	-24	-426	1027	8.1	16.0	2.7	45	23	135	-67	-45	-11	-185	-241
1640	国投电力	600886	D	1135	-5141	-521	-4894	274	6276	17.2	7.7	7.2	21	47	51	17	7	-61	16	-37
1641	长江电力	600900	D	-8815	-10365	152	800	-11316	1550	67.7	14.2	173.6	5	26	2	29	2	12	-164	-150
1642	郴电国际	600969	D	753	-9	-102	-20	113	761	76.3	9.2	11.2	5	40	33	12	-6	-7	18	6
1643	广安爱众	600979	D	-98	-560	-20	-127	-414	462	27.5	22.2	12.7	13	16	29	1	-7	-43	-74	-124
1644	宁波热电	600982	D	698	23	-98	-48	170	675	12.0	12.6	11.2	30	29	33	27	-19	-13	40	7
1645	文山电力	600995	D	197	-60	-1	-116	56	257	648.7	25.1	479.0	1	15	1	14	1	-23	3	-20
1646	深圳燃气	601139	D	427	-1345	-291	-442	-612	1772	25.1	25.1	17.1	15	15	21	8	-13	-17	-24	-55
1647	重庆水务	601158	D	3206	-623	-654	-134	166	3829	35.1	6.4	4.9	10	57	74	-6	-54	-10	13	-51

续表

序号	公司简称	股票代码	行业代码	营运资金总额	经营活动营运资金	采购渠道营运资金	生产渠道营运资金	营销渠道营运资金	投资活动营运资金	存货周转率	应收账款周转率	应付账款周转率	存货周转期	应收账款周转期	应付账款周期	现金周转期	采购渠道营运资金周转期	生产渠道营运资金周转期	营销渠道营运资金周转期	经营活动营运资金周转（按渠道）
1648	江南水务	601199	D	614	-465	39	-2	-503	1079	7.0	16.5	7.1	52	22	52	22	-2	-6	-275	-283
1649	大唐发电	601991	D	1372	-3311	-14773	1836	9627	4683	13.9	7.6	3.8	26	48	95	-21	-64	7	50	-7
1650	北方国际	000065	E	581	-413	-785	453	-82	995	4.2	2.1	1.2	87	175	295	-34	-224	72	60	-92
1651	深天健	000090	E	3619	2478	-377	3037	-183	1142	0.8	9.6	5.1	473	38	71	440	-31	321	19	309
1652	山东路桥	000498	E	2790	939	-2467	2226	1180	1851	2.5	3.4	2.1	144	109	171	82	-149	125	64	41
1653	中关村	000931	E	931	701	-1311	346	1666	230	2.7	2.0	2.4	137	184	151	170	-144	30	187	73
1654	中工国际	002051	E	4393	-4310	-3288	2142	-3165	8703	6.4	4.1	2.9	57	90	128	20	-82	50	-128	-160
1655	粤水电	002060	E	1896	827	-149	2527	-1552	1070	2.3	10.8	5.6	156	34	65	125	-2	185	-131	52
1656	宏润建设	002062	E	4747	3106	-2115	6264	-1044	1641	1.1	12.1	3.1	345	30	117	258	-44	232	-36	152
1657	金螳螂	002081	E	11874	8065	-6151	-250	14465	3809	245.6	1.2	2.8	1	309	128	182	-125	-5	290	161
1658	东南网架	002135	E	2221	1452	-1547	1559	1440	769	1.9	1.8	1.7	190	198	213	175	-163	153	151	141
1659	东华科技	002140	E	934	-362	-443	1448	-1366	1295	2.4	8.6	3.1	153	42	116	79	-42	161	-166	-46
1660	中航三鑫	002163	E	1667	772	-1082	652	1202	895	3.8	4.5	2.9	97	81	128	50	-109	68	120	79
1661	北新路桥	002307	E	2315	903	-677	1018	562	1412	3.7	3.4	4.4	98	106	83	121	-63	91	52	80
1662	东方园林	002310	E	4047	2927	-2007	3587	1347	1120	1.5	2.5	2.7	237	149	136	249	-131	238	101	208
1663	雅致股份	002314	E	1183	420	-309	6	723	763	6.3	2.8	4.8	58	132	76	115	-52	-1	109	56
1664	洪涛股份	002325	E	1300	858	-350	50	1158	442	175.1	2.4	5.7	2	149	64	88	-36	5	112	81
1665	亚厦股份	002375	E	4303	2006	-4345	578	5773	2297	22.6	1.9	2.5	16	193	147	62	-142	19	179	56
1666	棕榈园林	002431	E	2665	2147	-1161	2327	981	518	1.9	3.2	3.2	187	114	114	187	-91	202	97	208
1667	广田股份	002482	E	3917	2321	-2375	616	4081	1595	14.7	1.9	2.9	25	195	125	96	-119	28	182	91
1668	光正钢构	002524	E	325	156	-106	11	252	169	6.2	2.1	3.4	59	174	108	125	-67	10	175	119
1669	中化岩土	002542	E	583	228	-82	81	229	355	9.3	2.4	6.3	39	152	58	133	-38	41	126	129
1670	围海股份	002586	E	548	141	-462	26	576	407	177.2	2.2	3.0	2	165	123	43	-111	18	144	51
1671	瑞和股份	002620	E	756	249	-669	76	842	507	16.0	1.7	2.2	23	219	169	73	-165	19	198	52
1672	成都路桥	002628	E	402	-478	-1294	1127	-311	879	6.7	9.3	3.9	55	39	93	1	-88	98	-19	-9

续表

序号	公司简称	股票代码	行业代码	营运资金总额	经营活动营运资金	采购渠道营运资金	生产渠道营运资金	营销渠道营运资金	投资活动营运资金	存货周转率	应收账款周转率	应付账款周转率	存货周转期	应收账款周转期	应付账款周期	现金周转期	采购渠道营运资金周转期	生产渠道营运资金周转期	营销渠道营运资金周转期	经营活动营运资金周转（按渠道）
1673	中泰桥梁	002659	E	987	591	-88	440	239	396	1.4	2.8	1.7	254	130	215	168	-95	169	80	155
1674	普邦园林	002663	E	1792	806	-183	559	430	986	4.5	5.2	13.3	81	70	28	123	-26	79	55	108
1675	万邦达	300055	E	1371	120	-188	75	233	1251	4.2	2.2	2.2	88	167	169	86	-132	73	135	77
1676	嘉寓股份	300117	E	1231	778	-472	746	505	452	1.6	2.6	2.3	230	141	157	213	-124	214	129	219
1677	铁汉生态	300197	E	1114	420	-159	582	-4	694	2.3	14.2	10.5	161	26	35	152	-30	161	5	136
1678	巴安水务	300262	E	523	417	-50	340	127	106	2.0	2.2	4.2	182	163	87	258	-45	187	147	288
1679	蒙草抗旱	300355	E	925	550	-320	74	796	374	10.6	1.0	2.3	34	373	159	249	-156	36	359	239
1680	四川路桥	600039	E	3465	165	-6313	9407	-2929	3299	3.0	23.8	3.3	122	15	112	26	-84	128	-49	-5
1681	葛洲坝	600068	E	16343	9569	-2707	19401	-7125	6774	2.8	11.3	6.1	132	32	60	104	-19	118	-47	51
1682	上海建工	600170	E	12549	-13002	-15528	6837	-4311	25551	3.7	9.7	6.0	99	38	61	76	-52	21	-17	-48
1683	延长化建	600248	E	540	-87	-1738	203	1448	627	8.2	2.6	2.5	45	138	149	34	-120	7	104	-10
1684	浦东建设	600284	E	1608	-816	-615	470	-671	2424	2.2	3.3	1.7	168	112	219	62	-205	164	-166	-207
1685	西藏天路	600326	E	1176	585	-161	384	362	591	3.6	4.3	5.6	100	85	65	120	-21	73	67	119
1686	杭萧钢构	600477	E	1920	1470	-1499	1728	1241	450	1.0	5.3	1.8	376	69	204	240	-179	171	156	148
1687	龙元建设	600491	E	5387	4118	-4192	5119	3191	1269	2.6	3.5	3.3	143	104	111	137	-95	120	70	95
1688	精工钢构	600496	E	2656	2098	-1923	2853	1168	558	2.2	4.1	2.9	163	89	125	127	-104	139	62	97
1689	安徽水利	600502	E	2276	1345	-2391	2020	1716	931	3.5	2.9	3.4	103	127	109	121	-92	87	74	69
1690	腾达建设	600512	E	1989	1382	-255	1724	-87	607	0.6	2.9	4.2	605	127	86	646	-75	375	-13	287
1691	中铁二局	600528	E	12302	7755	-11016	6544	12227	4548	5.1	5.7	3.8	72	64	95	41	-55	34	62	41
1692	新疆城建	600545	E	3597	3146	-538	3567	117	451	0.8	3.2	4.5	471	113	81	503	-55	428	30	403
1693	隧道股份	600820	E	3813	-1949	-9181	2925	4307	5761	5.4	2.4	2.1	68	150	171	47	-134	52	65	-17
1694	龙建股份	600853	E	863	519	-1793	-223	2535	344	2.6	4.8	3.1	142	76	116	102	-92	-20	133	21
1695	科达股份	600986	E	648	82	-1070	633	518	566	1.9	2.4	1.7	193	151	217	128	-201	126	124	49
1696	中国铁建	601186	E	98013	-7897	-126491	123064	-4471	105911	3.0	7.0	2.9	120	52	127	45	-90	85	0	-4
1697	中国中铁	601390	E	143911	70137	-117371	146095	41413	73775	2.8	4.9	2.9	131	74	126	79	-83	95	33	45

续表

序号	公司简称	股票代码	行业代码	营运资金总额	经营活动营运资金	采购渠道营运资金	生产渠道营运资金	营销渠道营运资金	投资活动营运资金	存货周转率	应收账款周转率	应付账款周转率	存货周转期	应收账款周转期	应付账款周期	现金周转期	采购渠道营运资金周转期	生产渠道营运资金周转期	营销渠道营运资金周转期	经营活动营运资金周转（按渠道）
1698	中国中冶	601618	E	98579	60894	-48164	101176	7883	37685	2.1	3.7	3.4	178	100	106	172	-68	156	8	95
1699	中国建筑	601668	E	196717	69821	-151045	216061	4804	126896	2.5	6.9	3.4	147	53	108	93	-84	121	5	43
1700	中国水电	601669	E	29491	-536	-17528	27827	-10835	30028	3.6	7.0	4.7	100	52	78	75	-46	69	-31	-8
1701	宁波建工	601789	E	2878	1748	-1419	1693	1474	1131	6.0	5.1	5.3	61	72	69	64	-42	50	46	54
1702	中国交建	601800	E	88421	-3468	-80673	83532	-6326	91889	3.7	5.3	3.0	99	69	123	45	-92	95	-4	-2
1703	江河幕墙	601886	E	6121	3653	-3514	2225	4942	2468	3.5	2.1	2.7	103	178	136	144	-108	72	157	121
1704	中国化学	601117	E	12066	-7064	382	5159	-12605	19130	7.7	7.6	4.6	47	48	79	16	-11	25	-66	-51
1705	万鸿集团	600681	E	-58	-75	-2	-62	-11	18	3.0	108.3	20.7	122	3	18	108	-11	-299	-4	-313
1706	特力A	000025	F	81	26	0	-49	75	55	6.4	8.6	18.3	57	42	20	79	2	-42	67	27
1707	飞亚达	000026	F	2172	2032	-25	-26	2083	140	1.7	9.7	15.2	213	38	24	227	1	-1	231	231
1708	国药一致	000028	F	2558	1604	-4094	-495	6193	954	11.8	4.0	4.6	31	92	79	44	-74	-9	114	30
1709	深纺织	000045	F	347	115	9	-105	210	232	7.2	8.3	12.1	51	44	30	65	5	-43	68	30
1710	海王生物	000078	F	2478	1391	-1857	229	3019	1087	9.5	2.8	3.3	38	128	110	56	-99	11	157	69
1711	广聚能源	000096	F	710	18	-1	10	9	692	13.1	223.3	1495.1	28	2	0	29	20	-18	6	8
1712	中成股份	000151	F	651	-215	106	67	-388	865	8.4	44.9	13.1	43	8	28	24	22	11	-36	-3
1713	国际实业	000159	F	1800	1043	147	186	710	757	1.7	7.2	11.2	219	51	32	237	3	38	217	258
1714	英特集团	000411	F	1269	670	-2020	-202	2892	599	12.4	5.9	5.5	30	62	66	26	-63	-7	90	20
1715	民生投资	000416	F	777	-71	-65	-9	3	847	27.6	2262.1	6.1	13	0	59	-46	-52	-2	3	-51
1716	合肥百货	000417	F	1221	-2331	-855	-60	-1416	3552	14.2	525.4	8.0	26	1	46	-20	-34	-2	-53	-90
1717	通程控股	000419	F	344	-630	-987	-128	485	974	12.6	117.0	3.7	29	3	99	-67	-87	-6	32	-61
1718	鄂武商	000501	F	-2886	-5060	-848	-1110	-3102	2174	17.1	908.8	7.6	21	0	48	-26	-27	-29	-60	-116
1719	开元投资	000516	F	-206	-1503	-481	-110	-911	1297	74.9	144.6	6.9	5	3	53	-45	-50	-10	-68	-129
1720	泰山石油	000554	F	191	115	-2	12	105	76	30.5	326.8	1066.1	12	1	0	13	0	3	11	13
1721	昆百大	000560	F	752	423	-448	591	280	328	2.3	139.7	6.6	156	3	56	103	-51	82	-20	11
1722	西安民生	000564	F	2091	-943	-220	-221	-501	3034	19.0	76.0	7.3	19	5	50	-26	-20	-13	-46	-78

续表

序号	公司简称	股票代码	行业代码	营运资金总额	经营活动营运资金	采购渠道营运资金	生产渠道营运资金	营销渠道营运资金	投资活动营运资金	存货周转率	应收账款周转率	应付账款周转率	存货周转期	应收账款周转期	应付账款周期	现金周转期	采购渠道营运资金周转期	生产渠道营运资金周转期	营销渠道营运资金周转期	经营活动营运资金周转（按渠道）
1723	金叶珠宝	000587	F	1611	1402	451	-52	1003	209	6.9	16.0	224.3	53	23	2	74	15	-3	53	64
1724	桐君阁	000591	F	128	-501	-1302	-230	1031	629	6.8	9.6	3.3	54	38	109	-17	-98	-10	80	-29
1725	大通燃气	000593	F	5	-63	-53	-16	7	68	9.7	37.7	6.2	38	10	59	-11	-49	-17	3	-63
1726	国恒铁路	000594	F	1338	468	519	-225	174	870	11.7	2.1	2.9	31	177	127	81	277	-117	141	301
1727	如意集团	000626	F	2022	507	-1159	954	712	1515	22.9	74.3	20.3	16	5	18	3	-11	10	7	5
1728	三木集团	000632	F	1372	614	120	562	-68	758	3.6	35.0	8.8	103	10	41	72	22	39	5	66
1729	泰达股份	000652	F	3107	1214	-1680	2368	526	1893	1.7	13.0	1.8	213	28	198	43	-97	128	34	66
1730	*ST铜城	000672	F	-64	-68	-2	-45	-21	4	198.8	25115.5	19.6	2	0	19	-17	-3	-204	-100	-307
1731	厦门信达	000701	F	2207	1674	-479	966	1186	533	10.4	20.3	13.7	35	18	27	26	-13	20	13	20
1732	浙江震元	000705	F	747	200	-387	-27	615	547	6.2	4.8	4.3	59	76	85	50	-77	-6	127	43
1733	中兴商业	000715	F	-70	-839	-325	-19	-495	769	39.7	3196.7	9.2	9	0	40	-30	-38	-2	-46	-86
1734	漳州发展	000753	F	1496	1106	-190	938	358	391	2.8	7.9	7.3	129	46	50	125	-32	98	32	98
1735	中百集团	000759	F	-723	-2204	-1632	46	-618	1481	8.2	218.8	7.0	44	2	52	-6	-40	-1	-8	-49
1736	武汉中商	000785	F	358	-587	-321	-75	-191	945	11.5	272.2	11.2	32	1	32	1	-29	-5	-14	-47
1737	天音控股	000829	F	5154	1660	-1613	147	3126	3493	12.3	16.7	9.3	30	22	39	12	-27	2	45	19
1738	高鸿股份	000851	F	2521	1332	361	-26	998	1189	13.7	6.2	17.6	27	59	21	65	24	-14	66	76
1739	渤海物流	000889	F	448	149	-224	132	241	299	3.0	38.1	8.5	121	10	43	88	-39	38	29	28
1740	中国服装	000902	F	400	301	20	38	244	99	7.7	9.0	8.2	47	40	45	43	0	12	55	66
1741	物产中拓	000906	F	960	337	-530	-77	944	623	24.3	52.5	14.3	15	7	25	-3	-9	-2	17	6
1742	华东医药	000963	F	2622	1848	-2087	-137	4072	774	11.1	5.4	7.0	33	68	52	48	-47	-3	94	44
1743	广州友谊	000987	F	1563	-1171	-532	-91	-548	2734	23.5	3137.1	7.6	16	0	48	-33	-47	-8	-35	-90
1744	中国中期	000996	F	118	-14	-27	-3	16	132	4.2	40.7	2.7	86	9	135	-40	-109	-11	75	-45
1745	苏宁云商	002024	F	14175	-15980	-31556	-3117	18693	30155	6.5	62.5	3.1	56	6	117	-55	-107	-10	61	-56
1746	江苏国泰	002091	F	908	346	-263	-16	626	562	24.9	9.7	11.5	15	38	32	20	-18	-1	45	26
1747	广百股份	002187	F	199	-1529	-2021	169	323	1728	33.8	46.6	3.4	11	8	106	-87	-92	7	16	-70

续表

序号	公司简称	股票代码	行业代码	营运资金总额	经营活动营运资金	采购渠道营运资金	生产渠道营运资金	营销渠道营运资金	投资活动营运资金	存货周转率	应收账款周转率	应付账款周转率	存货周转期	应收账款周转期	应付账款周期	现金周转期	采购渠道营运资金周转期	生产渠道营运资金周转期	营销渠道营运资金周转期	经营活动营运资金周转（按渠道）
1748	东华能源	002221	F	3200	1351	1162	-5	194	1849	4.5	21.4	31.4	80	17	12	86	68	2	24	94
1749	步步高	002251	F	-725	-1185	-1337	-401	553	460	8.9	187.7	6.1	41	2	60	-17	-45	-15	22	-38
1750	恩华药业	002262	F	624	258	-231	0	489	366	13.0	5.5	6.7	28	66	54	40	-41	1	82	41
1751	新华都	002264	F	274	-794	-411	93	-476	1067	9.9	491.2	10.1	37	1	36	2	-19	3	-21	-37
1752	友阿股份	002277	F	351	-1402	-673	182	-911	1753	12.6	262.6	7.9	29	1	46	-16	-39	0	-70	-109
1753	人人乐	002336	F	1524	-600	-1339	170	569	2124	8.5	1345.2	6.0	43	0	60	-17	-41	6	23	-12
1754	爱施德	002416	F	5058	3216	-150	4	3362	1842	8.2	15.5	14.1	44	24	26	42	-3	0	66	62
1755	天虹商场	002419	F	556	-4734	-1722	-383	-2630	5290	33.9	367.9	8.1	11	1	45	-33	-36	-9	-63	-108
1756	众业达	002441	F	1808	1399	-529	-22	1950	409	9.2	4.3	11.6	40	84	31	93	-24	0	114	90
1757	嘉事堂	002462	F	644	260	-697	-9	967	384	14.6	4.4	4.5	25	84	81	28	-77	-2	107	28
1758	辉隆股份	002556	F	2849	1936	492	-59	1503	912	6.0	28.6	14.3	61	13	26	48	28	0	49	76
1759	徐家汇	002561	F	567	-148	-276	-22	150	714	64.0	90.1	7.7	6	4	48	-38	-47	-4	7	-43
1760	瑞康医药	002589	F	1365	966	-1319	-3	2289	398	13.7	2.7	3.8	27	135	97	65	-90	0	156	66
1761	亚夏汽车	002607	F	840	277	-194	-27	498	563	8.6	324.9	8.1	42	1	45	-2	-21	-2	39	15
1762	百圆裤业	002640	F	687	406	118	-3	291	281	5.2	3.3	13.1	70	111	28	154	49	-4	157	202
1763	红旗连锁	002697	F	1041	-140	-538	-60	458	1181	6.6	570.3	5.5	55	1	67	-11	-51	-5	44	-13
1764	吉峰农机	300022	F	1273	603	-1228	77	1754	670	4.6	6.1	3.8	80	60	97	43	-67	3	103	39
1765	恒星移动	300081	F	550	238	-65	22	281	312	5.4	13.4	5.4	67	27	67	27	-17	6	93	82
1766	力源信息	300184	F	355	143	-38	-3	184	212	2.1	8.4	8.8	170	43	41	172	-33	-4	213	176
1767	中国医药	600056	F	3696	1874	-1690	29	3535	1823	3.7	4.7	6.4	97	78	57	118	-42	0	119	77
1768	五矿发展	600058	F	9422	7505	-3076	972	9610	1917	12.0	21.7	9.6	31	17	38	9	-5	2	27	24
1769	浙江东方	600120	F	2542	1340	-927	1378	890	1202	3.2	14.2	8.0	115	26	45	95	-20	62	34	76
1770	宏图高科	600122	F	5849	2951	-254	1448	1757	2898	4.1	23.9	4.9	90	15	74	31	-17	31	41	55
1771	弘业股份	600128	F	921	353	105	201	47	568	11.3	14.7	7.9	32	25	46	11	12	20	5	37
1772	道博股份	600136	F	35	7	0	-5	12	28	48.7	5.7	10.4	7	64	35	37	18	-25	22	15

续表

序号	公司简称	股票代码	行业代码	营运资金总额	经营活动营运资金	采购渠道营运资金	生产渠道营运资金	营销渠道营运资金	投资活动营运资金	存货周转率	应收账款周转率	应付账款周转率	存货周转期	应收账款周转期	应付账款周期	现金周转期	采购渠道营运资金周转期	生产渠道营运资金周转期	营销渠道营运资金周转期	经营活动营运资金周转（按渠道）
1773	建发股份	600153	F	27820	21203	-2645	23282	565	6617	2.8	25.9	12.5	131	14	29	116	-5	87	4	86
1774	瑞茂通	600180	F	1368	547	-199	48	699	820	28.7	9.8	16.4	13	37	22	28	1	3	41	45
1775	西藏药业	600211	F	361	143	-145	59	229	218	5.6	9.3	6.4	65	39	57	48	-42	19	65	42
1776	成城股份	600247	F	674	668	354	336	-22	6	1.2	50.4	1.6	293	7	225	75	243	230	-15	458
1777	南纺股份	600250	F	403	-93	-570	-240	718	496	12.9	7.9	5.1	28	46	72	3	-49	-31	59	-21
1778	东方创业	600278	F	1368	-169	-821	371	280	1537	44.6	17.5	11.4	8	21	32	-3	-20	9	7	-4
1779	南京中商	600280	F	3349	1742	-825	3316	-749	1607	1.6	799.8	7.8	233	0	47	187	-40	176	-39	96
1780	江苏舜天	600287	F	1046	204	-48	45	207	842	14.3	11.7	4.4	26	31	83	-26	-18	4	16	2
1781	商业城	600306	F	1107	432	-243	591	84	675	2.4	118.9	4.1	154	3	90	67	-68	139	23	94
1782	中农资源	600313	F	991	204	52	10	142	787	24.5	16.5	80.7	15	22	5	33	4	2	9	15
1783	大东方股份	600327	F	61	-945	-532	-421	8	1007	9.9	107.2	9.1	37	3	40	0	-22	-17	2	-37
1784	国机汽车	600335	F	9692	7015	-6059	-228	13302	2677	9.4	39.4	13.0	39	9	28	20	-23	-2	47	22
1785	华联综超	600361	F	2790	-2295	-2969	-388	1063	5085	8.2	719.2	4.4	45	1	83	-37	-79	-12	29	-62
1786	广东明珠	600382	F	319	31	-8	5	34	288	16.7	6.5	25.1	22	56	15	64	13	17	53	83
1787	中化国际	600500	F	9261	3617	-1866	26	5457	5644	16.0	17.2	16.1	23	21	23	21	-12	1	36	25
1788	国药股份	600511	F	1475	780	-1835	-165	2780	694	9.4	5.3	4.9	39	69	75	33	-68	-3	103	32
1789	海岛建设	600515	F	296	-230	-191	16	-55	527	54.1	17.8	4.6	7	21	79	-52	-75	-4	-26	-105
1790	汇通能源	600605	F	401	320	-60	28	352	82	#DIV/0!	6.0	38.5	0	61	9	51	-9	5	67	63
1791	新世界	600628	F	553	20	-424	274	170	534	21.5	22.1	7.7	17	17	47	-14	-44	35	16	7
1792	ST 澄海	600634	F	5	4	42	-37	-1	1	#DIV/0!	4.2	12.4	0	87	29	58	211	-238	-40	-67
1793	豫园商城	600655	F	4815	2755	193	782	1781	2059	4.9	89.9	60.6	75	4	6	73	4	13	46	63
1794	南京新百	600682	F	281	-198	-227	551	-522	479	3.6	121.6	13.3	103	3	27	78	-24	70	-43	3
1795	福建东百	600693	F	427	-107	-215	263	-155	534	5.0	443.7	9.4	72	1	39	34	-38	44	-27	-20
1796	大商股份	600694	F	-12	-6114	-3215	-1113	-1786	6102	50.1	125.3	10.1	7	3	36	-26	-35	-10	-20	-65
1797	欧亚集团	600697	F	-1638	-2409	-718	-680	-1011	771	11.3	773.3	7.6	32	0	48	-15	-22	-31	-52	-105]

续表

序号	公司简称	股票代码	行业代码	营运资金总额	经营活动营运资金	采购渠道营运资金	生产渠道营运资金	营销渠道营运资金	投资活动营运资金	存货周转率	应收账款周转率	应付账款周转率	存货周转期	应收账款周转期	应付账款周期	现金周转期	采购渠道营运资金周转期	生产渠道营运资金周转期	营销渠道营运资金周转期	经营活动营运资金周转（按渠道）
1798	物产中大	600704	F	9576	5828	-2673	7369	1132	3748	3.2	54.3	9.8	113	7	37	83	-24	65	3	44
1799	南宁百货	600712	F	-351	-730	-657	-11	-62	379	19.6	420.8	4.2	19	1	88	-68	-80	-2	-7	-89
1800	南京医药	600713	F	2590	639	-3811	152	4298	1951	13.3	5.2	4.2	27	70	87	11	-77	5	90	19
1801	首商股份	600723	F	1971	-2154	-1099	-686	-369	4126	33.3	141.3	10.8	11	3	34	-20	-33	-19	-9	-61
1802	重庆百货	600729	F	388	-4791	-3392	-333	-1066	5179	15.3	564.3	7.2	24	1	50	-26	-44	-8	-8	-60
1803	兰州民百	600738	F	61	-433	-100	171	-504	494	6.2	2884.7	11.9	59	0	31	29	-27	41	-126	-112
1804	辽宁成大	600739	F	1815	853	-10	199	664	962	8.9	10.6	7.3	41	35	50	26	2	7	27	35
1805	厦门国贸	600755	F	10061	7271	-1626	9117	-220	2790	3.3	19.8	11.7	110	18	31	97	-12	74	8	70
1806	汉商集团	600774	F	-281	-355	-157	-165	-33	74	54.8	162.5	3.5	7	2	104	-95	-60	-61	-12	-133
1807	友好集团	600778	F	404	-392	-507	2188	-2073	797	2.9	62.7	10.3	124	6	35	94	-21	99	-106	-29
1808	新华百货	600785	F	116	-714	-701	68	-80	830	14.1	102.8	6.9	26	4	53	-23	-39	5	-3	-37
1809	杭州解百	600814	F	-146	-476	-163	-60	-253	330	99.8	66.0	8.6	4	6	42	-33	-37	-10	-35	-81
1810	津劝业	600821	F	-15	-326	-308	-74	56	312	16.6	21.5	2.7	22	17	135	-96	-122	-12	30	-104
1811	上海物贸	600822	F	5797	4119	374	-1529	5274	1678	23.2	65.8	53.7	16	6	7	15	2	-5	17	14
1812	益民集团	600824	F	757	596	354	-42	285	160	4.5	53.5	50.2	81	7	7	81	36	-7	40	69
1813	兰生股份	600826	F	290	34	84	25	-74	256	29.2	19.3	22.6	13	19	16	15	30	5	-25	10
1814	友谊股份	600827	F	-3711	-16652	-5020	-2759	-8873	12941	13.5	220.8	8.8	27	2	41	-13	-37	-20	-63	-120
1815	成商集团	600828	F	-103	-232	-354	164	-43	128	11.6	69.7	6.1	32	5	59	-23	-58	30	-5	-33
1816	香溢融通	600830	F	582	99	-28	94	32	483	7.1	41.5	16.1	51	9	23	37	-4	22	11	29
1817	第一医药	600833	F	212	48	-247	-41	336	164	6.0	11.7	5.6	61	31	66	26	-63	-13	89	12
1818	上海九百	600838	F	90	27	-8	-12	46	63	4.8	3.6	11.3	75	101	32	144	-21	28	93	100
1819	长百集团	600856	F	55	-31	-44	10	4	86	93.7	65.8	7.9	4	6	46	-37	-39	19	4	-17
1820	工大首创	600857	F	140	-99	-97	-40	38	240	28.2	500.0	9.4	13	1	39	-25	-30	-12	10	-31
1821	银座股份	600858	F	-569	-1978	-2176	62	135	1409	5.1	30015.8	6.2	72	0	59	13	-57	15	-5	-47
1822	王府井	600859	F	2178	-4779	-1459	-424	-2896	6958	48.1	180.2	10.6	8	2	34	-25	-28	-12	-51	-91

续表

序号	公司简称	股票代码	行业代码	营运资金总额	经营活动营运资金	采购渠道营运资金	生产渠道营运资金	营销渠道营运资金	投资活动营运资金	存货周转率	应收账款周转率	应付账款周转率	存货周转期	应收账款周转期	应付账款周期	现金周转期	采购渠道营运资金周转期	生产渠道营运资金周转期	营销渠道营运资金周转期	经营活动营运资金周转（按渠道）
1823	北京城乡	600861	F	1193	418	-6	690	-267	776	3.2	177.9	10.1	113	2	36	79	8	77	-41	44
1824	秋林集团	600891	F	394	-169	-91	-107	29	563	6.8	245.0	4.0	53	1	90	-35	-86	-98	31	-153
1825	宝诚股份	600892	F	52	25	66	-82	42	27	28.7	13.0	20.3	13	28	18	23	41	-52	21	10
1826	三联商社	600898	F	164	-46	-223	37	140	210	9.7	26.2	3.1	37	14	118	-67	-110	22	54	-34
1827	汇鸿股份	600981	F	1420	1049	-408	687	769	371	5.5	8.7	7.4	66	42	50	58	-26	29	46	49
1828	九州通	600998	F	7244	4836	-2742	797	6781	2408	7.5	13.0	7.5	49	28	49	28	-31	9	74	52
1829	文峰股份	601010	F	2022	767	-376	1687	-545	1255	4.7	326.3	8.2	77	1	45	34	-20	52	-11	21
1830	三江购物	601116	F	746	-677	-664	-35	22	1423	8.1	1020.6	6.3	45	0	57	-12	-49	-2	6	-45
1831	庞大集团	601258	F	14288	-8142	-21644	847	12655	22430	5.4	43.8	2.2	67	8	164	-88	-134	5	74	-54
1832	永辉超市	601933	F	750	-668	-2529	385	1476	1418	9.5	156.2	9.2	39	2	40	1	-29	6	19	-5
1833	龙宇燃油	603003	F	1204	967	317	-3	653	237	32.0	27.2	58.9	11	13	6	19	7	0	23	29
1834	翠微股份	603123	F	-583	-1559	-397	-212	-950	977	41.2	187.7	13.0	9	2	28	-17	-28	-16	-65	-109
1835	零七股份	000007	F	338	113	-28	94	47	225	16.7	9.7	2.8	22	38	132	-72	-20	64	26	71
1836	北巴传媒	600386	F	978	8	-104	-169	281	970	15.6	14.7	13.2	23	25	28	20	-10	-19	31	2
1837	白云机场	600004	G	480	-684	-96	-983	395	1164	95.8	6.7	41.4	4	55	9	50	-6	-81	35	-52
1838	上海机场	600009	G	4914	66	-61	-604	731	4848	192.1	5.2	64.2	2	71	6	67	-4	-49	62	9
1839	安徽皖通	600012	G	235	-528	-559	125	-95	763	646.8	#DIV/0!	4.5	1	0	81	-80	-80	11	-21	-90
1840	日照港	600017	G	1976	1107	42	52	1013	869	34.4	4.5	46.2	11	81	8	84	2	-3	64	64
1841	上港集团	600018	G	10314	1313	-1179	-1699	4190	9001	14.4	10.1	16.5	25	36	22	39	-18	-33	56	5
1842	中原高速	600020	G	-268	-2302	-2574	196	76	2034	5.2	46.8	1.4	70	8	264	-186	-242	23	-24	-243
1843	中海发展	600026	G	4543	1207	43	-560	1725	3336	12.9	8.7	9.9	28	42	37	34	2	-16	44	30
1844	南方航空	600029	G	-5791	-15880	-14486	-3149	1755	10089	50.2	49.9	6.5	7	7	56	-41	-50	-12	11	-51
1845	福建高速	600033	G	-1180	-1806	-2090	-83	368	626	406.7	7.4	1.1	1	50	339	-288	-338	-11	36	-312
1846	楚天高速	600035	G	535	-1153	-24	-418	-711	1687	27062.4	364.6	1.4	0	1	257	-256	-81	-144	-166	-391
1847	ST 长油	600087	G	4535	3406	2724	-19	700	1130	16.6	11.4	12.2	22	32	30	24	148	0	31	178

续表

序号	公司简称	股票代码	行业代码	营运资金总额	经营活动营运资金	采购渠道营运资金	生产渠道营运资金	营销渠道营运资金	投资活动营运资金	存货周转率	应收账款周转率	应付账款周转率	存货周转期	应收账款周转期	应付账款周期	现金周转期	采购渠道营运资金周转期	生产渠道营运资金周转期	营销渠道营运资金周转期	经营活动营运资金周转（按渠道）
1848	重庆路桥	600106	G	875	481	-85	639	-72	394	0.8	4.5	3.8	478	81	96	463	-96	336	-59	181
1849	东方航空	600115	G	-12127	-16448	-8854	-2364	-5230	4322	32.9	29.4	8.1	11	12	45	-22	-36	-11	-16	-63
1850	铁龙物流	600125	G	2409	1875	230	1181	464	534	2.7	39.0	16.6	136	9	22	123	9	113	23	145
1851	海南航空	600221	G	12835	-9710	-10020	-789	1099	22545	297.4	13.6	3.0	1	27	120	-92	-114	-1	20	-96
1852	赣粤高速	600269	G	838	-3076	-1222	-35	-1820	3915	23.7	10.9	2.0	15	34	182	-133	-106	-64	-241	-411
1853	外运发展	600270	G	2266	293	-318	-49	660	1974	7191.6	6.4	10.5	0	57	35	23	-28	-4	60	28
1854	重庆港九	600279	G	321	-134	-115	-327	308	454	10.7	5.4	7.9	34	68	46	56	-31	-71	45	-57
1855	营口港	600317	G	784	107	-169	-35	311	677	25.0	5.8	14.8	15	63	25	53	-18	6	29	18
1856	五洲交通	600368	G	2306	1624	234	814	577	682	5.0	17.9	9.3	73	20	39	54	3	34	30	66
1857	宁沪高速	600377	G	2443	1733	-311	2903	-859	710	4.1	120.4	24.1	89	3	15	77	-14	110	-21	75
1858	海越股份	600387	G	378	-81	-57	-8	-16	459	22.0	371.3	31.0	17	1	12	6	-5	0	6	2
1859	中远航运	600428	G	3349	-485	-260	-365	141	3834	25.9	26.7	7.9	14	14	46	-19	-15	-19	5	-28
1860	深高速	600548	G	1458	-500	-341	-461	302	1958	959.7	9.1	4.1	0	40	90	-49	-71	-36	23	-84
1861	江西长运	600561	G	-264	-580	116	-375	-321	316	44.4	34.8	9.5	8	10	38	-20	12	-66	-30	-83
1862	芜湖港	600575	G	6604	2473	-7466	-190	10130	4131	32.5	3.9	3.1	11	93	117	-13	-83	-1	92	7
1863	海博股份	600708	G	224	-70	15	-133	47	294	28.2	20.3	31.6	13	18	12	19	5	-18	6	-8
1864	天津港	600717	G	3332	-209	-1738	-93	1621	3541	38.4	5.6	6.2	9	65	58	16	-43	-3	48	3
1865	中储股份	600787	G	3443	1924	553	30	1341	1519	15.8	20.8	10.3	23	18	35	5	7	0	21	28
1866	保税科技	600794	G	383	-273	-22	-249	-2	656	62.5	23.0	9.0	6	16	40	-19	-37	-204	6	-234
1867	宁波海运	600798	G	6	-92	-102	-58	68	98	20.6	14.2	6.5	18	26	56	-13	-37	-21	14	-44
1868	中海海盛	600896	G	196	79	-53	-100	232	116	21.5	6.4	10.4	17	57	35	39	-20	-18	71	33
1869	厦门空港	600897	G	915	-55	-95	-98	138	970	3730.2	6.8	14.0	0	53	26	27	-21	-20	85	45
1870	唐山港	601000	G	154	-1271	-1294	-61	84	1425	27.4	20.7	2.5	13	18	145	-114	-132	-9	2	-138
1871	大秦铁路	601006	G	1290	-7730	-2166	-4538	-1027	9020	29.7	30.2	12.5	12	12	29	-5	-18	-38	-11	-67
1872	连云港	601008	G	633	-119	-343	-80	303	752	106.6	5.3	7.2	3	69	50	22	-44	-15	68	9

续表

序号	公司简称	股票代码	行业代码	营运资金总额	经营活动营运资金	采购渠道营运资金	生产渠道营运资金	营销渠道营运资金	投资活动营运资金	存货周转率	应收账款周转率	应付账款周转率	存货周转期	应收账款周转期	应付账款周期	现金周转期	采购渠道营运资金周转期	生产渠道营运资金周转期	营销渠道营运资金周转期	经营活动营运资金周转（按渠道）
1873	宁波港	601018	G	2625	335	-208	-996	1539	2289	66.8	5.6	18.5	5	65	20	51	1	-43	55	14
1874	四川成渝	601107	G	497	-1406	-1136	-106	-164	1903	122.3	43.8	3.5	3	8	105	-94	-81	-8	-102	-191
1875	中国国航	601111	G	393	-12210	-13924	-906	2620	12604	76.3	35.3	6.4	5	10	57	-42	-53	-7	5	-55
1876	江南嘉捷	601313	G	1057	10	-479	169	320	1046	7.5	4.5	4.1	49	81	88	41	-77	28	52	3
1877	广深铁路	601333	G	3250	-1642	-1632	-540	530	4892	37.9	18.8	7.8	10	19	47	-18	-38	-13	7	-44
1878	吉林高速	601518	G	1071	-172	-31	-65	-76	1243	88743.2	315.2	23.5	0	1	16	-14	2	-31	-30	-60
1879	中海集运	601866	G	8471	-444	-2524	-321	2402	8915	27.0	15.8	8.6	14	23	43	-6	-28	-3	22	-9
1880	招商轮船	601872	G	5964	307	-24	74	257	5657	13.3	11.9	11.6	27	31	31	27	-4	8	26	30
1881	大连港	601880	G	3389	-132	102	-670	436	3521	42.0	8.4	22.8	9	43	16	36	0	-51	60	9
1882	中国远洋	601919	G	39207	-8024	-9652	-5088	6717	47230	21.9	9.3	5.1	17	39	72	-16	-47	-23	25	-44
1883	渤海轮渡	603167	G	22	-63	-29	-45	11	85	70.1	58.8	26.3	5	6	14	-2	-8	-16	4	-20
1884	象屿股份	600057	G	1629	888	-565	-447	1899	741	17.7	40.8	17.0	21	9	21	8	-4	-4	22	14
1885	华贸物流	603128	G	1330	632	-393	23	1002	698	100.1	7.7	9.9	4	47	37	14	-20	0	44	24
1886	深赤湾	000022	G	322	7	-133	-81	221	315	77.9	7.5	11.5	5	49	32	22	-29	-17	33	-12
1887	盐田港	000088	G	827	-33	-11	-34	12	860	7723.0	12.7	19.2	0	29	19	10	-11	-37	-2	-51
1888	深圳机场	000089	G	841	-425	-36	-408	18	1266	994.6	8.5	61.1	0	43	6	37	-5	-62	8	-59
1889	中信海直	000099	G	1274	412	233	-40	219	862	3.6	4.7	14.5	100	78	25	153	79	-19	63	124
1890	粤高速	000429	G	-29	-881	-690	-167	-24	852	#DIV/0!	56.3	2.6	0	6	142	-136	-111	-63	-4	-178
1891	珠海港	000507	G	476	8	-61	-58	127	468	233.8	5.7	4.4	2	64	83	-18	-45	-47	68	-24
1892	长航凤凰	000520	G	282	123	-134	-72	329	159	17.6	6.1	2.4	21	60	154	-73	-81	-4	54	-32
1893	北海港	000582	G	142	24	23	-40	40	119	52.6	23.1	14.3	7	16	26	-3	7	-7	3	3
1894	东莞控股	000828	G	700	-370	0	-170	-200	1070	#DIV/0!	32.0	#DIV/0!	0	11	0	11	0	-97	-48	-145
1895	厦门港务	000905	G	815	88	-491	-72	651	727	13.3	4.9	4.5	27	75	82	20	-62	-10	82	10
1896	华北高速	000916	G	1403	-155	-78	-88	11	1558	145.9	20.0	7.7	3	18	47	-27	-47	-22	10	-59
1897	南京港	002040	G	27	-34	-22	-31	19	62	68.9	7.3	8.9	5	50	41	14	-40	-57	45	-52

续表

序号	公司简称	股票代码	行业代码	营运资金总额	经营活动营运资金	采购渠道营运资金	生产渠道营运资金	营销渠道营运资金	投资活动营运资金	存货周转率	应收账款周转率	应付账款周转率	存货周转期	应收账款周转期	应付账款周期	现金周转期	采购渠道营运资金周转期	生产渠道营运资金周转期	营销渠道营运资金周转期	经营活动营运资金周转（按渠道）
1898	澳洋顺昌	002245	G	674	587	173	-19	433	87	6.0	4.2	30.1	60	86	12	135	46	-3	101	144
1899	海峡股份	002320	G	1170	3	-28	-3	34	1167	40.0	14.2	20.4	9	26	18	17	-7	-4	15	5
1900	福临运业	002357	G	52	-315	26	-193	-148	367	27845.6	64.0	818.6	0	6	0	5	34	-199	-128	-293
1901	恒基达鑫	002492	G	205	-18	-35	-3	20	222	710.9	7.5	6.3	1	49	58	-8	-51	6	23	-22
1902	宜昌交运	002627	G	501	21	-11	-28	60	480	13.4	62.8	14.5	27	6	25	8	-3	-10	17	4
1903	九洲股份	002682	G	869	260	51	-109	318	609	18.6	13.7	11.0	20	27	33	13	7	-15	48	40
1904	新宁物流	300013	G	266	61	-7	-4	72	205	510.9	4.5	9.6	1	80	38	43	-23	-6	76	46
1905	飞力达	300240	G	897	322	-61	-14	397	576	40.2	7.8	26.8	9	47	14	42	10	-1	52	60
1906	华鹏飞	300350	G	434	189	-4	32	161	245	#DIV/0!	2.7	107.3	0	136	3	133	1	16	124	141
1907	中昌海运	600242	G	-74	-346	-483	-30	167	271	15.4	3.8	1.7	24	95	221	-102	-156	14	99	-44
1908	大众交通	600611	G	1072	-986	413	17	-1417	2058	2.8	25.5	36.9	132	14	10	136	32	9	-195	-154
1909	申通地铁	600834	G	75	-64	-42	-2	-19	139	#DIV/0!	127.3	14.5	0	3	25	-22	-25	-1	-106	-132
1910	ST 宝利来	000008	H	117	-20	-21	13	-11	137	31.9	23.3	11.1	11	16	33	-6	-28	15	-9	-22
1911	新都酒店	000033	H	77	63	-1	34	30	14	43.6	3.1	22.4	8	118	16	110	-6	81	151	226
1912	华天酒店	000428	H	-816	-1063	-723	-89	-250	247	2.3	19.9	2.7	156	18	136	38	-84	-1	-54	-138
1913	东方宾馆	000524	H	197	-14	-23	29	-20	211	44.2	37.1	13.6	8	10	27	-9	-23	33	-17	-7
1914	西安饮食	000721	H	5	-97	-40	-48	-8	102	17.9	95.0	9.0	20	4	41	-16	-6	-30	-7	-43
1915	易食股份	000796	H	482	146	-80	18	208	336	26.2	3.2	6.9	14	113	53	74	-44	12	110	77
1916	全聚德	002186	H	131	-117	-48	-150	81	248	22.3	57.4	24.8	16	6	15	8	-9	-26	9	-26
1917	湘鄂情	002306	H	488	206	180	119	-92	282	20.7	30.5	13.7	18	12	27	3	56	29	-24	61
1918	锦江股份	600754	H	34	-720	-338	-204	-178	754	82.0	50.2	6.5	4	7	56	-44	-47	-31	-25	-103
1919	金陵饭店	601007	H	568	66	-59	-15	140	503	2.9	10.2	4.8	127	36	75	88	-16	-18	73	38
1920	三五互联	300051	I	253	-22	-17	-15	9	275	28.8	7.8	7.9	13	47	46	13	-18	-48	4	-62
1921	中青宝	300052	I	541	44	37	-4	11	497	6189.0	8.0	15.0	0	45	24	21	52	-14	10	48
1922	东方财富	300059	I	1527	-23	-6	3	-20	1550	#DIV/0!	5.9	17.2	0	62	21	40	-3	4	-30	-29

续表

序号	公司简称	股票代码	行业代码	营运资金总额	经营活动营运资金	采购渠道营运资金	生产渠道营运资金	营销渠道营运资金	投资活动营运资金	存货周转率	应收账款周转率	应付账款周转率	存货周转期	应收账款周转期	应付账款周期	现金周转期	采购渠道营运资金周转期	生产渠道营运资金周转期	营销渠道营运资金周转期	经营活动营运资金周转（按渠道）
1923	华平股份	300074	I	876	221	13	37	171	655	4.8	1.8	14.5	76	208	25	259	26	49	235	310
1924	数字政通	300075	I	797	130	-40	-17	187	667	8.5	1.8	10.6	43	201	34	209	-32	-8	208	168
1925	银之杰	300085	I	441	88	3	8	76	353	12.8	1.4	14.3	28	255	26	258	1	23	257	281
1926	易联众	300096	I	579	160	-72	1	231	418	5.9	1.4	3.8	62	258	97	223	-89	-2	279	189
1927	乐视网	300104	I	448	255	-81	-17	352	194	74.1	4.1	4.2	5	88	87	6	-3	-4	80	74
1928	顺网科技	300113	I	706	22	-9	-47	77	684	21333.0	3.6	42.7	0	102	9	93	-8	-48	83	26
1929	世纪瑞尔	300150	I	1360	265	-44	23	286	1095	5.1	0.8	3.4	71	435	108	399	-76	24	423	371
1930	东方国信	300166	I	591	243	99	-16	159	348	37.9	2.5	82.9	10	148	4	153	56	-27	144	173
1931	迪威视讯	300167	I	668	274	22	9	243	394	4.3	1.2	5.9	85	307	62	329	20	21	344	385
1932	万达信息	300168	I	1069	279	22	24	233	790	24.9	3.9	34.3	15	94	11	98	-1	10	81	90
1933	汉得信息	300170	I	1000	193	13	-46	225	807	327.4	3.6	83.7	1	100	4	97	4	-19	92	77
1934	捷成世纪	300182	I	948	281	48	13	219	667	9.9	5.2	15.6	37	70	23	83	20	41	67	127
1935	东软载波	300183	I	1521	80	-12	-9	101	1441	14.9	5.3	18.1	24	69	20	74	-4	-6	56	46
1936	美亚柏科	300188	I	530	131	-13	0	144	399	4.3	3.0	10.1	85	123	36	171	-10	1	119	109
1937	天泽信息	300209	I	714	21	-1	14	9	692	8.8	3.6	10.5	42	101	35	107	-4	32	-22	6
1938	易华录	300212	I	848	596	-229	672	153	251	1.0	3.6	2.8	365	102	130	337	-116	368	59	311
1939	上海钢联	300226	I	294	113	169	-46	-10	181	24.8	17.6	241.9	15	21	2	34	44	-11	7	40
1940	拓尔思	300229	I	684	135	-12	5	142	549	#DIV/0!	1.4	6.3	0	269	58	211	-32	8	221	197
1941	银信科技	300231	I	251	62	-60	0	122	189	46.4	3.5	7.7	8	104	48	64	-42	-3	101	56
1942	方直科技	300235	I	286	67	-2	0	69	219	8.5	6.2	15.3	43	59	24	78	-1	0	200	199
1943	天玑科技	300245	I	425	54	33	-23	44	371	11.1	4.0	15.2	33	91	24	99	35	-15	32	52
1944	新开普	300248	I	444	165	-4	16	154	280	4.0	1.7	8.7	91	212	42	261	-11	29	239	257
1945	卫宁软件	300253	I	516	102	-24	18	108	414	15.5	2.9	12.8	23	126	28	121	-24	21	113	110
1946	佳创视讯	300264	I	563	188	-8	0	195	375	5.7	1.1	6.3	64	340	58	346	-15	11	358	354
1947	华宇软件	300271	I	718	187	-46	78	155	531	4.9	3.6	11.1	75	102	33	144	-19	41	87	109

续表

序号	公司简称	股票代码	行业代码	营运资金总额	经营活动营运资金	采购渠道营运资金	生产渠道营运资金	营销渠道营运资金	投资活动营运资金	存货周转率	应收账款周转率	应付账款周转率	存货周转期	应收账款周转期	应付账款周期	现金周转期	采购渠道营运资金周转期	生产渠道营运资金周转期	营销渠道营运资金周转期	经营活动营运资金周转（按渠道）
1948	梅安森	300275	I	499	176	-18	17	177	323	6.1	1.7	8.2	60	217	45	232	-21	22	217	218
1949	海联讯	300277	I	474	95	-43	-92	229	379	10.8	1.3	5.0	34	280	73	240	-54	-122	265	89
1950	飞利信	300287	I	513	432	-125	22	535	81	6.8	1.8	2.8	54	201	131	124	-104	14	312	222
1951	朗玛信息	300288	I	462	82	36	-1	47	380	#DIV/0!	3.9	781.1	0	94	0	93	49	-1	89	136
1952	荣科科技	300290	I	301	36	-114	27	123	265	18.2	3.4	3.5	20	106	104	22	-89	23	90	24
1953	三六五网	300295	I	667	2	0	-14	16	665	#DIV/0!	10.2	6816.2	0	36	0	36	0	-12	24	12
1954	蓝盾股份	300297	I	559	110	-43	5	148	448	17.5	2.7	8.8	21	133	41	112	-15	6	109	100
1955	富春通信	300299	I	400	159	-11	-7	177	241	#DIV/0!	0.8	9.2	0	447	40	408	-29	-30	428	368
1956	汉鼎股份	300300	I	505	179	-123	205	97	325	3.1	3.9	4.0	118	94	91	122	-76	142	54	120
1957	同有科技	300302	I	415	47	-29	-3	78	369	11.8	2.9	4.7	31	125	78	78	-25	-5	119	89
1958	宜通世纪	300310	I	567	165	-84	90	160	401	8.3	4.6	9.6	44	79	38	85	-36	29	71	65
1959	任子行	300311	I	322	-4	-17	-11	25	326	7.4	5.3	10.3	49	69	36	82	-23	-10	44	11
1960	邦讯技术	300312	I	1012	501	-121	110	512	511	3.1	1.2	2.4	118	314	150	283	-102	65	317	280
1961	掌趣科技	300315	I	739	33	5	-11	39	706	#DIV/0!	6.6	20.7	0	55	18	38	2	-11	50	40
1962	旋极信息	300324	I	547	70	-18	8	80	477	6.5	4.3	5.6	56	85	65	76	-30	7	83	60
1963	华虹计通	300330	I	441	124	-143	14	252	317	10.3	2.1	1.7	35	174	217	-8	-180	18	223	60
1964	兆日科技	300333	I	795	22	-1	1	23	773	6.0	30.2	55.0	61	12	7	67	-2	3	40	41
1965	润和软件	300339	I	600	81	-62	-11	154	518	36.4	3.8	10.8	10	97	34	74	-33	-8	104	63
1966	长亮科技	300348	I	403	37	-6	-3	45	366	51.1	4.9	30.1	7	75	12	70	-5	-6	53	42
1967	北信源	300352	I	586	153	12	2	138	433	44.2	1.6	27.7	8	226	13	221	12	6	185	203
1968	S＊ST聚友	000693	I	41	-41	-18	-26	2	83	1.8	2.7	1.5	199	135	248	86	-248	-275	38	-486
1969	中信国安	000839	I	3604	1969	300	518	1151	1635	2.7	2.2	4.5	134	166	81	219	70	93	163	327
1970	星美联合	000892	I	6	-1	0	0	-1	7	#DIV/0!	#DIV/0!	16.3	0	0	22	-22	-22	-1	-20	-43
1971	电广传媒	000917	I	3031	1447	-162	573	1036	1583	2.3	11.9	4.3	160	31	84	106	-22	57	83	117
1972	南天信息	000948	I	701	211	-231	187	255	490	4.6	4.3	4.7	79	84	78	85	-41	34	40	34

续表

序号	公司简称	股票代码	行业代码	营运资金总额	经营活动营运资金	采购渠道营运资金	生产渠道营运资金	营销渠道营运资金	投资活动营运资金	存货周转率	应收账款周转率	应付账款周转率	存货周转期	应收账款周转期	应付账款周期	现金周转期	采购渠道营运资金周转期	生产渠道营运资金周转期	营销渠道营运资金周转期	经营活动营运资金周转（按渠道）
1973	新大陆	000997	I	1655	976	-359	1246	89	679	1.0	5.1	3.2	351	71	113	310	-85	311	40	266
1974	远光软件	002063	I	1013	123	-9	-39	171	890	242.6	3.9	31.9	2	93	11	83	-5	-15	76	56
1975	东华软件	002065	I	2295	1819	-193	1411	601	476	2.8	3.8	11.8	131	97	31	197	-17	136	42	162
1976	国脉科技	002093	I	1305	501	225	80	196	804	4.6	3.1	12.0	80	117	30	167	89	45	80	214
1977	生意宝	002095	I	362	-74	0	-6	-69	436	#DIV/0!	21.3	1994.3	0	17	0	17	1	-12	-135	-146
1978	北纬通信	002148	I	303	65	0	9	56	238	753.0	3.9	481.3	0	93	1	93	0	15	86	101
1979	石基信息	002153	I	917	229	7	12	209	688	16.3	4.3	28.5	22	85	13	94	-2	1	125	125
1980	海隆软件	002195	I	310	25	0	-1	26	285	145.4	12.4	232.7	3	29	2	30	0	-3	19	16
1981	科大讯飞	002230	I	802	272	-171	58	386	529	11.4	2.2	4.5	32	166	81	117	-64	18	149	102
1982	启明信息	002232	I	614	151	-156	170	137	463	6.0	7.2	6.5	61	51	56	55	-33	39	44	50
1983	天威视讯	002238	I	249	-331	-107	-132	-92	581	170.6	29.2	7.0	2	12	52	-38	-47	-48	-31	-126
1984	川大智胜	002253	I	519	145	-14	79	80	373	2.4	1.5	4.4	151	251	83	320	1	115	163	279
1985	拓维信息	002261	I	597	136	-11	38	110	461	5.6	3.8	25.2	65	96	14	147	-3	37	82	116
1986	卫士通	002268	I	567	178	-93	23	248	389	3.6	1.4	3.0	101	255	122	234	-84	33	254	203
1987	久其软件	002279	I	344	43	-1	-12	56	302	650.2	4.1	99.9	1	88	4	85	-1	-19	77	58
1988	新世纪	002280	I	321	50	-35	3	82	271	11.8	3.9	7.3	31	93	50	74	-36	2	91	57
1989	焦点科技	002315	I	1520	-67	-2	2	-67	1587	602.6	177.5	43.7	1	2	8	-6	-4	-6	-105	-115
1990	键桥通讯	002316	I	1095	622	114	69	439	473	2.7	1.1	3.0	136	331	121	346	89	55	323	467
1991	皖通科技	002331	I	452	96	-163	140	118	357	6.6	4.0	3.1	55	90	118	27	-75	63	68	56
1992	太极股份	002368	I	1105	244	91	78	75	861	50.1	3.3	7.8	7	111	47	72	-6	8	16	19
1993	联信永益	002373	I	456	149	-137	227	59	307	4.1	4.2	5.9	90	86	62	114	-40	89	34	83
1994	中海科技	002401	I	548	40	-131	99	71	508	6.9	5.1	3.8	53	71	96	28	-72	95	1	24
1995	四维图新	002405	I	1956	8	-55	-87	150	1947	160.6	5.5	15.2	2	66	24	45	-19	-29	34	-13
1996	广联达	002410	I	1326	-152	2	-128	-26	1478	464.2	45.7	239.7	1	8	2	7	0	-52	-6	-57
1997	达实智能	002421	I	402	170	-241	76	334	232	7.2	2.7	4.0	51	135	91	94	-78	35	108	66

续表

序号	公司简称	股票代码	行业代码	营运资金总额	经营活动营运资金	采购渠道营运资金	生产渠道营运资金	营销渠道营运资金	投资活动营运资金	存货周转率	应收账款周转率	应付账款周转率	存货周转期	应收账款周转期	应付账款周期	现金周转期	采购渠道营运资金周转期	生产渠道营运资金周转期	营销渠道营运资金周转期	经营活动营运资金周转（按渠道）
1998	启明星辰	002439	I	782	172	-90	-27	289	610	12.2	2.2	7.3	30	165	50	145	-38	-7	121	77
1999	二六三	002467	I	388	-156	3	-70	-89	544	53.6	9.5	25.8	7	39	14	31	5	-37	-74	-106
2000	榕基软件	002474	I	1232	147	50	43	54	1085	5.6	9.1	22.7	65	40	16	89	12	15	43	70
2001	杰赛科技	002544	I	1005	296	-470	95	671	709	7.1	2.5	3.1	51	147	116	82	-97	15	155	73
2002	捷顺科技	002609	I	550	31	-49	12	68	520	4.6	5.5	7.0	79	67	52	93	-34	14	64	44
2003	荣之联	002642	I	744	305	-135	12	429	439	6.6	3.4	4.9	55	109	75	89	-49	2	146	99
2004	博彦科技	002649	I	408	-64	12	-319	243	472	#DIV/0!	3.8	64.5	0	96	6	90	18	-82	88	24
2005	中科金财	002657	I	601	192	-64	16	240	410	2.8	9.3	7.1	132	39	51	120	-38	11	126	99
2006	神州泰岳	300002	I	2031	655	70	-145	730	1376	13.9	2.0	16.7	26	181	22	185	12	-39	161	134
2007	立思辰	300010	I	507	279	11	-44	313	228	5.7	2.0	12.6	64	182	29	217	0	-19	198	180
2008	网宿科技	300017	I	664	43	-36	-20	99	621	77.2	10.0	26.4	5	37	14	27	-11	-7	36	17
2009	银江股份	300020	I	1033	557	-287	725	119	475	2.5	3.6	3.5	149	103	105	146	-66	156	31	120
2010	华星创业	300025	I	564	417	-155	-5	577	147	8.6	1.3	4.2	43	288	87	244	-78	-9	293	206
2011	同花顺	300033	I	913	-82	0	1	-82	995	#DIV/0!	17.4	#DIV/0!	0	21	0	21	67	13	-197	-117
2012	超图软件	300036	I	326	90	-24	-7	122	235	41.5	1.8	5.1	9	208	72	145	-11	-12	155	131
2013	赛为智能	300044	I	563	237	11	144	83	326	1.9	1.9	4.5	195	188	82	302	20	128	133	281
2014	天源迪科	300047	I	677	427	-46	11	462	250	12.8	2.0	16.2	29	180	22	186	-17	4	199	185
2015	世纪鼎利	300050	I	1328	263	-10	-13	286	1065	5.8	1.6	13.5	63	224	27	260	-10	-10	255	235
2016	中国卫星	600118	I	2392	-302	-1243	366	574	2694	7.8	3.9	2.7	47	94	134	7	-103	34	44	-26
2017	佳都新太	600728	I	800	161	-187	-3	351	639	11.0	2.8	4.5	33	130	82	81	-78	-2	151	72
2018	浪潮软件	600756	I	414	55	-346	184	216	359	4.6	2.4	2.1	80	152	171	61	-148	77	104	33
2019	上海普天	600680	I	1232	960	-314	77	1196	272	2.4	1.7	3.1	155	212	119	248	-74	29	303	259
2020	华东电脑	600850	I	1489	791	-554	74	1270	698	3.8	8.5	8.0	95	43	46	92	-38	5	80	47
2021	航天信息	600271	I	5171	528	-209	-7	744	4643	19.6	20.8	25.9	19	18	14	22	-1	-1	12	10
2022	金证股份	600446	I	460	220	-181	168	233	240	5.9	8.2	8.8	62	44	41	65	-31	25	38	32

续表

序号	公司简称	股票代码	行业代码	营运资金总额	经营活动营运资金	采购渠道营运资金	生产渠道营运资金	营销渠道营运资金	投资活动营运资金	存货周转率	应收账款周转率	应付账款周转率	存货周转期	应收账款周转期	应付账款周期	现金周转期	采购渠道营运资金周转期	生产渠道营运资金周转期	营销渠道营运资金周转期	经营活动营运资金周转（按渠道）
2023	中国联通	600050	I	-146652	-164972	-137040	-6357	-21574	18320	47.9	15.1	1.9	8	24	191	-159	-185	-11	-27	-223
2024	交大博通	600455	I	-227	-426	-90	-294	-43	200	33.2	8.5	3.1	11	43	119	-65	-114	-342	-53	-510
2025	四创电子	600990	I	461	196	-446	138	504	265	4.4	1.8	2.0	82	202	180	104	-153	46	196	89
2026	波导	600130	I	499	103	-43	116	30	396	16.1	46.6	8.9	23	8	41	-10	-22	25	11	15
2027	宝信软件	600845	I	1428	986	-867	79	1774	443	7.6	2.2	3.9	48	167	93	122	-71	6	151	86
2028	中国软件	600536	I	1761	582	-405	-11	999	1179	4.9	3.5	4.5	74	105	81	98	-54	-8	134	72
2029	恒生电子	600570	I	689	21	-15	-158	194	668	8.3	5.9	33.6	44	62	11	95	-10	-47	71	14
2030	南京熊猫	600775	I	851	260	-545	-18	823	591	7.9	3.3	3.8	46	109	96	59	-65	-4	111	42
2031	国电南瑞	600406	I	3838	1925	-1780	1203	2502	1913	4.4	2.0	3.4	82	180	106	156	-80	66	110	97
2032	亨通光电	600487	I	4028	2643	-1159	130	3672	1386	4.7	3.5	5.9	78	104	61	121	-39	1	159	121
2033	用友软件	600588	I	1611	-86	-259	-560	733	1697	201.6	3.0	16.6	2	122	22	102	-20	-52	58	-14
2034	东软集团	600718	I	3004	894	-434	243	1085	2110	9.6	5.1	10.4	38	72	35	75	-21	9	50	37
2035	中天科技	600522	I	3480	2277	-188	124	2340	1203	4.3	3.0	9.6	86	123	38	171	-13	5	152	144
2036	东方通信	600776	I	1919	690	-154	-99	943	1229	9.1	6.3	13.7	40	58	27	72	-13	-11	102	78
2037	中电广通	600764	I	455	287	23	-77	341	168	5.3	4.9	13.8	69	74	26	116	2	-19	116	100
2038	中创信测	600485	I	471	267	16	150	102	203	1.2	1.5	6.7	309	248	54	502	7	250	152	409
2039	大唐电信	600198	I	4311	3143	-476	30	3589	1169	4.2	2.4	4.8	86	153	76	163	-24	-30	180	126
2040	亿阳信通	600289	I	1708	583	-104	83	604	1125	6.7	1.5	2.9	55	240	128	167	-20	31	249	260
2041	华胜天成	600410	I	2454	1627	-352	-56	2035	827	7.9	2.8	7.0	46	132	52	126	-14	-3	126	109
2042	鹏博士	600804	I	772	-640	49	-14	-675	1411	18.4	4.9	4.0	20	75	92	3	-29	46	-72	-54
2043	信雅达	600571	I	397	224	-81	21	284	173	3.7	4.2	7.9	98	87	46	138	-35	0	127	93
2044	方正科技	600601	I	2335	1003	-989	138	1854	1332	10.4	4.5	4.7	35	81	78	37	-62	9	105	52
2045	烽火通信	600498	I	6242	2696	-3197	-168	6061	3546	1.9	2.9	2.2	194	128	163	159	-136	-3	249	111
2046	大智慧	601519	I	2060	73	-8	17	64	1988	2248.5	13.5	21.9	0	27	17	11	2	8	13	23
2047	曲江文旅	600706	I	-319	-504	-351	-295	142	186	23.9	10.7	3.7	15	34	100	-50	-77	-62	31	-109

续表

序号	公司简称	股票代码	行业代码	营运资金总额	经营活动营运资金	采购渠道营运资金	生产渠道营运资金	营销渠道营运资金	投资活动营运资金	存货周转率	应收账款周转率	应付账款周转率	存货周转期	应收账款周转期	应付账款周期	现金周转期	采购渠道营运资金周转期	生产渠道营运资金周转期	营销渠道营运资金周转期	经营活动营运资金周转（按渠道）
2048	盛和资源	600392	I	887	343	90	116	136	544	3.6	7.3	26.6	100	50	14	137	41	55	60	155
2049	湘邮科技	600476	I	349	251	-22	110	163	98	3.6	2.6	8.5	101	141	43	200	-19	119	158	257
2050	大恒科技	600288	I	1202	504	42	78	384	699	4.1	10.0	10.9	88	37	33	91	4	13	44	62
2051	浙大网新	600797	I	1621	908	-675	256	1327	713	7.2	4.6	6.0	51	79	61	69	-44	17	94	67
2052	长江通信	600345	I	798	364	-76	-8	448	434	3.7	2.9	4.9	97	128	75	151	-34	5	151	122
2053	同方股份	600100	I	8052	2806	-3159	100	5864	5246	4.0	4.6	4.1	91	79	89	80	-44	9	75	40
2054	永鼎股份	600105	I	1829	1361	-374	1231	503	469	1.0	2.3	2.8	379	160	132	407	-100	325	142	367
2055	保利地产	600048	K	128672	95999	3652	164377	-72030	32673	0.4	45.2	6.3	893	8	58	842	17	802	-345	474
2056	浙江广厦	600052	K	4918	4303	176	4497	-370	615	0.2	157.0	2.1	1536	2	173	1365	14	1172	-138	1048
2057	中江地产	600053	K	1383	1301	64	859	378	82	0.1	25.0	18.0	2806	15	20	2801	99	803	574	1475
2058	南京高科	600064	K	6180	4997	-703	5119	581	1182	0.3	3.6	2.7	1143	102	137	1107	-107	789	170	852
2059	宋都股份	600077	K	6897	6080	-211	7885	-1594	817	0.4	178.7	9.2	946	2	40	909	-17	919	-170	732
2060	海泰发展	600082	K	2283	1779	-234	998	1016	503	0.5	93.0	3.3	766	4	109	661	-95	260	401	566
2061	大名城	600094	K	5037	4036	880	2732	423	1001	0.3	891.5	3.3	1410	0	109	1302	49	740	101	889
2062	浙江冬日	600113	K	384	338	-13	369	-17	46	0.9	1281.0	8.2	388	0	45	344	33	321	-8	346
2063	春江控股	600162	K	2986	511	-2067	5580	-3002	2475	0.4	52.5	1.7	818	7	218	608	-170	605	-249	186
2064	卧龙地产	600173	K	2535	2004	-217	1824	397	531	0.3	33.5	3.2	1055	11	116	950	-71	854	115	897
2065	格力地产	600185	K	5389	4739	-491	5386	-157	651	0.2	86.9	3.7	2189	4	98	2095	-84	1049	-123	841
2066	新湖中宝	600208	K	27263	19888	-675	20439	124	7375	0.5	4.4	7.3	804	82	50	836	-23	689	-25	642
2067	鲁商置业	600223	K	3866	1480	-1738	4869	-1650	2386	0.2	80.0	1.5	1540	5	242	1302	-102	541	-189	250
2068	天津松江	600225	K	3941	2652	-1314	3913	53	1289	0.4	68.2	1.5	1019	5	239	786	-161	600	-106	334
2069	华业地产	600240	K	7015	5535	-446	6650	-670	1480	0.2	#DIV/0!	2.4	1629	0	150	1478	-109	1374	-11	1255
2070	万通地产	600246	K	4197	2458	-694	4077	-924	1738	0.8	355.9	3.7	445	1	99	347	-58	390	-114	218
2071	广汇能源	600256	K	2211	-1050	-876	-192	18	3261	10.4	4.3	4.2	35	85	88	33	-58	-18	78	2
2072	北京城建	600266	K	11207	5518	-2475	12393	-4400	5689	0.4	107.7	2.1	877	3	176	705	-113	684	-270	302

续表

序号	公司简称	股票代码	行业代码	营运资金总额	经营活动营运资金	采购渠道营运资金	生产渠道营运资金	营销渠道营运资金	投资活动营运资金	存货周转率	应收账款周转率	应付账款周转率	存货周转期	应收账款周转期	应付账款周期	现金周转期	采购渠道营运资金周转期	生产渠道营运资金周转期	营销渠道营运资金周转期	经营活动营运资金周转（按渠道）
2073	天房发展	600322	K	7466	6170	-629	7550	-751	1296	0.3	92.5	4.7	1129	4	77	1056	-68	919	-195	655
2074	华发股份	600325	K	20511	16824	-205	20654	-3624	3687	0.2	1329.7	2.5	1559	0	144	1416	13	1403	-299	1117
2075	华夏幸福	600340	K	12629	7072	-1397	30462	-21993	5556	0.5	14.2	7.0	790	26	52	763	-10	739	-571	158
2076	首开股份	600376	K	38840	24232	-1968	36847	-10647	14608	0.3	192.1	6.3	1256	2	58	1200	-49	988	-278	661
2077	金地集团	600383	K	58534	37918	-8349	54597	-8329	20616	0.5	8442.3	4.5	738	0	82	656	-73	601	-129	399
2078	东华实业	600393	K	1609	1400	-909	2041	268	209	0.2	11.7	0.6	1650	31	578	1103	-554	1339	112	896
2079	空港股份	600463	K	1290	714	-398	702	410	576	0.6	3.5	1.9	564	103	195	473	-190	316	228	354
2080	华丽家族	600503	K	2316	2224	-494	343	2375	92	0.3	17.0	2.2	1233	21	169	1085	-167	188	809	830
2081	栖霞建设	600533	K	7965	6511	1534	5995	-1018	1454	0.4	185.5	10.1	898	2	36	863	172	723	-56	838
2082	鼎力股份	600614	K	1482	1167	-275	911	530	315	0.8	5.5	3.2	433	67	113	387	-87	282	187	383
2083	新黄浦	600638	K	4024	3055	-32	3804	-716	968	0.2	27.0	5.7	1528	14	64	1478	-5	1220	-170	1045
2084	浦东金桥	600639	K	871	543	-299	1286	-445	327	0.6	8.8	3.4	663	42	107	598	-102	381	-126	153
2085	万业企业	600641	K	5400	4918	-385	4501	802	483	0.2	43.0	3.6	1682	8	101	1590	-37	1286	192	1441
2086	外高桥	600648	K	12192	6941	-516	9818	-2361	5251	0.8	13.2	10.4	439	28	35	432	-22	427	-63	342
2087	信达地产	600657	K	12940	10183	-849	11735	-703	2757	0.3	28.4	4.0	1044	13	92	965	-61	926	-104	760
2088	电子城	600658	K	1691	-181	-211	321	-291	1872	1.0	22.1	7.4	353	17	49	320	-38	163	-146	-22
2089	陆家嘴	600663	K	5650	4320	-936	5555	-299	1330	0.3	65.5	5.0	1450	6	73	1382	-41	621	-75	505
2090	天地源	600665	K	4416	3784	1329	3801	-1347	632	0.4	84.3	3.4	848	4	108	745	198	521	-181	538
2091	中华企业	600675	K	12442	10438	-1686	14587	-2463	2003	0.2	54.7	2.7	1795	7	135	1667	-131	1422	-79	1212
2092	珠江实业	600684	K	2830	1374	131	1083	160	1456	1.1	#DIV/0!	185.9	347	0	2	345	15	230	25	270
2093	多伦股份	600696	K	552	516	162	279	75	36	0.6	16.9	8.9	631	22	41	612	267	415	-12	670
2094	凤凰股份	600716	K	2712	1493	708	786	-1	1218	0.4	1320.1	4.0	909	0	92	817	138	242	-32	348
2095	宁波富达	600724	K	10681	7888	-427	10967	-2652	2794	0.4	13.6	9.7	997	27	38	987	-13	734	-183	538
2096	S＊st前锋	600733	K	476	177	-57	262	-28	300	1.1	39.4	4.6	345	9	79	275	-24	424	-196	205
2097	苏州高新	600736	K	10384	8928	-1858	8237	2549	1456	0.3	12.6	1.4	1452	29	254	1228	-238	1115	204	1080

续表

序号	公司简称	股票代码	行业代码	营运资金总额	经营活动营运资金	采购渠道营运资金	生产渠道营运资金	营销渠道营运资金	投资活动营运资金	存货周转率	应收账款周转率	应付账款周转率	存货周转期	应收账款周转期	应付账款周期	现金周转期	采购渠道营运资金周转期	生产渠道营运资金周转期	营销渠道营运资金周转期	经营活动营运资金周转（按渠道）
2098	华远地产	600743	K	4401	1636	-42	4031	-2353	2765	0.4	25971.3	8.4	883	0	44	840	-15	551	-225	311
2099	中茵股份	600745	K	1450	1254	-339	2048	-454	195	0.5	6.6	2.1	799	55	172	682	-51	463	-82	331
2100	上实发展	600748	K	11245	5917	-891	5440	1368	5328	0.3	2488.6	5.1	1066	0	72	994	-66	574	42	550
2101	正和股份	600759	K	2356	2065	573	1580	-87	290	1.3	14.7	3.2	279	25	114	190	68	264	-12	320
2102	*ST 园城	600766	K	86	84	-32	94	21	2	0.6	69.9	1.9	609	5	196	418	-181	232	265	316
2103	运盛实业	600767	K	440	398	-33	195	237	41	1.2	5.1	11.4	307	72	32	346	-20	209	68	257
2104	京能置业	600791	K	3074	2773	-91	3310	-445	301	0.3	673.2	4.5	1289	1	81	1209	-53	866	-139	674
2105	天业股份	600807	K	1091	993	-86	1456	-377	98	0.3	49.6	4.9	1321	7	75	1254	-58	979	-300	621
2106	世茂股份	600823	K	9159	4419	-2546	8847	-1881	4739	0.5	18.5	2.6	691	20	138	573	-69	440	-73	298
2107	北辰实业	601588	K	14733	11877	-2032	14815	-906	2856	0.3	132.7	2.2	1154	3	164	993	-136	903	-48	719
2108	万科 A	000002	K	139520	87228	-16465	221316	-117623	52292	0.5	60.5	2.6	809	6	139	676	-46	714	-391	278
2109	世纪星源	000005	K	-87	-100	-29	80	-150	13	6.0	1.4	2.1	61	265	170	156	-101	-62	-420	-583
2110	深振业 A	000006	K	3297	1466	-1033	4365	-1866	1831	0.5	444.4	3.0	707	1	122	586	-111	537	-159	267
2111	深物业 A	000011	K	1386	588	-232	1558	-738	798	0.9	14.5	7.8	405	25	47	383	6	230	-78	158
2112	沙河股份	000014	K	1155	872	-225	465	632	283	0.3	34.6	2.2	1226	11	163	1073	-152	523	387	758
2113	招商地产	000024	K	48320	30064	-11826	62273	-20382	18256	0.4	180.5	3.1	896	2	117	781	-117	787	-266	404
2114	深深房 A	000029	K	2372	1874	-32	2094	-188	498	0.4	25.9	11.5	814	14	32	797	-18	655	-14	623
2115	中粮地产	000031	K	17692	11729	-2785	16236	-1722	5963	0.3	24.8	3.3	1118	15	111	1022	-106	774	-111	557
2116	华联控股	000036	K	2446	1212	-176	873	515	1234	0.2	58.4	1.8	1725	6	202	1530	-188	779	481	1072
2117	*ST 大通	000038	K	239	221	-102	314	8	18	0.4	#DIV/0!	1.8	938	0	204	733	-117	488	52	422
2118	宝安地产	000040	K	1369	1193	-263	1853	-397	176	0.6	88.3	3.5	620	4	105	520	-89	613	-187	337
2119	深长城	000042	K	4183	2940	280	2361	299	1243	0.6	213.1	5.7	568	2	64	505	53	282	45	380
2120	中航地产	000043	K	4579	3143	-679	5196	-1375	1436	0.7	11.3	3.7	505	32	99	439	-57	420	-94	270
2121	泛海建设	000046	K	26444	22823	861	20629	1332	3622	0.2	14.7	4.8	1795	25	77	1743	62	1518	120	1700
2122	金融街	000402	K	34363	22983	-222	33870	-10665	11381	0.5	72.1	7.0	731	5	52	684	6	649	-220	435

续表

序号	公司简称	股票代码	行业代码	营运资金总额	经营活动营运资金	采购渠道营运资金	生产渠道营运资金	营销渠道营运资金	投资活动营运资金	存货周转率	应收账款周转率	应付账款周转率	存货周转期	应收账款周转期	应付账款周期	现金周转期	采购渠道营运资金周转期	生产渠道营运资金周转期	营销渠道营运资金周转期	经营活动营运资金周转（按渠道）
2123	绿景控股	000502	K	202	184	-33	34	183	18	0.2	24.3	0.8	2028	15	450	1593	-371	372	1461	1462
2124	ST 珠江	000505	K	296	230	132	28	71	66	1.5	10.8	9.6	240	34	38	236	168	66	132	366
2125	中润资源	000506	K	1711	1620	-255	2849	-975	92	0.4	11.7	2.4	1005	31	151	885	92	755	-295	552
2126	银基发展	000511	K	2287	2079	-176	1575	680	209	0.2	19.3	3.8	1648	19	95	1572	-88	1166	211	1289
2127	渝开发	000514	K	3084	2279	95	2690	-507	806	0.3	2.8	5.3	1389	130	68	1451	-4	1251	-25	1222
2128	荣安地产	000517	K	2278	682	-991	5063	-3390	1596	0.2	103.0	2.2	1497	4	168	1332	-165	1073	-438	470
2129	银润投资	000526	K	62	38	18	-24	44	24	#DIV/0!	2.4	1279.8	0	152	0	152	49	-133	91	7
2130	万泽股份	000534	K	1539	1365	-27	932	461	174	0.4	6.9	3.3	1034	53	109	978	59	687	127	873
2131	广宇发展	000537	K	1827	664	-274	1538	-600	1163	0.9	100.9	6.6	413	4	55	362	-55	302	-75	173
2132	中天城投	000540	K	9084	6943	-2794	14722	-4984	2141	0.2	33.8	1.0	1505	11	357	1159	-272	1173	-389	513
2133	光华控股	000546	K	123	60	-5	85	-20	63	0.5	14.3	5.6	731	26	65	692	97	358	-115	340
2134	莱茵置业	000558	K	2590	2042	-195	3776	-1539	548	0.3	82.3	5.0	1269	4	73	1201	-66	1022	-318	638
2135	粤宏远 A	000573	K	1023	892	-19	1112	-201	131	0.7	12.3	10.5	529	30	35	524	-28	472	-22	422
2136	阳光股份	000608	K	1928	1540	-388	2238	-310	388	0.2	52.7	1.0	1581	7	381	1207	-258	1254	-213	784
2137	绵世股份	000609	K	901	148	-38	361	-175	752	0.4	2.3	3.7	854	160	98	916	-83	683	-356	244
2138	亿城股份	000616	K	7180	5540	-371	7929	-2017	1640	0.3	32.4	3.9	1135	11	93	1054	-48	1029	-149	832
2139	新华联	000620	K	4830	3505	-731	4712	-476	1325	0.5	15.9	2.3	702	23	159	566	0	556	-76	480
2140	高新发展	000628	K	248	-663	-482	-412	232	911	2.6	6.2	2.8	139	59	130	68	-122	-83	50	-155
2141	顺发恒业	000631	K	4426	3522	-656	8778	-4600	904	0.3	157.2	3.3	1253	2	110	1146	-90	1142	-575	477
2142	金科股份	000656	K	22543	13346	-1200	27626	-13080	9197	0.3	59.7	3.0	1058	6	120	943	-67	907	-410	430
2143	名流置业	000667	K	9482	7991	122	8033	-165	1491	0.2	16.9	2.5	1517	22	146	1392	120	1333	-56	1398
2144	S＊ST 天发	000670	K	235	140	40	-32	132	94	1.4	1.6	24.0	265	229	15	478	85	47	239	371
2145	阳光城	000671	K	9619	6178	601	8962	-3384	3441	0.8	32.3	8.1	482	11	45	448	156	404	-159	401
2146	亚太实业	000691	K	125	124	9	-32	147	1	0.3	#DIV/0!	3.0	1239	0	122	1117	-41	-177	1097	879
2147	苏宁环球	000718	K	8882	7734	-935	13306	-4636	1147	0.3	37.9	2.9	1307	10	127	1190	-93	995	-278	624

续表

序号	公司简称	股票代码	行业代码	营运资金总额	经营活动营运资金	采购渠道营运资金	生产渠道营运资金	营销渠道营运资金	投资活动营运资金	存货周转率	应收账款周转率	应付账款周转率	存货周转期	应收账款周转期	应付账款周期	现金周转期	采购渠道营运资金周转期	生产渠道营运资金周转期	营销渠道营运资金周转期	经营活动营运资金周转（按渠道）
2148	泰禾集团	000732	K	8514	5783	1322	6698	-2236	2731	0.4	9.7	9.4	1033	38	39	1032	112	816	-210	718
2149	中房地产	000736	K	1907	1200	-119	1163	156	707	0.4	1375.7	8.1	1003	0	45	958	-41	693	23	674
2150	中国武夷	000797	K	3906	2235	-203	2335	103	1671	0.8	5.0	3.1	485	74	118	441	-69	396	8	335
2151	铁岭新城	000809	K	3567	3422	-278	2539	1161	145	0.6	1.6	4.3	663	228	85	807	-74	662	181	770
2152	国兴地产	000838	K	846	735	-43	1082	-304	111	0.2	33.6	11.5	1633	11	32	1612	-31	1101	-224	845
2153	海印股份	000861	K	560	157	-172	461	-132	403	2.8	11.6	10.6	132	32	35	130	-17	74	-31	26
2154	三湘股份	000863	K	2109	1286	-333	2720	-1101	823	0.5	55.8	6.6	674	7	55	626	-52	573	-258	263
2155	华联股份	000882	K	-643	-1149	-258	-402	-489	506	#DIV/0!	24.1	2.5	0	15	147	-132	-60	-99	-372	-532
2156	海南高速	000886	K	1896	645	69	417	159	1251	0.5	2.9	3.7	703	127	100	731	15	434	257	706
2157	津滨发展	000897	K	7492	4388	259	5782	-1653	3104	0.5	8.6	6.0	776	43	61	758	10	769	-110	670
2158	数源科技	000909	K	1410	793	-266	1727	-669	618	0.6	7.3	2.9	598	50	126	521	-100	422	-108	215
2159	嘉凯城	000918	K	17280	14115	-1692	13887	1920	3165	0.4	8.9	3.2	903	41	115	829	-57	623	95	661
2160	福星股份	000926	K	12443	10972	3717	9894	-2639	1471	0.6	8.5	3.7	602	43	97	548	308	497	-164	640
2161	天保基建	000965	K	1811	1240	-714	1210	744	570	0.3	100.6	2.0	1070	4	186	887	-185	438	129	382
2162	中弘股份	000979	K	5247	4931	1434	2757	739	316	0.8	20.3	7.7	439	18	47	409	57	249	105	411
2163	银亿股份	000981	K	8398	7455	-928	10365	-1981	943	0.3	61.3	2.6	1263	6	138	1131	-71	905	-214	620
2164	世荣兆业	002016	K	1535	1243	-217	1198	262	291	0.4	56.5	3.3	1026	6	110	923	-101	695	87	681
2165	大港股份	002077	K	1919	659	-1776	1131	1305	1260	1.7	2.0	1.1	220	179	319	80	-286	167	180	61
2166	广宇集团	002133	K	4099	3042	-359	3779	-378	1057	0.4	673.9	6.5	956	1	56	901	-34	682	-116	531
2167	荣盛发展	002146	K	20130	16073	565	24256	-8748	4057	0.6	137.3	5.2	614	3	70	546	15	569	-212	371
2168	合肥城建	002208	K	2540	1982	16	2095	-130	558	0.5	#DIV/0!	3.5	806	0	103	703	18	607	-72	553
2169	滨江集团	002244	K	14306	12751	-90	1787	11053	1555	0.2	2058.6	8.2	1635	0	45	1591	122	-79	657	699
2170	世联地产	002285	K	1083	63	19	-334	378	1020	#DIV/0!	5.9	148.5	0	62	2	59	6	-40	50	16
2171	南国置业	002305	K	5188	4049	1309	2220	520	1138	0.8	18.4	7.3	436	20	50	406	174	333	108	615
2172	凯乐科技	600260	K	3206	2465	-74	617	1923	741	1.1	5.8	7.3	328	63	50	341	2	160	186	347

续表

序号	公司简称	股票代码	行业代码	营运资金总额	经营活动营运资金	采购渠道营运资金	生产渠道营运资金	营销渠道营运资金	投资活动营运资金	存货周转率	应收账款周转率	应付账款周转率	存货周转期	应收账款周转期	应付账款周期	现金周转期	采购渠道营运资金周转期	生产渠道营运资金周转期	营销渠道营运资金周转期	经营活动营运资金周转（按渠道）
2173	华鑫股份	600621	K	1021	390	-228	108	510	632	2.0	4.7	5.4	186	77	67	197	-60	63	123	126
2174	冠城大通	600067	K	5730	3719	-1669	6597	-1209	2011	0.8	9.5	3.5	433	38	105	366	-57	313	-54	203
2175	市北高新	600604	K	682	338	30	60	248	344	0.6	5.5	11.0	566	66	33	599	78	67	318	463
2176	南通科技	600862	K	1286	915	-388	825	478	371	0.7	6.2	2.1	539	58	175	422	-93	259	41	207
2177	中国高科	600730	K	946	-96	-44	190	-242	1042	0.7	12.4	10.4	489	29	35	484	-22	285	-98	165
2178	亚通股份	600692	K	233	90	26	360	-296	143	1.3	32.2	200.9	292	11	2	301	23	270	-244	49
2179	中国国贸	600007	K	-179	-623	32	-747	91	444	65.6	12.3	116.0	6	30	3	32	5	-130	15	-110
2180	中体产业	600158	K	1372	926	-373	630	669	446	0.6	13.8	3.3	633	26	110	549	-89	302	50	264
2181	渤海租赁	000415	L	1484	-865	4	-700	-168	2349	#DIV/0!	14.9	7610.2	0	24	0	24	1	-51	-25	-76
2182	东山精密	002384	L	805	632	-599	59	1172	173	4.4	3.0	3.3	83	123	109	97	-70	13	178	121
2183	飞马国际	002210	L	3314	-1397	-3032	314	1321	4711	56.0	9.5	3.3	7	38	111	-66	-61	7	36	-18
2184	海宁皮城	002344	L	-432	-1790	-528	107	-1369	1358	2.0	24.7	4.7	182	15	78	118	-74	74	-204	-204
2185	华谊嘉信	300071	L	365	272	-39	-39	350	93	8179.1	3.9	39.0	0	95	9	85	-7	-10	86	69
2186	蓝色光标	300058	L	950	263	-338	-143	744	688	#DIV/0!	3.4	7.0	0	107	52	55	-46	-21	92	25
2187	农产品	000061	L	1073	-441	144	264	-849	1514	16.6	13.4	14.2	22	27	26	23	34	-5	-165	-136
2188	深赛格、深赛B	000058	L	571	118	34	-103	186	453	280.9	19.0	55.1	1	19	7	14	21	-66	84	39
2189	深圳华强	000062	L	1311	415	-35	779	-329	895	0.9	85.0	10.7	389	4	34	359	-2	278	-124	151
2190	省广股份	002400	L	1197	442	296	-79	225	754	4487.5	8.5	13.5	0	43	27	16	27	-4	4	26
2191	腾邦国际	300178	L	646	28	-52	-26	106	618	#DIV/0!	2.6	3.8	0	142	96	46	-65	-33	110	12
2192	怡亚通	002183	L	6637	1716	-1098	33	2781	4921	7.5	3.5	4.7	48	104	77	75	-46	3	135	93
2193	粤传媒	002181	L	1866	195	-15	-33	243	1672	13.8	5.0	12.7	27	73	29	71	-1	-7	44	36
2194	锦江投资	600650	L	322	-384	-78	-297	-9	706	27.1	41.0	18.6	13	9	20	3	-12	-52	-5	-69
2195	号百控股	600640	L	1567	-164	-193	60	-31	1731	58.1	10.2	8.4	6	36	44	-1	-29	6	-14	-37
2196	天伦置业	000711	L	4	-40	0	-28	-12	44	#DIV/0!	102.7	28.5	0	4	13	-9	-4	-151	-87	-243
2197	中青旅	600138	L	1119	483	-805	354	934	636	8.5	10.3	8.4	43	35	44	35	-24	37	2	16

续表

序号	公司简称	股票代码	行业代码	营运资金总额	经营活动营运资金	采购渠道营运资金	生产渠道营运资金	营销渠道营运资金	投资活动营运资金	存货周转率	应收账款周转率	应付账款周转率	存货周转期	应收账款周转期	应付账款周期	现金周转期	采购渠道营运资金周转期	生产渠道营运资金周转期	营销渠道营运资金周转期	经营活动营运资金周转（按渠道）
2198	首旅股份	600258	L	364	-46	141	-115	-73	410	132.0	92.8	22.6	3	4	16	-9	21	-13	-9	-1
2199	强生控股	600662	L	978	156	118	610	-572	822	4.2	32.1	38.0	88	11	10	89	12	42	-49	4
2200	中国国旅	601888	L	4085	94	-461	-322	877	3991	17.2	20.0	16.2	21	18	23	17	-10	-5	19	3
2201	中国海诚	002116	M	388	-361	-40	417	-738	748	17.4	9.2	8.7	21	39	42	19	3	17	-50	-30
2202	延华智能	002178	M	361	164	-174	171	167	198	3.0	3.5	3.6	121	103	102	122	-88	100	99	111
2203	建研集团	002398	M	993	510	-241	-8	760	482	29.1	2.1	5.9	13	175	62	126	-46	-3	163	113
2204	三维工程	002469	M	688	172	-88	-4	264	516	10.9	2.0	4.2	34	180	87	126	-68	7	154	92
2205	上海佳豪	300008	M	395	144	-6	19	131	251	5.7	2.9	13.3	64	126	28	163	2	20	118	140
2206	华测检测	300012	M	481	-14	-15	-34	34	496	#DIV/0!	16.6	42.2	0	22	9	13	-4	-18	14	-9
2207	易世达	300125	M	909	201	-103	220	84	708	2.0	2.2	3.0	186	167	122	231	-31	155	41	165
2208	电科院	300215	M	179	-198	-163	-5	-30	377	#DIV/0!	118.9	2.6	0	3	141	-138	-140	-4	-24	-168
2209	天壕节能	300332	M	466	106	-20	44	81	360	78.2	4.2	2.7	5	87	134	-42	-66	29	90	53
2210	泰格医药	300347	M	627	60	-7	-2	69	566	1416.8	3.7	39.0	0	99	9	89	0	0	59	59
2211	中国汽研	601965	M	1714	39	-63	64	39	1675	3.8	6.0	5.7	97	61	64	95	-31	21	3	-7
2212	华侨城 A	000069	N	21706	12487	-4766	18806	-1553	9219	0.7	49.6	4.1	540	7	89	458	-65	307	-12	230
2213	张家界	000430	N	52	-14	8	-5	-16	65	200.5	384.4	166.0	2	1	2	1	3	-2	-10	-9
2214	西安旅游	000610	N	-17	-102	-36	-81	15	85	23.2	30.0	13.3	16	12	27	1	-19	-22	5	-36
2215	北京旅游	000802	N	308	219	27	-15	207	88	21.8	25.1	12.0	17	15	30	1	46	-15	383	414
2216	桑德环境	000826	N	2964	869	-179	-87	1134	2095	74.3	1.5	5.2	5	249	70	183	-44	-13	152	96
2217	峨眉山 A	000888	N	155	-69	3	-63	-9	224	34.5	57.3	29.5	11	6	12	5	-4	-22	-5	-31
2218	桂林旅游	000978	N	463	222	17	122	83	241	3.4	5.0	20.7	109	73	18	164	20	62	-111	-29
2219	丽江旅游	002033	N	506	-92	11	-81	-22	598	78.3	130.0	22.5	5	3	16	-9	-1	-45	-15	-62
2220	云南旅游	002059	N	587	292	-75	425	-59	295	1.0	32.9	5.6	378	11	65	324	-56	344	-43	244
2221	三特索道	002159	N	288	144	7	105	32	144	2.3	66.6	291.9	156	5	1	160	6	87	-18	74
2222	世纪游轮	002558	N	193	63	9	42	13	129	34.3	23.3	67.3	11	16	5	21	7	20	11	37

续表

序号	公司简称	股票代码	行业代码	营运资金总额	经营活动营运资金	采购渠道营运资金	生产渠道营运资金	营销渠道营运资金	投资活动营运资金	存货周转率	应收账款周转率	应付账款周转率	存货周转期	应收账款周转期	应付账款周期	现金周转期	采购渠道营运资金周转期	生产渠道营运资金周转期	营销渠道营运资金周转期	经营活动营运资金周转（按渠道）
2223	国电清新	002573	N	1381	303	75	61	168	1078	4.6	2.0	5.4	79	185	68	196	30	54	183	267
2224	东江环保	002672	N	1370	310	136	-34	207	1060	6.4	6.5	8.5	57	56	43	70	35	-3	43	76
2225	碧水源	300070	N	1680	-224	-316	39	53	1904	15.3	3.6	5.6	24	102	65	61	-54	6	-19	-67
2226	宋城股份	300144	N	1311	-117	-73	-17	-27	1428	671.5	118.9	5.5	1	3	66	-62	16	-4	-14	-3
2227	中电环保	300172	N	637	226	-46	68	204	411	5.7	1.6	3.5	64	233	106	191	-15	43	157	184
2228	永清环保	300187	N	581	161	-317	465	13	420	1.7	4.9	2.1	215	74	178	111	-172	212	26	65
2229	维尔利	300190	N	823	345	-79	158	267	478	2.4	1.5	2.8	155	243	130	268	-78	145	210	277
2230	黄山旅游	600054	N	569	237	-194	419	13	332	2.2	28.7	12.3	164	13	30	147	-21	84	-13	50
2231	大连圣亚	600593	N	122	-20	-11	-8	0	142	22.1	347.9	27.1	16	1	13	4	-12	3	-4	-12
2232	西藏旅游	600749	N	203	101	54	30	16	103	16.3	4.2	10.0	22	87	36	73	80	57	67	204
2233	创业环保	600874	N	1619	618	117	-436	937	1001	18.9	1.2	84.4	19	293	4	308	23	-85	175	113
2234	通策医疗	600763	Q	82	-22	-7	-10	-5	105	60.5	74.5	25.9	6	5	14	-3	1	-14	-7	-20
2235	爱尔眼科	300015	Q	597	-9	-140	-9	140	606	19.1	23.2	9.8	19	16	37	-3	-27	-4	25	-5
2236	迪安诊断	300244	Q	404	125	-89	-45	258	279	10.6	4.6	6.8	34	79	54	60	-33	-15	102	54
2237	歌华有线	600037	R	2298	-925	-277	-204	-443	3223	17.3	79.6	3.7	21	5	97	-72	-78	-31	-80	-189
2238	中视传媒	600088	R	658	-180	-327	109	39	837	6.9	8.4	1.8	53	44	197	-101	-187	27	12	-147
2239	中文传媒	600373	R	2838	1014	-407	132	1289	1824	13.2	8.1	4.5	28	45	80	-8	-22	5	51	34
2240	时代出版	600551	R	2223	972	-412	90	1294	1250	3.7	4.2	4.1	100	88	89	98	-24	8	133	117
2241	浙报传媒	600633	R	693	287	340	-112	59	407	31.8	8.2	7.7	11	45	47	9	33	-27	2	8
2242	百视通	600637	R	1675	-269	-396	-38	164	1944	16.9	9.1	6.8	22	40	53	8	-46	6	17	-23
2243	长江传媒	600757	R	1396	299	-785	-269	1354	1097	3.5	9.0	4.1	105	41	89	56	-78	-26	125	21
2244	广电网络	600831	R	-874	-1158	-457	-73	-628	284	24.9	51.6	3.9	15	7	93	-72	-70	-17	-118	-205
2245	博瑞传播	600880	R	304	-206	-71	-113	-22	510	23.5	13.7	8.1	16	27	45	-3	-22	-23	-19	-65
2246	中南传媒	601098	R	6893	-821	-1699	-524	1402	7714	6.1	14.1	4.2	60	26	87	-2	-78	-33	68	-43
2247	皖新传媒	601801	R	3161	175	-876	-97	1147	2986	9.0	12.7	4.2	41	29	87	-18	-84	-9	104	11

续表

序号	公司简称	股票代码	行业代码	营运资金总额	经营活动营运资金	采购渠道营运资金	生产渠道营运资金	营销渠道营运资金	投资活动营运资金	存货周转率	应收账款周转率	应付账款周转率	存货周转期	应收账款周转期	应付账款周期	现金周转期	采购渠道营运资金周转期	生产渠道营运资金周转期	营销渠道营运资金周转期	经营活动营运资金周转（按渠道）
2248	凤凰传媒	601928	R	7228	1318	-1406	-164	2887	5910	3.5	22.6	4.4	105	16	83	38	-62	-11	118	44
2249	吉视传媒	601929	R	163	-577	-587	-15	25	739	17.5	25.1	2.7	21	15	135	-100	-118	-2	-3	-123
2250	出版传媒	601999	R	1258	383	-558	109	832	875	1.9	3.8	2.0	194	95	180	109	-170	30	249	109
2251	华数传媒	000156	R	-350	-764	-445	-130	-189	415	36.2	6.4	3.5	10	57	105	-38	-92	-30	-43	-165
2252	湖北广电	000665	R	-145	-514	-151	-134	-229	370	8.7	130.8	3.8	42	3	96	-51	-47	-56	-72	-176
2253	大地传媒	000719	R	1232	314	-311	-35	659	918	3.8	6.8	4.8	97	53	76	75	-43	-3	98	52
2254	华闻传媒	000793	R	1152	31	32	424	-424	1120	12.0	16.6	26.6	31	22	14	39	7	24	-26	4
2255	美盛文化	002699	R	502	43	-1	13	31	459	8.8	5.5	21.7	41	67	17	91	-4	23	67	86
2256	华谊兄弟	300027	R	1857	1215	-18	347	887	642	2.3	1.9	4.1	162	195	90	267	35	78	129	241
2257	华策影视	300133	R	1286	670	153	-30	546	616	3.5	2.8	11.6	104	130	31	203	90	-15	185	259
2258	天舟文化	300148	R	452	65	-33	9	89	388	6.5	6.3	5.9	56	58	62	52	-36	7	100	71
2259	光线传媒	300251	R	1713	1059	339	112	609	654	7.8	2.2	14.6	47	163	25	185	106	27	160	293
2260	华录百纳	300291	R	966	448	112	106	230	518	2.1	2.1	#DIV/0!	170	174	0	344	74	58	175	307
2261	新文化	300336	R	865	409	-16	112	314	456	1.6	1.8	7.8	225	203	47	381	-14	155	163	303
2262	新华传媒	600825	R	1162	-50	-396	198	148	1212	7.4	4.8	3.4	50	75	109	16	-93	28	3	-63
2263	中国宝安	000009	S	6868	4428	-963	3079	2312	2439	0.7	4.8	3.3	501	76	111	466	-64	252	211	399
2264	深信泰丰	000034	S	251	220	-33	146	108	31	9.0	4.7	8.0	41	78	46	72	-26	114	81	169
2265	南京中北	000421	S	948	504	-20	622	-99	444	1.8	28.2	10.4	204	13	35	181	-15	131	-9	108
2266	力合股份	000532	S	326	219	6	3	210	107	2.7	2.3	6.0	138	159	61	236	11	1	294	306
2267	创元科技	000551	S	833	380	-362	237	505	453	3.6	4.0	3.8	102	90	95	98	-54	40	83	69
2268	大连国际	000881	S	1425	315	-50	374	-8	1110	2.1	11.2	10.4	174	33	35	172	21	80	-43	59
2269	宁波联合	600051	S	1583	723	-785	2722	-1214	859	1.1	14.0	4.6	346	26	79	293	-70	275	-109	96
2270	长江投资	600119	S	694	227	90	13	124	467	35.6	9.6	10.4	10	38	35	13	0	6	35	41
2271	东湖高新	600133	S	2741	1862	-1466	3307	21	879	1.7	4.2	2.4	212	87	150	148	-135	246	19	130
2272	美都控股	600175	S	2135	1436	137	2529	-1230	699	1.3	92.2	29.8	287	4	12	279	19	259	-93	184

续表

序号	公司简称	股票代码	行业代码	营运资金总额	经营活动营运资金	采购渠道营运资金	生产渠道营运资金	营销渠道营运资金	投资活动营运资金	存货周转率	应收账款周转率	应付账款周转率	存货周转期	应收账款周转期	应付账款周期	现金周转期	采购渠道营运资金周转期	生产渠道营运资金周转期	营销渠道营运资金周转期	经营活动营运资金周转（按渠道）
2273	创兴能源	600193	S	-90	-130	-23	-120	13	40	10.3	8.8	4.9	35	42	74	3	-50	-311	54	-306
2274	罗顿发展	600209	S	11	-81	-76	-20	15	92	4.0	3.6	3.6	92	103	101	95	-58	-7	24	-40
2275	小商品城	600415	S	33	-1270	-401	4113	-4982	1303	0.7	44.1	6.1	524	8	60	473	-54	403	-539	-189
2276	黑牡丹	600510	S	8814	6665	-91	3823	2933	2148	0.9	4.9	7.3	427	75	50	452	-15	305	271	561
2277	嘉宝集团	600622	S	2201	1652	-280	1337	596	548	0.5	66.0	8.1	685	6	45	645	-1	171	59	229
2278	复旦复华	600624	S	615	189	12	33	143	427	3.8	7.5	11.4	96	49	32	112	-8	57	90	139
2279	大众公用	600635	S	96	-1143	-757	-157	-229	1239	11.6	12.7	5.9	31	29	62	-2	-56	-11	-86	-154
2280	同达创业	600647	S	89	51	0	-66	117	38	1.3	15.9	27.7	277	23	13	287	-4	-88	144	52
2281	爱使股份	600652	S	240	167	-125	138	153	73	319.6	8.0	18.3	1	46	20	27	-18	12	30	24
2282	申华控股	600653	S	1586	866	-159	663	362	720	11.6	46.2	17.8	31	8	21	19	-4	20	5	22
2283	新南洋	600661	S	194	38	-39	13	64	156	5.1	6.0	8.6	71	61	43	89	-21	7	47	32
2284	刚泰控股	600687	S	326	16	-10	174	-148	311	7.0	264.2	98.4	52	1	4	50	3	55	-54	4
2285	工大高新	600701	S	-638	-707	-49	-647	-12	69	20.3	26.8	11.6	18	14	31	0	-20	-223	-22	-265
2286	中航投资	600705	S	41884	-362	-116	1640	-1887	42246	179.5	31.6	6.7	2	12	54	-41	3	153	-536	-380
2287	盛屯矿业	600711	S	66	-4	84	-130	42	70	106.3	17.7	17.2	3	21	21	3	18	-34	13	-2
2288	悦达投资	600805	S	2049	348	-194	362	180	1702	7.8	13.8	8.0	47	27	46	27	-17	55	30	67
2289	东方集团	600811	S	5030	3184	1813	1259	111	1847	5.8	35.2	14.5	63	10	25	49	81	75	-22	134
2290	东方明珠	600832	S	2674	837	-67	1581	-677	1837	2.9	69.5	22.6	127	5	16	117	-8	139	-51	80
2291	同济科技	600846	S	3218	2080	-464	1866	677	1138	0.6	12.0	4.6	641	30	80	591	-63	367	15	319
2292	梅雁吉祥	600868	S	-8	-10	-35	-4	28	2	13.7	15.7	16.5	27	23	22	28	-13	-10	1	-21
2293	中炬高新	600872	S	900	462	-241	1076	-374	438	1.5	31.1	6.3	240	12	57	194	-30	206	-67	109
2294	亚泰集团	600881	S	14753	8452	-1254	5367	4339	6301	1.8	8.9	2.2	207	41	165	83	-33	137	111	215
2295	滨化股份	601678	S	1797	941	-51	-27	1020	856	24.0	5.4	17.3	15	68	21	62	-5	-3	83	76
2296	际华集团	601718	S	7503	2852	105	233	2515	4651	7.9	18.8	12.9	46	19	28	37	-2	3	33	34
2297	人民网	603000	S	2081	30	-23	-10	63	2051	781.1	4.5	24.7	0	81	15	67	-6	-5	-3	-13